The complete record of the
battlefield in the Counter-Japanese War

抗日战争
正面战场档案
全纪录（上）

王晓华 戚厚杰 主编

团结出版社

© 团结出版社，2010 年

图书在版编目（CIP）数据

　　抗日战争正面战场档案全纪录 / 王晓华，戚厚杰主编 . —北京：团结出版社，2011.1（2024.9 重印）
　　ISBN 978-7-5126-0337-0

　　Ⅰ．①抗… Ⅱ．①王… ②戚… Ⅲ．①抗日战争 - 档案资料 - 汇编 - 中国 Ⅳ．① K265.06

　　中国版本图书馆 CIP 数据核字 (2010) 第 264793 号

责任编辑：张　阳
封面设计：阳洪燕

出　　版：	团结出版社
	（北京市东城区东皇城根南街 84 号　邮编：100006）
电　　话：	（010）65228880　65244790（出版社）
	（010）65238766　85113874　65133603（发行部）
	（010）65133603（邮购）
网　　址：	http://www.tjpress.com
电子邮箱：	zb65244790@vip.163.com
经　　销：	全国新华书店
印　　装：	三河市东方印刷有限公司
开　　本：	170mm×240mm　16 开
印　　张：	84.75　　　　　　　　字　数：1203 千字
版　　次：	2011 年 1 月　第 1 版　　印　次：2024 年 9 月　第 13 次印刷
书　　号：	978-7-5126-0337-0
定　　价：	138.00 元（全三册）
	（版权所属，盗版必究）

目 录

序言 001

第一章 七七事变和平津作战 001

第一节 日本全面侵华，国共合作抗战 001
一、日军肇事，制造"卢沟桥事变" 001
二、中国守军奋起，誓死保卫卢沟桥 008

第二节 国民党的抗战准备 013
一、蒋介石抗战思想演变 013
二、国民党的备战举措 019

第三节 日本增兵，扩大战事 023
一、日军增兵平津 023
二、冀察当局的妥协退让 026
三、国民党的军事预案 032

第四节 平津失陷 049
一、激战南苑及北平陷落 049
二、天津作战及失陷 054

第二章　冀察作战　　　　　　　　　　059

第一节　战时体制的确立　　　　　　059
一、中国大本营的设立　　　　　　　　059
二、国共合作，团结抗日　　　　　　　066

第二节　平绥线御敌　　　　　　　　072
一、平绥线东段布兵　　　　　　　　　072
二、借道张家口　　　　　　　　　　　074

第三节　喋血南口　　　　　　　　　077
一、汤军团血战　　　　　　　　　　　077
二、南口失陷　　　　　　　　　　　　083

第四节　平汉路北段作战　　　　　　090
一、阻敌琉璃河　　　　　　　　　　　090
二、保定失陷　　　　　　　　　　　　098
三、到敌人后方去　　　　　　　　　　103

第五节　津浦路北段的抵抗　　　　　106
一、内讧的第六战区　　　　　　　　　106
二、短促的作战　　　　　　　　　　　110

第三章　太原会战　　　　　　　　　　113

第一节　雁北失守　　　　　　　　　113
一、破产的大同会战　　　　　　　　　113
二、李服膺被诛　　　　　　　　　　　117

第二节 平型关战役 120
一、八路军平型关大捷 120
二、脆弱的防线 131

第三节 忻口血战 142
一、原平保卫战 142
二、浴血忻口 146
三、奇袭阳明堡 158
四、忻口退守 162

第四节 娘子关战斗及太原失陷 172
一、战斗部署 173
二、娘子关御敌 177
三、太原失陷 194

第四章 淞沪会战 200

第一节 兵出淞沪 200
一、会战前的准备 200
二、先敌攻击 211
三、将帅不和 227

第二节 海空军抗战 237
一、海军抗战 237
二、八一四空战 246

第三节 混战上海滩 256
一、淞沪激战 256

二、壮哉，"八百壮士" 261
三、慌乱的撤退 265

第四节　南京保卫战　270
一、唐生智临危担重任 270
二、浴血石头城 279

第五章　徐州会战　287

第一节　津浦路沿线序战　287
一、津浦路南段游击战 287
二、淮河阻击战 290
三、韩复榘弃守津浦路北段 295
四、孙桐萱、邓锡侯奋力稳定北线 302

第二节　临沂战役　309
一、庞炳勋力战阻敌 309
二、以日寇血雪耻的张自忠 319
三、消嫌共御侮 328

第三节　滕县保卫战　341
一、滕县外围战 341
二、浴血滕县城 348

第四节　台儿庄大战　362
一、兵聚鲁南 362
二、国共协力 370
三、大战台儿庄 375

四、汤军之怠与败军诡辩	395
五、有守无攻的"大捷"	401

第五节　徐州突围 　　　　　　　　　　406
　　一、双方兵力部署　　　　　　　　　　406
　　二、血战禹王山　　　　　　　　　　　414
　　三、蒙城保卫战　　　　　　　　　　　426
　　四、豫东告急　　　　　　　　　　　　431
　　五、紧急大撤退　　　　　　　　　　　436
　　六、兰封之战　　　　　　　　　　　　443

第六章　武汉会战 　　　　　　　　　　　451

第一节　黄河决口 　　　　　　　　　　451
　　一、根据两份情报下定一个决心　　　　451
　　二、花园口决堤　　　　　　　　　　　458

第二节　中日双方作战计划与意图 　　　461
　　一、日军会攻武汉计划　　　　　　　　461
　　二、中国保卫武汉作战计划　　　　　　464

第三节　沿江要塞作战 　　　　　　　　481
　　一、马当、湖口要塞失陷　　　　　　　481
　　二、田家镇保卫战　　　　　　　　　　492

第四节　第九战区江南作战 　　　　　　504
　　一、万家岭大捷　　　　　　　　　　　504
　　二、庐山阻击战　　　　　　　　　　　508

第五节　武汉海空战　　　　　　　　　　514
一、武汉空战　　　　　　　　　　　　　514
二、海军长江抗战　　　　　　　　　　　525

第六节　第五战区江北作战及放弃武汉　535
一、黄（梅）广（济）阻击战　　　　　535
二、逐鹿大别山　　　　　　　　　　　546
三、信阳失守，武汉放弃　　　　　　　558

第七节　广州失守　　　　　　　　　　566
一、日军进攻广州的部署　　　　　　　566
二、仓促防守，广州失陷　　　　　　　567
三、统帅部的对策　　　　　　　　　　574
四、粤北作战及厦门沦陷　　　　　　　578

第七章　南国风雨　　　　　　　　　　583

第一节　南昌会战　　　　　　　　　　583
一、英雄所见　　　　　　　　　　　　583
二、冈村宁次的"N号作战"　　　　　594
三、南昌失守　　　　　　　　　　　　601

第二节　上高会战　　　　　　　　　　623
一、日军的"锦江作战"　　　　　　　623
二、罗卓英扬眉吐气　　　　　　　　　627

第三节　桂南战役　　　　　　　　　　637
一、南宁告急　　　　　　　　　　　　637

二、干掉了中村正雄	643
三、铁血昆仑关	651

第八章　南岳雄峙　　　　　　　　　　　656

第一节　南岳雾霭　　　　　　　　　　656
一、长沙大火　　　　　　　　　　　　656
二、南岳会议　　　　　　　　　　　　660

第二节　第一次长沙会战　　　　　　　671
一、生铁碰上了钢　　　　　　　　　　671
二、将在外　　　　　　　　　　　　　677

第三节　第二次长沙会战　　　　　　　698
一、森严壁垒　　　　　　　　　　　　698
二、"加号作战"与"伯陵防线"　　　703
三、功亏一篑　　　　　　　　　　　　723
四、廖龄奇之冤死　　　　　　　　　　729

第九章　襄枣血红　　　　　　　　　　　740

第一节　随枣会战　　　　　　　　　　740
一、襄东——兵家必争之地　　　　　　740
二、第五战区的"反扫荡"计划　　　　745
三、鄂北烽火　　　　　　　　　　　　750
四、鄂西狼烟　　　　　　　　　　　　755

五、枣阳混战　　758

第二节　枣宜会战　　767
　　一、战火又燃　　767
　　二、钟毅为国捐躯　　775
　　三、襄东烽烟　　783
　　四、枣阳反击　　789
　　五、张自忠率部出征　　795
　　六、张自忠尽忠报国　　800
　　七、为总司令报仇雪恨　　817
　　八、襄阳之战　　827
　　九、大洪山歼敌　　839
　　十、保卫宜昌　　843

第十章　北国烽烟　　854

第一节　冬季攻势　　854
　　一、转守为攻　　854
　　二、三山五岳齐努力　　861
　　三、敌后游击　　864

第二节　中条山会战　　882
　　一、国共同结"盲肠"　　882
　　二、临战易帅　　886
　　三、中条山失守　　889

第十一章 湘赣鄂作战　　　　　　　　　　897

第一节　入盟抗战　　　　　　　　　　897
一、战火燃遍了太平洋　　　　　　　　　　897
二、宣战入盟　　　　　　　　　　901

第二节　第三次长沙会战　　　　　　　　　　914
一、日本策应香港进攻长沙　　　　　　　　　　914
二、"天炉战法"　　　　　　　　　　919
三、引倭入"炉"　　　　　　　　　　925
四、"自暴自弃"之作战　　　　　　　　　　932
五、李玉堂战长沙　　　　　　　　　　936
六、"天炉"之炼　　　　　　　　　　941

第三节　浙赣会战　　　　　　　　　　952
一、战略企图、作战指导及兵力部署　　　　　　　　　　952
二、炸死了酒井直次　　　　　　　　　　958
三、衢州及浙赣沿线战斗　　　　　　　　　　961

第四节　鄂西会战　　　　　　　　　　973
一、调回陈诚守鄂西　　　　　　　　　　973
二、阻敌渔洋关　　　　　　　　　　976
三、石牌保卫战　　　　　　　　　　980
四、胡琏血战石牌　　　　　　　　　　996

第五节　常德会战　　　　　　　　　　1009
一、澧水南岸战斗　　　　　　　　　　1009
二、勇哉，第57师　　　　　　　　　　1019

第六节　中美空军联合抗战　　　　　　1030
一、空军的黑色岁月　　　　　　1030
二、空军来了个陈纳德　　　　　　1040
三、轰动一时的"飞虎队"　　　　　　1045
四、千方百计夺取制空权　　　　　　1053
五、日机失去应战能力　　　　　　1067

第十二章　豫湘桂鄂大作战　　　　　　1075

第一节　豫中会战　　　　　　1075

一、日军受到了空中的威胁　　　　　　1075
二、天皇批准"一号作战"　　　　　　1078
三、汤恩伯立马龙门　　　　　　1082
四、日寇突破黄河天堑　　　　　　1089
五、裸体突击队冲上许昌城　　　　　　1096
六、天兵团直扑陇海线　　　　　　1101
七、李家钰上将殉国　　　　　　1107
八、日军攻势终于受挫　　　　　　1117

第二节　长衡会战　　　　　　1122

一、长沙失守　　　　　　1122
二、衡阳失守　　　　　　1128
三、方先觉孤军守衡阳　　　　　　1136

第三节　桂柳会战　　　　　　1144

一、第四战区的阻敌部署　　　　　　1144

二、桂柳失陷　　　　　　　　　　　　　1149

第四节　豫西鄂北会战　　　　　　　　1158
一、"长腿将军"的御敌之策　　　　　　1158
二、豫西鄂北失陷　　　　　　　　　　　1163

第十三章　远征凯歌　　　　　　　　　1170

第一节　入缅援英　　　　　　　　　　1170
一、英军不战退出缅甸　　　　　　　　　1170
二、同古之战　　　　　　　　　　　　　1177
三、仁安羌大捷　　　　　　　　　　　　1190
四、东线战事　　　　　　　　　　　　　1202
五、缅北撤退　　　　　　　　　　　　　1212
六、归途阻绝　　　　　　　　　　　　　1216
七、名将殉国　　　　　　　　　　　　　1226
八、兵败野人山　　　　　　　　　　　　1233

第二节　滇缅荡寇　　　　　　　　　　1237
一、强渡怒江　　　　　　　　　　　　　1237
二、浴血腾冲龙陵　　　　　　　　　　　1242
三、再战缅北　　　　　　　　　　　　　1252
四、驻印军扬威　　　　　　　　　　　　1258
五、奇袭密支那　　　　　　　　　　　　1276
六、犁庭扫穴战八莫　　　　　　　　　　1283
七、芒友会师　　　　　　　　　　　　　1288

第三节　湘西会战及受降　　　　　　　1292
一、战云笼罩芷江　　　　　　　　　　1292
二、"耀武"雪峰山　　　　　　　　　　1300
三、日本投降　　　　　　　　　　　　1315

序　言

1937年"七七卢沟桥事变"爆发，中国守军奋起抗击，由此演变成中日两国间旷日持久的民族战争。自1868年明治维新起，日本就处心积虑，亡我中华。中华民国南京国民政府建立以后，中国仍是积贫积弱的国家，很清楚自己的力量与实力，在日军一而再再而三的挑衅面前，中国政府的态度是"和平未到绝望时期决不放弃和平，牺牲未到最后关头绝不轻言牺牲"。一味地屈辱妥协与退让，并不能换来和平与安宁。日本的贪得无厌与得陇望蜀，打破了中国忍让的底线，"为了保持民族的生命、国家的尊严、人类的正义，以及每一个国民的人格，就只好与日寇拼命了"。

一场全民族的伟大的抗日战争从此开始，一打就是八年。中日战争是两国之间的战争，是中华民族抗击外来侵略的正义之战。国民党作为当时的执政党，国军作为军队的主力，担负的责任与任务也是主要的。

早在"九一八事变"以后，国军已经开始攻防转换，随着中日两国间矛盾和冲突的加剧，国共两党都意识到中日战争是早晚要发生的，共产党旗帜鲜明，号召抗日；为了不过早地暴露抗日意图，国民党借"剿共"之名悄悄磨刀，制定了一系列抗日的预案，训练军队，更换新式装备，为抗战进行准备。

抗日战争爆发以后，全中国抱定牺牲的决心和战胜日本的信心，团结抗战。中国采取持久战、消耗战、全面战的正确方针，以弱敌强，以空间换时间，艰苦卓绝，咬牙坚持，经过长达八年的不懈努力，终于拖垮了日本，取得抗战的胜利。

从抗日战场上的分工来说，分为正面战场和敌后战场，国民党的几百万军队担负了正面战场的艰巨任务，海军、空军一起上阵；共产党领导下的八路军、新四军、游击队深入敌后，担任游击和协同作战，有奇有正，有声有色。自"太平洋战争"爆发以后，世界反法西斯联盟形成，为牵制日军他调，中国军队始终坚持与一百几十万日军作战，而在整个抗战期间，中国以牺牲三千万人的代价，换来了最后的胜利，而日军在中国亦伤亡近三百万人。

编著与出版《抗日战争正面战场档案全纪录》的目的，就是要通过历史档案，描述抗日战争的正面战场，让读者了解抗日战争的艰苦、牺牲和作战的过程与历史真实，让为国家、为民族而流血牺牲的英雄们得以正名，含笑九泉。所谓国民党"消极抗日"和共产党"游而不击"的悖论可以休矣。迫使日本投降不是哪一党哪一派的力量，战胜日本也不是哪一党哪一派的功劳，是全民族团结抗争和国际反法西斯联盟的力量，是人类正义和团结的胜利。

历史的经验值得总结。抗战阵营中内部的不和谐和萁豆相煎，削弱了抗日的力量，也为日后国共内战埋下了种子，导致民族悲剧的再一次发生，造成台海分隔、民族分裂的局面，是极为痛心的一件事。前事不忘后事之师，后人的智慧总要超过前人。

今天，中国的国际环境依然波诡云谲，东海、南海风云变幻，中国主权领海被侵占之事也时有发生，同为炎黄子孙，两岸必须提高警惕，同仇敌忾，以民族大义为重，协调一致，共同面对，以新的姿态、新的团结，完成孙中山先生的遗愿，共同开创中华民族的辉煌未来。

第一章 七七事变和平津作战

第一节 日本全面侵华，国共合作抗战

一、日军肇事，制造"卢沟桥事变"

北平卢沟桥。1937年夏天，华北平原赤日炎炎，暑气蒸腾大地，干燥闷热，令人难以忍受，仿佛一粒火星便能引发一场熊熊大火。

入夏以来，在日本东京盛传"不久在华北要发生什么事"；东京政界消息灵通人士私下间流传着这样一条小道消息："七七的晚上，华北将重演柳条沟一样的事件。"一切迹象表明日军将阴谋发动侵华战争。

日本驻屯军在北平郊区频繁举行实战演习，愈演愈烈，明目张胆地向中国军队挑衅，使当地驻军官兵早已憋了一肚子火，中日两国的军队彼此虎视眈眈。烈日下，日军三八式大枪上闪闪耀眼的刺刀，与第29军大刀片上明晃晃的反光互相刺激着，战争爆发的焦点在迅速聚集，随时随地都可能点燃战争的火星。

驻卢沟桥和宛平城的部队是宋哲元第29军所部。

第29军原为西北军老底子，中原大战以后，冯玉祥下野，该部被改编为第29军。此时共辖步兵4个师、骑兵1个师又及1个特务旅和2个保安旅，每个师有4个旅，总兵力10万人，分驻于冀察两省和平津两市，军部驻北平南苑。第37师师部在西苑，第110旅驻防西苑、八宝山、卢沟桥和长辛店一带。

第37师第110旅旅长为何基沣。该部是一支在喜峰口以大刀让日军丧胆

第29军的大刀曾使日军丧胆落魄

的劲旅,也是一支以"大刀进行曲"闻名全国的部队,如果说第29军是把大刀,那么第110旅就是横在卢沟桥头的一把利剑,随时都可给来犯的日军以致命一击。

7月6日,日军驻丰台部队要求通过宛平城去长辛店演习。驻军不允许日军通过其防地,双方对峙上了,谁也不让,相持了十多个小时,到天黑日军才退去。

面对日军的演习挑衅,旅长何基沣叮嘱部队:"小鬼子搞演习,来者不善。咱们的家伙也不是吃素的,要时刻提防着他们,不要忘了喜峰口砍杀鬼子的传统,关键时候再让他们重新尝尝大刀的滋味!"

7月7日这一天,日军驻丰台的第3大队第8中队在中队长清水节郎的指挥下,在卢沟桥北永定河东岸的回龙桥附近进行军事演习。与以往不同的是,该部枪炮皆配备了充足的弹药,看样子是有备而来,要动真格的了。

旅长何基沣立即打电话给正在保定的师长冯治安,冯立即赶回北平,与何基沣商议对策,布置好部队以应对突发事变。

是夜10点30分左右,万籁俱静,只有河边不时响起几声蛙鸣。

宛平城的中国士兵进入梦乡,这时西南方向响起几声清脆的枪声,在深夜中显得诡秘和恐惧。

深夜11点左右,一队全副武装的日军来到城门紧闭的宛平县城下,向城上的守军命令"开城",说有一名日方演习士兵"失踪",要求"进城检查"。

守城卫兵不敢怠慢,急忙报告给营长金振中,金不敢擅自做主,便又报告团长吉星文。吉星文是西北军名将吉鸿昌的侄子，一个脾气暴躁的河南汉子，一听便血往上涌：

"狗日的小鬼子欺人欺上门来了，爷们儿城门是紧闭的，哪有狗杂种钻进来？明明是来找事的。让弟兄们赶紧起床，子弹上膛，手榴弹挂足，来硬的就和他们干！"双方相持不下。

当时，日本驻屯旅团长河边正三少将正在秦皇岛检阅步兵第2联队，其职务由日军第1联队队长牟田口廉也大佐代理。牟田在接到报告后，命令第3大队一木大队长立即率主力前往现场，占领要点，并与驻宛平守军进行交涉。

深夜12时，日本驻北平特务机关长松井太久郎电话通知冀察外交委员会，要求派兵入宛平城进行搜查，否则将以武力保卫前进。外交委员会将松井电话内容报告了第29军副军长、北平市市长秦德纯。秦德纯当即命令驻宛平部队和河北省第4行政区专员兼宛平县县长王冷斋迅速查明真相，以便处理。王随即通知金振中，经过调查，城中并未有开枪事件，也没有失踪日兵踪影。王冷斋将事实汇报，为避免扩大事端，王冷斋奉命与冀察外交委员会主席魏宗瀚等与松井太久郎谈判，双方商定，中日两方派员进城调查，再定处理办法。

此时，所谓失踪的士兵已经找到，一木大队长拨通了联队长牟田口廉也的电话，无中生有地报告："中国军队再次向我方开枪射击，对此我方是否应回击？"

牟田回答："被敌攻击，当然要回击！"

一木又追问道："那么，开枪射击也没有关系吗？"

"是的！"牟田的回答简单明了。

后来，在1944年，牟田已升任驻缅甸第15军中将司令官，在回忆往事时说："大东亚战争，要说起来的话，是我的责任，因为在卢沟桥射击第一颗子弹引起战争的就是我，所以我认为我对此必须承担责任。"他在日记中写道："我挑起了卢沟桥事件，后来事件进一步扩大，导致卢沟桥事

负责守卫卢沟桥的第29军第37师第110旅旅长何基沣

担任守卫宛平卢沟桥任务的第110旅第219团团长吉星文,该团打响了全面抗战的第一枪。

变,终于发展成这次大东亚战争。"①

正当中日双方人员于8日凌晨4时到达宛平县署,与县长王冷斋进行交涉时,东门外突然炮声大作,炮弹呼啸着飞过城墙,炸毁了营指挥部。顷刻间,西门外大炮、机枪响成一片,日军开始攻城了。

第29军军部立即下达命令,命前线官兵坚决抵抗,并有"卢沟桥即为尔等之坟墓,应与桥共存亡,不得后退"等语。

旅长何基沣也向团长吉星文下命令:"对进攻的日军,立即还击,坚守阵地,我马上派部队支援你们!"

日军炮击过后,步兵蜂拥而上,当接近城垣300米时,守军枪声齐射,以"快放""齐放"猛烈射击,日军伤亡颇重。

这就是震惊中外的"七七"卢沟桥事变。

自从日本发动"九一八"事变以来,中日双方每次冲突不论其偶然性有多少,但都是日军制造的,并发展成日军进攻的必然,都成为日本侵华的借口。

---

① [日]小俣行男:《日本随军记者见闻录——太平洋战争》,世界知识出版社1988年中译版,第181页。

随便都可举出日本制造事变的案例：

1931年11月初，日军唆使汉奸李际春、张璧等组织便衣在天津暴乱，制造了天津事件。

1932年1月28日，日本特务机关制造了日僧在上海被殴事件，以此为借口发动了对上海的军事进攻，战事长达两月之久。

同年在东三省制造了怪胎"满洲国"，扶植了一个伪满傀儡政权。

1933年1月1日，日军发动了对山海关的进攻，夺取了重镇军事要地山海关。

2月，日本关东军进攻热河，占领了该省。

3月，日军向冀东长城各口进攻，并占领了冀东。

1934年6月8日，日本借口驻南京副领事藏本失踪，企图制造事变。4天后藏在明孝陵附近的藏本饥渴难忍，主动走出，日本失去口实而未爆发事变。

1935年1月，日军制造了察东事件。

5月，日军制造了热河事件。

9月，日本特务挑唆汉奸制造香河自治运动。

12月，日本制造冀察两省特殊化事件。

1936年1月，演习的日军制造了朝阳门事件。

5月，在天津制造了"大沽冲突事件"和"金刚桥事件"。

同月在北平丰台，日军挑起事端，强迫第29军让防；9月，丰台日军又制造事端，第29军被迫让出营房。

10月26日至11月4日，华北驻屯军举行"秋季大演习"，日军以北平为假想进攻目标，以卢沟桥、宛平城为重要攻击点。参加部队近万人，演习范围达4万平方公里。北平近郊和天津等地的重要地区都有日军铁蹄的踪迹。

日军步步紧逼，每次制造事端都占尽了便宜，中国不是割地就是赔礼。华北没有一块安宁的地方，北平已经放不下一张平静的课桌。如果说

1936年以前是日本对中国的蚕食，那么进入1937年，日本张开了大口，开始了对中国的鲸吞。是年的上半年，日本帝国主义在放出"中日提携"的烟幕下，紧张地进行全面侵华战争准备。

2月20日，外务省制定了《第三次处理华北纲要》，声言要"对南京政权采取措施"。

4月中旬，日本政府又召开外务、大藏、陆军、海军四相会议，密谋侵占华北。

6月4日，新上任的首相近卫文麿，其内阁中的陆相杉山元、海相米内光正、外相广田弘毅、藏相马场英一等都是军部中的"革新派"，且掌握了内阁的实权，"扩大派很快占了上风"。

日本法西斯军人内部存在分歧，由此分成"不扩大派"和"扩大派"。

"不扩大派"主要代表人物为参谋部作战部部长石原莞尔和战争指导课主任参谋堀场一雄等人。他们认为，目前不是扩大战争，而是巩固在中国的侵略成果，不失时机地开发满洲，利用中国的资源兴建大工业。待到积存有战费50亿日元，能动员15个师团，同时能动用军需动员准备量的一半时，再利用半年的时间，把作战地域扩展到黄河以北，视情况可包括上海方向，如果现在就扩大战争，中国会举国一致发挥较强的力量，日本就会陷入长期持久战，陷于泥沼而不能自拔。因此，他们主张"此刻宜慎重从事，不可陷于武力纷争"。

"扩大派"以陆军大臣杉山元和参谋部作战课课长武藤章等人为代表，人数较多，他们大都参加过侵略中国的活动，在侵略中国时立过功。他们认为中国的当权者都患有恐日病，"确信对中国只需拔刀威胁一下，它就会屈服"。他们扬言：只要日本造成动员声势，满载兵员的列车一通过山海关，中国就会投降。另一部分人似乎还留点余地，断言"对中国的侵略和占领，充其量不过是进行一次保定会战就完事大吉了"。

日本内阁的战争叫嚣不是偶然的，是和当时日本国内的战争气氛相关联的。当时在日本国内，发动侵略战争的空气甚嚣尘上，在东京，歌舞剧院在上演歌颂复仇和暴力精神的《忠臣藏》，电影院则大肆放映以1932年进攻上海为内容的电影《炸弹三勇士》。日本军方为了表彰这三个侵华"英雄"，特将其提升两级并授予金鸡奖章，同时为其举行了街村葬礼，为他们竖立了铜像和纪念碑，不遗余力地煽动军国主义侵华狂热。

6月9日，关东军参谋长东条英机在写给日本大本营的奏折中指出：从准备对苏作战的观点来观察目前的中国局势，如为我武力所许，首先对南京政权予以一击，除去我背后的威胁，此最为上策。

6月27日，华北驻屯军紧急成立了临时作战课。

自6月以来，驻北平丰台一带的日军不分昼夜地举行以攻夺宛平城为目标的军事演习。日本华北驻屯军的指挥官和大部分幕僚，猬集在宛平城东的沙冈，对演习日军进行现场指导，并派遣部分辅佐官对丰台、宛平卢沟桥进行勘察。

一时间，平津战争恐怖气氛弥漫，风声鹤唳，人心惶惶。宛平城附近的农民白天不敢下田耕作，致使田地荒芜。晚上早早关门熄灯，屏气忍愤。点灯人家也要用棉被将窗户堵上，唯恐遭到不测。

由于日军连日演习，"密迩京师，八方通衢"的卢沟桥也变成了商旅不行、人迹罕至的地方，只有桥东"卢沟晓月"的御碑巍然屹立。御碑下，手持钢枪、身背大刀的第29军战士站岗，警惕地守卫着卢沟桥。长年在中国从事新闻采访与学术研究的美国学者拉铁摩尔，以他对日本侵略性的研究与记者的敏感，曾这样描绘平津的局势："这太像1931年了，太平静了，太平静了，平静得不能使我们放心，我们怕又要见到另一个九一八呢！"[①]拉铁摩尔指出，大家都应当记得以前日本一个短短的自由派运动的插曲和同样过分热烈的对华友谊的表示，曾经成为对满洲突然进攻的导火线。在这种年头里，没有人能

---

① 河北社会科学院历史所等编：《冀察热人民抗日斗争参考资料》，河北人民出版社1983年版，第22页。

日军军官在卢沟桥畔策划肇事

否认国际间应当遵守诚意的礼节,日本的外交却总是把凶鸷之鹰与和平之鸽交换着导演着的。①不在平静中爆发,就在平静中死亡。当时的局势果然被拉铁摩尔言中,日本又上演一次九一八事变,在卢沟桥肇事了。

从以上事实不难看出,即使没有卢沟桥事变,还会出现其他什么事件,因为日本对中国的侵略是个不争的事实,先是东北,现在是华北,只要有一颗火星就能点爆这个巨大的火药桶。

二、中国守军奋起,誓死保卫卢沟桥

7月8日凌晨。中国代表、宛平县县长王冷斋面对日军的无理纠缠、挑衅、威胁、武力恫吓,早已将生死置之度外,据理力争,全副武装的日军

---

① 河北社会科学院历史所等编:《冀察热人民抗日斗争参考资料》,河北人民出版社1983年版,第22页。

代表在他身上得不到任何东西。

日军见交涉、威胁无效，于5时30分向宛平城的中国守军进行炮击，继而向卢沟桥、龙王庙和铁路桥东头发起了进攻。

卢沟桥事变发生后，第29军的将领秦德纯、冯治安、张自忠等召开紧急会议，会后发表声明："彼方要求须我军撤出卢沟桥城外，方免事态扩大，但我方以国家领土主权所关，未便轻易放弃，倘彼一再压迫，为正当防卫计，当不得不竭力周旋。"同时，第29军向防卫卢沟桥部队发出命令："卢沟桥即为尔等坟墓，应与桥共存亡，不得后退。"

旅长何基沣根据军部命令又向守桥部队下达了三条命令：一、不同意日军进城；二、日军武力侵犯则坚决回击；三、我军守土有责，绝不退让，放弃阵地，军法从事。

日军第3大队主力在大队长一木青直的率领下排成四路纵队，气势汹汹地向龙王庙和铁路桥中国守军扑来，扬言要在中国军队驻地搜寻"失踪士兵"。中日双方在龙王庙附近遭遇，守军排长申仲明站在桥头，拒绝日军的无理要求，日军早已准备，突然开枪射击，申排长壮烈殉国。

申排长的牺牲激怒了第29军的战士，为保卫祖国领土，捍卫民族尊严，他们奋起自卫反击，守军两个排的战士，面对900名日军毫无惧色，几十支枪喷射出复仇的怒火。当敌人冲上阵地后，战士们又抢起大刀，冲入敌群，展开了激烈的肉搏战。14分钟后，终因敌众我寡，两个排的战士几乎全部战死在铁路桥头阵地上。

上午，日军进攻卢沟桥铁桥，桥上有一个连的守军防守，双方为争夺铁桥，打得激烈异常。日军曾一度将铁桥南端占领，中国军队死守桥北，与日军对战。

日军以死亡上百名士兵的代价，占领了龙王庙和铁路桥东头。

牟田率部占领永定河以东，华北驻屯军司令部命令：由天津经通州到北京的部队由其指挥，增援部队为：步兵第1联队第2大队、战车1个中队、炮兵第2大队、工兵1个小队。

天津。7时30分,华北驻屯军司令部对驻天津的各部队下达了准备出动的命令,并命令在秦皇岛检阅部队的河边正三旅团长马上返回北平,决心扩大战争。

牟田接到驻屯军命令,即于9时25分命令副联队长森田指挥一个大队兵临宛平城下,进行武力威胁,要求中国守军退到永定河西,如果需要,即占领卢沟桥。森田的无理要求,理所当然地遭到了守军的严厉拒绝。森田见威胁不成,便令部队攻打宛平,守军用猛烈的射击,表明了与宛平城共存亡的决心。

13时,牟田从北平到达宛平城东北的沙冈前线,亲自指挥作战。15时30分,河边正三旅团长也赶到丰台督战。但此时日军在丰台地区兵力相对较少,河边正三一面命令第3大队在龙王庙附近,在已占领铁路部队的掩护下渡过永定河,一面以谈判为幌子等待援军,待援军到达后再于9日进攻宛平城。

8日晚,几天来阴暗闷热的天气,酿成了一场大雨。入夜,细雨蒙蒙,夜幕笼罩的战场一片沉寂,大雨过后的高粱、玉米叶子挺拔,绿得发亮,像千万把挺立的钢刀,使浓密的青纱帐显得神秘、深不可测。

就在这时,由吉星文团青年战士组成的突击队,用绳梯缒出宛平城,在青纱帐的掩护下,沿永定河堤向铁路桥靠近。连日来,日寇蛮横的侵略行径,使战士们达到了极度的悲愤,他们简直要发疯了,如若再不让他们冲出城去刺杀日本兵,他们简直要自杀了。

出城杀敌的命令一发出,有的战士竟等不得用绳梯,便飞跃下城,恨不得把日本兵一扫而光。

夜12时许。

大雨过后,永定河波涛滚滚,向东南方向流去,蛙声响成一片。占领铁路桥和龙王庙的日

指挥军队进犯卢沟桥的日军联队长牟田口廉也

军,有的随地而卧,有的抱枪瞌睡,他们在梦想着天亮换防休息,或继续向永定河西发起进攻。

突然,吉星文率突击队如神兵天降,大刀闪着寒光,向鬼子们的头上砍去,有的还未清醒,就身首异处,有的还在作抵抗,猝不及防便成了刀下鬼。日军在铁路两边狼奔豕突,东奔西逃,逃不走的第29军部队紧急出动,抗击日军就跪地求饶,一扫过去那不可一世的皇军神态。一位年仅19岁的突击队员,竟手刃日军13人,生擒1人。突击队硬是用手中的大刀,将日军一个中队全部砍杀在铁路桥上。这次作战突击队也付出了沉重的代价,伤亡近四分之三。

事后,一位突击队的伤兵回忆当时的战斗场面说:"弟兄们将敌军打败后,还拼命地追杀过去,集合号也不能把他们集合回来,结果,还是官长亲自把他们叫回来的。因为我们有命令,只能死守,不准进攻。但这情形好像猎犬追赶兔子一样,是一个无法抑制的行为。"

日军进攻卢沟桥,全面发动侵略战争的行为引起了全国人民的关注。中国共产党于7月8日向全国发出通电,向全国疾呼:

"日本帝国主义武力侵占平津与华北的危险,已经放在每一个中国人的面前。全中国的同胞们!平津危急!华北危急!中华民族危急!只有全民族实行抗战,才是我们的出路!我们要求立刻给进攻的日军以坚决的反攻,请立刻准备应付新的大事变。"

通电号召:"武装保卫平津华北!为保卫国土流最后一滴血!全中国人民、政府和军队团结起来,筑成民族统一战线的坚固的长城,抵抗日寇的侵略!国共两党亲密合作抵抗日寇的新进攻!驱逐日寇出中国!"[①]

同日,红军将领毛泽东、朱德、彭德怀、贺龙、林彪、刘伯承、徐向前为日军制造卢沟桥事变侵犯华北致电蒋介石:"日寇进攻卢沟桥,实施其武装攫取华北之既定步骤,闻讯之下,悲愤莫名!平津为华北重镇,万

---

① 《毛泽东选集》第二卷,1966年7月版,第315-316页。

不容再有疏失。敬恳严令第29军，奋起抵抗，本御侮抗战之旨，实行全国总动员，保卫平津，保卫华北，收复失地。红军将士，志愿在委员长领导之下，为国效命，与敌周旋，以达保土卫国之目的。"①

同时，红军将领还致电宋哲元、秦德纯等，高度称赞其"处国防最前线，不畏强暴，奋勇抵抗，忠勇壮烈"，并表示"誓为贵军后盾"。

9日凌晨，第29军从长辛店调来部队，协同我桥北守军对南端日军予以夹击。

是夜，天上飘着细雨，擅长夜战的第29军持步枪、手榴弹、大刀，秘密摸爬进入桥南端，一顿手榴弹将日军炸得晕头转向，紧接着大刀队的大刀上下纷飞，刀光闪处，日军身首异处，未死的日军纷纷向后狂逃，中国军队胜利收复铁桥。

日军见情况不利，派员与中方洽谈，谎称事出误会，希望停战会商。日本特务机关长松井大佐派人与北平市长秦德纯会谈，要求双方立即停战，撤回原防，并由双方组织视察团监视双方撤兵情形。松井要求撤换吉星文团，改由石友三保安队驻守。

日军此举不过是其缓兵之计，其时正调动大军增援平津。收复铁路桥后，第29军完全恢复了永定河东岸的态势，减少了日军对宛平城的威胁。尤其是第29军官兵不负国人厚望，予进犯日军以重创，民心因之兴奋，军人为之振奋。

---

① 《毛泽东军事文选》第二卷，军事科学出版社、中央文献出版社1993年版，第1页。

第二节　国民党的抗战准备

一、蒋介石抗战思想演变

7月8日，江西庐山，国民政府的夏都。每年夏季，为避南京火炉的盛暑溽热，蒋介石与国民政府都搬到庐山办公。

上午10时，侍从参谋送来了常驻北平的军政部参事严宽向部长何应钦的报告："昨夜日军强迫侵入卢沟桥镇，遂与我驻卢部队发生冲突。"并报告了第29军副军长秦德纯的看法："日军示威多日，此次在卢发生冲突，系日军有计划行动；我军士气极盛。"①几乎在此同时，外交部也报告了卢沟桥事变爆发的消息。

蒋介石听到报告，感到事发突然，他曾预料日军在华北迟早要肇事，但没想到来得这样快。事变既已发生，他认识到此事非同寻常。

1936年"西安事变"之后，蒋介石作出了停止"剿共"、联共抗日等六项承诺，嗣后又于1937年2月15日至22日召开了国民党五届三中全会，会上通过了一个停止"剿共"内战的决议案。中国共产党中央也在致国民党三中全会电报中，提出了著名的五项要求和四点保证，共产党的代表周恩来等与国民党代表宋子文等就两党合作抗日的事进行谈判，这表明国内内战已经结束。

内战结束，蒋介石专心考虑抗日的问题，但他又被上半年日本派来的这个访问团、那个考察团所迷惑。虽然平津方面不时报告日军进行演习的消息，共产党的领导人毛泽东、周恩来在有关的场合提醒他要对日本提

---

① 《严宽致何应钦密电（1937年7月8日）》，载中国第二历史档案馆编：《抗日战争正面战场》（上），江苏古籍出版社1987年8月版，第178-179页。

高警惕，周恩来甚至当着蒋介石的面指出，日本发动侵华战争迫在眉睫。现在"卢沟桥事变"既已发生，蒋介石深知该地区战略价值。他令侍从室主任钱大钧召外交部部长王宠惠和军委会所属各部有关负责人来海慧寺商量。当时军政部长何应钦到重庆主持川军整编，军政部部长由俞飞鹏代理。同时，蒋介石要求外交部摸清日方的动向企图，以及各国对此事的反应，令军委会第二厅认真搜集事变后日方的情报，并注意国内各方，特别是共产党方面对此事的反应。蒋介石希望这一事件能像以往的危机那样得到化解，他怀着忐忑不安的心情度过了这一天。

从1931年的"九一八"事变到1937年的"七七"事变，日本步步紧逼，难道国民党蒋介石政府就能坐视不管而让日本随意蚕食鲸吞大好河山吗？回答是否定的。

日本帝国主义咄咄逼人，肆无忌惮地对中国发动侵略，使每一个中国人都意识到国难临头。尤其是民国以来，孙中山先生的民族主义思想深入人心，提高了人民的觉悟，炎黄子孙都看清了这样一个趋势：整个中华民族与外来侵略势力的生死搏斗势必爆发。何况华夏民族自古就有的"夷夏之辨"思想和"楚虽三户，亡秦必楚"的信念埋藏在他们的心底，一旦强敌入侵，随时都会萌生抵抗的激情。作为受过中国传统教育的蒋介石，亦莫能外。

1928年5月，蒋介石率领国民革命军二次北伐，兵锋所向，北洋余孽无不土崩瓦解，正当蒋介石的第一集团军进入山东境内之际，日本出兵青岛、济南，恣意挑衅，酿成济南"五三"惨案。蒋介石用外交途径进行交涉时，日军却惨杀了外交特派员蔡公时，凌辱、软禁了南京政府的外交部部长黄郛，日本兽军的种种劣行，令人发指。

"济南事件"是蒋介石国民革命军最早与日军接触，并遭到重大损失而不还手的一次屈辱的事件，作为当事人的蒋介石表面上忍气吞声、退避三舍、息事宁人，但内心世界的挣扎与斗争，为日后留下了刻骨铭心的记忆，这也是蒋介石萌生复仇抗日思想的开始。他在日记中写道：

"不屈何以能伸，不予何以能取。犯而不校，圣贤所尚，小不忍则乱

国民政府军事委员会委员长蒋介石

大谋,圣贤所戒。慎之!勉之!"①

不久,复仇之誓又出现在蒋介石日记中:

"如有一毫人心,岂其能忘此耻辱乎!何以雪之,在自强而已。有雪耻之志,而不能暂时容忍,是匹夫之勇也,也不能达成雪耻之任务。余今且为人所不能忍耳。"

从此后,蒋介石以"君子报仇,十年不晚"的决心,以越王勾践卧薪尝胆的毅力,"自定日课,以后每日六时起床,必作国耻纪念一次,勿间断,以至国耻洗雪后为止"。

1928年6月,国民革命军进入北平,北洋军阀末代统治者张作霖逃往关外,在沈阳皇姑屯被关东军炸死。南京国民政府底定关内,南北划一。蒋介石回忆北伐经历,感慨万千,曾痛心疾首地说:"今年五月,济南事件,全国皆认为空前之国耻。然余等在前线亲历之耻辱,更非国人所能想象于

---

① 蒋介石日记现暂存于美国胡佛档案馆,国内史学界同仁赴美抄阅。以下引用均为抄件。

万一。明知种种挑衅举动，为帝国主义与革命势力两不相容之确证，却又不能不为避免革命顿挫而竭力忍受；但对方态度简直不复以国家待我中国，且不以人类待我国人。此种欲忍不能，欲发不能之苦况，永留在余之脑海，虽千年万年，亦难磨灭！天下事，间接感受者，总不如亲历其境者为刺心骨。果使任何同志亲历余之境遇，余知必与余怀有同一之感想。"

之后，蒋介石又坠入与新军阀混战和"剿共"战争，无暇顾及日本。

1931年，正当蒋介石在南昌主持对红军的"围剿"时，日本发动九一八事变，蒋介石在日记中写道：

"日寇野心既已爆发，必难再收，东亚从此将无宁日矣！"

但蒋介石对九一八事变的态度是"先行提出国际联盟与签约非战公约诸国，此时唯有诉诸公理"。

南京国民政府在《告全国同胞书》中说："政府现时既以此案诉之国联行政院，以待公理之解决，故希望我全国军队，对日军避免冲突；对于国民，亦一致告诫，务须维持严肃镇静态度。至于在华日侨，政府亦严令地方官吏，妥慎保护，此为文明国家应有之责任。吾人应以文明对野蛮，以合理态度显露无理暴行之罪恶，以期公理之必伸。然为维持国家之独立，政府已有最后之决心，为自卫之准备，决不辜负国民之期望。"

蒋介石决定采取诉诸国联，对日实行不抵抗政策的原因是：他认为日军在关外的动作与红军在江西腹地的割据相比，前者为肢体之患，而后者则为心腹大患。当前最主要的敌人是共产党及其武装。他说："如果内部不能安定，不但不能抵御外侮，而且是诱致外侮的媒介。所以我们要想攘外，必先安内。""攘外必先安内，统一方能御侮，未有国不统一而能取胜于外者。故今日之对外，无论用军事方法解决，或用外交方式解决，皆非先求国内统一，即主和亦非先求国内之统一，绝不能言和。是以不能战，固不能言和，而不统一更不能言和与言战也。"这种观点无疑是荒谬的，被历史证明是错误的。

1932年一·二八事变爆发，日军在上海发动进攻，侵略战火离首都南京咫尺之遥，已经严重威胁到南京国民政府的生存之时，第19路军当即奋勇还击，全国人民抗日运动又一次掀起高潮，与红军的存在相比，一则尚在赣南闽西边区，一则就在眼前，蒋介石立即通电："国亡即在目前，凡有血气之人，宁能再忍！我19路军将士，既起而为忠勇之自卫，我全体革命将士处此国亡种灭，患迫燃眉之时，皆应为国家争人格，为民族求生存，为革命尽责任，抱宁为玉碎，毋为瓦全之决心，以与此破坏和平，蔑弃信义之暴日相周旋！"

　　一·二八事变是蒋介石化抗日思想为具体行动的一次实践。他除了紧急调派精锐第5军增援淞沪外，又制订了《全国防御计划》，将全国划为五个防卫区：第一防卫区为黄河以北；第二防卫区为黄河以南、长江以北；第三防卫区为江苏南部及浙闽；第四防卫区为广东广西；第五防卫区为四川。很明显，防卫区是为准备抵抗日本的进攻而划分的，已有日后抗战战区划分之雏形。此外，他还将国民政府立即迁往洛阳，认为："政府倘不迁移随时受威胁，将来必作城下之盟。"①

《淞沪停战协定》签订的现场

---

① 中国第二历史档案馆787军事档案。

与此同时，蒋介石仍将调停的希望寄托在国际联盟处。1932年3月17日，国联大会决定：1. 凡违反国际盟约及非战公约所取得之地位、条约及协定，国联会员国均不承认；2. 任何一方使用武力压迫，觅取中日争执之解决，均与国联精神相违背；3. 设置十九国委员会，代表大会处理本案，并向大会报告。

在国联斡旋下，5月5日，中日签订《淞沪停战协定》。蒋介石在外交上又作了一次屈辱的让步。他随即施行对江西苏区红军的第四次"围剿"计划，并重申："我们这次剿匪戡乱，是抗日御侮的初步。如果剿匪不能成功，抗日就没有基础。"他反复告诫部下，"希望大家共同一致，如果赤匪的祸乱能够消灭，我们国内就可以安定。如果国内安定，我们一致对外，那么，日本就没有问题了。"

一·二八事变后，蒋介石对中日最终不免一战确信无疑。1933年初，他说："倭寇攻热（热河），必不能免。恐不出此三个月之内，甚或进占河北，捧溥仪出关，或觅汉奸，作为傀儡，以伪造华北之独立，使我中国分块独立，得陇望蜀，不征服我全中国，必不休也。"

国民政府被迫迁都洛阳的教训，亦使他清楚认识到，如果抗战开始，南京是无法保得住的，但洛阳也非根据地；然而抗日的基地将建在何方，他未有明确的目标。他设想或巩固中原，或退到边区，但必须有根据地，"以为将来恢复之基"。

军政部部长何应钦

果然，1932年7月，日本关东军从锦州向热河进攻，至1933年3月，热河全境失陷。国民政府虽然制订了以确保冀热并巩固平津为目的的军事部署与作战计划，调兵遣将，但蒋介石的主要精力仍放在对红军的"围剿"上面，而且动用的兵力越来越大，间隔的时间也越来越短。

同年5月17日，日军前锋抵北平市郊，向中国提出停战条件：中国军队撤退到延庆、昌平、高丽营、顺义、通州、香河、宝坻、林亭口以南、以西，今后不得有一切挑战行为。5月31日，中国代表屈辱地在《塘沽协定》上签了字。日军兵临华北，一边是耀武扬威，剑拔弩张；一边是忍气吞声，处处退让。在此背后，便是蒋介石刻骨铭心的仇恨，他说：

"于此停战蒙耻之时，使吾人卧薪尝胆，而不自馁自逸，则将建设计划，确定步骤，切实推行，以期十年之内，可雪此耻乎。"

二、国民党的备战举措

面对日本咄咄逼人的侵略行动，蒋介石在"剿共"的同时，也在暗中准备抗日的部署，总的来看大致有以下几个方面：

第一，有目的地将重工业向内地转移，避免集中在沿江沿海地区。全国大工厂、铁路的建设也以国防军事计划及国民经济计划相结合，由政府审定其建设地点。

第二，完成铁路向西向内地之干线建设，例如建设陇海铁路西段、沪杭甬铁路、钱塘江大桥以及整理浙赣铁路都是以备战为目的的。此外，计划中的京赣铁路、湘黔铁路等都是为抗战后向大后方转移而准备的。

第三，在经济区中心区附近不受外国兵力（主要针对日本）威胁的地区设立"国防中心区"，当时被确认的中心区城市主要有五处，即南京、武汉、成都、洛阳、西安。

第四，设立国防设计委员会，着重进行国防经济资源的调查，筹划战时军事、经济动员和国防重工业设计计划，开发国防资源，以备战时国防需要。

第五，施行法币政策，进行币制改革，统一了混乱的货币，不但解决了当时的财政困境，并为日后的长期抗战，奠定了财政经济基础。因此，日本人评论说:"如无1935年之法币,则无1937年之抗战。"

第六,整军肃武,大力发展海、空军建设,重提航空救国的口号。并大力发展军事教育,暗中构筑国防工事。

第七,开展"新生活运动",以精神总动员方法,唤起国人现代觉悟与意识,提高人民的觉悟。

第八,坚持"攘外必先安内"的荒谬政策,加紧对红军的第五次"围剿"。

1934年10月,中央红军在第五次反"围剿"中,遭到惨重的损失,向湘、黔、滇、川等省实行战略大转移。

1935年,蒋介石的中央军以"追剿"红军为名,一石二鸟,进入被地方军阀控制多年的贵州、云南、四川等省,打破了西南军阀割据的封建局面。蒋介石到了天府之国后,立即被四川地势的险峻、复杂所折服,决心以四川为抗日战争持久战之根据地。后来他以炫耀的口气说:

"自从九一八经过一·二八以至于长城战役,中正苦心焦虑,都不能定出一个妥当的方案来执行抗日之战。关于如何使国家转败为胜转危为安,我个人总想不出一个比较可行的办法。只有忍辱待时,巩固后方,埋头苦干。但后来终于定下了抗日战争的根本计划。这个根本计划什么时候才定下来的呢?我今天明白告诉各位,就是决定于二十四年入川剿匪之时。到川以后,我才觉得我们抗日之战,一定有办法。因为对外作战,首先要有后方根据地。如果没有像四川那样地大物博人力众广的区域作基础,那我们对抗暴日,只能如一·二八时候将中枢退至洛阳为止。而政府所在地,仍不能算安全。所以自民国二十一年至二十四年入川剿匪为止,那时候是绝无对日抗战的把握。一切诽谤,只好暂时忍受,绝不能漫无计划的将国家牺牲。真正为国家负责者,断不应该如此。到了二十四年进入四川,这才找到了真正可以持久抗战的后方。"

1935年初夏,"华北事变"发生,日军逼迫中央军撤出华北,撤走国民党河北省、市党部;调走军委会北平分会政训处及宪兵第3团;禁止全国排日行动。日本的意图已是司马昭之心,路人皆知,即要求完全控制华北。蒋介石未必认识不到日本的图谋,但因顽固坚持反共为先的反动方针,对日本侵略者一直采取忍让政策,此时他电告何应钦:"言牺牲尤当知委曲求全之必要。此时之委曲忍让,决非苟求幸全,盖未至最后关头耳。"

可以认为:1935年,是蒋介石酝酿持久抗日思想关键的一年。之所以这样讲,有以下因素不容忽视:

第一,蒋介石的"安内"行动已基本完成,红军已从江西根据地退出,在长征中主力从8万人损失至3万人,偏居陕北一隅,已由蒋介石的心腹之患变成肘腋之患。

第二,蒋介石的中央军势力进入四川、云贵等地,中央整理川事亦见成效,蒋介石已选中四川为持久抗战之根据地。

第三,日本的侵略威胁加剧,自东北落入其势力范围后,日军在华北频繁挑衅,妄图造成华北独立的事实日益显现,如再任其发展,华中亦将不保,最终威胁蒋介石政权的统治。即使日本不对其构成严重的威胁,国民党政权亦将失去民心而垮台,为了生存,蒋介石决心抗战。

第四,大力加强海、空军建设,并加紧陆军整顿,此举并不完全针对活动在湘桂黔滇川陕等省边界的几万红军,针对日本的备战意图已很明显,尤其是修筑以南京为中心的国防工事。至抗战爆发前,已完成江浙区及鲁南、鲁东、鲁北阵地,江防海防要塞的整备亦次第完成。

第五,新生活运动的提倡和法币改革,从思想上与财政上为抗战奠定了一定的心理与经济基础。因此,日本首相阿部信行指出:"中国有三个不可轻予看过的大事,整理财政、整理军备和新生活运动。"他将此三件事列为抗日战争的必要准备。①

然而,直到"七七卢沟桥事变"发生,对于蒋介石来说,是否是和平

---

① 参见肖桦:《1927—1937年蒋介石抗日思想的形成及其特点》,《民国档案》1995年2期。

已经绝望、牺牲已到最后关头？他还无法断定，因为他对日军制造事变的意图还不明了。他在当日的日记中写道："倭寇在卢沟桥挑衅矣，彼将乘我准备未完之时使我屈服乎？或故与宋哲元为难，使华北独立乎？"他似乎还心存幻想，还不愿付诸抗日的行动。

是日下午，外交部次长陈介约见日本使馆副武官大城户三治，向日方提出口头抗议，劝告日方停止军事行动。中国仍希望通过外交努力，解决卢沟桥事变。

第三节 日本增兵，扩大战事

一、日军增兵平津

沈阳。7月8日清晨。当"卢沟桥事变"的消息传到关东军司令部，关东军将领们兴奋异常，弹冠相庆。

关东军司令部即召开紧急会议，一致认为"目前北方（指苏联）是安全的，所以乘此时机应对冀察给予一击"。会议决定，"独立混成第1、第11旅团主力及空军部队一部做好立即出动的准备"，随时听令开赴华北参加作战。自九一八事变以来，日本侵占东北，进犯热河，进攻长城各口，兵临平津城下，再犯绥远，攻城略地，关东军几乎都是打头阵，现在他们认为该大显身手了。当日18时10分，关东军发表声明表示对卢沟桥事件"保持极大的关心和坚定决心，严重注视着事件的发展"的同时，关东军司令部派遣高级参谋田中隆吉和辻政信到华北驻屯军陈述强硬意见，支持其武装进攻行动，要求两军联名向日本国内提出意见。辻政信还跑到卢沟桥前线，煽动华北驻屯军联队长牟田口廉也大佐说，"关东军支持你们，彻底地扩大下去吧"。

朝鲜军司令官小矶国昭得知"卢沟桥事变"发生后，立即向参谋本部报告，并表示："已以第20师团的一部做好随时出动的准备。"并强调扩大战争，以"利用这一事件推行治理中国的雄图"。

东京。7月8日。卢沟桥事变的消息传到东京，参谋本部开始制订向华北派兵的计划，准备从关东军抽调两个旅团，从朝鲜抽调一个师团，从国内派遣三个师团到华北作战。当日深夜，陆相杉山元下令：京都以西各师团，原定于7月10日复员的步兵联队2年兵延期复员。同时，海军部也下令进入警备状态，以备对华紧急出兵。日本扩大对中国侵略的意图已非常明朗。杉山元在给天皇的奏折中狂妄地宣称:"中国事变用一个月就解决了。"他们认为,国际形势也有利于对中国的侵略:美国不大注意远东,英国受到德国的牵制,无暇东顾,苏联也不会干预日本的行动,卢沟桥事变"是千载一逢的良机,此时还是干为好"。

7月9日。第29军全歼日军一个中队,收复铁路桥和龙王庙后,卢沟桥战场上出现了暂时的沉寂。日军畏惧第29军驻平部队全线出击,佯作谈判以为缓兵之计,诡称"失踪日兵业已归队,一场误会希望和平解决"。

第29军方面当即表示同意。北平、天津两地中日双方代表进行谈判。

晨4时,北平方面代表秦德纯、张允荣和日方代表松井太久郎、和知鹰二、今井武夫等经过谈判达成三条口头协议:一、双方立即停止射击;二、日军撤退到丰台,我军撤向卢沟桥以西;三、城内防务除宛平城原有的保安队外,并由冀北保安队(石友三部)派来一部接防,并由双方派员监督撤兵。

第29军在取得收复铁路桥、龙王庙大胜之时,为什么还愿意与日方谈判,接受日方提出的屈辱条件呢?

刘汝明在他的回忆录中是这样说的:"这时中央的指示是要应战不求战,我们开会的结果,是先设法拖延时间,把分散的兵力集结,各据点决不放弃。所以便叫石友三的冀北保安队接替宛平防务,抽出第37师来集中兵力。第132师急自河北各地向北平以南集中待命,第38师的刘振三旅和骑兵师的张德顺旅,固守廊坊,并阻断平津交通,不叫日人继续增兵。"

刘汝明事后的回忆和当时第29军的做法大相径庭,事实上中日双方的

第29军军长宋哲元

口头协议之后，第29军单方开始行动，秦德纯当即命令王冷斋和吉星文团长做好交接准备，他向二人解释说，这样解决是给日本人保留一点面子，找个台阶下。这时，有部下提醒秦德纯，近日丰台车站不断有援军到达，运输很紧张，不像停战的样子。秦却认为："日本军部的命令可能还没下达，我们去执行吧。"

9日凌晨，严宽将卢沟桥的情况向何应钦作了报告。他报告的内容可以说同冀察第29军方面是一致的，他称："中日部队现已停止冲突。我方态度镇静与强硬，日鉴是况，因之情势稍转和缓。""日方口气：不想事态扩大，但要求我方中日部队同时退开卢城。其企图有和中取巧，袭丰台故伎。"①

但蒋介石比冀察当局者清醒，他向驻河南驻马店的第26路军孙连仲去电，令其"希即由平汉路方面派两师，即向石家庄或保定集中，至车辆等事，径与经扶主任商洽可也"。同时令高桂滋第84师和庞炳勋第40军也向石家庄集中。

中午，北平秦德纯与日方达成三条协议的消息传到庐山，庐山方面对卢沟桥事变解决比较乐观。下午6时，俞飞鹏给重庆的何应钦报告了这一消息，"本日十时半起双方部队向永定河东西岸后撤，候谈判解决。现平方秦市长等态度颇强硬，津方由李公安局长等与日接洽，日方驻屯军及使馆，均有人向我接洽。窥其情形，似有牵（迁）就我方，不愿事态扩大之意"。②

宋哲元给蒋介石的电报似乎更为乐观："此间战争，今晨停息，所有日军均已撤退丰台，似可告一段落。"③

但事实是北平的现状并不是严宽向何应钦报告的那样，也并非宋哲元所说"告一段落"，更不是俞飞鹏报告的"牵（迁）就我方"。

7月9日清晨4时50分，第29军方面按照协议令石友三冀北保安队到宛平接

---

① 《严宽致何应钦密电（1937年7月9日）》，载《抗日战争正面战场》(上)，第179-180页。
② 《俞飞鹏致何应钦等密电（1937年7月9日）》，载《抗日战争正面战场》(上)，第164页。
③ 《宋哲元致蒋介石密电（1937年7月9日）》，载《抗日战争正面战场》(上)，第163页。

防,行至大井村,便受到日军的阻击,死伤数人。日军重重阻挡,15公里的路程走了整整一天,至晚6时方抵达宛平城,但日军只允其携带步枪,每人只许带子弹30发,所带的机关枪则要运回北平。晚7时,保安队不足二百人进入宛平。第29军方面按照协议将宛平守军全部撤出,退守永定河西岸。

在百般阻挠保安队的同时,日军反而增加兵力,将机械化部队第2大队由通州调到丰台。下午3时40分,河边下令第2大队去宛平东北角的沙岗接防,企图利用吉星文团和冀北保安队换防的机会占领宛平城。

宛平城由装备低劣的保安队接防后,日军认为万事俱备,只待进城了,河边正三得意忘形地要求亲率幕僚"入城慰劳",遭到中方人员的拒绝。日军两三百人仍留在沙岗一带未撤,士兵们忙着架设电话线,布置炮位,炮口对着宛平城。铁道旁、涵洞口都有日军盘查行人,弥漫着临战的气氛。

10日凌晨2时,进入宛平城的保安队接防甫定,饥肠辘辘,刚端上饭碗,日军突然向宛平开枪攻城,保安队被迫放下饭碗操枪应战。

上午,冀察方面的秦德纯、冯治安、王冷斋、何基沣等,应日本人的提议,和日方代表樱井、中岛、笠井、斋藤一起召开联席会议,日方出席会议的4人中,没有一个人能代表日本军部,显然,日方以此拖延时间,无理纠缠。会议中,日方代表被中方代表质问得理屈词穷,只得以离席到外面打电话为名,不辞而别,返回部队。

这时,增援北平的日军由天津、通州、古北口、山海关等处,携带着火炮、坦克等武器接踵而至。关外,尚有日军11列火车陆续隆隆开入关内,其中两列已进抵天津。下午3时,日军加强了在卢沟桥边的戒备,截断平卢公路,割断电线,一场大规模的战争即将开始。

二、冀察当局的妥协退让

第110旅旅长何基沣看着每况愈下的局面心急如焚,为扭转不利局面,准备于当日夜间袭击丰台日军。经师长冯治安同意,决定乘敌人大部兵力尚未开到的时候，抓住战机，出敌不意，全歼丰台日军。此时，北平一带的兵力对比，中国方面暂占优势：原驻保定的陈春荣旅一团、东北军第53军万福麟部的骑兵团及钢甲车两列已开到长辛店，战斗力大为增强，全歼日军是有把握的。

何基沣部署停当，打电话向军部请示，此时第38师师长张自忠在军部坐镇，何旅长主动出击的要求遭到了张自忠的拒绝，他说："你们要大打是愚蠢的。如果打起来，有两方面高兴：一方面是共产党，符合了他们的抗日主张；另一方面是蒋介石，他可以借抗战消灭我们，带兵不怕没有仗打，但是不要为个人去打仗。"

何基沣回答道："现在的情况，不是我们要打日本人，而是日本人要打我们。"

一句话把张自忠驳得哑口无言，张感到何基沣意志坚决，不易说服，自己是第38师师长，不是何的直接长官，不好下命令制止。于是通过军部给何下达了"只许抵抗，不许出击"的严令。第29军的将士从此失去了出击的机会，完全陷入了被动的局面之中，只得眼睁睁地看着日军的援兵陆续到达。

卢沟桥事变发生时，第29军军长宋哲元正在山东乐陵为先祖父、父亲修筑坟墓。他闻讯对手下说：

"如果真打起仗来，我们这个军毫不含糊。日本有飞机、坦克，我们有大刀、手榴弹，在喜峰口等地是较量过的。两军杀到一块，飞机、坦克不如大刀顶用。今后局势不论怎么变化，我宋哲元绝不当汉奸，绝不卖国。"

7月11日，宋哲元从乐陵抵达天津。

蒋介石希望宋哲元立即到保定坐镇，指挥抵抗。他同时向北平、乐陵发了内容相同的电报，告诉宋哲元双方部队调动情况，并"希兄速回保定指挥可也"。

宋哲元尚未意识到"卢沟桥事变"是日本大举进攻中国的开端，他最大的担心是怕中央军北上，以抗日为名，渐次夺取他在平津的地盘。因此，希望通过谈判，以有限的让步同日方妥协，保住来之不易的军队和地盘。

12日，宋哲元发表对时局的谈话：

"此次卢沟桥发生事件，实为东亚之不幸，局部之冲突，能随时解决，尚为不幸中之大幸。东亚两大民族，即是中日两国，应事事从顺序上着想，不应自找苦恼。人

日本华北驻屯军新任司令官田代皖一郎

类生于世界，皆应认清自己的责任。余向主和平，爱护人群，绝不愿以人类作无益社会之牺牲。合法合理，社会即可平安，能平即能和，不平则不和。希望负责者以东亚大局为重。若只知个人利益，则国家有兴有亡，兴亡之数，殊非尽为吾人所能意料。"

这时，秦德纯已获得日方大举增兵的可靠情报；何应钦也电话告诉宋哲元："日本已颁布全国动员令，卢事日趋严重，津市遍布日军，兄在津万分危险，务祈即刻秘密赴保定，坐镇主持。"

第29军副参谋长张克侠对宋哲元说："现在已到民族存亡关头，不战将成为千古的民族罪人，战而不胜虽败犹荣。现按敌我形势，我占优势，可以在敌人增援前抓住战机击败敌人。"

宋哲元点头同意，并让张克侠拿出个采取主动的作战计划。张克侠当即制订了一个以攻为守的作战计划，将第29军兵力编成几个集团，分天津、北平、察哈尔三个战区，以保定地区作为总预备队的集结地区。首先消灭区内分散部署的日本华北驻屯军，然后全力向山海关前进，以优势兵力一举消灭在华北的约两万日军。但正当张克侠将作战计划交给宋哲元时，宋哲元上了日方的当，认为能通过谈判解决问题，并亲自与天津的日本华北驻屯军香月清司中将谈判。他后来对人声称："和香月见面，谈得

很好，和平解决已无问题。"

宋哲元回到北平后表示："决本国家立场，国民地位，中央意旨处理，以期卢沟桥事件能早日解决，盖能平即能和。"

7月15日，日军制订了作战计划，报告给陆军中央部，计划如下：

其一，方针：

一、军在作战开始时，以突然行动进攻第29军，并将其扫荡至永定河以南。此为第一期。

二、在上述作战时，力求保护北平侨民。

三、第二期作战，根据情况，以现有兵力进出至保定、任丘之线，增加兵力后进至石家庄、德州一线，并准备与中央军进行决战。

其二，指导要领：

7月20日前兵团集中，并进行第一期作战准备。各部队展开地域为：独立混成第11旅团主力位于高丽营，一部位于顺义；独立混成第1旅团位于怀柔；第20师团位于天津、唐山、山海关地区。

其三，作战指导大纲：

一、第一期作战，主要在于一举击败北平西部的第37师，将其扫荡至永定河以南。根据情况一并攻击南苑之38师。在此期间，第20师团要随时准备击溃第132师。

二、航空兵主力，在战斗开始前集中轰炸好战的第37师所在之西苑、八宝山、北苑、长辛店等地，依情况亦可轰炸南苑。

在第一期作战期间，航空兵要集中力量支援地面部队作战，击溃前来挑战的中国空军。

三、严禁轰炸北平市街及万寿山。

四、独立混成第11、第1旅团，由北平西北及以西地区向永定河一线进攻；对北平城不予攻击，根据情况派出适当兵力进行监视。

五、中国驻屯旅团主力，集结于丰台附近，按军部命令随时准备攻击八宝山的敌人，以策应第11、第1旅团的作战；配合攻击南苑与保卫丰台物资补给点。

六、第20师团主力，以铁路运输至北平以南地区参加北平郊外扫荡，应尽量在永定河南岸遮断第29军的退路，并以适当兵力做好击溃第132师的准备。

七、作战开始时，驻屯军以一个步兵大队为军预备队并警备天津；第20师团到达后，派出一个步兵联队作为军预备队。

八、有关事项：

第一期作战期间，为对付中央军北上，应随时切断平汉铁路。为使第29军无法利用铁路撤退，应将车头、车厢集中看管。独立混成第11旅团和第20师团，各派出一部兵力，分别在八达岭和津浦路方面进行警戒，以保障军的侧背不受威胁，并为将来作战创造有利条件。[①]

7月16日，东京五相会议，已决议动员侵华日军40万人，确定迅速灭亡整个中国的政策。大规模的战争只是时间问题了。

蒋介石意识到日本的挑衅已非局部问题，是涉及全国性的生死存亡的大问题。

7月17日，蒋介石在庐山发表了宣布"最后关头"的讲话。他说：

中国正在外求和平内求统一的时候，突然发生了卢沟桥事变，但我举国民众悲愤不置，世界舆论也都异常震惊，此事发展结果不仅是中国存亡的问题，而将是世界人类祸福所系。

第一，中华民族本是酷爱和平，国民政府的外交政策，向来主张对内求自存，对外求共存……前年五全大会，本人外交报告所谓"和平未到根本绝望时期，绝不放弃和平，牺牲未到最后关头，绝不轻言牺牲"……如果临到最后关头，便只有拼全民族的生命，以求国家的生存……最后关头

---

① 秦孝仪主编《中华民国重要史料初编——对日抗战时期》;台北国民党中央党史委员会1981年印，第二编《作战经过》，第224页。

一到，我们只有牺牲到底，抗战到底……

第二，这次卢沟桥事件发生以后，或有人以为是偶然突发的，但一月来对方舆论或外交上直接间接的表示，都使我们觉到事变发生的征兆……现在冲突地点已到了北平门口的卢沟桥，如果卢沟桥可以受人压迫强占，那么我们五百年故都，北方政治文化的中心与军事重镇的北平，就要变成沈阳第二。今日的北平若果变成昔日的沈阳，今日的冀察，亦将成为昔日的东四省。北平若可变成沈阳，南京又何尝不可变成北平！所以卢沟桥事件的推演，是关系中国整个国家的问题。此事能否结束，就是最后关头的境界。

第三，万一真到了无可避免的最后关头，我们当然只有牺牲，只有抗战，但我们的态度只是应战，而不是求战……至于战争既开之后，则因为我们是弱国，再没有妥协的机会，如果放弃尺寸土地与主权，便是中华民族的千古罪人，那时便只有拼民族的生命，求我们最后的胜利。

第四，卢沟桥事件能否不扩大为中日战争，全系日本政府的态度……在和平根本绝望之前一秒钟，我们还是希望和平的，希望由和平的外交方法求得卢事的解决。但是我们的立场有极明显的四点：

（一）任何解决，不得侵害中国主权与领土之完整；（二）冀察行政组织，不容任何不合法之改变；（三）中央政府所派地方官吏，如冀察政务委员会委员长宋哲元等，不能任人要求撤换；（四）第29军现在所驻地区，不能受任何约束。这四点立场是弱国外交最低限度……对于我们这最低限度之

蒋介石在庐山发表"最后关头"讲话

立场，应该不至于漠视。总之，政府对卢沟桥事件，已确定始终一贯的方针和立场，且必以全力固守这个立场。我们希望和平而不求苟安，准备应战，而绝不求战。我们知道全国应战以后之局势，就只有牺牲到底，无丝毫侥幸求免之理。如果战端一开，那就是地无分南北，年无分老幼，无论何人，皆有守土抗战之责任，皆应抱定牺牲一切之决心……①

蒋介石在庐山发表的抗日讲话，表明他领导全国进行抗战的决心。但他的抗日准备，尚未最后就绪，然日本已等不得他准备完全了，蒋介石发了十年的雪耻之誓，也到了一个该了断的时刻了。

7月7日这天，应蒋介石的邀请，周恩来、林伯渠、博古等人组成的中共代表团前往庐山，周恩来到牯岭后，就国共合作抗战事宜与蒋介石展开谈判。经过多次的磋商，双方仍然存在着分歧。卢沟桥事变发生后，国共双方加快了谈判的步伐。

7月15日，中共中央向国民党递送了《中共中央为公布国共合作宣言》后，周恩来、秦邦宪、林伯渠在庐山与蒋介石、邵力子、张冲继续谈判。蒋介石宣布承认陕甘宁边区，但在红军改编方面尚有分歧。

7月31日，南京政府下达了给共产党军队三个师的番号，并同意按中共所提人数及编制改编的命令。

8月2日，蒋鼎文转蒋介石电报，邀请周恩来"约同朱毛诸先生即来京面商大计"。随着战争形势迅速发展，国共两党合作的抗日民族统一战线也迅速建立起来。

三、国民党的军事预案

蒋介石是个颇有心计的人。其实早在七七卢沟桥事变爆发以前，他

---

① 1937年7月20日《中央日报》第一版。

的统帅部早已清楚中日间必有一场关系民族存亡的生死大战，并且早有预案。以下是保存在南京中国第二历史档案馆里的《民国二十六年度作战计划》（甲案）①：

第一，敌情判断

甲、敌之企图及行动

（一）敌国之军备及一切物质上，均较我优势，并掌握绝对的制海权，且在我华北造成强大之根据地。故其对我之作战方针，将采取积极之攻势，而期速战速决。

（二）敌军之攻击方向，为对黄河迤北，由古北口、山海关经北平到天津，沿平汉—津浦两路，向郑州—济南—徐州前进，期将我主力军歼灭，或将我国军向西北贫瘠之区压迫，期以封锁之。其副作战，由多伦经张家口—绥远—河套—大同，及由北平经保定、石家庄，向太原前进，取包围山西之势。

此外更将利用其有绝对制海权，由胶州湾、海州等处登陆，以威胁我在黄河北岸作战军之侧背。

（三）长江下游太湖附近之地区，为我国最重要之经济工业中心及首都所在地，敌今在上海已构成相当根据地，将以有力之部队，在本方面登陆，协同海军而进攻，期挫折我国抵抗之意志。

……

乙、敌之兵力及输送力

（一）陆军

（子）查敌国常备军有17个师团及军属部队。战争初期，即可征编第一批预备兵17个师团。战争开始后，又可征编第一〔二〕批预备兵17师团。总计60余万人。此外当可征集预备及后备部队，除去警备后方之外，

---

① 中国第二历史档案馆编：《抗日战争正面战场》（上），凤凰出版社2005年8月版，第3-23页。

可以用于最前线之兵力约39师团17旅，约200万人。

（丑）在中日两国发生武装冲突时，则日本为编成预备师，而实行总动员，非万不得已时，必不出此。故预计敌将酌留必要之兵力，以任警备。而对我使用之兵力，以12个至14个师团为最高额。若只局部发生战斗之时机，则其使用兵力，或将不超过常备军之半数。

（寅）由中日战争而惹起俄英美等之对日战，则苏俄平时常备军已有150余万，关东军亦有25万，预计苏俄即受欧洲方面牵制，亦可出兵50万以上。故敌军为对我先取攻势，最多只能使用30个至40个师团，即60万至80万之兵力。若在我国方面取守势，恐将自信其素质上之优越，而使用廿师团以下之兵力。

（卯）敌国之输送其陆军经朝鲜至满洲者，每星期2至3师团并直属部队与其补给。经海道向我国任何海岸者，每十天约一梯团，计2至3师团连同一切附属品及补给。

（辰）敌国在伪满及朝鲜驻屯军为6个师团。天津一带驻屯军有约一个加强师团。

伪满计26个步兵旅，骑兵6旅，独立骑兵6团。

故预计敌军如下：

北正面：驻伪满及天津3师团，在8至10日可由国内续送2至3师团，是以一星期后当有5至6个师，并伪满部队若干。

海正面：加入第一梯团2至3师团，须一星期。尔后续加同等兵力，为8至10日，是以14日至18日后，能有兵力5至6个师团，或分用于山东半岛—海州及长江下游地区，或合用于一处。

（二）海军

现敌驻我沿海及内河之第三舰队，为廿三艘、三万余吨。台湾马公要港所属舰队四艘、三千吨。以我海岸线之延长，海军兵力之薄弱，即敌不增加其主力舰，亦足以扰乱海疆而有余。故将利用其海军之优势，行动完全自由，仅以一部协同空军掩护陆军之登陆，余或集中于长江协同其陆军作战。或于开战初期，破坏我沿海要地，并袭用其不宣而战之故伎，以阻碍我长江交通。

（三）空军

敌之空军合计属于陆、海两军者，殆不下飞机三千余架，民间飞机不与焉，故战时当可扩充。然苏联在远东之实力已不下飞机五百架，美国空军亦有协助苏联袭三岛之可能，英在新加坡、香港之空军根据地，亦足以威胁敌国之西部，故敌之空军主力，将以自卫。其使用对我侵略者，或先以主力轰炸我重要城市及我空军根据地并主要交通线及铁路之要点，而以其一部协助其陆军之作战。

综合以上各种可能的行动，预计对敌作战之时机如下：

（甲）敌国惯以武装恫吓，以达其不战而胜，遂行其外交谈判，以局部军事行动，实行其国策，或因局部军事行动，而揭开战争之序幕。如：

一、敌军为扩大冀东伪组织，实行侵占平津，而与冀察部队惹起武装冲突之时期。

二、敌军越过长城实行武力威胁我北方将领，而欲成立其所谓华北五省自治国之时期。

三、敌增兵淞沪，或以海空军袭击我首都，企图遂行其强迫谈判及威胁挟持等时期。

……

第二，敌情判决

敌惯以武装恫吓，以达其不战而胜，遂行其外交谈判军事行动，实行其国策。

第三，作战方针

国军以捍卫国土、确保民族独立之自由，并收复

抗战前夕的空军飞机（三）空军

失地之目的，在山东半岛经海州—长江下游亘杭州湾迤南沿海岸，应根本击灭敌军登陆之企图。在黄河迤北地区，应击攘敌人于天津—北平—张家口之线，并乘时机越过长城，采积极之行动，而歼灭敌军。不得已时，应逐次占领预定阵地，作韧强之抗战，随时转移攻势，以求最后之胜利。

第四，作战指导要领

一、国军对恃强凌弱轻率暴进之敌军，应有坚决抵抗之意志、必胜之信念。虽守势作战，而随时应发挥攻击精神，挫折敌之企图，以达成国军之目的；于不得已，实行持久战，逐次消耗敌军战斗力，乘机转移攻势。

二、开战之初，如情况所许，则国军以主力于沧州—河间—保定之线，保持重点于平汉路方面，对经北平—天津之敌军，实行决战。

三、开战初期之状况，国军如不能进出沧保线时，则以主力使用于德州—束鹿—石家庄附近之线，仍保持重点于平汉路方面，与敌行第一次之会战。

四、开战初期之状况，国军如不能进出德石线，则冀察绥部队，逐次占领预定阵地，行持久战，迟滞敌之前进，主力占领黄河下游—东阿—寿张—观城—内黄—安阳之既设阵地。左翼与山西侧面阵地相联系，实行攻势防御。

五、如第一次会战失利，则向预设阵地后退，并补充实力，准备随时移转攻势，歼灭侵入之敌军。

六、山东半岛方面，以一部于沿海岸直接阻止敌之登陆，主力保持机动，对已登陆之敌军，断行攻击。不得已时，应固守潍河之线，以掩护主力军之侧背。

七、海州方面，应直接阻止敌之登陆，对登陆成功之敌军，断然决行攻击而歼灭。不得已时，应逐次后退固守运河之线。

八、长江下游地区之国军，于开战之初，应首先用全力占领上海，无论如何，必须扑灭在上海之敌军，以为全部作战之核心，尔后直接沿江海岸阻止敌之上陆，并对登陆成功之敌，决行攻击而歼灭之。不得已时，逐次后退占领预设阵地,最后须确保乍浦—嘉兴—无锡—江阴之线,以巩卫首都。对杭州湾、江阴之江面,实行封锁,阻绝敌舰之侵入。

九、闽粤方面之国军,应直接阻止敌之上陆,不得已时,应固守龙岩—延平—广州之线,以确保我东南资源之地。

十、空军于作战之先,以主力扑灭长江内之敌舰,及沪、汉两地敌之根据地。集中间:以主力对敌海上航空母舰与舰队及运输船舶攻击,并协助我海岸防守部队之作战,以一部协同陆军作战。

……

民国二十六年度作战计划还有乙案,与上述甲案互为参照补充,都是抵抗日军的方案。这也说明蒋介石已经充分认识到中日之间将要发生一场你死我活的大战。

民国二十六年度作战计划(乙案)[①]
(1937年1月)

第一,敌情判断

敌情判断如作战计划甲。

第二,敌情判决

敌为应付世界战,先必掠取资源,巩固作战之基础,将主力对我国军取攻势,在最短期间内欲消灭国军作战之意志。其主战场以华北为中心,并以有力之一部,沿平绥路西进,及由山东半岛、海州等处登陆,截断我南北联络线,策应其主力军之作战,以囊括我华北全部,同时以一部由扬子江口及杭州湾上陆,以掠夺我资源,威胁我首都,并以台湾部队向闽粤沿海岸登陆,期助援其主力军作战进展容易。

敌若受国军压迫,必放弃以上之企图,最后则确保东三省之资源地。

[①] 中国第二历史档案馆编:《抗日战争正面战场》(上),凤凰出版社2005年8月版,第23-34页。

第三，作战方针

国军以复兴民族、收复失地之目的，于开战初期，以迅雷不及掩耳之手段，于规定同一时间内，将敌在我国以非法所强占领各根据地之实力扑灭之。并在山东半岛经海州及长江下游亘杭州湾迤南沿海岸，应根本扑灭敌军登陆之企图。在华北一带地区应击攘敌人于长城迤北之线，并乘好机，以主力侵入黑山白水之间，采积极之行动，而将敌陆军主力歼灭之。

绥远方面国军应积极行动，将敌操纵之伪匪扑灭之，向热河方面前进，以截断敌军后方［联］络线，俾我主力军作战进展容易。

第四，作战指导要领

一、开战初期，应以迅雷不及掩耳之手段，将敌在我国以非法占领之各根据地之实力，在规定同一时间内，将其奇袭而扑灭之，俾尔后国军作战进展容易。

二、国军应以大无畏攻击之精神，统一之意志，对骄敌实行攻击，挫折其企图，以达成国军复兴民族，以达收复失地之目的。

三、敌军惯以华制华之手段，军民应精诚团结，敌忾同仇，须具必胜之信念。

四、应有专门机关指导义勇军，并组织民众，以游击战术牵制敌军，并扰乱其后方。

五、作战期间，负有绥靖地方之国军，未列入战斗序列者编为预备军，待命集中。

六、开战初期，陆、空、海军，应本此指导要领实施之。

其一，陆军

（甲）晋绥方面

（一）驻绥部队于开战初期，应迅速将商都一带伪匪歼灭之，如情况许可，即向多伦、赤峰、朝阳方向攻击前进，威胁敌之侧背。不得已时，应占领商都—六合—大清沟之线，掩护主力军之集中。

（二）晋绥首脑部，平时对伪匪应有切实［联］络，启发其爱国思想，策划其扰乱敌之后方。

（乙）冀察方面

（一）驻冀部队于开战初期，应将平津一带敌之驻屯军扑灭之，尔后以主力占领天津—大沽，一部占领香河—怀柔之线，掩护主力军之集中。情况万不得已时，天津—北平务必坚固占领之。

（二）驻察部队于开战初期，应以主力扫荡独石口—赤城之敌，一部将张北之伪匪扑灭之，尔后则向承德攻击前进。不得已时，应占领张家口迤北沿长城亘独石口—赤城之线，掩护主力军集中。

（丙）山东方面

（一）开战初期，山东部队应将主力奇袭青岛，将敌之潜势力扫荡而扑灭之，尔后即将登陆诸设备及码头破坏之，并封锁海口，一部占领龙口—烟台—蓬莱—威海卫，情况不得已时，应占领白河之线，掩护主力军之集中。

（二）青岛当轴应充实宪警力量，俾能协助国军扫荡敌军之潜势力。

（丁）江浙方面

（一）国军于开战初期，奇袭扫荡上海敌之潜势力，尔后则确实占领之。

全面抗战爆发前国民政府从国外购买的装甲车

（二）上海应充实宪警之力量，俾能协助国军扫荡上海敌之潜势力。

（三）杭州湾—江阴江面务必封锁之。

（四）海州—镇海—海门，务直接沿海岸破坏敌之登陆之企图。

（午[戊]）闽粤方面

（一）驻闽部队于开战初期，应将福州—厦门敌之浪人及潜势力扫荡而扑灭之，尔后则直接沿海岸破坏敌之登陆企图。

（二）驻粤部队于开战初期，应将汕头—广州敌之浪人及潜势力扫荡而扑灭之，尔后行直接沿海岸破坏敌之登陆企图。

其二，空军

空军于开战之初，以主力协同陆海军及要塞先将敌在我长江内之舰队扑灭之，并轰炸上海、汉口、天津、汕头、福州敌在我国占领之根据地。

（甲）集中间

以主力对敌海上航空母舰与舰队及运输船舶攻击，并协助我海岸国军之作战，以一部协同陆军之作战。

（乙）会战间

以主力协同北正面陆军之作战，以一部协同海正面作战。准备全部重轰炸队袭击敌之资源地、海空军根据地，如东京、大阪、横滨及佐世保军港，并辽宁兵工厂、台湾，以获我空中行动之自由。

其三，海军

海军于开战初期，以全部迅速集中于长江，协同陆、空军及要塞扫荡扑灭敌在我长江之舰队，尔后则封锁长江各要口并杭州湾、胶州湾、温州湾，拒止敌之登陆。

第五，战斗序列及战场区分

（略）

第六，集中

（甲）集中配备（如别纸附图）

（乙）平时配置（如别纸附图）

（丙）集中输送（如别册）

（丁）最高统帅部

最高统帅部位置于洛阳或郑州，并组织需要，随时赴各地指挥。

第七，各兵团之任务及行动

（甲）第一方面军（山东区）

（一）第一集团军

胶东方面：应以有力之一部于开战初期，迅速奇袭扫荡扑灭青岛敌之潜势力及根据地，尔后则确实占领青岛，阻止敌之登陆，以一部占领龙口—蓬莱—烟台—威海卫，阻止敌之登陆。

以主力集中于胶县—即墨—福山—潍县，随时能策应沿海岸部队，阻止挫折敌之登陆之企图。

（二）第一预备军

集中于济南—泰安—德州之部队务须能随时策应胶东半岛及平津之作战。

（乙）第二方面军（冀察区）

（一）第二集团军

（子）驻冀部队于开战初期，应迅速将敌之在平津一带之驻屯军扫荡扑灭之，尔后以主力占领天津—大沽，以一部占领香河—怀柔之线，掩护主力军之集中，尔后即向长城之线攻击前进，重点保持于左翼。

（丑）驻察部队于开战初期，应迅速将张北—独石口—赤城之敌扫荡扑灭之，待第七集团军到达该线时，迅速向古北口攻击前进，威胁敌之后方［联］络线。

（二）第四集团军

应以主力集中于良乡—固安一带地区，以一部集中于静海—别古庄一带地区，随时参加第二集团军攻击前进。

（三）第五集团军

应集中河间—高阳—满城一带地区，随时参加第二集团军攻击前进。

（丙）第三方面军（晋绥区）

（一）第七集团军

驻绥部队于开战初期，应迅速将商都—德化一带伪匪扫荡扑灭之，并协助第二集团军将张北伪匪扑灭之，俟接收第二集团军占领之线，尔后向多伦—亦峰—承德之线攻击前进。

（二）第六集团军

应集中于攀山保—阳原—大同一带，随时参加第七集团军攻击前进。

（三）第二预备军

应集中于娘子关—太原一带地区，俾能随时策应第二、七、六各集团军之作战。

（丁）第四方面军（江浙区）

（一）第三集团军

应以一部于陈家港—连云港—青口—岚山头沿海岸直接阻止敌之上陆，以主力集中于东海附近，俾能随时挫折敌之登陆企图。以一部集中于淮阴，俾能随时策应第一线之作战。左翼与第一集团军密切［联］络。

（二）第八集团军

在开战初期，应以主力扫荡扑灭敌在上海之根据地吴淞—宝山并沿江海岸阻止挫折敌之登陆企图。

（三）第九集团军

应以主力协助第八集团军扫荡扑灭敌在上海之根据地，尔后在杭州湾—镇海—温州湾沿海岸，直接阻止挫折敌之登陆企图。

右翼与第十集团军密切［联］络。

（四）首都警卫军

应集中于南京—浦口—镇江—芜湖一带地区，于开战初期，迅速扫荡扑灭敌之潜势力及根据地，俾准备能策应沪杭一带之作战。

（五）第三预备军

应集中于武进—长兴—宜兴一带地区，俾能随时策应第八、九两集团军之作战。

（戊）第五方面军（闽粤）

（一）第十集团军

驻闽部队应于开战初期，将厦门—福州敌之浪人并根据地扫荡扑灭之，尔后则直接于沿海岸阻止敌之登陆，并将主力集结于南平—漳平一带地区，随时能策应沿海部队，阻止挫折敌之登陆企图。

右翼与第十一集团军密切［联］络。

（二）第十一集团军

驻粤部队于开战初期，应迅速将汕头—广州敌之浪人并根据地扫荡而扑灭之，尔后则直接沿海岸阻止敌之登陆，并将主力集中于惠阳—广州—开平—阳春一带地区，随时能策应沿海岸部队，阻止挫折敌之登陆企图。

（己）第一总预备军

应集中于西安—洛阳一带地区，俾随时能策应冀察区、晋绥区、山东区之作战。

（庚）第二总预备军

应集中于南昌—武昌—汉口一带地区，俾随时能策应江浙区、闽粤区之作战。

（辛）第三总预备军

应集中于徐州—开封—郑州—安阳一带地区，俾能随时策应山东区、冀察区、晋绥区之作战。

第八，航空与防空

（甲）航空

开战初期：

（一）第一集团军以南京—广德—杭州等地为根据，协同陆、海军及要塞，轰炸芜湖迤东（芜湖在内）长江下游之敌舰及上海敌之根据地而扑灭之。

（二）第二集团军以南昌—孝感—武昌等地为根据，协同陆、海军及要塞，轰炸芜湖迤西以迄武汉长江江面之敌舰及汉口敌之根据地而扑灭之。

（三）并以一部位置于济南—太原为根据地，轰炸青岛—平津一带敌之根据地，挫折敌之企图，迟滞敌之行动，并协助山东区、冀察区、晋绥区各部队作战进展容易。

（四）应于（以）全部重轰炸队，以广德为根据，轰炸敌之资源地、海陆空军根据地，如东京、大阪、横须贺、佐世保军港、达（辽）宁兵工厂、台湾敌之空军根据地等，俾获得我空军空中行动之自由。

（五）第一集团军之主力位于江南，一部移于徐州，对海州迤南之海面搜索敌之航空母舰、军舰及运送船而破坏之，并任首都之防空，并重要交通线之掩护。

（六）第二集团军以主力位置于郑州、西安、太原等地，任山东区、冀察区、晋绥区之军队输送集中，并搜索敌情，一部位置于南昌，任闽粤区之军队输送集中，并搜索敌情，并轰炸闽粤沿海岸敌之航空母舰、军舰及输送船。

在此时间对敌之空军务避免决战，务宜集结兵力对敌弱点乘机奇袭，以期将敌各个击破，逐渐消耗其实力。

会战时期：

（七）第一集团军之一部，仍位于江南，搜索长江迤南沿海岸之敌舰船而轰炸扑灭之，并协同陆军之战斗。其主力移于徐州—济南—德州一带地区，对海州以迄胶州湾沿海岸搜索敌舰船轰炸而扑灭之，并协同陆军以击破敌登陆之企图。

（八）第二集团军以主兵（力）进驻保定—张家口一带地区，协助第二、三方面军之作战。仍以一部位置于南昌协助闽粤军之作战。

（九）空军则以主力协助华北主力军之作战，一部任各大都会之防空并沿海之搜索。

（十）各期间兵力之转移，端赖地面设备及补给通行之周到，其详细计划，载于空军作战计划内，如附件所载。

（乙）防空

（一）各都市及军队并各交通路之防空载于防空计划内，如附件。

（二）平时对民众应贯［灌］输防空知识，并训练其防空技能，其详细情形载于防空计划内。

第九，海军

海军应避免与敌海军在沿海各地决战，全部集中长江，协同陆空军扫荡扑灭敌在长江内之舰队，尔后任封锁长江口及各港湾，阻止敌舰之侵入。

第十，要塞

（甲）要领

各要塞应严整战备，缜密计划，俾得随时应敌。在作战期间务击破出现我要塞前之敌舰船，并支援陆军之作战。

（乙）海岸要塞

镇海—乍浦—虎门—海州各区要塞，各受各该方面军野战军之指挥，任海岸之防守，协同陆、海、空军作战，摧破敌之登陆企图。

（丙）江岸要塞

南通—福山—江阴—镇江—江宁各区要塞，各受该区野战军之指挥，于开战初期，出敌不意，与我陆、海、空军协力奇袭敌舰而扑灭之，尔后则封锁长江，阻止敌舰之侵入，并协同野战军之作战。

第十一，交通、通信

（甲）交通

（一）战时交通，务尽百般手段，尽量利用所有机关，而增大其输送能力。

（二）铁道输送，由最高统帅部直辖而运用之，但状况必要时，得指定某段线路为方面军或集团军一时专用之。

（三）海运及长江之水运，由最高统帅部直辖使用。各省境战区内之河川，则归兵站管区或该方面军与集团军专用之。

（四）各省境战区内之公路，统归所属兵站管区或该方面军与集团军专用之。

（五）关于船舶、汽车及铁道输送并各项输送器材等均须详细计划之。

详细计划如附件。

（乙）通信

（一）最高统帅部与各方面军及各集团军间，应有直通之专用线一条，并利用国有电报与各铁道之路有电报线，而以无线电信为补助通信。

（二）最高统帅部与海军及空军间之联络，以无线电为主，国有电报线为副［辅］。

（三）各方面军及各集团军与所属军（师）间，或各级司令部相互间之连［联］络，以利用地方固有电报及电话线，并所属之野战电信队为主，以无线电副［辅］之。

（四）关于通信详细情形及详细通信计划。

第十二，兵站

（甲）要领

（一）兵站之设施，首应顾虑国军于黄河迤北及晋绥地区之作战不生障碍，并准备追随野战军进出热河向东三省前进为要。

（二）对海面之设施，应能随国军攻击运动，而使补给圆滑为要。

（三）为顾虑国军长期作战计，对资源之征集应有周密之准备。

兵站详细计划如附件所载。

（乙）集积主地及兵站线路

（一）集积主地，设施于下列各地：南昌、汉口、南京、徐州、郑州、西安、大同、太原。

（二）主兵站线：

（子）浙赣铁道，及沪杭甬铁道。

（丑）京沪铁道。

（寅）津浦铁道，及郑州迤东陇海铁道。

（卯）平汉铁道，及郑州迤西陇海铁道。

（辰）同蒲—正太—平绥诸铁道。并尽量利用与上述各铁道线附近平行之诸公路及河川，而设置兵站线路。

（丙）补给品之储存

（一）储存野战军一百个师六个月需要之粮秣。

（二）储存野战军以三次会战必需之弹药。

（三）储存发动机必要之燃料及战时必需物品。

（四）将上述各储存品，分置于各集积主地外，并就左列各地设置仓库：

宣城、蚌埠、归德、信阳、洛阳、太原、济南、南昌。

（五）补给品之储藏，务宜分散，可就在集积主地及仓库地附近各处而配置之。

（丁）卫生

（一）作战初期，须准备兵站病院五十个及所需卫生材料六个月份，约可收容伤病者五万人。

（二）编病院列车十二个，以担任病伤者之输送。

（三）在太原、西安、南京、南昌、汉口等地，应筹设重伤病院。

（戊）资源之征集

（一）关于资源，平时宜统计调查统制使用之，俾为战时之利用。

（二）兵器弹药之筹划，兵器可先购自外国，但弹药务必自给，仍须增强自己兵工厂之制造力，设各海口被敌海军封锁时，应于广州、昆明、新疆等处，由外国购买，以为补充之来源。

第十三，警备

（甲）铁路、公路、水路各交通之警备

（一）铁路之警备，除各铁路原有之警备力量外，战时宜充实其力量。

（二）公路、水路之警备，将民众训练健全组织之，俾负警备之责。

（乙）地方之警备

（一）陕甘宁青藏警备军：应绥靖地方，尔后则一部担任地方警备，主力应准备随时移调，以应援晋绥、冀察方面作战。

（二）新疆警备军：应以一部担任地方警备，以主力由内蒙古向察哈尔集中，参加战斗。

（三）川康警备军：应以一部警备地方，以主力集结于指定地点，俾随时参加各方面之战斗。

（四）湘鄂赣皖警备军：应以一部警备地方，并任沿长江警备之责，并准备随时应援各方面之作战。

（五）滇黔警备军：应以一部警备地方，以主力集中于指定地点，随时参加各方面之战斗。

（六）广西警备军：应以一部警备地方，以主力集中于梧州，随时协同闽粤方面之作战。

第十四，新兵器之补充

（一）现时各师兵器甚为复杂，将来作战时，对弹药之补充，甚感困难，且因此减少战斗力，故宜将各师之兵器调整划一之，进一步，每方面军直辖各师之兵器，务必划一，俾战争力量充实。

（二）每一方面军应有化学兵团，俾战时减少损害，并增加战斗力量。

（三）我国海军[岸]线甚长，海军要塞均不能自卫，宜速筹设大口径列车炮，俾能防护沿海岸。

（四）空军力量，宜速充实之，首先训练人才，其器材宜购买自造并重。

（五）关于轻重机关枪、步兵炮、战车、装甲汽车、高射炮、重炮及化学兵器等，宜按财政力量，并以调整师之步骤，逐次充实之。[1]

---

[1] 中国第二历史档案馆馆藏军事档案。

第四节 平津失陷

一、激战南苑及北平陷落

7月22日晚,参谋次长熊斌等秘密到达北平,与宋哲元会晤,熊向其通报了中央的抗战决心,使宋了解了蒋介石对这场战争的态度。同时,蒋介石命令军需署补充第29军子弹三百万发,并令河南一部分高炮部队调至保定,归宋指挥,对宋的抗日态度有一定的影响。

24日,宋哲元召集第29军将领商议了一个作战计划:决定以第132师一部守北平,其余的和第37师进攻丰台和通州之敌;第38师进攻天津海光寺;第143师自南口出击,进攻昌平、密云、高丽营等地,截断古北口到北平的通路。

25日,北平、天津的日军业已部署到位,当然不会放过处在平津咽喉上的重镇廊坊。当日下午4时半左右,日军第20师团第77联队的一个中队,乘列车行进至廊坊站,以修理电话线为名,趁机占领车站,并抢占有利地形,修筑工事。在这种形势下,第38师主官还是命令部队"不能先敌开火"。廊坊守军不满其妥协的做法,先敌开火,打响了廊坊战斗。廊坊战斗由于作战部队士气高涨,使敌伤亡惨重。

战斗结束后,廊坊守军已和平津失去联系,第113旅既不了解平津两地的战况,也得不到师部和军部的指导,形成了独立与盲目作战的局面。26日,在日军飞机轰炸和重兵的围攻下,便主动撤出廊坊。撤退至安次的第113旅旅长刘振三觉得没有上级的命令而擅自撤出廊坊,怕事后不好交代,于是命令第226团团长崔振伦于27日晚夜袭廊坊。午夜,夜袭部队乘敌不备,发起猛攻。日军从睡梦中惊醒,仓皇应战。夜袭部队报国心切,熟悉地形,斗志旺盛,激战一小时,歼敌大部,小部逃入车站建筑物内。日军一列伤兵车上的伤员、保卫及医务人员全部被歼，廊坊车站被占领。正在这时旅部了解到平津形势险恶，便于拂晓前撤离廊坊。

日军占领廊坊，切断了平津之间的交通，切断了第29军军部与天津所属部队的联系，使第29军在军事上陷入了更加危急、被动的局面。

在廊坊战斗的同时，何基沣之第110旅炮兵一个营，乘敌不备，向丰台发起猛攻，战士们被压抑许久的抗日怒火，像火山一样喷发了，他们冒着日军的炮火勇猛冲杀，到中午已收复丰台大部，只有丰台东南一隅日军在拼死挣扎抵抗。

丰台胜利的消息传到北平市里，人们欣喜若狂，点燃鞭炮，像过节一样热闹。局部战斗上的胜利并不能扭转战略上的被动。丰台的胜利只是局部的反攻作战，既没有全局的策应计划，也没有其他部队的增援配合。攻击丰台的部队经过10个小时的激战，疲惫不堪，也没有后续部队的增援。这时日军的增援部队由天津到丰台毫无阻挡，到下午4时，与丰台的日军相配合，一齐反攻，又占领了丰台。

这时的宋哲元见廊坊已失，丰台不保，形势危急，一面召见外交部特派员孙丹林，"告以战事恐不能免，外交大计仍应由中央主持"，一面要

为防御日军进攻，第29军在北平街头修筑工事

在北平的刘汝明回察哈尔部署抗战。

26日上午，日参谋本部对驻屯军下达了对第29军"坚决予以讨伐"的命令。华北驻屯军派北平特务机关长对第29军下达了最后通牒。这样，经过近20天的战争酝酿，日军的大举进攻开始了。

是日下午2时，由天津增援丰台的华北驻屯军第2联队第2大队的500名日军赶到丰台，随即换乘26辆大卡车，径直开往北平，于晚7时开至广安门，他们佯称是日本使馆的卫队，从野外演习归来，企图闯入北平，守军第132师刘汝珍部关闭城门，不准进城，被阻日军摆开了攻城的架势。刘汝珍请示宋哲元，宋令刘汝珍备战。守城部队接令后将城门开启，诱敌入城。狂傲的日军认为中国军队又作妥协，便毫无顾忌地鱼贯入城。当日军半数入城后，守军官兵突然向车队猛烈开火，日军顿时混乱不堪，损失惨重。

当晚，宋哲元急电何应钦，报告广安门事件，同时报告"敌有预定计划，大战势所不免"。①

至此，宋哲元才对卢沟桥事变后的中国形势有所认识，并把外交大计交与中央，放弃与日军的交涉和妥协。

本日，日军向冀察当局提出最后通牒，要求冯治安第37师于28日中午以前撤出北平地区。日本特务机关长松井持最后通牒去见宋哲元，宋令张维藩代见。张将通牒送交宋哲元过目，宋拍案大怒，愤愤地说："我誓与北平城共存亡！"即命张维藩向松井表示拒绝，退还通牒，并立即向全国发出自卫守土之通电。

日军在广安门受挫，香月清司十分恼怒，便于27日中午下令平津日军向中国军队发起猛攻，当日，通县、团河均告失守。日军的先头部队已经占领了南苑以及南苑至北平市里道路的各要点。此时，宋哲元一切的调兵遣将和部署都属临阵磨枪和马后炮了，南苑的军队已成为日军刀俎之肉。

---

① 《宋哲元致何应钦密电（1937年7月26日）》，载《抗日战争正面战场》（上），第195页。

当时第29军军部已移驻北平城内，驻南苑的兵力有四个步兵团和一个骑兵团七千余人。宋哲元命赵登禹为南苑方面指挥官。

28日一大早，日军大举向北平南苑进攻。飞机轰炸，大炮轰击，步兵冲锋，气势汹汹。集结于团河附近的日军第20师团主力与华北驻屯军一部，在40架飞机的配合下，从西、南两面向南苑进攻，另以一部切断南苑至北平的公路。日军数十架飞机低空向守军轮番轰炸，日机沿着骑兵师营房的排列线疯狂地轰炸扫射，密集的马匹和士兵来不及疏散、隐蔽，一片接着一片倒在血泊中，堑壕内到处是人马尸体，部队受钳制不能活动。

佟麟阁决定到团河至北平间的大红门去掩护收容，他率领部队撤开公路循小径，利用青纱帐作掩护，很快就到了大红门。佟麟阁令自己的卫队首先阻止部队毫无秩序的后撤，并命令，不论哪个部队的士兵，现在都统一编组，凡是军官就出来指挥。将军是士兵的胆。溃乱的士兵看到副军长，顿时安定了情绪，并很快有组织地形成了临时部队。佟指挥临时部队掩护大部队撤退。下午1时许，当大部队收容撤退完毕之后，佟麟阁才和几个随从一起向北平城撤去。佟一行没有走多远，就和一股日军遭遇。日军利用青纱帐对佟突然射击，佟腿部负伤，部下劝其撤退裹伤，他坚定地说："情况紧急，抗战事大，个人安危事小。"带伤坚持战斗。此时日军飞机对佟部投弹扫射，佟不幸被击中头部，壮烈殉国。他身边的副官余某及卫士同时殉国。

从早晨到中午，日军片刻不停，给守军以极大的杀伤，通信器材被炸毁。激战至下午4时许，守军伤亡惨重，赵登禹除身边的一点战斗部队外，无兵可使，形同班排长。焦急中，才遇到由北平城里来的传令兵，赵向部队传达了宋哲元关于放弃南苑，各部队立即撤回城里的命令。由于没有事先的组织安排，无人指挥，无人掩护，各部队各自为战，纷纷后撤，秩序极为混乱。

赵登禹等随溃兵退入砦内时，大操场演武厅已被日军占领，日军在屋顶上架起机枪，向砦内外军队射击，守军全线溃退。

此时，赵登禹骑在马上，成为敌机追逐的目标，又是机枪扫射，又是投弹轰炸，赵师长被迫急跳下马，以一棵大树为掩护，掏出手枪向迎面俯冲而来的敌机"啪啪啪"地开火，突然前胸被机枪射中，血流如注，牺牲于阵地上。

佟麟阁、赵登禹的牺牲，是第29军的极大损失，在第29军乃至全国引起巨大的震动。宋哲元得知噩耗，顿足大哭说："断我左臂唉，此仇不共戴天！"

7月31日，国民政府发布褒扬令，表彰佟麟阁、赵登禹的抗日功绩，同时追赠二人为陆军上将。

在南苑坚持战斗的第29军军训团在突围中付出了巨大的代价，全团一千多名官兵壮烈牺牲，突围而出的仅七百余人。

第38师驻南苑部队没有接到撤退命令，一直坚持战斗到晚8时，面对日军越来越小的包围圈，战士们毫不畏缩，顽强地进行还击，最后被迫退至一堵围墙下，全部壮烈牺牲。

驻守南苑的官兵，由于仓促应战，付出了惨重的牺牲，其壮烈场面十

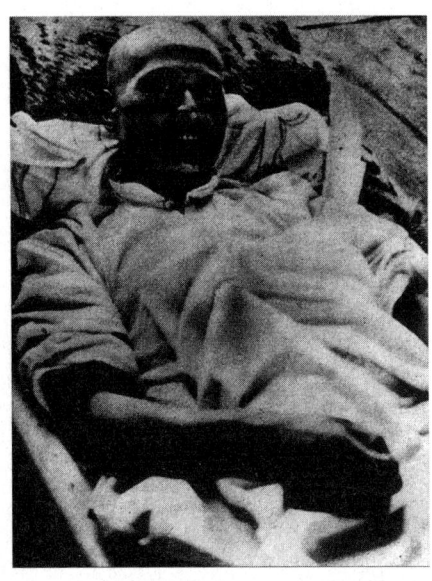

与日军作战受伤的营长金振中

在抗日作战中殉国的第29军副军长佟麟阁

分罕见。几天之后人们在南苑战场上还看见"几百个士兵与马匹的尸体以及大量的军用物品,堆积在路上","路旁的壕沟及附近的田野中,也堆满了无数的伤兵","卡车上也满堆尸体,在炎热的气候下,这些尸体已在发臭。显然中国军队是被突然袭击,没有时间散开"。

二、天津作战及失陷

7月25日,日军侵占廊坊,即切断了天津与北平的联系。

天津是日本华北驻屯军司令部的所在地,因而自卢沟桥事变开始后,日军就加紧攻击天津的各项准备。首先,日军占领了天津的海陆交通要地,日军驻塘沽的千余人占领了塘沽码头,同时又派兵占领了天津火车总站和东站。为方便运兵,又于7月26日修筑了从东站到东局子兵营十多公里的轻便铁路。其次,日军向天津大举增兵,除步炮兵外,又调来大批飞机,用于天津作战。同时还不分昼夜地举行实战演习,实行断绝交通的戒严。

当时日本在天津的驻军情况是:市中心海光寺驻有一个联队,有十几门炮,东局子飞机场停有30多架飞机,驻有一个中队负责守卫;火车总站和东站各驻有一个小队;大沽口外有日兵舰和海军陆战队。另外驻在平津和北宁线上的日军也可随时支援天津。

驻天津第29军第38师代师长李文田(师长张自忠在北平)越来越觉得形势危急,预感大战迫在眉睫,是主动出击,还是就地固守,拿不定主意,便于7月27日召集第112旅旅长黄维纲、独立第26旅旅长李致远、天津警备司令刘家鸾、天津市政府秘书长马彦翀、天津保安队队长宁殿武和第38师手枪团团长祁光远等到静海县李公馆开会,筹划作战方案。此时,天津市及郊区部队及保安、警察部队共计5000余人,和日军相较,总兵力多于日军。

摆在各位长官面前的形势很清楚:对天津市内日军必须迅速消灭,否

在作战中牺牲的第132师师长赵登禹　　　第38师代师长李文田

则援助日军一到，内外夹击，我军就有被消灭的危险。大家一致认为，必须立即主动出击，先机制敌，才能变被动为主动。会议推举李文田为临时总指挥，刘家鸾为副总指挥，于28日凌晨1时发动进攻。部队攻击的部署是：宁殿武指挥保安第1中队攻东站；祁光远指挥手枪团全部和配属独立第26旅一个营及保安第3中队攻占海光寺日本兵营；李致远指挥独立第26旅和配属的保安第2中队攻占天津总站和东局子日本飞机场；武装警察负责各战场交通向导；黄维纲旅为总预备队。总指挥部设在西南哨门。

　　28日凌晨1时，驻津部队主动攻击日军的战斗打响了，日军仓促应战，进击部队最初的进攻很顺利。在东站，保安第1中队将日军包围，激战两小时，日军被迫放弃车站退守在一个仓库中。保安队占领车站，奉总指挥部的命令，除留一个小队监视敌人外，余部支援攻打海光寺。在天津总站，独立第26旅朱春芳团在火炮的协同下，先克复天津总站，尔后又乘胜攻占了日军盘踞的北宁铁路总局。

　　进攻东局子飞机场的部队每人携带一小壶汽油和一盒火柴，飞速抵进机场，他们趁两辆汽车从机场内开出的机会冲进机场，打响了进攻战斗。进攻部队一冲进机场，日军的飞机即发动起飞，原来日军飞行员都睡在飞机里，听见枪声便迅速启动逃跑。进攻部队奔向飞机，将汽油倒在飞机上，但由于汗水浸湿了火柴，怎么也划不着，战士们急红了眼，情急之下，有的抡起大刀砍，有的用刺刀捅，用枪打，用手榴弹炸，还有的撕破衣服，点着火引到别的飞机上。

一会儿，十多架飞机着火，机场上烟火冲天。机场守军躲进楼房工事里，起飞的飞机在天空乱飞，东局子机场的战斗取得了很大的胜利，但天亮之后，进攻部队没有采取防卫措施，躲在楼房工事里的敌人和飞机向暴露在机场的部队交叉射击，使我方部队损失很大。

进攻海光寺的手枪团和保安第3中队，在祁光远的指挥下，冒着日军猛烈的炮火，前赴后继，几经冲锋，到天快亮时冲至日兵营外围，并占领了东停车场，日军龟缩在兵营工事内射击，天亮之后，日军又出动飞机，向中国军队扫射，进攻部队伤亡虽大，但也给敌人以很大杀伤。尤其是中国军队的突然进攻，打乱了日军的部署，使驻津日军特别被动。

大沽战斗是由日军进攻开始的。28日凌晨3时，锚泊在海河中的日本军舰和配置于海河堤岸的20多门大炮突然向大沽口开火，猛轰大沽炮台、造船厂和第38师第112旅第224团第2营的驻地。随后，敌登陆艇10余艘强渡海河，企图围攻大沽镇。

第2营官兵奋起还击，连续击退日军多次进攻，并击伤敌舰多艘，破坏了日军的军用栈桥。

29日，李文田、刘家鸾等得知日军大举进攻南苑和冀东保安队反正的消息后，随即发出通电，表示"……誓与津市共存亡，喋血抗战，义无反顾"。

驻天津部队的抗战，得到天津人民的大力支持，工人、市民冒着酷暑，不顾生命危险运送弹药、运水、送饭。很多群众在战地流血负伤，甚至壮烈牺牲。

29日凌晨2时，日军分四路向天津市区进攻。第38师及天津保安队奋力抵抗，并对日租界实施包围，大举反攻。经过反复争夺，中国军队攻入日租界，从三面包围日军守备部队，日军把警官也推上前沿，甚至把侨民也组织成义勇军作困兽之斗。

早晨8时，大沽口的驻军也对停泊于海面的日本军舰进行轰击，日陆海军联合反扑，大沽口激战不休。

在日军进攻天津市区的同时，保安队员一百多人进攻日军盘踞的公大第七厂，保安队兵分三路：第一路占据全厂的制高点发电机房和水塔；第二路攻占日本人的办公室；第三路到厂门口袭击厂内日军。激烈的战斗一直打到29日下午，保安队员一天没吃没喝，弹药将尽，依然斗志不减。

29日下午，日军第20师团高木支队迅速增援天津，关东军的增援部队也由承德转赴天津。当天下午，日军开始轰炸北宁路总站以北的保安队总部、北宁公园、市政府、金汤桥西畔的警察总部、电话局、东站和万国桥之间的邮务总局及南开大学。日本飞机对南开大学狂轰滥炸，随后，数百名日军乘汽车带煤油放火焚烧校园，使这所具有40年历史的著名高等学府变成一片废墟。

北宁铁路总局大楼、天津市政府也变成一片瓦砾。我军由于分散作战，且又被进攻日军分割包围，伤亡惨重。29日下午3时，李文田等人决定从天津市区各点撤退，到静海县和马厂两地集中。但进攻的战士有的抱着与敌人血战到底的决心，宁死不撤，攻占公大七厂的保安队员不愿放弃已攻占的水塔，一直战斗到30日下午，流尽了最后一滴血。也就在这一天，华北的重镇——天津沦陷了。

28日，南苑失守，损失惨重，北平四面告急，岌岌可危，随时都有陷入敌手的可能。宋哲元在中南海的指挥部中脸色铁青，像热锅上的蚂蚁，坐立不安。他深知守土有责，不战而退，舆论和国法难容，但再战下去，准备不足，兵力分散，第29军支持不住。佟麟阁、赵登禹两位将领的牺牲，令宋自觉愧对战友；蒋介石等要其加强备战，防守北平，现在搞成折兵失地，又自忖违令，不好交代。他矛盾，焦急，乃至痛苦。但这时候如不采取措施，日军攻进北平，自己可能成为日军俘虏，处境进退维谷。

当天下午，宋哲元召集在北平的军政首脑举行特别紧急会议，他向大家介绍了战况，现在既不能打，又无法谈和，请到会的各位提出对策。到会人员面面相觑，不知说什么才好。正在这时，从南苑溃退入城的骑兵师长郑大章惊慌失措地闯进会场，报告说，南苑官兵伤亡惨重，北平大有被围之虞。会议只得暂时变换内容，形势危急，时不我待。

宋哲元沉思良久，对大家说："为了照顾全局和长远利益，我决定离开北平赴保定。"于是宋将冀察政务委员会主任、北平绥靖公署和北平市长等职务交与张自忠，于当晚率冯治安、秦德纯等出西直门，转赴保定。

宋哲元南撤之后，南苑战场上溃败的官兵陆续涌进北平城。北平人民知道他们打了败仗，但仍在马路边摆了馒头、西瓜、酸梅汤等食物，让战士们食用。有的市民脱帽向他们致敬。战士们自觉羞愧，对不起北平人民，头也抬不起来。

在中南海怀仁堂一带，集中着从南苑退下来的第29军的官兵，他们一个个情绪低落，神情沮丧，树荫花丛下，到处是丢弃的枪支、军服和破坏的汽车等，一片破败的景况。深夜12时，副参谋长张克侠集合部队讲话，命令大家于次日凌晨2时出发，撤离北平。

是日夜，宋哲元偕同冯治安、秦德纯、张维藩等离开北平去保定，第29军驻平部队和保安部队相继撤出北平，经门头沟向南撤退。驻宛平至八宝山一线的何基沣旅掩护各部撤退完后，于30日夜撤出阵地，与当地默默无语的人民群众洒泪而别，退至长辛店。

北平、天津陷落。

但卢沟桥第29军官兵打响了全面抗战的第一枪，用鲜血和生命换来了中华民族全民族的觉醒与全民族的抗战，功不可没。

第二章 冀察作战

第一节 战时体制的确立

一、中国大本营的设立

7月29日，日本参谋本部制订了《对支那作战计划》，决定"以一部分兵力在青岛及上海附近作战"。从而摈除了原来的从根本上解决华北问题的不扩大方针，决心将战争引向华中地区。

中国方面在卢沟桥事变后不久，即开始筹组指挥全国军队的最高统帅机构。军政部在7月下旬拟订了大本营组建及各战区划分的方案。平、津失陷后，大本营的组织机构已秘密地逐步形成。

8月12日，国民政府国防会议决定成立大本营，以军事委员会委员长蒋介石为陆、海、空军大元帅，行使三军最高统帅权。后因未对日宣战，成立大本营之事未对外公开，实际上仍以军事委员会作为抗战最高统帅部。

大本营设大元帅、总参谋长和副总参谋长。大元帅统辖和指挥军事委员会、军法执行总监、各院部代表、军事参议官、侍从室等；并指挥各军事机关即各战区司令长官、各预备军司令官、各集团军总司令、海空军总司令、各地守备司令、宪兵司令、各省保安司令、防空司令及铁道、船舶司令及通讯指挥官。

集团军各司令：①

---

① 中国第二历史档案馆编：《抗日战争正面战场》（上），凤凰出版社2005年8月版，第39页。

第三战区司令长官　　冯玉祥　副司令长官　顾祝同
第四战区司令长官　　何应钦　副司令长官　余汉谋
第五战区司令长官　　大元帅兼　副司令长官　韩复榘
第一预备军司令长官　李宗仁　副司令长官　白崇禧
第二预备军司令长官　刘　湘　副司令长官　邓锡侯
第三预备军司令长官　龙　云　副司令长官　薛　岳
第四预备军司令长官　何成浚　副司令长官　徐源泉
海军总司令　陈绍宽
空军总司令　大元帅兼
大本营第一部部长　黄绍雄（竑）
大本营第二部部长　张　群
大本营第三部部长　孔祥熙
大本营第四部部长　吴鼎昌
大本营第五部部长　陈公博
大本营第六部部长　陈立夫
大本营后方勤务部部长　俞飞鹏
大本营管理部部长　朱绍良
首都防空司令　谷正伦
通报受领者
军政部部长何应钦
训练总监唐生智
军事参议院院长陈调元

对日作战指导方案也在酝酿和讨论之中。1937年8月20日，大本营颁布《国军战争指导方案》训令：

大本营训令令字第一号①

---

① 中国第二历史档案馆编：《抗日战争正面战场》（上），凤凰出版社2005年8月版，第34-37页。

兹颁《国军战争指导方案》，仰即遵照实施之，此令。

　　　　　　　　　　　　大元帅　蒋中正

　　　　　　　　　　　民国二十六年八月二十日

国军战争指导方案

一、本大元帅受全体国民与全党同志之付托，统率海、陆、空军及指导全民为求我中华民族之永久生存及国家主权领土之完整，对于侵犯我国主权领土与企图毁灭我民族生存之敌国倭寇，决以武力解决之。

二、大本营之组织如系统表（略）。

三、大本营对于战争指导，以达成持久战为基本主旨，因此将军令、军政、财政、经济、宣传、训练划为六部，分担任务。各部应本主旨，适切运用，紧密联系，俾获最后之胜利，为共同一致之最高原则。

四、为统帅指挥之便利计，将全军区分为五个战区，主战场之正面在第一战区，主战场之侧背在第二战区。

五、国军对敌第一期作战预期至本年10月下旬为止。各部在此期间内应达成如后之任务，以确立我第二期对敌作战之基础。

甲，第一部

第一战区

迫近该当面之敌，实行柔性之攻击，以吸引其主力，俾我第二、第三战区之作战得从容展布，但如敌军企图真面目与我决战时，则应毅然尽全力

在地图上筹划作战的蒋介石

以防止之。

第二战区

打破敌军惯用包围行动之企图,使其对我第一战区不敢放胆施行正面之攻击,同时牵制热河以东之敌军,使其对青岛、淞沪之作战不能转用兵力。

第三战区

迅将目下侵入淞沪之敌陆、海军及其空军陆上根据地扫荡扑灭,以准备敌军再来时之应战,同时对于浙江沿海敌可登陆之地区,迅速构成据点式阵地,阻敌登陆,或乘机歼灭。

第四战区

除对敌海、空军之扰乱成战备态势外作战。

第五战区

应充分准备参加,第五战区之特性,为对敌强行登陆之作战,故以立于主动地位,确占先制之利,根本打破敌军登陆之企图,此为作战指导上之第一要义。纵使敌军一部先行登陆,务必迅速围攻而歼灭之,不使后续兵团借此为安全登陆之掩护,此为作战指导上之第二要义。必要时在指定地区的范围内,扼要固守,绝对限制敌军之进展,运用机动部队而歼灭之,以确保我国军南北战场[联]系之中枢。

海军

淞沪方面实行战争之同时,以闭塞吴淞口,击灭在吴淞口以内之敌舰,并绝对防制其通过江阴以西为主。以一部协力于各要塞及陆地部队之作战。

空军

空军应集中主力协同陆军先歼灭淞沪之敌(以敌舰及炮兵为主要目标),尔后任务另指定。

第一至第四预备军

除命令所指示者外,各依指定地区,迅速集中完毕后,根据各区前方会战之经验，各自实施（必要时可与中央各军事学校联络）适当之战时教育，并保有随时应战之机动性。

诸直属部队与预备军同。后方勤务部队直接受第一部指导，适应各战区之要求，完成通信交通诸设备，充实弹药器材各项补充。对积极运输之要领，务必分散配置，顾虑对空遮蔽，以免敌空军及炮兵之轰炸，且能不失时机补充前方，并考虑第二期作战之物资充足为要。

乙，第二部

政略内求社会内部之安定，以树立长期抗战之基础；外谋国际舆论之同情，使敌国受到孤立无援压迫。

丙，第三部

安定金融，整理税务，紧缩支出，筹发公债及募集外债。

丁，第四部

扩张产业，广辟资源，以极力讲求自给自足之方法。纵使国际间之交通被敌国遮断，我国军与民众战时生活上必需之资源，不因此而受重大之威胁。

戊，第五部

使民众晓然于抗战之重要，非努力抗战，即不能保我种族之生存；使国际认识我国抗战系为保障世界和平，以期获得国际同情与援助。

己，第六部

以军事化之目的，组织及训练民众，使人人皆有为国牺牲决心与技能，并防止汉奸、间谍之暗中活动与蔓延。

六、为达成上项任务起见，如何策定方案、预定实施步骤，参谋总长督令第一部与各战区司令长官、海军司令、空军司令、各预备军司令长官、各直属部队长官等，分别详细拟就候核，其余各部，即自行酌定之。同时发表"大本营组织系统表"如附表第一，"国军战斗序列"。

如附表第二。

同日，大元帅蒋中正颁布《国军作战指导计划》：

国军作战指导计划[①]

一、方略

1. 大本营受全体国民与全党同志之付托，统帅陆海空军，及指导全民为求我中华民族之永久生存，及国家主权领土之完整，对于侵犯我主权领土与企图毁灭我民族生存之敌国倭寇，决以武力解决之。

2. 国军部队之运用，以达成"持久战"为作战指导之基本主旨，各战区应本此主旨，酌定攻守计划，以完成其任务。

3. 为统御指挥之便利计，将全军区分为四战区（战区区分，及战斗序列，详另令）。主战场之正面在第一区，主战场之侧背在第二区。

二、敌情判断

综合所得诸情报，及依据历次战役之经验，判定：

1. 敌国为使现在平津一带敌军之作战便利起见，将以有力之一部先进占平绥各要点（张家口、南口等处），尔后或深入山西，以威胁我第一战区之侧背，或转进于正定、保定方面，以直接协力于其在平津部队之攻击。

2. 敌国为牵制我国军兵力之转用，及从战略上威胁我国军根据地起见，将以一部攻我淞沪，窥伺我首都。

3. 敌国为使其平津方面之部队进展容易起见，将以一部攻我胶东，进出历城。

4. 敌军在淞沪及青岛与我对阵期间，或以一部由海州登陆，窥伺徐州，亦在应有之行动。

5. 闽粤方面，敌军以海空军扰乱，或在所难免。如用陆军实行真面目之作战，则无此能力。

[①] 中国第二历史档案馆编：《抗日战争正面战场》（上），凤凰出版社2005年8月版，第40页。

三、指导要领

甲、第一期（自八月十三日）第一战区

对北正面（平津）为制限敌军之自由转移兵力于平绥路，及使我第二战区在平绥路方面作战之便利起见，应即派有力之一部（约两军），近迫当面之敌，实行柔性之攻击，同时抽调在平汉路北端部队（机动性大而富于游击战之经验者）约三师（能多更好），归第二战区长官指挥，向怀来、万全之线以北转进。

全面抗战爆发后，人们冒雨举行集会，悲壮激昂，支持政府抗战。

对东北正面（山东半岛）极力缩小青岛之围攻线，使敌军尔后展布困难，可能时则以有力之一部袭取而占领之。

第二战区

本战区为华北唯一之屏障，务须永久固守，以为国军尔后进出之轴心。

平绥路为第二战区之生命线，亦中苏联络之生命线，更为我国军旋回作战之能实施与否之中枢线，应以南口附近为旋回之轴，以万全、张北、康保等地方为外翼，要固守南口、万全，国军作战方有生机，要攻略张江、赤城、沽源，国军方能展布。如南口、赤城、沽源之线，始终为国军保有，则平津方面之敌，绝不敢冒险南下，故本战区之作战为：

第一步以该战区现有之兵力，最低限度，必须固守南口、万全之线，以俟第一战区转移兵力之到达。

第二步第一战区转移兵力到达后，向亦城、沽源之线转移攻势。

第三步依战况之推移，对于山西东北方面，厚积兵力，以期永久固守。

第三战区

对于侵入淞沪之敌，应迅速将其扫荡，以确保京沪政治经济重心。

同时对于浙江沿海敌可登陆之地区，迅速构成据点式之阵地，阻止敌人登陆，或乘机歼灭之。

第四战区

对敌海陆军之扰乱，完全战备。

海军任务

淞沪方面实行战争之同时，以闭塞吴淞口，击灭在吴淞口以内之敌舰，并绝对防止其通过江阴以西为主。并以一部协力于要塞及陆地部队之作战。

空军任务

空军应集中主力，协同陆军先歼灭淞沪之敌（以敌舰及炮兵为主要目标），尔后任务另规定。

各预备队及兵站、通信等之行动如下：

（1）第一至第四各预备军

除命令所示者外，各依指定之地区，迅速集中完毕后，根据各战区前方会战之经验，各自实施（必要时可与中央各军事学校联络）适当战时之教育，并保有随时应命之机动性。

（2）直属诸部队

与各预备军同。

（3）后方勤务部

直接受第一部之指导，适应各战区作战之要求，完成通信、交通诸设备，充实弹药器材诸补充。对集积运输之要领，即务必分散配置，顾虑对空遮蔽，以避免敌空军及炮兵之轰炸，且能不失时机，补充前方，并考虑第二期作战之物资充足法为要。

（一）传达法以书面派员送递

（二）命令受领者阎锡山冯玉祥何应钦陈绍宽周至柔李宗仁刘湘龙云何成浚俞飞鹏

二、国共合作，团结抗日

7月底，国民政府在南京筹备召开国防会议。会议除军事委员会主要领

1937年8月,国共两党和谈代表在南京合影:左起张群、叶剑英、郭秀仪(黄琪翔夫人)、黄琪翔、周恩来、朱德

导人和部分地方高级将领外,还邀请中共代表参加。8月9日,中共代表周恩来、朱德、叶剑英前往南京出席国防会议。毛泽东针对当时日军正准备在华北扩大侵略战争的形势,向国防会议提出了《对国防问题的意见》,由周恩来等交给了国民党方面。其主要内容为:

"甲、第一防线张家口、涿州、静海、青岛等处,重点在张家口,应集中第一次决战兵力。乙、第二防线保定、大同、马厂、潍县等处,应集中优势兵力,相机增援第一线,并准备第二线决战。丙、至太原、石家庄、沧州等处,仅能作第三防线,决不能只顾此线而不集中兵力于第一、二线。丁、目前关键是第一防线。戊、总的战略方针暂时是攻势防御。应给进攻之敌以歼灭的反攻,决不能是单纯防御。将来准备转变到战略进攻,收复失地。己、正规战与游击战相配合……发动人民的武装自卫战,是保证军队作战胜利的中心一环。"[①]

8月11日,中共代表团参加了国民政府军政部部长何应钦召集的座谈

---

① 《毛泽东军事文集》,第2卷,第34页,军事科学出版社、中央文献出版社1993年版。

会，又向会议提交了《确立全国抗战之战略计划及作战原则案》。提案的要点是："1. 战略的基本方针是持久的防御战，但应抓住适当时机予以全线之反击，而根本地把日寇从中国赶出去。2. 在战役上应以速决战为原则。3. 作战的基本原则是运动战，应在决定的地点，适当的时机，集中绝对优势的兵力与兵器，实行决然的突击，避免持久的阵地消耗战。4. 在必要的战略要点或政治经济中心，设立坚强之工事，并配置足够的兵力，以钳制敌人。5. 一切阵地的编成，避免单线的构筑，而应狭小其正面，伸长其纵深。在守备部队的作战要领，亦应采取积极的动作，一般的应反对单纯的死守的防御，只有积极地动作起来，才能完成守备的任务。6. ……在战役的指导上，应是外线作战，以求得歼灭敌人。7. 广大地开展游击战争。其战线应摆在敌人之前后左右，以分散敌人，迷惑敌人，疲倦敌人，肃清敌人耳目，破坏敌人之资财地带，以造成有利条件，有利时机，使主力在运动中歼灭敌人。只有在上述作战原则之下，才是保持持久战的有效方法和消灭敌人、取得抗战胜利的手段。"

周恩来、朱德还在会议上作了重要发言。

周恩来在发言中指出：中央方针系全局布置，加紧华北抗战甚为正确，依此坚强决心，进行整个部署，动员全国军民，方可取得最后胜利。周恩来认为：主战场在华北方面。作战方针上应展开于黄河北岸抗战，否则交通运输有被敌截断之可能，所以第一、二战区要培养独立持久的能力。在华北由阵地战转为平原与山地之扩大运动战。正面防御不可依赖一线及数线之阵地。因我兵力不如敌人，突破一线则影响第二线。所以正面宜筑集团工事，这样虽突破一点而不影响其他，而由侧面扰乱之。其次用游击战术，交通大道则坚壁清野，在其侧面山地则不退，且组织民众，以军事人才指导。

朱德就抗日的战略提出了精辟的见解，他说，战略上需要持久防御，但在战术上应采攻势。正面兵力拥挤必受损失，必须伸至侧翼活动，因敌人作战不可离开道路。我则应离开道路以行运动战。敌必固守其后方阵线，故我宜尽量破坏其后方。游击战为抗战中之重要者。破坏敌人后方，牵制敌人，敌不能不以大兵力守其后方。朱德对战时政治工作、战区划分、预备军的动员与运用，也提出了自己的看法和主张。

叶剑英在发言中指出：战略上虽采内线，但战术上仍应取外线，随时包围敌人。所以集团防御战争、广大游击战争、广大民众之运动战应以此原则进行作战。叶剑英认为：日军战略展开，必先取得上海、青岛、天津、北平和张家口五点。我之重点应置于平绥线，可破坏敌人整个计划。叶剑英还对战争持久问题、武装民众问题、粮食供应问题等提出了自己的看法和意见。

8月13日，淞沪战役爆发。蒋介石于8月19日表示同意中共方面的主张，将红军改编为"国民革命军第八路军"，任命朱德为总指挥，彭德怀为副总指挥，并发表了红军改编的命令。9月22日，国民党报端公开发表了《中共中央为公布国共合作宣言》。23日，蒋介石发表了实际上承认中国共产党合法地位的谈话。他说："此次中国共产党发表宣言，即为民族意识胜过一切之例证。宣言中所举诸项……皆为集中力量救亡御侮之必要条件，且均与本党三中全会之宣言及决议案相合……中国共产党人既捐弃成见，确认国家独立与民族利益之重要，吾人唯望其真诚一致，实践其宣言所举之诸点，更望其在御侮救亡统一指挥之下，以贡献能力予国家，与全国同胞一致奋斗，以完成革命之使命。"①

《中共中央为公布国共合作宣言》的公布和蒋介石的谈话，标志着国共两党第二次合作和抗日民族统一战线的正式建立。毛泽东对国共两党抗日民族统一战线的建立作了高度的评价。他在9月29日发表的《国共合作成立后的迫切任务》一文中指出："共产党的这个宣言和蒋介石氏的这个谈话，宣布了两党合作的成立，对于两党联合救国的伟大事业，建立了必要的基础……两党的统一战线是宣告成立了。这在中国革命史上开辟了一个

---

① 《中共党史参考资料》，第8册，第24页。

延安军民集会,欢送八路军开往抗日前线

新纪元。这将给予中国革命以广大的深刻的影响,将对于打倒日本帝国主义发生决定的作用。"①

中国共产党根据与国民党所订协议,于8月22日将在陕北的红军主力改编为国民革命军第八路军,下辖第115师、第120师、第129师。8月25日,中共中央军委任命朱德为第八路军总指挥,彭德怀为副总指挥,叶剑英为参谋长,左权为副参谋长,任弼时为政治部主任,邓小平为政治部副主任。下辖各师的领导干部是:第115师师长林彪,副师长聂荣臻,参谋长周昆,政训处主任罗荣桓,副主任萧华;第120师师长贺龙,副师长萧克,参谋长周士弟,政训处主任关向应,副主任甘泗淇;第129师师长刘伯承,副师长徐向前,参谋长倪志亮,政训处主任张浩,副主任宋任穷。整编完之后,第八路军即东渡黄河,进入华北前线参加对日作战。

1937年10月,国民政府发布命令改编南方八省红军游击队为陆军新编第四军,叶挺任军长,项英任副军长,张云逸任参谋长,袁国平任政治部

---

① 《毛泽东选集》,第2卷,第263-264页。

主任。共编四个支队：第1支队，司令陈毅，副司令傅秋涛；第2支队，司令张鼎丞，副司令粟裕；第3支队，司令张云逸（兼），副司令谭震林；第4支队，司令兼政委高敬亭。1938年5月，新四军挺进苏南，在大江南北开展抗日游击战争。

第二节 平绥线御敌

一、平绥线东段布兵

日军占领平津后,参谋本部估计中国会在保定集结重兵进行决战,便命令国内增援师团于8月中旬到达天津附近,然后进行保定会战,把战线延长到保定至独流镇一线。

北平陷落的消息传到南京,国民政府于7月29日召开特别会议,商讨华北局势及抗战的方针。会议决定,派徐永昌为保定行营主任,林蔚为参谋长,统一指挥河北军事。并就河北抗战作了部署:宋哲元部担任任丘以东惠(丰桥)保(定)线阵地防御;刘峙(后被编为第2集团军)担任平汉路方面的作战;韩复榘(后被编为第3集团军)担任胶济路方面的作战;白崇禧集团担任浦口以北、兖州以南、砀山以东至海州地区的防务;顾祝同集团担任鲁西、运河以西至黄河南岸的防务。以刘汝明部和高桂滋部合编为察哈尔省守备军团,以刘汝明为总指挥,负责收复绥东、察北。汤恩伯向宣化、怀来集结为预备军。骑兵第6师归马占山指挥,集结于大同;骑兵第5师与骑兵第3师合编为骑兵军,何柱国为军长,作战于察北地区。

日本华北驻屯军在攻下平津后,便将主力向平北的沙河、昌平一带集中。8月5日,日军第8师团开至承德,松室孝良指挥的伪蒙军集中于赤峰。8月7日,在热河的丰宁、大阁一带有大量的日伪军集结。南口的东北、东部、南部尽被日军控制。日军首先集中兵力于南口,向平绥线东段发起进攻,企图解除平津侧背的威胁,占领平绥铁路,深入绥远,向南威胁晋陕,对北切断中国通往苏联的国际联络线,以控制整个华北。

8月5日,日参谋本部在"形势判断"中认为:日中已处于全面战争状态,决定从国内增兵华北,发动华北会战,把战线进一步扩大到石家庄—

沧州一线，迅速对中国军队特别是中央军予以沉重打击。

根据参谋本部的这一决定，8月7日，日本华北驻屯军制定了第二期作战方针：把主战场放在河北省北部的平汉线沿线，等国内援军到达后，在保定、沧州一线与中国军队决战。为了掩护主力部队进行保定决战，又决定以第5师团为基干，在关东军配合下，沿平绥路向山西、绥远等地推进，攻占张家口，以牵制和吸引中国军队，保证主力部队在保定地区与中国军队决战。蒋介石料到日

指挥南口作战的第13军团军团长兼第13军军长汤恩伯

军会走这一步棋，要保证中国军队能从山西侧击日军，就必须保证平绥路在中国军手中，而平绥路的得失，与南口阵地的得失有直接关联。

平绥铁路东起北平，西经张家口、大同，至绥远的包头，是联系华北和蒙疆的大动脉。从南口的居庸关，往西至宣化、怀来，到张家口，是一个东西向的狭窄的盆地，平绥铁路纵贯其间，并有公路相辅，使之成为连通西北、华北及东北的交通孔道。

日军欲进犯张家口，占领察哈尔，分兵晋绥，南口是其必争之地。南口之得失，影响华北与西北的存亡得失。平绥路东段的重镇南口，属于燕山山脉。崇山峻岭，关隘重叠，是北平通往西北的门户，号称华北第一天险。南口处于绵延于高山之巅的内长城上，山上只有羊肠小道，素有"察绥之前门，平津之后户，华北之咽喉，冀西之心腹"的说法。

针对日军的作战计划，中国统帅部做了应急准备。

当时，中国统帅部还未将中国各要地划分战区，但察绥已明确由阎锡山统辖，两省军队也归其指挥。7月30日，即北平陷落的第二天，蒋介石电令驻平地泉（今集宁）的第13军军长汤恩伯："该部在前方配备少数部队，俟派兵接替，其主力从速集中，准备向张家口挺进。"汤恩伯部的具

体任务是保卫南口，以十天为限。

汤恩伯当即查看地图，布置任务，通知所部第4师、第89师分别在集宁、丰镇待命，用火车向张家口方向输送。他忙了一上午，还没顾上吃午饭，蒋介石电报又到，指示机宜："我军无论何地、无论何部队，到达地点，必须星夜赶筑据点之强固野战工事，深沟宽壕，须使敌坦克车不能侵入我阵地，我能固守无失，然后再向左右方面照所规定之战线工事竭力延长，万一我全线工事未成，敌来进攻时，我军亦固原阵地，沉着应战，勿稍慌张，俾后方部队，得以如期赴援。"汤恩伯命令部队切实实施。

二、借道张家口

汤军团东进，必须通过察哈尔省主席刘汝明的防地。汤恩伯派他的参谋长吴绍周先行赶到张家口，向刘汝明商量借路之事，没想到却被一口回绝。刘汝明慢吞吞地说："南口有我军把守，问题不大，虽然有敌骑兵的骚扰，已被我军击退，目前已无大碍。对贵军的接防一事，我还没有接到上峰的命令。"

原来，刘汝明拒绝借道，担心的是蒋介石耍假途灭虢的把戏，趁机消灭杂牌部队，吞并自己的地盘。

吴绍周回到平地泉，向汤恩伯说明借路被阻一事。汤恩伯咧着大嘴骂道："南口是敌人必争之敌，大战迫在眉睫，刘汝明意欲何为？"他当即命人起草电报，将刘军不让通过之事报告蒋介石。

大敌当前，刘汝明不顾大局、以邻为壑的做法，令蒋介石十分恼火。他抓起汤恩伯的电报，用红铅笔"刷刷"在上面批了几个字：请冯副委员长酌办。

蒋介石把球踢给冯玉祥，也让冯感到棘手。因为刘汝明曾经是西北军十三太保之一，是冯玉祥一手提拔起来的，虽说如今不归他管辖，但蒋介石的做法显然让他面子上不好看。于是他也"刷刷"地在电报上批了几个字：如所报属实，请依法拿办。

球又回到蒋介石那里。

"拿办？上哪去拿？又如何办？"如果能拿能办，早就将这些西北军旧部收拾了，还用这样低三下四去商量？蒋介石大声骂娘，末了，还得想辙，请出西北军老人、军法执行总监部副监鹿钟麟到张家口去说服刘汝明，并请参谋部致电刘汝明，令其准许汤军团通过张家口。

7月30日，鹿钟麟飞到晋北大同，汤恩伯偕吴绍周亲自前往迎接。汤恩伯寒暄道："瑞伯，劳你老兄大驾，实在是不得已而为之。"

鹿钟麟说："我是子亮（刘汝明的字）的老上司，子亮那里我已去了电报，我想这个面子他是会给的。都是为了国事，我送你们去！"

一行人驱车到了张家口，这回刘汝明倒没有再阻拦，说："汤军团可以通过张家口，但不准停车停留，再一个是宣化不得设立司令部。"

就一个借路风波已经令汤军团耽误了四天。转过头来再看南口的形势，已经万分危急，军情似火，容不得半点延宕。汤军团即便按时到达，已处于十分不利之态势，如此这般，令汤军团的将领个个义愤填膺，破口大骂刘汝明是"汉奸"。

8月1日，国民政府军事委员会为阻击入侵日军，保卫南口，巩固晋绥，特成立第7集团军，任命绥远省主席傅作义兼任总司令，察哈尔省主席刘汝明兼任副总司令，第13军军长汤恩伯为前敌总指挥。

8月2日，蒋介石又将李仙洲的第21师和陕西高桂滋的第84军编为第17军，高桂滋任军长，编入平绥路作战的序列。

汤恩伯决定第89师罗芳珪团先由大同出发。

2日晨，汤恩伯本人自集宁乘专车东行，于当日下午到达张家口，在郭磊庄车站，与刘汝明、高桂滋等将领举行会谈，商定了南口、张家口和独石口一带的防御配置，部署如下：

一、张家口方面，西自洗马林沿蠹恳台、神威台、常峪口，东迄关底止，防御由第143师师长兼察省主席刘汝明担任，其主力控制于宣化、张

第29军官员：站立者为张自忠，张左为察哈尔省主席、第143师师长刘汝明，张右为副军长秦德纯

家口。

二、赤城、独石口方面，自龙虎关起，沿赤城至宁疆堡，由第84师高桂滋担任，其主力控制于雕鄂堡、赤城等地。

三、南口方面，自靖安堡起，延永宁、延庆至南口止，由第13军之一师担任；另一师位置于沙城以北地区，为总预备队，策应各方。

以上各项规定，约定于8月5日完成。

与此同时，日本参谋本部决定进行华北会战。其战略企图即迅速对河北省内的中国军队以及中国的空军主力给予打击，随后占据华北要地，以期根本解决华北问题。日军还决定于8月12日左右以独立混成第11旅团消灭南口地区的中国守军，一举夺得八达岭，以掩护第5师团向张家口方面进攻。

第三节 喋血南口

一、汤军团血战

日军飞机从8月2日起开始轰炸南口、张家口及平绥铁路上各交通点,拉开了大战的序幕。

8月3日,汤恩伯根据郭磊庄的分工部署,下达了第一道防御配备令。第13军仓促上阵,加上运输紧张和时间上的耽误,全军除了作战的武器外,把一切东西全扔掉了,以示必死作战的决心。而火车白天不能运输,要等到夜幕的降临,铁路运输才间断恢复。5日,王仲廉的第89师运抵南口,接替了刘汝明部在南口、延庆等地的防务。

第13军进入南口之后,才发现该地的防务几乎一片空白,没有任何工事,也没有住房,刘汝明部原有的几间住房,也没有移交,汤恩伯憋了一肚子气,只得仓促派人进行实地勘察,决定布防地点,把两个师的兵力,摆在30里长的防御线上。

第89师利用南口一带崇山峻岭与旧关隘的复杂地形,决定配置纵深阵地,缩小南北正面防御阵地,巩固两翼高山的作战计划,将南口车站、龙虎台、大红门等地改为前进阵地,而将主阵地移至南口两翼山腰;防御要点为南口至居庸关、得胜口、青龙桥等地,总预备队控置于康庄附近,第89师师部设在康庄南之榆林堡;第4师王万龄部在南口右翼布防,师部设于横岭城;汤恩伯的前敌指挥部设于怀来。

两师一开进阵地,立即热火朝天地修筑工事。由于山高隘深,山石坚硬,军情紧迫,防御部队只能挖一些简单的壕沟掩体,或利用山上的石块,堆石为垒,聊作掩蔽而已。

8月5日,日军铃木和酒井混成第11旅团进抵昌平,部署进犯南口的计划。

高桂滋的第84师原定在5日前抵达南口附近的龙关、赤城、宁疆堡一带布防，由于部队在经过张家口时遭到日机轰炸，耽误了时间，于8月7日赶到预定地点。

8月8日拂晓，敌步骑千余、山炮10门，向得胜口进犯。守军谭乃大团奋起反击，经过一小时的激战，将来犯之敌击退。是晚，汤军调整布防，放弃了南口车站，将前线支点放在龙虎台，派重兵把守。

敌人初战受挫，发誓予以报复。从9日拂晓起，前线炮声隆隆，在10余辆战车的掩护下，日铃木混成旅团，附炮兵一个联队，向南口、关东岭、鹿山峪诸阵地发起猛烈的进攻。守军阵地上不断腾起爆炸的烟雾，此起彼伏，灼热的气浪令人窒息。守军沉着应战，一次次击退凶悍的日军。

8月10日晨，敌新一轮的攻势又开始了。先是几架日机临头，将炸弹扔在守军阵地上，紧接着，无数发炮弹呼啸而来；然后是战车在前开路，轰击守军的火力点，千余步兵蜂拥跟在后面，向守军阵地发动一次又一次的进攻。

师长王仲廉冒着枪林弹雨，亲赴居庸关督战，在惨烈的血与火的拼杀中，经过四个多小时的恶战，血肉之躯与简单的工事化为齑粉。王仲廉在望远镜里清楚地看见：龙虎台的阵地上，大火熊熊；守军被迫撤离龙虎台。守军苦战到太阳偏西，另一重要阵地虎峪村被日军攻陷；直到深夜，该村后的高地仍有激烈的枪声，表明部分阵地仍旧在守军手里。

日军连日的狂轰滥炸，使南口镇上房倒屋塌，木石横飞，一片废墟瓦砾冒着阵阵浓烟。

是日，军团长汤恩伯冒着日本飞机的轰炸和扫射，来到居庸关视察。他和师长王仲廉判断，日军将要发动更大规模的进攻，在经过紧急磋商后，汤恩伯要求加强南口正面各阵地的防务，令前线部队在阵地前埋设地雷，以防止敌坦克突入阵地。汤恩伯复令将南口机车车辆厂的7辆重力火车头集中隐蔽在一个涵洞中，然后将该厂焚毁，以免资敌。同时，破坏了青龙桥通往南口的桥梁8座和八达岭的涵洞一处。

8月11日，敌混成第11旅团2000余人，携带山炮20门，在9架飞机的配合下，向南口发起猛攻，另以坂田支队从南口镇西侧从长城线助攻。第89师士气高涨，同仇敌忾，在武器装备不如人的情况下，依托山石等简陋工事，用陈旧的日式大炮和机枪、步枪、手榴弹沉着应战。双方在得胜口鏖战，你来我往，短兵相接。子弹打完了，用枪托、用拳头、用牙咬，惊天动地的肉搏竟达十余次，日军的尸体遍布山野，而守军也付出了伤亡300余人的惨重代价，保证阵地不失。

汤恩伯不失时机地把惨烈的战况向统帅部进行报告。同日，蒋介石电令在石家庄附近的卫立煌率第14集团军三个师由平汉路输送到易县，由北平西部山地向南口迂回，直接支援南口作战，限其在十日内到达；又电令孙连仲率第1军团之一部进占房山高地，掩护第14集团军前进。

8月12日，当太阳尚未露出地平线，日军进攻的大炮就打响了。五六十门大炮发出的炮弹铺天盖地打来，震耳欲聋，霎时间，整个山头泥石横飞，遮天蔽日；炮击一过，30余架轰炸机轰鸣临头，威力巨大的炸弹倾泻在南口的阵地上，山摇地动，天地易色。

日军酒井旅团出动了5000余人，凭借强大火力，在二三十辆坦克车、装甲车的掩护下，气势汹汹地向我南口、虎峪、苏林口、得胜口一线发起全面进攻。汤恩伯在指挥部里不断接到阵地失守的消息，他急得一个劲地用军帽去擦脑袋上的汗珠，大叫"要守住，反击！"

敌我之间在龙虎台和南口之间激战，有时敌军突入守军阵地，尚未站稳脚跟，又被守军一个反冲锋，将阵地夺回。你进我退，你死我活，有的阵地反复争夺竟达六次之多。激烈的战斗持续到中午，日军被迫退回原地。酒井大发雷霆，命令再次组织攻击。日军经过短暂的休整，复以20辆战车为先导再一次发起进攻，转动的炮塔和打红了的炮管不断喷出炽热的炮弹，终于将守军的阵地撕开一条长达20多米的缺口，守军一个排全部壮烈殉国。

汤恩伯大声骂娘，气急败坏地对王仲廉嚷道："你要不惜一切代价夺回阵地，不然你我虽多年袍泽，但军法无情！"

当晚，团长罗芳珪亲率两个排乘夜色反击，人抱炸药，呐喊前进，迎着战车而上，前仆后继，以大无畏的气概，压倒对手，毁敌战车六辆，毙伤敌300余人，终于夺回南口阵地。

当日，敌骑兵1000余人，向第4师防守之白羊城、九港、禾子洞等地进犯，均被守军击退。

8月13日，日军河边师团一部开至南口参战，守军也将控制之预备队拉上来，推进至青龙桥、居庸关一线，以策应作战。

敌军在武器装备和火力上完全占了上风，敌炮火不仅可以炮击守军第一线、第二线阵地，其重炮和铁道重炮可以隔着几个山头轰击守军第三线阵地和补给线，给守军造成了极大的困难。汤恩伯的部队在中央军里属于嫡系部队，装备比较好。第89师有日式炮9门，但很陈旧，射程仅为4500米；该师的两个旅都配有山炮连，但每连仅有山炮2门、炮弹100发。第4师有几门小炮，平时从来没有进行过实弹射击，等到战场作战时，才发现是试射炮弹。在战斗中，只要射出一发炮弹，日军马上就有成百上千发炮弹砸向炮兵阵地。所以，守军不仅山炮、小炮被压制无法抬头，为了怕暴露目标，迫击炮、重机枪也不敢轻易开火，否则很快就会被敌炮火轰为焦土。

经过几日恶战，守军只能在几乎被炸得光秃秃的山坡上，依靠爆炸后的弹坑和简易工事作掩护，用步枪和手榴弹抗击强敌。

为了减少不必要的伤亡，守军自发地放弃散兵式的防御，改为每两人一组的作战单位，利用南口两侧高山的石缝、石洞、大树以及掩体和弹坑来抗击日军，即使被敌炮火击中，也只是牺牲两个人。

仗打得极为艰苦。截至8月13日，汤军团第89师已经在南口苦战了六天六夜，敌我双方都伤亡惨重。尤其是汤军在失去后方支援的情况下，只能靠啃干粮喝凉水来坚持。日军为了早日占领南口，派出千余人由羊坑向高家口迂回，再向跑马泉急进。

8月14日，南口的战事更加凶险。天刚破晓，日军步骑兵7000余人，大炮100余门，在20架飞机和40多辆战车的配合下，向南口正面发动了更大规模的进攻。步兵在飞机、战车的掩护下，轮番冲锋。攻势犹如八月的海潮，一浪高过一浪。南口前沿防御工事全部被毁，滚烫的土地，被深翻了几尺。日军在强大的火力掩护下，沿公路直扑居庸关。幸亏居庸关一带配备了纵深防御，守军罗芳珪团拼死抵

罗芳珪团长

抗，肉搏10余次，激烈的战斗一直持续到太阳落山，直到晚上9时，才将日军击退。是日，毙敌数百，守军牺牲三分之二，罗团长身负重伤。

汤恩伯对南口的危局忧心忡忡，他告诫部下，要咬紧牙关，不管有多大牺牲，再坚持四天，就算完成任务了。就在这时，他接到蒋介石的电报：

"孤军抗战，系念之至，刻已一面催晋绥出兵增援，一面派卫俊如（即卫立煌）率三师之众，由易县、涞源向南口增援，望激励军心，持久抗战，再过数日，即可转危为安。后方阵地，应星夜构筑，完成纵深配备为妥。"

汤恩伯的脸一下子拉了很长。显然，淞沪会战已经打响，蒋介石的目的是要让汤恩伯以坚强的防御，牵制日军，以利于淞沪方面作战。但汤恩伯对蒋介石的指示，虽有怨气，却不敢怠慢。他立即找来师长王仲廉，组织部队，连夜袭击突入居庸关的日军，血战通宵，反复冲杀10余次。日军未料汤军还有这一手，在睡梦中听见枪声，仓促应战，被打死430人，另有坦克5辆被毁，32挺歪把子机枪被虏获。战至天明，日军一个联队的援兵开到，敌众我寡，加上部队已极度疲劳，汤恩伯命令改攻为守，第89师各团

伤亡惨重。

南口守军在鏖战中，迎来了15日的朝阳。至此，南口战事已经超过一周。汤恩伯的中央军死伤累累，而日军也遭到重创，被阻于雄关要塞之前，动弹不得。日军只得调动更多的兵力，企图以更猛烈的火力夺取南口。整个上午，南口阵地一片宁静，静得可怕，连飞鸟的鸣叫声也听得见。久经战阵的守军明白，日军正在酝酿更大规模的军事行动。

果然，晌午一过，日军的大炮开始轰鸣，这一次的炮火不同以往，不但正面的阵地一片火海，令人窒息得喘不过气来，南口右翼阵地也被炸得尘土蔽天，就连后方阵地也未能幸免。

在这场铺天盖地的炮击过后，黑压压的步兵端着三八大盖嗷嗷叫着，冲上阵地。下达了数声抵抗令听不到枪响，王仲廉师长心里"咯噔"一下，难道这些弟兄都已殉国？他急令增援部队赶上去，打退敌军，再检查负责防守右翼阵地的一营部队，在敌地毯式的惨烈炮轰下，士兵们大部分中炮牺牲，就连久经战阵的老兵也未能幸免。王仲廉听后热泪盈眶。

这一天下午，另一部日军迂回横岭城，在飞机的掩护下，由锅顶山进犯老渔沟、禾子彰阵地，并突入850高地。

防守850高地的指挥官是第4师第12旅的石觉，他是黄埔军校第三期毕业生，内战在行，外战这是第一次。作为军人来说，虽以执行上峰命令为第一要务，但在抗击外国侵略上，还是要表现出雄性。几经血战，日军虽被击退，但石觉部伤亡惨重，不得不撤出南口要隘，退守居庸关南面一带山地。

就在阵地将失的千钧一发时刻，朱怀冰第94师先头团和李仙洲第21师拍马赶到，汤恩伯以两个团兵力补充正面阵地。

日军屡屡攻击南口正面，均未奏效，于是再一次调整部署。自8月17日起，集中兵力、火力向第4师坚守的右翼阵地发动猛攻。此时，日军在察东的独石口发起攻势，同时在热河伪教导第5团的配合下，进犯第4师阵地。一时间，南口和独石口两方面形势都显得十分紧张。

二、南口失陷

太原绥靖公署主任阎锡山电令傅作义亲率大军星夜驰援南口，以图挽回败局。同时电令保定行营主任徐永昌：令卫立煌率部出房山，迅速侧击日军侧背。

18日、19日两天，日军攻击的重点，完全移到右侧的黄楼院、850高地一线。守军马励武、石觉旅依托高地据守，与来犯之敌进行10余次的拉锯战，终于将强敌击退。

在居庸关方面，敌步兵2000余人由苏林口潜入，抄袭居庸关后方阵地，敌我两方均派出最强兵力搏战。守军渐渐处于下风。关键时刻，汤恩伯发布悬赏令：凡参加反攻之部队，如能先行攻下羊圈子和河西高地两点中之任何一处，赏国币一万元。此令一出，军心大振，守军喊杀震天，经过4小时激战，汤军奋力夺回河西高地，杀敌630余人，遏制了日寇疯狂的进攻势头。

如果按蒋介石先前的许诺，汤恩伯部在南口已经死守了10多天，但该部却撤不下来。守军的兵力严重不足，凡是能用的兵力，汤恩伯都已经投入了战场。由于平绥路运力薄弱，加上日机轰炸、扫射，每天能增援的兵力不足一个团，大约在1500名，而每天的伤亡人数却大大超过这个数字；且前线有大批的伤员也亟待运到后方，前线急需的军用品却运不上去，致使战斗力锐减。再看对手，日军虽也是次第增兵，但后方运输线畅通无阻，行动相对比较自由，他们可等到兵力集中到一定数量再发起新一轮的进攻。而且，日军处于积极主动的进攻态势，进攻时间、进攻地点可作选择，减员可以得到及时的补充，双方优劣可想而知。

阎锡山为策应南口方面作战，命令刘汝明第68军和赵承绶骑兵第1军，分向察北一带的伪蒙军进攻；但刘汝明为保存实力，对张北的攻击令，迟迟不下达，借口日军增加兵力，威胁张家口和平绥铁路。因此，阎锡山只有另派第35军军长兼绥远省主席傅作义的队伍夺取张北，驱逐敌军，以确保张家口。傅作义只好决定由自己所部先进攻张北，并将骑兵推进至多伦，以确保张家口的安全，然后再转移兵力，增援南口。

傅作义把自己的作战意图电告阎锡山后，阎锡山复电："即率大军增援南口。"

傅作义考虑再三，仍决定维持原计划。孰料，阎锡山大怒，骂道："翅膀长硬了，居然敢反对上峰的命令！"并派军长王靖国亲自前往传达增援南口的命令。傅作义原是阎锡山的部下，后虽独立出来，老长官的面子不好驳，迫不得已，停止了进攻张北的计划，将兵力转移至南口前线。

8月18日晚9时，傅作义发布作战电：集团军拟先推进主力部队守下花园、怀来地区，由汤军团攻击南口正面之敌；同时命第72师陈长捷、独立第7旅马延守两部，于8月19日开往怀来，参战后续部队由大庙附近开出。

8月19日，汤恩伯得到情报：坂垣第5师团已集中昌平，待机参加南口决战。他立即向南京统帅部做了汇报。20日，阎锡山到怀来前敌指挥部召开军事会议，汤恩伯、朱怀冰、陈长捷等出席。会上讨论了战场形势与作战计划，决定以第72师和独立第7旅担任出击已突入黄楼院方面之敌，行有限攻击，于克服锅顶山及南北两岭之后，即固守该地，并即将增援之两部抽回，转用于张垣，以恢复张北。

会议正在进行之时，阎锡山收到卫立煌的十万火急的电报。卫立煌电称：其率（李默庵）第10、（刘戡）第83、（陈铁）第85等三个师，已分别由涿县、周口店、涞水等地兼程北上，预计于21日可以到达马创泉、镇边城等地，进击日军侧背等情。阎锡山看后一拍桌子："这太好了。"

汤恩伯等伸长了脖子问何事？阎锡山将电报内容如此一说，汤恩伯建议："何不利用援军到达这一有利时机，发动一次大规模的军事进攻，将敌赶出阵地，恢复原有态势？"阎锡山说可以考虑。

战场形势瞬息万变。这边军事会议刚刚制订了作战计划，后方张家口形势逆转。日本关东军察哈尔兵团攻陷外长城的神威台、汉诺坝，威胁张家口。驰援南口的傅作义大军，只得一分为二，除一部继续前进外，傅作义亲率两个旅回援张家口。

日军则利用张北作战的胜利，积极进攻南口。8月21日拂晓，日军分三路向南口右翼阵地横城岭、镇边城发动进攻。每路三五千人，以15架飞机轰炸和密集的炮火，将守军压在壕沟里无法抬头。当日军步兵冲上阵地后，守军才从地底下、壕沟里和弹坑中跳出来。与敌展开殊死肉搏。阵地上到处是厮杀的军人，浑身的泥土中已分不出敌我，一日间奋力搏斗了10余次。

是日，横岭城被敌突破，汤恩伯部伤亡过半，只得撤出阵地，退守居庸关、怀来、延庆等地待援。察北方面刘汝明第143师退守张家口。

汤恩伯这边被日军压得喘不过气来，张家口那边也被日军围得铁桶一般。先前，汤恩伯直着脖子喊援军。现在，傅作义转向汤恩伯要增援。傅在电报上说："敌分数路冲至旧万全城附近与我混战，张垣危机万分，请饬陈长捷、马延守两部，开到张垣，如不能全来，即先来一部，愈快愈好。"

汤恩伯急得直跳脚，说："我这儿还一筹莫展呢，哪有多余的兵给你？"他回电称："此间情况万急，卫纵队迄未赶到，陈、马两部在此尚感苦撑困难，如该两部即行他调，则此间阵地极易动摇，居庸关一失，察绥非我所有，乞顾念全局，暂留陈、马两部稳固阵地。俟与卫纵队取得联络，再行抽调。"

为了支援南口作战，卫立煌率援军第14集团军分三队由张坊、周口店分路北进。先遣支队早在8月16日进入周口店谷口，走间道进入宛平县境内，出北港沟，于18日下午前出到大台谷地西端千军台，从右侧掩护全军北上进入大台谷地和斋堂川。8月20日，先遣支队一部在板桥东与日军第36旅团牛岛支队前锋遭遇，杀退日军并控制了谷地左边海拔1524米制高点髽髻山和海拔1300多米的桃玉山，日军则控制了两山对面海拔1527米的清水尖，双方展开激战。日军大规模使用化学毒剂，致使许多中国军人身亡。这是8月10日全面抗战爆发以来，丧心病狂的日军无视国际公约，在察哈尔——平西战役中第四次使用毒剂作战。

第249旅旅长陈武和协助指挥作战的军参谋处长符昭骞策划一个出击计划：以两个营乘夜暗从千军台迤南绕出敌后，在群山中潜行至王平口关城以东隐蔽起来，28日22时，从东向西对王平口、板桥一带日军发起攻击；日军受到前后猛烈夹击，顿时溃不成军，逃到桃园始能立住阵脚。

9月13日千军台当面日军第三十六步兵旅团主力向髽髻山阵地发射炮弹2000发以上，该山表面尽成焦土。第498团浴血抗击，双方反复争夺主峰阵地，团长曾宪邦中弹殉国，军官伤亡殆尽，剩存官兵仅能编为一连，虽由第10师、第83师抽队增援，髽髻山于是日午后1时终于失守。守军一再发动攻击企图夺回核心阵地，战斗持续到22时仍未停止。

9月14日平西战线周边军事形势陡生巨变：日军华北方面军第一军、第二军从长辛店、静海一线提前发起保定—沧州作战，其中4个师团合击保定；而板垣师团第五骑兵联队主力已占领蔚县和涞源以北，二十一联队9月14日进占山西广灵，掩护第五师团主力南下插向保定。卫立煌军已处于日军战略合围之中。

卫立煌各部弹尽粮绝，一次夜间大雨夹杂冰雹，官兵敝衣枵腹坚守在海拔1000多米的高山上已经近20天，以致这一夜冻死冻伤者甚众。

9月14日，蒋介石来电命令卫部避免决战，立即撤往石家庄整补。

9月15日22时分路撤向石家庄。军部和第85师为东路军，昼夜疾行，16日黄昏军部刚走出周口店谷口，日军已迫近谷外白塔山，枪炮声响成一片，军部仅先敌一步出谷，但大队尚在谷中。正危急间，突然降下暴雨，日军停止了攻击。卫军后续大队才得以乘机全数出谷，于是全军冒着倾盆大雨西南行，西撤到易县、曲阳，成功跳出了日军战略合围圈。同时，汤恩伯还致电卫立煌、李默庵，请其"火速向大村猛攻，以一部向镇边城攻击，并占领该地，与我右翼阵地相联络"。

汤恩伯的确是有苦衷的。其时南口防守正面和侧翼防线伸展已达500多里，兵力十分单薄，空隙甚多；防守各部伤亡惨重，已成"残兵镇守居庸

关"的局面。傅作义还向他要救兵,在这种形势下,他只得收缩兵力,改为固守据点的战术,并向各部明确了如下任务:

1. 居庸关为第一固守据点,归第21师及第89师守备;以第21师师长李仙洲为指挥官,王仲廉为副指挥官。

2. 横岭城为第二固守点,由第72师和第4师守备;以第72师师长陈长捷和第4师师长王万龄为正副指挥官。

3. 延庆为第三固守点,归(朱怀冰)第94师守备;以该师副师长潘善斋为指挥官。

4. 怀来为第四固守点,归独立第7旅守备;以该旅旅长马延守为指挥官。

汤恩伯令各守备区指挥官要加强工事,沉着固守,非有命令,不得移动或放弃。

阎锡山对南口一地的危局也坐卧不安,心急如焚。他命令李服膺第61军由柴沟堡出援南口,"李氏不但抗命不救,而且反被日军从柴沟堡一炮吓走,而退走天镇、阳高"。

此时,张家口以西的孔家庄车站被日军占领,驻扎在这里的刘汝明部5300人被日军毙伤,这些人本来应该是去支援南口的。

汤恩伯接到驻张家口的联络参谋刘觉民的密报:"张家口当局,闻即将部队秘密南开蔚县,张垣有朝不保夕之现象。"汤恩伯气得直骂,为了预防张家口方面的剧变,临时抽调防守独石口的第84师的一个步兵团,布防在黑岱山至上花园一线,对张家口、宣化、常峪口方向警戒;这边刚布置停当,有消息传来说刘汝明驻涿鹿的一个营突然调往他处。汤恩伯又急忙调第84师一个营急援涿鹿,以巩固其城防。

局势还在恶化:8月24日,镇边城方面的日军,已推进到距怀来不到十公里的十八家,兵分两路向怀来、榆林堡进击。此时,汤恩伯已令各部固守据点,无兵可调,而且他的指挥部与各部队的联络已被日军切断。

8月25日,怀来城外发现日军活动,汤恩伯大惊,急令马延守率第47旅迎击窜入之敌，以确保十八家至康庄的交通要道。但马旅与敌稍一接触即溃退，致使十八家至怀来、榆林堡，怀来至桑园的通道皆沦于敌手。汤恩伯无咒可念，只好将驻怀来的前敌指挥部向樊石堡转移。

此时，卫立煌率援军仍被阻于黄石岗、青峪口、庄村一带，因通信联络不畅，加之永定河涨水，渡河困难，差一天的路程而不能与汤军团合击日军，只得折返入山西。

17时，各部告急纷至沓来。李仙洲报告："榆林堡、陈家堡被敌重围，伤亡惨重。张家口、宣化既以情况不明，情势严重，恳速决示办法。"

19时，王仲廉急电汤恩伯："敌从羊圈子抄过青龙桥后方，康庄岔道间铁路已为敌据，我第21师崔旅之124团，已被敌冲成数段，与居庸关及陈家堡李指挥官间已失去联络。……我第84师司令部被敌数次围攻；张家口已有失守说；我第89师已伤亡殆尽，粮弹两缺，情势险恶，恳请决定大局。"

26日零时53分，汤恩伯接到第17军军长高桂滋急电："派往黑岱山及上花园之部队，受宣化方面突来之敌所袭击，张家口早已陷落，我军前后左右均在敌包围之中，形势危殆，恳设法应付此紧急情况。"

此时，前敌指挥部留在怀来的观察员报告："敌正向怀来包围。"

汤恩伯长叹一声："张家口失守，南口已处于两面夹击之中，如再死守，徒作无谓牺牲。"他将南口危局报告了蒋介石。

蒋介石手令："兄部到不得已时可向蔚县、广灵、涞源移动，但对卫（立煌）纵队仍应积极联系。"

汤恩伯命令参谋长："给固守各据点的指挥官发电报，电到即自行部署突围。"

其时，天降大雨，各部在仓促中接到突围命令，尽快与当面胶着之敌脱离，立即向后转移。日军很快发现了中国军队在撤退，于是跟踪追击，飞机在天上轰炸、扫射，地面步骑穷追不舍。中国军队在泥泞中且战且走，损失惨重。在渡沩河与洋河时，河水暴涨，水深无船，有百余名官兵被滔滔河水卷走。

9月2日，撤退各部相继到达集结地点。是日中午，汤恩伯发布南口作战中的最后一道命令：着第72师、独立第7旅和炮兵第27团开至广灵、阳原一带归还建制；第4师、第89师，开至易县乘车向顺德输送，进行整理补充。

至此，察哈尔沦陷，平绥路东段失手，山西岌岌可危。

第四节　平汉路北段作战

一、阻敌琉璃河

日军占领平津后，进攻平汉路之战便提上了日程。

7月27日，日军根据7月27日临参命第64号，从国内增援而来的三个师团已到平津。为了保障其进攻南口坂垣师团的侧翼安全，华北驻屯军当即部署其川岸文三郎师团于大灰厂—长辛店一线，谷寿夫师团位于杨村、落垡、廊坊、武清等地，河边旅团控制了丰台、南苑地区，准备南犯。

自平津失守之后，军事委员会即在平汉线部署有孙连仲、万福麟、商震等部。为了阻敌南下并相机收复北平，保定行营主任徐永昌根据蒋介石的手令，将平汉线的部队作了如下部署：孙连仲部固守涿县、定兴、新城、徐水；曾万钟部固守定县、曲阳、新乐；关麟徵部固守清宛、高阳、满城、完县；陈铁部固守涞水、易县。以上各部统归第2集团军总司令刘峙指挥。

保定是北平的门户，是平汉铁路北段的重要据点。西面是表里山河的山西，东面是津浦铁路，与平、津互为犄角。因而保定继平津失陷之后成为两方争夺的要点。

8月中旬，日华北方面军为"迅速击灭河北省中部之中国军，以确保平津地区安定"，以香月清司指挥第1军，进出于易县、霸县一带，对保定正面发起进攻，同时，平绥线上的坂垣征四郎第5师团由蔚县向保定西方迂回，截断中国军队由平汉路向山西的退路。

8月15日，保定行营主任徐永昌传达蒋介石的命令，令刘峙督率平汉线各部对敌实施佯攻。但因平汉线上战斗部队庞杂，战斗序列没编成，指挥系统未确定，未能按照计划实施。

南口作战正在进行之时，大本营发布了大本营训令第3号，对冀察地区的作战提出了具体的指导计划。其内容如下：

大本营训令令字3号[①]

兹颁发第一战区指导计划，仰即遵照实施之。此令。

大元帅蒋中正
中华民国二十六年八月二十日

战区北正面作战指导计划

一、敌情判断

平津方面之敌，旬日以来，对于南侵行动颇形迟缓，而对于南口方面之攻击行为则极为活跃，依此判断敌军之企图，大概可分为下列三途：

1. 积极攻略南口后，进迫万全，以垄断平绥全线，再威胁大同，窥伺太原，以期不攻而摧破我正面之作战。

2. 攻略南口后，以此为大旋回之轴心，以津浦线之运动为外翼，以主力由平汉路、以有力之一部由津浦路互相向我侧面压迫，逐次收获侧面攻击之成果。

3. 如南口之攻击不成功时，则以昌平、密云为据点，以掩护其右侧背之安全后，再用第二项所述之方法向我进攻。

依此判断本战区正面之作战，唯有以重兵扼守南口，方足以摧破敌人一切之企图，故本战区正面作战之部署应侧重于平汉线北部之西北侧。

二、指导方针

本战区北正面目前主要任务，为拒止敌人沿津浦、平汉两铁路南下，同时侧击敌人对南口方面之攻击，巩固南口、万全之线，以策定尔后转移攻势收复失地基础。

[①]《大本营颁国军作战指导训令稿（1937年8月20日）》，《抗日战争正面战场》（上），凤凰出版社2005年8月版，第42-46页。

三、指导要领

为达方针前述之目的,应以平汉、津浦西路为轴心,以防守部队采纵深疏散据点式之防御配置,以机动部队控制于侧翼,如敌向我进攻,则协力于防守部队向敌侧背围攻而歼灭之,同时在前线之部队应组织便衣游击队,渡过永定河,深入平津铁路以东地区组织民众,破坏交通,以牵制敌人之运动。

为达方针后项所述之目的,应以强有力之机动部队向南口、怀来、万全之西南地区挺进,直接或间接援助我南口、万全一带之守军。

四、军队区分及其位置任务

甲、右地区队

指挥官:第1集团军总司令宋哲元。

第67军之一师位置于同居、大王庄(岐河口与马厂之间),附第29军之一师位置于东湾头(小站与马厂间)附近。

第29军之其余部队位置于静海、王家口附近。

第53军之一师位置于霸县附近。

平汉线上行进中的第29军队伍

第53军之其余部队位置于雄县附近。

第91师位置于固安附近。

河北保安队（兵力须等于一师）位置于任丘、河间附近。

以上各部队以各对当面之敌，确实占领坚强之防御阵地，绝对拒止敌人之前进为主要任务。

第67军之其余部队位置于马厂附近，取疏散配置之态势，敌军进攻时，以由侧面策应该正面友军之作战为主。

乙、左地区队

指挥官：第2集团军总司令刘峙。

第26路军之一师及一旅位置于琉璃河镇、涿县、高碑店附近。

第17师位置于保定附近。

以上各部队各对当面之敌，确实占领坚强之防御阵地，绝对拒止敌人之前进，为其主要任务。

第26路军之其余部队位置于房山、张坊附近。

第3军位置于涞水、易水附近。

第2师位置于徐水附近。

第25师位置于满城附近。

以上各部队各在指定地点及其附近，取疏散配置之态势，敌军进攻时，以由侧面策应该当正面友军之作战为主，同时保持其机动性，准备随时可以向北平、南口方面取攻势。

丙、第1总机动部队

指挥官：前敌总司令卫立煌。

指挥第10师、第83师、第85师，以斋堂、大龙门一带为活动根据地，以策应昌平、南口、怀来方面之作战，截击敌之侧面为主要任务。

第2总机动部队

指挥官：第8路总指挥朱德。

指挥新编第115师、第120师、第129师以阳原、蔚县、涞源为活动根据地，以策应下花园、宣化、万全方面之作战，截击敌人之侧背，并须以便衣队深入冀东、热河地区，施行游击战，袭击敌军后方为主要任务。

五、作战地境

左

地区——顺义县、雄县、河间县各西侧面相连之线，线上归右地区。

右

总机动部队——昌平、紫荆关、阜平相连之线。

六、总预备队

第40军之第39师位置沧州，在杜生堡、沧州以东之线构筑阵地。

第32军位置饶阳、武强、束鹿、安平、深泽一带，在晋县、献县之间构筑阵地。

第11路（军）位置于石家庄，在藁城、正定、石家庄地区构筑阵地。

第23师位置德州，在德州及其附近构筑阵地。

第47师着在石家庄待命。

七、部队配置与工事构筑

各部队无论其任务为防守或机动，务采取疏散之配置，用地形、地物构筑工事，以达到步步为营、能攻能守之要求，而增加国军作战之韧强性。

八、后方勤务部队之任务

后方勤务部队，应依照此计划内所定之区分，重新规划诸设施，务适应各地区、各部队作战上之要求，完成通信、交通、卫生诸设备，充实弹药器材诸补充，对于集积运输之要领，即务必分散配置，顾虑对空遮蔽，以避免敌空军及炮兵之轰炸，且能不失时机补充前方，应本此要旨，妥拟方案，绘图具报。

九、各地区、各部队团以上之配置及机动部队行动预定之概略，与工事构筑之情形，应绘图具报。

（一）传达法：以书面传递

（二）命令受领者：宋哲元　刘峙　卫立煌　朱德　俞飞鹏

（三）通报受领者：何应钦　徐永昌　林蔚

8月20日，蒋介石致电刘峙，谓：卫立煌军北进策应南口，平汉与津浦两路军可各以有力之一部向平津攻击前进，如津浦不及出动，平汉路亦应单独前进，但后方原阵地仍须派兵守备。并望自20日晨起开始行动，向良乡积极进攻。刘峙当即命令孙连仲部向敌发起进攻，孙除以张金照师固守原阵地，并派一部沿金门闸以北永定河右岸警戒，张华堂旅集结在涿县做预备队外，还命令池峰城师进占房山城北面阵地及坨里、鲁道滩诸要点，并派便衣队在王平口附近活动。冯安邦师附炮7团于21日拂晓起进攻良乡，与川岸文三郎师团的山下奉文旅团激战于良乡城南及房山西北高地一带。双方激战四五天，孙连仲部发扬西北军的传统，善于防守，日军依仗武器先进，屡屡进攻，但久攻不下。孙部反攻敌阵，但因装备落后，敌工事坚固，每每受挫，战斗陷于胶着状态。8月25日，日军集中兵力在飞机大炮的掩护下转入反攻，池峰城第31师遭受重大损失，房山之北车营、平顶山阵地失陷，池峰城师于27日被迫撤至南大案、南罐高地固守。

这时，挺进至京西门头沟支援南口作战之卫立煌部，于23日遭到谷寿夫师团的牛岛满步兵第36旅团的阻击，牛岛连续攻取下马岭、千军台等要隘，截断了卫部西进的通路。这时川岸师团在击败孙连仲军后乘势扩大战果，陆续夺取了良乡西北的山岳地带，消除了沿平汉路南侵日军的侧翼威胁。

8月27日，平绥线上的日军分别攻占了张家口和南口，中国守军纷纷南撤，孙连仲部为掩护后撤部队，除令各师固守阵地，坚持顶住日军进攻，阻敌西进外，还派多股部队着便衣向敌侧后方活动，破坏铁路和通信线路，截断其运输和通信联络。

8月31日，华北方面司令官寺内寿一根据日本军部的命令，执行"占据平津地方及其附近要地，负责确保该地区的安定，以挫伤敌人的战斗意志，获得结束战局的机会为目的，迅速消灭河北中部的敌人"的任务，于9月4日制定了"华北方面军会战等方略"。关于平汉路的作战指导方针，其大要为:"在保定—沧州一线附近努力围歼进入该线及其附近的中国军队","以平汉线地区为主决战方面"。为贯彻上述方针,寺内于当日中午在天津总部下达了作战命令:

一、第5师团击破当面之敌,迅速进入蔚县附近,应准备在保定平原作战;

二、第1军随着第14师团的到达,消灭当面敌之先头兵团,进入易州—定县—白沟镇及霸县附近(含霸县)之线,准备攻击保定附近之敌。

日第1军司令香月清司按照命令作了部署,但发现中国军队在永定河畔兵力增强,从而判断中国统帅部企图在永定河地区进行决战,香月决定首先一举消灭在永定河畔的中国军队,进而进攻保定。①

对于日军的作战意图保定行营已有察觉,但直接指挥作战的刘峙掌握不了下属军队,特别是刘汝明部未等晋军接防便擅自放弃蔚县,使得日军峙登旅团跟踪追击,迫使刘峙不得不改变原以本集团第一线正面吸引敌人,以一部经房山西方山地北进,击日军侧背,以策应友军作战,尔后进攻北平的方案。这样,除指令曾万钟军暂缓北进,用来防守涞源、紫荆关外,本集团军其他部队也要重新部署。这样使中国军队处于混乱的状态。

正在这时,日军第6师团、第14师团分别由固安、永清强渡永定河,向涿州迂回,击溃防守的第53军周福成、冯占海两师,夺取了河东的全部阵地。刘峙为稳定防守,急忙决定:

"一、本集团军为巩固右翼起见,拟以涿州、定兴附近控制之兵团进出大清河东岸,向固安方面迎击,压迫敌人于永定河畔而歼灭之;

"二、第26路军所属除巩固原阵线外,即以第31师之主力(一部固守涿州)会合第47师由涿州东进于望海庄、东西苇陀之线,越过大清河迎击当面之敌;

"三、第3军(附骑兵第14旅)除以一部防守紫荆关、涞源及守备高碑

---

① 参见《日本帝国主义侵华资料长编》(上),四川人民出版社1981年版,第355-356页。

店外，其余一师迅即由定兴、高碑店东进，经东西双铺附近渡过大清河包围攻击西进敌人之左侧背；

"四、各部队之行动应迅速开始，不得延误，并在开始攻击后，须猛烈果敢行之，不得已时亦须固守大清河西岸；

"五、第47师、第31师主力统归第3军曾（万钟）军长之指挥；

"六、第52军之任务仍旧。

"同时顾虑涞源方面之安全，令第3军到达涞源后，应照顾涞源以北中区、张家铺各点。"①

刘峙将部队调动，使防御线更加脆弱。9月15日，日军增添后续兵力，在战车20辆的支援下进攻曾万钟部，经苦战曾部伤亡2500余人。翌日，日军又施放毒气雾弹，迅速扩张战果，又将裴昌会第47师切成数段，激战过午，中国守军在极其不利的情况下退守毛家营南北防线。檀自新骑兵师未与敌接触，即遭日军飞机轰炸而退回涿县。

17日，刘峙奉蒋介石令，命裴昌会协同池峰城师之一团速将占领南良沟之敌驱逐，并投入预备队四个营在涿县、松林店间占领阵地；又令檀自新派骑兵在涿县东北地区搜索，协助池峰城师固守涿州城及附近阵地。又令曾万钟派一部由大清河、平汉线中间地区向柳河营、蒋各庄方面前进，攻击当面之敌。从兵力部署来看，刘峙在日军的进攻面前显得手足无措，忙乱而无序。但刘峙所派各部尚未部署完毕，日军便于16日攻破孙连仲部房山西南的阵地，于17日进入涿州西南地区。土肥原师团也于16日渡过拒马河进逼松林店，于18日占领了该地。刘峙部除曾万钟部尚完整，冯安邦部损失较小外，余均伤亡惨重，丧失战斗力。

为阻敌前进，刘峙令曾万钟率军由大清河右岸大小柴营经驸马庄、谢家营、衣锦村至陈各庄之线速立防线；孙连仲收容残部自高碑店北之陈各庄（不含）经岐沟、张翠台、安阳村、娄村镇之线占领坚固阵地，与右翼

---

① 中国第二历史档案馆馆藏军事档案。

曾部共同阻敌。但因通信网均被敌破坏，联络异常困难，溃兵像潮水一样退下，各部均站不住脚，部队向保定溃退。

孙连仲、曾万钟两部放弃琉璃河、高碑店两道国防线，保定形势岌岌可危。刘峙向中央推卸责任："除中央军外，其他军队望风披靡，均不可靠"，请求中央"至少另增加中央军二师不可"。

何应钦回电："现在沪战激烈，中央部队一时不能北调，在川、桂军未集中以前，应就现有兵力，努力支撑，与敌持久。"蒋介石也向刘峙发出手令："我军应在保定附近与敌决战。"这样，平汉路北段部队只有在保定附近与敌进行"决战"，别无良策。

二、保定失陷

日军迫近保定，南京统帅部急调孙蔚如、冯钦哉两部和黄永安炮兵旅北上增援，但由于日机轰炸，前进迟缓，一时赶不上来。孙连仲、曾万钟两部新败，战斗力尚未恢复。刘峙能指挥之师只有关麟徵师和赵寿山师，当即命令关麟徵指挥张耀明、郑洞国、赵寿山三师在右起白洋淀沿漕河而西，经安新城、漕河头左翼依托满城西北高地一线布防。该线长约70公里，按照当时布防的要求，需要九个师始能防守，现在只三个师，兵单线长，漏洞百出。

9月21日晨，日军发起进攻，在数十架飞机的轮番轰炸下，川岸、土肥原两师团猛烈进攻。当晚，郑洞国、张耀明两师阵地被日军突破，保定告急。蒋介石得知情况后，于22日晚，越过保定行营和第2集团军总司令刘峙，直接以电话对该集团所属下达命令，作出如下部署：

一、第52军务固守保定、安新西城及其附近地区，第3军务固守满城及其西北一带高地；

二、我前方各将领须勠力同心，协作抗战到底；

三、第47师及豫南保安第3团统归关（麟徵）军长指挥；

四、第3军应协力反攻当面之敌；

五、第27军应位置于完县北方各高地，掩护主力左侧背并策应满城方面之作战。①

关麟徵接电后对防守保定作了如下部署：

一、第2师、第47师之各一旅，第17师之补充团，第9师之第4团担任保定城防；

二、第17师主力在保定城以东沿阜河至仙人桥占领阵地；

三、第47师之另一旅在保定城以西经颉家庄、王家、七里店、富昌村、小汲村之线占领阵地；

四、第25师仅余四营及第17师之一团为军预备队。②

23日，日军谷寿夫师团在坦克、大炮的掩护下，首先突破漕河头西面大册河关军阵地，迫近保定外围，发起了攻城战斗。中国守军死死守住阵地，空军也首次在华北上空参战，顿时士气大振，奋勇拼杀，进攻日军被守城部队打退。

24日，日军派一部迂回到保定南之于家庄、方顺桥车站，进攻正面以排炮向城垣进行了一个多小时的轰击，将城墙轰开两个大缺口，谷寿夫指挥坂井德太郎旅团向城内攻击。

在此危急时刻，刘峙以敬酉电转达蒋介石训示："郑、赵、裴各部须固守保定，无令不准撤退，务望排除万难，勉力撑持为要。"但蒋的训示并没有给防守的形势带来任何缓解，在日军猛烈攻击下，城内机关的文武官员乃至商民纷纷外逃，至20日，河北省保安队和清宛警察均已撤走，对外联系被切断，加上后方的方顺桥、于家庄被敌占领，整个保定成为孤城，陷入瘫痪状态。守城部队无法据守，遂于24日晚撤离南退。

保定城的陷落，严重地影响了平汉线上的战局，新上任的第一战区司令长官程潜急忙重新部署，拟在正定附近的滹沱河畔与敌决战。

①② 中国第二历史档案馆馆藏军事档案。

此时，曾万钟、关麟徵、冯安邦等部移居曲阳、行唐、平山；孙连仲部转进至栾城；檀自新、张占魁骑兵沿潴龙河与第1集团军万福麟军联系，警戒集团军的右侧翼；冯钦哉第27路军武士敏师在定县以北阻击敌人。

攻占保定的谷寿夫师团骄横无比，冯钦哉部稍一接触，即被打败撤离铁路线退入太行山。日军如入无人之境，两天即迫近新乐。刘峙只好再派鲍刚旅和河南保安第2支队及工兵团，破坏沿途的交通设施，阻敌前进，于26日撤回石家庄。

日军第1军攻占保定后，于9月24日接到方面军司令官寺内寿一的命令："应继续追击，进入正定北面准备攻击。"为此，香月加强了正面谷寿夫的力量，沿平汉线追击第一战区部队。其他师团则在保定附近集结整顿，并将新开到的下元熊弥师团配置在涿县、徐水间，担任后方警戒，随时准备支援进攻石家庄。

9月25日，第一战区司令长官程潜在获鹿召集前方将领徐永昌、刘峙、卫立煌、商震、孙连仲、林蔚等举行军事会议，认为石家庄为华北交通枢纽，西边的娘子关为山西门户，石家庄为娘子关的外廓，既有正太铁路通往山西腹地，又有平汉铁路和公路网连接鲁豫，便利抗日军队的调动和物资的运输。保卫石家庄必须占有西边太行山的地形，确保娘子关。为此，程潜根据南京统帅部的意图，对平汉路的军事作了如下部署：

第14集团军卫立煌部守备平汉路及其以西、滹沱河以南地区；

第20集团军商震担任平汉线以北、滹沱河南岸阵地的守卫；

第26路军孙连仲（欠第27师）和第139师、第54师在平山以南，为预备队。

10月初，日军在正定周围完成集结，华北方面军为配合山西忻口方面的作战，决定迅速攻下石家庄。10月6日，寺内寿一下达了如下作战命令：

一、敌军主力现在在正定附近苟延残喘，第2军的一部（5日）午后进入武强、衡水及新河中间附近的釜阳河左岸地区，估计当面之敌正向西面退却之中；

二、方面军准备在河北平原一击覆灭敌战斗力；

三、第5师团应向太原前进，攻占太原；

四、第1军应在适当时机开始进攻，特别期待不出所料，捕捉退避的敌人，攻击重点指向石家庄附近，一旦突破敌人战线即向顺德附近击破敌人，不失时机地再以一部进入井陉以西的要地，切断敌在山西方面的交通，尔后策应第5师团；

五、第2军应从滏阳河左岸攻击敌主力的背后，策应第1军的攻击和追击；

六、临时航空兵团随着第1军开始进攻，以主力协同第1军，以一部协同第2军及第5师团的行动，特别在适当时机应努力阻止敌主力退避，要迅速消灭当面之敌航空兵力。①

这时，由于山西方面战斗吃紧，南京统帅部将第14集团军卫立煌调进山西，在晋北忻口阻击敌人。这样在平汉线上防守石家庄的中国军队的兵力更加薄弱。

10月6日，香月清司指挥谷寿夫、土肥原、川岸文三郎、下元熊弥四个师团和野战炮兵旅团，在飞机、坦克的配合下，沿曲阳、定县一线向南推进。7日，川岸师团在灵寿突破守军阵地。同日，土肥原师团进抵正定西北的西房头附近，谷寿夫师团先遣支队进抵正定东北的二十里铺，从三面围攻正定。同日，冯钦哉第27路军为牵制敌人，以一旅向灵寿慈峪镇方面游击，扰敌后方，中国空军也出动飞机轰炸交通要道，阻敌增援，但这些行动并没有给作战带来转机。8日，日军向正定主阵地

第2集团军总司令刘峙指挥无方，带头逃跑，被人讥讽为"长腿将军"，后被撤职。

---

① 中国第二历史档案馆馆藏军事档案。

发动总攻，炮火击毁城西北角，敌兵涌入，防守这里的鲍刚第46旅与敌搏斗，伤亡殆尽，正定失守。此时，南京统帅部为防守晋东门户娘子关，将平汉线左翼之孙连仲、冯钦哉、曾万钟部和赵寿山师调防晋东，仅留商震第20集团军担任平汉路正面的防守。

10月9日，日军强渡滹沱河，企图从右翼包围石家庄，并从行唐、灵寿赶派增援部队，三面包围中国军队主力。这时由于第一战区主力已调走，石家庄兵力单薄，防御空虚，战线太长，来不及收缩。日军于10月10日从石家庄西侧渡河，攻陷石家庄。

日军攻陷石家庄后，便分头追击撤退的中国军队。11日，川岸师团抵达井陉，转入太原作战；谷寿夫师团沿铁路东侧南下，追击溃逃的第53集团军；土肥原师团在铁路西侧南下，于12日与商震第32集团军在元氏附近展开激烈战斗。13日击败商震部，于15日占领邢台。谷寿夫师团于14日追抵内邱。下元师团主力于15日抵达任县附近。

为掩护正面各军后撤，商震命令吴克仁第67集团军固守临洺关，吴军刚从津浦路上撤下，部队疲惫不堪，吴毅然率领全军，与穷追不舍的谷寿夫师团激战两天，使平汉线各军安全退至漳河以南。

20日，谷寿夫师团居中，土肥原师团在右，中岛今朝吾师团在左，分头向漳河南进犯，这时在汤阴整补的汤恩伯、关麟徵两军协助商震军据守，与日军隔河对峙，暂时稳定了豫北战局。

在日军沿平汉路进攻保定、石家庄的同时，第53军奉命在冀中沿永定河布防，归第1集团军宋哲元指挥。

抗战一开始，何应钦就密令刘峙，在编定战斗序列时，将东北军"以军为单位，分割使用"[①]，对发动西安事变的东北军耿耿于怀，搞一些分化瓦解的小动作。

9月初，第67军吴克仁部自河南商丘北上，于9月中旬在子牙河与日军

---

① 《何应钦致刘峙密电（1937年7月22日）》，载《抗日战争正面战场》（上），第193页。

接触激战，企图与第53军取得联系，但第一战区却令该军向邯郸转移。

第53军在永清抵抗日军，平汉线上的日军向南攻进，第2集团军所属作战连连失利，各级将领无视战区指挥，自由行动，混乱不堪，高级指挥官"对于作战似属儿戏，抱定做好人，恐怕担过错，因循敷衍，得过且过，其责任心之薄弱，牺牲精神之缺乏，已达极点"。

作战部队"自涿州撤退至保定总退却止，前后不过五日，十余师大军完全溃散，官不知兵，兵不见官，只得奉命石家庄集合，不知其他。所以一退数百里，将民财骡马拉抢一空"，"所有负伤官兵，完全遗弃；米面、重炮、弹药、车辆、药品、行李、马匹，损失无数，兵以日不得食，沿途鸣枪掠夺，居民财物，洗劫一空"。

三、到敌人后方去

第53集团军在第2集团军右翼掩护平汉路上的撤退，见其兵败如山倒，也稍作抵抗，便向后撤，经任丘，越肃宁、饶阳、深县、束鹿，直退至赵县。

正当万福麟率部向南溃退时，有人报告其所属第116师第691团在团长吕正操的率领下北上了，这使惊慌失措的万福麟不仅大吃一惊，而且百思不得其解：他们迎着日本人进攻的浪尖逆行，这不是找死吗？

华北战场的战幕揭开之后，吕正操率部在永清的曹家务防守永定河，掩护平汉路上的作战。但自9月中旬以后，部队几乎是每天都向后撤，有时挖了点工事，有时竟一枪未放，从北平通往冀中平原的大道上，尽是扶老携幼的逃难百姓和狼狈不堪的溃败队伍，每一个正义的军人都会对这种混乱现象感到伤心和愤懑。

10月10日，吕团撤到晋县的梅花镇，该团第1营在这里与进犯的日军进行了激烈的战斗，歼敌几百人后被敌包围。这时，第53军的大部队已逃得无影无踪。第116师师长周福成拍来电报，令吕正操率团和第3营立即南

敌进我进，带领队伍深入敌后作战的吕正操团长

撤，将被包围的第1营丢弃。吕正操拒绝执行这种失败主义的命令，带领部队将第1营营救出来。

11日晚，吕正操召集全团连以上军官开会，他说："现在，我们阻击敌人，而师长竟将第1营官兵丢给敌人。"他把师长周福成的电报念给大家听，然后非常气愤地说："诸位想一想，第1营是我们患难与共的兄弟，能丢下不管吗？"大家听后愤慨异常，说："太狠毒了，再也不能跟着他们跑下去了。"

但也有人担心，一个团北上，孤军深入，有被敌人吃掉的危险，还是该找主力部队，随大流南撤。但大多数军官从抗战两个月的战斗中看透了国民党高级指挥官自私无能、望风而逃的实质，纷纷表示不跟国民党军队跑，坚决北上抗日。因此地周围都是日军，不宜久留，决定马上出发，敌进我进，到敌人后方去。

10月12日，吕正操率领全团从敌人进攻的空隙中穿过，到达晋县东北的小樵镇，当日，在小樵镇的小学校内召开了全团官兵大会，吕正操向大家讲述了九一八事变后东北军的悲惨遭遇和西安事变中"三位一体"的可喜情况，指出只有共产党真抗日，救国救人民。他说："当前的时局令人心焦，还不到半个月，日本侵略军就占领了华北大片土地，中央军一味撤退，如果我们继续跟着跑，不但不能对抗日有所贡献，还有断送自己的危险，我们爱国军人，都有保卫国土、收复失地之责。"针对该团目前的状况，他指出："我们面前只有一条路，回师北上，到冀中敌后打游击。现在，敌人后方空虚，有利于我们发动民众建立抗日根据地。"吕团长的讲话得到了全团大多数官兵的拥护，同时还解决了少数人对回师北上站不住脚、饿肚子等方面的顾虑。

根据大家的意见，吕正操庄严宣布："全团立即回师北上。从现在起，第691团的番号不用了，改为人民自卫军，接受共产党的领导。"

全团官兵对吕正操的主张热烈拥护，一致推选吕正操为人民自卫军司令，吕云起为副司令，王树章为参谋长。将所属编为两个步兵团，一个特种兵团。部队的改编消息传出，当地军民一片欢腾。士兵们找来红布，缝在挎包或碗套上，以区别于国民党军队。

10月16日，吕正操率大部队经深泽过博野、蠡县到达高阳，路上像抗日播种机、宣传队一样，联络了各地方党组织，释放政治犯，提出"减租减息""硝盐公卖"等口号，当地知识分子、男女青年踊跃参军。尔后又联络了河北民军张仲翰部，决定同心协力，联合抗日。吕部在冀中站住脚跟后，遂率一部分部队到铁路西，在那儿接受八路军的训练，八路军又给该部输送受过训练的政治干部，吕正操又从原来的团里选出一部分人组织了新的游击团，原来的部队在共产党的领导下起到了酵母作用，吕部发展壮大，后来建立了冀中军区。在冀中，即使是日军活动最猖獗的时候，日军的活动范围也"仅限于铁路沿线和以主要县城连接的地带"。

河北省内的国民党军在日军的进攻下溃败不是偶然的，其主要原因是其消极防御、片面抗战造成的恶果，在当时假如再有三五个甚至更多像吕正操团挺进敌后的话，抗战将是另一番局面。

第五节　津浦路北段的抵抗

一、内讧的第六战区

1937年7月底，日军侵占天津后，随后侵占小站、杨柳青、良乡、坨里各要点，掩护其后续部队集中，并以一部进攻察哈尔，以策其侧背之安全。

8月初，日军飞机猛炸津浦路北段沿线各要点，妨碍交通。尔后，日军第10师团以1000余人向朝案桥、2000余人向静海攻击。8月中旬，根据蒋介石手令，宋哲元第29军部署在河间、任丘、马厂、青县、静海、大城、肃宁、文安等地；万福麟第53军固守文安（不含）、雄县、霸县、固安等地，西与孙连仲第26路军防地衔接。又将庞炳勋第40军部署于兴济、沧州；东北军吴克仁第67军部署于献县、刘格庄、吕公堡。

8月30日，何应钦主持作战会议，又将刘多荃第105师调往沧州归庞炳勋指挥，作为津浦线上的预备队。为加强津浦、平汉两线间的防御力量，将商震第32军三个师另二个旅部署于武强、深县、安平、饶阳等德石路沿线，以便机动，作为两铁路线的预备队，直接由保定行营指挥。不久，因第29军防御线过长，保定行营遂命令吴克仁军推迟进到大城，接受该部的部分防线，西接万福麟军，而以冯治安、李文田、石友三等师防守马厂至小王庄一线阵地。另将湖南部队李必蕃师控置于德州，作为津浦线上的预备队。

8月初，由于河北境内大雨连绵，津南区尽成泽国，军队行动极其困难，加上日军进攻中心用于南口和平汉路方面，津浦线上一时沉寂。

8月14日，由日本派来的矶谷廉介第10师团在大沽登陆，于21日推进至小站、良王庄、独流镇等地。8月23日，矶谷到达前线即部署进攻马厂。

8月31日,日本华北方面军颁布了第2军战斗序列。9月9日,第2军司令官西尾寿造到达天津,指挥津浦战事。11日,西尾下达了第2军迅速向沧州以南、尔后向保定南侧进攻的命令。由于河北水患严重,日军确定进攻方向为正定—德州一线;18日,日第1军攻占保定。因滏阳河、滹沱河等水位上涨,原定矶谷师团转进到平汉线困难,乃改变原作战计划,命令该师团向德州突进,军主力进至滏阳河左岸。

自平津相继失守之后,河北的平汉、津浦西线均划为第一战区,司令长官由蒋介石兼任,由保定行营代为指挥。

8月下旬,独流镇、静海、陈官屯相继失守,津浦路危急。南京统帅部决定调第三战区司令长官冯玉祥至河北,指挥与其有历史渊源关系的宋哲元、庞炳勋部,并将津浦路北段划为第六战区,冯玉祥任司令长官,鹿钟麟副之。

9月13日,冯玉祥抵达津浦前线视察。9月17日,军事委员会发布命令:"兹为作战指挥便利起见,将第一战区划分为两个战区:平汉线仍为第一战区,津浦线为第六战区,特任冯玉祥为第六战区司令长官,辖宋哲元、庞炳勋、吴克仁、刘多荃、李必蕃五部。与第一战区之作战地境为河间、吕公堡、文安、信安镇、安次县之线,线上属第六战区。"

蒋介石调任冯玉祥为第六战区司令长官,又恐冯与旧部联合反己,乃耍弄纵横捭阖之故技,有意扩大冯与旧部的裂隙,并百般掣肘,使第六战区在指挥上出现混乱。

蒋介石在冯玉祥到第六战区之前,便指使与冯有旧怨的萧振瀛到第六战区原西北军部队中活动。萧到达后便提出

第六战区司令长官冯玉祥

了四句口号：

一倒宋（推倒总司令宋哲元）；二拥冯（拥护冯治安当总司令）；三拒冯（拒绝冯玉祥北上就任第六战区司令长官）；四排张（排挤张自忠不使回任）。

萧振瀛见了宋哲元，便对宋说："老冯这次北来有一个计划，他打算叫鹿瑞伯（鹿钟麟）、石筱山（石敬亭）带队伍，那不是要拆你的台吗？"听了萧的话，宋哲元刚刚安定的心又投下了阴影。接着，萧跑到冯治安那里，又讲，冯玉祥在中央开大会时，说了冯治安、陈继淹不抗日等坏话。冯治安听了萧的话对冯玉祥的到来早已冷了半截。

山东的韩复榘由于蒋介石派蒋伯诚长期做工作，早已不把冯玉祥放在眼里，因而蒋不用再多做工作，韩不会听从冯调度的。

冯玉祥在第三战区时，是参战的高级将领，特别是蒋的嫡系高级将领根本对冯不买账，重大问题都是直接向蒋介石请示报告，冯每日除了看看一般的通报外，就是躲空袭警报，处于有职无权坐冷板凳的地位，满腹牢骚也无可奈何。现调掌第六战区，指挥宋哲元、庞炳勋、韩复榘、刘多荃等部，在冯看来，除了与刘多荃过去没有历史关系外，宋、庞、韩都是自己的老部下，虽然同韩有一段不愉快的历史，但同宋、庞是没有问题的。他自忖到六战区比三战区指挥顺手些，所以对履任新职满怀信心。在一些不明底细的人看来，冯任第六战区司令长官也是人地相宜。谁也没有想到蒋介石早已设下了圈套、布下了陷阱。

9月15日，冯玉祥率鹿钟麟、石敬亭、程希贤等到达济南，一下车便受到韩复榘的冷遇。韩没等冯开口，就抢先向冯汇报了山东防务紧张的情况，强调无法调部队北上的理由，使冯玉祥碰了一个钉子。

16日晨，冯玉祥到达连镇，宋哲元到专车上见冯。宋在汇报了敌我情况之后，接着向冯玉祥表示自己因旧病复发，情况严重，已向中央请准病假，拟赴泰山休养一个时期，第1集团军总司令交由冯治安代理。

冯玉祥一听此话，更是大失所望，竟一时说不出话来，沉吟了片刻才说:"你这一时期也过于劳累了,好好休养是可以的。不过当此抗战关头,最好能早些回到前方来。"

此时,冯玉祥看出宋哲元是怕自己抓军队,夺其权,为解除宋的顾虑,便说:"我到前方来不是为别的,是为了多年同生死共患难的弟兄,大家在前方浴血奋战,有什么困难和需要,由我负责转请中央予以解决。"

两人匆匆一晤,话不投机,即分道扬镳。冯玉祥即折回第六战区司令长官部桑园,宋哲元的专列也随即开往泰安。

宋哲元到了泰安,住在泰山普照寺,前方一切事务由冯治安代管。一天冯玉祥由桑园给冯治安打去电话,说有要紧的事面商,约他去桑园一晤,冯治安答:"前方紧急,无暇抽身。"冯玉祥问:"在你眼前都有谁?你派一个能代表你的人来一趟也可。"冯这才派副官长张俊声到了桑园。

冯玉祥一见张俊声如骨肉久别,落泪痛哭,说:"宋哲元他们为什么轻听萧振瀛的谣言,耽误我们的抗日救国大计。你们全是我多年患难生死的弟兄,亲如手足。"尔后冯问了前方战况,又对抗战作了指示。张俊声

日军化装成中国老百姓在前线侦察

敷衍一番而回。

萧振瀛整天和冯治安绞在一起，不离左右，时常说些调拨离间的话，把冯弄得昏头昏脑。冯治安官迷心窍，认为萧能在蒋介石那里说上话，只要跟萧走在一起，前途就大有可为。萧看到冯治安对其言听计从，任其摆布，更加趾高气扬，认为他的拒冯（玉祥）倒宋（哲元）计划已经成功了。

宋哲元虽在泰山休养，仍对前方的部队和战况牵肠挂肚。宋离部队去泰山的时候，冯治安本应随时向宋报告情况，但参谋处拟订拍给宋哲元的电报全被萧振瀛撕掉了。

冯玉祥了解到指挥玩不转的原因是因为萧振瀛在中间作祟，勃然大怒，命令葛云龙："你带手枪队前往德州车站萧的专车上进行搜捕，抓到他就毙了他！"

由于冯治安事先把消息透漏给了萧，使葛云龙扑了空。

蒋介石唯恐第六战区内部不乱，以调查冯萧关系为名，派戴笠到津浦路前线，趁机进行活动，更增添了将帅间的不合。

二、短促的作战

9月11日，日军为加强津浦路上的作战，将中岛今朝吾和山冈重厚师团（缺谷藤长英旅团）加入第2军战斗序列。20日，矶谷师团开始进攻沧州，并将进攻重点放在大运河西侧。21日夜，矶谷指挥其第10师团6000人，炮30门，在4辆坦克的掩护下进攻庞炳勋军的落马坡、姚官屯、赵家营等正面阵地。翌日拂晓更以飞机数十架向庞军阵地进行轰炸，庞军阵地尽毁，伤亡惨重。冯治安电请蒋介石将后方控制的李必蕃师增援前线，而蒋已将李师调往盐山修筑工事。李师接命令后由盐山赶往增援，尚未进入阵地，即被退下来的刘多荃第49军冲散。赵毅师以密集队形进入阵地，又遭飞机轰炸，溃不成军。

在第1集团军内部，第77军冯治安又和第59军李文田闹得不可开交。冯治安以军长代理总司令在分发军需物资时，总是处处厚待第77军，薄待第59军。两军在防守青县时，第1集团军败退，第59军的将领都埋怨是第77军先垮下来的，应负主要责任。第59军的一个旅长在同冯治安通电话时说："我们这次撤退是被左翼部队给拉下来的。"冯治安当即申斥说："你们为什么不沉着应战，把侧翼部队给上挂去呢！"这位旅长把电话一撂走了，从此第59军的部队再也不听冯治安的指挥，甚至避而不接受冯的命令，争先恐后向后撤退。冯玉祥闻悉这一情况，急派鹿钟麟前往指挥，找到庞炳勋、李文田，命令他拦腰截击敌人，才把第77军部队掩护下来。

冯玉祥为挽救津浦线上的危局，电请蒋介石，令控制在德石线上的商震迅速北进，向青县发起进攻，以分散津浦线上日军之势，但由于平汉线上部队溃败过速，这些措施均未实现。9月23日，庞炳勋军力衰竭，阵地被突破。翌日沧州沦陷。冯玉祥急令鹿钟麟转往铁路东侧指挥庞炳勋、刘多荃、李文田、李必蕃等部，在东起尹官屯经南皮、老庄、杨庄、钓鱼台、泊镇至孝杜李庄一带，构筑坚固工事，采用纵深配置，依托宣惠河抵抗，其余各部集结于连镇、东光一带整补。

自10月1日起，鹿钟麟指挥各部向日军侧背袭击，曾一度攻下泊头镇、冯家口、南北霞口等据点，但因铁路正面的冯治安自被敌冲散后，一直未建起一条防线，致使鹿部防守不稳。冯玉祥在战区长官部电请蒋介石令韩复榘派两师人归冯治安指挥。但韩复榘视部队为私有，竟抗命不援冯治安。及至日军冲到桑园，方派出展书堂师运其昌旅防守德州。10月2日，矶谷师团由桑园渡过运河，次日在德北击破运其昌旅进入德州。

日军占领德州，沿津浦路两侧追击第六战区部队。10月4日，蒋介石来电重新确定第六战区防御线：（一）第六战区所属在津浦铁路以西各部队，撤退至张秋镇、临清、南宫、宁晋之线，与第一战区联系占领侧面阵地，拒止南进之敌；津浦线以东地区之各部队迅速由济南及其以东地区撤退，转赴长清张秋镇之线，担任黄河南岸之防守，如有退却困难者，即令其分散（每组约一营上下），在沿津浦线东西地区担任游击扰乱任务。

（二）黄河下游自长清以东之防守仍由韩部担任，其现在德州之部队仍应拒止敌人，以使第六战区各部队之运动容易。（三）第六战区长官指挥机关应即转移至平汉线适当地点……

第六战区的部队按指定地点转进，无论怎样也必须经过山东地境。此时，韩复榘竟荒谬地提出了保境安民、拒止客军入境的口号。冯玉祥给韩打了两份电报，韩复榘连一个字的复电也没有。冯治安撤到德州，韩部师长展书堂异常冷淡，一句欢迎的话也不讲。时第59军在铁路以东南撤，需要经过山东境内，代军长李文田与韩复榘勾结，希图将第59军归属韩复榘部，经人劝止才罢。第77军向大名撤退，因运河以西一片汪洋大水，需要走运河东岸，因韩复榘反对而作罢。当地的老百姓说："韩主席（韩复榘）有命令，先剿匪后抗日。匪就是指你们从前线撤下来的部队。"

听到这个消息，大家都很气愤，最后通过西北军的一个老关系才在临清休整了几天，然后向大名转移。

第1集团军转移到大名后即转隶第一战区，第六战区随即撤销，冯玉祥从此杯酒释兵权，回到南京。

萧振瀛在沧州躲过冯玉祥的枪口，回到南京向蒋介石告状，冯到南京后也向蒋介石控告萧通敌乱军当斩，两人互相攻讦，打起官司来。这种结局正是蒋介石所希望的，暗暗在心中窃笑，表面上劝说冯玉祥不要同萧一般见识，冯也无可奈何。冯玉祥率兵抗战的生涯从此结束，蒋介石分化瓦解西北军的阴谋如愿以偿，河北的抗战也到此告一段落。

第三章 太原会战

第一节 雁北失守

一、破产的大同会战

1937年8月下旬,日军攻占北平之居庸关及张家口。9月初,日军第5师团主力,由怀来向蔚县前进;第4野战兵团之一部及川原兵团、伪满靖安军由怀安(柴沟堡)向阳原前进;第4、第5两野战兵团主力,附伪蒙军一部,沿平绥路向晋北要塞天镇进攻;第5野战兵团之一部及伪蒙军由张北向晋绥边境进攻。

山西省四面环山,北依外长城及阴山之系,毗连察、绥,南以中条山及黄河邻接河南,东以太行山与河北平原相隔,西以吕梁山和黄河天险与陕西毗邻。山西地处高原,为华北屋脊,有高屋建瓴之势。历代用兵者,必先据山西,然后可以巩固河北。太原扼正太、同蒲两路之交会点,位于汾河左岸,被山带河,古称重镇。忻口右托五台,左倚云中,地势险要,为太原北面之屏障。井陉、娘子关为太原东面之咽喉。当时正太、同蒲两铁路均为窄轨,不能与其他铁路联运。山西境内山峦丛错,东太行、西吕梁、北恒山、南中条等四大山脉分布全境,层峰接云,关隘修阻,交通甚不便利。境内河流较大者,为汾河、桑干河、滹沱河、漳河、沁河和环绕西部和南部之黄河,均水流湍急,极少舟楫之利。山西煤、铁资源丰富。由于山西特殊的地理位置,所以抗战爆发后必然成为敌我双方争夺的战略要点。

第二战区司令长官部在敌攻占居庸关及张家口时,即判断敌将分经平绥路及蔚县攻晋北,其时由察南撤下的汤恩伯部,率第17军高桂滋部正向蔚县、广灵集结,所属第13军则奉命开赴河北顺德(邢台)整理。第二战区司令长官阎锡山将晋绥军主力配置于平型关、灵丘、广灵、天镇、阳高等地区,一部控制于浑源、应县、大同附近。9月2日,蒋介石电示:"日驻屯军部,企图于星期内截断平绥、平汉两铁路之联络,待关东军到达而歼灭晋军,以截断我军由山西向北进出之路。"同时,蒋介石令驻藁城、石家庄一带之刘茂恩的第15军,开赴晋北作战。

当日军攻占南口和张家口后,阎锡山判断侵犯华北西线的日军将循平绥线进犯大同,战场可能局限于雁门关以北的雁北地区。他根据敌情判断,做了"会战大同"的准备。其方针为,诱敌进入大同以东聚乐堡地区已设国防工事地带,集结强大兵团于南翼的浑源、东井集间和北翼绥东的丰镇、兴和一线,发动钳击,并以骑兵集团向张家口挺进。蒋介石赞赏这个计划。从皖北调刘茂恩第15军两个师(武庭麟的第64师和刘自兼的第65师)入晋,接汤恩伯三个师阵地。

第二战区司令长官阎锡山

阎锡山为实行大同会战之计划,命从张家口退下来的李服膺第61军附一个山炮营于晋东北西弯堡、天镇、阳高地区占领既设阵地,拒止西进之敌,以掩护聚乐堡主阵地和南北翼主力军的集结。

命赵承绶、门炳岳两骑兵军为集团骑兵,位置于兴和东北地区;刘奉滨第73师位置于广灵、灵丘东边境,以警戒南北两翼军的活动,待机向张家口南北挺进。

命王靖国第19军及附属山炮团、野炮营及一个重炮连,于大同以东30里的聚乐堡南北线上,占领主抵抗阵地,吸引敌军于熊耳山和外长城间的南洋河盆地。

命杨澄源第34军于东井集、浑源间集结。该军与刘茂恩的第15军为南兵团，以第6集团军总司令杨爱源为雁门关指挥。

命傅作义第35军在绥东丰镇和大同以北得胜堡地区集结，为北兵团。预拟李服膺第61军在天镇、阳高予敌以层层打击后，北移于长城镇边堡附近，归入北兵团序列，以第7集团军总司令傅作义为指挥，在大同指挥北兵团和聚乐堡正面主抵抗阵地作战。南北兵团乘敌胶着于聚乐堡既设阵地前时，立即包围钳击。

从南口突围撤出的陈长捷第72师集结于雁北应县，增加于镇河新编独立第4旅，编成预备第1军，为大同会战的预备兵团，直辖于战区长官部。

雁门山以南仅以孙楚的第33军所辖孟宪吉独立第8旅位置于雁门关，章拯宇独立第3旅位置于龙泉关、平型关之间。

从察哈尔犯晋的日军，于9月上旬发动进攻。敌先以关东军东条纵队一个旅团和伪蒙军的两个骑兵师，沿平绥路西进，攻破李服膺在雁北所筑的从永嘉到天镇间的国防阵地。日军于9月9日冲到阳高城下，李不但未能收容所部，依据阳高预设的第二线阵地抵抗，竟弃城随溃军向大白登南逃。敌东条纵队继续向大同西进，配属于王靖国第19军的段树华旅在聚乐堡前方，与敌激战两昼夜，损失约两个营。王靖国鉴于段旅受日军飞机、重炮的严重损伤，向阎锡山屡电告急，请求预备军推进，并电陈长捷师应援，还不断要求傅作义把集结在丰镇的第35军权行南移大同，给予直接支持。这样，所谓"大同会战"的基础，已被李服膺和王靖国搞得动摇了。

9月13日，日军混成独立第1旅团占领大同，晋绥军各部均向长城线转移。同时，日军板垣师团主力突破广灵洗马店刘奉滨第73师防线，该师向平型关方向转进。此时在浑源北东井集地区集结的只有第34军梁鉴堂第203旅，该旅既受李服膺军南溃的影响，侧背又受广灵方面的威胁。正在雁门关内岭口行营指挥的阎锡山对当时的情况惶恐不安。他仍着眼于雁北，拟转移主作战方面于浑源，以为应付。9月14日，第5师团占广灵，9月16日

晋军将领左起：孙楚、赵承绶、楚溪春、杨爱源等在一起

敌把杨澄源第34军、刘茂恩第15军牵制在浑源、东井地区后，又紧迫第73师，直捣灵丘。这时阎锡山才恍然警悟到，日军主力第5师团是循着坂垣一年前假借游历五台山勘察的路线而进攻平型关，以抄袭雁门山后方。阎感到"大同会战"计划已全盘皆输。

在这种形势下，阎决定放弃"大同会战"，立即尽撤雁北各军于雁门山以南，依靠恒山、雁门关为侧背屏障，东向平型关方面，对侵入灵丘的敌第5师团主力进行会战。阎当时对兵力部署作了如下调整：

初到浑源的刘茂恩第15军南向恒山撤退，于恒山口左右和砂河间集结，保持主力于恒山南，准备机动。

杨澄源第34军由东井集经应县退入茹越口，守备雁门关与恒山间的茹越口两侧，与第15军取得联络。

预备第2军控制于繁峙。

王靖国第19军由聚乐堡向雁门关撤退，增加方克猷独立第2旅和姜玉贞第196旅，守备雁门关线，保持重点于雁门关方面。

集结在绥东丰镇的第35军,向宁武、阳方口转进。

赵承绶骑兵军南退于朔县地区,警戒雁门、宁武西翼。

门炳岳骑兵军和马占山的东北挺进军向丰镇、平地泉西撤,共同警戒绥东。

第35军后方在绥宪兵和征训的国民兵,离开绥远省会,经绥南清水河,循黄河转赴晋西北保德县待命。

二、李服膺被诛

李服膺第61军在天镇阳高失守后,随第34军南奔,到达繁峙东沙河附近。

雁北失守,日军可沿同蒲铁路居高临下直冲太原,阎锡山的守土抗战也就泡了汤。他着实慌了手脚。

晋军在雁北一败涂地,山西人心惶惶,阎锡山一筹莫展。这时,一老者向阎锡山直言:要稳定山西军心、民心,保卫山西,非得执行军法不可。此人便是第二战区军法执行总监张培梅。

张培梅,字鹤峰,山西崞县人。清末秀才,饱读经书。后入山西陆军学堂、保定陆军速成学堂。1907年加入同盟会,在山西新军中由基层队官因功升至山西督军署参谋长。他参加了山西辛亥革命,其学识、军事指挥能力远在阎锡山之上,但张性格豁达直率,远不如阎锡山阴险深沉,加上张不会逢迎阿谀,故其职位一直在阎之下,但在晋军中威信很高。抗战开始后,任命其为第二战区军法执行总监。

张培梅认为,雁北之失,非工事不坚、兵器不利,而在于军队斗志不扬,特别是主要指挥人员怯阵怕死。他主张要严惩雁北失守的主要责任者李服膺。

雁北失守,阎锡山难辞其咎。他提出"守土抗战",战火在察哈尔燃起时,他援察慢慢腾腾,的确有点隔岸观火的味道。现在晋土已失,他怎

李服膺

样向山西人交代，特别是晋军在雁北的失败，使晋绥军在全国人面前丢尽了脸，他要找一个替罪羊推卸责任，事已至此，也只能牺牲一人保全自己，乃至整个晋军。他深知张培梅宁折不弯的耿介的性格，拒绝他的建议，等于侮辱他，更何况李服膺也是张的崞县同乡，为了山西抗战，张确实是大义灭亲。他同意了张的建议。

李服膺，字慕颜，山西崞县人，保定军校第五期毕业生，在晋军中由排长、连长逐步升至第61军军长。在晋军中与张荫梧、楚溪春、李生达、傅作义等曾结拜为兄弟，号称阎锡山的"十三太保"，李被奉为大哥。为了寻找靠山，他又认山西省主席赵戴文为干爹。又以保定军校同窗的关系，与南京的唐生智等拉上关系，并与何应钦等关系密切。因而晋军中对他早有微词，说其长于"外交"，短于军事。他经常奔走于太原，进行私人活动，很少驻在防地，对所属中级以下官佐大半不相识。他用人，一贯抓牌子，陆大、保定军校毕业者优先，拉同乡、旧部关系。练兵重表面，搞花架子，作战、施工重私情分配任务。

李服膺在雁北修筑工事中，从太原领来很少一点试制材料，钢筋、洋灰（水泥）不足计划请准的百分之一，土石工具更是寥寥无几，民工工资、兵工津贴被层层克扣，用来在全国各大商埠做买卖，所修国防工事的质量就可想而知了。

雁北失守后，李服膺自知形势对其不利，曾给南京的唐生智及军委会军法总监部的人去电，要求南京派人来了解雁北失守的实况。唐生智等去电给阎锡山，要李服膺亲去南京报告雁北战斗经过。聪明反被聪明误，李服膺的做法适得其反，阎锡山最恨的是背着他与南京方面的人勾结，何况李服膺如去南京，雁北失守的事昭然若揭，对阎也不利，李的四处活动反而促使阎尽快地处死他。

当阎锡山电召李服膺回太原时，李左右的人对他说，阎对天镇的实际情况不明了，难免以讹传讹，有所指责。目前平型关战局危急，全局很快有变化，不如再拖延几天回太原较为妥当。但李较为自信，认为有南京的人撑腰，阎不会对他怎么样，遂毅然前去太原。

李服膺到太原后，求见阎锡山，阎让他先回去休息，李在私宅住下。当夜11时左右，阎来电话说要他去开会。李即起床到阎的"都督署"。一下汽车，蓦地见阎的大堂上设有公案，两旁宪兵警备，气象森严，李不禁大吃一惊，边走边说："这是干啥？"陪审官谢濂、傅存怀随即上前说："总司令一会儿就出来要和你谈，你且在此等等吧。"

未几，阎锡山从厅内走出，站在大堂中央，手持着公案说："慕颜（李服膺的字），我从学生培植你到了军长，今天什么也不必说啦。关于你的家庭和孩子们，我完全负责，放心吧。你有什么话，可和竹溪（谢濂的字）他们谈。"说毕，离席而去。

李服膺听了阎锡山的话，眼睛瞪着阎的背影刚想申辩，谢濂插话说："慕颜，不要提那些事了。你还有什么家事，可以告诉我。"

李服膺气愤地把帽子往地上一摔，骂道："那还说屎哩。"

随即由如狼似虎的宪兵拖到车上。李服膺在车上还直嚷嚷说："为啥这样糊里糊涂地杀人，使我死得不明不白。"

李服膺被枪决前，阎锡山对其特别"优待"，他身穿中将军服，地上铺着红地毯。李服膺被枪决前口中高呼："不讲理的阎锡山万岁！"

对阎锡山来说无所谓讲理不讲理的问题，有权就是有理。但李服膺咎由自取，罪有应得。这一举措对闻风而逃的晋军确实起到了震慑的作用。

第二节 平型关战役

一、八路军平型关大捷

卢沟桥的炮声，激励着亿万中华儿女。根据国共两党达成的协议，1937年8月25日，中共中央军委正式下达命令：红军改编为国民革命军第八路军，朱德任总指挥，彭德怀任副总指挥，叶剑英任参谋长，任弼时任政治部主任。下辖第115师、第120师、第129师三个师，每师下辖两个旅，红军虽然放弃了自己用血与火铸造的光荣称号，却实现了从九一八事变以来为之奋斗了六年之久的直接对日作战的宏愿。

红旗猎猎，黄河滚滚。红军整编之后，就浩浩荡荡地开赴抗日前线了。

9月7日，雁北已经失守，山路上到处都是国民党的溃兵、伤兵，三三

群情振奋，旌旗猎猎，人们欢送部队开赴抗战前线

两两，松松散散，惊魂未定。

坐落在雁北代县岭口的第二战区司令长官部里一片忙乱景象，参谋人员正在匆忙地收拾文件，整理器具准备南撤。阎锡山坐在一土坑上。雁北的仲秋，中午的气温还比较温暖，早晚有些凉意，但阎的土坑已生火，房内散发着一股土烟味。阎虽为司令长官，但不穿军装，他身着山西农家老者的布衣，坐在那里无精打采，眼睛半闭半开，好像老是在琢磨什么事。参谋们有电文，向他报告，他听后或不发一言，不置可否，或用五台土话咕叽几句。

就在这时，周恩来偕徐向前来到岭口。由于南口、张家口相继失陷，雁北失守，阎锡山对抗战已失去信心。周恩来见阎后，耐心地向他分析抗战形势，说明目前敌人虽强，我们虽弱，但只要打下去，敌人终究会弱下去，我们会一天天强大起来，日本帝国主义终究会被打败的，鼓励阎锡山坚持抗战，解除了阎的许多顾虑。

阎锡山请周恩来拟订第二战区的作战计划，周用一天的时间就写出来了。阎看后吃惊地说："写得这样快，这样好！如能这样打，中国必胜。"他用赞叹的口气说，"周先生的确是个人才，国民党是没有这样的人才的。"

阎锡山的"守土抗战"搞的是阵地防御战，周恩来等到雁门关参观了防御工事，他建议阎锡山不要单纯死守雁门关，而应主动出击，实行侧击和伏击来破坏日军的进攻计划。

在周恩来的提议下，经阎锡山同意，成立了第二战区民族革命战争动员委员会，动员民众，实行全面抗战。尔后，周恩来等又会见了傅作义，针对国民党害怕发动群众抗日的思想，强调抗击日本侵略不能单纯靠正规军，一定要把民众发动起来，武装起来，与正规军共同作战。

自9月15日起，敌以小部队由广灵、浑源，分向乱岭关、恒山、凌云口一带进攻，其主力继续南下。广灵守军及刘茂恩第15军右翼，均被迫逐次后撤。到9月21日，敌第5师团主力万余，战车数十辆，在灵丘大作村、赵

八路军总指挥朱德,《大美画报》的封面照片

政治部副主任周恩来

第115师师长林彪

师政委聂荣臻

作村一带集结；敌另一部在广灵集结。孙楚第33军第73师刘奉滨部，占领马跑泉经平型关至小西沟之线；第17军高桂滋部占领东跑池经团城口至西河口西北高地之线；第15军刘茂恩部在西河口西北经师福沟、老光沟至北楼口之线占领阵地；新编第11团在蔡家峪南北高地之线担任警戒；第33军独立第3旅在神堂堡、马跑泉以南地区占领阵地；原在平型关、团城口、西河口、牛心堡之线构筑工事的第33军独立第8旅，俟第17军占领阵地后，集结于大营附近。

9月22日拂晓，守军尚未部署完毕，敌即调集步兵四五千人附炮若干门，由灵丘出发向平型关方向前进。其先头一部与第33军独立第8旅某营在平型关外蔡家峪发生战斗。薄暮，敌向第33军第73师平型关阵地攻击，该师第197旅英勇抵抗，将敌击退。

9月23日拂晓，敌又向平型关口、团城口迄师福沟一带阵地攻击。敌战车数十辆沿灵丘至平型关道路前进至蔡家峪附近，独立第8旅之一营难以阻挡，被迫撤退。随即第17军第84师第251旅之第502团，立予迎击。同时，敌2000余人攻占东跑池西北高地，守军独立第8旅之两个连英勇抵抗，最后全部壮烈牺牲。

副总司令孙楚即令第73师以一部向北攻击，高桂滋第84师第499团、第502团向南攻击，独立第8旅之所属团向东攻击。战斗至夜，敌我双方均无进展。此次战斗，第84师第251旅第502团团长艾捷负重伤，李营长等阵亡。当夜，该团撤回。

当日，阎锡山在岭口行营向蒋介石打电报汇报战况："今夜2时，灵丘方面之敌分两路约一师团攻平型关及团城口，激战剧烈。至更2时，将平型关之敌击退。下午4时，将团城口之敌亦击退，分三路追击中。我伤团长1人、伤亡营长3人、士兵2000余人，敌伤亡尤众，虏获人枪另报。"[①]

---

① 《阎锡山与蒋介石往来密电（1937年9月23日）》，载《抗日战争正面战场》（上），第457-458页。

9月23日，司令长官阎锡山令傅作义率预备军加入右地区，并与右地区杨爱源联合指挥该地区之作战，将左地区之任务，交第19军军长王靖国代行。阎并令第18集团军第115师林彪部由右翼向北攻击平型关附近敌之侧背；新编第2师金宪章部赴西河口地区待命；郭宗汾第71师由繁峙于当晚向大营东北地区前进，归总司令孙楚指挥，第72师即向沙河待命。当日18时，傅作义奉到上述命令后，即电令第35军第218旅车运经代县、繁峙、沙河至金山铺东侧地区待命，第211旅至金山铺西侧地区待命。至19时，傅作义因平型关战况紧张，遂将两旅之运输令副军长陈炳谦指挥，自率一部幕僚乘汽车向平型关前进。至24日拂晓，第6集团军总司令部（位于东山底）侦知，平型关至蔡家峪公路一线，有敌运输汽车及装甲车甚多，团城口正面，有敌步炮兵4000余人；由王庄堡通浑源大道，有敌一纵队南下，其先头于23日晚抵达钟庄铺（金峰殿北）附近。

基于上述情况，傅作义即与杨爱源商定，以刘茂恩第15军陈铁第85师第194旅之预备队两营，占领讲堂村、师福沟、董家庄之线阵地；师补充团占领董家庄、道士沟之线阵地；该师第194旅主力撤至东西葫芦头附近，第195旅撤至油房沟一带；该军武庭麟第64师第191旅右翼延伸至道士沟附近。

24日9时，傅作义、杨爱源二总司令与第18集团军第115师之联络参谋商定，于25日拂晓，以预第2军第71师郭宗汾部配合第115师攻击团城口之敌，并策定作战指导如下：

（一）正面以第71师附新编第1师为主攻部队，第84师仍固守原阵地。

（二）第71师四个步兵团由团城口至2142.96高地间，沿山麓向东攻击，再向南旋回，以蔡家峪、小寨为攻击目标；以两个团由2141.96高地至西河口间向东攻击，并掩护团城口正面攻击部队之左侧背，截断敌向浑源撤退之道，以王庄堡为攻击目标；以一个团为预备队，由团城口附近前进。

（三）独立第8旅，以一部协同第71师攻击，以辛庄为攻击目标。

（四）第115师担任敌后各地之攻击，以东河南、蔡家峪为攻击目标。

上述计划，由第6集团军总司令部发布命令，至19时，第7集团军总司令傅作义率幕僚进驻大营指挥。

9月24日，敌又增兵5000余，援助平型关正面。从拂晓起，再次向平型关、团城口及讲堂村一带阵地攻击，并以战车队向东跑池以南阵地冲击。战斗至晚，敌未得逞。

是日，阎锡山向蒋报告战况如下：

顷杨总司令爱源、孙副总司令楚梗中参战电称：梗丑敌以坦克车等猛攻我平型关附近东西跑池阵地，致汽车路右侧最高山头陷于敌手。经职等悬赏，于梗午由第17军独立第8旅、第72师各抽派劲旅猛烈反攻，前仆后继，伤亡惨巨，幸赖将士用命，卒于梗午后一时完全克复。①

同日又电告蒋战况：

（一）战况：养日，灵丘方面之敌，向我平型关、蔡家峪前进阵地进攻，我守兵极力抵抗。是夜敌以大部猛袭平型关阵地，我军奋勇拒敌，肉搏多次，将敌击退。漾晓，敌约一师团，分两路进攻平型关和团城口，战况剧烈。因敌我争夺山头，伤亡奇重。激战至午，卒将敌击退。追击20余里。团城口之敌，亦于午后4时被我击退。金崎店、小窝单方面（平型关东北约60里），拂晓时亦有敌八百余，向我阵地猛攻，经我击退。此役我伤团长一，伤亡营长三，士兵约二千，敌死亡尤重，俘获人枪正在查报中。

（二）敌情：梗早，有敌千余，向浑源以东运动。②

9月24日半夜，傅作义总司令到达大营附近之河南村。据报告当地第71师正向攻击准备位置运动中，因阴雨路滑，行动困难，原预计25日拂晓之攻击，必须迟缓两小时，第72师奉命归第71师郭宗汾师长指挥，也于24日

---

① 《阎锡山与蒋介石往来密电（1937年9月24日）》，载《抗日战争正面战场》（上），第460页。

② 《阎锡山与蒋介石往来密电（1937年9月24日）》，载《抗日战争正面战场》（上），第461页。

24时到达大营东之齐城村附近，准备支援第71师之战斗。同时，林彪第115师对东河南及蔡家峪已各派出一个团，关沟附近控制一个团，并派教导营向灵丘、广灵推进。

第71师师长郭宗汾，由于正面兵力薄弱，遂改令金宪章新编第2师担任王庄堡之攻击，该师全力对团城口正面之敌攻击。9月25日，第71师部队正前进之际，适敌铃木兵团及伪蒙军也向高桂滋第84师团城口附近阵地攻击，该师被迫撤退，敌遂占领团城口、鹞子涧、六郎城一带高地。沿公路前进之第71师第404团，于凌晨2时许与上述之敌遭遇。此时第84师部队仍继续后撤，郭宗汾师长遂令第71师部队占领迷回村、黄圪底洼一带，阻敌前进。郭师长又令新编第2师迅速变更进军路线，由2141.69高地协同第71师部队攻击占领团城口之敌。第71师部队与团城口之敌激战至12时，始将战局稳定。

此时，新编第2师尚未接到改变路线之命令，其先头已进至红水村附近，第403团及第428团进抵1850.36高地，炮兵集团亦推进至涧头村1655.9高地一带。13时，第71师师长郭宗汾接傅作义总司令电话命令，继续指挥所部向敌攻击，空军部队亦飞临支援战斗，至18时，将鹞子涧西南一带高地攻克。敌军仍据鹞子涧、团城口附近高地与守军对峙。

此时，第71师之第403团及第428团，已抵达南沟村以西高地，新编第2师亦陆续到达小牛还。

9月中旬，第18集团军第115师已抵五台山，林彪派高参袁晓轩到大营与孙楚联络，通报第115师正和向灵丘以南之太白山潜进，将在平型关以东之东河南地区伏击敌军，希望团城口、平型关守军适机响应第115师的伏击，起而夹击平型关前之敌。

9月23日，第18集团军第115师就拟订了平型关作战计划。为了打好这一仗，师长林彪、政委聂荣臻在上寨村召集全师干部动员会，说明作战部署和作战应注意之点。聂荣臻在他的回忆录里写道：

在干部会上，我简要地介绍了日军由灵丘西进的情况。同志们情绪非常热烈，摩拳擦掌，准备打一个大胜仗。我军的战斗部署是：独立团和骑兵营插到灵丘与涞源之间和灵丘与广灵之间，截断敌人交通线，阻止敌人增援；以第343旅两个团为主攻，第344旅一个团到平型关北面断敌退路，一个团做师的预备队。攻击部队全部在平型关东侧山地设伏，准备给敌以猛烈打击。林彪讲完兵力部署后我在讲话中强调了为什么要打这一仗，为什么必须打好这一仗，并向各级党的组织提出了要求。会议一结束，师的主力就连夜赶往距平型关30余里的冉庄待命。我抓紧这个空隙，到前边察看了这一带地形。平型关确实是一个伏击敌人的理想地域。从平型关山门至灵丘县东河南镇，是一条由东北向西南伸展的狭窄沟道，地势最险要的是沟道中段，长约十多里，沟深数十丈不等，沟底通道仅能通过一辆汽车，能错车的地方极少，而南北沟岸却是比较平坦的山地，我们的部队正好埋伏于此。

24日，在断断续续的炮声中，前沿部队报告，敌人有于翌日大举进攻的可能。傍晚，师部又收到阎锡山部队送来的一份"出击计划"，说他们担任正面防御和堵截。我和林彪在马灯下，推开军用地图，把各方面汇集的情况又作了一番详细的研究，随后用电话下达了出击的命令：第343旅本晚24时出发进入白崖台一线埋伏地，第344旅随后开进。

白崖台一线，距敌预计经过的汽车路仅二三里地，那天夜里，天下起了倾盆大雨。干部战士既无雨衣，又缺御寒的服装，只得任凭秋雨湿透征衣，沿着崎岖的山沟向前行进。最糟糕的是山洪暴发了，湍急的山洪咆哮着，盖住了哗哗的雨声。大家只得把枪和子弹挂在脖子上，手拉手结成"缆索"，或者拽着马尾巴从激流中淌过去。师里虽然有工兵营，也能架桥，但是，水势凶猛，大雨滂沱，短期内难于成功。徐海东同志的第344旅走在后边，闯过去了一个多团，另一部分被越来越险恶的山洪拦住了。我看到有的战士急于过去被洪水冲走了，就同林彪商量，这个旅过来的一部分做预备队，没有过来的不再强渡，以减少不必要的牺牲。林彪同意了这个意见。所以，平型关伏击只使用了由杨得志、陈正湘同志率领的第885团和由李天佑、杨勇同志率领的第886团。独立团和骑兵营已于23日分别向平型关东北和以东开进。24时，独立团在灵丘与涞源之间的腰站，同日军打了个遭遇战，毙敌三百余名。

经过大半宿行军，我们赶到了目的地，雨停了，天也亮了，按照预定计划将大部兵力布置在由平型关到东河南镇约十多里长的沟道通路的东南山地上，同时派出了一支部队迅速由南向北以隐蔽动作穿过沟道通路，占领了东河南镇以北的一个高地，以便切断敌人后路，造成两面夹击的阵势。我们的师指挥所设在沟东南边的一个小山头上，站在指挥所，用望远镜可以纵观全沟。不知哪位有心的同志，当时给师指挥所拍了一张照片，从那张照片上，可以清楚地看到我和林彪指挥的位置。部队部署完毕，我举起望远镜朝师指挥所前侧的山头望去，看到部队隐蔽得很好，经过一夜风雨侵袭的战士们，正忍受着饥饿和寒冷，趴在冰凉的阵地上，等待战斗。

这时，山沟里传来了汽车的马达声，进犯平型关的日军已隐约可见，这是坂垣师团第21旅团的辎重和后卫部队，共四千多人。前面有一百余辆汽车，接着是二百多辆大车，除军用物资以外，车上坐满了戴着钢盔的日本兵，再后面是驮着九二式步兵炮的骡马和骑兵。车马连成一线，马达声和马蹄声充斥在山沟间。敌人那种骄横的阵势，得意扬扬的样子，真使我们难以忍受。他们没有什么防备，因为他们南下以来，基本没有遇到什么抵抗，所以，只是辎重和后卫部队，仍然大摇大摆地走着，如入无人之境。

伏击部队的报告同时汇集到师部，敌军已全部进入伏击圈。这时，我们下达了攻击命令。我看了看表，记下了当时的时间，是清晨7时整。

战斗一开始，全线部队即居高临下地向敌军展开猛烈袭击，一下子把他的指挥系统打乱了。山沟里，汽车撞汽车，人挤人，异常混乱。我同林彪研究了一下，决定把敌军切成几段，分段吃掉它，随即下达了命令。

立刻，巨大的冲杀声响彻山谷，战士们勇猛地向公路冲击，同敌人展开了短兵相接的白刃肉搏战。侵华战争初期的日军与后期不同，他们经过严格的军国主义训练,抵抗得十分顽强,虽然失去了指挥,仍分散着跟我们厮拼。有的趴在车轮下和沟坎上射击,有的向坡上爬,妄图夺取阵地。战斗始终打得很激烈,甚至出现了敌军的伤兵与我们的伤员打成一团的情况,互相用牙齿咬,用拳头打。敌人虽然很顽强,但他无法抵住我军的猛烈进攻,不能摆脱失败的命运,一部分被歼了,一部分向东跑池逃跑了。

到中午,战斗临近结束之前,我随同出击部队下到沟底的公路。这次伏击战的战果,可以说是很壮观的。公路上,敌军人仰马翻,燃烧的汽车,遗弃的武器,比比皆是,堵满沟底。我在察看战果的时候,还碰上一个日本兵,躲在山洞里面向战士们放冷枪,战士们对着山洞用中国话喊:"缴枪不杀!"他以枪弹回答,死不投降。我说,丢手榴弹,消灭他!那时,我们的战士还把日本侵略军当成内战时期的敌人,以为打狠了就会缴枪,岂不知他们都经过长期训练受麻醉很深,满脑袋装的都是怎样占领中国,所以即使剩下一个人,也很顽强。

当我们完全控制了这条山沟,马上按预定计划,命令一部分部队向东跑池一带的日军进攻。这里原定是阎锡山部队阻击的目标。当我们在十里长沟与日军激战的时候,他们一直没按预定的作战计划行动。敌人经东跑池突围的企图已经非常明显了,他们仍旧按兵不动。这样,东跑池的敌军未能全歼,黄昏时,突破阎锡山部队的团城口阵地向北逃窜。

此役"将敌人一个旅团完全击溃,一半消灭"。连同我军派出的游击支队战果在内,共计毙敌一千余人,缴获敌汽车八十余辆,九二野炮一门,七三、

日军第5师团长板垣征四郎,平型关大捷所歼部队,即为该师团所属。

七五山炮弹三千余发，步枪三百余支，机关枪二十余挺及大批军用物资。

阎锡山将平型关战役情况当日向蒋介石密电汇报："南京蒋委员长均鉴：谨密漾戌行一电惊呈。进攻平型关之敌自漾日经我痛击后，复增兵以图再逞，遂决调重兵出击，联络八路军林师包抄该敌。有日拂晓，我出击部队正前进之际，敌主力向我团城口河北高军阵地猛攻，经我郭师迎头痛击，激战至午，将敌右翼击溃。林师及73师一部向敌右侧背挺进，占领蔡家峪，将平型关通灵丘之汽车路截断，敌机械部队及重兵器均不能退走，已获敌汽车50余辆，均满载军用品。现已将平型关正面之敌一千余人解决，团城口之敌包围在一深沟中，已令迅速解决，以免逃逸。查敌系铃木兵团，配合蒙古军。阎锡山。有戌。行一。（岭口）"①

平型关大捷，是中国抗战以来取得的第一个大胜利，是中国共产党坚决抗日政治路线的胜利，也是国共合作的胜利。这一胜利，使日军补给部队"受到极大损失"，给素称精锐的板垣师团当头一棒，给纷纷败退的友军以初步稳定，给华北和全国人民抗战信心以巨大鼓舞。国民政府对平型关大捷以较高的评价：日军"因受我两方包围夹击，我朱德部尤予敌以重创"。蒋介石于9月26日、28日连续向朱彭总副司令拍电慰问："……有日一战歼寇如麻，足徵官兵用命，指挥得宜，捷报传来，良深嘉慰，尚希益励所部，继续努力，是为至盼。"②

饱受日本侵略军祸害的华北人民，从平型关的胜利中看到了希望，认为共产党和八路军是可以信赖的，为八路军在华北创建敌后抗日根据地，奠定了广泛的群众基础。

---

① 《阎锡山与蒋介石往来密电（1937年9月25-27日）》，载《抗日战争正面战场》（上），第461页。

② 蒋介石致朱德、彭德怀密电（1937年9月28日），载中国科学院历史研究所第三所南京史料整理处选辑：《中国现代政治史资料汇编》，第3辑第4册。

二、脆弱的防线

阎锡山计划的"大同会战"破产后,部队移守雁门关之线,以杨爱源的第6集团军与刘茂恩的第15军就近配备于茹越口以东地区。这时高桂滋的第17军(辖第84师、第21师)自参加南口保卫战撤出后,突破重围集结于蔚县县境,经整补后渡过桑干河汇集于广灵以北,刘奉滨第73师配备于广灵以东各阵地,归汤恩伯指挥。这时,日军板垣征四郎指挥华北军,由蔚县向广灵东洗马庄及以南地区第73师阵地猛攻,以一部进袭涞源。同时,日关东军五六千人由阳原与东井集分攻广灵西北之大山及火烧岭第17军阵地。守军与敌作战数日,阵地经数度争夺,"卒以我军伤亡过大,刘师与高军阵地先后为敌突破,高军不得已向西南转移"。①南进之敌进占灵丘后,第二战区部队在平型关布防,第73师占领平型关南马跑池经平型关至东跑池南侧之线;第17军占领东跑池经团城口至西河口西北高地之线;刘茂恩的第15军占领大坪村经凌云口至北楼口之线,以孟旅为总预备队。部队正进入阵地时,日军快速部队已进攻到阵地前,高军与刘师即与敌进行大战。最先与敌接触的是第84师派往蔡家峪的一个营,该营在与日军机械化部队遭遇时便顽强作战,"激战至烈,我军伤亡亦甚重"。②9月23日拂晓,日军大部队分两路向各阵地猛犯,并以战车数十辆沿汽车路进攻,守军经夜苦战,死伤过半,"卒未得接防部队之增援,复受敌大部猛攻,终与阵地共同牺

高桂滋

---

①② 《平型关八次争夺战经过》,中国第二历史档案馆馆藏档案。

牲，二公路南北主要山头遂陷入敌手"。在公路南一阵地尚有一连十余名坚守高地，抵死不退，终得第2营营长率队增援，与敌肉搏，将敌击溃，夺回阵地。公路北之敌继续进攻，正在这时，第17军接防部队之第502团迎头痛击进攻之敌，战至清晨5时，敌未得逞，指挥作战之艾团长受重伤，李营长阵亡，士兵伤亡甚多。时敌不断增兵，猛攻不已，第6集团军副总司令孙楚令第17军以吕、任两团出击，刘师及其他部队亦出击，血战至13时，将敌击溃。第17军亦于16时将团城口之敌击退。

9月22日、23日之战，敌我双方伤亡均大，这时日军后续部队又复到达，守军为加强防御，将阵地进行整理，以高桂滋军担任公路（东西跑池含）以北阵地，其李仙洲师左翼与刘茂恩军右翼在大坪村东方高地。日军这次进攻部队约一个师团以上兵力，且集中在公路两侧狭小地区，企图全力攻其一点。守军预备以8个团于公路以北作小迂回，向东西跑池、小寨间侧击敌之右侧背，以林彪师截断敌之后路。并以陈长捷第72师及第35军之孙（兰峰）、董（其武）两旅为总预备队，由傅作义任出击军指挥，于23日午协同杨爱源向大营东北地区出击，终因疲劳之故，改为25日拂晓前出击。但24日日军增兵五千，向平型关东西跑池、1886.4高地、团城口各阵地猛烈进攻，炮击甚烈，阵地失而复得，激战终日，卒被击退。高桂滋军"伤亡团长、副营长数员，连排长30余员，士兵千余，其余各部伤亡亦夥，而1886.4高地及东西跑池遂委敌手"[①]。25日拂晓，守军按预定计划分路出击，"适敌亦向团城口高军阵地猛攻，而高军以出击不利遂向后转移"[②]。高军转移的原因是由于孙楚不派兵援高，致使团城口被敌突破。第17军第21师师长李仙洲当日给蒋介石打电报，报告了战斗经过和与前线指挥者的矛盾情况：

---

①② 《平型关八次争夺战经过》，中国第二历史档案馆藏档案。

京委员长蒋：珊密。

一、本午84师伤亡较重，全部溃退，致团城口（平型关北五里）阵地被敌突破。查此地为晋北主要阵地之要点，一被突破，则雁门关感受威胁，关系重大。傅总司令已率生力军十余团到达平型关附近，准备反攻，现正在部署中。

二、本师现仍固守西河口（团城口北八里）亘水圪朵至杨庄四十余里之原阵地，以为左翼之支撑。但当面之敌，不过一团，现仍与我对战中。

三、此间作战不利原因：（一）指挥官能力薄弱。（二）指挥不统一。（三）上下欠联络。（四）友军互不相信，各不相救，致敌各个击破。

四、查山西为华北据点，一旦不守，则平汉、津浦均受影响，但晋军战斗力较差，殊不可待［恃］。以现在情况观察，除中央速派五师以上精锐部队并派大员前来指导外，山西前途，殊觉可虑。所见是否有当，恭候钧裁。职李仙洲、黄祖埙叩。有亥。参。印。①

郭宗汾预备第2军第76师陈光斗第202旅向团城口外六郎城以北出击，相机迂回于蔡家峪、东河南方面与第18集团军第115师取得联系，军主力经迷回村，于半夜出发越第84师阵地，直出团城口出击。该军没料到团城口及鹞子涧并东西跑池一带阵地已被敌占领。

9月26日拂晓，敌第5师团第21、第41、42等三个联队，由灵丘乘汽车向平型关方面增援，在蔡家峪、小寨一带与林彪第115师部队交战，该师不支，被迫撤退。该敌并与原在团城口、鹞子涧、六郎一带之敌联合，集中兵力向迷回村方面猛攻，与预备第2军第71师第404团及第431团之一部激战。10时，傅作义令第61军第72师派第217旅增援。11时，公路以南部队及第71师之第428团、第403团，分别将公路及南沟村之敌击退。敌军利用有

---

① 《李仙洲等致蒋介石密电（1937年9月25日）》，载《抗日战争正面战场》（上），第462页。

利地形，陵高下迫，出郭军不意，其北翼从鹞子涧突进，隔断左纵队陈光斗旅，南翼从东跑池出发，击溃新编独立第1旅陈庆华部，将预备第2军主力左纵队压迫于迷回、涧头地区。由于第18集团军第115师在东河南获捷后，向大力含水岭挺进，与隔离于六郎城北的陈旅互为犄角，牵制住从鹞子涧突进之敌，使得郭宗汾预备第2军得以在涧头、迷回站稳阵地，监视着西跑池，使东跑池之敌不得直扑大营。

此时阎锡山认为平型关外的局势大有可为，遂放弃沙河会战计划，要各部贯彻以大力进击平型关外，歼击敌板垣师团主力的企图：令郭宗汾预备第2军坚守迷回地区，令孙楚第33军坚守平型关正面阵地，令陈长捷第61军立即从代县向平型关进发。阎还特命傅作义前往大营，把高桂滋第17军和刘茂恩第15军置于第7集团军序列下，给傅以指挥平型关方面的全责。

阎锡山26日在致南京大本营和蒋介石的两封电报中报告了作战部署和部队行踪：

限即刻到。南京大本营：O密。本晚传达各集团军命令如下：
（一）庾［庚］螂关正面之敌，连日与我激战，已被我击溃。宥日，敌由浑源、灵丘增援甚众，煌捃部约两千余，炮二十余门，向我越口一带进攻，敌拟有进入关内之企图。（二）我决集中兵力，迅速抗拒各个正来犯之敌。（三）第6集团军应联合第18集团军及总预备军，迅速击破进攻平型关之敌，第7集团之杨爱源军，应竭力抗拒在越口一带之敌，其余各军固守阵地，以待我主力转移反攻该敌。（四）各集团军应本以上要旨，妥筹部署，即行开始动作。谨电报闻。阎锡山。寝亥。行一。［岭口］①

26日，从灵丘大道南来之敌，被第61军李服膺一部阻于东西跑池和关沟一线，不能前进。遂固守1386.6高地为掩护，与团城口循公路南攻之敌相

---

① 《阎锡山致大本营密电（1937年9月26日）》，载《抗日战争正面战场》（上），第463页。

呼应，转向鹞子涧进攻。八路军在东河南地区伏击日军获捷后，没有得到平型关、团城口正面大军的响应进出，转移于伏击准备位置。敌遂于26日举全力西进。

27日拂晓，敌步兵在飞机炮火的掩护下，向迷回村、黄圪底洼、盖房沟阵地攻击。预备第2军第71师第403团、第431团、新编第4团、新编第7团各一部及第61军第72师第217旅第433团在空军的配合下，奋战3小时，将敌击退。13时，敌派来增援部队，再向守军攻击。守军阵地在敌强烈炮火轰击下，几乎被夷平，但官兵拼死抵抗，第72师第433团预备队加入逆袭，敌始后撤。第71师师长郭宗汾令第214旅配属第434团，将第428团从团城口以东调回2141.96高地，协同第403团及第72师第433团，准备黄昏时全线向敌攻击，但由于通信不畅，调动迟误，改为拂晓发动攻击。当上述部队转移之际，敌步骑百余，乘夜暗沿公路向后方渗透偷袭。位于公路附近之炮兵及第434团之一部，将敌包围，悉数歼灭。当日向团城口攻击的第72师第434团和向六郎城攻击的新编第2师，均未获成功。

9月27日13时，第35军之孙兰峰第211旅、董其武第218旅在大营东西地

向前线开进的中国军队

区集结。由灵丘转进之章拯宇独立第3旅，亦于此时到达前所村附近集结，敌2000余，在飞机9架、炮10余门的掩护之下，分向西河口及其以北阵地进攻。坚守该阵地的为第17军第21师李仙洲部，战斗终日，敌未得逞。第15军刘茂恩第65师方面，没有战事。第34军梁鉴堂第203旅方面之敌，增到援军3000余附炮30余门，攻击甚为猛烈，该旅损失惨重。阎锡山令该军迅即抽调第405团出击，时敌亦以3000余人在山野炮30余门掩护下进攻，双方激烈交战，但均无进展。

13时30分，空军某部队杨鸿鼎，率机十架，侦察平型关一带敌军。当飞到平型关以东一公里上空，见敌兵1000余，战车、炮车及卡车一百余辆，停于公路上。敌人正在公路两侧山地与平型关我第18集团军部队对峙中。侦察机又发现平型关东北方向至广灵的公路上，有敌运输汽车三四十辆，正向平型关前进中，空军乃以六架轰炸平型关东之目标，炸毁敌战车、炮车、卡车等数辆，并炸中敌阵地多处，毙敌百数十人。另以四架轰炸机向广灵公路上之目标轰炸，炸毁敌运输车一辆，炸伤数辆。当飞机轰炸时，敌以猛烈之炮火，向我机射击，我机长中三弹，其他无损，迄17时返回机场。

阎锡山当日在岭口行营向蒋介石报告了战况：

南京蒋委员长钧鉴：0密。本日战况：（一）平型关方面被我包围之敌，一部分突围，又增加两三千名，向我左翼绕攻。该方战事，全线激烈，敌人顽强，被围之敌，坚不橄［缴］枪，只有硬打之一法。西河口［第］21师右翼亦有敌千余，分路进攻，激战亦烈。大小石口、茹越口、朔县均有敌人进攻，朔县之敌约二千余名，茹越口敌人攻击甚烈，炮三十余门，炮击一昼夜，我守兵两营损失殆尽，已令杨军长抽兵今晚出击，歼灭该敌。（二）由敌阵亡少佐身上搜得命令，系板垣指挥，其目的在突破雁门关后路。谨闻。阎锡山。沁戌。印。［岭口］①

---

① 《阎锡山致蒋介石密电（1937年9月27日）》，载《抗日战争正面战场》（上），第466页。

上述电报第（二）款所说敌阵亡少佐，系被空军轰炸平型关敌阵地时炸毙的。

当日21时，傅作义总司令鉴于团城口附近之敌大量增加，有继续向平型关攻击迹象，遂决心调整部署，集中兵力，续攻该敌。当即下达调整部署命令如下：

（一）独立第3旅，占领平型关至西跑池南侧之线；

（二）第72师占领西跑池两侧高地至鹞子涧东南公路南侧附近之线；

（三）第71师占领团城口沿长城至2142.96高地之线；

（四）独立第3旅附新编第11团，占领2141.96高地（含）至1980.49高地之线；

（五）新编第2师仍归第71师郭宗汾师长指挥，在西河口附近掩护军之侧背；

（六）各部队限明（28）日4时前，各在指定区域，候令攻击。

傅作义将团城口决战的意图向住在岭口行营的阎锡山汇报，阎同意后，傅即令从绥东长途跋涉初到雁门以西的第35军速向平型关急进。阎并率傅到大营，召集前敌将领会议。阎锡山作出以下决定：

（一）以第35军董其武第218旅和孙兰峰第211旅用于团城口方面，从涧头向团城口出击。归第61军陈长捷军长统一指挥，在夺回1635.9高地后，进出于六郎城、鹞子涧线上，同时使东、西跑池的第61军第208师吕瑞英旅夺取1386.6高地，然后以第35军和第61军全力协同冲击团城口，向蔡家峪、东河南旋回席卷，再配合第8路军林彪第115师的伏击，以围歼敌人于灵丘以西地区。

（二）以马延守独立第7旅分置于平型关，归孙楚第33军序列，在第61军夺取鹞子涧的同时，增加马旅于平型关正面孟宪吉独立第8旅右翼的东长城村和塞沟间，使孟、马两独立旅沿平型关、灵丘大道两侧，压迫当面之敌，直取东河南和从浑源、灵丘公路向东旋回的第61军会合，围歼敌军。

（三）郭宗汾预备第2军和第33军第73师先就原阵地支援第61军、第35

军、第33军发动攻势,随着平型关、团城口攻击的发展,相机推进,作为第二线兵团。

(四)保持重点于团城口方面。

9月28日,敌骑兵两师冲垮茹越口前方守军,日军一个联队乘汽车逼入茹越沟。第34军第203旅旅长梁鉴堂掌握一个营的预备队,沿着山沟拼死堵击。在敌人密集炮火的轰击下,梁旅长中弹阵亡,所部溃散,敌长驱直冲。沟顶的铁角岭险要,被敌抢占,并向五斗山守军阵地侧击。13时,敌在强烈炮火掩护下,冲进茹越口,攻占五斗山。至此,第6集团军总司令杨爱源遂令第15军退守牛心堡、平道、确臼坪阵地继续作战。

29日拂晓,团城口附近之敌在三架战斗机的掩护下分两路继续向第71师2142.96高地及盖房沟阵地进攻,其后续部队不断增加。新编第2师一部、新编第7旅之一营及新编第11团驰援第71师,向敌逆袭。经4小时激战,敌势始挫。13时,敌机一架,重炮20余门,向2142.96高地猛烈轰击。守军阵地被毁严重,伤亡过半,遂退守该高地西北之各高地。18时,第214旅旅长赵晋亲率新编第7团及据守高地各部队,拼死反击,激战两个多小时,终将2142.96高地克复,挽回颓局。是日,第17军第21师李仙洲部,继续在西河口以北与敌对抗,固守阵地。

同日,敌骑兵插到雁门关后方,占领了繁峙城。敌又从平绥路以汽车输送大批兵力增援。第34军只剩下孤单的军部,在繁峙城失守后,向硇口逃避。奉命参加团城口决战的第35军三个旅,经代县兼程东进。28日,先头董其武第218旅越过繁峙,抵沙河。孙兰峰第211旅于29日夜在繁峙南之硇口以东地区宿营,遭到敌骑兵袭击。马延守独立第5旅则在代县受阻。

阎锡山在29日给大本营的电报中写道:

南京大本营鉴:0密。甲、战况:(一)平型关方面东正面,俭辰以来,敌由上下铺西之小道,陆续向东西跑池增加,愈聚愈众。我陈、郭两师各以一部出击,拟先击破鹞子涧之敌,然后再转向东西跑池方面,期一举将敌歼灭。激战终日,敌我伤亡甚重。我陈师程团长及两营长阵亡,一营长受伤,全团官兵,壮烈殉国。我郭师428团阎、李两营长受伤,官兵伤亡约半数。虽未能达到歼敌目的,今尚能坚守迷回村至2141.96高地,待机反攻。北正面,感辰以来,有步、炮连合约二千之敌,分三路向我高军李师西河口220口高地及水垛之阵地攻击,因我守军沉着抵抗,敌未得逞。(二)茹越口方面,因我杨军伤亡甚重,俭晚敌已进至铁角岭一带。小石口附近,俭辰以来有敌步炮约五六千余众,正向我李师阵地攻击中。(三)阳方口方面,俭已朔县失守,刻敌已近迫阳方口至利民堡正面,我贺师准备由利民堡向井坪镇方向出动,攻敌侧背。乙、敌情判断,敌已有后续部队到达,于最近有攻破我阵地之企图。阎锡山。艳酉。行一战。印。[岭口]①

　　阎锡山在上述情况下,于9月30日深夜在砂河南山麓的一个小村里,召集军事将领会议。当时,傅作义主张先行急攻繁峙,杨爱源却提醒阎锡山说:"热察蒙古人年年朝拜五台山,走熟了从繁峙碾口上五台山的大小路径,蒙军既占繁峙城,可能再冲击碾口,直窜五台山。"阎锡山如果断然采取积极行动,悉移雁门、恒山大军,以围击侵入茹越口和繁峙的有限之敌,不仅可以打破危局,并可进而争取平型关前的辉煌全胜,可是此时的阎锡山顾虑损失,不肯硬攻,充满失败意识,经杨爱源一提示,认为他想撤退逃走之路,明早可能被骑兵所截。于是拍案喊道:"我看如此战局,已无法补救,迟退则陷全灭,星如(杨爱源字)、宜生(傅作义字),就下令全线撤退吧!"

　　这样,八路军第115师在平型关外东河南伏敌之战果,没有得到主力部队适时的进击,共收歼灭敌板垣师团的大效。阎锡山分令各部队向五台山

---

① 《阎锡山致大本营密电(1937年9月29日)》,载《抗日战争正面战场》(上),第472页。

之神堂堡、车厂、山羊会、葫芦嘴、楼圪粱、峨口、峪口、代县、雁门关迄阳方口之线占领阵地。

各部队奉令后，于30日2时开始行动，到10月1日，先后到达指定之线。

阎锡山当日向蒋介石报告了撤退部署，对丧失关隘，作了检讨：

限即刻到。南京蒋委员长均鉴：O密。山到平型关督战，该地战况虽稍佳，敌由平绥路用汽车转运大部兵力，专攻铁角岭，杨军长澄源以全部兵力与敌血战两昼夜，山并将总预备队三团加入作战。卒因寡不敌众，致敌冲到繁峙。山得讯后，拟抽平型关部队回兵堵击，而此时平型关方面，敌复猛攻，阵地左翼高地，失而复得者数次。黄昏，我军复牺牲一团以上之兵力，将该高地夺回，该高地为平型关锁钥，正拟由平型关抽兵两旅，在晋北打击日军的何柱国骑兵部队雁门关抽兵两旅，刘茂恩军前方，敌人尚不甚多，并拟将该军撤下，由山亲自督战，夹击敌人，命令已下，而晚9时，该高地复被敌人夺去，平型关方面成危局。高军长桂滋亦以刘军一撤，该军左翼暴露，绝难维持，遂不得已于今早一时，决定由五台山经繁峙、代州间达雁门关，占领斜角阵地。山于今早八时到台怀镇指挥布置，至损失及占领之阵地另行电报。山指挥无方，丧失关隘，贻误国事，非特自疚，实为国法所不容，恳钧座呈请政府严予惩处，山。卅申。印。［台怀］①

阎锡山在命令各军撤退转进之同时，还作了以下部署：

第18集团军第115师以五台山为根据地，向平型关外的灵丘、涞源地区活动。章拯宇独立第3旅警戒龙泉关，与河北第一战区相联系，为东翼。

陈长捷第61军，附属李俊功第101师守备五台山；王靖国第19军附以姜

---

① 《阎锡山致蒋介石密电（1937年9月30日）》，载《抗日战争正面战场》（上），第473页。

玉贞第196旅守备崞县、平原间，为正面。

赵承绶骑兵军附以马延守独立第7旅，警戒宁武、轩岗间和第18集团军贺龙第120师以五寨、神池为根据地，向雁门关外朔县、神头一带活动，为西翼。

以上部署，形成五台山、云中山、芦牙山和其间盆地相互呼应的一道前进地带，并以此作为忻口会战的决战线。

阎锡山设在雁门关上的第二战区行营，由参谋长朱绶光率领，撤回太原。杨爱源的第6集团军总司令部亦退到太原，傅作义的第7集团军总司令部退至忻县，指挥转进到达的各部队，在忻县忻口地区集中部署。

这样，历经20余天的平型关战役告一段落，第二战区部队只得在忻口阻击南犯日军。

第三节 忻口血战

一、原平保卫战

1937年9月30日，第二战区守军在放弃平型关后，即向神堂堡、五台山、代县、雁门关、阳方口之线转移，敌第5师团主力即紧跟追蹑，其先头部队筱原兵团5000余人，附伪蒙军2000余，飞机30余架，装甲车及战车各30余辆，于10月1日攻陷代县后，继续南进。同时敌酒井兵团一部2000余，由朔县向阳方口前进，威胁第二战区部队左侧翼。在此十分危急的情势下，蒋介石令第一战区之第14集团军总司令卫立煌，率四个半师由石家庄经正太路向太原输送，转赴晋北，星夜驰援。

日本侵略军大本营于10月1日决定攻略太原，令其华北方面军以一部在晋北作战，谋取太原；令其关东军察哈尔派遣兵团以有力之一部归华北方面军指挥，以使晋北作战容易，并令向保定转移之第9旅抽出两个大队由高碑店铁运大同归还第5师团建制。其第5师团于10月2日在大同接到攻略太原之命令，主力奉命集结于代县附近准备参加对太原之攻略战，进出内长城线以南之关东军部队归第5师团指挥。

10月1日，第二战区司令长官阎锡山基于当前状况，判断敌主力将由大营、繁峙出发，一部由雁门关沿公路南进，另一部由阳方口附近实行牵制，使其主力易于作战。阎锡山策定作战计划如下：

第一，方针

一、本战区以攻势防御之目的，以一部扼守五台山、崞县、原平、轩岗、灵山、界河铺、南怀化、大白水、卫家庄、1482高地迄阳方口既设阵地，两翼依托五台山及宁武山区，缩短战线，集中兵力，对侵入之敌，乘其立足未稳，迅速击灭之。

第二，指导要领

二、在阳明堡、虎头山一带部队，应阻敌前进，掩护后方部队集中及主阵地之占领。

三、第18集团军之第115师、第120师，分向平型关及雁门关施行包围，截断敌之交通，使主力作战容易。并以有力一部，相机威胁敌背，形成优势包围形势。

四、主阵地借前方掩护，竭力充实战备，全力阻敌前进，并相机出击，协同第115师、第120师包围敌人于原平以北地区而歼灭之。

五、第18集团军（欠第120师）、第73师（附炮兵一营）、第101师（附炮兵一营）、新编第2师为左集团军，归第18集团军朱德总司令指挥，在五台山之罗圈沟、军马厂、翠岩峰、挂月峰及峨口之线占领阵地。

六、第14集团军、第15军、第17军、第19军、第34军之第196旅、炮兵第27团（欠两连）为中央集团军，归第14集团军卫立煌总司令指挥，在察家岗、灵山、界河铺、南怀化、大白水、1482高地之线占领阵地，以一部在中解村、阳明堡、虎头山迄黑峪之线占领阵地。

七、第68师、第71师、第120师、（向雁门关方向出击）独第7旅，配属炮兵第23团、第24团、第28团各团之第3营为左集团军，归第6集团军杨爱源总司令指挥，在黑峪及阳方口之线占领阵地。

八、第34军（欠第196旅）、第35军、第61军、第66师及独立第1旅、第3旅两旅为预备集团军，归第7集团军傅作义总司令指挥，位置于定襄、忻县地区。

各集团军总司令接奉上述作战计划后，即着手部署如下：

右集团军方面：除第18集团军之第115师在龙泉关（平型关南）地区建立根据地，第129师尚在陕北，急电该师等速向五台山区集结外，其余部队即作如下之部署：

（一）第18集团军（欠第120师）主力位置于平型关以东地区，刘骑兵支队（约600人）在涞源、紫荆关、易县、唐县、曲阳（均在石家庄西北）

地区活动，杨独立支队（约3000人）深入灵丘、蔚县地区活动。

（二）第73师、第101师、新编第2师，任五台山之罗圈沟、峪口之线守备。

中央集团军方面：第14集团军之第14军、第9军（欠第47师）、第85师、独立第5旅，现由正太路迅向忻口输送中，10月5日后方能陆续到达。第15军正向横山村集结，10月7日始能整理完毕。第17军正向西冯村，忻县西北集结，10月9日以后可以整理完毕，第19军附第196旅于崞县附近奉阎司令长官命令，以主力扼守崞县，一部扼守原平，阻击敌人并迟滞其前进，掩护军向忻口附近集中。

左集团军方面：除第68师正向忻县西之三交镇集结，第71师正向大岭上集结外，其余部队部署如下：

（一）第120师，位置于朔县、雁门关附近，宋独立支队（约1000人）挺进于朔县、平鲁、左云、怀仁、浑源间（均在长城以北），李独立支队（约1000人）于朔县以北地区袭击敌后方。

（二）独立第7旅仍任阳方口附近之守备。

预备集团军方面：第34军（欠第196旅）此时正向忻县城，第35军正向定襄，独立第1旅、第2旅两旅正向忻县、北王府（忻县东北约8公里）、大有张村、高城村地区集结，第61军正向部落村（忻县西北约12公里）集结，第66师尚在太原。独立第3旅正向忻县西北河拱村、北赵村、大石屯（均在忻县西北八九公里）一带集结。傅作义总司令饬其各部迅即整理完毕，向定襄、忻县地区集中。①

由凉城、左云转进之骑兵第1军、第2军两军，至10月1日先后到达偏关、河曲、五寨、朔县附近地区，向敌侧背机动。

日本关东军司令官奉到攻略太原的命令后，即令其察哈尔派遣兵团主力向崞县、原平进出，以配合华北方面军之作战。

---

① 《第二战区忻口战役作战计划（1937年）》，载《抗日战争正面战场》（上），第472-478页。

10月1日，攻占代县之日军混成第2旅团，沿公路向崞县急进，日军飞机10余架，亦频繁在崞县上空侦察并大肆轰炸。9时许，日军骑兵200余抵达阳明堡附近，与中央集团军第19军警戒部队（第205旅之一部）遭遇，经4小时战斗，敌不支退去，王靖国第19军警戒部队撤到郑家营。16时后，敌大部队到达郑家营附近，向第19军第205旅阵地发动攻击，日落后战况转寂。是日，我空军北正面支队令第27队派三架轰炸机赴晋北轰炸，当14时30分在太原机场挂弹准备出发之际，适有敌机18架来袭。指挥官当即决定飞汾阳待避；敌机察觉并攻击，两架微伤，后均安抵汾阳机场。

10月2日，第19军军长王靖国将该军主力部署在崞县，令第205旅撤至北关附近占领阵地，凌晨4时，相继完成占领阵地。上午8时许，敌骑兵100余向西桥村阵地攻击，第205旅予以奇袭，毙敌数十人，掳获炮两门，敌向北遁逃。9时许，敌又派装甲车10余辆，沿公路进攻西关阵地。镇守阵地的第215旅官兵沉着应战，击退敌装甲部队。

尔后，日军以绝对优势之飞机、大炮和坦克掩护其步兵对崞县守军发起进攻。守军依城备战，英勇抗击。守军第407团团长刘良相、第410团团长石焕然率数千名官兵与敌拼杀七天七夜，完成阻敌任务，崞县于10月8日失守。

越崞县趋原平之日军独立混成第15旅团于4日13时进抵原平第196旅阵地。

原平地处晋北，为冀察两公路交叉点，是晋北重镇忻口北最后一道屏障。日军如占原平可南下直冲忻口，因而原平的阻敌关系到忻口战役的成功与否。

守军在姜玉贞旅长的指挥下，与

死守原平壮烈殉国的第196旅旅长姜玉贞

敌奋勇厮杀，在完成七天的阻击任务外，又奉命坚守三天，日军以强大的炮火轰塌城墙进入城内，姜玉贞旅长率官兵与敌逐院逐街争夺，予敌以重大杀伤。完成阻敌任务后，姜旅长与四千余官兵壮烈牺牲。11日凌晨，全旅官兵五千余人，仅有数百人突围出城。

崞县特别是原平的保卫战，在太原会战中具有重要的战略意义，因而可以说，没有姜玉贞全体官兵的英勇牺牲，就没有忻口战役，当时任八路军政治部主任的任弼时曾说："我们对于崞县，特别是原平守城的晋绥军那种英勇壮烈牺牲精神是非常钦佩的。由于他们的英勇抵抗，从正面迟缓了敌人的前进，使增援的主力军得有充裕的时间集结于忻口，使忻口后来能够坚持将近一月的抗战。"

二、浴血忻口

日军在1937年10月11日陷原平后，气焰嚣张，立即集结一个师团为先头部队，并附骑兵一个联队，战车四五十辆，装甲车五六十辆，由原平向桃园、平地泉、南三泉、永兴村、解村、茹村、楼板寨、西庄一带进击，于12日继续向中央集团军方面攻击，第二战区司令长官部为增强该方面兵力，将装甲车队及北正面空军支队拨由集团军指挥。

基于上述情况，中央集团军总司令卫立煌决心保重点于左翼，俟敌主力进出于原平以南地区，由两翼将其包围并歼灭之。卫立煌制定了忻口作战方针：

第二战区忻口战役作战计划[①]

（1937年）

忻口会战廿六年十月三日至十一月四日

[①] 《抗日战争正面战场》，第546-548页。

一、忻口会战方针

（一）本战区军以攻势防御之目的，以主力占领蔡家岗、灵山、界河铺、南怀化、大白水、卫家庄、1482高地迄阳方口既设阵地线，两翼依托五台及宁武各山脉，缩短战线，集中兵力，对侵入之敌乘其立足未稳，迅速击灭之。

（二）以一部占领五台山、罗圈沟、峨口至峪口之线，另以主力之一部占领中解村、阳明堡、虎头山、黑峪村之线，竭力阻止敌之前进，不得已时，撤据崞县、原平、轩岗一带，逐次消耗敌之实力，以掩护大军之集中。

二、敌情判断

（三）敌以主力由大营、繁峙，以一部由大同、雁门沿汽车路进，另以一部由阳方口附近实行牵制攻击，以使其主力攻击容易。

三、指导要领

（四）在阳明堡、虎头山一带之部队，应竭力阻止敌之前进，以掩护后方部队之集中及主阵地之占领。

（五）以第18集团军之林（彪）、贺（龙）各师，分由平型关及雁门关施行包抄，并截断敌后方联络线，以使主力之作战容易，并派有力之一部，由马兰口方面相机威胁敌之右侧背，形成优越之包围态势。

（六）主阵地之部队，借前方之掩护，竭力充实战斗诸准备，在战斗间竭力阻止敌之进展，相机出击，并协同林、贺各师，包围敌人于原平以北地区而歼灭之。

四、战斗前敌我态势（附图略）

五、兵团部署

（一）以第18集团军（欠120师）、第73师（附炮兵一营）、第101师（附炮兵一营）及新编第2师为右翼军，归朱（德）总司令指挥，在五台山、罗圈沟、军马厂、翠岩峰、挂月峰迄峨口、峪口之线，占领阵地。

（二）以第14集团军、第9军（欠第47师）、第15军、第17军、第19

军及第196旅、炮兵第27团（欠第4连、第6连）为中央军，归卫（立煌）总司令指挥，在蔡家岗、灵山、界河铺、南怀花［化］、大白水至1482高地之线占领阵地，以另一部在中解村、阳明堡、虎头山、黑峪村之线占领阵地。

（三）以第68师、第71师、第120师及独立第7旅、炮兵第23团第3营、炮兵第24团第3营、炮兵第28团第3营为左翼军，归杨（爱源）总司令指挥，在黑峪村迄阳方口之线占领阵地。

（四）以第34军（欠196旅）、第35军、第61军（陈长捷）、第66师及独立第1旅、独立第3旅为总预备军，归傅（作义）总司令指挥，位置于定襄、忻县一带，策应各方。

卫立煌将部署调整如下：

（一）军队区分

（二）飞行队指挥官北正面空军支队司令陈栖霞

    侦察机2队

    驱逐机1队

    攻击机1队

右翼兵团长第15军军长刘茂恩

    第15军

中央兵团长第9军军长郝梦龄

第9军（欠第47师）、第21师，配属炮兵第28团（欠一营、附第26团之一营）、战车防御炮2连、装甲车2队。

左翼兵团长第14军军长李默庵

    炮兵队指挥官队

    第14军、第85师

配属炮兵第27团之第2营、战车防御炮营（欠两连）、山炮一连

炮兵队指挥官炮兵副司令刘振蘅

    炮兵第23团、炮兵第5团、卜福斯山炮一营

装甲车队指挥官延毓琪

总预备队第17军（欠第21师）、第19军、独立第5旅（欠配属兵站部队）

（三）任务及部署

1. 飞行队于明（13）日起逐日派机侦察原平以南之敌，并侦察原平、崞县、代县间敌后续部队之状况。

2. 右翼兵团，应仍占领上社村、营房里、灵山之线，重点置于左后方，与中央兵团切取联系，并于下庄子、东新庄、东西岔村各要点，配置警戒；另以一部向右前方对代县以南地区尽量活动，确实掩护军右侧之安全，并以一小部占领神头、亭子头以东高地，为尔后包围攻击之据点。

3. 中央兵团，仍应占领三家庄以北、界河铺、南怀化、新练庄之线，重点置于中央右后方，与左右两兵团切取联系，并于板市、下王庄各处占领前进阵地。

4. 左翼兵团，仍应占领秦家庄、大白水、南峪之线，重点置于中央后方，与中央兵团切取联系，并于后城头及1482高地之线配置警戒，并以小部向神山以南地区活动，确实掩护军左侧之安全。

5. 炮兵队应以一部于红沟以北地区，主力于刘村、大唐林地区占领阵地，先制压敌炮兵，并阻止敌前进，尔后以主要火力指向左翼兵团正面直接协助之。

6. 总指挥队之位置，第17军（欠第21师）仍于西冯村附近地区，独立第5旅仍于忻县附近，第19军于石岭关一带，构筑该线预备阵地；第196旅余部于代群村附近，尔后赴关城镇归建。

10月12日8时，正当中央集团军部署调动部队之际，进出于平地泉东西之线之日军以炮数十门、飞机十余架，首先向左翼兵团侦炸，继以骑兵两三百进攻兰村警戒阵地。当该敌被击退后，敌又以步兵三四百分两路向1482警戒阵地围攻，敌攻占该高地后，续增兵五六百人，并以炮兵及战车多辆之支援，突破卫家庄警戒阵地，向盟誓村主阵地攻击。守军炮兵协力阻敌，击毁日军战车4辆后，敌仓皇退走。16时，敌兵1000余由永兴村出发，向阎庄警戒阵地攻击未遂。黄昏后，日军数百并附装甲车数辆，向守军中央兵团板市、下王庄之线前进阵地攻击，另一部约百人仍向左翼兵团盟誊村潜进，均遭守军沉重打击后遁去。

当日晨6时20分，空军第7大队战机四架，从太谷飞赴崞县侦炸敌军。当飞至崞县上空时，发现崞县城西南地区，有敌炮兵及辎重车辆在活动。又发现敌步兵两连在崞县至原平间活动，空军派机于7时30分，分别予以轰炸。敌地面机枪向战斗机还击后，即仓皇奔逃。此次行动，我方战机一架因迷失方向触山机毁人亡，其余三架仍飞返太谷机场。

即日深夜，左右两集团军各一部，分向广灵、灵丘、代县、崞县敌后游击，均有斩获。

13日拂晓，日军步兵数百并配战车20多辆、炮20余门、飞机9架，气势汹汹，向中央兵团板市、下王庄之线前进阵地攻击。守军沉着应战，待敌兵接近，使用手榴弹袭击之，敌7辆战车被炸毁退去。8时许，敌又以步兵5000余，飞机20余架，战车五六辆，炮五六十门，向中央兵团南怀化及左翼兵团阎庄阵地发动猛攻。守军陆空部队协同坚守，激战至10时许，南怀化沿云中河工事被毁，守军伤亡殆尽，援军救援未到，使得敌军得以乘机渡河，突破守军阵地，接着又攻占1300高地。中央兵团郝梦龄兵团长（第9军军长）遂以第21师李仙洲部之第125团、第124团先后赶到堵截逆袭。

李师长身先士卒，亲到前沿阵地督战，该师士气高昂，勇猛冲杀，伤亡亦很重，有时一个上午就换几个连排长。经两天三夜几个回合的交战，最终夺回阵地，歼灭敌军一个联队，击毁敌战车15辆。敌军残部退至云中河右岸。此时左翼兵团阎庄附近之敌已增至3000余人，将阵地突破；敌另一部约600余向盟誊村攻击，被守军逆袭击退。17时许，守军右翼兵团方面，发现敌900余由桃园渡滹沱河西向东西荣华村前进，第60师派兵一团迎击该敌。该左右两集团军及骑兵部队继续向敌后袭击，各路均有斩获，右集团军于拂晓前袭占平型关。

中央集团军（第14集团军）总司令卫立煌与预备集团军（第7集团军）总司令傅作义判断，当面之敌在昨今两日猛攻受挫后，损失惨重，势必要整顿态势并请求增援，方可再行攻击。为乘机转移攻势，歼灭当面之敌，卫立煌于13日12时电呈阎锡山，请准以预备军一部由中央地区出击。阎锡山为使守军主力部队作战容易，又令左、右两集团军积极向敌后活动，破坏并阻止敌人的增援。与此同时，阎锡山并将左集团军之第68师（即独立第8旅）孟宪吉部、第71师郭宗汾部调拨，并入中央集团军序列。

根据阎锡山的部署，傅作义总司令即令第35军、第61军向界河铺推进，准备出击。

14日凌晨2时，夜深人静，守军发动攻击。第218旅向弓家庄之敌猛攻时，敌兵1000余向右侧后中央集团军第9军第54师之第161旅攻击，第161旅奋勇抵抗，但渐感不支，第218旅董其武旅长得知后，立即抽调第436团增援第161旅。同时，董旅长督率第420团继续向弓家庄之敌猛攻，于早7时夺回弓家庄。8时，敌机45架、战车10辆、炮20余门、步兵1000余，协同向下王庄亘弓象庄之线反攻，敌连续猛攻4次，董其武旅长身负重伤。该旅官兵在敌第4次反攻顿挫之际，乘势向该敌冲锋，将其完全击溃。19时，第217旅到达下王庄待命。

中央兵团方面。当新编第4旅由第21师左翼协同第54师、第21师向南怀化附近之敌开始攻击之际，该敌也获援军，双方旗鼓相当，战斗甚为激烈，13日拂晓，敌机临空支援，守军独立第2旅及时加入战斗。此时，左翼兵团之第10师推进至旧练庄之线，直接威胁该敌侧背，形势于守军有利。激战至12时许，第21师师长李仙洲、新编第4旅旅长于镇河相继负伤。13时，敌增兵3000，在飞机30余架、战车30余辆、炮数十门的支援下向守军猛烈攻击，守军虽拼死抵抗，终于不支，南怀化阵地又陷敌手。

左翼兵团。在14日拂晓第14军第10师右翼攻占旧练庄之同时，敌军约2000余从卫家庄出发窜入大白水该部左翼阵地，李默庵军长旋即抽调第83

师刘戡部一个团援堵。第83师主力仍与第85师陈铁部之第253旅向卫家庄亘麻港之敌袭击。

拂晓以后，敌以战车20余辆、步兵2000余增援，激战迄晚未止。

右翼兵团。当面之敌已增至2000余，本日晨乘第15军抽调部队准备向桃园村出击之际，约有一联队之敌在南郭下渡滹沱河猛攻灵山阵地，我军在灵山及东西荣华与敌决战，双方均伤亡惨重。

激战至20时，敌被守军压迫于滹沱河左岸迄灵山脚下一带。

空军部队。第27队派苏显仁率轰炸机两架，于是日4时自汾阳往原平镇轰炸敌军阵地，4时50分到达目标上空。轰炸机分向敌高射炮和炮兵阵地投弹轰炸，给敌以毁灭性破坏。空军第7大队第12队队长安家驹率轰炸机4架，在5架战斗机的掩护下，7时25分自太谷起飞，再往原平轰炸。当飞抵目标上空时，遭到敌高射炮射击，飞行员毫不畏惧，继续向敌投弹，炸毁敌战车30余辆，于9时零5分返回太谷机场。

10时15分，忻口正面之敌不断增兵，在中央集团军正面即聚敌六七万人。当晚，阎锡山司令长官即电令第18集团军总司令朱德指挥五台山区部队截断敌后交通，阻敌续增，并饬第73师刘奉滨部及第101师李俊功部之第201旅第399团，迅速轻装赴忻县，归入预备集团军序列。傅作义总司令当即电令第73师径赴石岭关构筑预备阵地，第201旅附第399团径赴忻口集结待命。是日，第18集团军第115师第343旅向繁峙至平型关一线发起攻击，收复平型关，该师独立团以主力进至广灵、灵丘之间冯家沟伏击日军运输部队，歼敌数百并缴获大量弹药给养品。

16日拂晓，滹沱河左岸亘灵山脚下之敌三四千人向灵山及1263主峰攻击，右翼兵团奋力御敌，激战至傍晚，敌始退去。左翼兵团方面，激战竟日，态势无变化。坚守忻口正面的第218旅董其武部，于2时由弓家庄向南怀化敌背攻击，7时攻占旧河北，8时占领南怀化北端河岸。其时，南怀化之敌一部在战斗机10余架的掩护下向218旅反扑，终被击退。同时，忻口山地守军均有进展，在南怀化东南一带高地之敌，不断增援顽抗，与守军对

作战中殉国的第9军军长郝梦龄

在前线牺牲的第54师师长刘家麒

崎，其附近之敌，均被守军先后歼灭。

第9军军长郝梦龄为了稳定守军阵地，决心收复主阵地之锁钥——南怀化，令独立第5旅完成这一任务。原预定拂晓前攻击，但时间已过，不见行动，郝军长便不顾部下劝阻，亲自前往督战。临行前，郝梦龄慷慨激昂地说："瓦罐不离井口破，大将难免阵前亡！"

他与第54师师长刘家麒义无反顾地奔向独立第5旅阵地。在进入敌人控制的危险路口时，遭到敌人机枪的扫射，郝梦龄身中十余弹，倒在血泊中，弥留时仍大呼所属杀敌。刘家麒此时也被敌掷弹筒炸伤，当他发现郝军长倒下，便不顾生死，前去急救，刚向前走几步，亦被敌弹击中，壮烈殉国。几乎在郝、刘二将军牺牲的同时，独立第5旅旅长郑廷珍率部向南怀化之敌发起反攻。郑廷珍杀敌报国心切，率警卫人员到前沿阵地指挥。当他跃出战壕，观察敌情时，遭日军机枪的猛烈射击，郑旅长当即英勇献身。郑廷珍在卢沟桥事变后的全旅官兵抗战誓师大会上曾说："过去的内战都是自己人打自己人，胜不足武，败不足惜。今天是真正打敌人，打日本鬼子，这是保家卫国，是军人最光荣的事，就是部队拼光拼净也值得，也心甘情愿。我们部队上阵后，一定要杀敌立功。如不打败日

在前线牺牲的独立第5旅旅长郑廷珍

炮兵在观测敌阵地

本,就一个也别回来。"郑将军肺腑之言,反映了广大国民党爱国官兵的心声。

郝、刘、郑三将军殉国后,官兵无不十分悲痛,将士们决心为死者报仇,更加奋勇杀敌。卫立煌总司令为使指挥不中断,当即令前敌总指挥部参谋长郭寄峤兼任第9军军长,第54师师长职务由第161旅旅长孔繁瀛升任,并委派陈长捷军长统一指挥中央兵团地区各部队继续作战。

守军根据多日作战经验,感到敌人火力优于我们,必须改善防御工事,以避敌所长。当时南怀化前线部队采用里沟外壕加强防御工事。外壕深宽各丈余,内设障碍物——木桩、树枝等物,以阻止敌兵接近。里沟即火线顶,用各个散兵坑和交通沟连贯起来,并在沟旁挖掘坚固掩蔽部,将既深且宽的纵横交通壕和炮兵阵地加以伪装;这些工事,在后来的攻防战中,发挥了作用。

卫立煌感到,此次抗战兵力原非优势,攻击6日伤亡及半,日来敌以汽车300余辆,运送援军10000余人,现战况空前激烈,连失数将,损耗过巨,需增兵以挽战局,遂将此情况电告军事委员会。旋即接蒋介石电示,已令现在潼关一带之第22集团军孙震部兼程驰援。阎锡山另驰电由晋冀边区抵达龙泉关（平型关南）附近之第94师朱怀冰及第177师之第529旅许权中部，星夜赶至宏道镇，归卫总司令指挥。

同时，守军侦悉，是日中午，敌汽车400余辆，满载步兵，由团城口西进。卫立煌判断：该敌至迟于17日晚即将到达忻口前线，守军应于该敌未到达前击溃当面之敌，方为有利；依守军目前状况，殆不可能，遂决心固守该阵地，待援军到达，再行转移攻势，各兵团遂立即转攻为守。第217旅、第218旅两旅分别撤至忻口附近集结；第54师位于界河铺北岸之一部，撤到界河铺以南占领预备阵地。

是日晨，空军第27队派轰炸机两架，前往崞县、原平袭炸日军炮兵及高炮阵地，命中目标后飞返，在原平上空遇敌机追逐，于6时半安全飞返汾阳机场。

当日深夜，阎锡山在致南京大本营第一部的密电中报告了16日的山西战场情况：

特急。南京大本营第一部鉴；O密。

甲、战况：

晋北方面，删日右翼15军向桃园村、北郭下村之线进攻，与敌千余激战竟日，未能进展。中央傅部，由第九军正面出击，占领板市、弓家庄之线，并将突入南怀化之敌围歼，旋敌增兵3000余，复侵入南怀化，肉博〔搏〕多次，仍在围攻中。左翼14军第85师与敌主力约七八千，激战一昼夜，往复进攻，敌我伤亡惨重，卒成对峙之势。铣日，激战仍烈，双方无进展，惟将南怀化之敌歼灭殆尽。我八路军删早在广灵、灵丘截获敌粮食车130余辆，毙敌30余，克复涞源之支队进占紫荆关。晋东方面，敌仍在旧关西南高地，第3军以一部警戒九龙关，主力协同27师包围旧关之敌，限铣日拂晓开始攻击。27路及31师一部仍固守阵地。本日已将旧关、关沟之敌歼灭殆尽，敌向地都逃窜，击毙敌少佐、上、中尉官兵500余，获山炮2门，我伤亡官兵100余名。铣日复在关沟、大小龙窝及旧关西南高地击毙千余人，我军伤亡四五百人。

乙、敌情：晋北之敌系第5师团、第3师团各一部及酒井兵团、铃木兵团、骑兵联队、一重炮联队，一共约十个联队。晋东之敌系川岸兵团，第8、第27联队，步兵约5000余。

丙、消息无新得。阎锡山、黄绍竑。铣亥。参。印。[阳曲]①

10月16日夜24时，卫立煌总司令根据现态势，对部队稍加整顿，决定俟援军到达后，再由两翼转移攻击，转歼当面之敌。遂于忻县下达命令，其要旨如下：

一、军队区分

（一）飞行队：侦察机2队、驱逐机1队、攻击机1队，指挥官正北面空军支队司令陈栖霞。

（二）独立支队：第94师，支队长第94师师长朱怀冰。

（三）右地区队：第15军、第17军（欠21师），总指挥第15军军长刘茂恩。

（四）中央地区队：第19军、第35军、第61军（第47师正向忻县输送中）、第21师、炮兵第28团、战车防御炮两连，并配属装甲车一队。总指挥王靖国，副总司令陈长捷。

（五）左地区队：第14军、第68师、第71师、第85师、炮兵第27团，并配属第2师炮兵营，战车防御炮营（欠两连），总指挥第14军军长李默庵。

（六）炮兵队：炮兵第23团、第5团，指挥官炮兵副司令刘振蘅。

（七）装甲车队：装甲车队（欠一队），指挥官延毓琪。

（八）总预备队：独立第5旅（欠配属兵站部队）、第529旅。

---

① 《阎锡山致大本营第一部密电（1937年10月16日）》，载《抗日战争正面战场》（上），第493-494页。

二、各部队任务

（一）飞行队仍继续服前任务。

（二）独立支队，应迅速即以一小时占领营房里、隘路口及龙王堂两侧高地，主力置于龙王堂东端，与右地区队协调，尔后依状况待命向原平东北附近地区挺进，直接威胁敌之后方。

（三）右地区队，应即就现占领张家庄北侧亘西南贾村、灵山迄界河铺（不含）之线纵深占据阵地，重点置于灵山方面，与中央地区队密切联系，拒止当面之敌，并于东西荣华占领前进阵地。

（四）中央地区队，应即就现占领界河铺、官村、秦家庄（不含）之线纵深阵地，重点置于中央方面，与左右两地区队密切联系，拒止当面之敌，并于红沟、1300高地至刘庄（不含）之线构筑据点式预备阵地，仍须迅速歼灭侵入南怀化及其以东之残敌。

（五）左地区队，应即就现占领新练庄（不含）、秦家庄、大白水、卫村、南峪之线村落及山地据点，重点置于中央方面，并仍须确保旧练庄、兰村、卫家庄、麻港之线各前进据点，另于是庄、小唐林、杨胡村间，利用村落，迅速构筑据点工事。

（六）各地区队应利用山地、村落构成火网队在阵地前方活动，于夜间多派出小部队在阵地前方活动，扰敌阵地依情况占领之。

（七）作战地境（线上属右方地区队）。

右地区队与中央地区队间，

在忻口被打伤的日军

为大有张村、高城以北沿滹沱河右岸经桃园东端亘原平东端相连之线。

中央地区与左地区队间，为泉子沟、井沟、新练庄、前城头、西泥河、小原平、班村相连之线。

（八）炮兵队应于井沟、刘庄中间地区占领阵地，以主火力制压敌炮后，并阻止敌前进。

10月17日至19日，日军以步兵、炮兵和战车联合，不断向灵山、南怀化东北高地、官村、大白水等阵地发动猛烈攻击，敌曾一度深入阵地，守军同仇敌忾，与之反复肉搏，并得到友军的适时支援，均将敌击退，杀敌无数，击毁战车18辆，掳获炮9门。

10月18日，阎锡山等致电大本营，报告第二战区战况：

特急。南京大本营第一部：O密。

甲、战况：一、篠日晋北方面左翼战况仍烈，正面南怀化阵地，上午敌仍猛攻，下午和缓，计前后共获敌步枪500余支、轻重机枪40余挺、炮30余门，击落重轰炸机1架，敌我伤亡均甚重。敌强迫人民搬穰，昼夜不停。二、晋东方面，旧关之敌仍据险死守，我军正围攻中。三、我八路军之一师删晚在平型关击溃敌之援兵，获掷手枪2支、步枪50余支，敌伤亡200余，铣占团城口，另一部删日在灵、广间截获敌马车后，复击溃敌骑兵200及步兵汽车30余辆，进占广灵，现向蔚县追击中。铣日敌机扰太原，击落敌机一架。本日敌机在太原投弹10余枚。乙、敌之消息无新得。阎锡山、黄绍竑。巧丑。参谋。印。［阳曲］①

三、奇袭阳明堡

自太原会战开始后，中国空军曾派飞机至平型关、原平、崞县等地对

---

① 《阎锡山致大本营第一部密电（1937年10月18日）》，载《抗日战争正面战场》（上），第495页。

敌轰炸、侦察，但由于力量薄弱，制空权为敌掌握，日军每日派飞机至太原，对晋东、晋北战场进行轰炸。但自19日以后，每天像苍蝇一样在头上乱飞的飞机不见了，后方的太原也恢复了良好的秩序，人们惶惶不安的心也稳定了许多，忻口战场上的日军没有飞机支援，也不像往日那样疯狂，中国守军乘机发起反攻。不久，人们才从战报上得知八路军第129师第769团袭击了位于战场后方的阳明堡日军飞机场，击毁了大批的飞机。

在忻口正面作战正激烈的时候，八路军为配合作战，派第129师第769团由东冶向原平县东北山地挺进，侧击从雁门关向忻口进犯的日军。10月中旬，他们来到代县以南的苏郎口村。这时他们发现日军的飞机两架、三架，频繁地起飞降落，从他们头上掠过，去支援忻口日军步兵的进攻，去轰炸太原。

第769团团长陈锡联根据日军飞机起飞的规律，判断机场可能离驻地不远。经过向老乡打听，才知道隔河10里外的阳明堡镇附近果然有个飞机场。

随后，陈锡联带领战士去侦察，访问熟悉情况的老百姓。他们经过访问观察，了解到机场的飞机共24架，分三列停放，每列8架。白天轮番去轰炸太原、忻口，晚上停在这里。日军一个联队驻在阳明堡街里，机场里只有一小股守卫部队。看来，日军正忙于进攻忻口，南攻太原，根本不会想到八路军会绕到背后揍他。这正是歼敌的好时机，如果采取突然袭击，出其不意地进攻，胜利是有把握的。陈团长决定马上采取攻击行动。

团长陈锡联进行了进攻分工和作战准备：袭击机场的任务交给了第3营。第1、2营各一部破坏崞县至阳明堡之间的公路、桥梁，阻击崞县、阳明堡可能来援之敌，团迫击炮连和机关枪连部署在滹沱河东岸占领阵地，准备随时支援第3营。随后，部队进行了紧张而有秩序的准备工作。

19日夜，大地被夜色笼罩着，漆黑一团。担任袭击机场的第3营勇士们上路了。

第3营是具有光荣革命传统的部队，能攻善守，以夜战见长，曾得过"以一胜百"的奖旗。今天，战士们一身轻装，棉衣、背包都放下了，刺刀、铁锹、手榴弹,凡是容易发出响声的装具,也都绑得紧紧的。长长的队伍,顺着漆黑幽静的山谷行进,神速而又肃静。

在当地一位老乡的引导下,部队很快渡过了滹沱河,来到了机场的外边。

日军正在酣睡,机场死一样寂静,部队爬过了铁丝网,神不知鬼不觉地摸进了飞机场。营长赵崇德带着第10连向机场西北角运动,准备袭击敌守卫部队的隐蔽部。第11连向机场中央的机群扑去。

第10连看见了飞机,像多年未见的仇敌,现在摆在面前,恨不得立即将其全部炸碎。战士们暗暗地骂道:"龟儿子,在天上你耍威风,现在我们来收拾你啦!"

突然,西北方的日本兵哇哇地叫起来,紧接着是一阵清脆的枪声,原来第10连与敌哨兵遭遇了。几乎就在这一瞬间,战士们同时发起了攻击。他们高喊着冲杀声,勇猛地扑了上去。机枪子弹、手榴弹一齐倾泻,一团团火光照亮了天空。在机场内巡逻的哨兵慌忙赶来,和冲在前面的战士绕着飞机角逐。机场里值勤的驾驶员被惊醒了,慌乱中盲目开火,而后面的飞机子弹又接连打进了前面的飞机。战士们七手八脚地往机身上爬。机枪手站在飞机上向机身猛扫。

正在这时,日军的卫队号叫着扑来。在机群中,敌我混在一起展开白刃战。营长赵崇德跑前跑后指挥,他大声喊:"快!把手榴弹朝飞机肚子里扔!"

"轰!轰!"几声,两三架飞机燃起大火。火乘风势,风助火威,片刻,滚滚的浓烟卷着熊熊的烈火,弥漫了整个机场。

日军守卫队的反扑被打退了,赵崇德指挥战士炸敌机,突然一颗子弹把他打倒了,几个战士跑上去把他扶起,他尽所有气力喊道:"不要管我,去炸,去……"话没说完,这位"打仗如虎,爱兵如母"的优秀指挥官就闭上了眼睛。他的牺牲使同志们悲痛万分,战士们高喊着"为营长报仇"的口号,有的端起枪朝飞机猛射,有的把一颗颗手榴弹投向敌机,还有的把集束手榴弹绑在自己身上,冒着密集的枪弹,爬上飞机,拉响手榴弹,与敌机同归于尽。

几十分钟后,守卫队大都被歼,大部分敌机燃烧在熊熊的烈火之中,当驻在阳明堡镇里的日军装甲车急急赶来增援时,进攻部队已撤出战斗。但机场里的残敌却把增援他们的部队误认为是八路军又发起了攻击。于是日军双方对打起来,他们自相残杀了好一阵才发现是误会。夜袭阳明堡机场这一战斗,毁伤敌机二十余架,毙伤日军一百多人,使日军在晋北战场一时失去了空中优势,有力地支援

奇袭阳明堡日军机场牺牲的第769团第3营营长赵崇德烈士

了忻口的防御作战。这一胜利消息,通过无线电迅速传遍了全国,那些抱有老成见,被日军吓破胆的国民党军官开始根本不相信,他们说:"就是八路军那破武器还能打飞机?不可能!"然而,自10月20日之后,一连几天,忻口、太原都没遭到敌机的轰炸,那些畏敌如虎、胆小如鼠的旧军官才哑口无言。

当胜利的消息传到忻口前线阵地后,饱受日机轰炸之苦的前线官兵欢欣鼓舞,他们说:"这比咱阵地上增加几个旅都强!八路军里真有能人,中国真有英雄!"

不久,第二战区前敌总司令卫立煌在太原对周恩来说:"八路军把敌人几条后路都截断了,对于我们忻口正面作战的军队帮了大忙,阳明堡烧了24架飞机,是战争史上从来没有过的事情,我代表忻口正面作战的将士,向八路军表示感谢,感谢!"①

---

① 赵荣声:《原国民党"五虎将"之一卫立煌风云录》,载《人物》1985年第一期,第60-61页。

四、忻口退守

自10月20日至11月1日间，日军先后对中央集团军之中央地区施放大量催泪性毒气，并挖对壕坑道攻击守军阵地。守军针锋相对，亦以对壕进击之，并时而派小部队侧击，双方形成拉锯战。左右两地区也发生过激战，而阵地无变化。空军部队为配合守军地面战斗，曾先后派机轰炸原平、崞县、阳明堡日军。

10月20日，阎锡山致电何应钦，报告山西地区的战况：

南京何部长敬之兄：2404密。筱亥参电诵悉。

（一）晋北方面，敌皓辰以来猛攻我右翼，经我刘军拼［拼］死逆击，午后渐趋和缓，中央各部，与敌争夺官村南阵地，敌我伤亡均重，现对峙中。永兴村有敌大部，向我施行烟幕弹。连日激战，我击毁敌战车10余辆、装甲车30余辆，均遗弃于湖中河槽。皓午我孙旅小炮队，击落敌机2架。

（二）晋东方面，皓日旧关附近，敌我仍在对峙，乏驴岭激战甚烈，现仍相持中。

（三）我八路军张旅之一营，巧驰抵雁门关，破坏交通，敌急由崞县、繁峙调兵两团进击，战斗甚烈。特闻。阎锡山。号未。参谍。印。［太原］①

10月22日拂晓，第85师陈铁部由新编第4旅（旅长于镇河）右翼出击，敌陆空联合顽抗，并施放催泪弹及燃烧弹，守军奋战肉搏10余次，于13时克复平顶山。其后，第85师即转用于中央地区方面，左地区即变更部署如下：

---

① 《阎锡山致何应钦密电（1937年10月20日）》，载《抗日战争正面战场》（上），第499页。

一、第68师守备新练庄阵地；

二、第10师右接第68师守备大白水附近阵地；

三、第71师右接第10师守备卫家庄亘南岭一带阵地；

四、独立第7旅守备麻港、1482高地亘西庄一带阵地；

五、第83师控制于刘庄、杨胡村附近地区，并构筑第二线阵地。

近两日，忻口守卫部队与来攻日军激战，阵地情况变化不大。但因10月20日后晋东娘子关吃紧，阎锡山命杨爱源总司令回太原筹划晋南防务，左集团军交卫立煌指挥。此时，左集团军部队只有第18集团军之第120师贺龙部正向敌后游击，别无其他部队。

10月23日、24日两天战况较缓和。晋东娘子关方面日军进攻紧张，为牵制日军，忻口前线加紧了进攻。守军独立支队已进占西南贾村、谈儿庄、东西荣华等地。中央地区第85师派出一小部于23日夜袭敌阵，毙敌甚众。24日拂晓敌机8架掩护步兵数百，猛攻第19军官村以南阵地，将第215旅阵地突破，旅长杜堃率残部逆袭，毙敌数百，收复了阵地。

23日晨，空军第27队及第31队，先后出动五架次，轰炸原平、崞县之敌军阵地，炸毁敌炮数门，战车数辆，中午结束轰炸返回。

卫立煌总司令于24日以中央地区兵力过薄，令独立支队急赴忻口协防，右地区队第17军高桂滋部向右延接独立支队所遗防务。同时，卫总司令与朱德总司令商定，右集团军以第18集团军之第115师三个团及第120师主力，由原平两侧向平地泉、南三泉、永兴村以南敌后深入，袭击敌军侧背。

中央集团军仍以主力就现阵地保持攻势防御态势，自24日起，以小股部队出击，其余部队协力夹击，以疲惫当面之敌。阎锡山、卫立煌将战况向大本营和蒋介石作了如下汇报：

特急。南京大本营第一部：0密。据卫总司令号亥参电称：

一、南怀化之役敌第5师团大杨联队（即第42联队）歼灭殆尽，毙敌部队长大町少佐以下官佐40余,我21师夺获敌七五步兵曲射炮两门、重机枪11挺、轻机枪32挺、掷弹筒22个、步枪(342)支、手枪10余支、信号枪1枚、无线电两部及背包500个、防毒面具300余、炮兵剪形镜3架及重要文件册籍颇多(另案详呈);我独5旅夺获重机枪6挺、轻机枪10余挺、步枪100余支及其他军用品无算。刻各该部伤亡虽众,士气尚盛。

二、连日我14军彭师于大白水、刘师于卫家庄与敌往复争战,毙敌极众,曾击毁敌军之队部,除缴获械弹不计外,获敌作战命令及重要文件、书籍多种(汇案详呈)。

三、其他各部斩获亦众,正清查中。等情。谨闻。阎锡山、黄绍竑。漾子。参战。印。[阳曲]①

24日晚,卫立煌总司令将中央集团军各部队之行动,作了如下部署:

(一)右地区队应以一小部占领东西荣华、南北郭下及其西北地区,尽力活动,与第18集团军联系,扰击平地泉以南敌之侧背。

(二)中央地区队除对突入之敌并力抗战,相机力图规复原阵地外,应以小部队向敌阵竟夜扰袭。

(三)左地区队第68师、第10师各以小部向安家庄、永兴村,第71师、独立第7旅抽编有力部队,与第120师协同向永兴村、南庄头之线齐行夜袭。

(四)各地区作战地境(线上属右):

1. 右地区队与中央地区队,为王会村、三家庄、板市、下小原平相连之线。

2. 中央地区队与左地区队,为井沟、南怀化、旧河北、中泥河、上小原平相连之线。

---

① 《阎锡山致大本营第一部密电(1937年10月23日)》,载《抗日战争正面战场》(上),第502页。

（五）各地区袭击队与第18集团军取得联系，或察知我邻接袭击队与敌接触，应即勇猛突击，扩张战果。

（六）各地区队限24日夜开始行动，发现当面之敌动摇及有利状况时，应断行有利之出击。

10月25日拂晓前后，各部袭击部队均获小胜，唯第18集团军之第115师尚未到达，第120师亦仅派出一小部于原平西北地附近活动。午后敌纷向中央集团军攻击。14时许，敌先向左地区盟誓阵地发动猛烈炮击，接着2000余步兵强攻，攻占守军阵地一部。

晨，空军第7大队第5队队长金雯率机10架，前往平地泉、北郭下一带轰炸，命中敌目标约三分之二。虽然敌军16门高射炮向战斗机猛射，但未能伤害，10架飞机于9时安返洛阳。

因中央地区兵力过于薄弱，卫立煌总司令电请第二战区阎锡山司令长官就近以第73师增强其守备量。在得到阎的首肯后，卫令平定之第27路军驰援，并对左地区作出指导："以第83师主力转移左翼，独立第7旅向南岭方面移靠，夹击来攻之敌。"

左地区李默庵总指挥，遵即部署如下：

（一）第83师之第494团、第498团及第493团之一营，在盟誓东亘西北之线占领阵地；炮兵位置于盟誓西北端；余为预备队位置于刘庄附近。

（二）第71师第202旅附第214旅之一团及炮兵第23团之二营，任盟誓（不含）亘南峪及麻港附近要点之守备，其余为预备队位置于杨庄。

（三）独立第7旅主力控置于白家梁及其东南地区，一小部占领1482高地，与第71师协调，相机由水油沟、麻港以北击敌侧背。

当忻口方面激战正烈时，日本华北方面军总司令寺内寿一于19日、20日两日，由津浦路及北平附近抽调兵力，经平绥路至晋北增援。守军连日血战，伤亡约三分之二。卫立煌总司令25日晚向蒋介石发电报告战况：

特急。京委员长蒋：我密。

（一）此间剧战半月，伤亡奇重，现在85师编一营余。第10、第21、第54、第83各师各可编三、四、五营不等。独5旅编两营。晋、绥军参战各旅亦各仅余两三百人，火炮损失10余门。

（二）敌七次总攻未逞，锐气摧毁殆尽，又受我18集团军在后截扰，兵心益散。

（三）连日所期望之18集团军，刻因其主力仍在平型关以东灵丘一带，然雁门方面直接协力已不可能。顷闻寺内寿一所率援军即将陆续到达，倘即刻不能运用内线有利条件，万一援军到达，前途殊感棘手。务予严厉指派，增加部队三四师先歼此股，再行转击晋东之敌。再迟即无法挽救。兵少亦难于完成此次之歼灭战，职卫立煌叩。有亥。参。印。[忻县]①

10月26日，晋东娘子关失守。忻口前线浴血奋战，几天的战斗，第85师伤亡殆尽，日军虽突破几道缺口，但在27日后，战斗又呈胶着状态，敌军几乎没有余力为太原会战增加兵力。当日，阎锡山向何应钦报告第二战区的战况：

即刻到。南京大本营第一部何部长敬之兄：固密。
甲、战况：
一、晋北方面，敌自宥早猛攻左翼，迄午后2时许将83师盟誉村阵地一部突破，已派队恢复中。正面之敌攻我数次未得逞，惟南怀化敌增一二千，前后城头敌增兵一二百者已数次。右翼敌猛攻我灵山及南郭下以南阵地，亦未得逞，惟敌已增兵，复将东西荣华夺回。
二、晋东方面，敌以三联队为基干之兵力迂回我右侧背，已令新到川

---

① 《卫立煌致蒋介石何应钦密电（1937年10月25日）》，载《抗日战争正面战场》（上），第507页。

军集结石门口附近,并令26路孙部除留置一部于娘子关正面外,以主力经巨城镇、移穰镇进出于柏井驲、桥头镇、石门口一带夹击迂回之敌。宥晚该路可到指定地。刻敌已到新庄及[与]123师激战中。我第3军现在固驲镇附近与敌激战甚烈。

三、八路军游击结果,宋支队漾日黄昏在周徒附近埋伏,遇由大同开广武之敌汽车32辆,毁车18辆,毁其所载粮弹,并俘日兵10余名,获轻机枪及步枪10余支、军刀数十把,敌伤亡100余。该敌系关东军独立守备队步兵第17大队第1中队,我张旅之715团将敌骑100余击溃于北岗上,获马30余匹,轻机枪、步枪数十支。又,王旅刘团一部,梗埋伏于王董村附近,遇由崞县北开之敌汽车80余辆,当毁其汽车24辆,获步枪10余支,子弹两箱,军毯数十条。

乙、晋北全正面之敌皆已增加。

丙、消息无新得。特闻。阎锡山、黄绍竑。沁酉、参谍。印。[阳曲]①

日军为在忻口有所进展,除在晋东加强进攻外,于27日将在平津地方担任警戒的第109师团第136联队的一个大队派到第5师团方面,又于29日将该联队的另一个大队及独立混成第1旅团的机械化步兵联队派到第5师团方面,这样直接用于忻口方面的兵力达二万余人。尽管这样,由于中国军队的拼死抵抗,日军的进攻仍没有进展,双方仍处于胶着状态。一直到11月2日,守军始终坚守在忻口阵地上,大大挫败了日军的嚣张气焰。阎锡山等致何应钦、孔祥熙的电报,反映了忻口战场的境况:

即刻到。南京大本营第一部。军政部何部长敬之兄、财政部孔部长庸之兄:应密。

---

① 《阎锡山等致何应钦密电(1937年10月27日)》,载《抗日战争正面战场》(上),第509页。

甲、战况：

一、晋北方面，突入南郭下东南高地之敌，经我军数度激战，世已夺回一部，双方伤亡均重。东日，敌仍向灵山猛攻。中央之敌，向南怀化增兵猛攻，我数处高地被夺，刻正派队堵击中。左翼军和缓。

二、晋东方面，世日我正太正面部队被敌猛攻，节节抵抗，刻在张净镇附近对战中。右翼、左翼无新情况。八路军已有大部到达晋西南横河村、马介川、上龙泉地区，伺机杀敌。邓（锡侯）、孙（震）总副司令已抵马首，会晤黄（绍竑）副司令长官。

三、八路军游击结果，东挺进队艳辰袭占定县城，获辎重甚多，守城敌兵等东逃去崞县，王旅一部艳日已将太和岭口桥梁破坏。

乙、敌情：世未，晋北水兴村到敌汽车100余辆，似满载援兵。据崞县逃出难民称：敌给养困难，现吃高粱［梁］。

丙、消息：天津电讯，敌在晋北之指挥官三浦敏灼少将删日受伤，现改由小林角太朗中将指挥。特闻。阎锡山、黄绍竑。冬丑。参谋。印。［阳曲］①

但就在此时，形势急转直下，晋东日军占领寿阳并向太原推进，忻口卫立煌度其形势，决定向太原附近转移防线，便于2日下午致电蒋介石：

即刻到。南京委员长蒋。O密。

（一）一周以来，晋东情形异常混乱。昨夜铁路正面我军已退寿阳附近，两翼情况不明。顷据铁路报告，我军昨夜、今晨已过寿阳西溃，各部余兵不多，太原极感恐慌。

（二）此间剧战将及一月，虽均获胜利，然后防在在堪虞，且兵员消

---

① 《阎锡山致何应钦孔祥熙密电（1937年11月2日）》，载《抗日战争正面战场》（上），第516页。

耗过多，交通早陷停顿，奉司令长官阎谕，为确保太原计，不得已忍痛定今夜向太原以北青龙镇东西线既设阵地转移。谨闻。职卫立煌叩。冬末。参。印。[忻县]①

忻口战役是太原会战，也是华北抗战中的一次最大规模的抗日作战。国共两党官兵以保卫国家为己任，将生死置之度外，并肩共同战斗，紧密配合。这种配合，既有战略上的互相配合，也有战役战斗上的积极合作；既有运动战和阵地战的相互支援，也有游击战和正规战的相互促进；既有下面部队作战的相互呼应，也有领导层的协调指挥；既有两军外部的一般配合，也有军事情报上和指导思想上的相互沟通。多种形式的合作，客观上对于抗击日军都起到了不可低估的作用，沉重地打击了日本侵略者的军事力量。它表明，抗战初期在"国民党政府对日作战比较努力的"情况下，国共两党两军的合作是比较紧密的。

在忻口战役中，国共两党军队给日军以重大打击，据抗战胜利后阎锡山留用的日军少校参谋、忻口战役中的板垣师团见习官岩田称，日军在战役中伤亡二万余人，补充了三次。中国军队也作出了巨大的牺牲。特别是国民党军队战术呆板，死守阵地，在日军的进攻下，造成了过多的死伤。下面的电报、电话记录佐证了这方面的情况。10月23日，黄绍竑在致蒋介石、何应钦的电报中称：

急。南京蒋委员长钧鉴、何部长勋鉴：设密。（1）二区决战已到最后阶段，虽极力苦撑，既无大力增援，亦仅时间问题耳。此后除以一部死守太原，以八路任游击阻敌南进，其余各部拟酌量南移，整理补充，以图再战。（2）此次损失，计晋绥军60余团，现合并不足二万五千人，26路损失三分之二，第21、84师损失三分之一，第10、54、83、85师损失二分之

---

① 《卫立煌致蒋介石等密电（1937年11月2日）》，载《抗日战争正面战场》（上），第517页。

一,第11路损失三分之一,第3军损失四分之一,37路损失三分之一,17师损失四分之三,94师损失三分之一,38军教导团损失四分之三。此后损失,尚难计算。(3)如此巨大损失,应请中央迅予统筹补充,否则决难再战。(4)此次各战区有作战不利、闻风溃退之部队,现正纠集于北岸,争欲渡河。请派大员趁机整理,限制补充,否则,坏军日增,好军日减,前途殊多隐患。(5)补充整理,宜按作战成绩制定办法,公布施行,庶可泯其自私之心,而收一致牺牲之效,所陈当否,敬乞察纳。黄绍竑叩。漾亥。印。[阳泉]①

俘虏的日军

过了三天,即10月26日,忻口前线在向何应钦的报告中,所陈损失更为惨重:

"现在最重要的问题是补充问题:我军伤亡过多,如不能赶速补充,则无法再战,现估计10D、85D、83D、21D、54D五个师,每师约缺4000人;尤以85D与独5旅非完全补充不可。又64D、65D每师约缺3000人。合计共需补充兵3万人,请速(设)法拨补。现仅由陕、鄂两省各拨5000人,实不济事。"②

中国共产党人曾给忻口战役以很高的评价。任弼时曾这样说:"敌曾以全力猛攻忻口,遭到了忻口抗战部队猛烈之打击。忻口战斗是华北抗战

---

① 《黄绍竑致蒋介石何应钦密电(1937年10月23日)》,载《抗日战争正面战场》(上),第504页。

② 《宋思一致何应钦电话记录(1937年10月26日)》,载《抗日战争正面战场》(上),第508页。

中最激烈的战斗，郝、刘两将军在前线阵亡，卫立煌将军指挥下的全线部队，虽遭受重大伤亡，毫未动摇。……寿阳失陷，太原已危，忻口抗战军队乃自动撤退。"

第四节　娘子关战斗及太原失陷

"卢沟桥事变"爆发后，日军大举向华北、华东等地进攻。蒋介石深知山西战略地位重要。他认为，山西是多山地区，易于防守，而且晋绥军对防守家乡十分积极，故令阎锡山务将山西守住，控制平汉路西侧面，阻止敌军沿平汉路南下渡过黄河，进而威胁武汉。

阎锡山判断，日军南下，必先取山西，然后再沿平汉路南下。如果平汉路方面能在保定以北挡住敌人，日军光从大同方面进攻雁门关，尚易抵御。如果保定、石家庄不守，敌人必然进攻娘子关，从东、北两方面包围山西。娘子关位于山西、河北交界处，是正（定）太（原）铁路上的重要关隘，为东部进入太原之咽喉。日军如攻占娘子关，则既可以西进太原，切断山西的南北交通，而且可以保障其沿平汉路南下翼侧的安全。故娘子关为中日军队必争之战略要地。阎锡山还判断日军对晋北方面是主力的进攻，平汉路方面是助攻。晋北方面现在只有晋绥军和八路军，兵力尚嫌不足，不能兼顾娘子关方面。为确保山西，兵力尚须加强，要求派中央军来山西协同作战。

1937年10月1日，第一战区各部队沿平汉路向石家庄附近转移之际，第二战区晋北战局也正告紧张。为确保山西，蒋介石抽调第一战区之第14集团军卫立煌部转用于晋北方面。于是，第一战区代司令长官程潜即以第二集团军孙连仲部及第20集团军商震部沿滹沱河两岸设防。10月6日，蒋介石又令孙连仲率所属之第26路军（亦称第1军团，孙兼总指挥）全部入晋增援。程潜转令孙连仲所部第30师张金照部留置滹沱河现阵地，归第27路军（亦称第14军团）总指挥冯钦哉指挥，孙连仲总司令即率第26路军其余部队，接第14集团军防务。冯钦哉部遵令暂归第20集团军商震总司令指挥。

10月9日，日军沿平汉路及其两侧南下之第20师团主力，已先后攻占滹沱河右岸阵地及正定县城，紧逼滹沱河北岸。此时，援晋部队已输送完毕。程潜代司令长官令冯钦哉率第27路军、第3军曾万钟部、第17师赵寿山部、第30师张金照部及第38军教导团，向娘子关方面预定阵地转移，掩护第二战区之右侧，第20集团军商震部向石家庄南之元氏、高邑转移，以阻敌南进。

一、战斗部署

第27路军总指挥冯钦哉根据程潜代司令长官的命令，于10月10日凌晨2时，向所属部队下达如下命令：

（一）军以迟滞敌人之目的，决心于本（10）日晚即行转移兵力于元氏、高邑及井陉预定阵地。

（二）本路军附第3军、第17师、第30师及第38军教导团，以拒止敌人西进之目的，占领九龙关、测鱼镇、南障城、雪花山、井陉、马头山、唐家会之线。

（三）各部队任务及行动：

1. 第3军自九龙关经尖山、猪家庄、割须岭、罗凸山、北障城沿于家西侧都家坡之线占领阵地，为前线阵地。另由九龙关至杀虎尖、测鱼镇、柿庄、北障城之线占领阵地，为后线阵地。以上两线均属第一线阵地。

2. 第17师自郝家坡（不含）、雪花山、荆蒲兰迄曹泉之线占领阵地，就既设工事加强之。又狼窝以北一带，原有工事可利用作为前线阵地。

3. 第30师在曹泉（不含）、张家井、马头山西侧高地、西板山之线占领阵地。

4. 第169师附第38军教导团，暂在原地掩护，俟第42师撤离完毕，第30师占领阵地后，即占领右自西板山（含）、寇庄西侧高地、北新言、曹庄迄唐家会之线，修筑工事，拒止敌人。右翼须与第18集团军切取联络。并派兵于李家沟堵截通唐家沟方面小道；东西黄岸须准备逐次抵抗之工事。

5. 第42师为预备队，由柳彦彪师长率124旅部署于磨河滩，第126旅位置于北冶星附近。

6. 作战地境（线上属左）。

（1）第3军和第17师，为旧关、张家井、康家坡、水东之线。

（2）第17师和第30师，为东西臭水、曹泉、北正、葛丹之线。

（3）第30师和第169师，为架于庄、东板山、南荣村之线。

（4）各部队转移时，除第17师外，须各留置一团为掩护部队，另以一部渡河佯攻，尔后待命沿指定路线逐次撤退。

（5）补给以娘子关为兵站基地。

各部队奉到命令后，即开始西移。10日午后，敌已击退留置部队之抵抗，分路渡过滹沱河，当日攻占石家庄，其后第14师团主力继续沿平汉路南下，第20师团主力沿正太路向娘子关方向进击。11日，第一战区司令长官部令冯钦哉指挥在阜平山地之第94师和第529旅，尔后归第二战区阎锡山长官指挥。此时，敌军沿正太路西进之先头部队，已向井陉及其南北阵地开始攻击。

当冯钦哉总指挥率部向井陉附近转移之际，阎锡山司令长官于10日晚派黄绍竑副司令长官赴娘子关指挥作战，并策定作战计划如下：

第一，方针

为保固山西，将来收复华北失地容易，使晋北作战军无后顾之忧起见，以第一战区由保定南移之部队进占娘子关山地确实保守之，并相继进袭石家庄，威胁由平汉路南进之敌。

第二，指导要领

一、开战之初，应于雪花山前进阵地，配置强有力之部队滞敌人之前进，并掩护主力部队迅速占领阵地。

二、主力在北青掌、梁家垴、旧关、核桃园、乏驴岭、大台山之线占领阵地，总预备队分置于槐树铺、好汉池、娘子关附近。

三、为防敌人由我阵地右翼迂回攻击，在西回村、张家垴、南垴沟、神仙洞、娘子关之线，择要构筑预备阵地。

四、如敌向核桃园方面进攻时，该处部队应竭力阻止其前进，娘子关附近之预备队，由核桃园之右翼，袭击其侧背以期击破其攻击能力。

五、为防万一计，在桥头村、城子岭、驷穰镇、东道沟、上董寨之线，构筑预备阵地，准备尔后之作战。①

娘子关历来为兵家必争之军事要地。传说唐高祖李渊之女平阳公主曾屯兵戍守此地，故得名娘子关。

10月11日中午，第二战区副司令长官黄绍竑于井陉在第27路军总指挥部命令第17师一部到南河头警戒，第30师以一部在南陉、上庄之线向北警戒，第3军向井陉靠近，主力集结于大小梁家。由于司令长官部署已晚，第30师东西王舍及小枣各以西阵地，均已遭1000余敌之攻击，其余部队，也未及时按上述命令行动。因雨后路滑并有敌军飞机轰炸，第17师赵寿山师长率部于17时方抵达井陉东北附近。此时，恰与敌便衣队约300人遭遇，赵师长以一部与便衣队交火，其余迅速占领阵地。敌兵增至2000余，向第17师阵地猛烈进攻，战斗彻夜未停。与此同时，第3军曾万钟部在金珠附近之警戒部队，也与敌军400余发生战斗。

12日拂晓，敌人借飞机炮火之支援，对守军阵地之进攻更为猛烈，第17师正面阵地，战斗尤为激烈。17时，敌继续增加兵力，该师右翼刘家沟附近阵地被敌突破。守军第49旅耿志介旅长指挥所属第97团、第98团分向乏驴岭及旧关方向逐次后撤。18时，井陉县城也被敌攻陷。第3军方面，将由大尖山西攻之敌击退后，便无战斗。第30师方面，双方对战竟

---

① 《第二战区娘子关保卫战作战方针和指导要领（1937年）》，载《抗日战争正面战场》（上），第520—521页。

日，均无进展。另有日军一部由洪子店西进，似有袭扰守军左后方之企图，冯钦哉总指挥即令第7军第169师武士敏部驰赴大地迄滹沱河左岸地区堵截。

因第169师对10日2时之转移命令未能全部遂行，在掩护第42师及第38军教导团转移后，径向贾庄、栾庄一带转移。11日10时，当第169师行抵贾庄附近时，突然遭到100余敌军的袭击，该部仓促应战，损失惨重，迅即开赴栾庄附近整理。此时，武士敏师长接到冯钦哉总指挥的命令，当即率部向西板山、刘家沟、曹庄、唐家会之线前进。12日19时，第7军第42师柳彦彪部两个旅（第124旅、第126旅）分别抵达磨河滩及北冶里，冯总指挥旋令该师一个旅左移，担任第一线作战，以第169师为预备队，迅速整理，做好战斗准备。

当日，黄绍竑副司令长官向蒋介石委员长报告作战情况：

即到。南京委员长蒋钧鉴：擎密。

一、预定向西转进各部，于灰日由冯总指挥命令实施。其部署概要：以第3军担任九龙关，17师担任井陉，30师担任曹泉以北至胡仁一带，169师担任洪子店，42师为预备队。

二、灰晚，职受命担任正东面作战，真午抵井陉，晤冯，知命令未能全部受领，又无掩护部队，情形颇为混乱。比［此］命（17D）到井陉之一部，趋南河头警戒，（30D）派队在上庄到南陉向北警戒，第3军向井陉附近靠近，主力集结于旧关、大小梁家。但上项命令，至今尚未能证实到达。

三、真14时，（169）师在贾庄与少数敌骑接触，因未向北就指定阵地，现闻尚在栾庄。真18时，井陉前面发现敌人，现正向雪花山、长生口（17D）阵地攻击中。

四、洪子店方面，因（169D）尚未就指定位置，颇形混乱，而（17D）正面亦感单薄，各部尚无法切实联系，手中亦无一预备队，现正竭力补救中。谨闻。职黄绍竑。文。参。印。
[娘子关]①

阎锡山司令长官为固守娘子关,即令正向太原输送途中的孙连仲第26路军(第1军团)回援娘子关。当孙连仲亲率第42军第27师冯安邦、第44旅张华堂部东返,于12日20时抵阳泉时,又接到黄绍竑副长官命令,以第27师之一部占领北峪南北向地之线,主力在娘子关附近集结,第30军第30师张金照部仍守备原阵地,第44旅进占六岭关。孙连仲总司令根据黄副长官的命令,于次日凌晨2时20分,下达命令如下:

参加娘子关防御作战之第26路军司令孙连仲

(一)第27师以一部占领1000高地北南峪附近阵地,支援第17师作战,主力集结于娘子关附近,归黄副长官指挥。旧关为通敌要道,在第3军未占领前,该师须派队切实占领。

(二)第31师(欠92旅)集结阳泉附近待命,第92旅随总部行动。

(三)第44旅速向六岭关推进,并相机占领之。

二、娘子关御敌

12日傍晚,日军突破第17师右翼刘家沟附近阵地之后,连夜向西进攻,又相继占领长生口、大小龙窝,于13日晨进至核桃园,迫近旧关。此时,冯钦哉总指挥以旧关防务空虚,于5时20分派其工兵营附特务连驰赴旧

---

① 《黄绍竑致蒋介石密电(1937年10月12日)》,载《抗日战争正面战场》(上),第522页。

关，阻敌前进。当该营及特务连刚到旧关，立足未稳，即遭敌步兵1000余和伪骑兵200余猛攻。旧关守军勇猛顽强，打退敌人多次进攻，至11时，敌攻陷旧关并继续向关沟前进。旧关守军退至旧关以西高地，继续抵抗。是时，第27师师长冯安邦驻程家庄之第160团，以一部急赴旧关阻敌西进，主力于16时向旧关以南前进，威胁敌之左侧。冯师长还令第79旅黄樵松部据守1000高地，秘密向前推进部队，以断敌退路；令师直属之工兵营、骑兵连、辎重连接替第80旅第160团防务，分任通旧关各道路之戒严。

正太路第17师正面之敌川岸兵团，在攻陷井陉后，于13日拂晓向雪花山阵地攻击。激战至15时，日军增援了一个联队，继续猛攻，守军奋勇阻击，敌未能得逞。第17师师长赵寿山为保住雪花山阵地，决心乘夜转移攻势，令第51旅第102团第1营固守雪花山，补充团第2营固守乏驴岭，第101团第2营固守荆蒲兰，其余为攻击部队，限于17时部署完毕，17时30分开始行动。至22时，第49旅第98团陈际春团长，率领补充第1营及该团残部，已攻占刘家沟、长生口阵地，第101团第1营于24时攻进南关车站，同时第102团第2营亦进至李家河西。正当第17师攻击部队进展顺利之际，不料雪花山阵地被敌一部攻占，赵寿山师长立即增调攻击部队，向雪花山反攻。激战至拂晓，第17师伤亡逾千，阵地仍未恢复，赵师长乃率残部向乏驴岭撤退。

赵寿山师长将所余1000人编为七个营，在乏驴岭北峪、荆蒲兰一带守备。经查，第102团团长张世俊、第1营营长魏炳离指挥疏忽，贻误战机，丢失雪花山阵地，影响了整个战局，赵师长依战时军律，将张、魏二人就地正法。

敌军两日来连续向第30师张金照部进攻，均未获进展。13日上午敌大部南移，仅留小部于原地与第30师对峙。

10月14日，阎锡山根据娘子关附近地形及正面敌军的情况决定进行反击，部署如下：

（一）第3军派三个团，在九龙关口、北孤台之线设防，其余在旧关西南集结，歼灭旧关之敌。

（二）第94师及第177师之第529旅，占领黑山关、龙泉关一带阵地。

（三）第26路军派兵一团扼守六岭关。第27师在娘子关集结，并以重兵进占葛丹阵地。第30师以一旅进占桃林坪、小枣之线阵地，第31师速由阳泉至程家陇底为预备队。

是日10时，阎锡山复令在五台山之第129师（欠一个团）刘伯承师长迅速开赴阳泉，归黄绍竑副长官指挥。

14日拂晓，孙连仲总司令根据13日晚在苇泽关视察时得知当面之情况，命令第27师第79旅第157团向旧关之敌攻击，第80旅之一团向新关推进，支援旧关方面之作战，另以一个团位置于苇泽关，由该军（第42军）军长冯安邦直接指挥。

为阻敌西进并威胁敌之左侧背，第42军军长兼第27师师长冯安邦曾于13日16时令该师第80旅第150团向旧关及其以南地区前进。当该团到达新关时，该地已为第3军补充团占领，冯安邦兼师长即令第160团返回家庄原防。根据孙连仲总司令的上述命令，冯安邦再令该团于14日零时向旧关推进，令第79旅务必侧击长生口、旧关之敌。14日拂晓前部署完毕后，第79旅旅长黄樵松当即命令第158团以第1营守备地都阵地，主力于14日拂晓由苇泽关向核桃园攻击；第157团派一个营于14日拂晓向大小龙窝之敌攻击，该营与第158团会合后，即受第158团团长杨守道指挥，协力歼灭大小龙窝至核桃园之敌。

当第12师第35旅及补充团于13日夜到达新关时，旧关之敌1000余人（附炮六七门），即对新关发动攻击，第35旅官兵将敌击溃。14日，敌再攻甘桃驿，第35旅奋勇反击，敌退居旧关东南高地顽抗。第27师出击部队与此同时曾一度袭占核桃园及大小龙窝，第12师第34旅也于8时由五家岭向大小龙窝迄旧关之线推进。由旧关侵入关沟之敌1500余，亦于9时与地都守军发生战斗。此时，第27师第79旅第158团杨守道团长，遂决心以其第3营侧击关沟之敌，第2营向旧关之敌压迫并以主力截断旧关至关沟之交通，第

79旅旅长黄樵松为堵击关沟地区逃窜之敌，令第157团之一营在地都东南地区堵截逃敌，经两个多小时的围歼战斗，击毙逃窜之敌大部，残敌散伏于山崖草莽之间。

15时，旧关之敌一部为解关沟残敌之围，在炮火掩护下，向第79旅第158团第2营阵地猛攻，经第2营反击后，仍退回旧关。是时，第27师第80旅旅部及第159团已到达磨河滩。

当日，第27路军之工兵营及特务连在旧关西端高地与敌对战竟日，虽互有伤亡，但仍维持原阵地，互无进展。

18时，第27师冯安邦兼师长奉黄绍竑副长官16时之命令："第27师速将原阵地加强，并推进一部接近第17师，拒止敌人，务于本（14）日24时部署完毕。"冯兼师长即于19时令第79旅以一部占领大小龙窝、1000高地至张家洼之线，主力控制于南峪、地都、苇泽关等处；令第80旅占领张家洼、溃泉、白石头之线，并在溃泉附近控制有力之预备队；令各旅务与第17师联络，准备推进支援。第79旅在溃泉、白石头之部，于第80旅接防后即归建。命令正下达间，郝庆隆率山炮兵第1大队（3连半计山炮14门）前来报到，该队各炮连已分别在南峪及娘子关附近进入阵地。冯安邦即令在南峪之炮兵及第80旅第159团（欠一个营）暂归第79旅指挥，以该师工兵营、辎重兵连、骑兵连分任通旧关各道路之警戒。是日晚，第27师司令部移驻河北村。

12日经洪子店西进之敌，于14日在六岭关附近与第44旅遭遇，双方恶战四小时，敌向东败退。第44旅进占六岭关后即与第18集团军在夏口及洪子店一带之部队取得联络。至此，守军右侧敌之威胁乃告解除。

10月15日拂晓，第3军第12师唐淮源部向五家岭及旧关东南地区之敌发动攻击，第17师教导团团长李振西带伤指挥作战第27师第157团及第158团之一部，继续扫荡关沟附近之残敌。旧沟之敌为解关沟残敌之围，乘晨雾弥漫，向第158团之第2营发动猛烈攻击。15时，有敌500余由井陉经大小龙窝向旧关增援，经守军截击后，仍窜至旧关。入夜后，第3军第12师第34旅马昆部袭占核桃园，第35旅朱淮部攻占旧关东南高地，并继续向旧关以东高地之敌攻击。第27师将由旧关出援关沟之敌击退，逐回旧关。两日来，该军于旧关附近击毙敌鲤登行一大佐、中岛利男少佐以下500多人。

15日1时，阎锡山司令长官曾分别指示黄绍竑副司令长官、孙连仲总司令及第3军军长曾万钟：（一）娘子关附近作战，交孙总司令指挥；（二）限16日将旧关之敌完全解决，并赏洋5万；（三）总司令及军长均应亲身严行督战。

由于雪花山、旧关一带国防工事多为敌军占领，旧关之敌又调来援兵（第79、77联队各一部），后续部队仍由井陉源西进，战局甚为紧张。为在援军到达之前稳定态势，黄绍竑副司令长官于15日19时下达如下命令：

（一）以歼灭敌军之目的，明（16）日拂晓，我全线对敌施行总攻；

（二）第3军为攻击之主力，对旧关之敌攻击；

（三）第27师限今（15）日将关沟之敌肃清，以主力由龙窝附近断敌后方联络，协同第3军会攻旧关；

（四）第27路军之工兵营附辎重兵营、第17师、第21师第92旅（欠一个团），固守原阵地，堵击敌人；

（五）第30师抽兵两团，协同第17师占领乏驴岭。①

自16日开始，守军对日军发起了第二次反击。

16日拂晓，守军对旧关之敌开始发动攻击，敌人也借炮火掩护向守军出击，双方激烈交战。第3军第12师第34旅于15日夜攻占核桃园后，16日拂晓，核桃园东北1000高地之敌以猛烈炮火向该旅射击，敌机连续轰炸，使该旅无法固守，退回旧关东南高地，相机出击。8时，第27师之第157团将关沟附近残敌肃清。正午，敌将第27路军一营阵地突破，适第38军教导团

---

① 中国第二历史档案馆787档案。

李振西团长奉命增援赶到,与工兵营一起激战到20时,将突入之敌击退。

数日来,右翼方面战况至为紧张。左翼方面自曹泉以北之敌南移后,战况即呈沉寂状态。15日,黄绍竑副长官及孙连仲总司令对左翼方面曾作如下之调整:

"第30师向右延伸并以两团协助第17师固守乏驴岭,以一个团直攻井陉;第27路军接替胡雷、朱砂、洞口迄小觉镇之防务,择各通敌要口,分兵固守。"

第27路军总指挥冯钦哉令所部第42师师长柳彦彪于18日接胡雷迄大地以北防务;第169师武士敏部集结南北治里地区整理;第26路军所辖之第30师张金照部于16日晚派部队向井陉出击,至17日拂晓撤回。

向旧关之敌的第三次反击。

占领旧关之日军,以其优势装备,利用守军原筑之国防工事顽抗。守军连日艰苦反击,未能将该敌击退。为确保晋东门户,进出井陉,夺回石家庄,以截击沿平汉路南下之敌,孙连仲总司令决心击破当面之敌,16日20时,孙连仲根据黄绍竑副长官的意图,下达命令,要旨如下:

(一)军为肃清旧关之敌,先断其后路,然后包围歼灭之;

(二)第3军以一部封锁大小梁家、北洋沟、红土岭各要点,阻敌后续部队之前进;

(三)第27师以有利一部占领长生口及大小龙窝附近,截断敌后;

(四)对旧关敌人攻击之部队为第30军第31师第92旅、第42军第27师之一部、第27路军的工兵营;

(五)明(17)日拂晓开始攻击,先由各师(旅)炮兵猛烈射击,予敌以重大损害后,将敌包围而歼灭之。

为策应各方面作战,孙连仲总司令又以守备溃泉附近阵地之第27师第80旅阎廷俊部第160团主力,集结苇泽关附近,将第31师池峰城部后续部队控制于程家陇底为总预备队。遵照黄绍竑副长官的指示,孙又令守备胡雷附近第30师主力转移至东西葛丹附近,第42军之第44旅由六岭关移驻阳泉待命。

10月17日2时，第38军教导团团长李振西首先率部向黄石嘴以西之敌攻击，战斗至4时许，即攻占敌阵地右翼，因敌顽抗，尔后遂无进展。拂晓，第3军第12师第35旅旅长朱淮率部由甘桃驿向旧关东南攻击，第42军第27师之一部向旧关之北攻击。9时，敌凭借空军支援，分向旧关以西及地都一带阵地反攻，双方激战至傍晚。入夜后，第3军第34旅及第19旅各一团、第25旅之一部及第27师第79旅之两连，分向长生口、大小龙窝、核桃园及旧关一带袭击，激战竟夜，敌我双方伤亡均甚重，守军无重大进展，于18日拂晓撤回。此次交战，第27师第80旅连长张金鉴阵亡，负伤者甚多。

18日，黄绍竑副司令长官决心夜袭旧关，令第30军第31师以敢死队进入旧关市内，纵火扰乱敌后，以有力部队由第79旅第158团第2营正面出击，攻旧关通苇泽关大道为止，并固守之；第12师向旧关以南及西南攻击；第27师极力攻击当面之敌，使攻击容易，并注意切实截断核桃园敌之归路。是日，孙连仲总司令为彻底肃清旧关之敌，复令第31师接替第27路军工兵营全部阵地，第30师在东西葛丹之第88旅移驻娘子关附近，以备增援第31师。

各部队奉命后，于19日2时开始攻击。第31师池峰城师长派一部冲入旧关街市，经激烈肉搏和巷战后，敌退据旧关以东高地顽抗。拂晓后，敌援兵到达，进行反攻。该部因兵力大大劣于敌方，故撤回原阵地。8时，第12师第35旅朱淮旅长派一部协同第31师攻占旧关东西两侧高地，该旅另一部向旧关以东进攻。战斗至14时，敌空军派轰炸机10余架对进攻部队反复袭炸，迫使各部暂停攻击。18时，守军趁敌机飞走，夜幕降临，再兴攻势。

第3军第12师第34旅及第7师第19旅第37团将核桃园附近地区攻占，并以火力将通旧关之路封锁。第42军第27师第80旅阎廷俊率部迅速将核桃园攻占。阎旅长当即令第159团郑云奇营向旧关挺进，以乘势肃清旧关之敌。此时，孙连仲总司令以他方面友军动作未臻齐一，遂命第80旅部队撤回地都原阵地。

第17师赵寿山部当面之敌，自13日夜攻占雪花山后，即移转兵力抵抗对旧关一带之反攻，仅有一部在雪花山一带与第17师乏驴岭军对峙。18日午后，守军获悉敌纠集伪满军第37师约两个连队到达井陉，以一部附炮10余门，在荆蒲关以东地区集中后分别进入雪花山及800阵地。赵寿山师长判断敌将向乏驴岭阵地进攻，遂令所部严加守备，并令该师在北峪的预备队之一部，驰赴乏驴岭以备策应。19日4时，敌向第17师阵地发动全面进攻。守军凭险顽强抵抗。天明后，敌在轰炸机的猛烈轰炸下，更加猛烈地进攻，激战到13时，乏驴岭守军官兵伤亡惨重，南阵地被敌攻占。第49旅耿介志旅长率残部50多人退到北阵地，与该阵地守军协力战斗。15时，荆蒲关阵地守军由于伤亡过重，只剩30余人，在苦战到黄昏后，即向葛丹、常坪撤退。在荆蒲关失守，致使乏驴岭北阵地三面受敌。耿介志旅长在守军伤亡殆尽、弹药不继、待援未至的情况下，不得已率残部100余退到北峪、庄头附近，稍后又赴神灵台附近收容。

正当守军在旧关及乏驴岭一带与敌酣战之际，黄绍竑副司令长官将部署作了调整，下达如下命令：

（一）第26路军、第3军、新编第10团，归孙总司令指挥，担任肃清旧关、核桃园、大小龙窝、长生口之敌及测鱼镇一带之警戒。

（二）第17师、第38军教导团及第27路军，归冯钦哉指挥，担任防守第17师现阵地及以北亘曹泉、胡雷、观音陀山之线，并注意洪子店方面之警戒。

（三）第30师交替完毕后，应集结东西葛丹附近归还建制。

守军与敌连日交战，虽毙敌甚多，但敌援兵不断增加，守军伤亡减员5000余名。平汉铁路元氏方面之敌，大部虽已北撤，其一部仍集结石家庄附近，显有由正太路西进之企图。守军兵力，已全数使用，另无控制部队。19日14时，孙连仲总司令接到上述命令后，为先行歼灭旧关之敌，再图策应各方面以挽回战局，于18时除向各部转达以上命令外，并令第44旅即由阳泉向娘子关输送，到达娘子关以西之城西村附近集结待命。

孙连仲总司令将黄绍竑副长官的上述命令下达后，方知乏驴岭失守，第17师西撤。因娘子关一带铁路线极其重要，孙连仲乃令第31师之第88旅星夜转向南峪、北峪一带，阻敌西进。

冯钦哉总指挥奉黄副长官命令后，即令第7军第42师于20日拂晓前接替第30军第30师阵地；第7军第169师留一营兵力于南冶里，对东北警戒，其余集结榆林会为预备队。其总指挥部亦由磨河滩进驻沙井村。19日16时，第42师师长柳彦彪率部行抵曹庄，得悉乏驴岭失守，柳师长感到右侧受到威胁，遂将该师右翼延伸到仙洞附近。

20日拂晓，敌轰炸机20余架，在旧关周围轰炸，旧关之敌又增至1000余。敌并向井陉及长生口一带增援了第78联队及伪满军一部，向西推进。鉴于守军已无控制部队，黄绍竑副长官于10时令第3军军长曾万钟向右缩短阵线，以便抽出第30军第31师机动使用。孙连仲总司令即转令第31师池峰城师长，将其出击之一部撤回；第42军第27师冯安邦部仍固守核桃园、大小龙窝及地都一带高地；第30军第30师之第88旅占领北峪至东西葛丹之线；第30师第89旅之一部，俟交防后再撤外，主力移驻横河槽准备逐次抵抗。

正当守军各部按上述部署动作时，敌在空军炮火的支援下，向守军发起了攻击。第30师第88旅在北峪附近与敌交战，肉搏10余次，伤亡营长3人、连排长20余员，士兵伤亡惨重，最后大部分阵地被敌攻占，该旅据守右翼一小部阵地，继续战斗。孙连仲总司令晚22时，急命该师第89旅侯镜如旅长率部火速增援第88旅。第27师在核桃园、大小龙窝及地都一带与敌激战至晚，伤亡300余人，1000高地附近阵地，大部失守，第79旅第157团在侯团长的指挥下，仅剩100余官兵，但仍死守最后一个山头，打退了敌人的一次次攻击。在这种形势下，第79旅黄樵松旅长令第158团第3营加入战斗，并亲率该团主力控制南峪阵地，准备是夜出击。

当夜第42军军长兼第27师师长冯安邦，对第27师阵地作了如下调整：

（一）第79旅之第157团及新编第10团之一部，于大小龙窝、1000高地亘南峪之线原阵地，坚强抵抗，第158团控制于苇泽关为师预备队，其第3营守备之绵山阵地，交第80旅接替。

（二）第80旅固守绵山、关沟附近一带高地，在绵山之炮兵归第80旅旅长阎廷俊指挥。

（三）工兵营附骑兵连、辎重兵连，担任苇泽关以东高地至铁路之防务，归阎旅长指挥。

是夜22时，黄绍竑副长官电令第3军迅速接替第31师池峰城部阵地，以便抽出该师应援其他方面之作战。23时，第3军一部再度占领大小龙窝阵地，该军第7师主力亦移至大小梁家及红土岭地区。

21日，各部队遵令行动，战斗终夜，无大进展。第27师因正面之敌大量增加，没有发动攻击。

22日晨，敌以陆空协同，向第27师1000高地及第30师溃泉阵地展开猛烈进攻。第30师21日夜出袭之第178团，于22日8时被敌包围于北峪，该团苦战突围，绕左翼退出。同时，敌又将第30师溃泉阵地突破，经该师力阻及第169师第55旅于常坪附近之侧击，到12时，将该敌逐回北峪附近。第27师第79旅及新编第10团，已伤亡营以下官兵600余员，该旅黄樵松旅长遂令各团残部撤守地都附近阵地。敌军还大举向第3军第31师正面猛攻，经力战拒止，敌未得逞。

同日15时30分，黄绍竑副司令长官以敌连日进攻，守军奋力御敌，伤亡惨重，又侦悉敌又增兵400余，附炮12门，由东西葛丹向守军左翼运动，威胁守军侧背企图，遂令第26路军即日缩短战线，占领绵山顶至苇泽关一带阵地，阻敌西进。孙连仲总司令接到黄副长官的电话命令后，即决定于20时，开始向神仙洞、绵山顶、苇泽关附近高地、宋家岩底之线变换阵地，具体部署为：

（一）第31师占领原阵地，主力集结于左翼。

（二）第27师与第31师连接，经绵山顶、苇泽关至铁路（含）占领阵地，主力集结娘子关附近。

（三）第30师占领铁路、卧狼庄、人头梁迄石榴嘴之线，主力集结中央后方，并派两个连占领雄家掌掩护左侧。

（四）第44旅协助第27师构筑工事后，位置于磨河滩、城西村附近为总预备队。

奉命增援娘子关之第18集团军第129师刘伯承部，14日从五台山出发，19日到达阳泉后，即奉黄绍竑副长官之命，进驻七亘村、马山村地区。该师第386旅陈赓部于22日晚抵达马山村附近。

22日22时，孙连仲总司令电陈阎锡山司令长官："第26路军自房山、琉璃河起，累经激战，从未休息整补；西移娘子关后，连战10余日，伤亡甚重，所存兵力不满6000人，阵地绵亘50余里，兵力至感单薄。如任何一点被敌突破，即无法应付，请速调生力军增援。"时正值从四川调来的第22集团军邓锡侯部刚到太原，阎锡山遂令该部第41军军长孙震率该部由正太路输送至阳泉归黄副长官指挥。

10天以来，敌虽多次连续进攻，但无重大进展，遂以后续约四个联队之兵力，向守军右翼迂回。敌先头部队3000余人，于21日由横口车站南下，22日晚大部到达南北障城，一部进抵测鱼镇。23日晨，在七亘村、刘家棚、支砂口一带与第129师第386旅陈赓部发生激烈战斗。在空军的支援下，在长生口、旧关间的敌军向红土岭迄甘桃驿以东向第3军曾万钟部阵地攻击，守军英勇抵抗。

入夜后，第3军向大小龙窝及核桃园南端高地一带敌军发动全线出击，斩获颇多。第3军经一日夜之战斗，伤团长1员，士兵伤亡约600员，敌之伤亡估计倍之。

23日晨，第26路军各部队均到达新阵地。17时，第22集团军第41军第122师师长王铭章遵照黄绍竑副长官的命令，归孙连仲总司令指挥。王铭章师长令刚到太原的第364旅，火速铁运阳泉。

24日晨，敌在空军的支援下向守军发动全线攻击。第3军红土岭及其以西阵地，战况非常激烈。该军第7师第19旅阵地曾一度动摇，经独立团增援奋战，将敌攻势遏止。第129师第386旅旅长陈赓，率部在营庄附近与敌战斗，由于敌军陆续增兵，该旅遂向南转移。敌向第26路军正面的攻势，被拒止。入夜后，第3军撤至1314高地、北青掌迄甘桃驿之线，派一个团驻马安村为机动部队。

24日拂晓，第41军第122师第364旅到达阳泉附近。16时，该旅奉黄绍竑副长官命令向东回镇前进，当晚到达。是日午夜，第122师师长王铭章到达阳泉。当王师长获悉第129师之一部在马山村以东与敌战斗时，即令第364旅旅长王志远率部在七家峪、马山村一带占领阵地，拒止敌人。复令第366旅至移穰镇下车后经柏井驿、西回村急进，限于25日7时到达东回镇待命，以配合第129师的战斗。

25日拂晓，王志远旅长率第364旅向马山村前进。8时，先头部队行至马山村西时，遭敌袭击。王旅长乃令该部退据槐州岭迄胡家峪之线与敌（已增至一联队）对战。傍晚，第364旅经东回镇逐次向大塞堖山转移。此时，马山村附近之敌800余乘机侵至刘家沟十字路一带，向第3军军部所在地固驿镇发动攻击。军独立团奋力御敌，将敌攻势遏止。同时，又有日军两个联队，在飞机10余架的掩护下，向第3军正面攻击，两军激战至夜。

此时，黄绍竑副长官为稳定战局计，令第122师到达桥头村之一团，径向固驿镇堵击突入之敌；令第3军抽出右翼主力，由敌之右翼与第122师之部队协力夹击，限于26日晨将该敌歼灭。

24时，第122师师长王铭章获悉上项命令，与守大塞堖山阵地的第364旅取得联络。王师长为顾虑其右侧的安全，并判断敌不致以主力由其阵地之前攻击第3军侧背，遂下决心派第364旅占领高家庄一带山地，左与第366旅第732团阵地紧接，第366旅第731团控制右侧后。王师长命令各部队26日零时10分开始行动。其时，第3军右侧因受敌压迫过甚，曾万钟军长遂令第7师转移到丑堖山、对峪迄梁家堖之线。

第26路军正面，敌连续两日猛攻，均被打退。第27路军方面，自20日起除第7军第42师仙洞附近阵地经常遭敌炮击外，未发生战斗。25日黄绍竑电令第27路军总指挥冯钦哉："全部开赴忻口作战，遗防由孙总司令派部队警戒。"

冯钦哉当即奉命率所部分向忻口输送，孙连仲总司令亦令第17师赵寿山部接替第27路军防务，择要警戒。令第30军第30师派别动队，向左前方搜索警戒。

10月25日，向第3军右翼迂回之敌，越过马山村继续西进。平定方面，除第122师之外，再未配置其他部队。黄绍竑副司令长官为防止敌军截交通线，于25日夜电呈阎锡山司令长官，经奉准由第26路军留置一小部于娘子关正面原阵地，主力转移至移穰镇、巨城镇，尔后进出桥头村、柏井驿，以第22集团军第41军第124师之第372旅推进至石门口，准备反攻。并令增援忻口之第27路军，在上下磐石至巨城镇留置三个团，以拒止由娘子关西进之敌。并限各部队于26日16时开始行动，当晚到达预定位置，27日晨实施攻击。

依照上项指示，孙仲连总司令于26日4时10分，分令各部队向石门口、移穰镇、巨城镇之线变换阵地。至11时50分，为实现攻击计划，孙总司令令第42军向石门口推进，第31师向桥头村推进，均限于"14时开始行动；令第30师于13时向西部村推进"。

随后，孙连仲即将总司令部移驻义井镇。此时，第41军第124师第372旅曾甦元部遵照黄绍竑副司令长官命令，经阳泉向石门口前进，归孙连仲总司令指挥。26日零时10分，第41军第122师师长王铭章在柏井驿下达占领高家庄、柏木井沟一带山地之命令后，旋接黄绍竑长官的电话命令：

"（一）我军决在娘子关方面抽调两师，于明日拂晓由右翼石门口、柏井驿之线出击，以歼灭马山村前进之敌，全线同时反攻；（二）该师先坚守阵地，防敌西窜。"

王师长将上令所谓"明日"误解为26日，马上更改部署，令第366旅童澄部仍占领塔子山、高家庄迄柏木井沟东端高地之线，相机协同第3军转为攻势；令第364旅王志远部仍固守大塞垴山，俟全线转为攻势后，即向敌侧

八路军第129师师长刘伯承指挥该师一部，在娘子关附近七亘村一地两次伏击日军，给进犯日军以重创。

翼攻击，夹击敌人。由于当时第364旅的电台已撤收，未能奉命行动，到26日拂晓，仍遵王铭章师长零时10分的作战命令，向高家庄移动。同时，第3军也未奉到孙连仲总司令之转移命令，仍固守在丑垴山、对峪村、甘桃驿原阵地。

日军第20师团师团长川岸文三郎于26日占领娘子关后即调整了部署：右纵队改为右追击队向阳泉进击；左纵队改为左追击队经柏井驿向平定追击，师团本队由新关向平定前进。其第1军为乘机扩大战果，一举攻略太原，乃令其第20师团继续攻击，向榆次南方地区进出攻略太原，昔阳支队于昔阳归第20师团指挥，另由平汉路方面抽出15榴弹炮一个联队，加农炮一个大队，追击炮两个中队，架桥材料一个中队，使用于山西作战。

27日晨，日军主力继续向右翼进攻，其先头部队已到达桥头村。娘子关正面之日军3000余人，也正沿正太铁路及其以北地区西进。第22集团军第41军第122师（欠第364旅）此时到达白杨墅。孙连仲总司令为确保平定，于9时令第41军第124师第372旅占领石门口一带；第41军第122师占领赵家庄、冶西一带；第30军第30师占领第1121高地经上庄迄1018高地之线；第42军占领白道焉经乱柳村至龙庄西方高地。

28日，敌空军派轰炸机20余架，配合地面部队进攻。17时30分第41军第124师第372旅西郊村阵地被敌攻陷，该旅之第743团向芹泉镇方面撤退，旅部及第744团400余人向冶西转移。其后，上述之敌以一部攻击第30军第31师第91旅西锁簧、常家沟、大林山阵地。该敌主力2000余在飞机8架的支援下，转向第30军第30师右侧攻击，守卫1121高地的两个连以与阵地共存亡的英勇精神，与敌展开肉搏，终因寡不敌众，最后全部壮烈殉国，第30师被迫退守西沟村、王家庄、866.5高地，继续抗敌。

本日，黄绍竑副司令长官移驻寿阳。孙连仲总司令基于上述状况，感到依靠仅有的不足6000之战斗员兵，与优势之敌对战，实感兵力单薄，而且正面已有被敌包围之虞。为免被敌歼灭或击溃，确保榆次、太原，孙连仲总司令于是日14时分别电呈蒋介石、阎锡山、黄绍竑，请增调精锐生力军配置第二线阵地，以拒止敌军，同时报告了作战部署和决心：

南京委员长蒋、司令长官阎、部长黄：远密。本路军奉命当移动转用兵力部署之际，我两翼友军曾军、川军、27路武部、赵师均受敌压迫，逐次后退，本路军两翼已无友军，现陷于孤立艰苦之境。为贯彻抗战决心，拟如下作战：一、第一期作战，死守石门口北1121高地、上庄、霍庄、乱柳村以北山地阵地，顽强阻止敌人。二、第二期作战，以42军确保阳泉附近地区，第30师确保平定附近地区，第31师确保平定、榆次大道，在平定以南地区占领阵地，扼要死守。三、施行第二期作战地区等候命令。四、所规定第二期作战地区，除有令外，不准再向后移动一步，违者以军律处罪。以上4项，已严令本路军各部队遵照施行，以平定等地为最后坟墓，以报国家。谨闻。职孙连仲。俭酉。参。印。①

29日晨，孙连仲总司令奉到蒋介石28日12时给阎锡山、黄绍竑并要求转令全军遵照的电令：

限一小时到。太原阎司令长官，寿阳黄副司令长官：0密。娘子关失守影响全晋，我为保障晋北最后胜利及待川军增援起见，在娘子关方面作战

---

① 《孙连仲致蒋介石等密电（1937年10月28日）》，载《抗日战争正面战场》（上），第536页。

各军应在寿阳以东地区利用山地坚强抵抗。如无命令,即将全部牺牲亦不许退至寿阳以西,如有不听命令者,决依军法从事。望即转令遵照为要。中正。俭午。①

孙连仲总司令奉命后,以第26路军连日遭敌猛攻,伤亡重大,该路军正面之敌约一个师团附炮20余门,继续进逼,战局严危,为逐次抵抗以待援军,遂于11时奉黄绍竑副长官之命开赴辛兴镇部署防御,致使池峰城第31师阵地过长,兵力单薄,互相无法支援,全阵地陷入混战苦境。守备白家掌的两个连孤军奋战,损失惨重,最后全部牺牲。池峰城师长遂命该师残部退至朱家庄、冶西一带收容。

张金照第30师方面,由于第41军第122师守平定之部队撤走,第30师工兵营伤亡殆尽,使平定县城陷入敌手。16时,敌4000余向大阳泉进攻,第30师被迫向西峪村地区转移。

孙连仲第42军战斗竟日,18时奉命向大阳泉、阳泉、李家庄之线转进并占领阵地。

赵寿山第17师于落茹堰、大石堰遭到敌军2000余的猛烈攻击,被迫向三都方面转移。

刘伯承第129师第386旅于24日由马山村西后撤,26日和28日在七亘村迄马山村一带两次伏击西进之敌,仅以伤亡30余人的代价,歼灭日军400余人,缴获颇多。

第26路军于29日遭到日军的猛烈攻击,陷于苦战,难以支撑,遂连夜退据夏庄、刘家庄、冶西、苇池、西峪掌、石八嘴、后山村一线阵地,敌军紧随其后,衔尾追击。

敌华北方面军先于21日令其第1军另以第109师团、步兵一个旅团(欠

---

① 《蒋介石阎锡山等密电(1937年10月28日)》,载《抗日战争正面战场》(上),第536页。

一个联队)、山炮一个大队、工兵一个中队为基干,协力第5师团攻略太原,命名为昔阳支队,于29日由元氏经赞皇西进,30日抵达九龙关。

30日,第26路军正面战斗异常激烈,几处阵地被敌突破,守军多被包围,形成混战。守军各部伤亡甚大,第30师尤重。入夜,孙连仲总司令遂令第30师、第31师转移至第二抵抗地带,左与孙震第124师(欠第372旅)阵地相接,占领花河峪、南落村、辛兴镇之线,拒敌西进。

31日6时,沿正太路西进之敌1000余在6架战斗机的支援下,攻占孙震第124师(欠第372旅及第370旅之一团)辛兴镇附近之右侧阵地。敌另一部由正面进攻,战斗至午,第124师阵地大部失守,被迫向芹泉镇方面转移,后转向上龙泉镇附近集结。敌军于是又紧跟踪进迫冯安邦第27师测石驿附近阵地,与该师工兵营在狼峪发生激战,并以大部向该营迂回。到20时,敌已绕至工兵营后方,该营被迫向旧街转移。第30军的第30师、第31师两师,自是日晨起,即在花河峪、南村落之线与敌对战,直到入夜,战斗仍在继续。

孙连仲总司令以连日战斗,右翼第41军之王铭章第122师及孙震第124师之第372旅,逐次为敌击破正收容中;左翼第27路军与赵寿山第17师(兵力不足两个团),亦被压迫逐次转移;主要正面,仅第26路军独立苦战,伤亡甚重。截至31日,该方面全部兵力计第31师约700员,第30师约600员,第27师约1200员,第44旅约500员,遂决心向正太路附近集结兵力。于是日19时令第42军以第27师之第80旅在河口、簸箕掌之线占领阵地,不得后撤;第27师工兵营仍于原阵地竭力阻止敌人;第30师及第31师互相联系,取得一致行动,逐渐向铁路线接近,不得超越第三抵抗地带以西。

31日,日军的一个旅团由九龙关进占东冶头,次日(11月1日)进到西固壁及南北界都一带,与第129师第386旅对峙。第129师刘伯承师长令第386旅陈赓旅长以一部于张庄镇对平定警戒,同时向东迂回敌后对敌交通实行袭击。

11月2日,该师主力于昔阳以东黄崖底地区设伏阻敌西进,打退敌人三次进攻，毙伤日军500余。守军原拟集结兵力由平定西南向北侧击敌人之计划，因形势变化未能实现。

10月31日10时，沿正太路西进之敌2000余，在轰炸机10余架的配合下，向狼峪、簸箕掌一带阵地发动攻击。第42军第27师第80旅第159团及工兵营、辎重连力战拒止该敌，第160团由狼峪以南向敌侧击，经该旅两个团的协力作战，将该敌击退。16时，敌复以优势兵力进攻南落村及郭家庄阵地。入夜后，孙连仲第30军第30师、第31师两师受敌压迫逐次向西北转移，曾万钟第3军向松塔镇转移。20时，正太路南侧日军一部乘隙绕至张净镇，使第42军前后被敌夹击。黄绍竑副长官得知后，即令廖磊第7军武士敏第169师驰援。该师尚未到达，第42军即被敌击溃，其第27师突出重围，即奉命经大东庄向太原转移。其第44旅向芹泉镇以西转移。同时，在河底镇的第17师及甲鱼沟的第42师，均先后接到冯钦哉总指挥的命令，由驻地经讫塔村、段王镇向太原转移。

沿正太路西进的日军于11月2日占领寿阳。孙连仲于3日率第26路军总部及张华棠旅残部，拟集结部队在太原以东地区作最后之抵抗，但在什贴镇与追击的日军遭遇，部队被冲散，遂令冯安邦师于5日夜集结于太原东孟家井阻击敌人，以掩护各军渡河。至此，娘子关之战告一段落。

三、太原失陷

在忻口地区作战最激烈的时候，阎锡山即于10月17日以（筱申参）电命令傅作义将总预备队在前方的各部队交给卫立煌指挥，令傅督率部队在太原、忻口间构筑工事。

10月23日，阎锡山复以（梗子参）电令傅作义督率本军董其武及独1旅陈庆华部和四个新兵团迅速布置省垣城防。25日，阎又以（有亥参）电令杨澄源于三日内完成太原附近之砖井至殷家堡之间野战工事及青龙镇野战工事。

11月1日，阎锡山命令王靖国率忻口前线部分部队据守忻县城北公路两侧第二阵地，阻敌南下，命卫立煌率主力在太原以北菜水坞、青龙镇、天门关之线占领阵地，协助傅作义固守太原。卫立煌当即于2日对忻口前线部队下达转移命令，并限于4日午前到达指定线进入阵地。

11月3日，阎锡山在太原绥靖公署举行保卫太原的军事会议，参加会议者有忻口方面作战的卫立煌和晋绥军高级将领，山西省主席赵戴文、参谋长朱绶光等，周恩来等八路军代表也参加了会议。

太原是阎锡山统治多年的山西首府，是他毕生经营的兵工厂和其他工业的所在地，也是山西军阀官僚积年搜刮人民财富的集中地点，阎是不肯轻易放弃的。

傅作义

会议开始后，阎锡山把必须保卫太原的理由说了，并讲了他的计划：以忻口方面退下来的部队据守太原北部的既设工事，并派一部守汾河西岸的高山工事；以娘子关撤退的孙连仲部据守太原以东的高山既设工事；以傅作义部队死守太原城。

周恩来也在会上讲了话，他认为不应死守太原城，应依托太原城外山地消灭日军。他对担任防守太原城任务的总指挥傅作义说："宜生将军当年守涿州，英勇善战，闻名全国，但当时的作战对象是奉军。今天我们的作战对象是日本军国主义者。这是一场持久战。在战略上我们不应计较一城一地的得失，要保存有生力量，以争取最后胜利。"最后他鼓励傅作义说，"我愿代表中国共产党，还有全民族，诚恳地对你说一句话：'抗日战争胜利的基础，在于广大人民群众之深厚的伟大力量，请你保重。'"

傅作义听后十分感动，回到部队之后把这句话向他的下属讲了一遍，并说："把周代表所讲的话记录下来。"

会议开到最后，关于太原防守的问题，阎锡山与黄绍竑两人争执不下。参加会议的人员都是在战场上几天未睡觉的，在会议上便打起呼噜来，不再管什么计划不计划，争论不争论了。会议开到午夜1点多钟仍无结果，最后阎锡山说："军队已经行动了，要改变也无从改变了。"原来阎锡山要各方将领前来开会时，已将他的命令下达给各部队总司令了。

阎锡山讲完话，就对朱绶光、楚溪春、赵戴文轻轻地说："咱们走吧！"这样他们就离开会议厅了，有些人睡着了还不知道呢。楚溪春对阎说："还未宣布散会，会上的将领还不知道呢。"阎锡山说："不用管了。"不久电灯忽然灭了，不仅太原绥靖公署漆黑一团，整个太原城也没有半点灯光了。

连阎锡山等对保卫太原都没有信心，外来的将领的心理就可想而知了。太原的老百姓更是悲惨，逃难的人群携儿带女，哭爹叫娘，而国民党的残兵败将却只顾自己逃命，根本不管群众的死活，拼命同群众抢道，他们坐着军车、装甲车横冲直撞，把老百姓挤到路边的田地里，有的甚至抡着枪托殴打逃难的群众，国破敌寇至，受难的首先是老百姓。

阎锡山制订的第二战区防守太原的作战计划如下：

一、方针

本会战在利用太原四周既设阵地线，实行依城野战，以阻敌前进，消灭其兵力，待我后续兵团到达，再施行反攻夹击而聚歼之。

二、指导要领

（一）在殷家堡、西吴村、大吴村、黄陵村、北营、村窑子上、赵家坡、张河村、店儿上、菜水埧、横岭上、常峪村、西黄水、青龙镇、周家山既设阵地线上，竭力加固工事，尤其对南北铁路正面及周家山方面，更应坚固编成之。

（二）如因北面作战影响，敌由黄寨镇方面向南进攻时，拟定作战要领如下：

1. 本阵地以持久防御之目的，在阻绝敌人之前进，逐渐消灭其力量，以待后续兵团之到达。

2. 至战斗正面，东由小岗头，西至周家山，长约十五公里，须以步兵二万、山炮兵二团、野炮兵一营、骑兵四连守备之。

3. 兵力部署，以主力配备铁道正面，以强有力之一部配置于周家山，以预备队分置于青龙镇、周家山后方地区。

4. 敌情判断——敌将以主力沿公路南攻，以强有力之一部攻周家山，以协助其主力之攻击。

5. 指导要领。

A. 此阵地以持久战为主，为达成持久战之任务相机逆袭敌人，以消耗其主力。各地区队应相继袭击敌人，以消耗其兵力。

B. 后继兵团到达后，应由思西村（周家山西北）地区出击，以期在黄寨附近地区包围敌军而击破之。

C. 在会沟至青龙镇东北地区，构成浓密之火网。

（三）如因东路军作战影响，敌人由正太路方面沿铁路进攻太原时，拟定作战要领如下：

1. 在殷家堡、黄陵村、北营、东西砖井之线，右翼依靠汾河，左翼依靠山地，竭力阻绝敌之前进，以待后续兵团到达而夹击之。

2. 主要战斗正面由殷家堡至赵家坡，长约十六公里，须以步兵二万五千、山炮一团、野炮兵二营、骑兵二连守备之。

3. 兵力部署，以主力配备于铁道正面，以强有力之一部配备赵家坡、河口村附近，以预备队分置于许坛村、五龙沟附近地区。

4. 敌情判断——敌将以主力向河口附近进攻，以有力之一部沿铁道进攻，以协助其主力之攻击。

5. 指导要领。

A. 此阵地以持久战为主，但为达成持久战之任务应相机袭击敌人，以消耗其兵力。

B. 俟汤兵团大部到达子洪口附近时，主力应由砖井村附近出击，包围敌军而聚歼之。

（四）为巩固北正面计，在凤阁梁、欢嘴村、郭家窑、陈家窑、拦岗村、岗北村构筑内部防御线，以期达到持久战之目的。

（五）将太原城编成复廓要塞，以资作最后之战斗。

（六）敌如由正太及黄寨两面同时进攻时，应在主战斗线东面以配备少数部队掩护侧背，其战斗计划临时再按情况拟定之。

三、兵团部署

（一）着第35军（第211旅、第218旅）、独立第1旅、第213旅，新编第3、第8、第9各团，第73师之一旅及炮33团刘团长（倚衡）指挥之炮21团、炮22团、炮25团第一营、炮垒大队并由忻口开拔中之第71师，独立第7、第8旅等部，统归傅作义总司令指挥，布置太原城防。

（二）以黄副司令长官指挥之各部，在北营、赵家坡、张河村、刘家河及孟家井、上庄一带占领既设阵地，统归卫总司令指挥，在太原附近准备依城野战。

（三）以达到黎城东阳关之汤恩伯军向榆次附近推进，俟敌攻太原时，与太原附近部队夹击而歼灭之。

（四）太原近郊并城周围重要工事，由新编第6旅、独立第1旅之步兵一部及骑兵连担任警戒。①

为进行太原保卫战，统一指挥防守太原部队，阎锡山于11月4日以（交酉参）电委卫立煌为第二战区前敌总司令。蒋介石为加强太原保卫战，也

---

① 《第二战区太原保卫战作战计划（1937年）》，载《抗日战争正面战场》（上），第543-544页。

于3日派裴昌会师开到青龙镇附近归卫指挥。但由于孙仲连指挥的部队过早地放弃了太原以东的阵地，使日军川岸、山冈两师团得以直插太原之侧背，裴昌会师开到阳曲湾即仓皇退回，因而忻口前线撤回的部队未及进入阵地，板垣师团即跟踪追至，遂纷纷向汾河西撤退，致使太原成为孤城。

日军攻进太原阎锡山除命傅作义率董其武、陈庆华两个旅和4个新编团守城外，还命郭宗汾率本师并指挥孟宪吉、马延守两个独立旅据守城西万柏林高地作为策应。但由于自忻口撤下来的部队损失惨重，日军跟踪追来，部队在城北立足不稳，未能展开占领太原外围阵地，日军兵临太原城下，团团包围起来。傅作义率部与攻城日军激战三四天后，不得不于11月8日放弃太原。

八路军第120师为配合太原守城，在交城一带阻击敌军。此后又以积极的战斗行动，掩护第二战区部队向晋西转移。

阎锡山撤出太原后退据平遥，尔后由汾阳到达离石、军渡之线。

1938年2月下旬，土肥原师团由豫北攻入垣曲，阎卫两面受敌，遂放弃临汾，阎率部退吉县，卫率所属退晋南中条山，傅作义则率部回绥远。中国共产党领导下的八路军却在晋察冀、晋西北、晋东南展开，建立抗日根据地，阻止日军进入中原和大西北，配合长江中下游地区的抗日作战，稳定西南大后方，对坚持抗战八年起到了巨大的作用。

第四章 淞沪会战

第一节 兵出淞沪

一、会战前的准备

对抗日之战略,蒋介石早在1932年11月就指出:"强国之国防重边疆,取攻势;弱国之国防重核心,取守势";"战时以努力经营长江流域,掌握陇海铁路为第一要旨"。

之后蒋介石再作深长考虑决定:"对日应以长江以南与平汉铁路以西地区为主要阵地,以洛阳、襄樊、荆宜、常德为最后阵地;而以四川、贵州、陕西三省为核心,甘肃、云南为后方。"这就是"从事持久消耗战"最高战略方针的由来。

1934年夏,蒋介石在庐山军官训练团演讲,强调说明民族战争取胜的要诀:(一)立于主动地位。(二)必求指挥统一。(三)精神胜过物质。(四)要预想将来战况,破除中西新旧的偏见,研究最进步的战术以制胜克敌。(五)平时全国有一个相当的整个准备,利用所有的物资、人力来抵抗侵略。

这是蒋介石对日总体战略原则的最初设计。

1934年,曾出任德国驻日本东京大使馆武官的法肯豪森将军被蒋介石聘为军事顾问来到中国。

1935年5月,日军接连制造了"河北事件"与"张北事件",迫使国民政府与其达成了"秦土协定"与"何梅协定",使河北、察哈尔两省主权大部分丧失。面对日本咄咄逼人的扩张，作为蒋介石军事总顾问的法肯豪森内心十分焦急。

7月31日，法肯豪森当面向蒋介石陈述了他对时局的看法。蒋介石命其为中国统帅部制订抗日计划，法肯豪森奉命起草了绝密的《关于应付时局对策之建议》，在这封计划书中，法肯豪森将中日矛盾摆到了目前头等重要的位置上，委婉地批评了蒋介石对日的不抵抗政策，认为领袖若无抵抗的意志，会影响人民的抗日决心。法肯豪森指出："本年五月间华北事件，显示日方军事政策之如何进行。此种政策，适合田中奏案范围，日本新闻纸不断明目张胆声言以'占领黄河北岸，包括山东全省'为今后目标。则山西全省及迤北国境，自必胥陷敌手。"①

法肯豪森在《建议》中敦促蒋介石对日本的进攻实行抵抗，并指责其不抵抗政策。他说"华北事件"是"华方一味退让"，日方"用最后通牒式之空词恫吓"的结果，"深信日方苟遇真实抵抗，则局势迥异"。他批评蒋介石等在日军的进攻下消极抵抗的政策，说："政府有坚韧意志，断无不抵抗而即承认敌方要求，沉默接受。鄙意民气是造成抵抗意志，故不容轻视。苟领袖无此种意志，则人民亦不肯出而抵抗"；"因为抗日的热潮是目前惟一能团结全国人民的气氛，不能使民众感到失望，降低人民的热情"。他警告蒋介石"若不倾全力奋斗以图生存，则华北全部包含山东在内，必脱离中国，……而两广之独立基础，必益形巩固。如是则非特日方'分化与控制中国'之目标可达，且造成他国顾虑切身利害，不得不予以事实上承认之局势"。②

针对蒋介石等企望国际组织来干涉日本侵华的这一事实，法肯豪森说："国际政局此时亦有研究之必要。目前异常紧张。列强一时无联合或单独干涉的可能。华盛顿之九国公约，实际早成废纸。中国苟不自卫，无人能出而拔刀相助。"唯一的是"中国应竭其所能，保全国图而自卫，

---

①② 《总顾问法肯豪森关于应付时局对策之建议》，中国第二历史档案馆馆藏档案。

法肯豪森将军

或有遇外援之可能","万不可不战而放弃寸土";"故必华方寸土不肯轻弃,仿二十一二年(即1932年、1933年)淞沪及古北口等处成例,方能引起长江流域有利害关系之列强取积极态度。中国苟不于其首时表示为生存而用全力奋斗之决心,列强断不起而干涉"。①他建议蒋介石丢掉幻想,对日实行坚决的抵抗。

关于日军进攻的方向,法肯豪森根据日本在亚洲的兵力部署情况,判断大致有三个:第一部使用驻东北两个师团,在伪军的配合下占领河北,破坏郑州铁路交叉点;第二部由朝鲜及日本两个方向出动,以约三个师团的兵力占领山东和连云港,破坏铁路交叉点徐州,然后占领之;第三部以四至五个师团进出长江,攻击南京,尔后沿长江攻击武汉。他估计初次参加攻击的日军将达十个师团,而且必然"进行颇速"。②

关于抵抗日军的兵力部署,法肯豪森设想的计划是:将作战部队集中于徐州—郑州—南昌—南京,此外可向北、向东机动。向北为保陇海路生存之设备,故将最初抵抗向北推进到沧县,为增厚其防御力,宜作有计划之人工泛滥。山东用当地兵力防御,在徐州设预备军,海州暂设防御。

东部的抵抗有两点至关重要。一是封锁长江,二是警卫南京。针对国民党内有人认为长江不能防守之议,他以土耳其大尼里峡防御为例,说该海峡水面之宽远过长江,且土耳其国炮台远不如长江炮台新,但能对最

---

①② 《总顾问法肯豪森关于应付时局对策之建议》,中国第二历史档案馆馆藏档案。

大战舰作有效封锁。他认为封锁长江中部最为重要，是为国防之最重点，为此，防御无须向前推进，江防须用许多地险及天然地形，推进到上海附近。①

法肯豪森认为南京作为首都，必须固守，除了已有的江防要塞外，还要增筑东正面及东南正面工事。

在这份计划书中，法肯豪森预测了未来的中日战争：一旦中日军队发生军事冲突，华北即面临直接的危险。如果中国军队失利而放弃黄河以北，则纵贯南北的平汉、津浦铁路以及东西方向的陇海铁路以及铁路沿线的重要城市如开封、巩县、洛阳，皆面临直接危险，黄河防线有被敌从山东突破进而席卷而下的可能。为了防止出现上述不利局面，必须设法将日军引到东部。一旦东部出现战事，敌人侵入的路线有三：上海、乍浦和镇海，该三处俱在长江流域。敌如沿长江而上，迅速占领中国最重要的中心点武汉，将中国一分为二，切断国民政府西退重庆之长江水路，抗战大局将无法收拾。因此，"东部防御有两事极其重要，一是封锁长江，一为警卫首都（即南京），两者有密切之连带关系"。他驳斥了"长江不能守之议"，认为必须在上海、南京等地作坚决抵抗，迟滞敌军沿长江直达武汉。如此，敌军必欲打通平汉线，由郑州直达武汉，故最初抵抗区务必向北推进，"以沧县（沧州）、保定之线宜绝对防御"。万一敌军打到开封、郑州之时，法肯豪森建议："最后战线为黄河，宜作有计划之人工泛滥，增厚其防御力。"这就是说：必要时将掘开黄河，以水代兵，挡住敌军的进攻。蒋介石在旁边批示："最后抵抗线。"②

1935年6月27日，当日本积极实施"华北特殊化"阴谋时，胡适写信给南京政府教育部部长王世杰，力言中国非下绝大牺牲决心不可：

"我们必须准备：（一）沿海口岸与长江下游的全部毁灭，那就是

---

① 《总顾问法肯豪森关于应付时局对策之建议》，中国第二历史档案馆藏档案。
② 《总顾问法肯豪森关于应付时局对策之建议》，中国第二历史档案馆藏档案。表示赞同法肯豪森的建议。

要敌人海军的大动员。（二）华北的奋斗，以至河北省、山东省、察哈尔省、绥远省、山西省、河南省的沦亡、被侵占毁坏，那就是要敌人陆军的大动员。（三）长江的被封锁、财政的总崩溃、天津上海的被侵占毁坏，那就是要敌人空军的大动员。"

"我们必须要准备三四年的苦战。我们必须咬定牙根，认定在这三年之中我们不能期望他国加入战争，我们只能期望我们打的稀烂而敌人也打的疲于奔命的时候才可以有国际的参加以援助。必须使政府与军事领袖深信此长期苦斗为不可避免的复兴条件。"

"我们若要作战，必须决心放弃准备好了再打的根本错误心理。我们必须决心打三年的败仗，必须不惜牺牲最精最好的军队去打头阵，必须不惜牺牲一切工商业中心作战场，一切文化中心作鲁文大学。但必须步步战，必须虽步步败而步步战；必须虽处处败而处处战。此外别无作战之法。"

王世杰、戴季陶、孙科、居正等都同意胡适的主张。王世杰在复信中说："前途动向自仍视蒋先生决心如何。"

胡适信中的抗日建议和蒋介石的抗日计划，在当时都是不许公开的最高机密。

1935年冬，蒋介石将一道密令下达给张治中，让张秘密在淞沪一带修筑国防线，以备日后的与日作战。而根据1932年淞沪战役中日双方签订的《上海停战协定》：日军永久停驻吴淞、闸北、江湾等地；南市、浦东不驻中国军队；从长江沿岸福山到太仓、安亭及白鹤江到苏州河为止，由日本、英美等国共管。蒋介石对此不甘心，在打着"安内"旗号的同时，也暗中整军肃武，购置新式武器，秘密布置"攘外"。

张治中临行前，蒋介石送给他一本普鲁士人克劳塞维茨写的《战争论》，蒋说："文白兄，这是我最偏爱读物之一，希望你也喜欢。"

在去苏州的车上，张治中翻阅了《战争论》，发现书中许多地方，被蒋介石用红笔圈点，可见何等用心。

张治中也带了一本书，是蔡锷的同学蒋百里（方震）在日本、德国学习陆军回国后，于1913年著的《孙子新释》。此书引用西方兵学名著及战史作注释，企盼中国军人认识"西方兵学的精义原则，亦即中国所固有，无所用其疑骇，更无所用其抱愧"。这就是说：中国军人对中国传统兵学战史应有信心，更应该平心虚心去研读西方兵学战史。

张治中把《战争论》一路看到苏州，才明白，蒋介石对此书特有兴趣，不止是因其为西洋近代最具影响力的兵学名著，实因其中若干重要观念与中国兵学颇多不谋而合。

指挥部队率先打响淞沪会战的张治中

张治中和大多数中国人一样清楚，自第一次中日战争（及甲午战争）以后，第二次中日战争爆发是不可避免的。最主要的原因之一是，在第一次中日战争以后，日本被胜利冲昏了头脑，对中国更加轻侮，只知利用中国传统的弱点加紧侵略，根本没有平心虚心去注意认识和了解中国进步的大方向。

1894年中日甲午战争以后，孙中山倡导国民革命，1898年康有为推动百日维新，都是中国人在第一次中日战争以后奋发图强的救国运动。从日本士官学校毕业的蒋方震指出：要打败日本就需要知识与武力的结合。当时有大批的留学生前往日本学习军事。

1894年，即甲午战争以来，中国社会受环境的影响发生了重大变化，1911年辛亥革命的成功，更是中华民族觉醒的标志。不幸的是，日本竟提出若干特殊权利的要求作为承认中华民国的交换条件。1915年又利用第一次世界大战向中国提出"二十一条"要求。这对于中国人又是一大刺激。1918年5月，日本胁迫中国北京政府签订共同防敌（苏俄）军事协定；1919

年，北京进步学生发动了五四运动，各地工人、商人和市民也群起响应支持。1928年，国民革命军"二次北伐"，日本出兵山东，制造了"济南惨案"。中国人的民族意识更加增长，作为国民革命军总司令的蒋介石亦发誓报仇。与此同时，狂妄自大的日本人却讥讽中国人"只有五分钟的爱国热度"！1932年，日本代表在国际联合会更公开宣称：中国只是一地理名词，不是有组织的国家。

蒋介石操着浙江口音咬牙切齿地骂道："娘希匹，欺人太甚！"

的确，中华民国成立20多年来，固然有许多不尽如人意的现象，但其中也有许多真正有价值的大进步。例如国民的觉醒就是证明。

1936年2月15日，也就是张治中奉命兼任京沪区的军事负责长官的当月，日本贵族院华裔议员辜显荣在台北与日本松井石根大将会晤时也提示这一点。辜氏强调中国情势已经大有变化；日本必须认识蒋介石委员长的地位。但没有引起松井石根的重视。

1931年之后，京沪地区日本间谍活动频繁，大量收集中国各界舆论动向，从中研究南京政府之打算。蒋介石及军界高级官员们十分担心舆论界走漏抗日准备的消息。没想到，1935年7月21日，天津《大公报》刊载地质专家丁文江教授的文章，公开疾呼："华北是我们的乌克兰，湖南、四川、江西是我们的乌拉尔，云南、贵州是我们的堪察加……大家准备到堪察加去！"

丁文江这一悲壮的呼声，充分表现出在国难当头之际，高级知识分子高瞻远瞩，呼吁不惜任何牺牲代价向中国腹地退军、建立抗日根据地的主张。

蒋介石大吃一惊。

丁文江是国际知名的地质学家，他的足迹遍及中国大部分土地。他的丰富学识与亲身经验极受国人敬佩。他发表这一坚定主张后，胡适、傅斯年诸名教授也参加讨论，并且很快形成舆论。这和蒋介石"以空间换时间"的秘密计划不谋而合。

虽说舆论界"暴露目标",但国民政府和国民的意见并不协调,蒋介石命令军方保持沉默,使日本人觉得只是几个舞文弄墨的作学问的念书人在危言耸听。

蒋介石曾对张治中感叹:"了不得,中国的知识分子不得了,他们懂军事。"

他问张治中:"文白,你说说看,一旦同日本人打起来,我待在哪里呢?"

这个问题,张治中想了好长一段时间,后来终于回答了蒋介石,张治中是比画着地图对蒋介石说的:

"自古论中国形势都以四川省比喻人的首脑,湖北省荆州、襄阳为人的胸部,江苏、浙江为下肢。这是由于中国地形西北高耸,东南低平,势成倾斜,河川也因此自西倾向东流。成语这样说:高瞻远瞩、居高临下、山高路远……"

蒋介石笑道:"还有高处不胜寒。"

1935年春夏,蒋介石在四川、云南、贵州、陕西各省实地详察后,于是年7月决定了"四川黔陕为核心、甘滇为后方"的基本方针。8月11日,蒋介石在峨眉训练团对川滇三省各级干部演讲时,郑重指出:"我敢说:我们本部18省哪怕失了15省,只要川滇黔三省能够巩固无恙,一定可以战胜任何强敌,恢复一切失地,复兴国家,完成革命。"

张治中临去苏州前,就已经奉蒋介石密令成立京沪抗日秘密指挥部。这同样是最高机密。张先在南京中央陆军军官学校选调一批干部,筹划前期工作。

张治中首先考虑的一个问题是用什么名义来掩护这个工作的进行。中央军校是个教育机关,张是该校的教育长,这个单位和个人身份是不太引人注意的。他就在学校东大楼教育长办公室的旁边,挂出一个高级教官室的牌子,利用这个"高级教官室"作为京沪备战的实际司令部。他把从军校选调来的工作人员,分为两处,武官派在参谋处,文官派在秘书处。他对参加工作的所有人员，下达铁的命令和规定：绝对不许对外泄漏工作机密，包括自己的妻子。

张治中把机构设立之后，首先开展两项重要工作：一是国防工程；二是民众组训。

蒋介石密令张治中首要准备上海、南京地区抵抗阵地工事，期于战争无法避免时，我即以优势兵力出敌不意，将上海日军全部消灭而占领其重要据点，使日军增援失所凭借。

1936年夏，张治中特举行干部参谋旅行视察，并构筑吴淞及上海各要点外围工事，例如京沪铁路闸北车站大厦就是按军事需要而设计建筑的。同时又调整京沪铁路军事技术，建设后方必要的公路，改良长江江防交通通信，组织民众训练战时知识，如疏散、防空、救护等。

后来，张治中觉得有必要重新改一块招牌，"高级教官室"这个名称放在苏州这里不伦不类，不能起掩护之作用，他反复推敲后，决定对外挂出一块"中央军校野营办事处"的牌子。这块牌子放在留园里还真有这么点意思。有人发牢骚："学生兵，野营还到苏州这么漂亮的地方，春游吧！"

俗话说"上有天堂，下有苏杭"，留园也称得上是"园中之园"，一座令人流连忘返的名园。苏州的人，大多知道这座名园的历史，它是清代维新之后，赫赫有名的邮传部大臣盛宣怀的官园。这座搜刮民脂民膏修建起来的美丽园林，集东方古典艺术之特色，一楼一阁，一亭台，一水榭，小桥回廊乃至水池里各种各样的金鱼，年轮已久的古树，艳丽芬芳的花卉，都极尽园林之胜。

张治中一次在散步时与同行者说："如果将来打赢日本人，让总裁把这地方赐给我们这帮人，再改块牌子，叫'中央军校高级教官疗养院'，我想，总裁不会小气吧。"

张治中是一个很注意条理追求严谨的人，他把这个机构学校化，实行有规律的作息制度，他与参谋人员共同出操，共同研究工作，并以各种名义分批派出参谋人员去淞沪线、苏福线、锡澄线一带实地侦察、测量，绘制各类地图，然后根据他们的考察结果完成战斗指导及初步的作战方案，呈报军事委员会。实际上，留园是抗战爆发前夕的一个对日作战的参谋中心。

1936年初，在张治中秘密指挥下，部队开进淞沪线、苏福线、锡澄线一带，开始构筑各类据点工事。士兵换上百姓服装，掩人耳目地进行工作。

国民政府和张治中都似乎感觉到和平时间所剩不多了，战争就要来临，张治中来去匆匆往返于南京、上海之间，成为京沪路上最忙的人。政府专门为他提供了一节专用车厢，随时随地可挂在任何一列客车上。

1936年8、9月间，上海局势越发紧张，9月23日夜，日军以"出云"舰水兵三人在上海北站附近租界内被身份不明的人狙击，伤二死一事件为借口，出动海军陆战队，开往青云路、八字桥、粤东中学、天通庵、五洲公墓，强行布岗、巡逻，气焰嚣张。南京政府本着缓和原则与日方交涉，没让事态发展。短短几日工夫，日军频频在海上和陆地举行军事演习，海军陆战队人数增长，日军舰队开至宝山、福山镇、段山港、浒涌各港口，测量水位，"山雨欲来风满楼"。

张治中去了南京，向蒋介石请示机宜。蒋介石问张治中："你是什么想法？"

张治中："立即将第36师由无锡推进至苏州附近；第87师由江阴推进至常熟、福山一带；把南京的第88师推进至江阴、无锡；将上海保安总团扩充编制。综合全面看，我须有兵力六七个师，以四至五个师任淞沪正面，两个师控制浏河、福山、常熟一带。如此，在淞沪作战我们当可支持三个月左右，除现有第36师、第87师、第88师三个师外，请再调三至四个师来沪。"

蒋介石点头。

在此之前，南京国民政府于1935年5月10日在华北与日本签订《梅津美

初上淞沪战场的部队都是装备精良之师。这是部队在进行迫击炮射击训练

治郎、何应钦协定》，6月27日签订《土肥原、秦德纯协定》等。

日本变本加厉地策动华北五省自治。同年年底，在日本势力扶持下，汉奸殷汝耕成立了"冀东防共自治政府"。事态的发展使日本人自鸣得意：华北不久就可以独立，脱离南京中央政府。

在中日签订《塘沽协定》后，蒋介石一面对日表示合作，一面利用国内正在蓬勃兴起的抗日运动，力图完全控制中国。1935年，蒋介石派军队"围剿"中央苏区，并将中央红军从江西革命根据地压迫至陕北一隅；1936年7月，同西南系军阀达成妥协，把广东、广西两省纳入其统治之下。同年10月，山东省主席韩复榘声明绝对服从国民政府。11月，由于绥远事件的结果，绥远省也被纳入国民党政府统治之下。另外，国民党政府在英国支援下，于1935年11月在全国实行的币制改革取得成功，大大地加强了蒋介石政府的地位。

1936年12月12日，"西安事变"爆发。当时南京政府首脑以何应钦为首，对西安事变主张用军事解决的占多数，张治中等主张政治解决的人占少数。在何应钦的"讨逆"计划之下，从京沪区调走了第36师、第88师，这样对日军的警戒兵力只有第87师了。第88师在八个月后才调回，第36师直到八一三战起后才调回，这无疑是一个大错。

中国以"西安事变"为转折点，实现了国共第二次合作，确立了全中国的抗日民族统一战线。

二、先敌攻击

1937年七七事变发生后的第四天，即7月11日，日本内阁决定派遣关东军、朝鲜军及国内陆军师团向华北增兵。同日，日本参谋本部制订了在华中作战的陆海军行动计划，以消灭中国空军为主要目标。16日，日本驻上海舰队司令向东京建议：开战之初即使用全部空中力量消灭中国空军，同时攻取上海、南京，以置中国于死地。

7月28日，当日军攻击北平时，也下令撤退长江上中游日本侨民，并命海军"保护日本在华中权益"。8月8日，日本下达兵力部署命令。

1937年7月23日，蒋介石命令军政部、财政部、交通部：上海现存的汽车、汽油与各种通信材料，应即由财政部与军需署会同即速令信托局负责全部收买，此款准许在战费项目下拨使用。同日，又指示教导总队集中江南岸，江北岸守备任务另派部队担任。

30日，蒋命令赶筑京沪路阵地与后方交通路，令军事委员会、航空委员会将杭州各飞机场赶筑成永久防御工事，并令张发奎派兵一团担任机场防护。同日，又命令军事委员会政训处处长袁守谦注重民众组织与防空防毒训练。

蒋介石问从青岛养病赶回的张治中："文白，你看怎么打？"

张治中答："中国对付日本，可分作三种形式：第一种他打我，我不还手，如九一八之战；第二种他打我，我才还手，如一·二八之战、长城之战；第三种我判断他要打我，我就先打他，'先下手为强'。这次淞沪之战，应该采用第三种。"

张治中这个看法，是7月30日郑重向蒋介石及国民政府提出的。这时，他接受了京沪警备司令官的职务。

中国政府面对日本行动，于8月7日举行国防联席会议，各省军政长官包括四川刘湘、广西白崇禧等都出席参加。蒋介石在这一重要会议上宣布：基于既定"举全国力量从事持久消耗战以争取最后胜利"的国防方针，策定守势作战时期作战指导原则：

"国军一部集中华北持久抵抗，特别注意山西之天然堡垒；国军主力集中华东，攻击上海之敌，力保吴淞上海要地，巩固首都；另以最少量兵力守备华南各港。"

白崇禧说："我们军队因武器装备均居劣势，尤须避免与日军在华北平原决战。"

龙云说："就纯军事战略观点言，日本拥有便利的海洋交通，机动灵活，且容易发挥陆海空三军联合威力。中国既缺乏这样条件，不若利用长江流域湖沼山岳地带比较得计。"

张治中说："一千余年来，北方部族曾经多次自华北南下侵略长江汉水流域。今若不幸历史重演，日军利用其快速部队沿平汉铁路直扑汉口，并出洛阳堵塞潼关，则中国势将被东西纵断为二，长江下游军民及物资设备都无法西运，西北、西南大后方建立工作也徒劳无用，持久抵抗战略自然也不能实现。故中国军队必须诱使日军主力使用于华东而不在华北。"

蒋介石说："上海不仅是中国经济金融中心，也是国际大都市。当日本轻易进占北平、天津以后，我们如再不在这一要地强韧作战，国际人士尤其我国国民都会失望灰心甚至愤怒，中国政府也将难以获得国民的拥护与支持，故我们军队在上海的牺牲是非常必要的。"

蒋介石看准时机，并同意张治中先发制敌的战略，但时机应待命令。

战争不可避免，张治中以京沪警备司令官的名义，于8月1日发布一篇文告：

此日吾民族已临于最后关头，此日吾人亦陷于生死线上！光荣神圣的民族生存抗战之血幕必且展开。兹特揭橥要义，为本区将士同志告。期以忠勇坚毅，共迎行将到来之无限艰苦，但必有无限希望的岁月。

自甲午一役，失地丧师，我同胞忍辱负重，而徒抱复仇雪耻之愿者，殆已四十余年矣。乃敌自此更逞淫威，肆其凶焰，蹂躏我主权，占领我土地，荼毒我人民。本其岛国野心，妄标大陆政策，鲸吞蚕食，肆无忌惮。攻城略地，何日无之？因之九一八之血迹未干，一·二八之屠杀顿起，长城之役甫停，察绥之变旋作。含垢忍辱既已六年，创巨痛深，几难终日。兹复驱师启衅，扰我平津，更且大举动员，图占冀察。然后挥师南指，侵我中原，跃马而行，纵横朔漠，以遂其逐步吞噬之迷梦。我最高统帅所以认为最后关头，抗战到底，以求最后之胜利，而举国人士所以奔走呼号，誓死不能退让者，正以此耳。

与此同时还发表《告京沪区民众书》，张治中在文告结尾写道：

凡我民众，无分男女，无问老少，智者尽其能，勇者竭其力，以绥靖地方，杜绝奸宄，厉同仇敌忾之气，坚至死靡它之心，以听命于政府，则虽不擐甲胄，不执干戈，不冒矢石，而其贡献于国家民族者，实且伟大莫与伦比矣。至于体力精壮，英勇果敢之同胞，愿为父老之前躯，愿作本军之后继者；精警有为，熟悉敌情，能扑灭无耻之汉奸，能肃清敌方之间谍者；抑或有他一技之长，愿以供战争之使命者，或编入地方组织，或隶属部队机关，不患无效命之机，不患无杀敌工具。昔孙武子以吴兵复楚，阎应元以江阴抗清，东南为人才文物荟萃之区，孤忠英勇之士，悲壮激烈之操，史不绝书。揆之十步芳草，十室忠信之义，市井田畴，动多壮士，必有闻风兴起者。自由之葩已胎，独立之旗高举，为民族之英雄，抑为子孙之罪人，决于自择。

惟我亲爱同胞，共勉前程，共纾大难，时乎不再，凛凛勿忽。

8月1日，第8集团军司令长官张发奎向南京报告：日军舰炮击泥城镇，日军飞机在川沙低空侦察，五艘日舰在金山海面探照后向乍浦方向移动。日本侨民离开杭州。2日又报：有日船在汇山码头卸下军用汽车一百数十辆，预测必有深入内地企图。

8月9日下午，发生日本海军陆战队军官大山勇夫，随带三等兵斋藤，驾驶汽车由虹桥路径向虹桥机场冲入，机场卫兵出面阻止，即遭大山勇夫射击，随向北沿牌坊路驶去，经警戒卫兵闻声赶来，被大山击毙，保安队遂行还击，一时枪声四起，大山所骑摩托车前轮跌入沟内，大山勇夫及随从当即被击毙。

上海的气氛顿时极度紧张，张治中致蒋介石等密电：

南京委员长蒋、军政部长何、参谋总长程、训练总监唐钧鉴：7191密。

1. 据淞沪警备司令部报称：本日午后五时，有日兵五名，乘汽车一辆至虹桥机场附近向我射击，经我机场防护部队还击，该日兵等即乘汽车逃去。闻当时曾击毙二人，系着日军服装，刻正派员赴沪调查中。

2. 顷据87师转据保安第4团报称：本日午后一时，有不明国籍之兵舰三艘，在白茆口外游弋，三时向下游驶去二艘，六时复由下游驶来一艘，现该二艘仍泊白茆口外江面各等语。谨电呈。职张治中叩。

佳亥。印。［吴县］①

急。南京委员长蒋、军政部长何、参谋总长程、训练总监唐钧鉴：7191密。

---

① 《张治中致蒋介石等密电（1937年8月9日）》，《抗日战争正面战场》（上）第251-252页。

1. 日军在沪兵力，近日来迭有增加，总合各方情形，计陆战队官兵约五千人，业经组织健全之在乡军人约三千人，壮丁义勇队三千五百人。各种轻重口径炮约30余门，高射炮八门，战车及装甲汽车各约20余辆。

2. 本日由长江上游抵沪之日舰，计九艘，连原有在沪之日舰三艘，合计12艘。各舰可随时登陆之水兵，共计约三千人。

3. 准俞市长鱼亥电：日海省对第二舰队已下动员令，准备向青岛集中。姬路师团定删日到青，广岛、熊本两师团，定删日到青。

4. 日海军武官本田今晨电东京，略谓我保安队之设备，认为有增兵之必要，建议政府请将拟赴青岛之姬路师团及第2舰队调沪待机等语。谨电呈核。职张治中叩。佳戌。印。

8月10日，日本海军武官本田发表谈话，所谓"决不让死者为无意义之牺牲"，希望侨民镇静，信赖当局以谋解决。

最紧张的大概要算张治中，他奉命立即率领驻扎京沪铁路沿线的中国军队精锐第87师及第88师向上海市推进，大战即在眼前。

8月11日晚9时，张治中接到南京统帅部电话命令，将上海附近全军向前推至近郊。张治中当即做了几项重要决定：

1. 第87师一部进至吴淞，主力前进至市中心区；
2. 第88师前进至北火车站与江湾间；
3. 炮兵第10团第1营及炮兵第8团进至真如、大场；
4. 独立第20旅在淞江的一个团进至南翔；
5. 命令炮兵第3团第2营及第56师自南京、嘉兴各地兼程向上海迅速推进；
6. 命令刘和鼎为江防指挥官，率领第56师及江苏保安第2、第4两团，任东自宝山西至刘海沙的江防，并控制主力于太仓附近。①

---

① 《张治中回忆录》，中国文史出版社，第121页。

张治中摘下留园"中央军校野营办事处"的牌子，统率全军于8月11日半夜离开苏州，沿苏州、常熟、无锡一带公路、铁路向上海挺进。他命令部队行军不准说话，军车不准打灯。沿途车站月台集满武装士兵。由于事先控制了火车、汽车，各部队乘夜便抵达预定地点，进入阵地。

12日清晨，上海一带居民从梦中醒来，睡眼惺忪蓦然见到遍地都是中国军队，欢呼雀跃，送食物茶水，纷纷询问："从哪里来的？简直是天上掉下来的！"

张治中把指挥部设置在真如，命令各攻击部队于8月13日拂晓以前，完成对虹口、杨树浦日军据点攻击准备，势在必得，一举攻占日军兵营，打他个措手不及。一切准备就绪，张治中正要发出攻击命令时，突然接到南京的电话："不得攻击！"

张治中心里发急，全军均已进入状态，如不按既定"先发制人"的战术，一旦让日军首先攻击，攻势则变守势，主动则变被动。他随即电告蒋介石："全军业已展开，攻击准备完毕。"南京回电仍是"不得进攻"。张治中懊恼地说："委座是怎么了？"

原来在8月11日，上海外交团为避免在上海开战，影响美英等国的利益，建议南京政府，改上海为不设防城市——自由口岸。建议书在12日到达外交部，蒋介石不免犹豫，这样耽误了迅速扫荡敌军的宝贵时间。

8月12日，在中国军队主力精锐开进上海之前，日军在国内佐世保港待命的第8战队、第1水雷战队、第1航空战队、第1和第2特别陆战队已于8月11日到达上海。

12日下午3时，日本驻上海总领事冈本季正要求英、美、法、意四个中立国家在上海的代表召开淞沪停战协定共同委员会议。会议上，冈本说：日本本着"不扩大方针"，请各中立国对中国政府违反1932年5月5日停战协定，在上海市区内派入正式军队的行为予以制裁。

俞鸿钧市长驳斥冈本：上海局势之所以紧张，是由于日本的挑衅行为及向上海增派兵力而引起，各中立国代表应将日方的挑衅、破坏及战争威胁的行为通报各自政府，对日方给予谴责和制裁。

白费口舌的外交磋商正在进行之时，日军上海特别陆战队司令官大川内传七已经下令其部队进入阵地，同时，在上海驻扎的4000多名日军已经子弹上膛。

8月13日，张治中向南京报告，淞沪一带日军舰共32艘，其中第3舰队13艘，任黄浦江作战，现停泊港内；第2舰队19艘，任长江上游方面作战，正准备陆续循长江上驶，配装高射机枪与辎重。12日各日舰登陆2000余人，均为正式陆军，登陆后大部驻扎北四川路附近，一部驻扎公大一厂；13日午后3时，有日舰19艘开出黄浦江，循长江上驶。

蒋介石发来特急电报：

急。真如。南翔。张司令官文白兄：对倭寇兵营与司令部之攻击，及其建筑物之破坏与进攻路线，障碍之扫除，巷战之准备，皆须详加研讨，精益求精，不可徒凭一时之愤兴，以致临时挫折；或不能如期达成目的之气馁，又须准备猛攻不落时之如何处置，以准备万一。倭营钢筋水泥之坚强，确如要塞，十五生的重榴炮与五百磅之炸弹，究能破毁否？希再研讨，与攻击计划一并详复。

中正手启。元辰。侍参京。[①]

13日午后，上海市市长俞鸿钧向蒋介石发出特急电报，称日海军陆战队一部清晨向北区守军攻击，望通知各通讯社电告各国，并正式向日本总领事提出书面抗议。

在此期间，上海市市长俞鸿钧与日本驻上海总领事冈本正展开针锋相对的外交斗争。俞鸿钧就日方提出的两条，撤退保安队和拆除保安队设置的所有防御工事，正告冈本：此次冲突的起因是日本武装军人非法闯入中

---

① 中国第二历史档案馆馆藏军事档案。

国禁区,并首先开枪,我保安人员理应履行职责进行防卫。虹桥机场是中国领土,日方无权要求中方保安人员撤退。俞市长警告冈本,如果上海日侨与日军继续任意挑衅,后果由其自负。

张治中将前敌指挥部移至南翔。他着身整齐的戎装,调动自己的部队。他手下的参谋赞叹他的军容:"很久没见教育长这么威风了。"张治中笑答道:"我要是在战场上阵亡,按惯例,敌军官兵看到后要行军礼,还要保护尸体,并允许对方将尸体领回去,所以我要穿戴整齐,好让敌人认得我张治中。"

13日下午4时50分,日本海军陆战队驻八字桥地区的伊藤茂第3大队,袭击了中国军队孙元良第88师步哨,两军展开小规模的步哨战,也可称大战前的序幕战。

8月14日,张治中在国民政府外交部发表重要声明之后,也发表一篇重要讲话,显示中国军队坚决抗战的态度,这篇讲话,实际上是对日军行动的正式宣言,其中一段如下:

> 昨(13日)下午4时,日方军舰突以重炮向我闸北轰击,彻夜炮声不绝,我居民损失奇重。同时复以步兵冲出界外,进攻我保安队防地,我方仍以镇静态度应付,从未还击一炮。现日方又大举以海陆进攻,我为保卫国土,维护主权,决不能再予容忍。事至今日,和平确已完全绝望,牺牲已到最后关头,御侮救亡,义无反顾。兹应郑重声明者,上海和平既为日方炮火所震毁,而我祖先惨淡经营之国土,又复为敌军铁骑所践踏,不得不以英勇自卫之决心,展开神圣庄严之抗战。本军所部全体将士,与暴日誓不共戴天。五年以来,无日不中徼军中,以湔雪国耻、收复失地为己任。我十万健儿之血肉,即为保卫国土之长城!决以当年喋血淞沪、长城之精神,扫荡敌军出境,不达保我领土主权之目的,誓不终止。①

---

① 《张治中回忆录》,中国文史出版社,第122—123页。

人们把这一次淞沪抗战称为"八一三"战役,实际正式开战是在8月14日下午3时。中国军队的大炮开始怒吼,中国年轻的空军开始向黄浦江日舰轰炸。下午4时,当进攻命令已下达一个小时之后,南京来电:"今晚不可进攻。另候后命。"张治中不知蒋介石用意。但已开仗不让全面进攻,就局部进攻吧。本应在15、16两日取得重大战果的,其结果仅将五洲公墓、爱国女学、粤东中学各要点攻占。

国民政府自卫抗战声明书

8月15日,张治中收到蒋介石电报:

"张文白司令:星期二日早晨,有英国陆军到沪,应准其入口登陆。我军不可误会阻碍,与美国在沪当局接洽办理。中正。"

没有全线进攻的命令,大概是英国人要登陆。

其时,蒋介石还没有下定全线进攻的决定。这时陈诚说:"敌对南口必攻,同时亦为我所必守,是则华北战事扩大,已无可避免。敌如在华北得手,必将利用其快速部队,沿平汉路南犯,直趋武汉;如武汉不守,则中国战场纵断为二,于我大不利。不如扩大淞沪作战诱敌至淞沪作战,以达成二十五年(1936)所预定之战略。"蒋介石说:"打!打!一定打!"

陈诚建议:"若打,须向上海增兵。请将第36及98师加入攻击!"①

8月16日,蒋介石向张治中发出拂晓全线总攻的手令:

"最急。南翔。张司令文白兄:第36师或钟松旅,加入第87师方面,预定明拂晓全线总攻击,一举歼灭敌军,占领虹口为要。中正手令。②"

---

① 《陈诚回忆录》——抗日战争,东方出版社 2009 年 10 月,第 34 页。
② 《蒋介石致张治中密电》,中国第二历史档案馆馆藏档案。

第88师部队在八字桥

进攻命令发布后，蒋介石亲自督战。

最先打响淞沪会战的是第88师。卢沟桥事变发生后不久，该师按最高当局的命令，一方面派该师第262旅第523团（团长吴求剑）化装为保安队分批潜往上海，利用地方关系掩护，秘密接替防务，在民房中构筑战时工事；另一方面由统帅部设在苏州狮子林的"军校野营办事处"统一组织各部队营长以上干部分期分批化装进入上海，侦察地形、熟悉战场攻击目标。第527团团长廖龄奇有着一·二八战役在沪对日作战的经验，又进行了此次秘密侦察地形的实地考察，为迎头痛击日寇的进犯，做好了充分的思想准备。

8月11日，第88师接到进军上海的命令。12日，由火车急运到上海真如，师长孙元良、副师长冯圣法当即命令第262旅（旅长彭巩英）先行占领北火车站、宝山路、八字桥、江湾路之线，廖龄奇率第527团随第264旅黄梅兴旅长之后跟进，从而在日寇仓促集结之时，抢先占领阵地，为日后闸北第88师阵地一直成为整个八一三淞沪抗战轴心阵地做了有力的准备。

第88师所抢先占领的阵地前的"八字桥"，是一·二八淞沪抗战的燃起点；巧合的是，五年后的八一三淞沪抗战，该师仍在八字桥打响了抗敌的战斗。

第88师第262旅在推进至北火车站附近后，以第524团在右，第523团在左，迅速展开，占领阵地，利用战前在民房中构筑的屋内工事，打开枪口清扫射界，构成坚固的街巷战阵地。这时，日军也由虹口地区，沿吴淞路、北四川路正在行动。8月13日午后，第262旅第523团吴求剑团长，率领第1营（营长易瑾少校）向八字桥搜索前进，先头部队进抵八字桥西方时，敌人的前哨部队也正好到达此地，双方针锋相对，立即发生战斗，由易瑾营射出了淞沪战役的第一枪，时为8月13日午后3时稍过。

第88师第264旅于13日下午到达，为争取先机，决心不待敌海上增援部队到达，于14日展开攻击，由第264旅为主攻部队，超越第262旅，集中力量，攻击敌海军司令部。14日拂晓，廖龄奇团长率第527团与第528团一起迅速超越第262旅向江湾路推进，第262旅则以北火车站为中心，在右翼方面向当面之敌牵制，英勇的攻击部队由爱国女校方面，自左翼旋回压迫，逐次前进，敌军节节后退，日军自知兵力不足，利用特制的钢板防盾沿江湾路顽抗，等待援军。日军这些据点经营多年，坚固异常，一炮打上去，只能打落一些水泥散片。急不可待的中国官兵见炮兵无奈，便顶着枪弹硬往上冲，一拨人倒下了，后面的人踏着尸体往上冲，攻击点一点点向前推进，伤亡极其惨重，每前进一米，都有中国官兵的尸体铺路。晌午时分，攻击部队前赴后继，已经接近敌海军司令部附近。敌兵遗尸遍地，一部分退入其司令部，其余沿北四川路狼狈南窜，正在此紧要关头，第264旅旅长黄梅兴将军正立于阵前指挥，在爱国女校附近被敌迫击炮击中，当场壮烈殉国，同时成仁的，尚有旅部参谋主任邓洸中校及通信排官兵三十余人，时为14日下午3时许。

黄梅兴将军为淞沪战役中阵亡的第一位高级将领，由于黄将军的阵亡，指挥顿失重心，攻击不得不告中止。当蒋介石得知黄梅兴身先士卒壮烈成仁后，庄严地说："我中央军要为全国军队作出表率，在上海滩打出模样来。"

日军凭借坚固工事顽抗，并于街巷冲水及以战车阻塞路口，导致进攻部队进展困难，攻势受挫。

此时，日军第3、第11、第14三个师团已赶至上海。

蒋介石命令，浦东炮兵阵地略向西移，变换阵地，选择能对杨树浦与虹口两方面同时射击的阵地为宜；教导总队加入第88师方面，对虹口进攻。蒋又指示军事委员会侍从室第一处主任钱大钧，抽调首都防空高射炮速运往浦东，对淞沪战场将士慰劳。18日，蒋致电武汉行营主任何成浚与湖北省政府主席黄绍竑等，指示调保安团及各师体格健壮的老兵五千人补充淞沪。向浙江省政府主席朱家骅发出同样内容的电文。蒋还命令钱大钧，将彭子言的战车营运回南京待命，指示身兼军事委员会第一部部长的黄绍竑派第11师或第14师，控制于南京附近。

19日，蒋介石又向黄绍竑发出几项命令：

1. 已到长沙之第15师，应令由汉口乘船运京。并令俞部长备船。限9月5日集中。

2. 已到江西之第16师，应令直开赴苏州集中，限9月2日集中。拟令先集中嘉兴候命。

3. 第19师留一团驻防温州，其余集中杭州，限9月6日到杭。

4. 第63师似应进至松江或平湖。限明日到防。

5. 第1军除留一旅在徐州外，其余速运京沪路。限9月1日集中。

6. 第13师令向徐州集中。其在汉中的一团，待孙震部队接防后，再调可也。速调。①

19日，张治中率众幕僚进驻江湾叶家花园第87师司令部。

在战斗最激烈时，张治中亲临前线视察，经第88师炮兵阵地到第87师，所见官兵士气高扬。张又亲临万国体育场附近阵地督战，大大激励了前方将士与敌战斗的信心。

张治中在江湾叶家花园指挥部对进攻部队作出部署：

1. 令第36师即夜加入沙泾港至保定路间的正面，向汇山码头江边突破攻击。

---

① 《蒋介石致黄绍竑密电》，中国第二历史档案馆馆藏档案。

第三战区司令长官冯玉祥与张治中指挥作战

2. 在日俱乐部正面的第98师之一旅,受第36师指挥。

3. 令第98师第294旅归第87师指挥,加入该师左翼,向沪江大学、公大纱厂攻击。

20日拂晓前,中国军队突破,西进至欧嘉路,东至大连湾路,南至昆明路、唐山路。20日晚,张治中又亲临江湾前线督战,命令第98师全师加入,准备全力攻占杨树浦。第36师、第87师的第一线部队推进到百老汇路、唐山路、华德路之线,新参加战斗的第11师及教导总队第2团控置于江湾市中心区为总预备队。第36师最前沿部队,在战车掩护下攻击受挫,退回百老汇路北侧,两个战车连全被日军击毁。

是日,大本营颁布第三战区作战指导计划如下:①

一、指导方针

该战区应以扫荡上海敌军根据地,并粉碎在沿江海登陆取包围行动之

---

① 中国第二历史档案馆馆藏军事档案。

敌，以达成巩固首都及经济策源地为作战指导之基本原则。

二、敌情判断

该区当面之敌，其企图可分为消极与积极两种行动。

敌取消极行动时，在上海方面暂取守势，用海军输送有力一部由浏河、杨林、七丫各口强行登陆，俟登陆成功再由正面转移攻势，而进出于浏河、太仓、昆山之线。

敌取积极行动时，其海军之行动将益扩大，除由前述各口登陆外，更将取大包围之态势，分由浒浦、浏海沙方面强行登陆，向我既设阵地（吴江—福山之线）侧背攻击，一面积极增派陆军，以期摧破我全面，威胁我首都。

三、军队区分

（甲）淞沪围攻区

指挥官：张总司令治中。

隶属部队：第36师、第56师、第87师、第88师、第98师、教导总队之一部、第20旅、军政部学兵队、淞沪警备部队、重炮兵第10团、炮兵第3团、炮兵第8团、炮兵第16团（在围攻期内暂归指挥）、重迫击炮两营、战车防御炮2连、战车1营、太湖联防部队。

（乙）江南岸守备区

指挥官：第54军军长霍揆彰。

隶属部队：第11师（在围攻期内暂归甲区）、第14师、第67师（暂控置于南京附近）、炮兵第16团（在围攻期内暂归甲区）。

（丙）江北岸守备区

指挥官：第111师师长常恩多（已电缪澂流酌派，俟复再补入）

隶属部队：第53师、江苏保安队两个团。

（丁）杭州湾北岸守备队

指挥官：张总司令发奎。

隶属部队：第62师、第61师、第55师、第57师、独立第45旅、炮兵第

2团。

（戊）浙东守备区

指挥官：刘总司令建绪。

隶属部队：第16师、第63师、第19师、第52师、新编第34师、独立第37旅、暂编第11旅、暂编第12旅、暂编第13旅。

四、作战地区

江南岸守备区——见浮桥镇、太仓县、夏驾桥相连之线，线上属围攻区

淞沪围攻区——黄浦江左岸、闵行、松江县南侧相连之线，线上属（淞沪）围攻区

江北岸守备区——靖江县、南通县、海门县、启东线沿岸

杭州湾北岸守备区——杭州—钱塘江至杭州湾王盘山相连之线，线上属浙东守备区

浙东守备区——宁波、绍兴、温州、台州沿海

五、作战任务

（甲）淞沪围攻区

就目前占领之要点，改修工事，并加强而确保之。尔后本此要旨，逐步攻击，以缩小敌之防守范围，使其增援部队无法展布，以达成扫除歼灭之目的，同时加筑真如、大场、庙行、蕴藻浜至吴淞等处工事，以巩固围攻基础。

（乙）江南岸守备区

以积极行动，彻底歼灭敌军之登陆部队为其作战之主要任务。

第14师主力位置于常熟附近；以一部在鹿苑镇、福山镇、白茆口，向沿江警戒，并与浏河之第56师取得联络。

第67师暂控制于南京附近。

第11师位置于吴县、昆山附近，并派一部在江阴县向江边警戒。

第14师、第11师对于国防工事阵地，务必认真侦察，妥为考虑战术战

斗上之运用，并修补增强之。

（丙）江北岸守备区

主力位置于南通附近，于靖江、海门、启东沿岸各派一小部警戒之。

遇敌舰企图由江南岸强行登陆或通过江面，如为射程所许，则制压之。

（丁）杭州湾北岸守备区

以积极行动，彻底歼灭登陆部队为其作战之主要任务。主力位置于嘉兴、乍浦附近，以一部在沿海要点警戒。

并派步炮兵各一部在浦东沿江向敌侧背射击，以策应淞沪区之作战。

（戊）浙东守备区

主力位置于杭州、萧山、宁波附近，除以一部直接警戒浙东沿海外，如敌军由杭州湾北岸地区登陆时，有援助该地区歼灭敌军之任务。

六、预备队之控制及运用

各地区指挥官应各控制适当兵力为预备队，俾随时得应邻近地区及其他需要而调遣之。

七、部队配置与工事构筑

各地区指挥官无论施行攻击或防御，务使各部队取纵深横广之疏散遮蔽配置。凡部队所到之处，即注意构筑工事，以达步步为营之要求而增加国军作战之韧强性。

八、空军行动

除续行前任务外，对于企图登陆之敌，应尽力轰炸，尤以对敌之航空母舰应不顾一切牺牲，强行炸沉之。

九、海军行动

敌舰进入长江下游企图强行登陆或转用兵力时击之，以协同陆军作战，纵有牺牲亦在所不辞。

十、后方勤务部之任务

适应各地区作战之要求，完成通信、交通、卫生诸设备，充实弹药器材诸补充,其集积运输务必分散配置,顾虑对空遮蔽,以避免敌空军及炮兵之轰炸,以达成补充圆滑之任务,并应本此要旨妥拟方案,附图具报。

十一、各地区团以上之配置应以要图具报。

(一)传达法:以书面派员送递

(二)命令受领者:冯玉祥陈诚张治中霍揆彰缪澂流周至柔俞飞鹏

(三)通报受领者:何应钦

三、将帅不和

由于蒋介石的犹豫,张治中原打算的突袭战,不得不改变成一场阵地战。步兵第88师和第87师主力分别向各自的目标,勇猛攻击前进。尽管我军进攻勇猛,但只夺得五洲公墓、爱国女学、粤东中学几个有限据点。张治中连连跌足。

张治中认为要赶在日援军赶到以前,夺取虹口和杨树浦两地的敌据点。17日拂晓,奉令继续开始全线总攻击。这一天,打得山岳变色,日月无光。张治中亲临前线督战,中央军士气高昂,都是血性男儿,枪林弹雨,勇敢拼杀。

8月18日,张治中计划再接再厉,却接到蒋介石暂停进攻的命令,他气愤地将手枪"啪"地拍在桌上:"这已是第三次了!这仗还有没有办法再打?"

截至18日,中国军队各部对上海方面的日军的全面进攻,已进展至闸北、虹口及杨树浦一线,形成有利的进攻态势。日本增援部队也不断赶到。

19日,我军又开始攻击。张治中在敌机俯冲扫射和狂轰滥炸的危险情况下,站在水塔顶端的平台上,用望远镜观察战况,颇为兴奋。由于部队平时在德国顾问的帮助下,按德国步兵操典、战术训练,再加上官兵视死如归,打得颇有章法,各处捷报频传。

下午5时，电话铃急促地响了。张治中一把抓过听筒，里面传来第87师王敬久师长的声音："我左翼部队已突入杨树浦租界至岳州路附近。"

张治中一阵欣喜："王师长，你们要扩大战果，突入贯穿杨树浦租界至汇山码头，截断敌左右翼的联络，向东压迫，一举而歼灭之！我马上就带人进驻你的司令部，部署一切。"

张治中赶到前线时，前方就是汇山码头，一步之遥。敌军利用钢筋水泥的楼房做据点，放射密集的迫击炮弹；加上黄浦江面敌舰炽烈的炮火，我军被压制在杨树浦租界，抬不起头。

张治中心急如焚，看见几辆坦克停在路边，大声问："谁是长官？为什么不往前冲？"

带领坦克车的连长是中央军校的一位学生，急忙解释："教育长，车子太坏，是从修理厂拉出来的；而且敌人的火力太猛，我步兵很难跟上。"

张治中火了："那不行，你的坦克不攻入汇山码头，休来见我！"

坦克连长跳进车里，带着几辆破旧的坦克车，在弹雨中仄仄歪歪往前冲，步兵跟在后面呐喊前行。

张治中拿着望远镜，眼看着连长的车钻过火海，终于冲上汇山码头，突然一发炮弹，击中坦克，熊熊火焰，冲天而起……他痛苦地闭上眼睛。

入夜，中国军队继续对日军猛攻。从西安驰援上海的劲旅第36师宋希濂部第216团，进行汇山码头攻坚战，半夜12时，随着三颗红色信号弹升上天空，攻击开始。第1营在攻击途中，遇到日军坚强的防御工事，日军居高临下，对我军展开猛烈的射击，相持了一个多小时，团长胡家骥下令："不顾一切牺牲，冒着敌人的炮火前进！"他率先向前冲去，身边的两名卫士一名身负重伤，一名英勇牺牲，胡团长本人也五处负轻伤，仍然指挥战斗。

日军凭借坚固的工事，并在街巷筑垒及以战车阻塞路口，导致我进攻部队进展困难，最终以伤亡570多人的代价，冲抵汇山码头。日军死伤不下

400人，其余向英军投降。

20日拂晓前，中国军队突破敌战线，西进至欧嘉路，东至大连湾路，南至昆明路。但第98师尚未开到，致使进攻部队陷于不利地位。

此时，张治中已被任命为第三战区第9集团军总司令，指挥宋希濂第36师、彭善第11师、夏楚中第98师、王敬久第87师和孙元良第88师等中央军精锐之师投入了战场。敌军渐有支撑不住之势。日军蒙了，内心一个劲地嘀咕：对面的军队是中国的军队吗？中国有这样装备精良、训练有素的军队吗？

外电评论：日军在上海滩遇上了"一场德国式的战争"。

8月22日，日本上海派遣军松井石根大将率第3、第11、第14等三个师团抵达上海附近海面。23日凌晨3时，在炮艇的掩护下，日军在吴淞铁路码头和川沙镇北面川沙口地区强行登陆。

张治中心里明白：敌军已经抄到我军后面，我军有全部被包围的危险。他立即命令："第11师向罗店北进，支援江防军作战；第98师向狮子林方向前进。"

此时，大批敌机呼啸而来，猛烈投弹。司令部与各方的电话线均被炸断，命令已无法传达。

于是，张治中亲率幕僚，乘车赶往江湾前线指挥部。从南翔到江湾，

指挥日军进攻上海的日酋、华中方面军司令官松井石根

日军第10军司令官柳川平助

日军上海特别陆战队指挥官大河内

只有十几里路，由于敌机太多，又是扫射又是轰炸，张治中只得下车，穿着大马靴走路，很是受罪。途中，一个骑脚踏车的传令兵迎面而来，张治中顾不上解释："把你的车给我！"说完抓过车把，骑上就走。路上遇见敌机就下车隐蔽，敌机飞远了，再继续前进，终于赶到江湾叶家花园第97师师部。一进门，张治中便命令第11师师长彭善，速率部增援罗店，迎击正面之敌。

第11师属第18军，原师长是陈诚，是蒋介石嫡系部队。师长彭善对张治中不太买账，说："日本的飞机炸得不能抬头，怎么走呢？"

张治中火了："不能抬头也得走，难道我能从南翔一路冒着轰炸走到江湾，你们就不能从江湾走到罗店吗？"

"陈诚长官和罗卓英军长知道吗？"彭善抬出了后台，显然有抗令的意思。原来，蒋介石发表命令，任命陈诚为第三战区前敌总指挥兼第15集团军总司令，下辖第18军、第54军、江防军刘和鼎部、第6师及第51师。

张治中厉声说："少废话，第18军现在归我指挥，不服从命令我撤你的职！"

彭善不再说话，打了个立正，转身气哼哼地走了。

正是由于张治中果断的部署，抽调第11师迎敌，该师是中央军绝对主力，打仗不含糊，一阵劈头盖脸，打得日军晕头转向，这才把被敌夺去的罗店收复，而且维护了对后面的交通，使后面的部队能继续增援，保持了与登陆日军对峙的局面。

但激烈的恶战，使彭善损失了一个营的兵力。几百号生龙活虎的士兵，转眼间就战死沙场。彭善乘机向军长罗卓

罗卓英

英添油加醋,说了许多张治中不爱惜第11师等坏话,搞得罗卓英一脑门子官司。

张治中在前线跑了一整天,疲惫不堪,回到南翔司令部已是深夜12点多了。双眼熬得通红,吃了一点稀饭,稍稍休息片刻,闭目想想,还是不放心,决定先去太仓找江防司令刘和鼎指示机宜,然后再去嘉定找第18军军长罗卓英,商量如何应付当面之敌的对策。于是,强打精神,在夜幕掩护下,驱车出发。

晨曦中,张治中到达刘和鼎的司令部。刘和鼎是安徽合肥人,而张治中是安徽巢湖人。两位老乡在战场相见,研究了对策后,张治中拿上几个馒头,又马不停蹄赶往嘉定。当时敌机在他们头上盘旋,又是扫射又是轰炸。张治中的车,走走停停,直到中午,好不容易才到嘉定城,终于来到第18军司令部,见到大腹便便的罗卓英。

张治中热情地叫了一声:"尤青兄——"

罗卓英却用奇怪的口吻问:"咦,张总司令为什么跑到我们这里来?"

张治中心里很不高兴,反问道:"罗军长,委座将你拨归我指挥,你就是我的部下,难道我不该来看看你吗?"

罗卓英却不买账,冷笑一声:"张总司令,我部作战序列已划归第15集团军总司令陈诚指挥,你不辞劳苦跑到我这里来,不会越权指挥吧?"

张治中勃然大怒:"这样关系战局的大事为何不通知我呢?第18军明明是归我指挥,怎么划归第15集团军?"

"第三战区司令长官顾祝同的

顾祝同

命令。"

"顾长官在哪里?"

"听说顾长官就在苏州,有什么问题你可以找他去,再不然你可以直接问委座。"罗卓英不阴不阳地说。

张治中很窝火,连口水也没喝,命令机要参谋:"去苏州,找顾长官!"

张治中前脚走,罗卓英后脚通报蒋介石,说:身为总司令的张治中,在战争最激烈时,不在前线,却躲在苏州。

蒋介石正为找不到张治中着急,听罗卓英汇报,顿时火冒三丈。当时,顾祝同根本不在苏州,张治中扑了个空,憋了一肚子气,拿起电话要南京最高统帅部,想向蒋介石申诉一番内心的委屈与苦闷。

不料,蒋介石一听是张治中声音,不管三七二十一,就乱发脾气:

"你在哪里?"

"我在苏州司令部。"

"前方如此紧急,你身为总司令为什么到苏州?哪个请你去的?"

"委座,我听说顾祝同到苏州来了,为了左翼作战,所以我来这里同他商量问题……"张治中生怕误会,连忙解释。

蒋介石火气更大:"为什么商量?两天在总司令部找不到你的人影,原来跑到后方来啦!"

张治中也急了:"委座,听你的意思我张某是贪生怕死?你去问问,自开战以来,没有一天我不在第一线指挥。"

蒋介石不依不饶:"这都是你逞能。我问过你有没有把握一下子占领上海,现在如何?"

张治中一听怒火上冒,愤愤地回答:"没占领上海,责任不全在我。我早说过,一定要空军和炮兵的配合。"

蒋介石一听,气得大声咆哮:"空军没有配合吗?他们去黄浦江上炸敌舰'出云'号!打下了敌机!"

张治中压住一肚子火:"但配合得不够好。此外,统帅部三次令我停止攻击，丧失了战机。再说，罗卓英原来归我指挥，我不能不去看看，我也不知道他已划归陈辞修指挥了！"

此时，电话那边的声音越来越大："你为什么不待在司令部？为什么到苏州？为什么到苏州？"

张治中实在憋不住，大声说："我到苏州了，我是到苏州与顾墨三商量问题的。我没有临战而逃，我一直在前方，委员长究竟想怎么样？"

蒋介石吼道："你究竟想怎么样？还问我怎么样？"说完"啪"的一声，挂掉电话。

张治中遭蒋介石无端的指责，心情十分沉重。在子夜时分，才回到南翔的总司令部，他忍辱负重，继续指挥作战。

陈诚的第15集团军也表现不俗。他的嫡系第18军的三个师即第11师、第67师和第98师均有上乘表现。

中央军第67师李树森部在罗店损失惨重，旅长蔡炳炎、团长李维藩阵亡；团长傅锡章负重伤，师长李树森手臂负伤，被抬下火线。师长之职，由刚从德国学习军事归来的黄维接替。黄维踌躇满志，一副志在必得的模样，在与日军的争夺战中表现了特有的韧劲儿，白天丢失的阵地，夜间偷袭，复夺回来，白刃相交，贴身肉搏，直杀得血流成河，天地易色。鏖战月余，第67师伤亡过半，日军给罗店起了一个恐怖的名字"肉血磨房"。

与第67师的战绩交相辉映的是夏楚中的第98师，其中宝山城守卫战打得尤其壮烈。

8月20日，日增援部队盐泽师团一部在宝山狮子林登陆，第98师奉令调到宝山、月浦方向。22日晚，日增援部队第3师团、第12师团、第1师团、第1旅团、第8师团由狮子、石洞口、川沙口及张华浜附近，同时强行登陆，向宝山、罗店、浏河之线进犯，守军兵力单薄，未能阻止。9月6日，日寇向宝山城发起猛攻，在飞机、大炮和坦克车的掩护下，步兵轮番进攻，第583团第1营营长姚子青率全营500余人，血战7昼夜；日军遗尸300余具，损失战车十余辆，无法越雷池半步。侵略者兽性大发，最后动用火焰

淞沪会战时的陈诚

在宝山殉国的姚子青

喷射器。霎时间，宝山城成为一片火海，姚子青全营慷慨殉国。

姚子青的长官，第98师第294旅旅长方靖曾率部前往救援，均遭到日军的阻截。他远望大火熊熊的宝山城，这位血性的汉子热泪如雨，大喊："好兄弟，你们没有丢中国军人的脸，没有丢第98师的脸！"

王耀武的第51师表现更是可圈可点。当时该部正集中在陕西南郑等地整训。8月20日接到军事委员会的命令，迅速集结宝鸡火车站，使用列车紧急输送，经西安、洛阳、徐州，转津浦路到浦口、苏州，到达上海。

22日晚，敌援军在川沙口、狮子林、宝山县同时登陆，第51师星夜赶往施相公庙，支援第11师作战，不仅击退日军的进攻，还在夜幕掩护下，主动出击，大打攻势防御，这种勇猛求战的作风，让日军始料不及。"中国军人也很好斗，也很雄性。"

淞沪之战逐渐升级，攻防易势，相持不下。中日双方统帅部都在调兵遣将。

蒋介石真急了，还要往灶膛里添柴，冲着军政部长何应钦嚷道："是否还有可增之兵？"

李宗仁向何应钦使了个眼色，示意他不要顺着蒋介石。

"委座……"李宗仁沉吟着,委婉劝道,"沪战的目的已经基本达到了,此役乃是自九一八以后中国军队一反消极防御之常态而主动出击的重大行动,对于弘扬军威,鼓舞士气,激荡民心,以及影响国际视听均具有相当作用……"

"德邻,说下去。"蒋介石一副从谏如流的模样。

"我们可否见好就收,适可而止,再打下去,牺牲就大了。"

"不!我说过,要把敌人赶下黄浦江的!"蒋介石断然拒绝。用一种不容置疑的口吻命令何应钦,"把胡宗南的第1军调上来!"

胡宗南的第1军先头部队的任务是增援在宝山的第6师,他们赶到刘行附近时,宝山已经失守,第6师残余在日本空军低空追逐扫射下,溃不成军。于是就地占领阵地,阻击日军,以待主力到达。

淞沪抗战爆发,胡宗南部于9月初赶赴前线,在杨行、蕴藻浜等地,与日军血战,两个师损失惨重。据淞沪警备司令部作战科中校作战科长刘劲持回忆:

"胡宗南部接防以后,士气旺盛,作战顽强,对敌寸土必争,逐屋苦战,打了一个星期,始终守住阵地,因此伤亡惨重。胡宗南一声不叫,顾祝同知道了,在电话中说,今晚派某部来换防;胡才说,再不换防,明天我也要拿枪上火线顶替了。后来在沪西作战,我到第1军了解情况,参谋处长傅维藩说,该军已补充兵员4次,接防换防5次,总算能顶住。以第1师为例,旅长2个,先后伤了3个;团长4个,死伤5个,全师连长除通信连长外,余均伤亡换人。他们住在竹林村庄内,白天隐蔽不动,敌机投弹扫射,不予理会。这样沉着应付,守多攻少,反可持久。"

胡宗南军团长

胡宗南对部下说:"这次日本人在上海集中了最炽热的火力,会出乎他们想象的,是我军在上海的英勇抵抗,壮烈牺牲!"

9月初,淞沪战事爆发以来,日军在淞沪一带的作战兵力陆续增加到8万多人,军舰40余艘,停泊在定海桥至吴淞镇之间,协同作战。加上空军的配合,成群结队,轮番轰炸。至9月10日夜,陈诚的第15集团军右翼阵地被日军突破,退至杨行、月浦一线阵地。

上海滩的战事,从9月11日起,转入了一个新阶段。是日午后,第9集团军司令官张治中接到第三战区司令官冯玉祥的命令:"为整理淞沪嘉浏一带阵地,节约兵力,俾达韧强抗战之目的,着第9集团军、第15集团军即转移,第9集团军即向北站、江湾、庙行、蕴藻浜右岸之线转移,占领预筑阵地,但须节约兵力,抽出第61师及独立第20旅充集团军预备队。"

各部依令变换阵地,由攻势转为守势。淞沪前线连日来战斗激烈,双方争夺焦点在江湾、罗店、刘行等地区。

9月11日,日军向蕴藻浜南岸中国军队阵地猛攻,战斗异常激烈,潘家宅、徐家宅的阵地,被日军突破占领。守军被迫退至该处河流西岸防守,并派第261旅一部推进于蕴藻浜上游一带警戒。

9月16日,第9集团军被迫撤至上海北站、江湾、庙行、杨家宅之线固守。9月下旬,刘行方面被日军突破,而罗店方面阵地过于突出,只得放弃原定计划,退守罗店西南及罗嘉公路之施相公庙一带,于是淞沪方面全面攻势即告停止。

9月22日,蒋介石在南京为国联行政院讨论中日争端之事回答《巴黎晚报》记者提问,蒋坚定地说:"……上海或华北皆为中国领土,必视为整个问题,如日本在中国境内从事武力侵略一日不止,则中国抗倭之战争一日不止,虽留一枪一弹,亦必坚持奋斗,直至日本根本放弃其侵略政策,并撤回其侵略工具之武力之日为止。"

由于40天的前线生活令张治中疲乏不堪,加之他与蒋介石和陈诚在指挥问题上的意见相左,于是他辞去第9集团军总司令一职,由朱绍良继任。

第二节 海空军抗战

一、海军抗战

1936年8月7日，日本广田内阁召开五相联席会议，正式确定《国策基准》，提出日本今后的"根本国策在于国防和外交相结合，确保帝国在东亚大陆地位的同时，向南方海洋发展"。日本参谋本部根据这一"国策"制定了1936年度国防方针，其对华作战初期的用兵纲领是：击破中国的野战军和主力舰队，占领华北及上海附近，并制压长江水域。

为实现这一目的，日本国内早就开始进行大规模的扩军备战。陆军制订了五年扩军计划，海军于1937年初退出国际裁军会议，制订了包括建造世界最大军舰的庞大造舰计划。仅1937年一年内，造舰吨位达52400吨。

1937年，日本海军已拥有舰艇308艘，其中：战列舰9艘，练习战列舰1艘，航空母舰6艘（1艘在造），一等巡洋舰12艘，二等巡洋舰25艘（2艘在造），水上飞机母舰5艘（2艘在造），潜水艇母舰7艘（2艘在造），敷设舰6艘，海防舰7艘，炮舰10艘，一等驱逐舰85艘（2艘在造），二等驱逐舰29艘，一等潜水舰37艘（2艘在造），二等潜水舰25艘，水雷艇12艘，扫雷艇12艘，特务艇20艘（1艘在造）。总排水量1204132吨。海军航空队拥有飞机1220架。

国民政府对日一再忍让的同时，也在整军备战。一·二八淞沪战役后，南京政府制定出新的国防方针和整军备战的具体指导要领。蒋介石在整编陆军的同时，加强海军建设，健全各兵种，在全国范围内普及国民军训，发展军工事业。至1937年，国民党军陆军为：步兵182个师及42个独立旅，9个骑兵师及6个骑兵独立旅，炮兵4个旅及24个团，还有其他特种部队和保安队。海军为：第1舰队，拥有"海容""永绩"等12艘舰艇，排水量

日军中国方面舰队司令长官长谷川清

日军在淞沪会战一开始就掌握了制海权。图为日舰运送的援军在上海上岸。

为17484吨；第2舰队，拥有"楚有""江元"等19艘舰队，排水量为9359吨；第3舰队，拥有"定海""永翔"等14艘舰艇，排水量为4360吨；另有巡防、测量舰及总部直属20多艘舰艇，排水量1万多吨，外加江阴电雷学校的鱼雷快艇，以及闽粤沿海、长江内舰艇船只，共120艘，总吨位68895吨。空军为：轰炸机第1、第2、第8共3个大队，驱逐机第3、第4、第5共3个大队，侦察机第6、第7两个大队，攻击机第9大队，总部直辖4个中队，共12个机种，314架飞机，还有教练机、运输机等。开战初期国民党军可以使用的兵力，约占总兵力的半数以上。

1937年2月，军事委员会铨叙厅长林蔚，带着参谋本部拟订的《1937年度国防计划》上了庐山，交蒋介石审阅。此计划提出：海军应避免与日军海军在沿海各地决战，保持实力，全力集中长江，协力陆空军之作战。海军第1、第2舰队开战时，迅速集中长江，先与空军和要塞配合扫除长江内日舰，再与要塞协力担任长江下游防守，协同陆军作战；第3舰队开战前务必迅速集中长江，防守长江下游；各舰队严整战备，防止日海军突然袭击；各要塞缜密防范，准备随时应敌。镇海、乍浦、海州各区要塞，南通、江阴、江宁各区要塞，受所在区野战军指挥。海军要塞严密防守海岸，粉碎日军登陆企图。江防要塞于开战时，配合海军迅速消灭长江内日舰，再封锁江面，并为野战军阵地之依托，支援野战军作战。

蒋介石早在1933年10月31日就指出："江海各要塞以江阴与江宁两要塞为中心，乍浦与镇海为南区，海州与通州为北区，芜湖与马当为西区，江宁要塞之范围，应西至东西梁山与东至镇江，皆划入在内，可先定一中南北区各区之整个方案与修理步骤之计划，同时定一各要塞计划之图案与详细之方案，如现无此要塞图案之顾问，则不惜重资招聘，并须从速也。"

1937年7月11日，军政部部长何应钦向海军部下达指示："不失时机，撤除长江之灯塔、航标"，"江阴新炮限期完成"等。

中国海军全部进入特级战备状态，海军部命令把在上海的海军机关、眷属、技术人员全部撤往内地，并命令"楚泰"舰和"正宁""肃宁""抚宁"三艘舰协同闽江口要塞扼守；"公胜"艇协防珠江；"诚胜"艇警戒山东，协助第3舰队；"普安""永健"两舰留沪，保护海军各机关、造船所，其余49艘舰艇陆续驶入长江待命。

1937年8月13日，第二次淞沪战争打响之后，中国陆海空三军向日军发起进攻。海军处于绝对劣势。根据这一情况，蒋介石于8月20日签署《国军作战指导计划训令》，针对开战后实情规定海军的作战任务："以闭塞吴淞口，击灭在吴淞口以内之敌舰，并绝对防止其通过江阴以西为主。并以一部协力于要塞及陆地部队之作战"，并指出"纵有牺牲，亦在所不辞"。

开仗前，"甘露""白日""青天"三艘测量舰将江阴下游的航行标志拆除，"绥宁""威宁"两艘炮艇，也将西周、浒浦口、铁黄沙、龙潭港、福姜沙等处航行标志拆毁。驻扎上海的练习舰队司令官王寿廷指挥驻沪海军固守阵地，配合陆军作战，并在14日将运输舰"普安"号等几艘船只沉塞黄浦江的董家渡，征用6艘大型轮船沉塞江南造船所附近的航道，又调集14艘商船沉塞十六铺，在黄浦江烂泥渡附近将缴获的4艘日本商轮沉塞。至17日晚，海军在黄浦江内构成三道防线，同时布放一批水雷，封锁淞沪各主要航道、港汊，阻止日军舰队溯江上犯包抄中国军队陆军后路。

8月14日，设于江阴的电雷学校改编为江阴江防司令部，新任司令官欧阳格、参谋长徐师丹，于当天即派快艇大队长安其邦率领英式"史102"号、"文171"号两艘鱼雷快艇驶往上海奇袭日军第3舰队旗舰"出云"号。两艘快艇伪装成商船模样，在胡敬端、刘功棣艇长率领下，深夜启航。为了不使人产生怀疑，两艘艇只开动副机从江阴内河入长江，昼隐夜行。"史102"号按计划于15日晚到达龙华。16日，胡敬端等人与友军取得联系，在英租界外滩一带秘密侦察"出云"舰及周围的情况，发现十六铺封锁线之外有日军炮舰巡防，外滩江面停泊多艘各国军舰和商船，环境复杂。这时，因发生故障，停机抢修而耽误一天的"文171"号也赶到龙华，欧阳格认为两艘舰同时出击目标太大，为慎重起见，决定派"史102"号单

海军总司令陈绍宽

海军陆战队第2独立旅旅长李世甲

独出击。

16日晚9时20分，"史102"号从龙华开动副机，悄然驶出十六铺附近的封锁线后，胡敬端命令开动两部主机，全速向前。此刻，日舰发现了"史102"号，向其开炮，炮弹掀起丈高水柱，"史102"号勇冒敌舰炮火，全速向下游冲去。胡艇长亲自观察江面，夜霭浓浓，难以分辨江面情况，驶至外滩陆家嘴附近仍看不清"出云"旗舰的位置，胡敬端想，再推迟发射鱼雷就有可能丧失战机。于是他下令向预定方位发射了两枚鱼雷。与此同时，"史102"号也被日舰炮火击中，胡敬端下令急驶，搁浅在英租界九江路外滩码头外档，将重武器装备卸弃江中，人员泅水隐蔽在码头下面，至夜深才游上岸，前来接应人员将他们接到租界内的惠中饭店，后又转移到八仙桥青年会，几经辗转一月之后才返回江阴。

尽管首次袭击"出云"号没使其遭受创伤，但令日军大为震惊。

从20日起，日军派飞机向淞沪中国海军机关进行轰炸。海军驻沪司令部、造船所、军械处、电台站、飞机制造处、警卫营驻地、仓库码头等先后被日机炸毁。正在造船所修理的"永健"号炮舰与日机对抗数日后被炸沉。这是抗战中损失的第一艘中国军舰。22日，日机数十架轰炸江阴电雷学校，被地面防空火力击落"九四"式飞机一架。26日，"白日"舰在通州与3艘日舰殊死搏斗，终被击沉。

面对日本优势海军，中国海军只能采取"原始"战术，再次偷袭"出云"号日旗舰。29日凌晨，两名敢死队员王宜升、陈兰藩携带3枚水雷，泅水前往停泊在春江码头的"出云"号，将水雷引爆，炸伤"出云"号舰尾，其周围日海军铁驳船4艘、小火轮2艘，在这种"原始"战术攻击下均遭重创。恰巧时逢日本海、陆军和外交首脑于军事会议闭幕后回宿"出云"号中，受惊非小。第二天军舰急忙驶出港外。9月3日，中国海军特务兵在极度艰难的环境下，越过几道警戒线，迫近日海军第11战队旗舰"安宅"号，遗憾的是被日舰哨兵发觉，以机关枪扫射，未得成功。

开战以来，侵入中国的日军舰增至120艘，其中有4艘航空母舰。这120

艘军舰分泊在山东、吴淞、杭州湾，海江之战愈演愈烈。中国海军将上海库存的大量高射炮供给浦东陆军组设炮队，扼守要隘，当战局吃紧时，海军警卫营也投入了当地军警作战，以高昌庙为警戒线。

江阴——通往南京的门户。它位于长江下游，地处宁沪之间，与北岸靖江隔水相望。长江下游江面一般宽3至4公里，到此逐渐狭窄，最窄处仅有2公里左右。南岸山陵起伏，地势险要，可以控制整个江面，是扼守苏州、常熟、福山一线的要冲，历代兵家都将此作为必争之地。清政府在此造设炮台，并驻军把守。孙中山任临时大总统时，曾亲自率领文武官员到此视察。

1937年7月27日，陈绍宽在行政院会议上提交报告，指出：在江阴方面封锁长江航道，要求各有关部门采取配合行动。18日，汉口方报告，日侨在汉口突然紧急撤退，正在港口装货待发的日本商轮临时卸下货物，装上大量日侨。据情报部门报告，在南京行政院会议的当晚，东京也连夜召开会议，决定将长江中、上游所有日舰、日军、日侨即向上海撤退，由于时间紧迫，许多日侨连随身衣物和食物都没有携带。消息传到南京，国民政府大为吃惊，日本人在汉口方面的行动，无疑是针对27日行政院会议而采取的，日本人怎会如此之快就得到消息？情报是如何走漏的呢？蒋介石下令对所有参加会议人员进行审查。最后查出透露此绝密消息的是担任27日行政院会议记录的机要秘书黄浚，此人在会后当晚就将会议决定透露给日本驻南京使馆。日本得此情报，立即采取果断行动，将汉口、芜湖、湖南、重庆等地的日侨，在日本海军第11战队司令官谷本少将率领的驱逐舰、炮舰以及海军陆战队的护卫下，由长江中上游驶抵上海。与此同时，日本海军派出第2、第3舰队开往上海集结，做大规模入侵之准备。

面对如此紧张形势，南京大本营命令中国海军第1、第2舰队的舰艇相继开入长江，分布在武汉、九江、湖口、南京下关和草鞋峡等港口，火力较强的"平海""宁海"等10余艘舰艇在草鞋峡升火待命。与黄浦江董家渡的阻塞行动构成犄角之势的江阴封锁线，原可以从速封锁，完全可以把日海军第11战队"八重山"号等10多艘舰船封锁在长江内，或"关门打狗"，或作为与日本谈判的"本钱"。但因最高军事当局迟迟不决，致使坐失良机，在封江之前让其逃脱。

8月11日，蒋介石电话命令陈绍宽立即执行封江任务，防止日本军舰直扑南京。11日晚陈绍宽下达了第1舰队向江阴进发的命令，并亲自督率陈季良的第1舰队驶赴江阴。第一批用来沉塞的是军龄较老的8艘超期服役的舰艇，即"通济""大同""自强""武胜""德胜""威胜"等6艘炮舰，及"辰""宿"2艘鱼雷艇。在此之前，海军部还向国营招商局和各轮船公司征用20艘商船，依次排列下沉，十几个小时便完成沉塞任务。之后，又将征用的"公平""万宰""泳吉"3艘商轮和在镇江、芜湖、九江、汉口、沙市等地扣押的8艘日本趸船拖往江阴沉江。

9月25日，中国海军再次调来"海圻""海容""海筹""海琛"4艘吨位最大的军舰沉入江底，构成另一辅助防线，增强防御能力。江阴沉船总吨位达63800吨之多。此后又从苏浙皖鄂等地运来土石方3000多方和大量柳枝，装入185艘民用船和盐运拖轮陆续下填，弥补空隙。此工程费工时两个月，共计有10多艘舰艇和千余人参加。工程完毕之后，海军又在阻塞线外布设水雷区，主力舰驻防阻塞线内。江阴防线应该说是一道万无一失严密的封锁线。

中国海军第1舰队司令陈季良率领"平海""宁海""应瑞""逸仙"4艘主力舰防守江阴，列阵前沿；第2舰队司令曾以鼎率队紧随其后，接应第1舰队。此防线给日军进攻南京造成困难。因此，日军要派出精锐的航空兵炸毁中国舰队。

8月16日晨，日本航空兵从航空母舰上起飞，一批批向中国舰队实施空袭，第1舰队列阵的4艘舰用高射炮、高射机枪配合江阴要塞的防空火器组成防空火网，日机始终没能迫近封锁线。9月22日，"宁海"舰击落日机一架。第1舰队在陈季良率领下，与日本航空兵整整周旋了一个月，日机无可奈何。9月22日，日本海军派出"加贺"号航空母舰载飞机42架、第2

联合航空队战斗机24架、轰炸机30架、攻击机12架,轮番飞抵江阴上空攻击中国海军的护防舰只。日机首先集中围攻"平海"舰,连续不断地俯冲投弹,该舰官兵不畏强敌奋勇抗击,舰长高宪甲身临炮位全力指挥作战,他的腰部被弹片击中,血流不止,伤势严重,虽士兵劝阻仍不离开。在历时6小时的作战中,高射炮指挥见习生孟汉霖、高昌衢中弹阵亡。炮手周壮发左臂重伤,仍坚持不下炮位向敌机射击。全舰共伤亡34名官兵,击落击伤日机5架。日机又向"宁海"舰围攻,双方再度海空对战,官兵们士气高昂,决心与舰共存亡。舰长陈宏泰重伤,航海员林人骥等人阵亡,枪炮官陈嘉杼、军需官陈惠、枪炮员刘崇等受伤不下火线;见习生刘馥,在高射机枪出现故障时,冒险在露天炮位且战且修,至枪架被击断纵轴时,毅然举起炽热的无架机枪向日机射击。

连续不断的战斗,舰上弹药告竭,后援不到,而更多的日机反复进行集团式轰炸,"平海""宁海"两舰先后被炸中要害,沉入江底,官兵泅水逃生。第1舰队司令官陈季良将"逸仙"舰作为他的旗舰,继续执行江阴防守任务。

25日,日机十余架向"逸仙"舰发动猛攻,全舰官兵在陈季良亲自指挥下,与日机殊死较量,舰首主炮将两架日机击中,而自己中弹漏水,大量江水涌进舰舱无法堵塞,舰身倾斜,不断下沉,全舰阵亡14人,伤8人。在"健康"号前来援救时,与日机遭遇,全舰官兵涌向甲板,用高射机关机和步枪向敌机射击。在日机俯冲时,舰中8弹,舰长齐粹英、副舰长严又彬、航海员孟维洸在指挥台上被炸重伤,全舰27人受伤,7人阵亡。

第1舰队已无法坚持防守江阴。陈绍宽命令第2舰队司令曾以鼎率"楚有"舰疾赴江阴接替防守。28日、29日"楚有"舰连遭日机4次轰炸,要害部位中弹,18人负伤,被迫开往六圩港附近。在抽水补漏时,又遭日机轰炸,于10月2日下沉倾覆。曾以鼎被迫离舰,将其司令部移至江防司令部。

中国海军舰队的主力舰先后在江阴被炸沉后,日机又开始轰炸其余军舰。海军官兵忠于职守,奋勇抗敌,相继击落日机10余架。但自己也付出了惨重代价,"青天""湖鹏""湖鹗""江宁"等舰艇分别于龙梢港、鳗鱼沙、鲥鱼港、炮子洲等处被日机炸沉,"应瑞"号在采石矶对空奋战后被炸沉。"绥宁"号在十二圩附近受重创。此后中国海军元气大伤,国民政府军事委员会作出海军退守长江两岸,将剩余舰炮卸置岸上,组建江防炮队,对日海军实施沿江腰击的决定。首先组成海军太湖区炮队,下辖5个分队,配置在江阴、浦东、太湖各处,并调"平明""捷胜"号巡弋湖内,以防日舰由吴淞口顺水进入太湖。随后组成镇江区炮队,并扩充了江阴炮队。在江阴炮台总台部下分设两个炮队,担任巫山、六助港防御,封锁江面,构成保卫江阴封锁线的第二道防御阵地。

11月5日,日军第10军以三个半师团兵力,在日海军第3、第4舰队的掩护下,从防守薄弱的金山卫登陆。30日上午8时半,5艘日舰向六助港接近,要塞炮台开炮,击中日舰1艘,日舰集中炮火向炮台轰击,双方炮战相

9月23日在江阴江面与日军进行血战的"海宁"舰,作战中,该舰击落日机4架

持到中午，2艘日舰退却，炮台乘机猛烈轰击，重创日舰1艘。

12月1日，日陆军进抵江阴城，其轻型坦克向中国守军前沿阵地攻击，战况甚烈。下午6时，阵地难以坚守，南京统帅部下令撤退，江阴陷落。

二、八一四空战

卢沟桥事变发生的第二天，蒋介石询问了空军部署情况。他认为中国空军与日本空军相比，无论从飞机数量上还是从飞机质量上，都与日本有较大差距，要想使中国空军保持一定的打击力量，必须将现有的作战飞机尽可能的集中使用。于是他下令空军将所有能参战的飞机集中到江西南昌的青云谱机场。短短几天工夫，从各地飞到青云谱机场的大约有250架飞机。其中有从国外进口、超期服役的老式飞机，"两广事变"后陈济棠的广东空军投诚的飞机，以及为祝贺蒋介石50寿辰，各地豪绅和官吏、民众捐献的飞机。飞机集中到青云谱机场后，分为9个大队进行战术飞行训练。在此期间，全国报界提出质问，空军为何不北上抗日？蒋介石对此不屑地说："就这么些本钱，能轻易动用吗？"

7月中旬，空军第4大队秘密进驻河南周家口机场待命。第一目标：天津南开区日本兵营指挥所；第二目标：绥远百灵庙日机6架；第三目标：支援地面作战，协同防卫保定外围新防线。

8月4日，中国空军部分飞机被调往扬州句容机场。蒋介石原打算上海一旦开战，海军在江阴实行封江，然后集中空军将游弋在长江里的近50艘日本军舰统统炸沉。由于行政院机要秘书黄浚的泄密，这一计划未能实现。当日本军舰逃往长江口时，蒋介石亲自打电话给空军第5大队，令其于拂晓前出动追击，如敌舰开出黄浦江，就停止轰炸。

第5大队得到命令后，于拂晓起飞，18架霍克式驱逐机，每机载500磅炸弹沿长江向东飞去。飞机飞得很低，搜索长江江面，遗憾的是敌舰已越过江阴要塞，无影无踪。只是在吴淞口东白龙港追上一艘掉队的敌舰。中

抗战开始时中国空军的飞机

国飞行员岂肯放过这唯一的盘中餐,将敌舰围住,一架接一架俯冲下去,将其炸成废铁沉入江底。

日本人没料到蒋介石会把空军集中使用,因为这样一来,局部空中对抗中日势均力敌。7月11日,日本陆军参谋本部和海军军令部制定的《陆海军航空协定》中,规定陆军计划投入28个中队,飞机240架;海军计划投入220架飞机。但大部分飞机分布在华北、华南,重点攻击华北及华南的军事目标,协同地面部队作战。日军认为中国空军兵力薄弱,用美元购进的那些飞机,不敢轻易升空作战。

日本人估计错了。

8月13日下午14时,南京军事会议下达了《空军作战命令第一号》。14日凌晨,中国空军各部队分别从曹娥、周家口、广德、长兴、嘉兴、扬州、苏州、淮阴、滁县、大校场、句容等机场起飞,正式开始对日作战。第4大队立即进驻杭州笕桥机场,首次亮相,中国空军就面对日本空军王牌木更津航空队。

当第204中队从扬州起飞在吴淞口炸沉一艘日舰后,晨7时,暂编大队第5中队的5架飞机从笕桥出动，袭击了设在上海日商公大纱厂内的日军军械库。

8时20分，第2大队的21架"诺斯罗普"式轰炸机从安徽广德机场升空，直扑吴淞口，轰炸了停泊在那里的敌舰及公大纱厂、汇山码头等地的日军据点。

9时10分，第5大队的8架驱逐机，在南通附近的江面上，击中一艘日军的驱逐舰。

下午14时30分，第204中队的3架驱逐机在中队长刘粹刚带领下，攻击日军据点后返航时，遭躲在云层之中的敌机攻击，梁鸿云驾驶的飞机被击中，梁鸿云身体多处中弹，但他忍着剧痛驾机返回虹桥机场，于17时殉职。

第2大队的21架轰炸机，完成第一轮轰炸任务后，经加油补充弹药，再次从广德机场升空，分两批轮番轰炸了公大纱厂、汇山码头及四川北路的日军特别陆战队司令部。日军地面防空部队拼命射击，任云阁驾驶的907号飞机中弹，任云阁阵亡。李传谋驾驶的飞机中弹后，返航途中坠毁于常州附近。另一架由祝鸿信驾驶的飞机，在其受伤后顽强降落。

公大纱厂，是中国空军重点攻击的目标，原因是日军陆战队的司令部设在那里，要将日军准备在此修建的临时机场工程破坏。由于中国空军的反复轰炸，此目的已经达到，火海吞噬了机场工程。

面对中国空军凶狠的攻击，公大纱厂里的日军频频呼叫，请求制止中国空军的举动。日本海军第3舰队司令官长谷川清中将认为，必须炸毁中国空军的机场！由于海面舰队的舰载机因台风无法起飞，长谷川清命令驻台北的鹿屋航空队立即行动，轰炸中国机场，拦截中国飞机。

杭州笕桥机场是中国航空学校所在地，自然成为日军攻击的目标。

14日拂晓，杭州上空，狂风暴雨，乱云飞舞，被强风吹得无法保持队形的日本鹿屋航空队4架双翼轰炸机在风雨中寻找笕桥机场。刚从南京和河南周家口先后飞到笕桥机场的中国空军第4大队的飞行员没来得及休整，便在大队长高志航率领下迎击日机。

风雨越来越大,高志航第4大队的霍克式飞机,挡风玻璃只有一半,风雨扑打着飞行员们的脸,雨水直往机舱内灌。由于当时飞机之间无法通话,高志航摇晃机翼向同伴们指示。这时,他们发现一架日军重型轰炸机长机,正对准笕桥机场,准备俯冲下去投弹,立即冲上前去拦截。日机慌了,盲目地丢下炸弹,掉头就跑。哪料想日本飞机已被"红"了眼的中国飞行员盯住,岂能让它溜掉?于是不顾敌护航机密集的火网,冲上前死咬住敌机不放。在高志航的射击下,日机剧烈晃动起来,紧接着又一阵急射,敌机的机枪哑了,随即拖着长长的黑烟,栽下云层。

高志航兴奋地晃动机翼,向伙伴们宣告首开纪录。

第二轮攻击时,又有3架敌八八式双翼轰炸机被击落。此时天已大亮,有日机两个编队向笕桥方向而来,第4大队尾随攻击,有2架敌机先后被击落,其余敌机仓促投弹于郊区,潜入云层,向东遁去。

战斗结束后,第4大队折回笕桥机场,天已破晓,此时又有两个敌机编

李桂丹

高志航大队长

队从西南方向而来，高志航带领大队迎了上去，2架日机在乐以琴、梁天成的攻击下，先后被击落。

风雨中的这场大厮杀，前后只用了30分钟，日机被击落6架。日本官方承认有2架飞机被击落，其余"行方不明"；中国方面宣布在杭州半山及钱塘江口附近分别发现日飞机残骸。中国空军，只有刘署藩驾驶的飞机因油料耗尽，在田野上迫降失败，刘署藩不幸殉职。高志航的座机五六处中弹，刚刚落在跑道上，发动机就停了，但能平安返回地面真乃万幸。

中国空军八一四空战首次亮相并大获全胜，极大鼓舞了全国抗日民众，国民政府决定把这个日子定为空军节，艺术家们为此创作了歌曲：

八一四，西湖滨；志航队，飞将空；
怒目裂，血飞腾；振臂高呼鼓翼升；
群鹰奋起如流星；掀天揭地鬼神惊；
我何壮兮一挡十；彼何屈兮六比零；
一战传捷，举世蜚声；
发扬民族的力量，珍重历史的光荣。

第4大队及高志航得到航空委员会的嘉奖，高志航本人由少校提升为中校，并被调往南京大校场，协同第3大队，担任保卫首都南京的领空。

日军不甘心杭州上空的惨败，于8月15日对中国空军进行了大规模的报复。日军第3舰队司令官长谷川清声称八一四失败的原因是由于天气不好、日本飞机在华东地区没有陆上基地、其航程太长等。长谷川清咬牙切齿地说："定会在华东全面打败中国空军。"

15日7时30分，14架日本鹿屋航空队的攻击机，从台北机场出发，前往攻击南昌机场。9时10分，木更津航空队的20架攻击机从大村机场起飞，目标直指南京大校场和明故宫机场。与此同时，16架九四式舰载轰炸机、13架九六式舰载攻击机、16架八九式舰载攻击机，从吴淞口外的"加贺"号航空母舰上起飞，前往浙江乔司、绍兴、笕桥、嘉兴等机场实施轰炸。

笕桥机场的警报响起，第4大队守候在飞机旁的飞行员们迅速登舱，这21名年轻的飞行员并不知道，此次前来的是超过自己数倍的敌机，他们在大队长高志航率领下，再次迎接生死较量。

"加贺"舰载机群遭到中国空军的奋勇拦截。勇敢的中国飞行员不畏强敌，杀进敌群。大队长高志航首先向敌机开火，仅在几秒钟内，就击中一架，敌机冒着黑烟栽下云端。

一架八九式攻击机又被高志航咬住，日军飞行员索性调过机头，与高志航对射，击伤了高志航的臂膀，高志航忍着伤痛，瞄准对方猛烈射击，打中敌机油箱，敌机当即在空中爆炸。乐以琴驾驶的2204号战机，在3000米处突然钻出云端，从敌机侧面冲入敌阵，一口气先后击中4架敌机。

8月15日的长空血战中，日军再次遭到中国空军的沉重打击，被击落13架。日本方面承认，损失轰炸机2架、攻击机8架、飞行员20人。中国飞行员吴可强牺牲。

8月16日，天空多云，持续了几天的台风停止。日本航空母舰上的舰载机全部出动，面对数倍于己的敌人，中国空军开战两天来的优势没有了。蒋介石和航空委员会认为，要想夺回空中优势，必须打掉日军的航空母舰，并决定用20万大洋作为炸沉它的赏金征集空军敢死队。同时，加强对公大纱厂、汇山码头的轰炸，决不让日军在此附近修建机场。

16日清晨，中国空军第6大队的8架"道格拉斯"轰炸机从苏州机场起飞，兵分三路轰炸敌据点。当中国飞机穿出云层向目标接近时，遭日军13

空军英雄乐以琴

架九六式舰载攻击机阻拦，303号机被击中，飞行员桂运光头部中弹，当即牺牲，黄文横腰部负伤后，与敌周旋，坚持将飞机降落到后方，终因伤势过重，牺牲在后方医院。

日军深受中国空军之苦，也采取了轰炸对方机场的战术，企图消灭中国空军的有生力量。16日，"龙骧""凤翔"号2艘航空母舰上的舰载机倾巢出动，对嘉兴、龙华、虹桥机场进行狂轰滥炸。当天下午，在句容机场上空，中国空军同台湾来的鹿屋航空队展开激战，击落敌机3架，其余被赶走。

原准备轰炸南京的日军王牌木更津航空队，起飞后发现云层太厚，雾霭太重，临时改为轰炸苏州。当他们刚出现在苏州上空，就被中国空军拦截，被击落2架。

空战愈演愈烈，8月17日配合地面部队作战的中国空军第5大队8架"霍克"式驱逐机，穿过日军地面防空炮火，一架接一架地俯冲下去，将炸弹掷进日军陆战队司令部的屋顶上、掩体内。在前线阵地用望远镜观望的张治中，兴奋地喊道："真了不起，我们的空军真了不起！"

担任僚机的辽宁籍飞行员阎海文，驾驶着2510号飞机，在冲向敌阵地时，遭敌高射炮火的猛烈射击。但这丝毫没影响他的杀敌决心，迅速将机身半滚旋转成倒飞状，然后垂直向下俯冲，将携带的炸弹准确倾泻下去，命中目标。当他准备把机身拉高时，日军高射炮弹打中了他的座机，机身剧烈摇晃，失去控制，坠向地面。阎海文被迫跳伞，不料顺风落到敌人阵地后方。阎海文伏在小土丘上，举目四望，见日本兵端着枪向他围来。他毫不畏惧，一手拉脱降落伞的带钮，一手拔出腰间的手枪。这时，数十名日本兵从四面逐步逼近，高喊："支那飞行士投降！"他们一边叫喊一边向阎海文做着手势，示意让他放下武器，把双手举起来。阎海文突然举枪射击，击毙前面的两个敌人，接着又击毙两个想要生俘他的日本兵，当敌人再次冲上前时，他从容地将最后一颗子弹射进自己的太阳穴而壮烈殉国，时年仅21岁。

阎海文宁死不降的精神，使敌人都很敬重。日军厚葬了阎海文，并在墓碑上写下"支那空军勇士之墓"。1937年9月11日，日本报纸《每日新闻》刊载了阎海文壮烈成仁的报道。该报驻中国特派员木村毅化在文章中写道："中国已非昔日支那了。"同年10月，日本军方还在东京新宿举办了一个"中国空军勇士之友阎海文展览会"，展出了阎海文的飞行服、降落伞、手枪及子弹带等遗物……

中国空军第2大队是8月14日奉令出击的，他们从广德冒着倾盆大雨起飞，在空中集队后沿预定航线，由上海以西飞过浦

阎海文烈士

东，然后由东向西，去轰炸日军第3舰队旗舰"楚云"号。没能得手，便把目标对准堆满日本军火的杨树浦码头。他们俯冲投弹，码头上立即火光冲天。15日，继续轰炸日海军第3舰队，重创日舰。

8月18日晨，第2大队第9中队再次奉命轰炸敌舰。他们沿钱塘江，低空向杭州湾搜索前进。正当临近日军第3舰空队时，飞行员沈崇海驾驶的904号美制"诺斯罗普"式轻型轰炸机尾部突然浓烟滚滚，速度减慢，脱离编队。此刻，其他飞机已展开攻击队形，向敌舰俯冲。沈崇海决定赶快离开机群。面对敌舰，沈崇海热血沸腾，他回头望了望后座驾驶员、他的副手陈锡纯，陈锡纯顿时领会了沈崇海的意思，毫不犹豫地用手指向下面的敌舰，对他点头。沈崇海不顾一切，用力将手中的操纵杆向前猛推到底，驾着满载炸弹的飞机，向敌"楚云"号军舰撞去。一时间，爆炸声、烈火、浓烟、喊叫声，笼罩着"楚云"号。沈崇海、陈锡纯与敌舰同归于尽。日军海军第3舰队遭受重创。

8月17日，蒋介石亲自制定防空处与空军切实联络的方法，及空军对敌空军的作战与对上海陆军战场的联络等条谕。蒋介石在条谕电文的最后说："近日空军战斗员连日苦战，体力与精神仍能如常奋发，无任欣慰，

惟各大队长与队长对于各队员之体力与精神，应于未出战时间中特别注意爱护，务使能多加休息时间，饮食方面尤应加倍营养，以资调补。各大队长、队长尤应自加爱护，节力省时，为国珍重是幸。"

但在事实上，华东大多数机场设备简陋，飞行员们住在临时搭的棚子里，有的连床铺被褥都没有，吃饭都成问题，但为了打击日本侵略者，年轻的飞行员斗志昂扬，一次次驾战鹰与敌人搏斗。

从8月19日开始，中国空军陷于被动，各机场的飞机只要一起飞，便有日军飞机前来拦截。19日下午3时50分，日本海军第1联合航空队鹿屋航空队的7架攻击机，突然飞抵保密相当严格的南京兵工厂轰炸，南京地面防空部队冒着日机炮火顽强抵抗，终于击落日军大尉梅林孝次驾驶的飞机，击毙梅林孝次。当晚10时5分，南京城首次遭到木更津航空队大规模轰炸。与此同时，日机准确地轰炸了中央陆军军官学校、参谋本部。这种奇怪现象，引起蒋介石和航空委员会的注意。他们从各种迹象分析，认为中国空军的常用电码，恐怕已被日本的电讯侦破人员破译，或是被日本间谍探知。空军司令周至柔命令即刻更换电码，同时在南京及一些重要地区对日本间谍进行搜捕。

20日下午，中国空军第8大队第19中队3架"亨格尔"式轰炸机从汉口机场出发，飞抵上海江湾轰炸日军指挥部。飞临目标区后，遭日军地面炮火的猛烈轰击，3架飞机在机身多处中弹的情况下，将燃烧弹投向目标，身带累累伤痕返航，安全降落在机场。

在南京大本营下达《国军战争指导方案训令》的第二天，即8月21日，空军前敌总指挥部决定挑选一批夜航技术过硬并能单机执行夜航袭击任务的飞行员，组成一支夜袭派遣支队，并于22日夜，开始首次夜袭行动。

8月22日，集结在吴淞口的日本增援部以陆军第5、第11师团，开始在张华浜、蕴藻浜、狮子林、罗店、浏河等地登陆。中国空军的作战重点遂转为打击该敌。命令下达后，中国空军第4、第5两个大队的18架"霍克"式战斗机，飞往日军主要登陆地点浏河一带攻击敌军。日军发觉中国空军的企图之后，立即派大批舰载机起飞迎战。双方在空中展开混战。中国空军第4大队代理大队长王天祥，在座机多处中弹的危急时刻，用已经失去平衡的飞机，将敌机击落，自己身负重伤，在跳伞后因伤势过重而牺牲。中国空军在损失巨大的情况下，依然派出一批批飞机，对吴淞口登陆之敌进行轰炸。但是，除轰炸机外，相当一部分是驱逐机或侦察机，载弹量十分小，对登陆敌人构不成太大的威胁。日军登陆后，采取牵制中国空军的战术，将主要作战飞机派往南京进行轰炸，不得不使中国空军将部分飞机调往南京保卫首都。

8月24日，停泊在吴淞口外的日本3艘航空母舰，集结起一百多架舰载机，对淞沪中国守军进行大规模的集团轰炸，中国陆军伤亡惨重。次日，中国空军第9大队的4架"雪莱克"攻击机从南京机场起飞，第8大队的3架"马丁"式轰炸机、3架"亨格尔"轰炸机从汉口机场起飞，暂编大队的3架"霍克"轰炸机从笕桥机场起飞，飞抵上海，对狮子林、浏河一带长江江面上的20余艘敌舰发动进攻。这一天，中国空军损失3架飞机，飞行员王志恺、张俊才、洪冠民殉职。

在此后的日子里，中国空军仍旧频频出击，给登陆之敌造成威胁。截止到8月底，在淞沪上空展开空战12次，击落敌机61架，自己也损失飞机27架。随着日军在9月初登陆，迫使中国守军放弃重要阵地。公大纱厂附近的日军机场建成，日军飞机可以自由地起落，华东地区的制空权被日军掌握。

值得一提的是，1937年9月18日，是旧历八月十五，中秋节。在这个中华民族传统的节日里，中国空军为了纪念"九一八"事变六周年，发动了一次复仇性攻势。这天夜里，中国空军集中了所有能参战的飞机，一起扑向淞沪地区的日军。在轰炸完黄浦江面的日舰之后，又向日军临时设在汇山、杨树浦码头的军需仓库猛烈攻击，汇山、杨树浦码头火光冲天，巨大的爆炸声震天动地，使日军受到登陆后前所未有的损失。

在淞沪中日大空战中，中国空军发挥了高度的爱国精神，鼓舞了全国民众消灭日本侵略者的信心！

第三节　混战上海滩

一、淞沪激战

9月24日，蒋介石在记者招待会上，对外国记者说："中国为各国而战，各国应该援助中国。"

蒋介石在南京频频对外国记者发表讲话时，淞沪前线连日来战斗激烈，双方争夺中心仍在江湾、罗店、刘行等地区。日军援军源源不断到达，海军主力舰"长门""陆奥"号，满载大量军火抵沪，日军前沿阵地得到大量的补充。中国守军尽管伤亡甚大，但官兵始终保持斗志，并得到上海民众有力的支援。挖战壕、筑掩体所需的麻袋、木材、钢板、铁丝网等材料，上海群众大批筹集，利用夜间运到前沿。大批的慰劳品，诸如罐头、饼干、面包、大饼、炒米、咸肉、火腿，以及毛巾、牙刷、牙膏、肥皂等，群众冒着敌人的炮火送上前线。自愿组成的救护队，除及时用担架将伤员送到医院，还送来大量的绷带、急救包、万金油等。整个淞沪战场，军民一体在同敌人作战。

9月25日，中国共产党中央委员会发表《告日本海陆空军宣言》，指出中日两国士兵应该联合起来，反对共同的敌人日本法西斯军阀，实现真正的和平。

9月26日，日军三艘军舰轰击防守新三井码头的中国军队右翼军，企图登陆，被中国守军击退。中央军方面全线沉寂。左翼军方面，日军于当日上下午两次向樊家桥、金家宅、杨家宅、龚家桥第4军阵地攻击，激战入夜。

9月27日，右翼军方面：午后敌机两架由杭州经柯桥、新昌，向栎社机场投下两枚炸弹，击中机库，机场守军用机枪将敌机赶走。傍晚，日舰一艘，由龙山驶至镇海炮台前，轰击数发炮弹后离去。

中央军方面仍旧沉寂。左翼军方面：日军以步兵一营，向第15师阵地攻击，激战至午后双方持对峙状态。

9月30日，彭松龄（湘系）第16师在顾家镇、孟湾、张宅之线，于凌晨3时起，与当面千余顽敌对峙，日军以飞机大炮攻击甚烈，第16师官兵拼死抵抗，至下午4时许将敌击溃，击毙敌500余名，其中军官5名，一名系敌少佐林木八一，缴获大批武器。夜晚，日军炮兵对顾家镇第16师阵地猛烈射击，将阵地前铁丝网炸坏，为敌步兵开拓进路，当20余名日军进入阵地后，第16师官兵截断日军退路，沉着应战，逐次将突入阵地之敌全部歼灭。在唐家浜附近，日军坦克20余辆，伙同步兵两千多人向北移动，被中国守军第77师击退。拂晓以后，日军对严宅附近第4军阵地炮击颇烈，继以战车十余辆掩护步兵攻击前进，第4军军长吴奇伟命令："谁后退一步就宰了谁！"双方僵持不下。

截至9月30日，日军发动的4次总攻，均被击溃。日军飞机飞临上海市区猛轰滥炸，造成平民死伤万人。

10月1日，在东京，日本首相近卫、陆相杉山、海相米内、外相广田举行四相会议，通过《处理中国事变纲要》，扩大华北和华中战局，设想发动一个10月攻势，迫使南京政府议和，结束战争。

日军的"10月攻势"部署是：第101师团在吴淞、上海间登陆，进入蕴藻浜北岸。第9师团和第13师团分别由大阪、神户开来。其作战意图是：（一）以三个师团向大场镇攻击；（二）第11师团进入杨泾一线，回旋掩护其右侧面；（三）以第13师团作第二线，在军主力的右翼之后；（四）攻击大场镇，进入苏州河一线，向南推进；（五）进攻目的是进入苏州河一线，消灭上海北面的中国军队，封锁上海西南面，进而攻击南翔。

日军总司令松井怒叫着命令部下，限定三天之内占领嘉定、浏河、刘行、大场、闸北、浦东。

10月2日，日军集中兵力向罗店、刘行发动进攻，坦克和战车冲压过中

蒋介石在前线指挥作战

日军向大场进攻

国守军阵地。中国军队沿沪太公路撤退一千余米。当晚，日军轻型战车30余辆，协同步兵1600余人，由北四川路冲入守军警戒线。次日清晨，日军向沪太公路东西两侧进攻。日舰驶入常澄交界之段山港，用重炮轰击岸边民房。战斗激烈地在罗店、刘行附近进行，日军企图强渡蕴藻浜，被中国守军制止。双方均付出了惨重代价。

10月6日，日军主力分两路进犯，一路由罗店沿沪太公路，经施相公庙向嘉定进攻；一路由顾家宅强渡蕴藻浜，抵南岸进袭庙行、张华浜西进，威胁江湾、闸北之线。

10月10日，蕴藻浜南岸严湾、江家宅附近的日军，反复冲击中国守军阵地，终未得逞。下午3时许，日军以主力围攻西南赵家角、盛宅塘、北宅、顿悟寺、陈家行一带中国守军阵地。第1师、第78师、第32师与敌展开殊死搏斗，双方形成拉锯战。入夜，第1师伤亡甚重，抵不住日军轮番冲击，退出西南赵家角阵地，扼守小河南岸。10日午后2时，日军千余猛攻阮肇昌的第57师，第19集团军总司令薛岳命令阮肇昌，不许再后退。阮肇昌身临前沿督战，相持至暮，日军被阮师击退。同时有日军五百余人向广福方面移动。

入夜，第9师向杨泾河突入的敌军发起夜袭，第9师师长由第2军军长李延年兼任，李延年的部队动作勇猛，一阵猛冲猛打，日军仓皇退去。小潘唐湾第51师在师长王耀武率领下，将来犯的日军四百余痛击，敌不支退去。停泊在浏河口一带的多数敌舰，11日向浏河口、杨林口炮击，并放烟幕，敌机亦迭前来轰炸，至黄昏时日军在杨林口、马桥口强行登陆，敌军登陆皮划艇大多被炸翻在河里，登陆失败，同时浏河镇对面的日步兵没有停止向前进击。

第9集团军总司令朱绍良，命令李玉堂的第3师第9旅接替了钟松第61师在唐沈宅以西沿蕴藻浜南岸严湾、江家宅等处的防务，钟松交防后，奉命将部队移至江湾、大场之线，对北正面构筑工事。

10日以来，闸北的六三花园、八字桥、浦东、蕴藻浜等地战斗激烈异常。中国的新兵，每当日军炮火猛烈时，吓得四处躲藏。随着战事的持久，中国军队中开小差的逐渐增多。一些指挥官，在日军"武士道"的冲击下，惊慌万状，擅自将部队后撤，致使一些重要阵地落入日军之手。鉴于此况，国民政府军委会于15日发布训令："前方自应奋勇应战，如有擅自退却者，当予依法连坐，其余战地文武官佐，亦应各本天良，一致抵御。如有擅退或抗御不力等情事，亦当依法严惩，决不宽贷。"

沪战激烈时，中国的援军第21集团军，在总司令廖磊的率领下赶到上海。为恢复蕴藻浜南岸阵地，第21集团军决定对日军全线发动反攻。以韦云淞的第48军6个步兵团编为第一路，向黄港、北侯宅、谈家头附近蕴藻浜南岸的日军攻击。以左翼的第19集团军叶肇的第66军为第二路，由孟家宅、马家宅，正面攻击前进。以第15集团军总司令罗卓英兼任军长的第18军为第三路，由广福南侧向孙家渡、张家宅之线攻击。吴奇伟的第4军开至马陆镇、石岗门间地区，接替叶肇第66军阵地，韦云淞、吴奇伟两军并归第19集团军总司令薛岳指挥。原守备各师，各向当面之敌攻击。总攻时间定于21日19时。

全线向蕴藻浜南岸反击开始后，激战彻夜，各路均有进展。日军主力在飞机及舰炮支援下，于22日向第21集团军反攻，激战至23日，双方伤亡甚大。中国军队退守小石桥、大场、走马塘、新泾桥、唐家桥之线固守。

日军向第170师、第171师两师（桂系）阵地猛攻，双方血战白刃。第170师师长徐启明，第510旅旅长庞汉祯，第171师师长杨俊昌，第511旅旅长秦霖及团长廖雄、谢鼎新、褚兆同等阵亡。第21集团军刚调来就损失惨重，总司令廖磊埋怨薛岳指挥不当，大有故意将桂系部队拉上去送死之嫌疑。

中国军队反攻失败，闸北至庙行、陈行以北阵地均无变化。22日，日军在已占领的宝山县城组织伪县政府，荒唐地任命日本人吉田为县长。

25日，形势更加恶化，日军第11、第12和第9师团主力，在飞机助战下，向大场方面猛攻，一举突破翔大公路，直逼南翔，大场形势十分危急。同一天，走马塘阵地亦被日军突破。

26日，谭道源第22军第18师大场阵地被日军攻破，该师师长朱耀华愤而自杀，部队溃散；庙行、江湾、闸北守军，亦自动放弃阵地。迫使主力不得不退守南翔一线，其一部退至苏州河以南，一部留守苏州河以北各要点阵地。

27日，闸北大多数阵地落入日军之手。要点阵地闸北四行仓库仍在守军之手。守军孙元良第88师第262旅第524团团副谢晋元率该团主力，坚守闸北四行仓库，凭借坚固之工事，抗击敌人。

28日夜深，日军猛攻闸北并烧毁民房。第88师一团在烈焰之中与敌搏斗，至死决不后退。全团只剩一营之众，仍不放弃阵地。该日敌向守军前进阵地进攻，宋希濂第36师杜家宅附近一营，与敌拼杀只剩十余人。彭善第11师洛阳桥阵地亦被敌攻陷，阵地被截断。李觉第19师正面，双方激战，伤亡不明。刘多荃第49军第105师已到达黄渡，奉令在黄渡、方秦间构筑工事。该师归左翼军总司令陈诚指挥。第62师主力奉令调至浦东，加强该方面守备苏州河南岸；沪西方面，双方在中山路、北新泾一带，隔苏州河对峙。

29日，日军占领闸北后兵分两路：一路由大夏大学直插苏州河；一路由真如向周家桥攻击前进。真如大道发生激战，日军战车被击毁数辆。30日午后，日军第2师团之一部，向广福镇前老陆宅猛烈进攻，守军不支，继续向后撤退。顾祝同命令粤军巫剑雄第154师到达黄渡,归左翼军第19集团军薛岳指挥;命令吴克仁第67军在安亭,集结于青浦附近,归中央军朱绍良指挥。

闸北到处是火光,日军在闸北纵火焚烧造成的损失,达两亿多元。

31日午后,日军全力强渡苏州河,封锁南市。后渡过苏州河,中国军队放弃南翔以东苏州河北岸全部阵地。

二、壮哉,"八百壮士"

第三战区最高指挥官顾祝同电话命令第88师孙元良:"委座想要88师留在闸北,死守上海,你的意见怎样?"

孙元良略加思索:"我不同意,为什么呢?如果我们死一人,敌人也死一人,甚至我们死十人,敌人死一人,我就愿意留在闸北,死守上海。最可虑的是,我们孤立在上海,激战之后,干部伤亡了,联络隔绝了,在组织解体、粮弹不继、混乱而无指挥的状态下,被敌军任意屠杀,那才不值……"

顾祝同打断了孙元良的申辩:"这是委座的命令,淞沪之战事,关系国际观瞻,在全线撤退的局面下,我们要留一个团,死守闸北。"

孙元良知道无力改变这道命令,也知道这道命令将葬送几百个弟兄的生命,但还得坚决执行。让谁担负这一重任呢?他想到了谢晋元……

谢晋元,字中民,广

谢晋元将军

东焦岭人。黄埔军校第4期毕业，参加过北伐战争。1934年任第88师补充团少校营长。淞沪抗战打响后，调任第524团中校团副。

半小时后，门外跨进一名威武的军人，他向孙元良立正、敬礼：

"报告！第524团团副谢晋元奉命来见。"

孙元良一看表："好快呀！来，先喝口水！"

警卫人员急忙给谢晋元倒上水。而谢晋元却迫不及待地问："师长，有什么新任务？"

孙元良看着眼前这位英姿勃勃的优秀军人，沉吟片刻："委座要我们死守上海的最后阵地。你带领第1营的弟兄坚守四行仓库，你们最好把指挥部和核心部队布置在这里，这幢大楼不仅坚固易于防守，而且更易于掌握部队。仓库里有足够的粮弹，你们可以坚持下去，好好地打仗……"

谢晋元一挺胸，大声回答："师长放心，我们不会给本师的荣誉抹黑的！"

所谓四行仓库，即金城银行、盐业银行、大陆银行和中南银行所建的7层仓库，为钢筋混凝土建筑，里面堆放着许多粮食等物资。由于处于苏州河北独特的地理位置，敌军坦克无法展开攻击，而日机轰炸又恐伤及自己人，一时奈何不得。

谢晋元就这样接受了任务。

第88师师长孙元良

战火纷飞中的四行仓库

当晚10时，日军的炮火打得格外猛烈。第1营营长杨瑞符接到谢晋元要他速去团部的电话，带着两名传令兵一出门，迎面飞来两发炮弹，杨营长敏捷地卧倒，随着两声爆炸，灼热的气浪和弥漫的尘土几乎使他窒息。硝烟未散，他立即爬起来，冒着炮火迅速跑到团部。

谢晋元把死守闸北的命令交给杨瑞符："你赶快回去集合队伍，我先到四行仓库去！"

10月27日上午9时许，守四行仓库的部队全部到齐，一共有400名，对外号称800人，这就是"八百壮士"的由来。他们立即投入布置阵地的紧张工作。这时，北站大楼已经被日军占领。很快，警戒部队与日兵发生接触，警戒部队边打边撤，安然撤回四行仓库内。

当日军接近仓库时，守军登上房顶，向下猛掷手榴弹，当场炸死日军7人、伤二三十人，其余逃跑。第一天日军的几次进攻，均被击退。

28日清晨，当太阳尚在乌云里挣扎时，敌人的迫击炮和机关枪就响成一片。这时四行仓库已被日军包围。守军凭借坚固的工事，沉着应战。

下午3时许，日军向四行仓库发起进攻，当进入守军有效射程后，谢晋元一声令下，机关枪、步枪一齐开火，日军大乱，丢下十几具尸体仓皇逃跑。

天色暗淡下来，枪炮声还在继续。日军这一天的进攻停止了。

中夜，清辉冷冷，疏星朦胧。寂静的闸北，突然响起了激烈的枪声。在四行仓库前面的马路对面，一名18岁的女童子军，凝视着四行仓库守军与日军的激战，心里升上一个念头："我要帮助我们勇敢的守军。"

她就是杨慧敏。回到住处，她脱下童子军制服，将一面大幅国旗紧紧地缠绕在身上，再罩上制服。她溜出门，爬过马路，沿着四行仓库外围的铁丝网向前匍匐，剧烈的枪炮声又响彻夜空，她一动不动，任凭流萤般的子弹从头上飞过。她终于爬到东侧楼下，从一个窗户钻了进去，在守军的帮助下，顺利地进入四行仓库。

杨慧敏脱下外衣，将浸透了汗水的国旗呈现在谢晋元、杨瑞符等面

坚守四行仓库的壮士

女童子军杨慧敏向四行仓库孤军献国旗前留影

前,这一群捍卫祖国的英雄都激动地流下了热泪。谢晋元激动地说:"勇敢的同志,你给我们送来的岂仅是一面崇高的国旗,而是我们中华民族誓死不屈的坚毅精神!"

他回头命令:"准备升旗!"

战士们用两根竹竿绑在一起,在晨曦中,平台上聚集了20多个军人,他们庄严地对着国旗敬礼,楼下几十米外就是凶恶的敌人,反衬着神圣而肃穆的气氛,使人热血沸腾。

杨慧敏要求留下来为伤员服务,谢晋元一把将她推出门,喊着:"冲过马路,跳下河!"

杨慧敏猛冲过去,刚跃下苏州河,日军发现了她,枪声大作。杨慧敏潜入水中,奋力游动,当她抬头时,看见苏州河畔站满了欢呼的人群,都在向四行仓库屋顶飘扬的国旗欢呼。

"八百壮士"困守闸北四行仓库,力战4昼夜,击退敌人6次围攻,打死敌200余人,伤者无数,并击毁敌战车2辆。守军仅伤37人,营长杨瑞符弹穿左胸,身负重伤。

11月1日拂晓,"孤军"完成任务后,奉统帅部的命令,退入上海公共租界。日军随即全力强渡苏州河,封锁南市。中国军队放弃南翔以东苏州河北岸全部阵地。

"孤军"的英勇事迹，轰动整个上海。这是淞沪会战中的最后一个闪光点。孤军的精神，使无数的军民受到鼓舞，更加坚定了抗战到底的信心。为此，蒋介石指示军事委员会办公厅主任徐永昌，嘉奖第524团团副谢晋元以下官兵各升一级，另呈请政府给予荣誉勋章，并下令查报抚恤该团死亡人员。蒋介石手令写道：

"第88师留守闸北之524团团副谢晋元以下各官兵：服从命令，尽忠职务，达成目的，殊堪嘉慰，该团各官兵准各升一级；并呈准政府各给予荣誉勋章。至其死亡人员，自该团长韩宪元以下各官兵，待查明下落与其生死后，准予另案呈报，特别抚恤，以奖有功，而志荣哀。蒋中正手令。31日。"①

三、慌乱的撤退

在上海前线部队顶不住日军进攻、开始转移时，蒋介石带领白崇禧、顾祝同等人，坐火车亲临南翔，在一所小学校里召开了师长以上将领参加的会议。蒋介石讲了40分钟的话，他首先对前线官兵的英勇作战给予表扬和鼓励，紧接着他说："九国公约会议将于11月3日在比利时首都开会，这次会议对国家的命运关系甚大。我要求你们做更大的努力，在上海战场再支持一个时期，至少两个星期，以便在国际上获得有利的同情和支援。"

11月5日清晨，日军第10军在司令官柳川平助指挥下，以第6、第18、第114师团及国琦支队为骨干，在舰炮掩护下，于杭州湾北岸金山卫附近之漕泾镇、全公亭、金丝娘桥三处登陆，向淞沪守军主力之右侧攻击，企图会同越过苏州河之敌全力夹击守军。

蒋介石得知日军第10军在金山卫登陆后，打电话问陈诚："如何处

---

① 中国第二历史档案馆馆藏军事档案。

置？"陈诚回答："急宜缩短战线，苏州河部队应速转进武进一带国防线中。"蒋介石考虑半晌说："准照此议办理，但现在九个公约国正在比利时首都布鲁塞尔开会，为争取国际声誉，务必再支持三日。"之后，蒋介石"急令浦东……"第62师及第45旅与枫泾第79师夹击金山卫登陆之敌，并令第11预备师由苏嘉铁路驰援。并于11月8日策定第三战区淞沪第三期作战指导要旨：

（一）作战方针：

以打破敌之包围企图，巩固南京、京沪线，利用既设阵地，节约兵力，以一部用于沪杭拒敌，一部用以巩固首都。待后援部队到达后，以广德为中心，转移攻势，压迫敌人于钱塘江西歼灭之。

（二）指导要领：

（1）京沪方面以最少兵力利用吴城镇、福山镇之线阵地阻止敌人，不得已时转移锡（无锡）澄（江阴）线及宜兴、武进阵地。

（2）由京沪方面抽调两师至吴兴归第8集团军指挥，再抽调三至五师捍卫南京。

（3）沪杭方面防守崇德、南浔之线及临平镇、吴兴之线，最后以第10集团军退守杭州附近。第7军的两个师退守长兴附近，待川军到达后，转移攻势。

（4）续到的川军六个师，车运者至广德附近，船运者至宁国附近集中，以广德为重点，攻击沪杭之敌。①

第三战区长官部于同日下达转移命令。但此时部队秩序已乱，命令无法下达。是夜日军冲进第1军胡宗南司令部，官兵死伤甚众。薛岳总部也被敌冲入，薛岳泅水连越三河，力疲不支，幸获一浮木得免。

---

① 中国第二历史档案馆馆藏军事档案。

11月9日凌晨1时，中央军开始向青浦、白鹤港之线转移阵地。随即淞沪、枫泾同时被陷。由于命令下达太迟，各部所经道路不明，造成退却混乱。部队一窝蜂退到吴福线，面对早已修好的国防工事，找不着钥匙开门，无法进入阵地。致使各部队士气沮丧，带着一片怨声向锡澄线自行溃退。①

9日，日军进占虹桥机场和龙华镇，向青浦、白鹤港突进，守军第58师第174旅奉命阻击，双方激战。第174旅旅长吴继光指挥部队转移时，被迫击炮弹击中阵亡，青浦、白鹤港于10日弃守。

10日，日军佐藤支队在浦东登陆，步兵第5旅团向南市发起总攻。11日，南市守军奉令撤出阵地。上海市长吴铁城发表告市民书，沉痛地宣布上海沦陷。

至此，轰轰烈烈的淞沪会战落下了帷幕。淞沪战役后，沿京沪路西进的日军，抵达安亭西南。日军重藤支队于11月13日6时乘汽艇在白茆口西南中州登陆，向常熟推进，进攻支塘，企图截断公路交通。中国守军于当晚向台浦、平湖、嘉善之线及苏州、福山阵地转移。日军第13师团14日攻占浏河镇，太仓相继陷落。

15日，敌我双方在兴隆街、福山、常熟及沿江一带激战。

日军19日攻占苏州。中国守军第15、第21集团军向太湖西南的安吉、孝丰、宁国、宣城等地转移。

沪杭铁路方面，日军的第6师团自占领松江、枫泾后，其主力即沿该铁路进犯嘉善。中国守军第10集团军因攻击计划不能实施，于11月9日占领乍、平、嘉的国防既设阵地，阻止当面日军，战至11月14日，嘉善被陷，19日嘉兴失守。而右翼方面因日军的陆战队无积极的企图，仍在乍浦、平湖、新丰一线。

由青浦经湖沼地西进的日军，于11月13日占领平望，尔后与由嘉兴前

---

① 《第三战区作战经过概要（1937年8-12月）》，《抗日战争正面战场》（上），第381页。

侵入上海市区的日军

进的日军会合，沿太湖南侧地区，长驱直入，20日攻占南浔。蒋介石为巩固吴兴方面的战局，命令第7军先头部队在昆山市至大钱镇一线占领阵地，以川军的5个师集结广德、泗安、安吉一带地区，以为策应。日军主力自占领南浔后继续西进，26日夺取吴兴。当时蒋介石虽命令泗安、安吉的川军3个师即向突入之敌攻击，但未得实施。此后日军一部向泗安、广德、宣城、芜湖西犯，主力由郎溪会攻南京。

在日军势如破竹的攻势下，蒋介石于11月20日宣布国民政府迁往重庆。

11月26日，中国军队放弃锡澄线后，江阴要塞已陷于孤立。11月28日、29日两日，日军的先头部队连续由青阳镇方面攻击南闸镇、花山守军阵地。30日，日军继续猛攻，守军的火力减弱，日本士兵端着刺刀越过南闸、花山阵地，向主阵地逼近。是夜，江防军第112师师长霍守义组织了一次夜袭，突击队冲入南闸日军某司令部，刺杀日军中将一名。为保持实力，中国守军不再恋战，放弃了要塞。

12月1日夜，第103师、第112师由夏港镇突围，向镇江方向转移。

苏州之敌秋山支队渡过太湖,北向常州迂回。太湖南岸的日军第10军攻陷长兴后,主力经宜兴、溧阳、溧水向南京进攻,一部经广德、宣城向芜湖进犯。

京沪路方面,日军上海派遣军主力兵分三路,一路经无锡、金坛、王天寺,一路经无锡、丹阳、句容,一路经江阴、镇江,会攻南京。

第四节 南京保卫战

一、唐生智临危担重任

1937年11月,往年秋高气爽的南京,数十天阴霾密布。国民党军队节节失利,日军步步逼近南京城,整个石头城惶惶不安,城内到处可见全副武装的士兵和逃难的难民。

蒋介石想依赖布鲁塞尔九国公约会议制裁日本,但日本、德国没去参加九国会议,其同伙意大利在会议上充当了日本代言人的角色,主张"中日两国直接交涉"。蒋介石寄希望最大的英美两国,这时所采取的竟是"不介入战争"的态度,在九国公约会议上对日本"不拿出强硬态度"。

11月24日是九国公约国最后一次会议,中国代表顾维钧对于会议没有给日本任何制裁,即席提出抗议。各国代表保持沉默,只有法国代表喃喃

蒋介石在会议上发表讲话

地说："实在是无能为力。"

西方列强的做法，无疑更加纵容了日本的侵略气焰，并使蒋介石更深刻地认识到，中国只能自己救自己。

11月中旬，蒋介石连续三次主持最高级军事紧急会议，研究对日作战问题。第一次在陵园官邸，在中山陵四方城附近，人们称它"美龄宫"；第二次在富贵山地下室内，富贵山地下室是南京大本营总部，各种军事方针策略均在这里制定，第三次会议也在这里召开。参加这三次高级幕僚会议的成员有：何应钦、白崇禧、徐永昌、唐生智、谷正伦、桂永清、钱大钧、刘斐、王俊等人。

在第一次会议上，大本营作战厅厅长刘斐的意见是：日本人利用它在上海取胜后的有利形势，依仗其海陆空军和重装备的优势兵力，分三路进攻南京，使南京处在被日军立体包围的困境之中。而我军在淞沪会战中损失太大，日军伤亡4万余人，我军却伤亡70万之多，又经过混乱的长途退却，战斗力无从可言，这些退下来的部队，除非在后方进行较长期的补充整训，否则不能恢复战斗力。如果强行用这些部队守卫南京，南京是守不住的。一些部队士气低落，"恐日症"严重。基于我军当前的实际情况，应避免在抗战初期与日军进行决战，更不应在一城一地的得失上争胜负，而要从全盘战略着眼，同日本人开展全面而持久的战争。进一步实行全国总动员，以机动灵活的运动战来争取时间、消灭敌人有生力量，并在有利时机，集中优势兵力，对敌进行有力的打击。我实行全面而持久的战争，拖到日寇对占领我国的每个县都要出一个连，甚至一个营的兵力来防守占地，即便日军在战术上有些胜利，但由于战线太长，兵员不足，供给困难，我便可用充分的时间和空间拖垮敌人。

刘斐的观念符合蒋介石的意图。但蒋介石眼下最关心的是，日军即将兵临城下，南京守不守？蒋介石一向对刘斐很器重，于是他问刘斐："全世界都盯着我们，日本人更是盯着南京，你的意见呢？"

刘斐说："南京是我国的首都，是先总理陵寝所在地，不作任何抵抗就将南京放弃,当然对世界、对国人都没有好印象,不可不守。但是,南京在长江弯曲部分,地形背水,日军既可在江面上用海军封锁和炮击南京城,又可在陆路上从芜湖截断我军后方交通线。根据地理形势,南京无险可守,更不宜作长期的固守。"

蒋介石问:"不可守,又不可不守,具体怎么说呢?"

刘斐:"防守兵力用12个团,顶多用18个团,作象征性的抵抗,在适当防守抵御后,采取主动,机动后撤。在作战部队使用上,可以组织从上海退下来的比较精锐的老练部队来应战。"

白崇禧支持刘斐的意见,说:"南京城墙虽高,但很难挡住日军的立体进攻,日本人气势正盛,避开锋芒是对的。"

何应钦和徐永昌点头,同意此看法。

蒋介石没有表态,只是说刘斐的说法有道理,至于如何守法,蒋说再考虑,他同意先将在上海作战中损失大的部队调往后方休整。

在第二次会议上,情况发生变化,军事委员会警卫执行部主任唐生智(字孟潇)首先发言,他态度严肃,声音铿锵地说:"南京是首都,是国际瞻望所在,不作抵抗,将首都让给日本人,岂不是世人可笑!"

刘斐说:"孟潇兄,这可不是凭义气啊,守不住南京的责任,我看哪位将领都难以承担啊。"

唐生智声震屋瓦地说:"如果没有人敢为此负责的话,我可勉为其难,我愿意死守南京,与首都共存亡!"

与会者面面相觑,不作声,谁也不愿站出来反对保卫首都,一旦有个说法,岂不让后人千古唾骂吗。此刻,唐生智更为激动地说:"放弃南京,我们将何以对先总理在天之灵?!"

蒋介石沉默不语。在这次会议上既没有作出新的决定,也没有改变以前的部署。最后他说:"孟潇说得很有道理,值得我们考虑,也许我们在南京能打败日本人呢?"

在蒋介石表示"再考虑考虑"的同时,他已将陈诚、顾祝同等嫡系主

南京卫戍司令长官唐生智

沦陷前南京城鸟瞰

力部队陆续撤往后方。

第三次会议于11月18日晚上召开，唐生智仍坚持固守南京，这时蒋介石明确表示同意唐生智的意见，他说："南京不可不守，我们要让全世界看见，我军是在进行反侵略的正义战争，得道多助，哀兵必胜。"

蒋介石对军政部部长何应钦说："守卫南京由孟潇负责，任命他为南京卫戍司令官，马上着手准备。"

蒋介石还任命了两名南京卫戍副司令官：罗卓英和刘兴。

唐生智于11月20日正式到职，他立即组织长官部布置卫戍任务。

唐生智，请战保卫南京，得到蒋介石的令牌，但他这个司令当得可怜，精锐和主力都让蒋介石调往后方，剩余的一些能打的部队他又不见得指挥得了。对于这些，蒋介石比谁都清楚唐生智是一个无兵之将。

唐生智在白崇禧的协助下，开始全力部署南京的城防。

作战地点：

1. 南京东南正面阵地（江宁镇、牛首山、淳化镇、汤山、龙潭之线）
2. 南京复廓阵地（雨花台、紫金山、乌龙山、幕府山及南京城垣）

中国大本营明令发表唐生智兼任南京卫戍司令长官及南京卫戍军战斗序列后，唐生智的长官部即开始制订具体防守计划。当时卫戍军主力仅有第88师、第36师及教导总队，而且又都是由淞沪战场撤至南京的残部，兵力严重不足，因而不得不放弃东南主阵地带的既设国防工事，仅防守复廓阵地。其防守计划以固守复廓据点及城垣为目的，策定防御部署要旨如下：（1）以第88师任右地区雨花台及城南之守备。（2）以教导总队任中央地区紫金山及城垣东部之守备。（3）以第36师任左地区江山、幕府山及城北之守备。（4）以宪兵部队任清凉山附近之守备。（5）以旅长指挥教导总队之一团及乌龙山要塞部队，警戒长江封锁线。

当日军突破锡澄线阵地时，蒋介石大本营留南京的作战组返回武汉统帅部，令第三战区副司令长官顾祝同收容从淞沪战场撤下的部队，率长官部暂去扬州，自己坐镇南京。为了加强南京的防守力量，从正向浙、皖、赣边区转移的第三战区部队中留下9个师，并从武汉调来两个师。12月初，第三战区的部队均已到达南京。12月4日，从武汉调来的第2军团先头一个团到达南京，8日全部抵达。罗卓英于12月5日晚到达南京就任卫戍军副司令长官，其第16军团由参谋长代行军团长职务。南京卫戍军指挥系统为：

南京卫戍军司令长官唐生智

副司令长官罗卓英、刘兴

第2军团　军团长徐源泉

第41师　师长丁治磐

第48师　师长徐继武

第66军　军长叶肇

第159师　师长谭邃

第160师　师长叶肇（兼）

第71军　军长王敬久

第87师　师长沈发藻

第72军　军长孙元良

第88师　师长孙元良（兼）

第74军　军长俞济时

第51师 师长王耀武

第58师 师长冯圣法

第78军 军长宋希濂

第36师 师长宋希濂（兼）

第83军 军长邓龙光

第154师 师长巫剑雄

第156师 师长李江

教导总队 队长桂永清

第103师 师长戴之奇（代）

第112师 师长霍守义

宪兵部队（三个团）宪兵副司令萧山令

江宁要塞部队 要塞司令邵百昌

炮兵第8团之一营

战车防御炮8门，轻战车10辆

防空司令部所属各高射炮队（大小炮27门）

城防通信营

本部特务队

总计兵力约15个师，10余万人。

兵力增加后，决定恢复以东南主阵地带为第一道防御阵地，以加大阵地纵深、增强防御韧性。其具体部署为：（一）第72军派出右侧支队至江宁镇附近，任右翼掩护。（二）第74军任牛首山至淳化镇附近之守备，并向秣陵关、湖熟镇派出前进部队。（三）第66军任淳化镇附近至凤（伏）牛山之守备，并向句容附近派出有力之前进部队。（四）第83军任凤（伏）牛山附近经拜经台至龙潭之守备，向下蜀派出前进部队。

当徐源泉第2军团即将到达南京时，又改令第83军推进至镇江、丹阳附近，令第2军团接守第83军在龙潭一带的阵地。此时镇江除要塞部队外尚有第71军及第103师、第112师。要塞部队由第71军军长王敬久指挥。

蒋介石在11月20日宣布迁都重庆。此时，日本飞机已多次轰炸南京，国民政府中央机关各部门纷纷迁往武汉，蒋介石和汪精卫尚留在南京。蒋介石为避免日本飞机轰炸，住到中山陵脚下树林荫蔽的"四方城"内。

蒋介石和汪精卫冒着生命危险滞留南京，其原因就是对谈判停战还抱有希望，他们正通过德国驻华大使陶德曼与日本交涉，寻求和谈之路。

自从《日德防共协定》签订以后，日本正在迅速接近德国，当时的德国是以苏联为其主要的假想敌人，如果中日战争长期化，则必然会把中国逼到和苏联一条阵线，结果于德国不利。

日军参谋本部第二部德国通马奈木敬信中佐，通过德国驻日陆军武官奥特对德国驻日大使狄克逊说明利害。于是，马奈木陪同奥特赶到上海，直接向德国驻华大使陶德曼说明日本的意图。

日本外相广田弘毅约见德国驻日本大使狄克逊，正式表示希望德国斡旋和平，将下列议和条件告诉狄克逊：

一、在内蒙古组织类似外蒙古的自治政府。

二、华北不驻兵区域，须扩大至平津铁路以南。缔结和约时，华北行政权仍全部属于中央政府，唯希望委派一个亲日的行政首长；如现在不能缔结和约，而华北又有了新政权，则应该让它存在，但截至今日，日本尚无在华北设立新政权之意。

三、上海停战区域须更扩大，由国际警察管理。

四、停止排日，依照1935年川越茂向张群提出的要求办理（修改教科书等）。

五、共同防共。

六、减低日本货进口关税。

七、尊重外国人在华权利。

以上议和条件，由狄克逊转达德国驻华大使陶德曼，陶德曼调停工作开始。

日本外务大臣广田表示："假如日本被迫继续作战，它就要把战争进行到使中国完全溃败，然后再提出远较现在为苛刻的条件。"广田说这番话的同时，德国外交部部长急电德国驻华大使馆："请将驻东京大使3日第345号电报中所说的日本的和平条件通知蒋介石，我们觉得那些条件可以（被蒋介石）接受作为开始谈判的基础；并请报告（蒋介石）对那些条件的反应如何。"

11月5日，蒋介石在南京第一次接见了陶德曼，针对日本提出的七个条件，提出了中国方面的"议和的必要原则"，与日本提出的条件讨价还价。

12月2日，蒋介石在"四方城"第二次接见陶德曼。当谈到日本提出的条件时，蒋介石说："对于那种认为日本已经从这次战争中成为胜利者的看法，我不能够接受，我也不能接受日本的最后通牒。"蒋介石谈了中国的四点意见：1. 中国接受这些条件作为和平谈判的基础。2. 华北主权和完整……3. 在和平谈判中，自始即由德国任中介人。4. 在和平谈判中，不得涉及中国与第三国之间的协约。蒋介石最后再三要求日本政府对于初步谈判，特别是条件，保守秘密。当陶德曼说日军已逼近南京时，蒋介石说，他自己对于防守首都很乐观。

12月7日，德国驻日本大使狄克逊遵照其本国政府训令，将自11月2日至12月2日的调停经过备忘录，递交日本外相广田弘毅。这是德国在调停开始之际，依据中国提出的条件，询明日本方面有无进行谈判之意。

未料，广田弘毅却表示出"是否还能以一个月之前的条件为基础来进行谈判，颇成疑问"的态度。因为在这一个月内，日军已在杭州湾登陆，中国军队溃不成军，攻占南京即在眼前，故而有借军事优势，加重条件之意。

日本所提的条件除先提出的七项外，又增加了四条"亡人之国的新条件"，其中竟有日寇占领地域建立伪政权和中国对日给予战争赔款等项内容。此时蒋介石开始明白："此时求和，无异灭亡，不仅外侮难堪，而内乱益甚。"

在蒋介石通过陶德曼与日本接触之时，他并没有放松防守南京。在他离开南京的前一天晚上，即12月7日晚8时，他召集守卫南京的师长以上高级官员在古楼百子亭唐生智公馆开会，作临别讲话。

公馆外停满了各种各样的小轿车，公馆内官盖云集，蒋介石身披黑大氅，整洁的全副武装，腰配"军人魂"短剑，激动地说："守卫南京是一个伟大而光荣的任务，大家要在唐司令长官指挥下，同心同德，抱定不成功即成仁的决心，克尽军人守土卫国的神圣职责。"并且声称他到达武汉后，将亲率从云南调来的三个装备优良的师，来解南京之围。讲话停止后，他的目光射向唐生智、罗卓英、刘兴。三人立即起立，向蒋介石致军礼。唐生智情绪激昂："我仍恪守前言，临危不乱，临难不苟，不得统帅命令，决不后退，请委员长放心。"蒋介石频频点头，黯然退席，众将领欲送他出唐公馆，蒋介石低声说："日军飞机时有空袭，我趁夜色即行飞去，你们不必送了。"蒋介石偕夫人当夜飞往南昌，乘轿上了庐山。

就在蒋介石离开南京不久，日本政府命令驻华大使川越茂回国；1938年1月20日，国民政府命令驻日大使许世英回国。这样，中日两国间外交途径断绝了。

11月27日，唐生智在官邸对中外记者发表谈话，表示誓与南京城共存亡的决心：

"中国为一爱好和平之民族，从不侵略他国。日本以数十年之准备，大举进犯中国国土。中国在物质上缺乏准备，但精神上则具有无上之抵御决心。自卢沟桥事变以后，我军在各地多遭挫折，但吾人将屡败屡战，至最后胜利为止。本人奉令保卫南京，至少有两件事最有把握：第一，即本人及所属部队誓与南京共存亡，不惜牺牲于南京保卫战中；第二，此种牺牲将使敌人付出莫大之代价。"

南京，这个以出美女出名而缺乏阳刚之气的城市，唐生智的谈话不啻是一篇男子汉宣言；南京，这个曾经有过一片降幡出石头的古城，唐生智的谈话为中国军人在世人面前保持了尊严。

就在唐生智发表谈话的第二天，日本参谋本部下达"向南京追击"的电令，并加盖国玺，成为天皇敕令。12月1日，由多田参谋携带，飞送上海。

受命攻击南京的日本华中方面军于12月初，正式成立了自己的战斗序列。

12月1日，日本当局以大陆命令第8号下达了华中方面军的正式战斗序列，"命华中方面军司令官与海军协同，攻占敌国首都南京"；2日免去松井石根大将"上海派遣军"的兼职，任命朝香宫鸠彦云中将继任"上海派遣军"司令官。日军总人数为10万左右，于12月上旬，兵分三路，杀奔南京。

二、浴血石头城

日本三支军队的主力分别是被称为"红色帐篷"的谷寿夫的第6师团和末松茂治的第114师团，被称为"白色帐篷"的吉住良辅的第9师团，以及被称作"黑色帐篷"的中岛今朝吾的第16师团。

相传，公元14世纪蒙古征服者铁木尔包围了一座城市后，在攻城前第一天，在城前用白色帐篷安营，以示对所有人的宽恕；第二天用红色帐篷安营，以示对妇女和儿童的宽恕；第三天用黑色帐篷安营，表示对任何人都不宽恕。

中岛、吉住和谷寿夫的三支军队分别从东、西、南三面向南京杀奔而来。

指挥攻打南京的朝香宫鸠彦云中将

中央军俞济时的第74军是最先与敌接触的部队。

刚由淞沪前线撤下来的第74军,是由两个师组成的,第51师师长王耀武,第58师师长冯圣法。

该军在人员、装备方面尚未得到补充,还没来得及喘上一口气,就在南京的外围湖熟、淳化等地与杀气腾腾的日军交上了火。

1937年12月6日,日军由土桥进至索墅镇,并派出先锋向淳化镇搜索前进。担任湖熟阵地守卫的虽然只有一个连,但令日军没想到的是该连竟主动出击,奇袭索墅镇,打了日军一个冷不防。"得敌旗数面,枪十余支,收获颇多",可谓"脱手斩得小楼兰"。

该连趁势脱离了战斗,加入主阵地淳化镇的守卫。

真正的恶战是从淳化镇开始的。12月的江南,已是落木萧森,秋叶随风凋零。7日晨,当薄雾还笼罩在田野和村镇上空之时,从湖熟北进的500余敌兵,分由咸墅、李墅等地开始进攻宋墅、下王墅阵地,并向方山迂回,与第302团接触。复以一部200余人,向上庄攻击,企图由左翼窜入,以威胁淳化之侧背。在淳化镇的正面,则以猛烈的炮火和飞机的狂轰滥炸,掩护其步兵展开地面进攻,战斗异常激烈。

守军第51师师长王耀武的作战风格硬朗,善于打硬仗和攻坚战。面对气势汹汹的日军,他以硬对硬,以猛打猛,双方展开了勇猛的对攻。激烈的战斗持续了两天两夜,该师共打退敌军10余次进攻,缴获步枪30余支、战旗13面、地图两幅,毙敌300余人,伤敌200余人,守军官兵伤亡亦达900余人。

日军这才知道碰上了劲敌,不敢大意,12月8日,由湖熟调来援兵3000余人,炮10余门,由正面投入战斗,并以主力由上庄抄袭破口山,切断守军的退路。

第51师分兵把守,死战不退,官兵知道,他们肩上的责任重大,身后就是首都南京,只有用自己的血肉乃至生命回报祖国和民族。仅一天时间,该师的伤亡就达1400余人。

一个参谋流着泪请示王耀武:"师座,再这样打下去,部队就要打光了。"

王耀武也红了眼,一下子把手枪拍在桌上,操着浓郁的山东话骂道:

"他奶奶个熊,谁再敢扰乱军心,老子就一枪崩了他!"

如果不是卫戍司令长官唐生智下令该师撤退,恐怕打到最后一个人,该部也是不会含糊的。

正当王耀武率部苦苦鏖战湖熟、淳化镇的同时,第74军的另一部,即冯圣法的第58师,也在江宁牛首山一带,与日军杀得难解难分。

牛首山阵地位于南京的南郊,淳化、方山防线的右侧。山高242.9米,双峰耸立,状如牛首,形势十分险要。在南宋时期,抗金名将岳飞曾经在此设垒,大败金兵。

缅怀先贤,心情激荡。冯圣法特意换上一身崭新的戎装,大马金刀地坐在指挥所里。某参谋赞叹他的军容:"好久没有见到师长这样威风了。"

冯圣法淡淡一笑,说:"我要是在战场上阵亡,按惯例,敌军官兵看到后要行军礼,还要保护遗体,允许对方将尸体领回,所以我要穿戴整齐,好让日军认识我冯圣法。"

冯圣法,浙江诸暨湄池人,俞济时姻兄。黄埔一期生,陆大甲级将官班第三期毕业。因为他曾经做过蒋介石总司令部警卫团少校参谋长,被人戏称为"御前侍卫"。他所带的第58师又是国民政府警卫旅扩编而成,是典型的御林军。

御林军的战斗力,以及武器、装备果然令人刮目相看,就连从德国进口的在各部队罕见的反坦克炮也装备上了。当日军以坦克车阵进行集团式冲锋时,一点也占不到便宜,甫一交手,就损失惨重。中央通讯社曾对当时的战况报道如下:

"我居高临下,以手榴弹及钢炮弹阻截敌机械化部队。我某师一营曾死守山前高地,为敌射击牺牲殆尽。另一营立即挺身而至,继续奋战。敌机二三十架在殷巷镇与高井巷间滥事投弹，终日未息。我营长阵亡两员，伤一员，团长轻重伤各一员，士兵死伤数百，同时敌亦死伤三百余人，遗坦克车五辆。"

12月9日，死守牛首山阵地的第58师与日军激战竟日，血染山河；正在关键时刻，因第88师派出的右翼支队过早撤退，日军一部进占大胜关，且有沿江北犯的企图。第58师阵地孤立，不得不于晚间放弃，与后撤的第51师联合担任双涧镇至宋家凹守备。

12月9日，日军第9师团乘王耀武第51师后撤，第87师仅两个团的阵地尚未占领之际，乘隙跟踪而来。日军越过中方来不及破坏的高桥门、七瓮桥及中和桥，于拂晓前进至光华门外，将大校场、通光营房占领；随即以10辆坦克车为前导，掩护2000余名步兵向光华门发起猛攻。光华门守军为桂永清教导总队的少数官兵和第87师第260旅，他们见情况紧急，立即将城门紧闭。日军将野炮和山炮推进到高桥门附近，向光华门实行近距离轰击，将巨大的城门炸开两个大洞。日军小股已经突入城内，当即被击灭。教导总队官兵随即堵上城门，后又被日军攻破，再堵再破，濒于危险三数次。第87师副师长陈颐鼎指挥后续部队增援反攻，直属特务队也前来助战，至午后4时，守军将大校场的日军击退，但盘踞通光营房及城门洞内的少数日军则始终难以打退。

12月10日，日军主力第9、第114、第6师团分别向雨花台、通济门、光华门、紫金山第三峰同时展开攻击，战斗尤为激烈，光华门被日军第二次突破，但冲进城内的百余名士兵均被守军歼灭。

负责防守雨花台的孙元良第88师，在日军大炮的猛轰和步兵的轮番攻击下，右翼阵地发生动摇，失去阵地要点三四处，守军拼杀再三，终于被日军攻破，中华门城门门楼亦被日炮火击中而焚毁。当夜幕降临之时，第88师缩短了阵线，固守城外的主要阵地，右与第74军、左与第87师密切联系，其城垣的部分防务也与第74军和广东部队分担。

负责镇守紫金山第二峰的部队是桂永清的教导总队，这是培养军队基层干部的摇篮，堪称中央军"精英中的精英"，是轻易不用的。为了民族的生存，桂永清也毫不吝惜地把他们摆放在重要的阵地上。

日军大约知道坚守紫金山的是蒋介石的宝贝疙瘩，一上来就痛下杀手，向守军阵地施放毒气，之后乘隙攻上紫金山峰。教导总队营长罗雨风见状大急，一挥手，带着部队与敌展开拼刺刀，双方杀声震天，搅成一团。

一位日本士兵回忆道："中国军人的勇猛超出了帝国军人的想象，我们得力于重武器的掩护袭击和增援部队的有力支持，否则，很难想象能夺取这些高地。我亲眼看见一位中国士兵被穿破胸膛后还扑上来用枪托砸碎了我方士兵的脑袋，那一时刻，生命突然变得无足轻重，大家都疯狂了……"

12月11日，谷寿夫的第6师团和末松茂治的第114师团在城南雨花台受到第88师等部的顽强阻击，在冬日惨白的阳光下，大地上处处是爆炸点和冲天的火光，血肉之躯，遍地皆是，真是"争城一战，杀人盈城，争野一战，杀人盈野"。血战一整天，当夜幕降临时，日军的进攻仍止于坚城之下，但城上的防守部队和城外的进攻部队都认为，南京城的陷落指日可待。

12日拂晓起，日军在飞机、重炮的掩护下，向雨花台主阵地发起更为猛烈的进攻。日军占领雨花台后，居高临下，加强对中华门的火力攻击，中华门城垣被日军大炮击毁数处。

战至正午止，守军第88师雨花台主阵地全部被日军攻占，唐生智急令部队增援中华门方向，但第88师退入中华门的溃军乱作一团，云梯和城门都来不及撤闭，日军就势冲入300余人。第88师遂即撤走。

在经过三天的苦战后，教导总队撤下阵地。是日，紫金山第二峰阵地落入敌手。

远离南京的蒋介石对南京守军的困境和日军凌厉的攻势，并不知情，午后3时，致电卫戍司令长官唐生智，副司令长官罗卓英、刘兴等人手令：

第71军军长王敬久

日军攻破南京城墙进入城内

限即到：南京。唐司令长官，刘、罗副司令长官：据报江浦附近已发现敌军，是敌希图对我四面合围，或威胁我后路，逼我撤退也。五日激战，京城屹立无恙。此全赖吾兄之指挥若定与牺牲精神有以致之。经此激战后，若敌不敢猛攻，则只要我城中无恙，我军仍以在京中持久坚守为要。当不惜任何牺牲以提高我国家与军队之地位与声誉，亦为我革命转败为胜唯一之枢机，如南京能多守一日，即民族多加一层光荣，如能再守半月以上，则内外形势必一大变；而我野战军亦可如期策应，不患敌军之合围矣。遥望京城，想念官兵死伤苦痛，无任系念！进退战守，生死荣辱，惟兄等熟图之。中正手启。十二申。①

然而，蒋介石万万没有想到，就在他写这份"当不惜任何牺牲以提高我国家与军队之地位与声誉，亦为我革命转败为胜惟一之枢机，如南京能

---

① 中国第二历史档案馆馆藏军事档案。

多守一日，即民族多加一层光荣，如能再守半月以上，则内外形势必一大变；而我野战军亦可如期策应，不患敌军之合围矣"的手令之时，南京形势逆转，国民党军队兵败如山倒，大局已不堪收拾。

午后3时许，第87师、第88师各一部溃败，经中山路北走，拟出挹江门，北渡长江，当经过中山北路的铁道部附近时，被唐生智卫戍长官部特务队和第36师阻挡，劝阻不听，双方发生冲突，第87师、第88师溃军夺路而逃，给南京守军带了一个不光彩的头。城内秩序大乱，有的兵效法前面的榜样，开枪强行闯关；有的兵为了逃生，擅自扔掉武器，扮作难民。

下午5时以后，天色暗淡下来，唐生智站在铁道部楼上的窗口前，可以听见清晰的炮声和枪声，可以看见城南、城东方面不时腾起的滚滚浓烟和火光。

副官过来告诉他："守城各高级将领都到了！"唐生智迈着沉重的步履下楼，召开在南京的最后的军事会议，一面命令在玄武湖、水西门一带构筑工事准备巷战，一面命令部队维持正常的战斗秩序，保证后方交通要道。会议进行之中，蒋介石的电报又到，这次的电报和上份电报的语气完全不同，大意为如情势不能持久时，可相机撤退，以图整理而期反攻之要旨也。唐生智看后如释重负，立即下达撤退命令。

唐生智宣布完撤退命令，带着卫戍长官部撤退时，经过挹江门一段，看见大街上全是拥挤着的军人和老百姓，各不相让，争吵打骂，争相逃命，甚至有的还互相射击。下关码头上麋集着黑压压、乱哄哄的军队和难民。几只渡船成了众人拼命争抢的目标，大家都拼命向上挤，掉在冰冷的江里的不计其数。绝望的人们，面对浩瀚的长江，哭的、喊的、骂的，形成一幅惨烈的人间地狱图。

唐生智在一片枪炮声中，乘黑夜避入下关煤炭港海军码头，与副司令长官罗卓英、刘兴等登上特务连事先预备好的小火轮，渡过滚滚长江，把无尽的苦难和屈辱留给了几十万的南京军民。

一场悲壮的南京保卫战就这样急速地降下大幕。中国方面以损失10多万部队的代价，在几天时间内就输掉了这场没有悬念的战争。

卫戍司令长官唐生智，副司令长官刘兴、罗卓英等，得知日军已至江浦附近，正向浦口包围的情报，遂徒步向扬州第三战区司令长官顾祝同靠拢，于13日下午7时抵达扬州，又乘汽车至滁州转火车，于当晚抵达临淮关。第78军、第36师从下关煤炭港分批渡江，至乌衣集结，后乘火车去蚌埠，又赴信阳，后至江西萍乡整补。

第66军和第83军统归叶肇指挥，由太平渡突围，经汤山向宁国集中，后被日军打散，叶肇和邓龙光两军长与各自部队失散，20日前后，大部分别到达安徽南陵与歙县。

南京卫戍军其余各部均于12日下午至夜间拥至下关，除第74军掌握一艘小火轮，约5000人渡江北上外，其余仅有一部分渡江脱险，大部分人留在南京，均被日军屠杀。

第五章 徐州会战

第一节 津浦路沿线序战

一、津浦路南段游击战

1937年12月13日,首都南京陷落。

日军占领南京之后,为了沟通南北战场,以打通津浦路、占领徐州为作战目标部署兵力。敌华中派遣军司令官畑俊六于12月中旬组织大约八个师团的兵力,先后自镇江、南京、芜湖渡江北进,并以荻洲立兵的第13师团沿津浦路北进。敌华北方面军司令官寺内寿一令西尾寿造组织所部第2军沿津浦线向南推进,一直挺进到鲁南大运河一线。西尾寿造依此命令部署进攻,令所部矶谷廉介第10师团沿津浦线向南攻击,突破中国守军防线,占领铁路沿线城镇和车站,建立据点,扩大战果,挺进到鲁南大运河一线,逼近徐州。同时,寺内寿一又令直属板垣征四郎第5师团沿胶济路向东进攻,占领青岛,然后由潍县南下,策应第10师团作战。整体战略:南北夹击津浦线,会攻徐州。

中国守军华北战场已败退至黄河一线,针对战局的变化,最高统帅部军事委员会于1937年12月20日向各战区发出训令:为了粉碎敌军速战速决,攻占点线,必须全面抵抗,消耗敌人,因此各战区的军队、行政、党务机关,均不得离开原战区。为了长期抗战,应一面于交通线之纵深,配备有力的部队以增强抵抗力,同时在广大地区进行游击战。在作战方针和军事部署方面,调集精锐部队控制武汉及豫、皖边区,并予以迅速补充、整顿。从山西、河南、江南抽出有力部队，以增强鲁中及淮南的兵力，巩固徐州，力保豫北、晋南，阻敌南渡黄河威胁武汉，广泛发动游击战，牵制和消耗敌人。

南京失陷后，日军南北夹击津浦线，作战区属第五战区，最高统帅部赋予第五战区的任务是：保卫徐州，确保津浦、陇海两线枢纽，巩固武汉东北战线。规定第五战区在北线实施攻势行动，击破北路进攻之日军；在南线实施防御作战，阻止日军于淮河一线。

据此，李宗仁先以第五战区现有兵力，积极策划、认真组织对日军的抵抗。以李品仙第11集团军布防淮河以南津浦线，其主力刘士毅第31军在明光一带设防，相机"游击"敌人。于学忠第51军在淮河北岸布防，凭险拒敌。第五战区副司令长官、第3集团军总司令韩复榘率所部孙桐萱第12军、曹福林第55军在津浦北段山东境内布防，阻敌南下。其他部队暂守原防，根据战局变化和敌军动向，再相机用兵。旋即调驻防海州的庞炳勋第3军团，北上驰援临沂，堵截敌板垣师团南进，庞部海州防地，由驻防苏北的缪澂流第57军接防。

中国最高统帅部充分认识到保卫津浦线、保卫徐州的重要性，决心投入更多兵力，展开徐州会战，相机消灭敌人有生力量，尽力迟滞日军的进攻"节奏"，以空间换时间，为下一阶段的抗战，为保卫大武汉，争取更为充裕的时间。当李宗仁离开南京北上徐州时，蒋介石就表示，日后从京沪线上撤往江北的部队，皆归李宗仁指挥。徐州会战打响之后，最高统帅部不断向前线增兵，先后投入数十万大军，仗越打越大。

从1937年12月到1938年5月，中国守军与日军在以徐州为中心的津浦路南北的广阔地区，展开大规模的会战，这场会战被称为"徐州会战"。徐州会战经过津浦路沿线初期保卫战、台儿庄会战、徐州外围战与徐州突围等三个阶段。

在第一阶段，日军投入约8万兵力，以津浦路南段为主攻，北段为助攻，南北分别向徐州推进。中国守军先后参战部队达7个集团军和1个军团（有些集团军或军团未投入全部兵力）。

津浦路南段的作战是以桂系的李品仙、廖磊部在皖北的"游击战"开始的。

李品仙，广西苍梧县人，保定军校第一期毕业生。他追随湘军将领唐生智多年，戎马倥偬，屡有建树，遂升至军长、方面军总指挥，成了唐生智的左膀右臂，得力干将。李品仙参加过武昌起义和北伐战争，大革命失败后宁汉交战，李宗仁大败唐生智，李品仙部接受新桂系改编，并率部参

李宗仁与白崇禧在徐州

加了国民党军的"二期北伐"。旋即，蒋桂战争爆发，李品仙又背离桂系重入唐生智麾下，归属蒋记中央。随之，蒋唐战争爆发，唐生智大败，其部被"分解"改编，李品仙成了光杆司令，远走香港经营农庄，等待机遇东山再起。不久，中原大战爆发，应李宗仁之邀，投身桂系行列。因曾有过背离桂系白崇禧之举，坐了几年冷板凳，直至1935年夏担任桂系总部参谋长，始被重新重用。全面抗战爆发之后，广西动员兵力，组织参战军，李品仙被任命为第11集团军总司令，下辖第7、第31、第48三个军。

广西军战斗力较强，因为广西省普遍实行兵役制，有较充足的兵源，而且李宗仁等人经营广西多年，提倡尚武精神，注重民丁训练，更重视部队的军纪教育和军事训练，尤其注重对部队基层军官的培养、训练和使用，因此造就了广西军作战勇猛、顽强，坚忍不拔的作风。李品仙第11集团军奉调北上抗日，其中第48军、第7军先后投入淞沪战场，另组成第21集团军，由廖磊任总司令。李品仙第11集团军仅剩第31军，编入第五战区序列，李旋即升任第五战区副司令长官，驻徐州协助李宗仁指挥作战。李

品仙虽然不是李宗仁一手培养的嫡系，但已归属桂系营垒，颇受李宗仁重用，其所率部队，是地地道道的广西军、李宗仁的"亲兵"，李宗仁指挥起来，驾轻就熟，如抬手挥臂般自如。

1937年12月下旬，日军第13师团附三个联队在师团长荻洲立兵中将率领下沿津浦路北犯，连陷滁县、盱眙。1938年1月18日，日军占领明光，随即兵分三路，向蚌埠进攻。李品仙于1月5日把第11集团军总部从徐州移至安徽寿县，就近指挥作战。李品仙命令第31军以一部在刘府附近，主力在凤阳、红心铺附近占领阵地，采取攻势防御，对沿铁路线北进之敌实施侧面攻击，寻机分割围歼敌军。另以一部进出张八岭、明光一带实施游击，迟滞敌军前进。与此同时，第五战区长官部急调于学忠第51军拒守淮河，命新加入第五战区的徐源泉第10军速向合肥挺进，以策应第31军作战；杨森第20军在徐源泉部未到达之前，以一部留守和县、裕溪口等处警戒江防，主力移驻安庆，担任江北防务。为增加淮南地区兵力，第五战区请示统帅部同意，急调退出淞沪战场后在浙西休整的廖磊第21集团军北上，从九江渡江，向合肥集结。

二、淮河阻击战

1938年1月28日，刘士毅第31军在给北进日军以重大打击后，奉命西撤，让出明光。日军占领明光后，以为中国军队已经败退，便展开大规模攻势，2月初占领定远、蚌埠，并准备强渡淮河，继续北犯。廖磊第21集团军赶到淮南地区后立即投入战斗，在明光、池河、定远一带进袭日军侧背，猛烈攻击日军后方战线。第31军在李品仙指挥下也主动出击，在空军的支援下，把津浦路南段截成数段，集中优势兵力，围歼孤立之敌。日军先后损失两千多兵力、战车百余辆，因腹背受敌，害怕后路被截断，不得不将主力暂时南撤，放缓了对淮河防线的攻击，双方在津浦路南段形成胶着状态。

李品仙、廖磊率部在津浦路南段"游击",拖住了南线日军的北进,大大减轻了淮河防线的压力,打乱了日军会攻徐州的计划,为实现李宗仁"阻南打北,各个击破"的战略意图,在鲁南地区相机打击日军创造了条件。

参加淮河阻击战的中国守军,主要是于学忠的第51军。于学忠,祖籍山东蓬莱,生于奉天旅顺。曾在北洋军中供职,为直系吴佩孚的爱将。北伐军兴,吴佩孚兵败之后,于学忠依附奉系,追随张学良以立足,屡建大功,深受张学良的信任和

第11集团军总司令李品仙

重用。后任河北省政府主席,因为对日态度强硬,在日方压力下,被排挤出华北。于学忠率第51军入陕、甘,为促成全国抗战局面的到来,于学忠支持张学良、杨虎城发动"西安事变"。"西安事变"和平解决后,于学忠所部被调到江苏淮阴一带驻防,部队整编为第113、第114两个师。抗战爆发后,军委会任命于学忠为第3集团军副总司令,率第51军驻防青岛,防御日军海上登陆。日军沿津浦路正面进抵黄河北岸,孤军守卫青岛已失去战略意义,而且南京失守后,日军南北夹击津浦路,津浦路南段防务薄弱,因此第五战区长官部命于学忠率部撤出青岛,增援津浦路南段防务。

旋即第3集团军总司令韩复榘擅自弃守,津浦路北段门户洞开,徐州正面危急。李宗仁急电于学忠:"着第51军速开砀山黄口附近,归入第3集团军之序列。"并任命于学忠继任第3集团军总司令,督率第3集团军部队迅即堵塞津浦路北段门户,阻止日军南进。实际上于学忠能直接指挥的部队,仍是第51军的两师之众。由于其他友军部队及时"补位",拼命抗阻日军的长驱直入,使北线战局趋于稳定,于学忠部在砀山黄口一带未继续北上。

第21集团军总司令廖磊

1938年1月中下旬，津浦路南段日军发动攻势，第31军让开津浦路正面，撤至铁路西侧山区伺机反击，定远、临淮关、蚌埠相继失守，淮河防线危急，李宗仁急调于学忠率第51军驰赴淮河北岸布防。

于学忠及第51军属东北军旧部，具有强烈的民族意识，抗日情绪高涨。第51军的装备、战斗力较其他地方派系的部队为强，且东北军部队官兵欲报国破家亡之仇心切，士气旺盛。虽仅两师之众，但足可以战。

2月2日李宗仁电召于学忠赴徐州面授重任后，于学忠立即率部奔向指定地点，在东起五河、西至怀远的百余里防线上布防，迅即投入战斗。同日日军占领蚌埠，中国守军全部撤到淮河北岸防守，并炸毁淮河铁桥以阻敌。

日军第13师团占领蚌埠后，在临淮关、蚌埠间组织两千多日军乘民船、橡皮筏，在飞机、大炮掩护下强渡淮河，遭到刚进入防线的第51军牟中珩所部第114师第342旅将士英勇阻击，"敌军落水、死亡者不下三四百人"。

2月4日，刚刚车运到阵地的周光烈第113师也立即投入战斗，把渡过淮河登上北岸的日军三四百人全部歼灭。

2月5日至7日，临淮关至蚌埠、怀远间连日均有激烈炮战，双方空军也投入战斗，全线战火弥漫，中国守军数次击退日军的北犯。

2月8日，日军六七百人在飞机大炮掩护下，从蚌埠北渡，一度攻入北岸小蚌埠街内，第113师第337旅奋起抵抗，第674团团长梁忠武率部反击，将攻入小蚌埠之敌击退。9日，日军七八百人，再次强渡淮河，向小蚌埠中国守军阵地轮番进攻，守军第674团赵营伤亡过半，被迫退出小蚌埠。

第674团急调孙营增援，于学忠亲临前线督战，第339旅旅长窦光殿也身先士卒，到火线指挥作战，士气为之大振。孙营为夺回阵地，组织敢死队，孙营长感情诚挚地动员道："我平时与你们相处甚厚，时至今日，无论为国、为部队、为自己都要拼命，要反攻！"他带领敢死队，率先冲入敌阵，先后两次与日军展开白刃战，在中国守军的互相配合下，"经过自辰（8时左右）至未（14时左右）一场血战，终将渡河的敌人全部消灭在阵地之前"，夺回小蚌埠阵地，敌军被"击毙落水者三百余人，生俘者二百余人"。中国守军大获全胜。

日军不甘心失败，更疯狂地组织反扑。

2月10日，3000余日军从临淮关方面晏公庙西强行渡河，攻占淮河北岸黄坂子、王庄、前坂子等村庄，第114师师长牟中珩、第342旅旅长李雨霖亲临前线指挥，全体守军展开反攻，战斗从上午10时开始，至下午3时左右，经过数次冲锋，将全部失陷村庄夺回。

11日晨，敌13师团集中主力再次强渡淮河，向第114师、第113师阵地发起猛烈攻击。第114师阵地多处被敌突破，伤亡惨重，"官长伤亡七十余员，士兵伤亡二千余人"，"预备队已尽数使用"，全体官兵已"两昼夜未食未眠"[1]，未能收复失去的阵地，被迫转移到沫河口、四铺之线，继续组织抵抗。第113师阵地也受到日军攻击，"小蚌埠一隅已反复争夺达四五次之多"，守军第674团官兵伤亡殆尽，团长张儒彬受重伤，小蚌埠遂陷入敌手。[2]

第51军防线被撕破，战局十分危急，于学忠分析战势，决定趁日军过河部队立足未稳之际，展开总反攻，夺回失去的阵地。于学忠重新调整、部署部队，组织反攻。他召集紧急军事会议，作战前动员。于学忠语重心长地向部将们说道："只有更坚决地抗战下去，才可以生存，和平妥协，

---

[1]《陆军第114师临淮关大小溪河等役战斗详报》，中国第二历史档案馆馆藏档案。
[2]《陆军第113师临淮关大小溪河等役战斗详报》，中国第二历史档案馆馆藏档案。

结果总是灭亡！我们东北几年来的亡省之痛，刻刻在心头，难忘的仇恨酝酿着，全军官兵皆热血鼎沸，这次终究有机会与仇人相见于疆场了，我们下了必死的决心，战斗在津浦线……一寸山河，一寸血肉，敌军总得付出相当的代价。我们在正面血拼硬战，使敌人的进展，延迟了一小时，即可使我后方的阵地多一小时的强固起来。"

第51军全军将士上下一心，士气高涨，誓与敌军决一死战。

2月13日凌晨，第51军展开总反攻。军长于学忠和第113师师长周光烈、第114师师长牟中珩及4位旅长，均亲临前线指挥作战，并限令各部必须夺回失去的阵地。经过8小时血战，迫使临淮关方面的日军退回淮河南岸，第114师阵地全部夺回。小蚌埠方面反攻持续了一天，渡河日军被第113师部队两翼包围，战斗异常激烈。

恰在此时，援军张自忠第59军赶到，接替第51军防线。伤亡严重的第51军撤离火线，转移到宿县南西寺坡一带休整，由第59军全面负责淮河防线。

15日，第59军军长张自忠下令全军对敌实行主动攻击，他训令全军官兵时态度坚决地说："我带领大家一起拼命保国"，大家要"奋勇前进，不准后退"。①

第59军组成左右先遣队，向日军占据的淮河北岸各据点猛烈反击，18日大部分阵地被夺回，20日收复小蚌埠，困守小蚌埠的日军被歼灭大半，残敌逃到淮河南岸。

与此同时，第五战区司令长官部命令淮南由津浦路主动西撤的第31军和从浙西增援而来的第7军，积极反攻，向津浦路"游击"，并联络空军，轰炸日军占领的津浦线和日军据点。津浦路南段日军腹背受敌，敌第13师团不敢在淮河一线贸然进攻，并把淮河北岸所剩的军队，全部撤回淮河南岸。中日双方遂隔河对峙，这一局面一直维持到5月初。

淮河阻击战，第51军作战有功，以2师4个旅（均二二编制）兵力，抗

---

① 冯玉祥：《痛悼张自忠将军》，载1940年7月16日《新华日报》。

击日军1个师团另附3个联队、7个大队、7个中队的航空兵、工兵、炮兵、装甲部队和铁道兵之精锐部队的进攻，无论是在人数上还是技术装备上，日军都占有绝对优势，但第51军英勇顽强，浴血奋战，消灭日军3000余人。日军付出沉重代价，却未能最后突破中国守军防线而长驱北进，反不得不龟缩在淮河南岸。中国守军取得淮河阻击战的胜利，主要由于第五战区调兵布防及时，战役指导方针正确，前敌指挥员抗敌决心大，广大官兵英勇顽强。除此

第51军军长于学忠

之外，有两点不可忽视，一是广大民众的大力支持，二是第51军中共产党人的模范带头作用。第51军中有中共秘密党员数百人，军、师建有中共秘密工委，团建有秘密总支，大部分连队建有秘密支部。淮河阻击战中，中共第51军工委号召所有党员勇猛作战，带动全体将士英勇杀敌，争取首战告捷，以振军威，以鼓民气，以利抗战。所有党员，均能身先士卒，英勇杀敌。秘密党员第114师第684团第1营营副罗广智，战斗中率部反击，身负重伤仍不下火线，顽强战斗直至光荣牺牲。第679团第1营第1连6名中共党员，在战斗中冲锋在前，英勇顽强，牺牲4人，重伤1人，轻伤1人，由此可见共产党人做出的贡献和牺牲。

淮河阻击战的胜利，迟滞南线日军北犯进程，暂时打破了日军夹击津浦、会师徐州的狂妄计划，从而为北线战场赢得时间。同时大大鼓舞了士气，振奋了民心，对国内各战场产生了重大影响。

三、韩复榘弃守津浦路北段

抗战爆发后，担任津浦路北段正面防御任务的是山东省最高统治者韩

韩复榘

复榘及其第3路军。

韩复榘,字向方,河北霸县人。生于1890年,20岁投军入冯玉祥部。因作战勇敢,深受冯玉祥的信任,得到冯的不断提拔,由排长、连长、营长、团长而升至师长、军长、方面军总指挥。1929年5月,冯玉祥策划反蒋,韩复榘联合石友三,率部叛冯投蒋。

1930年4月,中原大战爆发,韩复榘向蒋表示,只打晋军不打冯军,以示他不忘冯玉祥的栽培之恩。蒋介石便任命韩为第1军团总指挥,负责山东防务,在鲁境与晋军作战。9月,冯、阎失败,韩复榘被任命为山东省政府主席。自此至抗战爆发,韩复榘一直在山东省政府主席任上,统治山东近八年之久。

随着日军对华北的步步进逼,南京国民政府对日态度趋向强硬,韩复榘夹在蒋日矛盾间,为了自保,他一方面解散抗日组织,取缔反日宣传,尽力向日本显示"友好",并与日本驻济南领事馆武官花谷频繁交往,多次宣称"日本不让山东驻中央军",[①]利用日本势力阻止南京国民政府蒋系中央军进驻山东;另一方面,他从未公开表示脱离国民政府中央,日本人策动韩复榘搞"山东独立",韩复榘曾与日方代表密商过这一议题,据南京国民政府大本营派往山东的联络参谋王道生云,日韩密商的结果是"韩复榘同意维护日本在华特权,保护日本在华一切利益,韩部军队和日军和平相处避免战斗",日方要求韩时机成熟时宣布"山东独立",韩要求日军不得进驻山东。[②]但日方经多次交涉,对韩施加压力,韩氏却始终未公

---

① 何思源:《我与韩复榘共事八年的经历和见闻》,载《一代枭雄》,中国文史出版社1988年版,第66页。

② 王道生:《大本营派我到韩部》,载《一代枭雄》,第234页。

开宣布"山东独立",并拒绝在日方准备的相关文件上签字。韩氏不但拒绝了"山东独立",还拒绝参加日本华北驻屯军鼓动的华北"五省三市自治"阴谋。韩复榘还对日军可能发动的侵略做了一些防范准备,从1936年起他在山东开展民众自卫训练,计划三年内训练完毕全省壮丁,并扩充各县民团,办理学生军训,举办民众军训大检阅,在所部第3路军中开展抗日宣传。

1937年4月,蒋介石电邀韩复榘去杭州晤谈,韩复榘明知如果南下晤蒋,"日本方面一定不高兴,但事到如今,不能不得罪他们了"[①],他毅然南下与蒋会面,表示了明确的抗日态度。

七七事变爆发之后,韩复榘迅即作出抗战部署,他令所部军官安排好眷属,集中待命,并限令日本驻济南领事馆人员及日侨离境。7月30日韩复榘应召赴南京参加最高国防会议,行前致电国民政府,"主张抗战到底"[②]。

会议期间蒋介石虽表示要坚决抗战,但并未开诚布公地向与会者交代统帅部的详细战略意图,韩复榘觉得蒋介石"一肚子心事,却一点也不吐露",认为蒋"并无抗日决心"[③]。他返回济南后抗日态度转向消极,以保存实力为第一要务。日军试图争取韩复榘不参加抗日,派人秘密飞抵济南与韩晤谈,日方表示只要韩部不抗日,日军可以不在山东驻兵,但须借道山东运兵,韩则表示,不论驻兵还是运兵,日军都不得进入山东,双方无法达成协议。

淞沪抗战打响之后,中日战争华北、华东两个战场同时展开,韩复榘奉命防守津浦线以东、胶济线以北地区,处于两个战场的中间,日军未从山东登陆,因此没有战事。当日军在华北战场得手之后,分兵沿津浦路

---

① 何思源:《我与韩复榘共事八年的经历和见闻》,载《一代枭雄》,中国文史出版社1988年版,第70页。
② 卢沟桥事变后国民党政府军事长官会议记录第21次,载民国档案1987年第3期。
③ 梁漱溟:《七七事变前后的韩复榘》,载《一代枭雄》,第224页。

向南进攻。国民政府最高统帅部在津浦路北段设立第六战区,委冯玉祥为司令长官,组织津浦路北段的对日作战。宋哲元、庞炳勋等部在沧州一带战败溃退,冯玉祥亲赴济南令韩复榘派兵北上增援,韩认为出兵也无法挽救北线败局,拒不执行命令。冯玉祥指挥不动韩部,无力挽救战局,愤然返回南京。国民政府撤销第六战区,山东战场划归第五战区。第五战区司令长官李宗仁亲赴济南,与身为副司令长官的韩复榘作了彻夜长谈。与李宗仁的一席谈话,使韩认识到,抗战"是有前途的,汉奸是当不得的",但"他也认为抗战是长期的",自己的部队,"断不可在长期抗战的局面下,而在短期之内被消耗了。他不能与日军死拼。保存实力是第一要务"①。他曾公开向部下说:"要知道作战全靠军队,第一要能保存实力。没有实力还用什么去作战?……我们若能保存实力,就是退到天边,也能有吃有喝,谁也不敢轻视我们。"②韩复榘的认识和出发点,是近代中国军阀混战、割据形势下拥兵实力派生存和发展的基点,但不适应中日民族战争的形势,不符合抗日战争的大局和中华民族的利益。这一错误观点,贻误抗战,也害了韩复榘本人。

1937年11月间,日军进攻鲁北,韩复榘调曹福林部在德州、惠民、齐河一线进行抵抗,损失惨重,韩本人过河北上视察时被日军包围,差一点做了俘虏。他愈发认为,不能与日军拼杀,与日军拼杀,"老本"会被打光的,便下定决心"避战",不再抵抗。韩复榘将所部全部撤退到黄河以南,炸毁黄河铁桥,并部署山东省和济南市政府机关人员和军政官员家属携资撤退。日军占领黄河北岸后,用远程炮轰击济南,但一时无法过河,双方隔河相峙。

11月28日,李宗仁带着作战计划到济南向韩复榘布置作战任务,令韩部以沂蒙山区为后方,守卫济南,必要时撤到沂蒙山区打游击,牵制日

---

① 《李宗仁回忆录》,广西师范大学出版社2005年12月版,第710—712页。
② 杜天锡:《韩复榘言行琐记》,载《一代枭雄》,第194页。

军，使日军不敢急速南进。韩复榘顶撞李宗仁道："浦口已失，南路敌人将打到蚌埠，我们已没有了退路，北路日军若过济南，南北一挤，我们岂不成了包子馅了吗？"他不理睬李宗仁的作战命令，当着李宗仁的面部署撤退，命令部队撤向周家口、郾城一带，眷属和物资撤向豫西。

12月下旬，日军由青城、济阳间强渡黄河，韩复榘率部南撤，仅留一个师守卫济南。27日济南失陷，第五战区司令长官部命令韩复榘循津浦线后撤，据险防守，固守兖州、济宁。韩复榘拒不执行命令，竟然指示部下"能打就打，不能打就撤"，擅自率部先后放弃泰安、大汶口、济宁，舍弃津浦路，退向鲁西南。韩复榘留一部沿运河设防，主力全部退到运河以西曹县、城武、单县一带，造成津浦路北段正面大门洞开，日军长驱直入。

1938年1月初，敌矶谷廉介第10师团轻而易举地占领了泰安、兖州、济宁，直接威胁到第五战区司令长官部所在地——徐州的安全，致使战局急剧恶化，对徐州会战中国防线极其不利。

韩复榘擅自弃守，直接影响到抗战大局，第五战区司令长官部和中国最高统帅部对韩极为不满，十分气愤。加之抗战爆发后，韩复榘曾联络川军将领刘湘，试图"拥川独立""拒蒋入川""和日倒蒋"，阴谋败露，更遭蒋介石的忌恨。韩复榘的所作所为，已使统帅部和蒋介石无法容忍，决定严办韩氏。

1月10日至11日，蒋介石在开封主持召开第一、第五战区军事长官会议，诱使韩复榘出席会议。会议讨论了面临的抗战形势，研究新的战略任务。蒋介石在会上指出："我军的战略是什么呢？简单明了地讲起来，就是东面我们要保持津浦路，北面要保持道清路，来巩固武汉核心的基础。大家知道，自从上海、南京失守，我们唯一的政治外交经济的中心，就在武汉。武汉决不容再失了，我们要维持国家的命脉，就一定要死守武汉，巩固武汉。但是我们要巩固武汉，就要东守津浦，北守道清。如果津浦、道清两路失守，武汉就失了屏障；屏障失了，武汉就受威胁。所以津浦、

向山东方面进攻的日军第10师团师团长矶谷廉介

由于韩复榘不抵抗,日军很快占领了济南城

道清两路,我们无论如何要拼死固守,绝不容敌人进犯。如何守法呢?"蒋介石指出:"一定不要呆守不动,坐以待敌。必须积极动作,对威胁我们的敌人,争取攻势;必须严密监视敌人,时刻保持主动地位,来攻击敌人;尤须尽心研究,想出各种有效的方法,准备各种可能的制敌的方案,千方百计,来打击敌人!特别是在精神上,要设法鼓励士气,加强攻敌的决心,或从正面冒死突进,或由侧面绕道截击,或迂回包抄围攻歼灭,或纵兵深入断敌归路。因为我们部队多,兵力大,就可以四面八方,同时发挥我们主动的攻击精神,配合各种有效的战术,先发制人,攻守自如,陷敌人于被动,使他顾此失彼,应付不暇。如此我们才能够固守,才能够借津浦、道清两路,来屏障武汉。武汉重心不致动摇,国家民族才有保障,这就是我们的战略。"随即,蒋介石大骂一些将领的无能,含沙射影地斥责了韩复榘的弃守。

蒋介石说:"我们这几个月战场上的挫失,并不是倭寇的军队怎么多,实力怎么强,也不是我们一般下级官兵不勇敢,不牺牲,而是由于我们一般高级将领在平时缺乏研究,没有实学长技拿来教育部队,到了战时，对于一切战术战略，又不能根据基本典范纲领和战阵实际情况，随时随地研究改进，以致指挥失当，虽有很多部队，也不能发挥相当效力，所以要被敌打败！""现在我们丧失了这许多生命财产，并不是敌人已经支付了绝大的代价，硬打进来的，而是我们高级将领中还有观望不前、图保实力、不努力、不合作的，所以敌人才敢进来！"蒋介石以津浦北段战况为例斥责道："敌人由济南攻下泰安的部队，不足一师人，而且不是正式军队。他们如此脆弱的部队，居然向南深犯，这完全是我们等敌人到了就退，既不攻击，也不死守的缘故。""就是我们高级将领中间，怀着一种保存实力的卑鄙心理，不顾国家的存亡，不顾民族的生死，就是望风退却，带了部队步步后撤。"最后，蒋介石当众宣布了《作战惩罚办法》和《作战奖励办法》各10条，并强调说："这一办法颁布以后，各位就要转告部下一般官兵，使他们个个都能透彻了解，大家从此格外惕厉奋发，努力抗战。凡因忠勇战斗而牺牲的，本委员长一定本着至中至正、大公无私的精神，转请政府，尽量补充从优奖励。哪一个部队作战有功，牺牲最大，就要尽先补充他这一个部队，不仅尽先充分补充，而且要格外嘉奖他这一部队，使他在中华民族抗战史上占着最光荣的一页，为世代子孙立一个永垂不朽的规范！"①

参加会议的军官将领，大都能挺胸抬头，聆听统帅的教诲，唯有坐在前排的韩复榘，始终耷拉着脑袋，抬不起头来。蒋介石的许多话语都是冲他来的。

大会之后，韩复榘即被戴笠拘捕，旋即被押往武汉军法执行总监部关押，于1月19日，经高等军事法庭会审，何应钦担任审判长，鹿钟麟、何成浚担任审判官。24日被处死。

韩复榘作为中国守军中的高级将领，以擅自撤退逃跑罪被处以死刑，

---

① 转引自杨树标《台儿庄战役与蒋介石》，载"台儿庄大战55周年国际学术讨论会"论文。

"这一严厉处分振奋了士气和民心",①"确使抗战阵营中精神为之一振"。②在此前后还处分了一批贪生怕死、擅自弃守的军官将领,包括对第61军军长李服膺的处死和对蒋介石宠将刘峙的"撤职查办",这无疑对制止正面战场军官将领弃责逃跑、振奋军心起了积极作用。

四、孙桐萱、邓锡侯奋力稳定北线

韩复榘将津浦路北段弃守之后,北路防线门户洞开,日军长驱直入,徐州岌岌可危。2月初,军令部建议李宗仁,可将第五战区司令长官部迁往河南归德或者安徽亳县。李宗仁对此大不以为然,他认为敌人南北两战场的重心,正集中对付第五战区,为粉碎敌人速战速决的狂妄计划,应不惜一切代价,争取更多的时间,以部署武汉保卫战,指挥徐州会战。徐州占有交通、通信方便之利,且地理位置极其重要,是战区司令长官部最合适的处所,其优势是归德、亳县无法比拟的,而且,临战迁移司令长官部,必然影响民心和士气。"重心一失,全盘松动,将不可收拾。"③因此,李宗仁不同意迁移司令长官部。但是,军令部有此建议,中央和长官部不少人都主张迁移,李宗仁不便公开反对,便采取拖延的办法。李派出"设营小组"前往归德、亳县考察,要求详细考察,详细具报,往返费时,台儿庄方面的战局已万分紧张,长官部便不能迁移。有幸长官部未迁,对后来掌握战局和指挥台儿庄大战并取得胜利,徐州确实堪称"心脏",起了至关重要的作用。

与此同时,李宗仁调兵遣将,努力稳定北线。韩复榘弃守后撤之后,为了加强津浦路北线的防务,第五战区调于学忠第51军开赴砀山、黄口一带集结,准备投入北线作战,并决定由第3集团军副总司令于学忠代行该集

---

① 吴相湘:《第二次中日战争史》上册,台北综合月刊社,1973年版,第436页。
② 《李宗仁回忆录》(下),第716页。
③ 《李宗仁回忆录》(下),第727页。

团军总司令之职权。

旋即,因增调川军邓锡侯第22集团军驰援北线,而南线淮河防务吃紧,遂改调于学忠第51军南下增援淮河防线,投入淮河阻击战。同时,蒋介石考虑到第3集团军仍不失为一支生力军,为调动该部抗战积极性,增强该部凝聚力,于1938年1月13日任命该部资深将领第12军军长孙桐萱为第3集团军副总司令,代总司令职(6月7日正式任命为总司令)。

为了稳定北端阵线,确保徐州地区的安全,2月10日,李宗仁命令孙桐萱指挥第3集团军袭取济宁、汶上等日军据点,侧击津浦路北段日军。孙桐萱立即作出部署,命令谷良民第56军第22师(谷兼师长)进攻济宁,第12军(孙兼军长)展书堂第81师袭取汶上。各部受命之后,稍做准备,便立即分别由驻地向攻击目标进发。

第22师奉命后从定陶县出发,昼伏夜行,经巨野、嘉祥,于12日晚自大长沟渡过运河,兵临济宁城下。驻守济宁的日军一千三四百人,大部驻守南关,城里有四五百人,北关没有驻兵,北门城楼驻有少量日军。济宁位于运河东岸,因运河年久失修,东岸一片沼泽,不能通行,只有城关二十里堡有小木桥可以通过。中国军队撤退或增援都比较困难,而日军则可利用兖州、济宁间铁路,随时可以增援,而且驻汶上县日军有坦克和炮兵,机动性很大,可随时增援济宁。根据这一形势,攻城宜速战速决。

2月14日夜,第22师发起攻城战斗。由于缺乏重武器,无法用火力轰破城墙或摧毁城门,就采用云梯攀登入城,由于梯子多、士气壮,拂晓前有九个连攻进城内。天明之后,城墙上日军增加,居高临下,用机枪扫射,无法继续"爬城"。攻入城内的中国军队,与日军展开巷战,短兵相接,血战竟日,战斗到天黑,九个连牺牲殆尽。城外部队反复组织攻城,伤亡惨重。日军大批援兵赶到,攻城部队腹背受敌,被迫于17日晚撤退到运河西岸。

第81师受命攻取汶上,于12日晚由开河镇渡过运河,立即向汶上县城发动攻击,一部由城西北攻入城内,进行巷战,其余攻城未成,死伤甚多。13日增援日军赶到，双方在城南发生激战。敌机数架对第3集团军阵地狂轰滥炸，第3集团军伤亡惨重，奉命向运河西岸撤退。

第3集团军西撤之后，日军继续追击，19日占领了济宁以西的安居镇，20日又占领了唐家口。第3集团军一部于21日夜袭了傅家庄、李家庄之敌，获得胜利，缴获敌炮4门、战车3辆以及大批武器弹药，暂时稳住了阵脚。随后，第3集团军撤至相里、羊山集、独山集、巨野一线。该集团军后调入第一战区，仍在鲁西南地区对日作战。

与此同时，李宗仁急调刚加入第五战区战斗序列的第22集团军开赴临城以北，支援孙桐萱部作战。

第22集团军为川军，邓锡侯为总司令，孙震为副司令。邓锡侯早年曾就读于成都陆军小学、南京陆军中学、保定军校，后投入川军，效力于军阀混战，不断升迁，实力渐长。北伐军进抵长江流域，邓"易帜拥蒋"，被蒋介石委任为国民革命军第22军军长。随后，邓在四川军阀混战的旋涡里，"冲撞挣扎"，"摔打滚爬"，"起伏升降"，终未沉没，占有了一席之地。邓锡侯以善于观察风向、保存实力见长，被人称为"水晶猴子"。

抗战爆发以后，川军出川，奔赴抗日战场。川军被编为第2路预备军，以刘湘为总司令，邓锡侯为副总司令。按照与蒋介石达成的谅解，川军集中使用，给予补充装备。由于战局的变化，为适应前线需要，川军被分散使用，投入淞沪、晋、徐海等几个战场。装备极差的川军，未得到补充，便被投入战场，参加战斗。虽然由于战局紧迫所致，但蒋介石或多或少有"歧视"地方杂牌军之嫌，这对川军的战斗力、士气以至

第22集团军总司令邓锡侯

军纪，不无影响。邓锡侯所部，被编为第22集团军，列为第二战区战斗序列，"专对晋东作战"。①

第22集团军辖第41军（军长孙震）、第45军（军长邓锡侯）两个军，属"乙种军"编制，即每军2师，每师2旅，每旅2步兵团，没有其他特种兵。全集团军4万多人，武器装备极差。主要武器为四川土造的七九步枪、大刀、手榴弹，以及为数甚少的土造轻、重机枪和迫击炮。重武器全无，通信、卫生装备器材极少。第22集团军出川前曾要求蒋介石换发武器装备，蒋答复："前方紧急，时机迫切，可先出发，途经西安，准予换发。"②该集团军于1937年9月5日誓师抗日，离开成都，徒步出川北上。

10月上旬，先头部队抵达西安，前方战局吃紧，未补充装备，统帅部即严令该部着速东进，过潼关，过黄河，到太原加入第二战区战斗序列。时值深秋，该部将士仍着单衣，武器装备又极差，邓锡侯请求第二战区司令长官阎锡山补充装备，遭阎拒绝，连一张山西军用地图也不提供，还是中共领导人周恩来造访时赠送了一张山西军用地图（从日军手中缴获的战利品）。

10月22日，阎锡山命令邓锡侯"着122、124两师迅速乘正太车开娘子关"。③部队立即出发，第122师25日到达娘子关西南之马山村，即与日军第109师团发生激战；第124师在正太路阳泉、寿阳南侧掩护友军。娘子关失守，第22集团军以疲惫之师投入战斗，不了解敌情，不了解地形，仓促上阵，与敌周旋，损失惨重，伤亡过半。12月初，该部在离石、赵城一带整补，军、师、旅建制保留，但每旅原有的两个团合编为一个战斗团，全集团军实际只有八个团，总兵力不过两万来人。第22集团军整顿期间，第18集团军总司令朱德也率部在该地区布防。邓锡侯与朱德同籍，又曾在护国战争期间相识，算得上"老朋友"，邓多次邀请朱德为第22集团军官兵

---

① 《第七、二、八战区作战指导方案》，中国第二历史档案馆藏档案。
② 张宣武：《台儿庄会战的前奏》，载《徐州会战》，中国文史出版社1985年12月版，第62页。
③ 《娘子关会战概要》，中国第二历史档案馆藏档案。

"训话",传授游击战术。丁玲带领的八路军西北女子战地服务团还为第22集团军演出抗战文艺节目。这对于鼓舞"川军"士气,大有裨益。

第22集团军由于一直没有得到装备、给养的补充,在娘子关之役败退途中,曾路遇一晋军军械库,士兵们出于义愤、出于需要,便破门而入,擅自补给。有些士兵还"强买强卖"。阎锡山对此大为恼怒,骂该军是"抗日不足,扰民有余"的"土匪兵"。[①]阎锡山还致电统帅部,要求将该部他调。统帅部欲把第22集团军调往第一战区,第一战区司令长官程潜也拒绝接收,使"川军"在人们心目中的地位很低,总认为川军喜好内战,也只会打内战,军纪差、扰民害民,因此,第22集团军所到之处,受到民众的冷遇。

正当统帅部不好安排第22集团军的时候,在统帅部供职的李宗仁的老搭档、副参谋总长白崇禧立即打电话给李宗仁,询问第五战区是否愿意接收第22集团军,李宗仁正为韩复榘擅自弃守、津浦路北段战局吃紧、兵力不敷分配而犯愁,一听说有支可用部队,简直喜出望外,立即答应愿意接收该部,并请统帅部速调该部奔赴鲁南战场。

第22集团军奉命于1937年12月底离开晋东南战场,奔赴徐州战场,调入第五战区。部队抵达砀山、单县、徐州一带,邓锡侯、孙震亲往徐州拜访李宗仁,受到礼遇。李宗仁呈请军委会拨给该部500支新枪,并由第五战区库存中拨发了大批子弹和部分迫击炮,使邓、孙大受感动。第二战区、第一战区皆不愿接收第22集团军,民众对该部多有"误解"和"非议",这对邓锡侯、孙震和所部广大官兵刺激很大,他们决心要在抗日战场上洗刷耻辱,用实际行动在人们心目中重塑川军形象。邓锡侯严加管束部队,禁止部队拉夫、派款,严禁官兵擅自进入民宅,受到民众的欢迎。该部进入鲁南之后,抗日情绪高涨而又热情豪爽的山东民众,把该部当作自己的子弟兵,给予热情、无私的支持和援助。第22集团军广大将士非常感动,

---

① 《李宗仁回忆录》(下),第726页。

他们真诚地说："为民族而战争，能得民众如此爱戴，可以死而无恨了！"

1月初，第22集团军奉李宗仁命令，从徐州沿津浦路北上，阻击从泰安南下之敌。邓锡侯把第22集团军总部设于临城，命第45军主力由界河前进，阻敌于泗水以北；第41军主力集中于滕县附近，构筑工事，严阵以待，随时准备痛歼进犯之敌。

1月20日，刘湘病故，四川政局发生波动。2月上旬，蒋介石召邓锡侯赴武汉征求治川意见。3月2日，大本营发

第41军军长孙震

表委任邓锡侯为川康绥靖公署主任的任职令；3月下旬邓回到四川主持川康军务。

邓锡侯暂离前线及回川之后，由孙震代理、继任第22集团军总司令之职，邓所遗第45军军长之职由该军第125师师长陈鼎勋继任。

2月7日，第22集团军奉命进攻邹县，孙震根据敌我双方之情形，作了如下部署：以陈鼎勋第45军第125师进攻邹县以南两下店铁路两侧地区，第127师位于滕县、界河，以一个团兵力向邹县、曲阜地区进行游击（由第757团担当此任）；由王铭章（第122师师长、代军长）率第41军在临城、韩庄布防，其第124师第370旅部署于两下店以西的石墙地区，以增强该地之防卫力量；集团军总司令部仍设在临城。

2月14日，第125师第373旅主力进攻两下店，一部绕袭邹县，由于缺乏重武器，而日军第10师团防守火力较强，进攻数日未能攻克，2月18日第125师撤回至界河地区。第127师第757团先向邹县以北的曲阜地区"游击"，袭扰敌人，继之在界河与两下店之间继续对敌"游击"。第22集团军以第45军为一线部队，第41军为二线部队，第45军以滕县为据点，在界

河东西香城、九山、王福庄、张庄、后圪、金山之线占领阵地，与敌保持接触；另以一部挺进兖州、邹县、曲阜间进行"游击"。双方在这一地区呈胶着状态，日军一时无力向南推进，相持了一个多月。

由于孙桐萱第3集团军和邓锡侯、孙震第22集团军对日军的顽强攻击和积极袭扰，使第五战区北端阵线暂时得以稳定。

第二节 临沂战役

一、庞炳勋力战阻敌

从1938年3月初开始，徐州会战进入第二阶段，又称台儿庄会战。这一阶段，日军进攻的重点在北线。日军的兵力部署和作战目标是：挺进兖州、邹县、济宁的矶谷廉介第10师团，由邹县南下，攻占滕县、临城，歼灭该地区的中国军队，占领至大运河以北地区。板垣征四郎第5师团向临沂地区挺进，占领临沂后，进至峄县，协助第10师团作战。上述目标达到之后，继续扩大成果，扫清徐州外围，为下一步会攻徐州打下基础。

国民政府最高统帅部的作战方针和部署为：调集精锐部队控制武汉及豫、皖边区，并予以迅速补充、整顿；从山西、河南、江西抽出有力部队，以增强鲁南和淮南的兵力，巩固徐州，力保豫北、晋南，阻敌南渡黄河威胁武汉；广泛发动游击战，牵制和消耗敌人。赋予第五战区的任务是：保卫山东、苏北、皖北地区，进行持久抗战。

第五战区是徐州会战的主战场，第五战区部队是徐州会战中对日作战的主力军，其根本方针为：南线继续"游击"，积极防御，牵制南线日军使其无力北上。北线坚守战略要地，消耗日军，阻滞日军进攻；阻挠日军第10师团和第5师团会合；机动用兵，相机歼灭敌人有生力量，争取打几场胜仗。

北线战场，战况异常激烈，中国守军进行了临沂战役、滕县保卫战、台儿庄大战，并最终取得台儿庄大战的巨大胜利。

日本海陆军间素有矛盾，1938年1月7日日本海军军令部以大本营名义命令在上海的中国方面舰队司令长官长谷川清部署海军封锁中国沿海，相机攻占青岛。8日，日本陆军亦以大本营名义命令华北方面军司令官寺内寿一派部队占领青岛。寺内寿一令所部板垣征四郎第5师团担任此项任务。1月10日,日本海军第4舰队率先从胶州湾登陆,占领了青岛。青岛市长沈鸿烈率中国海军陆战队退至诸城、沂水地区。担任沿胶济线向东进攻、占领青岛的敌第5师团,在铁路、公路已被中国抗日军民破坏的情况下,步行跋涉,推进速度缓慢,其先头部队1月13日才到达青岛,该师团国崎登第9旅团14日由南京海运至青岛上岸,板垣征四郎本人18日到达青岛,整个部队19日才全部到达青岛。这时青岛已为海军率先占领,重要设施皆为"海军管理",因此第5师团进入青岛之后,为驻区、警备区等问题与海军发生严重争执,经日本国内陆军、海军上层之协商调停始告解决。

板垣征四郎部抵达青岛之后,奉命由潍县南下,进攻临沂地区,以配合第10师团向鲁南推进。板垣立即派部南下,向诸城、沂水、莒县地区进攻,试图攻占临沂,然后南下与第10师团会攻鲁南,切断陇海线,攻击徐州。

临沂是鲁南重镇,又是军事要地,若被敌人占领,敌人两支主力合流,将大大增强对中国守军的攻击力,陇海铁路的东段及连云港,以至峄县、台儿庄、徐州,必将受到严重威胁,战局将不堪收拾。

胶济路潍县、临沂间部署的中国守军力量极其薄弱,沈鸿烈所率海军陆战队两个大队只有2000人,第三、第八行政区抗日游击队各2000多人,系刚组建起来的抗日武装,战斗员大多是未经军事训练的民众,装备也极差。还有一些抗日游击队,正在组建、集结之中。为加强这一地区的防卫,确保临沂军事要地的安全,以打乱敌人的军事部署,阻止敌人两支主力军的会合,第五战区司令长官部即调驻防海州一带的庞炳勋第3军团赴临沂一带布防。

庞炳勋所部名为第3军团,庞任军团长,但所辖军队仅第40军一个军,由庞兼军长。兵力尚不足一个军,只有一个师,即马法五的第39师,下辖朱家麟第115旅和李运通第117旅(每旅两个团)两个旅,一个补充团和炮、工、辎、通各一营,一个骑兵加强连和手枪连,军部直属一个特

青岛市市长沈鸿烈

第40军军长庞炳勋

务营,全军总兵力13000余人。装备计有步枪8000支,手枪900支,轻重迫击炮60门,重机枪60挺,轻机枪600挺,掷弹筒200个,山炮4门,战马300匹。庞炳勋军乃西北军旧部,经连年内战而未瓦解,实为庞氏带兵有方,善于保存实力所致。

庞炳勋能与士卒同甘共苦,为世人称道。庞炳勋部实力虽弱,但却是一支子弟兵,"有生死与共的风尚,将士在战火中被冲散,被敌所俘,或被友军收编的,一有机会,他们都潜返归队。以故庞部拖曳经年,又久为中央所歧视,仍能维持于不坠"①。庞本人也成了"不倒翁"。

抗战爆发后,庞炳勋率部投入抗日战场,在沧县抗击日军,后奉命编入第五战区序列,调往东海、连云港设防。庞炳勋年逾花甲,"久历戎行、经验丰富",也十分善处人际关系。庞部编入第五战区,庞炳勋即赴徐州拜见司令长官李宗仁,虽年长于李,却仍"执礼甚恭",给李宗仁留下良好印象。李宗仁对庞"破格优礼以待",初次见面便推心置腹,诚恳

---

① 《李宗仁回忆录》(下),第718页。

地说:"庞将军久历戎行,论年资,你是老大哥,我是小弟,本不应该指挥你。不过这次抗战,在战斗序列上,我被编列为司令长官,担任一项比较重要的职务而已。所以在公事言,我是司令长官;在私交言,我们实是如兄如弟的战友,不应分什么上下。"过去被迫在内战的"旋涡中打转","太没有意义了"。"今日天如人愿,让我们这一辈子有一个抗日报国的机会,今后如能为国家民族而战死沙场,才真正死得其所。你我都是五十岁以上的人,死也值得了,这样才不愧做一军人,以终其生。"①庞炳勋大为感动,表示"为国效力""万死不辞""绝不再保存实力,一定与敌人拼到底"。②

李宗仁还设身处地为庞炳勋解决实际困难,庞部原有5个团,统帅部要求庞炳勋共编4个团,否则将停发整个部队的粮饷。庞部兵员足额,无法将直属补充团并入其他4个团内,只能遣散。将领爱兵,理所当然,庞炳勋不情愿遣散自己精心编练起来的部队。再者正值抗战用兵之际,中央的嫡系部队都在扩编,却要遣散他的部队,庞炳勋也确实想不通。李宗仁出面做工作,统帅部终于收回成命,同意庞部维持现状。同时,李宗仁又指令第五战区兵站总监石化龙,尽量补充第3军团的弹药和装备。庞部奉命调防海州临行之前,李宗仁又亲到该部训话,做抗战动员。从庞炳勋到广大官兵,对李宗仁的"体恤"和帮助都"大喜过望","感激涕零",欢腾振奋,"军容殊盛",抗战情绪更加高涨,俨然成为一支劲旅。

庞炳勋与李宗仁虽是初识,却建立了"互信",庞部虽不是李宗仁旧部,但李宗仁感到足可驾驭和指挥。因此,当军事要地临沂方面急需用兵之际,李宗仁立即把庞部调往临沂担当重任。

庞炳勋接到命令后,遂把海州、连云港等地防务移交给驻防苏北的缪澂流第57军,立即率部奔赴临沂地区。根据庞炳勋2月9日致蒋介石的密电,庞部先头部队已抵达临沂地区,第39师师直属部队和第115旅也于10

---

①② 《李宗仁回忆录》(下),第718页。

日晚到达临沂地区。同时，划归庞炳勋指挥的部队还有临沂及其附近地区的抗日武装，主要有第三行政区保安团（又称游击队）2000余人，行政专员张里元任保安司令，该部驻临沂城内，有相当战斗力；第八行政区保安团2000余人，厉文礼任司令；海军陆战队2000人，张赫炎任司令；刘震东第一游击司令的游击队，正集合队伍；杨士元的鲁南民众抗日自卫军500余人，正集合队伍。庞炳勋根据敌情和兵力，作了如下部署：以第117旅234团与所配属的地方游击队攻击泗水，先头部队已到朱满；以补充团与配属的地方游击队攻击蒙阴，先头部队已到青驼寺；令上述两部攻占泗水、蒙阴后，向泰安、曲阜间威胁敌之侧背。以第115旅的两个步兵营、海军陆战队及该方面游击队，固守莒县、沂水以北要隘，并以莒县、沂水为基地，向胶济路及其以北施行截击。诸城已有日军三四百人，装甲车30余辆，有西犯迹象，令厉文礼、刘震东派队截击。日照、石臼所海面，停泊敌舰两艘，连日炮击石臼所及日照县城，日照东北泊儿镇有敌军数百人，令张元里截击日照方面敌军的进犯。其余部队，集结临沂固守，兼以策应各方。①

日军板垣征四郎第5师团抵达青岛之后，与海军争夺地盘的矛盾经调解暂时缓和，便开始执行"南下"的任务。第5师团第21联队长片野定见大佐率步兵一个半大队、炮兵一个中队为先头部队，于2月21日乘汽车沿公路向南推进。守卫沂水、诸城、莒县一带的沈鸿烈、张赫炎所率海军陆战队和刘震东游击队与进犯日军发生激战，敌军先头部队当天便推进到莒县东北的招贤镇，22日开始进攻莒县。

当日军南下、前线纷纷告急时，李宗仁电令庞炳勋派兵增援，庞立即派第115旅旅长朱家麟率该旅两个团火速增援莒县。第115旅因抗击进犯敌军、保卫莒县、稳定前方阵线心切，在对敌情和地形都不甚明了的情况下，便立即出兵直扑莒县。当时情报有误，谓正面进攻之敌乃刘桂堂部伪

---

① 《庞炳勋致蒋介石密电（1938年2月9日）》，中国第二历史档案馆馆藏档案。

军，第115旅兵分两路，由旅长朱家麟率第230团为左翼，由副旅长黄书勋率第229团为右翼，齐头并进，火速向莒县挺进。21日午夜，该部抵达莒县，右翼第229团立即进城，占领阵地，做固守县城之准备；左翼第230团进驻莒县城西一带村庄，以作城内守军的策应。此时才发现，原驻防该城的中国守军，已大部撤走，城防异常空虚。其时，抵达莒县城下的日军，已做好攻城准备，而且部分敌军"早乘势潜伏关内"。①形势对第115旅极其不利。

22日晨4时，日军便发起对莒县的猛烈进攻。第115旅刚刚进入阵地，立足未稳，又对地形不熟悉，日军从西、北两面对莒县实施包围，第115旅左右两翼遂被敌军切断联系。敌军配备的有炮兵中队，炮火异常猛烈，坚守城内的第229团伤亡甚重，团长邵恩三左臂负伤，坚持在城上督战，不下火线。由于守城部队的顽强抵抗，战斗持续到下午2时，敌军攻势被扼，暂时后撤，重新调整部署，准备下一轮攻势。半夜时分，敌军发动偷袭，敌军一班带轻机枪一挺，偷上城西北角，向城东南面猛烈扫射，城内中国守军顿时混乱，纷纷向南门撤退。副旅长黄书勋和团长邵恩三亲登城南门，组织火力，消灭偷袭之敌。并令炮兵（该部配属山炮两门）自城东南角向西北角发炮，终将上城之敌人完全消灭。

23日拂晓，日军又自城东北角偷袭而上，逐渐向西、南两面延伸。中国守军组织火力反击，未能奏效，遂展开巷战。扼守城东北角的刘震东游击队，遭敌攻击首当其冲，刘震东战死，余部溃退。第229团两营兵力，伤亡严重，团长及两个营长均负伤。左翼驻守城西郊的第230团始终被敌牵制，对莒县城内策应不上，无法增援。邵恩三团长主张继续巷战，与城共存亡，黄书勋副旅长则认为众寡悬殊，又无增援，劣势之下死拼已无济于事，因此主张撤退。下级服从上级，全部守军开始从城南门撤退。两门山炮无法运出，经炮兵破坏后，遗弃城内。

---

① 《庞炳勋致蒋介石密电（1938年2月23日）》，中国第二历史档案馆馆藏档案。

第229团莒县守卫战损失惨重,当日下午6时许撤至莒县西南30里的夏庄,始与旅长朱家麟所率第230团会合。不久,日军又追至夏庄,朱旅且战且退,沿沭河两岸,撤至相公庄一带休整。此役朱旅共伤亡官兵500余人,损失山炮两门,步枪数百支。同时,毙伤敌军200多人。对于这次战役,庞炳勋认为第115旅旅长朱家麟"放弃县城,虽因牺牲重大寡不敌众,亦属指挥不善",因此致电统帅部,"拟请"对朱给予"革职留用,戴罪图功"的处分[1]。庞炳勋还调整部署,命令攻击蒙阴、泗水的补充团和第234团回调,以加强临沂方面的防卫力量。

与此同时,向蒙阴方向挺进的补充团在垜庄一带打了个胜仗。补充团向蒙阴挺进途中,获报有一股敌军由蒙阴沿公路南下,团长李振清立即率领全团向该敌迎击。先头部队到达垜庄以南约40里处的一个村庄,发现日军百余人,携小炮一门,重机枪一挺,据村而守。入夜,李振清命令迫击炮向村内发炮40余发,敌人龟缩村内,始终未敢还击。李振清遂派刘兰洲连沿公路监视敌人,准备次日拂晓发起攻击,不料敌人连夜逃跑。次日天亮,李振清即率部追击,中午追至垜庄,发现日军在垜庄寨内据守。李振清命令第1营到垜庄北8里左右的大石桥附近设伏,阻击援敌,防敌逃跑;令机动队队长苏万春率兵一班攻击垜庄寨门,该班冲进垜庄外寨西门,随之冲向内寨南门,敌军设在寨门楼上的机枪猛烈射击,攻城战士当场伤亡四五人。

薄暮时分,李振清又命令苏万青率步兵一排和一个手枪班,围攻南寨门,与敌人对击一整夜,翌日拂晓,李振清调去山炮一门,对南寨门猛轰数炮,打开一个缺口,仅能容一人通过。随之李又命令第2营爬寨墙,第3营攻寨门,发动总攻,当第2营爬上寨墙时,突然飞来敌机3架,先投下信号袋1只,为中国军队所获,内情是通知日军守寨部队,将派6辆汽车前来接应。随后,敌机投炸弹数枚,第2营营长潘鸿恩和一名排长被炸死,士兵

---

[1] 《庞炳勋致蒋介石密电(1938年2月23日)》,中国第二历史档案馆馆藏档案。

被炸伤亡数人，攻寨部队遂即撤下。相持到晚上7时左右，敌军6辆汽车，在两辆战车掩护下，由蒙阴南下增援被围困在垛庄的敌军。当敌人援兵到达垛庄北大石桥附近时，进入该团第1营预设的伏击圈。第1营奋勇出击，炸毁敌人汽车3辆，缴获全新六轮车1辆，并毙伤敌军数十名。恰在此时临沂方面正面战线吃紧，补充团奉调回防。时蒙阴、临沂间公路已被破坏，补充团发动沿途民众，把缴获的汽车用畜力拉、人力抬，运回临沂，上书"补充团攻蒙阴虏获日军之汽车"大字标语，放在临沂师范大门前展览，以鼓舞斗志，振奋民心。补充团撤回之后，垛庄敌军也于次日撤走，遗尸装了几辆汽车。

3月初，日军由莒县西南夏庄、黄庄向临沂前沿阵地汤头逼进。中国守军第117旅第232团奋起抗击，战况日趋紧张激烈。敌军派飞机每日数次轰炸中国守军阵地，又不停地以排炮射击，炮火异常猛烈。敌军还以坦克作掩护，反复冲击中国守军阵地。中国守军顽强战斗，多次打退敌人进攻，但始终无法瓦解敌军攻势，击溃敌军。战斗持续了五六日之久，第232团伤亡惨重，奉命放弃汤头阵地，撤至后方整顿待命。

汤头撤守之后，敌军继续进逼，太平、白塔告急。据庞炳勋3月5日致蒋介石密电所报，当日"下午2时后阵地前沿沂河两岸，均发现敌情，有直迫临沂城企图"。庞炳勋"以39师为野战军，即在现地竭力抵抗"，令第117旅第231团坚守白塔、太平阵地，拖住敌军主力。"以地方团队为守城军"，固守待援，"相机反攻"。命令在沂水西南地区游击的海军陆战队，赶回临沂城北柳官庄、朱满一带，"威胁敌之侧背"。"令第二游击司令郭鸿儒部一队，一百五十人到城东相公庄游击。"①另由垛庄调回补充团，令该团由葛沟以北抄袭敌军右侧背，调第115旅第229团沿沭河东岸抄袭敌人左侧背。

补充团调回之后，防守桃园、蒋庄一线，以第2连布防前沿阵地葛沟阻

---

① 《庞炳勋致蒋介石密电（1938年3月5日）》，中国第二历史档案馆馆藏档案。

击敌人。李振清团长在向第2连下达命令时极其严肃地说:"临沂葛沟这次战役,胜负至为重要,一定要有誓与阵地共存亡的决心,不惜牺牲,歼灭日军。"全连官兵表示,宁愿战死沙场,也不当亡国奴!①第2连左翼依托沂河,在台(儿庄)潍(县)公路附近和村庄四周构筑防御工事,做好迎战准备。

3月9日下午1时左右,300多名敌军,步、骑、炮配合,向第2连葛沟阵地发起猛攻。第2连沉着应战,战至5时,敌未得逞,即退去。黄昏之后,敌步兵100多人再次攻击葛沟第2连阵地,俟敌人进入有效射程,第2连官兵奋起还击,将敌打退。翌日从8时开始,敌机6架分为两组轮番向第2连阵地轰炸。敌机投下一批炸弹,刚刚飞走,敌炮便接着猛轰,整个阵地和村庄一片火海,第2连士兵,当即伤亡七八人。敌炮轰击过后,敌军骑兵便冲向第2连阵地,第2连集中火力,打退敌骑,敌人便又开始炮击。战至下午3时,敌机、敌炮轰炸之后,敌步兵开始进攻,第2连官兵勇猛还击,双方伤亡都较惨重。敌军无法突破阵地,复以炮火轰击,第2连连长王景洲阵亡。

3月11日凌晨,日军向第2连阵地发起第5次进攻。先以炮火轰炸约一小时,继以装甲车3辆为先导,200多名日军向第2连阵地猛扑过来。双方激战两小时,第2连守军又打退日军进攻。下午5时许,日军组织第6次进攻。由第1营营长亲率第3连的一个排前来增援。第2连排长李宗岱向营长请战,要求带一支敢死队迂回到敌阵拦腰奇袭。营长同意后,李宗岱大声叫道:"弟兄们!为国尽忠的时候到了,不怕死的跟我来!"立即有50多人报名参加敢死队,李宗岱挑选了20多人,每人腰系四五枚手榴弹,手执大刀,利用地形和夜色的掩护,摸进敌营,甩完携带的手榴弹后,就与敌人展开白刃战。敢死队员都学过武术,白刃搏斗颇为得手。敌军阵脚大乱,向后溃退。敢死队抬着7名负伤战士,利用从敌人手中夺得的歪把机枪作掩护,顺利地返回自己的阵地。

———

① 李宗岱:《坚守葛沟立殊功》,《徐州会战》,第122页。

12日凌晨，日军又开始大炮、飞机轮番轰炸中国守军阵地。中国守军已坚持战斗三天三夜，饥渴难忍。几位留在村子里的老百姓，自动帮助抬救伤员，冒着敌人的炮火，给坚守阵地的官兵送水送饭。一位58岁的葛大娘和一位近70岁的王大爷，也冒着枪林弹雨给战士送茶水、送干粮，战士们深为感动，坚持要付钱给他们，他们死活不收，诚恳地说："老总们打日本，保卫我们家乡，啥都能丢掉，俺老百姓烧点茶水，送点干粮，能算得了什么？"

日军轰炸之后，又发起对中国守军阵地的第7次进攻。激战两小时，双方伤亡惨重，新任连长负伤，由李宗岱继任第2连连长，团长李振清亲自打电话下达任命，并指示新任连长："一定率全连官兵加强工事固守阵地，坚决做到人在阵地在。"下午，中国守军又英勇顽强地打退了敌人的第8次进攻。经过连日作战，第2连伤亡过半，包括伙夫、勤杂在内，剩下的还不足50人，能够直接参加战斗的仅40人上下，而且都疲惫不堪。

13日拂晓，200多名日军又向中国守军阵地发起第9次进攻。中国守军待敌进入有效射程之内，迅猛向敌反击，打退了敌人的这次进攻。随后，日军增加兵力，展开更为猛烈的攻势，中国守军阵地多处被突破。李宗岱率领10余名机动队员，左挡右堵，哪儿有险情，就扑向哪儿。终因中国守军势单力薄，敌人突破阵地，潮水般涌进村口，双方展开肉搏，中国守军利用墙边屋角、断壁残垣，与敌争夺每一寸土地。血战持续到下午，战斗十分惨烈，中国守军伤亡人数不断增加，阵地岌岌可危。恰在此时，敌人后方传来枪炮声，第59军援军赶到，敌人向后撤退。中国守军仅存29人，连长李宗岱对幸存人员重新编组部署，配合右翼战斗部队，肃清当面之敌。以第2连为主力的守卫部队，胜利完成扼守葛沟的任务，奉命转移到白庄附近地区补充待命。

奉命沿沭河东岸抄袭敌人左侧背的第115旅第229团，也与敌军发生了激烈战斗。当第229团第2营前进到铜佛官庄时，与敌军相遇，第229团当即对敌采取包围之势，展开激战。第3营营长汪大章身先士卒，冲锋陷阵，壮烈牺牲。其他官兵伤亡80余人。敌军发现被左右包围，受到夹击，遂于3月6日放弃太平、白塔一带所占领的村庄，撤回汤头镇。中国守军乘胜追击，收复了汤头以南阵地。此役，敌我双方各伤亡数百人。

敌军撤至汤头后，敌第5师团师团长板垣征四郎立即调部增援，兵力增加到5000人，配属大炮30余门，坦克20余辆，由敌第5师团第21旅团旅团长坂本顺任前敌指挥，于3月9日发动总攻，企图一举攻破中国守军临沂防线，向台儿庄方向进攻。庞炳勋调整部署，坚决表示：誓与临沂城共存亡！其部署主旨是：以第117旅第231团、第232团，配属山炮两门，为临沂正面防守部队，由旅长李运通任指挥官；以第115旅（缺229团）为右翼防护部队，由旅长朱家麟任指挥官；以第229团、补充团、特务营、工兵营为总预备队，由补充团团长李振清任指挥官；由第39师师长马法五任前敌总指挥。敌军发动总攻之后，先后攻占沂河以东汤头以南的沙岭子、白塔、太平、亭子头等村庄，中国守军与敌军逐村争夺，战斗异常激烈，战斗进行到11日，日军已控制了临沂以北15公里之外的沂河两岸地区，逼近临沂正面诸葛城至郁九曲之线。敌军飞机、大炮轮番轰击中国守军阵地，大部分阵地被炮火摧毁，中国守军伤亡严重。正面守军仅有两门山炮，在敌军炮火压制下，始终未敢还击，只在敌军步兵逼近时，当作迫击炮使用，才能发挥一些作用。敌军20多辆坦克，轮番向中国阵地猛冲，中国守军仅凭手榴弹进行阻击，炸毁敌坦克数辆。庞炳勋多次请求战区司令长官部派飞机助战，但长官部始终未能派出飞机。从技术兵力上看，中国守军处于明显劣势，但中国守军士气高涨，勇猛顽强，以血肉之躯，阻挡优势敌军的进攻。

二、以日寇血雪耻的张自忠

激战一直进行到3月12日，庞炳勋第3军团仍坚守着临沂正面的阵地。第3军团连续作战，伤亡严重，尽管决心很大，士气高涨，但在优势敌军志在必得的猛烈攻击下，深感力不从心。临沂外围阵地不断告急，战局形势极为险恶。恰在此时，中国援军张自忠第59军及时赶到，临沂战局得以稳定。

张自忠第59军，是作为第五战区机动兵力使用的，哪儿有险情，就调向哪儿。第59军不愧为一支能征善战、英勇顽强的部队，指向哪儿就打到哪儿，打到哪儿都打得勇猛坚决，不遗余力，屡屡稳定阵线，扭转战局。第59军之所以成为一支抗日生力军，屡建奇功，是与该军军长张自忠抱定以死报国的抗日决心和治军用兵有方分不开的。

张自忠，字荩忱，山东临清县人，生于1891年。早年曾先后就读于临清县高等小学堂、天津法政学堂、济南法政专门学校。1914年秋投军，在陆军第20镇39协87标车震部当副兵。1916年车震兵败"解甲归田"，张自忠经车震介绍投入冯玉祥军营。张自忠吃苦耐劳，作战勇敢，深受冯玉祥的器重和栽培，由差遣兵、排长、连长、副营长、营长、团长、旅长、师长，一直升到副军长。1930年中原大战西北军战败，张自忠率西北军第6师退避晋南，被张学良改编为陆军第29军，宋哲元任军长，冯治安任第37师师长，张自忠任第38师师长，赵登禹部、刘汝明部另外编为两个旅，由该二人分任旅长。旋即，刘汝明部扩编为一个暂编师，刘任师长。

张自忠将军

1931年九一八事变爆发之后，日本侵占中国东北，中日民族矛盾上升。第29军抗日情绪高涨，经常以日军为假想敌，加紧进行军事训练。宋哲元还以"宁为战死鬼，不做亡国奴"为口号，激励官兵随时准备"效命疆场"。

1933年3月，日军侵占热河后又进犯长城，中国军队奋起抵抗。第29军奉命参加长城抗战，任务是抢占喜峰口，阻敌前进。张自忠任第29军前敌总指挥，指挥部队在喜峰口与日军展开激战。第29军喜峰口抗战，消灭日军6000人以上，保住了喜峰口、罗文峪、马兰峪长城沿线阵地，把进犯之敌赶到长城以外，"造成自九一八以来北方战场首次之胜利"。[①]宋哲元、秦德纯、刘汝明、张自忠、赵登禹（赵旅为喜峰口战役主力）、冯治安（第29军前敌副总指挥）等人，均获青天白日勋章，成为被人们传颂一时的抗日民族英雄。

1935年，日本侵略势力直逼华北，对察哈尔连连挑衅，在河北不断制造事端，华北危急，中华民族面临新的危机。日本侵略者加紧策划"华北自治"，一小撮民族败类乘机在河北各地组织汉奸政权。

6月28日，汉奸白坚武自称"正义军总司令"，率领一批流氓匪徒袭击北平，北平城防空虚，时执掌北平军分会工作的鲍文樾（何应钦回南京）惊慌失措。宋哲元的高级谋士萧振瀛以北平军分会委员的身份向鲍文樾建议，调第29军平定白坚武叛乱，鲍立即同意，第29军迅即粉碎了白坚武叛乱，并一举控制了平津两市和河北省。不久，宋哲元被南京国民政府先后任命为"平津卫戍司令""北平绥靖公署主任""冀察政务委员会委员长"，宋还兼任河北省主席，张自忠被任命为察哈尔省主席，秦德纯为北平市长，萧振瀛为天津市市长。

萧振瀛自恃有功于宋哲元，当上天津市市长后，勾结日本人，争权夺利，引起第29军将领的不满。1936年5月张自忠接任天津市市长。张率所部第38师到天津赴任，根据《辛丑条约》规定，中国军队只能驻天津周围20里以外，城内只能驻少量保安队。第38师部队皆驻在城外，城内只有师特务营改编的保安队维持治安。外侮之下，主权受制，这件事对张自忠的思想刺激很大。

张自忠主政天津，处于蒋、宋（哲元）、日三方矛盾斗争的旋涡之中。天津五方杂处，情况复杂，又是日本华北驻屯军司令部所在地，摆在

---

① 《宋故上将哲元将军遗集》，第181页，台湾传记文学出版社1985年版。

张自忠面前的内政外交问题处处棘手。日本侵略者欲扩大侵华，制造华北事变，天津首当其冲，便努力控制、利用张自忠，想通过宋哲元、张自忠等地方实力派，抵制南京国民政府的势力深入华北。南京国民政府自1935年国民党五全大会之后，对日态度转向强硬，日本对华侵略扩张的步步升级，严重危害了国民党统治集团的利益，国民政府必然进行抗争。但是，国民政府、蒋介石并不是要立即与日开战，主张"牺牲未到最后关头绝不轻言牺牲；和平未到根本绝望时期，决不放弃和平"，总希望能通过妥协退让的办法，缓和中日矛盾，解决中日间的摩擦和冲突。既希望借助宋哲元的势力在华北作为国民政府与日本之间的"缓冲"，与日进行周旋，不致使华北沦入汉奸之手；但同时又担心宋哲元走得太远，真的与日本勾结起来。因此，对宋既拉亦防。宋哲元为保持第29军的势力和地盘，既不愿当汉奸，又不想与日方闹僵；既不愿脱离国民政府，又想多得一些"自主权"。他试图"借"日本势力，抵制国民政府中央势力对华北的深入；"借"国民政府力量，排斥日本侵占华北，从而达到保全地盘和集团利益的目的。用宋哲元自己的话说，就是"对中央绝不说脱离中央的话，对蒋介石绝不做他个人玩弄的工具，对日本力求表面亲善，绝不屈服投降"。[①]因此，对日方面，采取了"舍小利而保大权"的方针，加强对日交涉，缓和对日关系，谋求日方对第29军的容忍。张自忠作为宋哲元的部将，与之有着共同的利害关系，他赞成宋哲元处理蒋、日关系的原则和方针，并身体力行地推动这一方针的贯彻实施。在对日关系方面，宋哲元不便出面的时候和地方，由张自忠出面代为斡旋。

1937年4月，日本邀请宋哲元访日，宋担心日方胁迫他签订卖国协定，婉言谢绝访日，改派张自忠率参观团赴日本观光，作"亲善"访问。在日期间，张自忠始终没做有失国格、有丧人格的事情，他"个人也没有与任

---

① 李世军：《宋哲元与蒋介石关系始末》，载《江苏文史资料选辑》第4辑。

何日本人作任何接洽"①，还以提前归国相要挟，迫使日方关闭了名古屋国际博览会的"满洲国"馆，降下"满洲国"旗。5月末，张率团归国。

宋哲元、张自忠的对日"亲善"行为，遭到舆论谴责，引起人们的怀疑和不满。"宋日合流""张自忠是亲日派"之说，广为流传。时为山东省主席的韩复榘，也对宋、张颇有微词，当张自忠从日本归来路过济南时，韩曾对部下讽刺张是"朝日归来"。连张自忠的部下也对张很不理解，曾当面询问张："现在舆论对你抨击，国人对你唾骂，连我们都不知道你葫芦里装的什么药？"张自忠郑重回答说："目前华北的危机，关系国家民族的存亡至大。我国军究竟准备到什么程度？本军仍散住在各处，尚未集中，在和平尚有一线希望，牺牲未到最后关头之时，只有本着'我不入地狱谁入地狱的精神'，牺牲小我，顾全大局，忍受目前的耻辱……好在是盖棺论定。成功成仁，将来一定有好机会的。和平绝望之日，就是我们牺牲的最后关头，把我张自忠的骨头轧成碎粉，用化学分析分析，看有一点汉奸气味没有？"②宋哲元主政华北、张自忠主政天津期间，尽管与日周旋，表示"亲善"，但确实未曾签订过一件丧权辱国的协定或条约，而且一直表示不脱离中央，始终未在华北自治协定上签字，尤其不同意第29军撤出华北，应当说未失民族气节。但在中日民族矛盾激化、举国抗日情绪高涨的形势下，宋、张对日"表面亲善"，不符时代潮流，不合民众心愿，遭到谴责和诋毁也在所难免。

七七事变爆发时，宋哲元正在山东乐陵老家，张自忠由天津赶到北平，会同第29军高级将领一面电请宋哲元速返，一面调动军队布防，做固守卢沟桥阵地的准备，同时又开始对日交涉，并拒绝了日方的非分要求。但是，张自忠又非常希望事变能够和平解决，为了维护本集团的利益，他也反对无限制扩大战事。七七事变爆发后，前线将领何基沣等人商定，加

---

① 何基沣：《在第一次庐山谈话会上第一次共同谈话记录》，1937年7月16日。
② 董升堂：《张自忠将军生平概述》，载《抗日名将张自忠》，中国文史出版社，第14-15页。

强卢沟桥一带兵力，计划乘敌军大部兵力尚未到达之际，于10日夜突袭丰台日军。张自忠从何基沣的电话中了解到这一攻击计划，明确表示反对，他在电话中当即对何说："你们要大打，是愚蠢的。现在要紧的不是打仗，而是和平解决。"① 随即，张自忠通过军部向前线将领发布命令：只许抵抗，不许出击。

宋哲元7月11日到天津，谋求事件的和平解决。此时日军大部还未调到平津前线，为迷惑宋哲元以赢得大举增兵、部署全面进攻的时间，日方便与宋哲元玩弄起和谈阴谋。宋哲元派张自忠、张允荣与日方议定"三条"，作为解决事变的条件。宋哲元对"和平"抱有太大的幻想，以致疏于军事上的部署和准备，贻误了战机，当日军部署就绪发动全面进攻时，第29军仓促应战，处处被动，损兵折将，一败涂地。仅仅两天的工夫，平津全部沦陷。宋哲元受到舆论的抨击，而张自忠受命与日方谈判，又代表宋哲元在协定草案上签字，更落了个"亲日派"的臭名，所受抨击更甚于宋哲元。

7月底日军发动全面进攻，张自忠决心全力抗战，用实际行动洗刷自己"亲日派"的臭名。但是，宋哲元却要他留在北平"与日本周旋，以拖延时间收容部队，稳定时局"。

28日下午，宋哲元率部撤离北平之前，再次找张自忠面谈，宋对张说："我今晚就走，明天你就和日本接触，好维持局面，谈得好的话，29军兴许还能返回，谈不成也不要紧，只要能拖延几天就行。这一切，以后我会代你剖白的。"宋当场写下手令，委任张代理冀察政务委员会委员长、北平绥靖公署主任、北平市长等职，代行宋哲元的一切职权。次日，宋到保定后曾给蒋介石发出密电，呈报："所有北平军政事宜，统由张师长自忠负责处理。"② 但此事事关重大，如果接受这一"任务"，作为中国

---

① 张同新主编:《爱国抗日三将军》，北京出版社1987年版，第107页。
② 《宋哲元致蒋介石等密电（1937年7月29日）》，《抗日战争正面战场》（上），第202页。

军事将领，在中日两国开战之际，不率兵效力疆场，却留在敌人占领的区域，与敌人"接触""周旋""谈判"，那就不仅仅是"亲日派"的"骂名"了，肯定会被国人骂为"汉奸"的，这等于是往自己头上扣屎盆子。张自忠久经沙场，饱尝人生阅历，何尝不明白这一点呢！所以当宋哲元授他手令时，他拒绝接受。宋哲元幻想与日周旋可以拖延时间，收容军队，保住第29军，因此他执意要张自忠留下，便气哼哼地对张说："我们29军是有令必行，你们平日口口声声说服从我，怎么在此重要关头竟不服从呢？"宋哲元如此"将军"，张自忠被逼到了"死角"。张自忠是注重情义的热血男儿，愿意为上司分担"艰难"，而且也非常看重第29军的命运，为了尽力维持第29军不散、不垮，为了对得起长官，只能"下地狱"了，他不得已哭着接受了宋哲元之命。①当他送别宋哲元等人时，拉住秦德纯的手，满含热泪，期期艾艾地说："你同宋先生成了民族英雄，我怕成了汉奸了。"②其内心的苦楚和悲哀，可想而知。

张自忠留在了北平，同时他又给他的第38师的主要将领写信，要求他们服从指挥，团结抗战，狠狠地打击"日寇"（第38师主力在天津作战）。

7月29日、30日，张自忠接管了冀察政务委员会等机关，并改组政委会，吸收一些亲日分子参加，以便于与日方接触、谈判。但是，日本帝国主义侵略中国旨在殖民中国、灭亡中国，要在日军的刺刀底下谋求"自主"权利，确实是与虎谋皮，无法办到。张自忠接受了一项本不该接受的毫无指望的"任务"，碰壁便是自然而然的了。张自忠要以冀察政务委员会的名义，"对等"地与日方谈判，这是根本办不到的。日本要的是汉奸傀儡政权，不承认张自忠改组的冀察政委会，因此根本不与张自忠谈判。而且，张自忠的第38师正在天津与日军作战，日方便认定张自忠肯定

---

① 《宋故上将哲元将军遗集》，第1072—1073页。
② 秦德纯：《我与张自忠》，载台湾《传记文学》第1卷第2期。

是"抗日积极分子"，不把他作为可以利用的人物，张自忠也绝不会愿意当汉奸。日方不但拒绝与张自忠交涉，还要求张从速解散冀察政务委员会。此时的张自忠，心中非常苦闷，但也"如梦方醒"，自己陷入极其危险的境地。8月6日，张自忠声明辞去一切职务，躲进东交民巷东口的德国医院。

9月上旬，张自忠化装逃出北平，几经辗转，到达济南。张的故旧袍泽，不少人劝他不要去南京，去南京凶多吉少。张自忠的回答是："纵使国人不谅，中枢也可能将我置之典型，我还是要去的！在这样的时候我们还能为自己打算吗？若这样，我早就不会让国人怀疑我了。"言下之意，我留在北平背黑锅，也不是为了我自己啊！在抗战大氛围下，即便"置之典型"，我也不足惜。他毅然奔赴南京，"负荆请罪"，听候中央处置。蒋介石对张自忠给予慰勉，但鉴于舆论的压力，将张撤职查办处分，暂留南京。时京、沪舆论对张自忠"擅离职守，不事抵抗"多有谴责，"吁请中央严于惩办，以儆效尤"。南京街头，竟有标语，骂张自忠为汉奸。统帅部内也有人主张对张自忠组织军法会审。一时群情激奋，张自忠百口莫辩，陷入极度苦闷之中。

张自忠羁留南京，引起西北军将领和张自忠旧部的不安。张自忠的第38师已于8月中旬扩编为第59军，该军将士强烈要求张自忠归队指挥作战。第1集团军司令宋哲元、第一战区司令长官程潜以及原西北军领袖、军事委员会副委员长冯玉祥等多人向中央说项，请中央放张自忠归队；李宗仁到南京以后，从张自忠的旧识中了解到张"为人侠义，治军严明"，骁勇善战，并断定张"不会当汉奸"。李宗仁特邀张自忠面谈，更深信张自忠乃燕赵慷慨悲歌之士，便对张说："我希望你不要灰心，将来将功折罪。我预备向委员长进言，让你回去，继续带你的部队！"张自忠表示："如蒙李长官缓颊，中央能恕我罪过，让我戴罪图功，我当以我的生命报答国家。"

李宗仁没有食言，向何应钦、蒋介石等为张自忠说情，建议放张归队

"戴罪图功"。11月末，统帅部同意张自忠归队，担任第59军军长。张离开南京时曾向李宗仁辞行，向李宗仁表示谢意，并发誓言："我张某有生之日，当以热血生命以报国家，以报知遇。"①张自忠重返部队、重返战场以后，决心在抗日战场上以杀敌报国、舍身成仁来证明自己的"清白"。

张自忠是在冯玉祥手下成长起来的将领，受冯玉祥的影响很深，除了爱国家、爱团体之外，就是体贴士兵、关心士兵、爱护士兵。张自忠慷慨轻财，常常把自己的薪饷用到士兵身上，并时常与士兵吃在一起、睡在一起，喜欢和士兵拉家常、谈笑话，对自己手下的官兵每人的性情、特长、能力、思想以及家庭状况，都能了如指掌。下属和士兵遇到困难，他都不遗余力地给予帮助。因此，张自忠深受所部官兵的信赖和爱戴。张自忠对部下又有严厉的一面，严格训练、严格要求，尤其在军纪方面，要求极其严厉。管束部下，不仅说服教育讲道理，有时还会骂人、打人。由于他治军严字当头，以爱为本，使他的部队有极强的凝聚力，战斗力很强。张自忠的情绪，对他的部队感染力很大。他抱定坚决抗日、以死报国的决心，而且不厌其烦、千遍万遍地向部下传播这种情绪，致使他的部队抗日激情更加高涨。同时，跟随张自忠的官兵也很理解张自忠的心情，他们发誓张指向哪里就打向哪里，绝不贪生怕死，一定要打硬仗、打漂亮仗、打胜仗，为张军长争气，向国人证明第59军是抗日的部队，是能打仗的

李宗仁在徐州前线

① 《李宗仁回忆录》(下)，第723页。

部队。

扩编后的第59军，下辖第38、第180两个师，第38师师长黄维纲，该师下辖第112、第113、第114三个旅；第180师师长刘振三，该师下辖第26、第39两个旅。全军约3万人。第59军是一支抗日生力军。1938年2月从第一战区调到第五战区后即在淮河阻击战中显示了威力。淮河阵线稳固之后，该阵线防务复交给于学忠第51军担任，张自忠率第59军奉命北上，在滕县以西大坞村、池头集一带集结，抗击沿津浦路南进的敌军。张自忠主动攻击敌军，命第38师一部袭击邹县敌军，主力向济宁、兖州间敌军进击。恰在此时，临沂方面告急，李宗仁不得不急调第59军赴临沂增援。

三、消嫌共御侮

李宗仁调张自忠第59军援助庞炳勋第3军团，颇有点犯难。因为张自忠刚到第五战区时，即向第五战区参谋长徐祖贻表示：在任何战场皆可拼一死，唯独不愿与庞炳勋在同一战场，受庞指挥作战。缘由是二人原都是西北军冯玉祥的部将，中原大战中庞炳勋倒戈，曾袭击过张自忠的师部，张几乎遭到不测。张对此一直耿耿于怀，认为庞不仁不义，因此不愿与庞处在同一战场而受庞指挥。庞炳勋部在临沂外围与日军激战损失严重，李宗仁于3月5日致电蒋介石，提出："庞军五团苦战经周，损失颇巨。兹拟移张自忠军于临沂接庞之防，庞军则东向日照移动，兼可侧击莒县之侧背。"① 蒋介石立即复电同意该项方案。李宗仁准备布置实施，徐祖贻参谋长向李陈说了张自忠不愿与庞协同作战的原委，李宗仁也颇感犯难。但军情紧急，一时就近抽调不出其他军队，而张自忠部既是机动兵力，又距临沂较近，增援方便，且能征善战，增援临沂也令人放心！因此李宗仁决

---

① 《李宗仁致蒋介石密电（1938年3月5日）》，载《抗日战争正面战场》（上），第563-564页。

定还是调张部增援临沂。李宗仁急电张自忠,让他火速赶到徐州,当面向张叙说了临沂战局状况,并诚恳地对张说:"你和庞炳勋有宿怨,我甚为了解,颇不欲强人之所难。不过以前的内战,不管谁是谁非,皆为不名誉的私怨私仇。庞炳勋现在前方浴血抗战,乃属雪国耻,报国仇。我希望你以国家为重,受点委屈,捐弃个人前嫌,我今命令你即率所部,在临沂作战。你务要绝对服从庞军团长的指挥,切勿迟疑,致误戎机!"

张自忠立即答道:"绝对服从命令,请长官放心!"

为了使第59军与第3军团切实协同作战,李宗仁又请示蒋介石批准特派战区参谋长徐祖贻赴临沂指导作战。3月7日,蒋介石还致电庞炳勋:"此次鲁南莒沂诸役,该集团军作战以来,艰苦奋斗,至堪嘉尚。今后希与张军长自忠部确切协同,捕捉突进之敌而歼灭之为要。"①稍后,蒋介石又致电李宗仁,指令"张自忠军须与庞军密切协力,以迅速行动击破临沂方面敌人"。②张、庞二将军,均能以国家、民族利益为重,以抗战大局为上,坚决执行命令,切实协同作战,不辱使命,夺取了临沂战役的胜利。

第五战区参谋长徐祖贻3月11日到达庞炳勋第3军团部,正值临沂外围战况异常激烈之际。第3军团部设在临沂师范,因距前线太近,敌人炮弹经常落在附近和院内爆炸。徐祖贻主张军团部立即撤到城南10公里左右的傅家庄,以保证安全,利于指挥。庞炳勋则不以为然,他说道:"如果我庞某临危后退,前方士气动摇,临沂城就难保了。"③二人意见相左,经向李宗仁请示,同意庞的意见,军团部不迁。而张自忠部援军即将赶到的消息,又在军团上下广为传达。这些举措,对鼓舞第3军团的士气,拼死抵抗,苦苦支撑阵地,起了积极作用。张自忠受命援临沂之后,即将部队向滕县集结,办理防务移交,然后由滕县乘火车到峄县,从峄县步行奔赴临沂,以急行军速度,一昼夜行走90公里,于3月12日下午正当临沂前线万分

---

① 《蒋介石致庞炳勋密电(1938年3月7日)》,《抗日战争正面战场》(上),第565页。
② 《蒋介石致李宗仁密电(1938年3月12日)》,《抗日战争正面战场》(上),第566页。
③ 李风鸣:《庞炳勋、张自忠两将军与临沂大捷》,台湾《传记文学》第32卷第6期。

危急之际，赶到了火线。

徐祖贻立即召集庞、张两部高级将领开军事会议，会商作战计划。庞炳勋提议固守城防，张自忠则主张以第59军在城外采取野战，攻击敌军侧背，既可减轻正面防守部队的压力，又可断敌归路、阻敌援军，以机动攻击作战，击溃敌军，消灭敌军。张还力主尽快发动对日军的攻击，他说："在一般情况下，第59军以急行军到此，非常疲劳，似宜稍作休息，再与敌人作战。但兵贵神速和出敌不意，且我以劣势装备，对现代化之强敌，必须利用夜战、近战，方可奏效。应打破常规，提前开始行动"。[1]庞炳勋立即表示放弃自己的固守主张，赞同张的建议。

庞、张两将军一见面就表现得非常友好和亲切，张自忠一到前线就立即到临沂师范第3军团部拜会庞军团长，庞炳勋迎出门外，两人紧紧握手，许久都未放开，恰在此时敌人的一枚炮弹落在院内爆炸，庞炳勋笑着对张说："荩忱老弟来得正好，你看这里多热闹！"当张自忠听庞介绍连他的警卫都上了火线时，忙说："大哥你放心，我尽力帮你打赢这一战。"[2]两人对"前嫌"只字未提，也确实将之抛到九霄云外。大敌当前，两位主将同仇敌忾，决心切实协作，这是打好临沂之役的首要条件。军事会议最后决定，对当前之敌反守为攻，采用正面坚持、两翼迂回、抄袭敌后、一举歼灭敌军的战略。徐祖贻以最高统帅部和第五战区司令长官李宗仁的名义发布作战命令，其要旨如下：

（一）敌情判断：当前之敌系日军板垣师团田野旅团（实为坂本顺旅团）之全部，附有重野炮30余门，坦克20余辆，并有飞机六七架，企图陷我临沂，向台儿庄增援，目前尚无后续部队到达。

（二）我军意图：准备在临沂附近将当前之敌一举歼灭。

（三）部署要点：

---

[1] 刘景岳、于麟章：《第五十九军临沂抗敌记》，《徐州会战》，第131页。
[2] 李风鸣：《庞炳勋、张自忠两将军与临沂大捷》，台湾《传记文学》第22卷第6期。

（1）以第59军一部确占沂河以西石家屯一带高地，向沂河以东葛沟、白塔间分途侧击，牵制敌之增援；主力由船流至大小姜庄间渡过沂河向南旋回，与第40军呼应，包围歼灭敌之主力于相公庄、东庄屯、亭子头以南地区。在高里附近海军陆战队，暂归第59军指挥。

（2）第40军以主力由沂河东岸临沂城东南约8公里的黄山至临沂城东北约8公里的桃园一线，向北作左回旋进攻，与第59军相呼应，围歼敌军。

（3）两军作战地境为十字路（临沂城北10多公里）、范家墩、相公庄、张旺庄一线，线上各点属第40军。

（4）以上各部于13日晚准备完毕，14日拂晓开始攻击。①

3月14日晨4时，临沂附近中国守军各部按计划发动猛烈攻势。第59军强渡沂河，一举插入敌军右侧背，激战一昼夜，推进至亭子头、大太平之线，给敌人以较大杀伤，自己也付出相当代价。该部第38师由沙岭子北向罗官庄方面迂回攻击。进攻临沂城的日军放弃攻城，转对第59军作战。沂河东岸的庞炳勋部，当日进占相公庄，15日晨占领东西沈庄之线，并向傅家屯及其以北地区推进，以配合第59军作战。

第59军成了日军攻击的主要目标。疯狂的日军全力扑向该军阵地，第59军紧紧咬住敌军不放，双方展开激烈的拼杀战。战线犬牙交错，形成双方逐村、逐屋争夺的拉锯战。三天之内，双方互相冲杀百余次，日军受到重创，第59军也损失严重，两师的连排长几乎全部易人，营长也伤亡近半。

第五战区参谋长徐祖贻见第59军伤亡过重，建议该军向郯城撤退，并得到李宗仁同意。张自忠则要求再打一昼夜，决心一定要打退敌军，徐、李同意了张的意见，张自忠立即命令全军营、团长一律到第一线指挥，师、旅长到团指挥所坐镇，张本人则到师指挥部指挥。并令将全军所有火炮，全部推进到第一线，带上所有炮弹，以密集炮火，向敌人猛烈轰击。

---

① 《李宗仁致蒋介石密电（1938年3月13日）》，《抗日战争正面战场》（上），第566-567页。

入夜之后，第59军所有官兵，均投入战斗，猛攻盘踞在凤仪官庄、刘家湖、苗家庄、船流等10多个村庄的敌军，彻夜枪炮声不断，杀声震天。激战到17日凌晨2时许，敌军终于不支，遗尸千余具，向汤头、莒县方向溃退，第59军乘胜追击到董官庄、白塔、汤头一带布防，与敌对峙。

与此同时，庞炳勋指挥第40军，也与敌军激战一昼夜，先后克复柳行头、尤家庄、傅家屯、甘屯、冠屯、东西水湖崖、东庄屯、大小张家寨子、沙岭官庄等村庄，毙敌甚多，缴获敌装甲汽车1辆、战马10余匹及其他武器和辎重甚多。第40军当面之敌向五湖方向溃退，第40军第234团已追至左蒯官庄，第115旅旅部进抵尤家庄，第117旅旅部进至青墩寺，第39师师部进驻尤家斜方。①

战至18日，徐祖贻向李宗仁电话报告："临沂方面之敌约三个联队"已被完全击溃，"残敌大部向莒县方面、一部向北溃退"，中国军队"正分兵猛烈追击"。"此役敌伤亡过半"，"并在刘家湖击毙敌联队长长野一名（属于误报）、牟田中佐一名及大队长一名"。还俘虏敌军多名，缴获大量战利品，敌军留下飞机残骸1架，破损坦克6辆，以及来不及、顾不上运走的遍野尸体。

临沂之胜，大大鼓舞了中国军队的士气，张部、庞部等参战部队，受到战区长官部和最高统帅部的通令嘉奖。蒋介石在3月17日曾致电李宗仁及庞、张两将军："临沂捷报频传，殊堪嘉慰。"②

恰在此时，沿津浦路南进的日军第10师团，发起对滕县的疯狂进攻，第22集团军展开滕县保卫战，战况异常激烈，滕县频频告急。李宗仁以为临沂方面敌军已完全被击破，打算以庞炳勋军团经费县、泗水，向曲阜猛进，"围魏救赵"，以减轻滕县方面第22集团军的压力。同时李宗仁试图"形成三面之极有利之围攻"，"将敌聚歼于邹、滕、临地区"以"立空

---

① 《庞炳勋致蒋介石等密电（1938年3月17日）》，《抗日战争正面战场》（上），第572页。
② 《蒋介石致李宗仁等密电稿（1938年3月17日）》，《抗日战争正面战场》（上），第570-571页。

前之大功"①（滕县于18日陷落）。随即，李宗仁令庞部第39师补充团转进费县，以巩固侧翼。该团18日17时即由现地出发，转进费县。张、庞两部继续追击、扫荡溃退之敌，19日两军推进到汤头镇，并对该镇残敌取包围之势。但还未来得及发起总攻，张自忠于20日晚接到李宗仁命令，令他率第59军主力由现地向滕县方向前进，袭扰、牵制津浦线敌军，以减轻台儿庄方面中国守军的压力，以便部署更大的战役。张自忠当即率第59军主力西进，留下第112旅归庞炳勋指挥，协同庞部守卫临沂。

敌板垣征四郎第5师团南进临沂受阻，未完成挺进鲁南与第10师团等部会攻徐州的任务，板垣恼羞成怒，立即调兵增援临沂，并下死令必须在短期内攻破中国守军临沂防线。日军得到增援以后，又探知中国第59军主力已西调，便重新部署兵力，于21日疯狂地向临沂中国守军前线阵地扑来，攻势异常猛烈，敌步骑2000多人，携带重武器，乘第59军西调留下的空当，沿汤头至临沂的公路南进，连续攻占白塔、沙岭子，"势焰甚锐"。庞炳勋部第39师"初因与59军分途追击，故在公路以东，相距尚远"，情况紧急，庞炳勋急调部队填堵和阻击，"战斗激烈"，第229团"两营官兵伤亡殆尽，其余亦伤亡惨重"，亭子头、东庄屯之线被敌攻破，部队撤退到桃园、蒋家庄、石埠岭、黄山之线既设阵地。第59军第112旅伤亡惨重，只剩1000余人，在石埠头、古城、冉家庄、小官庄之线占领阵地，沿沂河西岸布防。中国守军的阵线，已退到距临沂正面仅10公里左右的地区。中国守军的现有兵力，不足敷用，庞炳勋电告统帅部，临沂方面"情况危急"。②

蒋介石在21日21时向李宗仁等发出的密电中对鲁南战事部署作了调整，其中关于第59军的使用提出："张自忠军除以主力仍须与庞军团相协力肃清临沂当面残敌外，以约三至四团经泗水进出曲阜方面牵制敌人。"③

---

① 《李宗仁致蒋介石密电（1938年3月18日）》，《抗日战争正面战场》（上），第574页。
② 《庞炳勋致蒋介石等密电（1938年3月21日）》，《抗日战争正面战场》（上），第584页。
③ 《蒋介石致李宗仁等密电（1938年3月21日）》，《抗日战争正面战场》（上），第582页。

这就改变了李宗仁关于第59军主力全部西进的部署。李宗仁接到蒋介石的电报后，鉴于临沂方面战局的逆转，急忙调整部署。当张自忠率第59军主力于22日5时刚刚抵达费县附近地区时，便接到庞炳勋转来的李宗仁的命令：第59军原地集结待命，勿再西进。

临沂前线激战更烈，22日日军追至中国守军新退守的阵线，双方展开猛烈的争夺战。庞部守军死伤严重，庞急令西进的第39师补充团返回临沂增援。23日，战况更为激烈，当日24时，庞炳勋致电蒋介石、何应钦，报告战况："（一）敌自攻击以来，陆续增加，现至四千余。……炮火昼夜不停，往复突击，肉搏多次。我师旅长躬在阵地，督饬指挥，战斗之烈空前，毙敌无算。我伤亡惨重，现仅剩有战斗兵计第115旅全旅五六百人，第117旅八百余人，补充团亦七百，其余尚在调查。本日已将特营（加入瞬时即牺牲一全连）、学生队等，均加入阵线，现军师部即一连之预备队亦无。再，所有轻重火器被敌炮毁及箱子损坏者，已逾半数。现正激战中。（二）职军前摧破敌板垣部队，已苦战月余，今当敌新锐之众，纵伤亡十之七八，然为国家为主义而奋斗，全体官兵，抗战精神始终贯注，死而无怨。……唯当此紧要关头，遭此摧残，杀敌有心，恨乏实力，揆之现势，临沂城危急万分。"①

鉴于临沂战局危急，蒋介石于23日电令张自忠，第59军不必赴泗水、滕县，"以整个军协力庞军击灭临沂方面死灰复燃之敌"。张自忠立即率部出发，紧急行军，于24日7时到达临沂西郊，立即投入战斗。但此时战场情况已面貌皆非，日军已逼近临沂北郊的三官庙、东郊的石埠岭，临沂城已在敌炮射程之内，战局对中国守军极其不利。第59军西进与回防，增加该军的疲惫和临沂守卫的难度，带来巨大的牺牲，而该军撤防西进，并未起到多少实质性的作用。

---

① 《庞炳勋致蒋介石等密电（1938年3月23日）》，《抗日战争正面战场》（上），第585-586页。

从24日至26日,临沂前线激战一刻未停。庞炳勋部左翼桃园、各家庄、于埠庄、三官庙、胡家庄各线阵地,被敌军密集炮火摧毁,阵地守军伤亡殆尽,遂退守九曲店、赵家庄、褚家庄、小李家之线。日军随即追至,在飞机、大炮援助下,敌步兵猛烈攻击,庞军阵地复陷入危急。张自忠第59军右翼阵地,迭遭敌军攻击,第59军将士勇猛顽强地与敌搏杀,保持沂河西岸古城、冉家屯、东西城子、官庄一带阵地。当河东庞军阵地危急时,张自忠急令第38师以三团兵力,强渡沂河,增援庞军。该部渡河以后,抄袭敌背,勇猛攻击,迅速占领桃园、孙家庄、于埠庄等阵地,并将三官庙敌军包围,庞军之围被解。敌军组织反扑,第38师部队英勇抵抗,伤亡甚众,仍顽强坚持河东支点。同时,发现沿费县、临沂公路有1000多敌步炮联军向临沂挺进,前锋距临沂仅10公里左右,张自忠派出一部截击。由于正面过大,已无攻击能力。从25日激战开始时,张自忠即到第3军团部,与庞炳勋一直在一起"协商作战方案",共同指挥作战。"两军和衷共济,无分畛域,一致抗战,并力歼敌。"①张自忠与庞炳勋二人经过激烈的战火磨难,建立起新的友谊,成了莫逆之交。

战至26日下午,庞、张两军损失严重。"庞军兵力损失过巨",战斗兵力已不满千人。庞炳勋决心很大,"誓死(与敌)相拼,流此最后一滴血",②"虽勉守九曲店、小李家庄、石埠岭、黄山之线,但敌如再攻击,河东难支",张部"实力"也仅"剩半数",且"正面过大,已无攻击能力"。而敌军又有增加,"约不下四五千,兵器及弹药均充足"。因此,"非有生力援军,临沂难守"③。一直在临沂前线指导作战的第五战区参谋长徐祖贻急电李宗仁,请求增援。

李宗仁接到徐祖贻的求援电后,立即急调缪澂流第57军的王肇治第333旅和汤恩伯第20军团的骑兵团,奔赴临沂增援。

---

① 《庞炳勋致蒋介石等密电(1938年3月26日)》,《抗日战争正面战场》(上),第590页。
② 《庞炳勋致蒋介石等密电(1938年3月26日)》,《抗日战争正面战场》(上),第591页。
③ 《李宗仁致蒋介石等密电(1938年3月26日)》,《抗日战争正面战场》(上),第592页。

援军未到之前，临沂激战仍在进行。29日4时，张自忠向李宗仁报告两天来的战况："当面之敌自27日7时开始向我古城、南沙埠、小岭北道攻击后，复于28日增加约千余人，炮十二三门，附以飞机往复轰炸，密集炮火射击。村中房屋多着火焚烧，烟焰弥漫，我军喋血抗战，前仆后继，毙敌甚重，遗尸遍野，战事激烈为前所未有。我守军血战两昼夜，全部壮烈牺牲。现为节约兵力计，在七得、前后七里屯、韦家村、前后冈头一带占领阵地"；"职军两日以来伤亡两千余人，连前此伤亡达万余人。职一息尚存，决与敌奋战到底"。①

此时，沂河东岸，三官庙丢失，日军已进抵九曲店，庞军浴血奋战，苦苦支撑。日军已三面包围了临沂城，战局进一步恶化。在此紧急关头，王肇治第333旅于29日7时全部赶到临沂前线，汤恩伯第20军团骑兵团也于午后赶到古城西10公里左右的胡子峪，两部随即投入战斗，真是雪中送炭，大大缓解了张、庞两部的压力，利于扭转临沂战局。

与此同时，台儿庄大战方酣，敌矶谷第10师团孤军深入，被中国守军紧紧咬住。板垣师团迟迟不能突破临沂防线，受到严厉训斥。29日夜，板垣命令进攻临沂的第21旅团长坂本顺，只留两个步兵大队坚持临沂阵地，另四个步兵大队和两个炮兵大队，由坂本顺率领绕过临沂，向台儿庄推进，增援矶谷第10师团第33旅团。

针对这一敌情变化和两路援军均已进入阵地，临沂方面的中国守军于29日夜22时发动全线反击。"我官兵全日接战，义愤莫遏，均踊跃猛扑。当面之敌，被我击退"。②

第59军收复了二十里堡，敌军经角沂庄南曲坊向汤头及经义堂集向丰程方向退却，第59军乘胜追击，进一步扩大战果。第40军击退九曲店进攻之敌，追击敌军至独树头一带。第333旅出击歼灭了角沂庄之敌后，奉命沿

---

① 《李宗仁致蒋介石及何应钦等密电（1938年3月29-30日）》，《抗日战争正面战场》（上），第597页。

② 《李宗仁致军令部密电（1938年3月31日）》，《抗日战争正面战场》（上），第601页。

沂河追击敌军。第20军团之骑兵团，向义堂集、艾山方向攻击敌军。第333旅和骑兵团，是两支生力军，士气高涨，攻击力强，指挥部令该两部分途追击敌军，"与敌保持接触"。①

由于中国参战部队的通力合作、勇猛作战，临沂保卫战取得第二次胜利。是役，敌我双方均有较大伤亡，由于中国守军一直处于被动态势下作战，且武器装备劣于敌军，因此伤亡更为严重。临沂战场"两次击破敌军"，打乱了日军作战计划，迟滞日军板垣第5师团南进达一月之久，最后迫使该敌一部绕道爱曲、向城、兰陵，南下配合矶谷师团，参加台儿庄会战。但该部逐次受挫，大伤锐气，尤其是已失去机会，无法扭转台儿庄大战之败局。临沂保卫战，为中国统帅部和第五战区调遣军队、部署台儿庄会战赢得时间，为中国守军夺得台儿庄大捷创造了条件。

张自忠在临沂战役中建树奇功，军事委员会遂撤销原对其"撤职查办"的处分。随后又提升张为第27军团军团长，兼任第59军军长。

4月初，台儿庄大战异常紧张，敌板垣师团一部绕过临沂，迂回西进南下，增援台儿庄，对台儿庄战场的中国守军，极其不利。张自忠奉命率第59军由临沂北沂河西岸的战场转进临沂西南，截击从费县、临沂间南下增援台儿庄的日军，以援助台儿庄作战。同时，第333旅和汤恩伯第20军团之骑兵团，也投入台儿庄战场。第59军伤亡奇重，为维持部队战斗力并便于指挥起见，张自忠对部队进行调整，第38师三个旅战前约1.5万人，此时剩余兵力不足3000人，张自忠将三个旅的士兵大部归并到该师第112旅（李九思任旅长），由军部直接指挥。第180师尚有6000人，仍维持两个旅四个团的建制。第38师师长黄维纲率第113、第114旅的官长及部分老兵，到黄口、商丘一带征募、训练新兵，以便补充部队。部队调整完后，张自忠即率部进入指定区域，担任阻敌南下的任务，在苍山县内的大展庄、小展庄一带，与敌展开激战。从4月11日至14日，激战四昼夜，终于击退当面之

---

① 《李宗仁致蒋介石等密电（1938年3月30日）》，《抗日战争正面战场》（上），第600页。

敌。敌军退向临沂西北的古城地区，参加进攻临沂的作战。

日军板垣师团久攻临沂不下，如芒在背，如鲠在喉。临沂是潍（县）台（儿庄）公路、兖州—泗水—费县—郯城公路的交会点，临沂一直控制在中国守军手中，严重威胁着南下日军侧背的安全和后方补给线的畅通，因此板垣征四郎再次发动对临沂的攻势，决心不拔掉临沂这颗"钉子"，誓不罢休。

板垣亲率第5师团一部到临沂增援，增援台儿庄的坂本顺旅团长所率四个步兵大队、两个炮兵大队在台儿庄大败之后也返回临沂，日军集中兵力，展开对临沂的新一轮攻击。

中国守军取得台儿庄大战胜利之后，继续向临沂战场增援部队。双方援军相继到达，在临沂外围又展开激战。日军第5师团主力于4月14日到达临沂地区，对临沂展开总攻。张自忠4月19日向李宗仁电告战况：敌人自展开猛攻以来，"招招进逼，迄未停止。18日晚继续彻夜激战，炮火猛烈。我阵地全毁，房屋均着火，炮弹已渐达城垣，我官兵于火光烟炎中流血抵抗，前赴后继，伤亡累累，而干部伤亡尤重，陷于苦战状态。现援军仅到一部。第21师尚无消息，现时情况第21师如今晨不能到达，危险堪虞。职已严饬所部无论伤亡如何，即余一兵一弹亦须拼其全力苦撑到底，以实现保卫临沂之任务"[①]。

19日早上，日军开始攻击临沂城北关、西关，战至中午，防守西关的保安队"不支退走，致被敌突入城内"。临沂城墙1927年曾拆除，又连日遭炮击，到处皆可通过。临沂保卫战打响以来，一直在外围主要是临沂城北沂河两岸作战，中国守军庞部、张部主力均在正面左右两翼防守或反击，临沂城守卫兵力主要是地方保安队，兵力单薄，疏于构筑工事。日军总攻开始以后，中国守军正面阵地步步后退，负责沂河东岸防守的庞军逐

---

① 《李宗仁致何应钦徐永昌密电（1938年4月19日）》，《抗日战争正面战场》（上），第620-621页。

步退入城内，但城内缺乏可利用的工事，在敌军的猛烈攻击下，难以支撑。守卫城北关的第234团也不支撤入城内，庞炳勋又急调沂河东岸的第233团入城，由第117旅旅长李运通指挥该两团及军直属特务营，与攻入城内的日军展开巷战。敌军一部由城西攻向城西南，向南关包围，张自忠部第38师李文田和黄光华第139师守卫五里铺地区的部队仅剩几十名士兵，仍坚守阵地。

经一昼夜巷战，中国坚守临沂城的部队伤亡十分之六七，敌军已占领了临沂城四门，中国守军有全军覆没的危险。李宗仁命令守城部队突围。夜12时以后，李运通集合余部，由东门冲出。庞部向城南撤退，临沂城遂陷入日军之手。李仙洲第21师援军19日赶到临沂，但为时已晚。

日军久攻临沂不下，伤亡惨重，攻入临沂之后，便以百倍的疯狂施行报复，进入城内的日军，见人便杀，未及撤走的伤兵全部被杀害。西门里大街天主教堂门口数百名想挤进教堂避难的无辜市民，遭到日军的机枪扫射，被集体屠杀，无一幸免。日军还逐家逐户地搜查，一天之内便杀害了2000多市民。

临沂失陷后，李宗仁、张自忠、庞炳勋分别致电统帅部，主动承担责任，要求给予"严厉处分，以振纲纪"。①临沂之战从2月下旬至4月中旬前后历时50多天，中国守军以庞部、张部为主力，在装备处于劣势的情况下，前后消灭日军3000余人。以"杂牌部队"抗击日军王牌师团，且多次取得小胜，两次取得大胜，应当说很不容易了。临沂的失陷，"非作战不力之咎"。②

临沂保卫战，中国守军付出了高昂代价，伤亡失踪达11921人。根据庞炳勋、张自忠等人战时电报，伤亡数更远远超过此数。张自忠第59军3万之众，据张自忠4月21日临沂战役结束后的电报称：该部第38师（师长李文田）已"伤亡殆尽"，第180师（师长刘振三）"伤亡达三分之二，两师现

---

①② 《李宗仁致蒋介石密电（1938年4月21日）》，《抗日战争正面战场》（上），第622页。

以战斗员并编一旅,尚觉不敷"。①

庞炳勋4月24日的电报也说:"查职军自鲁南战役迄今,总计伤亡团营长八员,初级官约十分之七,现除特种兵及在后方训练新兵外,而步兵伤亡殆尽,战斗力已无。"②作为"杂牌军"的部队,向以保存实力为要,临沂之役打得如此之苦,部队牺牲如此之大,还能坚持抗敌,且坚持了50多天,确属难能可贵。

---

① 《张自忠致熊斌密电(1938年4月21日)》,《抗日战争正面战场》,第623页。
② 《庞炳勋致蒋介石密电(1938年4月24日)》,《抗日战争正面战场》,第624页。

第三节　滕县保卫战

一、滕县外围战

1938年2月下旬，日军第10师团一部渡过运河西进，攻击孙桐萱第3集团军，于26日占领嘉祥，孙部撤至相里、巨野一线新阵线，日军控制了济宁以西、运河两岸地区，保障了济宁的安全，便结束在这一地区的攻势作战，把主力向邹县地区集结，准备继续沿铁路线向南推进。"从3月4日起，敌即不时派出小队、中队的搜索部队向我（第22集团军）第45军第125师的第一线阵地施行武力侦察。"[①]"8日以来，敌机时在临城、滕县、界河一带侦察并投弹。"[②]根据敌军的行动迹象，第22集团军总司令邓锡侯判断日军将发动攻势，为加强防御，立即调整了部署，增强正面防御，加大纵深配备。调整后的部署大致是：

（一）在邹县以南铁路以西的石墙、石马坡，铁路以东的金山、普阳山、香城等第一线防御地区，路东由第125师（师长陈鼎勋）、路西由第124师（师长孙震）主力防守，铁路当面及以西附近的黄家山，由第127师（师长陈离）一部防守。

（二）在邹县以南界河至龙山的第二线防御地区，由第127师主力防守界河，由第125师一部防守龙山。

（三）第122师（师长王铭章）一部置于滕县以北的北沙河第三防御地带，一部置于滕县城内待命。

与此同时，敌华北方面军3月10日向第2军等部发出命令：击溃大运河

---

① 张宣武：《台儿庄会战的前奏》，载《徐州会战》，第63页。
② 《李宗仁致蒋介石等密电（1938年3月14日）》，《抗日战争正面战场》（上），第567页。

以北中国军队主力，恢复占领区内治安，充实和提高部队作战能力。敌第2军根据这一命令，于3月13日作出进攻部署：

（一）矶谷廉介第10师团以一个旅团，从津浦路的邹县南下，攻占滕县、临城，歼灭在这一地区的中国军队，占领大运河以北地区。

（二）板垣征四郎第5师团占领沂州后，以一部西进至峄县附近，协助第10师团作战。

（三）上述任务达成后，部队在鲁南的滕县和临沂一线，进行以后之作战准备。

3月14日晨7时，敌第10师团濑谷启第33旅团等部由邹县南面两下店向中国守军界河阵地展开正面攻击。该部配有较强的特种部队，计有独立机关枪第10大队；独立轻装甲车第10、第12中队；野炮兵第10联队6个中队；野战重炮兵第1旅团第2联队的两个大队；中国驻屯野炮兵第3大队（15公分口径榴弹炮兵两个中队）；临时野炮兵中队；工兵1个中队；兵站汽车1个中队。此外，还有飞机助战。敌军重兵放在正面进攻，同时，石墙、羊宿的敌步骑400余人，附炮4门，向中国守军阵地的左翼孙震第124师吕康第370旅进攻；另一部数量大致相同的敌军进抵石墙西南的垓庄；香城方面敌军已进抵博丘；济宁敌步、骑、炮兵500多人进占微山湖东张家桥。[①]中国守军凭借既设阵地，奋勇迎战敌军，激战竟日，除了下看埠、白山、黄山等前突阵地被敌占领外，界河东西一线的正面战场主阵地屹然未动。

孙震的师部（孙震在是年5月1日被军委会任命为第22集团军总司令，其124师师长由曾元继任）设在临城，得悉敌军大举进攻的消息后，孙震立即乘火车到滕县了解敌情和战况，随即又亲临前线视察。孙震在北沙河召集附近部队长官布置作战任务，并号召：人人要抱有敌无我、有我无敌的决心，与敌死拼。孙震亲临前线视察并鼓舞士气，使前线将士士气大振，全力抵抗，终于挡住了敌军14日发动的猛烈攻势，保住了一线主阵地。

[①]《李宗仁致蒋介石等密电（1938年3月14日）》，《抗日战争正面战场》（上），第567页。

日军发动全面进攻之后，第五战区司令长官李宗仁考虑到"敌于津浦北正面，增加兵力，大举反攻，以牵制我鲁南之作战。邓部（第22集团军）兵少械劣，正面薄弱，两翼空虚，恐难拒敌"。①立即致电蒋介石，请求就近调驻防商丘的第一战区第20军团第85军的一个整编师，由火车输送到滕县附近，作第22集团军的总预备队。并于14日14时直接致电第20军团军团长汤恩伯，希望汤立即令该师"紧急出动"。汤恩伯对分散使用兵力，有不同看法，即致电蒋介石，表明了自己的意见："以此分割使用（兵力），非特力量分散，于指挥上亦感困难。职意如有向该方增援之必要，可用本军团全力，向该方出击。若以零碎补孔，不但于战局无益，力量无代价之消耗，殊属可惜。"②应当说汤恩伯的意见不无道理。但滕县方面战局紧张，统帅部支持李宗仁的意见，坚持调汤部增援。汤恩伯服从命令，即令王仲廉第85军的陈大庆第4师火速增援滕县，其先头部队于15日中午赶到津浦线上的临城。旋即，蒋介石又电令第一战区司令长官程潜："津浦正面敌向界河攻击甚烈"，"着汤军团长亲率王仲廉军开临城归李长官指挥，（汤部）关麟征军开商丘；张轸师仍在蒙城待命"。③并同时直接给汤恩伯下达了此项命令。汤恩伯一面执行命令准备率第85军增援津浦路正面，一面仍致电蒋介石，坚持"为集中本军团全力，解决津浦路北段残敌，拟恳准调（职部）52军开来铜山待命"。④随着战局的发展，汤部第20军团第85军、第52军及第110师迅即投入津浦路正面战场。

3月15日凌晨，日军除仍以主力继续猛攻津浦路正面外，另以一部兵力向中国守军第一线阵地的右后方龙山、普阳山迂回包围，遭到在该地设防的第22集团军第127师的顽强抗击，敌军未能得手。同时，日军第106师团一部步、骑、炮配合，由济宁东南的石墙出动，向深井一带的第124师第370旅继续猛攻。该旅兵力单薄，刚刚布防不久，工事比较简陋，苦力抵

---

① ② 《汤恩伯致蒋介石等密电（1938年3月14日）》，《抗日战争正面战场》（上），第568页。
③ 《蒋介石致程潜密电（1938年3月15日）》，《抗日战争正面战场》（上），第569页。
④ 《汤恩伯致蒋介石等密电（1938年3月15日）》，《抗日战争正面战场》（上），第569页。

抗，死伤惨重。在滕县的第122师师长、第41军前敌总指挥王铭章，为了巩固邓锡侯第45军第一线的正面阵地，防止敌人向右后方迂回包围，乃急调在滕县担任城防任务的第124师第372旅驰赴深井以南的池头集，支援第370旅。经过激战，深井阵地得以稳住。随之，王铭章又令在北沙河防守的第727团抽出一营兵力，到滕县城西北9公里左右的洪町和城西南15公里处的高庙布防，以防敌钻隙渗入滕县左侧。

根据李宗仁15日10时致蒋介石的电报，滕县方面的战场形势是："（1）截至15·08（15日8时）止，津浦北段界河阵地因受敌骑至柳泉庄之夹击，以致失陷。现敌军突入二十里铺附近。我守兵向左翼大山阵地移转。右翼龙山仍在敌包围激战中。（2）滕县附近有我之一营及三连兵力，现合力固守滕县。（3）令王军（王仲廉第85军）先行之第4师以先头之一部开往滕县附近以增强之。"①汤恩伯当时致蒋介石的电报反映："津浦北段之敌不上一万人，连日与我22集团军在界河龙山一带激战，我22集团军界河阵地被突破，现在北沙河阵地相持，尚稳定。""职奉李司令长官命令，本晚派一团控置于滕县南山地，巩固22集团军右侧背之安全，第4师、第89师主力，拟即集结临城东北地区，待机出击。"②

15日下午，日军组织一部兵力由龙山以东延翼向滕县方向右侧迂回，其先头部队于下午5时许到达滕县东北仅五公里的冯河、龙阳店一带。日军的战略意图十分明显，一面加强正面攻势，胶着并吸引中国正面防御的主力部队；同时派一支有力部队，避开正面阵地直接进攻滕县城，迫使中国正面阵地不战自弃，否则占领滕县后两面夹攻，必使中国正面阵地守军全军覆没。

此时，滕县城关有第22集团军第122、第124、第137师三个师部和第364旅旅部，每个师部和旅部只有一个特务（警卫）连、一个通信连和一

---

① 《李宗仁致蒋介石等密电（1938年3月15日）》，《抗日战争正面战场》（上），第568页。
② 《汤恩伯致蒋介石等密电（1938年3月15日）》，《抗日战争正面战场》（上），第569页。

个卫生队，此外没有任何战斗部队，城防处于危急状态。外围防御部队大部分被吸引在前线与敌胶着，只有在平邑、城前的第122师第266旅尚未与敌接触，王铭章急调该部回援滕县，但该旅远在百里之外，一则缓不济急，再则难保途中不被敌人阻击，因此王铭章又急向临城第22集团军总司令部求援。第22集团军司令部一面向第五战区司令长官部和最高统帅部告急，一面急忙把临城能抽调的军队全部抽调出来增援滕县。第22集团军总司令部在临城唯一的一支战斗部队，是第41军直属特务营。该营辖三个步兵连、一个手枪连，为支援滕县守城，孙震令该营留一个手枪连担任总司令部的警卫，另三连步兵由营长刘止戎率领乘火车立即开赴滕县。应第五战区司令长官部请求，蒋介石调汤恩伯第20军团增援滕县，该部15日仅第85军第4师一部到达临城，调一团兵力到滕县附近，由于当时陇海路车辆拥挤，致使火车运行不畅，军队运输迟缓，第20军团军团部也迟迟未能全部到达临城附近，使得已到临城附近的部队，无法正常调拨。

汤恩伯，浙江人，曾就读于日本陆军士官学校，与蒋介石有"乡人"和"学友"（都曾留日学军事）之谊，深受蒋介石的重用和信任。汤部乃地地道道的嫡系中央军，第20军团辖2个军5个师，装备齐全，并配属有德国造重炮一营，"为国军中的精华"，[1]有相当的战斗力。但是，由于汤恩伯是"通天人物"，汤部是"嫡出亲兵"，因此除蒋介石外，其他将领对该部的调遣不太灵便。这也是已到临城附近的该军团所属部队不能立即全部投入滕县守卫战的原因之一。第22集团军司令部和滕县守城部队前敌总指挥王铭章都明白"不能指望他（汤部已到临城的第85军王仲廉）来救燃眉之急"。[2]

在外援一时不济，城防又极其危急的情况下，王铭章为了应急，只能又从前线抽调部队，加强滕县城防。15日下午5时许，王铭章直接向固守

---

[1] 《李宗仁回忆录》（下），第729页。

[2] 张宣武：《台儿庄会战的前奏》，载《徐州会战》，第65页。

邓锡侯在指挥作战

北沙河阵地的第122师第364旅第727团团长张宣武下达命令:"(一)决心固守滕县城;(二)第727团除在洪町、高庙的一个营仍在原地执行原任务外,另以一个营留置北沙河第二线阵地暂归第127师指挥,该团长即率领其余部队立即由现地出发,跑步开回滕县布置城防。"[1]该部从北沙河回撤时,王铭章又令该部将北沙河铁路大桥炸毁,以阻敌利用铁路进攻滕县。

张宣武奉命后率部跑步急行军,两小时后即到达滕县城北门,王铭章迎出城外,把城防情况向张作了简单交代,即任命张为城防司令,令张立即着手布置城防;并把配置在城前镇的第366旅第731团严翊第1营也调回到滕县东关。第22集团军司令部派遣的援军刘止戎营也随后赶到滕县报到,所有守城部队,均归张宣武统一指挥。

滕县东关有一道土筑圩寨,相当完整坚固,可以利用作为阵地抗敌。敌军迂回从东面攻来,必定先攻东关。严翊营担任东关守备任务,利用寨

---

[1] 张宣武:《台儿庄会战的前奏》,载《徐州会战》,第65页。

墙构筑防御工事，并在东关附近各村庄派出警戒部队。该营原有3个步兵连、1个机枪连，机枪连拨归团部直接指挥。严翊以两个步兵连配置在东关圩寨阵地上，以1个连为营预备队，夜10时左右布置就绪，部队连夜赶筑工事。

张宣武第727团原有三个营，第1、3两营都留在了外围阵地，张宣武带回滕县城的部队是第3营，有四个步兵连；另有一个团直属迫击炮连，有四门土造八二迫击炮；有一个通讯排、一个担架排。张宣武以两个连担负城东、北面的城防，以一个连为营预备队，一个连为团预备队。

由临城赶来增援的刘止戎营于夜10时到达滕县，张宣武命令该营一下火车就直接开到城墙上布防。该营以两个连担任南、西两面城防，以一个连为营预备队。

张宣武第727团指挥所设在东门内一家山货店内，成为城防司令部，连夜和师、旅部及城防军三个营架通了电话。第122师师部设在西关电灯厂内（兼第41军前敌指挥部），第124、第127两师师部设在城北街一家私宅，第364旅旅部设在西门里的一家盐店内。

截至15日深夜，滕县守军战斗部队共有1个团部、3个营部、10个步兵连、1个迫击炮连，另有师、旅部的4个特务连，还有临时来城领运粮弹的第124师第372旅第743团的一个步兵连，共约2500人。此外，滕县县长周同所属的武装警察和保安团有五六百人。合计守城武装力量3000人，真正的战斗部队2000人左右。

担任城防的部队，彻夜赶筑工事。预备队部队，彻夜搬运弹药、粮秣。当夜，从临城赶运来一列车粮、弹，手榴弹特别充足，东关和城墙上的士兵每人身旁都放置50颗装手榴弹一箱，这成了后来守城战斗中最有力的武器。

3月15日傍晚，从东面迂回进攻滕县的敌濑谷启第33旅团，接近滕县，根据对中国守军兵力部署和周围地形的侦察，濑谷启对攻城作了具体部署：以赤柴八重藏的第10联队进攻滕县，以福荣真平的第63联队绕至滕县以南的南沙河一带,堵击中国守军的增援部队。

16日凌晨,正面敌军继续向北沙河中国守军阵地猛攻,中国守军顽强抵抗,双方展开激烈战斗。随之,滕县东面之敌发起进攻,首先攻击东关外附近各村庄中国守军的警戒部队,接着便对滕县展开轰炸。敌军约30门火炮,以排子炮的密集火力,向滕县东关、城墙、城内、西关火车站猛烈轰击,敌驻南苑机场的岛田隆一第6重轰炸大队派出12架飞机飞临滕县上空,进行疯狂的轰炸和扫射。

二、浴血滕县城

滕县保卫战打响以后,一直在滕县外围作战,滕县城内人心还算安定。敌军炮轰滕县以后,城内居民顿时慌乱起来,纷纷出城向西逃跑,半小时左右,居民便逃遁一空。

日军攻城战打响之后,驻在城西关电灯厂的第41军前敌总指挥、第122师师长王铭章立即打电话给城防司令张宣武了解战况,随后即进城到第124、第127师两师部,与第127师师长陈离、第124师代师长税梯青、第364旅旅长王志远、城防司令张宣武紧急磋商,讨论如何应付危局。张宣武简略地向各位长官介绍了城防部署、工事构筑、弹药补充等情况,王铭章问张宣武道:"张团长,守城有把握吗?"

张宣武反问:"守多久?"

王铭章:"两三天怎么样?"

张宣武:"城内现有兵力和敌情你都清楚,你看可以守多久?"

王铭章将军

王铭章:"守一天多有没有把握?"

张宣武:"担任城防的十个步兵连,有六个连都不是我所属的建制部队,严、刘两营的战斗力如何,我无法估计,因而我不敢保证能守一天多。"

王铭章:"我们的援兵最快也得夜里才能来到,如我们不能守一天以上,那就不如在城外机动作战。"

在场的军事将领一致赞成在城外机动作战。王铭章挂通临城第22集团军总司令部的电话,向集团军副总司令兼第41军军长孙震报告了敌军攻城及中国守兵单薄的情况,提出到城外机动作战的设想。孙震立即给予否定,明确指出:"委员长来电要我们死守滕县,等待汤恩伯军团前来解围。汤部的先头部队昨日已到临城,其后续部队亦正在陆续赶到,我当催促王仲廉军赶紧北上,你应确保滕县,以待援军。你的指挥部应立即移到城内,以便亲自指挥守城事宜。如兵力不够,可把城外所有的第41军部队通通调进城内,回守待援。"孙震还下达了第22集团军的命令:由王铭章负责统一指挥滕县城防;"闭门死守待援"[①],非奉令不准任何一人擅自离城,违者军法论处[②]。

第45军第127师师长陈离所属部队都在滕县外围阵地作战,计划中也没有调该部进城固守,陈离与王铭章协商后,请示第22集团军司令部批准陈离率第127师指挥所出城,去第127师阵地指挥作战。陈离出城之后不远即与敌军遭遇,身负重伤,被迫离开火线。

王铭章接到孙震的命令之后,便下定了死守滕县的决心。他放下电话后立即命令城防司令张宣武:"张团长,你立即传谕昭告城内全体官兵:我们决定死守滕(县)城,我和大家一道,城存与存,城亡与亡。立即把南、北两城门屯闭堵死,东、西城门暂留交通道路,也随时准备封闭。可

---

① 《李宗仁致蒋介石等密电(1938年3月16日)》,《抗日战争正面战场》(上),第570页。
② 何煜荣:《守城战斗纪实》,《徐州会战》,第83页。

在四门张贴布告，晓谕全体官兵，没有本师长的手令，任何人不准出城，违者就地正法。"①他又令第122师副官长罗甲辛把师部指挥所和师直属各部队全部移到城内。王铭章还致电第22集团军总司令部阐明了宣誓般的决心："决心死守，不惜任何牺牲，以报国家。"②

日军发起对滕县城的炮火攻击之后，陆续轰炸两小时之久，东关、城内、西关火车站共落炮弹不下3000发。城内一片火海，中国守军有所伤亡，东郊各村庄散布的警戒部队全部撤到东关。随后，敌军集中炮火，对东关南半部寨墙的突出部进行猛烈轰击，不到一刻钟，该段寨墙被炸开一二米宽的缺口。然后，敌军集中数十挺轻、重机枪火力，对准缺口猛烈射击，掩护步兵冲锋。当敌炮猛轰寨墙时，寨墙上的中国守军猝不及防，略有伤亡，随即避开敌炮轰击目标，伏在缺口两侧，以待阻击敌步兵的进攻。当敌军停止射击以便步兵进攻时，伏伺在缺口两侧的中国守军冒着硝烟，迅猛扑向缺口堵防，各种火器一齐开火，阻击敌步兵的进攻。敌步兵五六十人，竟逼近中国守军阵地，跳到缺口外的寨壕沟内。中国守军第731团第1连连长集中了五六十人的兵力，令每人握四五枚手榴弹，一齐甩向寨壕沟内的敌军，一片爆炸之后，敌人遗尸50多具，生还者不足十人。敌军攻击未成，便以更猛烈的火力向寨墙缺口轰射，然后以一排步兵发起冲锋，中国守军依然是先避敌炮火，后阻敌步兵，敌步兵攻占缺口必须先过寨壕，趁敌兵下到寨壕沟底之际，以密集的手榴弹消灭敌人。如此再三，第1连打退了敌军的三次冲锋，暂时扼制了敌军的攻势，保住了东关阵地。但东关右翼守军第731团第1连已伤亡近百人，营长严翊遂将营预备队第3连调上，接替守备任务。张宣武也立即将团预备队第727团第12连由东城门内调赴东关，作为严翊营新的预备队。

日军第一次进攻发起三次冲锋未能得手，便重新调整兵力，准备发动

---

① 张宣武：《台儿庄会战的前奏》，《徐州会战》，第68页。
② 何煋荣：《守城战斗纪实》，《徐州会战》，第82页。

下一轮进攻。趁此战斗间隙，中国守军抓紧时间修补被摧毁的阵地工事，把东关和城内几家盐店、粮行内堆放的2000包左右食盐、粮食，全部搬运到阵地，用以填补寨墙缺口。同时，还补充了弹药，官兵们吃些干粮，喝些水，城防司令张宣武亲临第一线，对守卫官兵加以慰问和鼓励。守城卫士做好准备，以便粉碎敌人新的攻势。

16日下午2时左右，敌军再次发动进攻，进攻重点转为猛攻东关的东北角。守卫该处的第731团第2连，在严翊营长指挥下，采取与第1连同样的打法，又连续打退敌军的三次冲锋。中国守军先后打退敌军从两个方向发起的进攻，自己的伤亡也很大。

王铭章经和第124师副师长（代师长）税梯青协商，命令该师第372旅来城领运弹药的第734团第11连（连长吴赞臣）留下守城；同时王铭章又把第122师特务连（连长何经纬）除留一个排担任警卫外，其余兵力全部充实城防。张宣武随即把吴赞臣连作为严翊营的预备队，以加强东关防守兵力；把何经纬连作为团预备队，以便应急。

下午5时许，敌军发动第三次进攻。敌炮有所增加，机枪火力也较前几次猛烈，飞机每批均在10架以上。敌人转移了攻击目标，改从东关的正面城门下手，并以部分炮火向东关、城内、西关、火车站等处进行纵深射击。敌军采用三个排、每排相距百米左右、前后重叠的梯队攻击法，发起对东关正门的猛烈攻击。敌军第一梯队的一个排冲锋至城寨门下时，被中国守军用手榴弹消灭殆尽。但是，敌军猛烈的火力，也给东关门及其两侧的中国守军以重大杀伤，这一地段中国阵地上的守军也所剩无几。严翊营长急忙把预备队吴赞臣连填补上去，吴连刚扑上阵地，立足未稳，敌军的第二梯队便冲上来了，双方展开肉搏，战况极其惨烈，敌军的一个排被消灭，而吴连也仅剩一二十名士兵，全连官长和100多名士兵，全部壮烈牺牲。值此危急之际，张宣武急调团预备队何经纬连（缺一个排）从滕县东城门内奔赴东关补充。但敌军第三梯队已经冲锋上来，何连缓不济急，严翊急将守备东关南、北两端的部队全部调到正门附近堵击敌人，经过一场激战，终未能完全堵住敌人，有40多名敌军冲进关内。时已入暮，日军未再增援，40多名敌军无力扩大战果，而当面防守的中国军队伤亡惨重，也无力展开反击，双方相距仅几十步远，形成对峙。何经纬连（两个排）到达东关阵地之后，严翊命令该连迅即展开反攻，消灭冲进关内的日军。何连两个排全力冲杀，由于缺乏机枪，火力不足，而日军负隅顽抗，拼死反击，火力又猛，且射击准确，何连无法接近敌军进行肉搏，结果何连的两个排伤亡三分之二，而敌军仍有20多人拼死坚持，拒不后退。敌军在东关寨内建立支撑点，这是对东关守备的最大威胁。入夜，王铭章指示张宣武，务必消灭突入东关寨内的敌人。张宣武抽调守备滕县城垣东、北面的第727团第3营预备队张进如的第11连，火速奔赴东关，归严翊营长指挥，以全力拼杀，消灭东关寨内的敌人。张宣武还对该连全体官兵作了战斗动员，并对张进如连长说："如果不能把这几十个敌人消灭，你就不要回来见我！"该连奔向东关，直扑敌人，向敌人支撑点猛投手榴弹，然后冲进敌群，短兵相接，勇猛肉搏，以多胜少，终于将二三十名敌军全部消灭，东关寨门失而复得。张连亦付出沉重代价，伤亡70多人，阵亡两位排长。坚持指挥东关守备战、苦战竟日的严翊营长，也中弹负伤。

16日滕县县城守备战激战一天，敌军向东关、城内、西关、火车站等处倾泻炮弹万发以上，中国守军伤亡严重，但广大官兵众志成城，视死如归，誓与阵地共存亡，勇猛阻击，给敌以较大杀伤，终于保住了阵地。

与此同时，滕县当面敌军，向右翼龙山、普阳山一带第45军阵地猛烈攻击，第45军第125、第127师已血战三日，伤亡过半。而且与滕县的交通、通信全被截断，指挥发生混乱。16日午后，第45军正面阵地被日军突破，第125、第127师各部被迫撤退，日军紧追不舍，有些部队被打散。第127师师长陈离率师部出滕县城收容所部，陈负伤后该师指挥所继续收容、转移部队。王铭章急令北沙河防线上的第122师第364旅（旅长王志远）及从太平邑回撤的第366旅（旅长童澄）掩护第45军部队撤退，第45军部队分成数股从滕县两侧撤退，大部撤向临枣线。

左翼石墙方面的敌军，继续向深井、池头集的第124师第370旅（旅长吕康）、第372旅（旅长曾甦元）猛攻，经过一天激战，吕、曾两旅逐次退守大坞、小坞一带。

16日滕县保卫战激战一天，多处告急。尽管由于王铭章守城态度坚决、决心大，调兵遣将尽心得力，并多次与税梯青代师长亲赴火线督战，更由于广大守城官兵的英勇顽强，终于扼制了日军的疯狂攻势，暂时保住了滕县县城未陷敌手，并给敌以较大杀伤，但是，就整个战局而言，中国守军处于劣势。正面防线全线崩溃，守城之战伤亡严重，而且滕县城处于敌军包围之中，敌军一部还插进滕县城后方的南沙河，截断滕县与临城的铁路联络，既断滕县后退之路，又挡临城来援之兵。因此，战局对第22集团军极其不利，形势十分险恶。当日中午12时，第22集团军以总司令邓锡侯的名义致电李宗仁，报告滕县战局形势及第22集团军的战斗情况和所面临的险恶态势，急切要求道："恳飞饬汤军团部队沿滕城东南门出击，俾临、滕交通不致中断。"①

汤恩伯第20军团奉命增援津浦路北线正面战场，王仲廉的第85军先行出发，开赴临城，据李宗仁16日17时的电报，该军"第4师已到临城下车，第89师正向临城输送中"②，其余部队均未到达或尚未出发。汤部先头部队一个团15日晚到临城后，刚下火车就奉命增援滕县。该团一到南沙河，立即遭到先行钻进并已占领了南沙河的日军的猛烈阻击，几经激烈交手，敌军火力甚猛，并配有坦克，该团无法突破日军阻击线北上增援，日军反而发起对该团的攻击，冲锋异常猛烈，该团不支后撤。汤部第85军后续部队，仅在南沙河后警戒，阻敌南犯。由于汤军团大部仍在运送途中，军团部尚未到临城，调遣部队发生了障碍，尽管第22集团军司令部焦急万分，

---

①② 《李宗仁致蒋介石等密电（1938年3月16日）》，《抗日战争正面战场》（上），第570页。

恳求近在咫尺的汤部已达部队北上增援，以解滕县之围，但汤部已达部队未能立即组织兵力，击溃南沙河之敌（仅200余人）①，以扫清道路，火速北上增援，造成滕县城陷于孤军无援的险境。

鉴于滕县外围正面防线右翼溃散，左翼一退再退，已构不成整体防线；而滕县县城守备力量薄弱，且有较大伤亡，王铭章决定把城外兵力悉数调入城内，加强城防，死守待援。第124师第370旅、第372旅（每旅只有一个战斗团）从大坞、小坞一带脱离敌人回撤，于当夜10时、12时先后到达滕县。第122师第364旅也只有一个战斗团，即张宣武的第727团，该团的另外两个营，从洪町、高庙、北沙河一带撤回城内。唯有第122师童澄的第366旅（只有一个战斗团）（欠严翊营）奉命回撤，在"城头村附近与多数之敌遭遇"，"激战甚烈"②，被迫绕道向临城方向退去。

根据调入城内的兵力情况，王铭章重新调整了部署：（一）以第124师第370旅的王麟第740团（欠一个营）接替东关第122师第366旅第731团严翊第1营的防务；（二）以第122师第364旅的张宣武第727团仍附第731团严营担任东南城角（含）亘西北城角（不含）的东、北两面城防，并以一部守卫北关；（三）以第124师第370旅第740团第1营（营长蔡钲）及第41军特务营（欠一个连）担任西北城角（含）亘东南城角（不含）的西、南两面城防，由第370旅旅长吕康指挥；（四）以第124师第372旅第743团为总预备队，并以一部守卫南关、西关及火车站，由第372旅旅长曾甦元指挥。

部署调整之后，各部立即换防、到位。城内储备的粮弹相当充足，当夜各部队都得到充分补充。各部队都不顾疲劳，连夜拼命抢修工事，挖防空洞，绑捆登城云梯。滕县城墙较高，城内上城墙的道路每座城门旁边各有一条，为躲避敌机、敌炮扫射和轰炸，减少伤亡，要求守城部队当敌

---

① 《李宗仁致蒋介石等密电（1938年3月17日）》，《抗日战争正面战场》（上），第571页。
② 《李宗仁致蒋介石等密电（1938年3月16日）（两件）》，《抗日战争正面战场》（上），第570页。

机、敌炮轰击时，城墙上只留少数瞭望哨，其余都在城内墙脚下防空洞内隐蔽，待敌军步兵冲锋时，再利用云梯迅速登城抗击。因此，规定守城部队每班至少要有一架云梯。全体守城官兵，一直忙到17日凌晨。同时，王铭章向守城官兵广做战斗动员号召，激励大家为国家、为民族计，誓死坚守滕县。并告诉大家，"明日即有汤恩伯军团增援前来，士气甚为振奋"[1]。

此时的王铭章将军，对守城很有信心。他认为，以不足一个团的劣势装备的兵力，能够坚守滕县城一天，现在守军增加至三个多团，再坚守一天当无问题。只要能再坚持一天，"汤（恩伯）军团的援军就可来解围了"[2]。到那时全军反击，配合汤军团内外夹击敌军，必能打败敌军，取得滕县保卫战的胜利。胜利在招手，曙光在前头，为国家、为民族建功立业的机会到了，这位四川汉子怎能不感到无上光荣呢！

日军进攻守备较弱的滕县竟日不下，且有重大伤亡，敌酋矶谷廉介大为恼火，他迅速调集第10师团和第106师团的一个旅团，共3万多兵力，大炮70多门，战车四五十辆，全力向滕县压来。滕县城外防御阵线已溃撤，日军迅即从东、南、北三面逼近滕县城关，发起更为疯狂、猛烈的进攻。

17日早上6时左右，日军以五六十门山炮、野炮密集轰击，敌机20多架飞临滕县城上空投弹、扫射，整个滕县城除北关一隅因系美国教堂所在地外，顿时硝烟弥漫，一片火海，墙倒屋塌，遍地焦土。日军轰击两个多小时后，敌步兵开始向东关进攻，仍采用与昨日攻击相同的办法，即先以炮火轰开缺口，然后在10余辆坦克的掩护下，步兵发起冲锋。并同时以炮火分向东关全线和城内施行遮断射击，牵制中国守军的临时调动和阻止后线的增援。敌机也在低空盘旋，疯狂扫射。防守东关的第124师第740团（欠一营）顽强抵抗，与敌军多次展开肉搏，死伤惨重，一直激战至中午12

---

[1] 何煋荣等：《守城战斗纪实》，载《徐州会战》，第85页。
[2] 张宣武：《台儿庄会战的前奏》，载《徐州会战》，第72页。

时，东关阵地仍牢牢掌握在守军手中。

日军进攻东关的同时，以一部对滕县城东南城角发起强攻。敌军先以炮火猛轰城墙，约20分钟，即轰开一个缺口，接着以七八辆坦克开路，100多名日军向缺口发起冲锋。该段守军第727团的第2连官兵，用手榴弹炸毁敌坦克两辆，勇猛阻击敌步兵的冲锋，毙伤敌50多人，但该连伤亡殆尽，无力阻击，敌军四五十人冲上城角。第727团第1营营长王承裕立即命令营预备队第1连向突入之敌发起反击，该连在仅有的两挺机枪的火力掩护下，向突上城角的敌军猛扑过去，先投手榴弹，再抢大刀砍，一场残酷激烈的白刃战之后，终将突入之敌全部消灭，但该连150人也只剩下14名士兵，连长张荃馨、副连长贺吉仓以及130多人全部为国捐躯。

敌军进攻东关和东南城角受挫，中午12时稍过，即暂时中止进攻，重新调整部署，准备发起新的更猛烈的攻势。中国守军也趁此间歇，调整防御部署，准备迎接更激烈的战斗。总指挥王铭章根据半天来的日军攻势，其火力配备、出动兵力，都远远超过昨日，攻势之猛更是超过昨日，判定日军攻取滕县志在必得。而城南援军方面枪炮声渐远、渐稀，估计援军解围的可能性已经不大。王铭章清醒地认识到，守城之战，是一场恶战，单凭现有兵力，已无法守住滕县城。但他抱定与城共存亡的信条，决心死守到底。他在12时15分发给第22集团军总司令部的一份电报中说道："……独坐山方面，本日已无友军枪声，想系被阻止。目前敌用野炮、飞机从晨至午不断猛击，城墙缺口数处，敌步兵屡登城垣屡被击退。忆委座成仁之训及开封面谕嘉奖之词，决以死力拒守，以报国家，以报知遇。"

3月17日13时，汤恩伯致电李宗仁，提出："请令孙副总司令震饬令该守（滕县）城部队务努力支持该城至18日拂晓，伊负责解围。本17日先以一团支援守城。"李宗仁随即向蒋介石作了汇报，并报告汤军团的情况："汤军团现以一团在滕县东方高地直接支援守城，以一团位置官桥，并推进一营驱逐南沙河之敌（200余人）。临城以北之正面布置两团，其余主力均在官桥东方高地，枣庄方面已派骑兵两连对北方严密警戒。"①汤恩伯17日下午致蒋介石密电报告的情况是："（一）本晨敌约步兵二千余人，炮十余门，坦克车十余部，猛攻我官桥89师533团阵地，激战至午，将该敌击退。午后1时，敌复增援二千余人，又行强烈反攻，我已将534团加入，正在激战中。并有敌之一部及坦克车五六辆迂回至临城附近，职已派第89师265旅迎击中。我第4师倪旅，本晨由虎山、龙山（十万分之一图）向滕县东北东沙河桑村之线攻击前进，初甚顺利，至午刻，敌三千余由桑村附近，向我倪旅右侧背迂回，目下相持于党山、虎山之线，战斗甚为激烈。（二）车辆运输极缓，迄今89师尚有两营未到，关军（关麟征52军）全部未到，军团部亦全部未到。（三）22集团（军）部队星散临城、枣庄，溃兵极多。与孙副总司令电话不通。（四）关军本晚如能到达一师，明晨拟以89师拒止正面。职亲率两师向滕县南北迂回猛攻。（五）职现在临城东北袁山指挥。"②

十分明显，敌军加强了对滕县南面的攻击，不仅阻击援军，而且对援军采取攻势作战，还以一部进扰临城。第22集团军总司令部设在临城，但已无兵可用，且临城城防守备空虚，该总部遂撤到运河南利国驿，收容该集团军溃散部队。从此滕县守军与集团军总部失去联络，完全陷入日军的四面包围之中。

3月17日下午2时许，调整部署后的日军对滕县城再次发动猛烈攻击。日军以榴弹重炮12门猛轰滕县南城墙的正面，敌机二三十架，集中轰炸城南关。防守南关的第124师第372旅第743团的两个连，系昨日深夜刚转移到城防阵地的部队，只有简单的掩体工事，没有坚固的防炮、防空工事，以致敌军发动重炮、飞机轰炸之后，在很短的时间内该部即被炸死炸伤半数以上，剩余部队也无法在南关存身，被迫转移到西关车站附近。南城墙被重炮轰炸一个多小时，城墙被炸毁倒塌，处处可以攀登，防守南城的第

---

① 《李宗仁致蒋介石密电（1938年3月17日）》，《抗日战争正面战场》（上），第571页。
② 《汤恩伯致蒋介石密电（1938年3月17日）》，《抗日战争正面战场》（上），第572页。

124师第370旅第740团蔡钲营在城墙上警戒、守卫的官兵，几乎全部壮烈殉国。敌军步兵五六百人，在10余辆坦克的掩护下扑向南城，第370旅旅长吕康、副旅长汪朝廉亲临城墙根指挥部队阻击，但因部队死伤殆尽，无力阻击敌军的冲锋，下午3时30分左右，敌军占领了南城墙。吕康、汪朝廉也皆负重伤。

与此同时，东面敌军对东关再次发起更为猛烈的进攻，寨墙被炸得到处是缺口，阵地工事全被摧毁。东关守军无所凭借，死伤愈来愈多，而且弹药尤其是手榴弹已经用完。因此，当敌军占领南城墙后不久，东面敌军五六百人在10多辆坦克的掩护下，攻入东关。东关守军第124师第740团团长王麟身先士卒，奋勇指挥作战，头部受重伤，旋即牺牲。

敌军占领南城墙和突破东关之后，情况万分危急。王铭章亲自到城中心的十字街口，指挥督战，激励官兵奋勇杀敌，拼死抵抗。

占领南城墙的敌军，用机枪开路，从城墙上由西南角向西城墙上的中国守军进攻。同时，又以重炮集中火力轰击西城门楼，西城墙南段守军死伤惨重，西门和西城门以南城墙于下午5时左右落入敌手。

突进东关的敌军，随即猛攻东城门。同时，占领南城墙东半段的敌军，以猛烈的冲锋夺占了东南城角，随即从城墙上向北攻进，中国守军被迫退守东城门楼。东城门及其附近由第364旅第727团吴忠敏第2营负责守卫，该旅旅长王志远、团长张宣武都在东门火线督战、指挥。日军集中火力，轰破了东城门，第一批突进城内的日军有三四十人，中国守军以4挺重机枪和数以百计的手榴弹给敌以迎头痛击，将该敌全部消灭。但是，敌军以波浪式的冲锋接连不断地发起进攻，日军源源而来，中国守军则弹尽援绝，黄昏时东城门陷落敌手。旅长王志远、团长张宣武均负伤。

日军在进攻东城门的同时，进入南城、西城的日军，开始向城内攻击，并集中火力向城中心十字街口射击。王铭章率指挥所官员，从西北角登上城墙，继续指挥战斗，顽强抵抗敌军。王命令身边仅有的师特务连的一个排从西北城墙角向西城门楼的敌人反攻，该排猛打猛冲，直扑西城门楼，但未等接近目标，即被敌军机枪全部射倒，悉数伤亡。西城门楼上的日军反过来向北攻击，王铭章身边已无兵可调，在万分紧急的情况下，王铭章及其随员10余人缒城而下，直奔西关，准备到西关火车站指挥该处守军第124师第372旅部队继续与敌战斗，不幸王铭章一行出城之后即被西城门楼上的敌军发现，敌军以密集的机枪扫射，第41军前敌总指挥、滕县城防总指挥、第122师中将师长王铭章中弹牺牲。第122师参谋长赵渭滨、副官长罗甲辛、少校参谋谢大埔以及第124师参谋长邹慕陶和几名卫士、随从共10余人，同时壮烈殉国。只有卫士李少昆等二人幸免于死。在此之前，第124师代师长税梯青率几人赴西城门掌握部队，指挥战斗，得以从西城门冲出城外，组织西关的部队英勇抗击日军。第124师曾甦元的372旅第743团之熊顺义营和卢高煊营以及特务连（欠一排，连长汪有厚）等部，坚守西门城外及火车站各阵地，奋力拒止敌人，为西城门内冲出的中国守军保持了一条后撤通道。但撤出的部分守军，冲过西关一片麦田之后，大多在一片开阔地段被日军炮火炸死炸伤。

守城指挥官大都死伤（个别撤出），城内守军陷于无人指挥、各自为战的混战状态。入夜，敌军已占领了东、南、西三面城墙，东北、西北两个城角及北面城墙，仍在中国守军手中。在北城墙上的中国守军是第122师727团的第3营（其中两个连已在16日的东关战斗中伤亡殆尽），以及其他零星部队，坚持顽强抵抗，与东、西两面城墙上的敌军对峙。入夜之后，敌军无法侦察中国守军的阵地，不了解中国守军的实际情况，不敢贸然进攻，而且又不惯于夜间短兵相接，因此没有继续向北城墙进迫，占据城墙的敌军也未敢走下城墙进入市内。

夜9时许，北城墙上的中国守军两三百人，在副营长侯子平、连长胡绍章指挥下，扒开已经封死的北城门，有组织地逐次掩护突围出城。北面围城之敌在北关一公里之外，未发现突出城外的中国守军；而东、西城墙上的敌军虽发现了中国守军冲出城外，但只以火力射击，未敢下城追击，因此这支两三百人的突围部队，得以安全地撤退到后方。日军则占领了四面城墙和所有城门、城角，在城内的失去指挥、失掉联系的各自为战的中国守军，无法突围出城，坚持与敌对抗，彻夜枪声未停。

18日天明之后，日军进入市内，散在市内的中国守军战士，逐街、逐巷、逐屋与敌拼杀，直至流尽最后一滴血，无一人放下武装，无一人投降，全部为国捐躯。城内300多名重伤员，以手榴弹互炸殉城。至18日午前，城内枪声完全停止，日军完全占领了滕县城。

滕县保卫战，川军谱写了一曲悲壮的爱国之歌，为川军在国人面前树立了新形象。该役第41军守城部队自王铭章以下伤亡5000多人，在外围正面作战的第45军自第127师师长陈离（负伤）以下伤亡4000多人。共毙敌2000余人。虽然滕县最终失陷，但王铭章誓死捍卫中国领土、以死报国的精神是不朽的。王铭章率领所部坚守滕县，李宗仁后来给予了高度评价："若无滕县之死守，焉有台儿庄之大捷；是台儿庄之战果，实滕县先烈造成之也。"①

王铭章以死报国、为国捐躯，激励了广大将士奋勇抗敌，感召了后来者的爱国热情。

王铭章，字之钟，四川新都泰兴场人。四川陆军军官学校第三期步兵科毕业，在川军中历任排、连、营、团、旅、师长等职。抗战爆发后，川军爱国将领纷纷请缨抗战。王铭章时任孙震部第41军第122师中将师长，他也积极请求率部开赴抗战前线对日作战。川军受命出川抗战，王铭章师被编为出川抗战部队的战斗序列（初为第2路预备军，后为第22集团军），王铭章非常高兴和激动，他在1937年9月12日于德阳驻地举行的誓师大会上，慷慨陈词，表示要用热血报国的具体行动，来赎回20年来参与内战的罪愆②。第22集团军奉命开赴山西战场，王铭章师为前卫部队，他号召所部官兵要"受命不辱，临危不苟，负伤不退，被俘不屈"。

---

① 《国民党抗战殉国将领》，河南人民出版社1987年版，第121页。
② 《国民党抗战殉国将领》，河南人民出版社1987年版，第115、118页。

娘子关之役结束后，王铭章第122师两个旅四个团缩编为两个团（旅的番号仍然保留），武器装备极其落后。奉命开赴津浦战场后，王部同仇敌忾，为保卫祖国山河，与敌浴血奋战，非常顽强。正如王本人所说："我们身为军人，牺牲原为天职，现在只有牺牲一切以完成任务，虽不剩一兵一卒，亦无怨尤。"①

在滕县守卫战中，王铭章实践了自己"城存与存，城亡与亡"的誓言，把自己的宝贵生命，献给了伟大的抗战事

当时关于滕县保卫战及王铭章殉国宣传画报

业。王铭章时年45岁。王的灵柩运到武汉时，6000多人到车站迎灵。武汉市举行了隆重的公祭仪式和追悼会。追悼会会场上挂着蒋介石送的横匾："民族光荣"；中共中央领导人毛泽东、吴玉章、董必武也送了挽联："奋战守孤城视死如归是革命军人本色；决心歼强敌以身殉国为中华民族争光。"《新华日报》代表吴克坚在悼词中说："王师长是我们炎黄的优秀子孙，是保国卫民的英勇战士，是中国的模范军人，他的死为国家、为民族、为全中国人民，他的功名将永垂史册，他的精神将永远不死！"王铭章的灵柩经武汉、重庆、成都运回其家乡新都，沿途民众纷纷举行悼念、祭奠活动。不久，国民政府追赠王铭章为陆军上将。

---

① 《国民党抗战殉国将领》，河南人民出版社1987年版，第115、118页。

第四节　台儿庄大战

一、兵聚鲁南

3月17日，日军发起对滕县最后攻击的同时，分兵一部向临城、沙沟方向进攻。汤恩伯向李宗仁报告：南下敌军"共约步兵七千、炮兵三十余门、战车五十余辆"。① 实际日军担负南进任务的部队是第63联队，先在南沙河阻击中国援救滕县之兵。汤恩伯部先头部队到达临城附近后，即奉命北上增援滕县，与占领南沙河的敌军发生激战，一直未能突破敌军的阻击线，无法北上援救滕县。当南沙河一带的日军继续南进，直攻临城时，汤恩伯第20军团守临城及其在临城附近的部队，与日军接火，组织了抵抗，但作战不力，临城于17日晚便陷落敌手。

汤恩伯致电蒋介石，对该部北上以来的"战斗经过情形"作了如下总结性的汇报："删（15）日奉钧座电令，推进津浦北段，相机出击。遂令各部于当日由商、亳分别开拔。职亦于铣（16）日先行赶到铜山。当时所得情报，龙山、滕县、大坞村一带，有我孙震部占领，故令王（仲廉）（85）军集结临城，追职于铣（16）晚抵临城，晤孙副司令（孙震），始知所得情报，与实际状况完全不同，除滕县县城有少数部队驻守外，其他各处已一律放弃，正面完全空虚。当时深恐被敌长驱直入，直取徐州，并在我尚未集中前企图各个击破，情况颇为险恶。当晚即令王军先头部队，在官桥一带占领阵地，并派一部筱（17）晨由虎山、龙山向滕县东北东沙河桑村之线攻击前进，以牵制敌人之南下，并掩护关（麟征）（52）军之集中。迄筱（17）辰（8时左右），敌果不出我意料，分两路沿铁路正面及

---

① 《李宗仁致蒋介石密电（1938年3月18日）》，《抗日战争正面战场》（上），第573页。

其以西地区向我阵地猛攻，并迂回向临城挺进，当时王军尚未全部到达，且临城附近地形开阔，无可利用，当经该军猛力抵抗，故双方伤亡均大。本拟即率该军向北挺进，直驱两下店，挽回战局，以各部士气之旺盛，当可予敌以彻底打击，乃因关军尚未到达，铜山附近防务空虚，故令王军暂时占领临城东南高地，并派有力之一部进出山口、枣庄之线，以策关军集中及铜山之安全。筱（17）晚关军郑（洞国）（2）师之邓旅到达，即令在沙沟（临城之南运河北岸）附近王军左翼占领阵地。巧（18）辰（8时左右），敌复向王军张（雪中）（89）师及郑师邓旅阵地猛烈攻击，激战终日，张师及邓旅阵地被敌突破，伤亡甚大。巧日郑师全部到达，即令在韩庄沿运河布防，当时判断敌之企图，似有袭取峄县、台儿庄，威胁铜山之企图，当令王军东进，占领峄县东北及西南一带高地，以便尔后之出击。皓（19）辰敌果来犯，与我王军陈（大庆）（4）师激战一昼夜，彼我伤亡均大，刻仍在对峙中。关军张（耀明）（25）师昨（皓，即19日）晚始全部到达，已令向台庄移动。"①

汤恩伯所报告的"战斗情形"基本符合事实，但有意淡化了战斗不力，着意强调客观困难和友军力有未逮，意在推卸临城、沙沟失守之责。汤军团当时确实尚未全部到达前线，已到部队刚抵前线便投入战斗，立足未稳，准备不充分，守住临城似不可能。

但是，王铭章的寡兵孤军守滕县尚且坚持了四天多时间，汤部在临城及其附近的部队，实力远在王铭章部之上，临城却在一天之内便丢掉了，不能不说作战有些不力。

当滕县、临城吃紧，徐州正面危急时，统帅部继续向第五战区增兵，把第一战区部队孙连仲的第2集团军从河南洛阳、郑州调往徐州。

孙连仲，河北雄县人，行伍出身。原为西北军冯玉祥的得力部将，中原大战西北军失败后依附蒋介石，蒋对其备加笼络，遂决意追随蒋效力，

---

① 《汤恩伯致蒋介石密电（1938年3月20日）》，《抗日战争正面战场》（上），第580页。

渐渐受到蒋的信任和重用。"卢沟桥事变"爆发后,孙连仲奉命率部由驻地河南信阳、确山一带北上,以作第29军之后援。随即,孙以第2集团军副总司令(总司令刘峙)兼第1军团司令的身份,率部参加了平汉路正面的抵抗和娘子关战役。孙连仲抗战热情高涨,全力督部参战,部队伤亡严重。娘子关战役结束后不久,孙部经晋南开赴河南。第2集团军总司令刘峙因平汉路抗敌作战不力,被蒋介石撤职,由孙连仲代之。但所辖部队,仍为孙连仲原有部队,名义上两个军,实际兵力只有三个师。

孙连仲接到增援第五战区的命令后,立即命令所属部队从现地出发,奔赴徐州,听候第五战区调遣。其先头部队第31师师长池峰城附独立第44旅于19日夜到达徐州,第31师部队未下火车即奉李宗仁之命直接开赴"台枣路之宿羊山站下车","在沂塘以北附近集结,暂归关(麟征)军长指挥,准备接替25师之河防,另附之44旅在铜山控置"①。

另据时任第31师副师长屈伸的回忆:该部"20日凌晨到达车辐山,即下达如下命令:'师主力集结于车辐山附近,以第186团接替台儿庄防务,第182团接替台儿庄北车站防务,独立第44旅接替顿庄闸至韩庄之守备任务。'后孙连仲总司令率第27师、第30师到达宿羊山车站"。②实际上第30师师长张金照到第五战区后,一开始是作为战区预备队使用的,"在徐州驻了三五天",后应孙连仲请求,调赴台儿庄方面,归还第2集团军建制。

与此同时,蒋介石3月19日电令驻防曹县的第3集团军代总司令孙桐萱、驻防城武的第55军军长曹福林,立即率部"神速行动袭敌侧背策应正面之作战,以期各方面确切协同,一举聚歼敌人,挽回国军全盘之战势"③。

3月19日,临城以南的沙沟丢失之后,汤恩伯部第52军第2师当晚"撤至韩庄附近运河南岸占领阵地"④,"扼守六十子至韩庄间运河南岸",与

---

① 《李宗仁致蒋介石密电(1938年3月20日)》,《抗日战争正面战场》(上),第579页。
② 屈伸:《台儿庄大战纪实》,载《徐州会战》,第187-188页。
③ 《蒋介石致孙连仲等密电(1938年3月19日)》,《抗日战争正面战场》(上),第575页。
④ 《李宗仁致蒋介石密电(1938年3月20日)》,《抗日战争正面战场》(上),第578-579页。

各路大军向鲁南集中，参加会战

孙连仲（中）与李宗仁（左）、卫立煌（右）在一起

日军"隔河炮战"。"第25师一部在台儿庄至六十子间担任警戒，主力控制于郭凹、马安、梁湘一带准备乘敌半渡猛击之。"①日军一部沿临（城）枣（庄）支线攻击前进，19日晚占领了峄县。汤部"第85军之第4师在峄县东北端高地准备侧击敌人。89师主力在峄县西南之黄山与敌对峙，一部已到台儿庄之西北附近，阻止敌之东窜及南窜"。②

而此时的临沂战场，捷报频传，取得击退日军第5师团进攻的"第一次大捷"。根据敌我双方态势，第五战区司令长官部迅即作出作战部署。据3月21日18时李宗仁致蒋介石等人的电报，其作战命令如下：

（1）临城、峄县、韩庄间之敌约步兵三联队、骑兵一联队、炮兵一联队、坦克五六十辆，自14日以来在界河、滕县、南沙河及临枣各地与我邓集团及王军激战。现分部南进，已达韩庄及峄县附近，其主力似尚在临城。

（2）战区以收复鲁中广大地域之目的，以一部在运河之线取攻势防御态势，以主力由峄县东南方及东北方山地侧击南下之敌，聚歼于临枣支路与韩庄运河间地区。

（3）各部队之部署及任务如左：（甲）汤（恩伯）军团（欠110师）

---

① 《汤恩伯致蒋介石密电（1938年3月20日）》，《抗日战争正面战场》（上），第580页。
② 《李宗仁致蒋介石密电（1938年3月20日）》，《抗日战争正面战场》（上），第578-579页。

（及）新配属31师应集主力于峄县东侧及枣庄西北方焦山头附近一带山地，于3月20日拂晓全线开始攻击，务先击破峄枣之敌，向临城、沙沟两地附近侧击，压迫敌于微山湖东岸而歼灭之。其一部集结于台儿庄北方地区，准备对峄县及其西北地区协力于主力之作战。（乙）孙（连仲）集团（欠31师）（及）新配属110师，应以一部在侯新闸以西运河两岸防御，待机渡河北上，主力控置于贾汪附近及荆山茅村镇间。（丙）张（自忠）军（欠一旅）在费县集结整顿后，乘虚向滕县南北地区与由南阳镇附近渡河之第3集团（军）（孙桐萱部）部队呼应，截击南下或北退之敌，对泗水方面自行警戒。（丁）3集团军（欠51军）应超越济宁南北地区，再向兖州、邹县间及界河、官桥间，与张（自忠）军及临城以南之攻击部队呼应，袭击敌之侧背，并阻止敌之增援或截敌归路。（戊）庞（炳勋）军团（张军之一旅属之）迅速扫除汤头附近之敌后，以一部向莒县方向追击，主力集结于汤头附近布防，对沂水、蒙阴方面自行警戒，陆战队命归该军团之指挥。①

李宗仁调动投入第五战区北线作战的所有部队，试图在鲁南打一场大仗，作一篇歼灭日军的大文章。蒋介石于当日21时复电李宗仁并直接致电各部长官，决计"对津浦北段之敌""围攻聚歼之"。并对作战部署作了如下"修正"：

（1）汤（恩伯）军团进出运河后以约两师对峄县方面佯攻，以三师由峄县以东梯次迂回，求滕县以南亘峄县间敌之侧背攻击之。（2）张轸（110）师及独44旅归孙仿鲁（连仲）指挥，守备运河。（3）孙仿鲁部两师集结徐州待机。（4）张自忠军除以主力仍须与庞军团相协力肃清临沂当面残敌外，以约三至四团经泗水进出曲阜方面牵制敌人。（5）孙（桐萱）曹（福林）出击部队除以主力向邹县、两下店间地区挺进外，另以两团由汶上方面向肥城、大汶口挺进游击，限宥（26）日到达，准予悬赏。万一

---

① 《李宗仁致蒋介石等密电（1938年3月21日）》，《抗日战争正面战场》（上），第581页。

敌有增援队由济宁出击时，除守势部队竭力阻止外，其出击部队仍须在铁路线上游击，不得撤回运河西岸。①

日军第10师团第33旅团主力占领临城之后，旅团长濑谷启即兵分两路：一路由福荣真平第63联队的第1大队（缺一个中队）沿津浦路向韩庄挺进；一路由第2大队向峄县方向进攻。韩庄、峄县先后为敌军占领。3月20日，第10师团命令濑谷启占领和确保韩庄至台儿庄运河一线地区，担任临城与峄县的警备，派出一部兵力攻向沂州，协同第5师团作战。3月22日，濑谷启下达了进攻台儿庄及协同第5师团作战的命令：（1）第63联队之第1大队，担任韩庄附近之守备；（2）第63联队之第2大队，野炮兵一个大队，23日从峄县出发，占领和确保台儿庄及附近运河一线地区；（3）步兵第10联队主力，23日由临城出发攻向临沂，策应第10师团部队作战；（4）旅团主力集结于峄县附近。

22日下午，濑谷启接到日军航空兵的空中侦察报告：在微山湖上中国军队有约1250只的船队向湖东的夏镇等地进发（孙桐萱等部）。根据这一情况，濑谷启遂决定第10联队停止攻向临沂，旅团主力暂不向峄县集中，仍留在临城地区，以应付新的情况。但向台儿庄进攻的部队任务不变。

3月23日晨，日军第63联队第2大队从峄县出发，沿铁路攻向台儿庄，途中与中国守军池峰城第31师遭遇，发生战斗。第31师奉命接防台儿庄，部队在车辐山附近集结后，作了如下部署：以骑兵连为前锋，向峄县搜索前进，以第183团"登峰队"为尖兵，在骑兵连后利用地形向前跃进，与骑兵连间距离视地形而定。以第183团第1营为前卫，在尖兵后跟进。第183团其他部队在前卫营后跟进。以第181团控制台儿庄，以第186团为台儿庄守备队，以第182团担任运河南岸警戒。骑兵连于3月23日向峄县"搜索前进"，正与由峄县出发向台儿庄挺进的敌军相遇，骑兵连与敌接触后，即向潘家庵撤退，敌军未跟踪追击，第31师遂令骑兵连在敌后灵活"游

---

① 《蒋介石致李宗仁等密电（1938年3月21日）》，《抗日战争正面战场》（上），第582页。

动"，侦察、袭扰敌人，迫不得已时可退往运河以南。

日军第63联队第2大队击退第31师骑兵连之后，即猛攻獐山第183团"登峰队"阵地。"登峰队"皆系惯战老兵，又占据有利地形，以逸待劳，沉着应战，狠狠地打击敌人。日军展开主力，并以骑兵、坦克袭击"登峰队"侧背，截断该部与后方的联络。日军集中炮火猛轰"登峰队"阵地，并随之发动异常猛烈的冲锋，"登峰队"100多名官兵几乎全部壮烈牺牲。

日军占领獐山之后，继续向前推进。在泥沟，遇到第31师第183团前卫营的抵抗，该部中国守军且战且退，黄昏时退至南洛，日军也跟进到距台儿庄西北约10公里的北洛。南洛由第181团构筑工事驻防，第183团退守该地以后，增强了南洛的防御能力。在前线指挥作战竟日的第31师师长池峰城和副师长屈伸回到车辐山师部之后，根据一天的战况和敌情判断：（1）敌以有力之一部，牵制汤恩伯军团，使之不能顺利南下，以主力部队对31师采取攻势，将31师击溃后，占领台儿庄，然后便可席卷运河防线或乘虚进窥徐州。（2）台儿庄是31师作战的轴心，轴心一失，攻防两个兵团就失去联系；汤恩伯军团后方联络线中断，也势难持久。台儿庄既为中国守军"要害之点"，敌军必将以尽可能多的兵力，攻夺台儿庄。第31师师长池峰城遂决定："我军为今之计，应确保台儿庄及北车站之安全，互为犄角，坚决顶住敌人的进攻，另以一旅兵力灵活作战，扰袭敌军，受敌压迫不得已时，可依赖台儿庄和北车站之掩护，撤退到运河南岸，以确保运河防线的安全。待汤恩伯军团回师后，转移攻势，包围夹击敌人而歼灭之。"①

汤恩伯第20军团第85军第89师，22日曾对峄县外围日军发动攻击。濑谷启23日得到有关中国军队动向的情报云：第20军团第85军之第4师、第89师，第52军之第2师、第25师已到达峄县以东地区，李宗仁已命令汤恩伯部在峄县东北方及北方的山区集结，24日开始攻击日军，意旨在于把韩庄、

---

① 屈伸：《台儿庄大战纪实》，载《徐州会战》，第190页。

临城一带日军压迫并消灭在微山湖东岸地区。据此，濑谷启决定把旅团主力集结于临城和峄县，以应付汤恩伯部队的进攻；向临沂方面只能派出一个大队的兵力增援；进攻台儿庄的任务和兵力则不变。随即濑谷启向所部发出命令：（1）第10联队第2大队，24日由临城出发攻向临沂，以策应第5师团第21旅团作战。（2）第10联队（缺第2大队）一部位于韩庄附近，以确保大运河一线地区；主力集结于临城。（3）第63联队（缺一个大队）一部确保台儿庄附近之大运河一线地区；主力集结于峄县。（4）旅团司令部及直属部队位于枣庄附近。

日军进攻中国守军阵地，大多有空军配合作战，而中国守军地面部队，没有或很少有专门用于防空的武器装备，中国空军力量极弱，由统帅部统一掌握，没有配备到各战区，大多数战役和战斗，空军无法支援地面部队。这样一来，敌机更加肆无忌惮，常常在中国守军阵地上低空盘旋，轰炸扫射。轰炸中国守军后方的战略目标，也如入无人之境，恣意妄行。尽管敌机与敌炮比较起来，敌军大炮阵前攻击，给中国守军造成的伤亡更大，威胁也更大，但敌机在中国守军阵地和后方要地上空飞行轰炸，敌机低飞的程度使中国战士、民众仰脸即可看清敌飞行员的张狂面孔，且几乎每次骚扰都如入无人之境。这使中国军民感到愤怒和惊慌，尤其对前方将士，造成很大的心理压力，其心理威慑程度远远超过敌炮。日军飞机在津浦北段战事中，逞尽了疯狂，还经常轰炸第五战区所在地徐州。李宗仁为了鼓舞守军士气，要求统帅部派空军给予支援。李宗仁了解中国空军的实力，他未抱更高奢望，既不要求空军保卫第五战区指挥中心徐州，也不要求空军长期配合陆军作战，只要求空军飞机在前线敌方阵地上空转几圈，投几枚炸弹，然后向中国守军阵地上空低空飞行一趟，使中国守军官兵亲眼看见中国飞机支援，借以鼓舞士气。原李宗仁经建的广西空军，抗战爆发后不久改编为国民政府中央空军第3大队，辖第7、第8、第32等三个驱逐机中队和第304独立轰炸机中队。应李宗仁的请求，统帅部决定派第7、第8中队支援鲁南战场。该两中队均为驱逐机中队，没有携带炸弹的装置，经机械人员设计改装，在飞机两翼下临时各安装一套炸弹架，可携带8公斤炸弹8枚。因飞机油量有限，第7中队从孝感基地、第8中队从信阳基地起飞不能往返徐州前线，乃选定驻马店机场为中间站，以归德机场为起飞站，进行了必要的准备工作。

第7、第8飞行中队皆原广西空军，抗战情绪高涨，尤其支援李宗仁的第五战区作战，积极性更高。3月中旬，两支飞行中队每队出动9架飞机，对兖州、邹县、滕县的敌军阵地，进行了一次出敌意料的轰炸，给敌军阵地造成一定杀伤和极大混乱。投弹完毕，各架飞机相继低飞通过中国守军阵地上空，并缓缓摆动机翼，向地面部队致意。地面部队识辨出是自己的飞机，纷纷跳出战壕，欢呼雀跃，士气为之大振。当该两飞行中队飞回归德机场时，遇到敌机的拦截，发生大空战，中国飞机损失惨重。

3月24日，第7、第8飞行中队再次利用归德机场，又出动9架飞机，负责空中警戒，配合由河南周家口机场起飞的两个轰炸机中队，轰炸了韩庄、峄城、枣庄一带的日军阵地和日军行进中的部队。苏联志愿队也使用开封、砀山机场起飞配合作战。这次轰炸给日军造成一定伤亡，并逼使一架日机坠地焚毁。但当各参战飞机返航接近基地、油料即将用尽之时，再次遇到敌机的拦截，发生空战，双方都有相当大的伤亡。驱逐机、轰炸机中队及苏联志愿队，都有较大损伤。为支援鲁南地区作战，空军付出了沉重代价。

3月24日拂晓，进攻台儿庄的敌第63联队第2大队，继续向台儿庄逼近。当晚，该部敌军推进到台儿庄附近，炮兵轰塌了台儿庄东北方的寨墙，一部日军由此缺口突入到台儿庄内。中国守军第31师部队奋起反击，激战一夜，终将敌军击退。敌军退出台儿庄后，即在台儿庄以北附近地区构筑工事，以防中国守军的继续反击，并为再次进攻台儿庄作准备。

二、国共协力

鲁南战场，成为正面抗战的主战场。鲁南战场的胜败和进展，对下一阶段的抗战关系至关重大。为视察、部署、督导鲁南战场的作战，鼓舞前线将士的抗战士气，最高统帅军委会委员长蒋介石，率副总参谋长白崇禧、军令部次长林蔚等到达徐州，蒋介石等还在李宗仁陪同下，视察了部分前线。蒋介石亲临前线视察，大大鼓舞了第五战区广大将士的士气，更加坚定了李宗仁在鲁南组织会战、歼灭敌人的信心。同时，蒋介石对第五战区的战略意图、敌军动向、战局状况更加了解，并就近审查、指导第五战区鲁南地区作战计划，直接了解中国守军兵力、装备情况，以便积极组织后援。蒋介石与李宗仁等人一起对第五战区当前及今后作战态势进行了认真研究，并交代了有关作战方针，还把李宗仁的老搭档白崇禧和林蔚等人留在第五战区，与先前已来第五战区的军令部第一厅厅长刘斐等人组成参谋团，协助李宗仁和第五战区组织、策划作战。李宗仁、白崇禧等人当日即视察了台儿庄前线。蒋介石决定继续向第五战区增兵，同时为巩固第五战区后方，把武汉附近的黄杰、桂永清、俞济时、宋希濂、李汉魂各军抽调至豫东归德、兰封一带驻防，以作第五战区后援。还把杜聿明的第200师已完成装备的炮兵第52团冯尔骏部三个营及师直属步兵炮营佟大芳营，

蒋介石到徐州前线视察

蒋介石召见彭德怀

共计四个营,每营有37辆战车,防御炮18门,配属第五战区参战。

以国共合作为基础的抗日民族统一战线,是中华民族抗日战争的伟大旗帜。在这面旗帜下,中国各党派、各军队、各民族、各爱国人士,同仇敌忾,共赴国难。抗战爆发之后,国民党、共产党及地方实力派的军队纷纷开赴抗日前线,由国民政府最高统帅部统一划分战区,统一部署对日作战。徐州会战,由最高统帅部决策,由第五战区策划和指挥,主要由国民党军队及地方实力派军队担负作战任务,但中共党人也尽心尽力地为之献计献策献力。

中共领导人毛泽东,早在1936年7月与美国记者斯诺谈话时,就对中日战争形势作了估计,提出:"我们的战略方针,应该是使用我们的主力在很长的变动不定的战线上作战。中国军队要胜利,必须在广阔的战场上进行高度的运动战,迅速地前进和迅速地后退,迅速地集中和迅速地分散。这就是大规模的运动战,而不是深沟高垒、层层设防、专靠防御工事的阵地战。这并不是说要放弃一切重要的军事地点,对于这些地点,只要有利,就应配置阵地战。但是,转换全局的战略方针,必然要是运动战。阵地战虽也必需,但是属于辅助性质的第二种的方针。"[1]国民党的一些高级将领,如李宗仁、白崇禧、冯玉祥、张学良、蔡廷锴等人,也有类似看法,对毛泽东提出的战略方针"普遍赞成"。[2]

抗战初期正面战场上的被动挨打、丧师失地,促使中国的有识之士对抗战的"打法"进行了反思。共产党人提出大量正确主张和有益建议,国民党人从最高统帅蒋介石到各参战高级将领,也对初期抗战进行反思和总结,主动并自觉地修正战略战术。如1937年12月13日军事委员会制定的《第三期作战计划》明确指出其"方针"是:"国军以确保武汉为核心,持久抗战,争取最后胜利之目的,应以各战区为外廓,发动广大游击

---

[1] 《毛泽东选集》(合订本),人民出版社1967年版,第412-413页。

[2] [美]埃德加·斯诺:《西行漫记》,人民出版社1979年版,第85页。

战。"并进一步提出,"现在我军战法,应于硬性之外,参以柔性,务在交通要线上,纵深配置有力部队,使任正面阻止战斗。同时组织训练民众,使连(联)合军队,共同施行游击,以牵制扰乱破坏敌之后方,前后呼应,敌攻我正面,则游击队由各方进击,如攻我游击队,则不与决战,使其前进迟滞。"①

1938年2月,徐州会战已经打响,蒋介石在武汉部署徐州会战时,曾召见共产党人、八路军副总指挥彭德怀,询问"是否可以在青纱帐起时派队袭击津浦线,声援徐州会战"?彭当即回答:"为了配合徐州会战,不待青纱帐起即当派队前往!"②3、4月间,八路军派出强有力的支队、纵队,向河北、鲁北平原挺进,在津浦路北端、平汉路北段展开游击战,威胁日军后方安全,牵制敌军一时无法派出更多的兵力投入鲁南战场,参加徐州会战。而且后方交通线经常受到袭击,也严重影响了日军运送军队和军需物资。八路军的敌后游击战,无疑配合了正面战场的徐州会战。

1938年3月,蒋介石率白崇禧等人视察徐州战场,动身之前,白崇禧把在武汉的中共代表周恩来、叶剑英请到寓所,"请教"对敌作战方略。周恩来建议道:在津浦路南段,中国守军应以运动战为主,组织有力部队,"运动于淮河流域,威胁日军,使其不敢贸然北进。在徐州以北,必须采取阵地战与运动战相结合的方针,守点打援,以达到各个击破敌军的目的"③。白崇禧随同蒋介石到第五战区视察,白留在第五战区协同李宗仁指挥作战。随后,周恩来、叶剑英又派张爱萍以八路军代表的名义去徐州拜访李宗仁,劝李宗仁在济南以南、徐州以北同日军打一仗。

周恩来告诉张爱萍:"曾同白崇禧谈过此事,现派你再直接向李宗仁做工作。"张爱萍向李宗仁讲了几条:一是日本侵略军占领济南后南下,几乎是长驱直入,非常嚣张,骄兵必败,而且还是孤军深入;二是济南以

---

① 《军事委员会第三期作战计划(1937年12月13日)》,《抗日战争正面战场》(上),第18页。
② 《群众周刊》第3卷,第246页。
③ 程思远:《政坛回忆》,广西人民出版社,第116页。

南、徐州以北的地形很好，台儿庄、张庄一带都是山区，地形对我有利；三是广西军队是有战斗力的，北边有八路军在战略上的配合，应该在这样有利的地形和敌情下，集中兵力，打一个大仗，既可给日军一次沉重的打击，又可以提高广西军队在整个民众中，特别是在国民党中的威信。张爱萍开始讲的时候，李宗仁一直在沉思，谈到最后他高兴起来了，表示这个意见很好[①]。应当说共产党人的有关见解和建议，许多地方正与李宗仁、白崇禧不谋而合，李、白吸收其意见便也顺理成章。

最高统帅部和第五战区司令长官部根据战局发展的状况（徐州会战南线战场敌军被中国守军"游击"所吸着，暂时无力北上；北线战场敌军被阻遏在临沂和枣、台两个战场，无法会合，而中国守军已集结了相当兵力），并顺应有识之士关于在鲁南打一场大仗，打一个大胜仗，以振军威，以振民心的意愿，决定在鲁南地区把握战机，打一场硬仗。

3月25日拂晓，汤恩伯部第85军在枣庄、郭里集，第52军在峄县等地发动攻击，包围了在郭里集准备去临沂增援的敌第10联队第2大队。濑谷启遂决定取消该大队支援临沂的计划，以便在枣庄以东的郭里集一带集中兵力与汤军团决战。

敌第5师团被胶着在临沂一线，无法脱身南下；第10师团一部已挺进到台儿庄、枣庄一带，欲分兵北上支援临沂战场而不能，被吸引在临、枣、台一线，一时无法摆脱。濑谷启旅团便集中主力，试图在枣、台地区与中国军队展开决战。这股孤军深入之敌，并未意识到自己的危险处境，却依然骄狂，高估了自己的力量，低估了中国守军的力量，计划一举消灭中国守军，"踏平"枣、台，直逼运河，以独占进兵之功。

大战，势在必发。敌军骄横，复又困兽犹斗，这将是一场恶战。

---

① 访问张爱萍谈话记录，1987年6月。见金冲及主编《周恩来传》，人民出版社、中央文献出版社1989年版，第411页。

三、大战台儿庄

台儿庄在峄县东南,紧靠大运河向西拐弯处的北岸,既是运河水运码头,又是沟通津浦铁路和陇海铁路联络的临(城)、枣(庄)、台(儿庄)铁路支线与台(儿庄)赵(墩)铁路支线的连接点,还是潍(坊)台(儿庄)和运(河)台(儿庄)公路的交汇处。台儿庄位于徐州东北方,二者间的距离仅60多公里,称得上徐州的门户。台儿庄的特殊地理位置,使之在军事上具有重要地位。

当孙连仲的第2集团军池峰城第31师刚到第五战区时,李宗仁便将其调到台儿庄方面,担任防卫。李宗仁已充分注意到台儿庄的重要地位,孙集团军以善于防守著称,调孙部防守台儿庄,意在坚守台儿庄。当时李宗仁已有"作战腹案",即"相机着汤军团让开津浦路正面,诱敌深入"。李宗仁"判断以敌军之骄狂,矶谷师团长一定不待蚌埠方面援军北进呼应,便直扑台儿庄,以期一举而下徐州,夺取打通津浦路的首功",于是便决定"利用敌将此种心理,设成圈套,请君入瓮。待我方守军在台儿庄发挥防御战至高效能之时,即令汤集团潜行南下,拊敌之背,包围而歼灭之"。①

日军占领滕县后沿铁路线南下,汤恩伯部在津浦线上与敌作间断而微弱的抵抗后,即陆续让开正面,主力退入抱犊岗东南的山区,伺机歼敌。敌军循临枣支线而下,未捕捉到汤军团主力进行决战,派出一部直扑台儿庄。

台儿庄东、西、北三面周围有4公里左右的较为坚实的寨墙,并有寨门多处,利于中国守军设防。台儿庄西面寨墙外不远的运河北岸,是台儿庄火车站,车站房屋设施,可资利用以建立阻敌进攻的支撑点。从台儿庄向西至微山湖边韩庄约40公里的大运河,以及该段运河南岸的燕子埠、汴

---

① 《李宗仁回忆录》(下),第730页。

塘、涧头、张山子、贾汪、青山泉、柳泉一线，构成徐州以北及东北外围地区的双重屏障，台儿庄则是这一防线的东北端点，是整个防线的重要环节。第31师开赴台儿庄地区之后，立即构筑工事，作坚守之准备。3月23日，第31师开始与敌接触，24日便与敌发生激战，把突入到台儿庄内的敌军逐出庄外，这便揭开了台儿庄大战的帷幕。

在台儿庄作战中，李宗仁始终把第五战区主力置于鲁南山区的枣庄、峄县、临沂地区，并对敌发起连续攻击，使临沂与枣庄、台儿庄的敌军无法会合。对台儿庄的正面，则以重兵防守，由第2集团军总司令孙连仲统一指挥。孙连仲的部署是：第31师池峰城部，防守台儿庄城厢一带；第27师黄樵松部，防守台儿庄城外右翼地区；原打算作为战区总预备队使用的第30师张金照部，归还建制后防守台儿庄城外左翼一带；独立第44旅吴鹏举部，以一团负责运河南岸顿河闸至万年闸防务，另一团为集团军总部预备队；第30军军长田镇南、第42军军长冯安邦，各就指挥位置；第2集团军总部指挥所设在台儿庄南车辐山车站。第五战区另将25日到达的第110师张轸部拨归孙连仲指挥，张部担任运河南岸万年闸至韩庄的防务。

李宗仁等第五战区高级将领曾于3月24日亲临车辐山车站第2集团军总部视察，了解台儿庄方面的防务情况。李宗仁等人离开之后，孙连仲把第2集团军总部推进到距台儿庄仅2.5公里左右的台儿庄西的一个小村庄内。此村在敌炮射程之内，炮弹时常落在村头，孙连仲等总部指挥官和参谋人员不为所动，照常指挥作战。该小村不起眼，总部设于此一直未被敌人发现。按当时规定，集团军总部位置应设在距第一线20公里处，而孙连仲把总部设在距火线不足3公里之处，等于设在了第一线，足见他的抗战决心和勇气。就近指挥，有利于把握战局；指挥员的沉着、勇敢，是赢得战争胜利不可或缺的重要条件。

日军第63联队第2大队3月24日进攻台儿庄，与中国守军第31师激战一夜，突入台儿庄后又被赶出，伤亡较大，且弹药消耗较多，撤到台儿庄北碉楼附近后，等待增援，并作再次进攻的准备。25日晨开始，汤恩伯部向

孙连仲、田镇南与池峰城在台儿庄前线

增援部队奔赴台儿庄

枣庄附近之敌发起反击,敌33旅团已没有多少机动部队,仅抽调了约两个步兵中队附两门重炮,增援台儿庄。

与此同时,第31师于25日晨也开始出击。第185团王郁彬部主动攻击进逼南洛的日军,当该团行至刘家湖时,发现敌军10余门大炮正向台儿庄轰击,第3营营长高鸿立便率全营官兵扑向敌炮兵阵地。日军为保住大炮,以20多辆坦克掩护五六百名步兵向第3营反冲锋。185团团长王郁彬急率第1、2两营增援第3营,双方展开激战,血战两昼夜,中国守军以血肉之躯与敌军大炮、坦克相拼,至死不退。该团两名营长阵亡,团长王郁彬和营长高鸿立负伤,全团伤亡惨重。在第31师的攻击下,台儿庄当面之敌"分向东及东北溃退。残留台儿庄以北之碉楼者尚存有百余人,正包围解决中"。孙连仲"另派27师一团在铁道右侧向红瓦屋屯追击前进,并与关军取得联络。31师181团在铁路左侧向獐山头追击前进"[1]。

日军向台儿庄增援的两个中队,于25日傍晚到达台儿庄以北,立即遭到第31师的攻击。26日凌晨2时,进攻台儿庄的敌军再次向濑谷启发出求援电报。濑谷启同时接到第10师团师团长矶谷廉介的命令,要求他对台儿庄进行果断攻击。于是,濑谷启决定由第63联队联队长福荣真平率仅有的第3

---

[1] 《李宗仁致蒋介石等密电(1938年3月25日)》,《抗日战争正面战场》(上),第587—588页。

大队前往台儿庄增援。该部敌军27日8时从峄县出发，17时20分到达台儿庄以北约4公里的刘家湖。当天早晨，濑谷启本已决定将第10联队也派往台儿庄，因汤军团在枣庄附近继续攻击日军，濑谷启被迫改变决定，令赤柴八重藏的第10联队暂不去台儿庄，到郭里集附近集结，以对付汤军团。

据汤恩伯27日6时致李宗仁的电报，汤军团的作战情况是："关军第2师（即关麟征第52军郑洞国第2师）由黄山、马山向次城、郭里集一带，王军（即王仲廉第85军）第4师由卓山向枣庄及东南地区猛烈攻击，激战达旦，毙敌甚多，枣庄已由第4师完全占领焚烧。敌由临城方面又增加约千人，刻正在枣庄东南地区对峙中。"①

日军增援台儿庄的福荣真平所率第3大队尚在行军途中时，已在台儿庄附近的第2大队便再次发起对台儿庄的攻击，中国守军孙连仲部继续对敌反击。据孙连仲27日12时致李宗仁的电报，孙部战斗情况如下："（1）27师今晨5时开始，7时已进孟庄、邵庄、裴庄、岔路口，（以上档案原文如此）10时进占潘坠、枣庄、孙庄、刘家湖。敌战车往返冲击，激战甚烈。我伤亡团副八员，连长以下伤亡两三百名。刻该师黄（79）旅向西，侯（80）旅向南压迫夹击中。（2）台儿庄以北敌人因受第27师压迫及31师出击，仍集中炮火向台儿庄猛攻，企图占领该庄。9时敌机11架在台空助战，北寨门毁，敌步兵200余由破口冲入，我守寨（王）团及工兵营奋勇与敌巷战，卒将侵入敌人大部解决。刻台儿庄仍在我手中。但我已占领各村庄中尚有少数敌人占据碉堡相抗。"②

3月24日白崇禧视察台儿庄前线时，发现孙集团军缺乏炮兵，为加强台儿庄守军的防御攻击力量，当晚第五战区即派炮兵第7团团长张广厚率炮兵一营赶到台儿庄，协助第31师作战，并归第31师指挥。该营配备了沈阳造仿克鲁伯七五野炮10门，各炮配附炮弹数十发。该营到达台儿庄向第31

---

① 《李宗仁致蒋介石等密电（1938年3月27日15时）》，《抗日战争正面战场》（上），592页。
② 《李宗仁致蒋介石等密电（1938年3月27日18时）》，《抗日战争正面战场》（上），573页。

师报到之后,奉命在台儿庄运河南岸东西二三公里内,分三连为三个炮兵群,构筑相互隔离的隐蔽阵地。并把观测所设在南车站站房三楼上,由第31师副师长屈伸"观察弹性指挥"。25日该营炮兵开始攻击敌阵,引起敌炮还击,作为观测指挥所的南车站站房被敌炮击中。

蒋介石调拨的杜聿明第200师炮兵部队到达第五战区以后,第五战区因大部分部队皆缺乏火炮,对这种新式战车防御炮更是见所未见,为加强各部火力,便把四个战防炮营分散使用,分别配属担当重要防御任务的部队协同作战。这样一来,使一些装备极差的部队拥有了新式火炮,但分割使用的结果是各部配属的新式战防炮作用极其有限,构不成强大火力,无法予敌以歼灭性打击。

3月26日,配属台儿庄守军孙集团军的一个战防炮兵营到达宿羊山车站,分配给第31师的一个连,立即占领阵地,构筑工事。该连只有两门大炮,但全是德国十五生的榴弹炮,附有十生的加农炮筒,是中国守军中最强大、最新式的野战重炮,射程达2万米以上,瞄准精确,且拥有现代化通信手段。该炮连部署就绪后,即投入对敌炮战。虽然数量上与敌炮相比居于劣势,但由于利用优越的条件和巧妙的战术,打得敌人"晕头转向,莫知所措,大大地鼓舞了我军的士气"[①]。配属第31师的炮兵,与敌军炮战10多日,曾重创敌人在刘家湖的炮兵运输汽车队,"敌车辆在溃退前被焚烧百余辆,人马遗尸掩埋数十处,尚有不及掩埋者。而我炮兵人马无一伤亡,炮无损毁"[②]。配属第30师、第27师及独立第44旅的战防炮,在战斗过程中也发挥了一定威力,尤其在打击敌军坦克、运输汽车和攻击性火力点方面,起了相当作用,有力地协助了步兵作战。步兵与战防炮兵"相依为命,作战协同较好",炮兵帮助步兵攻击敌阵、保卫己阵,步兵也"对战防炮掩护得很好"[③]。

---

① 屈伸:《台儿庄大战纪实》,载《徐州会战》,第192页。
② 屈伸:《台儿庄大战纪实》,载《徐州会战》,第192页。
③ 杜聿明:《台儿庄大战中的战车防御炮部队》,载《徐州会战》,第205-207页。

日军进攻台儿庄，从3月23日与孙集团军第31师开始接触，到27日，几次攻入台儿庄内，虽然都被中国守军赶出，但中国守军始终未把进抵台儿庄附近之敌肃清，敌军仍有一定攻击能力，不断发动新的攻势。日军濑谷启旅团苦于机动兵力的有限和在枣庄一带屡受汤恩伯部袭扰，无法对台儿庄大规模增兵。抵达台儿庄附近的日军，在数量上大大少于中国守军。为消灭这股日军，27日21时，李宗仁电令孙连仲："查台儿庄为徐州前方要地，又为汤军团后方联络要道，关系重要。据报该处附近敌人约一混成联队，我军兵力数倍于敌，早当解决，乃经几日战斗，台儿庄围子反被敌冲入一部，殊深诧异。着贵总司令负责严督所部，限于29日前将该敌肃清，勿得延缓，致误戎机为要。"①

孙连仲部守备台儿庄部队，虽数量上多于敌军，但装备上大大落后于敌，敌军除飞机配合外，火炮威力大大优于中国，而且配附有坦克参战，孙部既无坦克，又无平射炮，真是"以血肉之躯与敌方炮火坦克相搏斗，……诚所谓惊天地而泣鬼神"②。台儿庄是个拥有1000多户人家的"大村寨"，虽三面有寨墙，但面积狭小，回旋余地不大，且庄内没有可资利用于防守的地形和高大建筑物。台儿庄面积不大，决定了寨墙长度有限，日军集中攻击，又占火力优势，寨墙难免不被敌人攻破。而城内又无可资利用的地形和高大建筑物，要填补或堵住缺口非常困难，势必付出沉重代价。台儿庄内民房大都是用石块砌成，一旦敌人攻进，占据一屋即是一个碉堡，中国守军不容易反攻收复。反之，中国守军"至死不退"，与敌展开巷战，逐屋争夺，逐屋抵抗，敌军也不易扩大战果，每占领一屋一街，都须付出血的代价。正因为庄区面积狭小，敌军突入，中国守军死守不退，双方胶着，短兵相接，敌军的大炮、飞机也不易发挥威力。而且在这弹丸之地，双方攻防都无法投入更多、更密集的兵力。敌军每次突入庄

---

① 《李宗仁致蒋介石密电（1938年3月27日21时）》，《抗日战争正面战场》（上），第593页。
② 韦永成：《台儿庄胜利与孙连仲将军》，载《徐州会战》，第162页。

内，一开始时总是密集兵力，往往伤亡更大，27日开始，中日双方实际上已在台儿庄寨内展开了拉锯式肉搏战。

27日拂晓，敌炮便开始轰炸台儿庄和附近中国守军阵地。虽然中方炮兵尽力袭击敌炮兵阵地，压制敌炮火力，但因火炮少于敌方，无法扼制敌炮对台儿庄的轰击。早饭前后，敌军步兵在炮火掩护下，由北门突破中国守军防线。敌军重点攻击中国守军的大庙据点（26日的战斗中台儿庄北城墙已被敌轰毁，战前不易修复。中国守军把突入之敌打退之后，主力撤到大庙，城墙附近只留一部分兵力作为警戒），刚调入城内的第186团第3营（第1、2营已布防城内，分守东、西两半部，第3营原配备在西门外附近），立即对敌展开逆袭。该营第8连连长裴克先身先士卒，率部冲入敌阵，与敌展开肉搏，苦战到中午，第8连裴克先连长以下全部壮烈牺牲。第7、9两连全力反击，阻止敌人向纵深和左右发展。第31师随即调工兵营彭定一部冒着敌人炮火跑步进城，从西向东沿南部街坊，填补守军薄弱部分。

入夜，战况空前激烈，敌人轮番猛攻，城内一片混战局面。第186团王冠五团长为守城实战指挥，向池峰城师长电话报告，敌军距团指挥所只有五六公尺了，要求退却下来，转移阵地。池峰城一面说服王冠五要坚守阵地，一面咳嗽不止，大口吐血。副师长屈伸接过话筒，向王冠五发出命令："一定要顶住！台儿庄必须保住，即使成了火海，也不能退出，必要时不但我要去，师长也要去。民族战争，谁牺牲流血都义不容辞。"[①]王冠五明白了师首长的守城决心，便把生死置之度外，率部全力反击，终于稳住了阵脚。但未能将突入城内的敌人全部赶出城外，敌人在北门内附近盘踞，一时也无力扩大战果。

27日夜，行政专员兼保安司令李明扬率地方抗日武装进攻临城，袭扰敌人"后方阵线"。日军临城守备空虚，经几小时激战，李明扬部突入

---

① 屈伸：《台儿庄大战纪实》，《徐州会战》第193页。

城内，消灭日军一部，并焚烧了敌人的大量军用物资，弹药、粮秣等均起火，一直到第二天晚上仍能看到火光。28日晨敌军增兵赶到临城，李明扬率部退出转移。因毁敌辎重甚多，并袭扰了敌后方阵线，李明扬受到军令部"传谕嘉奖"①。

另据在第五战区协助指挥作战的军令部次长林蔚等致蒋介石等人的电报，"汤军团之关军全部感（27）晚由太平山、傅山、青山一带南进，协同孙军夹击台儿庄附近之敌。王军主力感（27）晚集结于向水泉、神山、猪山一带，并留一部占领卓山、黄山、马山一带高地，掩护关军侧背"②。

3月28日，日军福荣真平第63联队的两个步兵大队，再次对台儿庄发起进攻。该部敌军配属部队较多，有独立重机枪第10大队，轻装甲车第10中队，临时战车中队（12辆），野炮兵第10联队之第1大队，野战重炮兵第2联队之第1、第3大队，另附一个炮兵小队（15公分口径榴弹炮两门）、一个工兵小队等。炮兵大大增加，与步兵之比已超过一比一，而且有30辆左右战车加入战斗。

28日晨，第31师副师长屈伸到台儿庄城内火线视察，但见"前线战士及营连长以下军官，无不精神振奋，表现出与敌血战到底的英雄气概和坚定不移的必胜信念。他们在加紧修理自己阵地的缺陷及死角，调整部署，毫无连续残酷战斗后的疲倦精神"③。

早饭前后，日军发起猛烈进攻。敌军炮火猛烈，攻城部队还使用掷弹筒和步兵小炮，而台儿庄城内中国守军除几门迫击炮外，主要靠手榴弹消灭敌人。在敌人掷弹筒发射时，中国守军利用掩蔽部保护自己，等炸弹爆炸一停，便立即跳出掩蔽部，投掷手榴弹打击敌人，阻敌前进。待敌进入肉搏距离时，中国守军便蜂拥向前，连营长更是身先士卒，与敌展开肉搏，这支老西北军的"后裔"，便让敌人"品尝"了"大刀片"的厉害。

---

① 《军令部致李宗仁电稿（1938年3月30日）》，《抗日战争正面战场》（上），第600页。
② 《林蔚、刘斐致蒋介石等密电（1938年3月29日）》，《抗日战争正面战场》（上），第595页。
③ 屈伸：《台儿庄大战纪实》，《徐州会战》第194页。

在台儿庄指挥作战的第30军军长田镇南与第31师师长池峰城

在台儿庄指挥作战的第27师师长黄樵松

敌军每向前推进一座房屋，都要付出代价，都极其艰难。

孙连仲28日20时致电李宗仁，报告战况："（1）敌自感（27）日以后增援约4000余、炮20余门、战车三四十辆，与我27、31两师在台儿庄、刘家湖一带激战甚烈。俭（28）晨5时，第27师开始向刘家湖、园上、台儿庄东北附近地区敌人反复猛攻，敌恃占据碉楼及战车各七八辆，向我攻击部队阻击。我士兵均壮气精神猛扑，以致伤亡惨重。刻仍对峙中。（2）自晨至午，台儿庄北站当面之敌续有增加，向我攻击。我步、炮协力奋勇抗战，刻该站仍在我手中。（3）台儿庄西北城垣被敌炮攻毁数处，敌冲入一部，我31师守寨部队将此敌已大部解决。敌据碉顽抗并退据大庙内。"①池峰城28日夜向孙连仲报告："（一）敌于20时由台儿庄城西破口冲入三百余人，联合原在之敌与我复发生激战，城内一时混乱。经王师副师长冠五督队将新侵入之敌歼灭中。（二）刻令30师袁团长（176团）率兵两营进台儿庄，协力肃清城内之敌。职亦于斯时率手枪队入城整顿，已恢复今日20

---

① 《李宗仁致军令部密电（1938年3月29日14时）》，《抗日战争正面战场》（上），第595-596页。

时前状态。"①

林蔚等人的电报也说:"台儿庄北端之敌,俭(28)日与孙军激战终日,敌一部三四百人,窜入台儿庄一角,正聚歼中。连日击毁敌战车十余辆,夺获敌炮一门。"②

与此同时,汤军团方面也有战事。据汤恩伯3月29日的电报:"敌一部约二千余人,炮十余门,战车20余辆,昨(28日)乘我部队移动,向黄山、马山、周村一带我第4师第10旅阵地猛烈攻击,激战一昼夜,双方伤亡均大。迄本日午前9时,该敌一部仍向我周村附近攻击,大部向郭里集方面撤退。"③

28日晚,孙桐萱部展书堂第81师袭击大汶口敌军飞机场,焚毁敌机8架。当日,中国飞机9架,支持台儿庄中国守军,轰炸进攻台儿庄的敌军,炸毁敌坦克11辆,鼓舞了守军士气。

29日,日军继续攻击台儿庄。100多名日军曾突入西北城角,附有步兵平射炮两门,利用城角下中国守军的掩蔽部,疯狂攻击中国守军。中国守军组织反击,"城西部呈现一片混战局面",日军进展不大。同时,敌军猛攻北车站,被第31师守军奋勇击退。当夜,第31师守城部队对突入之敌展开反击。"官兵勇敢用命,冒最大牺牲,卒将城西北角盘踞之敌歼灭大半。残敌仍据要点顽抗。我康(法如)副(旅)长负伤,官兵伤亡三百余。刻城内之敌除西北城角少数外,东南半部仍为敌据。顷间官兵百余人义愤填胸,自告奋勇复仇歼寇,不成功即自杀以报国家,决不生还见我长官,悲壮激昂。"④第27师黄樵松部曾奉命于27日派第158团第3营副营长时尚彬率第7、第8连两连支援台儿庄守城,经两日激战,第8连伤亡殆尽,第

---

① 《李宗仁致军令部密电(1938年3月29日24时)》,《抗日战争正面战场》(上),第595-596页。
② 《林蔚、刘斐致蒋介石等密电(1938年3月29日)》,《抗日战争正面战场》(上),第595页。
③ 《汤恩伯致蒋介石密电(1938年3月29日)》,《抗日战争正面战场》(上),第596页。
④ 《李宗仁致军令部密电(1938年3月31日)》,《抗日战争正面战场》(上),第601-603页。

7连尚余57名官兵。29日夜,第7连连长王范堂请缨杀敌,以该连所余57名官兵组成敢死队,绕道敌侧,夹击盘踞西北角的敌军。在迫击炮和轻重机枪的火力掩护下,王连长率57名勇士,出台儿庄西门,在墙外集结。待炮火停止后,立即跑步沿墙根向北接近敌人盘踞点。待机枪停止扫射,立即从庄外越墙插入敌侧,向敌军展开突如其来的攻击,打了顽敌一个措手不及。然后与敌展开肉搏,经过一个多小时激战,敌人一部被歼,一部退却顽抗。第7连敢死队仅13人生还。

29日,担任台儿庄右翼防务的第27师从早晨3时开始攻击敌军,占领了园上、孟庄,仅有少数敌人据碉顽抗。第27师毙敌甚多,缴获敌炮一门,继续向邵庄、斐庄攻击。第27师迫击炮击中敌汽油库起火,敌军战车七八辆被迫向刘家湖移动,第27师部队乘势猛攻,一举占领邵庄。日军用燃烧弹向第27师占领的村庄密集射击,到处一片火海。日军又以战车协同步兵向第27师发起反击。配属给第27师的战车防御炮协同步兵攻击日军,击毁敌战车两辆。第30师(欠第89旅)沿铁路西侧渡河,切断敌军联络线,并侧击刘家湖敌军。独立第44旅奉命出击,晨5时到达龚庄、贾家口、大河崖之线后,7时开始向台儿庄以北的敌军展开攻击,猛攻三里庄之敌,毙敌甚多,并占领了三里庄。敌军以战车协同步、炮兵,由公路向独立第44旅左翼猛冲,该旅伤亡较大,三里庄复失。独立第44旅遂占据铁路沿线,准备继续反攻。

入夜,刘家湖一带日军附坦克18辆、重炮4门,在6架飞机配合下,反攻园上、邵庄、彭村,房舍皆中弹起火,烧毁殆尽,战斗异常激烈,但中国守军誓死不退,奋力反击,终将敌击退,打毁敌战车、装甲车各2辆。中国守军伤亡五六百人,被击毁山炮5门、战车炮1门。另一股敌人绕攻布防岔路口的中国守军,全村房屋多被焚毁,战况激烈。

汤恩伯军团决定"以先行歼灭台儿庄附近运河北岸敌人"为目标,于29日重新调整部署,由第52军军长关麟征指挥第4、第25两师及第2师一旅,于29日晚由女峰山经尚岩、兰陵镇向台儿庄沙凹攻击前进,协同孙集团军歼灭当面之敌。由第85军军长王仲廉指挥第89师及第2师（欠一旅），于29日晚确实占领平山、傅山、石城岗、青山、女峰山一带高地，向峄县佯攻，以牵制当面之敌，掩护关军之右侧背，并对临沂方面警戒。汤恩伯随关军到达四户镇指挥。

日军福荣真平部进攻台儿庄受阻，汤恩伯部又南下向台儿庄靠近，敌西尾寿造第2军根据这一战场态势，于29日令第5师团在临沂的坂本顺第21旅团暂停对临沂的进攻，急速向西绕过临沂南下增援台儿庄；并命令濑谷启旅团长亲率步兵第10联队至台儿庄，以扭转台儿庄正面战局。在临沂外围的坂本顺第21旅团，于当晚收缩战场，只留两个步兵大队在临沂附近就地坚持，其余四个步兵大队、两个野炮兵大队，于29日夜绕过临沂向台儿庄进发。30日晨，敌第33旅团长濑谷启率其第10联队与战车部队从峄县分两路攻向台儿庄，沿途遇到中国守军的连续阻击，进展缓慢。30日21时30分左右，该部敌军到达台儿庄以西约6公里的范口，遭到在该地布防的孙集团军第30师张金照部的有力阻击。

突入台儿庄内的敌军，知其援兵将至，在空军支援下，连续发动猛攻，中国守军利用民房、巷口、街道、院墙及工事奋力抵抗，勇猛杀敌，与敌军在庄内展开激烈的巷战、屋战、拉锯战。至"午后六时，孙部告急。台儿庄东西被敌包围，且街市敌人又突破第二防御线，有不支之势"①。池峰城师长急令第182团韩世俊团长派一排兵力，在西北角城外敌战车残骸附近利用地形伏击敌人，截断敌军城内外交通；又令第93旅旅长乜子彬整理第183团残部（仅一二百人），加强西门外防守。孙连仲也于当晚抽调第30师吴明林团增援台儿庄，该团第3营营长仵德厚立即挑选了40名精壮士兵组成敢死队，每人装备刺刀步枪、大刀片和4枚手榴弹，突袭进城参加恢复西北城角阵地的战斗，吴明林则率其余部队留在西门，归乜子彬指挥，准备策应城内作战。经过顽强拼杀，战至天明，终使战局稳定。

---

① 《李宗仁致蒋介石密电（1938年3月31日）》，《抗日战争正面战场》（上），第603页。

增援部队疾进，包围台儿庄之敌。

台儿庄频频告急，李宗仁于30日凌晨1时电令汤恩伯部南进，配合孙连仲部围歼台儿庄内及其附近的敌军，其命令如下：

（1）台儿庄附近之敌3000余人，重炮4门、野山炮若干，占据台儿庄北部及刘家湖、三里庄、南洛一带村庄顽强抵抗，我孙集团虽将该敌三面包围，但双方胶着对峙，一时不易歼灭该敌。（2）我军以先行扫荡台儿庄附近敌人之目的，赋予汤军团如下之任务：（甲）王军明（30）日应对峄县之敌佯攻，以牵制该方面之敌南下。但应保持由东向西之原方向。（乙）关军明（30）日应速向泥沟、北洛前进，到达该地后，以一部向南洛协助孙集团解决台儿庄附近之敌，以主力极力破坏铁路、公路，遮断峄县与台儿庄之联络，并与王军协同阻止峄县南下之敌。但王军应保持由东向西之原方向。（3）汤军团长应速向孙总司令密取联络。①

这一命令，与29日15时汤恩伯致电蒋介石呈报调整部署的精神基本一致，都是以先行歼灭台儿庄附近之敌为目标。但是汤恩伯在行动上总有些迟疑，担心台儿庄守不住，敌军可能比汤部先过运河南下；更担心临沂方

---

① 《李宗仁致蒋介石密电（1938年3月30日1时）》，《抗日战争正面战场》（上），第598页。

面的敌军南下抄其后背①。当关麟征第52军向台儿庄方向挺进时，一部与日军遭遇，发生激战，迟缓了推进速度，直至30日17时，关军尚未与孙集团军取得联络。当日20时，李宗仁再次向汤恩伯下达了命令：

  敌主力似南下，其一部绕出台儿庄东侧27师背后，另一部企图由万里闸方面渡河包围孙军后方。着贵军团长以一部监视峄县，亲率主力前进，协同孙军肃清台儿庄方面之敌。限世（31）日拂晓前到达，勿得延误为要。②

  30日下午，第52军郑洞国第2师攻占了北大窑，会同张耀明第25师第73旅向北洛敌军攻击，战斗激烈。31日上午，敌军向北洛增援，战斗更为激烈。第73旅乘北洛激战之机，攻向南洛，曾一度攻入南洛，在敌人增援反击下又退出南洛，至南洛东北端附近，向第2师靠拢。双方形成对峙。31日下午2时许，汤恩伯得报临沂方面增援台儿庄的敌军（第21旅团坂本顺部）前锋已抵向城，向兰陵方向开来。汤遂调整部署，以主力迎击南下之敌。

  3月31日，敌第63联队在台儿庄内的攻击仍无进展。敌第10师团遂调驻济宁的沼田多稼藏第39联队第1大队增援台儿庄，归第10联队长指挥。台儿庄外围的战斗，黄樵松第27师方面最为激烈。李宗仁再次"指定各军进攻目标：（甲）展书堂确占界首为根据，截断济泰、泰兖间铁道，张测民支队协同李明扬部攻占临城，向枣庄合围，限冬（2）日到达。（乙）孙连仲协同关军击破当面之敌，将敌向峄县压迫。（丙）汤军团以关军与孙连仲联系，向峄县前进，王军主力向枣庄、峄县压迫，并适时进出于枣庄北方山地，断敌北窜。一部歼灭向城之敌后跟进"。③李宗仁还特别强调："此次决战为我整个国家民族生死关头，不使一人漏网为要。"④

---

① 郑洞国、覃异之：《第52军台儿庄抗敌经过》，载《徐州会战》。
② 《李宗仁致蒋介石密电（1938年3月30日20时）》，《抗日战争正面战场》（上），第601页。
③ 《李宗仁致军令部密电（1938年3月31日）》，《抗日战争正面战场》（上），第601-603页。
④ 《李宗仁致军令部密电（1938年3月31日）》，《抗日战争正面战场》（上），第601-603页。

4月1日，蒋介石致电李宗仁、白崇禧、林蔚，要求："对于台儿庄之敌务须歼灭。倘兵力不足可用援军，并须注意步炮协同。"①白、林立即复电，表示："自当恪遵钧嘱达成任务，以副期望。"②

4月1日，孙集团军张金照第30师、黄樵松第27师主力仍在台儿庄外围与敌激战，第27师一部在岔路口与敌激战最为猛烈。池峰城第31师主力及第30师、第27师增援的部队在台儿庄内与敌继续进行巷战，双方拉锯，扼制了敌军攻击的势头。汤恩伯4月1日24时致电蒋介石，报告汤部当天的战况如下：

（一）昨未（14时）由临城窜到之敌，经我第4师迎头痛击，受创甚巨，刻仍在兰陵镇、洪山镇、李庄、乔北之线激战中。我25师及第2师一旅，除以一部仍在北洛附近牵制台儿庄附近之敌外，主力于本晨东移，已由凤乐向敌侧背迂回攻击。（二）第89师及第2师（欠一旅），昨晨向峄县攻击，因临沂之敌南下，除89师一团仍向峄县佯攻牵制外，主力向南下之敌跟踪追击。（三）据报台儿庄附近之敌一部向东北移动，似有向兰陵镇增援模样。（四）东（2）日王军仍固守兰陵镇、洪山镇、李庄、乔北之线，并相机出击，关军仍向敌侧背迂回攻击，以期一举歼灭。

4月2日，汤恩伯部在兰陵镇、洪山镇一带与敌第21旅团坂本顺部激战，敌军有所伤亡，坂本顺意识到很难突破汤军团阻击线沿正面支援台儿庄，便率主力撤出战斗，绕过汤军团防线，向东南方向挺进，与台儿庄附近的日军会合。

最高统帅部抽调增援台儿庄战场的部队陆续开到，第五战区重新调整兵力，部署任务。4月2日向各参战部队发出命令：（1）仍以孙连仲之第

---

① 《蒋介石致李宗仁等密电(1938年4月1日15时)》，《抗日战争正面战场》(上)，第604页。
② 《李宗仁等复蒋介石密电(1938年4月1日16时)》，《抗日战争正面战场》(上)，第604页。

2集团军围歼台儿庄及附近之敌；（2）以由第一战区调来的第139师（商震部）、周碞的第75军第6师（师长张珙）、李仙洲的第92军第13师（师长吴良琛）、炮兵第4团，部署在台儿庄以东15公里左右的岔河镇地区；（3）第20军团关麟征第52军、王仲廉第85军，由兰陵镇向台儿庄地区迂回，与第2集团军协同，全线反击消灭台儿庄之敌；（4）以由临沂地区调来第57军的王肇治第333旅，部署在苍山县（卞庄）以南之南桥，归汤恩伯指挥；（5）第110师（师长张轸）从台儿庄以西（约20公里）万年闸渡过运河，向敌之右侧（西侧）发动佯攻，该师原河防任务交由第22集团军担任；（6）曹福林所指挥的第3集团军的一部迅速南下，合围枣庄、临城之敌。

4月2日20时，第五战区在台儿庄地区各部队，开始按计划行动。

4月3日，在台儿庄内的敌第63联队，知道敌第5师团增援部队已达台儿庄以东地区，便从东门地区猛烈地向西攻击，向前推进了100米左右，并占领了东南寨门。敌步兵第10联队主力，向台儿庄以东迂回，向南攻占了台儿庄东南约二公里大运河边上的黄庄，并施放烟幕准备强渡运河，被吴鹏举独立第44旅击退。在台儿庄正面的中国守军加紧进攻北洛敌军据点，敌第10联队立即回援北洛，仅在黄庄留守一个中队。已到达台儿庄以东附近地区的坂本顺第21旅团，在台儿庄东南5公里左右的大石埠、蒲汪一带遇到周碞第75军第6师张珙部的顽强抵抗，无法进展。

据孙连仲致李宗仁电，台儿庄守城战极其艰苦。"盘踞台儿庄寨内之敌，本日以平射炮十余门向我31师守寨部队连续炮击，并以飞机四五架竟日轰炸，步兵乘势反攻，迄夜未息。该寨守兵现犹顽强苦撑

豪情满怀的台儿庄前线一战士

中。"①而且,"敌连日在台庄城内使用催泪性瓦斯(毒气),我军受其损害颇重"。②第31师连日苦战,部队伤亡严重,仅剩战斗员1400余人。台儿庄内已有三分之二被敌军占领,中国守军仅据守南关一隅,死拼苦撑不退。日军更以重炮轰击、坦克猛冲,志在必得,日方电台已经宣称全部占领了台儿庄。第31师师长池峰城面对守城官兵成排、成连的伤亡,敌军又疯狂猛攻,守军退守一隅无法展开,且被敌军火力压得抬不起头,认为如此坚持下去,必致全军灭亡,最终也难以守住阵地。于是电话请示孙连仲:"可否将阵地移至运河南岸?"

孙连仲与第五战区司令长官部通电话请示是否可以转移阵地,长官部严令死守。最后孙连仲直接与李宗仁通话,十分哀婉地说道:"报告长官,第2集团军已伤亡十分之七,敌人火力太强,攻势过猛,但是我们把敌人也消耗得差不多了。可否请长官答应暂时撤退到运河南岸,好让第2集团军留点种子,也是长官的大恩大德!"

李宗仁以为,汤恩伯军团次日中午可进至台儿庄北部,如果第2集团军此时放弃台儿庄,岂不功亏一篑。李宗仁对孙连仲说:"敌我在台儿庄已血战一周,胜负之数决定于最后五分钟。援军明日中午可到,我本人也将于明晨亲来台儿庄督战。你务必守至明天拂晓。这是我的命令,如违抗命令,当军法从事。"

孙连仲知道李宗仁态度坚决,便说:"好吧,长官,我绝对服从命令,整个集团军打完为止。连仲也以一死报国家!"

李宗仁在电话中还指示孙连仲,不但要坚守到明天拂晓,今夜还须向敌夜袭,以打破敌军明晨拂晓攻击的计划,待汤军团明日中午到达后,便可对敌人实行内外夹击。孙连仲回答道:"我的预备队已全部用完,夜袭甚为不易。"李宗仁说:"我现在悬赏十万元,你将后方凡可拿枪的士

---

① 《李宗仁等致军令部密电(1938年4月5日)》,《抗日战争正面战场》(上),第608-610页。
② 《李宗仁致蒋介石密电(1938年4月6日)》,《抗日战争正面战场》(上),第611页。

兵、担架兵、炊事兵与前线士兵一齐集合起来，组织一敢死队，实行夜袭。这十万块钱将来按人平分。重赏之下，必有勇夫，你好自为之。胜负之数，在此一举！"

孙连仲说："服从长官命令，绝对照办！"

据说最高统帅部、蒋介石得到前线将领孙连仲等人报告战况之后，也认为台儿庄难以坚守，电告李宗仁，允许孙连仲部转移运河以南再作坚持。李宗仁以死守命令已下，临阵变更命令必致混乱为由，坚决不同意孙部退却，力主"再坚持最后五分钟"。蒋介石等人见李宗仁态度坚决，守城决心大，便同意李宗仁坚守台儿庄的意见，并饬令李宗仁务必守住，以收内外夹击敌军之效。

孙连仲与李宗仁通完电话后，亲自在台儿庄督战。池峰城再次来电话请求撤退，孙连仲命令道："决不撤退！士兵打完了，你就自己上前填进去，你填过了，我就来填进去，有敢退过河者，杀无赦！"

池峰城知道总司令守城决心已定，乃抱定与台儿庄共存亡的决心，组织抵抗。他下令拆毁运河桥，以作背水一战，求得置之死地而后生。孙连仲为整饬军纪，鼓励士气，将作战不力的右翼旅长侯象麟撤职，交军法审处，将贪生怕死的左翼营长张某，枪毙于阵前。即令左右翼部队以钳形攻势，抄袭围攻台儿庄的敌军，断敌归路。令守城部队坚持死守。池峰城率部逐屋抵抗，死守不退。

同时，孙连仲还把蒋介石、李宗仁、程潜的几份电报内容，在官兵中公布，以激励士气，报国杀敌。蒋介石的电报大意是：限令4月10日前击退台儿庄当面之敌，首先击退敌人之部队者，赏洋十万元，出力将士从优叙奖，如限期内仍不能击退该敌，师长以上各级指挥官一律以军法从事。李宗仁重申此令，并谓："委座严令谅已奉悉，本长官亦对首先立功部队加赏十万元，望各努力，勿干法纪。"第一战区司令长官程潜的电报曰："会战参加部队，多属本战区序列部队，望各服从李长官如服从本长官一样，凛于国军一体，休戚相关之精神，望鼓励所属奋发图强，为国立功，

身先士卒，率部冲锋的一军官

本长官亦刻日前往徐州，协助德公（李宗仁字德邻）指挥，委座及李长官悬赏首先击退该敌之部队，奖洋十万元，本长官亦加赏十万元。"①

午夜，池峰城组织敢死队，许多担架兵、伙夫也报名参加。孙连仲为敢死队战前训话，鼓励大家奋勇杀敌。军需官把仅有的大洋（银元）分给敢死队员，敢死队员纷纷把大洋扔在地上，他们声泪俱下："我们以死相拼，是为了报效国家，不是为了几块大洋！"孙连仲感动得放声大哭，再次表示，一定与弟兄们生死与共，战斗到底。敢死队分组向敌逆袭，冲进敌阵，人自为战，奋勇异常，手执大刀，见敌就砍就杀。台儿庄之战，双方血战经旬，守城、攻城部队都已精疲力竭，"战至此最后五分钟"，中国守军尚能乘夜出击，大大出乎敌军意料之外。敌军仓皇应战，乱作一团，血战数日为敌所踞的台儿庄内市街，竟为中国守军一举夺回四分之三，毙敌无数，激战通宵，敌军被逼退守北门一隅。果然是"两军相逢勇者胜"，胜利确实往往就在于坚持一下的努力之中。尽管孙连仲部尤其是

---

① 屈伸：《台儿庄大战纪实》，载《徐州会战》，第198页。

池峰城师付出了惨重代价，但坚持住了台儿庄支撑点，创造了取得最后夹击歼敌大胜的不可或缺的条件。

在台儿庄右翼的黄樵松第27师，连日来受到敌军的猛攻。进攻第27师的敌军主要是敌第10联队主力，配属有40多门火炮、40多辆坦克，轮番向第27师阵地发动攻击。从4月2日至4日，攻击更为猛烈，第27师紧挨台儿庄东郊的孟庄、边庄、斐庄、后堡、五圣堂、陶沟桥一带的阵地被敌截成数段，敌军以战车连续冲击，并集中火力轰炸，仅4月4日一天敌军炮兵就向第27师阵地发射炮弹2000发以上，附近村落、民房及工事被夷为平地，阵地上的官兵经与敌反复拼杀、搏斗后，几乎全部与阵地同归于尽。第27师遂退守第二道防线赵庄、刘庄、东庄、黄林庄一带，敌军穷追不舍，双方再次展开逐村、逐屋争夺，第27师伤亡惨重，仅剩战斗员2000人左右，但仍坚守二线阵地，粉碎了敌第10联队进入台儿庄内增援的企图。

第27师英勇顽强、不怕牺牲的精神，令敌军为之惊叹。日军濑谷启支队曾在其《步兵第10联队战斗详报》中对与第27师的作战有如下记载："研究敌27师第80旅自昨日以来之战斗精神，其决死勇战气概，无愧于蒋介石的极大信任，凭借散兵壕，全部守兵顽强抵抗直到最后。宜哉！此敌于此狭窄的散兵壕内，重叠相枕，力战而死之状，虽为敌人，睹其壮烈亦将为之感叹。曾使翻译劝其投降，应者绝无。尸山血河，并非日本皇军所独有，不识他人，徒自陶醉宴如，为国军所最应戒者。"[①]

台儿庄会战已到最后关头，由于日军在后方广大占领区及津浦、胶济铁路的警备占用了敌西尾寿造第2军的较多兵力，因此进攻鲁南的兵力不足，仅使用了两个旅团。战术上采取东西分进、相互策应的方法，终因兵力不足，在遭到中国守军的有力反击后，多数战斗无法达到日军的预期结果，第5师团临沂进攻的受挫，使第10师团攻击台儿庄的部队孤军深入，尽管临沂之敌最后绕道增援台儿庄，但中国增援部队先后开到，已形成对台

---

① ［日］《中国事变陆军作战史》，第二卷第一分册，中华书局1979年版，第37页。

儿庄之敌包围的大模样，日军陷于不利的险境。

四、汤军之怠与败军诡辩

汤恩伯部主力在兰陵、洪山一线阻击由临沂南下的敌军，给敌一定杀伤，并阻止敌军沿正面向台儿庄推进。但坂本顺率主力撤出战斗，绕过汤军防线推进到台儿庄东部地区后，汤部当面之敌所剩不多，兰陵、洪山一带残敌仅六七百名，仍在林屯、曲湖一带占据村寨顽抗。①汤恩伯十分"恋战"，以军团主力对付残敌，且一直未能将之肃清，并令关麟征军主力继续北进，攻向爱曲、秋湖。因此，汤部未能及时迅速南下，攻击台儿庄附近的日军，以形成对该敌的包围。在李宗仁"三令五申之后"，汤部向南"运动"，但进展也不能令人满意。最后，李宗仁乃"训诫汤军团长（恩伯）说，如再不听军令，致误戎机，当照韩复榘的前例严办。汤军团才全师南下。然此时台儿庄的守军已伤亡殆尽"。②

汤恩伯部是4月4日晚开始攻击的，到翌日23时，关麟征军到达底阁、杨楼、陶沟一线，第85军张雪中第89师到达朱庄、潭庄、黄渊之线后，与敌遭遇，发生战斗，被敌拖住不得前进。蒋介石对汤恩伯进军迟缓、乏力也深表不满，他于4月5日12时致电汤恩伯，责问道："台儿庄附近会战，我以十师之众对师半之敌，历时旬余未获战果。该军团居敌侧背，态势尤为有利，攻击竟不奏效，其将何以自解？急应严督所部于六七两日奋勉图功歼灭此敌，毋负厚望。究竟有无把握，仰即具报为要。"

对李宗仁的"训诫"，尤其是蒋介石的责诘，汤恩伯不敢当作"儿戏"，他严督所部，全力向台儿庄推进。中国守军一旦收缩包围圈，全力围杀，台儿庄之敌即成为瓮中之鳖，无路可逃。

---

① 《汤恩伯致李宗仁密电》，1938年4月3日10时，见《李宗仁致军令部密电（1938年4月4日16时）》，《抗日战争正面战场》（上），第607页。
② 《李宗仁回忆录》（下），第731页。

狡猾的坂本顺，发现情况不妙，三十六计走为上计，决定率部立即撤退逃走，否则将导致全军覆没。按照日本防卫厅防卫研究所战史室编著的《中国事变陆军作战史》的说法，"坂本支队长于5日考虑濑谷支队攻占台儿庄已结束，策应濑谷支队的作战任务已完成，当日19时37分对步21（旅团）下令准备返回"。这分明是欲盖弥彰，坂本顺在面临灭顶之灾之际，选择了逃跑，说成"撤退"也还过得去，却说成是"完成任务""返回"，如果不是坂本顺当初在欺骗他的主子的话，便是坂本顺的"后人"们有意搅乱历史，混淆视听。坂本顺所部就在台儿庄东面，几欲冲进台儿庄增援攻城，但苦于中国守军的阻击无法前进。

4月5日台儿庄内仍然枪炮声不断，濑谷启令北洛附近的第10联队从台儿庄西面发动进攻，但遭到第30师、第110师的顽强阻击，无法突破中国守军台儿庄外围防线而直接进攻台儿庄。枪炮声终日未绝，坂本顺非常清楚：战斗并未结束。他于当日夜20时30分率部向北退去，濑谷启立即致电坂本顺询问突然退却的原因，坂本顺回电大意是："支队虽奉命返回沂州，但拟给敌一击，希濑谷支队攻击该支队北面之敌背后。"

坂本明明是"逃跑"，却说成是"奉命"退返，既可为退逃找到名正言顺的理由，推卸逃跑之责，又可避免濑谷启的纠缠，以致退逃不成。根据所有遗留下来的资料和后来日本人的著说，还没有一件材料能够足以说明坂本顺之退却确实是奉命退却的。坂本是聪明人，他的电报实际上是给濑谷启一个暗示：你也快走吧，晚了就走不了啦！"拟给敌一击"，希濑谷启攻击"北面之敌背后"，不是可以为濑谷启"转进"提供借口和理由吗？

坂本顺突然将4个步兵大队、2个炮兵大队及战车部队撤走，台儿庄附近的日军兵力减少。而中国军队汤军团正从北面向南，周嵒的第75军由东面向西，孙连仲的第2集团军附吴绍周第110师守在南面、西面，已从四面对台儿庄采取了包围之势，并逐渐压缩包围圈。北路的汤军团之先头部队，已接近泥沟和濑谷启旅团部所在地的杨家庙。濑谷启意识到自己处境的险恶，第33旅团从3月14日以来，已连续作战22天，中间虽增加了援兵，但伤亡很大，且疲惫不堪。对台儿庄的攻击从3月24日开始，已达12天，连续攻击未有间断，竟一直未能攻下这个弹丸之地，反被紧紧拖住，损兵折将；外围的进攻，也没有大的进展，附近的部队，也被中国军队紧紧咬住，时常受到中国军队的猛烈反击，陷于胶着状态。既定的战斗目标没有达到，反陷入被围困的险境，濑谷启果断地作出决定：撤退！

按照常规，濑谷启部撤退必须向其上司第10师团部请示，经批准后方可实施。但濑谷启明白，师团长矶谷廉介好大喜功，不会同意他撤退；即便同意他撤退，电报往复，待批复令下达，也需要一定的时间。有关进、退的决策，师团部未必很快能作出决定，若再向第2军西尾寿造请示，就更需时日。到那时中国军队的包围圈完全形成，各部队接合部完全黏合起来，想撤也撤不走了。因此，濑谷启自作主张，于4月6日7时下达命令："步六三（联队）主力迅速结束台儿庄的扫荡讨伐。"

15时30分，濑谷启向第10师团部报告"暂时离开台儿庄，兵力集结于后方"的同时，"下令本日后将支队主力向北方转进，攻击坂本支队右侧背之敌"[①]。果然，濑谷启使用了坂本为他提供的"攻击坂本支队右侧背之敌"的撤退"借口"。

日军第10师团部6日得知第5师团坂本顺支队擅自撤离台儿庄前线，非常震惊和气愤，立即"向第2军提出应联合各部的兵力消灭台儿庄附近之敌的意见，得到第2军的同意"。矶谷师团长正准备实施这一"意见"，制止坂本支队撤退，并进一步向台儿庄增兵，却想不到接到了自己部下濑谷启的撤离报告，他大发雷霆，立即让参谋长下达电令，"命濑谷启支队中止转进"。但是，濑谷启没有执行这一命令，"一意孤行"，他"从全面情况着眼，命令支队从台儿庄转进"。[②]也就是说，他宁愿背上抗命的罪名，也要救出他的一部分军队，坚定不移地选择了撤退、逃跑的唯一生

[①][②]《中国事变陆军作战史》，第二卷第一分册，第39-40页。

路。当坂本顺得知濑谷启撤退之后，便率部加快向临沂方向撤退的速度。用后来日本"官书"的说法是："坂本支队长得悉濑谷启支队的脱离后，决心撤退支队，于7日夜在敌人的迫近下离开战线，8日晨转进到峄县东北地区。"①

第10师团师团长矶谷廉介只好承认既成事实，于8日命令两支队："在现驻地附近大力整顿兵力。搜索敌情，做好下一步进攻的准备。""8日，濑谷启支队把部队集结在峄县周围地区，坂本支队在郭里集南面地区整理部队。"②日本人不愿承认"战败"和"逃跑"，连使用"撤退"，也慎之又慎，却冠以"转进"，事实上呢？确实是溃逃。

其一，日军在台儿庄附近作战半月，积存了大量军用物资，尤以炮弹、枪弹、炸药、手榴弹、粮食、药品、汽油、服装为最多，仓促撤退，无法也无力携带全部物资，濑谷启便命令一概烧毁，4月6日夜，台儿庄附近地区，到处是大火，日军不仅点燃了他们带不走的物资、装备，也烧了不少中国村庄。遗弃的一些重炮和牵引车，也并非中国炮火摧毁所致，分明是来不及带走自己做了破坏而抛下的。③还"遗弃死伤者约四五千人。其襟章符号为第10师团"。④若不是溃逃，怎么会如此狼狈？！

其二，看看当时战场上中国守军将领的战报吧，这更能说明日军战败溃逃的真相。4月5日23时，汤恩伯致李宗仁电："当面之敌经我连日攻击，伤亡甚大，现极恐慌，似有向北退却模样。已严令在本晚12时前关（麟征）军到达张楼、王（仲廉）军到达刘庄、周碞军到达东庄，务将敌压迫于台庄北岸而歼灭之。"④

4月6日8时，汤恩伯致李宗仁电："当面之敌经我关（麟征）、王（仲

---

①② 《中国事变陆军作战史》，第二卷第一分册，第40-41页。
② 杜聿明：《台儿庄大战中的战车防御炮部队》，载《徐州会战》，第207页。
③ 《李宗仁等致军令部电（1938年4月6日15时）》，《抗日战争正面战场》（上），第611-612页。
④ 《李宗仁等致军令部密电（1938年4月6日15时）》，《抗日战争正面战场》（上），第611-612页。

廉)、周(喦)各军彻夜猛攻,肉搏十余次,毙敌3000余人,俘获正在清查。我军伤亡亦大。关军一部已挺进至张楼附近。王军已将潭庄堡子完全克复,一部挺进至刘庄附近。周军已占领大石埠、辛庄,一部挺进至东庄附近,均仍在继续追击前进中。"①

4月7日10时,李宗仁致蒋介石电:"此次鲁南之敌为第5、第10及第9师团一部,炮兵两联队,坦克车百余辆及空军等,企图自临沂、峄、枣方面会合南下,夺取徐州,打通津浦线。我军自临沂方面两次击破敌军后,峄、枣之敌仍迭次猛攻台儿庄,东西援应,顽强驰突,并使用催泪弹,企图贯彻其意志,于鱼(6日)晚已被我三面包围,渐次封锁。敌……始于当晚狼狈溃退。现除饬各军于峄县以南地区解决残敌并分途向临、滕方面跟踪追击,且以后方有力部队分段截击以期歼灭。"

第五战区派赴台儿庄高级参谋胡若愚4月7日11时致第五战区司令部电称:"左翼兵团4月6日20时起继续猛烈攻击台儿庄附近之敌,激战至7日10时始完全击破之。其主力向峄县退走,一部向东北方向溃退。遗弃死伤者约四五千人。其襟章符号为第10师团。我夺获战车、飞机及弹药、辎重甚多,正在清查中。""左翼兵团除以110师跟追向峄县败退之敌,以一部搜索歼灭向东北溃退之敌外,主力已推进至北洛、欢堆之线,占领阵地,整理补充,并联络右翼兵团,乘势歼灭败退之敌。"②

在台儿庄附近的日军,一直与中国守军处于胶着状态,战场撤退,并不容易,日军被中国守军咬住的部队和负责撤退殿后的部队,无法逃脱,全部被歼。如台儿庄内的日军,遭到第31师池峰城部的重重封锁、射杀,无法脱逃,有些日军集体自焚。第31师的勇士们,在烈火纷飞、处处爆炸的台儿庄内,逐屋肃清敌军,至4月7日晨4时左右,全部肃清了残敌。

---

① 《李宗仁致蒋介石密电(1938年4月7日8时)》,《抗日战争正面战场》(上),第613页。
② 《李宗仁致蒋介石密电(1938年4月7日24时)》,《抗日战争正面战场》(上),第614-615页。

4月7日，李宗仁命令台儿庄地区部队追击逃敌。

各参战部队根据部署，立即展开全线追击。4月8日，李宗仁、白崇禧、刘斐等人亲临台儿庄视察，指挥各部协同追击敌军。截至9日13时，各部进军情况大致为：孙集团军沿铁路正面推进，已击破泥沟之敌。汤军团关军主力已占领九山阵地，王军已推进到苏家埠、潘家巷一带。黄光华第139师主力在平山、傅山、青山一带，掩护关军之右侧背，并以一部围攻向城敌军。李仙洲第21师控制于洪山镇附近。张轸第110师击溃南北洛之敌后继续挺进，占领卧虎寨高地。曹福林部到达税郭，从北面威胁峄县敌军，并向西行动，破坏峄、枣、临间交通线。日军濑谷启部退至峄县、枣庄后，匆忙构筑工事，固守待援。峄县之敌大部在峄城西南地区，并在倍山、潭山、曹庄、七里店、田楼、杨楼、王庄、吴家林、乱沟、獐山一带占领阵地。日军处于守势，中国军队处于攻势。

至此，台儿庄大战结束。台儿庄会战，中国守军以十师之众，对付日军一个半师团，兵力上占绝对优势，但武器、装备上处于劣势，以低劣的武器和血肉之躯，与敌人的飞机、大炮、坦克、战车相搏，英勇顽强，众志成城，终于挡住了敌之攻势。虽然未能积极把握战机，把敌人彻底包围歼灭，但是打退了敌军，并且伤亡日军万人左右，缴获了大批武器、装备和物资。尽管中国守军伤亡两倍于敌，代价惨重，但把敌人从战场上打退，这是抗战爆发以来的第一次。"在当时的情况下，我军能够在战场上有效地遏止敌军的进攻就是胜利，能够阻止敌军的前进便是成功，因为敌方的战略是速战速决，而我方的战略方针是持久战。"因此说台儿庄大战取得的，胜利是空前的。台儿庄大捷的消息传开，举国欢腾，大大坚定和鼓舞了全国抗日军民的信心、士气，一些中外新闻记者，涌向台儿庄进行战地采访，竞相报道中国军队的胜利，披露大日本皇军不可战胜神话的破灭。全国各界、海外华侨，以及同情中国抗战的世界各国人士，纷纷打来祝捷贺电，寄、送来慰问物品。武汉、广州等城市还举行盛大的集会游行，欢庆胜利。台儿庄大捷后，孙连仲、汤恩伯、冯安邦、黄樵松、池峰城、田镇南、吴鹏举等，获青天白日勋章。

而作为战败方的日本，尽管对"失败""溃逃"讳莫如深，但对败将濑谷启还是不能原谅，"陆军认为（他）破坏了日本传统，把濑谷少将编入预备役"。①

五、有守无攻的"大捷"

4月中旬，徐州会战进入第三阶段，即徐州突围阶段。日军在台儿庄附近战败之后，濑谷支队和坂本支队分由台枣铁路支线和台枣公路突围向北退却。敌军撤退时急急忙忙，把一些带不走的物资、装备尽数焚毁，遗弃了一些伤病员、尸体、骨灰袋，确很狼狈。日军败退、溃逃，但并非溃不成军。两部日军分别在濑谷和坂本的指挥下，有组织地溃退，先锋部队开路，掩护部队殿后，逐次退却，这说明了日军训练有素。

中国守军奉命追击，应集中全力，以迅雷不及掩耳之势，雷霆万钧之力，猛攻敌军，使之无处立足，溃不成军，一举而歼灭之。但是，追击逃敌的中国军队，未能形成强大的攻势而一举消灭之。负责追击逃敌的中国军队以孙连仲集团军和汤恩伯军团为主力，孙集团军连日苦战，已伤亡过半，而且极其疲惫，第31师及独44旅留在台儿庄附近整顿，唯配属该集团军指挥的第110师有相当的战斗力，但整体实力不强，又缺乏重武器和机械化部队，因此孙部由正面追击敌军，战线有所推进，却歼灭敌军不多，战果不大。汤恩伯军团还保持一定实力，装备比其他"杂牌"军队要优良得多，而且新配属了周碞第75军以及第139师等部，有一定攻击能力，但汤恩伯态度不够坚定，行动不够果断，几支部队又是以分散开来拉网式追击，因而不是追击，而是"追赶"，也就是以"赶跑敌军"为作战目标，并未以彻底消灭敌军为作战目标。

---

① ［日］秦郁彦：《日中战争史》，1961年版。

日军退到峄县、枣庄地区后，即在獐山、天柱山、黄山、峄县以东地区之线，重新组织抵抗，固守待援。孙连仲集团军主力被阻于獐山东西之线。汤恩伯军团之第52军抵峄县以东地区，第85军抵峄县东南。汤部没有乘敌立足未稳立即发动对峄县敌军的围攻，而是以第25师的一个团监视敌人，主力在峄县以东、东南区休整，这样日军得到喘息之机，开始巩固峄县及其附近阵地。

峄县东有九顶山，西有獐山，南面是平坦开阔地，利于防守。日军在九顶山和峄县南面台枣支线正面及两侧占领阵地，构筑工事，郭里集附近有敌控制的部队和炮兵阵地，郭里集以东税郭附近也有敌人一部占领阵地。枣庄有敌军防守，并有敌飞机场。

到台儿庄视察并坐镇台儿庄指挥歼敌的李宗仁，命令汤恩伯、孙连仲发起对峄县之敌的攻击，迅速扩大战果，不得迟疑和松懈。4月11日，李宗仁严令进抵峄县附近的各部队，发动对峄县敌军的攻击，其部署是：孙连仲部由南向北，汤恩伯部由东向西（其第85军由东南向西北，第52军由东向西），两面包围，全线推进。

4月12日晨，攻击全面开始。关麟征第52军攻击重点指向九顶山敌军阵地。九顶山是一座东西走向的岩石山，没有草木，东端转向东北的坡度比较缓。第52军第2师郑洞国部向九顶山及其南麓平地以西攻击，第25师张耀明部向九顶山东端以北各村庄攻击。军部位于九顶山东端一个小村庄指挥作战。敌军在山上筑有工事（因山石不易挖掘战壕，多用麻袋装上沙石等构成掩体），居高临下，易于防守。因山上没有植被，白天仰攻目标暴露无遗，敌军火力强大，很难接近敌阵。第2师遂决定夜袭，当夜兵分几路，同时攻击，出敌不意，直扑敌阵，展开近战。激战一夜，九顶山东半部敌阵被第2师部队攻占，郑洞国把师指挥所移到山上，督部继续攻击，一举占领了九顶山。九顶山是峄县附近的制高点，在山顶可以俯瞰峄县全城及其近郊。4月13日上午，第52军军长关麟征在山上设立临时指挥所，亲自指挥炮兵轰击山下峄县附近的敌军阵地。敌军炮兵也不断向九顶山中国守军猛轰，双方展开炮战。至下午4时许，中国空军9架飞机飞临枣庄上空投弹，轰击敌军目标。与此同时，第25师向九顶山以北敌军占领的村庄发动攻击，激战两天，攻占了敌军阵地。旋即，敌军向该处增兵，对第25师展开攻击，第25师的右翼第145团奚濯之的第1营阵地被敌突破，致使第25师右翼受敌包围。第52军军部判断是敌第10师团的增援部队，遂令第25师放弃正面，转移到九顶山以东，与第2师衔接，构成南北向战线，采取守势，与敌形成对峙。尽管关麟征追究作战不利的责任，把营长奚濯之当众枪毙，但并没有也无法使第52军继续采取攻势作战。

第85军方面，进攻两日，没有多大进展，王仲廉的理由是受到獐山日军炮火的威胁，无法推进。

孙连仲集团军方面，受命向敌攻击的先头部队是张金照的第30师，当时全师只有4000多人，张金照当时的心态是："如再出击，不但难以完成任务，还有被敌人吃掉的危险。而我又不能不执行命令，只好且行且追，俟机应变。"因此在行动上当"旋侦知敌军已在峄县东南地带构筑阵地，似有防守模样。我（张金照）部进至獐山袁庄一带时，即下令构筑阵地，监视敌人行动，随后第27师和31师也到开到了这一带，新增加的第110师张轸部也到达我们阵地的左翼，共同对敌"，"敌我形成对峙状况"。①

第110师张轸部奉命追击敌军，追至白山西，遇敌反扑，该师廖运周第656团占领白山阵地与敌对抗。随之发现敌军仅以小部队阻止中国军队的追击，主力继续北撤，第110师便发动对敌的冲击，敌军用飞机、大炮猛轰第110师阵地，并以一部兵力向白山左翼中国守军阵地发起冲锋，防守白山山头的第110师部队由山腰向下反冲锋，双方展开肉搏，鲍营长壮烈牺牲，柏得福营长负重伤，官兵伤亡900余人，但将进攻之敌击退。随后转移至金陵

---

① 张金照：《第30师增援台儿庄作战片断》，载《徐州会战》第184页。

寺、望仙山一线，待第27师、独立44旅赶到之后，第110师进占八里屯，并占领了老虎山、卧虎寨。八里屯距峄县城仅4公里，是一个700多户的大村落，屯北群山之中最高峰即老虎山、卧虎寨。

第110师驱逐了敌军监视部队，占领了上述阵地，地形对中国守军非常有利。4月12日，敌军反攻八里屯，先以大炮猛轰，继以4辆坦克开路，步兵随后发起猛攻，第110师部队奋起反击，先后击退敌军三次进攻，保住了阵地，并将敌军追出五华里以外，但再无进展，双方形成对峙。

第110师追击敌军过程中，有一个班被敌军冲散，与大部队失去联系。该班在班长张明山率领下，冲进公路边的一个小寨子，寨内有座三层高的碉堡，他们钻入该碉堡，利用唯一的一挺轻机枪和十来支步枪抗击敌人。敌人包围该碉堡，打了一天也没打下来，次日，张明山班弹尽粮绝，宁死不降，士兵全部战死，张明山自杀殉国。敌人也为之感叹，在碉堡前竖一块木牌，上书"中国的英雄班"。[①]

蒋介石对台儿庄大捷之后未能迅速扩大成果，十分不满和焦虑，他于4月12日致电李宗仁、白崇禧："台儿庄之捷已逾五日，峄、枣、韩、临尚未攻下。踌躇审顾，焦虑至深。以乘胜之军更加主力部队追援绝溃怠之寇，不急限期歼灭，一旦敌援赶至，死灰复燃，是无异隳已成之功而自贻将来之患。万望激励将士，努力进攻，一面分途堵击，务于一两日内将残寇全数歼除。庶敌兵再至，我更有以待之。如何盼速报。"

4月13日12时，李宗仁、白崇禧致电军令部，呈报攻击峄县之敌的方案。电文如下：

"现敌改攻为守，凭借峄县附近山地为据点，以枣庄为犄角。我因阵线过广，处处薄弱，连日攻击，甚难成效，欲彻底消灭敌人，事实上恐难如愿。第二期抗战之方针原在避免阵地战，以运动战消耗敌之兵力，而收'集小胜为大胜'之功。拟在包围阵线上仅配置少数监视兵，将主力分

[①] 廖运周：《台儿庄会战中的"翼"字军》，《徐州会战》，第255页。

别集结于便于机动之位置,一面破坏敌后方交通,一面以小部先游击,诱致敌人于阵地外求决战,无论敌由何方增援,均可应付裕如。此为职等连日在前方实地观察,认为迅宜改用之战法原则。如蒙裁可,拟即相机实施。"

蒋介石接到军令部转呈的李、白上述电之后,于4月15日复电李、白:"13日12时电悉。所拟机动攻势案甚妥,应速实施。"而在此前的13日18时,蒋介石给孙连仲、汤恩伯下了电令:"仍盼督部迅歼残敌,限两日内攻下峄、枣。"14日,蒋介石又分别致电第一战区司令长官程潜、第二战区司令长官阎锡山、第九战区代司令长官薛岳、西安行营主任蒋鼎文、第八战区副司令长官朱绍良等人,电文是:"据确报,敌自鲁南惨败后,自晋绥、冀豫、江淮各方抽调兵力增援鲁南,以图挽救。仰各战区本前颁游击计划,严督所属积极行动牵制敌人,使鲁南作战容易,用期彻底歼灭该方面敌军以收最后胜利为要。"

蒋介石对鲁南作战,对进攻峄、枣之敌期望甚殷,可惜峄、枣一直未能攻下。不但作为中国海陆空军最高统帅部军事委员会委员长的蒋介石着急,就连蒋介石的德籍军事总顾问法肯豪森也为中国军队"没有乘胜追击"扩大战果而又气又急,"狠命地揪自己的头发"。他说:"我告诉委员长要向前推进,要发动进攻,要乘胜前进,可是他们什么行动也没有采取,日军很快就会把八到十个师的部队调到徐州前沿,到那时就来不及了。"①

结果不幸被法肯豪森言中,中国军队没有一鼓作气攻下峄、枣,歼灭逃敌,敌军增兵源源不断地开来,这一机会一去不复返了。进攻峄县之敌的中国军队,未能攻下峄县,变攻势作战为与敌对峙,随着敌军援兵的到来,又转向守势作战,进行阵地防御。

---

① 《台儿庄战役资料汇编》,中华书局1989年版,第322页。

第五节 徐州突围

一、双方兵力部署

日军大本营4月7日向华北方面军、华中派遣军下达命令：重创中国军事力量，攻占徐州，打通津浦路。该命令规定，华北方面军以主力击溃徐州附近的中国军队，占领兰封以东的陇海路以北地区；华中派遣军主力向长江、淮河以北进击，阻断徐州以南、以西中国军队的退路，占领徐州、津浦路南段、安徽省之合肥和苏北之盐城、阜宁地区，以协同华北方面军作战。

寺内寿一的华北方面军于4月10日确定，以5个师团的兵力进攻徐州。其方略是：先以一部用连续作战的方法，吸引和牵制住徐州以北、津浦路以东的中国军队；主力进至徐州以西、以东、以南地区，进行迂回，与华中派遣军协同，遮断中国军队的退路而围歼之，并占领徐州及其附近地区。华北方面军寺内寿一的指挥所位于济南。其兵力部署为：

（一）西尾寿造第2军

配属：独立重机枪第6、第10大队，独立轻装甲车第10、第12中队，野战重炮兵第1旅团（重炮兵第2、第3联队）。

末松茂治第114师团，接替第10师团在台儿庄以北峄县地区防务后，在装甲和炮兵部队的配合下与第5师团对韩庄、峄县、临沂一线的中国军队，首先予以阻止，然后南下攻占徐州。

板垣征四郎第5师团，由临沂南下，经郯城至陇海路的运河地区，急速从徐州以东、东南的邳县、土山、双沟、渔沟、路疃集、尹集，迂回至津浦路上的符离集和宿县，截断徐州南下之路，并从南面形成对徐州的包围之势。

矶谷廉介第10师团,将台儿庄以北防务,交与第114师团之后,由临城以西夏镇渡过微山湖,由湖西沛县、丰县,向南攻占陇海路上的黄口、郝寨地区,截断徐州守军西去之路,从西面形成对徐州的包围之势。

中岛今朝吾第16师团(原属第1军),由济宁地区渡过大运河然后南下,在第10师团的西侧,由金乡、单县,攻击徐州以西陇海铁路上的砀山,以配合第10师团在徐州西面的作战。

(二)香月清司第1军

配属:独立重机枪第4、第5、第9大队,独立轻装甲车第1、第5中队,战车第2大队,独立山炮兵第1、第3联队,野战重炮兵第2旅团(重炮兵第5、第6联队),独立野战重炮兵第8联队,迫击炮第3、第5大队。

土肥原贤二第14师团,一部由河南省新乡乘火车经天津至山东济宁,然后至运河以西的郓城地区,接应该师团主力由濮阳以东之濮城、杨集地区渡至黄河以南,沿郓城、菏泽、东明攻向兰封,并从兰封以东地区切断陇海铁路;随后即沿铁路向西进攻,阻止中国军队沿陇海路增援和后撤,策应第2军在徐州地区作战。

(三)德川好敏航空兵团

在第2军开始进攻时,以主要力量予以协同、配合,在进攻徐州时,对中国军队的后方要地进行攻击轰炸,实施空中和地面之航空歼灭战,阻止中国军队反攻,配合地面部队扩大战果。

畑俊六的华中派遣军为配合华北方面军进攻徐州,于4月24日确定以两个主力师团从蚌埠向北由津浦路以西攻向徐州;一部由马鞍山渡江经和县、巢县攻占合肥;一部由苏北的东台向北进攻,占领盐城、阜宁,在徐州以南牵制住中国军队,策应日军主力向徐州进攻。华中派遣军畑俊六的指挥所位于蚌埠。各师团的任务为:

(一)吉住良辅第9师团、荻洲立兵第13师团,由临淮关、蚌埠、怀远地区渡过淮河,然后两师团并列沿津浦路西攻向徐州。即:第9师团由临淮关渡过淮河,然后沿浍河经新集、陈集、板桥集、五沟集、韩村、百善、王寨、萧县，迂回至徐州以西地区；第13师团由蚌埠、怀远渡过淮河，与右翼第9师团平行，经河溜、双河集、蒙城、曹市集、石弓集、永城、张庄寨，迂回至徐州以西，截断陇海铁路，在第9师团的协同下攻占徐州。

（二）第6师团坂井德太郎第11旅团，由马鞍山地区渡过长江，经和县、巢县攻占合肥。

（三）第101师团佐藤正三郎第101旅团，从苏北东台北上，攻占盐城、阜宁，以策应徐州作战。

（四）第3飞行团，主力以南京、蚌埠机杨为基地，集中使用于徐州方向，直接协同地面部队进攻作战。另以一部担任南线正面空中警戒，随时准备与中国空军作战。

日军共动用8个师团另2个旅团（合一个师团）的兵力（其中华北方面军5个师团，余为华中派遣军）投放到徐州会战的战场。时日军在中国关内战场的总兵力为15个师团，抽调了9个师团的兵力投入徐州会战战场，占其关内总兵力的百分之六十，足见日军对徐州会战的重视。日军试图把徐州战场上的中国军队包围并消灭之，打通津浦线，沟通南北两个战场（即华

向徐州迂回的日军骑兵部队

北战场与华中战场）。控制津浦路、占领徐州之后，便可沿陇海路向西进兵，彻底摧毁中国的抗战力量，逼使中国政府投降，以收速战速决之效。

中国最高统帅部，针对日军的动态，制定了"徐州会战作战指导方案"。其方案如下：

（一）方针

一、国军以确保徐州之目的，应对沿津浦铁道及沂河南下之敌切实阻止，并以有力部队威胁敌之侧背，俟迂回部队达到临沂、费县、滕县线上并集结相当兵力于徐州附近后，然后以主力由南面转取攻势，歼灭敌军。至万不得已时则用逐次抵抗，退守洪泽湖至微山湖中间地区。第二、三战区除以一部直接或间接支援徐州方面之作战外，主力应积极进攻当面之敌，使敌不得放胆转用其兵力于津浦北段。

（二）指导要领

二、第五战区之部队，应以主力固守郯城以南经邳县至韩庄二线，并以四师以上之兵力，由济宁至东平间地区突入敌后方，对峄县、郯城之敌攻击，并以集结之兵力加入南北夹击，以收歼灭当面之敌之效。至不得已时，我南面部队须利用逐次抵抗退守洪泽湖、微山湖中间地区，待机转移攻势。迂回部队则专任敌后方之游击。

三、第一战区部队，主力积极向济南方向活动，破坏津浦铁路北段交通，并向敌军后方发展游击战，一部攻击当面之敌。第二战区部队应积极攻击当面之敌，牵制当面敌军之转移，并抽调一部向徐州附近集结。

四、第三战区应抽调一部控置于相当地点，作战略预备队，主力努力攻击当面之敌。

五、即以现在控置于后方之部队，向徐州附近集结，准备将来之攻势转移。[1]

---

[1] 《徐州会战作战指导方案（1938年4月）》，《抗日战争正面战场》（上），第556-557页。

军令部根据上述作战指导方案，制定了作战计划，"军令部作战计划"中提出："敌近日抽调他方面（即我第一、二、三战区方面）兵力集中于津浦北段以求与我军决战应采取何种对策？"随即指出："我军应调后方已整理之部队及他战区可抽调之精锐部队，迅速集中于第五战区方面以求与敌决战，同时第二战区利用优越态势极力反攻收复晋省，第一、第三战区相机反攻以牵制敌人。各地游击部队更应极力活跃以期能随时随地妨害敌人而求得决战方面之胜利。"[①]

到了5月1日，随着战局的变化，统帅部再次拟定了"国军作战指导方案"，其中"敌情判断""判决"："敌当集中兵力打通津浦线，并求击破我军主力，以达速战速决之目的。"其对敌"方针"为"国军以阻止敌打通津浦路之目的，在鲁南集结相当限度的兵力，行攻势防御。但敌如由国内大举增援至兵力较我绝对优势时，则应避免决战，逐次抵抗，以消耗敌之战力。同时在武汉及郑州以西集结兵力，准备诱敌深入与之决战"。处置概要如下：

（一）鲁南方面：（1）乘敌现在攻势顿挫之时，就目前态势，右翼以樊崧甫、石友三两部共五师对敌行包翼攻击。正面加入第50师、140师全线出击，期在敌后续部队未到达以前击破之。（2）其余控置之第3师、9师、132师、68军、77军暂不使用，以机动态势应付敌增援部队。（3）抽调萧之楚（或彭进之）军两师至归德加强预备队兵力（已有冯治安军两师）。（4）孙桐萱、曹福林部继续前任务，努力遮断津浦路敌后方联络。

（二）津浦南段：（1）以桂军第4师、徐源泉军第3师（含第87军罗树甲师）、杨森军一师向含山、全椒间攻击，制敌先机，打破其北犯之企图。（2）杨军安庆防务调唐式遵部一旅接替。（3）第7军（欠一师）集结于蒙城附近为第五战区之战略预备队。（4）调俞济时军（第51、58师）至

---

① 《军令部作战计划（1938年4月）》，《抗日战争正面战场》（上），第557页。

六安附近以屏障武汉。

（三）苏北：以第24集团军韩德勤部相机向盐城之敌攻击。如不能奏效可行逐次抵抗，但在鲁南未决战前应确保淮河之线。必要时以缪徵流军一部加强之。

（四）第三战区应以第19集团军、23集团军、25集团军派出有力挺进部队力求切断京沪交通，确实钳制江南之敌，不使转移于长江以北。刘建绪部对浙东取守势，并抽调两师到武汉集中待命。

（五）第一战区在黄河以北部队应继续游击并远至平津活动。河防部队应阻止敌渡河，对郑州以东特须注意。

（六）第二战区以傅作义部会同第八战区部队进攻归绥，以晋东、晋西、晋南部队先截断同蒲路南段沿线要点敌之联络，再软硬兼用扫荡三角地带之残敌，以便晋南我军之转用及节约河防部队，准备集结。

（七）第八战区门炳岳、马鸿逵部协同傅作义部进攻包头、绥远。

（八）集中20个师以上兵力于武汉外围及核心（番号从略）。

（九）集中约15个师于陇海路郑州以西地区（番号从略）。

（十）预备师应迅速尽量充实。①

徐州会战已牵动全局，成了整个战局发展的重要环节。徐州会战的进展，将直接影响整个战局发展变化的趋向。最高统帅部不断地向该战场增兵，台儿庄大战结束之后的一个月内，即有20多万增援部队开到会战战场，加上原有部队，总兵力60多个师60多万人。根据战场状况和兵力分布，第五战区5月中旬将所属部队编为5个兵团，即淮南兵团（李品仙）、淮北兵团（廖磊）、鲁南兵团（孙连仲）、预备兵团（又称陇海兵团，汤恩伯）、苏北兵团（韩德勤）。

李品仙的兵团指挥部设于六安。杨森的第27集团军及四个保安团、一个炮兵连，主力守备安庆，以阻止敌军在该地区渡江北上并以一部侧击向

---

① 《军令部作战计划（1938年4月）》，《抗日战争正面战场》（上），第559-561页。

巢县进攻之敌。徐源泉的第26集团军及四个保安团、一个炮兵营，主力位于合肥，并向巢县、定远派部警戒。王赞斌（第48军副军长兼第174师师长）的第48军，附炮兵二个连及定远、凤阳的游击队，确保炉桥至洛河之线，并派出一部向定远、武店方向进行游击。

廖磊的兵团指挥部设于宿县。周祖晃第7军及保安第2团、皖北别动队两个团，在怀远县的新集至河溜一线布防，阻敌由蚌埠、怀远经蒙城攻向徐州；韦云淞第31军与周祖晃第7军并列，在第7军以东的新集经鲍集、何集达獬河西岸布防，阻敌由蚌埠、怀远经宿县攻向徐州。以第31军的苏祖馨第135师为兵团总预备队，位于固镇车站以西的瓦疃集。冯治安第77军、刘汝明第68军投入该区域稍晚，作为应急机动兵力使用。

鲁南兵团大部分部队已在鲁南地区连续作战三个多月，伤亡较大。新增援鲁南地区的部队，周嵒第75军参加了台儿庄大战的后期作战，樊崧甫第46军和卢汉第60军到鲁南战场时间较晚，和原有部队一起，基本上是处于守势作战。汤恩伯第20军团，一直在鲁南战场作战，5月中旬调离鲁南战场，在此之前汤部与鲁南战场上的其他中国守军，也被称为"鲁南兵团"。

汤恩伯的预备（陇海）兵团，组建较晚，是为应付战局恶化而组建的，主要任务是作为战区机动兵力，负责保护陇海铁路线。汤恩伯率部逐步转至邳县、宿县地区。该兵团大部一直在鲁南作战，5月中旬调离鲁南战场，在徐州附近集结，作为预备兵团使用，阻击徐州南面、西面的敌军，又称陇海兵团。

韩德勤的兵团指挥所设在淮阴，该兵团的任务是阻止敌军由运河大堤公路以及沿如皋、东台、盐城、阜宁公路攻向徐州以南地区。

此外，在临沂战场苦战的庞炳勋第3军团，于临沂失陷后调赴沛县休整；孙桐萱第3集团军一直在鲁西南地区作战，其展书堂第81师、曹福林第55军曾奉命转战鲁南战场，支援台儿庄大战。

在鲁西南地区的孙桐萱第3集团军等部，曾被称为"鲁西兵团"。5月中旬，第3军团和第3集团军编入第一战区战斗序列，仍在鲁西南地区作战。同时，第一战区的部队，从豫东沿陇海路向徐州西面推进，第一战区的作战区域东移，即由亳县经陇海路上的黄口、沛县至夏镇一线以西为第一战区作战区域，以东为第五战区作战区域。第一战区的部队部分投入徐州会战，以减轻第五战区的压力。

从中日双方台儿庄大战之后的兵力部署上看，日军采取的是主动进攻的态势，中国守军采取的是应敌防守的态势；中国最高统帅部和第五战区，对敌情的判断基本准确，调兵布防的出发点，是对付敌军的攻势，确保徐州，阻止敌军打通津浦路；具体部署上是整体上防御战，局部实施攻势作战，击敌之侧背；兵力配备上是力争四倍于敌或五倍于敌。[1]短时间内徐州会战的战场上中国军队集中了60多万人，而且"大半麇集于徐州附近地区，真有人满之患"[2]。而日军也集中了9个师团20多万军队于这一战场，双方大有进行徐州大决战的味道。日军不仅要打通津浦路占领徐州，还力图把中国军队主力"吸引到徐州附近，自四面重重包围，渐次将包围圈缩小"，然后一举歼灭之[3]。从战略角度考虑，日军为主动进攻，中方为被动防御，尽管部署了局部的攻势防御、机动和游击作战，力争击敌侧背，但在具体实施作战方案时，攻势作战大都未达既定目标，全局上尤其是鲁南战场，基本采取的是被动防御，且有许多阵地防御的战法，造成处处被动、处处挨打的局面，给人留下重犯抗战初始阶段"消极防御"（最起码算得上"被动防御"）的错误印象。也正因为如此，徐州会战的后期，尽管中国军队数量大增，统帅部试图扩大战果的决心甚切，但并未取得像台儿庄大捷那样的胜利，相反却是阵线逐渐缩小，处处被动挨打，损兵折将。好在统帅部和第五战区始终比较清醒，即在敌处于优势的情况下，"应避免决

---

[1] 《国军作战指导方案（1938年5月1日）》，《抗日战争正面战场》（上），第561页。
[2] 《李宗仁回忆录》（下），第740页。
[3] 《李宗仁回忆录》（下），第746页。

战，逐次抵抗，以消耗敌之战力"。①因此及时地部署了"徐州突围"，这样，城、地虽失，战斗力量犹存，利于持久抗战。

二、血战禹王山

日本华北方面军按预定计划以5个主力师团向徐州以北、以西地区挺进，并用连续战斗的方式，牵制和吸引鲁南地区的孙连仲、汤恩伯等部中国守军。第5师团加强了对临沂的攻势，4月19日夜临沂失陷。庞炳勋部奉命在郯城附近休整，旋即郯城失陷。庞炳勋部自临沂战役以来，已苦战两月有余，部队伤亡严重，遂奉命撤离鲁南战场，到微山湖以西沛县休整。张自忠部奉命牵制敌军南下，随后调郯城以南地区布防。

敌第5师团占领临沂后，原已窜至临沂西南朱陈固守待援的一股敌军便立即展开攻势，向汤恩伯军团的侧背向城方向挺进。"汤恩伯军团和孙连仲集团军自4月初旬围攻峄县败退之敌以来，已经有两星期之久，只因攻击企图不旺盛，没有乘敌立足未稳，增援没到时，全力猛攻克敌，演成对峙状态。这时进出向城之敌虽为数不多，但汤恩伯立感侧背威胁，便放弃对峄县税郭东北地区的围攻，将右翼部队转移于城东南，重新调整部署，与敌形成对峙，互为延翼竞赛。"②日军展开攻势以后，中国守军随之转为守势。孙连仲部在台儿庄及台儿庄以西、以北地区布防，汤恩伯部在台儿庄以东、东北地区布防。新增援的于学忠第51军、卢汉第60军、樊崧甫第46军、石友三第69军等部，也先后开到鲁南战场布防，许多部队到达鲁南之后便投入战斗。

4月25日，第五战区下达了第6号作战令：

---

① 《国军作战指导方案（1938年5月1日）》，《抗日战争正面战场》（上），第558页。
② 刘斐：《徐州会战概述》，载《徐州会战》，第31页。

(一)鲁南兵团军队区分：右翼军樊军长崧甫，第46军。中央军汤军团长恩伯，第20军团（欠110师）、第27军团（第92军仍属之）、第50师、第139师。左翼军孙总司令连仲，第2集团军、第51军、第60军、第75军（欠1师）、第110师、第39师。挺进军石军长友三，第69军（原中央军系阮肇昌之第69军在淞沪战役中伤亡殆尽，撤销建制。该第69军系1938年3月由石友三的河北省地方保安部队改编而成）、骑兵第9师、骑兵第13旅。69军进出郯城以北后归其指挥。韩庄守备军孙代总司令震，第22集团军（51军之一团仍属之）。战区总预备队，约三师。

(二)作命第六号第五战区命令：（4月25日于徐州）（1）临沂峄枣之敌合约两师团，其主力似已深入我四户镇、台儿庄间地区。（2）战区以消灭敌主力之目的，拟以鲁南兵团向左旋回攻击该敌，并与鲁西兵团相策应，围困之于峄县附近山地而逐次击破之，第一攻击目标为向城、傅山口、响连屯、獐山之线，攻击开始预定27日早。鲁西兵团以孙、曹、刘（指孙桐萱第12军、曹福林第55军、刘汝明第68军）三部编成，由李副司令长官品仙指挥之，以全力西出津浦线，阻止敌南下之增援及遮断其补给，并以有力之部队南下与鲁南兵团策应，夹击峄枣附近之敌。（3）挺进军（指石友三部）应速集结于沭河、沂河间陇海沿线地区，向郯城、临沂方面挺进，掩护兵团之右侧，阻止敌之增援，并切断其后方之交通。（4）右翼军应集结于运河以东、陇海线北侧地区，速进出于马头镇、后湖以北之线后向左旋回，即向向城、青山之线攻击前进。（5）中央军速夹击驱逐正面之敌后，与右翼军联系向傅山口、鹅山之线攻击前进。（6）左翼军集结主力于其右翼，与中央军联系，向响连屯、獐山之线攻击前进，其左翼应保持现在之线施行佯攻。（7）主力各军之作战地境如左：右翼军与中央军在后湖、河湾、秋湖、石城岗之线。中央军与左翼军在马甸、陶墩、出头林、土山之线。以上各线属于左（前）方。（8）韩庄守备军固守韩庄附近运河之线，阻止敌之突进。（9）战区总预备队（约三师及炮兵若干）分置于徐州归德间策应两兵团之作战。①

蒋介石于26日复电李宗仁，对作战令批复道："（一）部署适当，希坚决实施。（二）须着眼求敌主力包围于战场而歼灭之，勿为作战地境及到达线所限制，以免樊军扑一大空再回转攻击之烦。（三）外翼如有小数敌人须由石军驱逐，勿分割樊军兵力。（四）马头镇及其以南之敌须由张自忠及吴良琛部阻止之，攻击军应果决向敌侧背迈进。（五）须尽量由左翼于孙军抽出有力部队以供机动使用。"②

很显然，第五战区和统帅部试图转变鲁南战场上的延翼竞赛、相互对峙和阵地防御的局面，采取攻势防御，主动进攻敌军，以达消灭敌军主力之目的。但参加攻势作战的各部队，生力军较少，一直在鲁南战场坚持抗敌的部队，如张自忠、孙连仲、汤恩伯等部，伤亡严重，战斗人员锐减，确实是疲惫之师，攻势作战的战斗力明显不足。

鲁南战场各参战部队，接到第五战区司令长官部的第6号战令之后，立即按照命令之部署展开，对敌实施攻击。各部均较用命，攻击敌军有所进展，但遇到敌军的猛烈阻击，进攻未达预期目标。且战场多处与敌胶着，战斗相当激烈残酷。日军在鲁南地区的作战目标就是把该战场上的中国军队紧紧吸引住，以便在徐州以南、以西展开，对徐州实施包围。因此，当中国守军采取攻势作战时，日军并没有消极防御，而是积极阻击，并对一些战略要地展开疯狂攻击，尤以对禹王山、火石埠卢汉第60军的阵地攻击得最为猛烈。在这种对攻作战中，战斗力和武器装备都劣于敌的中国守军，攻势难以奏效，必然转为守势。

此时，淮北战场更为吃紧，鲁西南战场也趋于紧张。在淮北战场，日军第9师团、第13师团于5月5日从蚌埠、怀远向北推进，攻向徐州的南面和

---

① 《李宗仁、李品仙致蒋介石密电（1938年4月25日）》，《抗日战争正面战场》（上），第626-627页。

② 《蒋介石复李宗仁电稿（1938年4月26日）》，《抗日战争正面战场》（上），第627页。

西面，淮北兵团与之发生激战。在鲁西南，敌第16师团到济宁后继续向南推进；第114师团进抵黄河北岸濮城后，渡过黄河，向菏泽挺进；第10师团把台儿庄以北防务移交给第14师团后，向西挺进，由夏镇渡至微山湖以西，然后向南。上述各部推进的目标是徐州以西的陇海路。鲁西兵团对敌逐次抵抗，试图阻止、拖住敌军向南挺进，但兵力单薄，难以阻敌。统帅部遂将第一战区作战区东移，鲁西兵团归入第一战区战斗序列，第一战区部队也从豫东沿陇海路向东推进，阻敌进抵陇海路。在苏北，由于韩德勤部抵抗不力，敌华中派遣军第101师团之101旅团主力，已攻占了高邮、宝应，迫近淮阴，另一部进抵盐城、阜宁之后直趋海州，转向新安镇方面试图与郯城南下之敌会合，从东面包围徐州。该敌直接威胁到鲁南兵团的侧背。对于韩德勤的作战不力，蒋介石十分恼火，去电诘问："查阜宁之敌不满三千，长驱千里如入无人之境，目下竟有窥东海遮断陇海路之趋势。该副总司令（指韩德勤）所部兵力优敌五倍而丧师失地影响主力军侧背之安全，将何以自解？除令李长官派队增援外，希好自为之无负委任。"①

鉴于日军从四个方向包围徐州及苏北敌军直接威胁鲁南兵团侧背的形势，李宗仁于5月8日20时调整了鲁南战场的兵力部署，由攻势防御转向守势防御，而且将战斗减员十分严重的部队除留少数"整编师"外，大部调离鲁南战场，到一线之后"整补"。

对于第五战区的部署调整，蒋介石并不十分同意，他于5月10日10时致电李宗仁、白崇禧，指出："鲁南战场不宜急转消极，应处处决行战术上之攻击，不仅我军交替容易，敌之抽出转用自必困难，尤以严防敌向鲁西转用，粉碎其策应由蒙城直趋归德使徐州不攻自陷之企图。"②但因淮北战场敌军已于5月9日攻陷蒙城，并继续向西北用兵，鲁西南战场敌军南进已有很大进展，整个战局趋向恶化，蒋介石遂即电令李宗仁鲁南方面逐次向

---

① 《蒋介石致韩德勤密电稿（1938年5月9日）》，《抗日战争正面战场》（上），第634页。
② 《蒋介石致李宗仁等密电稿（1938年5月10日）》，《抗日战争正面战场》（上），第634页。

运河线转移阵地,并强调要"以缩短战线抽出多数部队整补"为目的,同意汤恩伯等部调离鲁南战场。①

5月12日12时,蒋介石致电李宗仁,"训令:(一)国军决先击灭淮北及鲁西之敌。(二)鲁南方面在敌抽调兵力转用鲁西之情况下,除应以有力部队增强右翼防敌包围外,须即刻设法抽出三四师兵力位置徐州,为该战区预备队,必要时用蒙城方面之攻势。(三)鲁南方面即决心取守势,于必要时可依运河逐次抵抗。至不得已时则固守徐州国防工事线,以获得攻势方面决胜之时间。(四)总之五战区第一任务在击灭蒙城方面之敌,使全盘态势有利,否则保有鲁南阵地亦属无益。希当机立断,速决实行具报。"②

李宗仁依令对第五战区兵力进行重新调配,编成淮南、淮北、鲁南、苏北、预备(陇海)等5个兵团,把汤恩伯、张自忠、李仙洲及李延年等部调离鲁南战场,组成预备兵团,开赴徐州南面、西面附近地区阻击敌军。

从4月中下旬到5月上旬,在鲁南战场中日双方的攻防、对攻、混战中,以卢汉的第60军战斗最为激烈和艰苦。曾参加过这一时期鲁南之战并为第60军友邻部队的于学忠第51军第113师第339旅第678团副团长曹宗纯十分客观地评价道:"第60军参加战斗后,给敌人以沉重打击,禹王山和火石埠(禹王山下)之战,打得最为出色,任何友军是不能与之比拟的。"③

卢汉,字永衡,原名邦汉,彝族。云南昭通燕山人。早年毕业于云南陆军讲武堂第4期步兵科。追随龙云白手起家,逐渐在滇军中形成一支强大势力,击败对手,控制了云南,龙云成为云南省政府主席,卢汉为龙云的得力干将。后来卢汉虽与龙云有过矛盾和摩擦,但卢汉一直参与龙云主持的云南军政大计。抗战爆发之后,云南军政当局奉命将云南军队改编为陆军第60军,由卢汉任军长,开赴前线抗日。第60军于1937年10月10日离开

---

① 《蒋介石致汤恩伯电报稿(1938年5月11日)》,《抗日战争正面战场》(上),第636页。
② 《蒋介石致李宗仁等密电稿(1938年5月12日)》,《抗日战争正面战场》(上),第637页。
③ 曹宗纯:《第51军增援台儿庄作战记》,《徐州会战》,第261页。

云南，经贵州入湖南，徒步行军40多天，到达常德集中待命。11月末，第60军奉调由浙赣路东开浙江，准备调往南京。旋即杭州、南京相继沦陷，第60军奉命开至武汉，在孝感、花园一带整训。蒋介石为笼络这支军队，调该军团长以上军官到武昌珞珈山军官训练团受训，由卢汉担任军官训练团大队长，并对卢汉等怀柔有加。卢汉也乘机与蒋拉近关系，第60军遂获得特种军编制，扩大了军部及军直属队，增编了三个补充团，拨配了汽车20余辆、德国造手枪800支、子弹10多万发。还配属后方医院，专门负责收治第60军伤病官兵。第60军辖第182、第183、第184三个师，每师2旅、每旅2个战斗团，计12个战斗团，军部、师部另有直属部队，有警卫营、炮兵营、工兵营、通信营、辎重营、卫生队、防毒队等"机关部队"，全军官兵人数45000多人，装备也比较优良，军容整齐，军纪也较好，算得上一支生力军。

鲁南作战如火如荼、异常紧张之际，统帅部令卢汉率第60军增援鲁南，务必在4月21日到达。第60军除新编各师工兵营、辎重营及军直属山炮营留湖北花园整训外，全军官兵于4月19日乘火车北上，然后经徐州直开台枣支线的车辐山车站。卢汉提前到徐州往见李宗仁等战区指挥官，李宗仁令第60军速到台儿庄东南运河北面集结，在第51军右侧背的邢家楼、陶沟桥、蒲汪、东庄地区布防，归孙连仲指挥。卢汉从徐州随部前进，便对各部作了部署：以高荫槐第183师为右翼，集结于陈瓦房、邢家楼、五圣堂、小庄地区；以张冲第184师为左翼，集结于台儿庄以东陶沟桥、孟庄、马家窑、丁家桥地区；安恩溥第182师在右后，作为预备队集结于蒲江、辛庄、戴庄、谷堡地区；军指挥所设在东庄。

4月22日拂晓之前，第183、第184两师和第182师郭建臣旅以及军部先后在车辐山车站下车，第182师师部和高振鸿旅在赵墩车站下车，部队立即向指定集结地点前进。卢汉在车辐山圩见到第51军军长于学忠，于告诉卢，台儿庄东北第一线战斗吃紧，应当赶快集结部队准备战斗。果然，第183师先头部队杨宏光旅即将到达指定集结地点陈瓦房、邢家楼、五圣堂时，突与敌军遭遇，发生激战。由于两军均以行军纵队相遇，一开始就短兵相接，第183师第1080团营长尹国华率部与敌反复冲杀，双方伤亡都很大，尹国华牺牲，尹营也伤亡殆尽。日军后继的机械化部队赶到，第183师各团受到优势敌军炮火、坦克的联合攻击，激战竟日，伤亡惨重，耿庄陷入敌手，邢家楼、五圣堂等村庄毁于敌军炮火。

第182师在第183师后跟进，杨炳麟的第1079团进入蒲汪，龙云阶的第1080团被敌军野战炮火阻于辛庄、后堡，而第1079、第1078团则被阻于禹王山北麓、后堡以南一带村庄。第184师渡过运河后，西向台儿庄附近集结。各部立即就近抢占有利阵地，构筑工事，以抗击敌军的疯狂进攻。

23日，日军一部经耿庄南进，攻击第182师第1079团蒲汪阵地，该团利用已筑工事和有利地形，顽强抗击日军。日军屡攻蒲汪不下，便集中炮火轰击，蒲汪被炮火摧毁，但守军利用散兵坑，坚守阵地，誓死不退。敌军以20多辆坦克开路，发起冲锋，并有飞机低空轰炸、扫射，配合进攻。步兵排长吕建国自动组织了一支20多人参加的反坦克队，在迫击炮排长靳家祥的迫击炮掩护下，反坦克队切近敌军坦克，用集束手榴弹炸毁敌坦克两辆，但遭到敌坦克的围攻，反坦克队20多人全部壮烈牺牲。敌军坦克碾过之后，中国守军官兵立即从散兵壕里跃起，与紧随坦克的敌步兵展开肉搏。战斗之激烈，达到白热化的程度。团长杨炳麟与继任团长钟光汉先后负伤，全团仅剩200多人，仍坚守阵地，抱定人在阵地在的决心，与敌死拼。

战斗持续到25日，敌军攻势更猛，17时左右，第1营营长王承被率100余官兵，从南面绕出西面向敌侧后袭击，将敌击退，王营长受重伤，所率官兵大部伤亡，仅10余人生还。入夜，军部指令幸存守军后撤，放弃蒲汪。

与此同时，敌军攻占了第1082团凤凰桥阵地，随即进攻第1080团辛庄阵地，战况异常激烈，团长龙云阶及各营长全部阵亡，官兵大半伤亡，辛庄失陷。

左翼的辛庄24日夜失陷后，右翼蒲汪守军还在孤立苦战。敌军攻击蒲汪的同时，又向第60军二线阵地后堡、火石埠进攻。后堡守军是第1080团第3营，营长王谦率部与敌激战，苦战至25日午后，仅余20余人，仍坚守阵地。王营长自兼机枪射手，激励所部，屡屡打退敌人的进攻。坚持到14时左右，阵地上的中国守军仅剩10余人，王营长负重伤，师部遂令后撤，撤下来的包括受重伤的王谦及轻伤员只有8个人，后堡遂陷。

第60军军部24日下午即调整了部署：第184师主力自台儿庄向右转移，左与台儿庄附近的于学忠部、右与岔河镇陈养浩师保持联系。轻重火器调整配置，构成有纵深又能相互支援的火力网，并加紧改进工事，将新增配的战车防御炮投入阵地，官兵士气高涨。24日夜，蒋介石再次亲临前线视察，在车辐山车站，蒋介石电话约见卢汉晤谈，蒋介石说，台儿庄的得失，有关国际视听，必须以一个师坚守。①卢汉遂改变部署，以第184师主力进驻台儿庄，加强防御工事。随之，卢汉到前线视察，第184师师长张冲建议：敌军向我右翼猛攻，企图从右翼突破南下切断陇海路；台儿庄只有一道砖墙，上次大战已部分摧毁，防御工事不坚，敌人又在此吃过亏，再次进攻必投入更大兵力，只要能守住禹王山，就能保住台儿庄，若禹王山不守，台儿庄也将难守。卢汉认为言之有理，当即下令第184师向禹王山转移，但蒋介石仍下令坚守台儿庄，并委派军委会高参胡若愚到第60军督战。

25日，日军重点进攻东庄、火石埠的第1077团阵地。火石埠阵地中炮弹1000余发，工事全毁。守军营长张泽沉着应战，率部隐伏在火石埠高地脚下的平地工事里，将进攻的敌军多次击退。敌人火炮轰击阵地右侧，营长张泽率部沿交通壕向左躲避，左轰则右避，俟敌步兵进入火力网，即全力反击。如此反复再三，激战终日，敌军在守军阵地前丢下层叠尸体，终未能攻破中国守军阵地。中国守军伤亡亦重，张营仅余七八十人。

---

① 卢汉：《第60军赴徐州作战记》，载《徐州会战》，第53页。

25日深夜，孙连仲向卢汉转达了李宗仁的命令，即令台儿庄全线守军于26日全面出击，消灭进入台儿庄以东中国守军的袋形阵地之敌军。以于学忠部向西、汤恩伯部向东封锁袋口；第60军向北攻击，合力歼灭邢家楼、五圣堂、五窑路、蒲汪、辛庄地区的敌军。

卢汉接令后即令第182师以一部向辛庄、蒲汪出击，大部坚守原阵地；第183师以一部向五圣堂、五窑路出击，大部坚守东庄，并接替第182师火石埠阵地。炮兵则集中火力，压制蒲汪附近的敌炮兵，支援第一线步兵出击。

26日，第182、第183师在炮兵掩护下，向指定目标攻击。第183师攻进到小李庄一带，与敌发生激战；第182师第539旅董文英团对辛庄敌军发起猛烈攻击；余建勋团曾一度攻入后堡，受到敌军隐蔽火力的袭击，当即20多名官兵壮烈牺牲。同时第184师一部在陶沟桥击溃敌军，将敌追出5公里开外。但各部进攻均遇到敌军的猛烈阻击，敌军炮火尤其猛烈，致使攻击部队进攻受阻，被迫退回原阵地。于学忠、汤恩伯部也进攻受阻退回原防。

敌军乘机发动追击，直迫中国守军阵地，东庄、火石埠之线受敌攻击首当其冲，中国守军阵地的战防炮及各种炮火，猛轰进攻之敌军，击毁敌坦克5辆，敌军慌忙后退，中国守军炮火延伸轰击，阻敌增援，并轰击敌后逃要道。东庄守军杨宏光旅严家训团、常子华团，火石埠守军陈钟华旅莫肇衡团乘机反攻，集中一切火力射杀敌人，敌军被消灭大部。傍晚，日军再次反扑，集中炮火轰炸东庄、火石埠中国守军阵地达一小时之久，先后发射炮弹5000多发，尘土硝烟弥漫，不见天日，中国守军东庄阵地被夷为平地，守军团长严家训阵亡。敌军停止炮击之后，步兵即发动夜袭，激战通宵。敌军冲入火石埠，中国守军奋勇反击，双方展开肉搏。中国守军打退敌军第一次攻击之后，日军再次冲入火石埠，守军团长莫肇衡中弹倒地，以衣蘸血在石头上写下"壮志未酬身先死"七个大字，旋即牺牲。中国守军陈钟书旅副旅长马继武率部向立足未稳之敌猛攻，又夺回火石埠阵地。同时，高振鸿旅董文英第1078团在湖山与敌发生激战，团长董文英阵亡。当晚，湖山、窝山、戴庄相继弃守。

27日，第182师调整部署，以第540旅余部编为一个营，固守胜阳山及鸭鹅城；以第1078团新任团长陈浩如率所部100余人守枣庄营，另一部被敌人隔断的赵彬营固守西黄石山；以火力封锁戴庄通向运河的路口；以第1077团固守李家圩及附近高地，向右延伸到禹王山北麓，与正面敌军对战。晨8时左右，敌军猛攻杨庄与第2营守兵激战，敌军一部冲进村内，营长魏开泰阵亡。代营长岳家祥率兵一排增援，与敌逐屋争夺，将进入该村的敌军消灭，缴获轻机枪2挺、步枪17支。同日，第183师火石埠方面亦发生激战，莫仲璇团长阵亡，火石埠弃守。

28日，第184师炮击锅山，防守禹王山、枣庄营间的第182师第1078团陈浩如部反攻锅山受挫，敌军乘机反扑禹王山南侧，陈浩如率部顽强抵抗，敌军退回锅山，陈浩如以身殉国。第183师方面，敌军占领火石埠后，集中炮火轰击东庄阵地，昼夜不停，东庄大火彻夜不熄。东庄守军第1082团第2营营长张仲强摸准了敌军行动规律，当敌炮轰击东庄时，张营长率部撤到庄外，隐伏于战壕，俟火烧村庄之后，张又率主力返回村内预筑的阵地。28日，敌军派出搜索部队鸣枪向东庄前进，张部并不还击，直至日军进攻部队进入伏击圈时，张营长一声令下，全营猛烈射击，继之以手榴弹猛炸，随后与残敌进行肉搏，终将突入之敌大部消灭，缴获敌轻重机枪20余挺，六〇炮数门，步枪167支。从此之后，敌人虽仍然不断地向禹王山前方阵地发动攻击，但已谨慎多了，不敢轻率冒进。是日夜，敌军炮击东庄时，团长严家训不幸阵亡。

日军在疯狂进攻禹王山以北中国守军阵地的同时，还把攻击矛头直指禹王山。禹王山是台儿庄东南运河北岸海拔较高、面积较大的一个山头，俯视台儿庄并与台儿庄互相呼应，位置十分重要，日军志在必争。4月28日夜，日军约一个大队，在炮火支援下，向李家圩及禹王山西北坡第1087团阵地进攻，一股敌军占领了禹王山西北山麓一个小高地。第544旅旅长王秉璋亲率预备队向该敌发起反攻，王旅长胸部中弹，仍坚持指挥战斗，直至夺回小高地之后，才下火线被送到后方医院。

4月29日，敌军飞机、大炮配合步兵向禹王山正面发动攻击。第60军防御部队在敌军炮火轰击时，留少数人在阵地上监视，大多数官兵皆在掩体内隐蔽，待敌炮火向后延伸、步兵发起冲锋时，全部进入阵地，勇猛还击敌军，用机枪、步枪、手榴弹打击敌人。如此再三，多次打退敌军的进攻。

30日清晨，敌人发动对禹王山的全面进攻，中国守军的第一道防线数处被敌突破，禹王山顶也被敌军占领。第60军守备部队全力反击，终于把突入阵地之敌击退，但进占禹王山顶的敌军却一直盘踞山顶不退，第60军部队遂以山顶两侧阵地火力对盘踞山顶之敌加以封锁。为夺回禹王山顶，巩固后方安全，守备禹王山的第183师第542旅第1083团团长杨洪元命第3营第3连连长李佐率部向山顶攻击，务必夺回山头。李佐先率一个排向山顶冲锋，接近山顶时大部牺牲，随之又投入一个排冲锋，冲到山顶，两排官兵130多人仅剩30多人。第3营营长王朝卿向团长杨洪元建议："不能再令第3连向前冲了，只要能守住山顶就行，否则全连都会被打光。"杨团长同意这一建议，遂令第3连停止前进。第3连遂在禹王山顶棱线上与敌形成对峙。

第3连在禹王山顶100多米防御正面，配置了14挺轻机枪，每个士兵身边放置一至二箱枪弹和手榴弹，又有迫击炮火力支援，挡住敌人使之无法冲过禹王山顶。但中国守军也冲不过去，双方在棱线两边形成对峙。第3连战士拼命强行挖掘掩体，然后挖坑道连接掩体，连点成线，不断扩大山头防御阵地。自5月1日山顶形成对峙之后，敌军一面加紧对禹王山附近及山坡中国守军阵地的攻击，一面加紧对禹王山顶的争夺，每日都进行激烈的炮轰和步兵的攻击行动，但始终无法越过山顶棱线而占领整个山顶。

5月7日拂晓，敌军在禹王山顶中国守军左前方约500米处集中了九二炮（口径70毫米）10多门，突然向禹王山顶及左斜面中国守军阵地连续实施破坏性轰炸约30分钟，将中国守军棱线上的射击掩体全部摧毁，守军官兵伤亡过半。中国守军及时向山顶增援，来不及抢修工事，便用烈士的遗体作依托，以猛烈的火力打退敌步兵的多次攻击。就这样，守军官兵抱着与阵地共存亡的坚定信念，坚守山顶阵地，虽九死一生，但决不后退。

军、师战地服务团和部队政工人员冒着敌人的炮火，把民众送给第60军的慰问品如香烟、糖果、饼干、馒头等源源不断地送上山顶火线，大大激发了守军官兵的斗志。战斗到7日晚，第3连排长已全部阵亡，士兵只剩30余名。第1083团及时给第3连补充了一个近百人的新兵连，加强了防御兵力，禹王山顶棱线后侧的阵地一直牢牢掌握在中国守军手中。

与此同时，禹王山周围第60军的阵地，工事日益加强，官兵作战经验也趋向丰富，敌人屡次进攻，都被粉碎。日军原拟集中兵力，南渡运河，占领台、赵支线，未料到在禹王山以北地区，遇到第60军的顽强抵抗。该军以死硬拼，经过8天8夜的激战，终于遏制了敌军的攻势，敌军从禹王山方向的进攻大大减弱。

最高统帅部对第60军的顽强作战表示赞赏，蒋介石派后勤部长俞飞鹏到黄家楼第60军军部慰问。鲁南兵团总指挥、第2集团军总司令孙连仲也致电第60军军长卢汉表示褒扬："贵军此次在台儿庄附近以血肉之躯与敌之机械化部队艰苦奋斗，前赴后继，鏖战八昼夜……使战局转危为安，忠勇奋发，足资楷模。"①

第60军坚守禹王山一带阵地，直至5月中旬奉命将阵地移交给贵州新编部队第140师王文彦部接防，随后撤离鲁南战场，突围到河南周家口。第60军在台儿庄、禹王山地区坚持作战20多天，部队伤亡严重，付出了惨重代价。全军伤亡近2万人，其中三分之一阵亡。军官也伤亡大半，其中阵亡旅长1人，团长4人；伤旅长1人，团长3人。第60军从禹王山一带阵地换防下来之后，即根据现有战斗人员进行整编，第182、第183两师各缩编为1个团，第184师编为3个团，全军12个战斗团仅余5个战斗团。

---

① 余建勋：《第60军血战禹王山》，载《徐州会战》，第295-296页。

日军爆破陇海路上的大桥，企图截断中国军队的退路。

三、蒙城保卫战

侵华日军按照既定部署，由畑俊六的华中派遣军负责南线作战。芜湖敌军第6师团第11旅团旅团长坂井德太郎率步兵第13联队、骑兵第6联队、野炮兵一个大队，于4月24日在日本海军协同下从采石矶渡过长江，进抵和县。经与中国守军第26集团军连续作战，26日攻占了含山，30日攻占了巢县。坂井德太郎所部在巢县进行整顿和备战，准备进取合肥。淮南地区的日军采取攻势作战，牵制了该地区的中国守军，基本解除了日军北渡淮河作战的后顾之忧。再者，中国守军张自忠的第59军、于学忠的第51军先后调离淮河防线北上鲁南作战，淮河防务由廖磊的第21集团军部队接替，许多部队是从淞沪战场下来的疲惫之师，淮河布防松于前一阶段。日军抓住这一时机，渡河北上向徐州方向大力推进。畑俊六派吉住良辅的第9师团、荻洲立兵的第13师团，于5月5日从蚌埠、怀远出发，大举向北、向西北地区进攻，以求进逼徐州的南面和西面地区。

荻洲立兵第13师团从怀远荆山出发，数路并进，攻势甚猛，在支子湖一带与第五战区部署在淮北地区的部队、原广西军之廖磊第21集团军周祖晃的第7军第170师第1037团、第1038团发生激战。该部守军第一线阵地的工事尚未完成，与敌军遭遇之后，敌军攻势猛烈，当日第一线阵地即被攻破。时淮北大旱，许多河流断流，处处可以通行，而且怀远以北、西北地区属淮北平原，有利于日军机械化部队的展开。日军利用了这一有利条件，多路攻击前进，在支子湖正面抵抗的徐启明第170师和在涡河东岸龙亢的第7军军部被敌军冲散，收容后退至蒙城东南的立仓集。日军并未对第170师等部穷追猛打，而是按照既定目标，不顾一切地向前推进，把进攻矛头直指蒙城。日军第13师团多路攻向蒙城，其主力沿怀蒙公路于5月8日进抵蒙城附近。

防守蒙城的部队，是韦云淞第48军第173师副师长周元率领的第1033团。该部属广西军，参加过淞沪抗战，从淞沪战场退下来之后，在淮南地区作战，后在田家庵以东的洛河附近与敌军对峙。

周元，字凯之，广西人，行伍出身，历任排长、连长、营长、团长，抗战爆发前已升任少将副师长。淞沪抗战时曾率部参战，身先士卒，身负重伤仍不下火线，一直在前沿阵地指挥作战，直到战斗结束才送医院治疗。伤未痊愈，又重返疆场，被擢升为陆军中将。当日军北渡淮河向徐州方向进攻的战略意图已充分暴露之时，为加强淮北地区防备力量，第21集团军总司令廖磊急调周元率团赴蒙城设防（时第48军属第21集团军指挥）。周元接到命令后立即率第1033团从现地出发，由凤台南岸渡过淮河，沿凤蒙公路向蒙城挺进，冒着滂沱大雨，踏着泥泞道路，于5月6日傍晚赶到蒙城。

蒙城县城狭小，城墙单薄，且大部为土墙，若城内布防过多兵力，容易招致炮火损伤。城东郊附近有几个小村庄，村庄周围树木浓密，可以勉强作为防御阵地。城北、城西的郊外，地势平坦，但距离村庄较远，守城较为有利。北面城垣临近涡河，河水较深不能徒涉，也算是蒙城的一道屏

日军在铁路桥上布设炸药，爆破铁桥，截断中国军队的退路

障。从整个地形、地貌来看，蒙城易攻难守，而且，蒙城的防卫工事还未着手构筑。廖磊曾派梁学乾等三人小组赴蒙城指导构筑城防工事，时蒙城没有驻军，民夫又不易立即征到，三人小组仅侦察了地形，设计了战壕和碉堡位置，未来得及挖掘和构筑工事，日军便已迫近蒙城。周元率第1033团赶到蒙城后，立即指令该团团长凌云上从速布防，加紧抢修工事。

凌云上以第3营（营长蓝权）布防东门外附近村庄，并以其一部在东门内大街两侧构筑巷战工事。以第2营（营长李国文）一连在北城外的河边街及西北角的小西门布防，向涡河北岸警戒，阻止敌人渡河；以第2营主力为团预备队，控置于北城内，并构筑十字街口西北各街市及北城的防御工事。以第1营（营长贾俊优）主力布防于南门外小街市及南门城顶；西城郊外地形平坦，村庄较远，敌人接近较困难，由该营派少数兵力防守并构筑城上工事，其余兵力在南门内布防并构筑巷战工事。还组织了70多人的团搜索队，配轻机枪两挺，在涡河北岸的全集、移村间活动，并向龙亢方向警戒。部署就绪之后，各部官兵来不及换下被雨淋湿的衣服，来不及吃饭，便立即挖掘、构筑工事。第一线守军第7军的部队后撤，一部经过蒙城向西撤退，蒙城便成了突出之点，受敌攻击则首当其冲。

5月8日，日军迫近蒙城，大战随之展开。涡河北岸敌骑兵150人左右，进抵移村附近，遭到埋伏在大道两侧麦田里的第1033团搜索队的猛烈突袭，敌骑兵措手不及，伤亡人、马40余，慌忙后退。但随后敌步兵赶到，立即反扑，该搜索队凭借麦田掩护进行抗击，激战至夜，双方都有伤亡。

搜索队趁夜色掩护后撤，渡过涡河回到蒙城，参加守城战斗。

与此同时，蒙城东门外村庄附近的守备部队，也与先期抵达的日军发生战斗。敌炮猛烈轰击东门外中国守军阵地，敌步兵随后发起冲锋，守军官兵顽强抵抗，从下午3时左右一直打到黄昏，中国守军挡住了日军的攻势。入夜，敌军大部兵力赶到，加强了攻势，并派出一部向南迂回，包围并攻击南门外小街市中国守军阵地。涡河北岸的敌军强行渡河被阻，乃沿河北岸向西迂回，在小巢堵向梅渡一带渡过涡河，然后由西向东攻击，涡河南岸占领各渡口的中国守军逐次抵抗，后退入城内防守。蒙城四门外均发生激战，炮声、枪声、手榴弹爆炸声，整整响了一夜。

9日晨，敌军大炮再次轰击东门内外中国守军阵地，几架敌机也飞临蒙城上空，疯狂地向中国守军阵地投弹、扫射。敌步兵在大炮、飞机支援和配合下，在10辆坦克的掩护下，向中国守军阵地发起更为猛烈的攻击。东门外第3营的两个连坚守阵地，勇猛地抗击敌军，虽守住了阵地，但伤亡达200人。该营控置东门城上的一个连火速增援城东，所遗防务由第2营的一个连接替，战至下午6时，东门外阵地均被敌炮火击毁，附近树木枝叶亦被炸光。守军伤亡惨重，余部不足两排，已无预备队补充，入夜后撤进城内，放弃了东城门外的阵地。至此，仅南门外小街市阵地仍在中国守军手中，但孤悬城外，三面受敌攻击，苦撑至夜半，守军也撤入城内。这样一来，蒙城城外阵地全陷入敌手，第1033团守军全部撤入城区，防区大为缩小，处于敌军四面包围之中，敌炮火可以打到城内的每条街巷，处境十分危急。周元电告第173师师部：蒙城万分危急！第173师师长贺维珍复电：解围部队已在出发途中，务必固守待援。

第1033团守军经两日来的战斗，伤亡很大。第一天负伤的官兵100余人，因敌军尚未形成对蒙城的包围，得以运送阜阳后方医院治疗。此后负伤官兵无法送出，均收容在南门内的各学校里，缺医少药，敌炮和敌飞机又不断轰炸，其状极惨。

9日夜，迫近城墙的敌军一面准备爬城工具，一面不断地向城头发动袭击，除城北门外有涡河天然屏障没有战事外，其他三面城墙皆有战事，激战一夜未停。10日拂晓，敌军发起总攻。敌军将各种轻重武器推进至城墙脚下，近距离地直接瞄准城防工事轰炸、射击。第1033团守军仅有的4门步兵炮，弹药也已用完，无力还击，因此敌炮更加肆无忌惮。自上午7时起，敌军各种火炮在近城敌人放升的气球指示下，猛烈轰击城顶和城内，真是弹如雨下，尤以东城的南端更为激烈，"炮声隆隆，震耳欲聋，硝烟尘土，弥漫空际，呼吸也觉困难，阵地守军，即不受伤，也被炮声震荡得如无知觉一样"。①炮声一停，敌步兵发起冲锋，一股敌军从东城南端缺口冲进城内，第1033团团长凌云上急率第2营的两个连，从东门街两侧小巷向敌之侧翼展开逆袭，敌初入城内不熟悉地形，受到突然攻击顿显混乱，纷纷向城东南角后退，一时拥挤不堪。守军布置在东街口的重机枪班士兵已全部被敌炮炸死，重机枪无人使用，团长凌云上急忙上前，抓住重机枪，向退逃拥挤的敌人猛烈扫射，守军乘机冲杀，敌军除丢下的尸体外，全部挤逃出城，东南城角阵地恢复。这次反冲锋打得好，既击退了敌军，又缴获重机枪1挺，轻机枪4挺，步枪近60支，除打死打伤了一些敌人外，还俘虏敌兵十余人。中国守军牺牲营副1人、排长4人，伤亡士兵近百人。

敌军稍作整顿之后，再次发动攻击。战至近午，敌军于东南面大量施放烟幕弹，掩护步兵向东城、南城攻击，敌先以三辆坦克，载工兵10余人，直向城门冲来，到达东门口时，敌工兵跳下坦克，拆毁城门洞各种防御工事。城楼上的中国守军猛向城门洞投手榴弹，敌工兵伤亡殆尽，中国守军立即抢修城门工事。但敌军用伴随步兵的钢炮，向城门洞连续射击，工事全被击毁，城门洞穿，城楼上守军也被炮弹杀伤殆尽。敌炮延伸射击，隔断中国守军前后方联系，增援部队开不上来。敌步兵乘机越过东门城壕，爬上城顶，并由东门及东南缺口冲入城内。东门内100多米地段陷入敌手。团长凌云上率特务排和搜索队由东大街北侧，并令第3营残余兵力约

---

① 凌云上：《蒙城血战》，载《徐州会战》，第311页。

两个排由东大街南侧，同时向侵入东城之敌逆袭，但敌已占据街面房屋，凭借优势火力，疯狂阻击凌云上所率的攻击部队，攻击未能奏效，伤亡却很大，第3营营长蓝权也壮烈牺牲。恰在此时，南门告急，凌云上又率10余名手枪兵冲上南门城头，指挥守军第1营的一个连（已伤亡过半，新兵占多数），打退了南门攻上城墙的敌军。

经过激烈战斗，中国守军所剩不多，而且弹药告罄，无法补充，外援毫无消息。敌军已冲入城内，敌坦克、战车开道，步兵紧随，沿东大街向街中心推进，占领十字街口后，继续向西扩展，并开始向小巷挺进。中国守军被分割在几个地段，互相无法联系。第173师副师长周元正在病中，不顾危险，亲临大街指挥身边官兵与敌巷战。所有活着的守军官兵，人自为战，逐巷、逐院、逐屋与敌死拼，直至战死为止。第173师副师长周元壮烈殉国，所率第1033团守城官兵几乎全部牺牲，仅团长凌云上及其所率的10余人突出敌军重围，得以生还。蒙城沦陷，日军对已失去战斗能力的伤员进行惨绝人寰的集体屠杀。蒙城在悲哀，涡河在哭泣，残暴的日本侵略者，欠下中国人民又一笔血债！

第1033团将士除第一批100余名伤员送到后方，东城外守军部分未退入城内得以冲出敌军包围，凌云上率10余人突围成功，以及个别士兵和伤员藏匿于百姓房内后辗转归队外，其余全部牺牲。为了中华民族的抗战大业，第1033团付出血的代价、生命的代价，这是第1033团的光荣，这是中国人民、中华民族的光荣。

蒙城街头，洒满鲜血。
悲哉蒙城，壮哉蒙城！

四、豫东告急

日军第13师团进攻蒙城的同时，第9师团从蚌埠向北进攻，在涡河以东，突破韦云淞第31军在鲍集、陈集、新集一带的防线，沿北淝河推进，在5月10日蒙城陷落的当天，敌第9师团已推进到蒙城东北近20公里的板桥集。第9师团与第13师团始终保持着联系，携手并肩继续向前推进，到5月11日，第13师团到达百弓集，第9师团到达临涣集、百善附近。

与此同时，鲁南方面敌军第5、第114、第10师团的进攻受到中国守军的顽强抵抗，进展缓慢，有些战场战斗陷入胶着状态。鉴于此，敌华中派遣军司令官畑俊六决定加强淮北方面的作战力量，于5月6日调在镇江地区担任警备任务的滕田进第3师团增援淮北地区作战。该部敌军乘火车运达蚌埠后，即渡河北上，与韦云淞第31军发生激战，并节节推进，直逼固镇、瓦瞳集、湖沟集、大营集一线。

淮北战场战云密布，顿时呈紧急态势。李宗仁于5月7日10时致电蒋介石，分析战场形势道："查敌企图策应其鲁南方面之作战，于淮北方面所用兵力将达两师团，自必力求猛进，窥伺徐州；且淮北地形开阔，区域广大，阻止困难；窃以鲁南敌我已成胶着状态，彼此进展均属匪难；故职意淮北情况实较鲁南为紧急。拟即集中兵力，准备于固镇分设阵地，将敌击破，以解徐州后顾之忧。"

当日，第五战区司令长官部遂令刘汝明第68军、冯治安第19军团（辖第77军）、罗奇第95师等部速赴淮北战场，归廖磊统一指挥，以加强淮北战场正面防守力量。

蒋介石5月12日电令李宗仁，指出："鲁南方面即决心取守势"，特别强调"五战区第一任务在击灭蒙城方面之敌，使全盘态势有利，否则保有鲁南阵地亦属无益"。希望李宗仁"当机立断，速决实行具报"[1]。

李宗仁、廖磊都十分重视蒙城方面敌军的动向，意识到该方面敌军的战略意图是"向北进或西北进截断陇海路"，这将是对第五战区徐州会战阵线的致命一击。因此积极部署兵力，试图"击破淮北之敌"，阻止该敌

---

[1]《蒋介石致李宗仁密电稿（1938年5月12日）》，《抗日战争正面战场》（上），第637页。

向北、向西北挺进。但是，敌情瞬息万变，兵贵在于神速，李宗仁、廖磊的部署和相关部队的行动，皆慢了半拍，以致未能抓住战机，实现"击破淮北敌军"，阻止该敌向北、向西北侵入的作战目标。

5月11日，敌华中派遣军司令官畑俊六决定加快向北、向西北推进的速度，迅速切断徐州以西的陇海铁路，为此下达了下述命令：

日军攻占徐州

日军攻占徐州后，日酋寺内寿一与畑俊六喝庆功酒。

（一）第9师团派井出宣时少将率18旅团之步兵第19联队，山炮兵一个大队，向临涣集以东之宿县方向进行警戒，掩护主攻部队之右翼；师团主力攻向百善及以北地区。（二）第13师团攻占永城，并按预定计划北进，以遮断徐州敌军之退路。（三）第3师团向固镇桥西北大营集、双堆集、祁县集方向进攻。①

中国守军韦云淞第31军在宿县以南的浍河两岸阻止了敌第3师团的攻势，但敌第9、第13师团主力已离开蒙城地区北进，中国守军未能扼制住这两支敌军劲旅的攻势，徐州西南地区告急。敌第13师团接到畑俊六的命令后，为快速向陇海路推进，调整了进攻部队的编组。荻洲立兵将配属的岩仲义治的坦克第1大队、独立轻战车第7中队、第104联队的两个步兵中队

---

① 王辅:《日军侵华战争》（2），辽宁人民出版社1990年版，第797页。

和一个工兵中队，组成快速挺进部队，全速向永城方向挺进。廖磊调防永城的罗奇第95师之一个团还未到达永城，敌军快速挺进部队已兵临永城城下。永城乃豫东重镇，徐州西南地区的第一道门户，但罗奇的一个团未能赶到设防，该城没有正规部队防守，仅数百名地方部队设防，面对强大敌军的进攻，不堪一击，永城于5月12日17时左右失陷。①

敌第13师团占领永城以后，岩仲义治率其坦克队快速挺进部队继续向北进犯，在韩道口与中国守军刚开赴该地区的第74军俞济时部发生激战，敌军突破俞济时军防线，继续向前推进，于5月14日15时30分，抵达砀山以东约15公里的汪阁，终于突进到陇海线，与由鲁西南下的敌军会师。徐州西面岌岌可危。

与此同时，北线日军也加强了攻势。接替西尾寿造第2军司令官之职的稔彦亲王，于5月7日命令板垣征四郎第5师团、末松茂治第114师团，继续对鲁南地区中国守军进行牵制性作战，并适时向前推进，以求与挺进苏北的华中派遣军会合；矶谷廉介的第10师团从夏镇渡到微山湖以西后，立即向南攻击前进；中岛今朝吾的第16师团从济宁渡过大运河，向徐州西北地区迂回。

敌第16师团由济宁渡过运河之后，立即展开攻势，于5月11日占领金乡以北地区。中国守军第3集团军李汉章第74师在金乡、鱼台地区顽强抗击敌军；第74军第58师第154旅进至沛县支援第3集团军作战。在金乡、鱼台地区，中国守军与敌第16师团主力激战数日，中国守军伤亡严重，尤其是李汉章第74师，伤亡过半。敌于5月14、15日，攻占了鱼台、金乡。敌第16师团主力在金乡、鱼台与中国守军激战，一时无法脱身南下，敌酋中岛今朝吾立即组织了一支由坦克第2大队大队长今田俊一率领的机械化快速挺进部队，沿鱼台以东、丰县以西地区向南突进，冲破中国守军的阻击，直扑陇

---

① 《李宗仁致蒋介石密电（1938年5月12日18时）》，《抗日战争正面战场》，第638页。同时，敌第9师团占领了永城东南的百善。

海铁路，于5月13日深夜、14日凌晨，进至陇海铁路黄口、李庄一带。据津浦铁路局局长杨承训报告，14日晨，"陇海铁路李庄车站发现敌坦克车22辆，并将李庄黄口间桥梁炸毁……陇海铁路遂被敌军完全截断"。①

由于日军坦克守在被炸毁的桥下，中国铁路员工无法抢修通车。在陇海路东段承担军运任务的271台机车、600多辆客货车，无法西撤。徐州的铁路交通被完全阻断。②

与此同时，敌第14师团酒井隆第28旅团也由济宁渡过运河，经嘉祥向郓城攻击，以掩护土肥原贤二第14师团主力由濮城地区南渡黄河。郓城守军商震第20集团军李必藩第23师与敌发生激战，终未能挡住敌之攻势，5月11日郓城失陷。敌第14师团由濮城南渡黄河之后，与占领郓城的敌第28旅团会攻菏泽，李必藩第23师奋力抵抗，全师伤亡大半，师长李必藩殉职，参谋长黄启东、团长刘冠雄等阵亡。敌第14师团"占领菏泽后，继续南向陇海路方向攻击"。

日军用在徐州会战方面的兵力已占侵华日军关内总兵力的百分之六十，仍嫌兵力不足，因关内日军已无法再抽调，日本大本营5月10日下令急从关东军中抽调两个混成旅团增援徐州战场，归稔彦亲王第2军指挥。该两部敌军为：田村元一的混成第3旅团，总兵力近5000人；森田范正的混成第13旅团，总兵力5000多人。混成第13、第3旅团于5月15、16日先后到达兖州，立即向鲁西南地区挺进，投入战斗，增强了这一地区日军的攻击能力。

敌华北方面军和华中派遣军集中精干兵力会攻徐州西面的陇海路，并截断了陇海路交通，西线告急，战局急转直下，日趋恶化。

同时，日军加强了对徐州的空袭。5月10日敌军5次空袭徐州，共投下220多枚重磅炸弹和硫黄弹，焚毁民房4000余间，津浦路两侧民房1000余间

---

① 《津浦路杨局长访问记》，载《抗战与交通》第8期，1938年7月1日。
② 张公权：《抗战前后中国铁路建设的奋斗》，台北传记文学社1974年6月修订版。

全被烧光，平民死伤300多人。11日敌机7次轰炸徐州；12日轰炸5次；13日敌机54架分批轰炸徐州，投弹300余枚，死伤平民100余人，炸毁民房500余间；14日敌军轰炸徐州，投下燃烧弹280多枚，800多人死伤；15日敌机100多架轰炸徐州。其间9日至12日，敌机集中轰炸徐州东、北两火车站，"徐州东北两站所有路轨站房以及员工住宅，一律炸平"[①]。

徐州每天都遭空袭，时时都有警报，前一个警报尚未解除，后一个警报又至。中国守军缺乏高射武器，又没有足够的空军力量保护领空，敌机对徐州的轰炸呈肆无忌惮之势。大量房屋财产被炸被焚，无数善良无辜的平民死伤。整个徐州，满目疮痍。

五、紧急大撤退

日军从四面对徐州采取包围之势，而且北、南、西三面的包围态势已基本形成，东面虽然鲁南日军还未与苏北日军会合，但截断东陇海路的企图十分明显，而且合围之势也已初见端倪。对于日军的这一战略企图，中国统帅部认识得还是比较清楚的，而且比较乐观，认为日军数量上少于中国军队，却采取外线包围作战，中国守军正好可以对敌各个击破。5月12日8时左右，最高统帅部军事委员会委员长蒋介石致电第一、第五战区高级将领："查日寇自鲁南屡败惊慌万状，近竟放弃晋绥江浙既得地位，仅残置小部扼守要点苟延残喘，而调集所有兵力指向陇海东段孤注一掷，以图幸逞，其总兵力合两淮鲁豫至多不过15万，较之我军使用各该战场之兵力约为四倍以上之劣势，且敌之后方处处受我扰袭，补给不便。较之我之后方有良好交通线者，其补给及兵力转用之难易相去甚远。目下敌不顾其兵力之不足及战略态势之不利，竟敢采用外线包围作战，其必遭我军之各个击破而自取败亡殆无疑问。仰我忠勇将士明察彼我熟权利害，鼓舞所部以旺

---

① 《津浦路杨局长访问记》，载《抗战与交通》第8期，1938年7月1日。

盛企图心各向任务迈进，击灭当面之敌以寒寇胆而扬国威为盼。"①

不能说蒋介石的这份电报是盲目乐观，除了敌军投入兵力有20余万只估计有15万不够准确外，其他方面的估计和分析按军事常规不无道理。中国军队四倍于敌，敌军又是外线包围作战，看上去确实具备各个击破敌军的"优势"和"战机"。但是，中国军队的武器装备等技术能力远劣于敌人，而且有许多军队连续作战，伤亡严重，未得到补充，战斗力大大减弱。更为重要的是，敌军外线包围作战，并不是拉网式的外线包围，而是集中优势兵力，机动出击，攻略战略要点，截断徐州的北、南、西、东各面铁路交通，对徐州采取战略包围。中国守军却采取被动防守，鲁南完全陷于阵地防守，鲁西、淮北也基本是防堵式作战，处处布防，哪儿吃紧就向哪儿增援，敌军攻向哪儿就从哪儿堵截；运动战、游击战术很少运用，更未保持强有力的机动兵团，猛攻敌之薄弱环节，基本处于被敌人牵着鼻子走的状态。这样一来，"优势"变成"劣势"，"劣势"者居于"优势"。各个击破敌军的"战机"未创造出来，未把握得住，陷入敌军包围的战局却已形成。当然，日军在淮北和鲁西的推进速度，也大大超出统帅部的预计。

淮北敌军两个师团，5月5日开始从淮河岸边向北"挺进"，鲁西敌军主力5月9日从济宁向西、向南进军，5月14日双方在陇海路会合，进军速度确实很快。除了平原地区敌军机械化部队利于展开的因素之外，中国军队在部署上、在作战上也有不当、不力之处。虽然中国守军以血肉之躯顽强抗击敌机械化部队，创造了无数可歌可泣的英勇事迹，但战场上的疏漏（如永城失防），也是造成敌军得以长驱直入的原因之一。至于未能很好运用运动战、游击战术，未预留强大机动兵力主动攻击敌人，责任主要在于第五战区司令长官部和最高统帅部（军令部第一厅厅长刘斐等人曾有过这方面的建议，未被及时采纳），也正因为此，才有人批评李宗仁、蒋介石台

---

① 《蒋介石致程潜等密电稿（1938年5月12日）》，《抗日战争正面战场》（上），第637页。

儿庄大捷之后有些"骄傲"和"飘飘然",重陷"消极防御"的覆辙。

还应当看到,就中国守军作战而言,淮北、豫东、鲁西战场与鲁南战场比较,仗打得要逊色一些;第一战区辖区东移,豫东、鲁西战场归第一战区指挥,就徐州会战而言,第一战区指挥的战斗与第五战区比较,仗打得也要逊色一些。淮北、鲁西、豫东战场新增援部队较多,多属"生力军",而鲁南战场多疲惫之师,结果前者仗打得比后者还逊色,不能不令人遗憾。这也更能说明战略部署和决心、士气的重要性。

战斗进行到5月15日,徐州会战已接近尾声。当时的战场情况是:淮南战场,敌军5月14日占领合肥,中国守军淮南兵团徐源泉第26集团军等部积极作战,利用运动战和游击战术,克复全椒、巢县,并对占领合肥的敌军展开围攻。淮北战场,向宿县方向推进的敌第3师团,已占领了瓦疃集、大营镇,韦云淞第31军、冯治安第77军、周祖晃第7军务一部在祁县集一带沿浍河与敌展开激战,固镇桥仍在中国守军手中;敌第13师团一部已与南下的敌第16师团一部会合于砀山、黄口的陇海铁路,并截断了陇海铁路;敌第13师、第9师团正从西南逼近萧县和徐州。鲁西战场,敌军除第16、第14师团已进至或逼近陇海路外,第10师团也于15日夜西渡微山湖,攻向沛县;从关东军抽调的混成第3旅团、第13旅团15日抵达兖州后,立即投入鲁西战场参加战斗。鲁南战场,敌第5师团,第114师团被孙连仲指挥的鲁南兵团阻止在徐州以东的码头镇、郯城、北劳沟、南荆邑、邳县一带。苏北战场,敌第101旅团已占领阜宁。

面对徐州会战的严峻战局和徐州面临敌军合围的不利态势,最高统帅部和第五战区立即意识到在徐州地区与敌进行决战是不明智的。淮北、豫东、鲁西南基本是平原地区,中国守军技术兵力处于劣势,与敌飞机、坦克配合的机械化部队作战,必造成严重伤亡;消灭中国抗日军队的主力,正是日军的作战意图和目标,也是日本想尽快结束战争的捷径。只要中国拥有强大的抗日武装,日军就无法征服全中国,既无法结束战争,也无法使已占领地区安宁。因此,对于日军来说,最大限度地消灭徐州战场上的中国军队，比占领徐州都重要。日军对徐州采取战略包围态势，其目的不仅仅是为了占领徐州，更为了消灭徐州地区的中国军队。对于中国军队来说，保存抗战武装力量，是坚持持久抗战的重要保障。坚持持久抗战，最终打败日本侵略者，关键在于不断地打击敌人，消灭敌人，"积小胜为大胜"，而不在于一城一地争夺之得失，尤其是在极其不利的战局下保守一城一地而与敌死拼，必然加大牺牲，最终也未必能保住城池，这样反而有利于敌有损于己。基于以上考虑，第五战区和最高统帅部决定徐州战场上的中国军队，有计划地实行"转进"。也就是"突围""撤退"，保存力量，进行下一个会战。

徐州虽然已被日军从北、南、西三面包围，而且东面也随时有被日军围困的危险，沿铁路撤退的唯一通道——徐州西去的陇海路又被截断，但是徐州地处苏鲁豫皖四省交会，没有江海阻隔，除铁路之外仍然可以四通八达。加之敌军对徐州的包围并非拉网式封锁，而是重点攻占战略要点，因其兵力限制，攻略过的地方就无法派重兵防守，这就为中国守军突破敌军包围向后方撤退提供了有利条件。李宗仁准确地判断出上述形势，乘日军并未能对徐州围得水泄不通之际，组织部队果断地脱离战场，迅速突围、撤退。李宗仁还看到，日军虽然已占领了徐州西南的蒙城、永城地区，但敌军继续北上陇海路后这些地区敌军兵力薄弱，可以作为第五战区大部队向西、向西南进行战略转移的通道。中国守军虽然装备较差，但部队较多，士气也高，按建制有组织地转移则兵力相对集中，既不攻坚，又不搞阵地防御，而是机动出击，运动中作战，选择敌军的薄弱环节突破，全力向后方转移，肯定能够获得成功，而且只将付出最小的牺牲。李宗仁有信心、有把握取得徐州大撤退的成功。

5月14日，第五战区在运河南站召开高级将领军事会议，出席会议的有第五战区司令长官李宗仁，最高统帅部军事委员会副参谋总长白崇禧，从武汉经郑州带着蒋介石的旨意刚到徐州不久的军令部次长林蔚、第一厅厅长刘斐，以及孙连仲、于学忠、汤恩伯、张自忠等高级将领，第110师师长张轸以第13军军长名义也参加了会议（第13军军长为汤恩伯，1938年6月8日升任第31集团军总司令，由张轸继任军长）。林蔚、刘斐传达了最高统帅部关于调整部署、转移阵地的决定。会议决定：鲁南地区的新阵地线为右起窑湾、猫儿窝，沿运河南岸亘韩庄之线，各部队相机转于新位置，逐步加强工事固守，但对邳县城、滩上镇、禹王山、台儿庄等各前沿阵地不可过早放弃；抽调李延年之第2军及汤恩伯军团炮兵第4团及一部分重炮连，即日到徐州集结待命，尔后由汤恩伯指挥先击破由淮北向徐州西侧进犯之敌；留置鲁南各部队直接归孙连仲指挥。李宗仁以司令长官名义正式发布孙连仲、于学忠为鲁南兵团总、副指挥官；汤恩伯、张自忠为陇海兵团总、副指挥官；韩德勤、石友三为苏北兵团总、副指挥官；廖磊、冯治安为淮北兵团总、副指挥官；李品仙为淮南兵团总指挥官。李宗仁强调：重心是击破徐州西面敌军，掩护徐州左翼，维护陇海路交通，如不奏效，即行总退却。

5月15日，李宗仁又作全面撤退部署。

由于连日来敌军飞机对徐州狂轰滥炸，而且敌军迫近徐州，徐州已在敌炮射程之内，敌炮不断地轰击徐州，徐州西关还发现敌人便衣队，城内民众已躲于四乡避难，第五战区司令长官部的安全受到严重威胁，遂于5月16日移至城外段家花园办公。李宗仁根据西线危急的战况，于17日令张自忠第59军从西面的郝寨撤至徐州作为预备队。18日晚，李宗仁率长官部职员、特务营、中央留徐各机关人员和在徐州的新闻记者、来徐州慰劳军队的一部分各界代表人士，共1000余人，乘一列火车离开徐州南下，准备车抵宿县后再徒步向西撤退。车行50多公里，因受命破坏铁路的工兵误认为长官部列车已经开过，将铁路桥梁炸毁，火车无法再行，李宗仁率队下车步行，翌晨抵宿县城北。在这里，李宗仁与汤恩伯相会，简短交谈之后，便指挥汤恩伯陇海兵团和廖磊淮北兵团按预定计划，先封锁敌军据点，在加强了战斗准备及两翼警戒与后卫的情况下，大部队继续西进，强行通过敌军后方蒙城一带向西南突进，脱离敌军，撤向豫皖边指定集结地点。李宗仁则率长官部大队脱离大部队,过津浦路东,向宿县东南撤退,白天散住相近各村落,封锁消息,夜晚急行军,绕道宿县以南从任桥、西寺坡间再跨越津浦路,向西行至涡河北岸,第7军派一个团来此接应,渡过涡河,进入第21集团军防区,得以安全撤退。中央派员及新闻记者、慰劳人员等皆回武汉,第五战区司令长官部经安徽阜阳、三河尖,入河南固始,至潢川暂驻。李宗仁的这一撤退路线是精明的,既减少大部队的目标,不致拖大部队撤退的后腿,又使长官部大队行动灵便,绕道路东再折向路西,避开敌军主力和目标,也确是一条安全的撤退路线,一路上除遇到敌机骚扰之外,没有遇到敌军地面部队的阻截和追击,跟随李宗仁撤退的新闻记者和其他人士,无不为之称奇。有人说是跟着李长官贵人福相,"天助我也",幸运幸运;有人则大赞李长官神机妙算,运筹如神,后者之说不无道理,李宗仁确实看准了撤退的间隙和空子,走了一条看上去风险很大(脱离大部队),实际危险很小的路线,使撤退得以圆满成功。

徐州撤退,军令部着手进行新的作战部署,并估计日军下一步的目标可能是"攻略郑州,转窥武汉",即沿陇海路西进占领郑州,然后沿平汉路南下攻击武汉。实际上日本大本营根据日本在华总兵力及下一步进攻武汉、广州需要略作准备的情况,于5月21日下令:华中派遣军转至淮河以南一线,一部返回原驻地,第13师团须配置于蚌埠以西之淮河沿岸,准备转属第2军;华北方面军与华中派遣军占领兰封、商丘、永城、蒙城一线之以东地区。依照此令,敌华中派遣军部队在淮北控制宿县至蚌埠的津浦铁路及其以西至蒙城一线的地区,并攻占了蒙城西南淮河岸边的凤台;在淮南经与李品仙淮南兵团第48军作战,攻占了淮南煤矿、寿县以及正阳关,控制了蚌埠以西约100公里的淮河两岸地区。敌华北方面军部队则向豫东进攻。

至此,徐州会战的尾声也已结束。

徐州会战的第三阶段,战场围绕以徐州为中心的地区,日军以八个师团另四个旅团的兵力，经一个多月的作战，付出了约伤亡两个师团的代价[①]，占领了徐州，打通了津浦铁路，使之占领的华中、华北、东北联系起来，为其继续扩大对华侵略，造成了暂时的有利条件。

徐州突围之役，中国守军利用一些有利地形，组织60多万兵力，迟滞和消耗敌人，共毙伤敌军约32000人[②]，虽然自己的伤亡数大于敌，但始终避免被迫决战，最后逐步转移至外线，保存了抗日有生力量，有利于持久抗战。蒋介石对"徐州失陷，我军整然西撤，损失甚微"大为满意，他在5月27日致李宗仁的密电中说："鲁南撤退各军整然，殊为欣慰。吾兄公忠体国，备著辛劳，至深怀念。希继续努力，完成复兴大业为盼。"

蒋介石在1938年6月3日的日记上这样写道：此次我军撤退愈速，敌进将更迟缓。在长期战争中，不可以一时之进退定其胜败，战略之撤退，如能达到预期之结果，即胜利也。

应当说，徐州大撤退，确是成功的，但就后期战事和徐州之失来说，还是有许多值得检讨的地方，军委会于6月4日电令各参战将领，要求认真检讨反省，总结经验教训，引以为鉴，以利再战。

徐州会战先后进行了5个月，中国军队虽然没有取得会战的最后胜利，没有守住津浦线和战略要地徐州，但沉重打击了敌军，彻底粉碎了日军速战速决的侵华计划，为中国军队部署下一阶段的武汉保卫战争取到了必要的时间，"充分发挥了以空间争取时间的战略计划"，而且，会战过程中取得了诸如台儿庄大战等局部战役的胜利，增强了中国抗日军民的志气、信心和勇气，符合"积小胜为大胜"的总体战略，利于持久抗战。徐州会战，是中华民族抗日战争的重要组成部分；第五战区抗日军民在徐州会战中的功绩和创造出的可歌可泣的英勇事迹，将永远彪炳史册，激励后人。

[①②] 王辅：《日军侵华战争》（2），第814页。

六、兰封之战

中国军队在台儿庄打了一个漂亮的胜仗，日军损失惨重，伤亡兵力约1.2万人，为侵华战争爆发后所未有。消息传到日本国内，日本上下皆惊，内阁大光其火，责令参谋本部迅速拿出方案，尽快给中国方面以报复。

1938年4月17日至18日，日本华北方面军和华中派遣军在其大本营代表的参加下，在济南召开了作战会议，决定以7个师团的兵力从南北两个方向向徐州进攻。

4月23日，华北方面军下达徐州作战命令：令第2军尽快开展攻势；命第1军以有力一部渡过黄河，迅速切断兰封、商丘间的陇海铁路，并向商丘挺进。日本大本营则认为7个师团的兵力无法占领徐州，于是自平津、晋、绥、苏、皖一带增调了十几个师团，共30万兵力，从南北夹击徐州，以图一举包围、歼灭徐州战场的几十万中国军队主力。中国军队决定放弃徐州。

日本参谋本部的智囊团成员聚集在中国地图前，他们一致认为：华北作战后，中国主力退至黄河以西、以南之河南、陕西、皖北和苏北；京沪杭作战后的中国部队主力退至浙江钱塘江、天目山一带与皖南、皖北；徐州会战后，中国部队主力退至大别山及平汉路以东。总之，中国军队主力并未遭到歼灭性的打击，而且最近正以武汉为大本营，发动声势浩大的抗日运动。因此，从日军作战当局到具体参战部队，均一致希望攻克汉口。

5月14、15日两天，日军先后出动了三支部队分别从豫北和皖北对陇海线发动突袭和拦截。其中南路第10师团主力从亳县经鹿邑、淮阳，直冲周口，其中一部掠柘城、太康，进占扶沟，直奔平汉线上的重镇许昌。北路第14师团从鲁西濮县突破商震部队的黄河防线，强渡黄河，直插陇海线的兰封，并炸毁了陇海铁路，将第五战区部队西退道路切断，攻占开封，西窥郑州。中路第16师团攻占商丘后，兵分两路，其一部沿陇海线经宁陵、杞县，直达开封西南的朱仙镇；另一部经睢县、尉氏，直抵郑州以南的新郑，会师郑州，再南下平汉线，一举占领汉口。

在敌我态势图前，蒋介石和他的幕僚们制定了豫东作战方案，张网以待。

他命令第一战区司令长官程潜组织部队，以图消灭突出冒进、孤军深入的豫东敌第14师团，将其歼灭在内黄、仪封、民权之间。

这场大战的参战部队以中央军为主。由俞济时的第74军及李汉魂第64军一个师组成东路军，由商丘西进；以桂永清第27军、宋希濂第71军组成西路军，由兰封东进；由孙桐萱第3集团军和商震第20集团军组成北路军，在定陶、菏泽、东明、考城附近切断日军退往黄河北岸的退路；同时命令黄杰第8军、第64军两个师坚守砀山，以阻击日军第16师团由徐州西进。此外还有汤恩伯第2兵团、胡宗南第1军等20多万大军，云集豫东地区，准备以雄鹰搏兔之势，与2万敌军决一死战。

从山东菏泽南下的土肥原第14师团丰岛旅团进至兰封、内黄、民权一带。5月15日，在考城附近受到了宋希濂第71军的顽强阻击，日军没料到遇见如此强硬的对手，攻了几次，碰得头破血流，被迫放弃夺取兰封的计划，转向仪封前进。

17日，在仪封附近，丰岛旅团又遇上了宋希濂第71军，仇人见面，分外眼红。日军依仗重炮与战车，疯狂向我军发起进攻，双方死伤惨重，战成平手。18日，宋希濂部打退了敌第14师团的进攻，乘胜收复内黄车站。土肥原得知内黄失守，亲自组织部队反攻内黄，防守该地的中国另外两个师一触即溃。19日，土肥原率第14师团攻占内黄、仪封、人和集一线，伺机西攻兰封。

此时，蒋介石飞临郑州，给他的黄埔高足们鼓励打气，希望他的嫡系将领在兰封会战中有上乘表现。

蒋介石得意洋洋地说："他李德邻（宗仁）能在台儿庄依靠杂牌部队获得胜利，我这次要让中央军精锐在兰封也打出威风来。与他比一比，看谁更厉害。"

21日，第一战区司令长官程潜在河南省会开封指挥作战。

第14师团属于华北方面军第2军之主力，师团长土肥原贤二是日本前驻华北地区的特务机关头子，被中国人称为"土匪源"。该师团有2万余人，配有数百辆卡车、装甲车及炮兵牵引车等先进装备，极具战斗力，绝对不是好包的粽子。日军依仗优势火力，将装备劣势但士气高昂的中国部队的攻势一次次地瓦解。

中国军队将日军第14师团团团包围在兰封及其外围的三义寨、曲兴寨和罗王寨等地，展开围攻。

攻势如潮，一浪高过一浪。

王耀武第51师出手不凡，和贾韫山第33师一部击溃马庄寨日军千余人，力克内黄、人和集。

第87师师长沈发藻不甘示弱，一鼓作气收复仪封，迫使日军弃寨而逃。

紧接着宋希濂和俞济时两军，各向东西毛姑寨、东西岗头等地的日军展开围攻，围歼了日军千余人，日军主力6000余人仓皇拔寨而逃，向西南窜去。

桂永清也要扬名立万、大显威风，他调集了第27军三个师加一个旅的兵力，并向蒋介石要求配备了邱清泉的战车营和装甲车连，严阵以待，防止日军西进。

面对中国军队的层层围攻，第14师团一度陷入苦战，被压迫得喘不过气来。土肥原不得不在三义寨、罗王寨和南北之线凭借村寨固守。日军的后方补给线被我军截断，前线只能依靠空投，在被围的七天七夜中，无时无刻不在惊涛骇浪中度过。战事虽然激烈，但日军有强大的空中力量和重炮的支援，加上重轻机关枪的扫射，使我方伤亡很重，加上我装甲车被击毁多辆，也在一定程度上影响了部队的进攻能力。我军一部一度打到离土肥原司令部500米之处，差点活捉了土肥原。

第14师团长土肥原贤二

中国军队不仅收复了兰封、内黄集和罗王车站等地，还将徐州的军用物资，用24列军车安全运输到郑州。此外，滞留在徐州地区的中国第五战区主力包括德式装备的机械化重炮旅团也乘隙撤往皖西和豫南地区。

由于日军攻势猛烈，加之有重炮和飞机助攻，一下子扯破了桂永清的防线，他只得命令主力退往杞县和开封。土肥原部于23日占领兰封。此举令蒋介石、程潜大为震惊，恐其长驱西进，直取开封、郑州，使全局陷于混乱，决心组织部队围歼土肥原，24日，调来胡宗南第1军、彭进之第90军及邱清泉战车营、重炮营攻击曲兴集、罗王寨。令第74军俞济时、第20师孙桐萱、新第35师王劲哉、第106师沈克进攻三义寨，第71军宋希濂进攻兰封、第64军李汉魂进攻罗王寨。

第一战区参谋长晏勋甫说："我军对敌围攻达一星期，敌人后方补给线被我截断，前线补充全靠空投，始终无增援部队，我军遭敌机轰炸扫射，伤亡较多，我装甲车也被击毁数辆，但我军仍处于优势，再有三五天我军纵不能消灭土肥原，也可继续给予重创。"

桂永清在撤退前，匆匆下达一道命令，令第88师师长龙慕韩守兰封，掩护主力撤退。踞守兰封的第88师师长龙慕韩见日军火力猛烈，擅自命令该师于深夜撤离阵地，次日，由东岗头西逃的日军意外占领兰封，凭借该地现成的工事固守待援。如此，日军不但逃脱了灭顶之灾，还得以踞守兰封、罗王寨、三义寨、曲兴集、陈留口等黄河南岸一线负隅顽抗，将陇海铁路完全截断。

日军乘势攻占了兰封以西的曲兴寨、罗王寨和罗王车站等地。

兰封失守令蒋介石大发脾气，骂他的学生不给他争气。盛怒之余，他致电第一战区："如有畏葸不前，攻击不力者，按律严惩。"同时，蒋介石令该战区第1兵团于5月25日凌晨发动反攻,务于次日拂晓将土肥原的第14师团全歼,收复陇海铁路。

5月25日凌晨,中央军各部向土肥原第14师团发起全线进攻。

宋希濂第71军攻击兰封,斩将搴旗,于当晚夺回兰封车站。

26日,宋部向兰封城外阵地发起猛攻,中国士兵面对敌人凶猛的火力,用手榴弹、步枪和大刀与日军展开肉搏战,杀得昏天黑地,血流成河,最后以惨重的代价,克复附近要点许楼。兰封城虽仍在日军手里,但土肥原如同在惊涛骇浪中一般。当夜,宋希濂召集军事会议,总结前两天作战的得失,下令无论付出多大代价,务于明日收复兰封。

27日,宋希濂亲自督战,集中所有大炮猛轰敌阵地;所部士兵都怀着报仇血恨之决心,呐喊前进,血战竟日,终于收复兰封城。

俞济时、桂永清两军在数十辆战车的支援下,与盘踞三义寨的6000余名日军展开厮杀;强攻一天,无功而返。

第二天的战斗尤其惨烈,两部配合,曾一度攻入三义寨内,可惜后继跟不上,未能站住脚,被日军的火力猛烈扫射,又退了出来。

第三天,俞济时第74军拼死抵挡日军飞机、大炮、坦克和步骑兵的联合立体进攻。阵地上一片火海。该军相继战死两名团长,以丧亡官兵2500人的代价,终于艰难地将敌军的进攻止于阵前。

李汉魂第64军也于28日奏凯,经过浴血奋战,前赴后继,相继夺回被日军土肥原第14师团占领的罗王车站和罗王寨,迫使日军退往曲兴集。

只有桂永清打得丢人现眼。28日,在日军优势兵力的狂攻面前,桂永清惊慌失措,命令部队向杨堌集、红庙见地区转移阵地,沿途抛弃无线电机及武器弹药无数。

李汉魂

27日，宋希濂克复兰封，李汉魂克复罗王寨，陇海路重新打通，42列火车安全撤回，经开封、郑州西驶。正待扩大战果，消灭土肥原。

日军事后心有余悸地承认："敌人向第14师团的反攻，力量很强，师团陷入被包围攻击的苦战中。"

更令人震惊的事情发生了：26日，中路日军中岛第16师团攻占虞城，同时向商丘外围阵地展开攻击。黄杰第8军抵挡不住日军的攻势，撤至二线阵地。27日，程潜严令黄杰死守商丘，在我军围歼兰封之敌以前，不得放弃阵地。

黄杰是蒋介石的高足，自然只听命于蒋介石，不把他人放在眼里。他无视第一战区司令长官的命令，只留下一个师守商丘城和朱集车站，擅自率两个师于28日向开封撤退。黄杰的行为，为守商丘城的部队带了个坏头。于是29日凌晨，留守商丘的部队也仓皇撤出，商丘就这样轻易丢掉了。商丘古称归德，为豫东重镇，历来被称为"豫东锁钥"，该城失守，大门洞开，豫东平原直到开封、郑州，一马平川，无险可守。

日军中岛今朝吾第16师团大喜过望，占领商丘后，迅速兵分两路西进，一路过宁陵，直至开封南面的杞县；另一路（南路日军第10师团从亳州西进鹿邑，企图下太康、扶沟、淮阳、许昌，切断平汉线）日军第20师团在黄河北岸，支援土肥原第14师团。

蒋介石这才手忙脚乱，不得不抽调宋希濂军赴淮阳、太康、曲龙集，以阻截西进的第10师团；同时令李汉魂率3个师分赴睢县、杞县、宁陵布防。包围土肥原第14师团的战斗被迫停滞下来，双方形成对峙状态。土肥原长长地喘了一口气。

31日，蒋介石急令兰封地区的中国军队全线撤退，撤至平汉线以西地区，只留商震第

黄杰将军

32、刘和鼎第39两军在开封、中牟一带阻击敌人。

兰封会战完全失败，蒋介石骂娘了："娘希匹！20万军队打不过土肥原的两万人。"

蒋介石在给程潜的信中说20万大军竟未能消灭土肥原两万人，这在战史上亦为一千古笑柄。

一怒之下，蒋介石欲拿第1兵团司令官薛岳做替罪羊，质问："你是怎样指挥的？"

薛岳振振有词："这都是你的嫡系、你的高足，不听从调遣，擅自放弃阵地的结果。"

蒋介石气急败坏，下令枪毙了擅自撤退的第87师师长龙慕韩。龙慕韩是他黄埔一期的学生，又是他的爱将，逼到这个份上，也只能挥泪斩马谡了。

形势逆转。

日军中岛今朝吾第16师团一部主力克宁陵，于6月1日攻至杞县；6月3日，攻占杞县、通许、陈留。

日军矶谷廉介第10师团主力于5月31日攻占亳县，继续西进，企图连下太康、扶沟、淮阳、许昌，以切断平汉线。

土肥原第14师团于4日攻占兰封，与中岛第16师团会合；6月3日，第14师团从兰封，第16师团从杞县、陈留合攻开封，与宋肯堂第141师激战。6日凌晨，宋部撤出开封。第14师团沿铁路向中牟推进，郑州已咫尺之遥，指日可下。第16师团沿尉氏向扶沟、平汉线推进。第10师团更像一把尖刀，向鹿邑、淮阳、许昌前进，欲切断平汉线。

亡羊补牢，蒋介石电令程潜：全线停止进攻，将主力转移至平汉线以西。面对汹汹而来的日军，蒋介石知道，要遏止日军席卷郑州，沿平汉线南下进攻武汉的疯狂势头，只有以水代兵了。

The complete record of the
battlefield in the Counter-Japanese War

抗日战争
正面战场档案
全纪录(中)

王晓华 戚厚杰 主编

团结出版社

第六章　武汉会战

第一节　黄河决口

一、根据两份情报下定一个决心

1938年3、4月间，正当第五战区的部队在滕县与蚌埠分别阻击由津浦路南下、北上日军之时，种种迹象表明，日军的作战意图不仅仅是占领徐州，而是在攻占徐州后，进而进攻国民政府的行都、华中重镇武汉。蒋介石一面指挥部队进行徐州会战，一面令军令部拟定在武汉附近作战的方案。军令部将此任务交给了来军令部不久的科长蔡文治。

蔡文治，字定武，湖北黄冈县人。出生于一个书宦世家，中学毕业后，弃文就武，自费东渡日本，进入士官学校学军事。九一八事变后，日军侵入东北，乃愤而回国，插班进入黄埔军校第九期就读，毕业后分派在陆军第13师，先后任初、中级军官。1935年，蔡文治被选送考取由蒋介石兼任校长的陆军大学第13期学习。1937年毕业，因成绩优秀，被越级选任大本营（军事委员会）第一部上校科长。这是一个极其重要的工作岗位，官职虽不高，但经常有机会列席由蒋介石主持的大、小型会议。

台儿庄战役取得胜利后，蒋介石乘火车到达徐州以东的大许家车站，在列车上主持召开军事会议，参谋总长何应钦、副参谋总长白崇禧、第五战区司令长官李宗仁均出席，经研究后决定，由武汉地区与郑州的第一战区，从平汉路经陇海路运输兵力，投入徐州战场，追击敌人，以扩大战果。这个决定已得到与会大多数人的同意，似乎已经拍板，就等蒋介石点头。就在这时,坐在会议室最边上一人示意要求发表意见,他就是蔡文治。他展开地图,分析日军的意图,说明战场态势,指出日军有迂回徐州、对徐州周围中国军队取包围歼灭之势,建议停止运输兵力,免中敌人在徐州包抄中国军队的诡计。蒋介石听后认为有道理,立刻命令铁道运输司令钱宗泽停止向陇海路东部运输兵力。不久,蒋亲自下令升蔡为少将作战计划处长。

蔡文治拟定的关于在武汉周围作战的方案被军令部认可,并送到蒋介石的案头,蒋看过后,同意将其作为统帅部指导方案。其内容为:

一、未来战况推移之预想

甲、敌情判断

按目前敌之行动而判断,其最近之企图在先求打通津浦线已甚显然。唯敌人打通津浦线后当以郑州及武汉为其作战目标,且判断其侵袭郑州及武汉之路线约有三:

(1)以一路沿陇海线西进图取郑州,以断我平汉线之联络,同时安阳方面之敌沿平汉线南下,以夹击黄河北岸之我军。

(2)以一路由合肥经六安、潢川趋信阳,以图截断平汉线,再转而南下进逼武汉,或待陇海一路占领郑州后,再沿平汉线南下取信阳、武胜关,同时以一路由合肥、六安经商城、潢川,再南转经麻城、黄安,与平汉路之敌会攻武汉。

(3)以一路沿长江北岸经大别山脉南麓,由安庆、太湖、宿松、黄梅与海军协同而会攻武汉。

再,敌若兵力许可,则待浦信(合肥、六安线)及平汉两路作战得手后,更转移一部兵力沿京赣、浙赣两路趋南昌、长沙或于九江登陆,沿南浔路进攻南昌,以截断浙皖我军之后方联络线。

敌无论取上述判断中之任何一策而彼占领南昌后当向长沙、武汉前进。此时敌或以一路沿湘赣攻长沙,或由南昌经武宁越幕阜山脉而逼武汉，或两路并进，当视情况而定。唯根据敌之兵力及时间性之关系并过去攻南京时所取之策略而论，则似由江南方面西进之一路公算甚少，盖浙皖赣边区地形复杂，利于守不宜于攻，敌果若由此方面而来则必需甚大之兵力与时间，在以速战速决为主旨之敌军未必出此。又彼攻南京时亦仅能由江南方面包围，如江北一路兵力始终甚单，唯当时因我扬州、六合方面备而不周，故微弱之敌得略有进展而已。至由九江登陆而攻南昌，占领南昌后再转向长沙、武汉前进，则仍需较大之兵力，且在未将浙皖方面之我军压迫之前则不能不顾虑其侧背而贸然向武汉直入也。且该方面路迂而缓，费时必久，故判断敌之将来必先图略取大江以北之地域而继以攻犯武汉也。

至闽粤方面，则判断敌为牵制扰乱之行动，唯对粤因欲阻我海上交通之关系，敌或有以一部实行登陆以图封锁我海口之企图，证以日来之情况或有可能。

乙、我军作战之预测

根据上述之敌情判断，更按目前国军之配置，将来我军之作战，若处处得手自无容言，倘就不利方面一加考量，则我各战区在不得已之情况下当成如下之局势，即第五战区在安庆方面之部队将沿江北岸、在合肥方面之部队或将沿浦信线而西移，在津浦路方面之部队，或沿陇海路西移，或由徐州、商丘西南转经亳州、淮阳而转移至平汉线郾城、信阳间。至江南方面，第三、第七两战区则将形成浙皖对东及沿江对北之两正面。

二、目前应有之筹划

由前述之假想，我应未雨绸缪，预为适切之筹划，若就全盘言，将来之战况，果如我所不利之假想而推移，则此时由湘赣之幕阜山脉至豫鄂皖境内之大别山脉，尤以在大别山脉之东北两正面应预为布置，盖该方面预想为将来之主战场也。

按现在丁炳权、刘膺古、徐源泉、孙连仲及关麟征等部之配置对于各要地均已预有准备，且位置亦甚适当。刘膺古部可就现在位置积极准备将来对南（沿江）、北（麻城、黄安方面）两方面均可策应。又徐源泉部似以推进至双门关、经扶、大胜关一带为宜，敌若分由商城、潢川趋麻城、黄安时，则可凭险固守，若由潢川趋信阳时则可侧击其背。此外信阳虽有布置，但武胜关为鄂北门户，敌若由西进攻信阳之同时以一部由罗山南下，则武胜关之险难保，而鄂北门户已去，敌将直窥堂奥矣，此宜注意者也。

三、为确保武汉应有之准备

甲、关于作战指导者

武汉已为我抗战之政治经济及资源之中枢，故其得失关系至巨。唯武汉三镇之不易守，而武汉近郊尤以江北方面之无险可守尽人而知，更以中隔大江外杂湖沼，尤非可久战之地，故欲确保武汉则应东守宿松、太湖，北扼双门关、大胜关、武胜关诸险，依大别山脉以拒敌军，并与平汉北段之积极行动相呼应。若敌悬军深入则可临机予以各个击破，或在大别山预为隐伏待其深入，出奇兵以腰击之。如此方可制胜，方可以确保武汉，否则据三镇而守、于近郊而战，则武汉对我政治经济资源上之重要性已失，所保者仅此一片焦土而已矣，且受敌之包围，则势如瓮中之鳖，困守南京之教训实殷鉴之不远，故欲确保武汉而始终保持武汉为我政治经济资源之中枢，则应战于武汉之远方，守武汉而不战于武汉是为上策。如1914年秋季欧战时东战场之作战，德国在该方面之兵力仅为一部，为确保其柏林首都，且初有退守外克塞尔河之计划，待兴登堡将军莅临后，不唯不采此消极之策，抑且作惊人之举，盖鉴于俄第一、第二两军为湖沼地带所分离，乃决心转守为攻，集结优势兵力于南方而造成坦能堡之空前歼灭战。迨百余战，德军在东战场始终占于有利之地位，使西战场之德军无后顾之忧，而柏林得以无恙也。但德军若依当初计划退守外克塞尔河，则东战场之资源既失而首都之能否安全保障亦成疑问也。虽以衡目前之形势未必为当，但其以攻为守之精神则一也。若我万不得已而战于武汉近郊时，亦应于武汉以北地区，如孝感、花园及广水、武胜关间配置重兵，使成掎角之势，敌若以主力趋武汉则可依武汉之既设工事坚韧抵抗，以吸引敌之兵力，同时由孝感、武胜关间击其侧背。敌若不直攻武汉而先攻武胜关、孝感时，则以武汉之守备部队出击,是为中策。如1914年马尔纳河会战,法军依其巴黎要塞为依托,待德军由巴黎东侧侵入时,乃由左翼转移攻势,击德军之右侧背,结果德军不支而退,亦属良好之战例。

蒋介石主持军事会议

乙、关于战区问题者

欲确保武汉,则黄梅、英山、罗田、麻城以至信阳各部队作战之行动,均有直接之关系,且该地带部队之作战,亦即为武汉中枢之外围作战也,故将来此方面各部队之作战指挥,必须与武汉守备部队统一于同一指挥官指挥之下,方能收指挥灵活、协同一致之功。基此见解,拟将岳阳、通城、武宁、德安之线以北及由襄樊、桐柏、长台关(信阳北)、息县、固始之线以南(如附图)定为一预备战区,并将现在此地区内之部队如刘膺古、徐源泉、孙连仲等部统归此预备战区司令长官指挥,俾可先行充分之准备而收战时如臂使指协同一致之效果。

丙、关于地方行政者

在全面战争原则下,所有地方之物力人力以及全民之抗战精神均应纳入抗战元素中,因此地方行政如教育、经济之设施、物资交通之统制、公用机关之管理、轻重工业之指导及人民服役之规定等均应在战区司令长官指挥之下统一办理,以资迅捷而应非常,否则彼此牵制,动辄掣肘,未有不偾事者。①

---

① 《对武汉附近作战之意见——统帅部指导方案(1938年)》,《抗日战争正面战场》(上),第646-650页。

这个方案是蔡文治到军令部后第一次拟定的完整的作战方案，也是经过蒋介石首肯的一个方案。该方案所引用的战例及所提到的人与事，如第一次世界大战东战场作战，兴登堡、马尔纳河会战等，都是当时陆军大学所学内容，明显带有德国顾问教学的印记。别的不讲，仅方案中对日军三路进攻路线的判断，即一路"沿陇海线西进图取郑州"，另一路"由合肥经六安、潢川趋信阳，以图截断平汉线，再转而南下进逼武汉"，再一路沿长江北岸经大别山向安庆等地协同海军会攻武汉，都给人以三日阿蒙之感。在军队的司令部中有这样一种说法，新到参谋做的方案最好。为什么？没有框框约束，怎么学的怎么做；讲话直来直去，直奔主题。

5月，当徐州战场按照蔡文治的意见布置撤退之际，统帅部收到了情报部门由天津与上海递送来的情报，印证了蔡文治对日军意图的判断。天津的情报谓：

据津敌特务机关息：敌军今后对华作战计划，以武汉为目标，即将开始其对武汉攻略之外线作战。以北支军为主，中支军为辅，视战机之进展情形，协同并进。今后作战改以立体式之海陆空战。陆战系以机械化大兵团为制压作战，与海空军结成一体，以强化战斗力，保持完全之制空权，对机械化兵团更加调整，总期减少损害，迅速决定战果。

敌现以攻略武汉外线作战之第一线，由太和、归德、曹县，以迄黄河沿岸之我军阵地，已被突破。而第二线太和、鹿邑、兰封间之我军防御坚固，并在开封、郑州间以及周家口等集结重兵。且系精锐部队，并配备有新式武器，对攻略武汉，难免在此激战。故在战争初期，拟以中支军由合肥进攻颍州、正阳关而至太和，同时抽调津浦南段主力进攻六安、商城等地，袭信阳，策应平汉正面南下之北支军。该两部敌军企图在信阳会师后，再以内线作战制压武汉，则第三线我军不血刃即可崩溃。

杭州敌军亦须积极进攻，作战略之迂回，淮南敌军，则协同沿海海军共同进攻安庆、九江等地，待机威胁武汉。

敌拟在山西之朝鲜军及在蒙疆守备之关东军各抽调一部，编成大兵团，作为机动部队，担任外线作战。由风陵渡攻潼关、函谷关等要冲，作侧面之迂回。敌以该项朝鲜军及驻满军皆在大陆训练，善于山岳战，故以之担任将来伏牛山脉及大别山脉等地之苦战，协助南路敌军之不足。

敌军现以兵力不足，对陕甘宁青各省，拟以利诱手段，企图完成其五马联盟亲日反共政策之获得。①

上海方面来的情报对日军的企图讲得更直接、明白，几乎与蔡文治的判断毫无二致：

一、敌决以全力：（一）华北军出信阳南下。（二）华中军出六安、安庆西进。（三）海军溯江西上，分路直攻武汉，无休息整理意。海军业已暴（炮）击我沿江阵地。沪军部谓半月内即可抵汉。二、沪敌居留民请愿早下武汉以便安居乐业。三、厦门尚有我军抵抗。敌陆战队现加紧攻击，拟办结，即于月底全数北调攻马尾。四、敌海相电称：内阁改组志在强化海军，既定方针不受影响。对华问题，仍与陆军协力迈进。五、沪敌陆海军观察，近卫仍将于八月间辞职，将由末次组阁，而荒木则在阁内有绝大之发言权，对内外将以趋强硬。六、27日，野村对属员训话：对华政策，秉既定方针迈进，务必得一总结算，并使美俄认识日海空军之力量，决不虞其干涉。

日军进攻武汉的三条路，对蒋介石来说，最致命的是"沿陇海线西进图取郑州"。郑州地处中原，是中国的中心，自古就有得中原者得天下的说法，因此争夺天下的大决战大都在中原进行。郑州又是河南的中心，地处黄河南岸，是陇海铁路与平汉铁路的交会点，战略地位十分重要，是

---

① 《大本营作战情报（1938年5月）》，《抗日战争正面战场》（上），第663页。

日本由华北向中原及长江流域进攻的必经之地。日军如攻陷以郑州为中心的中原地区，向南可直取武汉，西可攻取西安等战略后方。眼下，以土肥原贤二为师团长的第14师团由黄河北岸直插兰封，中国军队渐有不支的迹象。日军如果攻下兰封，郑州指日可下，后果不堪设想。阻挡日军，保住中原，只有一招——黄河决口，以水代兵。

黄河决口早有预案。

在中日战争爆发的前两年，决口黄河阻挡日军的计划就已经由蒋介石的德国军事总顾问法肯豪森制订下来，可以说以水代兵，是国民政府抗战初期作战计划的重要组成部分。

1935年5月，日军接连制造了"河北事件"与"张北事件"，迫使国民政府与其达成了"秦土协定"与"何梅协定"，使河北、察哈尔两省主权大部分丧失。面对日本咄咄逼人的扩张，作为蒋介石军事总顾问的法肯豪森内心十分焦急。7月31日，法肯豪森当面向蒋介石陈述了他对时局的看法。蒋介石命其为中国统帅部制订抗日计划，法肯豪森奉命起草了绝密的《关于应付时局对策之建议》。法肯豪森设想的计划是："最后战线为黄河，宜作有计划之人工泛滥，增厚其防御力。"[①]这就是说：必要时将掘开黄河，以水代兵，挡住敌军的进攻。蒋介石在旁边批示："最后抵抗线"，表示赞同法肯豪森的建议。

二、花园口决堤

5月15日，蒋介石在武汉召开军事委员会办公厅会议，贺耀组主持会议，副主任姚琮、黄河水利委员会万辟等与会，会上决定黄委会归第一战区长官部指挥监督，务期河工与军事密切配合，适应抗战需要。

中国军队抵挡不住日军的进攻，河南省会开封沦陷。日军前锋抵达

[①] 《总顾问法肯豪森关于应付时局对策之建议》，中国第二历史档案馆馆藏档案。

中牟，中牟距郑州不及20公里，日军此刻如入无人之境，向西猛进。一旦占领郑州，便控制了中国的铁路枢纽，再沿平汉线长驱南下武汉，而当时蒋介石国民政府的西退计划尚未完成，切断长江，将意味着将中国从南到北一刀两段，那中国的抗战大计，就会遭到破坏。这对抗日大局来讲，中国将无法获得必要的时间将军队、机关、工厂转移到重庆大后方，将面临灭顶之灾。此时，第一战区司令长官程潜等人要求决堤黄河的呼声日益高涨。

5月31日夜，程潜电话通知黄委会河南修防处主任陈慰儒与总务处长朱镛6月1日到郑州长官部见面。程潜说："委员长命令掘开大堤，阻挡日寇。"

陈慰儒说："5月晒底，流量小，阻挡不了敌人，但如果黄河决口，到了汛期灾难无穷。"

程潜答应转报蒋委员长。次日，程潜又传见二人，下达命令。陈说沿河农民是不会决口的，程潜说："派军队掘堤！"

6月1日，在武汉举行最高军事会议，蒋介石主持会议，分析形势：豫东战役失利，开封危在旦夕，郑州震动，陇海线不保，平汉线将被遮断，敌南可威胁武汉，西可紧逼洛阳、西安，进而窥视我西南大后方，必须迅速决策。经讨论决定豫东大军向豫西山地作战略之转进，同时决定黄河决口，作大规模泛滥，以阻敌西进。决堤任务由第一战区司令长官负责实施。

侍从室主任林蔚来电话催问程潜黄河决口的准备工作。程潜令参谋长晏勋甫、工兵科长、陈慰儒、朱镛研究在中牟赵口掘堤之事，决定6月5日放水。

6月2日，黄委会陈慰儒携带迁移费，与苏冠军等人前往赵口，按朱镛草图开始挖堤。郑州专员公署专员罗震带领郑县县长全百慈发放居民迁移费，中牟县长沿贾鲁河通知两岸居民搬迁。4日上午6时，第53军一个团在赵口三柳寨开始行动，公秉藩第34师在柳园口护卫、游击。

5日，赵口的掘堤失败了。第一个决口处挖开以后，流量极小。于是决定在第一个口以东30米作第二个决口，到6日还是不行。蒋介石与第20集团军总司令商震都十分焦虑，每日必问三四次情况。

此时，公秉藩第34师在开封柳园口与敌血战，不敌。6日，开封失守，第34师逐次转移。

6日，新编第8师师长蒋在珍偕参谋熊先煜赶到赵口研究决口失败的原因。蒋在珍返回京水镇，建议在防区内另择一地，决定离赵口26公里的花园口掘堤。夜10时蒋在珍与魏汝霖商量，决定由熊先煜负责。商震转报蒋介石批准。

于是，蒋在珍新8师连夜紧急开挖，埋设炸药。

1938年6月9日凌晨，中原上空，黑云如晦，电闪雷鸣，天降大雨，6时许，随着数声巨响，黄河在郑州的花园口决口了，奔腾咆哮的黄河，四下漫溢，高达数尺的浪头，浩浩荡荡，裹挟着泥沙浊流，像脱缰的野马，一泻千里，漫延泛滥，黄水泛滥23000平方公里，造成3省44县市大面积受灾，死亡人数89万，1200万百姓流离失所，无家可归。

日军的军事进攻行动也受到了重大挫折，首先，日军占领郑州，沿平汉铁路南下，迅速占领武汉的战略计划被破坏了。其次，日军的战车、大炮及重型装备都陷入泥沼之中，狼狈不堪。据敌方的报道："黄水南流入淮，不仅对于华北战局发生重大影响，将来华中战局，亦将受其影响。"

从此，中日军队在郑州附近隔新黄河（即黄河决口后形成的新河道）对峙，这种局面一直持续到1944年。日军退回南京后，沿长江西上，佯攻江西、湖北。国民政府为保卫大武汉、退守战略大后方四川赢得了三个月到半年的时间。

第二节　中日双方作战计划与意图

一、日军会攻武汉计划

武汉会战，是继徐州会战之后发生在武汉外围的一次中日大战，它是抗日战争中一次具有重大意义的战役。在上海沦陷、南京弃守之后，国民政府虽宣布迁都重庆，但政府机关部及军事统帅部仍在武汉，武汉实际上成为当时中国政治、经济、军事的中心。

徐州会战将近结束时，日军参谋本部在分析中国战场的形势时认为：华北作战，中国主力退至黄河以西、以南之陕西与河南、皖北和苏北；京、沪、杭作战后中国部队主力退至钱塘江以南、天目山一带与皖南、皖北；徐州会战，中国部队主力退至大别山及平汉路以东。总之，中国军队主力并未遭到歼灭性打击，而且最近正以武汉为大本营，发动声势浩大的抗日运动。因此，从日军作战当局到"华北方面军及华中派遣军，无不希望攻克汉口"。[①]会攻武汉，成了日军侵华的新目标。6月15日，日本御前会议决定进攻武汉。

日本大本营决定下一作战目标为会攻武汉之后，便采取各种措施进行准备。6月18日，令华中派遣军以两个军沿淮河及长江正面逐次向前推进，占领有利位置，以准备尔后作战。又令"华北方面军扫荡残敌，同时以一部向郑州方向进发，以将敌军牵制在北方"[②]。因黄河决堤、淮河水涨，日军沿淮河的进攻路线遂改为大别山北方地域。而华中派遣军沿长江推进的任务则不变。

---

①② ［日］堀场一雄：《日本对华战争指导史》，军事科学出版社，第146页。

6月23日，日本政府发表了关于"确立长期持久和战时态势之声明"："对华战争虽因攻克徐州而使战局大为进展，但前途尚属遥远。为彻底摧毁依赖第三国的支援而标榜长期抗战的国民政府，我军兵力逐渐增加，现今我国以空前的大军在陆海空各战场奋战不懈，此时，为使后方设施顺利保障作战行动以期达成帝国所希望的目的，建立东洋永久和平，当前不得不集中所有设施贯彻战争目的，确立军民一体的长期持久战时体制，以应付时局。为此，当前的紧急任务是，最有效且适当地调整和运用物资。"①这就是说，日本在对华战争上，被迫承认"速战速决"狂妄计划的破产，强调树立长期持久战的战略思想，为此进行进一步的战争动员，以求集中更多的人力、物力，用于对华作战，其直接目标便是部署会攻武汉，并取得武汉会战的胜利。

6月24日，日本五相会议决定对华战争的指导方针为："将国力集中指向直接解决对华战争，以大体在本年内达成战争目的为前提，内外各项政策和措施均应与此相适应。"7月31日，日本战争指导当局制定的"战争指导大纲"提出下列"战略指导"：

（一）在指导上应尽量缩短汉口作战和广州作战的时间间隔。

（二）汉口作战之目的在于摧毁蒋政权的最后统治中枢的武汉三镇和完成自徐州会战以来逐渐形成的黄河、长江之间的压制圈。

而这次作战对敌军打击越大，其价值越大。

因此这次作战应依下列原则指导之：

1. 在夺取武汉三镇的作战指导上，应设法对配置在该防御地域之敌，尽量予以更多的损害。

2. 尔后应极力限制扩大战局，采取紧缩持久作战态势，并在汉口附近控制若干机动兵团。

即大致放弃泛滥的黄河以西的河南省。为占领武汉三镇附近地区，预

---

① ［日］堀场一雄：《日本对华战争指导史》，军事科学出版社，第148-149页。

定在北自武胜关,南至岳州附近构成持久战线。武汉以东的长江南岸,主张只限于控制沿岸各要点。

3. 广州作战的目的在于切断蒋政权的主要补给线,同时挫折第三国特别是英国的援蒋意志……①

日本大本营于7月4日确定了进攻武汉的兵力部署和战斗序列,以华中派遣军司令官畑俊六为指挥官,下辖华中派遣军第2军、第11军以及航空兵团等部。

日军具体部署为:第2军主力集结于合肥附近,伺机占领六安、霍山,向大别山麓挺进,直趋信阳,切断平汉线,迂回武汉之北。第11军和波田支队,主力集结于九江附近,攻占黄梅、九江后,在瑞昌、德安一线依次集中兵力,分兵沿长江从正面进攻武汉,并切断粤汉线,迂回武汉之南。主力控制长江以南地区,从北、东、东南三面分进合击,以达占领武汉之目的。同时,华中派遣军直辖师团负责湖口下游地区之守卫。航空兵团三个飞行团协同陆军作战,海军第3舰队溯江进攻,掩护并配合陆军攻占沿江要塞,攻取武汉。

向武汉进攻的日军

战役初期,日军动用五个师团,战役过程中逐步增加兵力,后期达14个师团、120余艘舰艇、500余架飞机,共35万人。

1938年6月11日,日军波田支队2000余人由长江西犯,在海军20余艘军舰掩护下至安庆下游登陆,15日,攻陷安庆,拉开了武汉会战的序幕。

1938年7月中旬,津浦线南段日军相继攻占合肥、安庆、潜山等地,江

---

① [日]堀场一雄:《日本对华战争指导史》,军事科学出版社,第160-161页。

南日军攻占马当要塞、彭泽、湖口各要地，为进攻武汉，占领了有利的出发阵地。

正当日军紧锣密鼓地部署会攻武汉之际，7月9日，日军与苏联军队在中国东北图们江下游的张鼓峰地区发生军事摩擦，酿成激战。"张鼓峰事件"牵制了日军部署会攻武汉的精力，日本大本营担心苏联用兵，使日本陷入两面作战，极为紧张，对苏摩擦冲突呈谨慎态度。经过交涉，8月11日日本和苏联达成协议，双方休战，"事件告终"。"这次事件曾一时对汉口作战准备给予了打击，但其结果，（日本）明确了苏联并没有战争意图，故增强了对北方的安全感"，从而加紧进行会攻武汉的部署和实施。

二、中国保卫武汉作战计划

武汉地处江汉平原东缘，踞长江与汉水之间，扼平汉、粤汉两铁路的衔接点，是中国的心脏腹地，又是东西南北水陆交通的枢纽，战略地位十分重要。但武汉三镇易攻难守，武汉近郊尤其江北更是无险可守，因此最高统帅部决定"守武汉而不战于武汉"，把中国守军的主力放在武汉外围，凭依江南之鄱阳湖、九岭山、幕阜山和江北之大别山、桐柏山及长江两岸之丘陵、湖泊地带，进行持久作战，以牵制消耗敌人，粉碎日军进攻之企图。

按照中国最高统帅部提出"对武汉附近作战之意见"中的敌情判断：日军"最近之企图在先求打通津浦线已甚显然。唯敌人打通津浦线后当以郑州及武汉为其作战目标"，"至闽粤方面，则判断敌为牵制扰乱之行动，惟对粤因欲阻我海上交通之关系，敌或有以一部实行登陆以图封锁我海口之企图，证以日来之情况或有可能"。根据对敌情的判断，该意见"关于作战"之"指导"明确指出："武汉已为我抗战之政治经济及资源之中枢，故其得失关系至巨。唯武汉三镇之不易守，而武汉近郊尤以江北方面之无险可守尽人而知，更以中隔大江外杂湖沼，尤非可久战之地，故欲确保武汉则应东守宿松、太湖，北扼双门关、武胜关诸险，依大别山脉以拒敌军，并与平汉北段之积极行动相呼应。若敌悬军深入则可临机予以各个击破，或在大别山预为隐伏待其深入，出奇兵以腰击之。如此方可制胜，方可以确保武汉，否则据三镇而守，于近郊而战，则武汉对我政治经济资源上之重要性已失所保者，仅此一片焦土而已矣，且受敌之包围，则势如瓮中之鳖，困守南京之教训实殷鉴之不远，故欲确保武汉而始终保持武汉为我政治经济资源之中枢，则应战于武汉之远方，守武汉而不战于武汉是为上策。"还提出，"在全面战争原则下，所有地方之物力人力以及全民之抗战精神均应纳入抗战元素中，因此地方行政如教育、经济之设施、物资交通之统制，公用机关之管理，轻重工业之指导及人民服役之规定等均应在战区司令长官指挥之下统一办理，以资迅捷而应非常，否则彼此牵制，动辄掣肘，未有不偾事者。"①这样就把国内行政、经济等，全部纳入战时体制，进入战时轨道。

1938年3月底4月初，国民党在武汉召开了临时全国代表大会，大会提出了"抗战建国并行"的方针，指出："此次抗战，为国家民族存亡所系，人人皆当献其生命，以争取国家民族之生命。""抗战之胜负，不仅取决于兵力，尤取决于民力。"因此，要"组织民众，训练民众"，以发展民力，增进民权。②会议通过《抗战建国纲领》，提出"制止日本侵略，树立并保障东亚之永久和平"；"加紧军队之政治训练，使全国官兵明了抗战建国之意义，一致为国效命"；"训练全国壮丁，充实民众武力，补充抗战部队"；"组织国民参政机关，团结全国力量，集中全国之思虑与识见，以利国策之决定与推行"；"加速完成地方自治条件，以巩固抗战中之政治的社会的基础，并为宪法实施之准备"；"改善各级政治机构，使之简单化、合理化，并增高行政效率，以适合战时需要"；"整

---

① 《对武汉附近作战之意见——统帅部指导方案（1938年）》，《抗日战争正面战场》（上），第646—647页。

② 李光一主编：《中国现代史》，河南人民出版社1988年版，第530页。

武汉卫戍总司令、第九战区司令长官陈诚

饬纲纪,责成各级官吏忠勇奋斗、为国牺牲,并严守纪律、服从命令、为民众倡导。其有不忠职守,贻误抗战者,以军法处治";"经济建设,以军事为中心";"扩大战时生产";"发动全国民众,组织农工商学各职业团体,改善而充实之,使有钱者出钱,有力者出力,为争取民族生存之抗战而动员"[①]等抗战时期的外交、军事、政治、经济、民众运动、教育各个方面的方针政策,旨在进一步全民总动员,共赴国难,为抵抗暴日入侵而战。

根据国民党临时全国代表大会的决议和《抗战建国纲领》的规定,第一届第一次国民参政会7月6日至10日在武汉召开,会议确定以"抗战到底,争取国家与民族之最后解放"为国策。会议宣言提出:各党派"应舍小异而趋大同,翊赞统一共同救国","动员一切物力人力,为自卫而长期抗战","以达到最后胜利之日为止"[②]。会议一致赞成"武力保卫大武汉"。日军总参谋部战争指导处高参们也认为,"中国方面"在汉口召开了国民参政会第一次大会,共产党的急进抗日论获得了大多数人的支持,会议采纳了死守武汉主张。[③]

正是在最高统帅部决心继续抗日,并进一步全面总动员,全国抗日情绪进一步高涨,全民积极行动,同仇敌忾,共赴国难的大氛围下,"保卫大武汉"成了举国上下的共识,成了抗日战争正面战场的重心。

---

① 彭明主编:《中国现代史资料选辑》第5册,中国人民大学出版社1989年版,第159-161页。
② 李光一主编:《中国现代史》,河南人民出版社1988年版,第534页。
③ [日]堀场一雄:《日本对华战争指导史》,军事科学出版社,第150页。

最高统帅部为组织武汉会战，运筹帷幄，调兵遣将。军事委员会制定了武汉会战作战方针及指导要领为[①]：

方　针

国军以聚歼敌军于武汉附近之目的，应努力保持现在态势，消耗敌军兵力，最后须确保大别山、黄麻间主阵地，及德安、箬溪、辛潭铺、通山、汀泗桥各要线，先摧破敌包围之企图，尔后以集结之有力部队由南、北两方向沿江夹击突进之敌。

指导要领

（甲）第五战区：应以现在态势确保大别山主阵地，积极击破沿江及豫南进犯之敌。

一、广济方面：

1. 李延年、许绍宗、刘汝明、曹福林、萧之楚、覃联芳、韦云淞、张淦、张义纯、何知重等部，确保现阵地及田家镇要塞，积极击破当面之敌，并酌派部队在浠水（44军）、巴河（81军）两线占领阵地。

2. 田家镇要塞沦陷后，应改用持久战要领滞迟敌之西进，并利用浠、巴两线之阻止，转用约五师兵力于宋埠、黄陂间，与武汉守备部队协同作战。

二、豫南方面：

1. 孙连仲、宋希濂、张自忠部固守黄麻以北大别山阵地，并控置冯治安、徐源泉部于麻城、宋埠间，策应各要路口作战。

2. 胡宗南及于学忠部取侧面攻势，与占领阵地部队相联系，努力击破该方面包围之敌。

3. 必要时，13师可抽调使用于宣化店附近固守隘路。

4. 最后应确保大别山阵地及信阳，使武汉部队作战容易。

[①]《军事委员会保卫武汉作战计划（1938年6月7日）》，蒋介石批示：可照办。抄一份呈阅备查。中正。台湾"总统府机要档"，最机密第3号。

第五战区司令长官李宗仁与娃娃兵在一起

三、尔后游击部署：

1．应指定12个师以上兵力，在大别山分区设立游击根据地，向安庆、舒、桐、合、六及豫东、皖北方面挺进游击，尤须积极袭击沿江西进之敌。

2．苏北兵团，应以有力部队，向淮南游击，破坏交通。

（乙）第九战区：应极力维持现在态势，并须确保德安、箬溪、辛潭铺、通山、汀泗桥要线，以维持全军后方，使尔后作战容易，尤须先击破经瑞武路及木石港西进之敌。

1．南浔路星子方面，以吴奇伟指挥王敬久（52师、190师）、俞济时（51师、58师）、叶肇（159师、160师）、陈安宝（40师、79师）、欧震（59师、90师）各军及102师、139师，确保德安以北现阵地，为全军之右翼。

2．薛岳亲自指挥王陵基（新编13师、新编14师、新编15师、新编16师）、黄维（11师、16师、60师）、李玉堂（3师、15师）等部及133师、141师、142师、91师、6R师，迅击破沿瑞武公路两侧进犯之敌，确实控置箬溪横路铺各隘路口，以阻止敌之迂回，并乘敌突入向北侧击。

3．阳新河以南，卢汉（184师、182师、183师）、汤恩伯（23师、新编35师、4师、110师）部及14师应以现在态势阻敌西进，万福麟（预备第10师、190师、116师）、张刚（193师、82师）部，应确保阳新河北岸及沿江半壁山等要点，并以黄国梁军（92师、30师）推进至三溪口，准备在辛潭铺、三溪口、下浮屠之线，截击西进之敌。

4．关麟征（2师、25师、荣誉师）、李仙洲（95师、197师）、周祥初（43师）以主力控置于高桥、通山附近，一部于金牛、保安，准备在通山、李家铺、金牛、保安、鄂城前方高地线，布置坚固阵地与敌决战，并保持重点于南翼，汤恩伯部转用后及孙渡（新编第10师、新编11师、新编12师）、邓龙光（154师、156师）部到达时，均加入该线向敌反攻，情况许可时，上述各部更应向前推进作战。

5. 第九战区尔后应以4个师以上兵力，在九宫山建立游击根据地，向敌后方游击。

（丙）武汉卫戍部队，准备改守沿江要点及核心阵地，应以现有兵力之一部（13师）准备推进使用于五战区，3师第五战区、55师使用于第九战区与敌决战，最后应固守核心阵地，使两战区野战部队得重新部署向敌夹击。

（丁）第一、二、三各战区仍以现在部署，积极向敌袭击，以牵制敌向武汉转用兵力。第三战区沿江要击炮兵，更应排除万难妥为布置，积极向敌袭击，以牵制敌向武汉专用兵力。第三战区沿江要击炮兵，更应排除万难妥为部署，俾发挥威力，截断敌舰长江联络线。

该战区等作战方针早经指示，并已由各该战区计划实施中。

随着战场形势的变化，军事委员会对作战计划不断修正。9月16日的作战计划为：

一、国军以自力更生持久战为目的，消耗敌之兵源及物质，使敌陷于困境，促其崩溃而指导作战。

二、武汉核心之守备，以第185师任汉口、武昌、汉阳之固守。其外围阵地，以第39师、第13师、第6师及孙桐萱部防守。

三、第五战区以大别山、大洪山为作战根据地，以麻城、黄安为据点，以策应武汉核心之作战（详细部署由该战区自定）。

四、第九战区以幕阜山、九宫山为运动战根据地，以武宁、永修、通山、咸宁为据点，以策应武汉核心作战。

五、第九战区第1兵团，以最大之努力侧击敌人迟滞其前进，万不得已须固守永修、武宁之线以北地区各要点。

六、第九战区第2兵团，以主力会合在武宁、通山、咸宁之各部作战，以一部利用保安、金牛之山地，节节抵抗，阻止敌之西进，务求得时间之余裕。

七、预定以李仙洲所部及荣誉师，位置于通山附近；关麟征所部及第57师，位置于咸宁附近；第3师、第15师，位置于武宁附近，担任各该处阵地之构筑及守备。

八、以孙渡（第58军）所部为本战区总预备队。

同时军事委员会发布了对武汉会战目的方针与策略，令第五、第九战区不断执行。其内容为：

（一）以目前国际形势观察，"自力更生"仍为我政略上最高原则，基于此而产生之作战指导方针，亦即持久战与消耗战。

（二）敌企图之判断，依据其战术上至当之行动，有左列三种：

1．挟其海陆空军之威力，溯江西上，直接夺取武汉。

2．采取锥形战术，沿江两岸，向武汉为窄正面之推进，企图攻略武汉。

3．将逐渐增加或转移兵力于德安、南昌及潢川、信阳作大包围。

目前敌第一项行动已告失败，现在似以采取第二项之公算为大。

（三）武汉固守之主要目的：

1．武汉为我政治、文化、经济、交通之中心点，不能轻易放弃，影响国际观听。

2．阻止敌利用舰艇及快速部队，冒险溯江西上，以直接威胁、攫取武汉。

3．使我第五、第九两战区之作战部队，有转进部署之时间，不影响于两战区之作战指导。

4．为保持粤汉路交通动脉之主干，首应保守南北联络之枢纽武汉。

（四）基于上述目的，固守时间越久越有利，方可充分获得时间之余裕，以支援第五、第九两战区积极夹击围攻武汉之敌，歼灭其于湖沼地带。

（五）武汉之守备，既为我第三期会战之轴心、利害变换线之据点，应增加强有力之部队两个师方可达成任务。

（六）武汉会战之策略与指导：

1. 武汉会战之兵力消耗，以百分之六十为标准，其余百分之四十，备作第四期会战之基础，预料其在攻略武汉后，敌当作较长时间之考虑，我可得恢复实力之机会。

2. 第五、第九两战区沿江部队，须绝对固守，其部队配置及江防阻塞尤要注意周到，步步为营节节抵抗，以短小空间换取长大时间。

3. 第五、第九两战区为顾虑今后之作战，第五战区以大别山、大洪山一带为根据地，第九战区以九宫山、幕阜山一带为根据地，取积极行动，夹击围攻武汉之敌，同时截断敌后方之联络线。

4. 武汉会战指导，须江北与江南第五、第九两战区，除努力建设其根据地外，尤须注重襄阳与宜昌及南昌与长沙间之交通线。以后两战区之联络线应以宜昌为中心。

5. 关于兵员之补充，第九战区预定为湖南长沙附近，第五战区则为湖北襄樊附近地区，弹药武器补充亦以此为准而储备之。

（七）将来兵力转移时，王陵基所部宜置于鄱阳湖以东地区归第三战区指挥。

为适应武汉会战的需要，最高统帅部6月下旬在武汉地区设立第九战区，由陈诚任司令长官。并决定武汉会战主要由第九战区、第五战区组织所部进行。徐州会战后，第五战区主力部队撤退至皖西、豫中等地。根据第五、第九战区兵力分布状况，统帅部决定：江南防区与江北沿江的马当、湖口对岸及田家镇要塞、武汉卫戍区，均由第九战区担任守备任务；第五战区守备区域为长江以北的鄂北、皖北地区，此外仍然管辖原属该战区的留在苏北地区之部队的防务。

第九、第五战区分别制定了本战区的作战计划。第九战区作战计划为：

其一 方针

（一）本战区以持久战与消耗战之目的，以幕阜山、九宫山为根据地，于永修、武宁、通山、咸宁构成坚固据点，以积极行动，策应武汉核心之作战，待主力补充整理就绪，即协同第五战区转移攻势，包围敌于武汉湖沼地带而歼灭之。

其二 指导要领

（二）第1兵团，以最大之努力，侧击敌人，迟滞其西进，与第2兵团互为犄角，万不得已时须固守永修城、武宁之线以北各要点。

（三）第2兵团，以主力会合在武宁（不含）、通山、咸宁各部作战，一部向保安、金牛，利用山地节节抵抗，阻止敌之西进，求得时间之余裕。

（四）以第2线兵团，位置于永修、武宁、通山、咸宁各要点构筑阵地，力图固守，并积极策应武汉之作战。

（五）各兵团主力整理就绪，即协同第五战区转移攻势。

（六）位置敌后方之游击部队，积极活动，破坏敌之交通通信增加其困难。

（七）攻势转移时，主力置于第1兵团附近之敌。

其三 兵团部署

（八）现第1兵团，积极侧击敌人，断绝敌之归路，同时于永修、武宁之线，构筑预备阵地。

（九）第2兵团为离心的退却，以主力会合在武宁（不含）、通山、咸宁之各部，占领广大的侧面阵地，吸引敌主力于我阵地前，以策应武汉防守部队之作战。

（十）第3师、第15师在武宁附近，任该地区阵地之构筑及守备。

（十一）以李仙洲所部及荣誉师位于通山附近，任该处阵地构筑及守备。

（十二）以关麟征部及第55师，位于咸宁附近之构筑及守备。

（十三）两兵团尔后之作战地境如左。

（十四）交通通信另行计划之。

其四　兵站补给

（十五）兵站补给另行计划之。

初期作战部署，第五战区以大别山、大洪山一带为根据地，以麻城、黄安为据点，以策应武汉核心之作战。第九战区以幕阜山、九宫山为运动战根据地，以武宁、永修、通山、咸宁为据点，以策应武汉核心作战。然后采取积极行动，夹击围攻武汉之敌，同时截断日军后方之联络线。重点立于外线，保证机动之自由。采取逐次抵抗，消耗日军，以空间换取4至6个月的时间的策略。

战役初期中国军队参战兵力为4个兵团，辖5个集团军（第20、第9、第3、第31、第32）共30个师，100余架飞机。战役中不断增兵，后期达14个集团军（第2、第3、第5、第9、第11、第20、第21、第24、第26、第27、第29、第30、第31、第33）共129个师和其他部队，40余艘舰艇，100余架飞机，共约110万人。苏联援华志愿飞行大队（轰炸大队和战斗大队）也参加了保卫武汉的会战。

第五战区司令长官李宗仁自徐州撤退后，长官部经阜阳、三河尖，入河南固始，而后不久至潢川，遂把潢川暂时作为第五战区司令长官部所在地。正当日军沿长江西上陷落安庆时，李宗仁右颊上由于早年在讨伐广东军阀龙济光战役时所受的枪伤突然发作，右脸红肿，右目失明，不得已请假赴武汉就医，第五战区司令长官暂由白崇禧代。

7月，白崇禧以代司令长官的名义于商城发布了作战计划：

一、敌以长江为进攻我武汉干路，其江北岸之主力拟集结怀宁、合肥，将以主力由潜山趋太湖、宿松，一部由岳西、英山迂回，与长江各口上陆之敌呼应，策应其主力之作战。合肥附近之敌或向我六安、霍山攻击,以资牵制我兵力之转用。

淮河增水黄流泛滥,阜阳、霍邱、固始一带半成泽国,公路亦尽量破坏,敌我之运动均感困难。

二、战区应置重点于右,以积极之行动确保豫鄂皖边区山地及长江沿岸各要点,击破或阻止侵入之敌,以屏障武汉之翼侧。

三、右翼兵团应以主力之第26集团军及第31军集结于潜山、小池驿西北侧及弥陀寺、太湖、宿松附近,向东作战,以积极之手段阻止西向突进之敌。

以第29军团集结于黄梅、广济附近向南作战,应直接配备于黄广南侧湖沼地及其北侧山地缘线,构筑数线工事防敌之突进。敌少数部队登陆务歼灭之于湖沼地区,并与第九战区田家镇要塞部队密切联络协同作战,务勿使敌迂回要塞侧背。

以第14军在浠水附近集结训练,抽出军官指挥民夫在蕲春河市间江岸各要点及巴河西岸(罗田以南)对东构筑工事。

该总司令部应南移浠水附近。

四、中央兵团应保持重点于霍山以南地区,以主力之第48军及第7军在六安、霍山、管家渡、磨子潭、岳西间地区集结,准备向合肥、舒城、桐城、怀宁方向攻击,先各以一部支援地方武力,竭力挺进,扰乱敌之集中及运动,可能时攻占合怀道上各要点,以为向前游击之根据。

第19军团集结于叶集、商城附近地区,速行编并,并随时准备向六安方面推进。

该总司令部应移立煌附近。

五、左翼兵团应以第26军、第87军重点在右集结于潢川及新蔡附近,各推进一部于霍邱、颍上、阜阳以为根据,向淮北地区游击,并与第一战区在太和、沈丘一带之部队密切联系。

第2集团军仍在拱卫线附近整理训练增强工事并护路。

该总司令部应移信阳附近。

六、第二线兵团主力仍在拱卫线上监护并增强工事，应以一部协力于右翼兵团构筑罗田以北巴河西岸之工事（由李总司令品仙统筹之），并速侦察决定黄冈、金台冈、黄陂、祁家湾、襄河（新安渡）间向南之阵地线。

七、苏北兵团应仍在津浦以东、陇海以南之区域内力图肃清苏北之敌主力，策动地方武力向徐浦间之津浦线游击。

八、中央及右翼两兵团在田家镇要塞尚能保持以前应确保六安、霍山、岳西、太湖、小池口、龙坪镇之线。

九、第一、五、九各战区及五战区各兵团之作战地境：

第一战区（略）

第五战区（略）

第九战区（略）

线上属右［上］战区，以长江为界者两战［区］分任江面之作战，但北岸之田家镇要塞区域及团风、黄冈旧城两点暨汉口卫戍区均不属本战区。

右中左三兵团之作战地境：

右翼兵团（略）

中央兵团（略）

左翼兵团（略）

线上属右［上］兵团。

十、各兵团与兵站总监部管区之境界为浠水、麻城、广水、桐柏之线，线上属各兵团。必要时得在兵团管区内推进总监部之补给点。

兵站主要之设施应在汉口、浠水、广济、黄梅、宿松道（右翼兵团），汉口、黄陂、麻城、商城、叶家集道（中央及第二线兵团），平汉线信潢公路（左翼兵团）及以上各道之平行道。蕲春以西之长江为补助。

十一、本战区通信机关之管理补充以通信指挥官统通信线之设施另令行之。减少电信之拥挤，本部与各兵团司令部间以下各司令部相互间应利用车马及当地交通材料设置联络哨。其详细另定之。

十二、各兵团管区内交通路之修补重设由各该司令部自行计划实施。

由宋埠经河口至花园及广水之道路应由总监部饬令沿途各县本部预定7月28日移宋埠。

9月3日，军事委员会根据战场作战进行情况，制定了武汉卫戍部队作战计划甲、乙两案，送交蒋介石审批，蒋在案卷廊页上批示："准以乙案为主，可也。中正。"其内容为：

（甲）敌情判断

敌将于压迫我武汉以外战区部队得势后，肆其包围之惯用战法，以主力经阳新、大冶向咸宁、贺胜桥，并各以一部沿江及由蕲水向我仓子埠、黄陂、孝感，协同海空军三路向我进犯，以达其速占领武汉之迷梦。

（乙）作战计划

第一 方针

一、武汉卫戍部队为确保武汉达到最后胜利之目的，以主力配置于武汉外围，一部控置于武汉核心，利用既设阵地坚固守备，乘敌兵力疲惫或分散之际，与我第五、第九战区部队夹击于湖沼地区而歼灭之。

第二 指导要领

二、武汉卫戍部队因应敌情采内线作战要领，适时转移主力于长江南岸或北岸，利用既设阵地坚决固守，并牵制敌主力，我第九、五战区野战军攻敌侧背容易。

三、如敌以主力向我第九、五战区野战军追击前进而仅以一部对武汉行牵制监视时，卫戍部队应断然出击，以收夹击之效。

四、应视状况减少武汉外围阵地守备部队时，卫戍部队应集结主力固守南岸外围阵地，以核心区部队固守北岸汉口、汉阳核心阵地，积极拒止两岸进犯之敌，但敌若仅由江北岸一路进犯时，应将江南岸主力适时移转，固守北岸外围阵地。

五、视情况黄州、团风及大冶、鄂城各沿江守备部队可参加武汉城防作战，协力固守之。

六、至万不得已时卫戍部队亦应独立固守三个月以上，以消耗敌之战力，并使各战区有准备尔后会战之余裕时间。最后亦须固守武（昌）、（汉）阳、汉（口）任何一镇，以表现国军抗战守土之精神。

七、如敌借兵舰掩护冒险突破封锁线沿江深入时，内外围部队应就近以有力部队协同歼灭之。

八、各部队于未与敌接触以前应迅加强工事并加紧训练。

第三 兵团部署［略］同一计划（草案稿）中有关"兵团部署"的"军队区分"，内容摘录如下：

（1）鄂城守备部队：（一个师，轻、重炮兵各一营）指挥官：×××。（×师）。

（2）江南区：（六个师及一旅，轻炮兵六营，重炮兵三营）指挥官：第75军军长周嵒。第75军（6师、13师、55师）（应增三个师及一旅）、黄鄂要塞部队、江南岸湖沼别动队、工兵一营。

（3）江北区：（六个师、轻炮兵六营、重炮兵二营）指挥官：第15军团军团长万耀煌。第6军（49师、93师）（应增二个师）、第16军（28师、102师）、工兵一营、江北岸湖沼别动队、工兵一营。

（4）核心区：（四个师警备部队、轻炮三营、重炮一营）指挥官：第94军军长郭忏。第94军（185师）（应增一个师）、第43师、第37军（92师）、所属警备部队、工兵一营。

（5）总预备队：第167师。

第四 作战地境

九、卫戍区与第五、第九两战区之作战地境为武汉外围阵地前方5公里之线，但前方要点得酌派前进或警戒搜索部队。

江南区——江北区：以大江为界。由两区共同负火力封锁之责。

江南区——核心区：金沙洲、红山、二郎庙、徐家棚，线上属核心区。

核心区——江北区：谌家矶、戴家山、禁口、博学书院、煤子山、鹦鹉洲，线上属核心区。

第五　防毒、防空

十、已派防毒军官至各部队教授防毒知识，须常行演习，所需防毒面具口罩另向军政部请领（如现有数少时则先发给要塞及核心区部队）。

十一、武汉附近防空仍按鄂省防空司令部之设施实行，各部队之防空应指定防空部队及完成对空伪装，并将可用对空之武器加以高射装置。

第六　交　通

十二、各地区应将原交通路加以修缮，完成阵地内部交通网，以能通过重炮车为度。其路线如附图第二（略）。至必要时之道路破坏及河川阻绝如附图第三（各图皆同卫戍总部原计划，从略）。

十三、卫戍区内应编成汽车一队（一次以能运输步兵一团为标准），船舶输送二队（每队一次以能运输步兵一营为标准），以备转用兵力及补给之用。

十四、长江两岸应修补及利用新成各码头及民船，以备转移兵力之用。

十五、汉水应将现筑之三座军桥迅速完成，以便交通。

第七　通　信

十六、利用卫戍区既设有线电话为主（如附图第4）（略）并添设对军师专线（如附图第五）[略]，以无线电为辅。

十七、补助通信，应利用通讯鸽、汽车、三（二）轮车并传骑。通讯鸽哨所配置如附图第六（图略）。各部队连以上应各设补助通信班，练习其他各种补助通信法。

第八　补　给

十八、粮秣：各部队阵地附近应储存两个月份，另由兵站屯集三个月份，疏散存储于适当地点。

十九、弹药：应按两个月份所需基数，由兵站请领，分发各部队存储。另由兵站请领三个月份分别妥存。

二十、兵站设施另定之。

第九 卫 生

二十一、在武昌、汉口、汉阳等处应酌设兵站、后方陆军重伤各医院，以能收容武汉卫戍部队伤病者为标准。至各师野战医院，应在各师近后方设置之。

二十二、各种医院应储备五个月之卫生材料。

根据武汉会战的战斗序列之编制，第九战区辖两个兵团（第1兵团司令薛岳、第2兵团司令张发奎）及武汉卫戍区和其他一些部队，共60个师另一个旅；第五战区辖两个兵团另五个集团军两个军团，共51个师另两个旅。另设江防军总司令部，由刘兴任总司令（辖七个师及要塞守备部队）和江防要塞守备司令部，由谢刚哲任司令。

第五战区司令长官部根据战局变化，先后由潢川迁至蕲水，由蕲水迁至商城，由商城迁至黄陂区的宋埠。

第五战区根据战区布防状况，把参战部队划分为右、中、左三支兵团，确定了各部防区，明确了各部的作战任务，全力以赴，投入武汉会战。与此同时，第九战区也制订了作战计划，积极部署兵力，明确作战任务，其方针是：以持久战与消耗战之目的，以幕阜山、九宫山为根据地，于永修、武宁、通山、咸宁构成坚固据点，以积极行动，策应武汉核心之作战，待主力补充整理就绪，即协同第五战区转移攻势，包围敌于武汉湖沼地带而歼灭之。

中国统帅部及奉命组织武汉会战的第五、第九战区，积极部署兵力，制定战争指导方针和具体作战计划，准备狠狠打击进犯武汉地区的敌军。

日军磨刀霍霍，穷凶极恶，纠集兵力约12个师团，配合海军陆战队飞机500余架，分四路进犯：一路沿南浔路（九江至南昌铁路）南进，掩护其左翼安全；一路沿瑞武路（瑞昌至武宁）公路西进，以迂回武昌之南；一路沿大别山麓进犯信阳、武胜关；一路沿长江北岸，径扑汉口。另以舰队溯江而上，实行登陆窜扰。日军疯狂地向武汉地区扑来，中国守军同仇敌忾，众志成城，严阵以待，积极动作，誓死保卫武汉。在长江之滨，在大别山下，一场空前规模的恶战势在必发……

第三节　沿江要塞作战

一、马当、湖口要塞失陷

马当位于江西省彭泽县境内，距彭泽县城30里，离九江80里，太白湖横亘其东南，地处长江中游，当皖赣两省接壤。马当山横距江滨，与小孤山为犄角。江中流沙甚多，冲积成沙洲，中分江流为二，其左水道为别江，早已淤塞不通，右水道临马当山下，为长江航运孔道，江面狭窄，不及一里，水流湍急，形势险要，诚长江天堑，实为军事动脉。马当要塞司令部在这里筑有江防工事。

中国统帅部为加强马当的江防力量，阻止日军西进，确保武汉之安全，认为有在江心加建阻塞线的必要，于1937年冬成立长江阻塞委员会，专门负责此项阻塞工程的设计和施工任务。据中央指示，在江西省政府的直接领导下，成立江防委员会。其工程是在长江中心横贯两岩构筑一拦河坝式的阻塞线。为使水上交通不致中断，在南岸留下一仅可通过一只船体的缺口，使船在航标指引下，照常航行。战况紧急时，再加以堵塞。阻塞线两岸山峰险要处设有碉堡和炮台，形成一个在天然基础上建立的防御工事。

蒋介石赴马当要塞视察，那是1938年4月的一天晚上。

为避免敌机轰炸，要塞的施工一般都在夜间进行。红日西沉，暮色降临，江岸灯火齐明，江面上也闪烁着点点渔火，映照周围十余里夜空。徐永昌向蒋介石介绍："工程任务急，工人和士兵一起投入施工，很辛苦。"蒋介石说："很好，水陆配合，有这样的防御阵地，敌寇是进不了武汉的。"

徐永昌多次来过马当，对工程十分熟悉，他回到武汉仔细向蒋介石作了汇报。

阻塞线工程经过两次施工才告完成,第一次工程设计,共分上中下三层结构:底层——用铅丝构成大网,网内铺树枝柳条和乱石,拌水泥凝固,逐段投沉江底,其后绕铅丝缆和苎麻辫,加以紧密连接,并在上游处用铁锚拉住,在下游处加用木桩砸入江底,以固定地不被水流冲激所撼动;中层——用大型铁锚和巨石、乱石,放置在大帆船和铁驳里,再以水泥凝浇,沉列在中层之上,藉铁锚齿和大石块锋尖作为暗礁,其上加布水雷,坝面低于水面二公尺左右。如敌舰溯江直闯而上,则一方面将被水雷轰击,另一方面触于礁石,而遭致命打击。

第二次施工,于1938年夏季,战事吃紧。由于春汛江水涨,长江水位不断上升,第一次工程原设计的高度不够,势必要加高。工程设计是在第一次施工的基础上,再加筑乱石层,其方法与底层工程大致相同,并在最上层将面抬高。于是,江防委员会向三北等公司征购大铁驳轮数艘,内装乱石拌水泥凝固,凿穿后沉于底层,船面同样装设暗礁,并布水雷。

蒋介石听完徐永昌的汇报,满意地说:"海军夙将沈九渊,要记一大功,马当要塞是他天才的杰作,溯江而上的日本人,要攻进武汉,除非抽干长江里的水!"

蒋介石指示徐永昌,督促要塞部队加强要塞作战技术训练,此项工作军令部要亲自派人抓,江防要塞守备司令部要强化训练,提高人员的战斗素质。蒋介石慰问了担任马当、湖口要塞江防任务的第2、第3总队和陆战队支队第2大队的官兵。

要塞守备司令部下辖的第2大队,有日造三八式七五野炮8门,弹药有一个基数,以四轮卡车载运。在日军攻进徐州之前,所有火炮就进入了长山南面洼地中的遮蔽阵地。第2总队有三个步兵大队,负责防守长山已经构成的要塞防御地带。此地带连接有8个钢筋水泥的重机枪掩体。另有第3总队的第1大队,部署于香口江边一带,以四七海炮控制这一带江面。第3总队的第1大队和陆战队,建制归第2总队指挥。

1938年4月初蒋介石来马当等要塞视察,并召集会议,参加的有军令部长徐永昌、第16军军长李韫珩(兼任马湖区要塞总指挥)、马当要塞司令官王锡焘、第2总队总队长鲍长义等人。王锡焘向蒋介石介绍了各炮台火力配备的情况以及兵力安排;李韫珩介绍了马当、湖口两要塞地区作战部署。蒋介石听得认真,并指示部署在香口到东流以南江边阵地的第313团,要特别注意有可能日军强行登陆。并当即命令该团移至太白湖东北端的黄寄树。蒋介石一一询问了马当西南地区、太白湖南面和彭泽地区兵力部署的情况,并作了指示。

马当前线阵地的士兵,大多原是海军舰船上的炮手,对兵舰上直接瞄准射击轻车熟路,对间接瞄准射击,只懂理论,缺乏实践。军政部派专业人员前来训练,在阵地上见不到目标,正好利用这个机会,使他们练习赋予射向和标定射向等间接瞄准的技术。

正当备战训练当紧之时,1938年6月初,马湖区要塞总指挥、第16军军长李韫珩,在后方举办"抗日军政大学",召集马当、彭泽两地的乡长、保长以及第16军的副职军官和连排级干部参加训练,为期两周。江防要塞守备第2总队和陆战第2大队、第3总队第1大队的连排长们,日夜守卫在前线阵地上,李韫珩同意他们不参加这一期训练。

日军飞机常以小组飞抵马当空袭,主要轰炸前线阵地和码头。

6月13日,白崇禧来马当要塞视察,面对日机的屡屡空袭,白崇禧指出:"安庆失陷,日军很快会窜到这里,务必注视敌情,万不可轻心。"

6月17日,在长山指挥部观察所内,用大倍数望远镜,已可看到东流一带江面,出现日军舰艇于封锁线和布雷区以外游弋,紧接着用舰艇上装配的小口径火炮及机关枪无目的地轰击扫射,企图以火力探寻雷区位置。时而有水雷被击中,爆炸的浓烟水柱冲上几十丈高。长山阵地观察部用音测断定,日军舰艇离长山阵地三万公尺以外。一连数天,日军将无以数计的弹药泼向江面,被击中爆炸的水雷每天均有数十。看来,日军不扫清江面障碍,探得虚实,不敢轻举妄动。

大敌当前，却出了怪事。6月23日，要塞守备部队接到马湖区要塞指挥部的通知："抗日军政大学"定于6月24日上午8时举行结业典礼，各部主要长官届时前去参加，并发了请柬，注明会后即在司令部聚餐。请柬数量发得可观，凡上尉以上军官均人手一份。军官们认为，江面上的水雷岂是日本人一时半会儿能肃清的？马当是何地方？一夫当关，万夫莫开之地。加之自开战以来，官兵普遍因伙食缺油，寻不着口福，开会事小，痛吃一顿事大。想吃肉而忘掉敌情，岂不是荒唐之极！

23日下午，主要防守部队第313团的连以上军官，结伴从长山阵地前公路经过，去马当镇参加"抗日军政大学"的结业典礼。其中不少人在马当镇上过了一夜，其原因是好久没闻见女人的气息。

暮色沉寂，江面上传来江水扑打岸边的声响。要塞各阵地显得安静。

拂晓时分，陆战支队第2大队少校大队副杜隆基，按照惯例用电话与第3总队防守香口江面的第1大队联系。杜隆基也收到请柬，因总感觉不该离开阵地，一闪念便放弃了去参加结业典礼。

杜隆基电话打不通，接着又与第16军第313团联系，电话仍旧不通，心觉纳闷，便派联络兵，一面查检线路，一面徒步前往联系。

杜隆基心觉不安，预感到有意外发生。他在观测所用望远镜观察了一会儿江面，随之又观察四周。他发现，在薄薄的夜雾之中，隐约觉得江岸上有部队行动。杜隆基突起疑心。江防部队的指挥官基本上都去了马当镇，如何有部队调动？他正准备出去看个究竟，这时，联络兵气喘吁吁地冲进来报告："香口街上满是日军，多得数不清！"杜隆基和观测所里的人都惊呆了。这说明日军夜袭了香口，由此判断第3总队第1大队已全部被日军消灭！

观测所里的气氛顿时沉重而紧张起来。日军是从哪里登陆的呢？是什么时候登陆的呢？事不宜迟，杜隆基马上通知长山阵地做战斗准备，自己与几个留守军官在指挥所研究应付措施。

清晨，雾气渐渐散去，杜隆基在观测所内，看见香口街上日军正在整

准备射击的日军炮兵

队。据说,日军是用刺刀捅死第3总队第1大队的士兵,没开一枪,就占领了香口。可见玩忽职守之程度,丢了性命实属活该。

24日上午8时,日军开始炮击长山后洼地的中国守军炮兵阵地。中国炮兵反击,双方展开炮战。这时,日军步兵组成三个突击组,抬着重机枪,从太白湖的水荡里向长山阵地发起突击。太白湖口至江边约有800公尺宽,纵深约600公尺,原是一片水稻田,此时水稻开始放穗。由于长江涨水,漫上江边堤坝,灌进水田,变成湖荡,形成长山防守阵地的一道屏障。日军突击部队的士兵一进湖荡,半截身子就陷于水中,无法有效地使用他们的轻重机枪,火力减弱,中国守军长山阵地的火力铺天盖地而来,日军突击部队的士兵和机枪手纷纷栽入湖荡之中,无一生还。24日上午日军组织两次突击,下午又组织了两次,均以敢死队面目出现,全部被长山阵地守军歼灭于湖荡中,血染红了大片水田。

24日上午9时20分,日本海军兵舰不顾一切地闯进要塞江面布雷区,在封锁线外向长山防御阵地猛烈轰击,起先仅以舰首有限火力轰击。日军每艘军舰,舰首不过两三门火炮。军舰全赖横侧舰身发挥火力作用,它将舰身横转过来，舰首、舰尾的火炮以及舰侧身的边炮可以同时射击，这是军舰发挥火力最理想的势态，调转炮口又可用另一侧的边炮射击；但是，横着的军舰目标太大，容易被击中。于是，日军采取一种S形游弋姿势，向长山阵地轰击。日军共出动19艘军舰，每一次S形游弋轰击，就有近200发炮弹落在长山阵地上。长山阵地中国守军以步兵为主，24日遭日军一天轰击之后，部分阵地被摧毁，人员伤亡甚大。与此同时，日军的山炮兵在香山斜面占领阵地后，居高临下，炮击长山中国炮兵阵地，致使数门野炮被日军的山炮击坏，在炮战中日军占了优势。

再说第2大队少校队副杜隆基，自24日拂晓发现日军后，即向马当要塞司令部报告。要塞司令部总机说，王锡焘司令去参加"抗日军政大学"结业典礼了。杜隆基着急，请求总机找其他负责人，总机说眼下司令部除两个值班参谋外没有负责人；杜隆基一个劲儿往马湖区要塞指挥部要电话，还是打不通。话务兵让杜隆基用无线电联系。急得晕头转向的杜隆基因为战情紧急，把无线电给忘了。

经话务员提醒，他当即用无线电向谢刚哲司令报告了日军登陆的情况，谢司令深感情况严重，下令一定要堵住敌人，决不能让日本人通过长江封锁线。

炮声隆隆。战斗开始不久，第313团的士兵挡不住日军的进攻，开始沿长山阵地前的太白湖公路溃逃。杜隆基拦住两名逃散下来的士兵问敌情。他们说："日本人是在今早4点左右，乘小艇偷偷上岸的。"杜隆基又接连询问了一些溃逃的士兵，情况大致相同，日军于拂晓同时从不同地点偷偷登陆。

一士兵说："日本人一上岸就用机枪扫射我们的阵地，班长被打死。排长和连长去参加结业典礼了。我们连里只有一个代理排长和一个司务长。我连的阵地不到十分钟就被日本人占领。"

日军源源不断地登陆，向南沿江岸扩张，第313团的团部驻地黄寄树遭到日军攻击，日军登陆已势不可当。

日军海空陆军向要塞阵地进攻时，只有为数不多的要塞守备部队在阵地上与敌人作战。此刻，第16军和马当要塞司令部的各级指挥官都在参加军政大学的结业典礼，直到下午3点左右才会餐完毕。第2总队总队长鲍长义再次用电话向第16军军长李韫珩报告敌情：敌人多点登陆，正向纵深发展，十万火急。

李韫珩军长将信将疑地说："我没有接到我的部队的报告。"

鲍长义说："香山、香口早被敌人占领了。"

李军长更加怀疑地说："香山、香口是我的部队防守，你太不沉着了，你到底看见敌人没有？"

鲍长义眼珠子都快瞪出来，吼道："我们阵地都被敌人打乱，人快死了一半，还说我没有看见敌人？你说香口是你的部队，你的部队为什么把炮搬到香山上向我的炮兵射击？岂不是笑话？你们有炮兵吗？"李韫珩知道自己的部队没有炮兵，才哑口无言。

24日下午，中国守军正与日本陆军激战时，不知为何，日本海军炮火突然停止向要塞轰击；香口登陆的日军仍在组织突击队，以轻重机枪向长山阵地突击。中国守备部队集中火力将日军压于湖荡之中。杜隆基在观测所内，看见中国飞机9架由宿松方向飞临敌舰上空，敌舰火力齐向飞机射击，中国飞机在高空投弹之后，转向宿松方向飞去。待飞机一走，日舰炮火又向长山阵地射击。

6月25日，日军舰在江面上有所增加，火力增强，长山阵地已被炸得七零八落。香口的日军也不断地增多，拼死组织突击队，要冲过长山阵地前的湖荡，却一次次地失败，湖荡中浮起一具具日军尸体。此刻，中国飞机一次次轰炸江上敌舰，日军飞机一次次掠过长山防御阵地轰炸，天空和地面战火壮观。杜隆基在阵地上遥望江面，敌舰有的中弹起火，有的中弹下沉；杜隆基与阵地上的士兵欢呼雀跃，由于中国空军的表现，敌舰火力明显减弱许多。

中国军队扼守长山一带的步兵、炮兵，与日军海陆军鏖战数日，伤亡甚多而不得增援。第2总队鲍长义屡次向马湖区指挥官李韫珩请求派兵增援，却得不到答复。

许多外国军事专家都这样认为：中国人有个传统，喜欢把局部利益放在全局利益之上。从马当要塞传来的报告中，就可以发现这一传统在他们所犯的最严重的军事错误中确实起了作用。一支部队在其友邻部队遭到进攻时竟不提供支援。此时，驻守在彭泽县的薛蔚英与第167师距离马当要塞不过几十里，如当机立断，立即来援，或许有救，但薛蔚英只是死等上级命令。

薛蔚英，山西省离石县人，1904年生。1924年5月考入黄埔军校第一期，1937年11月任第167师师长。

当时，正在田家镇视察的白崇禧，得知日军在马当要塞登陆后，立即用电话命令驻彭泽的薛蔚英率部从澎湖到马当的公路兼程赴香山增援，孰料薛蔚英不执行军事委员会副总参谋长白崇禧的命令，却执行他"拜把子"大哥李韫珩的命令，走小道赴援马当，他认为从大路走会遭到日军的阻击，延误时机。但该部钻进山区小道，山林茂密，道路窄狭，大部队行军困难，加之部队迷路，直至6月26日下午赶到指定位置时，马当要塞已于

溯江进攻武汉的日军通讯部队

当日中午沦陷敌手。薛蔚英贻误戎机,不杀他的头才怪!

6月29日,正在前线巡视的军事委员会副委员长冯玉祥,得知马当一带的战况后,汇同他巡视工事的结果,给蒋介石发电报告:

阅报马当附近正在激战中,兹有数事敬陈如下:

1. 武汉附近两岸工事,皆太薄弱,没有外壕,线式阵地不是堡垒群阵地。

2. 请派大员,督饬军队,日夜加工,虽期限紧迫,尚能为极坚固之阵地。

3. 目前最要之事,在三令五申唤醒各前方将领,重视阵地之构造,非加宽加深不能阻止敌人;因为有许多将领并不重视阵地故也。

以上所呈,祈核夺。

(蒋介石批示:如拟。应直电57师师长,令其切实改正与增强原有工事;并须修筑堡垒群阵地,切勿以线式工事塞责。)①

1938年6月29日,日军在彭泽县将军庙登陆,攻陷彭泽……

7月2日,日军波田支队进攻湖口,守军第43军郭汝栋部与敌鏖战甚烈,伤亡惨重,湖口于5日陷落……

7月10日,日军进入鄱阳湖一带扫雷,企图攻占南昌……

马当要塞的丢失,震动了最高军事委员会,蒋介石气得连娘都骂不出来了,他万万想不到马当丢得如此之快。他命令顾祝同将马当、湖口两要塞相继失守的情况详细呈报。

下面是顾祝同报告马当、湖口失守的电报,电报发于1938年7月17日,转呈马当、湖口两要塞相继失陷之实情。

---

① 中国第二历史档案馆馆藏档案。

据刘江防总司令（和鼎）（一三、二四）汉电称：

（甲）马当失陷原因：

（一）该区指挥官李韫珩到防后，即举办抗日学校，调集所辖各部队官长三分之二入校受训，对于实际战备过于疏忽。

（二）香山及马当要塞外廓之要点，早经筑有据点式工事；并令派有力部队固守，乃该指挥官不加注意，致被敌轻易夺去，而深入我要塞区。

（三）敌占香山，本部已得报告，比转饬该指挥官，犹云并无其事，太不沉着，妄报不好消息。嗣确证香山失守，渠又云恢复香山，并非难事。宥未马当失守，渠亦不自承，经反复责询，到次晨渠始承认。

（四）当敌攻长山矶时，该指挥官不将部队向马当增援，反将指挥部由马当移至马路口，经劝止不听。当令派兵一团，归王司令①指挥，固守要塞。亦未照办。

（五）敌由香山迫至长山矶，曾令该指挥官以在黄栗树之一旅向香山增援，以马路口之一旅，向马当要塞夹击敌人；同时，深恐该指挥官以为该区已划归罗总司令指挥，不听命令指导，请林主任蔚文转报委座，并径经电该指挥官，亦未遵行。

（六）马当要塞守备部队，总计不过五营，且系混合编成，份子复杂，战斗力甚形薄弱，自敬晨起，激战两昼夜，长山矶阵线动摇，王司令一面将后方有枪士兵，尽调前方；一面派李指挥官增援，而李终未应援。迄敌由娘娘庙登陆，一面迫近炮台，一面将长山矶后路截断，致全被包围。

（七）曾在望江53师李旅之一部②，宥晨已撤回彭泽，经电李指挥官，即令该部驰援马当，亦由王司令派汽车迎接，该部终未移动。

（八）167师驻湖口之一旅，原限两日赶到马当，增厚兵力。该部七天

---

① 即马当要塞司令官王锡焘。
② 第53师师长即李韫珩，字抱冰，以第16军军长兼。

始到，行动迟缓。

（九）薛师武器曾经德顾问检查，机枪迫炮全系废铁枪，堪用者不及半数。

（乙）湖口失陷原因：

（一）要塞直属守备部队，甫经核准，正陆续组织，力量太弱。

（二）守湖口野战部队，原77师，嗣以彭泽失陷，该师奉命恢复驻军彭泽；另由驻浔湖间之26师推进至湖口，不意敌陷彭泽后，复以汽艇绕至上游登陆，致彭泽未克，而湖口已告紧张，26师正当半渡，其先头即与敌接触矣。

（三）湖口危急时，奉命增援之77师、16师，为敌牵制，迄未到达；且王东原与26师始终未取得联络。①

（四）配属湖口总台长指挥之长江要塞守备总队，湖口紧张时，竟声言奉要塞守备司令谢刚哲电令，开往安全地点休息整理，致影响其他部队，咸感不安。

（五）湖口正面太宽，职首申请以有力部队驻守，26师完全新兵，武器又劣，重机枪全无，轻机枪仅及半数，不能胜此重任，而终愈无其他部队。故开战三昼夜，湖口即告失陷。

（六）湖口、马当两区要塞炮战，对江面设置，对野战军作战，完全不能支援。

（七）敌施放毒气，我部队毫无防毒设备及经验，致有惶惧失措，影响战斗。

以上各项，系马（当）、湖（口）两要塞相继失陷之实情。谨呈察核等情。谨转呈查核。

（蒋介石批示：如拟。应将李韫珩拿办，交军法执行总监审判。谢刚

---

① 第16师师长何平，第77师师长彭位任，第26师师长刘雨卿。

哲司令部应可撤销。）①

军事委员会侍从室第一处主任林蔚，将蒋介石批示转交军令部总监部审核。总监部审核后，将李韫珩撤职拿办，3月15日将贻误战机的第167师师长薛蔚英以"畏敌如虎，贻误战机"的罪名，执行枪决。

二、田家镇保卫战

日军沿江及由江南向西进攻，在张发奎第2兵团和薛岳第1兵团的有力阻击下，进攻受阻，日军增兵，加强攻势。江北日军第6师团占领广济之后，因攻击途中受到中国守军的正面阻击和侧面攻击，伤亡很大，一时无力扩大战果，便在广济构筑工事设防休整，等待补充。韦云淞第31军、张淦第7军，对广济日军展开反击。但因缺乏重武器，仅给敌以较大杀伤，未能收复广济。蒋介石9月11日致电白崇禧、李品仙及广济方面前线各军长以上高级将领："此次突入广济之敌，经我各部之努力，本既定方针南北侧击该敌，先后克复各要点，予敌以极大之打击，造成现在最有利之态势。我各军应乘敌立足未稳、增援未到之先，各以放胆之行动，更尽最大之努力，对孤悬之敌再加猛烈攻击，以求收彻底胜利之成果，有厚望焉。"②

9月13日，中国军队在广济地区的全面反攻开始。广西部队第7军与第48军在广济梅川西、圻广公路的四顾坪山一带山地，与日军展开拉锯战。白天日军借助武器优势，利用飞机低空投弹、扫射，占领阵地。晚上，中国军队即利用步兵身上背的小圆锹和十字镐构筑野战工事，强行将阵地抢回。广西部队充分发挥其勇猛顽强的特点与日军反复争夺，有些阵地达八进八出之多。在广济北岳山、饶婆岭的牵制战中，第48军（军长张义纯）

---

① 《顾祝同致蒋介石密电（1938年7月17日）》，中国第二历史档案馆馆藏档案。
② 《蒋介石致白崇禧、李品仙等将领密电》（1938年9月11日），《抗日战争正面战场》（上）。

为了争夺北岳山阵地，失而复得亦有六次之多。广西部队王赞斌第174师，在广济丛山口不顾日机狂炸，前仆后继，不断冲锋，奋勇杀敌，围歼日军400余人，终于夺回丛山口阵地。现在丛山口外白骨塔，即当年抗击日军的第174师官兵遗骸。与此同时，汪之斌第15师（属田家镇守备区第73军部队）为策应丛山口争夺战，与日军在广济四望山拼死战斗，牺牲官兵达2000多人，四望山的白骨塔下也残存着第15师官兵的遗骸。

四川部队也在广济龙顶寨与日军作殊死战斗，以牺牲3000余人的代价三次抢夺龙顶寨。

1937年秋，刘湘亲率川军出川抗日，被任命为第七战区司令长官。1938年1月刘湘在汉口万国医院死于吐血病。蒋介石即撤销第七战区，令原川军第44军军长王缵绪把原刘湘的留川部队，组成第29集团军，出川抗日，由王任总司令。王缵绪在成都成立集团军司令部，提升廖震为第44军军长，许绍宗为第29集团军副司令兼第67军军长。两军各下辖两个师。部队编成后，由于总司令王缵绪兼任四川省主席，不能出川，报请蒋介石批准由许绍宗代理总司令职务。蒋介石令该集团军归第五战区李宗仁指挥。

1938年春末，部队在万县、重庆集中后，5月轮运至湖北兰溪。李宗仁令该集团军总司令部设于浠水县的张家塝，所属第44军守备安徽的太湖、宿松地区，第67军守备湖北的黄梅、广济地区。

太湖、宿松、黄梅、广济先后陷落后，第44军和第67军退守大别山以东山地，除了固守阵地外，不断地派部队向合（肥）田（家镇）公路的日军袭击。第44军曾两度反攻占领了宿松县城，旋又退出。李宗仁为了保卫田家镇要塞，决定在黄（梅）广（济）地区与日军展开决战，令第29集团军攻黄梅、广西部队攻广济。许绍宗代总司令令第44军攻黄梅，第67军攻黄梅、广济间的金中铺。

川军武器拙劣、装备简陋，步枪多为四川造土枪，只有少数汉阳造，轻重机枪、迫击炮除少部分捷克式机枪，多数也是川造。野炮、山炮、高射炮等完全没有。在日军强大火力压迫下，为减少伤亡，军长许绍宗令第

161师利用夜间进攻黄梅外围日军据点，拂晓前即迅速向后撤退，以此骚扰、消耗日军。黄梅城内日军亦抽调兵力，对中国军队进行侧击，双方形成拉锯战。

川军彭诚孚第162师曾于夜间两度攻占金中铺，这是日军运输补给线上的重要据点。日军白天即以大炮及装甲部队向金中铺反扑，并加强补给线沿线工事。川军迅速变更作战方法，组织袭击队，发现日军的运输补给部队便立即给予猛烈袭击，并在夜间破坏公路，使日军补给不能及时到达前线。

战斗持续五昼夜，黄梅、金中铺均未攻下，但该军官兵英勇战斗，运用灵活机动的战术打击敌人，得到兵团司令部的嘉奖。

随后，川军在向西转移的过程中，奉命进击在黄柏城（蕲州以西）登陆的日军。第44军王泽浚第149师第447旅与日军在黄柏城附近的九狼山遭遇，随即展开争夺九狼山的战斗，该旅先头团抢先攻占了九狼山的制高点，双方展开了猛烈的手榴弹战，日军不支，纷纷在长江边军舰掩护下狼狈逃跑。这一仗，川军打死了日军指挥登陆的大队长，生擒了曹长荒木重知桂等人，缴获日军武器等500多件。这是川军在武汉外围战中打得比较漂亮的一仗。

在空前激烈的反攻战斗中，正值中秋前后，阴雨连绵，云雾弥漫，使日军炮兵配合困难，飞机也受到限制，加之道路被中国守军破坏，日军重武器难以发挥作用。盘踞在广济许家铺的日军，被刘汝明第68军包围，已成为瓮中之鳖。不料日军竟用惨无人道的恶毒手段，施放浓性芥子毒气弹，毒死第68军官兵400多人。

中国守军对黄梅、广济地区日军展开反攻，虽给日军一定杀伤和骚扰，但终未能攻克黄梅、广济，击溃日军。日军第6师团主力补充了3200名新兵，战斗力有所加强。该敌面对中国守军的反攻，留一部守广济一带继续与中国军队作战，另一部配合海军发动向田家镇的进攻。

9月15日，日军第6师团今村胜治第11旅团由广济出发，攻向广济东南约30公里的田家镇要塞。中国守军奋勇迎敌，田家镇保卫战激烈展开。

田家镇要塞以第九战区第2兵团第11军团第2军为"田北要塞"守卫部队，由第11军团军团长兼第2军军长李延年任指挥官；以第54军为"田南要塞"守卫部队，由第54军军长霍揆彰任指挥官。第五战区第86军何知重部两师（第103、第121师）及第26军萧之楚部两师（第32、第44师）协助守卫田家镇。田家镇要塞为长江北岸鄂东门户、江防要地，其得失影响到武汉的安危。田家镇地势险要，附近湖沼星罗棋布，形成要塞天然的屏障。日军如果从正面进攻要塞，必会遭受重大损失，所以日军只以一部从要塞正面佯攻，主力则绕道从侧面攻击。

日军今村胜治旅团之进攻部队，由一个步兵联队（第13联队）、一个炮兵联队（第2联队）和一个辎重兵中队及部分卫生兵部队组成，9月15日由广济抵达铁石墩、松山口附近，距田家镇15公里左右。中国守军第五战区部队及第九战区第2军等部，在田家镇以北的黄泥湖、马口湖一带的胡家山、沙子山、乌龟山、下郑一线及以北地区勇猛抗击敌军。

9月16日，李品仙致电蒋介石，报告作战部署及战况：

职部为策应田（家）镇守军协力作战，已饬各军命令如左：（一）广济之敌有转移兵力攻我田镇要塞企图，其先头约千余人，炮十余门，昨（删）（15）日起与我田镇守备军在得枥桥、潘家山、菩堤坝之线相持中。（二）本兵团以策应田镇守军并牵制敌南进之目的，拟以有力之一部攻击田家镇北方敌之侧背，以主力反攻广济，牵制敌主力之转移。（三）86军及26军之一师，归萧军长统一指挥，在界牌岭、两山寨之线，向田家镇进攻之敌侧背而攻击之，并由萧军另派一部掩护该军左侧背，以策攻击军之安全。（四）第26军及55军之各一部，于明（17）日4时夹击龙顶寨之残敌，占领该地后，向四豹、平山之敌围击之。（五）第7军及48军，各以一师向广济城东西两侧地区协力突击，并进出公路南方地区，求敌之主力而击破之。（六）第7军及48军定明（17）日拂晓开始攻击前进，86军与26军限18日开始行动。（七）此次本兵团向敌反攻，系保我田镇要塞，任务重大，务须各尽最大努力，以赴事功为要。①

第五战区各部，接到战区副司令长官兼兵团总司令李品仙的命令后，大都立即行动起来，积极对敌作战。日本海军陆战队从田家镇下游登陆，进攻武穴，守城部队李延年部第57师第337团与该敌激战，并进行了巷战肉搏，最后于9月17日退出武穴。该部中国守军退出武穴前把武穴下游约6公里处的江堤破坏，使江水灌入武山湖和黄泥湖，一片泛滥，阻敌地面部队的行动。第五战区司令长官李宗仁在武汉东湖疗养院治疗休养了20多天，因鄂东、豫东战事日紧，他便返回前线。

据李宗仁回忆，他回到第五战区司令长官部所在地黄陂县的宋埠，长官部设在镇外的一个小庙中。

李宗仁回忆说："我回到宋埠不及一旬，委员长（蒋介石）曾亲来视察，为表示与前线将士共甘苦，并在小庙中住宿一宵。我只得将床铺让出，自己在庙中正厅办公桌上放一门板而卧。入夜蚊子太多，不能入睡，蒋先生睡在我的床上，虽有蚊帐，但也为蚊虫所扰，不能入睡，时时呼唤侍从人员入室将帐里的蚊子赶掉。可是越赶越多，整整一夜我们二人都未好好睡觉。"②

据当时的战场前线与统帅部的往返电报，李宗仁养病期间，白崇禧代司令长官，第五战区给统帅部的电报，均是白崇禧领衔，统帅部给第五战区的电报，也是打给"白代长官"的。直到9月14日蒋介石致白崇禧的电报依然称"白代长官"，说明此前仍由白代职。另外，当时的电报一般都注明发出地点或发往地点，蒋、白间的电报白崇禧发、领之地7月底8月初是宋埠，8月中旬以后是浠水，其间只有白在广济视察的几天是广济。李宗仁

---

① 《李品仙致蒋介石等密电（1938年9月16日）》，《抗日战争正面战场》（上），第733页。
② 《李宗仁回忆录》（下），第757页。

9月10日给蒋介石的电报拍发地是立煌,此后几份电报均发自立煌,直至9月17日的电报,才发自浠水,而且从此蒋介石致第五战区的电报均为李宗仁领受,未再发给白崇禧。由此看来,李宗仁回到第五战区后在9月14日之前,并未在战区司令长官部主持战区全面事务,而是在立煌方面视察和部署作战,战区司令长官仍由白崇禧代。14日至17日间,李宗仁到了浠水司令长官部,恢复行使司令长官职权。那么李宗仁回忆的宋埠接待蒋介石的视察,时间、地点肯定有误,但估计蒋介石在武汉会战期间(或稍后)肯定视察过李宗仁行使司令长官职权时的第五战区司令长官部,蒋介石与李宗仁同宿一室被蚊虫咬得无法入睡,给李宗仁留下的印象太深了。当时最高统帅和战区司令长官生活尚且如此艰苦,一般指战员生活之艰难便可想而知。

李宗仁到浠水第五战区司令长官部复职,正赶上田家镇保卫战如火如荼、紧张激烈地进行之际。9月18日,蒋介石致电李宗仁:敌自攻陷广济,迄今旬余,并未积极西进,而近两日来,猛攻我铁石墩及在武穴强行登陆,是敌已转用主力,企由该两方面夹攻我田家镇要塞已可概见。希贵长(官)严督该方面各军,确保蕲春以东潘家山、栗水桥之线,以掩护田家镇要塞北侧,并努力策应该镇守军作战为盼。

策应田家镇守备战,本身就是田家镇保卫战的重要组成部分,关系全局,责任重大。对其重要性,从统帅部到第五战区都有充分的认识。身为第五战区副司令长官、第4兵团总司令的李品仙,一直在大别山南麓前线直接指挥作战。他既是这一地区各战役的组织者,又是前敌指挥者,认识到田家镇保卫战之责任重大。他深感兵力不敷分配,且有些部队调转不灵,恐对保卫战有误,于9月18日夜,从界牌岭指挥所致电蒋介石,恳求派部增援:

窃查鄂东方部归职指挥者共有十军,现萧之楚、何知重两军已令南下,协同李军作战,王缵绪部内容复杂,指挥不灵,已失作战效用,至曹福林军,病兵最多,刘汝明军参战之后,现在前方服务者均不过二千余人，第31军138师已开麻埠，其余两师自经太湖及广济两次会战，损失甚大，现有兵力不过四千人，第84军原仅两师，现每团仅得五六百人，以上各军似应速调后方或加编并，或事补充，恳祈核夺。目前勉强应战者，唯第7军及48军各两师而已。依目下情况，敌以一部死守广济，我军屡欲围歼，尚未奏效，若敌增援改取攻势，则更难应付。为求巩固鄂东防务起见，拟恳迅派精锐赶速调防为祷。①

蒋介石一时无法抽调得力部队迅速增援鄂东，便致电第五战区师长以上各级将领及田家镇田北要塞指挥官李延年，进行精神上的勉励，并进一步严明军纪，以激励大家奋勇作战，电文如下：

溯自抗战以来，赖我全军将士敌忾同仇，忠勇用命，万众一心，屡予敌以重大打击，粉碎敌人"速战速决，三月亡华"之企图，提高国家民族国际上之荣誉，足证精神一致，克服万难。当兹敌寇深入，攻我武汉，我军第三期会战展开之际，凡我官兵，更应如何砥砺，协同歼敌，挽回局势。乃近查有少数部队，或对敌情侦察不明，或对友军支援无力，迹近观望，予敌各个击破之好机，无异坐以待毙，影响全局，殊堪痛恨。须知唇亡齿寒，非团结不足御敌，唯协同乃可制胜。特此令仰各该指挥官咸体斯旨，并严令所属切实遵照，继续努力，共同奋勉，为民族国家之生存，争取最后胜利为要。如再有互相推诿、观望不前，致失机宜，定予严惩。②

参加田家镇保卫战的第五战区部队，大部都能积极用命，许多部队减员确实太多，严重影响了部队的战斗力。而且不同部队，尤其不同派别的部队（如川军、桂军、老西北军等）间的"协同"不太得法，影响整体战

---

① 《李品仙致蒋介石等密电（1838年9月18日）》，《抗日战争正面战场》（上），第735页。
② 《蒋介石致李宗仁等密电稿（1938年9月19日）》，《抗日战争正面战场》（上），第736页。

役指导方略的贯彻实施。往往是临敌部队遇敌攻击拼死抵抗,奋勇冲杀,而一时尚未与敌接触的部队则策应不够,有时甚至无所动作,难以形成排山倒海般的攻击势力,反倒容易为敌各个击破。局部英勇作战,整体处于被动态势,难以扭转战局,却付出较大牺牲。机动作战,力避被动防御,尽管为白崇禧、李宗仁等有识之士洞悉,也为蒋介石所认识,但在日军处于积极主动攻击、直取武汉,中国力保武汉的大态势之下,很难使"机动作战、积极防御"灵活自如地加以运用,付诸实施。

敌今村胜治旅团被第五战区部队困阻于马口湖、黄泥湖之间及以北地区,无法推进,弹药粮食缺乏,补给困难,处境十分危险。敌第6师团师团长稻叶四郎从广济急派山本大队、池田大队于20日、21日相继增援今村胜治,但遇到第26军萧之楚部的有力阻击,无法与今村旅团会合。敌军空军支援被困的今村旅团,一面向该敌空投给养和弹药,一面轰炸中国守军阵地。中国守军积极抗击,因缺少防空武器,各部队组织轻重机枪、步枪狙击手对空射击,迫使日军飞机不敢低飞,有效减轻了日机对地面的威胁。

日军山本、池田两个大队援兵为中国守军萧之楚第26军所阻,今村胜治又急忙抽调一个大队前往接应,试图突破第26军防线以使两部会合。敌军拼命冲突,中国守军拼死阻击,战斗异常激烈。第26军军长萧之楚9月21日向蒋介石电告战况:"奉李副长官马辰电转奉钧座手谕,谨悉。田家镇要塞关系成败全局,遵照钧意,抱有死无生之决心,报效党国。前本军四次猛攻,业牺牲过巨。现44师、32师实有战斗员均不过一千余人,除44师已经竹影庙向香山进攻外,其余一旅与铁石墩以东之敌激战中。第32师与四望山之敌亦在激战。兵力如此情况。如此,最后只有集合官佐民夫编并战队,与敌拼死一战,成功固佳,成仁亦所甘愿也。"[①]李品仙为歼灭围攻田家镇的敌军,增加兵力,23日下令"三日以内将敌人压迫于马口湖、黄泥湖中间以北之地区,捕捉歼灭之"。

---

① 《萧之楚致蒋介石密电(1938年9月21日)》,《抗日战争正面战场》(上),第737页。

第48军张淦军长率贺维珍第173师经漕河镇，迅即开赴栗木桥附近集结待命，俟到达栗木桥后，王赞斌第174师即归还该军建制，用于对今村旅团的围歼战。夏威第84军开西河驿附近整备，为第4兵团第二线部队。

日军为使增援今村胜治旅团的两个联队及接应的一个联队与今村部会合，对中国阻击部队疯狂攻击。一连攻击几日，终未能突破中国守军的阻击线。日军出动10余架飞机，"轮流不断轰炸我军各处阵线"。①

中国守军萧之楚第26军、何知重第86军等部，不畏流血牺牲，坚守阵地，拼死阻击日军。

何知重第86军，奉命参加田家镇保卫战，开赴松山口一带阻敌。李延年部第9师控制松山口阵地3120高地，该高地是整个阵地的最高点，日军反复向该高地发起攻击。为减轻3120高地守军的压力，第86军第103师主动攻击日军占领的2625高地。时松山口南北高地皆为敌据，敌军居高临下，由下向上仰攻，若由山麓沿山脊冲锋，必为敌军所阻，接受攻击任务的何绍周第103师第309旅第618团第3营，全营仅500多官兵，在营长赵旭率领下，采取出敌不意的突袭方法，进行攻击。即以一个连沿山脊仰攻，以迷惑敌人，主力则利用山脚水沟作掩护，沿水沟跃进到松山口以南敌后，然后突然发起猛烈的袭击。攻击部队绕到敌后山脚阵地，一举击溃敌军，占领了敌军阵地。敌军组织反攻，激战竟日，赵旭率第3营主力仍坚守主阵地的三个山头，为攻击2625高地守住了前进基地。次日，赵旭组织部队攻击2625高地，以第7连为第一梯队，发起冲锋，其他连集中火力掩护。当第7连冲到半山腰时，已攻占了第9师控制的3120高地的日军随即用机枪、火炮向攻击2625高地的第7连射击，第7连攻击受阻。赵旭营长立即令第9连攻击3120高地，以策应第7连作战。何绍周第103师及郑作民第9师不断增派援军，同时发动对3120、2625高地的攻击，经过浴血奋战，终将两座高地上的敌军击溃，遂占领了两高地，卡住了松山口的咽喉。第86军第103师扼守3120高

---

① 《李品仙致蒋介石密电（1938年9月24日）》，《抗日战争正面战场》（上），第740页。

地及松山口亘吴湾之线，牟庭芳第121师固守2625高地，构成一条坚固的阻敌线。日军不分白天黑夜地轮番冲锋攻击，均未能突破该线。日军便以飞机集中轰炸2625高地，第121师伤亡严重，该高地23日丢失。

萧之楚第26军，阻击敌援军前进，作战十分勇猛顽强，仗也打得十分艰苦。据9月23日的战报，该军"32师在孟湾、唐伯、海湾之线，已成混战状况，该师伤亡甚大，王（修身）师长尚在田家湾督战"[①]。

第44师也大战激烈，陈永师长负伤，仍坚持不下火线，指挥所部继续与敌拼杀。

25日，李品仙令第48军张义纯部、第86军何知重部、第26军萧之楚部"向进犯田（家镇）要塞之敌攻击前进"[②]。

同时，围攻广济敌军的第7军张淦部、第55军曹福林部也积极发动攻势，攻占了广济附近的一些日军据点，有力地支援了田家镇保卫战。26日黄昏，第48军为右翼、第26军为左翼，协力夹攻马口湖、黄泥湖及其以北地区的敌军，第86军在四望山附近，掩护左侧，各部同时推进。使第48军一部乘敌不备，一鼓攻下香山敌阵，骆驼山敌军迅即增援反攻，双方展开肉搏，香山阵地得失三次，终为第48军部队所控，敌军使用毒瓦斯，使第48军部队死伤甚众。第48军另一部经顽强冲锋拼杀，再次从日军手中夺回2625高地，击溃敌军。萧之楚之左翼部队，经过苦战，攻占了日军陶寨阵地。

日军被分割两处，并处于中国军队的大包围圈中，处境十分不利。日军凭借空中优势，调动20多架飞机，集中轰炸阻击日军援兵的中国阵地，日步兵也拼命冲击，9月27日，日军援兵终于得以与今村胜治旅团会合。经过七天七夜的激战，敌军已伤亡千人左右，两部敌军会合，尚有约4000人，今村胜治便集中兵力，向田家镇方向攻击，终于突破李延年第2军第9

---

① 《李品仙致蒋介石密电（1938年9月24日）》，《抗日战争正面战场》（上），第740页。
② 《李品仙致蒋介石密电（1938年9月26日）》，《抗日战争正面战场》（上），第742页。

师在胡家山、鸭掌庙及第57师在乌龟山、下郑的马口湖至黄泥湖防线,敌军一部28日突进到田家镇以东,并攻占了玉屏山制高点。

此前,日军已于23日占领了江南富池口。这里是第18师的防地,9月18日,武汉卫戍总司令陈诚看到富池口、半壁山的重要民生,严令该师师长李芳郴固守,退却与官兵连坐处分。但是在日军凶猛攻击下,李师长潜逃,富池口遂为敌有。富池口与田家镇隔江相望,日军占领了富池口后,又猛烈攻击半壁山,扩大战果,控制了田家镇江对岸的战略要地,日军随即由江南增兵江北,伙同已在武穴登陆的敌军猛攻田家镇要塞。

27、28日两天,田家镇要塞遭到敌军从东、南、西三个方面的攻击。敌军空、炮猛轰,步兵猛攻,田家镇要塞守备部队不支,退出要塞,田家镇失守。

9月29日,李品仙致电统帅部,报告战况如下:

连日以来,我张、萧两军与田塞守备军,在黄、马两湖中间地区对敌夹击,已成合围之势。感(27)日夜我要塞守军对北阵地经敌由鸡脚陇突入,占据黑家山,虽(未)能立时反攻,但尚可勉力支撑。至俭(28)日敌由南岸渡江,增加二千余人,以海、陆、空合击田镇,对东阵地遂为敌冲破,以致迫近要塞核心,田镇核心守军不战溃走,迭经严令守军固守田镇西部山地以图规复,终未能确实办到,并且部队混乱,群集马口港附近向后退出。至昨日午后3时,田镇遂告失守(实际田家镇内仍有中国守军抵抗,至29日11时30分,该要塞才被日军完全攻占[①])。

同时我南下第48军正在猛攻沙子坳、鸭掌庙,战况极有进展。迄艳(29)日晨仍在续攻中,旋奉委座指示转移兵力、巩固广济北方正面,第11军团调上巴河整理,等因。遂变更部署如次:

(一)何、萧两军在珊驼山、得栎桥之线停止攻击,艳(29)晚起撤回关沙河沿赤东湖北端原有阵地,48军撤回西河驿,仍为本兵团之总预

---

① 王辅:《日军侵华战争》(2),第895页。

备队。(二)第2军及198师即转移至马口湖北岸停止布防。艳夜起,第2军撤至上巴河附近整顿,198师撤至张湖、管家湖、西湖各湖北岸,并对江岸布防,与萧军右翼联系。(三)广济正面各部仍旧。(四)职艳晚由前方指挥所返界岭指挥部,均经处置完毕。①

田家镇保卫战先后历经15日,杀伤击毙日军1150人,在湖沼地带和松山口地区围困敌今村部十余日,不仅伤亡了敌军,消灭了敌军部分有生力量,还给敌军造成极大恐慌,并造成合围歼灭该敌的大好态势。但是由于江南岸富池口陷落,敌军北上渡江增援,李延年等部要塞守备部队在敌军的强大攻击下不支后撤,终使田家镇要塞陷落,在田家镇北围歼敌军之势也随之化为泡影,全线后撤,退入二线,防敌继续西进、北上。

李品仙全权负责指挥田家镇保卫战,他把指挥所一直推进到前线,始终把握战局动态,直接指挥作战。对田家镇失守的原因,他致电蒋介石,作了如下分析:"查田镇要塞失守原因颇多。至李(延年)军团长原任防守专责,要塞陷落,在理亦应负相当责任,至其指挥督率亦欠适当,因部队使用未能集中,指挥位置在王家湾要塞之外,对守兵心理不无影响。及前线部队之溃退,要塞核心守备人员擅自退出,未能严为督饬,不无过失。至萧军长之楚、何军长知重策应要塞作战行动迟缓,未能依照命令及时夹击,亦有相当过失。至其他各官长之失职贻误戎机者,已令李军团长查明详报矣。自职奉命指挥要塞及振遣各军南下作战,供职无状,以至要塞失陷,影响战局,尚乞从严处分为祷。"②

田家镇既失,沿长江北岸西犯之日军于10月24日窜抵黄陂,是祖先头到达横店,已进入汉口之门户。其沿大别山进犯之敌,于10月12日攻陷豫南重镇信阳,武胜关旋告不守,至10月25日,此路敌人已抵达汉口近郊。

---

① 《李品仙致蒋介石等密电(1938年9月29日)》,《抗日战争正面战场》(上),第?页。
② 《李品仙致蒋介石密电(1938年9月26日)》,《抗日战争正面战场》(上),第748页。

第四节　第九战区江南作战

一、万家岭大捷

1938年7月25日，在长江南岸，九江被日军攻陷。日军随即狂轰小池口，并由太湖、宿松、黄梅方向进袭，遭到中国军队坚决抗击，战况激烈。

日酋畑俊六率大军30余万，溯江奔武汉而来，日军第101、第106、第9、第27师团及近卫师团一部，配合波田支队，战舰80余艘，飞机数十架，陆海军遥相呼应，咄咄逼人，顺湖口、九江南下，其意图相当明显，就是拿下德安、南昌，然后再向西攻长沙，消灭长江以南中国野战军，切断粤汉交通，形成对武汉的彻底包围，或拿下武汉，或逼迫蒋介石作城下之盟。

所谓"南浔会战"，由国民党武汉卫戍区第1兵团总司令薛岳指挥，下属部队：王敬久第25军、李觉第70军、李玉堂第8军、欧震第4军、李汉魂第64军、俞济时第74军、叶肇第66军，其任务是按军令部之要求，在星子一带防御南浔正面金官桥、德安等地。

日军第106师团，占领九江后，稍加整理，于8月3日开始，在师团长松浦淳六郎率领下，向南浔正面金官桥一线发起攻击，遭到李觉、李玉堂、欧震部的坚决阻击。松浦淳六郎占领九江的骄横被中国军队的三员大将打得烟消云散，死伤惨重，市川联队长被击毙。从8月3日打到8月15日，松浦淳六郎没能前进一步，攻势萎退，不敢妄动。

日军见沿铁道正面进攻难以奏效，便以伊东正喜率领的第101师团，在海空军配合之下，企图由星子方面，沿德星公路攻打德安，乘势包围中国军队右侧背，切断南浔路。8月19日，日军第101师团向星子进犯，刚迈出两步，便被王敬久率领的第25军、叶肇率领的第66军迎头痛击，双方互不相让，在东西孤岭、鼓子寨、七贤峰一带展开激战，一连打了一个星期，不分高低。

就在王敬久、叶肇同伊东正喜厮杀之时，日军吉佳良辅的第9师团、稻叶四郎的第6师团，已由九江连陷王陵基第30集团军防守的瑞昌、鲤鱼山、杨坪山、北极峰一线阵地，这无疑给中国军队造成了心理压力。由此，星子和金官桥方面的日军第101师团，从9月1日起，向中国第25军、第66军的阵地发起更猛烈的进攻。日军第9师团、第6师团，被中国第4军、第74军、第72军、第78军等，夹击于小阳铺、和尚洼地区，双方一口气又打了五天。日军前进不得又不甘心，连续不断进攻。这时，中国军队占领东西孤岭亘德安东北及乌石门与德安西北之线袋形阵地，如张袋捕鼠，又如飞钳剪物。这般阵式，亡命之徒的日军硬往里钻，几进几出，激战兼旬，日军伤亡甚众，有锐无气，始终未能进展。

日军在中国作战的指导思想是"速战速决"，国民党军虽然是节节后退，但每一节都使日军不顺利，战线拉得过长，已使日本大本营深感焦虑，开始怀疑蒋介石是有意采取且战且退之战术，要把日军拖垮。眼下，已经打入中国腹地，直取武汉指日可待，却不料想又碰到淞沪战役之后又一次顽强防御。第101师团受挫于东西孤岭，第106师团被阻于马回岭，屡战无功，身为华中派遣军司令的畑俊六焦急万分，不得不再选择一条进攻路线。他命令从九江登陆的本间稚清第27师团，于9月6日以后发动对瑞武路的攻击，意在占领箬溪、武宁，切断修水北岸上下游中国军队的联络，将其分割，以便日军全面进攻。

本间稚清还算争气，于18日占领茶园陵、白石崖。黄维的第18军陷于苦战之中，战至9月24日，薛岳命令冯占海的第91师、傅立平的第142师、何平的第16师、吉章简的预备第6师、陈沛的第60师，占领坐牌山、乌沙岭、马塞山、火炎坳、风雨岭，以及白水街、麒麟峰、九石隘、昆仑山、覆血山之线。薛岳的目的是将阳扶山、甑盖山、老鼠山一线，瑞武路正面进攻的日军第141师团包围吃掉；薛岳同时命令李玉堂的第8军进占罗盘山、棺材山、张林公、丰良之线，拦住西进的日军。

9月26日，日军第27师团进至小坳西南地区。为迟滞日军西进，薛岳将德星、南浔线上所有部队集结，由德安方向向小坳地区的东西进攻，以切断日军与其后方的联络线，使之不能西进。同时让瑞武路上的中国军队，一由瑞武路的西侧向东进攻，一由瑞武路的正面迎击日军。激战两天，薛岳下令，以瑞武路的兵力去围攻万家岭日军第106师团的西面。日军第27师团为执行畑俊六西进的命令，不敢在小坳地区恋战，经箬溪、大桥河向辛潭铺前进。

自25日以来，日军向麒麟峰、覆血山进攻，由于防御阵地过长，南浔、瑞武间形成一块甚大的空隙，转移于瑞武路的中国军队一部，被日机空中侦察得知，日军认为由此空隙插入，这样可避开正面攻击的不利，且可解救处于危难之中的本间稚清第27师团。畑俊六命令松浦淳六郎率106师团，带足六天干粮，轻装向西急进，钻入中国军队防守空隙，撕开缺口，解救第27师团，从而也分割开中国军队之阵地。

松浦淳六郎率领的第106师团，经闵家铺于27日先头部队挺进至面前山、竹坊桂。欧震指挥的中国第4军，与日军第106师团的前卫展开激战。随后让开道路，第106师团于10月2日全部窜至万家岭、哔其街、老虎尖、石堡山地区。此刻，薛岳兴奋之极，他要包围聚歼第106师团于万家岭地区。薛岳决定，抽出德星、南浔、瑞武三方面兵力，分别是：叶肇的第66军、欧震的第4军、俞济时的第74军、孔可权的第187师（属李汉魂第64军）、李兆瑛第139师之一旅、冯占海的第91师（属李觉第70军）、刘若弼的新编第13师（属王陵基第72军）、邓国璋新编第15师之一旅、傅立平的第142师、陈沛的第60师、张琪的预备第6师（属周嵒第75军）、李觉的第19师，切断松浦淳六郎第106师团之后路，薛岳指挥大军围击而来。松浦淳六郎发觉坏事，不顾一切想冲出重围，但为时已晚，不得已依靠阵地作最后抵抗。

第106师团清楚自己之命运，一连七日作困兽之斗，精疲力尽杀不出重围，薛岳大军愈发激奋，层层将包围圈缩小，终在双十节那天，全歼第106师团，师团长松浦淳六郎，身中数弹，"遗尸塞谷，山林溪间，虏血几洒遍矣"，好一副惨状。

万家岭战役之后，中国军队和日军均撤离战场，当地老百姓都已逃亡，战场一片凄凉，到处都是枯骨和破烂军需物品，气味难闻。

1939年12月，日军第106师团所剩部分人员要回国，该师团派3000多名官兵到万家岭战场祭吊阵亡官兵，并在日军阵亡官兵坟墓上安插灵牌，装饰葬地。该师团在万家岭之战中，被中国军队歼灭百分之七十五以上兵力。战场周围约10平方公里都是矮山丛林，零星有几个小村。在这10平方公里的土地上，布满日军和中国军队的墓葬。日军的辎重兵挽着驮马尸骨、钢盔、马鞍、弹药箱、毒气筒、防毒面具等杂物，俯拾可得。许多尸骨足上穿着大足趾与其他四趾分开的胶鞋，显然是日军尸骨。有的尸骨被大堆蛆虫腐烂之后，蛆虫变成蛹，蛹变成蝇，蛹壳堆在骷髅上高达尺余。

万家岭西北一小村，叫雷鸣鼓刘村，周围日军坟墓甚多。村东稻田中，日军辎重马骨不下600具，铁制驮鞍亦多。那些祭吊亡灵的复员回国人员，在该村住了三天，砍伐树木、竹片在墓上安插灵牌，并沿坟墓四周镶上四层砖台，燃烧香烛……雷鸣鼓刘村边有一棵大树，日军用刀削光，上写"雷鸣鼓刘村激战之地"，傍署"昭和十三年十月竹内队宿此树下"。万家岭西南哗口其街村，日军遗骨最多，战后一村民

万家岭成为日军坟墓

从骷髅堆中，捡获金牙30余枚，因为中国士兵镶不起金牙。①

万家岭战役的胜利，令蒋介石兴奋不已，他指示军事委员会军令部、政治部于双十节前，用文字发表敌军在长江两岸作战兵力及伤亡人数条谕：

军令部、政治部：

宣传于双十节前用文字发表可也。最好能将此死伤总数，在各战场详细分列。约可分为第九战区：南浔路、沙河、东西孤岭、九江、湖口、香山、瑞昌西南与东南各山地地名战场；第五战区：黄梅、宿松、广济、富金山、叶家集、商城、沙窝、潢川、光山、罗山等各战场地名详列。又第三战区亦可列入在内。

二、庐山阻击战

万家岭歼敌之胜利，基于外围各方面的阻击战，其中最为重要的是庐山阻击战。蒋介石对庐山阻击战倍加关注，亲自致电第1兵团总司令薛岳转示副总司令叶肇，无论战况如何变化，庐山必须由我军掌握，电报全文如下：

南昌。薛总司令转叶副总司令伯苢兄：前线辛劳、将士牺牲，无时不为之痛愤！对于东孤岭之苦战恶战，尤为怀念不置。

庐山为长江保障，无论战况如何变化，庐山必须由我军掌握。万一南浔路各处失利，则兄部应即以庐山为中心，发展运动战；使敌不能向南向西直入，此时应尽量囤积粮米，作三个月之用为要。但此非常人之任，故特赋兄以此重任也。务希竭尽职责，完成使命，必得最后之胜利也。中正

---

① 选自《武汉会战》，《原国民党将领抗日战争亲历记》，第115页。

手启。①

第70军第19师师长是由军长李觉兼任。这支部队原是湘军何键的基本部队，所辖两旅四个团，属乙种师的编制，新兵多，武器陈旧。在淞沪会战中，这支部队有良好的表现，官兵奋勇战斗，不怕牺牲，被军事委员会评为成绩最优的十个师之一。淞沪会战之后，蒋介石将第128师拨归第70军建制，驻防浙江东阳一带补训。1938年5月下旬，蒋介石命令第70军两个师集结金华；6月初先后到达武汉，旋即开赴麻城、英山、罗田一带，赶筑工事，负责担任武汉外围守备任务。7月上旬湖口告急，又急调该军分由广济及小池口渡过长江，以第19师进驻九江赶筑防御工事，第128师在九江以东赶筑工事。7月5日湖口陷落于日军手中，日军第106师团从姑塘登陆后，九江于7月26日失守。由此开始，第19师在庐山与日军展开阻击战，苦战41天，庐山阵地牢牢在握。

湖口陷落后，各防守军队纷纷后撤，第2兵团总司令张发奎急令第70军之第19师撤出九江，在庐山以北的马祖山一线占领阵地，阻击日军，掩护主力转移。第19师的先头部队第109团于25日深夜赶到马祖山，顾不得喘口气连夜赶筑工事，26日清晨全师主力相继到达指定位置。午后不久，第19师前哨阵地开始与日军先头部队交手。日军在第19师猛烈阻击后，停止脚步。日军飞机大炮全力轰击马祖山阵地。此时，前线友军不遵守张发奎所规定的时间、路线撤退，争先恐后，混乱不堪，一副兵败如山倒的模样。李觉命令部队一面阻击日军，一面劝阻溃退友军进入第19师阵地。可是无济于事，友军的行为大大妨碍了第19师的动作。

入夜，各路友军仍源源不断争相夺路，李觉在阵地上望去，败兵拥挤在公路上行动迟滞，人声、车马嘶鸣、枪炮声响及遍野、震耳欲聋。天亮后，10余架日机轮番跟踪轰炸溃退的友军。败兵们人喊马叫，钻入南浔路

---

① 选自《中华民国重要史料汇编》。

边的山地丛林……

第19师打得顽强，坚决堵住进攻的日军，使后撤的友军死里逃生。26日白天，李觉在激战中突然发现，有几百日军迂回过来，企图穿过阵地追击友军的后卫部队。李觉当即命令第109团第1营出击，穿过半山，将日军截住，第1营营长易佐良身先士卒，与敌肉搏身负重伤，全营百余官兵，用躯体挡住敌人，所剩无几，日军败退而归。

第70军第128师原系湘军陈渠珍的土著部队，武器差，素质弱，一水儿旧汉阳造的步机枪。这支部队，过去未离开过湘西，参加抗日战斗以来，初次同日本人打战，战斗作风低下，战斗经验缺乏。在此之前，经过几天的湖防战斗，大大减员，溃散后退时狼狈不堪。因为动作慢，该师后卫唐名标团被日军包围，情况危急，唐名标向第19师第109团呼救。李觉命令第109团第3营，冒着日军疯狂的炮火，向唐名标团侧翼靠拢，猛烈攻击敌人，撕开日军包围，使该师残部得以逃生。谁知日军不肯罢休，企图跟踪追击唐名标团，亦被第109团第3营第8连截住，夜晚到来，双方对峙。此刻，日军主力尚未结集完毕，炮兵在水稻田中行动困难，被拖住后腿。

27日那天，是马祖山战场最火爆的一天，日军飞机9次攻击第57旅第113团阵地，整个阵地几乎成了火海。第113团拒不退让，死守阵地。日军冲锋均被瓦解，双方又成相持状态。28日，第19师师长李觉命令第57旅、第55旅逐步交替掩护，撤至马回岭以北地区集结待命。李觉作出此决定迫不得已，伤号增多，弹药殆尽。第109团第3营为全师作后卫，负责掩护全师撤退，他们利用黑夜以一部分机枪火力虚张声势佯攻，然后迅速摆脱敌人。黎明前到达南浔公路，被总司令部督战队拦住，赋予掩护全军炮兵后撤任务，至7月31日才归还建制。

江防、湖防的失败，是蒋介石预料之内的，但他却没料到，防守部队脱离了他的时间计划，败阵这样快。其原因在于没有纵深配备，无后援，一点被突破就全线溃退，外加部队患"恐日症"者大有人在，更令人生畏的是，日军普遍使用毒气。对日军施放烟幕毒气弹，蒋介石在7月23日就曾

指示军事委员会侍从室第一处主任林蔚,通知沿江沿河各部队注意。蒋介石手令如下:

> 林主任:通知沿江沿湖各部队,对敌军放烟幕弹时,应在原阵地沉着应战,切勿为其欺迷,注意防护,以致不被动摇为要,中正手令。(蒋介石又批示:令各炮兵团长凡炮兵放列附近必须设假炮兵阵地为要。)①

下面看看金官桥主阵地的战斗:

张发奎将部队撤至庐山以西,利用南浔铁路两侧的丘陵地带占领防御阵地。防线右翼指挥官是军团长李汉魂,最初第一线的守备部队是李汉魂的粤军两个师及徐源泉的第10军等部队。第70军为预备队,其左翼为第4军、第73军、第74军等部队。第70军之第128师由于湖防溃退,师长顾家齐被蒋介石撤职查办,第128师番号亦被撤销,第70军只剩下第19师了。

7月31日上午,日军第106师团主力在空军掩护下,分两路沿南浔铁路、公路南下,强攻中路,妄图中央突破。粤军首当其冲,与日军激战,伤亡很大。军团长李汉魂下令第19师接替金官桥沙河一线阵地守备任务,将第155师换下为军团预备队。第70军军长兼第19师师长李觉,考虑到粤军阵地部署层次欠妥,主阵地兵力过于集中,徒招伤亡,不能持久,便改变部署,以第57旅第114团团长周昆源、第113团团长王道纯及第55旅第110团团长鄢乐知之一部接替第155师阵地,并将原来的主阵地一部分改为进攻阵地,使主阵地的位置和地形更为有利;李觉把第110团第2营推至庐山西麓的土地庵高地,命令营长刘威宜向西占领侧面阵地,以火力封锁右翼主阵地前沿。第109团第3营奉命调驻牯岭,以防日军绕袭侧背。部队刚调动完毕,日军先头部队便已出现。

黎明后,日军先以飞机大炮轰击中国守军阵地,已经有所经验的中

---

① 《蒋介石致林蔚密电》,第二历史档案馆军事档案。

国官兵，阵地上只留少量的警备部队，其余进入待备所，准备迎击日军步兵。上午10时以后，日军步兵认定我进攻型阵地为主阵地，连续多次发动进攻，遭到几处交叉火网的制压，伤亡很大，越不得雷池一步。下午3时许，李觉命令第110团、第113团各以一连，乘日军大炮延伸的间隙，突然冲出阵地反击进攻中的日军，收效很大，已经习惯于接受中国军队防守观念的日军，被打个猝不及防，受挫后撤，锐气大减。兴奋的李觉哈哈大笑。

次日，日军加强飞机大炮火力对阵地的轰击，仅以小股步兵反复扰袭佯攻，意在试探阵地各火力点。李觉判断日军在侦探阵地配备情况后，必将发起猛烈进攻，命令各部星夜加强阵地工事，特别是交通壕与待备所的掩盖体；并命令一部立即移至牯岭西南之鸡窝岭占领侧面阵地，用火力居高俯瞰日军。

第三日，日军飞机大炮继续狂轰滥炸，中国军队阵地工事多被摧毁，山上烟火弥漫，呛人不堪。第57旅旅长庄文枢在观测所被炸伤，第114团团长周昆源升代。周昆源率领士兵，向进攻型阵地隐蔽前进，即以迫击炮、重机枪发动反击，又一次突然压制日军，打击强烈。上午9时之后，情况变得严峻，进攻型阵地被日军几次冲破，双方肉搏，阵地得而复失、失而复得，形成拉锯，双方均付出惨重代价。第114团第1营营长阵亡，阵地动摇。午后，第57旅两个团各以一部增援反击，日军在中国军队英勇士兵面前，受挫后退，阵地再次回到中国军队手中。日军飞机低空扫射轰炸，两个不大的高地已成焦土。黄昏后，中国守军开始补充兵力，修复工事。守在阵地上的官兵因白天送不上食物，只能吃晚上送来的馊饭和生水。如此四天四夜，山上山下及水稻田中，双方遗尸及武器遍野，咫尺之距，双方为争夺遗尸和武器而增加伤亡。时值盛夏酷暑，阵地上臭气扑面，令人呕吐不止。

战至第五天拂晓，日军再度发动猛攻，第114团刚接任团长职务的刘阳生，组织敢死队增援反击时阵亡，阵地弹尽人空，日军终于爬上阵地……

第114团伤亡很大，李觉将师主阵地作了局部调整。在之后几天里，日军借助被占领的进攻型阵地，连续向师主阵地发起全方位攻击，中国将士宁死不退，英勇战斗，进攻之敌均被击退。在日军强攻时，第110团第2营在土地庵的侧击火力发挥很大威力，给日军以很大杀伤，日军连续进攻几天，底气不足，但仍顽抗不退。

日军为排除侧面第2营的威胁，目标指向土地庵高地，却遭中国军队鸡窝岭阵地迫击炮、重机枪居高扫射，暴雨般子弹突然倾泻而下，随后第110团发起冲锋，日军彻底乱了阵脚，仓皇溃退。旬日之内日军已没力量大举进攻，只派小部队袭扰和飞机轰炸。日军第106师团中央突破的企图未能得逞，只好将其主攻方向和力量转向铁路以西地区，在中国守军阵地正面呈对峙状态。

从所获日军遗尸日记中，有这样的记载："几次进攻中，庐山上的迫击炮弹如雨点般从天而降，皇军大受威胁，死伤可怕。"

李觉为更多地消灭敌人，将两个营的迫击炮排调上鸡窝岭，居南临下，轰击敌人。日军为排除鸡窝岭阵地的严重威胁，亦集中炮火，轰击鸡窝岭阵地，并派出敢死队多次发动袭击。最凶猛的一次发生在8月27日，日军四五百人袭击鸡窝岭阵地，虽被打退，但我方团长刘湘辅身负重伤，营长以下官兵死伤两百余人。

日军此次重挫后，不敢再冒险佯攻。从所获战利品中可证明日军对庐山阻击战的惊恐，日军一专科学校毕业的士兵在日记中写道："庐山是支那名胜之地，'难见庐山真面目'，名不虚传，皇军在此遭到支那军精锐第19师的坚强抵抗，前所未有的激战，中队、小队长的死亡很多，战斗仍在艰苦进行，与家人团聚的希望是困难的……"

庐山阻击战中，除第70军第19师外，第8军李玉堂部伤亡也很惨重，蒋介石令军团长李汉魂换防休整，李遂令第155师接替第19师主阵地。9月4日，第19师撤离战场，此役该师官兵伤亡数千人。

第五节　武汉海空战

一、武汉空战

日军拿下徐州后,武汉成为国民政府军事、经济、文化的中心,日本人认为,再拿下武汉,中国战场基本便可腾出手来,且不知蒋介石从上海一路败退只是他的既定战略方针。蒋在武汉周围集兵近百万,再次给日本人以错觉。

1938年6月18日,日本军事大本营下达全面进攻武汉的命令。加入作战的陆军航空兵团下辖第1、3、4飞行团,共有战斗机7个中队、侦察机4个中队、轻轰炸机6个中队、重轰炸机4个中队。支援作战的海军航空兵有第2联合航空队所辖的第12、第13、第15航空队和第3航空战队。参战的陆、海军航空队各有飞机200架。中国空军参战有两个轰炸机大队,下辖第1、第2中队,三个驱逐机大队,下辖第3、4、5中队,及一个独立侦察中队的编制,连续的华北华南空战消耗很大,能参战的飞机仅剩126架。苏联志愿航空队在华兵力三个大队,约有飞机120架,中、苏飞机数量为日军侵华飞机的三分之二。

进入1938年以来,武汉不断遭到空袭,长江沿岸中国军队防御阵地屡遭日机轰炸,制空权成为大问题。

蒋介石对空军之发展倍加关心,由于抗战初期空军在与日军空战中损失巨大,蒋介石深感不安,催促有关方面加强建设,1938年1月15日,蒋介石致电广州市长曾养甫询问:"广州。曾市长:去年所商订飞机制造厂,已否开办?希详复。中正。"

就在武汉大空战前夕,蒋介石又致电空军总指挥周至柔,指示应实施前批定空军两年训练计划,并与美籍顾问陈纳德上校商议并请其主持,电文如下：

南昌。周总指挥至柔兄：前批定空军两年训练计划，应即定期实施，请与陈纳德顾问切商，并请其负责主持。对于训练器材之购办，及其购到时间与训练地点及其设备，皆应切实规定详报。中正

除请求美国人帮助之外，蒋介石还催促宋子文，指示与苏联合办飞机制造厂。他命令宋子文派专人办理，限期完成他下达的手令：

宋代委员长子文兄，与俄合办飞机制造厂，应派专员负责办理；并限期完成。此事重要，请勿再延。中正。

早在1937年，蒋介石就指示赴英国庆贺英皇加冕典礼特使孔祥熙，让他派空军第一军区司令官沈德燮前往苏联购买飞机200架，其种类以轻重型轰炸机为主，其他侦察机与战斗机各购10架；蒋介石又命令周至柔，将武汉作为中国空军的根据地点，并让周至柔和侍从室机要室主任毛庆祥，从速规定空军前敌总指挥部与最高统帅部直接通电。1937年8月20日，蒋电示驻苏联大使蒋廷黻，介绍沈德燮与苏联政府洽购飞机；又致电在欧洲的孔祥熙，询购德国军用飞机和法国飞机。

七七事变后，日本陆军参谋本部和海军军令部订立了《陆海军航空协定》，其主要内容是：在开战之初，

高射机枪向来犯日军射击

一举急袭歼灭中国空军，夺取制空权，策应地面部队和舰艇作战。

1938年1月4日，日本海军第1联合航空队的23架攻击机在第2联合航空队13架战斗机保护下，穿出浓厚的云层，突袭汉口。中、苏飞机立即起飞迎战，在武汉上空混杀一片，翻滚追逐，你来我往，苏联飞行员柯路白率先发动攻击，几回合之后，柯路白机身中弹，人机共亡。

中国飞行员宋恩儒，天津人，中央航校第4期毕业，在淞沪空战中有良好表现，他驾机闯入敌群，向一架敌机射击时与敌机同时中弹，不幸殉难；另一名毕业于中央航校第6期的张若翼，是第24中队少尉飞行员，头次驾机参加空战，他在飞机被打中后，身负重伤，无法跳伞，与飞机共亡。宋恩儒牺牲后被追授上尉，张若翼被追授中尉。

2月18日中午，天气晴朗，日本海军第1联合航空队的26架攻击机在第2联合航空队的12架战斗机的掩护下，向汉口飞来。

27日下午，空军副总指挥毛邦初到樊城机场，对第4大队飞行员训话时说："武汉三镇屡遭敌机空袭，高射炮和各种防空收效不大，我军飞机几次迎战均遭败北。"毛邦初说："你们第4大队有过光辉战绩，派你们去武汉，继续发扬传统，把敌人飞机打进长江喂鱼，不辜负武汉三镇人民的希望！"

第4大队在毛邦初讲完话后，立即登机，飞往汉口王家墩机场，据情报估计不出三天必有大战，谁知一夜过后大战便来临。

第4大队的飞行员们，在飞机旁刚吃罢午饭，机场空袭警报顿响，有所准备的飞行员们立即登机，几分钟之内，第4大队飞机全部起飞迎击日机。第4大队大队长李桂丹率队升至3000米高度时，发现敌机高于我机，第4大队编队位置处于劣势。李桂丹下令散开升高时，日机已居高临下俯冲而来，首先对第4大队发起攻击。

下面是中国空军第4大队飞行员吴鼎臣的回忆：

……一架敌机对我攻击。我不慌不忙地开始转弯，好像躲避他的射击，而实际上是引他入套。他果然跟在我的后面和我一起转弯，想咬住我的尾巴（战斗机格斗，都想咬住对方尾巴，便于射击），我看敌人已经入套，就来一个最小半径的急转弯，一下子就咬住敌人的尾巴。敌人知道上当，就拼命想逃。但是，敌人再也无法逃出我机关枪的瞄准镜的火力圈以外。这时，我抓住一个最好的机会，4挺机枪齐射，当时敌我两机相距只有五千公尺，眼看敌人的脑袋倒下去，飞机失去操纵，作直线飞行不再转弯。我明知敌人已被击毙，但还怕不保险，又补了一次射击，这架敌机彻底被击毁了。这时，我赶快检查自己飞机的后面，有没有敌机偷袭。检查结束并无敌机跟踪，我就放心地寻找第二个攻击目标。我突然发现一架我军战机被敌机在尾后偷袭，情况十分危险，我立刻追到敌机后面，对敌机进行袭击。正当我准备射击时，我的飞机突然振动了一下，左机翼被别的飞机撞掉。我完全失去控制，机头向下，机身向左猛烈旋转，我立即从飞机里跳了出来，满天飞机在我周围战斗，我右手握住保险伞的拉环不敢拉，人在空中，头朝下脚朝上向下俯冲，大约在离地面六百公尺高度时，我拉开了保险伞，平安地降落地面……①

此次空战是武汉上空旗开得胜的一仗。李桂丹率全大队E-16、E-15机29架起飞迎战，结果共击落敌机14架之多，使日本空军再度遭受仅次于鹿屋、木更津两航空队被歼之重大损失。但大队长李桂丹，分队长吕基淳，飞行员巴清正、王怡、李鹏翔壮烈成仁，为国捐躯。

在李桂丹率队在武汉上空与敌机激战时，武汉三镇人民走出防空洞，爬上屋顶昂头观看中国空军的英勇表现，对天空大喊喝彩助威："好样的，加把劲，再打掉一个狗日的！"

2月21日，武汉三镇各界民众万余人举行空前的集会和游行，隆重"庆祝空捷、追悼国殇"，中共中央和第18集团军代表周恩来、陈绍禹、秦邦

---

① 《淞沪会战》，《原国民党抗日将领亲历记》，中国文史出版社。

当时报刊所报道的中国空军及作战情况

宪、董必武、叶剑英、罗炳辉等出席集会并敬送挽联，上书"为五千年祖国英勇牺牲，功名不朽；有四百兆同胞艰辛奋斗，胜利可期"。这副挽联表达了中国共产党人对为民族献身的空军烈士无限崇敬和悼念。

二一八空战之后，日本空军老实许多，相当长一段时间没有袭扰武汉。乘此之机，蒋介石要求加强构筑武汉附近防御工事，特别是防空力量。自开战以来，日军凭借其空中优势对中国各大城市据点滥施轰炸，造成中国军民惨重伤亡及损失。

经过一系列空战，中国空军对日本空军有了进一步认识。日本空军并非单独军种，平时系隶属于陆、海军，其兵力在战前属于陆军航空队第一、二线之飞机为800余架，属于海军之航空队飞机约为730架，陆军航空队之下有航空兵团，辖有飞行团及直属飞行联队，联队之下设有大队，但数量不定。其大队辖3至5个中队，大队长由联队长或联队副兼任。中队平时兵力，重轰炸中队为重轰炸机6架，轻轰炸中队为轻轰炸机9架，驱逐中队为驱逐机10架，侦察中队为侦察机9架；战时兵力则略有增加。

日海军航空队，分为陆上及舰上两种，军令统辖于军令部，军政统辖于海军航空本部。陆上各航空队均以驻地为番号，分隶于海军横须贺、佐世保、吴港等三个镇守府；舰上航空队分隶于各舰队，其间有"加贺""赤城""凤翔""龙驹""苍龙"等五个航空母舰，"能登吕""神威""千岁"三个水上机母舰，及"神川丸""香九丸""衣笠丸"三个辅助水上机母舰。

中日战争开始后,日陆军航空队立即改为战时编制,计有陆军航空队之第一线飞机约700架,为对中国作战主力,其编组系于航空兵团之下,辖两个飞行团及直属部队与兵站等。飞行团辖三个大队及一至三个中队,配合若干地上防空部队及地上勤务部队,野战航空工厂,则直辖于兵团司令部。战争初期,陆军来华作战飞机约200架,大部任华北方面作战,日本对中国作战的海军航空部队,直隶于"中国方面舰队"之下,其兵力抽调大村、木更津、鹿屋三个陆上航空队,编成轰炸、侦察、驱逐等飞行队。

至1938年以来,战区逐渐扩大,日本空军兵力亦逐渐增加。6月间,日军为适应其作战要求,便利指挥起见,又于航空兵团司令部与飞行团之间,增设一级,为飞行集团司令部,并将作战部队改为飞行战队,废除联队、大队之编级。每一飞行大队辖2至3个中队。其实日军对中国作战的陆军航空兵力,共计有10个战队,3个独立中队,共为28个中队,其中重轰炸机7个中队、飞机63架,轻轰炸机6个中队、飞机72架,侦察机11个中队、飞机105架,驱逐机4个中队、飞机42架,合计各型飞机282架。海军航空兵力,计有陆上部队4个航空队,舰上部队3艘航空母舰,6艘水上机母舰,合计各型飞机273架。综合日军陆、海、空军兵力共有飞机555架。

中国空军虽然培育、成长不久,兵力数字甚少,然而战力甚强,斗志极高,士气尤为高昂。最初中国空军为便利作战指挥,设立空军前敌指挥部,以周至柔为总指挥,后增设第一军区司令部。当时部队除原已编成9个大队外,并增加1个学生暂编大队及6队,专负空运任务。1938年3月,撤销空军前敌总指挥部,于5月改设三个路司令部(第1、第2、第3路司令部)。其实由于作战任务之需要及实际状况之限制,在过后的几个月里,中国空军战列部队,计侦察中队1个,轰炸大队3个(第1、第2大队,志愿轰炸第1大队),驱逐大队5个(第3、第4、第5及志愿驱逐第1、第2大队)。唯年来因作战损耗过大,后仅有各型飞机126架,嗣后曾陆续补充104架。

1938年3月至5月间，中国空军除支援台儿庄作战及徐州会战外，并轰炸黄河以北安泽、灵石、风陵渡等敌之据点，攻击日军南渡黄河的部队，以切断其增援。日军为消灭打击中国空军，以减少其在空中之顾虑和威胁，乃对南昌、广州、武汉等重要空军基地进行大规模的袭击。3月以来，中国空军均分别予以拦截，迎头痛击，空战多次，迭有斩获。在多次空战中，当以1938年4月29日的空战最为激烈，胜过2月18日那场空战。中国空军在此战中战绩辉煌。

4月29日，乃是日本"天长节"，日本海军第2联合航空队出动27架战斗机（指挥官小园少佐）、18架攻击机（指挥官小园少佐）袭击武汉。对此中国空军早有准备，其原因是，4月20日，驻孝感机场中国战斗机一飞行员在训练飞行中，突然发现在他下面2000公尺左右，有一架日本飞机，其立即俯冲下去，将日机打下。在检查日机残骸时，发现是一架双座侦察机，死者佩戴金质领章，无疑是一位日军高级空军人物来亲自侦察，其军装衣兜的日记本上记载日军准备在天皇生日（4月29日）"天长节"这一天

武汉市民引颈仰望中国空军歼灭来犯日机

轰炸武汉，以表对天皇的生日祝贺。对此，中国方面立即制订作战计划，集中中苏两个大队67架飞机，坐待痛击犯敌。武汉防空作战方针，以E-16机巡逻武汉上空，攻击日轰炸机；以E-15机巡逻武汉外围东北上空，诱导日驱逐机脱离轰炸机群。

4月29日午后，日军飞机果真由战斗机和轰炸机编成混合机群，向武汉上空飞来。得到命令后，中苏两个大队飞机即刻起飞，天空中好不壮观。在二一八空战中跳伞的吴鼎臣，又驾机参加了战斗，他回忆：

……当时，我是副大队长的僚机，我的飞机在本大队最前面，高度在4000米时，遇到敌机群。敌机群高度在4000米以上，我方在高度又处于劣势。这完全是由于机场指挥紊乱造成的。

当空袭警报发出之后，不等战斗机起飞完毕，轰炸机为起飞到别处躲避，也争着起飞，使战斗机丧失编队、占领高空有利位置的升空时间。另外，还严格规定战斗机在迎战之前，一定要在武汉上空巡逻，让武汉人民看得见自己的飞机。因此敌人容易发现我们，造成先下手为强，后下手遭殃的不利态势。

空战中，敌机采用经常使用的战术，集中力量打击领队长机。由于我是大队长的僚机，在全大队的最前面，首先与敌机遭遇，我被三架敌机包围，情况十分危险，一阵子弹打得我椅背保护钢板叮当直响，我反而沉住了气，并相信防弹钢板很有效。于是我就想先拼它一架再说，突然一架敌机从我的右侧后向我射击，我的汽油箱中弹起火，飞机向前飞，火就向后烧，我一看情况不妙，左手立刻拉开保险带，右手将驾驶杆猛力向前一推，飞机机头突然向下栽，一个离心力就把我从火丛中甩了出来。我离开飞机之后，过早地把保险伞拉开了，离地面还有三千多公尺，满天的飞机在我附近搏斗，我的伞下降得很慢，我先发现右脚皮鞋上被子弹打穿两个洞，但我的脚并不疼痛，隔一会儿觉得左肩有火烧般的疼痛，因为一枚燃烧弹把飞行衣打穿着火，两只手都够不到左后肩。后来越烧越痛，无法忍受，两条腿挂在伞带上，手就够到火，把火抓灭。两手烧得都是泡。最后，我降落在武昌南湖附近的稻田时，后来被群众抢救送往医院。

在四二九空战中，中国空军英雄陈怀民在与敌机搏斗中，遭日本山本敌机的攻击，机身中弹起火，机身往下坠落，陈怀民沉着勇敢，握紧操纵杆，他没选择跳伞，而是调转机头，朝着山本敌机猛冲过去，与敌机相撞，坠落于青山丛中。为永远纪念这位抗日的空军英雄，武汉出现了一条陈怀民路。

经30分钟拼杀，敌机被击落21架，其中战斗机11架、攻击机10架，分别坠落在黄冈、梁子湖、徐家棚、青山、段家店、谌家矶、洪山、武昌东郊、纸坊、豹子湖、刘家庙等地。日军飞行员50人丧生，2名跳伞后被活捉。

6月5日，国民政府在汉口举行隆重追悼大会，纪念陈怀民等英雄英灵，有2万人前来致祭。中共代表陈绍禹、周恩来、博古到会，中共中央驻汉办事处献上花圈与横幅，上写"义薄云天"，挽联上写的是"捐躯报国"。中共创办的《解放周报》发表短评，题为《英勇的中国空军万岁》。

被陈怀民撞落的飞机驾驶员，是日本海军二等航空曹高桥宪一，从他的遗物中发现其妻子美惠子的照片及信件。美惠子的信中充满对丈夫的担忧和思念⋯⋯

志愿大队的苏联飞行员舒斯捷尔，机身中弹后也驾机同日机相撞；中国飞行员信寿巽机身中弹70多处，沉着操纵飞机平安返回机场。

国民党军事委员会副委员长冯玉祥，为四二九空战赋诗道："舍身成仁同归尽，壮烈牺牲鬼神泣。"

日空军损失巨惨，气焰下降，一月有余不见动静。5月19日11时48分，由中国空军第14大队大队长徐焕升率领第19队副队长佟彦博，分驾马丁机两架,携带传单、小册子多种,"以纸弹代炸弹",自汉口起飞,经南昌、衡州,至宁波前进基地降落加油。23时48分,再由宁波起飞,飞赴日本。当中国空军两架飞机进入日本本土,日本全国正好梦方酣,徐焕升、佟彦博逐次在长崎、福冈、久留米、佐贺及九州各城市分别投散传单,并分别侦察日本军港及机场情况。

20日,两架飞机分别飞返降落于玉山、南昌两地,11时13分,于武汉附近上空会合,安降汉口机场,圆满完成中国空军首次远征日本本土的壮举。下面是航空委员会主任钱大钧报告蒋介石空军远征日本安然归来的电报:

> 即刻到。郑县。第一战区司令部晏参谋长:密译呈委员长蒋:空军远征日本,于本年5月初策远征计划呈奉批准后,即依此计划积极准备中,迄至本月准备完毕,天候许可,乃于本年5月20日晚11时14分,由第14队队长徐焕升,副队长佟彦博,分别驾驶1043及1404两马丁机,满载传单,由根据机场出发,向日本前进,至30日3时许到达长崎上空,经东向北环绕九州北部全境,沿途散发传单,所经各处城市,未曾发现高射炮火光及敌机拦截。我机传单散毕任务完成,乃于4时许开始回航,于7时12分抵浙江海岸,8时45分降落南昌机场,加油后,于11时返汉口,人机无恙。谨闻。职钱大钧叩。

第三次武汉空战发生于5月31日。日军袭击武汉的飞机来自日本海军第12航空队的11架战斗机。中方负责迎击的是,苏联志愿航空队"正义之剑"大队的21架N-15机和N-16战斗机。中午12时,空袭警报之后,"正义之剑"刺向天空,爬至15000米高度,以主力姿态迎击日机。随同配合的是中国空军第3大队的8架N-15式驱逐机、第4大队6架N-16式驱逐机。他们爬上了2400多米的空中,遥相呼应,构成空中的立体防线。

12时5分,日机抵至武汉上空,察觉苗头不对,走为上策,扭头向东逃

何应钦（右）与孔祥熙（左）迎接远征日本投掷"纸弹"的飞行员

去。中、苏飞行员们不放过到嘴边之食，50余架驱逐机饿虎扑食般扑向敌机群。日机且战且退，逃跑中数架中弹坠落于滠口、横店、董家湖附近。经验丰富的苏联飞行员古班柯击落一架日机后，子弹打光，当另一架日机向他攻击时，他从侧面加足马力，向敌机机翼撞去，敌机翼被撞断翻着跟斗坠入地面，令人吃惊的是，古班柯凭借优良技术操纵，在左肩负伤的情况下，将飞机开回机场。

中国飞行员张效贤殉难，苏联飞行员克卢拜被击落牺牲……

在"总统府机要档案空军作战经过概要"中，第一期作战第十一条有对武汉保卫战中中国空军的总结：

敌人自二十七年（1938）6月以后，利用长江水涨之际，以海军突破我长江封锁线，以三军协同力量夺取沿江各要点，并于攻略马当要塞后溯江而上，水陆并进，直赴武汉；以一部由潜山攻击孝感，另以一部由永修攻略咸宁，截断平汉、粤汉两路交通，进而包围武汉。我空军为协力陆军保卫武汉，以主力轰炸长江敌舰，芜湖、安庆敌机场，打击其登陆陆军而迟滞其前进，并阻击敌机袭我后方。经三月有余之猛烈作战，予敌极大打击。至9、10月间，复支援陆军部队在罗山、信阳对敌之作战，收效甚宏。空军自武汉保卫战进行以来，先后5个月中，曾炸伤敌舰67艘，炸毁敌机16架，击落敌机62架，伤其9架，战果可谓非常丰硕而辉煌。

二、海军长江抗战

1938年8月1日，身为军事委员会调查统计局科长的戴笠向最高统帅部呈上一份长江前线敌海空军情报，戴笠的情报来源是可靠的，准确性很高。戴笠亲自起草如下：

长江前线敌海空军

1. 海军航空队以芜湖为根据地，前泊有能登吕号航空母舰一艘，现已调回。另调神威号，于7月27日由敌国驶芜，指挥官为松本、添田两少佐。载有水上飞机45架（内重轰炸机9架），及海军航空人员。又战斗机队指挥，为南乡少佐、佐藤大尉，攻击机队指挥为渡边、原田两大尉。

2. 陆军航空队以蚌埠为根据地，爆击机队指挥为鲤登中佐、宫岛少佐。战斗机队指挥为白川少佐及宫岛森田两中尉。原有飞机70架，现仅有11架。

3. 舰队在长江者计共有大小敌舰（运输舰在内）242艘。15日，敌调较大战舰及巡洋舰26艘，开往华南，另有敌国运汽艇360艘，现已增往长江上游者180艘，增往钱塘江者75艘，系均黄灰两色；每艘有机枪二挺。又江中敌出云舰舰长福森中佐，对马号旗舰舰长宇垣大佐，日出旗舰舰长和知中佐。

4. 战车队在长江方面作战，计水陆两用坦克车10辆、中型坦克车65辆、小型坦克车30辆。有炮车20辆。

5. 弹药准备：炮弹准备，一万五千吨，现已运到一万五千吨。

拟办：交航委会、军令部。（蒋介石批示：如拟。研究应战方法。）

蒋介石命令韩德勤（江苏省政府主席），沿江要口部队用无线电详报每日敌舰与商船运输舰等数目与舰型。他指示海军总司令陈绍宽，对洞庭湖口及湖内水道，与湘阴、临湘各江口以及荆沙、宜昌各江口布设水雷……

徐州陷落后，为保卫武汉，最高军事委员会制订了武汉作战计划，海军任务是，破坏长江下游航运，配合陆军固守马当要塞，在鄱阳湖以东迎战日军，阻止敌溯江向九江集中，并在长江沿线各要点节节抵抗。海军投入战舰40多艘，海军司令陈绍宽的旗舰来往于马当、汉口、岳阳等地，他的旗舰分别为"咸宁""永绥""江犀"号。

海军在马当、湖口战役任务为两项，一是舰艇攻防，及布雷封锁；二是海军第3舰队配合马当要塞防御战。江阴虽失陷，但中国海军在长江中下游各地所构成的封锁线依然屹立不动，作中流砥柱，因此日军舰队不能大胆溯江西上，使中国海军得以在上游从容布置。

马当封锁线早于1937年12月开始布置。当时蒋介石命令，除将官洲、东流及马当之夹水道敷设水雷外，由马当至湖口一带筑有堡垒，配以炮队、陆战队防守；同时"宁字""胜字"各炮艇在封锁线附近轮流梭巡。

1938年3月27日，日机3架，突向中国马当封锁线的防卫炮艇"义胜号"轰炸，该艇不幸沉没。至6月24日，日机9架又向中国军队马当附近的"咸宁"炮艇投弹40余枚，艇底炸漏。此时中国军队复于大通方面密布新式水雷，凡经过该处的日军舰艇不被炸沉亦遭炸伤。在马当方面先后加布水雷600余具，东流方面加布100余具，在湖口方面亦布有水雷。

在7月2、3两日，中国"崇宁"炮艇在田家镇布雷，连续遭日军飞机4次轰击，最后一次，日机5架集中向该艇投掷燃烧弹十余枚，致艇身下沉。

"长宁"炮艇于7月1日在田家镇、武穴途中，遭日机7架攻击，炮艇到达武穴时已遍体鳞伤，遂暂靠利济码头，当派"咸宁"号前往救护时，日机16架又轮番攻击，该艇要害中弹，乃告沉没。"咸宁"舰抗敌经过尤为壮烈，该舰于7月1日在九江北港布设水雷，工作完成后，经九江驶至火焰山附近，遭日机7架攻击，共投弹40多枚，该舰官兵一面用高射炮奋勇应战，一面带伤驾驶，各舱均着火，官兵死伤极重，在此生死存亡之际，该舰奋勇抗敌，先后击落日机两架，随后驶至武穴，暂靠日清码头，极力救火塞漏；而敌机不放过该舰，16架旋又临空，再向该舰投弹60余枚，该舰身中多枚炸弹遭重创，与日清码头上的船只同时沉没……

1938年6月21日，日军舰向马当炮台窥伺，22日，先以汽艇10余艘，在日舰掩护下，向炮台进攻，各炮台陆战队员予日舰痛击，击沉日艇3艘。25日，日军又以舰艇多艘，在巡洋舰领导、驱逐舰冲锋之下，再次向马当攻击，中国炮台乃与敌舰展开激战，日巡洋舰中弹起火，在其驱逐舰挟拖下逃逸，其余舰艇纷纷向下游鼠窜。26日，日本陆军迫近马当，形势急转直下，中国海军炮队旋即奉命将炮栓掩埋，在日军火力之中突围冲出马当。

7月4日，日舰进至湖口，迫近湖口炮台，日空军一轮一轮轰炸炮台，日陆军越迫越近，守炮台的中国海军陆战队不过一连，经日军海空连续轰击和陆军不断猛攻，守兵损失惨重，卒告不守。7月14日，中国海军总部以快艇"文九三"号向驻湖口江面日军中型军舰发射鱼雷，命中敌舰。同时"文九三"号也中弹起火。17日，中国海军"二二三"号及"岳二五三"号两艘快艇再度向湖口敌舰发动夜袭，卒因故未能完成任务。7月21日，日空军向蕲春附近中国快艇投弹，两艘快艇受伤。8月1日以后，沿湖口、九江以上各重要水道，均依次划作雷区，中国军队负责布雷作业的舰艇，在日空军不断攻击下，先后损失10余艘。

中国海军第3舰队官兵驻防华北海面，抵抗日军以后，奉命以所属"定海"等舰艇堵塞青岛港口，人员即于1937年12月下旬撤离沿海，转至鲁中山区准备游击战，后奉命移防长江。1938年1月，陆续进入武汉附近，改组为江防要塞司令部，设司令部于武昌，辖三个守备总队、两个陆战大队，分驻于田家镇、湖口、马当三地区。

1938年5月，日军自南京沿江西犯，陷贵池，越安庆，气焰嚣张。日军乘黄昏大雨之际，偷袭中国军队长江南岸香山阵地，激战终宵，中国守军200余人，几乎全部牺牲，生还者十不及一。当夜，日军除包围攻击香山的守军外，另有一股则沿香山、马当公路向长山阵地渗透。因中国军队防守严密无结果。日军更变部署，以小股排为单位，向中国守军阵地多面进攻，由局部战斗发展为全线战斗；同时敌于拂晓以后，即以其飞机轮番向阵地扫射轰炸，敌舰炮亦溯江向中国军队两岸阵地猛轰。香山被日军占领后，架设大炮掩护其步兵攻击，直战到傍晚，进入白刃战的惨烈阶段。26日黎明，要塞阵地失守。

鄱阳湖为拱卫南昌的重要水域，中国军队为防止日军深入江西腹地，调派"宁字"炮艇等数艘及配有武装的小火轮多艘，担任鄱阳湖的防守。

1938年6月13日，蒋介石指示军事委员会参谋总长何应钦、副参谋总长白崇禧，有关长江与鄱阳湖防御计划应办事项，应从速办理，并命令白崇禧视察各要塞的江防部队和沿江阵地。蒋介石命令如下：

何总长、白副总长：长江与鄱阳湖防御计划及其实施现状，与江防各部队平射小炮之配置数目，及其阵地地点，与工事构筑方式，以及所能用于江上湖内各舰艇之编组，与其各队各段负责指挥之官长姓名，皆须确定具体方案，及实施办法，与完成日期。请白副总长负责主持；并请先行前往各要塞及江防部队沿江阵地检阅一次，最好能于本星期或下星期出发检阅。中正。

1938年6月间，中国军队分别于鄱阳湖及姑塘敷布水雷。6月26日，"义宁"炮舰于湖口白镇巡弋，被日机发现，随即遭到轰炸，身中30余枚炮弹，艇长当场牺牲，官兵伤亡甚重，艇体被炸伤数十孔，机件均遭损坏。"长宁""崇宁"两舰在6月间，于湖口附近遭日机轮番轰炸受伤，旋又分别于武汉、田家镇遭日军飞机投弹，相继沉没。

湖口失守之后，7月9日据情报说，日军小型舰艇已进至姑塘，中国"海宁"号炮艇急驰赴吴城附近丁家山警戒。14日敌机多架向该艇投弹，大小炸弹共80余枚，该艇遭此严重攻击，不久即告沉没。官兵大部牺牲，生还无几。

9月13日，中方于吴城布设水雷10余具，对鄱阳湖的防务起到极大作用。

自马当、湖口相继失守后，武汉防务日渐紧急，除于马当、湖口外各要道配备守军，加强防务外，另发海炮一部分，于武汉前哨的田家镇分台装置，构成长江第三道防线；同时于武汉门户的葛店，设立武汉炮队，分台装置海炮。一面将九江以上、汉口以下各航路标志，逐段毁除；一面在田家镇、半壁山之间，蕲春、岚头矶之间，黄石满、石灰窑之间，黄冈、鄂城之间，均划作雷区，各区附近分别划辅助雷区，先后在各区布雷1500余具。团风、阳逻、谌家矶各段，均筹划封锁区，并派遣军舰驻防武汉。另外指派"永绩""中山""江元""江贞""楚观""楚谦""楚同""民生"等8艘军舰驻防武汉，担任军事委员会的运输工作。各布雷小火轮平明、永平、永安等10余艘，均执行此项工作，相继折损于蕲春、田家镇、新洲、苇源口、李家洲、余家洲、石灰窑、道士袱各处，储雷炮船也被炸沉不少。

中国军队布放漂雷的别动队，于1938年9月8日晚11时许，于鲤鱼山下探知日军舰已上驶大龙坪、武穴间，并向马头镇实施炮击，该队即刻由鲤鱼山出发，进至距离日舰数公里之处，将漂雷拖抵水中，可谓一发千钧，危险万状，幸好别动队动作迅速而隐蔽，未被敌舰察觉，于翌晨3时许完成任务后安全返航。是日，新洲方面果然发出巨大的爆炸声，经侦察悉知，中国军队所放漂雷发生效果，日军舰队在前进中被炸沉两艘。

在贵池方面，因接近战区，交通不便，一切供应材料缺乏，在极其困难之中，中国防守部队仍积极进行布放漂雷。海军官兵隐伏在岸边深山之中，锯木制板，自行改造民船，利用手工布雷。设备制造完成，继续进行布放工作，昼伏夜出，经过三夜的冒险工作，于9月11日晚完成。9月中旬，田家镇发生激战。先是日军攻陷九江之后，日舰即于二套口、新洲一带活动，得知中国军队早有戒备，改变沿江西犯的企图，而采取进攻广济，切断田家镇、蕲春的交通，进而威胁武汉的方略。

9月7日，广济失守。14日，日军在马头镇以东登陆，中国守备部队转移阵地。马头镇失陷后，南岸的武穴一带雷区逐渐无法控制，江防亦因此而告急。

9月18日，日舰两艘驶至晒山附近，中国军队炮台用突击的手段向日舰发起炮击，日舰遭炮击，猝不及防，一舰中弹负伤，仓皇下逃。

9月20日，日舰6艘，乘雨雾迷蒙，掩护汽艇11艘，大举向中国军队炮台进攻，遭炮台上官兵奋勇迎击，并以极准确的射击，轰击日舰，将敌击退。旋即，日军巡洋舰、驱逐舰各两艘，以猛烈炮火向炮台轰击，炮台官兵勇猛还击，双方炮战激烈，日军终不支而退。

21日，日军汽艇14艘上驶企图扫雷，中国军队炮台发现后，等其迫近，发射子母弹多枚，轰击犯敌，当即击沉敌舰8艘，其余6艘狼狈向下游逃去。

22日，日军浅水汽艇10余艘，企图突破中国军队的要塞阵地，续向上驶，中国沿江守备部队当即以榴弹炮轰击，弹着点时有偏差，使敌艇迫近至六千码以内距离，炮台指挥官立即命令发子母弹，敌舰一艘中弹爆炸，日军反复攻击见不得逞，退去。

23日，日军汽艇在上果湖附近企图偷渡，被我炮台发觉，又发射子母弹向敌轰击，再次击沉两艘。是晚，南岸守军因战略关系奉命后撤，富池口要塞遂告陷落。

25日，日军以陆、海、空军全力进窥田家镇要塞，日机终日临空投弹助战，日舰以浓密炮火协攻，田家镇要塞陷于惨烈激战状况，中国军队第1、第4两分炮台是日同时被炸，而日军地面部队已进至崔家山附近，日军汽艇驶至富池口活动，中国军队炮台虽两分台被炸，但仍发挥高度的威力，向日军还击，击沉击伤日军舰艇数艘。

26日，日军由崔家山等处向中国军队继续猛冲，马口于此时失守，形成对田家镇四面包围之势。田家镇各炮台官兵坚决死守，誓与阵地共存亡，依然屹立不动。27日，中国军队炮台击沉窜入黄莲洲的日军汽艇两艘。入晚，日军舰艇10余艘突向炮台猛击，中国军队炮台以轻重机枪向日军集中射击，日军伤亡惨重。

28日，日军又集陆、海、空军全力再度向田家镇炮台猛攻，弹落如雨，攻势甚为猛烈，同时有汽艇20余艘，满载日军士兵，在陆、海、空军的掩护下，于盛塘附近强行登陆，随即迫近马家山附近，离炮台仅数百公尺。中国官兵在此危机之中，据守沿江战壕，以机步枪顽强抗敌。自9月17日起至18日止，日军平均每日对炮台发射500余炮弹，炮舰发射在千枚以上，田家镇无论海军工事或炮兵阵地全部被毁。

当田家镇危急之际，中国海军为加强防务，在黄颡口、沙镇间布放漂雷120余具，布置固定水雷达400余具。入晚，田家镇守军及炮台奉命撤退，田家镇亦告陷落。

由于海军布雷甚多，区域甚广，田家镇虽已放弃达十日之久，两岸中国守军早已撤尽，日军舰队仍未敢深入。于是敌人乃采取大迂回之手段，向葛店施行包围攻击。因为日军迂回行动，致中国葛店守军陷于三面包围的苦境。

10月22日，日舰由三江口溯江而上，触发浮雷，日舰两艘当即被炸沉没。24日午后，日军企图在赵家矶登陆，又被炮台守军击沉汽艇两艘。25日清晨，敌在汀桥镇及葛店公路间分两路向要塞进犯，并以气球指挥炮兵对中国军炮台猛烈轰击，同时以飞机轮番轰炸，至17时许，中国军炮台发现指示退却信号，入晚中国官兵将炮栓拆除，放弃葛店。此时，大武汉保卫战，已按蒋介石之意图，达到了消耗、打击日军之目的，于此日放弃武汉。

24日，日军飞机终日不断对金口以上，城陵矶以下往来搜索，猛炸中国海军"中山""楚同""楚谦""勇胜"等舰艇，双方发生恶战。"楚谦""勇胜""湖阜"等舰艇在弹落如雨之苦况中冲出重围，"楚同"舰则于嘉鱼附近被炸伤。"中山"舰与日机战斗至为激烈，达3小时10分钟，日机6架向该舰集中攻击，轮流投弹，该舰以全舰火力集中还击，然而日机低空投弹命中率甚高，因之该舰船尾左舷首先中弹，锅炉被炸，抢塞无效，不久船舱进水达四尺之多，舰体逐渐向左倾侧，此时舰首又告中弹起火，情况极为危急。当时舰长萨师俊在望台指挥作战，不幸脚部被炸断，臂部中弹，各官兵在望台执行任务者，莫不前赴后继，英勇奋战，其战况之剧烈、死亡之惨重可谓空前。当萨师俊舰长身负重伤，神志尚清醒时，依然发布命令，将舰艇设法搁浅，无奈机件被炸坏，前舱着火，而消防设备均已损坏，灌救工作极感困难，同时由于日机仍不断轰炸，舰上血肉横飞，伤亡枕藉，以致该舰随水漂流。舰长萨师俊仍坚守望台，其他官兵看舰体将沉，强背舰长下舢板离舰，划至离舰不远，日机又俯冲而下射击，在敌人猛烈火力下，萨师俊以及其他官兵饮弹殉职，舢板沉没。此时，"中山"舰已倾斜约40度，刹那间舰首突昂，旋即沉没，至此"中山"舰及全体官兵，均为国壮烈牺牲。

当日军全力注意武汉方面的作战时，中国海军总司令

殉国的"中山"舰舰长萨师俊

部以城陵矶为荆、湘门户，防务至关重要，遂编成洞庭区炮队，分驻于临湘矶、白螺矶、洪家洲、杨林矶、道人矶等处，设置炮台、安装海炮，并计划将湘河、荆河处处布雷封锁。

荆河方面，将金口、嘉鱼、新堤、临湘矶、道人矶各地，均于1938年7月划作布雷区域，勘定掩护阵地，构筑防御工事。

洞庭湖方面，亦分别划定雷区，于金口、城陵矶、岳州、长沙各处配备舰艇，以固后防。

1938年7月21日，日机27架飞临岳州，以中国舰队为目标，大肆轰炸，各舰集中炮火予以抵抗，"民生""江贞"两舰重伤，各舰均先后进水，不得已移至搁浅处。此时运输舰"安定号"受损较重；另有炮舰两艘、民船三艘，均被波及，"安定"舰副舰长受伤后殉职，员兵死伤数十人之多。

10月21日，"永绩"舰在新堤被日机炸伤搁浅，"江元"舰在岳州被日机袭击，舰身损坏多处，官兵伤亡亦多，但舰上机件无恙，尚能航行突围脱险。然而，因蒲圻的日军进入路口铺车站，中国守军后撤，不得不将重伤搁浅的"民生""江贞"两舰自行炸毁，"永绩"舰于新堤焚毁以免资敌。

11月8日，临湘矶发现日军舰艇，经中国军队临湘矶、杨林矶两炮台发炮猛轰，卒被击退。接着日机多架，在城陵矶、临湘矶、道人矶上空投弹，中国炮位受损颇重。9日，又有日机多架，轮流在洪家洲上空投弹；同时洪家洲背后芭蕉湖中发现日军橡皮艇企图偷偷登陆，同日道人矶炮台附近，也发现日军汽艇，经守军开炮阻击，日军登陆未能得逞。之后各炮台奉命后移，其时石首、藕池等处已在布雷中。各布雷艇船在日军空中猛烈攻击下，受伤艇船计有"义胜""勇义""仁义"三炮艇，"四号""六号"两炮船，11月11日同时在藕池口烧沉，官兵死伤亦重。

日军步步紧逼，中国海军总司令部派第1舰队司令陈季良前往宜昌，第2舰队司令曾以鼎前往沙市，亲自坐镇指挥作战。封锁湘江计划，由湖南省政府征集船只交海军执行。11月9日，海军尚未拿到船只，城陵矶已落入日军手中。12日，岳州放弃。海军总司令部为防止日军深入，将洞庭湖航行标志一律拆除，并在白玉圻、营田滩等处布设水雷200余枚……

　　惨淡经营的中国海军，在长江沿线的节节抵抗之中，损失是难以估量的，但是，他们忠于职守，用身躯筑成了长江防线。在他们当中有：少尉电信官陈传滂、大队长尼庆鲁、上尉艇长严传经、少尉分队长祈国志、少尉分队长车连祺、准尉司书曹守樵、准尉电机副军士长李师谦、见习少尉高昌衡、副艇长张天炫、"中山"舰舰长萨师俊、航海员魏行健、上尉副舰长林春所、少校舰长李锡熙……很多很多，长江两岸的青山为他们作证。

第六节　第五战区江北作战及放弃武汉

一、黄（梅）广（济）阻击战

武汉会战在长江两岸同时展开，交错进行。在江南第九战区主要于鄱阳湖以西沿南浔路一线、瑞武公路一线与日军激战；在江北第五战区主要于大别山南麓、大别山北麓与日军激战。其间大小战斗数百次。

日军为开辟沿长江两岸进攻武汉的道路，其大本营于5月29日即命令华中派遣军与中国方面舰队协同，从芜湖向西沿长江两岸攻占安庆、马当要塞、湖口要塞、九江等地，以此作为进攻武汉的前进基地。敌酋畑俊六命令波田重一支队（台湾旅团）、海军第11战队（司令官近藤英次郎）陆战队、第2联合航空队溯江进攻安庆、马当、湖口、九江；第6师团从合肥沿陆路攻占舒城、桐城、潜山、太湖、宿松、黄梅，策应沿江向西进攻的部队作战；陆空军第3飞行团协同陆上部队进攻。第6师团6月2日开始按指令发动进攻，波田支队和近藤所部也于6月10日溯江西进。日军水陆两路进攻均遭到中国守军的抵抗，但长江北岸中国守军第26集团军徐源泉部、第27集团军杨森部抵抗不力，连连丢城失地。

6月8日舒城失陷之后，陆路日军直逼桐城；水路日军11日夜已达安庆下游20公里地段泊舰登陆，安庆告急。蒋介石急电李宗仁转徐源泉："限两小时（到）。潢川李长官转徐总司令源泉：O密。该军三师之众当两三千之敌，使敌如入无人之境，既失合肥，复陷要地，以致安庆告急，将何以自解？着该军迅速侧击向安庆突进之敌，否则安庆失陷，该总司令须负全责。"[①]

[①]《李品仙致李宗仁转徐源泉密电（1938年6月11日）》，《抗日战争正面战场》（上），第670页。

负责防守安庆大关阵地的第27集团军杨森部只作了一般性抵抗，未作有力之坚守，日军波田支队6月13日即攻破大关阵地，随即安庆失守。同日陆路日军攻陷桐城。安庆是长江北岸武汉外围的重要门户，安庆的失守，对战局影响极大。为此军令部长徐永昌致电第27集团军驻鄂办事处，提出了批评："……据报犯安庆之敌只陆战队数百（实际有2000余人），未经力战，轻弃名城，腾笑友邦，殊属遗憾。委座对杨总司令森极器重，徒以御从关系，尚祈转致杨总司令努力前途，有以自见，最小限须固守潜山、石牌，以策马当封锁线之安全为要。至于舒、桐西方山地并太湖，如有余力仍望兼顾。"①

为扭转战局，蒋介石6月14日发出"训令"："（一）徐（源泉）部主力：速求舒城方向之敌，击其侧背。（二）杨（森）部主力：死守上下石牌、潜山待援，虽牺牲至最后一人，不得擅退，以掩护马当封锁线，并须与望江江防部队确取联络。……（四）杨总司令对太湖正面，须酌派队直接守备华阳、望江……"②还指派第九战区部队及江防司令部加强华阳、望江、宿松附近要地的守备。

日军以4个联队的兵力，在飞机、大炮的支援下，于6月16日采取正面进攻与两翼迂回包围的战法，猛攻潜山。中国守军杨森部与敌激战，至18日潜山失陷。据李品仙6月19日致蒋介石密电："潜山已于巧（18日）午复失陷，杨部之大部似退入潜山西南高地线，其一部现尚在桃花铺附近，太湖空虚，无兵布防。"③情况危急，李品仙急令杨森部死守现地，并令徐源泉部增援。中国守军退至距潜山约二公里的潜水西岸陆家店、高家集、河头铺、林家坂、王老屋以及潜山西北的古河洲、野人寨一线与敌对峙。日

---

① 《徐永昌致27集团军驻鄂办事处主任电稿（1938年6月15日）》，《抗日战争正面战场》（上），第672页。

② 《蒋介石致李宗仁等密电稿（1938年6月14日）》，《抗日战争正面战场》（上），第671页。

③ 《李品仙致蒋介石密电（1938年6月19日）》，《抗日战争正面战场》（上），第673-674页。

军强渡潜水河,占领了潜水河西岸的河头铺阵地。日军还以一部由潜山向南攻击,占领了怀宁县城(石牌镇)。

杨森第27集团军,因连续作战时间较长,战斗力较弱,7月6日调后方黄陂休整。潜山正面太湖县防务由广西韦云淞第31军接防,宿松县由刘汝明第68军防守。在这一带设防的还有王缵绪第29集团军、徐源泉第26集团军、廖磊第21集团军等部,均以大别山为依托,面对潜山、太湖、宿松、黄梅公路,以侧击敌人。

溯江西进之日军,遭到中国守军的顽强抗击,但日军不顾中国空军的轰炸和两岸火炮的轰击、水雷炸击,疯狂进攻马当要塞,6月26日,马当要塞失陷,长江门户洞开。随之,29日彭泽失陷,7月4日湖口陷落。随后日军又增兵猛攻九江,7月25日九江陷落。与此同时,在长江北岸的日军第6师团占领潜山后,即在该地休整一个多月,其间有2000多人因得疟疾病而减员。7月24日,该敌发动了向太湖、宿松、黄梅方向的进攻。日军经过24、25、26日三天的连续作战,占领太湖。中国军队26日晚依托太湖城西南的凉亭阵地和附近山区开始大规模反击。激战开始后,双方都相继增调部队投入战场,为一座山头、一处村庄相互反复近战拼搏争夺,激战后不少村庄的房屋倒坍,大大小小林带起火,使原为绿枝满山的林区变成一片焦土。仅存的村庄的墙上、林区的树干上处处可见密密的弹痕。经过三天三夜的反击,杀伤大量敌军后,中国军队撤退。日军继续马不停蹄地进攻,8月1日占领宿松,随之向黄梅发动进攻。

刘汝明第28军团部队守卫黄梅,日军第6师团第13、第47两个联队,直逼黄梅城下。8月2日,日军飞机20多架,连续轰炸黄梅11次。

当日晚,第五战区代司令长官白崇禧和副司令长官李品仙由浠水出发,视察黄广前线,3日晨抵广济,召集第28军团军团长刘汝明、第84军军长覃连芳及附近布防的师长等前线将领,了解战况,部署阻击敌军。据刘汝明的战报:3日凌晨,日军由东南两面总攻黄梅。我守兵一团誓死抵御,伤亡过半。至暮8时30分,城被敌炮毁数段,敌乘机涌入,发生激烈巷战。

"我虽数度突击，终以众寡悬殊，未能将敌逐出城外。至9时30分，我乃移至城西既设阵地，与691团会合整理阵势，阻敌西进。"①

敌第6师团占领黄梅之后，因一路进攻伤亡太大，即在黄梅暂停攻势补充。

"刘汝明部在宿松、黄梅作战，一因部队不完整，一因北方士兵不习湖沼地作战，且水土不服，官兵患疾太多，故不甚得力。"②

白崇禧在广济随即"令刘军团逐次抵抗，务须固守大河铺附近之线，同时策应攻击部署"，并将第7军调至英山、第86军调至浠水、孙连仲部调至宋埠，以加强守备。

8月中旬，日军第2军第10、第13师团已在合肥集结；第11军指挥所已进入九江，第6师团在黄梅地区，第101、第106、第9师团已集结于九江周围；海军、空军均进入预定地点，做好进攻准备。日军大本营8月22日下达进攻令，要求各部陆、海、空军协同作战，击溃中国军队主力，攻占武汉。

敌军依令行动，发动新的更大规模的攻势。日军筱塚义男第10师团从合肥西进，经与于学忠部第114师第683、第684团激战两天一夜，30日攻占了六安，随后攻向黎集、石佛店、固始。第13师团荻洲立兵部向霍山进攻，经与冯治安部第37师激战两昼夜，29日占领了霍山。

与此同时，在大别山南麓，中国守军组织了对日军的反攻。第7军张淦部26日克复太湖，随后进攻宿松，并于28日克复宿松。

徐源泉部也于26日克复潜山。敌军守备上述三座城市的兵力较少，面对中国守军的反攻，稍作抵抗即行撤退。日军主力向黄梅地区集中，目标是进攻广济，而以安庆顺长江西上为补给线。

8月底，中国统帅部调整了部署：（一）薛岳的第1兵团、张发奎的

---

① 《李品仙致蒋介石密电（1938年8月4日）》，《抗日战争正面战场》（上），第695页。
② 《白崇禧致蒋介石密电（1938年8月3日）》，《抗日战争正面战场》（上），第694页。

第2兵团集结于瑞昌、德安以西附近山区，准备聚歼西进之敌。（二）李品仙的第4兵团，加强黄梅地区的防守，阻止敌军西进。（三）孙连仲的第3兵团指挥所设于商城，主力在小界岭、麻城地区集结。（四）宋希濂的第71军在商城以东的史河两岸叶家集地区集结，准备与由六安、霍山西进之敌决战。（五）张自忠的第59军，除留一部在信阳、武胜关之间并准备交防外，主力东开大别山北麓之潢川，以增强信阳以东之防守兵力。（六）韦云淞的第31军，以一个师进抵流波疃，策应冯治安的第77军，守备立煌地区。

在广济方面，日军飞机8月31日开始轰炸广济城和附近中国守军阵地，一连轰炸数日，每日轰炸多次。9月2日9时，蒋介石致电白崇禧、李品仙：

（一）敌有变更联络线，于小池口方面，以一部守宿松、二郎河，掩护其侧背，以主力直冲广济及张家榜之可能。（二）应以刘汝明、王缵绪、覃连芳三部死守广济主阵地，并推进何知重（86）军于该阵地近后方为预备队，以期确保该地，掩护田家镇要塞，因该地以西无良阵地也。（三）其余各军应以重点指向宿松、黄梅中间地区侧击敌人，方能有效策应广济战斗。如因移动兵力时间不许，亦应逐次注入主力于该方面。对宿松以东，仅以徐源泉部担任牵制的攻击可矣。孙连仲集团应推进宋埠。①

广济方面的防务，由覃连芳第84军两师附区寿年第176师及刘汝明军团担任广济正面防守，萧之楚第26军两师担任大金铺以西至田家镇以北防守，王缵绪第29集团军则在苦竹口至二郎河之线防守。日军发动对广济的进攻，广济正面阵地受攻首当其冲，激战随之发生。

在广济正面龙头寨、大小坡、沤烟寨一带布防的第84军刘任第188师、凌压西第189师虽遭日机疯狂轰炸，仍坚持苦战，阵地岿然不动，阻击战取

---

① 《蒋介石致白崇禧等密电（1938年9月2日）》，《抗日战争正面战场》（上），第717页。

得较好战果。

第84军是抗日战争爆发后新组成的部队，由广西的地方民团部队改编而成。该军下辖第188师和第189师，第188师主要军官由陆军军官学校教职员充任，第189师主要军官是由前线和后方凑集起来的，军长为覃连芳。1938年7月，日军占领九江后渡江入侵小池口，第84军即奉令与友军一起参加战斗。第189师开赴黄梅，以县城为据点，堵击由小池口来犯之敌。第188师除留一团预备队外，其余两团协同友军固守广济县城。因黄梅县城四面开阔平坦，没有依托，而且城墙又不坚固，容易被日军包围冲破，军部决定第189师转到大洋庙山口一带，以黄广公路各要点为前进阵地。第188师亦转移至大河铺附近。各部队一到阵地即迅速构筑工事，但由于没有工兵，步兵随身携带的作业工具又缺少，构筑工事进度非常缓慢，还未及加强，日军即已逼近。

广西部队是有较强战斗力的。省内采用兵役制，提倡尚武精神，且民风强悍，因而有较充足的兵源。广西军非常重视班长的作用，除了对班长进行各种训练之外，还非常重视其实际带兵的作战经验，部队战斗力较强。抗战期间，日军对广西部队相当畏惧，因为广西军具有勇猛、顽强的韧性和坚韧不拔、不怕牺牲的风格。他们在进攻中的攻击精神，火力组织，部队运动，迂回包围，协同配合都恰到好处；在防御中的工事构筑，火力发挥，预备队使用，机动出击，进行白刃格斗等都别具一格。

日军发动对广济的攻势之后，步兵、骑兵、炮兵在飞机掩护下，集中全力向第84军第189师守备之大洋庙山口阵地大举进攻，先以炮兵和飞机向中国守军阵地前后方猛烈轰击，继以骑兵领先冲锋，这是日军陆军作战的一贯战术。

第189师凭借工事，在没有空军和炮兵支援的情况下，组织极为稠密的火网封杀日军。特别是占据了有利地形，阵地前的地势开阔平坦，迫击炮和重机枪都能发挥很大效力，所以士兵士气相当旺盛，虽伤亡40余人，但将大量日军射杀于阵前战壕附近，日军进攻第一天竟未越雷池一步。

日军为避免中国阵地火网稠密的损害，即利用黑夜向第189师阵地左翼据点前线的小高地袭击，来势极为凶猛，中国守军英勇抵抗，黑夜混战，不分敌我，短兵相接，即大声喊"杀"，喊"冲"，来识别敌我，以免杀伤自己的战友。高地上枪声、手榴弹声、喊杀声不绝于耳，小高地两度失而复得，拂晓前乃将日军击退。

这个高地为中国军队阵地关键，它的得失与整个战线的胜败有直接的关系。地形上，它是纵贯中国军队阵地前后方较高山脉的前缘，如果它一失陷，日军即可沿山脊直趋中国守军后方，左可席卷第二线川军大部队阵地，右可俯射第189师大洋庙山口地里的全部战壕。中国守备部队主力全控制于这一方面，一遇战况紧张，各级指挥人员都到这一地区督战。所以开战后，日军一连四个昼夜，集中全力，调动各个兵种，企图夺取这一阵地，都未得逞。甚至开战后第五个晚上，守备在大洋庙山口田地里的第189师第1106团团长黄伯铭，由于几天来被日军飞机大炮的轰炸吓破了胆，连夜将全团部队撤离战线，躲到山沟里，自晚上12时至次日拂晓，该团守备的战壕里空无一人，而日军仍不敢突进，他们也被打怕了，害怕突进后，会被第189师据点上的火力封锁，进退不得。

但是，日军仍不肯善罢甘休，他们利用飞机和远程大炮连续向这一据点轰击，至第六日竟将第189师据点前缘和山腹两道战壕炸为平地，该师伤亡惨重，不得已转守据点上顶界线的最后一道战壕。日军利用烟幕掩护，企图以骑兵快速冲入中国守军阵地。中国守军即以轻重机关枪对准烟幕，并准备好大量手榴弹，在日军未露出烟幕前绝不射击，待其一出烟幕，即以密集火力猛烈轰击，把日军打得人仰马翻，终于不敢再向这一地区进攻。

开战几天后，日军感到大洋庙阵地不易冲破，遂将主力转移到大河铺方面，向第84军右守备区第188师阵地发动攻击。第188师师长刘任系陆大出身，一向从事教育工作，不敢接近前线，派副师长刘建常到前线指挥。而刘建常也是一向在军校干教育工作，毫无作战经验。到前线后，对敌情毫不明了，与左翼友军第189师师长凌压西又缺乏联络，却草率决定："明日拂晓攻击。"

翌日拂晓后，盲目发动进攻的两团，被日军阻击于日方阵地前的铁丝网下，日军利用炮兵集中火力向中国部队后方作阻隔射击，以制止中国军队后退，并隔绝后备部队的增援。进攻的两团，遂陷于进退维谷的困难境地。经总预备队的增援伏击，日军撤退。但第188师损失极大，进攻的两团中，一团损失兵力一营以上，一团牺牲两连多人，陈尸于日军铁丝网下，未能运回收殓。

第二日，区寿年第176师前来接防，第188师后撤，作总预备队。接着，区寿年师布置反攻，其部被围于双城驷附近。区寿年打电话向刘建常求援，刘即亲率两团，分别占领彭家坳两侧四座石山，命一营向双城驷出击，结果陷于敌人重围之中，全营覆没。

刘建常命部队驻守石山上，山上多是顽石，不能施工筑壕，指挥所则设在最右一山之山脚下，既不能展望敌情，也不能窥视前线。日军飞机来侦察，在彭家坳上空盘旋，施放烟雾作标记，指示炮兵以射击目标，日军炮弹随即纷纷落下。驻守山上的第188师官兵，目标显露，死伤惨重。

第188师经过两昼夜战斗，坚持不住，仓促撤退。该师放在某庙中的众多弹药和其他军用品，尽告损失。刘任师长来不及报告军部，仓皇率右翼之一部向后方撤退，并且退到了军部后面。该师散兵涌进军部附近时，覃连芳军长才发觉第188师已全线崩溃，气得暴跳如雷，大声喊杀，旋即打电话命令第189师撤离阵地，转进到浠水集中，并令凌压西师长把扣留在师部的逃避战斗、率队擅离战线的第1106团团长黄伯铭，就地执行枪决，不必再解军部。覃连芳当时还说黄伯铭固应处死，刘任亦应严办。但对刘任的严办却不在覃连芳的权限内，只能交第五战区代司令长官白崇禧处置。

千军易得，一将难求。同是广西部队，在不同将领指挥下，竟有如此截然不同战果，由此可见一位杰出的指挥者对战争胜负的影响和作用。

与此同时，刘汝明第68军在广济凤凰寨、猫儿山、大风寨一带与来犯的日军展开血战。该军组织大刀队在猫儿山与日军展开肉搏战，大刀队多系山东河南大汉，武术、刺枪术技艺精湛，功底深厚，而且士气高昂，杀敌心切，一举歼灭日军300余人。敌军惨无人道，无视国际公法，竟对刘军施放毒气，毒死400多名官兵。

据李品仙9月2日致蒋介石密电综合战报，广济方面9月2日的战况是：

上午敌以优势步兵约一联队，空、炮兵协同向刘军团119师笔架寨、凤凰山阵地猛攻甚烈，并以烟幕射击。该师官兵亦颇奋勇肉搏，卒以屡次作战伤亡惨重，不得已复放弃该阵地，现该路敌人已进至恶金寨附近，与176师于恶云寨、香炉山间地区剧战中。双城驷之敌，本日亦以步兵两三千人，协同空、炮向188师正面猛攻，并以一部迂回至双城驷北侧孔家湾附近。该师以屡次出击及受空、炮轰炸，死伤颇大，双城驷又被敌突破，现在大坡附近与敌抗战中。敌又一部约一联队，本日仍与189师在大洋庙以南地区亘双合尖、鹅公岭之线对峙中。我军各部因疟疾流行，减员甚大，又以作战以来，迭次攻击黄梅，损伤尤巨，以84军176师及刘军团为甚。兹为调整阵地节约兵力起见，部署如下：

（甲）176师因连日鏖战，死亡过重，现复受香炉山及十里铺两面敌人之威胁，拟令其撤回荆竹铺整理。

（乙）86军即在笔架山、田家寨、南无井之线占领第二线阵地。

（丙）刘军团以其残余部队，集结固守大佛寨、观音寨、团山河附近原阵地。

（丁）26军以一部接替刘军团吴文贵附近之防务外，右翼无变化。

（戊）84军之188及189两师，因连日在苦竹口、桃子山一带与数次在普天寺、芭蕉丰一带出击，已受重大损失，近数日且该军石家湾、于家湾、英山咀一带前线阵地，终日受敌炮之轰击，伤亡更多，拟令撤守后湖寨、鹅公岭亘大洋庙之线。

（己）31军135师，除以一部增防大洋庙方面外，其余主力扼守鼓儿寨、后湖寨既设地线。131师明日可到达广济附近，作为兵团总预备队。①

9月2日激战终日，中国守军伤亡惨重，第84军连日作战已损失二分之一以上，第176师也伤亡二分之一左右，刘汝明军团第119师及第31旅，"每团仅剩两三百名，合共不过千余人"②。

该部原来人员就不足额，兼之疟疾流行，病兵已占三分之一，第84军病兵也占四分之一以上。靠这些减员严重的部队与敌死战，虽暂时阻止敌军未能深入，但很难持久维持正面阵线。相近的萧之楚第26军担任田家镇侧背守备任务，无法抽调更多兵力增援正面，李品仙仅调萧军一部接防刘汝明军大金铺以东至吴文贵防线，刘军相对集结兵力固守正面现阵地，但萧军正面又过广，兵力单薄，若遇敌军从龙坪方面攻击，很难阻止敌军。李品仙调在二郎河、渡头桥之线尚无战事的第29集团军侧击后山铺、大河铺敌军之侧背，以牵制当面之敌，协助正面作战，但该军"行动延迟"，未有动作，缺乏"协同精神"。③

李品仙调刘士毅第31军由英山赶来增援，但二日仅赶到三个团。这样一来，广济正面阵地，终为敌军攻占，中国守军已无力反攻，于午夜放弃第一线阵地，撤退至第二线阵地。李品仙调整部署，以刘汝明军固守团山河、观音寨、蓝家湾、兴隆寺、大佛寨既设阵地，以何知重军固守笔架山、田家寨、南无井阵地，以第31军第135师两个团扼守生金寨、鼓儿寨、后湖山之线，以第84军沿后湖寨以东经鹅公岭亘大洋庙、土包之线设防，第176师撤回荆竹铺附近整理后策应第135师，并以一部增强正面之兵力。第131师为总预备队。李品仙深感正面兵力损失过大，机动兵力太少，对坚守广济正面阵地缺乏把握。

9月4日、5日，日军继续猛攻广济中国守军前沿阵地，飞机、大炮对

---

① 《李品仙致蒋介石密电（1938年9月2日）》，《抗日战争正面战场》（上），第716-717页。
② 《李品仙致蒋介石密电（1938年9月3日）》，《抗日战争正面战场》（上），第718-719页。
③ 《李品仙致蒋介石密电（1938年9月3日）》，《抗日战争正面战场》（上），第718-719页。

中国守军阵地及广济城狂轰滥炸，每日投弹数千枚，广济城及前沿阵地多处被炸成平地，一片焦土。军民尸体遍布城内大街小巷及城外阵地前沿，尸陈露野，惨绝人寰。中国守军在各残存阵地，与敌军拼杀争夺，反复肉搏，战斗异常激烈和残酷，双方伤亡均很严重，中国守军伤亡更巨。战至6日午后，广济前沿阵地多处丢失，且部队伤亡严重，李品仙兵团预备队已全部用尽，再无机动兵力，无力抽调兵力反攻。坚守残存阵地，必将全军覆没，李品仙经请示白崇禧同意，于6日晚8时下令正面残存阵地上各部"向广济西北方高地转进，并指定第26军协助田家镇第2军之作战。尔后拟立于外线作战地位，依机动的攻势，予敌打击"①。

广济失陷，黄广战役结束。白崇禧致电蒋介石，总结教训道："近自广济会战，时仅一周，而前方官兵伤亡极众。且在敌炮、空威胁下，虽尽极大努力，而阵地终不克保。则以敌我装备悬殊，制空无权，阵地相持，良非上策。若部队脆弱，则辄三二日即不能成军，乃战术无灵，指挥棘手。职身临前方，深思对敌之策，唯有取机动态势，求敌侧背相机攻袭，而不限以一地一城之死守。如此，则能常保持有用之力量，获得作战之自由。一年以来计划作者，率以装备相等之战术，因袭应用，原则未尝不合，胜利卒归泡影。尤以积兵愈多，损害更巨，实力消耗，远逾于敌。设非改变战法，不但胜利难求，且恐持久不易。今对广济及商固之作战，拟即遵照前次俞部长携来手令及昨由林次长传示要旨，照利用大别山山地，改取机动配置，正面仍以一部守御，主力集结敌之侧背，求其弱点，相机攻击，断其后方联络线，以此广大地域，运用广大面之运动战。如此，则易死路为生机，变被动为主动，将士乐于效命，抗战可期长远延迭。"②

白崇禧的总结，极富见识，尽管付出的代价和学费太昂贵了一点，但若能真正汲取教训，则大为有益。亡羊补牢，未为晚矣！

---

① 《李品仙致蒋介石密电（1938年9月6日）》，《抗日战争正面战场》（上），第723页。
② 《白崇禧致蒋介石密电（1938年9月6日）》，《抗日战争正面战场》（上），第724页。

广济失守之后,第五战区司令长官部迁至麻城宋埠。广西部队第84军伤亡惨重,第五战区代司令长官白崇禧将第188师的残余士兵调拨充实第189师,军官遣回广西重新组训部队,对于有严重失职责任的败将刘任师长和刘建常副师长,则调至军训部另有任用。对该二人未经奉令即擅自脱离战线之事的处置不了了之。全军上下,多啧有烦言。应当说这是白崇禧有失公允之举,大有徇私护嫡之嫌。

二、逐鹿大别山

日军进攻武汉,原定北部经陇海线到郑州,再由郑州沿平汉路南下,南部从九江向西沿长江两岸攻向武汉。其间因守军炸毁黄河花园口大堤,以水代兵,造成了豫东地区一片泽国,日军无法通过,因而北路改由合肥向西,一路绕大别山以北的六安、固始、潢川、罗山,再经平汉路南段的信阳,沿铁路以西地区南下攻向武汉;另以一路从商城南下,横越大别山,经麻城、黄陂,从东北方向接近武汉。

进攻武汉的时间,日本陆军曾一度有推迟的考虑,因为8、9月份为盛夏季节,武汉地区非常炎热,若因中暑而减员得不偿失。但是,海军却不同意这样的安排,理由是:这个时期正是长江丰水季节,江面广阔浅滩极少,便于大型船只溯江至武汉地区协同作战。日本陆海军一向矛盾很深,互不服气。日本陆军在明治维新之初,向国家提供了步、骑、炮勤王部队,使睦仁天皇得以荡平国内诸藩阀而统一了日本,因此,陆军在日本国内成为名副其实的居功自傲、目空一切的强大势力。陆军不把后期成立的海军放在眼里,事事进行牵制。海军也不甘示弱,与陆军展开明争暗斗。

结果日军大本营下达进攻武汉作战开始时间为8月27日。大别山北麓的霍山、六安、叶家集地区,在8月28、29、30、31日四天里,全为晴天,气温持续高达43摄氏度。在行军作战中,日军连连发生中暑晕倒而被送后方急救站者。据日军第2军"阵中日记"记载:因中暑、霍乱以及疟疾而入院治疗的高达25000人，死亡约900人（内约300人死于霍乱）。

在信（阳）罗（山）方面，日军行动方案为：以第2军第10、第3师团，于六安、叶集击溃当面中国守军，经固始、潢川、罗山攻占信阳，击溃中国在该地守军主力，遮断平汉线，然后沿平汉铁路及以西之应山、安陆、云梦、汉川、汉阳，迂回至汉口西南的长江北岸，配合第2军在长江北岸的部队和海军攻占武汉。第2军第13、第16师团，由六安、叶集攻占商城，然后向南经沙窝、小界岭及两侧地区，横越大别山，从麻城、宋埠、黄陂，协同沿长江西进的第6师团攻占汉口。

第五战区长官部为达到牵制、消耗日军的目的，针对日军的进攻方向，进行了新的作战部署，主要原则是对日军可能通过的各地区进行大纵深的多层设防，以迟滞、消耗日军。

第五战区第3兵团（总司令孙连仲）、第4兵团（总司令李品仙）的具体作战部署为：

孙连仲之第3兵团，位于大别山以北之六安、叶家集、商城、固始、潢川地区，阻敌西进和防止敌横越大别山。为迟滞敌人行动，已将这一地区公路予以彻底破坏。初期防御重点为叶家集史河两岸及商城至麻城之横越大别山通道。其中，张自忠之第27军团，防守罗山、信阳及信阳以南之武胜关；冯治安之第77军，位于六安叶家集公路以南之霍山、青山镇、两河口一带；于学忠之第51军，位于史河以东之叶家集、熊店、开顺街、八里滩、独石镇、麻埠地区；宋希濂之第71军，位于叶家集史河西岸之石门口、富金山、丁巴店、刘家岗、下板桥地区及固始、三河尖方向；田镇南之第30军、冯安邦之第42军，位于商城地区，阻敌横越大别山。

李品仙之第4兵团，位于大别山南部之太湖、黄梅、广济、浠水地区，游击或阻击敌军，阻敌沿江北攻向武汉。其中，王缵绪之第29集团军，位于太湖县以北之山区，进行敌后游击，覃连芳之第84军位于黄梅以西地区，张义纯之第48军位于广济以东，韦云淞之第31军位于广济以西一带。

为使各战区有力地配合武汉地区的决战，蒋介石命令敌后的部队加紧出击，并将空军部队、海军部队、炮兵部队纷纷集结于武汉地区。

1938年8月27日，日军集结于合肥、九江的部队按计划开始向武汉进攻。

筱塚义男的第10师团，从合肥出发后直扑六安，与于学忠第51军之牟中珩第114师相遇。该师第683团、第684团与日军激战两天一夜，未能抵挡住日军的凌厉攻势，因伤亡过重，退守淠河西岸。

当天夜晚，日军50人乘夜偷渡淠河，被中国守军逐回。29日，淠河东岸日军以催泪弹向淠河西岸射击，然后强行渡河，接着又用窒息弹射击，使第114师一排官兵全部牺牲。日军渡河，其余各部官兵继续抵抗。第677团在独山镇与日军激战，独山镇房舍全部被日军炮兵炸毁，30日日军占领六安。

荻洲立兵的第13师团，8月27日从六安东南椿树岗、孙岗地区出发，攻向霍山。荻洲立兵曾在中国陆军大学担任过军事教官，对于中国地理环境非常熟悉，对中国人的特点也颇多了解。守备霍山前沿圣人山的是冯治安第77军第37师。守军与日军激战两昼夜，圣人山失而复得，日军一部在当地汉奸、土匪引导下，由小路绕至圣人山侧背袭击，上至山顶，与中国守军展开肉搏战。

29日，天气晴朗，日本空军驻合肥的第1飞行团的51架作战飞机连续出动，轰炸六安及以东守军阵地，日军集中其所有山炮向阵地轰击，中国守军三面被袭，迫不得已，放弃阵地。是日傍晚，霍山被日军侵占。

荻洲的第13师团，对中国守军发动连续的猛攻之后，乘胜前进，9月1日占领史河以东的白大畈、熊集，9月2日攻占了开顺街、叶家集，与中国守军隔河对峙。接着，第13师团在炮兵、装甲部队、空军部队的配合下，向史河以西富金山阵地发动进攻。防守富金山的为宋希濂第71军。

宋希濂，人称"鹰犬将军"，湖南湘乡县溪口人。曾祖父曾随左宗棠镇守西北边关。宋希濂为黄埔军校第一期学员，在中原大战中，为蒋介石重用，官至旅长。此后为蒋介石南征北战，立下汗马功劳。上海

"一·二八"事变后,宋希濂请缨抗日,"宁为战死之鬼,羞作亡国之民",率部开赴淞沪前线作战。"八一三"抗战中,率部与日军周旋两个多月。徐州会战中,宋希濂调任第71军军长,负责围歼土肥原师团,攻击兰封城。身上的硝烟还未散尽,宋希濂又风尘仆仆奔赴武汉战场。

富金山为一扇形阵地,在公路南翼,居高临下,可以控制公路,作战地形对守军非常有利。宋希濂当即决定,将陈瑞河第36师设在左翼,钟彬第88师在右翼,另调钟松第61师开到固始,占领阵地,竭力阻击日军西进。

日军向富金山发动进攻的主要方向是第36师阵地。第36师沿山腰布防,军指挥所设于山顶。日军沿山脉的棱线向上仰攻,先用飞机轮番轰炸,再用大炮密集轰击,弹落如雨,硝烟弥漫。

中国守军借助优良地势,呈梯形配备兵力,有效阻击了日军的攻击,使之每前进一步,都要付出重大代价。宋希濂在山上经常亲临前线督战,在与日军激战的十昼夜中,宋希濂与第36师士兵同生死,共患难,守军士气高昂,精神振奋。激战十昼夜,日军始终未能攻达守军在山腰的主阵地。日本报纸不得不承认:"此役由于受到敌主力部队宋希濂军的顽强抵抗,伤亡甚大,战况毫无进展。"

宋希濂唯一感到遗憾的是:守军在山顶,对日军的活动、炮兵阵地、运输车队看得一清二楚,只可惜没有自己的炮兵和航空兵的支援,如果有炮兵,则立即可以给日军以毁灭性打击。

日军因为久攻不下,派第10师团33旅团濑谷启少将率部进行支援,该部利用夜晚进行侧背迂回包围,企图神不知鬼不觉地一举击破中国守军指挥重心武庙,切断

指挥防守富金山的宋希濂

第71军与后方商城联络线。可是，这一企图被派赴日军侧翼侦察的第88师搜索部队第1营营长梁筠探悉，当即报告师长钟彬。钟彬迅速抽调部队前往武庙㧟口塘伏击。

日军自以为行动机密，大别山区山地、丘陵可以掩护其行动，没想到中国侦察部队不仅获得了准确的情报，而且指挥官又反应迅速，抢先一步，在重要隘路布下了天罗地网，反使日军措手不及，被打得狼奔豕突，伤亡500人以上，损失惨重，狼狈撤退。

第36师是宋希濂一手训练、培养出来的一支能征善战、能打硬仗的部队，曾在上海、南京、徐州等战役中与日军多次交手恶战，战斗经验丰富，作风顽强。但经过这次战斗，第36师也遭受很大伤亡，全师经过十天苦战，余下人员仅够缩编一个团。

日军第13师团也伤亡过半，包括大队长一级的军官伤亡也很多。

日军先后五次补充兵员，始终未取得任何进展。日军战后将4000余具尸体，运到叶集焚化，臭闻10余里。另据记载，日军此次攻打富金山，原为汉奸策划，日军遭受如此奇重损失，恼羞成怒，归咎汉奸，把怒气发泄到了汉奸头上，在开顺街屠杀汉奸百余人，为虎作伥者的下场，可见一斑。

军委会通令全国对宋部进行嘉奖，对宋希濂个人则颁发华胄荣誉奖章和奖状。

富金山弃守后，宋希濂军转移至沙窝、小界岭一带防守。

日军第10师团攻占六安后，向固始进发。钟松第61师采用诱敌深入的战略，先派前哨部队与日军正面接触，打一阵后，装作力不能支的情势，故意往后撤，日军穷追不舍，待日军靠近守军前沿阵地，中国守军猛烈射击，日军猝不及防，死伤无数。连续五次冲锋皆被击退，日军恼羞成怒，向守军阵地发射500多发炮弹，以图摧毁守军工事，消灭中国守军阵地上的官兵。但是大别山区，地形复杂，靠炮轰产生不了多大威力。当日军发起第六次冲锋后，第61师两个团突然从日军左右两侧冲杀上去，仿佛兵从天将，杀得日军晕头转向，混乱败退。随后日军聚集力量，调兵遣将，9月5日攻至固始城郊，6日经与守城的张自忠第59军激战，当日夜间占领固始城。

日军第10师团占领固始后，稍作休整，然后以冈田资的第8旅团为先遣队，马不停蹄地攻向潢川。华中派遣军司令官畑俊六大将已经接到东京的训令，限令9月20日攻下武汉。

为了尽早结束战局，日军大本营又向武汉战场增添空军及化学部队。用运输舰由朝鲜运来的烟幕弹、机枪、各种毒气弹已进入长江。

据中国方面得到的消息："催泪性炮弹有白边一道，窒息性炮弹有黄边两道，并有毒气手榴弹。"①

驻守信阳的张自忠第27军团第59军奉命据守潢川地区。第五战区司令部要求第59军在潢川阻止日军西进，至少要守一个星期，以掩护胡宗南在信阳、武胜关等处集结布防。

张自忠的第59军在台儿庄、临沂会战及掩护大军撤退时伤亡过重，曾一度驻在许昌、驻马店一带整训补充。8月中旬，日军一路开始由合肥西进，第59军奉命移防信阳一带。9月初，日军进攻固始，第五战区调张自忠部前往增援。张军到达罗山时，固始已陷，第五战区司令长官部遂令张部据守潢川地区，阻敌西进。

张自忠遂命刘振三第180师第26旅张宗衡部在潢川东十五里铺地区设防，第39旅安克敏部固守潢川城；以李文田第38师为预备队，控置于潢川西二十里铺以东地区，并以一部对息县方面实施警戒。

日军兵分两路，一路直趋潢川，一路向潢川以北息县迂回。进攻潢川的日军，在飞机配合下，先猛攻潢川东十五里铺。第26旅与敌激战一昼夜，将敌阻于阵前。敌人分兵一部向第26旅左翼迂回，第26旅旅长张宗衡命第715团团长陈芳芝率一营兵力，猛攻敌人的左侧背，激战4个小时，将

---

① 《蒋介石致白崇禧等密电稿（1938年9月3日）》，《抗日战争正面战场》（上），第730页。

迂回之敌击退。一连几日，激战昼夜不停，战斗到最激烈时，张自忠亲到潢川城门外指挥，激励官兵坚持到最后，必可获胜。广大官兵奋勇作战，遏制了日军的攻势。

日军进攻无效，改用毒气弹由飞机投掷到中国守军阵地，或由曲射炮射击，毒气呈深蓝色，使人头昏。重者中毒死亡，七窍流血，面目青黑，轻者丧失战斗力。第一线步兵，受害最深。以后有了经验，懂得了一些防御方法。每连发铁筒数个，每班一个，每人发日光皂若干块，白毛巾一条，把皂沫泡出，用毛巾吸收，围在脖子和口鼻上，以避免中毒。而日军不顾国际公法，在战争中肆无忌惮地使用毒气，罪孽尤其深重。

10日，息县城被敌攻占，敌军由息县向罗山方向进犯，张自忠部守潢川部队后路受到威胁，张遂变更部署，命第38师黄维纲部分两路向北面敌军进攻，以牵制敌军西进。刘振三第180师第39旅安克敏部仍固守潢川。第180师直属部队及第26旅为预备队，控置于潢川西十八里铺。第38师猛烈出击后，与敌激战三昼夜，双方伤亡都很大。与此同时，攻击潢川的日军发起更为猛烈的攻势，敌军从东、西、北三方面采用包围的态势，向潢川城和城郊发起猛攻，激战两昼夜，战局呈胶着状态。敌军攻击受阻，派出一部向城南第59军后方迂回，严重威胁张自忠第27军团部的安全，参谋向张自忠建议向后移动军团部，张自忠不允，决与敌死战。张立即命第26旅旅长张宗衡率第678团阻击向南迂回的敌军，经过半天激战，第38师又派部配合，终于击退该路敌军，稳定了战局。

据张自忠9月17日致李宗仁的战报，潢川之役战况如下："围攻潢川之敌，连日以步、炮、空联合向我猛攻，已历数昼夜，炮火日夜猛烈，飞机轮番轰炸，并使用毒瓦斯弹。我军伤亡重大，俱知坚抗，毙敌极众，现敌一面增加大部猛攻，一面以步、骑联合约两千之敌（附炮六门）迂回潢川城西，切断信潢公路，但我士气旺盛，愈战愈勇。"另"据守城安旅长报称：敌以密集炮火攻城，并大放毒瓦斯，全城弥漫如烟……西北两方完全为敌炮火摧毁，我官兵现仍在喋血抗战，坚守不退，双方伤亡均极

被中国军队击伤的日本兵

惨重"①。

由于日军占领息县后分兵西犯,向罗山攻击,第59军与后方联络线被切断,第59军已超额完成了坚守七天以掩护信阳、武胜关布防的任务,遂奉命于19日放弃潢川,向光山以南山区转移,占领阵地阻敌南进。在转移中,张自忠亲率手枪营和第26旅第715团在潢川西十八里铺以南占领阵地,掩护大部队撤退,并与跟踪追击的日军一个大队发生激战,击溃该敌,使第59军安全撤退,未受重大损失。

第59军潢川之役有功,统帅部传令嘉奖,不久又升任张自忠为第33集团军总司令,以酬其功。

日军占领潢川后,更加紧对罗山的进攻。守备罗山地区的是陈鼎勋第45军。

第45军原属邓锡侯第22集团军,由徐州会战中撤出后,略作整顿和

---

① 《李宗仁致蒋介石密电(1938年9月18日)》,《抗日战争正面战场》(上),第736页。

补充，第45军军长陈鼎勋即奉命指挥第125师和孙震第41军第124师开赴信阳、罗山，受第17军团军团长胡宗南指挥，阻止日军向信阳、罗山地区进犯。

守备罗山城的是第124师，师长为曾甦元。陈鼎勋兼第125师师长，第125师担任罗山以东30里的竹竿河防御任务。日军进攻罗山，在猛烈炮火掩护下，先施放毒气，企图在施放毒气之后，马上来一个冲锋，一举夺取中国守军阵地。中国守军便预先发出毒气警报，官兵及时戴上防毒面具和简易防毒的湿毛巾，这样，当日军发起冲锋时，守军即迅速进入阵地，将日军击退。激战正如火如荼地进行，罗山城南一公里左右的小罗山突然遭敌偷袭，中国守军猝不及防，丢失了小罗山阵地。日军占据了小罗山，机枪火力直接扫射到设在罗山城南关汽车站的第124师师部。第124师师长曾甦元害怕日军迂回包围部队，决定放弃罗山县城。9月21日罗山弃守后，日军一时也不敢进城，出现空城一座，摆在双方战线北侧。事后蒋介石追查放弃罗山城的责任，曾甦元再三申诉罗山放弃实属迫不得已，否则有全师被歼灭的危险，结果给记大过两次了事。军长陈鼎勋则受到撤职留任的处分。

9月上旬，第42军冯安邦之黄樵松第27师在潢川以南地区与日军进行过一些战斗。中旬，日军第13、第16师团等部继侵占叶家集、商城等地后，沿商（城）麻（城）公路进犯大别山。10月，敌人集主力攻击商麻公路上的战略制高点鸦雀尖。黄樵松亲赴狮子口督战，指挥保卫鸦雀尖，敌集中炮火向我阵地轰击，并施放大量毒瓦斯，同时步兵千余人猛攻，企图夺取鸦雀尖。当战斗激烈之时，黄樵松和阎副师长均中毒，狮子口以北阵地多被摧毁；敌400余人乘机夺取该阵地，复被我军夺回，毙敌两三百人，我伤亡官兵109人。第27师指挥所几次被迫搬迁，黄樵松昼夜查看地图，指挥作战。

第五战区司令长官李宗仁致蒋介石密电，称："（一）文晨（12日）敌约三千余人、炮十余门向鸦雀尖一带27师阵地猛攻，午后战况尤烈，并施放喷嚏性毒气，我官兵冒毒死拼，毙敌无算。是役黄师长、阎副师长因督战，均轻中毒，随从参谋副官各一员负重伤，营长李振魁阵亡，营长负伤三员，连长以下伤亡两百余员名，刻在苦战中。……是役毙敌约四百余名，我伤亡官兵一百五十余员名，刻在对战中。等情。谨闻。夏。李宗仁。"①

著名诗人臧克家有《国旗飘在鸦雀尖》一首长诗，真实地记录了这次战况。诗中写道："士兵死了，连排长上去。连长死了，拿营长去填。"没有兵力给他增援，送去的是国旗一面。另外附了一个命令，那是悲痛的祭文一篇："有阵地，有你。阵地陷落，你要死。锦绣的国旗一面，这是军人最光荣的金棺。"

黄樵松第27师与敌人在商麻公路鏖战月余，损失较大，后经老河口退到南阳一带休整补充。

罗山丢失后，胡宗南第17军团即于22日组织部队在空军配合下，从南、西、北三个方面，对罗山进行反击，以阻止日军接近信阳的平汉铁路。

胡宗南的部队装备优良，并有机械化师配备。抗战以来，无论在晋东还是鲁南，无论在徐州还是台儿庄，都未有机械化部队配合作战，此番看到自己的炮兵、装甲部队，官兵无不感到兴奋。

此次战斗，第17军团所部用机枪、步枪集中射击，将低空扫射（约百公尺高）的日军飞机击落2架，极大鼓舞了官兵士气。

日军越是西进，其所遭受的抵抗也愈强烈。中国军队似乎已经适应了日军步、炮、空的联合猛攻，愈挫愈奋，愈战愈勇。日军根据第10师团的连续作战及伤亡情况，在合肥的第2军司令本部，即令在合肥集结的藤田进第3师团至罗山地区参战，与第10师团一起，攻向信阳的平汉路沿线地区。

已占领富金山地区的日军第13师团，与另一支已到达叶集以西地区的

---

① 中国第二历史档案馆馆藏档案。

藤江惠辅第16师团，稍作整顿和进行新的作战准备后，于9月13日开始西进，攻向商城。第10师团的濑谷启旅团在北面进行策应。

防守商城一带的中国守军为孙连仲第2集团军的第30军田镇南部和冯安邦第42军。

日军第13、第16师团，以一个装甲车中队为先导，集中使用了两个师团及配属的炮兵，并由一个飞行团直接协同，先与第30军张金照第30师激战，日军惨无人道地使用了窒息瓦斯炮弹，第30师中毒死亡官兵甚多。然后，日军兵分多路攻向商城，与田镇南第30军在河风桥、八里滩、十里头一带，展开大规模争夺战。

田镇南第30军是一支能打硬仗的部队，曾在台儿庄大战中打出了威名，经过激烈争夺，双方伤亡很大。根据战场动态及预定计划，孙连仲总司令即令第30军撤出商城，至以西以南的沙窝、小界岭、两路口，与退守至此的宋希濂第71军在这一横越大别山通向武汉的要道两侧设防，坚决阻止日军由该地经麻城前出至武汉，以策应主力沿江、沿平汉路南段作战。

此地为保卫武汉整个战局的关键，日军如果突破小界岭防线，越过整个山脉，便可沿公路西进，进攻麻城，进逼武汉。

孙连仲令冯安邦第42军一部继续在商城附近作战，主力在商城以南的山区通道沿线设防，将其第2集团军总司令部设于麻城以南的白果镇，亲自指挥大别山外围地区的作战。防守商城的第42军一部，与日军第13师团连续恶战后撤出，9月16日商城失守。

日军第16师团的筱原旅团，于9月18日到达沙窝地区，与田镇南的第30军、宋希濂的第71军进行了激烈的攻防战。日军第13师团的沼田旅团，于9月19日在新店地区亦与冯安邦的第42军开始战斗。

9月24日，统帅部以蒋介石名义发出训令，指出："国军以聚歼敌军于武汉附近之目的，应努力保持现在态势，消耗敌军兵力，最后须确保北岸大别山、黄麻间主阵地，及南岸德安、箬溪、辛潭铺、通山、咸宁各要线，先摧破敌包围之企图，尔后以集结之有力部队，由南北两方向沿江夹

缴获的日军军旗与慰问袋

击突进之敌。"赋予第五战区的任务是：

"第五战区应以现在态势，确保大别山主阵地，须以孙连仲、冯治安、宋希濂、张自忠等部，固守黄、麻以北阵地，以胡宗南及于学忠部，取侧面攻势，先击破由豫南方面包围之敌，并确保信阳，使武汉附近部队作战容易。"

界岭方面中国守军以大别山的密林和险峻的山地及重叠多层、大纵深的工事、交叉火力和不时的出击，与日军两个师团激战40多天，田镇南与宋希濂配合默契，两军指挥部都设在界岭附近的白果树，只要日军一发动进攻，两军部队即施行两面夹击，日军竟未能越雷池一步。最终迫使日军改变进攻路线——日军增加部队，攻占潢川、罗山后，向信阳进攻。

日军企图取捷径越过大别山，迂回武汉的侵略计划被彻底粉碎了。

第2集团军从9月25日开始反击后，即派出部队，迂回至商城敌后地区，攻击日军的据点，组织伏击并切断了他们的交通线，缴获了大量的物资。日军第13、第16师团多次以步兵、炮兵、坦克部队及航空兵发动联合进攻，但一直未能通过第2集团军部队的阵地，而且伤亡很大。第13师团从合肥出发时，每步兵中队为180人，以后又经过战地补充，在组织多次进攻和遭到多次反击后，每中队平均约剩40人。中国守军伤亡同样惨重，第30军张金照第30师原全师官兵有13536人，战斗后，全师步兵生还者137人，特种兵674人，总共剩下仅800余人，战况惨烈程度，可见一斑。

10月21日，日军第21军占领了广州，战局起了变化。统帅部决定放弃武汉，孙连仲的第2集团军开始向平汉路以西撤退，日军第13师团10月22日才越过大别山的湖北省界，于26日到达麻城。第16师团10月24日越过小界岭，25日到达麻城。所以，第13、第16师团并未达到其预定的进攻武汉的目的。

大别山北麓阻击战，中国军队以劣势装备，凭着英勇顽强、杀敌报国的忠义精神，依托有利的地形，再次创造了抗战中阵地防御战的优异成功战例。

三、信阳失守，武汉放弃

为了迅速攻占信阳以向武汉迂回，日军第2军对进攻部署作了调整，将由合肥开抵潢川的第3师团投入战斗，确定进攻信阳的计划为：

以第3师团主力，由罗山以北的淮河南岸西进，击溃中国守军之防御，占领平汉铁路上彭家湾车站之附近地区，另以骑兵第3联队，在师团主力之北侧，攻向明港以南之三官庙车站一带，阻止中国军队沿平汉路南进，然后从北面迂回进攻信阳。以冈田资的第8旅团，率步兵第40联队及坦克、炮兵部队，沿罗山至信阳的公路，从正面进攻信阳。以第10师团主力，从罗山以南子路、蟒张，攻向西南之青山、涩港，占领平汉铁路上之柳林车站，阻止中国军队沿平汉路北进，从南面迂回进攻信阳。开始向信阳进攻的时间是9月30日。

日军第10师团因自合肥发动进攻以来，沿途遭到以大别山为依托的孙连仲第1兵团的有力打击，伤亡很大。所以，日军对信阳的进攻，以第3师团为主要进攻力量。

日军向西进攻时，合肥至信阳的公路已由地方政府动员民众将其全部挖毁，桥梁也已破坏，加之日军进攻期间连连降雨，道路泥泞不堪，因此，日军在合肥的2000辆汽车无法使用，第10师团临时改为驮马部队，协助运输粮草。为了解决军事运输，日军一面派出大量工兵，修复六安至罗山的公路，并且进行道路管制，雨天禁止通行，严格盘查来往过路车辆；一面组织木船，满载物资从蚌埠沿淮河溯航，到达潢川东北的上油岗一带，卸下物资再经陆路运往前方。

罗山失守，信阳地区紧张时，中国守军为加强平汉路南段的防守，阻止日军从北路迂回武汉，第五战区于10月4日将胡宗南的第17军团改为豫南兵团，受战区直辖，下辖董钊的第16军（第28、167师）、陶峙岳的第1军（第1、46、78师）、沈克的第43军（第106师），防守罗山以西至信阳地区，主力控置于信罗公路，侧击南进或迎击西进之敌，万不得已时，扼守宣化店、九里关、信阳之线，同时注意罗山、宣化店通道及五里店、广水通道，防止日军迂回至武胜关后方。

罗山以东及潢川地区仍由张自忠的第27军团对日军进行牵制、游击，并对潢川进行攻击。为了加强第27军团，孙连仲将王长海的第132师调归该军团指挥，并限令该师于10月8日到达光山以南的经扶（新县），与张自忠的部队会合。张自忠率第59军在潢川战役后撤到经扶县，总结战斗经验教训、明正赏罚之后，将部队进行了调整，立即投入新的战斗。

日军两个师团已由罗山向西进攻，信阳局势日益紧张。统帅部于10月4日决定在第五战区成立以罗卓英为总司令的第5兵团，指挥刘和鼎的第39军（第34师、56师）、孙桐萱的第3集团军（第20、22、81师）、万耀煌的第15军团（第13师）、张义纯的第48军（第173、174师）、胡宗南的豫南兵团（三个军），至信阳地区增援，武汉的卫戍任务，交由武汉警备司令郭忏负责。

10月4日，李宗仁致电蒋介石，对敌情作了分析，并提出新的用兵建议：

综合近日敌情判断如下：敌纠集兵力自合肥、六安西进，判断其意图不外继续增援，由新店、沙窝方面南下，冀突破大别山脉，进出麻城，威胁我右翼兵团之侧背，使敌攻略江北进展容易；或则主力向罗山西进攻信阳，截断平汉路，并转移其主力，一由新店攻宣化趋黄安，一由大新店趋广水。我为应付该敌计，以左翼兵团各部固守大别山脉各隘路，并准备以有力部队随时出击以牵制敌之西进，胡宗南兵团则以主力于罗信公路，如敌南下则侧击之，如敌大部西进，则避免决战，利用五里店、信阳阵地，逐次拒止该敌；另由兵团抽一师至二师向罗山、固始间地区游击，袭击敌侧背，并指挥民众武力，截断其交通。如此，则不论敌西进或南下，皆受我之侧背攻击，并有后方联络线被我切断之危险，必可迟滞敌人围攻武汉之企图，若于五里店平坦地形与敌决战，则消耗兵力，胜算难操。是否有

防守武汉的军队向日军发射迫击炮

当，谨电呈察。①

同日，李宗仁还致电蒋介石，转呈李品仙的作战建议：

武汉会战计划未审如何，现敌又采两翼包围南北夹攻方法。我为确保武汉，妨碍敌之企图计，在本战区江北部队，与其分途迎击，不若以主力对北，扼守武胜关、三里店、宣化店，对东控置大军于黄陂以北沿铁路以东地区，俟敌进出黄安、麻城，向武汉突进时，施行侧击之为宜。同时以一部在广、浠、巴河道迟滞鄂东西进之敌，不得已时，退至罗田、麻城东方山地，占领侧面阵地，以攻击敌之侧背，即使不能成功，则主力军可以在武汉附近与敌周旋，鄂东部队即在大别山中作牵制之游击战。苟能运用得当，兵力集中，未始不可获一胜利也……若专事迎头堵击，终难取胜。方针既定，则详细规划尚须妥为决定，是否有当，乞裁夺，幸勿再迟为祷。②

蒋介石10月5日复电，认为上述建议"甚属妥善"，与统帅部"所颁方针大体相符"，希望"督促实施"。同时又强调，广济方面"应以现有兵力就现阵地与敌确保接触，不得轻易退就第二线阵地"③。这等于从基本点上否定了李品仙的建议，使李的集结主力机动侧击敌军的意见无法实施。就整个战局而言，主要战场仍然是"迎头堵击"。

日军第2军之第10师团，于9月30日按预定计划从罗山以南攻向平汉铁路上的柳林车站，罗卓英的一部兵力与胡宗南豫南兵团协同，夹击柳林车站的日军，因日军占据了有利地形及铁道东西两侧高地，再加上猛烈的炮火，使中国官兵伤亡巨大，进展不利。10月6日，柳林车站被敌占领。中国

---

① 《李宗仁致蒋介石密电（1938年10月4日）》，《抗日战争正面战场》（上），第753-754页。
② 《李宗仁致蒋介石密电（1938年10月4日）》，《抗日战争正面战场》（上），第755-756页。
③ 《蒋介石致李宗仁密电（1938年10月5日）》，《抗日战争正面战场》（上），第756页。

守军组织反击，日军逐步退向信阳附近集结。

日军第3师团于10月4日从罗山以北，攻向平汉铁路上的三官庙、长台关、彭家湾车站，10月9日攻占了大洋河，经与中国守军防守在明港、长台关、正阳一带的第106师作战后，11日占领了彭家湾、长台关、三官庙一线的平汉铁路。

日军受第3师团指挥的第8旅团冈田资部及其配属的炮兵、坦克部队沿着罗山、吴家坡、五里店、中山铺的公路，一路所向披靡，连续突破董钊第28师、李正先第1师、李文第78师的防御阵地，从正面接近信阳，并于10月11日夜间到达信阳城外。至此，信阳南北已遭到了日军的迂回包围。

守备信阳城的是李文第78师的一个团。10月12日，日军冈田资第8旅团，集中了坦克、炮兵的火力攻城。该团战斗至中午，不支，撤出城外。当日，信阳沦陷。

信阳失守，平汉铁路被日军截断，日军打开了攻向武汉的一个重要缺口。李宗仁电令胡宗南自信阳南撤，据守桐柏山平静关，以掩护鄂东大军向西撤退。但是胡宗南并未听令，擅自将所部七个师向西移动，撤到南阳地区，以致平汉路正面门户洞开，鸡公山、武胜关防守兵力单薄，日军在武胜关以西与桐柏山交界线突破，冲到大别山左侧地区，占领了武胜关。

胡宗南在豫南信（阳）、罗（山）战役中，并没有充分发挥其优势兵力积极战斗，日军占领罗山后之所以没有马上向信阳进攻，原因是认为信阳有重要国防设施，有机械化部队，有强大的炮兵，不容易攻下，怕受牺牲。实际上，日军的进攻并未受到中国军队的顽强阻击，迅速地占领信阳也属意料之外。

胡宗南部乃蒋介石的嫡系部队，胡本人也为蒋介石最宠爱的部将之一。而且胡宗南一向只服从蒋介石一人指挥，对别人概不买账的性格特点也让蒋介石宠爱有加。但抗战以来，胡宗南的部队一直没有较佳的战绩。八一三上海抗战，胡宗南部参战两个师死伤大半，后来退至苏州河南岸，一个师几乎打光，连师政治部主任也被日寇打死。豫东会战配合宋希濂等部队攻打兰封时，因胡宗南部下黄杰部队阻击不力，最后让土肥原突围跑掉。武汉会战中，胡部第232团团长马载文领兵固守信阳，日军大举进攻时，马临阵脱逃，信阳沦陷。

胡宗南部划归第五战区李宗仁指挥后，胡本人从不向李宗仁报告敌我情况，已使李宗仁恼火，此次又擅自撤往南阳更让李宗仁愤怒，据情报告了军委会，要求严办胡宗南，但蒋介石对这位"宠将"特别"关照"，结果此事不了了之。

武胜关的失守，标志着平汉路以东正规战的结束。军委会根据长江南北之合围圈已逐渐缩小，广东形势吃紧的态势，决定撤离武汉。除大别山据点保留为游击基地外，所有第五战区部队向西经孝感以北的花园一带，撤至鄂西北京山、随县地区。据守大别山的部队，包括廖磊的第21集团军，于学忠的第5集团军，徐源泉的第26集团军，任务是就地掩护部队西撤，坚持进行敌后游击。

日军第10师团冈田资第8旅团，继续从平汉路以西沿线进攻，占领应山、安陆、云梦、应城，突破第五战区罗卓英第5兵团在该地的防守，从西北方迂回进攻汉口、汉阳；在沙窝、小界岭一带的日军第13、第16师团再次发动强攻，突破大别山，进至麻城、黄陂地区，10月24日，黄陂失守。在长江南岸的敌第11军沿江进攻部队台湾旅团也打到了武昌附近。第11军第6师团迅速由长江北岸攻向汉口。

当各路日军向武汉猛进之际，国民党最高统帅蒋委员长驻在汉口，督饬各部严阵拒敌。其时，广州沦陷，武汉地位已失去重要性，各将领纷纷请蒋介石易地指挥。对蒋介石来说，在长江节节抵抗之目的基本达到。

蒋介石安然地说："有舍乃能有取，能忍乃能有济。"

蒋介石很沉着，直到日军攻陷武汉前30小时（10月24日夜）才离开武汉。

日军飞行团根据空中观察报告中国军队已开始全面退却，日军迅速组织追击队，穷追不舍，中国军队丢盔卸甲，狼狈撤退，各种火炮、汽车弃于公路沿线，即使筑有坚固钢筋水泥防御工事的地带，也未做有力坚守。

蒋介石为此大为恼火，致电陈诚等高级将领，严词责令：

"（一）敌人广播称：此次我军退出新店镇、崇阳时，不特枪弹遗弃，即碗筷亦多失落，种种狼狈情形，资为笑谈。（二）查放弃武汉原为预定计划，进至武汉之敌，已极疲惫不堪，南犯之敌不多，而我该方面部队竟不审敌之兵力，我有多数军队，不知筹划使用，有良好地形，不知防守利用，只图逃命溃走，不仅无耻，无以对年余抗战中牺牲诸先烈，且完全丧失革命军之精神，此后应力挽颓风，凡无令擅退，不论各级长官，均照连坐法严厉执行，并着陈长官查明此次从新店镇、崇阳狼狈撤退部队具报，以凭核办。"①

兵败如山倒，蒋介石喋喋不休的一封封无命令不得撤退的密电，比起日军枪弹的威胁，显得格外苍白无力。甚至一些高级将领也顾不得什么命令了，第26集团军总司令徐源泉在战略转移中，竟擅自率其第26集团军西撤，而不留守大别山。第五战区虽上报要求予以拘捕，进行军法审判，终因各种原因而不了了之。

位于九江的畑俊六中国派遣军前方指挥所，根据战局进展情况，于10月24日给所属部队下达了进攻武汉及入城后注意事项的命令。10月25日，日军第6师团进占汉口市。26日，江南的日军台湾旅团从宾阳门突入了武昌城，随即在城门上插上了日本旗。27日，汉阳沦陷。

于武汉撤退后，10月31日，蒋介石在湖南发表《告全国国民书》略谓：

……保卫武汉之目的，在阻滞敌军西进，消耗敌国实力，准备后方交通，运积必要武器，还移我中产工业及东南之人力、物力，以充实西部持久抗战之基础。赖军民协力，不避牺牲，与暴敌进行五阅月之苦战恶斗，卒使敌军蒙受侵战以来最惨重之损失，而植立我民族复兴之自信心，与发

---

① 《蒋介石致陈诚等密电稿（1938年11月9日）》，《抗日战争正面战场》（上），第775-776页。

第六章 武汉会战

扬我军攻守战斗之新精神。现我后方一切布置业已完毕,乃自动放弃武汉核心之据点,而确保武汉四周外围之兵,使我军作战转入主动有利之地位,今后乃可实施全面战争。政府本一贯决策,必以更大努力,坚持长期战争,以挽回战局,达成我最后之胜利。

武汉会战结束,中国军队以空间换时间消耗日军实力的战略指导,已获预期效果。

武汉会战中日双方激战4个多月,日军调动九个师团又两个步兵旅团的兵力,会战后期更达到14个师团以上的兵力,补充五六次之多,以伤亡惨重之代价攻下武汉三镇。中国方面也动用了几乎所有能调动的部队,英勇抗击敌军,伤亡倍于日军。

武汉会战以中国军队的失利而结束,但为长期抗战又赢得了4个月宝贵的时间,消耗了日军大量有生力量。日军虽然占领了武汉,但速战速决、迫使中国屈服的目的并未达到。

日军进入武汉,在武汉行营前欢呼

第七节 广州失守

一、日军进攻广州的部署

广州是华南沿海最大的城市，也是华南政治、经济、军事、文化的中心。抗战爆发后，它成为中国与海外联系的重要通道之一。特别是在日军侵占了华北、华东各重要地域以后，广州更成为利用香港输入外援物资的主要枢纽。因而早在淞沪会战结束时，日本大本营就决定切断这一最大的外援路线，以便削弱国民政府继续抗战的意志，并做好了进攻作战（代号为"A作战"）的准备和计划，预定于1937年12月26日在大亚湾登陆。但由于12月12日日军在南京长江上炸沉美国炮舰"巴纳"号和击沉英国炮舰"莱的巴德"号引起纠纷，恐怕国际关系恶化，根据日海军中国方面舰队司令长官长谷川清的建议，于12月22日决定暂时停止对广州的作战。

日本大本营虽然暂停了对广州的进攻，但为了封锁中国的海上交通和为其海军获得作战基地，并没有停止对与英、美等国关系不大的中国港口的进攻。1938年5月10日，日海军第5舰队及第2联合特别陆战队击退第75师守岛部队，攻占了厦门；5月20日配合徐州会战，在连云港及其附近岛屿登陆，占领了连云港；6月21日在南澳岛登陆，23日占领了该岛及其附近的南澎湖列岛等岛屿。

1938年7月，日本参谋本部在《以秋季作战为中心的战争指导要点》中，同时制定了进攻武汉和进攻广州的战略指导，并要求"尽量缩短汉口作战和广州作战的时间间隔"；明确"广州作战的目的，在于一面切断蒋政权的主要补给线，一面使第三国，特别是英国的援蒋意图受到挫折"。在作战指导上，规定"采取急袭方式，果敢迅速地攻占广州；以后在广州附近切断粤汉线，珠江、西江，采取紧缩、持久的态势"。

1938年8月10日，日、苏签订了停战协定，张鼓峰事件结束，日本解除了后顾之忧，进攻广州的问题又提上了日程。9月7日，大本营御前会议决定由陆、海军协同攻略广州，同时下令编组第21军司令部。9月19日，大本营下达了进攻广州的"大陆令""大海令"及陆、海军的战斗序列。

日军第21军及第5舰队进行协商后，决定将进攻广州的作战分两个阶段进行。第一阶段从10月12日开始，以第18师团、第104师团主力及第5师团的第9旅团在大亚湾登陆，经平山（惠东）、平潭向惠州一带东江推进。第二阶段，俟第5师团主力到达后，突破东江防线，分路西进，向广州进攻，而以第5师团于10月27日在珠江口登陆，攻占虎门要塞后，由南向北配合主力进攻广州。

编入第21军序列的三个师团分别在大连、青岛、上海集结，并进行补充装备及实施登陆作战训练。为了解作战地区的地形情况，9月24日派出作战参谋进行了海上侦察。10月2日，第21军司令部进至澎湖列岛之马公岛。10月7日，参加第一阶段作战的部队分乘100多艘运输舰船，先后到达马公岛附近海面，完成了作战准备，待命行动。

二、仓促防守，广州失陷

抗日战争爆发不久，军事委员会即以大本营的名义下达了建立第四战区的命令，以军政部部长何应钦兼任战区司令长官，负责闽、粤及南宁、梧州等沿海地区的防守任务，并保护海、陆军的补给线路。但由于广州地近香港，军事委员会主要决策者们认为：日军如进攻广州，将损害英国的利益，可能引起英国的干涉，由此判断日本不会贸然进攻广州，因而虽然作战计划中提到日本有进攻广州的可能，但始终未把广州作为重点防御地区，直到广州作战开始前，第四战区的机构尚没有建立，仅以第12集团军总司令余汉谋任战区副司令长官，负责广州方面的防务。此外，又从第四战区范围内的广西抽调大批兵力至华中作战，致使华南方面兵力极为单薄。武汉会战前期，又从广东抽调4个师加强武汉的防守，所以广州防备松懈，作战开始时主要兵力只有第12集团军的第62军（张达）、第63军（张瑞贵）、第65军（李振球），以及2个独立旅和虎门要塞部队，总计约8个师的兵力。当时的部署是：第153师守备宝安至虎门要塞一带，第151师驻惠阳，第157师主力在潮汕地区（另一部驻大亚湾附近），第156师驻增城，第154师驻从化，第158师驻广州东郊，第152师之第454旅驻海南岛，第456旅驻广州市，独立第20旅驻广九路沿线之石龙附近，独立第9旅驻莲花山（海丰以北）附近。整个部署上兵力分散，而且戒备松弛。

香港是中国领土的一部分，可也是英国的一个直辖殖民地，正是这一特殊的地位，使得香港虽处于战争之中，但不像中国其他城市那样，它既没有遭到日本飞机的轰炸，也没有遭到日军机枪的扫射，并且大大得益于战争。自从1937年秋上海被日本人侵占以来，它成了外国同中国进行各种贸易往来的港口。虽然物价飞涨，但生意兴隆，旅馆爆满，酒吧、饭馆和商店处处是人。正当中国的其他城市惨遭战争蹂躏时，香港却突然发迹起来。

从1938年以来，中国军队极缺武器，蒋介石命令行政院院长孔祥熙设法从国外购步枪30万支，每支枪配子弹1000发；手枪3万支，每支枪配子弹1000发；重机关枪2万挺，每挺配子弹1万发；迫击炮500门，每门配炮弹2000发；战车防御炮500门，每门配弹1000发。这些急需的武器都要从香港经广州运进。有关资金筹措及运输等问题，蒋介石发电报给中央银行秘书孔令侃让其协助办理。

宋庆龄此时居住香港，为购买武器想了不少办法，她对中国抗战抱有希望，同时公开抨击了国民党政府从事战争的方式。她认为：我们不能制造自己所需的武器，我们的军事领导人只有内战的经验，而且把内战的环境和抗日的环境混同起来。宋庆龄认为，只要中国绝大多数贫苦农民的生活得不到改善，只要士兵的待遇得不到提高，购买武器不可能从根本上解决问题。

对广东，宋庆龄抱有一种特殊的感情，广东是中国国民革命运动的策源地，广东人民对她也抱有一种特殊的感情，这不仅因为她是孙中山的夫人，而且还因为只有她真正坚持了孙中山提出的原则和信念。

1938年的夏天，世界上最繁忙的码头当推九龙。它是广州—汉口550公里铁路线的起点。有德国轮船停靠在那里，它以最快的速度卸下中国的军需品，然后再开到神户，装上日本的军用物资。紧挨德国轮船的是意大利货船，它正在卸中国的其他军用物资。九龙码头还停泊着英、法、苏、美等国的轮船。

当时，中国正尽其所能向各国购买军火，然后通过铁路线（虽然日本人每天都对它进行轰炸，可从未成功地将其摧毁）运至长沙和汉口。为了购买军火，中国动用了全部外汇和战前寄存国外的白银；还尽可能多地出口茶叶、桐油、锰、锑、钨及其他商品，作为新的支付手段。国民政府宣布，已拥有的军用物资足够其应付9个月的战争。

军用物资的装运几乎是在公开的情况下进行的。由于香港是一个自由港，而且又由英国管理，因此，即使当事人想对此保密也不太可能。人们可以在宽阔的码头随意地散步，可以看到汗流满面的苦力们扛着沉重的箱子，或精疲力竭地躺在岸边，可以记下货船来自何处。

日本人的飞机似乎每天轰炸九龙—广州的铁路线，晚上尤为频繁，几乎每个车站都有毁坏的房屋。从1937年10月起，九龙至广州的铁路线共遭日机163次空袭，承受了大约1600枚炸弹。平均每公里铁路要遭一两次以上的空袭和10枚炸弹。然而，火车的停驶却从未超过9小时。中国从外国购买的军用物资夜以继日地从香港卸下，然后急急忙忙装上火车运至广州，或沿着轰炸更为频繁的铁路线送到汉口。

铁路沿线每隔数里便驻有一个抢修队。铁路两旁，不时可以看到钢轨、枕木等抢修物资堆积在铁路旁。每次空袭后，抢修队员就迅速查看被轰炸的地段，然后用电话通知广州何处需要何种抢修物资。东西一运到，抢修工人便立即干了起来，几小时后，铁路就被修好，火车重新通行。电话和电报线路的抢修工作也是如此。每一座铁路桥都有卫兵守卫。就这样，保护了军火物资的内运。香港对广州乃至华中、华南抗日物资的运输地位如此重要，日军参谋部于1938年春便制订了广东作战计划，如夺取广州，就掐断了外国对中国抗战的物资供应渠道，进而迫使蒋介石投降。

在日军企图登陆进攻广州时，广东省政府主席吴铁城在广州唯一还未被炸塌的和绅旅馆的防空洞内，频繁接待了不少外国记者，对时常响起的空袭警报毫不在意。他对外国记者们说：广东省商品经济发达，这里的人们善于经商，还喜欢冒险，在买卖中显示他们的本领。长期以来，广东省苦于资本流散，如能将其积聚，投资于农业，就可以不再花外汇进口大量的稻米。他还兴致勃勃地告诉记者们，他原准备建立灌溉和排泄网，开发尚未被用起来的土地，发展乡村教育，建立农村公共医疗服务。他说如果没有日本人侵略，再过三四年以后，所有勤劳的农民将摆脱高利贷者控制，从省政府的合作社中借取利息为百分之七至百分之八的贷款；农民还可获取信用贷，向官办工厂购买农具、种子和化肥。

吴铁城是孙中山的老朋友，坐过清政府的监狱，曾任上海市首任市长。1936年，广东和广西归属南京国民政府以后，蒋介石将他派至广州。他面容慈祥，身材细长但体格健壮，爱穿西服，说得一口流利的美式英语。由于他受过良好的教育，有着学者的风度。

吴铁城坦诚地说："靠现有防守广州的部队是远不够的，日军占领广州是必定无疑的。中国军队放弃广州后，只能起着骚扰日军的作用，也许连这个能力都没有。"

吴铁城对军事的见解也有独到之处，他说，在中国建立防御区和空军的问题上，德国顾问犯了错误。他们根据兴登堡防御线理论，认为防御线不可分割。但该理论并不适用于领土广阔的中国。1938年初，希特勒撤走了在中国的顾问，吴铁城为此很感遗憾，他说："法国人傲慢无礼又缺乏耐心，无法用作中国的军事顾问。他们只是一味地告诉中国的指挥官，应该做些什么，实际上却没用。而英国人则太懒。唯有德国人才具备军事顾问应有的素质。"

中日战争扩大化,也迫使希特勒德国在远东的中国和日本这两个伙伴之间进行选择。日本工业和军事力量都很强大,如与之结盟,可以作为德国侵略扩张的有力帮手;中国工业落后,军事力量薄弱,与其结盟,不但不能给希特勒以军事上的支援和策应,反而还要希特勒来"救济"这位又穷又大的朋友,还要继续为中国抗战服务。希特勒毫不犹豫选择了日本,并且态度非常强硬,警告在华的军事顾问法肯豪森等人,如不遵命按期回国,他们在国内的家属,将面临严重后果。

德国军事顾问团大多数人员被迫于1938年6月底离华回国。在广州的军事顾问离开广州前对吴铁城保证:决不出卖中国利益,决不向日本泄露广州的军事秘密。吴铁城心里很难过,但他很清楚广州防御已无秘密可言,在香港、广州,日本间谍就像走在东京的大街上一样。日本飞机给军事设施带来的灾难,情报大多是来自这些日本间谍。

日军准备进攻广州时,在吴铁城的督促下,防守广州的第12集团军总司令余汉谋加强了对发电厂、水电站等要害设施的护卫,并在重点工厂埋下炸弹,一旦日军占领广州,将给日本人留下一座空无的废城。

余汉谋,字幄奇,广东省高要县(今肇庆市)人,生于1896年9月20日。他出身于书香门第,与邓演达、顾祝同、李汉魂、黄琪翔、叶挺等人同是保定陆军军官学校第六期学员。

1937年7月7日,卢沟桥事变爆发,全面抗战开始后,8月,余汉谋兼任第四战区副司令长官,曾参加淞沪、南京、陇海诸战役。他主张国民政府应发动民众抗日。是年12月4日,余汉谋被任命为第12集团军总司令。1938年1月在广东与陈铭枢、蒋光鼐、蔡廷锴、香翰屏等举行会议,决定组织民众自卫队,自任主

余汉谋

任，号召民众武装起来，"各村各乡都自动的把本身的武器组成健全的自卫队，认真的训练起来，和邻村邻乡联防自卫，守望相助"，开展游击战争。余汉谋等人还在广东成立国防工程委员会、抗战动员委员会，布置广东地区的防御计划。

是年4月，日军在台湾集结了陆海空军7万人，准备大举进犯广东，以便切断中国对外国际联络线，迫使抗战中的中国军民对日屈服。余汉谋在广东各要塞构筑工事，动员民众，准备抗战；但日军当时主要攻击目标是在长江口地区，于是广州当局放松了对日军的警惕，只是在珠江口等水域进行布雷，防止日军从海上进攻广东。

日军进攻广东，是为了切断经香港的援华补给线，同时，也是实施其南进战略的一个步骤。为此，日本调遣大批陆海空军进行大规模协同作战。进攻广东之前，日机、日舰多次南下广东沿海侦察军事设施，加上间谍的活动，日军较为准确地掌握了广东的防御情况。

1937年9月4日，日军飞机、军舰轰击粤闽的虎门、马江。9月6日，日军炮轰珠江口的赤湾，13日，在炮击大鹏湾之后，海军陆战队登陆，被击退。后又攻击虎门，遭虎门要塞和空军、海军的奋力还击，炸毁敌舰一艘，炸伤三艘。16日开始日军频繁进攻，先后炸沉中国海军多艘舰艇。17日晚，吴铁城宣布封锁珠江口，不准任何舰船通过。

1938年春，吴铁城在广州组织力量赶制水雷，截止到10月共造出2000多具；同时增编11个水雷组，雇佣11艘火轮、百余艘民船，在虎跳门、圻湾门、磨刀门、大刀沙、淡水河口、小虎门、三虎山、潭州及大亚湾等水域均布了水雷。

日军在准备攻打武汉的同时，为牵制中国在华南的兵力，攻打广州，切断内地经广州至香港转往海外的国际路线。日本参谋部规定："汉口作战目的，在于摧毁蒋政权的最后的统一中枢——武汉三镇。"而广东作战的目的，在于一面切断蒋政权的主要补给线，一面使第三国，特别是英国援蒋意图受到挫折。为此，日本侵略军在澎湖列岛集结部队4万余人、大小舰艇30多艘、飞机60架，准备袭击广州。

1938年2月24日，日本海军水上飞机母舰"能登吕"号和"衣笠丸"上搭载的13架水上侦察机袭击广东南雄机场。中国空军第3大队第28和第29中队的11架新购最大时速为407公里的英制"格罗斯特"式驱逐机升空迎敌。4月13日，日本海军"加贺"号航空母舰的18架轰炸机，在6架战斗机的掩护下攻击广州。中日飞机激战近30分钟，日机7架被击落，中国也损失飞机5架，中国机场遭到严重破坏。

5月28日起，日军飞机连续3天轰炸广州，给广州民众的生命财产造成巨大损失。这一天，日本海军"加贺"号舰载机群分三批袭击广州市区，共投弹50余枚，炸毁民房600多间，死伤居民600多人。中国空军因兵力不足，未能阻挡敌机攻击。5月29日，敌机分二批轰炸广州，炸毁民房300间，死伤500多人。5月30日，日机再度来袭，炸死400多人，炸伤700多人。6月4日，日机在广州投弹百余枚，死伤2000余人。6月5日，日机炸毁中山大学，死亡600多人。6月6日，飞机又投弹百余枚，灾区遍及全市，700多栋房屋毁于一旦，死伤民众2000多人。6月8日，日机炸毁岭南大学、西村电厂，全市停电。至此，在日本飞机轰炸下，广州市民死伤已超过7000人。

8月21日，中国航空公司的DC-2式客机"桂林"号在香港至重庆航线上飞行时，遭到日本海军5架战斗机袭击，中弹百余发，迫降于广东中山县水面。日机又残酷地扫射落水的飞机和旅客。客机上共有3名机组成员和14名旅客，除3名生还外，其余全部遇难。这是日军飞机对中国客机的首次野蛮攻击。

8月30日，日本海军航空母舰"加贺"号上的舰载机，袭击广东南雄机场。9月13日，日本海军水上飞机母舰"神川丸"号舰载机袭击驻广西柳州的中国空军军官学校柳州分校。

日军为了配合进攻武汉，调集重兵集结于大亚湾一带。10月11日晚，守军第151师师长莫希德接前线哨所报告：大亚湾有敌舰数十艘。莫师长判断日军将在澳头附近强行登陆，电告余汉谋加强防务，增调兵力，并注意防御淡水、惠阳等地。12日凌晨，日军飞机及兵舰上的大炮对大亚湾海岸发起猛烈轰击。随即第21军第18师团在华南派遣军司令后藤中将指挥下，在澳头一带强行登陆，守军一营在日军猛烈进攻下，全部牺牲。日军在大亚湾和珠江沿岸登陆。日军200多架飞机完全控制了华南空域，中国空军虽极力抵抗，但未能阻挡住日军航空兵的猛烈攻势。12日晚，淡水失守，15日惠州失守。

当时防守广东的余汉谋第四战区拥有6万余兵力，参加布防的有张达第62军、张瑞贵第63军、李振球第65军三个军及第9、第20旅两个独立旅。余汉谋下令拼死抵抗，将6万余兵力先后调配在淡水、惠阳、福田、正果、增城、莲塘和太平场等地。但在日军海陆空强大优势兵力压迫下，中国军队伤亡惨重，节节败退。日军突破增城、正果防御阵地后，以其主力进攻从化、花县，目的在于截断广州至韶关的道路。另一路沿广增公路直逼广州。余汉谋已知不是日军对手，无招架之力，只得弃守广州，率部向粤北转移，在韶关一带构筑阵地，阻击日军，防止敌人继续向北窜犯。日军于10月21日跨进广州城，从登陆至占领广州只用了9天。无论余汉谋还是吴铁城，哪一人均未打算坚决抵挡日本人进广州。吴铁城在广州沦陷后即被蒋介石免去了职务。

三、统帅部的对策

日军在大亚湾登陆的消息传到武汉之后，对国民政府军事委员会是一次很大的震动。广东的陷落，意味着国际对华援助的通道将被截断，这对长期持久的抗战是个不小的打击。

蒋介石急令军事委员会拿出计划，或采取对策。

10月12日夜，周恩来寓所的灯光彻夜未熄，他起草了一份《对日寇进攻华南的初步分析及建议》①，这是国共共同协力抗战的一个典型事例。周

---

① 周恩来：《对日寇进攻华南的初步分析及建议》，中国第二历史档案馆馆藏档案。

恩来以其敏锐的眼光分析道：

甲、日寇的根据

日寇这次进攻大鹏湾（即大亚湾）的行动，是有着下列的根据：

一、亲英派宇垣外相辞职，日英东京谈判中止，显示着日寇对英外交强化；

二、东京有以海军系人物为外相的拟议，同时宇垣亦有强化外交的主张，这表示海陆军系已由对英外交强化的一致，取得南进的暂时协调；

三、捷克事件①，希特勒对英态度的成功，刺激了近卫内阁向南行动的决心；

四、日寇进攻武汉的旷日持久，想以华南的行动，牵制和调动我军；

五、日寇想以更有效的军事行动，来切断我海上国际交通和军事运输；

六、日寇企图以军事上的占领和分割，来威胁和诱引我国发生政治上的分化。

乙、日寇行动的特点

日寇这次行动的特点是：

一、军事上的冒险——因为敌人如果要确实的占领广州及其附近的港口与广九路，至少非有五个师团以上的兵力不能尝试，但目前日寇企图以此来威胁广东，威胁香港，进行军事上的冒险。

二、外交上的试探——日寇想由大鹏湾直插深圳，截断广九路，逼使英国对日妥协，即是说至少要英国不干涉日本封锁广东，切断海上交通。

三、政治上的分化——日寇将以封锁广东海口，夺取广州，威胁和引

---

① 捷克事件，指1938年9月，英国首相张伯伦、法国总理达拉第同德国总理希特勒与意大利总理墨索里尼在德国慕尼黑签订关于捷克斯洛伐克割让苏台德领土给德国的协定，即捷克事件。1939年3月，德国出兵吞并了捷克斯洛伐克全部领土。英国在捷克事件中扮演了不光彩的妥协角色，即推行了著名的绥靖政策。

诱广东地方妥协，造成福建特殊状态，实际即是说造成断绝对中央抗战之一切外来的和内在的供给。

丙、可能的估计

这一事态的发展，将有如下可能：

一、军事上，日寇如确实攻占大鹏湾，必向深圳、樟木头之线延伸占领，一面会从陆路迂回虎门要塞，一面直逼惠州、从化。此方面不论得手与否，同时还有另从唐家湾登陆，占领中山、顺德，并切断江门，封锁西江，以便造成包围和夺取广州之形势的可能。

二、外交上，日寇必运用东京、上海、香港甚至伦敦四处外交关系，与英国进行谈判。英大使原有由沪来汉的消息，日寇想以先发制人，威胁英大使趋向妥协。虽然英国看中国决不同于捷克，中国的英勇抗战，英国在华的利益和地位，日寇对英在华利益的损害，都使英国的基本立场不站在支持中国抗战方面，但是，张伯伦内阁一贯的妥协政策和怕事态度，如日寇对英能相当让步以换取对中国军事运输实行海上封锁，则局部的妥协是可顾虑的，英国如稍软，法国必跟着，葡荷是会更坏的。

三、政治上，日寇在香港的特务机关及其各方宣传，伴随着其军事上的行动，必向各方试放政治上可以局部妥协的烟幕弹和造谣挑拨，并制造某些幻想，以动摇华南人心。

丁、建议

根据以上诸分析，我之方针应坚持华南抗战，以击退日寇冒险的进攻，以坚定英国对我的援助，以击破日寇的一切阴谋。具体建议如下：

一、应请最高统帅以坚持华南抗战的决心，晓示华南军民，以坚定其抗战信心与行动，以坚强我外交。

二、应请令四战区以重兵防御各海口要塞及广九路，特别以主力坚决打退大鹏湾登陆的敌人，即万一不能消灭或驱逐，必须机动的消灭其登陆后扩张占领向我深入部队，以大量的消耗敌人有生力量，来限制敌人的占领。同时并须加强在稔山、在宝安、在唐家湾、在江门等口岸的防卫。

三、为加强华南的防卫的抗战，应请派大员统一四战区军政党的领导，并加强指挥，炮兵应派往必要的数量，以加强战斗。两广补充部队应立即征调至少30个团，作为四战区作战的补充部队。一切枪械弹药运输，统应作一个方面作战的布置，以示长期作战决心。

四、应请令广东军政当局，不得以任何资格进行单独的外交谈判和活动，广东政府为此事不得有任何政党的代表在香港来往，只有中央政府才有权对外进行外交谈判，并应请令广东省政府在情况不利时迁出广州，而留四战区司令长官部于广州指挥作战，以示抗战决心，以影响外交，以打击敌人阴谋。

五、应请令四战区司令长官部乃广州党政机关，加紧动员广大民众，特别是沿海人民及渔民，发扬广东革命精神，配合军队，实行自卫。

六、应请迅速的搬移香港、九龙堆积的军火及一切材料，向粤汉路沿线囤积，同时加强西江水路运输，以一部向肇庆以上囤积，并准备西南和西北国际运输路线的开辟和加强。

七、应请令中央在香港的代表及驻伦敦大使，向其政府表示：中国政府决心为保卫华南而战，英政府只有加强对中国的援助，才能保持英国在华的利益。如果英政府想求得日本对英国的某些让步，也只有在中国抗战给日本的坚强打击下才有可能，而决不是向日本让步所能取得的，如果英国对华南事件想有所主张，我们可欢迎英大使来汉磋商。

八、应请通令全国各战区，尤其是保卫武汉部队，应乘敌人分兵进攻华南之际，加强当面战斗，争取更多更大的胜利，以求得保卫武汉的成功，以配合华南的作战。

九、应请通令中宣部、政治部转知全国各宣传机关、各报馆，注意宣传保卫华南，指出日寇的冒险分兵，是增加日寇失败的因素，并揭穿日寇政治上、外交上的企图和阴谋，以巩固国内团结和外交阵线。

可惜的是，当时国民政府最高军事当局及蒋介石已决定放弃武汉，无

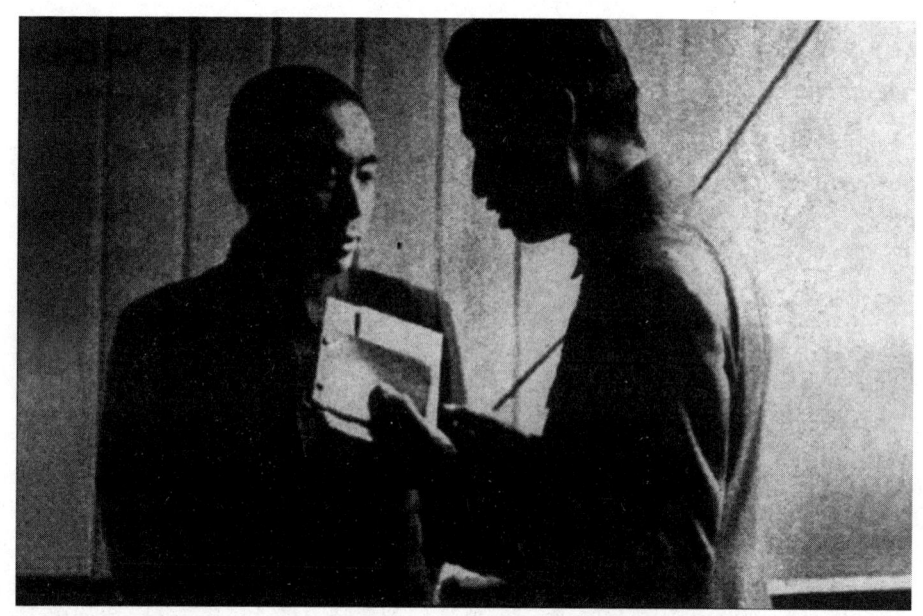

国共两党共商抗战大计。图为共产党人、军事委员会政治部副部长周恩来与国民党人张冲在一起

暇顾及广东方面的危急情况,加上广州军事当局的防御措施又不得力,日军进攻前夕,正值双十节,许多官兵离开防地去广州、九龙、香港等地游玩。是日晚,当驻防大亚湾一带的第151师师长莫希德得知日军将发动进攻的情报后,慌忙打电话到广州、香港等地,请各电影院放映字幕,通知各部官兵尽快回防。日军第18师团在大亚湾登陆后,攻陷淡水,进至惠州西南,攻取惠州,其第二梯队之第104师团经稔山、平山直逼惠州、增城等地,进抵广州,余汉谋遂下令全战区部队避开日军正面,退往粤北,广州便轻易沦陷了。

周恩来用心良苦,建议9条保卫广东之策,却不为国民政府军事领导人所重视。

四、粤北作战及厦门沦陷

在粤北,余汉谋一面整顿各部,一面组织粤北各县民众,在翁源成立第四战区军官补训团，自己担任团长。中国军队在从化、鳌头战斗中，遏阻敌人前进，并先后5次出击花县、三水、从化、增城，迫使敌军困守广州一隅，无法进展。同年11月上旬，第四战区司令长官张发奎由广东韶关移师广西柳州，指挥桂南作战，广东军事则由余汉谋主持。

1939年12月上旬，日军调动精锐部队近卫旅团会合原在粤侵略军及伪军共六七万人，准备大规模进攻粤北。12月中，敌军一路沿粤汉路北趋曲江，一路进犯龙门、水汉、地派圩、梅坑，一路沿翁从公路进犯从化、良口、牛背脊、吕田、沙田，与进犯梅坑敌人呼应，出青塘、翁源会合于曲江。当时粤北前线中国守军部署有张达第62军、张瑞贵第63军以及莫希德第151师和独立第20旅。余汉谋固守粤北的战略是继续"挖土抗战"，彻底破坏道路，采取内线作战，部队机动使用，以粉碎敌人进攻。

12月16日，日军在花县、黄田、银盏坳地区与中国守军激烈战斗，在银盏坳东南的王子山阵地争夺战中，敌先以飞机、大炮轰炸守军防御工事，后以步兵火力猛烈进攻，守军与敌反复争夺。余汉谋将驻英德、翁源的总预备队李振球第65军也调来阻击敌人，将银盏坳之敌包围，激战10余日，互有进退，部队伤亡很大。进犯从化、良口、牛背脊的敌近卫旅团遭到守军李振第186师坚决抵抗，激战6昼夜，敌在飞机、大炮的掩护下猛烈进攻，占领九耳埫，守军全营壮烈牺牲。敌突破阵地，占领良口、牛背脊，直扑沙田、梅坑等地。进犯龙山、永汉、地派圩的敌军另一师团，受到守军陈勉独立第20旅及第63军的迎击。

整个粤北前线战斗都非常激烈，敌机轮番轰炸，掩护陆军前进，采取钻隙迂回战法，攻陷核石、英德、连江口、新丰、梅坑等地，致使粤北中国守军处于两翼被包围的态势。余汉谋派第62军军长黄涛出击牛背脊、良口，以分兵迎敌战术，指挥各部向良口、牛背脊、吕田、梅坑、沙田等处分进合击，取得胜利。牛背脊战斗最为激烈，此役的胜利，使整个会战转危为安，梅坑、吕田等地先后克复，把冒险深入青塘、官渡、翁源、大坪等处的敌人后路截断，使敌一切补充给养无法运出，慌乱退窜。1940年1

月，日军向南总溃退，窜回广州、增城。历时一个月左右的粤北抗战第一次战役结束。

敌人经粤北第一次失败后，打通粤汉路的计划并未放弃，经过5个月的准备、补充、换兵易将，改变战略，于1940年5月又集结4万余人，准备第二次进犯粤北。5月14日，敌先以小部分兵力，由广（州）从（化）路直攻翁源。余汉谋部署主力阻击广从路敌人，采取诱敌深入，在石床背、石岭圩将敌包围。敌为挽救颓势，于21日扑犯良口。守军与敌在良口一带激战20余日，良口失而复得，余汉谋调动生力军增援，24日晚全线反攻，将敌包围。同时又派劲旅冲破粤汉路，直逼广州，动摇其军心。敌人各线开始总退却。中国守军追击敌人，恢复了5月14日以前的阵地。

第一次粤北大捷后，余汉谋以功晋升第七战区司令长官，仍兼第12集团军总司令和广东绥靖主任。

福建与台湾遥遥相望，日本对之垂涎已久。战前，日本海军大将阿部曾在中国沿海勘察，并在汕头、厦门等地设立海军陆战队出击所。针对日军的紧逼，中国海军部于1937年6月密令厦门要港司令林国赓密切注意敌军动向。

福建中国军队最高指挥官是福建绥靖公署主任兼第25集团军总司令陈仪，辖有陈琪的第100军两个师及两个旅，地方10个保安团编组的保安纵队，以及受双重领导的海军陆战队第2独立旅，厦门要港司令部和马尾要港司令部。马尾要港司令由李世甲担任，防守闽江一带。海军司令陈绍宽从英国回国后，命马尾要港司令部从速构筑闽江口阻塞线，确保马江、长门地区。8月中旬，由福建省建设厅指定闽江工程处具体负责设计构筑要塞线。8月25日下午5时开始执行阻塞，征用了三北等航业公司的12艘货轮以及福建省盐务稽核所缉私船和25艘大型帆船，装满砂石在闽江口长门外福斗岛至江岛之间的主要航道上横列一线下沉，到10月中旬完成。闽江有3条航道，沉塞后，在长门航道填筑55个阻塞石垱，在乌猪填筑14垱，在梅花、白头屿填筑62垱，整个工程浩大，直到1939年冬才全部竣工。

1937年9月上旬，日机协同军舰进攻厦门、汕头，均未得逞。随后，又集中兵力猛攻厦门，袭击泉州港口。中国海军各机关、陆战队被炸，要塞各炮台也时遭袭击，但登陆之敌都被守军击退。9月18日，海军马尾要港将川石、马尾间所有航行标志破除。10月26日，日本海军占领金门，并进犯五通、何厝、泥金。守军调拨部分大炮移置五通、何厝，予敌舰以重创。1938年2月，林国赓调海军总司令部任军衡处长，高宪申接任厦门要港司令。

5月10日晨4时，日本海军第5舰队舰艇31艘和飞机10多架进攻厦门。敌军先向何厝猛攻，掩护30多艘汽艇在五通附近登陆。中国海军香山、霞山两炮台还击，敌机和军舰以炮火击毁两炮台，何厝、江头、禾山相继失守。同时，敌驱逐舰从正面进攻厦门港外的白石炮台，一部敌军从海边的黄厝、塔头登陆，围攻胡里山、白石、盘石炮台，敌军几十架飞机不断轰炸，守军弹尽援绝，被迫后撤，总台长张天龙失踪。11日中午，日军占领厦门。高宪申奉陈仪令转移至漳州待命，当晚在嵩屿收容部队。此时厦门对岸的屿仔炮台仍在中国海军手中，盘石炮台长邓宝初率本台余部渡海支援。敌军再次发动猛攻，守军拼力苦守，一直坚持到13日下午，炮台弹药库和炮备件全部被炸毁，无法继续抵抗，最后退出厦门。厦门既失，福州受到威胁。5月23日，敌舰向梅花、黄歧、北菱各处炮击，飞机亦出动轰炸。5月31日，扼守闽江封锁线的炮艇迎战敌机，敌不支遁去。6月1日，敌机大编队再袭，中国舰队损失惨重，各炮艇剩余官兵改编为闽江巡防队，并加强了闽江防御。

此后，中日双方一直在闽江口、川石、福斗方面对峙，激烈的炮战不断。7月，海军司令陈绍宽赶赴福州视察各炮台，并召集官兵训话，部署战事。

1941年4月18日晚6时，敌海军和伪军近1000人在马祖海面集中，100多艘运输舰船及其他军舰多艘、汽艇10多艘分泊于闽江口至川石、连江一带海面。中国海军马尾要港司令部下令各台和陆战队第2独立旅第4团准备作战。翌日晨3时，敌军乘闽江口大雾，在8架飞机的掩护下，以一个师团的兵力分两路进攻福州，一路由连江县镇海筱埕登陆，一路由长乐县漳港出击。福斗岛、琅岐岛的陆战队两个连守军损失殆尽，其他守军主动撤退。连江县城失陷后，长门炮台被包围，通信断绝，守军被迫自毁大炮和弹药库。下午3时许，敌3艘驱逐舰和4艘汽艇向川石、芭蕉尾前进，各台合力炮击，击伤1艘驱逐舰，击沉2艘汽艇。20日下午，福州失陷，马尾地区四面受敌，李世甲奉令撤退，将马尾造船所忍痛自毁，"楚泰"舰自沉。

淞沪战起，国民政府军委会即令苏、浙、闽、粤各港口征集舰船堵塞，计有60多艘船自沉。浙江方面，海军在乍浦设置炮位，派陆战队第3团进驻衢州、金华布防。1937年8月25日，日本海军第3舰队司令长官长谷川清宣布下午6时起封锁长江口到汕头的海面。9月5日，日本海军又将封锁范围扩大到全部中国领海，浙江海域是日军封锁的重要一环。

日军进攻武汉后，中国海军执行第二期计划，派布雷队入浙。1938年10月，中国海军布雷封锁富春江，11月封锁瓯江。同时，海军总司令部由青阳抽调海军炮队携炮5尊开赴温州，12月到达永嘉茅竹岭，择地安装炮位，名称是海军温州炮队。李葆祁为炮队队长，辖炮台部和两个分台，任务是协同温州守军作战。1939年3月至5月间，中国海军实施椒江布雷，并将飞云江、清江各水道一律严密封锁。4月22日至6月3日，重创敌舰2艘。1941年3月，温州炮队改为瓯江炮台。4月，日军在进攻闽江同时，向浙江急进。布雷队于12日在瓯江南水道、飞云江抢布水雷，阻敌前进。16日，敌由三江城登陆，围攻绍兴。17日，布雷队与敌在岩峙遭遇，队长战死，日军先后占领镇海、宁波、瑞安、永嘉。18日，敌小火轮拖10余艘民船，满载官兵和军事物资驶向浦阳，在虎爪山触雷沉没。20日，在茅竹岭的海军炮队陷敌重围，战至当晚，奉命把台炮掩埋或毁掉。由于中国海军加强布雷，致使1942年5月日军发动浙赣会战时，其海军无法深入协同陆军作战，有力地配合了第三战区的作战行动。

第七章 南国风雨

第一节 南昌会战

一、英雄所见

从1937年7月7日全民族抗战爆发，到1938年10月25日武汉会战结束，在这一年零三个半月中发生的中日双方军队的一系列堂堂之阵，日军可谓兵锋所向，攻无不克；而中国军队节节败退，失地千里。如果以平汉铁路为界限，把中国一分为二，那么日军的铁蹄已踏遍了半个中国。抗战还能不能坚持下去？

1938年10月下旬，作为中国抗战陪都的武汉和华南重镇广州，也很快失守了。面对日军几乎所向披靡的强大的攻势，失利、失败、失望的悲观空气，在国军高级将领之间传染、蔓延。中国抗战究竟还有没有希望？

同年11月1日至3日、25日至28日，蒋介石先后在长沙和南岳（衡山）召开著名的军事会议。

郁郁葱葱的南岳，云蒸霞蔚，气象万千。

翎顶辉煌的300多个将领们，个个心情沉重，武汉撤守了，广州失守了，愁容挂在脸上，阴云笼罩在心头，谁还有心思欣赏大自然的美景？在国民党军队的高级将领之间，悲观的情绪如同山谷中涌上来的云雾，很快就弥漫了周围。

"打什么打？人家一个联队就可以打我们一个师！"

"在敌人的飞机大炮面前，我们也只能以血肉之躯去修筑长城了……"

很显然，在国民党内希望很渺茫，绝望像瘟疫一样在蔓延。

武汉、广州失守给汪精卫的"低调俱乐部"开拓了市场。早在抗战开始的时候，汪精卫就散布亡国论调，为其降日反共作舆论准备。1937年7月29日，汪精卫在南京发表《最后关头》的广播讲话，大谈民族失败的低调，说什么"我们是弱国，抵抗就是牺牲，牺牲的程度，我们要使每一个人，每一块地都成为灰烬"。8月4日，汪精卫又发表题为《大家要说老实话，大家要负责任》的广播讲话，反对抗战，鼓吹对日求和，他说："和呢，是会吃亏的，就老实承认吃亏。战呢，是会打败仗的，就老实的承认打败仗。我们不掩饰，我们不推诿，我们不作高调，以引起无谓的冲动。"汪精卫还竭力宣扬"战必大败，和未必大乱"，并以他为中心，聚集起陈公博、周佛海、陶希圣、梅思平、高宗武等一帮人，由于他们鼓吹民族失败主义和亡国论，人称"低调俱乐部"。

由于国民党内军权高于党权，蒋介石压着汪精卫，要不汪精卫这个国民党副总裁、"低调俱乐部"老板，可能早就响应日本首相近卫文麿的第二次近卫声明[①]，带领国民党与日、满"携手合作，建设东亚新秩序"去了。

作为全国最高统帅的蒋介石却另有想法。他一方面对汪精卫的低调、媾和言论[②]采取视而不见甚至放任的态度；另一方面于武汉弃守的第六天，为了给全国的抗战军民打气，挽回士气，发表了《告全国国民书》。

他阐释武汉会战的意义："保卫武汉之军事，其主要意义原在于阻滞敌军西进，消耗敌军实力，准备后方交通，运积必要武器，迁移我东南与

[①] 1937年11月3日，日本政府发表第二次近卫声明，大唱日、满、华携手合作，建设东亚新秩序的滥调，改变了过去"不以国民政府为对手"的声明，说什么"如果国民政府抛弃以前的一贯政策，更换人事组织，取得新生的成果，参加新秩序的建设，我们并不予以拒绝"。

[②] 近卫第二次声明发表后，汪精卫认为时机来到，便加紧同日本联系，指使高宗武、梅思平同日本帝国主义代表影佐祯昭、今井武夫进行密谈，并签订了《日华协议记录》等协定。

延安成为抗战的政治中心

中部之工业,以进行西北、西南之建设。"

"吾同胞应知此次兵力转移,不仅为我国积极进取、转守为攻之转机,且为彻底抗战、转败为胜之枢纽……"①

这时蒋介石对抗战前途的态度是积极的,支撑他抗战的有两方面的因素:一是全国抗日热情的持续高涨;二是中国有一批有远见的战略家、政治家,代表人物就是毛泽东、蒋百里、陈嘉庚等人。

对抗日战争的前景和规律,中共领袖毛泽东早有预见。几个月以前,即1938年5月下旬,毛泽东在延安抗日战争研究会上作了《论持久战》的讲演。他全面分析了中日战争所处的时代和中日双方的基本特点,阐述了中国抗日战争持久战的总方针,批驳了亡国论和速胜论。

毛泽东指出:

---

① 蒋介石:《告全国国民书(1938年12月27日)》,载武汉市档案馆、武汉市政协文史学习委员会编:《保卫大武汉——纪念武汉抗战六十周年专辑》,武汉文史资料总第73辑。

"中日战争不是任何别的战争，乃是半殖民地半封建的中国和帝国主义的日本之间在20世纪30年代进行的一个决死的战争。

"日本的军力、经济力和政治组织力是强的，但其战争是退步的、野蛮的，人力、物力又不充足，国际形势又出于不利。中国反是，军力、经济力和政治组织比较弱，然而正处于进步的时代，其战争是进步的和正义的，又有大国这个条件足以支持持久战，世界的多数国家是会援助中国的。

"这些特点，规定了和规定着双方一切政治上的政策和军事上的战略战术，规定了和规定着战争的持久性和最后胜利属于中国而不属于日本。"

毛泽东预见了中国的抗日战争要经历三个阶段：

"第一个阶段，是敌之战略进攻、我之战略防御的时期。第二个阶段，是敌之战略保守、我之准备反攻的时期。第三个阶段，是我之战略反攻、敌之战略退却的时期。"

毛泽东分析了争取战略相持阶段到来的条件和相持阶段中敌我斗争的形势，指明了抗战的前途："这个第二阶段是整个战争的过渡阶段，也将是最困难的时期，然而它是转变的枢纽。中国将变为独立国，还是沦为殖民地，不决定于第一阶段大城市之是否丧失，而决定于第二阶段全民族努力的程度。如能坚持抗战，坚持统一战线和坚持持久战，中国将在此阶段中获得转弱为强的力量。"[①]

在南岳会议时，白崇禧将周恩来送给他的毛泽东的《论持久战》拿给蒋介石，希望能印发给全体军事将领。

对抗战前途持乐观态度的另一个代表人物是蒋方震。

蒋方震，字百里，1882年生于浙江海宁一个书香之家。海宁历来文风很盛，蒋方震聪颖过人，又饱受文史经典的熏陶，因此自幼就打下了扎

---

① 《毛泽东选集》，1966年7月横排本，第430-437页。

实的国学基础。1901年蒋方震被选送到日本留学，先入初级军事学堂成城学校，这时他"脑子里闪动着的不是个人的功名富贵，而是国家的整军经武，转弱为强的远景"[①]。1903年在东京创办《浙江潮》，宣传民族主义，自任首届主编，在此结识蔡锷、梁启超。1904年升入日本陆军士官学校第三期步科，与同在该校骑兵科的蒋尊簋（百器）成为该校功课最好的学生，被当时在日本的章太炎称为"浙之二蒋，倾国倾城"。在政治上，百里则与蔡锷、张孝准并称，是日本军人眼里的"中国三杰"。1905年，蒋方震以第一名从士官学校毕业，先担任东北督练公所总参议，后被派往德国学习军事，充任实习连长。回国后仍在东北督练公所任职。辛亥革命爆发后，蒋建议东北响应，因张作霖压制未成，蒋离东北南下，受浙督蒋百器之聘，任浙江都督府总参议。

袁世凯死后，蒋方震任黎元洪总统府顾问空衔。这时北洋各派军阀陷入旷日持久的混战，蒋方震"无意于政治"[②]，潜心于军事理论的著述，介绍西方军事思想，写出了《军事常识》上下两册，风行军中，成为军人必备之书。同时自撰《孙子新释》，在这部书的"计篇"中，叙述了战争的定义、建军原则、开战前的准备、战略战术要纲和导致战争胜负的原因等。1917年他撰写了《政略与战略（敌与兵）：论战志之确定》及《国力武力与兵力》，主张在政治上实行宪政，在军事上建立国防，实施义务兵役制。

1918年蒋方震晋升为中将。同年12月，奉派出国考察，充当巴黎和会中国代表团的咨询工作。在法国时，蒋方震翻译了黑格尔的著作，撰写了《裁兵计划》和《精兵主义》两文。经过考察，他对自己过去曾经醉心于军国主义取否定态度，主张寓兵于农，对瑞典的民兵制度尤其佩服。

1921年1月，蒋方震在《论军事与联省自治》中指出要警惕"近邻富于

[①] 陶菊隐：《蒋百里先生传》，中华书局1985年2月版，第12页。
[②] 薛光前：《蒋百里先生的军事思想》（上），载（台湾）《传记文学》第15卷第2期。

侵略性的国家（指日本）"，主张"我们对于敌人制胜的唯一方法，就是事事与之相反，就是他利于速战，我都用持久之方法来使他疲惫。他的武力中心放在第一线，我们都放在第二线，而且在腹地内深深地藏着，使他一时有力无处用"①。更可贵的是蒋方震将眼光放在全民的身上，他说："未来的战争，不是'军队打仗'，而是'全民拼命'，不是一个短时间内的彼此冲突，而是长时间永久的彼此竞走。"指出了抗日战争的持久性与全民性。在国内军阀为争权夺利混战不已的时候，蒋方震指出了对中国威胁最大的敌人与未来抗日战争的持久性，是非常难能可贵的。

时间与空间是军事的两大要素，也是战略家必须首先考虑的问题，1923年，蒋方震断定日本侵略中国势成必然，一旦战争爆发，京汉、津浦两路必为日军占领，在这种形势下，他提出中国的国防应以"三阳"，即洛阳、襄阳、衡阳为根据地。九一八事变发生后蒋方震就注意中国的工业布局，他认为日本侵略一开始，沿海一带首当其冲，所以工业布局应着眼于山岳地带。他根据"战斗与生活一致者胜"的理论，认为无论从地理或民族性来讲，湖南都是中国的心脏。为了便利防空及坚守险要，应以南岳为工业中心，而分布于株洲至郴州之线。1935年，他又主张以湖南为各项国防建设的中心地带，认为湖南是"中国的乌克兰"，粮食生产亟须增加。抗战一起，中国的大本营宜置于芷江、洪江一带，这一地区有森林、有矿产，而且有江河流灌其间，是理想的国防地带。

蒋方震所提出的工业布局是以长期抗战的思想为出发点的。他认为应该开发湖南、江西、安徽等中西部的煤铁，他说这些地方的矿产向东可到沿海，向西至湘南、湘西都很方便。他在参与实业部的有关计划时甚至提出了油料的储备问题，他计划中的第一储油池在庐山，第二在衡山，第三在武陵山脉川湘边境一带。油池设于山洞内，以免敌机袭击。他计划一旦日本全面侵华战争开始，中国战时的大本营宜设于芷江、洪江一带。这

---

① 《蒋百里先生全集》，第四辑，第159页。

随时准备向日军进攻的八路军骑兵部队

一地区有森林、矿产，又有沅水流贯其间，是天然的防守地带。抗战开始前后一些工业特别是兵工业是按照这个计划安排的，但随着抗日战争战局的扩大，原来在这里建设的兵工业不得不再次迁往重庆等地。尽管抗战后期的兵工布局与蒋方震的意见有一些距离，但其战略眼光确高人一筹。蒋方震站在科学技术的最前沿，还提出了优先发展空军的战略观点。可以说蒋介石在全面抗战前的一些做法，如国防设计委员会（资源委员会）的设立，战略后方的选择、确定，都是以蒋百里的理论为基础的。

九一八事变，使蒋方震看清了日本军国主义侵略的嘴脸，1932年他出任上海农商银行常务董事，使他更多注重经济与国防关系问题，1934年5月发表了《从中国历史上解释国防经济学之基本原则》，阐发了"生活条件与战斗条件一致则强，相离则弱，相反则亡"的理论。1935年，蒋方震应蒋介石之邀任军事委员会高级顾问，为了洞悉日本的侵华动向，他多次到日本考察，与他的日本同学交流，综合各方情况以应付之。国学、西学的融合，东西方的比较，加上文化、政治、经济与军事融会贯通，使蒋百里成为当时中国最具有世界眼光的军事战略理论家。

全面抗战开始后，蒋方震作为蒋介石的私人代表到意大利和德国考察，试探这两国政府调解中日战争的可能性，他向墨索里尼严正指出：日本侵华为正义所不容。通过考察，他很失望，发现这两个法西斯国家与日本是一丘之貉，在柏林期间他开始拟订《日本人——一个外国人的研究》一文的腹稿。1938年自欧洲归国后，除了经常向国民政府最高当局提供抗战策略外，大部分时间用来写文章、作报告，宣传抗日。他以丰富的军事、国际知识和卓越的洞察力纵论天下大势，阐发抗战必胜的理论，连续发表了《外交烟幕与宣传者自己中毒》《从国际上观察各国外交之风格》《为国联开会警告英伦人士》《抗战的基本观念》和《抗战一年之前因与后果》等政论文章，对抗日阵营中一些人的糊涂观念、妥协倾向和国际上的绥靖政策作了抨击，向国人指明了抗战的前景，表明了他高度的民族自信心。

1938年8月，日本几乎倾全部侵华兵力进攻当时中国的军事政治中心武汉，中国也在动员全国举行大规模的抗战，蒋方震在武汉的《大公报》上连续发表《日本人——一个外国人的研究》，他从历史、地理、政治、经济、外交、文化、风俗习惯各方面深刻剖析日本的内情。日本人认为："花是樱花，人是武士。"蒋方震指出："樱花当它最美的时候，正是立刻就要凋谢的象征。"日本的黄金时代已经过去，也就是日本占领了武汉，是它的黄金时期，也是它最盛的时候，也正是它凋谢败落的时候，结论是"胜也罢，败也罢，就是不要同它讲和！"对日本的分析鞭辟入里，入木三分，给侵略成性、忘乎所以的日本军国主义当头棒喝！蒋方震的文章一出，《大公报》销路陡增一万多份，以致读者每日鹄立报社前等待新报，一时洛阳纸贵。当时有人说，百里一篇文，可抵十万兵。还有人说，日军在军事上暂时胜利了，但在政治与文化上已经失败了。

坚持抗战到底、对抗战的前途充满信心的又一位代表人物是陈嘉庚先生。

陈嘉庚先生是著名的华侨领袖，全面抗战开始后他被推举为南洋华侨筹赈祖国难民总会主席、国民参政员。陈嘉庚多次风闻国民党副总裁汪精卫在一些场合发表反对抗日并主张对日和平妥协的奇谈怪论，很是惊诧。

1938年10月，广州、武汉相继沦陷，路透社电讯公开传出"汪精卫发表和平谈话"，陈嘉庚这才确信汪精卫真的在唱投降论调，汉奸嘴脸已露端倪。他遂以南侨总主席名义给汪精卫发电报，明确指出与日和谈无异于与虎谋皮，主和绝无出路，让其放弃和谈的念头。10月25日，汪精卫则以"抵抗侵略与不拒绝和平并非矛盾"的投降论调回电，甚至反过来还嘱陈嘉庚劝说南侨赞同其主张。看到汪精卫如此执迷不悟，陈嘉庚按捺住怒火回电再劝："你身居要职，一言兴邦，一言丧邦；如若言和，不但南洋侨胞，而且举国上下皆不能原谅，万望接纳老友忠告，严杜妥协之门。"

次日，忧国忧民的陈嘉庚又给汪精卫打了电报，口气严厉了许多，说："今日国难愈深，民气愈盛，宁为玉碎，不为瓦全，继续抗战，终必胜利。中途妥协，实等自杀！孰利孰害，彰彰明甚，若言和平，试问谁肯服从？势必各省分裂，无法统摄，不仅和平莫得实现，而外侮内乱将更不堪设想。坐享渔利，唯有敌人！呜呼！秦桧阴谋，张昭降计，岂不各有理由……海外华侨，除汉奸外，不但无人同意中途和平谈判，抑且闻讯痛极而怒。"但汪精卫却不为所动，俨然我行我素，铁了心要做投降派。

至此，陈嘉庚感到汪精卫已经在投降的路上走得太远了，看这个架势他是准备一条道走到黑了。对于这种投降的论调，他决定予以无情的揭露、坚决的打击，以正视听，以鼓舞全民抗战的斗志。

两天后，即1938年10月28日，国民参政会在重庆召开。身在新加坡的陈嘉庚以国民参政员的身份，向大会发去一封电报，电报原文为："议长秘书公鉴：东电悉。庚因事未能赴会甚歉。兹有提案三宗乞代征求参政员足数同意并提请公决：（一）日寇未退出我国土之前，凡公务员对任何人谈和平条件概以汉奸国贼论；（二）大中学校在抗战期间禁放暑假；（三）长衣马褂限期废除以振我民族雄武精神。陈嘉庚叩首。"

这份电报全文共有110个字，内容实际上包括不能谈和、学校抗战期间不能放假和废除长衣马褂三个提案。其中，第一方面的内容"日寇未退出我国土之前凡公务员对任何人谈和平条件概以汉奸国贼论"最为著名，后经会议秘书处精简修改为"敌未出国土前，言和即汉奸"11字。

这一电报提案，不啻于一枚重磅炸弹，震惊宇内。著名爱国人士、出版家、政论家邹韬奋在其所著《抗战以来》一书中，对

陈嘉庚与李宗仁在一起

之作了极为生动的描述和高度评价。他说："开幕之后，霹雳一声，陈嘉庚从新加坡来了一个'电报提案'——'敌未出国土前，言和即汉奸'。这寥寥11个字，却是几万字的提案所不及分毫，是古今中外最伟大的一个提案。"同时，他还具体描述道："当汪精卫议长高声朗读'敌未出国土前，言和即汉奸'时，面色突变苍白，在倾听激烈辩论时，神色非常不安，其所受刺激深矣。"

江山自有真理在，抗战前途一片明。有这些有真知灼见的人，有全国的老百姓，蒋介石的腰杆硬了许多。南岳会议，按蒋介石的说法，目的就是要提高抗战的信心与决心，"指定一个以后作战可操必胜的具体方案"。

在出席南岳会议的人群中，有两个人物格外引人瞩目：一位是中共中央代表、时任军事委员会政治部副主任的周恩来；另一位是八路军参谋长叶剑英。

周恩来早年担任过黄埔军校的政治部主任，此次参加南岳军事会议的不少国民党高级将领是他的学生；叶剑英也曾做过黄埔军校教授部教官，他们不断与熟人打着招呼，脸上带着坚定的微笑，告诉与会者不要悲观和失望，应该振奋精神，中国的抗战一定会胜利的。

蒋介石却不以为然，他阐释"以空间换时间"的战略思想。他把抗

战分为两个时期,自七七事变到武汉失守为第一期抗战;之后为第二期抗战。

蒋介石在会上发言:

"在第一期战斗中,我们虽然失去了许多土地,死伤了许多同胞,表面上我们是失败了,但从整个长期的战局上说是完全成功的!最大的成功是什么呢?就是我们在争取胜利战略上一切布置的完成,亦是我们已经依照预定的战略陷敌军于困敝失败,莫能自拔的地位……"

"第二期抗战,就是我们转守为攻,转败为胜的时期。"为什么这样说呢?蒋介石分析:"敌人兵力的使用已经到了最大的限度,今后他再不能有更多的兵力使用到中国来,而且他已经派到中国境内的这许多部队随战区扩大而力量分散,已经疲惫不堪……"

他环视台下,在众多参加军事会议的将领中间,看到了周恩来、叶剑英。对于这两位,蒋介石内心多多少少不是个滋味,在黄埔时代,他们曾经在一个锅里摸过马勺,后来成为你死我活的对手,没想到由于日本的侵略,又成为一个战壕里休戚与共的兄弟。

此刻蒋介石看见他们支持的目光,更加来了底气。他继续说:

"所以敌人的侵略战争,今后只有一天天的随兵力之消耗减损而趋于失败。在另一方面,我们过去虽然遭受了挫失,客观上也只是到此限度为止;从今以后,由于作战经验的增加,战略布置的完成,以及军实的增强和敌我力量消长,士气盛衰对比,我们胜利的把握和信心一天一天提高起来。"

会上,周恩来介绍了八路军和新四军开展敌后游击战的情况,引起国民党将领极大的兴趣,纷纷要求中共方面详细介绍游击战的经验。于是蒋介石决定在南岳举办西南游击干部训练班,要求中共派干部去教授游击战。训练班主任由蒋介石兼,汤恩伯任教育长,叶剑英任副教育长,周恩来担任国际问题讲师。这些措施,都是为迎接抗战第二阶段的到来做必要的思想和组织准备。

二、冈村宁次的"N号作战"

1938年10月下旬，日军攻占了中国抗战陪都武汉，日本大本营也调整了战略进攻部署，令在华各部队转入持久战略态势，极力抑制战局扩大，确立持久态势。情况对日军来说并不乐观。中国方面有近90个师的部队部署在武汉的周围，与日军对峙，不断对敌进行游击袭扰。武汉以南以东，是薛岳所部第九战区约52个师，部署在赣西北、鄂南和湖南各要地；武汉西北，是李宗仁所部第五战区的约35个师，分布在皖西、豫南、鄂南和鄂西北广大地区；以长江中下游的安徽宁国、芜湖为中心，是顾祝同的第三战区，不断威胁着占领武汉的日军。正所谓卧榻之侧，岂容他人酣睡。于是日本大本营要求各军的任务：从昭和14年初到秋的这一阶段对占据地实施以治安肃正、击败中国部队的反攻和切断补给线为主要目的之作战。

武汉失守后，华中地区最重要的战略要点，就是以江西南昌为中心的这一地区。国民党军为了保卫南昌，在这一地区修建了坚固的防御阵地。对日军来说，因为有先进的武器装备，攻陷南昌坚固的城池不成问题。

根据大本营的要求，华中派遣军决定发动攻占南昌的作战行动，要求第11军担负攻占南昌的作战任务。接到攻占南昌的命令后，冈村宁次处在一种无名的亢奋之中。

武汉，一个阴冷的冬季。1939年1月31日，冈村宁次制定了N号作战计划，即第11军攻占南昌的会战指导策略。他以第101师团和第106师团作为攻占南昌主力部队的特设师团，由于这两个师团在前次进攻南昌时在万家岭遭到重创，为了提高部队的士气，快速取胜，在南昌作战中，决定大量集中炮兵、飞机和战车，以迅雷不及掩耳之势一举攻占南昌。

第一，方针

军以一部预定于3月上旬击败南浔沿线方面之敌，一举攻占南昌，割断和粉碎浙赣沿线之敌军。

第二，指导要领

一、军约以两个师团及强大的重炮及战车部队等，沿南浔一线地区攻占南昌。另外，以有力的一部向箬溪—修水公路前进，以利于上项作战。

二、对南浔线的作战，尽量不要暴露意图。在周密的准备下，急袭和突破敌阵地，以主力一举经安义、奉新附近从南昌西南地区渡过赣江。

三、在攻占南昌中，要确保大概三都、奉新、丰城、进贤之间地区。

四、为策应南浔沿线作战，事先在江北地区安陆方向进行一部分作战。

第三，兵团部署大要

一、2月下旬以前，第101师团主力、第106师团及必要的军直部队集结于德安以南地区，第106师团主力在箬溪附近集结，做好必要的准备。其他交通线路的修补和战场侦测作业以及必要的作战物资的整备，概于2月中旬前结束。

二、第101、第106师团（配属战车一个联队、独立山炮两个联队、15厘米榴弹炮三个联队、10厘米加农炮两个大队）要有组织的一齐发挥各种战斗力量，在永修附近突破修水右岸的敌人阵地，以一部从南浔一线方面，以主力从安义、奉新方向向赣江、潦河一线追击，并消灭沿途之敌。

三、第6师团的主力要大概在攻击的同一时间突破箬溪附近之敌阵地，从修水河两岸地区向三都附近挺进。

随着以上作战的进展，尽快以强有力的一部，向奉新方向挺进，切断修水河畔敌军的后方。

四、在直接攻击南昌时，以主力从南昌上游渡过赣江，从南面攻占。在此期间，要以一部确保奉新及南面要点。

五、在以上作战期间，水路情况若允许，以一个支队（以第101师团的步兵三个大队为基干部队）从鄱阳湖方面向进贤方向前进，切断浙赣线。

六、本作战的初期，将第6师团的一部（步兵约三个大队）作为军的直辖部队由军控制，根据情况决定使用。

七、2月下旬末，军的战斗司令部指挥所向德安推进。

八、为策应这一作战，要夺取汉水上游的要冲，防止敌人企图在涨水期决口泛滥，和隐匿我对南浔沿线的意图，第16师团在2月下旬要对安陆一带汉水以东地区进行扫荡，并要确保该地区。

九、随着为这次作战兵力的移动，第13师团以有力的一部（步兵约四个大队）向江南地区转移，主要令其担任武昌、山坡（武昌南五十公里）、大冶之间地区的警备。

冈村宁次

为了隐匿意图，各兵团的行动务必利用夜间进行部署。

南昌作战的军队区分概要如下：

第6师团（武宁方面作战）师团长稻叶四郎中将

调出部队：步兵一个联队（缺一个大队）。

配属部队：独立机关枪一个大队、轻装甲车一个中队、山炮兵一个大队、野战重炮兵一个联队、独立工兵（甲）架桥材料一个中队。

第101师团（南昌方面）师团长　斋藤弥平太中将

调出部队：步兵半个大队、野炮兵一个小队。

配属部队：独立机关枪一个大队、轻装甲车一个中队、山炮兵一个大队、野战重炮兵一个联队。独立工兵（丁）一个联队、架桥材料一个中队。

第106师团（南昌方面）师团长 松浦淳六郎中将

调出部队：步兵一个联队、野炮兵一个中队。

配属部队：独立机关枪一个大队（缺一个中队）、山炮兵一个大队、迫击炮一个大队、独立工兵（戊）一个联队、渡河材料二个中队。

工兵（甲）为一般野战工兵、（丁）为船舶工兵、（戊）为渡河工兵。

军炮兵队（南昌方面）

野战重炮兵三个联队（15厘米榴弹炮72门）、独立野战重炮兵一共四联队（10厘米加农炮16门）、独立攻城重炮兵一个大队、牵引汽车队一个、气球一个中队。

战车队（南昌方面）

战车一个大队、战车一个联队、轻装甲车一个中队、步兵一个大队、工兵一个中队（缺两个小队）。

独立工兵第三联队（丁）

调出部队：半个中队。

配属部队：架桥材料一个中队。

村井大队（半个大队）（鄱阳湖方面作战）

配属部队：野炮兵一个中队、独立工兵（丁）一个联队（缺一部）、大型机艇50艘。

军预备队

步兵两个联队（各缺一个大队）。

根据冈村宁次的作战计划，华中派遣军总司令部进行了详细的研究，1939年2月6日，离中国旧历春节还有13天，命令第11军按下列《对南昌作战要领》攻占南昌；命令航空兵团除继续执行原有任务外，协助南昌作战。

《对南昌作战要领》具体内容如下：

第一，作战目的

攻占南昌的目的，在于割断浙赣铁路、切断江南的安徽省及浙江省方面敌之主要联络线。

第二，作战要领

一、第11军应从现在的对峙状态下，以急袭突破敌阵地，一举沿南浔一线地区攻占南昌，分割和粉碎浙赣线沿线之敌。此时要以一部从鄱阳湖方面前进，使之有利于主力作战。又为策应这一作战，以达到不暴露企图和防止敌人利用汉水涨水期决口泛滥，可占领安陆附近以南汉水一线。

航空兵团要以主力协助这次作战。又根据需要可将华中港口监理属下部队一部配属给第11军。

进攻南昌的日军

二、以派遣军直辖兵团的一部，实施必要的牵制和佯攻。

三、攻占南昌附近后，应即确保该地以南要线。

四、本作战最迟要在雨季前结束。

预定作战开始时间在3月上旬。

本作战有海军参加。在华中派遣军司令官和中国方面舰队司令长官之间有关作战备忘录中，关于海军事项如下：

1. 中国方面舰队参加的部队：

第1根据地队司令指挥下的舰艇及水上飞机队，必需的第3舰队的舰艇部队的一部，第2联合航空队。

2. 海军负责以华中航空兵力的大部击败敌之兵力，协助陆军作战。

3. 作战时间为3月上旬，开始攻击时间由第11军司令官确定。

4. 有关使用航空部队的细节，另行协定。

开始攻击前，陆、海军航空部队都尽量不要给敌人以无益的刺激。

5. 在作战开始前，海军应以舰艇及飞机向浙江省方面沿海实行牵制攻击或佯攻，并以航空部队攻击华中、华南内陆地区。

6. 关于南昌飞机场的整备和使用，由陆、海军有关方面协商之。

2月9日，第11军和航空兵团签订了航空兵团协助攻占南昌作战的协定，简称为"仁号作战"。

第11军和航空兵团关于实施"仁号作战"协定如下：

第一，协助兵力及协助要领

一、协助兵力

营原飞行团：司侦三分之一中队、直协侦一个中队、战斗两个中队、轻轰五个中队。

根据情况，3月中旬以后寺仓飞行团一部或主力加以协助。

二、协助要领

在要求营原飞行团协助时，第11军可直接向第3飞行团联系，重要事项应同时通知航空兵团。需要寺仓飞行团协助时，第11军可随时向航空兵团提出要求。

第二，司令部及飞机场

三、在2月25日以后的适当时间，营原飞行团司令部可位于二套口。收集情报的联系可向江西德安军司令部提出，预期虬津飞机场整备好后，司令部向该地转移。

四、初期使用飞机场问题

二套口：战斗队（两个中队）、轻轰队（五个中队）、司侦中队、直协中队主力

德　安：直协侦三分之一中队

京　山：直协侦三分之一中队

第三，警备

五、对协助的飞行部队及飞机场的一般警备由第11军担任，为此特配置如下兵力：

二套口飞机场：高射炮两个队、步兵一个中队。

德　安飞机场：高射炮一个队、步兵一个小队。

虬津街飞机场：高射炮两个队、步兵一个中队。

京　山飞机场：步兵一个小队。

以上配置时间，根据营原飞行团的直接要求进行。

（通讯联络、气象、运输、宿舍、给养等事项，略）为攻占南昌作战，第11军和海军第2联合航空队之间签订了《实施协同作战的要领》如下：

（一）为攻占南昌第11军作战要领

第11军概于3月中旬急袭和突破修水南岸之敌阵地，然后从安义、奉新方向直捣南昌。在此期间，军以一部实施从箬溪附近向武宁、奉新方向，和在鄱阳湖水路实施陆海协同溯江作战。

（二）第2联合航空队协同第11军作战要领

一、第2联合舰队以第12航空队之主力直接协助第11军及鄱阳湖水路溯江作战部队；根据情况第13航空队在本作战中，可实施对战略目标的搜索及轰炸。

二、陆上作战关系较大事项，第2联合航空队尽量满足第11军的要求。

（三）在协同作战中第11军的一般要求

一、对战略目标的搜索及轰炸

第2联合航空队协同第3飞行团，主要对敌军后方实施下列各项的搜索及轰炸。

1. 切断浙赣线的交通。

2. 从福建、广东方面通往南昌方向的主要交通线（黎川或南丰—建昌—抚州—南昌公路，吉安—南昌公路）上北上的敌部队。

3. 从浙赣沿线地区向东西方向移动的敌部队。

4. 移动在袁州—上高—瑞州（高安）—奉新路上及长沙—修水路上的敌部队。

5. 在攻击开始后，轰炸南昌西侧的赣江桥梁，防止以后敌军渡过该河。

6. 轰炸敌军为本作战准备使用的飞机场。

二、直接协助第一线兵团

1. 主要搜索任务由第3飞行团担任，第2联合航空队也要实施一部分容易进行的搜索。

2. 轰炸方面主要针对敌军的主阵地（第三线阵地及其附近之炮兵、密集部队）以及在战场稍后（在作战初期，指连接南昌、奉新、修水一线以北）地区的移动部队。

3. 攻击开始的第一天（×日），在军发动攻击稍前，以全力轰炸敌主阵地周围，其时间由第11军另行通知。

4. 第3飞行团主要协助第6、第106师团；第2联合航空队主要协助第101师团及鄱阳湖水路溯江作战部队；根据情况临时协助其他部队。

三、对于军预定进行作战行动地区内的都市及较大的村庄，情况允许时尽量避免实施轰炸。

（四）通信联络（略）

（五）隐匿意图

一、在作战开始前，避免对预定作战地区周围实施频繁的搜索和轰炸。

二、在开始攻击期间，为迷惑敌人应以必要的兵力，适当地对长沙和宜昌方面反复实施轰炸。

（六）南昌飞机场的整备及防空（略）。

2月下旬，日本华中派遣军为保证南昌作战，命令第116师团在3月上旬对鄱阳湖水路东岸地区之中国军队进行"扫荡"，以保障该水路的安全。

三、南昌失守

南昌是江西省省会，古称洪都，地理条件复杂。唐初大才子王勃著名的《滕王阁序》中就有脍炙人口的描述：

"豫章故郡，洪都新府，星分翼轸，地接衡庐；襟三江而带五湖，控蛮荆而引瓯越。"

日军要从武汉向南昌方向发起进攻，面前横亘着三条大河。

第一条是修水河，发源于一脚三省（赣湘鄂）的黄龙山下，从西逶迤向东，途经武宁、永修，在江南四大名镇之一吴城携手赣江注入鄱阳湖，它是江西五大水系中最清澈的河流，河面大约有300米宽，河水很深；国民党军在修水河的右岸修筑了长达8公里的坚固的防御工事。修水河的左翼是险峻的山地，日军要进攻南昌就必须强渡修水河，突破国民党军坚固的防御阵地。

第二条河是潦河，流经永修和奉新境内，河面宽约330米。国民党军队在对岸修筑了重重叠叠的阵地。

第三条河是赣江，流经江西省，夏天河水的含沙量较多，径流量大。在南昌附近的江面有1000多米宽。江上有一座以蒋介石的名字命名的中正桥。1934年蒋介石在南昌发起了新生活运动，提出"建设新南昌"的口号，花费巨资，历时两年，终于在赣江上架起一座钢墩、铁梁、松木桥面的新式公路大桥。国民党部队在桥两旁修筑了坚强的工事，如果坚决抵

中国军队守卫南昌

抗，日军也难以逾越赣江防线。

南昌是一个盆地，附近的地形复杂，有人形容它的地形像一架房子的房盖。九岭与幕阜两座山形状像房上的脊檩，都在中国军队手中；鄱阳湖和洞庭湖畔形同房檐，是日军必经之地。两军开战，国民党军队占据房顶，日军处于廊檐，这对于发起进攻的日军极为不利。

在鄱阳湖和洞庭湖之间国民党部署了重兵防守，其中以罗卓英为总司令的第19集团军配置在鄱阳湖的右岸地区，有10个师防御阵地就设在修水河的南岸。而进攻南昌的日军只有5个师团，在数量上国民党军有39个师，占有明显的优势。

冈村宁次在选择攻打南昌的主攻部队时，反复斟酌，最后挑选了第101师团和第106师团。在万家岭战役中第106师团被中国军队打得丢盔卸甲，几乎全军覆没，"蒙受了弱兵的污名"。

参谋长吉本贞一中将提出："司令官为什么要选择以上两个师团呢？我个人认为这两个师团难以完成进攻南昌的艰巨任务，应该调其他战斗力强的部队担任主攻！"

冈村宁次："雪耻！这两个师团也是日本人，在这里恢复他的名誉，是为了全体日本人。第101师团从上海战役以来历经多次战斗，军部如果给予大力支援，可能更大地发挥战斗力量。第106师团虽然前次受到全军覆没的严重打击，但这次却补充了大量的年轻士兵，因此是塞翁失马还是得马，尚不得而知。为挽回两师团名誉，我决定使用该两师团，并命令全军应采取一切手段予以协助，务使其成功！"

吉本贞一："这样确信可获必胜。"

冈村宁次："你认为这次攻克南昌作战最大的特点是什么？"

吉本贞一："渡河战，同时也要注意自始至终贯穿着的各兵团的共同作战。"

随着战备训练的加强和战斗准备的展开，冈村宁次对攻占南昌抱着必胜的信心。但是在私下，冈村宁次还是问作战课长宫崎周一："你对这次攻打南昌有没有信心？"

宫崎周一说："万无一失。"

冈村宁次点点头："作战课长如有信心，就无问题。"

宫崎周一说："终于又盼来这一机会。"

冈村宁次站在五万分之一的军事地图前，左手拿着派遣军送达的《南昌作战要领》，右手在地图上拃着武汉和南昌两地间的距离。

面对墙上五万分之一的军事地图，冈村宁次记忆犹新，这张地图就是十多年前他从东南五省联军总司令孙传芳手中"偷"来的。

1926年7月，广州国民政府誓师北伐，以消灭北洋军阀为目标。北伐军在国民的积极支持下，势如破竹，迅速夺取湖南、湖北，打垮了吴佩孚。孙传芳原是抱着坐山观虎斗的态度，想等两败俱伤时，再动手击败北伐军。但北伐军总司令蒋介石在长沙会议上，决定分兵进攻江西，打到孙传芳的五省地盘上来。孙传芳只得慌忙发兵援赣，自己亲自坐镇九江，将总部设在"江新号"轮船上。

当时冈村宁次的舱房就在孙指挥室的隔壁，当时，孙传芳的舱房内挂着一幅五万分之一的华中地区军用地图，那是他为进取武汉，彻底打败北伐军而准备的。这种军事地图是留日学生从日本回国后，运用所学专业知识测绘而成的，绘图方式与日本完全相同。由于印制很少，各指挥机关都极为珍视，按绝密文件保管，极难获得。尽管冈村宁次备受孙传芳尊敬，经常请教作战事宜，但却不让其接触地图。一次，正当孙传芳站在地图前思索军事方案时，冈村宁次突然跨了进来，用眼角一瞥，发现是张五万分之一的"宝贝"地图，顿时心中狂喜，表面上却不动声色，应付几句便退了出来。军事地图对军队来说是极其重要的，战争的胜负，往往取决于地图。尤其在当时的条件下，五万分之一的地图，这对一个间谍出身的军人来说，具有何等价值，是不言而喻的，于是他下决心将这张地图搞到手。

某次，冈村宁次去南昌前线的牛行车站协助卢香亭作战。当冈村宁次制定好作战计划后，卢香亭请他将五万分之一的军用地图带回九江的联军司令部交给孙传芳。当冈村宁次到达九江之时，战局发生急剧的变化。孙传芳的"江新号"轮船下锚的旁边，停靠了从下游来的装满弹械、军衣的"江永号"轮船。在北伐军逼近九江时，中共九江市委为支援北伐战争，派便衣爬上轮船，点燃了堆放军衣的船舱，引起大爆炸，该轮下沉。孙传芳急令"江新号"起锚，驶往下游。此时，岸上的北伐军炮火又向江面上开炮轰击，冈村宁次乘机雇了条小船，在船夫的帮助下，将小船摇到停泊于九江江面上的日本旗舰"安宅号"旁。旗舰上的日本军官看见冈村宁次一身中国士兵的打扮，不准他上舰。后来他看见甲板上有一名他认识的参谋，这样，舰上才放下软梯，惊魂未定的冈村宁次才得以脱险。在仓促中，他丢弃了所有的行李物品，却冒着生命危险，将五万分之一比例的军用地图"偷"了出来。①

冈村宁次回国后，将那份地图交给了参谋本部，获得嘉奖和一笔巨额奖金。一年之后，那份地图被印制出来。

1937年，日本全面侵略中国。1938年6月，冈村宁次被任命为第11集团军司令官，隶属于华中派遣军，参加攻取武汉的战役。

武汉地区地形十分复杂，那张被印制的五万分之一军事地图使日军便于熟悉华中地区的地形地貌。冈村宁次每天都用彩色铅笔把部队的进展情况标绘在桌子旁边的那份地图上，他甚至把被日军占领的山头一个一个地表记下来，随着部队缓慢西进，那份地图上渐渐出现了一些细小的碎点，这些碎点看起来很像衣服上的碎点花纹。冈村宁次望着地图，"常常希望这些碎点早日连成一片"。

冈村宁次曾洋洋得意地对高级参谋宫崎周一说："武汉作战时所用的华中中部地区五万分之一比例的地图，大部分是我秘密搞到的。"

宫崎周一评价说："武汉作战和中国大陆各次作战，多亏有这份五万

---

① ［日］稻叶正夫编，天津市政协编译委员会译：《冈村宁次回忆录》，中华书局1981年版，第353-355页。

分之一比例的地图。"

天公不作美。

从2月中旬开始，华中地区铅云密布，连绵的春雨，像断了线的珍珠一样，淅沥淅沥地下个不停。冒着连绵的春雨，在泥泞的道路上，第101和第16师团以及配属炮兵开始向德安以南地区艰难地集结，战车队也向德安以北集结。不断有战车陷进泥中迟滞了部队行动的消息。

冈村宁次忧心忡忡，N号作战计划在恶劣天气的影响下，有可能推迟和大受影响。他吩咐参谋人员密切注意天气的变化。事与愿违，半个月过去了，天空丝毫没有放晴的迹象。

"不能再等了。"

2月21日，长江北面的日军第16师团，按N号作战计划，以一部大张旗鼓地攻击汉口以西约100公里的天门，师团主力则集结在应城、皂市一带，分成三个纵队向汉水一线发起大规模进攻，摆出一个进攻第九战区侧背的架势，很快就攻占了安陆附近以南的汉水西岸，以吸引中国第九战区的注

机枪手向日军射击

意力，企图隐匿第11军即将对南浔线沿线作战的意图。

2月25日清晨开始，随着三颗曳光弹升上天空，安陆一带，霎时间炮声隆隆，惊天动地。在炮火的掩护下，日军第16师团配属骑兵第4旅团向中国军阵地发起了一次又一次的猛攻。

这股日军来势汹汹，迅速击溃当面的中国守军后，于3月上旬进入安陆、长寿店、旧口镇一线。

第九战区司令长官薛岳得报，立即调动大批部队从江南北上，进行增援。

冈村宁次笑了，这正是他所需要的。

消息传来，蒋介石命令军令部长徐永昌、次长熊斌，立即判明日军对湖北天门一带发起进攻的意图，究竟日军的目标是长沙、宜昌还是南昌？

蒋介石的手下，也绝非酒囊饭袋。

军令部（也就是后来的国防部）的部长徐永昌，原先是晋系阎锡山的大将，后来投奔了蒋介石，深得蒋介石的器重；军令部次长熊斌是冯玉祥西北军的老人，归附蒋介石以后，也成为心腹之一。军令部主管作战的第一厅厅长刘斐，字为章，也是最好的幕僚之一，他是桂系的老底，毕业于日本步兵学校和日本陆军大学。抗战之初，桂系李宗仁、白崇禧与蒋介石捐弃前嫌、共赴国难，刘斐参与蒋介石的军事幕府，由此可见蒋介石用人之道也不完全是以自己黄埔嫡系为用的。

刘斐分析了日军在安陆前线的攻势，对南浔铁路沿线日军的偃旗息鼓，没有任何动静表示怀疑，根据多方判断，得出了此番日军的重大步骤是对着南昌而来的。于是在2月24日便向徐永昌、熊斌等上了一道签呈，得出的结论是第九战区之敌的企图是攻占南昌。

签呈如下：[①]

[①]《刘斐张秉钧致徐永昌等签呈（1939年2月24日）》，《抗日战争正面战场》（下），第781-782页。

意见具申：2月24日于军令部第一厅

一、第九战区之敌有先行攻占南昌之企图，现已判明。

二、敌人兵力共约五个师团（南浔铁路方面约两个师团，武[宁]、[永]修方面约一师团，粤汉铁路及湘鄂公路方面约两个师团，鄱阳湖尚有番号未明之少数水上部队），我第九战区兵力共约47个师，与敌兵力相较，为九与一之比。

三、根据过去经验，在此种比例之下，如战略上不发生意外之错误，有与敌胶着战场，周旋二三月时间之可能。同时，又依过去作战经验，敌之补充圆活、装备优越，如其坚持某一要点或某一要线时，我军至最后亦难保其不失南昌。

四、依上述关系，大本营对第九战区之作战指导，应考虑二问题：一即我军战力消耗至如何程度，即应决心放弃南昌；一即放弃南昌后，应如何变更态势。职管见所及，有如次述：

1. 今后我军对敌之作战，因无必用全力以图确保之要点存在，故前方部队消耗至某种限度（二分之一）后，即应变更战略，避免决战，转移态势。盖不牺牲，固不能消耗敌人；不存战力，亦不能贯彻持久之目的，二者皆须兼顾也。

2. 就南浔、粤汉两线及湘赣公路方面之地形、交通与敌我态势观察，南昌放弃之后，敌若乘胜以其主力沿湘赣公路进窥浏[阳]、醴[陵]，则长沙即感受莫大威胁。粤汉路正面之我军，斯时若维持原有态势，则有受敌包围之危险。如抽转兵力或向后撤退，则有被当面敌人突破与拱手奉送长沙之不利。过去晋北与娘子关两方面之作战关系与得失，可为目下第九战区作战之良好例证，不可不引为殷鉴者也。故南浔线方面之我军于放弃南昌之后，应以主力位置于湘赣公路线上。同时由长沙方面增加一部兵力，以保持长沙之目的，与粤汉路方面之友军互相提携作战，实有必要。

五、南昌放弃，南浔方面我军主力转移至湘赣公路以后，乘敌作战线之延伸，第九战区应以一部，由侧面山地继续扰击南浔线上之敌，再沿赣江两岸,应配置一部兵力,以行警戒,自不待言。同时第三战区亦应以有力之一部,位置于东乡、进贤方面,与第九战区部队相呼应,使敌进入南昌以后之作战陷于困难,是为要着。所有以上理由,如蒙裁可,拟请对第三、第九两战区下达要旨训令,俾其有所遵循。是否有当,伏候钧裁。

谨呈

部长　徐

次长　熊　　转呈

参谋总长　何

委员长　蒋

职　刘斐

张秉钧

何应钦、蒋介石看了转来的签呈后都表示同意军令部第一厅的看法,先后在签呈上面作了批示。何批示:意见甚是,拟请如拟办理,职何应钦。

蒋介石认为这是第二期抗战之初的一次重要的大战,能不能战胜日军关系到能否鼓舞士气、提高全国军民抗战的信心的特别重要的意义。他在签呈上批示:"照办。但应即指定部队制定整个部署方案为要。中正。廿五日。"

兵来将挡,水来土掩。

蒋介石将敌情判断转达第九战区代司令长官薛岳,命令其做好迎敌准备。

武汉会战以后,第九战区在长江以南的赣北、湖北地区与日军第11军形成对峙,其部署为罗卓英的第19集团军在南昌北正面进行防御,李觉第70、陈沛第49、商震第32军及预备第9师在箬溪以东、修水南岸至鄱阳湖西岸并列展开;王陵基第30集团军第72军在武宁地区担任防御;樊崧甫的湘鄂赣边区挺进军、李玉堂第8、彭位仁第73军在武宁以北横路附近担任防御；汤恩伯第31集团军张雪中第13、黄维第18、李仙洲第92、黄国梁第37、关麟征第52军担任鄂南、湘北守备；卢汉第1集团军孙渡第58、卢汉第60、张冲新编第3军及战区直辖俞济时第74军，控制于长沙、浏阳、醴陵地区为预备队。

蒋介石要求薛岳派出部队由武宁方向攻击阳新、瑞昌方向之敌，堵住日军南下，以达到保卫南昌的目的。

薛岳是一位有个性的将军，从来对蒋介石抱着将在外君命有所不受的态度，认为第九战区的部队虽然数倍于敌，由于在武汉会战中人员、弹械的严重损失，各部队都在进行补充新兵加紧整训之中，加上交通条件差，后勤无保障，强攻敌人势必成功少而损害大。敌人虽然人数弱于我军，但武器装备好，机动性强，"若以堂堂之阵击之，势与力均不如敌，地与形均有不可。若以大军击之反受挫，不若以奇兵袭之而取胜。斗智不斗力，出奇不用正，知己知彼，积小胜为大胜"。他提出以李玉堂第8军两个师的兵力，由大桥河、九宫山方面，以团、旅为单位向东分途侧击阳新、瑞昌间之敌，相机占领敌沿（长）江据点，而避决战，目的是发展长江南岸的游击战，牵制该方面之敌，切断敌长江上的补给线。另以两个团由柘林方向分两路向德安以北之敌袭击，并遮断南浔线交通，牵制该方面敌兵力转用；更以两个团分由盘石铺、长安桥两方面向蒲圻、羊楼司两处之敌袭击，并切断粤汉线交通，牵制该方面敌兵转用。

冈村宁次决定在3月10日日本陆军节这一天发动南昌会战。

为了夺取南昌，冈村宁次做了一系列充分的准备。他要求军司令部制定了综合训练计划和器材，指定专门人员对部队进行示范教学辅导。此次他特意装备了不少的烟雾喷雾器，它的功能是能够喷射催泪气体和喷嚏性毒气的烟雾。在武汉作战中，由于炮兵和步兵不熟悉和不适应在烟雾状态下进行作战，只能小规模地使用这些烟雾喷射器，效果不甚明显。冈村宁次要求第6师团的今村少将负责指导在烟雾状态下的步炮协同训练，各部队负责烟雾喷射的官兵都要进行这种特殊的训练。在步炮演练的配合差不多的情况下，第11军还专门组织了一次步兵、炮兵在烟雾笼罩下的战斗演习，并邀请各军派出专门人员现场参观。由于这种演习的要求比较高、难度大，稍有不慎，配合失误就可能造成演习官兵的重大伤亡。因此在演习中，许多参观者看见在白烟毒气笼罩下炮兵和步兵的配合战斗，也感到心惊肉跳。

日军的轰炸使南昌全城失火

由于重炮旅团新装备部队的15厘米榴弹炮和10厘米加农炮以及新装备有坦克车和装甲车的坦克部队，在武汉作战中表现不尽如人意，冈村宁次也专门请来曾经在法国学习过的澄田崃四郎少将旅团长负责训练。

为了充分发挥坦克的作用，冈村宁次命令石井大佐负责对坦克团军官进行严格训练，军里还专门选拔了一些官兵进行基本培训。由于许多坦克和牵引汽车损坏严重，野战兵工厂的备份零件又不多，冈村宁次特意派专人回日本采购并运来。

炮兵团观察班经过训练以后，在战役发起前，特意进入战线实地进行观测，进一步完善通信和炮兵配置的准备工作。

在集结地老百姓的房子中，专门设置了毒气室，第一线部队多次进行了使用防毒面具的训练；还选择了在沼泽地带，在穿戴防护面具的条件下使用折叠船进行划渡和突击上岸的演习。

冈村宁次将部队作了一番调整之后，于1939年2月中旬，集中第11军所辖的第6、第101、第106、第114等4个师团，外加战车和海军陆战队，向南昌扑来；以第9师团于临湘、岳阳之间牵制中国军队鄂南、湘北的部队。日军兵力约12万人，外加伪军1万人。冈村指挥主力渡过修水河向南挺进，从左迂回扑向南昌；命另一部进攻武宁，巩固他的翼侧。冈村宁次精密部署了他的作战计划，概要如下：

1. 以星子方面的第116师团及永修方面的第101师团，沿南浔路两侧渡修河南进，以主力由安义、奉新方面左迂回攻击南昌；另以海军任鄱阳湖及赣江水道的突破，并逐次在鄱阳湖沿岸各要点登陆作战。

2. 以箬溪、武宁方面的第6师团，攻击武宁，掩护侧背，相继向靖安方面进出，以策应作战。

蒋介石看出日军的企图，于1939年2月中旬，判断日军可能于3月进攻南昌，为先发制敌，决定发动赣北攻势。蒋命令统帅部，于3月8日对第九战区下达转移攻势的命令："第九战区为确保南昌及其后方联络线，决即先发制敌，转取攻势，以摧毁敌之企图。攻击准备应于3月10日前完毕，预定攻击开始时期为3月15日。"[①]

遗憾的是，第九战区的部队未能及时按蒋介石的方针行事，原因是部队整训尚未完毕，补给困难，如此之大的行动尚需要准备过程，他们去电请示是否暂缓实施，在犹豫、请示期间，动作迅速的日军，于3月17日发起进攻，蒋介石的转移攻势计划未能如预期实现，对日后的作战影响太大。当时第九战区兵力部署是这样的：罗卓英的第19集团军第32、第49、第70、第79各军在修水南岸防守；王陵基的第30集团军第72、第73军在武宁方面防守；汤恩伯的第31集团军在鄂南、湘北守备；龙云的第1集团军及第74军控置于长沙、浏阳、醴陵各附近为机动部队。

3月17日，日军兵分三路，分别由星子、德安、永修出发，向修水河沿岸国民党军发起进攻。以第116师团一部附大小兵舰30余艘，汽艇50余只，海军陆战队一队，陆续渡过修水河，进攻中国军队吴城镇陈宝安第29军的预备第5师和第32军唐永良第141师阵地，激战至22日，日军无进展。23日晨，日军用大炮飞机掩护，兵分两路向吴城镇猛攻，鏖战甚烈，中国守军伤亡重大，支持不住，于24日午后被迫放弃吴城镇阵地。

---

① 《蒋介石致薛岳密电稿（1939年3月8日）》，《抗日战争正面战场》（下），第784页。

永修方面的日军第101师团主力，在40余门大炮的掩护下，先于17日向中国第32军傅立平第142师防守的涂家埠阵地发起进攻，激战旬日，未获进展；此后，因第142师左翼友军阵地失守感受压迫，不得不转移阵地。

永修、虬津之间的日军主力第106师团，附战车一大队、重炮40余门，于3月18日薄暮，向修水南岸中国夏楚中第79军和陈沛第49军阵地猛烈攻击，久攻不下，便施放大量毒气，官兵大量中毒，仍坚守血战4昼夜，伤亡可想而知。

23日，日军在虬津、张公渡强渡成功，一举突破中国军队王铁汉第105师阵地，进抵滩溪附近，即以快速部队开往安义。至24日，先后侵入万家埠、奉新一线，此时商震第32军的傅立平第142师阵地后方，遭日军威胁，第142师不得不转守乐化以北的第二线阵地。因中国军队第105师阵地被突破，致使修水南岸的整个局面陷于不利，夏楚中第79军、李觉第70军，以及夏首勋第78军被迫相续向后撤退，并于滩溪、安义间地区，逐次迟滞日军前进，可是，终因日军机械化部队挺进迅速，中国军队转移部队立足未稳，仓促应战，抵挡不住日军凶猛势头，未能完成将敌歼灭之任务。

蒋介石为拒止日军南下，急忙从第三战区调柏辉章第102师扼守南昌、大城、奉新之间公路南侧地区，第102师急行军甫经到达，尚未喘息，日军机械化部队就开到眼前，即遭攻击，该师被迫向丰城转移。

万家埠、奉新方面日军，突进后逐渐向南昌近郊迂回。由于国民党军在组织防御时将主力都摆在第一线，没有梯次配备，纵深只有少量的军队，后防空虚，蒋介石急调商震第32军回防南昌。第32军为固守南昌，即由乐化南移，但速度太慢，未全部到达，而已有一部分日军以坦克、装甲车和骑兵部队编成的快速纵队由南昌西南的新洲和生米街强渡赣江，会同由涂家埠南下的第101师团逼近南昌。第32军除以两个团用于南昌外，其余仍在赣江西岸与日军激战，然后以主力沿赣江西岸，逐次向樟树转进。

27日，日军第101和第106师团各一部，迫抵南昌城郊，凭借大炮和飞机掩护，向南昌守军第32军一部及南昌警备部队猛攻，越过城墙，当即发生激烈巷战，全城陷入一片火海。杀声震天，双方形成混战状态。战至28日晨，南昌守军伤亡过重，接到命令之后，守城部队向南昌东南的进贤附近转移。

当南昌近郊激战之际，中国军队分调控置于长沙、浏阳、醴陵的第1集团军夏楚中第79军，阻止奉新日军的西进，并策应南昌中国军队作战。第79军于27日，先后到达高安、奉新西北地区堵截日军；柘林以南的李觉第70军，亦向靖安东南的日军侧击。以掩护第49军和第79两军向上高转进。此时，日军第106师团主力的三个联队向高安猛进，与中国第1集团军的第74军激战于祥符观、莲花山一带，你来我往，历时一周拉锯战，给予日军以重创后，中国守军自身也疲惫，遂转移于高安以西的预设阵地，继续阻击日军，并一度出击克复高安城。

武宁方面的日军第6师团附重炮30余门，为策应攻略南昌的作战，于3月20日，以主力由箬溪附近攻击中国武宁东北彭位仁第73军和第8军阵地，经两军奋勇堵击，相互配合，将日军第6师团的一个联队，歼灭殆尽。21日，日军一部由津口南渡攻击夏首勋第78军阵地，被击退。23日，日军以飞机、大炮、毒气弹向第73军和第8军的赵锡田第3师阵地猛烈进攻，中国官兵伤亡中毒者约半数以上，仍死守阵地殊死搏斗，阵地屹立不动。

当南浔路正面的日军进抵南昌近郊之际，中国军队为增强机动，于3月27日，以韩全朴第72军接替第73军和第8军阵地，将第73军控置整理，并以第8军所剩人员编成4个支队，向瑞昌及南浔线日军后背挺进，目的在于与第1集团军和第74军联合截断日军的退路而将其歼灭。后因日军向第74军阵地猛攻，并向第78军右翼包围，第72军和第78军逐次后撤。29日，日军迫近武宁城郊与中国军队发生激烈战斗，随之日军入城，双方展开巷战，是夜，中国军队不支退出武宁城，第78军转进于武宁以南河南岸，第72军转进于武宁以西的甫田桥、烟港街附近阵地，继续拒止日军西进，并准备反攻。第8军则继续向日军背后挺进，意图增大对日军的打击；而日军因补给不足，伤员增多，无意再追击下去，便停止进攻。

南昌失守，蒋介石骂了娘："罗卓英、蠢材!娘希匹！第九战区那帮蠢材都受了他的影响，我要撤他的职！"

徐永昌劝道："委员长，现在撤掉罗卓英不合时机，况且，冈村宁次的才略，不是罗卓英所能望其项背。俗话说，'打仗打将'。孙子兵法里也有'将孰有能'四个字。"

蒋介石满脸不高兴："你的意思是，我用罗卓英抵挡冈村宁次，本身就是个大错？"

徐永昌："不，不，我是想说，罗卓英打输了，肚里憋了一口气，虽说不及冈村，再碰面他会玩命的。"

蒋介石怎么能不骂娘，中国军队这次惨败，惨到死伤失踪了123000多人，其中死了20000多，失踪了10000多，伤了90000多，而且在战略与战术上丢了脸，罗卓英指挥不当，借口整补未毕，请求稍缓再发动，这样，先就错了一着。

冈村宁次只不过是略施小计而已，冈村对涂家埠佯攻，罗卓英派重兵去死守。冈村出罗卓英不意，由虬津渡过修水，直奔安义，拿下安义，一面又对奉新佯攻，一面由安义向东偷袭南昌，取了南昌。罗卓英却已经把最精锐的部队李玉堂第8军和俞济时第74军，放在无用之地，以李玉堂攻瑞昌，以俞济时守高安。罗卓英派在南昌作守军的是来自四川的韩全朴第72军与彭位仁第73军。四川将士的忠勇不在任何一省的将士之下，然而在装备与训练上比日军差得太远。

另外，在日军进攻前的2月8日，蒋介石亲自致电第九战区代司令长官薛岳，和前敌总司令罗卓英，命其加强工事于武宁与修水方面，如日军渡不过修水，情况也不至于糟到如此地步。蒋介石当时的电报全文如下：

长沙。薛代长官：南昌。罗总司令：敌此次进攻长沙、南昌，其主力将用在我侧面，即武宁与修水一带，应特别注意，严令对该方面之各部队，应努力加强工事，如何布置，盼详复。中正手启。庚。机渝。①

南昌之战后，中国军队在敌我两方面作了详细总结，《检讨所见》如下：

（一）敌军方面

甲、能彻底集中兵力于企图决战方面。此次之进犯，集中三师团以上之兵力，先发动于南浔路方面，以引诱我之注意，对武宁方面，则仅用一部兵力掩护侧背，而以主力保持于永修方面，得以逐步接近主目标之南昌，作战着眼尚属适当。

乙、迂回佯动等战法，均获成功。如敌以机动化部队及主力渡修河，窜安义、奉新后，向生米街迂回，以绕攻南昌侧背，又于发起攻击时，先向吴城镇、涂家埠方面吸引我之注意，然后以主力由虬津、张公渡附近强渡修水河，并于黄昏前渡河，甚符其佯动欺骗之能事。

丙、机械化部队及快速部队能迅速扩张战果。如3月23日晨，敌强渡修河后，其快速部队于24日即窜至安义、奉新等处。

丁、常攻击我两军之接合部。如21日之攻击津口，即乘此接合部之弱点也。

戊、未能适时策应作战。如敌在赣北发动攻击时，其湘北、鄂南方面未能断行有效之策应，使我有转用兵力之自由。

（二）我军方面

甲、战斗力强韧，我于涂家埠吴城镇及鄱阳湖方面诸战斗，敌以相当数量之陆海军及机械化部队兼用毒气向我猛犯，而我以劣势装备之部队，在各该处附近与之激战周余之久，阵地失而复得，再造成敌军之伤亡较我为大。其后敌由西南迂回，我复安然退出使其扑空，此我军固因在国内战场作战较为有利，但所表现战斗之强韧性，实不可没。

乙、牵制消耗均获成就。我于武宁方面之战斗，计自3月20日至28日，

---

① （台湾）"总统府"机密档案。

于武宁周围及修河两岸将敌第6师团歼灭一个联队以上,顿挫敌锋。武宁虽因久战放弃,但敌显已疲困不堪,且于赣西北方面牵制敌一个师团以上兵力,使南昌正面之敌不敢深入,未始非此之影响。

丙、我未获先制之利。南昌之战我最高统帅部于3月8日,对第九战区下达转移攻势之指示,应于3月10日以前准备完毕,15日开始攻击,因各部队调动迟缓,致失机先,遂为敌所乘,陷于被动。

丁、修水南岸之防御配备,未能形成纵深,且在九岭山南麓未控制机动部队,致不能侧击向南昌旋回敌之侧背,因此一线被突破,后方即呈空虚,故整顿未及而敌已进。①

这份《检讨所见》写得较客观,蒋介石看罢也无可奈何。有一点蒋介石已深刻认识到,中国军队的武器装备已成大问题,人海战术已不适于眼下的战争。他已命令孔祥熙以及驻欧洲一些国家使馆,大量从国外购置新式武器,这需要过程,况且军备开支并非容易之事,蒋介石为此困扰。特别是日军快速部队在南昌之战中的表现,使他决心要改变落后之状态。

自南昌会战,日军先后占领南昌、高安、武宁各城市后,其第6师团及第106师团,消耗也不小,不调整也难以向前进展,此刻,日军部队在积极整补,加强工事,以防中国军队反攻。至4月初,日军第116师团,由南浔、瑞武一线转用于江北地区,并由武宁抽调一部使用于鄂南、湘北地区。中国军队统帅部为乘机牵制日军兵力转用,并予以打击,于4月16日,策定反攻南昌的计划,决定以主力进出南浔线,确实切断日军联络;另以一部直取南昌市,并预定24日开始攻击。当时中国第19集团军司令罗卓英,遵照统帅部命令,即策定各部队的攻击部署,他命令上官云湘指挥7个师,除以第79师、第16师、预备第10师及预备第5师一部攻击南昌外,其余部队在原地保持机动;命令第74军主力向高安进攻,一部攻击万寿

---

① 中国第二历史档案馆馆藏七八七军事档案。

日军占领南昌

宫,向牛行、乐化之间挺进,切断日军联络;第49军主力,固守锦江南岸保持机动,用两个团兵力北渡锦江游击牵制日军。命令第1集团军主力进攻奉新,一部监视安义、靖安,并向乐化、永修之间地区挺进;另派有力支队向滩溪市挺进,破坏日军交通,断绝日军增援。命令第30集团军主力,攻击牵制武宁日军,一部向张公渡及修水以北地区挺进;命令钟石磐指挥岷山游击队,积极向南浔线活动。各攻击部队,限21日准备完毕;同时鄂南湘北的中国军队,为策应南昌反攻,向辛潭铺、通山、崇阳等地区施行攻击。

罗卓英决心一雪战败之耻。

1939年4月21日,距第一次南昌战败仅一个月时间,中国军队第74军与第49军的两团,由高安以西及高邮市、石头冈间渡过锦江,次日分向高安、大城、石头冈、万寿宫、生米街的日军发起奇袭,经两日的酣战,高安于23日黄昏被中国第74军第51师克复,在中国军队报仇心切的攻势面前，日军纷纷向东后退，中国军队一部与日军在祥符观、大城、石头冈、万寿宫、生米街一带战斗，斩获颇多。24日，日军增援反攻，把刚刚立足于高安的中国军队又打了出去。罗卓英上来犟劲："我就不信日本人有三头六臂！"他命令王耀武第51师再次反攻高安，日军没来得及喘口气，26日高安又被夺回。同时施中诚第57、冯圣发第58两师及第49军各部，相继一鼓作气克复祥符观、大城、石头冈、生米街等地，罗卓英命令继续扫荡大城、高安之间残敌后，向奉新东南的虬岭、赤土街前进。中国军队奉新方面第1集团军攻击无大进展，致受牵制，未能按计划向南浔线挺进。虽然张言传预备第9师的一部，于5月7日一度攻入牛行，可因主力未能按时到达，兵力单薄，战力不支；况且南昌方面上官云相第32集团军的攻势又遭顿挫，这样反而使日军腾出手来得以自由调动应援，双方在牛行拉锯，中国军队一直未能将牛行确实占领，罗卓英着了急。

中国第1集团军于4月21日，以万保邦第184师、刘正富新10师两师攻击奉新，以鲁道源新11师主力监视靖安，一部向滩溪市挺进，杨宏光第183师控置为预备队。24日，第184师和新10师主力，进至奉新附近及其以南一带高地，一部攻抵奉新西北地区，大有包围日军于奉新以西之势；激战之后，日军被迫退守奉新城，第184师和新10师乘势将奉新围住，新11师主力也到达靖安以西的螺丝岭，进展颇为顺利；自27日以后，日军增援到达，向中国军队反攻，激战经旬，形成胶着状态。中国军队新11师向滩溪市挺进的一部，因奉新、靖安方面日军的牵制，未能实现其有利的行动。武宁方面的王陵基第30集团军，除以主力牵制武宁日军，施行局部攻击外，另用一个支队两个团兵力，于5月4日将张公渡的日军驱逐，并破坏桥梁公路，牵制当面日军，协同岷山、庐山各游击队策应攻击日军。

上官云相第32集团军于4月23日，以何平指挥第16师和预备第10师一部，沿赣江以东，主力沿浙赣铁道两侧向北攻击，以段朗如率领的第79师和曾戛初预备第5师选派的便衣队一团，由武阳渡、谢埠市之间渡过抚河，攻击谢埠市的日军。同日中午，何平第16师将市汉街的日军击破，继续北进，24日占领新村墟，26日进抵万舍街。预备第10师则于24日攻克西凉山，25日协同第16师向关塘的日军攻击。第79师和预备第5师便衣队，于24日在谢埠市与日军激战，其便衣队则于24、25日两晚潜入南昌市。26日，中国军队第79师逐次扫荡正面的日军主力，到达吴村冈、下地区，其一部进攻莲塘的日军，且已越过公路。预备第5师一部，攻抵南昌机场附近，形成有利态势。此时中国军队便衣队在南昌城内策应，放起大火，日军伤亡甚众，混乱不堪，南昌日军大有动摇之势。

27日，日军利用空军助战，对中国军队攻击部队实行广泛狂轰，并投掷大量毒气弹；同时以海军陆战队接任南昌城内的守备部队，而以第101师团主力担任反攻，与中国军队在南昌东南地区进行争夺战；但第79师段朗如师长决心不坚，遗失战机，而赣江以西部队，未能按时进击南浔线，使日军得以全力挣扎。

罗卓英见局势急转直下，拔出手枪拍在桌上，大吼："执法队，将段朗如拿下！"

军纪得到严整，战机却已错过。

罗卓英限令5月5日前攻下南昌，并饬各总司令亲临前线督战，士气大振。同时第32集团军上官云相，派刘雨卿第26师加入作战。该师于5月4日、5日渡过抚河及其支流，协同第16师及预备第5师作战，当即分为左右二纵队，以右纵队沿铁道东侧地区向南昌突进，5日即进至黄溪店，与日军激战整日，并一鼓作气占领车站、飞机场、金磐路等地，一部突进到城防工事附近，与日军展开白刃战。日军陷入不利境地之后，派优势空军连同炮火，向中国进攻部队轰炸；同时以有力部队由梅家巷向中国军队右纵队的左翼反击，右纵队遂陷于苦战。中国军队左纵队因渡水材料缺乏，行动缓慢，于6日晨才到达沙窝章，即遭日军猛力阻止，激战于桐树庙西北高地一线；同时日军由南昌用汽车20余辆开出增援反攻。第29军陈安宝军长身先士卒，于火线与敌殊死搏斗，中弹牺牲，第26师刘雨卿师长身负重伤，攻势不支，渐以减弱……将领们见大势已去，向罗卓英建议，不可将部队拼光,保持战斗力而后再与日军见高低……

5月9日对中国军队来说是悲惨一日,南昌会战失败。各路部队携大量伤兵撤下阵来,转移于赣江、抚河之间以及抚河以东防御。

罗卓英举望远镜望着自己的部队,泪眼蒙眬。得知陈安宝殉职,潸然泪下……

在国防部抗战将士忠烈录中,有这样的记载:

陈安宝烈士

陈安宝烈士,字善夫,浙江黄岩人。聪颖好学,颇富胆识。及长,痛感国势阽危,民不聊生,乃于中学毕业后,考入保定军校第三期,学术科均极优异。举凡北伐、剿匪,无役靡从,冒险犯难,所向有功。历任排、连、营、团长,二十四年(1935)晋升师长。对部队训练,颇多建树,政治教育,尤为重视;用能士气如虹,战无不胜。抗战军兴,参与淞沪作战,敌挟陆海空精锐,疯狂进犯,烈士指挥若定,迎头痛击,迭挫凶锋,战绩辉煌,奉命擢升军长。二十七年(1938)九月,与敌激战于溢口以东地区,敌更番进迫,亘三十一昼夜,烈士率部坚守阵地,固若金汤,屡予顽敌重创。反攻南昌,限期五日,赶抵阵地,烈士以时迫事急,不遑集结,乃亲率两营兵力,兼程渡河向南昌挺进。军次沙窝幸村,与敌遭遇,展开激战,旋以敌援军四面涌至,形成围困逆势。烈士盱衡战局,决定日没突围。午后,敌突缩小包围圈,战斗进行,益趋激烈。烈士率部冒敌火网,奋勇冲杀,不幸中弹殉国。政府笃念忠烈,追赠上将,时年四十有四。

南昌反攻失败原因在于,罗卓英仍旧分散使用兵力,虽则抽了一部分精锐部队作直攻南昌之用,却不曾估计日军在南昌的实力究竟有多少。简单来说，他从4月21日攻到5月9日，大败亏输，损了陈安宝这位猛将与5000名左右的精兵。陈安宝军长率部一度攻进了南昌的飞机场。他的壮烈牺牲，功虽不成，而其忠其勇，流芳千古……

第二节　上高会战

一、日军的"锦江作战"

1941年2月14日，日本中国派遣军总司令部召开各方面军和各军司令官联席会议，确定以"灵活、短距离的截面作战"为1941年度的作战方针，就是说既要根据当时情况积极灵活作战，又要节省兵力、减少消耗，不向中国军队作远距离、大纵深的作战，一般以进至中国军队师部所在位置10至15公里为界。第11军据此向所辖各师团、旅团提出的任务是："要积极不断地依靠灵活、短距离截断进攻作战，消耗敌之战斗力量和确保压倒敌人的地位。"

日军第11军自1939年3月攻占南昌后，以第33、34师团等部队守备南浔铁路和南昌附近，与中国第九战区罗卓英第19集团军各部队形成对峙，两年来无大的行动，而中国军队曾几次向南昌和南浔铁路发动袭击，使日军感到威胁。守备南昌的第34师团为求改善态势、巩固对南昌的占领，强烈要求对第19集团军进行一次打击。恰在这时，中国派遣军总司令部将独立混成第20旅团于1940年2月下旬由上海调到南昌，同时将第33师团于4月间由安义地区调往华北。于是，第11军决定乘第20旅团已经调来、第33师团尚未调走的机会组织一次进攻作战。其计划是：以第33师团为右翼（北路），由安义向西南进攻；以独立混成第20旅团为左翼（南路），由南昌西南约15公里的望城岗沿锦江南岸向西进攻；以第34师团为中路，由南昌西山、万寿宫沿锦江北岸向西进攻。三路分进合击，压迫、包围中国第19集团军主力于上高地区。日方将这次作战称作"锦江作战"或"鄱阳作战"。

上高位于南昌西南约120公里的锦江上游北岸，扼湘赣公路（南昌至长沙）要冲，东临鄱阳平原，背靠九岭山与罗霄山，既便于东出南昌，也便

向江西进攻的日军

于西进长沙,是一处战略要地,罗卓英第19集团军总司令部即设于此地,因而成为日军进攻的主要目标。

1941年3月初,罗卓英在电话里报告军令部长徐永昌,说2月下旬,日军向南昌增兵约5000人,现集结于南昌、望城岗,尚无动静。增援部队有池田、森重、木本等步兵部队,金井炮兵部队。又增援安义日军约1500人,均分开前方,似补充兵力。自3月初以来,日机频繁活动,每日侦察赣江东西岸中国军队阵地。另外,空中有大量日机,分向南城、贵溪、弋阳、上饶、玉山等地。罗卓英判断,日军似有进扰企图。

3月中下旬,罗卓英又向徐永昌电告:南昌方面,日军第34师团联合新增加日军共约16000人,除守第一线约4000人外,集结上谌店1000余人,莲塘4000人,罗家集2000人,南昌4000人,并拉夫2000余人。莲塘线运输繁忙,大有进攻模样。据侦察,新旧机场现停日机20余架。锦河北岸,日军第217联队联合新增日军共7000余人，分在原田街集结2000余人，其一部到了猪头山，向锦河南岸及市汊街、北龙王庙炮击数十次，这股日军换穿便衣，向望城岗集结2500余人，西山、万寿宫集结1000余人，白仕岭北侧集结2000余人，有进扰企图。在奉新方面，窜扰的日军共有3000余人，炮8门，与预备第9师及第19师在大岭、陶仙岭、凤凰山、龙形山、棺材山、横塘等地接触。从锦江南岸抓获的俘虏供词研究，西进日军属独立第20混成旅团，兵力2000余人，企图西窜灰埠、泗溪，与锦江北岸西进日军合股；由湘赣路犯高安的日军，系第217联队所部1000余人；进犯村前街的日军，系第214联队所部1000余人；经奉新南犯伍桥河的日军，据第19师在华林寨所获文件证明，系第215联队所部1000余人。据中国军队侦察队探报，已有日军坂井部3000余人，由浔经张公渡到安义，连同增援安义的日军3000余人亦属坂井部。

徐水昌急报蒋介石。蒋仔细研究作战地图，并征求徐永昌的意见，徐永昌看着地图对蒋介石谈了看法：

上高位于鄱阳平原西部，居锦江上游，俯瞰赣东平原，西倚万载山地，是武功山与九岭山之间前进支撑点，扼南昌经浏阳入长沙古道之交通要道。北连宜丰凭九岭，南以湘赣铁道通醴陵、长沙，并托武功山，形成长沙的东方屏蔽，是日军占领南昌后的唯一侧方威胁所在。日军一直垂涎该地，以便相机扑长沙之背，或者更加向赣南发展。

蒋介石同意徐永昌的看法，并在地图上指点：上高境内山脉，为九岭、武功两系之分支，构成锦江两岸的起伏地，逐渐向东低衍，成为防者的良好抵抗阵地。河流大者为锦江，其初为跨锦江两岸的作战，尔后战局演变如果形成，日军必将会集中于锦江北岸，虽支流交错，但除可略为机械兵种行动的阻碍外，一般不碍徒涉者为多。

蒋介石命令徐永昌，通知军令部第二厅杨宣诚厅长，制定出作战指导方针：

日军向上高、万载进犯时，中国军队赣西各军，应以市汊街沿锦江南岸亘祥符观、米岭、来堡、塘里为第一线阵地,及由仙姑岭亘老坑岭、龙团圩、华林寨南北港为第二线阵地,逐次予以打击后,诱致日军于泉港街亘钓山岭、石头街、泗溪、棠浦、上富、九仙汤第三线阵地,与日军决战。中国军队部署如下:

刘多荃第49军守备罗舍渡、梁家渡,跨抚河、叶子山、市汊街之凤凰山、龙形山、棺材山及九山、横塘、周漳等地对峙。窜据棺材山、乐四方面日军1000余人。

3月19日,罗卓英急告徐永昌,集结莲塘的日军第218联队及炮兵,第14联队各一部共2000余人,经南昌水路转进鄱阳线;李觉第70军守备市汊街沿锦江南岸,石头岗、大城、赤田张、奉新、靖安之线。王耀武第74军位置于英冈岭、泗溪、棠浦一带整训。夏首勋第78军守备武宁及棺材山、大桥河。韩全朴第72军以一部守备燕厦、横石潭、宝石关,以主力机动控置于三都、辽田一带。①

向江西进攻的日军

① 中国第二历史档案馆馆藏档案。

罗卓英的意思是，集团军先占主动，解决锦江南岸的日军，命令王克俊第26师除留一部解决窜过新市街的日军外，主力向清江以北地区前进，展开于经楼圩、大坪、青山之线，重点保持在左翼，联系第74军向北攻击。宋英仲第107师展开于华清山、刘公庙、古愚岭、辽山、灰埠的敌重点右翼，对东向日军攻击，留一部分兵力固守石头街亘棠浦之线阵地。第70军右翼联系第74军，猛攻当面日军，力图一举消敌于离树、下凤凰圩、店前、伍桥河之线，策应主力作战。

蒋介石同意了罗卓英的计划。

二、罗卓英扬眉吐气

罗卓英作出诱敌包围计划，属下部队遵命实施，按计划完成。

第26师攻克灰埠，正肃清灰埠至石头街之南岸残余日军。第74军一个师及军补充团占领石头街、界埠至白面彭之南岸阵地，正扑灭华阳以北残余日军。李天霞第51师、廖龄奇第58师坚守石洪桥、下陂桥沿岸、白茅山、江家奥、樟树、下荷舍之线阵地，相机出击。第70军唐伯寅第19师攻占杨公圩；中国军队一团已克复官桥街，进展至长岭一带；宋仲英第107师由田南推进至城陂、新圩以西地区；傅翼新编第15师先头团到达雷市。将近一周时间里，彻夜激战不停，日军用尽全力，向中国军队第74军石洪桥、下陂桥、白茅山阵地猛攻，弹发如雨，日机10余架从3月24日开始轮番轰炸，阵地随毁随补。中国军队士兵奉命死守，酣战终日，往复争夺，声震遐迩，杀去日军锐气，卒保阵地无恙，双方伤亡均达千余之上。从日军尸体上的铜牌证明，进攻部队有第217联队，池田混成旅的第102、103、104、105、106等大队，及骑、炮、工兵各大队。

中国军队一个师由杨公圩西进至泗溪、英冈岭高地，与日军发生战斗，另一部向南压进，进占傲古、山水南、新屋、毕家之线，日军用炮轰击后反攻，急夺激烈，日军损失百余。日军支持不住溃退，中国军队乘势猛追。新编第15师先头团占领水口圩后，即向南展开攻击，主力到达雷市，随即前进，加入战斗。日军飞机30余架分批向下陂桥以北投掷接济品，由此证明日军退路已被截断。罗卓英严令各军迅速紧迫围击。连战数天，日军动摇，其辎重骡马向西北方面挪动。罗卓英判断：包围圈内不下日军4000人，必向东北、西北两方面突围。

日军分兵三路，北路由第33师团长樱井指挥的第214、215联队各一部及特种兵，奉新中路由第34师团长大贺指挥的该师团，沿赣湘路；南路由第20混成旅团长池田指挥该旅团，由锦江南岸，采分进合击态势，合攻上高。总计出动兵力30000余人，飞机30余架。但中国军队指挥部事前估计仅万余人，各部队长为遵奉上级意旨，没确切证实不敢妄报敌军人数。中国军队按反击计划，从预选的三条抵抗线，以第70军配备第一、二线，逐次抗抵；第74军控置第三线，担任决战主力。在第一抵抗线前，经选派搜索警备，并使成纵深逐次抵抗，消耗日军。第二线作战后，渐向两翼转进，形成口袋，让开路引日军往里钻。左翼利用山头，以第70军主力，处处予日军以袭击，使其先崩溃；右翼秘密由赣江东岸尽量抽调，变内线为外线，即以包围对付包围。形成决战之势后，正面部队尽所有力量，施行坚强抵抗，连同军部特务营一同参战。两翼部队用突进方法，适时形成四面包围，摧破日军的上高幻梦，以及最后彻底粉碎日军增援部队与突围残军的会合。日军顽抗拼尽老命，因为日军高级指挥官大贺师团长未冲出重围，伤兵及死尸未运走，遗憾的是中国军队无炮兵增援，错过不少时机。但战果仍然辉煌，日军伤亡岩水少将以下15000多人，战场遗尸日军来不及运走者，大多被砍下臂膀运去，到处可见支离破碎的尸体。

中国军队向敌冲锋

清点中国军队伤亡，同样惊心动魄，达20000之多，其中遭日机轰炸伤亡甚多。打扫战场，俘虏日军30余名，缴获炮4门、机枪20余挺、步枪300余支，击毁四发动重型轰炸机一架，各类军需物资不计其数。

罗卓英总结此战役经验与教训，这样认为：日军失败原因在于，对中国军事力量估计过低，以致轻敌；由于过去扫荡战所产生的骄妄行动，忽视了孤军深入之忌；优势装备不能尽量发挥，原因是交通遭破坏，日机械化部队靠两条腿跑，不能击破中国军队正面有力部队，反而投入中国军队的反包围圈内；另一条就是，日军后方受中国军队有计划的破坏与扰乱。

中国军队胜利的原因，首先是主动地运用消耗、歼灭两战法作战，并且能够坚定决心，不为情况变化所动摇。其次是确遵统帅部尽量集中兵力于第三线决战方面之计划。纵深配合较理想，外翼部队用突进方法作向心运动，对日军包围。还有就是第74军打得坚决、顽强，得使中国军队有较宽裕的时间对日军施行包围。纵横通信不像以往那么受阻，后方补给不受影响。

这一仗，大概是罗卓英最扬眉吐气的一仗，中国军队始终立于主动地位，主宰战场，而且一切均基于事前准备及指导顺利推行。战后，罗卓英亲自主持了第57师第170团中校副团长张劲梅、第8连上尉连长邢吉麟、第4连上尉连长杨传镇，第337团第2连上尉连长沈士福等烈士的追悼会。

蒋介石对上高战局满意，并亲自将上高会战的情况，致电各战区司令官，详细总结并通报上高会战全过程，蒋介石电文如下：

西安熊代主任，洛阳卫长官兼总司令，兴集阎长官，桂林白主任，上饶顾长官，柳州张长官，老河口李长官，恩施陈长官，曲江余长官，兰州朱长官，昆明龙主任，鲁苏于总司令：0密。此次上高会战之检讨：

（甲）会战经过概要。

（一）查此次上高会战，敌自12日放弃武宁，以第33师团兵力，并以独立14旅团接替赣江西岸及箬溪等处防务，其主力34师团全部及新增之独

中国军队沿修水向前推进

立20旅团全部，于删日前在南昌、安义各附近战略展开完毕。删日拂晓，敌33师团主力由安义攻击奉新后，沿潦河盆地西犯。我70军凭借潦河两侧高地，节节予敌打击。18、19两日，在甘坊、上富地区，向33师团猛烈夹击，敌伤亡约两千五百余，我70军亦伤亡甚重，卒将此路敌军击破。敌33师团9日起，沿潦河向安义退却。

（二）铣日、篠日，敌34师团全部沿锦河北岸湘赣公路西犯，独立20旅团全部由南昌渡过锦河，沿锦河南岸西犯，企图先以33师团主力，将我70军击破后，以34师团、独立20旅团向74军两翼包围。我74军乃以一部在棠浦河以东迟滞敌之前进，主力转移泗溪、棠浦第三预备阵地。同时以70军向南压迫，并抽调南昌正面第49军、26师、105师（欠一团），迎击锦河南岸之敌。

（三）号日、马日，敌34师团向我74军阵地攻击，其独立20旅团亦由灰埠、石头街各附近北渡锦江，与34师团会合，向我74军阵地猛攻。

独20旅团留置锦江南岸搜索警戒之小部队，被我26师先后在新市街、芦家圩各附近完全歼灭。

（四）养日起，敌左路以独立20旅团全部，沿锦河北岸向我74军阵地右翼攻击，以34师团主力为重点，由石洪桥指向上高。攻击右路为34师团一部，由其步兵指挥官岩永指挥，向我左翼白茅山阵地攻击，企图突破我阵地后，直指上高，压迫74军于锦河而歼灭之。我74军凭借既设阵地，自养日起至宥日，与敌肉搏苦斗，各处高地屡失屡得，敌机数十架终日助战，战况异常惨烈。

（五）因74军韧强抵抗，敌占领上高、击破74军之企图终未得逞，故由北向南之70、72两军及锦河南岸之26、105两师得以逐渐向敌形成包围。致敬日起，包围圈逐渐缩小，敌军大部陷于火力包围中，死伤枕藉，全线不支。敬日黄昏，敌即开始突围，经我猛烈堵击，向西向北突围之敌，均未得逞。仅有七八百突围至灰埠附近，仍被我26师堵击，歼灭过半，残部三百余仍回窜包围圈。

（六）有日，敌增援部队约两千余，由奉新、伍桥河、村前街向西急进，被我包围之敌以一部在南茶罗向南攻击，掩护主力向北突围。我预9师及19师因受突围与增援敌人夹击，敌突围部队与增援部队遂能在棠浦附近会合。我于当夜又将突围与增援之敌完成第二次包围，并继续向敌猛攻。宥夜，攻克棠浦，续向官桥、南茶罗攻击。感夜，残敌一部掩护辎重、伤兵，由官桥、村前街东窜，其增援部队两千余，在南茶罗、官桥掩护退却。我以19师在村前街、胡城圩，第26及105师在杨公圩、石脑圩、高安各道路设伏，截击退却残敌。

（七）俭日，各部对官桥、南茶罗残敌继续猛攻。敌于午后四时分两纵队，向杨公圩、村前街溃退，被我105师在龙田圩、26师在杨公圩猛烈截击。

（八）俭日黄昏，扫清战场。据虏获文件判断，大贺茂师团长在毕家村附近被击毙。并据俘虏供称，其步兵指挥官岩永受重伤，战场遗尸遍野，虏获枪、炮、马匹甚多（已知者炮五门，步枪四百余，轻重机枪百余，马二百余，俘虏数十，敌被歼约十分之七，其余虏获正清查中）。残部正分股四面逃窜，均被我截击，有全部被歼可能。

（九）综合此次作战，亘15日，敌33师团主力被我军击破，伤亡惨重；34师团及独立旅团被歼约为十分之七，实为空前战捷。敌我兵力相等，而我军缺乏飞机、炮兵，卒以我军指挥果决，将士奋勇，将敌34师团及独立20旅团歼灭。

（乙）会战教训之检讨。

（一）罗总司令指挥适切，能放胆集中优势兵力，彻底包围歼灭敌人。而三、九战区作战地境之变更，能使该方各军在统一指挥下，迅速向一地会战，亦为战捷主要原因。

（二）指挥官坚毅果决，始终严厉贯彻包围歼灭之企图。

（三）对突围敌人，能适时完成二次包围，追击战斗猛烈果决。

（四）能完成包围态势之主要功绩，由于74军能依既设阵地，韧强抵抗，求得时间余裕，以待友军之合围。

（五）主阵地前道路彻底破坏，先以一部对敌持久抵抗，诱敌至不利地形，凭既设阵地韧强抵抗，并彻底集中兵力，向敌四面包围猛攻，卒能歼灭顽敌。

（六）以最小限兵力、保安团、游击队等对南昌敌人放火扰乱，袭击破坏，收积极牵制之效，放胆抽调该方面兵力，参加会战。

（七）敌人受此次惨败教训，其以一、二师（团）向我深入闪电游击之作战方式，似将变更。判断敌人尔后须审慎行动，以周到准备，集中较优势兵力，向我短距离之战法为多。我军尔后指导应注意如左：（1）第一线以最小限兵力，向敌游击、搜索、警戒，主力机动控置。（2）预期敌人进犯方面及道路两侧，构筑据点群阵地，并彻底破坏道路，敷设地雷、石柱。（3）准备于我有利之战场，选择有利地形，构成强大纵深据点群式主阵地，并构筑数线预备阵地及其中间之斜交阵地。（4）如敌以短距离一举向我闪击时，在短距离内避免与敌决战。应诱敌深入，以一部利用前进阵地（据点群工事），逐次抵抗，迟滞敌人，诱导敌人于我主阵地前，以韧强抵抗及迅速彻底集中兵力，四面包围敌人而歼灭之。（5）如敌分进合击时，应依敌各纵队兵力、距离、地形，予以各个击破，或于预期敌人各纵队合一点附近，依既设阵地，韧强抵抗，而以迅速集中兵力，实行反包围而歼灭之。对于敌人前进各纵队，应各以一部，依既设前进阵地，迟滞敌人，并截击侧击，阻绝其后方交通辎重。（6）预期敌人回窜道路，扼险设伏截击，并实行猛烈追击。（7）以游击队在敌后纵火、袭击，破坏交通，积极扰敌牵制并搜索敌情。以上各项作战教训及尔后我作战指导应注意事项，仰即遵照，并转饬所属遵照，并师长以上皆须阅读研究，但须秘密，

向江西进攻的日军

不为敌获悉为要。渝。中0。卅中。令一元。印。①

蒋介石向各战区主要长官致电,并令师长以上军官阅读研究,可见用心良苦。之后,他与不少人说:"蔡锷赞扬曾国藩、胡林翼对攻守的卓越见解'攻者为客,守者为主,可以逸待劳',确是'虽以近世战术之日新月异,而大旨不外乎此'。"

日军始终轻视中国军队战力,对中国军队部署的判断多不正确,只因掌握空中优势,才得以在地形复杂及多雨的亚热带气候区中缓慢前进。

蒋介石在一次军事会议上说:"中国一切不如日本,如果不是在时间和空间上作整个的久远打算,确立一种正确战略来妥善运用,就不能予敌人以层层的打击。反之,如果我们在卢沟桥事件发生,敌人占我平津的时

---

① 《蒋介石致熊斌、卫立煌等密电(1941年3月30日)》,《抗日战争正面战场》(下),第979-982页。

候,我们不依照这种一贯的战略,运用妥善的方法来打击敌人,攻破它的狡谋,消耗它的力量;而拿我们全部军队使用在平津一带,与敌人争一日之短长,那我们主力或早就被敌人消灭,中华民族也许早就有灭亡的危险!但是到今天,我们和敌人打了两年多,不但全国军队仍能继续抵抗,使敌人越陷越深,不能自拔,而且我们的军队越打越强,抗战精神愈益坚强,抗战必胜的自信心,也不知道提高了几倍。"①

缴获日军的部分武器、军旗以下是上高会战三个阶段:诱敌阶段、包围决战阶段、追击歼敌阶段的战地日记:

自3月15日至3月19日

北路敌于15日3时开始行动,其主力由干洲南军与重炮之掩护,午陷奉新。16日,窜入棺材山、车坪。17日与由石鼻街经儒里、温村窜猪婆、大邱之敌一部,会陷伍桥河。

此时我左翼诱击部队之主力,即为离心转进,将敌诱至下观童、花门楼、苦竹坳一带山地,予以围击。残敌乃不得不以主力于19日突围,经上富,一部循原路,经伍桥河,回窜奉新。

南路敌于15日午到达锦河,与赣江合流之河口夏附近强渡锦河。16日,窜曲江。17日,复分三股,其主力西窜坑里胡,一股窜独城,一股窜坞杜里,均与我派出之诱击部队接触。18日,经坑里胡西窜之敌,与我诱出部队在清高路沿线对战。19日,该股敌与我锦河南岸决战部队在来脊岭、猪头山发生激战。其窜犯独城之敌,亦经我105师一部击退。

南路派出之赣江支队,18日,分窜泉港街、张家渡、经楼圩等地。19日,泉港敌以二百余偷渡赣江,图犯樟树。其先头窜抵新市街时,适我由赣江东岸抽调之49军(欠一师)赶到,乃乘敌半渡之际,予以痛击。寇尸漂流江心者以数百计,残余之敌纷向曲江方面退去。

---

① 中国第二历史档案馆馆藏军事档案。

中路敌继南北两路发动之翌日（16）开始行动，以高安为目标，一股犯祥符观，余敌南犯莲花山。经激战后，17日晚，我放弃高安。18日，敌经高安西窜龙固圩。19日，继续西窜至官桥、泗溪我决战阵地前。于是敌我两军开始明（20）日以后之主力战矣。

自3月20日至3月25日

北路残敌于19日回窜时，复遭我跟踪尾击。20日，我克伍桥河、车坪。至此，北路敌作战未六日，已先行溃退，我军遂得迅速将兵力转用于对敌中路之包围战。

南路敌于20日再向猪头山一带猛攻，经我歼灭千余，敌锋稍挫。乃乘夜将主力由灰埠窜渡锦河，与中路敌军会合，我军得两翼部队之胜利，得以对敌形成包围。

中路敌21日起在飞机30余架掩护轰炸下，用锥形突击法，向我官桥、泗溪阵地猛犯，我正面守军予以韧强抵抗。

此时，我由赣江东岸抽调49军之26师已进至清江以北，协同51师攻敌侧背，105师主力亦渡赣河西进。21日，中路敌被阻于石洪桥、下陂桥、上漆家之线。23日，51师攻占石头街，华阳敌溃锦江北岸，预9师攻占官桥街。至是，锦河两岸之敌悉被困于官桥街地区。24日，19师进展杨公圩，预9师进展官桥街西南，新15师进展水、圩东南，至此形成包围之势。此时武宁方面之78军复钳攻棺材山、望人脑之敌，激战两昼夜，歼敌五百。25日，牛行之敌千余，以汽车沿湘赣公路西进增援，奉新之敌二千余亦增至官桥、棠浦。我为一举歼敌计，遂命105师由灰埠，26师由卢家圩、石头街，51师由界埠，分渡锦江截击，而以74军（欠107师）于杨公圩及官桥街以东堵击。

自3月26日至4月2日

26日，74军在敌机20余架轰炸下攻占泗溪、傲古山、铁笔山、谢家王。27日，协同72军将敌压迫于官桥街、南茶罗一隅，迄夜，敌丈部突围东溃。此时105师、26师、51师均已由指定地点渡过锦河，当分向龙团圩、杨公圩、泗溪，予以截击。28日，74军复攻占龙形山、官桥街，残敌几全就歼。29日，49军于龙团圩及杨公圩截击东溃之敌，到30日，均将敌击溃。31日，49军肃清龙团圩以北残敌后，沿公路向东追击。1日，克复高山城，并逐次攻占左家山、祥符观。2日，攻占西山、万寿宫，70军攻占儒里、温村，并克复奉新城。至是已完全恢复战前态势，本会战遂告终结。①

---

① 中国第二历史档案馆馆藏军事档案。

第三节 桂南战役

一、南宁告急

1939年11月15日清晨，华南沿海的钦县、防城、合浦、小董、灵山等地的军事设施，突然遭到自日本航空母舰上起飞的轰炸机猛烈的轰炸；紧接着，在舰艇炮火的掩护下，日军先头部队及川支队的第9旅团，在及川源七郎少将的率领下，冒着守军海岸炮火，于11月15日8时10分，首先登陆。紧接着，日军先头部队第5师团、第八师团、盐田兵团、中村支队均在钦县的企河、蚁虫山、梨头嘴、横山等地强行登陆，并与第四战区所属第46军新19师发生激战。之后，第5师团突破中国的防线，兵分三路，向北突进，17日，南宁前线告急。

日军进犯桂南

广州沦陷，中国在华南的国际交通线被切断，此后，广西南宁至越南，仍可以为国际交通线，因此，日军在广西钦州湾登陆，向南宁前进，企图切断中国与越南的联系。

广西的部队抵挡不住日军凌厉的攻势，桂林行营主任白崇禧向蒋介石建议，应迅即将远在1000公里外的机械化部队第5军从南岳衡山调赴桂南战场，务于12月5日前集结完毕。

11月19日，第5军军长杜聿明即令第200师为先头，从衡阳上火车，日夜兼程赶到桂林，之后换乘卡车赶往南宁。

入夜，衡山北侧的山林中。第200师师长戴安澜在师部的帐篷中，手提马灯仔细研究地图，对他身边的第600团团长邵一之说："你团作为全师的先头部队，务于三日内赶到南宁，占领阵地后，掩护全师逐次转进。党国的安危，全系在你肩上了。"

邵之说："师长，我追随你征战有年，淞沪、台儿庄、武汉等会战都参加过，我不会给你丢脸的。"

戴安澜语重心长地说："这次不同以往啊，日军要切断我国际交通线，而且是志在必得。"

邵一之严肃地说："我明白，师长。"

戴安澜说："杜军长临时凑集装甲兵团、骑兵团和辎重营的载重车几十辆，供你团使用，等你们到达后，汽车再回来接师主力，估计全军要在12月3日前后到达。因此，你的任务很艰巨，无论如何要坚持到主力到达。"

邵之说："师长，我保证坚决完成任务，不成功，则成仁。"

邵一之是黄埔六期的学生，戴安澜是他的三期学兄，虽说是上下级关系，他却是戴安澜最信得过的兄弟，戴安澜赏识他作战勇敢，统御有方，关键时刻，总是把他放在最前面。

11月23日，第600团士兵与日军第21旅团士兵几乎同时到达南宁以北二、三塘。邵一之用望远镜往远处一看，暗吃一惊，遍野都是日军士兵，一片片的钢盔在闪亮。

在一片硝烟的阵地上,邵一之操着浓郁的湖南话严峻地命令:"师主力未到达之前,任何人不得后退一步,子弹打完了,就是用牙咬也得咬下日本人一条腿来!"

殊死的战斗竟达两天半,第600团的战士,经过长途跋涉,顾不上身体疲劳和给养不足,空腹作战,杀声震天,气势如虹,终使日军攻势顿挫,但团长邵一之血洒沙场。

然而,就在这用鲜血和生命的代价换来的宝贵的两天半的时间里,第200师主力逐次赶到

第四战区司令长官张发奎

前线集中。戴安澜眼含泪水,看着邵一之的尸体,说:"全师全体官兵一定替你报仇!"

第600团的士兵将团长埋葬后,转移到高峰隘一带阵地,修筑工事,防止敌人北进。该师第598团乘汽车刚赶到八塘,便与日军步兵第21联队第3大队大队长森本宅二中佐率领的第3大队和日军骑兵第5联队展开激战。

11月24日,广西省会南宁被日军占领。

在戴安澜的指挥下,苦战经旬,等待军主力的到来;此时,新22师师长邱清泉、荣誉第1师师长郑洞国,先后率领其部到达迁江附近。

桂林行营主任白崇禧冒着敌机的轰炸,驱车来到迁江指挥部,与杜聿明讨论作战部署。他们一致认为,目前的形势只宜固守昆仑关,等主力军集结后,再一举反攻。

12月3日,因防守高峰隘方面的第135师迭遭敌机狂轰滥炸,损失惨重,该师师长苏祖馨下落不明,师主力只剩数百人,阵地被日军攻破,高峰隘失守。4日,南宁以北约50公里的战略要地昆仑关失守,一下子打乱国民党军的进攻计划。但日军兵力不足,转取守势。

12月16日晚22时许,满天星斗,一弯上弦之月出没在薄云之中,四野

远山静悄悄的，看不出一丝大战前的紧张迹象。

谭蓬村，第5军指挥部内，军长杜聿明在召集团以上军官会议，指示作战机宜。在马灯的光亮之中，杜聿明与下属神情严肃。

杜聿明俯向桌前的敌我态势图，指着地图说："我军以收复南宁为目的，决定于18日拂晓开始攻击；以一部迂回八塘敌阵地之右侧翼攻略八塘、昆仑关后，先以一部，向二塘追击，主力于五塘、横岭、谭蓬村一线，整理部队，再继续向南宁攻击前进。"

12月17日2时，荣誉第1师右翼第2团、左翼第3团乘着黑夜向前推进，分别运动到老毛岭及441高地附近和600高地附近。荣誉第1师师长郑洞国将师指挥部由长塘迁到长塘南端的前沿掩蔽所。作战参谋报告郑洞国："第2团、3团均进入指定位置。"郑洞国很满意，走到了望口，看着昆仑关方向，问指挥所里的人："你们谁知道昆仑关的历史吗？我们在这里打一场著名的大战，要扬国威于桂南，不知道昆仑关的历史，可不应该啊。"

他说："昆仑关是中国历史上有名的战场。宋代称云南、广西一带为南蛮之区。有个南蛮的酋长叫侬志高，就是壮族的一个领袖，势力很大，在皇祐年间起兵反宋，连克12郡，攻陷邕州，就是今天的南宁，建立南天国，自立为'仁惠皇帝'，后沿邕江而下，围攻广州达五六十天，未克又回到邕州。宋朝仁宗皇帝派大将狄青出兵讨伐；狄青在昆仑关大败叛军，侬志高逃往云南，不知所终。所以，昆仑关就成了著名的战场。我们将在昆仑关进行的这场大战，也应记载下来，让后人们记住是我们用血肉之躯，筑成了今天的昆仑关，使它永远屹立于祖国南大门。"

凌晨2时整，两颗红色信号弹腾空而起，荣1师开始了对昆仑关的局部夜袭，成排的曳光弹交织在一起，伴随着爆炸声，山川和大地都在猛烈地颤抖。第3团和第2团的士兵们，在2团长汪波和3团长郑庭笈的指挥下，以轻重机枪和手榴弹开道，迅速地冲向高地。日军在突然打击之下乱了阵脚。右翼第2团首先攻占了441高地和老毛岭，接着第3团也攻占了600高地，速度之快令守军防不胜防。

日军今村均师团长得知阵地遭中国军队突袭后，立即决定围歼，于是急派第21联队长三木吉之助大佐率领联队火速赶往突出在东北方的昆仑关。该联队分乘31辆汽车从南宁出发，车队腾起的尘埃像一条滚滚向前的巨蟒，沿邕宾公路向北急进，不到两小时就到达离昆仑关最近的九塘。

坚守昆仑关的日军在山炮、迫击炮、重机枪的掩护下开始反扑。

荣1师第3团组织密集的火力网，拦住了日军田村中队的反扑。激战到拂晓4时，第5军的

战前举行军事会议，白崇禧（左）与蔡廷锴（中）、张发奎（右）走出会场

一线部队在战车和炮兵的协助下，对昆仑关正面之敌展开猛烈攻击。上午10时许，驻守九塘的日军几十门山炮、野战炮不断轰击600高地，步兵乘机向失守的高地再次反扑，高地上一片火海。

师长郑洞国举着望远镜，观察着阵地的变化，他命令：左翼队迅速压迫敌于昆仑关，以重炮压制九塘的敌炮兵阵地。不一会儿，在恩垅司、马岭圩占领阵地的炮兵队的重炮，开始对昆仑关东西高地进行射击，弹着点相当准确，荣1师的士兵见敌炮兵哑巴了，都欢呼起来。

10时40分，荣1师右翼第2团攻占罗塘南端高地及60东方高地，并向昆仑关方向逼进；另以一部攻击界首附近残敌。11时许，大部分日军抵挡不住，纷纷向九塘退却，但是公路东侧、界首西北及600高地南侧等高地的残敌仍坚守顽抗，下午2时，荣1师左翼队进展至枯桃岭、同平一线。此时，天空响起轰轰的马达声，日机10余架临空，协助其步炮兵向罗塘南侧高地、60东方高地、600高地猛烈袭击。我军协同步兵进攻的3辆战车，当即被击中一辆，正在车内指挥的战车连连长牺牲。荣1师有点底气不足，不少日军已冲上阵地，双方展开了激烈的短兵相接战。傍晚，右翼队到达金龙山429高地、上廖、罗塘、荔枝一线，左翼队第3团到达枯桃岭、同平、佛

子岭一线。补充团团长王文第奉命接替了郑庭笈第3团的600高地。预备队第1团在团长吴啸亚的带领下，在仙女山、老毛岭、大坟岭、大球岭一线占领阵地。

在日军顽强的阻击下，荣1师攻势受挫，停顿下来。郑洞国总结了进攻不顺手的原因，以为攻击正面过宽、兵力薄弱，以致无力确保既得战果。

与此同时，邱清泉的新22师分两个纵队，于17日晚利用天黑由黄盛岭、茅岭之线向南推进。由于进展顺利，军长杜聿明复令该师向五塘、六塘以北地区前进，切断敌之退路，以协助荣1师歼灭昆仑关、九塘、八塘之敌。该师左翼队在第66团团长刘俊生带领下占领韦村，与敌人警戒部队交火，激战到20时40分将敌击退，并继续追击。第66团占领六塘，刘团长立即命令构筑工事，同时派人将公路、桥梁及通信联络彻底破坏。

杜聿明综合各方面的报告，判断八塘附近之敌主力似已逐次增加至昆仑关附近，以图死守，便作出决定：

1. 令荣1师确保仙女山、金龙山及其东北方高地、老毛岭、441高地、枯桃岭各要点，于19日拂晓继续对当面之敌攻击，并以一部切断昆仑关之敌后方的交通。

2. 令戴安澜的总预备队第200师，推进到大球岭、庙背岭、马鞍山亘高田圩北侧高地一线，及恭喜岭、高大岭各要点，准备支援荣1师的战斗。

12月19日拂晓，荣1师师长郑洞国下达死命令，不论倒下多少人，也要攻占653高地，并完成对老毛岭441高地的守御任务。

653高地雄峙于昆仑关东北，控制该高地就可以控制昆仑关整个战场，是两军必争之要地。日军第42联队松本部队小川支队200多人在高地上构筑了坚固的工事和密围铁丝网进行固守。联队长松本对守军也下了死命令，战死到最后一个人最后一粒子弹，也不能撤退，以待大部队反攻。653高地的日军居高临下，用重轻机枪扫射；600高地上的荣1师第3团被打得抬不起头。第3团第1营营长黄闻生接到拿下653高地的命令后，派一连从正面攻击，未能攻上；继以组织18挺机枪掩护步兵两个连迂回分击敌之两侧，亦受到敌人凶猛的侧击。经过数次突击，终因敌火力稠密，士兵们均被压在阵前不得动弹。黄闻生清点了一下，连排级军官伤亡过半，士兵伤亡更严重。就在此时，日军守军在小川谷一大尉的带领下，反从堡垒内冲出来进行反冲锋。日军端着刺刀，越过累累尸体，扑向第3团阵地。

千钧一发之时，代连长安朝宣、代排长杨讣明从死人堆中站起来，他们用手榴弹炸开一条血路，所有士兵和能动的伤员，都跃出阵地，端着枪嗷嗷喊叫着向敌人冲去。双方混在一起展开白刃战。小川谷一大尉用指

杜聿明（左1）、徐庭瑶（左2）等在昆仑关前线

挥刀一连劈倒两名第3团士兵，但被一名浑身是血的战士用弯了的刺刀硬戳破腹而亡；由林重治少尉在与3团战士肉搏中，被活活掐死，其余百余名日军士兵先后倒下。荣1师第3团呐喊着，踏着死人堆前进，占领了653高地。

日军决不会坐视653高地的失守，反击一开始就猛烈无比。十几架飞机盘旋着向653高地和老毛岭、441高地上的荣1师守军掷弹、扫射，满山遍野都是头戴钢盔的日军，在大炮的掩护下，轮番攻击。653高地上的我军官兵夺下高地时就大伤元气，伤亡惨重，无力抵御日军的反扑，阵地动摇，高地复被日军攻陷。

二、干掉了中村正雄

军长杜聿明得知653和600高地丢了，焦急万分，急令总预备队第200师师长戴安澜火速增援。戴安澜的部队正憋着一肚子火没处撒，派出第599团一阵猛打，打退了脚跟未稳的敌人，登上653、600高地。同一天，老毛岭与441高地也遭到日军步炮协同猛烈反击，荣1师第2团拼死抵抗，但还是无

法阻止日军一步步逼近高地，形势异常险恶。这时，第200师在敌之侧背一阵狂打，才得以转危为安。

残酷的战斗持续到夜幕降临，由于荣1师攻占了653高地，守住了老毛岭和441高地，使杜聿明大大松了一口气，他深深明白，这些关键高地的收复，奠定了昆仑关战役胜利的基础。杜聿明在20日晨下令，653高地由戴师第599团第2营接管，荣1师第2团撤下，至有明村附近整理待命。

在战役打响的第一天，昆仑关就处于第5军的包围之中。12月20日，鉴于昆仑关正面守敌抵抗顽强，而敌后方部队不断增援，杜聿明决定迅速击破昆仑关守敌，他对攻击部署作了一些局部调整，即令戴安澜第200师担任正面进攻，荣1师负责包围敌之两翼。

清晨，6时许，在战车连和重炮掩护下，我军向昆仑关敌主阵地发起攻击：4辆战车冒着敌人猛烈的炮火，当先冲上邕宾公路，向昆仑关攻击前进；第200师步兵第598团为右翼，第599团为左翼，同时从653、600高地向高地以西山地之敌人展开攻击，然后两团碰头，会攻昆仑关。第600团为预备队，位置于大球岭及庙背一带，戴安澜将师指挥所由狮龙移至大球岭。激战竟日，是日晚21时，师指挥所电话铃响了，戴安澜抢过电话，里面传来战防炮第2连连长曹鸣九激动人心的报告：

"师长，我战车已冲进昆仑关！"

指挥所里一片欢腾，戴安澜当即给第600团团长下达命令：第600团第1营随战车向昆仑关方面攻击推进，其余两营由郭团长带领侧击推进。

敌我双方在昆仑关前展开车轮大战，你争我夺，战场呈胶着状态。据守昆仑关之敌，修筑了坚强的固守据点，每一据点的副防御物及侧防机关的构置，严密周到，上下左右构成密集的立体交叉火力网，守军三木联队长挥舞

高射机枪向日军射击

战刀高喊，誓与阵地共存亡。因此第200师遇到坚决的抵抗。23时30分，第600团郭团长打电话给戴安澜："职团第1营奉令随战车攻击推进至昆仑关，遭敌伏击，推进困难，与敌对峙，东西两面步兵已迫近昆仑关，但敌中村旅团已赶至九塘增援。我部与荣1师尚未联络上。"

戴安澜问："战车情况如何？"

郭团长说："战车遭到敌战车防御炮阻击，又被敌飞机炸毁两辆。"

面对如此情况，再继续推进，恐怕凶多吉少。戴安澜果断命令："停止攻击！"

20日上午10时，日军中村旅团以步兵两个大队为基干，从南宁出发，前面是18辆战车开道，后面是十几门大炮轰击，天上是9架日军飞机的掩护，气势汹汹逼向五塘，企图增援靠拢昆仑关。

邱清泉的新22师负责阻击来敌，终因挡不住来势凶猛的中村旅团，古流岭、那义阵地被突破。

邱清泉骂娘了，他命令新22师副师长带领刘参谋赴右翼第64团阵地督战，并将畏缩不前的第64团第1营营长李希真撤职，让第1连连长李济才代理营长，并嘉奖作战勇敢的第64团第2营、65团第1营，除由参谋处记功外，各赏法币500元以资激励。

晚9时后，中村旅团再次力图冲破阻击，战斗更为惨烈，右翼第64团阵地是敌攻击重点，第3营营长李振一重伤，阵地遂陷落敌手。凌墓村、陈明村一带阵地失而复得、得而复失数次，最后第64团官兵将日军击退。

师长邱清泉吓了一身冷汗，这要叫中村旅团冲了过去，怎么向军长交代？他亲率师部人员，由鸡村移至林村北端高地的第65团指挥所指挥战斗。尽管日机20余架轮番轰炸，日军汽车数百辆运载步兵往来于五塘、六塘间，入夜以后，除五塘、那义阵地仍在敌手外，其余阵地无变动。

左侧支队在第200师副师长彭璧生带领下，从清晨7时起占领八塘以东高地，主力向八塘推进，中年将八塘东南两侧高地全部占领。至此，南宁至昆仑关间敌之交通，完全被我截断，公路、桥梁亦施以阻绝全部破坏。

第5军各部从三面紧迫昆仑关,新22师、左侧支队仍在阻止增援之敌靠近。第200师方面,第598团好不容易占领罗塘高地,旋亦复失;第600团一部战至天黑,曾一度迫近昆仑关前200米处,由于遭公路两侧敌人的侧击,立不住脚,终于退出。第599团奋力将界首东北附近高地的一队日军击溃。

荣1师方面,为阻止大队日军打通七塘、八塘的交通,从20日拂晓开始一部与敌激战于板壁附近,主力转向九塘攻击。19时许,迫近九塘西北高地的敌主阵地,双方发生激战。荣1师士兵受阻于敌阵地铁丝网前,几经突击,未能奏效,伤亡过重。

新22师方面,由于20日与优势之敌在五塘、六塘激战,两败俱伤,但阵地未丢。该师受令在马鞍山、春虎山、林村、鹿鸣山一线占领阵地与敌对峙。

是晚9时30分,日军三木联队长向中村正雄旅团长发出126号电报,表示他在最后关头的决心,电文这样写道:

"本日午后起,本部队在九塘附近遭敌包围攻击,现以一个小队作为预备队固守在九塘。在各种弹药不足的情况下,决心依靠刺刀消灭敌人。"

昆仑关及九塘的敌人虽然战斗力极强,但北面高地守备队因弹药缺乏,全靠刺刀和竹子削成的扎枪作战,日机先后空投弹药粮秣,但大多落在中国军队的阵地上。

12月21日中午12时50分,中国空军第4大队10架E5驱逐机飞抵昆仑关上空,俯冲对敌地面部队连续攻击3次,14时28分返航。是日,空军第3大队、第4大队米格式机3架、E5驱逐机9架,7时25分从柳州机场升空飞抵昆仑关上空,准备掩护第5军步兵进攻,由于地面部队未铺信号布,恐误伤友军,盘旋至9时45分返航。降落不久,机场空袭警报骤响,日轰炸机18架前来轰炸第四战区张发奎司令部,第3、4大队驱逐机冒着敌机扫射轰炸的危险,强行升空,展开空战,日机一架被击中起火,驾驶员、投弹手被击毙,其余跳伞逃命,我空军机群追至来宾后返航。

参战的装甲部队

23日,战斗激烈程度不减,黄昏后,第598团苏营与敌反复冲锋数十次,日军死战不退,据守北端第一线三角山的日军第4中队第1小队小队长濑长正三少尉与下属全部阵亡。第598团占领三角山高地。

自攻击令下达以来,荣1师、第200师伤亡人数已逾两千以上,这个数字出乎杜聿明的意料,每一座高地均是一块难啃的骨头,高地上下到处可见被炸烂的尸体。昆仑关战场犹如一个屠宰场。

同日,日军中村正雄少将身先士卒,挥舞指挥刀率部冲击七塘口,日军潮水般往前冲锋,突然,一颗子弹飞来,中村正雄左颊被穿透,鲜血直流,他简单包扎完伤口,继续率部冲锋;据守在昆仑关、九塘的日军联队长三木吉之助大佐已经命令烧掉军旗。

中午13时30分,三木大佐向中村正雄及兵团参谋长发出电报:"我部已弹尽粮绝,士兵捡拾田间落穗、杂草充饥,迫击炮中队已把炮埋在地里,用竹子削成扎枪战斗,粮秣可停止空投,最紧急的要求是给第一线阵地补充步枪子弹；傍晚前旅团若来不到，第一线难以确保。"

与此同时，南宁占领军司令部的兵团长今村均中将下达命令：龙州的及川支队要克服万难，不分昼夜向南宁急进，兵团决定在九塘附近拉开战场与国军决战。守钦州的台湾旅团盐田旅团长也派遣两个大队，赶往前线。步兵第11联队的伊藤大队乘坐106辆汽车，兼程赶往南宁，车队行进到南宁西约60公里的西长墟的狭路时，遭到傅仲芳第99军梁汉民第92师的阻击。

24日上午，大塘方面，日军中村正雄主力利用黑夜冲入七塘附近公路和西山地，在中国军队的节节阻击下，经过一昼夜强行突击，终于接近九塘，与三木吉之助联队被围在昆仑关的部队遥遥相对。

中村正雄头缠绷带，在九塘西面三公里的水橙西北高地上，用望远镜观察，他略有兴奋地说："从南宁出来到这里不到五十公里的路，我们整整冲了五天，现在终于离九塘只有三公里了，只要我们强行通过公路，就可以和三木的部队会合。"

他拔出战刀高声喊道："不要怕牺牲，一定要冲过公路。"

日军不顾一切地冲向公路。

此时担任阻击的荣1师第1团和第3团仍顽强地坚守阻击阵地向日军开火。中村正雄在望远镜里看得真切，他的部队在机枪扫射声中，拥上公路，成批地栽倒在公路两侧。突然，他发现望远镜中对方高地的某一处有光点闪动一下，也像是望远镜在阳光下的反光。他大声喊："支那军指挥官在那里，机枪……"话没说完，身子一震，手捂腹部，鲜血伴着肚肠流了出来。他单腿跪在地上抓住指挥刀试图站起来，却一下子栽倒在地上。

三木联队还在昆仑关苦苦死守着，能够抵抗的人所剩无几。

16时30分，第5军的炮兵开始射击了。150毫米榴弹炮、山炮、战防炮构成密集的火网，覆盖昆仑关的阵地上和附近高地上，炮弹的爆炸声，惊动人的心魄。尤其是炮兵主要打击的是罗塘南端高地，在炮击中几乎不再相信那里还会有人存在。但那里却有顽固到底的日军士兵。罗塘南端高地

第七章 南国风雨

激战中之七塘墟

为昆仑关屏障，日军在这里修筑了碉堡群作为据点，配有重机枪8挺，轻机枪20挺，地堡左右还有侧防野堡和掩体。它们相距不超过200米，共有200多名日军。各种堡垒构成浓密的火力网；在外围据点还有三道铁丝网。

荣1师以第1团防守441高地，并以主力确保在六扒、六寻附近，各以二部监视九塘和昆仑关之敌。第2团在重炮掩护下，对罗塘南端高地发动进攻。重炮营以150毫米榴弹炮试射3分钟后，炮声停止，间歇5分钟，地堡里的日军又钻出来进入战壕，重炮再次射击3分钟，不少日军士兵以为第一次炮击后就是步兵冲锋，没料到一阵冲锋号声后，又是一次铺天盖地的炮击，这一战术使得几十名日军士兵丧命。进攻高地的第2团团长汪波，将幸存的第2团士兵编足约三个连，归第2营冯军山营长指挥，他命令每名步兵携5枚手榴弹和一把大刀或钢锹，没有的用锄头，冲到铁丝网前拼命抢砍，打开几个缺口，部队再往里冲。他让连与连以纵队重叠，排与排距离30公尺，一波一波相继跃进。

冲进铁丝网的战士与战壕里的日本兵用手榴弹、大刀、刺刀展开肉搏战。日军森山中尉率十几名拿刺刀和扎枪的士兵冲向第2营战士，森山中尉手持竹扎枪捅进一战士腹部，自己被背后冲上来的战士用刺刀捅死。不少战士在搏斗中拉响最后一颗手榴弹。战壕里、地堡旁，到处在扭打，到处是尸体。

第2营的战士相继越过铁丝网，冲进高地。

18时40分，罗塘主阵地的地堡上启旗挥舞，日本兵站起来，高举着双手，用中国话高声喊着："我们投降了，不要打了，投降了！"

第2排排长喻国强命令士兵冲上去，当冲到地堡前十米处时，地堡内，在返田上尉的指挥下，轻重机枪手小西胜之进和耕正治手中的机枪"哒哒哒"地吐出火舌，喻排长前胸中弹，身边的战士相继倒下十来个。

排长陆汉卿被日军的诈降激怒了，他对战士们喊："扔手榴弹，炸死这群王八蛋！"

战士们纷纷抽出手榴弹向地堡扔去，炸得火光冲天。

此刻，返田上尉与几名日本士兵手握刺刀枪和竹扎枪冲出地堡。排长陆汉卿与愤怒的战士扑了上去，陆汉卿的大刀砍在返田的脸上，顿时返田两只眼睛被砍瞎了，他满脸是血，像条疯狗一样号叫，用竹扎枪胡乱捅，几个士兵同时用刺刀戳中了他。第2营战士们冲到地堡前，最后两名机枪手小西胜之进和耕正治摇着白旗从地堡内钻出来。怒吼的第2营2排士兵冲上去，抡起大刀就砍。排长陆汉卿大叫："留个活口，有赏！"但愤怒的士兵已顾不得了，一刀挥下，耕正治前胸鲜血直冒；接着士兵向小西胜之进又是一刀，小西身子一偏，刀砍在其肩膀上，立即哭号起来。陆排长急忙拦住战士："留一个问口供！"陆排长派人用担架把小西胜之进与耕正治送到军部去，耕正治在半途中流血过多而死。小西胜之进是日军罗塘南端高地唯一的幸存者。

26日晨5时18分，当东方的太阳在昆仑关上露出微曦时，日军第5师团第22旅团旅团长中村正雄少将，面带遗憾地闭上了眼睛。这是在昆仑关战斗中战死的日军最高级指挥官，日军为他降下半旗志哀。

三、铁血昆仑关

攻打昆仑关的战斗开始了。26日16时40分，当攻击开始时，3架中国空军轰炸机和1架米格飞机，在费金大队长率领下，再次抵达昆仑关、九塘上空，协助第200师的进攻。很快，飞机看到地面铺的信号布，飞机盘旋之后，开始对准九塘敌阵地俯冲。"轰轰轰"一枚枚50公斤重的炸弹落在日军阵地上，碉堡、辎重、尸体飞上天，不少地堡的机枪停止了叫唤。第200师的士兵，训练有素地向高地冲去。荣1师师长郑洞国命令第3团由罗塘南端高地向昆仑关攻击。天逐渐黑下来，但第200师和荣1师的攻击势头依然不减。士兵们终宵激战，当东方的旭日喷薄欲出时，荣1师第3团率先冲进了昆仑关。

太阳伴随着枪炮声越来越红。十几架敌机在太阳的照射中低空飞来，在昆仑关环绕侦察后，用机枪扫射，投弹轰炸。此时，隐伏在岩洞里和工事中的日军残余开始反击。午后，日军援军赶到，汇合公路两侧的部队和九塘方向的日军近千人，向丢失的阵地反攻。在飞机的掩护下，日军与荣1师第3团第2营主力混战在一起，恶战持续了4个多小时。第2营伤亡到极限，第1连战士伤亡殆尽，独剩连长吴兴智怀抱机枪，东扫西射，凭险固守，独立苦撑，他一人阻止了60多名日军的冲锋。日步兵第21联队第2中队打急了眼，调集所有山炮、野战炮、速射炮、迫击炮，对准昆仑关主阵地轰击，发誓要炸死吴兴智。

炮声隆隆，火光闪闪，在日军疯狂的炮火中，孤身苦撑的连长吴兴智被炸成碎片，壮烈成仁，昆仑关得而复失，再次落入日军之手。

南宁方面的日军增援部队已围过来了。此时，第5军包围昆仑关的部队，如果不迅速拿下昆仑关，完全有可能被敌人反包围。杜聿明面对死战不屈的昆仑关守敌感到棘手，他下决心，将主力集中于正面，集中全军优势炮火，采取逐次攻克各据点的战术，迅速击破当面之敌，克服昆仑关。

12月28日晨6时，杜聿明在南天村第5军司令部下达了第42号作战命令。下午14时30分，第200师第598团迫击炮营第2连，进入北同兴北端小高地前800米处，第600团第1营及补充团第1营和第46军山炮连在刘少峰代团长指挥下，秘密进入界首西南高地阵地前400米处停止。随即，第598团作为佯攻部队，发射了一颗红色信号弹，表示到达了攻击准备位置。

15时整，第5军炮兵队用三门重炮开始向界首和653高地轰击，一发发重炮弹落在敌阵地上，撩起的烟尘像竖起的一堵高墙，大炮持续吼叫了7分钟，随后第600团和补充团开始向界首、653高地发起冲锋。与此同时，战车防御炮第2连开始向北同兴敌阵地猛烈开火，并向前推进。第598团的一连兵力开始佯攻，598团攻击顺利。北同兴高地附近数小高地被占领。固守界首北侧高地的日军坂田部队第5中队200多名士兵，在重机枪4挺、轻机枪10余挺组成的火力网下，凭借强固的坑道式堡垒拼命顽抗。在戴安澜指挥下，第1营在左，第3营在右，猛扑堡垒东侧敌的支撑点。左翼第1连急攻直扑山顶，官兵前仆后继，终将铁丝网破坏，奋勇冲入。日军发信号弹求救。片刻之后，日援军向荣1师第3团猛扑而来，一场白刃战又在高地上展开。第1连连长谭俊麟携手榴弹率兵数名，向前冲击，中弹倒下。第2连连长洪运龙奉命增援，率全体官兵冲杀上前。此刻，三辆战车沿公路攻击前进，以火力压制敌人的侧防机关，并掩护步兵攻击，战车派出侦察军官沿公路左侧与步兵一同前进，迅速侦察日军战防炮的隐蔽位置，并以旗语通知后面的战车隐蔽。开始战车进展顺利，但敌人从观察镜中望到正在打旗语的军官，派狙击手一枪打死指挥战车前进的联络军官。日军几门战防炮齐发，一辆战车被击中，战车无法掩护部队前进。

荣1师也按攻击命令，开始向441高地、金龙山、仙女山各要点攻击，但打了一整天，亦无进展。入夜，日军抵抗不住冲上界首高地的荣1师第2连士兵，短兵相接之中，日军突然施放毒气。第2连连长洪运龙和士兵猝不及防，纷纷中毒昏倒在阵地上。日军穿着大皮鞋从战壕中爬出来，用脚猛踢昏倒的第2连官兵，洪运龙连长身负重伤，被皮鞋踢在伤口上，疼得呻吟了一声，当即被日军用刀砍下了头颅。残暴的日军将所有昏倒士兵的头统统砍下。

此时，活着的官兵再次跃起，他们悲愤不已，报仇心切，疯狂地冲向日军，在手榴弹的猛轰下，战壕和地堡内的日军支持不住，走出来举枪投降，被班长王玉龙、上士李凤山等人指挥士兵用刺刀将俘虏全部捅死。枪声、炮声、喊杀声，渐渐地停止下来。

东方的启明星已经升起，上士李凤山带着剩余的十余名士兵，面对着黑洞洞的群山，欲哭而无泪，他们热血似乎凝住了，心也停止了跳动，只有打得像筛网一般的军旗，在寒冷无情的晨风中静静地飘动。在他们身旁，还有日军中队长富田新一手腕上的夜光表在嗒嗒地走响。富田新一的尸体旁，半蹲着小队长少林武夫，他的模样可怕而狰狞，龇牙咧嘴双手紧握着刺进自己胸前的刺刀，似乎想把它推出来，一个中国士兵端着刺刀向前躯，他们是同归于尽的。日军小队长伊藤孝一也被毒气毒死了，他是在中国士兵冲上阵地后，来不及戴防毒面具，便开枪打爆了毒瓦斯罐。几百具尸体、十几挺轻重机枪、百余支步枪，一堆堆的子弹壳、掷弹筒和军用品，清晨的空气中飘散着带血腥味的硝烟。

拂晓，第200师方面继续扩大昨日的战果，向界首东西各要点猛烈攻击。激烈的山地浴血战又开始了，第5军炮兵队的大炮集中于一处，发挥了最大威力。步兵们带着疲劳和军装上的血迹又开始冲锋了。在炮兵的掩护下，士兵们一寸寸地抵近日军阵地，用手榴弹炸开阻挡前进的铁丝网冲进去，依然是残酷的刀光剑影，血肉横飞，下午1时30分至4时，日军两次向失地反攻，均被击溃。

在克服昆仑关的最后时刻，军长杜聿明把这一重任交给了新22师师长邱清泉。

12月30日晨5时15分，在新22师方面，60东方高地上炮兵观察所发出信号，各种口径的大炮炮口对着南方，向界首、同兴以南各高地敌堡垒开始

激战后之四塘墟

射击。20分钟后，步兵发射红色信号弹3发，要求炮兵延伸射击，一会儿，大炮的弹着点落在纵深处。5时40分，新22师的攻击部队开始攻击。日军利用南北同兴、界首附近各据点拼力抵抗。日军侧方的机关枪喷出一道道的火舌。新22师士兵冒着日军的强烈炮火向山顶冲击，不断有人倒下，但士兵们一往无前丝毫没有半点停顿。上午9时许，6架敌机疯狂地在阵地上空轮番俯冲扫射、投弹。界首北侧的攻击部队最多，落下的炮弹也最多，官兵们死伤很多。阵地上的高射炮、高射机关枪组织起对空火力网，射击持续到11时，敌机向南宁方向逃去。

12时，第5军的大炮压制住界首附近和昆仑关的敌炮兵阵地，南北同兴、界首附近村落及其东南各高地先后被新22师攻克，战车在步兵的指引下，将界首、昆仑关各山麓岩缝、石洞中的敌侧防机关一一打掉。

12月31日，清晨6时整。国军的重炮以雷霆万钧之势吼叫起来，密集巨大的爆炸声，震得山岳失色，大海翻腾，轻重机枪的"哒哒哒"声连响不绝。清晨中火光冲天，浓烟滚滚，枪炮声就像迎接新年的鞭炮一样令人亢奋、激动，昆仑关刹那间被硝烟、泥土、弹片层层裹了起来。望远镜中什么也看不清了。

"冲啊——"

"杀啊——"

新22师第65团的士兵们，以崭新的面目首先从界首北端高地及公路两侧向界首东南端的日军高地、碉堡发起攻击。公路上，骑兵团的马队、战刀寒光闪闪，向前冲锋，一眼望去，浓尘滚滚，像一条奔驰的巨龙。在骑兵身后，是十几辆轰轰开进的战车。在头一辆战车中，坐着师长邱清泉。邱清泉命令3辆战车一字排开，用炮火同时压制日军的机枪，然后他用无线电亲自为炮兵团指示目标。榴弹炮的炮弹在空中划过巨大的圆弧，准确地落在高地上，日军的火力顿时削减，第65团的士兵跃起猛冲上去。

8时30分，界首南端各高地上相继飘起了第5军的军旗，国军向昆仑关展开最后的攻击。此时，第64团的士兵们，也向昆仑关攻击前进。11时20分，新22师第64团第9连官兵首先闯入昆仑关。他们异常兴奋，一阵疯打，日军纷纷向九塘方向溃退。第9连士兵不断向前跃进，新22师主力一举冲进了昆仑关。

邱清泉坐着战车冲向昆仑关，他把头伸出战车，手持无线电对讲机与杜聿明通话："军座，军座。"他激动不已，嘶哑的喉咙再也无声音发出。见此景象，战车连长接过对讲机："我军已占领昆仑关！占领昆仑关！"

此刻，杜聿明兴奋地将帽子摔在地上："好！打得好！邱师长，我要在委座面前为你请功！"邱清泉的眼睛被泪水模糊了，耳边尽是士兵们的欢呼声，天空飞舞着无数的军帽……

12时整，杜聿明亲自口授，给重庆军事委员会委员长蒋介石发出报捷电。

第5军的伤亡情况：全军阵亡军官123人，士兵5560人；伤军官265人，士兵10847人，总计伤亡人数16795人，而全军参战人数为54034人。歼敌旅团长以下4000余人，以惨重的代价，夺取了昆仑关战役的胜利。但南宁仍在日军手上。

1940年1月下旬，日军又从其他战场抽调了第18师团和近卫混成旅团增援广西日军，向中国军队实行反扑，昆仑关于2月3日再次失守。此后，中日双方军队在宾阳、武鸣地区展开激战。宾阳被日军攻占后，日军第18师团返回广州归建。1940年10月，日军第5师团由广西龙州进占越南，战线延长，兵力分散，于是便逐步从南宁撤兵。中国军队随即跟进，收复龙州、凭祥、南宁、钦州、防城等地。

第八章 南岳雄峙

第一节 南岳雾霭

一、长沙大火

1938年10月下旬，武汉、广州相继沦陷，华南大地的粤汉铁路失去首尾，反而突出了处于中间的长沙。

历时5个月的武汉会战，在纵横千里的战线上，日军投入几十万兵力。会战中日军补充了五六次兵员，最后以死伤20多万人告终。日军元气大伤，无力再发动新的进攻。中国几乎全军出动，伤亡极大，也付出了惨重的代价。可以说，中日双方几乎都到了力竭不能再战的地步。

几个月的战斗，使蒋介石处于高度紧张的状态。他认为日军力犹未尽，还能再攻，下一步必定是长沙。

11月9日，蒋介石在长沙召开军事会议。参加会议的有军事委员会在长沙各部门的军事长官和第九战区有关集团军的总司令等。

会议议题是布置长沙保卫战。武汉失陷后，长沙成了溃兵、伤兵和难民的集中地。鄂南湘北的大路上，逃难的人群蹒跚而行，长沙城大有风声鹤唳、草木皆兵之象。想到此，蒋介石在会上提出了"焦土抗战"论。他说，武汉撤守，就应该把它烧掉，免得资助日军。这是以空间换取时间，保存实力，而争取最后的胜利。

他问张治中："文白，长沙怎么办？"

张治中当然明白蒋的意思，他欠了欠身体，没有回答。蒋介石挥了挥手说:"不要迟疑,烧掉就走,把能运的物资运走,运不走的统统烧掉,公用和民用的都烧掉,免资敌用。"

蒋问粤汉铁路局局长何竞武:"何局长,这么多的火车头和车皮,把铁路都塞满了,你怎么办?"

何竞武一肚子狐疑,也说不出话来。蒋介石看他在犹豫,便做了一个果断的手势:

"壮士断臂,还犹豫什么?都烧掉!"

蒋介石在湖南,除了烧,好像没有别的措施,尽管冯玉祥等提出不同意见,但蒋历来是说一不二的。

张治中毕竟是湖南的"现管",他要对三湘四水的父老乡亲负责。他知道,一着错棋往往会铸成全盘大错,因此他心情阴郁而复杂。11月12日,侍从室一处主任林蔚给张治中去电话:"我们对长沙要用焦土政策。"旋即蒋介石又让侍从室正式给张治中去电:"长沙如失陷,务将全城焚毁,望事前妥密准备,勿误!"张治中是湖南的地方官,焚毁长沙责任重大,虽有命令他也不敢贸然行事。他召集长沙警备司令酆悌、湖南省保安处长徐权研究办法,并就酆悌的《焚城准备纲要》说:"这个计划最好只备而不用。在敌人逼近长沙时,须先发紧急警报,待老百姓离开市区方开始行动。"但11月12日战事波及汨罗前线,敌人距长沙尚有300余里,风声鹤唳,草木皆兵。当天夜里,便有人放起大火。一时间,全城各处都燃起熊熊大火,火光烈焰烧红了长沙上空。

大火烧毁了长沙古城。当时,国民党中央宣传部和军委会政治部联合发表了《关于长沙大火经过真相之说明》,辩称其原因:

(一)由于地方军警负责者误信流言,事前准备不周,临时躁急慌张之所致。

战前的长沙

张治中在会议上讲话

（二）由于曾从事破坏准备之人员及人民（自卫团员丁森等）鉴于敌机之连日轰炸及最近平江、岳州、通城、通山等县被炸之惨，激于民族义愤，以为敌寇将至，乃即自焚其屋，遂将准备工作变为行动。于是一处放火，到处发动，以致一发而不可收拾。

11月14日，蒋介石到长沙视察，他站在长沙的焦土上，面对着余烟未尽，弥漫着人肉焦臭味的长沙瞠目结舌。

张治中哭丧着脸向他负荆请罪，请求严予处分。蒋自然明白"张皇失措"的并不只是张治中一人，始作俑者其实是他自己，不由叹了口气说："就这一次事件的根本成因研究，可以说不是属于哪一个人的错误，而是我们整个团体的错误。"

水火无情，长沙大火还不比黄河决口。黄河决口淹死了成千上万的无辜百姓。也确实挡住了进犯的日军，两者虽不能相抵消，有其阻敌的意义。但长沙大火不同，敌军未到而把自己的城市变成焦土，百十万人无处栖身，引来了全国人民的愤怒和舆论界的强烈谴责。蒋介石于11月16日举

长沙大火损失惨重

行茶会招待外侨,亲自说明事件原因,表示歉意。

为了平息国人的愤怒,蒋介石当即命令航空委员会主任钱大钧和第74军军长俞济时,将这次火灾的直接责任者长沙警备司令酆悌、警备团团长徐昆、警察局局长文重孚三人逮捕。他同时密电俞济时:"长沙放火罪人酆悌等三人,立即执行枪决……"

湖南省主席张治中受撤职留任处分,迫于舆论和湖南民众的义愤及压力,张治中于12月30日向国民政府主席林森和蒋介石提出辞职。

长沙大火虽告了结,但日军以武汉为据点伺机向湘北、鄂南进犯,仍是国民党正面战场上的心腹大患。

日本军队占领武汉,对中国方面来说,敌人占领了中国的腹地城市,直接威胁着抗战的大后方,但从日本方面来说,战线拉长,兵力不足却成为它的致命问题。

攻占武汉后,第11军司令官冈村宁次心情阴郁。尽管以日军参谋总长为首的国内贺电像雪片一样飞来,也改变不了他烦躁的心情。因为,攻占武汉后,冈村宁次的第11军面临着十分严重的局面。

如果把冈村宁次第11军30多万人马比作日军的一条腿，那么这条腿已被深深地陷在武汉这个泥潭中。

攻占武汉后，冈村宁次赶至九江慰问野战医院的伤兵，各医院人满为患，伤兵们残体断肢，哀号不止。有的伤兵还未断气，即被拉去焚烧，其凄惨情景使冈村不寒而栗。他怀着惴惴不安的心情又回到武汉，这时虽然占领了武汉的外围金口和咸宁，但冈村还是感到不安全，这一带地势平坦，中国军队若进行反攻，很容易迫近武汉。冈村向参谋本部第一部长桥本提出，从地形上考虑，日军主力应向南追击中国军队至岳州、崇阳一线。但桥本表示毫无办法，日军已无机动部队可调。

但第11军参谋长宫崎似乎不肯罢休。他认为，趁中国第九战区军队退却之机，日军应进行坚决猛烈的追击。于是，他在10月29日下达了以第6师团一个有力支队溯长江向荆州，以第27师团、第9师团、铃木支队向南边的岳州、崇阳追击的命令。部署完毕，宫崎拿着起草的命令要求参战各长官签字，但担任后勤补给的后方主任二宫中佐参谋提出："运送补给极为困难，不能负责。"这一举动使宫崎参谋长、冈村宁次司令官大吃一惊，二宫在两位长官面前从来唯命是从，从不讨价还价，他们二人明白，不到十分困难，二宫不会有此举动。现参战各级长官都已签署了命令，箭在弦上，不得不发。冈村、宫崎二人只得鼓励二宫："要排除万难，坚决追击！"并说："责任由我宫崎来负，务请全力以赴。"

日军追击部队沿着一两条山路向南而去，日本军队已如强弩之末，国民党军队则像惊弓之鸟，双方难以发生大的战斗，只是令蒋介石在惊惶之余，放火烧了长沙。双方在湘北鄂南形成对峙之势。

二、南岳会议

日军侵占武汉后一个月，华中的战事处于平静状态。除了华北的八路军不断向日军发动游击战外，国民党军队正忙于休整喘息。日本军队也在调整部署，进行整顿。

1938年11月25日，蒋介石在南岳衡山召开军事会议。参加会议者除军事委员会各部和国民党军队的高级将领外，第三、第九战区师以上军官百余人也列席大会。周恩来和第18集团军参谋长叶剑英参加了会议。

军事会议的重要议题是总结抗战第一期作战的经验教训，确定第二期抗战的战略方针，蒋介石在会上作了讲话。他说："抗日战争分为两个时期。从卢沟桥事变到武汉失守为第一期，以后到抗战结束为第二期。在第一期我们虽然失掉了许多，就一时的进退而言，表面上我们失掉了许多土地，表面上我们失败了；但是从整个长期战局上讲，我们不但没有败，而且是完全成功的。因为我们在辽阔的国土上与敌周旋，使敌多次欲与我决战，消灭我军主力，以求速战速决，打败中国的企图落空……"

蒋介石极力夸大他指挥的第一期抗战的战果。他说，在第一期作战中，我们虽然付出了很大的代价，但我们也使日军付出了空前惨重的代价。据统计，日军在第一期作战中共伤亡44.7万多人。同时，在第一期作战中，我军广大的官兵为了国家和民族的利益作出了巨大牺牲，出现了像佟麟阁、王铭章、郝梦龄等以身殉国的民族英雄，使一贯轻视中华民族和中国军队的日本侵略军，不得不为中国军人的牺牲精神所惊讶。这也使世界友邦和世界人民对中国军人的牺牲精神发出赞叹之声。

同时，蒋介石对在第一期抗战中像韩复榘那样不听命令、自行其是的将领痛心疾首。他丢掉讲稿，愤怒地痛斥军队中种种可耻的行为和劣迹。他说，某些将领指挥无能，各行其是，保存实力，不顾民族利益和抗战大局。统帅部的命令得不到贯彻执行，甚至连统帅部也不能抽调某些地方的部队作机动使用；有的高级将领要小聪明，躲避命令，规避责任，用这一套把戏来对付战区司令长官，使之无法指挥作战，部队的官兵阵亡之后暴尸疆场，无人收尸；有的部队纪律涣散士兵逃亡；有的部队土匪习气严重，所至之处老百姓视为仇人，逃避一空，还有的谎报军情，不负责任，报喜不报忧……

然而，蒋介石却闭口不谈产生这些弊端的原因和解决的办法。尽管这样，蒋介石厉言正色的批评，也足以使到会的军官们胆寒了。

而后，蒋介石向将领们分析了敌我双方军力的情况。他认为，日军占领武汉之后，因兵力不足，补充困难，已无力发动大规模的进攻。但是，日军陆海军和航空队装备优良，训练有素，配备充足，火力大，战斗力仍很强。鉴于此，第二期的抗日作战，将是敌我相持时期，即在这个时期，日军不可能再深入到国民政府的后方，但中国军队也不可能一下子打败日本人，将其赶出中国。

基于对形势的判断和综合到会将领的意见，蒋介石提出了中国军队在第二期作战的指导方针：连续发动有限度的攻势与反击，以牵制消耗敌人；策应敌后之游击部队，加强对敌后的控制与袭扰，化敌人后方为前方，迫敌局促于点线，阻止其全面的统治与物资掠夺，粉碎其以华制华、以战养战的企图；同时，抽出部队轮流整训，强化战力，准备总反攻。

这里，蒋介石把他一向看不上眼的游击战提高到战略高度加以重视。

太原失守后，八路军在华北开辟了敌后战场，并以积极主动的出击，极大地配合了正面战场上的徐州、武汉等会战。共产党、八路军的政治影响极大地、极快地扩大，民族救星的声浪在全国传布着，共产党和八路军决心坚持华北的游击战争，用以捍卫全国，钳制日寇向中原和西北的进攻。

蒋介石在这次军事会议上决定，正面第一线战场上，要不断主动出击日军，将日军主力和注意力吸引到前线来。同时，抽调三分之一的军队进行补充轮训，以待反攻。

蒋介石对形势的分析和对第二期战略的制定明显受到中共及其代表周恩来的影响。除1938年5月毛泽东发表《论持久战》外，1939年5月周恩来以政治部副部长的身份在国民党中央宣传部国际宣传处发表讲演，关于第二期作战中的敌我战略他曾这样指出：

七七事变发生后，敌人用兵于中国，其作战的策略，可以分为三个步骤,即速战速决、速战速和及以战养战,经22个月之久的抗战,敌之速战速决及速战速和两个策略均告失败。最近敌知非长期战争,不能解决整个战局,但又不欲且不能支持长期战争,于是乃实施"以战养战"之策略,企图困我,并逼我屈服。……在我二期作战中,敌军扫荡重于进攻。其主要兵力,配置于其占领地区,即我沦陷区内,从事扫荡战。是以武汉撤退后,半年来除赣北之南昌、鄂北之枣阳外,无主要战斗。至若扫荡战,是在各地大规模进攻,华北方面敌军转战于五台山、中条山、风陵渡、正太路、河北中部,嗣后又复返五台山及晋南。其所用兵力,总计不下十个师团。其次为津浦路沿线,山东半岛及江苏北部之战,敌所用兵力,亦达四个师团……

现在就二期抗战中,我国所应取策略而论,在一期作战我之战略,系以空间换取时间,将敌引诱至有利地带,以待时机,实施反攻;二期作战之战略,乃须变敌后为前方,积小胜成大胜。而最重要者,为不使敌人利用我战区之人力物质资源。此种争取战区之政策,实为我二期作战之主要政策,至此政策之实现,在军事方面,要在敌人后方展开游击战……至游击战有两个重要的任务,一为创造敌后的根据地;一为经常消耗敌人之兵力。假定我军能在敌军后方创造根据地,则不惟能把敌军地盘缩小,而且能牵制敌人多数兵力……

总而言之,一期作战是诱敌深入,分散其兵力于我之广大地区,使之陷入泥淖,而莫能自拔;二期作战,我应深入敌后,展开全面战斗,到处攻击敌人,使之胶着分散,疲惫削弱,以待我之反攻。盖我军在二期作战之计划,已倾全力于敌人后方战区之争夺,是以今后战事,我军应移其注意力于敌后。我国诚能在敌后获取胜利,则二期抗战之战略要求,即将完成大半,我之反攻时期方针,乃益接近也。

武汉、广州失守,给国民党统治者的心头蒙上了厚厚的阴影,南岳衡山也云遮雾罩。国共两党通过对前期抗战经验教训的总结,对今后的战略方针达成共识,为抗战的发展前景指明了方向。

指挥敌后战场作战的朱德总司令

南岳衡山透出一派春天的生机！

对于抗日战争的战略估计，国共两党认为应采取持久的战略，这是共同的。但在怎样实现持久战，具体到对日作战中，应该采取什么样的战术？两党的做法又各不相同。蒋介石主张"深沟、广壕、坚壁、厚盖、固守、坚拒，乘机袭击，大敌则避，小敌则战，制敌死地，全在于此"。

这种战法，使人们想起了五次"围剿"时他对待红军的作战方法。岂不知蒋介石这句话本身就很矛盾，往往成为下属军队逃避敌人的借口。先说深沟、广壕的防御和坚壁、厚盖的工事，国民党哪里来这么多的本钱？抗战前蒋介石曾发给华北部队一些钱，结果都进了私人的腰包。再说大敌则避，小敌则战，敌大敌小都是相对而言，敢战，大敌也为小；怯战，小敌也为大。因而抗战开始不久，敢战的孤军奋斗，如谢晋元团等。怯战的无论敌大敌小都是望风而逃，甚至敌影未见，部队先逃，如韩复榘辈。长江三角洲、吴福防线在淞沪的大溃败中却形同虚设。

与蒋介石的方针不同，中国共产党在抗战初期即提出了积极、全面的抗战方针。1937年8月9日，中共代表周恩来、朱德、叶剑英到南京，提出了《确立全国抗战的战略计划及作战原则案》。该方案正确分析了中日两国的基本情况，提出了对日作战的战略方针及作战原则，即：

（一）战略的基本方针是持久的防御战，但应抓住适当时机，予以全线反击，驱逐日本出中国；

（二）在战役上应以速决战为原则；

（三）作战基本原则是运动战，应在决战的地点、适当的时机，集中绝对优势的兵力，实行决然的突击，避免持久的阵地消耗战；

（四）在必要的战略重点或政治经济中心设立坚强之工事，并配置足够兵力，以钳制敌人；

（五）一切阵地的编成避免单线的构筑，而应狭小其正面，伸长其纵深，在守备部队的作战关键，亦应采取积极的动作，一般的应反对单纯的死守防御，只有积极的动作，才能完成死守的任务；

（六）战略的内线，而在战役的指导上应是外线作战，以求歼灭敌人；

（七）广泛地开展游击战争，其战线应摆在敌之前后左右，分散、疲惫敌人，造成主力运动歼敌之有利条件及时机。

中国共产党及其领导下的八路军、新四军，除了提出建议外，还以积极的游击战配合国民党的正面作战，以其行动来影响国民党。武汉失守前夕，以国民党为主体的正面抗战行将结束，蒋介石召开高级将领会议。会前，朱德、周恩来二人商定，由朱德在会上向蒋介石提出国共两党合作举办游击干部训练班的建议。结果蒋介石接受了这一建议，并要求拟定计划。其后，周恩来和叶剑英研究制定了"游击干部训练班教育计划大纲"，由周恩来提交蒋介石。

有了共产党八路军游击战的典范，蒋介石又将游击战作为抗战第二期的战略方针，下一步就是如何具体实施游击战的问题了。

但醉翁之意不在酒，蒋介石推行游击战方针，将正面战场上的一些部队派到敌后，一是可以减轻敌人对正面战场的压力，减少军队财政和军需供应的困难；二是这些部队到敌后可以同八路军闹磨擦，来限制共产党力量的发展。

中国共产党对蒋介石的意图是十分清楚的。但只要对抗战有利，共产党都是从民族利益的大局出发，予以支持。于是在中国共产党人的大力协助下，1938年11月，蒋介石在南岳召开最高军事会议，共方代表周恩来、叶剑英、郭沫若应邀参加。也正是在这次会议上，蒋介石确定接受中共中央建议，两党共同创办"南岳游击干部训练班"，班址设在南岳，定名为"军事委员会南岳游击干部训练班"，并请共军方面派员参加。经中共中

叶剑英与参加南岳游击干部训练班的八路军教官李涛(前排左3)、边章五(前排左5)等人合影。

央决定,派叶剑英和李涛、边章五、吴奚如、薛子正、李崇等参加教学工作。

1939年2月15日,南岳游击干部训练班在古镇南岳宣告成立并正式开学。

作为教育长的汤恩伯提出了一个口号:"对人诚恳,对事认真。"并强调"做事不对人,争事不争利",他对副教育长叶剑英及其同来的共产党干部,在形式上待以学者名流礼貌,在实际上并予一视同仁与部属相等的待遇,对叶剑英尤其处处表示推诚相与及恳挚倚重的态度,比如在集会时,他总拉叶一起并排站立,进出时亦必并肩而行,每次讲话后更照例请叶继续讲演,与叶剑英保持了较好的关系。

汤是蒋介石的心腹大将,叶是第18集团军参谋长,这既体现了训练班由蒋介石掌握,又构成了国共合作的框架。但白崇禧对此不满,认为训练机构应该归属军训部，况且南岳地区在桂林行营的管辖范围内，训练班归自己管辖理所应当。

于是他报请蒋介石，将训练班更名为"军训部游击干部训练班"，主任由蒋介石兼任，白崇禧、陈诚兼副主任，汤恩伯仅任教育长，负实际责任；叶剑英改任副教育长，这样，蒋介石是兼职不负责，陈诚身兼军委会政治部部长，鞭长莫及，实际权力落入白崇禧手中。汤恩伯一看上面又多了这么几个婆婆，也对这鸡肋式的职务不感兴趣，此时，随枣会战即将打响，汤恩伯便于是年5月飞到前方统兵，专任第31集团军总司令，遗下的职务由李默庵担任。

李默庵，字霖生，黄埔军校一期毕业。当时在黄埔流传着"文有贺衷寒，武有胡宗南，又文又武有李默庵"的说法。

1925年春，李默庵在中共党员李之龙、蒋先云等的影响下，秘密加入了党组织，做了许多工作。

1926年1月，李默庵随部队参加东征，任第1军第60团党代表，与该团团长叶剑英相处甚好，两人建立了深厚的友谊。"中山舰事变"发生后，李默庵带头退出共产党，逐渐成为蒋介石的爱将。

1937年7月全面抗战开始的时候，李默庵任第14军军长，率部北上御敌。在晋北忻口，他同八路军并肩作战，亲眼看到了八路军为民族不怕牺牲，机智顽强杀敌的行动。12月中旬，李默庵随卫立煌拜访设在洪洞县的八路军总部，会见了朱德、彭德怀和黄埔一期的同学左权，双方洽谈甚欢，共同交换了对日作战的经验体会，朱总司令还为他们举行了盛大的欢迎会。此行，李默庵对八路军上下一致、军民一致的和谐关系，有极深刻的印象。

现在李默庵能和叶剑英一起举办游击干部训练班，他感到由衷的高兴。

游击干部训练班设立的目的，是为了培养大批坚强有力的干部，使之深入敌后，领导开展游击战争。

参加南岳游击干部训练班的国共军官与苏联顾问的合影。右起：蔡剑鸣、叶剑英、汤恩伯、苏联顾问季维诺夫。左1为陈烈

游击干部训练班的招生对象，是各战区营长以上的军官和司令部的中级幕僚人员，要求以军为单位选派战术修养较好而又有作战经验的军官参加训练，毕业后回原部队再办班训练连、排、班长等基层军事骨干，编组游击队伍，到敌人侧面和后方去开展游击战争。

第一期学员共1046人，分编为八个队。学员主要来自全国各战区部队，其学历大部分为黄埔军校毕业，一部分为军校高级研究班，保定军校、云南讲武堂、东北讲武堂及其他地方军校的毕业生，还有招考的青年学生及三青团、红十字会保送人员等，其中女学员110人。

第二期学员共530人，分编为五个队。该期军官和党政干部分别编队，分别施教。第1、第2队为军官学员队，这些学员分别来自第三、四、九战区所辖部队（含游击队）。第3、4队为党政干部学员队，是由湘、鄂、赣、浙、皖、粤、桂、闽各省党部与省府所辖行政党务机关保送来的各级政工人员。第5队为第九战区谍报班学员和从第一期第7队毕业的男女学员中选留的部分人员。

第三期学员共1459人，分编为十个队。学员除了军官和政工人员外，还有从衡阳、曲江、桂林、吉安等地招考来的高中毕业学生，其中女学员占十分之一。

游击干部训练班实行政治、军事并重，课目分为"精神训练"、"政治训练"和"军事训练"三大类。训练班每期三个月，除了本班教官讲课以外，还邀请中外知名人士和领袖人物讲课、演说、作报告。先后被邀到训练班讲学的，有苏联顾问讲授炮兵、步兵协同作战；日本共产党人鹿地亘讲"对日本军阀的解剖和日本国内的民主斗争"；蒋介石讲"推行基本建设与实现三民主义"，白崇禧讲"关于游击战的问题"；陈诚讲"论游击战"。

1939年4月，周恩来从皖南视察新四军归来，以军事委员会政治部副部长的身份专程到南岳游击干部训练班，作了"中日战争之政略和战略"报告。

以叶剑英为首的中共方面30余人参加了游击干部训练班的教学工作。中共教官主要负责游击战的战略战术和游击战政治工作这两门主要课程的讲授和训练。具体分工是叶剑英主讲"游击战概论"，边章五、李伯英、薛子正讲授"游击战的战略战术"，李涛、吴奚如讲授"游击战的政治工作"。其中由叶剑英讲授的课影响最大。叶剑英在政治军事上造诣高深，讲课时又深入浅出，理论与实际相结合，使人耳目一新。他的课轰动一时，听课的人很多，连附近国民党军队的一些将领也慕名而来。有时课堂容纳不下，李默庵就令教务处的人将听讲的人集合到操场上。

其他人的讲课也颇受学员们的欢迎，教官们以毛泽东关于游击战争的战略战术理论作指导，结合八路军、新四军开展游击战争的实践经验，以集体研究、集体讨论的方法，编写出《游击战术讲义》和《抗日游击队政治工作教程》作为教材。南岳游击干部训练班的举办，不仅是国共合作的结果，也是两党合作的典范。虽然十年内战时他们曾兵戎相见，但在全国抗日救亡形势的推动下，两党却能泯除前嫌，充满了合作共事精神。

在游击干部训练班中，教育长汤恩伯虽系反共老将，但也在开学典礼讲话时引用毛泽东《论新阶段》中的一些话，他审批中共教官的讲课大纲，也很少修改。他对叶剑英提出的一些建议，都能虚心采纳。例如叶剑英在讲课时提出"敌后军民关系犹如鱼水关系"的著名论点，在学员中引起了强烈的反响。

后来，汤恩伯在全体人员大会上讲话时，以十分钦佩的口吻指着坐在他身边的叶剑英说："过去（十年内战）我们打你们，为什么老打不过呢？一个原因就是你们同群众的关系是鱼水的关系。"此事在游击干部训练班中传为佳话。

李默庵与叶剑英在黄埔军校时，李为学生叶为教官；现在李为长官叶为下级，但李默庵对叶剑英十分尊重。

南岳游击干部训练班毕业的学员，像春天的种子撒向三湘四水，播向长江两岸及鄱阳湖边。他们在湘鄂赣大地上处处设下了陷阱，布下了罗网，为尔后长沙会战的胜利打下了基础。

第二节　第一次长沙会战

一、生铁碰上了钢

长沙为湖南省会，位于湘水下游，踞洞庭湖滨平地之南端，扼粤汉铁路与京滇国道之交。湘赣、湘黔、湘桂诸铁道纵横其南，与赣、鄂、黔、桂诸省相通，地势平衍，北倚洞庭，东屏幕阜、九岭、万洋诸山与江西相界，西挟雪峰山脉与鄂川相邻，南以九嶷山脉与粤桂相接，以其地势低洼，不为兵家所重。但在中国持久抗日战略下，湖南为抗战粮食、兵源及工业资源取给之地，其得失于中国抗战前途关系甚紧。中国能长久掌握长沙，即可长久保持抗战机能，因此，长沙无形中成为中国战略要地。其北以新墙河、汨罗江、浏阳河三江平行横亘，成为天然之持久抵抗地带。我军自武汉转进，日军进据岳阳后，长沙更成为桂黔诸省之门户，因此日军不顾牺牲，屡以长沙为其进攻目标。

武汉失守后，是国民党最困难、最尴尬的一段日子。这不仅是因自身惊慌失措一把火烧了长沙，更由于国民党的副总裁汪精卫公然投敌。

汪精卫的投敌对蒋介石是个冲击，但没有使他动摇抗日的态度。为了政治上对蒋诱降，日本深知必须首先狠狠打击中国军队的有生力量，使蒋介石失去赖以支撑抗战的基础。

这时在湘赣率军对日抗战的是第九战区代理司令长官薛岳。薛是长沙大火之后代理司令长官并兼任湖南省主席的，进入相持阶段后，湘赣面对日军占领的华中重镇武汉，成了抗日战争正面战场的前线，同时，湖南的背后就是中国抗战的大后方川滇黔三省，薛岳在危难之际受命，他知道大战迟早会来临，同时，心中也充满了自信。

日军于1939年，经国民党军春夏两季攻势以来，部队蒙受重大损耗，此时鉴于德国对波兰的进攻，为求应付国际新形势，急于解决中国战场，除积极将部队整补外，并成立对华派遣军总司令部，以西尾寿造、板垣征四郎等来华主持新攻势，策定进攻长沙的计划。以第101、第106等师团，集结于赣北安义、奉新地区，以第33、第13、第6、第3等师团，集结于鄂南通城亘湘北岳阳地区，共约10万人，由日军司令官冈村宁次指挥。以主力向长沙，各以一部向赣北鄂南进犯，企图打开军事僵局。

1939年夏，日本大本营下达了关于进攻长沙的指令：

"……决定乘加快在华建立中央政权的势头，于9月下旬把敌第九战区军队消灭在赣湘北境地区，挫败敌军抗战的企图。"日军为了确保华中，进攻湖南，其中国派遣军总部在武汉设立有力的机动部队，在长江中游弋着海军舰队，由第11军司令官冈村宁次统一指挥，随时准备打击湘鄂赣中国军队。

1939年8月，冈村宁次制定了《江南作战指导大纲》。

作战目的：

军队的作战目的为击败第九战区粤汉沿线敌中央直系军主力，乘蒋军衰退之形势进一步挫伤其继续战斗的意志，同时加强确保军队作战区内的安定。

指导方针：

1.军主力（约两个师团为基干）在隐蔽中做好准备，大概在9月下旬开始行动，将粤汉方面之敌军主力消灭在泪水河畔。在此期间，约以一个师团策应军主力，事先将高安附近之敌消灭后，转向修水河上游捕捉该方面的敌军。

2.实施本作战时以奇袭为主旨，尽量在短期内结束战斗，然后恢复大概原来态势……

冈村宁次似乎对他的对手薛岳比较熟悉，他知道此人骁勇善战，不好对付。于是他在8月下旬再次调整了指挥系统,并采用声东击西的迷惑宣传,加紧调兵遣将。日军利用其广播、报纸大肆鼓吹说他们将要进攻宜昌和福建,重点进攻宜昌。另一方面,第11军各部加紧向湘赣预定地点集结,进行部署,其兵力部署主要为:

湘北方面:为日军进攻的主要方向,进攻的日军是第6师团、上村支队和奈良支队,约两个师团的兵力,分三路由北向南进攻:左路上村支队从洞庭湖方向偷袭,自汉口乘船溯江而上,在临湘、城陵矶集结,以切断第九战区的退路,为在营田附近登陆作准备;中路为第6师团,沿粤汉路进攻,在新墙河北岸集结待命;右路奈良支队向平江方面进攻,该部在桃林以南地区集结。

赣北方面:进攻部队为驻高安一带的第106和第101师团一部,以及军直属部队,约一个半师团的兵力,由第106师团长中井良太郎指挥。

鄂南方面:进攻部队为第33师团,在通城附近集结。

大战不可避免,稍有一点军事常识的人都会看到这点。

南岳会议之后,蒋介石等认为日军下一步必图湖南,乃于南昌失守之后,令军事委员会向第九战区发出指示:

"……利用湘北有利地形及既设之数线阵地,逐次消耗敌人,换取时间,敌如突入第二线阵地(平江与汨罗江线)时,我军应以幕阜山为根据地,猛袭敌之侧背。万一敌进逼长沙,我应乘其消耗既大,立足未稳之际,以预伏置于长沙附近及以东地区之部队,内外夹击,予敌以致命打击。"

是年春,冈村宁次率部进攻第三、九

薛岳

两战区接合部的南昌，由于两战区事先准备不周，协同失误，南昌被敌攻占。蒋介石又亲自指挥两战区反攻南昌。战区数万部队在南昌鏖战十多天，附近旷野几成尸山血海，第29军军长陈安宝也战死沙场。薛岳深知无法挽回战场主动权，克复南昌已属不能，乃主动承担南昌失守责任，电请蒋介石减少无谓之牺牲。

蒋介石接电后，乃令薛岳和顾祝同停止进攻南昌。

南昌失守，无异于在湖南的腰间刺了一刀，也在薛岳的心灵中埋下了仇恨的种子。这位刚过不惑之年的司令长官，已在战场上滚打过20多年，经过了无数次血与火的洗礼，他一听到炮响就来了精神。

南昌会战的战火未熄，薛岳便率第九战区的参谋人员，根据军事委员会的指示，对本战区的敌情、地形进行了潜心的研究，制定了本战区的作战方案。

敌情判断：
本战区基于最近所得关于敌行动及企图诸情报，有左之敌情判断：
判决：
敌似在10月中开始南犯，将以主力由湖北直趋长沙，于赣北、鄂南施行策应作战。
方针：
战区拟予敌以严重之打击而开第二期抗战之先河，决诱敌深入于长沙以北地区，将敌主力包围歼灭之。
赣北、鄂南方面，应击破敌策应作战之企图，以保障主力方面成功。
指示要领：
1．战区先于现在任置，以攻击手段消耗敌人战斗力。
2．敌如挟优势兵力前进猛烈，则赣北、鄂南方面努力以围攻及夹击手段，摧破敌合围之企图，不灭不止；湘北方面利用逐次抵抗，引诱敌于长沙以北地区，捕捉而歼灭之……

理由大要：

1．就敌情论：敌目前主力似集结湘北，攻击重点业已形成，乘势直下长沙甚便，且同时可得海空军之协助。

2．就地形论：赣北、鄂南系山岳地带，崇山峻岭，极碍行动，加之道路破坏，补给联络非常困难，而湘北方面，沿粤汉铁路及其以东地区均为起伏地，颇适于大兵团之运动战，且距离较近，可于短期中攻下长沙，完成战果。

3．就政略论：敌利用欧洲列强无暇东顾之机（列强此时均忙于德波战争之解决），应迅速攻下长沙，以炫耀于世界，并为汉奸汪逆张目。

4．综检上述理由判断，敌在9月中进攻，以主力使用于湘北方面胜算确大。①

近代中国的一位军事家曾把战场上最现实情况的任务、敌情、我情、地点、时间五个要素归纳为战争的"五行"，这"五行"是定下决心的基础，并指出："'五行'不行，输得干干净净"；"'五行'一定，必定打胜"。薛岳制定的第九战区作战指导方案，基本上把这"五行"搞清楚了，那就是：

任务和时间：就是准备在9月中旬迎击日军的进攻，坚决地保卫湖南，捍卫长沙。

敌情：面对着由冈村宁次指挥的，装备优良的日本陆海军和航空兵部队。

地形：河流纵横，群山环绕，形成了湖南有山有水的地形，南高北低，恰如一个"畚箕"。洞庭湖是湖南的中心，湘、资、沅、澧四水及浏阳、新墙、汨罗、捞刀等河流纵横形成天然的屏障；鄂南湘北的幕阜山和

---

① 《第九战区关于第一次长沙会战战前敌我形势概要及战场状态的报告（1939年10月11日）》，《抗日战争正面战场》（下），第1028-1029页。

湘赣交界的九岭山脉、罗霄山脉、万洋山脉海拔1500米以上，相对高度也为300—2000米。湘、川、黔边的雪峰山、武陵山高耸，海拔都在2000米以上，陡峻挺拔，是人迹罕至的地方。这是连接大后方的生命线，敌人虽然不易攻取，但亦应重视。这个"畚箕"的南沿即是南岳衡山，如果说重庆是战时陪都，南岳则是前线指挥部，它居高临下，雄视着北方的日军。

湖南的地形很明显，两边山地不利于日军的行动，中间的江湖河网地带，尤其是粤汉铁路两边，便于日军陆海军行动。

薛岳的战区长官部里挂满了地图。他每天除了看文电，便是静静地坐在地图前，幕僚马弁没有要事，谁也不敢多讲一句话。

汇集各方的情况，他对自己的决心越来越明确了。最后，薛岳将其战略部署的核心总结为八个字：后退决战，争取外翼。

在任务、敌情、我情、地点、时间"五行"中，任务、敌情、地点、时间大体上明了了，但"我情"，即第九战区所属军队的情况令人担心。全战区所属15个军，几乎汇集了川、滇、湘、粤、晋、东北等各省的所有杂牌军，另外也有一部分中央军。杂牌部队装备低劣，以川军为例，他们一年四季是赤足草鞋，没有水壶，背上一节竹筒以代之。使用的枪支，从国产土造到进口的，样样都有，他们形容自己是"八国联军"。

中央军的装备好一些。但真正装备优良的胡宗南部队在陕西，用作围困陕甘宁边区，汤恩伯部队在豫皖边区，用作对付新四军。对这些杂牌部队，一般的司令长官看不上眼。加上有的部队，特别是川军在第一期作战中成绩不佳，在南岳会议上被屡屡问罪。

最后蒋介石怕众怒难犯，引起变故，才息事宁人。

薛岳认为，对这些烂部队只要加强训练和补充，加上指挥得当，一定也能抵挡日军的进攻。

薛岳不相信冈村宁次进攻宜昌的谎话。他认为，冈村在攻取南昌后，切断了第三、九两战区的联系，为进攻长沙做好了准备。但对日军进攻的方向却不好判断，到底是湘北、鄂南还是赣北？经过缜密思考和反复比较，他认为湘北的地形便于敌军行动。所以在分配兵力的时候，他对三个方向虽然大体是平分，而湘北略显优势。

第九战区的兵力分配部署如下：

赣中高安、奉新、靖安以西地区为战区前敌总指挥兼第19集团军总司令罗卓英所指挥的第1集团军第58军、第60军和第19集团军的第49、第74军和游击纵队；武宁以西地区为第30集团军总司令王陵基所指挥的第72军和第78军；第27集团军杨森所部防守赣东之渣津，并相机游击于咸宁、崇阳、蒲圻地区；第15集团军关麟征部防守湘北新墙、营田、浏阳及九岭、渣津等地区；第20集团军商震部担任洞庭湖的防守，控制常德、桃源等地区；欧震第4军控制长沙、衡阳；薛岳为军长的新6军、张冲新3军等控制株洲、醴陵、湘潭，第11师驻守岳麓山，作为战区预备队；第70军驻守长沙附近，作为战区机动部队。

薛岳和参谋长以及战区长官司令部精干人员在长沙组成指挥所，准备与日军大战一场。

薛岳的决定和部署同蒋介石的看法迥异。蒋介石对防守长沙没什么信心。早在同年4月15日，南昌会战正在进行的时候，蒋介石便致电薛岳、陈诚谓："如敌进取长沙之动态已经暴露，则我军与其在长沙前方作强硬之抵抗，则不如作放弃长沙……"

二、将在外

9月24日，军事委员会举行最高幕僚会议，会议为进行长沙会战拟定两案：一、敌人如真进攻长沙时，可在铁路正面逐步抵抗，待敌人突入长沙附近时，逐步退到株洲、浏阳、醴陵地区；二、为保持实力，避免损失，令第九战区派一个军留在长沙东侧。保卫战后，湘北主力军向浏阳、萍乡、株洲一带转移。

由此可以看出，这两个方案都是不保长沙，只是在长沙附近抵抗一下即向他处转移。"转移"二字在国民党的军事术语中,可以解释为放弃原阵地而撤退到他处,也可以解释为不抵抗而逃跑。由于概念不明确,"转移"一词成为不抵抗而丧师失地保存实力的借口。而蒋介石明确地向薛岳表示,他决定采取第一案。

薛岳拒绝执行蒋介石放弃长沙的方案。他也有理由,即"将在外,君命有所不受"的古训,因而按照原计划布置防守长沙。

蒋介石知道薛岳这个人心如铁,志如钢,真没想到他这么不识相,不买账,在别的战区,抵抗一下即转移的方案是求之不得的,何况蒋作为最高统帅来下这样的命令,蒋介石强压住心头的怒气,让陈诚偕白崇禧到第九战区协助指挥作战。

陈诚、白崇禧二人名为"协助"指挥作战,倒不如说是干涉薛岳的指挥权。蒋介石认为他这一手一定奏效:陈诚现在还是第九战区司令长官,薛岳不过是代理;白崇禧以副总长兼桂林行营主任,是薛的顶头上司,这次看你薛岳执行不执行命令。关于这事的结果,陈诚回忆录中有一段生动翔实的记述:

当长沙战争紧张之时,陈诚奉命偕白副总长抵湘,协助薛代长官指挥作战。在出发前,陈曾提出长沙守与不守两案,奉行不守。故陈、白一到渌口(长官司令部所在地),即将最高统帅意旨告薛岳。薛不以为然,并谓:"长沙不守,军人之职责何在?"经白崇禧以"长期抗战,须保持实力"劝告,薛岳"仍以军人守土有责,不忍轻言撤退。健生坚持持久抗战,以保全实力为急务。伯陵愤然曰:'如此我上无以对中央,下无以对国人,从今不敢再穿军衣了!'"且决心甚坚。故虽一夜之间,命薛退出长沙之电话至九次之多(按:是时敌已逼近长沙),而薛岳仍决心死守长沙。此时,陈以彼此争论过久有碍戎机,遂问薛岳部队状况如何?

薛岳回答:"除少数部队失却联系外,余均英勇作战,士气极旺。"似对战事极有把握者。陈诚遂一面与白崇禧协商,命薛岳反攻,一面将薛之决心及当时情况报告蒋介石。

陈诚回忆录中称"命薛退出长沙之电话九次之多"而未披露其姓名，其职肯定在陈、白二人之上，实乃蒋介石也。薛岳九次电话不改决心，战事激烈而把握在手、军情在胸，此乃胜利基础，非战将不能为也！

长沙自岳阳失陷，成为捍卫西南各省的前哨。日军如沿粤汉铁路南攻长沙，直逼衡阳，曲江、桂林均将受其威胁，赣西、赣南也有被包抄的危险；如沿公路可西趋常德、桃源，则鄂西宜昌、沙市亦将被其控制，湘西邵阳将被侵入，川黔两省将受震动。所以坚守长沙，即是保卫西南大后方，其意义不言自明。

1939年8月，日本平沼内阁辞职，阿部信行组阁。阿部内阁上台伊始，宣称"决以全力解决中国事件"。为此，日本设立了中国派遣军总司令部，以西尾寿造大将任总司令官，以多田骏为华北日军最高指挥官。

9月，西尾寿造到南京后即制定了攻取长沙的计划。拟在攻取长沙之后，再南指衡（阳）、永（州），西指常（德）、桃（源），扼两广之咽喉，控四川之门户，将国民党军队压迫至川黔边境，以打击中国军队长期抗战的意志。日军为实现上述目标，调集了五个师团的兵力，由赣北、鄂南、湘北三个方向向长沙进攻。

日军在3年的侵华战争中，在华北的太行山，山东的泰山、沂蒙山区，皖南的丘陵地带吃尽了八路军、新四军的苦头。

南岳游击干部训练班举办后，国民党在鄂湘赣边山区、鄂北大洪山等地也开展了游击战，日军体会到进行"山岳战"不易。日军认为山岳地带运动极为迟滞，应尽力避免谷道，以选定高地上之道路行进为有利。日军根据以往被歼的教训，其统帅部告诉属下："假使指挥官过于爱惜部下，规避险峻高地之道路，而由谷道行进，此不但不能达到爱惜之目的，且给予擅长游击战之中国军队以好饵，而遭受不利且悲惨之结果"。同时再三告诉部下："华军游击战法之特质，在诱我深入，断我归路。我在山地内进击，不论华军兵力如何强大，我定可突破前进；然在我部队通过三四小时后，我所经之道路，均已满布华兵。无警戒前进之危险，吾人应深加警

向湖南进犯的日军

惕，征诸历来战例，最危险而易惹起最激烈之战斗者，乃在背敌行军之时，倘警戒不严密，必致遭受莫大损失。"

日军以第11军冈村宁次部为主攻部队，配备有机械化兵团、瓦斯中队、海军舰队和陆军飞行队等，主攻方向为湘北；以第25军为助攻部队。具体兵力部署为：

赣北方面：第101师团、第106师团由南昌附近、赣江东西岸及武宁、张公渡方面，逐渐向靖安、安义、奉新一带集结，进攻开始后向铜鼓、浏阳进犯。

鄂南方面：第33师团由咸宁、蒲圻、崇阳集结于通城及其以东地区，进攻开始后向湘北配合攻击。

湘北方面：日军将第13师团由武汉铁路输送至羊楼司、五里楼，逐次向大云山以南地区集结；第6师团原在通城、岳阳间，受命后逐次向西移动。第3师团由武汉方面，以船舰向岳阳方面输送，独立第14旅团由九江、

中国骑兵部队冒雨赶赴前线

德安一带地区逐渐向滩溪、安义、靖安一线集中,攻击发起后,该部沿粤汉铁路向长沙附近进攻。

从兵力部署上看,日军主攻方向显然在湘北、鄂南,赣北方向为助攻。

中国军队用各个击破的战术,击破日军以达巩固长沙的目的,以第19、第1、第30、第27各集团军,阻止赣北高安、武宁和鄂南通城一带的日军;令第15、第20等集团军并第4、第70、第74、第5、第99、新6军等军,对湘北杨林街、新墙、营口等地区的日军予以阻击侧击,打破其会攻长沙的企图。正面于新墙河沿线构筑第一线阵地,于汨罗江构筑第二线阵地,于浏阳河亘永安市构筑第三线阵地;同时于幕阜山脉内,构筑多数侧面阵地,于长沙附近构筑坚固之复廓阵地。一面将长沙以北的大小道路彻底破坏,改变地形,准备于正面各线阵地逐次抵抗,消耗日军攻击威力后,诱日军于长沙附近，再依正面的强韧抵抗，与侧面各军的猛烈侧击，截断日军的后方联络线，一举包围日军于长沙附近而歼灭。

9月中旬，各路日军开始了进攻长沙的战斗。

以第101与第106两个师团由江西向西边打，另以奈良支队与第6师团由湖北向南攻。然后奈良支队与江西日军会师于朱溪厂，再向南转西，与第3师团会师于嘉义市转而北回。这样，便可以把中国军队的陈诚第15集团军连底托起，包扎而去。

同时，日军以第3师团由岳阳沿铁路线向南，直奔上杉市；又以上村支队经洞庭湖南下至桥头驿，表面上威胁长沙，事实上吸住中国的核心部队，掩护东边的日军三个师团。

冈村宁次命他的第106师团与第101师团，于1939年9月14日由江西靖安奉新之线出发，各以一部（一个联队左右）分别于武宁及祥符观向中国军队佯攻。冈村要求这两个师团由上富袭击黄沙桥，于修水县城附近渡过修水，经渣津而至湖南的朱溪厂。

但是，冈村宁次做梦也不曾想到，中国军队在江西的第九战区前线总司令罗卓英，已非吴下阿蒙，自南昌饮恨之后，颇能指挥若定，江西的部队虽然来自四川、山西、东北，却都已身经百战，受了战火的锤炼，足以挡住"皇军"而有余，这些武器不及日军的士兵们，打了不少恶仗之后，摸到不少日军的底细，憋着劲恭候"皇军"到来；冈村宁次更不曾想到，自己认为足以对付中国军队的"兵要地理"已经欠了水准，忽略了在江西与湖南之间有幕阜山等高而且广的山岳地带。

这幕阜山是湘赣二省的分水岭，东边江西的水向东流，有修水、锦水；西边湖南的水向西流，有新墙河、汨罗江、捞刀河、浏阳河。

日军两个师团的主力，首先在上富之东地区被云南名将孙渡率领的第58军当头迎击，孙渡打得坚决，使得日军只能以一部分窜向黄沙桥，其余只得改道会埠、横桥、甘坊、找桥、铜鼓，直接奔向湖南的嘉义市。

中国军队安恩溥第60军，也是来自于云南，在会埠抵挡了日军一阵。

孙渡领着第58军由小路从会埠转到甘坊，小休片刻，投入战斗。然后，孙渡和安恩溥都退到了找桥，宋肯堂的第32军，也由高安来到找桥。三个军合在一直，立起铜墙铁壁，不许日军进到找桥以西，往铜鼓与嘉义市。这些日军被打得够惨，吃够了苦头，不得不改变主意，转回沙窝里，不去黄沙桥，而一口气回到武宁，放弃了去湖南的念头。

已经到了黄沙桥的日军，也因为被来自四川的王陵基第30集团军（第78军与第71军）予以重创，不避违抗冈村宁次的命令之大罪，一齐回到了武宁。

王耀武率领俞济时交给他的名震淞沪的第74军，从上高穿过横桥、沙窝里，进抵烟港街，拦腰痛击了日军。王耀武第74军确实名不虚传，帮助王陵基第30集团军克复了武宁。日军不得不再向东跑，一口气跑回九江、南昌之线，大败而归，没有一个日本兵能如冈村宁次之愿，由江西进入湖南。

这一回江西战争，在10月2日收场，比湖南战事早了四天。

王陵基的第30集团军在黄沙桥打得漂亮，得到蒋介石电报赞扬，电文如下：

修水王总司令方舟兄：号度总参二电悉。O密。兄率部远征，至念贤劳。贵部官兵经年作战，奋勇杀敌，殊堪嘉尚。至于困难各点，中枢均甚洞悉。除电薛代长官知照外，特复。川。中O。宥午。令一元度。①

罗卓英打了胜仗，以洗南昌之耻，于10月2日致电蒋介石：

特急。重庆委员长蒋（另报主任白、长官陈、薛）：膺密。战况：

一、高集团军方面，拂晓敌千余在找桥东北向我新10师猛攻，经我奋勇迎击，敌未得逞。新11师已到达找桥。49军方面，预1师伍团东西由河

---

① 《王陵基与蒋介石往来密电（1939年9月26日）》，《抗日战争正面战场》（下），第1047页。

口,夏布经董家桥,今晨向厚田街一带猛力袭击,敌据坚固工事顽抗,并放毒气三次,我官兵少数中毒,现仍对战中。我西山周营东夜向西山万寿宫、璜邯间之敌袭击,破坏其交通、通讯,策应伍团,105师东戌以一部出击占领狮子山、飞虎山,敌退据马鞍岭,今午我又将马鞍岭攻占,毙敌卅,获步枪一支,由文件证明该敌系157师。此处157师档案原件如此,查日军在中国战场无此番号,或为157联队。①

二、74军方面之敌,因甘坊、横桥被我确占,敌无法西窜,数日来,罗坊北续向九仙汤西窜者,络绎不绝,弹药皆用牛驮,以夜间行动为多。谨报,罗卓英。冬酉。钧剖。印。②

即到。渝委员长蒋、另报主任白、长官陈、薛:膺密。主任佳参一鹏电奉悉。

(一)据所获敌文件证明,此次西犯之敌,106师团分三部向东撤,其到达地为靖安、安义、奉新三地。师团部已到安义。

(二)此次犯修水之敌123联队一部,及33师团一部,共千余,似均向武退却。谨报。职罗卓英,灰巳。25851。印。③

关麟征

中国第8军军长李玉堂很小心,他奉了薛岳之命,派第3师由湖北通山之北,南下渣津,以防万一有日军由江西爬过山来,便立刻送他们回东

---

① 此处157师档案原件如此,查日军在中国战场无此番号,或为157联队。
② 《罗卓英致蒋介石密电(1939年10月2日)》,《抗日战争正面战场》(下),第1052页。
③ 《罗卓英致蒋介石密电》,中国第二历史档案馆馆藏档案。

京、神户、大阪等老家。

杨森的侄儿第20军军长杨汉域，也大举南下，以一部分官兵到渣津，与第3师驻扎在一起，以主力转向麦市。

关麟征所指挥的夏楚中第79军，也来到了桃树港。奈良晃所率日军部队在麦市与桃树港，连续被第79军揍了两次，无法往朱溪港。奈良晃已知道朱溪港未有江西的日军来到。

奈良晃毕竟受过完整的军事教育，受了沉重打击，仍能跟跟跄跄向南继续钻隙，希望能够与日军第3师团在嘉义市会师。

夏楚中第79军在他后面追打，杨汉域第20军在他旁边追打，奈良晃一路招架到达了长寿街，却无力再到嘉义市。

此刻，夏楚中已经先一步到达嘉义市，在嘉义市摆开架式静候奈良晃到来。

奈良晃的实力，原只有一个旅团，略加一些重炮坦克之类，这些天以来边跑边挨揍，边挨揍边丢，已经损失不少，真懒得去嘉义市与夏楚中"一般见识"，何必扭在一起。奈良晃犹豫不决，想了又想，既然不曾遇到半个由江西来的日本兵，倒不妨再向西跑，看看三眼桥有没有从湖北来的满口"阿哩加多"、"海海、一也一也"的同乡。

奈良晃领着他的残兵败卒，跌跌爬爬地到了三眼桥，果然见到日军第6师团的衣冠不整之辈，这些衣冠不整之辈，来自湖南临湘县，他们渡过新墙河与汨罗江，穿过平江与平江城，吃尽挨打挨饿挨冻的苦头才到达了三眼桥，委实有点"老乡见老乡，两眼泪汪汪"之感。

奈良晃见到第6师团不过如此，第6师团见到奈良晃支队不过如彼，彼此悄悄地商量一番，自忖力量攻则不足，守也无余，最好是以一小部分向东去江西打听消息，以大部分联手朝着湖北老巢的方向转进。

两个伙计一口气转进到湖南临湘。

在湖南战场上，只剩下两支日军：第3师团（欠第5旅团）与所谓上村支队。第3师团由岳阳沿着破坏了的粤汉铁路之东，向南进军，一路冲杀

中国军队渡过汨水，追击日军

到了上杉市。上村支队先乘船在洞庭湖内逛了很久，吃了不少中国军队的水雷。登陆于营田镇以后，被中国军队一个营纠缠了老半天，然后又遇到李觉第70军与其他部队，边走边打，向南进到三眼桥与桥头驿，谁知李觉第70军，也跟着到了这两个地方。

中国军队驻守岳麓山的第11师是第九战区的直属部队，由叶佩高师长率领，奉命聊尽地主之谊，下山北上，到桥头驿迎接这位上村斡男少将。

上村支队正准备与第11师交手，突然发现情况不妙，叶佩高只是要耍戏上村，并非与他一见高低。此时彭位仁带了湘中子弟兵第73军前来应战，关麟征也早已奉薛岳之命，派张耀明第52军，展开于平江与永安市之间一条由东向西的长线，要从旁边对上村支队和第3师团下手。同时，杨汉域第20军与夏楚中第79军这时候还拖着第3师团和奈良支队猛捶、扯住不放，一直捶到10月1日。冈村宁次一看如此这般下去凶多吉少，赶忙命令在湖南的全部日军立即退却。退却也没那么简单，一路上吃了中国军队不少的苦头。

再说日军派往江西的小部队，在10月5日侵入修水县城，盘踞了四天，被中国军队王陵基第30集团军赶走。

鄂南方面：日军第33师团自10月中旬由陆空军联合作战，由崇阳、通城经高冲、麦市、桃树港、龙门厂、长寿街、嘉义、献钟向浏阳、平江进犯，由崇阳南下之兵力约两个联队，附战车20余辆。

9月22日，敌至大沙坪后，一部窜通城，一部窜塘湖市、大白塅一带，与中国守军激战。中国军队在麦市、盖文岭、白沙岭、龙门厂、献钟等地阻敌，并节节截击。至10月14日，残敌分路溃退。

日军在赣北、鄂南发动进攻的时候，主攻湘北的第13、第6师团，在海军和航空兵的配合下也发起了进攻，但担任助攻的赣北、鄂南两路敌军均行动困难，前进不得。赣北的日军由奉新、高安，经甘坊、铜鼓到湖南的浏阳、汨罗，必须经过近200公里的山岳地带；从鄂南的通城、麦市，经长寿街到浏阳、汨罗，也有近160公里的山岳地区，障碍重重，补给、行动都受到了极大的限制。南岳会议后，第九战区长官部以第8军李玉堂部专任游击任务，由湘鄂赣边区挺进军总指挥樊崧甫指挥，其中下级军官大多在南岳游击干部训练班中接受过游击战的训练。会战开始后，该部以团、营或连、排为基本作战单位，多路多股向敌运输线和小股敌人游击，致使敌前受阻击，后有骚扰，首尾自顾不暇，不得不中途而返。

湘北方面：日军第3、第6、第13师团在大量航空兵的配合下，自9月18日起，由新墙河北岸开始攻击。另敌长沙舰队小型舰艇300余艘，配合海军陆战队及第3师团各一联队，在飞机的掩护下，于9月23日分由洞庭湖滨鹿角、磊石山、营田三处登陆，企图在正面进攻之同时，从侧面进击中国守军。

9月25日，军事委员会桂林行营主任白崇禧电令第九战区：

（一）目下守备汨罗、湘阴之部队应以一部极力迟滞敌人前进，主力即向醴陵、株洲方向预定地区转移，准备尔后作战；

（二）为予长沙附近敌以有力打击计，应以有力兵团（二或三师）于高桥、金井附近占领侧面阵地，乘敌南进之际，与守备长沙之部队互相策应，加以侧击，此际对平江方面之安全须加顾虑；

（三）第79军之游击地区可指定于麦市、通城、朱公桥、平江一带；

（四）已令第5军主力推进衡阳，一师推进至衡山。

白崇禧的电令同蒋介石的命令如出一辙，还是准备放弃长沙。

薛岳照例按照原计划，决定派一部分军队在新墙河南、汨罗江以北对日军作运动战，派一部分军队埋伏在福临铺、桥头驿以北地区，派有力部队控制金井及福临铺以东地区，等日军进入伏击区时痛击。薛岳的目的很明确，坚决保住长沙，在长沙以北利用湖南山河的有利地形歼灭日军，这是一个积极而又大胆的行动，湘北正面的第一线部队利用阵地逐步抵抗，迟滞日军的行动，掩护主力向有利地形转移。

9月22日，日军攻击新墙河附近的草鞋岭。防守新墙河的关麟征第15集团军随即向汨罗江南岸转移，诱敌至汨罗江南岸伏击区歼灭之。

夏楚中第79军（附第82师）在南江桥附近阵地给敌以打击后，以一部在湘鄂公路方面阻敌前进，主力在靠近湘鄂公路的幕阜山一带占领侧面阵地，从翼侧打击敌人，掩护第52军向汨罗江南岸转移。

第52军是第15集团军总司令关麟征的基本部队，从抗战开始，参加了平汉路北段的保定抗战，徐州会战中的台儿庄战役。作战一开始，关麟征即命令部队："要像台儿庄歼敌一样打击日军，保卫长沙。"

第52军在向汨罗江南岸的转移中，在上杉寺附近与敌发生激战，该军将敌军击退后，随即开至汨罗江南岸福临铺集中待命。日军发现中国部队行动，即派出飞机配合兵舰不断向汨罗江与湘江交汇之三角洲营田附近大肆轰炸，敌兵舰4艘掩护登陆艇多只在营田附近江面对防守的罗奇第95师阵地猛烈轰击，强行登陆。经过一天一夜的战斗，营田失守。后来全师反攻，双方形成对峙局面。

此时，薛岳令第73军彭位仁部开往汨罗江一线归关麟征指挥，协同第52军、第37军、第79军等部对敌作战。又令第70军李觉部、第4军欧震部的张德能第59师控制在长沙至浏阳间，也由关麟征指挥。

此时，天气连绵阴雨，敌除侦察机外，大批轰炸机因能见度低而无法出动，中日两方仅是步兵对步兵，双方的战斗到了白热化的程度。在草鞋岭地区，中国军队凭险死守，即使是战斗到早剩一兵一卒，也决不后退。

张耀明第52军覃异之第195师的一排士兵，在两天中打退了日军十余次的进攻，排长和战士先后阵亡，只剩下新兵任连子一人，仍在坚持作战，枪声稀疏了，营长派另一排长前去观察，才知道只剩任连子一人。排长非常感动，对他说："我一定陪你流最后一滴血！"两人便收集阵地上的手榴弹，击退了进攻的日军，到了黄昏，炊事员刘庆平送饭到阵地上，看到了孤兵奋战的场面，赶快回去报告连长支援。

该排的事迹在战场上广为流传，激励着中国将士去英勇抗击日军。

日军的陆海军在洞庭湖边的营田登陆后，截断了中国军队的后路，陈沛第37军和罗奇第95师利用阵地顽强抵抗。薛岳下令，没有命令无故撤退者将以军法处置。军令如山，各师长、参谋长都到第一线督战，连、营长牺牲了，团长召集残部，继续战斗在第一线。第37军的团长就牺牲3个，仍坚持反击营田之敌。中国军队的攻击行动，大出日军意料，他们认为，在第二期的抗战中，还从来没有遇到过这样的抵抗与反击。

就在中国军队顽强抵抗的时候，日军的后方补给逐渐感到困难。日军进攻开始之前，湘北的铁路和公路早已被彻底破坏，秋收后的农田都放了水，田间只有不到一尺宽的小路可以通行，日军的行动受到很大的阻滞。日军兵力不足，没有二线兵团，孤立分散的日军随时都有被中国军队包围歼灭的危险。

9月28日，日军一部在福临铺遭到伏击。30日，日军又在上杉市、新桥遭到中国军队的猛烈反攻。在三姐桥、福临铺、金井一线日军也遭到中国军队的侧击和伏击。日军几乎每前进一步都要靠施放毒气，才能达到攻击目的，日军的情报和指挥机关认为，这次进攻作战的对手不好对付，长久拖下去凶多吉少，现在只有退却一途了。

10月5日，中国军队击落日机一架，缴获了第11军司令官冈村宁次从咸宁指挥所发出的总退却令：

（一）本（日）军与江南敌军主力决战，全赖天佑，应一致苦斗。顽强之敌现仍潜伏于汨罗江、修江两岸地区；

（二）本军为避免不利态势，应速向原地转进，以图恢复战斗力，并严密注意敌军追击。

薛岳得知这一情报，便命令全线追击。10月5日，中国军队扫荡长寿街、龙门厂一带残敌，日军主力闻风即向新墙河以北溃退。10月6日，中国军队进袭平江。集结于营田地区之敌，被中国军队驱迫，于当日夜乘船窜回岳阳。中国军队一部于次日渡湘江克复营田，随即进入湘阴。10月9日，中国军队占领新墙、杨林街、荣家湾，另派一部渡新墙河尾追溃退之敌。

10月12日，中国军队向白螺矶追击。10月13日至19日，第九战区又恢复到会战前之态势。

这就是以日军失败而告终的第一次长沙会战。

日军的伤亡，据他们自己承认，超过6000人。

第一次长沙会战的作战经过及其战绩，从各方面的文电便可窥见一斑。

赣北方面，薛岳致蒋介石密电：

（1）10月26日电。

重庆委员长蒋：膺密。据罗总司令哿酉战电称：长沙会战赣北方面作战经过概要：

（一）作战前敌我态势：自4月攻围南昌后，敌我夹锦江下游，亘大城、奉新、靖安间，成对阵之势。我军本积小胜为大胜之旨，历月以来，经过数十战，迭有斩获。

（二）此次战役敌我使用兵力概数：（1）敌主力为106师团之全部，101师团之半部（102旅团之103、157两联队及101联队、骑兵联队各一部），杂伪军第3师，飞机20余架，中轻战车30余辆，野山炮50余门，装甲汽车40余辆。（2）我军作战初期参加高安、会埠战斗者为49军、32军、58

军、60军（欠183师）、74军（欠57师），计9个师及山炮6门。次期参加高安、上富、甘坊、找桥战斗者，为49军、74军、58军、60军、15师，计10个师。末期参加追击战者，为49军、32军、74军，计7个师。全战役期间总计参战兵力为12个师及炮6门。

（三）敌我采用战略战术：1. 敌为策应湘北敌之主力会攻长沙，采用迂回战略，先以一部（101师团之102旅团主力）对我高安行牵制攻击。主力（106师团全部）集结于奉靖地区，派一部佯攻修水，大部对我左翼行迂回攻击，企图压迫我主力于锦江南岸后取秘密迅速手段，以监视高安、佯攻修水之姿态牵制我军于赣北，并实行掩护其106师团全部及杂伪军，分两路西犯，一由奉新进占上富镇，积极修复旧公路为主要补给线。一由靖安袭取九仙汤，尔后即由上富镇经甘坊、找桥大嘏及由九仙汤经山口两路会攻铜鼓，直趋浏阳，拊我战区主力之右侧背，以促其长沙会战之成功。2. 我以掩护战区主力军作战右侧安全，企图相机策应主力军作战之目的，力争主动，出敌意料，向敌处处侧攻，节节包围，本作战指导，以消耗敌人始，以歼灭战终，其中经过一本委座5月铣日及9月号午电指示之意旨，以策应计划。

（四）作战前敌之动态，9月佳、灰、真等日异常活跃，不断侦炸清江、樟树、峡江各要点及我锦江、高安、米峰亘大禾岭之主阵地。敌阵地后方调动尤为频繁，其机械化部队及炮兵，时在奉新、大城、南昌间运动。或声言调防，或佯言攻高安，窥万载，以乱我耳目。本部派探多方侦察，元日得悉战车30余辆，主力在奉新，一部在大城，而奉新、陶仙岭间有野山重炮30余门，大城、赤田张间有野山炮20余门。同时张公渡、安义间有敌大部集结（待续）。等情。谨闻。职薛岳。实。宥未。尧。印。［衡阳］①

（2）10月27日电。

渝委员长蒋：膺密。据罗总司令哿酉战电续报称：（D）巧同日高安以

---

① 《薛岳致蒋介石密电（1939年10月26日）》，《抗日战争正面战场》（下），第1042-1043页。

东139师对西犯之敌猛烈抵抗，申刻仍在连城桥、东花街、火埂上之线激战。第1集团军转进，在村前街与敌发生战斗，敌机竟日轰炸高安、会埠、上高及锦江各浮桥。申刻杨公圩发现敌百余名，被我58师挺进队击走。巧夜起敌猛攻高安。我139师皓辰9时放弃高安北城，通安、高安、南城及城西石鼓岭、姑（黄）姑岭对高（北）阵地。141师一部占领石脑圩西南高地，扼制公路，阻敌西犯。第1集团军大部到达上高东侧地区，改令其在上高以北地区集结，并令183师占领上富镇，努力搜索元（奉）、靖、会埠方面敌情，（E）哿日我搜索队驱逐龙团圩、村前街、杨公圩各二百余之敌，占领之。哿戌敌在高安城西偷渡锦河，沿岸向我炮击，焚毁民房，[除]以西樟树、斜桥、南桥何各点筑工事及空军炸我独城、上高、宜丰外，未见显著行动。本部为欲明了敌之企图，乃于已刻令49军派队向高邮市以东渡河袭敌。32军严密监视高安之敌，并以龙团圩为基点，74军以杨公圩、村前街为基点，各向东北地区努力搜索敌情。183师由上富向罗坊、阴山村攻进，即以赤岸、龙团圩、村前街、罗坊之线为反攻起线，向敌反攻，各路搜索结果知无积极行动。马夜32军开始由西南两面反攻。养辰克复高安、高城。74军亦进占斜桥、南山何，敌向东退却。（F）养已下达新部署令。49军仍派队渡河，努力袭击。王军一部由高安跟踪追击敌人。主力以石脑圩为基点，确保高安、水盆岭、岳飞场各要点。74军派一师以村前街为基点，确保斜桥、南山何、院前邹庄、店前各要点。183师进占冶城为基点，确保路口、阴山村各，相机进展马槽山、莲花山、凤凰山、马鞍岭、白鸳桥、仙女寨、段村、阴山村之线要点，各军奉令后，奋勇前进，毙敌甚多，至漾晨止。32军完全占领指定进展线，74军亦已接近指定线，惟上富、罗坊方面尚未据报，情况不明。等情。谨闻。职薛岳。实。感酉，尧。印（衡阳）。①

---

① 《薛岳致蒋介石密电（1939年10月27日）》，《抗日战争正面战场》（下），第1045-1046页。

鄂南方面，樊崧甫致蒋介石密电：

（10月8日）

即到。重庆委员长蒋：鞠密（加表）。据3D赵师长（即第3师师长赵锡田）鱼酉尧一电称，职师遵令，于东日由咸崇昼夜兼程，向桃树港前进，江辰展开于桃树港东北之龙背山、竹古尖、狮子岩线。酉刻攻占有小沙坪、香炉山、刀峰山线。支辰继克白岭、苦竹岭，微日拂晓继续攻击，激战至辰刻，攻占棺材山南楼岭东侧，及南之沈家湾与八镛岭，正待一鼓聚歼之际，旋敌约六七百，分援南楼岭、桃树港激战之敌。申刻我奋勇攻占桃树港，敌残部向盖文岭溃退，刻我正向占盖文岭、葛斗山、南楼岭之敌攻击，激战至鱼卯，经我反攻冲锋猛杀，敌遗尸遍野，但敌每次增援顽抗，现我仍与敌在南楼岭、葛斗山激战中。此次敌甘粕师团佐藤联队一部及其他部队经我数昼夜之猛攻，死伤极为惨重，我亦伤亡官兵1500员名。俘获步枪11支，轻机关枪1挺，马骡各1匹，军用地图2份，工作器具80余把，防毒面具70余个，钢盔50余顶，脚踏车1辆，小日旗十余面，七五山炮弹壳220个，其他文件被服零件等甚多。等情，除电令该师速联络夏军杨师，将当面之敌袭歼外，查该师克复要点甚多，杀敌无数，足见作战勇敢，恳请优予奖励，以资鼓励。樊崧甫。齐末。身。印。（铜鼓）①

10月24日，蒋介石复樊崧甫密电稿：

铜鼓樊总指挥崧甫：齐未身电悉：O密。赵师奋勇杀敌，战绩卓著，殊甚嘉尚。前请奖叙一节，已交去铨叙厅核办矣。川。中O，迥午。②

---

① 《樊崧甫与蒋介石来往密电（1939年10月8日）》，《抗日战争正面战场》（下），第1062-1063页。

② 《蒋介石与樊崧甫来往密电（1939年10月24日）》，《抗日战争正面战场》（下），第1063页。

湘北方面关麟征致蒋介石密电：

（1）10月6日电

急。重庆委员长蒋：膺密。（一）平江之敌大部已于冬日北撤，微晚已撤尽，我第25师该处挺进部队，已于今晨占领平江城，复向梅仙市挺进中。（二）营田已无敌迹。（三）第195师挺进部队已进至大荆街、黄谷市、黄沙街一带，正向新墙河方向挺进中。（四）敌在蒲塘、金井、新市一带，奸淫掳掠，残杀我民众，暴尸盈野，惨不忍睹，已饬掩埋并安抚流亡。又覃师吴团追击敌人，获步枪三支。特闻。职关麟征叩。鱼酉。①

（2）10月13日电

特急。重庆委员长蒋：膺密。据报：（一）进犯长沙之敌于溃退时，接到其空军投下通信袋，内云：孤军深入，处处受伏。敌军遂风声鹤唳，顿时哗然，溃退益形混乱。（二）敌军此次新到之处，残暴逾常，奸杀掳掠，无所不用其极，虽猪牛皆不免其残杀，在新市、金井一带，见人皆杀，妇女即奸，并在金井曾将一孕妇奸后复剖腹取子，惨不忍睹。谨闻。职关麟征叩。元戌。印。（高桥）②

第一次长沙会战，是以新墙河以南残敌全部肃清，中国军队覃异之第195师进出新墙河以北向岳阳挺进，而逐次结束。

日军之所以失败，是因为作战指导错误，其在作战方面，须经140公里以上之山岳地带，始能进出浏阳附近，致主支战场无法协同，包围不能成

---

① 《关麟征致蒋介石密电（1939年10月6日）》，《抗日战争正面战场》（下），第1074页。
② 《关麟征致蒋介石密电（1939年10月13日）》，《抗日战争正面战场》（下），第1077页。

功,而被中国军队各个击破。

日军虽有冒险向冈村宁次下达的任务迈进之精神,依其装备之优势,以肆其突击之力量,但主战场左侧之威胁并未排除,而冒险深入,终属无谋之作战。但当日军挨打时,退却准备充分,部队掌握确实,并能够迅速脱离战场。

日军分进合围的战略,必须预想到利害转换的界限,而统制各纵队的行动,日军徒然孤军深入,不顾整个作战和行动,导致被中国军队各个包围。

从中国军队方面看,战略指导能主动自由,正面的阻击与侧面的截击,颇能配合适宜,及时捕捉日军在战略战术上的过失,另外中国军队在机动部队运用方面适当,主动自由有恃无恐,所以能获胜利。

此役中,中国军队各级指挥官均较好地把握战场,乘日军分离突进,予以各个击破。游击战与正规战配合适时。依正面部队的节节抵抗,诱敌深入,伏击队能乘敌猛进之际,予以突击,留置日军后的挺进部队,能适时袭击敌后,以资策应,为取得胜利的原因。

遗憾的是,中国军队未能实施战场外的追击,武器装备太差,以致未能歼灭败退的日军,使日军得以退回原据点与中国军队相持。

不论怎样,薛岳第九战区打了胜仗,消耗了日军的实力,可喜可贺。

蒋介石在重庆骄傲地对外国记者说:"华南虎薛岳,卧在长沙,日本人望而生畏喽!"

在初战长沙中,有一名中国上等兵很值得一提,他就是曹锡。

他独力击毙了日军500人以上。其沉着与英勇,真足以流芳百世。

曹锡,29岁,农家子弟,籍贯不详,是第15集团军第52军第2师的上等兵(师长是赵公武)。事情发生在1939年9月22日,新墙河之南、新墙镇之西的王街坊。曹锡在21日的夜里,把12颗手榴弹连接在一起,放在新墙河的南岸河堤之上,然后,把引线抽了出来,放在身边,他坐在河堤之上,对着河面警戒。

22日黎明4点钟开始，日军用50尊大炮对王街坊发射8000颗炮弹，射了3个钟头之后，把面积仅一平方英里的王街坊，炸成一片灰烬，比起淞沪会战的情景，更为惨烈，然而曹锡未死，仍坐在河堤之上，手指勾着机关枪，对河面密切注视。河面离他只有15米。

日军一批一批离船上岸，每批数十人，持枪向河堤而来。来了一批，曹锡便开动机枪，消灭他们一批。侥幸未被消灭的掉头奔回河旁，伏在河滩上。

这样，日军来过了六批。第七批来了，放出毒气。曹锡隶属的这一排仅剩下他与另一位兵士，两个人未死。

20分钟以后，毒气消散，曹锡看见有二三十名日本兵，向河堤爬行而来，曹锡一面把手榴弹的引线掌握在手中，一面急忙拖着仅余的那位同伴跳下河堤，卧倒于稍远之外的地面。刹那之间，日军已爬上河堤，曹锡从容猛抽引线，12颗手榴弹同时爆炸，敌人死得只剩下了两三人，这两三人也都负了重伤，躺在河堤之上。

曹锡又准备了12颗手榴弹，回到河堤之上，放在一起，慢慢地再走下来，走到卧倒之处，卧倒静候。不久以后，果然又来了日本兵30人以上。轰然一声，炸得一个不留。

曹锡又重新布置一番，于是，又炸死二三十人。

就这样，前后炸死了五批敌人。这第五批敌人死去之时，曹锡自己也被炸翻的泥土埋了一些时候，幸而未死，又爬了出来。这时候，他的手榴弹已经用光。曹锡改用机关枪，而把身体躲藏在泥土堆子之中。10分钟以后，从堤的那一边，爬过来5个日本兵。曹锡把机关枪子弹一颗一颗地放，用5颗子弹打死这5个日本兵。

敌人在死前朝他与他的同伴放了枪。他的同伴姓朱，是一个上士班长，眼睛中了子弹，不久便成仁了。祸不单行，曹锡同时发现他手中的机关枪已经不能使用，似乎里面的机件卡住了，扳机扳不动。敌人又快来了，他无法从容拆开机关枪来查个究竟。

曹锡情急智生，在身旁找了一找，发现离自己200米处，有一架重机枪在一具死尸之旁等他去拿。这死者是另一位中国勇士，一位机枪手。

他轻轻地爬过这200米，捡起重机枪，试了一下，能用，恰好有100多名敌人蜂拥而来，以为中国士兵已死得干净，却不料曹锡突然扳动了重机枪，一下子毙倒了三十几个。剩下的六十几人，掉头狂叫而逃。

在早晨8点钟左右，营部派了一个传令兵来，告诉他敌人大队已经在王街坊之西一千米左右处渡过了新墙河，也就是到了他的侧面后边。营长命令他"放弃阵地"，回营部去休息。

曹锡喜欢这挺重机枪，舍不得丢下，便提着它与几袋子弹，跟随传令兵朝着营部的方向走去。中途与敌人遭遇，枪弹从四面八方打来。曹锡的这挺重机枪又派上了用场。不幸，传令兵在这场混战中阵亡。曹锡命大，摇摇晃晃，凯旋回到了营部。

营长奖勉了他一番，告诉他，他前后打死的日兵共有500名以上。营长把他带到师部，师长赵公武和他握手，立刻升他为班长，又赏法币30元（当时湖南的物价甚低，猪肉不过二毛五分一斤）。

曹锡再回营中，弟兄们把他围在中间，问长问短。问他何以那么大胆？他笑着回答："没有什么，没有什么，看到了鬼子，也不能不打啊！"

第三节　第二次长沙会战

一、森严壁垒

对薛岳来说，1941年是不平凡的一年。

第一次长沙会战之后，蒋介石在南岳召开作战总结会议，会议期间，有记者问薛岳："敌人下一步的动向将如何？"

薛岳沉思良久，很肯定地作出判断：

"最近半年之内，敌人没有能力再向长沙进犯。"

是薛岳的判断保守，还是很难作出准确判断？从当时的情况来看，应是后者。

1939年的冬季攻势，国民党各战区处处冒烟，四处点火，使日本"痛感中国军队的抗战意志及其战斗力量不容轻视"。

尤其是北岳的八路军的游击作战，使日军难以招架。

1940至1941年春是第九战区最平安的一年，八路军在华北的百团大战，吸引了大批的日军北上。日军在华中虽然也发动了攻势，占领了距离重庆480公里的宜昌，但仍和第九战区处于对峙无战的状态。桂南被日军占领，铜陵、芜湖的新四军又被蒋介石制造事变逐去。想到此，薛岳心寒，心中对蒋介石的做法颇为不满。他了解叶挺，他们是保定军校的同窗，又是在粤军中并肩战斗过的同乡和战友。抗战以来鸿雁传书，联系不断，互相勉励。这一两年中第九战区得以休整训练，不仅有八路军在北方的呼应配合，也得益于新四军的掩护和支援。现新四军在皖南不复存在，薛岳顿有唇亡齿寒之感。

自抗战以来，尤其是宜昌失守、皖南事变之后，薛岳从内心里是看不起陈诚和顾祝同的。他对陈诚抱有成见，不仅由于第一次长沙会战前陈诚作为蒋介石的监军来干扰他保卫长沙的决心，更因为在会战之后陈诚又来分他的权，分他的兵和地盘。更何况此后不久，四川防线的前沿、大后方的门户宜昌又在他的手中丢失，使第九战区的压力越来越大。至于顾祝同，薛岳认为他是政治军人，不是打仗的料。1939年的南昌失守，第三战区的部队作战不力。1939年的冬季攻势，第三战区打得窝窝囊囊。尤其是他外战外行，内战内行，对新四军突然袭击，一手制造了皖南事变，更使薛岳鄙视顾祝同。

对此，薛岳清醒地认识到，皖南的新四军消失，东边的屏障尽失；南边从广西到越南和海上的交通线已被日军切断；广东的余汉谋只占得粤北山区，鄂西的重镇宜昌失守。这都意味着，第九战区大战不可避免，大战就在眼前。

从各方面的情报来看，日军自1941年8月中旬以来，将第3、第4师团和第13师团之第116联队、第18独立混成旅团之三个大队由鄂中方面，第33师团之第214、215联队由武汉方面，向湘北岳阳集中，第14独立混成旅团三个大队由赣北方面，第44师团由鄂南方面，逐渐向临湘、岳阳集中，第6师团逐渐向忠坊、桃林、西塘移动；又有独立炮兵两个联队、独立工兵两个联队，亦由武汉向临湘、岳阳集中。日军的海军陆战队，兵舰30余艘、汽艇200余只，由长江向洞庭湖集中，连同驻武汉飞机180余架，合计陆海空军16万余人。为了协助作战，日军在武汉强拉民夫15万人，修筑向长沙进犯的道路。

日军这次行动不同往常，薛岳判断，第11军自在上高吃了亏后不会甘心，一定要来报复的。第九战区与第11军必有一场恶战。于是他通令部队：

赣北方面：预备第5师警戒锦河南岸，扼守各渡口，占领各据点；新3军警备祥符观、峦冈岭、奉新、靖安之线，占领西山万寿宫、赤田张、宋埠、乾州各前进据点；第2挺进纵队之赣保第4团警备望湖冈、上东坑之线及茅山、横峰山各前进据点；第74军集结新喻、分宜、彬江、大桥积极整训，第78军警备坳头坪、老塔下、火烧白、观音阁之线及潭埠、津口、大桥河各前进据点；第72军集结于三都南北地区，积极整训。同时，以一部警备留嘴桥、界版、东坑岭之线。

鄂南方面：第20军警备杨芳林、港口及斗米山、雪堂岭、通城之线，和堰市、铁栏港各前进据点；第58军警备九岭、玻璃坳、黄岸市之线及赛公桥、北港各前进据点。

湘北方面：第4军警戒新墙河南岸、公田、杨林街、新墙、鹿角、磊石山之线，及桃林、西塘（均不含）、游港东岸、筻口、草鞋岭、大小桥岭各前进据点，第99军之第92师集结上杉市、安沙岭积极整训。

湘西方面：第99军之197师警备芦林潭、螃市、廖潭口、沅江、汉寿一带湖防。

军委会直辖、归第九战区督训之第26军集结于浏阳、普蹟市及金井一带地区。第10军集结于曾家冲、大堡、衡山附近一带地区积极整训。

薛岳命令上述各部队经常不断地派小部队，连同各军攻击队、各挺进部队不断对敌正面、侧翼、背后积极攻袭，破坏敌后交通、通信，焚敌粮弹、辎重，使敌日夜不安，达到消耗敌军的目的。

薛岳判断日军进攻的主要方向在湘北。据此，他制定作战计划；敌主力由杨林街、长乐街、福临铺和粤汉铁路两侧地区向长沙进攻，战区拟诱敌于汨罗江以南、捞刀河两岸地区，反击歼灭之。为达此目的，要在敌进攻之先，在关王桥、大荆街和金井、福临铺、栗桥、三姐桥一带地区，构成纵深强固阵地，节节抗拒敌人，消耗敌力。不久将赣北、鄂南方面的兵力转用于湘北，赣北部队自东向西侧击日军，鄂南部队紧衔敌尾，南游汨罗，对敌尾击。同时，加强外翼，争取外翼，对敌形成反包围，使敌后路断绝，补给不继，弹尽援绝，而后举兵战而胜之。

1941年春夏，是世界反法西斯战争全面爆发的前夜。在欧洲，德国继完成占领波兰等国之后，正在紧张地部署进攻苏联。

在中国战场，进行了四年之久的抗日战争，中国人民的抗日意志丝毫没有减弱，反而在一天天增强。华北的抗日斗争如火如荼，使日军疲于奔命，共产党领导的敌后武装一天天壮大。国民党军队犹如一个硕大的巨人，虽然衰弱，小日本的一拳两拳还击不倒他。特别是1941年3月11日，美国的《武器租借法案》对中国生效，中英也已签订军事协定。4月，美、英分别向国民党提供5000万美元和500万英镑的贷款，作为稳定法币的基金。5月，中美在新加坡召开军事会议。中国与英美在政治、军事方面的关系愈益加强。这些，无异于给国民党衰弱的经济和薄弱的抗战意志打了一针强心剂，蒋介石确信美日间的冲突不可避免，而且为期不远，因而其抗战的态度日益坚决。

日本方面，由于陷入中国抗战的泥淖，日本对中国的作战不得不作长期准备。

1940年11月30日，日本天皇召见参谋总长杉山元，曾就中国战场的战事对其垂询："中国战局长此以往岂不难于处理？占领地区是否仍按目前御前会议的决定？"

杉山答道："中国战场的形势，华北、华南大致保持目前态势；华中方面仍拟保持武汉地区，我如放弃武汉地区，恐将造成敌人必胜，我军战败之感，武汉地区乃关系精神与物质力量的焦点，该地区的得失，将决定长期持久战战略的命运。至于究应保持到何等程度，参谋本部与当地驻军现在共同研究中。"

由此可以看出，日军在中国战场已感压力，也有缩短战线、放弃武汉一议，只是由于军方的一再坚持，才保持武汉，以支撑华中的局面。

为落实1940年11月13日经御前会议通过的《处理中国事变纲要》，12月26日，陆军大臣东条英机与参谋总长杉山元就中国战场的作战问题进行会商，要点如下：

作战的重点为中国北方，即八路军敌后战场，同时也要考虑到南方；

对华作战的内容，在华北是"彻底肃正华北治安"，对重庆在进行军事压迫的同时，也要进行经济压迫，即"注意加强全面的封锁"，空军进行进攻作战。

自秋季后转入长期持久战的态势，在数年后在华北保持50万驻军。

在夏秋之际，发挥综合战斗力量，"对敌施加强大压力，以期一举解决事变"。

为重点在华北维持"治安"和在占领地区内达到"肃正"的目的，不再进行大规模的进攻作战，必要时可进行短时间的以切断为目的的奇袭作战，但以不扩大占领区和退回原驻地为原则。据此，中国派遣军司令官西尾寿造制定了1941年在华各军作战的四条指导方针：一、封锁国际援华路线与海口；二、加强占领区的"治安战"；三、实施空中进攻作战；四、积极实施速决的截击作战。

对中国实行战略封锁，一直是日本大本营特别重视的指导思想。他们企图以此困死中国的抗战力量，窒息中国的抗日主力军。

为实现这一战略目标，日本大本营于1941年1月26日发出了"大陆令第823号"，以驻华南的第18师团实施了"香韶公路切断作战"，切断了香港至韶关的运输线。接着，又发出了"大陆令第834号"，以近卫师团主力和第48师团一部及集结于南海方面的舰船，于3月3日拂晓起一齐行动，对广州西面地区经雷州半岛，在绵亘500公里的正面各要点实施登陆和"扫荡"，夺取了该地区的各种物资，封锁了该地区的对外交通。

而后，日本华南方面军又在海军的协同下，发动了"汕尾方面切断作战"。4月10日，近卫师团一部在汕尾一带登陆，占领了该地区，彻底切断了这一带的补给路线，华南方面军的切断作战还有福州作战和东江作战，日军先后于4月19日，5月攻占福州和惠州。另外，日军还于4月13日出动第13军部分兵力，相继占领了宁波、石浦、台州和温州等地，切断了浙江沿海的交通，日军的封锁给中国的抗战后方，特别是几乎没有外援而又处于经济落后地区的抗日根据地带来了物资奇缺、生活困难的局面。

日军在实施封锁切断作战的同时，还对豫、鄂、湘、赣地区的中国军队进行了速决性的截击作战和进攻作战。

1941年1月上旬，蒋介石的嫡系部队第31集团军汤恩伯部为进攻安徽方面的新四军而进至信阳一带的豫南平原。汤部自1938年武汉会战后，一直躲在豫东皖北的黄泛区附近未动。日军见其来到平原地区，便以第11军一部于当阳、荆门、安陆向襄阳方面实施佯攻，然后以第3师团于1月24日夜迅速突破信阳北侧中国军队阵地，直插泌阳以北地区，吸引汤集团主力，并切断其向西退路。然后第11军主力5个师团和军直属战车队等沿平汉线北进，企图形成合围。但由于坚守信阳北侧的刘汝明第68军顽强阻击，为汤赢得了宝贵的一天退避时间。

1月26日，日军开始追击，数日内先后攻占了上蔡、遂平一带和舞阳、保安镇一带，以及汝南和南阳地区。2月12日，日军结束作战，撤回原驻地。这次作战，日军虽未能围歼汤恩伯集团，但给予其打击甚重，汤部伤亡万余。

二、"加号作战"与"伯陵防线"

上高会战失败，日本军部调回圆部一郎，阿南惟几接任日第11军司令官。

阿南惟几原为陆军部次长。1941年初，陆军部和参谋部在审议《大东亚长期作战指导纲要》时，阿南主张加强对中国的侵略。他在发言中说："希望进一步考虑关于积极努力解决中国事变。"他的发言引起军方的重视，遂把阿南派往较为棘手的驻武汉的第11军。

3月，第11军的幕僚班子也作了变动，木下勇接替青木重诚少将任第11军参谋长。由于长期作战，日军士气疲沓而又沉闷，第11军司令部的幕僚人员不是怨天尤人，就是骂大街，大家都想早日结束战争回国去。这样不上不下、不战不和的何时是个头？

木下勇和阿南到任后，针对这时的情况，认为首要的任务是要使司令部的"气氛明朗"，要求幕僚人员"要以威武的气魄充实勇敢战斗的精神"。

来到汉口前线的阿南踌躇满志，他对前任圆部一郎几乎所有的做法都看不惯。他认为要改变司令部内的沉闷气氛，就要发动对国民党军队的进攻，"积极运用武力击破周围的重庆军"。为此，他认为"应连续作战"。阿南每日到司令部内和幕僚人员一道，埋头于作战地图中的演练、运筹、策划，他要以实际的战斗来显露一下他作为决策人物的才能，他要在中国大显身手，让他的同僚们刮目相看。

面对中国军事形势图，阿南不禁露出得意的表情。

从第一次长沙会战至今，桂南、宜昌、上高、豫南、晋南等会战，都达到了打击中国军队、切断交通线的目的。日军侵占海南岛和占领越南后，切断了中国的海上交通和陆地上的国际联系，并推进了日军在南方的航空基地。在西面自占领了宜昌后，既切断了华中与西南的联系，又对重庆形成了强大的压力。

不仅如此，就在阿南赴中国接任第11军司令官的时候，日苏双方正式签订了《日苏中立条约》，中国唯一的西北陆上运输线从此中断。当时阿南和他的同僚高兴异常，大叫斯大林实际上帮助日本封死了中国。现在，蒋介石仅仅依靠一条崎岖险恶的滇缅公路，与遥远的美国和英国来往了。在他眼里，中国犹如一盘死棋，无论哪个棋子他都可以随时"叫吃"。

5月7日，阿南命令参谋长木下勇对第11军的兵力、占据地域和发动夏秋期间作战等问题加以研究和探讨，而后上报中国派遣军总司令部。

中国派遣军总司令部根据大本营命令，同意了秋季进攻长沙的作战。同时又于6月3日派遣岛村矩康中佐就任作战主任参谋，参与实施进攻长沙的筹划与指挥。进攻长沙的方针既定，阿南与木下参谋长和幕僚们雄心勃勃地指出："攻取长沙不成问题。高山、大河何所惧，应即进行具体研究。"为了保密，将进攻长沙计划命名为"加号作战"。

1941年9月上旬，日本第11军拟定了作战计划：

一、作战目的：摧毁国民党军队的抗战企图，予第九战区军队一次沉重打击。

二、作战方针：于9月18日展开攻势，击溃新墙河、汨水间中国军队，同时做好由长乐附近向汨水下游一线进击的准备。而后攻击汨水左岸地区的中国军队第4军和第99军，并沿新市—栗桥地区突破，以第11军的主力将中国军队围歼于该道路以西至湘江地区。

为达此目的，在开始攻击前，以部分兵力协同海军支援部队向常德佯动；同时命令江西南浔沿线的警备兵团发起攻击，牵制第九战区湘赣部队。

进攻部队，准备使用第3、第4、第6、第40师团和第13师团的早渊支队，第33师团的荒木支队，独立混成第14旅团的平野支队、江藤支队和坦克第13联队，野战重炮兵第14联队、第15联队第1大队以及工兵部队，第1、第3飞行团协助攻击。

9月7日，阿南惟几指挥第6师团神田正宗部对湘赣边界的大云山首先进行"扫荡"。

大云山属于幕阜山脉，横亘于湘鄂边界、新墙河的上游，峰峦峭拔，森林茂密，东北循横溪达羊楼司，东南出北港至通城，西南经桃林窥岳阳，该地西瞰粤汉铁路临洞庭，东通湘赣边界之幕阜控两省，为进攻湘北必争之地。

薛岳自接任第九战区司令长官以来，对大云山苦心经营，派其嫡系欧震第4军驻此，修筑了大量的工事。这既是第九战区的游击根据地，也是第九战区的前哨阵地。

日军的初次进攻是猛烈的，空、炮联合向中国守军阵地进行轰击。几十架飞机盘旋上空，时而俯冲扫射，时而升空投弹，接着是密集的炮火覆盖，最后便是三个联队的日军从东、西、北三面进攻中国守军阵地。

守军第4军不愧是久经战阵的部队。军长欧震认为死守势必伤亡巨大，弃守又不能容忍，乃向属下下达了"死守活打"的命令，接着便以各种方式补充、解释他的命令内容：

"只要能守住阵地,要想方设法生存下来,与敌周旋,拖延时间。"

日军炮火虽猛,占领阵地仍需步兵。日军攻击一上午,阵地仍在中国守军手中。

7日午后,日军改变攻击方法,他们集中轻装部队,在大炮的掩护下,向鸡婆岭、草鞋岭猛攻,经过反复争夺,柏辉章第102师由于伤亡过重,宋家坳的阵地首先被敌突破,到黄昏,日军先后占领了百羊田、八百市、甘田等地。

9月8日,日军集中四五千人进攻大云山的制高点960高地,整个高地被炮火打得像马蜂窝一般,泥土被翻了个遍。

第4军军长欧震见这样下去势必全军覆没,乃于黄昏时分下令撤出战斗。

日军虽占领几个制高点,但对于方圆几十公里的大云山来说简直是向草丛中撒了两把沙子,日军几千人的部队"被淹没在巨大的林海之中",彼此联络十分困难,补给也十分不便。

正当第6师团在大云山吃紧之时,第40师团已在桃林附近集结完毕,准备接替第6师团继续围攻大云山。

9月10日,经过四五天激战的第6师团伤亡惨重,疲惫不堪,只好与第40师团换防。第40师团为使主力做好攻击准备,于11日先命重松支队向沙港河畔进发。

重松支队由步兵第234联队(缺第2大队)、第235联队第3大队(缺一个中队),配属山炮兵一个大队编成,由第234联队长重松洁大佐兼任支队长。

经过几天的战斗,日军晕头转向,如坠十里雾中,对第九战区军队的情况也知之甚少。重松支队出发时,师团向其介绍情况时说:"第6师团已扫清大云山方面之敌,故

欧震

沙港河以北将不会出现大量敌军。"但当该支队于当天下午进抵甘田北侧时，突然遭到孙渡第58军刘正富新编第10师的伏击，日军猝不及防，损失严重。

重松支队为应付眼前紧急情况，不得不将该支队的兵力一分为二。第235联队第2大队由大队长后藤寿文少佐率领向马嘶墩西侧高地前进。当日夜，后藤大队进占马嘶墩东侧高地，战斗彻夜未停，最后占领了一座500米高的阵地固守。

当夜，重松支队主力进占团山坡未能成功，天亮后又成为第58军手榴弹、步枪攻击的目标，日军士兵像秋天的谷子一个接一个被撂倒。到13日夜间，该支队才在轴山岭构筑了防御阵地，算有了立足之地。晚上，日军人困马乏，抱枪而卧。刚进梦乡，忽然枪声、手榴弹爆炸声又铺天盖地而来，原来第58军夜袭队如神兵天降，左冲右突，日军在黑暗中狼奔豕突。夜袭队一直冲到重松支队的指挥部旁，重松支队长衣冠不整，举着指挥刀哇哇乱叫，连呼："军旗危险！保护军旗！"经半夜混战，日军死伤一片。天快亮了，第58军夜袭队主动撤回。重松支队长侥幸免于难。

13日这天，第40师团的日子也不好过。

清晨，第40师团主力由胡野溪南下，向鸡婆岭进发。根据各方报告，鸡婆岭一带已无中国部队。龟田联队也于晨7时开始向师团出发地胡野溪前进。约1个小时后，龟田联队抵近白羊田河。正在渡河时，埋伏在这儿的第58军将士突然发起攻击，日军被击毙击伤甚多。河岸上的日军，因猝不及防，也被打得抬不起头来。该联队命第1、2大队攻击，但日军被打乱了建制，官找不到兵，兵找不到官。第58军乘敌混乱实施穿插分割，逼近两大队的背后，一直攻击到联队指挥部旁。龟田招架不住，向师团呼叫支援。师团派第235联队先期抵达支援，师团主力也不得不回过头来解决尾部的危机。

这时，尾击日军的第58军和日军在东西不到3公里的范围内呈混战的状态，日军被第58军切割成一个个小块，战场上难分敌我，呈胶着混战状态。日军的大炮成了战场上的摆设,日军的飞机像没头的苍蝇,只能乱飞乱窜,设法投弹。

第58军是云南子弟兵。这支由云南各民族组成的部队装备虽然低劣,但很能吃苦,善于山地战,机动灵活。相比之下,日军虽装备精良,训练有素,但在实战中,却显得笨拙机械。有时还未搞清情况,就成了滇军手榴弹下的牺牲品。

在白羊田北侧高地上,第40师团长青木诚一再用望远镜观察战场上的情况。在他的眼中,山坡上、树林下,躺倒的日本兵比中国军队多得多,他听到的手榴弹的爆炸声大大盖过炮声和机关枪的声音。他心中明白,他遇到了强手,他的部队如果拉开阵式进行正面阵地攻击是不在话下的。现在,他的部队陷进河里又钻进山林,像喝了迷魂汤,钻了迷魂阵。青木不敢再看战场,又不能不看。参谋人员知道他的脾气,也明白他此刻的心情,谁也不敢多发一言。师团指挥部与前线形成巨大的反差,前方枪声如炒豆,喊杀声不断,指挥部却沉默静寂,死气沉沉。

西边的太阳快要落山了。苍山如海,残阳如血,消蚀了阿南的娇气,他只得把赌注下在向长沙的进攻上。

第6师团刚刚从大云山脱身,第40师团又陷了进去,第11军司令部的长官感到忧虑焦急。阿南司令官开战前那种趾高气扬的劲头早已不见了。此刻,他像关在笼子里的一只狗熊,焦躁烦闷而又坐立不安。

14日,木下参谋长赶到岳阳战斗指挥所,得知第40师团的处境比在武汉听到的还要糟,第40师团在杨林街东北的山地中处于被第九战区的第4、第58军包围中。为了解救被围的第40师团,木下于15日20时以军司令部的名义下达了下列命令:

一、本军为解除对第40师团侧背的威胁,特将荒木支队投入战斗;

二、荒木支队无需等待集中完毕,应即以汽车运往甘田,纳入第40师团长指挥。

荒木支队于16日午夜出发,行至甘田东侧时,遭到埋伏在这儿的鲁道源新编第11师坚决阻击，荒木一面指挥部队就地抵抗，一面令部队挖掘战壕，以阵地战的形式逐步攻击前进。

17日黄昏，一时陷于困境的重松联队，在师团炮火的支援下占领团山坡。荒木支队在中国军队的炮火下几乎是爬行，18日才与后藤大队会合。此时，第40师团的伤亡甚重，所遗部队疲惫不堪，力量消耗已达到极限。

初战失利，对日军这次战斗情绪影响极大，整个部队士气低落沮丧。阿南惟畿对第40师团虽然未作通报批评，但他指责青木师团长对这次作战"准备不周，未能以全力捕捉攻击的敌人，在进攻中墨守成规"等。

阿南初次尝到了陷在中国战场泥淖中的滋味，想到下次作战不知该会怎样，阿南的心头掠过一层阴影。

正当第6、第40师团对大云山的"扫荡"失利而难于自拔的时候，阿南惟畿将从其他战区抽调来的部队陆续沿粤汉铁路向岳阳、杨林街地区

日军人疲马乏

集结。

9月17日夜，第11军所属45个步兵大队和322门各种类型火炮，在从杨林街到新墙河下游20多公里的正面展开。是日阴云密布，不见阳光。阿南早晨6时由岳阳出发，于8时到达位于筻口西北6公里的203高地战斗指挥所。听到隆隆的重炮轰击声，看到已展开的日军部队，阿南的脸上泛出了笑容，尽管大云山初战不利，但那只是局部的战斗，这次进攻一定补偿过来。眼下这个阵式，自日军全面侵华战争以来，几乎没有出现过，以前只不过用一个或两个师团，沿交通线一冲，中国的军队就一败涂地。这次可是四个师团的兵力啊！

通过侦察，特别是飞行队的报告得知，薛岳将其看家部队第4军和第37军配置于新墙河正面，而将第58军配置于幕阜山麓的杨林街丘陵地带，并将附近的道路进行了彻底的破坏。防守部队直接利用新墙河天然屏障修筑了河岸阵地，并将它与高地上的主阵地连成一片，形成纵深达6公里的防御阵地带。特别是河岸阵地和以各村庄为据点的复廊式结构，由交通壕将其连成一体。阵地上，各种武器掩体由砖、石筑成，并对河面的侧防特别进行了配置。没有侧防谈不上防御，薛岳深谙此道。

新墙河宽70余米，秋季为枯水期，水深仅70厘米，到处可徒涉。为了防敌，便于徒涉之处均布有地雷，沿新墙河的左岸设有一系列经过精心伪装的铁丝网。自新墙河至汨罗江间的阵地，以控制交通线为主，在道路的侧方及要点高地均筑有据点式的阵地。在汨罗北10公里黄市至长乐间，利用丘陵和沟渠天然地形地物，筑有由分散的五角星式的碉堡为主体的坚固阵地。

这是薛岳两年来的杰作，由他设计而成，因而以他的字伯陵命名之曰"伯陵防线"。这个防线且不论在日后作战中发挥的效果如何，但它汲取了国民党军在以往防御作战中的教训，既有防御纵深，又有侧防；在兵力配备上，既有防守部队，又有运动作战部队，的确别具一格。由此可以看出薛岳独具匠心，用心良苦。

9月17日第3、第4、第6师团在烟幕的掩护下发起了进攻。自己一方气势虽壮，但阿南也预感他的对手难于对付。眼望着向南进攻的部队，阿南在心中祈祷着：感谢上苍，使大军凯旋归来！

薛岳对待自己的基本部队和蒋介石完全不同。蒋介石将自己的嫡系部队向来放在二线，唯恐伤了筋骨。而薛岳认为，军队是打出来的，不是养出来的。因而他把他的基本部队第4军放在防御前沿战斗最激烈的地方。

日军发起进攻后，第4军和第37军拼死抵抗。日军利用猛烈的炮火和密集的进攻队形，使中国军队防御前沿被突破。但到纵深后，日军发现前进的道路全被破坏，运动十分困难，坦克第13联队配属给第4师团，由于道路全被破坏，坦克前进不得，只得解除配属，返回第11军。这时阴雨初停，道路泥泞。日军虽吹嘘其训练有素，但进攻起来，后方部队和前方部队，机械化部队和步兵部队互相争道，军队与其说是在道路上前进，倒不如说是在爬行。加上第4军第102师和第60师依托既设工事拼死抵抗，杀敌甚多。日军前进受阻。

这次阿南发动对长沙的第二次进攻，不择手段，志在必得。部队一旦受阻，不是集中大炮、飞机轰击，便是施放毒气。

直到9月18日上午，杨林桥附近之潼溪街前沿阵地被突破。

第4军军长欧震乃令昌水（汨罗江支流）北岸之张德能第59师转移至朱公桥南侧高地，准备侧击敌人。

在前线指挥的第27集团军总司令杨森，决心遵照战区既定计划指挥作战，对前线各部队的处置如下：

1. 第4军第59师集结于胡少保，第102师集结于王复泰；配属该军之第37军董煜第60师与该军陈侃第90师在杨林街、王伯祥、长湖之线，拒止前进日军。

2. 第20军之梁得魁第134师转移至黄萍市，归孙渡第58军指挥。

3. 第58军杨干才新编第11师集结于王家屋，鲁道源新编第10师向杨林街方向侧击敌人。

是日中午，日军占领第60师立果园和第102师王复泰阵地。第4军退守石塘、胡少保、富贵洞、洪源洞、程家段之线。

薛岳根据原定计划，命令第4军欧震部在完成阻击任务后，随即转移至右侧翼，协同杨汉域、孙渡两军对敌进行侧击。

同时命令陈沛第37军和傅仲芳第99军、梁汉民第92师推进到汨罗江畔长乐街、新市、归义一带占领阵地，迎击敌军；萧之楚第26军跃进至金井附近，准备侧击强渡汨罗江之敌；李玉堂第10军部署在福临铺、金井以北作预备队。第九战区炮兵指挥官王若卿奉命指挥第74军炮兵团和战区重炮兵第2团部署在金井附近，协助步兵攻击日军。

18日清晨，日军第3、第4两师团和早渊、荒木两旅团，向据守汨罗江防线的第37军3个师和第99军发起进攻。薛岳一面命令陈沛第37军节节阻击，消耗日军；一面命令萧之楚率26军从新开岭、鹿江地区向进犯日军侧击。同时命令在大云山地区的欧震、孙渡、杨汉域3个军南下尾击，另调第

第37军军长陈沛

74军王耀武部由赣西增援。薛又请蒋介石调驻守在湘西、粤北之夏楚中第79军、第37军军长陈沛邹洪暂编第2军参战。为加强长沙北防守，又从赣北调第72军韩全朴的一个师，进入浏阳河至捞刀河既设阵地，准备在长沙以北围歼日军，决一死战。

薛岳这一手的确厉害，如能实现，必使阿南陷于十分困难的境地。但谋事在人，能否成功要看谋事落实得怎样，历史毕竟不是如果怎样就怎样的，中国的装备到底落后于日本。军事谋略如天机不可泄露，否则也会给敌人帮忙。

阿南指挥部队开始全面进攻后，薛岳的防线虽然被突破，但其部队犹如泥水中的泥鳅，看得见抓不住，防御阵地虽被打烂，但防御部队很完整，更使阿南头疼的是湘北的河网沟渠给军队的运动带来了困难，军队在泥泞中跋涉，山地丘陵地形，更被日军指挥部门视为畏途。攻击开始后，日军作战主任参谋今村一二中佐对部队下达了"不要深入山地，尽量靠近平原地区进攻"的指令。

山地，正是藏龙卧虎的地方。会战开始以来，薛岳也正是利用山地同阿南周旋。人称薛岳为长沙之虎，不是没有道理的。但这只虎这一次却也露出了破绽。

20日清晨，满眼血丝的阿南和军部参谋们一同研究进攻汨罗江左岸第九战区部队的作战方案。几天的作战，使阿南心力交瘁。正在这时，军情报班送来了根据战场缴获的密电本而破译的薛岳向各军下达的作战命令：

以第37军（第95、第140师）于李家墩——麻峰嘴一线，以第99军（第92、第99师）于樟树港——彭家坳一线，分别占领阵地。命第26军（第32、第44、第41师）于金井及其西方地区集结，伺机由东向西侧击南进日军。又命第20军向通城、第30集团军向后方攻击。

阿南看完情报，不禁出了一身冷汗，他暗暗佩服这个强有力的对手。薛岳的这一手正好避开日军在湘江方面陆海军和航空队联合作战的优势，要抄阿南的后路，要打他的屁股和肋部。

中国军队在平江扫射敌人

阿南拿着情报反复看了几遍，站在那里沉思良久，以至于情报纸被汗水湿透。他怀疑这是否是薛岳设的圈套、玩的诡计，让自己改变将主力用于湘江方面的计划。阿南放下情报，让侦察机进行空中侦察。

空中的侦察与情报一致，阿南脸上露出一丝奸笑："真是天助我也！"

他令飞机进一步加强空中侦察，随时报告。汨罗江北岸，集结的日军正在准备渡江，工兵在赶修道路，架设桥梁。大部队正在补充弹药给养。各部队等候军司令部下达向汨罗江以南方向攻击前进的命令。

20日，日本第11军司令部新的命令改变了原来的计划，决定在捞刀河以北地区捕捉第9战区部队。命令第40师团由平江经社港市向洞阳市迂回，第6师团由瓮江、三角塘方面向金井方向，第3师团向麻峰嘴方向，第4师团与其右翼连接向东南发动攻击。

根据此项命令，阿南令各师团由20日深夜到21日转移到汨罗江左岸。

21日，是少见的日食。午后1时许，太阳变成下弦的月牙形，周围有如黄昏一般阴暗。阿南想到这是他自会战开始以来捕捉到的第一个机会，很是亢奋，乃至使他昨晚未能入睡，好像胜券在手。他想象此战之后，大本营将给予他嘉奖，同僚们将要羡慕乃至嫉妒，他要使日本朝野对他刮目相看。这个难得的战机，一定要把握住。他抑制不住内心的激动，向部属发出命令："军决定于22日黄昏开始攻击行动，在捞刀河以北歼灭当面之敌。一定要把敌人包围住。为不使敌人跑掉，包围圈东方部署三层，西方部署两层，且要更加扩大规模。"

21日，萧之楚率领第26军3个师兼程北上，前往瓮江侧击日军。这位从北洋军队过来的军长，自从投靠蒋介石后，几乎每战必从，这次他奉令担任侧击，全力向目的地进发。

与此同时，日军第6、第3师团也兼程赶往瓮江。昨日降雨，道路泥泞不堪，日军不断有人跌倒。当日行进到距瓮江西北4公里的谷溪源地区。

萧之楚率第26军一下钻进了日军的包围圈，他一面指挥部队迅速占领有利地形，阻挡日军的进攻，一面向薛岳急报。得到的回答很明确：坚决抵抗，守住汨罗江阵地。

萧之楚四处一望，制高点完全被日军占领，火力压得部队抬不起头来。

22日，对第26军来说是个黑色的日子。

23日，第26军的日子更是难捱。日军的包围圈几乎要合拢了。萧之楚几乎用央求的口吻向薛岳请求撤退，但薛没有一点要他们撤退的意思。

好不容易捱过24日。25日，日军把第26军紧紧地包围起来了，萧之楚看着七零八落的部队简直绝望了。

正在这时，陈沛第37军一个团在蒲塘附近参加战斗，将日军的包围圈打开了一个缺口。萧之楚这才带着第26军的残兵败将冲出了重围。

第26军在瓮江地区差一点全军覆没，使薛岳大伤脑筋。

9月22日7时45分，日本第11军情报班又破译了薛岳调动军队的作战计划，获悉王耀武的第74军将由赣西调至长沙外围。从当时来说，这是薛岳对付阿南的一着好棋，但意图为敌侦悉，将会变成对弈中的臭招。第74军是蒋介石嫡系部队，初由他的亲戚俞济时担任军长。1938午后由苏联顾问帮助，装备精良，训练有素，配置于湘赣边，曾于同年春在上高给日军以重创，在此之前也曾于1939年冬季攻势中数次与日军交战。阿南等认为该军是第九战区最精锐的部队，没有蒋介石的命令，一般是不会动用的。

阿南认识到要对付第74军，仅靠手中能调动的部队是不行的。为了增加日军进攻的兵力，他于当夜20时，解除攻占平江的任务，将第6和第40师团调至汨罗前线，来对付第74军。日本战史书上转载的《阿南日记》这样写道：

22日17时30分，对第74军，应使第6师团努力将其拖住。该军向长沙东进（系西进之误）将直接杀到我军左侧。

23日，在汨水会战已经开始后，阿南司令官一面祈祷上天保佑，一面注视正在同乐桥—金井间展开的决战。随着战况的进展，他也逐渐增强了击败第74军的信心。

4时30分，被雨声惊醒，今日为决战日，祈祷上苍，但愿云开雾散……

敌国以国家处于存亡关头激励人心，将兵力送往战场。第74军也于15时许进入浏阳北方的新开市（浏阳西北偏北约30公里）全线。敌我呈紧张状态。

此次会战，应在今夜至明晨定大势，以后对敌第74军应如何处理将成问题。

24日10时，阿南司令官至作战室，对正在研究今后作战的木下参谋长等全体幕僚，提出以下注意事项：

一、由于情况错综复杂，经常不忘作战目的至为重要。

二、对主要命令及通报等，必须确实送到，并且对下达的顺序要由军官加以指定。

三、以后的问题即在于对第74军应如何处理。因敌军为最精锐部队，不与之交战即行撤退则将被敌利用进行反宣传，须避免此等情况发生。

从当时的战局来看，第74军的增援对日军来说的确是个大问题。

由于日军事先得到了情报，神田师团于24日在汨罗江上游渡河，袭取了第九战区的右翼要冲金井。青木师团也突破了杨森集团的阻击，走出山地到达金井地区。丰田、北野两师团乘机从正面发动攻势，击破陈沛军渡过汨罗江。中国军队虽被击破，阵地被攻占，但军队很快钻进山中，又马上向敌后方进攻，因而阿南不得不于24日夜晚留下青木师团与尾追的欧震、杨森、孙渡三个军在金井地区作战，命令神田师团向捞刀河挺进，丰田、北野两师团向长沙近郊前进。这样，日军实际上也分散了兵力。阿南以两个师团对付王耀武的第74军也的确勉强，他的担心不无道理。

另外，日军进攻长沙必经的通道新墙河至浏阳河地区，虽为湘江冲积平原，但属沟渠河流交错的河网地带，几年来，薛岳任第九战区司令长官兼湖南省主席，在该地区进行了长期的抗战准备，他健全了保甲制度，建立了抗战组织，同时将农田道路进行了改造和破坏。日军进犯到此，虽让从鄂南征来的民工修桥补路，但军情如火，短时间难以奏效，只得忍痛将坦克、大炮等重兵器丢弃。这就大大削弱了日军攻击的火力。如果不是日军破译了第九战区的电报，这的确是够阿南难受的。

25日，王耀武率第74军先头部队第57师到达浏阳。他当即命令师长余程万占领春华山，但春华山已先期被日军占领，余程万师与日军展开激烈的争夺战。26日凌晨3时，廖龄奇的第58师一个团赶到配合作战，双方阵线完全混乱。经过激战，26日上午9时中国军队将春华山夺到手中。

春华山位于长沙东30公里处的捞刀河上游，通往湘北和江西的公路从附近经过。控制该地，可西下长沙，南通株洲，其战略重要地位为双方所注目。

很快日军又集中几个中队的兵力向春华山发起冲锋，企图夺回该地。26日中午，第3师团圆井大队首先进攻春华山东部。日军看到中国军队不断增加兵力，并运动到左侧包围日军中川大队，便集中重机枪火力攻击中国军队。双方全力拼死攻防，甚至白刃冲锋，拼杀到黄昏时分，战场才恢复平静。这时，阵地仍然在中国军队手中。

经过半天的战斗，日军重机枪子弹消耗殆尽，日军中队长万年在侦察中被流弹贯穿右腹毙命。

26日17时许，日军第3师团第6联队再次向春华山发起冲锋。后来的日本战史记述了这次战斗的情形：

附近一带的敌军阵地在松林之中，构筑相当坚固。

重庆军凭借坚固阵地，依靠大量士兵，更加发挥火力顽强抵抗。攻击开始后约30分钟，第一线不断出现伤亡，虽夺取了敌阵地的高台端部，但以后由于炽烈的火力及敌中部带头顽强反攻，致使攻击受挫。

此时，下岛中队长指挥预备队的第2小队，带头冲入前来反攻的敌军右方，终于战死，目睹这一情景的部下官兵继承中队长遗志，反复进行三次冲锋，终于18时将该高地占领。

其后日军渡过捞刀河，向春华山南重镇永安进攻。

永安位于春华山东南方约5000米处，扼湘赣公路，捞刀河上游。第3师团渡过捞刀河后，马上占领了永安，永安是春华山后屏障长沙的唯一要点，此地一失，长沙岌岌可危。

鉴于这种情况，薛岳于27日17时发布了如下命令："战区为诱敌深入，在浏阳河以北与敌决战，第74军于27日夜变更部署，撤至洞阳市、横江、小埠港及浏阳河南岸高地之线，俟敌大部深入，即向东北方向侧击之。第10军随第74军行动，尾击敌人，尔后转移普跋市以南地区占领阵地，相机攻击敌人。第37军随第74军行动尾击敌人，尔后转移镇头市以南地区占领阵地，相机攻击敌人。第92师向永安之敌攻击，第99师仍守备明月山阵地。"

要保住长沙，长沙既是湖南省的省会，还是第九战区司令长官部所在地，这是战区抗战的象征和旗帜。薛岳令部队向永安反攻。

27日2时许，第九战区部队在嘹亮的冲锋号声中向日军发起猛烈的反攻。到处是手榴弹的爆炸声，在燃烧的永安市中进行着惨烈的白刃巷战。第3师团花谷旅团石井联队仅剩下森助一个大队的兵力了，该大队两名中队长都被中国军队击毙。联队中的第8中队自开战以来，士兵已死亡过半。日军每前进一步，都要冒着手榴弹轰击和机关枪雨点般的射击，都要付出一定的伤亡代价。

中国军队的战斗十分英勇。穷凶极恶的日军甚至用施放毒气去击溃中国军队。尽管这样，日军的伤亡也十分惨重。仅花谷旅团第18联队就有8名中队长被击毙，中国军队攻上长沙制高点天心阁攻敌全旅团伤亡总数达800余人。

9月28日，阿南惟畿指挥的第3、第6、第40师团和第33师团的荒木旅团抵达浏阳河北岸，第4师团一部进抵长沙近郊。这时，从湘西调来的第79军赵季平师也进入长沙，准备进行死守。一贯以王牌军自诩的日军第13师团早渊旅团为了抢夺第一功，于29日抢先进入长沙城东北角。

日军如占领长沙，给阿南带来的不会是高兴而是忧虑。就他的军队数量来说，要保住已有的占领区已经很感困难。另外，第九战区部队虽受到损失，但各单位建制完整，士气比日军还高涨。令阿南担忧的还有，他的后路越来越不安全。

自此次会战开始后，以李默庵为总指挥的湘鄂赣边区挺进军，就在该地区进行游击骚扰活动。该部以中共在南岳游击干部训练班培训的军官为骨干，组织多支游击小分队，以山区为根据地进行断绝敌交通、伏击小股日军、侦探日军情报等活动，使前方日军部队的弹药和给养供应非常困难。日军占领的地方，中国实行坚壁清野，群众逃匿，使日军无所掠，无所依，停留极其困难。

阿南心中也明白，就薛岳的性格来说，他是不能容忍日军占领长沙的。同时，从各方提供的情报来看，薛岳正在调整部署，准备进行反攻。

此时的长沙城对于远途进犯的日军来说，无疑是个活棺材和坟墓。

日军进入长沙，这对于骁勇善战、好胜心极强的薛岳来说确实是不能容忍的。他很清楚：阿南部队是强弩之末。他命令各路军队，特别是湘鄂赣边区的游击队加紧活动，拖住日军，待调整好部署，再进行反攻。

29日，进入长沙的日军屁股还没坐稳，薛岳便令第九战区各部队向敌侧背发起了进攻。与此同时，第六战区中国军队在鄂西的宜昌也趁机向日军发起了进攻，宜昌的日军向阿南发来了求救的电报。

阿南在长沙再也待不下去了。10月1日，第11军军部向进攻长沙各部队发出了后撤的命令，日军各师团沿各自路线向北撤退。据此，国民党军令部签发第九战区命令：

为打击消耗敌人之目的，应令第九战区立即开始追击。
一、积极截断破坏岳阳以北之铁道，迟滞敌人向武汉转移。
二、于预期敌人之各退路向敌侧击，并设伏截击。
三、以有力部队分路跟踪追击，相机攻略岳阳，牵制敌人向北转移，使五、六战区作战有利。
四、主力整顿态势，跟踪推进，扩张战果，相机收复岳阳。

日军要跑，第九战区部队顿时士气大振，于是一场声势浩大的追击战又在三湘大地开始了。

9月24日，日军正向长沙城进攻，武器弹药和粮秣给养通过洞庭湖和粤汉铁路运向前方，再从前线将伤兵运回武汉。作为水陆码头的湘阴十分繁忙，日军后勤人员和抓来的民工在这儿紧张地忙着装装卸卸，搬搬运运。

正在这时，第99师第295团第1营，在营长曹克人的指挥下，突然冲进了湘阴城，一举全歼守卫这里的日军。

湘阴位于湘江入洞庭湖处，粤汉铁路从城东通过。日军占领湘北后，这里成为南进的后勤补给基地和伤兵中转站。

曹克人率部占领湘阴后，料敌必然来反攻，便立即令部队在北门和东门外构筑了三道防线，还在东门外的望江岭和丁家祠堂设立了据点，防守瞭望，严阵以待。

28日，日军急忙从前线调兵回攻湘阴，并通过洞庭湖开来舰船，又派飞机狂轰滥炸，1000名日军在飞机的掩护下从赛港登陆。

担任对江面防御的江防炮队和工兵营先被日军击溃，江边的要点坞塘被敌占领。曹克人立即集合全营士兵，趁敌立足未稳进行了反冲击。日军一下子被击溃，丢下大批尸体仓皇败退了。湘阴中国守军就如日军的眼中钉和肉中刺，日军想拔掉它，却因前线紧张而无兵可调。

中国军队在湘北追击日军

　　10月1日，日军从长沙前线向北撤退。中国军队紧追不舍，不断发起攻击。这时的湘阴城成为日军后退道路上的陷阱和障碍。大批的日本军需货物和伤兵正等待北运。这时的曹克人率领第1营将士，像钉子一样屹立在湘阴岿然不动，日军欲退不能。

　　10月2日上午，日军飞机开始轮番在湘阴城上空轰炸扫射，接着步兵也发起进攻。曹克人在前线亲自指挥部队，击退了日军一次又一次的冲锋，顽强地抗击着数倍于己的敌人。敌机肆虐，他便组织机枪集中火力对空射击，一架日机被击中，阵地上立即响起一片欢呼声。

　　日本海军陆战队在箭毛嘴、漕汐港偷渡成功，中国军队在湘阴的第一道防线受到猛烈攻击。由于伤亡过重，曹克人不得不率部退守第二道防线。

　　曹克人营全体官兵明白，只要他们能在湘阴多坚持一会儿，日军大部队的伤亡就多一分。于是，他们下定决心，坚持苦战。第九战区大部队，这时也正在各处抓紧围歼、追击日军。日军的重伤兵在死亡,轻伤在加重,部队在饥饿中又不断遭到打击。到10月3日,曹克人率全营官兵已经在苦战中坚持了一整天。

10月4日,日军正被卡在湘北,进退不得。鄂西宜昌第13师团再次向阿南求救。阿南气急败坏地向部队下了死命令:一定要于今日攻下湘阴。

凌晨,日军增援部队800多人,从城东北方向曹克人营阵地包抄过来,正面的日军趁机发起攻击。上午10时,日军又在阵地后方空投伞兵部队,对曹营形成三面包围,形势十分危急。这时的日军个个像红了眼的恶狼,疯狂地向阵地逼来。前进无路,后退不能,看来敌人要拼死夺路逃生。

曹克人

"弟兄们!为国捐躯,杀身成仁的时刻到了!"曹克人立即号召阵地上幸存的弟兄们展开殊死战斗。

一场众寡悬殊、惊天动地的白刃格斗就这样展开了。

日军又被他们杀死了一片。终于,他们精疲力竭了,而日军还在一批批冲上来。曹克人等19名官兵被俘。就是他们,以400具血肉之躯,将数千名日军阻挡了五六天。中国军人的顽强,使具有武士道精神的"皇军"也感到不可理解,也感到羞怯和恼怒,唯怯懦者最残暴,最后,日军以最残酷的手段将曹克人等19名官兵凌迟处死。头可断,肢可裂,烈士们的爱国精神泣鬼神,昭日月,永远不可泯灭。

英雄们壮烈牺牲后,湘阴人民将他们葬在县城的义山上,修建了一座庄严的纪念塔,塔前竖立的牌坊上,镌刻着这样一副对联:

丹心悬日月
白骨镇山河

曹克人等烈士不屈不挠勇抗外敌的伟大壮举，为中华民族又竖立起一座爱国主义丰碑。

中国军队在临湘羊楼司围歼日军

三、功亏一篑

1941年9月下旬，正当阿南惟畿指挥各师团攻抵汨罗江北岸时，陈诚指挥第六战区的15个师，配备轻重火炮100余门，于28日发起了反攻宜昌之战。

宜昌位于汉口以西270千米，为楚蜀关键，是三峡咽喉，堪称湖南、湖北和四川三省水陆要冲。现在它又作为大后方的屏障，为中日双方所重视。1940年6月，宜昌失守后，日军对大后方的威胁加大，陈诚即指挥该战区部队准备对宜昌反攻。

1941年9月23日，为支援第九战区在长沙的作战，蒋介石命令各战区部队对日反攻。10月2日，蒋介石向第六战区司令长官陈诚下达了"不惜任何牺牲，必须于3月内夺回宜昌"的命令。

防守宜昌的是日军第13师团内山英太郎部，长沙会战开始后，阿南将驻守在该处的早渊旅团调走，鉴于该处的战略地位，日军在宜昌周围修筑了大量的工事，以作为进攻重庆、掩蔽武汉的依托堡垒。特别是第二次长沙会战开始之后，日军又进一步加强了防守。

9月28日，第六战区反攻宜昌的战斗打响了。内山英太郎自忖兵少将寡，不敢出击，各部队均在据点阵地内防御，或在防御地区突击一下，大都是被动应战。战斗一开始，日军的交通、通讯均被切断，日军各联队、中队和师团失去联络，处于各自为战的状态，龙泉寺、双莲寺地区在猛烈的炮火轰击下，日军伤亡甚重。防守慈公寺的日军两名中队长被击毙，士兵死伤上百名。

宜昌的南部地区是被长江围绕的广阔大波浪形地带，由日军第116联队担任防守，第六战区部队在此登陆后即向日军发起进攻，他们利用夜暗，攻占了古老背东北约4公里的鸡子山，占领了该处的炮兵阵地，并将日军的栉田救援队歼灭过半。

宜昌西部是该市的制高点，第13师团第58联队和山炮兵第1大队，在50至300米的高地上构筑了连绵20公里长的隐蔽阵地。28日，第94军3个师向该处守敌发起进攻。30日午夜，进攻部队冲进敌阵地，战士们手持大刀，以无声的肉搏将据点内的敌人消灭掉。遇有铁丝网或电网，他们就用棉被盖住，然后再冲进去一阵乱砍。日军鬼哭狼嚎过后，大多身首异处。日军素来迷信，认为被砍掉脑袋死后要做无头鬼，将来也不能转世。因而听到中国的大刀队将要冲进来时，则干脆自杀了结。

宜昌东部的东山寺一带为南北延伸的丘陵地带，日军利用原守卫宜昌的中国军队的旧工事，并加以改造，使内山师团长头疼的是抽不出步兵防守，只得临时把后勤、医疗人员和伤病号组织起来，共凑得388人。这帮人没有射击、刺杀的经验。10月5日，他们进入阵地后，一人走火，阵地的日军吠形吠声，以为敌人来到，立刻枪声大作。打了一阵枪以后才弄清真相。他们就这样草木皆兵地过了几天。

10月4日，东京浅草演出慰问团到达宜昌，为了应付前线的兵员紧张，内山将慰问团男子都配发武器，令女子到野战医院护理伤员。

第13师团野战医院中，躺满了伤兵。病床早已不够用了，房内的空地上、院子里到处躺的都是伤员。这些伤兵残肢断腿，破腹流肠，整个医院一片哀号声。医院里有那些来不及治疗而伤势特重的，便拖去焚烧，美其名曰：去见天皇。浅草演出慰问团在国内听到的都是胜利消息，日本的宣传媒介也是吹嘘皇军如何勇敢，如何不可战胜。而她们眼前，显现的却又是这种惨相，许多女演员吓得都几乎要昏死过去了，有的被吓得神经错乱。有鉴于此，内山只得中止了慰问团的护理工作。

10月6日，陈诚指挥15个师对宜昌的进攻很顺利，往日的皇军威风如秋天的落叶，在强劲的攻势下荡然无存。第13师团司令部全体参谋指挥人员连日不眠，极度疲劳。内山师团长满眼血丝，神情恍惚。

10月7日，第六战区的5个师向日军防守薄弱的东山寺阵地发起了进攻，防守这里的第104联队怕失败后军旗被缴获，预先派人将军旗送回师团部。

正在从长沙向北退却的阿南司令官对宜昌战况十分清楚，但他这方面的情况也十分紧张，第九战区的部队尾追而来，撤退部队不断受到阻击，军队疲惫，士气沮丧。他一面令驻在当阳、荆门的第39师团就近火速增援，一面令第3飞行团也飞往宜昌。

8日破晓，第3飞行团长远藤三郎携带一挺重机枪乘飞机前往宜昌，飞机总算在进攻的炮火中着陆了。内山师团长看到远藤就像见到了救星一般，对他说："现在连医院的伤员都派到前线去了，司令部内的人员也不断出现伤亡，士气影响甚大。你哪怕能空运来一个分队的兵力也好。"

这时机场已受到炮击，远藤的飞机仓皇飞离宜昌。远藤飞往荆门，适值第39师团参谋长山崎正男与第11军参谋八木中佐来到此地，听到关于宜昌方面的报告后，立即将师团司令部一个护卫中队的一个小队和一个机关枪分队共45人空运增援宜昌。飞机到达宜昌，机场上炮火连天，已不能着陆。

9日午夜，中国第六战区部队发起了对东山寺的又一次猛烈进攻，部队冲入敌阵地，日军又奋力反扑。一小队日军半数以上的士兵已被消灭，阵地即将被占领。正在这时，日军一个大队赶来增援。中国的进攻部队全部在这里壮烈牺牲，战死的尸体，连长在前，军官继后，在地面上堆成金字塔形，从连长的日记本上，可以看出他对部属的信任和一定要占领宜昌的必胜决心。

10月10日是国民政府的国庆节，几天的攻击颇顺手，司令长官陈诚的心情也特别好。经过几天精心准备，他要在今日发起大规模的进攻，拿下宜昌，以雪去年失城之恨。

2时30分，第六战区炮火齐鸣，突击队跟着延伸的炮火冲到了东山寺的阵地前沿。此地距第13师团司令部只1000米，司令部内一片混乱。师团司令部近几天就感到情势危急。

为了准备前线一旦崩溃，作残兵退缩固守之计，师团参谋长秋水便在司令部内储粮积水，在四个角修筑了侧防工事，构筑了防迫击炮掩蔽部。由于中国攻击部队的炮火十分猛烈，取土时危险太大，日军干脆用装米的草袋构成了交通壕。

炮弹在师团司令部上空爆炸，喊杀声阵阵入耳，秋水眼见大势已去，便命令司令部师团长以下幕僚和各部队长官做好自杀的准备，分配并指定了自杀的场所。其具体计划为：

一、烧毁步兵第104联队的军旗，（师团）军旗，一旦送回，即置于地下壕内，旁边准备一罐汽油；

二、烧毁机要、秘密文件；

三、决定师团长、幕僚、各部队长自尽位置，做好烧掉设备及尸体的准备；

四、拟好致军司令官最后电文稿，并将电文译成密码，放在秋水参谋长衣服口袋内。

另外，秋水命令专属副官酒井留四郎大尉："师团长、参谋长战死时，应即组成敢死队，突破敌军重围，将此信送到对岸步兵第58联队长处，向大本营报告。"

第六战区的攻击部队进攻至距第13师团司令部50米处，手榴弹都可以投进去。正在这时，天降大雨，陈诚命令部队停止攻击，与唾手可得的胜利失之交臂。

11日，阿南派遣的第37师团赶来增援，终于挽救了内山英太郎第13师团被歼的命运，陈诚收复宜昌的机会已不复存在，作战全局功亏一篑。

此刻，蒋介石由重庆到了衡阳，密切关注着战局。

第4军军长欧震，指挥部下向金井附近的日军展开反攻，冲锋号响彻终日。夺路而逃的日军，人马毙命极多。日军由南北窜，人数越来越多，并有战车10余辆开道，企图打通金井大道，以便于北窜。蒋介石让薛岳转告欧震："望严督所部，奋勇截击，对于溃逃之敌应处处施行夜袭，成效更大。"

金井一带，到处是日军主力丢下的辎重，往北溃逃的路上，日军战车、装甲汽车被烧，燃起熊熊烈火。

薛岳本已于9月29日下令他的部队，对日军全面反攻。这时候再颁几道命令，令各部队分别对溃逃日军追击、侧击、截击、迎击，与超越追击。各处战场都响着中国士兵震天的喊杀声。中国士兵像潮水一般席卷着日军败兵，副帅杨森亲自坐上战车，头戴钢盔，指挥部队英勇追杀。

10月6日以后，北逃日军在中国军队的前堵后追之下，狼狈逃回新墙河以北，中日双方又恢复了战前位置。第二次长沙会战的胜利是各战区互相策应的结果。阿南惟几七拼八凑组织的第二次长沙会战，不但未达到作战目的，反而几乎丢掉宜昌，就这样不光彩地以失败告终。

中国军队全线追击，在10月17日恢复原态势。此次会战，一共杀死日军28300人，杀伤日军34991人，中国军队死24858人，伤35220人，然而死伤值得，这些为国捐躯与终生残废的壮士，永久令后世怀念。

夏楚中10月19日报告：

本军此次参加湘北会战，奉令收复长沙，暂6师第1、第3两团渡河击败敌官兵，忠勇苦斗数日，伤亡颇重，而卒达成任务。奉谕奖赏，请赐给特别费若干，以励忠勇，而宣德意。

（蒋介石批示：复慰勉长沙恢复，功过相称，毋庸议处；惟望以后努力戒慎，莫负使命可也。）①

蒋介石指示军事委员会办公厅主任贺耀组转第九战区司令长官薛岳令恤赏排长以上人员手令。

贺主任、转薛长官：刘营长虞卿持恤洋肆万元，曹营长克人特恤肆万元，黄治国排长特恤洋贰万元，李指挥官汉卿特恤洋伍万元，赖副师长溥湘特恤洋伍万元。以上各员均晋一级，其事迹明令褒扬。中正。

第二次长沙会战结束后，日军大本营特派陆军省军务局长武滕章少将，由日本飞到岳阳，实地调查阿南惟畿湘北失败的原因。

第五战区为策应长沙会战，于9月27日以汤恩伯指挥的左集团军，向平汉、陇海铁路发动正面游击，破坏并断绝日军的交通线。大别山兵团从10月1日至10日向豫鄂区和巢北区发动进攻，进攻罗山和合肥的日军据点。

驻河南的日军为策应湘北日军，令第35师团于10月2日进攻郑州，与第一战区孙桐萱第3集团军发生激战。经过了3天战斗，日军于10月6日攻占郑州。而后，第一战区组织了多次反攻，但未奏效。至此，第一战区的黄河

---

① 中国第二历史档案馆馆藏档案。

防线被日军打破。

对长沙会战策应最有力者还是华北敌后战场。

为了配合进犯长沙的作战，日军大本营于7月7日任命"中国通"冈村宁次为华北方面军司令官，以替换原来多次"扫荡"失败的司令官多田骏。

冈村上任后，即配合长沙方面的会战，集中第21、第33、第101师团对晋察冀边区进行疯狂的大"扫荡"。冈村宁次采取了"铁壁合围"、"梳篦式清剿"、"马蹄形堡垒线"、"鱼雷式包围阵"等战术战法，对北岳抗日根据地进行疯狂的进攻。北岳地区抗日军民在聂荣臻司令员领导下，根据八路军装备差的状况，不与敌硬拼，而是采取了"旋磨打圈"的战术，在群众的掩护下，避敌锋芒，与之周旋，终于粉碎了敌人多次"扫荡"，事实上也配合了南方中国军队的对日作战。

四、廖龄奇之冤死

第74军在第一次长沙会战后的两年多，一直驻防赣西北，第51师驻防分宜，第57师驻防上高，廖龄奇的第58师随军部驻新余。1940年11月，廖龄奇的夫人张凤清产后于江西吉安病逝。第二次长沙会战开始时，廖龄奇请假去吉安结婚，并于婚后携新妻杨淑岚一同去湖南祁阳省亲。第58师在接到调湘北作战的任务后，部队由副师长张灵甫率领从江西的新余经万载徒步赶往长沙。

在第58师，师长廖龄奇与副师长张灵甫同为黄埔军校四期毕业，两人亦能征善战，廖龄奇在北伐战争中胳臂受伤，张灵甫也在战斗中伤了腿，一对臂残脚跛的指挥员，成为该师里的一景。廖龄奇是湖南祁阳人，湖南骡子，犟得出名；张灵甫是陕西长安人，陕西的叫驴，倔得够戗。湖南的骡子陕西的驴，两个人将第58师带得嗷嗷叫，在上高会战、张古山战役、万家岭战役、武汉保卫战等作战中，"激昂"之师和廖龄奇的名字成为当时无人不晓的名师名人，尤其是廖龄奇操一口流利的英语，这在当时统兵打仗的师长当中，几乎是绝无仅有，所以在第58师乃至第74军中廖龄奇绝对在张灵甫之上，对廖龄奇的才华，连军长王耀武心中也经常是酸酸的。

日军在第二次长沙会战开始之前，已破译了第九战区的通信密码，各军、师的调动均为日军所掌控。北线萧之楚第26军从21日战至26日晚，在敌第6、第4师团合围下，基本上被打残，第37军（军长陈沛）在第3、第4师团的打击下，节节溃退；由衡山急调前线的第10军（军长李玉堂）也于22日至26日损失惨重，第二次长沙会战虽然被说成胜利，但结果是未能达到薛岳歼敌于捞刀河以北、确保长沙之目的。第58师11900多参战人员，伤亡和失踪6350多人，损失高达53%以上。当时，第58师到达接防地东林寺时，既未见到交防部队，也未遇到日军，只好自行布防。不想，敌已于27日占领捞刀河，当晚又在长沙郊外和东屯渡、洪庙、杨山等地空降伞兵，使第58师陷入极端不利形势中，经向九战区司令长官部请示，电复撤往醴陵。此时，廖龄奇闻讯由湖南祁阳老家驱车在途中赶上部队。

10月1日，日军自长沙自动撤退。在第58师驻防醴陵泗汾时，廖龄奇接到去南岳开会的通知。

10月16日早上6时30分，蒋介石飞抵南岳。他此行之目的，是总结长沙第二次会战的经验与教训，蒋介石一下飞机便说：这次南岳军事会议，不是庆功会，是检讨会，要严惩，要检讨。

此次会战结果，较之第一次长沙会战确实相差甚远，值得检讨。第一次长沙会战，第九战区利用湖南的地形与民情，采取了大纵深、梯次配置，逐次抗击日军进攻、不在点上拼消耗的战术。会战开始后，薛岳有意识地将敌诱至纵深预伏地区，乘敌分散疲惫时予以伏击、侧击，既保存了主力，又未丧失空间，且使日军消耗了大批的兵员，符合"持久消耗"的战略。特别是薛岳在关键时刻，当着陈诚、白崇禧的面，拒绝蒋介石关于放弃长沙的电令，保住了长沙，取得了胜利，使他在同仁中引为自豪。而这次会战，薛岳未将主力配置于外侧机动位置，无论在新墙河南岸还是在汨罗江南岸，守备部队都处在日军大部队进攻的正面，侧面力量极弱，不能对日军的侧翼构成威胁。日军突破汨罗江后，薛岳将增援的第74军、第26军、第10军全部摆在日军进攻的正面，企图阻止日军并与之决战，而且是逐次投入，结果被日军各个击破，徒增伤亡。特别是日军在打垮正面部队后，乘机一度占领了长沙，使薛岳大丢脸面。越是有主见的人，便愈注意自己的形象。因此在会战即将结束的时候，薛岳就在考虑怎样挽回面子，怎样推脱责任的事。于是在会战的硝烟尚未散尽时，薛岳便于10日以"恳从严议处以明赏罚"给蒋介石发去了密电：

> 此次长沙会战，倭寇冢突冒进，予我军以可乘之机。钧座洞察状况，指示周详，诸将士冒险犯难，浴血苦战，而卒未能收歼敌之功，且贻各将领处置失当之过，此皆职指挥无方之所致，职责所在，咎无可辞，恳从严议处，以明赏罚为祷。①

薛岳之意不在"恳从严议处"自己，而是要处置"各将领""失当之过"。

蒋介石于16日上午先召集白崇禧、陈诚和薛岳开小型会议。会上薛岳为逃脱个人责任，掩盖长沙一度失守的事实，先是不敢批评蒋介石最宠爱的第74军，而把杀机指向了第26军萧之楚和第37军陈沛，最后又指向了第10军李玉堂。可能是薛岳指责的目标过多、过苛刻，蒋介石发现薛岳是在报私愤，仍记恨在庐山军官训练团第三期薛岳与萧之楚分别担任第1营营长和第2营营长时的旧怨，蒋介石理解这次会战失利是指挥问题，第37军的陈沛和第10军的李玉堂乃至萧之楚在作战中都是卖力的，拿军长是问使最高统帅难以下决心，蒋介石姑且听之。最后又谈到第74军的情况，四个作战主力军长都找不出替死鬼，薛岳逐渐把目标转移并对准了根本就没有参与

---

① 中国第二历史档案馆馆藏档案。

第二次长沙会战的廖龄奇,以达早日铲除廖龄奇的目的。薛岳的这种做法立即为陈诚、白崇禧所支持,遂被蒋介石采纳,廖龄奇因此而成为薛岳指挥第二次湘北战役不力导致长沙失守的替罪羊,成为蒋介石集团的政治牺牲品。

第二天(10月17日),蒋介石主持召开南岳军事会议。会上,薛岳作为第九战区最高指挥官发言,他指责某些将领,居功自傲,不听指挥,并拿廖龄奇作典型大肆攻击。会上,一些人的目光转向第74军军长王耀武。不明白真相者,想看看廖的上司王耀武怎样讲;知道一点真相者,希望军长王耀武能出来为廖龄奇讲讲话,缓和一下矛盾,或担当一点责任。但王耀武不仅没有这样做,反而配合薛岳诋毁廖龄奇。

熟悉王耀武的人都知道,王这样做一点也不奇怪。这王耀武是什么人?王是商人出身的军人,在军界会做生意是出了名的。王耀武早年的店员经历,培养了他敏锐的商人意识。1928年北伐结束之后,王耀武做起了饼干生意,托友人挂名在武汉开办振兴饼干厂,此后财源滚滚,在长沙、重庆等地先后开设了分厂。抗战时期,他在宁波、温州等地派人投机倒把,低进高出做各种日用品买卖,大发横财。王耀武会做生意也很会做人,对上司、同僚乃至下级都能做得面面俱到,令人皆大欢喜。他时常找下属军官个别谈话,因而对手下的个人情况十分清楚,部下有请求的时候,他都会尽力帮忙写介绍信、送津贴。在国民党官场上,王耀武的公关手段更是出类拔萃,对上打点周到自不待言,

廖龄奇

连对一些高官身边的亲信甚至门房喽啰都不怠慢，这些人不但会为他适时美言，一个更为实际的好处是保证了他有直达上听的顺畅渠道。他曾向人透露了一句总结性的话："老头子廖龄奇（蒋介石）就喜欢我这傻乎乎的愣劲。"不过他只是在上司或某些场合装傻充愣，其实他心里掂量得比谁都清楚。老百姓有句话：装傻充愣，心术不正。当然，这次王耀武又装傻了。他想，薛岳这样讲廖龄奇，一定是在昨天的会议上老头子同意了，在廖龄奇与薛岳之间权衡，他当然站在薛的一边，参加了墙倒众人推的行列，而且他这一推足以将廖龄奇葬送。况且廖与他本来就有芥蒂，借此以解心头之恨。

廖龄奇，字大可。黄埔军校毕业后被分派到叶挺独立团参加北伐，在汀泗桥作战中负伤，不久升任排长。1927年经俞济时（时任团长）一手挑选调入蒋介石警卫团，俞济时升任旅长时，廖龄奇升任连长。俞济时升为师长时，廖龄奇升为营长，廖龄奇所在的第88师264旅527团团长施觉民是俞济时的外甥，俞济时把廖龄奇放在第527团任第2营营长，可见用心之苦。1932年，一·二八淞沪抗战时期，俞济时师长因腹部受重伤离开第88师时，仍不忘保荐廖龄奇为第527团团长。

1935年，俞济时任皖浙赣剿匪指挥官时，将所辖与第46师合并整编为第58师，俞兼任师长，从此该师被俞济时训练成为蒋介石的又一支嫡系部队，一直到1947年整编第74军在山东孟良崮全军覆没前，始终充当国民党的御林军。

1938年，兰封会战开始时，时任第88师第264旅旅长的廖龄奇亲眼看到了师长龙慕韩是如何被薛岳、何应钦整死而做了屈死鬼，此事使他不寒而栗，乃产生了离开第88师的念头，不久应老长官俞济时的要求，到第74军第58师任副师长，师长是上海八一三淞沪抗战时第88师的副师长冯圣法，冯是廖龄奇过去的老上级，廖龄奇在第58师由副师长很快提升为师长，成为俞济时的一名得力干将。

1939年7月，俞济时调任他职，第74军军长一职由第51师师长王耀武升任。俞于整装赴任之际，电请军委会欲把自己的基本部队第58师带走，廖龄奇作为一师之长，当然是支持了老上级俞济时的意见，但这引起了军长王耀武的不满。因该师是第74军的主力基本部队，若被俞带走，无疑是削弱了王的实力。王新任军长，自知资历浅，不便告状，便托病在重庆迟迟不到差，一拖月余。王耀武未到任便与廖龄奇产生了隔膜。

廖龄奇与国民党军"土木系"之间没有任何关系，因此，廖与陈诚个人之间没有矛盾。1938年6月，陈诚就任第九战区司令长官时，廖时任第88师第264旅旅长，不受陈诚指挥，以后廖调任第74军第58师副师长、师长，但在武汉沦陷后，陈诚即不理第九战区事务，而交由薛岳代理，一直到1940年7月第六战区建立，陈诚就任司令长官，薛岳才正式就任第九战区司令长官。因此，在第三次南岳军事会议上，由于陈、薛之间多年的正副职关系，加上他对廖龄奇的战场表现缺乏了解，在薛岳与廖龄奇之间，陈诚理所当然地附合了薛岳。

廖龄奇的前妻张凤清于1940年11月去世后，司令长官部参谋长吴逸志见廖龄奇文质彬彬，能说一口流利的英语，不仅具有统领军队的能力，而且各方面素质都很强，是一员儒将，着意介绍薛岳的姨妹子予廖，这当然也包含有薛岳的意思。但是，廖不但不接受吴的好意，反而说什么"我历来不搞裙带关系"。这不仅让吴逸志难堪，也招致了薛岳的恼恨。以致第58师在浏阳遭受敌人重创，廖龄奇身为师长未在第一线带兵，而是结婚并回乡省亲去了，给了薛岳一个惩治廖龄奇的机会。

廖龄奇自恃各方面素质较好，又是蒋介石的嫡系，所以好胜逞强，对上司如认为不如己的，态度傲慢，对其顶头上司王耀武就是如此，尤其是看不上王耀武的市侩作风。他曾对人言："王耀武只是机遇好，本领才能并不出众。"王耀武是黄埔军校第三期毕业，该军的三个师长，第51师李天霞师长黄埔一期生，第57师余程万师长也是黄埔一期生，而廖龄奇却是黄埔四期生。而平时两个黄埔一期的师长对军长都是规规矩矩，而黄埔四期的廖龄奇却出言不逊，这给有点倒错位的王耀武大为吃醋，但王耀武看廖龄奇还是一员难得的战将，第58师在"湖南骡子陕西驴"的带领下，打起仗来不要命，第74军的硬仗，几乎全部是第58师打头仗，所以一直不忍处置他，但这一次，王耀武一是为自己开脱战败之责，找到了一个替罪羊；二是为自己解心头之恨找到了一条路；三是为"小兄弟"张灵甫找到了一个晋升之位。

第58师副师长张灵甫，原名张钟灵，与廖龄奇同为黄埔军校四期毕业，张灵甫性格冷酷寡情，其酷劲在同事中是出了名的，曾因无故杀妻，被蒋介石关押一年多。后王耀武在蒋介石面前将其要去到自己的旅任营长。张钟灵由此改名为张灵甫。因一时无编制空缺，张只能在王耀武的第51师内任上校候差员。抗战开始，张灵甫任第51师153旅305团团长。此后，张灵甫一直紧随王耀武，曾任第51师153旅旅长、第58师副师长。张灵甫作战英勇，屡立战功，但前面有个自己的同学廖龄奇。王耀武何曾不想让张灵甫早日登上师长之座？世界上最复杂者莫过于人与人之间的关系，蒋介石的四人小型会议与第74军军长、副师长之间的复杂关系，已经决定了廖龄奇的命运，是与非、正确与错误的问题，在人事关系的交易与权衡上已经显得无足轻重了，牺牲一个师长算得了什么。

廖龄奇当然感到很委屈，他自忖是蒋介石的嫡系，以他湖南骡子的性格，径自去见蒋介石申诉，蒋介石为廖龄奇在大庭广众之下拆了他的台，本已极为愤怒，见廖龄奇当众来见，即喝令"滚蛋"，不予接谈。廖站着不走，一再喊报告，要求申述，蒋不予理睬，起身准备去开会，廖仍追着喊报告。蒋愤愤之余，喝令宪兵团将廖"押起来"。这一消息传入会场，廖龄奇便成了众矢之的。有的趁此打击蒋介石的嫡系，有的虚构事实为自己开脱罪责，也有的鉴于国军将领抗日不力，大声疾呼，借此惩一儆百。蒋介石迫于众议，故作姿态，以显示自己执法之严，即席手令："第58师师长廖龄奇临阵脱逃着即枪决。"大会秘书长、军事委员会委员长侍从室主任贺耀组知蒋介石在火头上，感情用事有误，在宪兵将廖送交贺耀组法办时，贺没有将廖龄奇交宪兵团看押，而是交由侍从室警卫团（团长钧会）第1营（营长郑畴）照看，意在救廖。贺将手令暂时扣下，拟等蒋介石息怒后再为设法。但是，薛岳、王耀武见蒋的手令未及时得到执行，怕会议代表将第二次长沙会战失败的责任落在自己头上，多方活动，逼蒋落实手令，蒋介石在薛岳与贺耀组之间的选择上，理所当然地选择了前线指挥官薛岳。在贺试图说服蒋介石给以宽刑的过程中，蒋介石铁青着脸，一言未发，瞪着双眼沉默了好一阵子，终于咬紧牙关在手令最后又加了两个字："可也。"手令由此变成："第58师师长廖龄奇临阵脱逃着即枪决可也"，蒋介石满足了薛岳、王耀武的要求。但是，贺耀组深知，廖龄奇未参加第二次长沙会战，不应该承担这个责任，由此送交宪兵团执行，必是冤案一起，再说，廖龄奇是王牌军的师长，又是蒋介石的嫡系，这么大的事，未经军法会审，直接交由宪兵团执行，在民国军事史上是从没有过的先例，像杂牌军将领韩复榘、刘珍年，黄埔将领龙慕韩、酆悌、薛蔚英等都是由军事法庭进行审判，按程序进行的，这么匆忙处事，对蒋介石也是不利的。因此，在蒋介石第二次手令下达后，贺耀组仍将蒋介石的手令扣下，未交宪兵团执行。

　　大会进行到第四天，有关责任人的处理意见仍未在大会上最后宣布。薛岳、王耀武深怕难逃厄运，多方向蒋活动，蒋介石鉴于当时国际国内的形势和会场将领的态度，终于在10月21日的大会闭幕讲话时出人意料地明确宣布：第58师师长廖龄奇临阵脱逃，已经枪决。贺耀组这时已感到救廖已经无任何希望，蒋介石不是在正确与错误之间选择，而是需要选择一个人头，廖龄奇本身的对与错已经没有任何关系了。至此，贺耀组沉痛地签署了命令："奉谕交宪兵第18团团长姚应龙立即执行具报。"贺指示按中华民族最古老的传统习惯做法执行。同时，为了在枪决时不见鲜血，贺还指示在执行现场铺上了鲜红的毛毯。

　　10月22日，即国民党南岳军事会议结束的第二天午后，宪兵第18团团长姚应龙从侍从室警卫团第1营营长郑畴处把廖接出，将廖龄奇押解至蒋家垅刑场。临刑前，廖龄奇写了三封遗书：一封呈其母廖张伦处理家事，一封致妹夫陈耀庭托其照应家庭及结算师部账目,一封致其妻杨淑岚劝其改嫁,然后对负责执行的宪兵第18团姚应龙团长说:"我自参加革命以来,效命疆场,身上七次负伤,才升任少将师长,我即使犯了临阵脱逃的罪,也应该军法会审依法处决。今听信几个人的不实之词,轻率给以处决,我是于心不甘的。"说完,从容就刑。

姚应龙10月21日呈报廖龄奇执行枪决情形。

奉手令:"第58师师长廖龄奇临阵脱逃,着即枪决可也。"并奉主任贺批"奉谕交宪兵第18团团长姚应龙立即执行具报"。遵即于本(22日)日午后2时30分会同钧会警卫团第1营营长郑畤,在侍从室将该师长廖龄奇提出,验明正身,解赴南岳市蒋家坳执行枪决矣。该师长当写遗嘱三件:一呈其母处理家事;一致其妹夫照应家庭及结算师部账目;一致其妻劝改嫁。此外并无他语。理合检同该师长遗留物品单一纸,抄呈遗嘱三件,暨执行情形,呈报鉴核。①

不知是出于何种考虑,在宪兵第18团将廖龄奇押往刑场不久,蒋介石也匆匆赶往刑场,但待蒋赶到时,廖龄奇已经就刑,蒋介石问姚应龙,廖龄奇执行前说了些什么,姚没有正面把廖的话传给蒋介石,谎说廖龄奇执行前要他报告校长,没有好好报效,有负教育之恩,感到很惭愧。蒋介石当时没有讲什么,一言未发离去了。

为了迎合蒋介石在第三次南岳军事会议上的讲话,姚应龙团长在上报廖龄奇执行枪决的时间时,将日期提前了一天,即10月21日,也就是蒋介石宣布廖龄奇已经枪决的那一天。

廖龄奇被杀害的消息传到第74军,特别是传至第58师时,官兵无不痛哭流涕,都说日寇这次进攻湘北,所有驻防新墙河一线的部队,都早已

---

① 中国第二历史档案馆馆藏档案。

撤退到长沙以南或东南地带。第58师是在战役开始后从江西的新余调到长沙的东北郊区东林寺接防的，部队到达东林寺时，根本就没有看到交防部队。第九战区长官司令部更撤到长沙以南近200里的朱亭。如果说弃城逃跑，以致长沙失陷的，正是薛岳一伙人，而不是第58师。全师官兵对于薛岳、王耀武一伙借机对廖龄奇捏造事实进行诬陷的行为，极为不平。若不是各团团长晓以大义，耐心说服，几乎酿成兵变。鉴于廖龄奇被杀后在第58师引起的动荡，蒋介石指示由第74军副军长兼第57师师长余程万临时到第58师负责工作，处理全师事务。后旋以副师长张灵甫升任师长，第173团团长蔡仁杰被提升任副师长，原来的三个团长即第172团团长王伯雄，第174团团长邓竹修，补充团团长何澜只好报请辞职，以示对廖龄奇被冤杀的无言抗议。由于廖龄奇被冤杀，致使第58师进行了长时间的内部整顿，3个月后开始的第三次长沙会战，蒋介石特别指示第58师不得参战、继续整顿。

南岳忠烈祠周围墓葬分布示意图与廖龄奇墓的位置廖龄奇之死不仅在第58师引起了激愤，对于参加南岳军事会议的其他将领来讲，无疑也引起一场巨大风波：一名久经沙场的抗日将军，就这样不明不白地被杀了。事后，经过调查了解，蒋介石认识到这确是一起冤案，随即由蒋介石亲自下达命令，指示将廖龄奇按抗日阵亡将官给予抚恤，并指示将廖龄奇遗体厚葬于南岳忠烈祠。最高军事当局给廖龄奇亲属

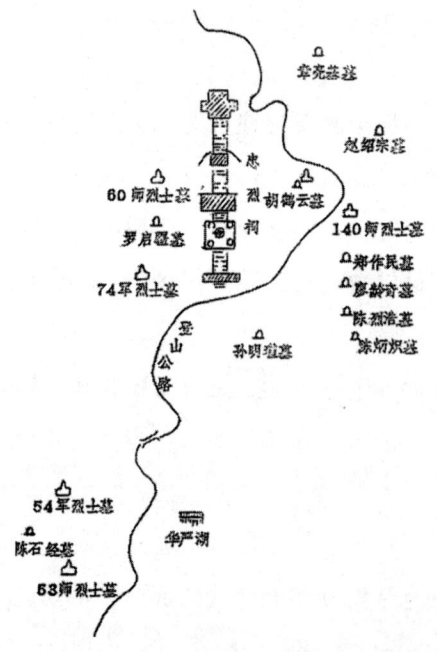

南岳忠烈祠周围墓葬分布示意图与廖龄奇墓的位置

颁发了"荣哀状"证书，按阵亡将官给予廖龄奇的母亲廖张伦、妻子杨淑岚、长女廖方蔚、次女廖方薰、长子廖方吉、次子廖方安一次性抚恤金和年度抚恤金证书。

国民党最高军事当局对处理廖龄奇的后事是非常重视的，首先在墓地上按照将军墓的规格给予安排，占地600多平方米，给予烈士陵园最好的位置，选择正门三孔牌坊的左侧不远处，与三孔牌坊右侧第74军集体烈士墓互相映照。墓碑的建筑也比其他墓碑大一些，有两层楼那么高，有别于其他墓葬。至于碑文，却是一件难办的事，军事当局无法面对现实，将廖龄奇的死因如实地刻写在墓碑上，因此，这就形成了在南岳忠烈祠的10名个人墓中，唯有廖龄奇的墓碑碑阴处无任何生平事迹和生亡时辰的碑文记载，仅在碑阳处题有"廖师长龄奇之墓"七个大字。国民党为廖龄奇举行了隆重的葬礼，军事委员会、第九战区长官司令部有关要员与廖的亲属出席了葬礼仪式。

廖龄奇冤死后，国民党军队上下更加清楚蒋介石的一条原则——敢杀活人，对死人不薄。但草菅人命，命不能复生；不薄死人，让活人心寒！

第九章　襄枣血红

第一节　随枣会战

一、襄东——兵家必争之地

长江支流汉水，从襄阳到汉口段又被称为襄河，襄河以东，平汉路以西的湖北省境的大洪山、桐柏山，一南一北，遥遥相对，平行地由西北斜向东南，好似两扇铜墙铁壁紧紧护卫着这片温暖、富饶的土地。从平汉路上的花园，经安陆、随县、枣阳而达汉水河曲的襄阳，斜贯着一条公路（襄花路），沟通了整个襄东平原。这一地区因为具有重要的军事意义，历来为兵家必争之地。抗日战争进入相持阶段，战火燃烧到中原地区后，这个地区又占据了特别重要的战略地位。武汉陷落后，中国东部平原半壁江山除黄河以南、平汉路以西的豫境外，相继沦入敌手，山河破碎，生灵涂炭，中国抗战的战略后方，被迫转入西部山地、高原地区。通往中国西部的交通，长江北有三条路：北路沿陇海路进潼关；南路溯长江入川；中路溯汉水入陕。

日军如果西进，无论走哪条路，襄枣地区都是其主要的进攻目标。襄阳、枣阳，古称四战之地：东出武汉，西控商洛，北进南阳，南制江陵。倘若日军由北路进攻潼关，襄枣地区为日军主攻方向的左翼，会受到中国军队的强大牵制，为了解决后顾之忧，日军必须完成两个任务，一是占领南阳，威胁河洛；二是经老河口、兰关、兰田，包抄潼关之背。倘若日军走南路，溯长江而上直取重庆，襄枣地区则为日军右翼战线，日军为了顺利西进，解除威胁，也必须完成两个任务，一是掩护武汉后方，保证军需补给基地；一是以溯江入陕之姿势佯攻，以作战略牵制。

以武汉为大本营的日军如果北攻许昌、关州，进取中原，襄东地区也是首当其冲。为反击日军的第一线阵地或阻击日军的攻势，中国军队可以桐柏山、大别山为据点层层组织正面防御，也可以大洪山为依托侧击敌后。

总之，无论日军西进或北攻，从防御方面来说，襄枣地位都是不可或缺、不能忽视的重要地段。

在这种情势下，中国军队的战略方针，是强固大洪山、桐柏山阵地，以此为依托，不断向日军发动攻势，以牵制、消耗日军为目的，形成缩小日军占领区、威胁武汉的形势。对日军来说，则是务求将中国军队逐出大洪山、桐柏山，以保障武汉占领区的安全。因此形成了敌我在襄河东部地区的反复争夺。

襄枣地区因其重大军事价值，这一地区的得失，将关系到战争的全局，这一地区形势的变化，也因此成为敌我双方关注的焦点。

武汉会战结束后，日本华中派遣军根据大本营的指令，转取守备态势，解除了第2军战斗序列，第2军司令部人员调回国内，所辖各师团编入第11军战斗序列。其中在第五战区范围内，日军在江北集中了第3、第13、第16三个师团，警备信阳、麻城、汉口、应城地区。

第11军司令官冈村宁次率部进攻南昌（1939年3月）时，曾收到华中派遣军司令官的一份情报，大意是蒋介石为了牵制消耗日军在武汉地区的部队，已令其第一战区的部队向信阳、第五战区的部队向应山地区作进攻的准备，原在南昌附近的汤恩伯第31集团军已调至江北枣阳以南及随县一带布防，在大洪山至平汉路之间地区，与第3、第13师团对峙，以图歼灭信阳至广水一带的第3师团主力和控制这一段铁路。

日军占领南昌后，冈村宁次即与参谋人员研究确定，为了减少损失争取主动，在中国第五战区部队发动进攻前，先下手为强，即向枣阳一带采

日军渡河向襄西进攻

取先制性的攻击，驱逐汤恩伯集团，以巩固对武汉的占领。

抗战相持阶段到来后，日军由于占领区过大，战线太长，扩大兵力和扩大占领区都受到限制，已有骑虎难下之感。根据其1938年11月的作战指导纲要，表明其战略（不是指战役）性的进攻已经停止，全部战线和主要兵力转取守备态势，作战目的是为了保障占领区的安全。……而日军参谋本部、海军却在此时对其敌对国家，一反往日在作战时专对一国用兵的传统做法。

1938年9月5日日军提出了"昭和十三年度帝国陆军作战计划"和"昭和十三年度帝国海军作战计划"，提出在对华作战中，如果苏联、美国、英国单独或两国及共同参战时，日军执行此用兵方案。该计划在第二天即9月6日得到了裕仁天皇的批准。

日本由于采取了准备与多国进行作战的方针，所以在中国战场上，决定保持相当数量的机动兵力，而不将力量用到极限。在正面战场，经常进行技术性的出击，采用以歼灭抗日部队主力为目的之"攻而不占"的作战方针，在其占领区内，推行强化治安和"以华治华"政策，加紧扶持汉奸政权，组织伪军，以期达到长期占领之目的。

参加此次随枣会战的日军3个师团均为甲种师团，四单位制，即每师团辖2个步兵旅团、4个步兵联队、12个步兵大队，3个师团共计36个步兵大队。另配署一个骑兵联队，野战重炮一个联队，战车一个大队，轻装甲车四个中队，甲种师团的编制定员为2万余人，而实际编制多不满，为1.3万人左右，以此估算，此次日军随枣会战的参战人数为4万余人；日本空军编制，中队飞机9架，战队飞机12架，第3飞行集团共有飞机54架。总的来说，日军随枣会战的作战兵力并不大。但日军精心策划和部署，决心发动随枣会战，给该区域中国守军"致命一击"。

抗日战争相持阶段到来之后，最高统帅部军事委员会修正作战计划，以适应新的抗战形势。1938年12月14日，军委会在第一号"修正作战计划草案"中，对敌情作出如下判断："敌自以主力转用长江方面对华北作战，仅为保有其既占领区域，扫荡肃清我游击部队。""武汉会战后，判断敌之作战方略在江南方面，必以主力打通粤汉线路，夺取三湘，同时对华北方面，肃清内部，攫取黄河右岸各渡口，以备为尔后待机渡河之基础。"战局侧重西南，敌对西南用兵，预料绝不深入，盖因西南为我大兵所聚，及英、法国际关系，故对此方面，将来必一面采缓进政策，一面与英、法暗中进行妥协，而将主力转运华北，不唯可以防俄，且必乘我西北兵力单薄之际，积极西侵。

根据这一敌情判断，确定作战方针为"我军须利用既设阵地，固守黄河右岸，拒止敌之渡河。如敌施行强渡时，应乘其半渡或乘其已渡立足未定之际而歼灭之"。兵力部署，围绕这一指导方针进行，同时又不放松对其他战场的守备。指出："敌如由鄂、豫西侵，我西荆公路警备部队应扼要据守该方面诸道路要口，并协同第一、第二两守备区及第一、五战区各部队阻敌西侵，并相机将敌击破之。"

"对于由襄阳、南阳沿汉白公路西侵之敌，应由第一、五两战区转进部队配备于郧县南化塘一带山地，协同我西荆方面部队守备之。"①

1939年1月7日，蒋介石颁布《国军第二期作战指导方案》，其方针为："国军应以一部增强被敌占领地区内力量，积极展开广大游击战，以牵制消耗敌人。主力应配置于浙赣、湘赣、湘西、粤汉、平汉、陇海、豫西、鄂西各要线，极力保持现在态势，不得已时，亦应在现地线附近，尽量牵制敌人，获取时间之余裕，俟新战力培养完成，再行策动大规模攻势。"该方案赋予第五战区的任务是："第五战区，应以一部保持大别山游击根据地，积极向鄂东、豫南、皖北游击。主力守备荆沙（汉宜公路）及襄樊（襄花公路）各地区，极力保持现在态势，尽量吸收敌人多数兵力而消耗之。"②

1939年2月，蒋介石下令颁发"国军攻势移转部署方案"，其方针是"国军决加强游击战区兵力，并相继转移攻势，以牵制消耗敌人、援助我游击部队，打破敌扼守要点、抽转兵力、建立华北军事根据地之企图"。该方案要求第五战区"以一部约两师攻击武胜关方面之敌而牵制之，以主力约五师指向孝感、花园间，与鄂东、豫南游击部队相策应，求平汉南段之敌而歼灭之，并彻底破坏敌交通线。"③

当日军开始部署进击随、枣地区时，统帅部立即命令李宗仁："第五战区敌军增兵，无论其为防为攻，我军应仍照预定计划进行。正面各部队更应利用气候、地形与民众等有利条件，分路出击，只要应用无孔不入之要领，继续不断予以打击，以粉碎其进攻之企图。"④还强调："第五战区

---

① 《军事委员会拟修正作战计划草案（1938年12月14日）》，《抗日战争正面战场》（上），第23—26页。
② 《蒋介石令颁国军第二期作战指导方案密电（1939年1月7日）》，《抗日战争正面战场》（上），第32—33页。
③ 《蒋介石令颁国军攻势移转部署方案密电（1939年2月）》，《抗日战争正面战场》（上），第34页。
④ 《蒋介石致李宗仁电稿（1939年4月28日）》，《抗日战争正面战场》（下），第828页。

以主力保持桐柏、大洪两山，以迎击敌人，阻其西犯。"①

对襄东地区的重要战略意义，中日双方均有充分认识。日军调兵遣将，伺机扑向襄东地区；中国统帅部运筹帷幄，指令襄东地区中国守军加强守备，严阵以待，阻击日军的西进。大战必将在襄东地区激烈展开。

二、第五战区的"反扫荡"计划

广州、武汉失陷之后，抗战正面战场与日军形成了约4000公里的漫长对峙线。为了坚持持久抗战，1938年11月25日，最高统帅部在南岳召开了军事会议，研究新形势下的抗战方针。会议提出游击战重于正规战、后方重于前方的方针，决定将部分主力部队开至敌后，开展游击战，恢复和建立敌后政权，以就地的资源、人力进行补给和扩大部队；同时改善部队装备，扩充空军，整顿大后方与战区交通，破坏敌占区交通。会议重新划分调整了战区，配备了兵力，并对指挥系统进行了调整。将全国分成南北两大战场，设立桂林、天水行营，分别指挥南、北两大战场之作战，由白崇禧代理桂林行营主任，程潜任天水行营主任。第五战区仍由军委会直辖。

调整后的第五战区辖区包括长江以北、黄泛区以南、津浦路以西，即安徽西部、湖北北部、河南南部的广大地区。所辖防地南面包括自沙市至巴东一段长江的江防，北面包括豫西的舞阳、方城、南阳、镇平、内乡数县，东面则从敌后的大别山及皖北、皖西、鄂东各县，直至鲁南、苏北名义上亦属第五战区战斗序列之内。第五战区成为当时最大的战区。

对指挥系统的整顿主要是减少指挥层次，原战争指挥机构，层次多，从最高统帅部到达战略单位师，共七级，即军委会、战区、兵团、集团军、军团、军、师，因而指挥起来很不灵便，不适应战争形势的需要。整顿后，废除兵团、军团两级，并改军为战略单位。这样由军委会到战略单

---

① 《蒋介石致卫立煌密电稿（1939年4月28日）》，《抗日战争正面战场》（下），第828页。

位军，还有军委会、战区、集团军、军四级。

第五战区司令长官李宗仁率部队从武汉撤退后，将长官部设在樊城。李宗仁遂将在武汉保卫战中残余部队加以整顿，重新部署，准备向武汉反攻。这一时期，第五战区的战略作战方针是死守桐柏山、大洪山两据点，以便随时向武汉外围出击。同时与平汉路东大别山内驻守的廖磊集团军相呼应，随时威胁平汉路的交通，以机动性的游击战使日军受到不断骚扰，使之疲于奔命，穷于应付。

随着相持阶段的到来，日本的对华政策对国民政府由以军事打击为主改为以政治诱降为主，为诱使蒋介石投降，积极寻找代理人，扶植伪政权。日本的诱降政策，在少数国民党右翼分子中产生了效用。1938年12月18日，国民党副总裁、国民政府国防最高委员会主席汪精卫，突然秘密离开重庆，逃到河内，随后发表了响应日本近卫声明的艳电，公开叛国投敌。李宗仁对此虽感意外，但对汪精卫反对抗战的论调，早已有所耳闻。李宗仁认为作为一名军人，以消灭敌人为天职，为国家、民族而战斗，更是万死不辞，在所不惜。因此，汪氏投敌后，第五战区将士中虽议论纷纷，然究以"敌忾同仇之心甚切"，士气未受丝毫影响。

日军企图扫荡第五战区主力，巩固武汉外围的计划，早已被第五战区及重庆军委会侦知。第五战区据4月17日汉口谍报电侦知：由铁道、汽车及徒步开鄂西北之敌，有43000余，炮160余门，各种车辆二十八九辆。1939年4月25日，李宗仁致电重庆军委会军令部长徐永昌："甲，鄂北方面，应山马（21日）、养（22日）、梗（23日）由广水增来敌约三四千，号（20日）由安陆增来敌约七八百。安陆养、梗由汉经花园开来敌13师团一部，二千余。现共有敌五千，安平路有敌千余。乙，鄂中方面，敌骑四旅小岛少将梗（23日）率兵一行在朱家场、泗港一带，沿河观测照相，罗汉寺放重炮四门。丙，鄂皖方面，鄂东麻城、宋埠、新洲、黄安等处之敌，确有一部转移鄂中黄冈、淋山河、花园铺等处，敌亦有少数溯江北上。丁，巧（18日）、皓（19日），九江由南昌退来敌二万余，被我空军轰炸，死伤甚众，逃散官兵被我游击队及民众捕杀，皓（19日）敌亦杀我民众甚惨。"①

4月24、25日，李宗仁召开第五战区作战会议，进一步证实日军行动，确定作战指导方针及处置措施，并将会议结果通报蒋介石："战区各方情报，敌已到达花园、广水、应山、安陆一带者，约一师以上，一部已与马坪、淅河之敌向平坝（进犯）。三阳店及东桥、钟祥各地亦增兵，每地千余人，是敌向本战区正积极行动，已甚显然。"

会议结果，决以长久保持桐柏、大洪两山地带，以攻为守，予敌以打击为方针。处置如下：（1）第13军向唐县镇、唐王店、青苔镇、太山庙间地区集结，一部在天河口至高城间任务掩护，对预备向我高城两侧攻击之敌主力，攻击其侧背。（2）第55军在第13军左翼后鹿头镇、远家堂、吴山店、马家寨间地区集结，准备对桐柏方面，掩护我战区左翼，并与第13军联络，逐次推进，向敌侧背攻击。（3）集结第45军于茅茨畈、朱家集、长岗岭间地区，策应左集团右翼（第39军方面）及右集团之左翼（东桥、洋梓方面）。（4）推进第26军于沙市、十里铺、沙洋间，而以第41师移潜江以东地区，督饬王劲哉、金亦吾两部渡河北进，侧击汉宜公路之敌，牵制其渡河。（5）其他各部，仍任原防，前方已得据点，仍须切实保持，且常袭击，以迟滞其攻击准备……

李宗仁认为除此以外，南阳、桐柏方面仍是第五战区防务空虚地带，要求第一战区司令长官卫立煌饬孙连仲第2集团军迅速南移，坚固桐柏以东防线，并且可威胁信阳敌军。

汤恩伯第31集团军（下辖第13军、第85军、独立第1、第2旅）在随枣会战中作为机动部队即总预备队参战。关于这支部队的使用，重庆军委会曾于4月3日电令李宗仁，对汤集团应作机动部队，须呈候本会核准，方得使用。为此，第五战区参谋长徐祖贻13日致电军令部次长刘斐，内称：

---

① 《李宗仁致徐永昌密电（1939年4月25日）》，《抗日战争正面战场》（下），第824页。

随、枣依托桐柏、大洪两山战略地位十分重要，进攻退守，均极便利，如果守不住，不仅增加尔后作战困难，而且襄西不产粮食，数十万人，将成饿殍。现在战区左、右兵团兵力均十分薄弱，万不得已，是否可使用控制部队一部，支援战斗，还是无须死守占领的一点一线，以便维持实力，请通盘筹划，早日指示。

显然，第五战区对军委会偏护汤恩伯集团的作法是有意见的，徐祖贻说得很明白，要么可以随时使用，要么不战不守，大家都保存实力。

刘斐于13日下午立即回电：能保大洪、桐柏山之战略要地足矣。新占之点线，自无坚决固守之必要。至于控制部队，委座为准备长期战争，及策应贵战区与第一战区危急状况时的事先部署，故坚决不准轻易使用。

当重庆军委会根据各方面情报得知第五战区方面日军增加，有向汉宜路、襄花路方向进犯企图时，蒋介石4月26日对反击日军作了指示：

1. 第五战区以主力保持桐柏、大洪两山地带打击敌人，阻其西进之方针，同意。

2. 以第26军（萧之楚）之32、44两师，控置于十里铺及五里铺，作河防预备队。

3. 汤恩伯集团可在襄花方面，为战区总预备队，使用时机，不可过早。

另外，已令第一战区转饬第2集团军之张华堂第30师及独立第44旅兼程向桐柏集中，限于5月10日前到达，黄樵松第27师、池峰成第31师于黄河交防后向南阳集中，限于5月12日以前到达。

第2集团军第68军刘汝明部应以主力控置于桐柏西北地区，如敌果由信阳西北进犯时，应努力迟滞敌人，掩护第五战区左翼兵团向南阳之转用，以有力一部，在明港附近警戒。

蒋介石满足了李宗仁对第2集团军支援随枣会战的要求，但对汤恩伯集团仍是不肯放手，这使汤恩伯有恃无恐，对第五战区的部署大加微词。第五战区司令长官部令汤部五个师以桐柏山为依托，在侧面监视敌人，待

向鄂北进攻日军一部

正面守军将敌人主力吸入随枣地区后，汤部即以迅雷不及掩耳之势自桐柏山冲出，一举截断襄花路，会同正面部队，将敌人包围而歼灭之。汤恩伯从重庆述职回前方，到樊城第五战区长官部看望李宗仁，李宗仁向汤转达作战部署，未等李宗仁将歼敌计划解释完，汤恩伯便大发脾气，说："不行，不行，你不能胡乱拿我的部队来牺牲！"李宗仁耐性解释："你以桐柏为后方，有什么危险……"不待说完，汤恩伯竟拂袖而去。汤恩伯之所以如此放肆，不听命于战区司令长官的作战部署，恐怕在于蒋介石"使用时机，不可过早"①的吩咐吧！及至随枣战役中，日军向襄花路正面突击时，其少部掩护部队曾与汤部接触，汤部竟全部北撤，退往豫西舞阳一带，李宗仁认为，若汤部执行作战计划，出击日军，敌军机械化部队在襄花公路上，将永无东归之路。

第五战区司令长官部确定了确保荆、襄，以一部守襄河，将主力配置于襄阳至花园的公路沿线，待机反扑的战略方针。以主力第84军和第68军守正面随、枣一线，以张自忠第33集团军担任大洪山的南麓、京钟公路和

---

① 《李宗仁回忆录》（下），第768页。

襄河两岸的防务，以孙连仲第2集团军和孙震第22集团军守桐柏山北麓南阳、唐河至桐柏一线。长江沿岸和襄河以西防务，则由江防司令郭忏所部两个军担任。

第五战区的总兵力为18个军，所辖43个步兵师又3个独立步兵旅，两个骑兵师又一个独立骑兵旅、六个游击纵队，另有两个独立炮兵团，总计兵力约25万人。全战区分为江防军（郭忏）、右翼兵团（张自忠）、左翼兵团（李品仙）、预备军、豫鄂皖边区游击兵团（廖磊）及第一战区配属部队。

参加随枣会战之兵力部署，是沿汉水南岸的沔阳、潜江及汉水西岸的荆门、钟祥以北的长寿店向东经随县至信阳以北的日军的外方地区。

当时第五战区与其以南的第九战区的分界线，是汉口的长江南北两岸，北面与第一战区卫立煌部的作战分界线是河南与湖北的自然省界：罗山、信阳、桐柏、唐河、新野、邓县一线。为便于统一对日军作战，第一战区在南阳以南、信阳以北的孙连仲第2集团军，后期划归第五战区指挥。

三、鄂北烽火

华中方面的日军于4月30日在鄂北、鄂西同时发动进攻，中国守军奋勇抗击，随枣会战正式拉开战幕。

日本第11军司令官冈村宁次战前专门训示，此次作战要求各部队以虚虚实实的方法，严格保守秘密。作战的主要目的是"不考虑城镇的攻陷，立足于单纯作战，专心致志消灭敌军"。①并极力鼓舞斗志，号召参战部队在进攻中要发扬皇军大无畏的战斗精神。

4月18日，日军大本营发出关于襄东地区作战的命令和指示，在其大陆命第298号命令中指出："华中派遣军司令官为完成现任务，在四五月间可

---

① 中华民国史资料丛稿（译稿）：《中国事变陆军作战史》，第2卷第2分册，第129页。

在汉口西北正面，暂时实施越过现作战地区。"①

在大陆指第427号指示中要求："华中派遣军司令官按大陆命第298号实施作战时，要尽快返回现作战地区内。"

4月30日，随枣会战正式打响，日军按照既定方针，采用锥形突进、钳形夹制的攻击办法，从鄂北、鄂西两个方面，分几路同时攻击，寻找中国守军主力，进行歼灭性作战。并沿襄（阳）花（园）公路、京（山）钟（祥）公路及汉水东岸钳击，会攻枣阳地区。战斗异常激烈。

在鄂北方面，敌军第3师团4月30日在空军配合下，开始牵制性进攻，从信阳、应山一线兵分四路，攻击中国守军此前出击日军而突前的部队，并采取向随县进攻及向枣阳东北地区迂回的攻势。日军第3师团集中兵力，机动攻击，大有锐不可当之势，首先由郝家店、徐家店之线，向中国守军的"出击部队"覃连芳第84军第173师钟毅部、第174师张光玮部、第189师凌压西部"反攻"，激战一昼夜，日军5月1日攻陷吴家店、泉口店、万家店等地，第84军主力退守主阵地塔儿湾附近之线。日军跟踪追击，直逼塔儿湾阵线前沿。第五战区司令长官部立即命令汤恩伯第31集团军迅速向东推进，增加第一线兵力，阻止日军向西、向西北挺进。

第31集团军第13军张轸部、第85军王仲廉部于5月2日分别由随县及随县东南地区、随县东北地区之现防地出发，向东推进。第13军一部"占领高城迄天河口市之线，主力控置于唐县镇、唐王店、太山庙镇、青苔镇附近地区。第85军全部控置于鹿头镇、远家堂、吴山店、马家集附近地区"。②

各部占领阵地，构筑工事，严阵以待，随时准备迎击敌军。

5月2日，敌军一部附炮12门，在飞机的配合下，向张轸第13军张雪中第89师、吴绍周第110师阵地猛攻，中国守军勇猛还击，重创敌军。另一部

---

① 中华民国史资料丛稿（译稿）：《中国事变陆军作战史》，第2卷第2分册，第132页。
② 《李宗仁致蒋介石密电（1939年5月2日）》，《抗日战争正面战场》（下），第833页。

敌军向塔儿湾附近第84军阵地猛攻，战况激烈。第五战区副司令长官兼左集团军总司令李品仙鉴于敌主力已逐次展开于淅河南北之线，判断敌总攻在即，为利于"尔后出击起见"，遂命令：

第13军即派有力部队，先将阵地前之马鞍山、三家寨附近之敌驱逐，并以寨子河为中心，将各山区隘路要点确实控制。第84军固守主阵地（塔儿湾），待机转移攻势。

塔儿湾附近第84军阵地，受敌猛攻，双方展开血战。日军集中飞机、坦克和远近射程日军渡过汉水，向鄂北进攻的大炮，一开始即向第84军守军阵地作往复不断的轰击，企图利用中国守军装备较差、战斗力薄弱的劣势，恃其优良的武器装备，一举击溃守军。可是，中国军队经过近两年与日军的实地交战，已经积累了丰富的作战经验，对日军的作战特点也有了一定的认识，他们渐渐学会了在战争中如何保存自己的方法。

钟毅第173师阵地位于塔儿湾后方，他们把阵地构筑于低平的土岭上，岭上有土丘，土丘连绵参差而且有适当的间隔和距离。他们在土丘上作伪

日军渡过流水，向鄂北进攻

装工事，将黄土高高地堆在工事前沿，以欺骗敌人，吸引日军的炮弹，在土丘前面相当距离处，则挖有前后不齐的散兵坑，泥坑后面死角之处，则构筑能容纳一个班士兵的掩蔽部，以便散兵坑中的士兵更替休息。土丘的两侧，构筑轻机枪的掩体各一个，其射出的火力线成十字火网交织于阵地面前，日军便不能轻易越雷池一步。

激战三日，双方往复争夺，成胶着状态。第三日，日军阵地后面忽然升起一只艇形的氢气球，系日军用来观测敌方阵地、为其炮兵指示目标的"雷达"。果然，不一会儿，日军数十门大炮顺其气球指示，对第173师阵地连续发射两个小时。炮火自右而左，自左而右，循环不停地落在守军阵地上。一俟炮击停止，日军即派大队步兵，以密集的队形，向守军阵地蜂拥而至。日军以为经过这样密集的炮击，中国守军即使未死伤殆尽，也早已被吓跑。没想到当他们接近守军阵地时，即遭到散兵坑中和各掩体内轻机枪的突然交叉射击，日军丢盔卸甲，死伤无数……

原来，日军炮弹多数落到了中国守军挖筑的伪装工事上，而散兵坑中的官兵，在坑底又顺挖一个斜洞，称之为"蛤蟆洞"，当日军炮击时，则埋伏在里面藏身，一旦敌人炮弹停止射击，一跃而起阻击敌人，往往出其不意，攻其不备，杀敌效果很好。

第84军第173师519旅刘栋平团第1营营长黄玖辉，准备两箱手榴弹，控制着两挺重机枪，扼守在通往塔儿湾的要道上，勇猛拒敌，仿佛一夫当关、万夫莫开的架势，当他的足部被日军炮弹碎片击伤后，仍坚持不退，其他官兵见状，深受感动，也纷纷固守阵地，狠狠打击敌人。

日军被击退后，又利用其惯用的伎俩，向守军阵地发射了窒息性和催泪性毒瓦斯炮弹，守军官兵只觉得炮弹爆炸声不如以往响亮，也没有在意，两三个小时以后，不少官兵开始呕吐、流泪不止，第173师第519旅旅长梁津怀疑是炊事兵误用桐油炒菜，派副官前去查问，才知是敌人施放毒瓦斯所致，梁津急令卫兵拿防毒面具，可是已经来不及了，在激烈的呕吐流泪之后，他只觉得鼻孔和胃腔内，热辣辣的，痛如火烧。梁津想起毒瓦斯比空气重，立即命令官兵迅速离开低凹的指挥所，登上高处，用浸湿的毛巾，涂上肥皂，蒙在面部，暂时抵御毒气。并命前线官兵照办。塔儿湾阵地先后失而复得六七次。

日军每到风向有利于己时，便利用风力将毒瓦斯唧筒向中国守军阵地方向喷射，毒气弥漫阵地，中国守军官兵纷纷晕倒，被抬离阵地，几次三番，中国守军元气大伤。

5月4日，第84军经过浴血奋战，牺牲殆尽，忍痛放弃塔儿湾主阵地，退向厉山。日军也于蒋家河畔，陈尸累累，伤亡颇重。

另外一路日军约步兵3000人，炮12门，在飞机掩护下向位于高城一线第13军张轸部发动猛攻。遭到张轸部第110师、第89师的迎击，予敌以重创。激战至4日，高城亦被迫放弃。

张轸早年参加辛亥革命，在北伐战争中崭露头角。抗战爆发后，在河南积极招募新兵，开赴前线抗战。先后率部参加了台儿庄会战、武汉会战、随枣会战，后又参加了中国远征军入缅作战。因素与蒋介石不合，一直未受蒋介石的重用。

随枣战役爆发后，因归第13军张轸管辖的第89师伤亡较大，而该师又是原属汤恩伯的基本队伍，汤恩伯从重庆一返回，便背着张轸将第89师调走，还指责张轸不该把第89师当作牺牲品，并向蒋介石告状。蒋介石即将张轸的第13军军长免职。张轸愤然填词一首："数理本难凭，似有夙因。阳明却也困邮亭。回忆当年莫须有，何恨不平……"

5月5日早晨，日军以一个联队的兵力进攻天河口，与中国守军第13军发生激战。日军企图以一部延伸兵力吸引中国守军主力于天河口方面，同时以主力由高城以南地区形成中央突破，然后向左右席卷。由于遇到第13军张轸部的有力阻击，该部敌军未能向前推进。6日，厉山至蒋家河之线又发生激烈血战，中日双方均伤亡甚重。

日军主力沿襄花公路正面向前推进，因襄花公路沿线多为平原，地势平坦，日军充分发挥了机械化部队的威力，其坦克在阵地上横冲直撞，如入无人之境，不可一世。中国守军第11集团军部队沿襄花公路两侧纵深布防，阻敌西进。中国守军因无充分补充，又缺乏平射炮等重武器，简直无法抵御冲撞而来的日军坦克。但广大官兵士气高昂，据壕死守，有些士兵气愤至极，竟毫不畏惧地攀登到敌坦克上向车内日军投掷手榴弹。但血肉之躯毕竟无法抵挡敌人的坦克、大炮，故伤亡惨重。日军坦克所经过之处，守军战壕几被压平，守壕士兵不是被碾死，就是被活埋于壕内。随后，日军步兵蜂拥而至，轻重机枪一阵密集扫射，弹如雨下，其势锐不可当。

由于汤恩伯部主力未从桐柏山侧面出击，第84军无友军支援，7日，随县失陷。8日，日军炮击第84军厉山阵地，千余步骑兵强渡蒋家河，战车队轰轰隆隆地突入厉山。第84军防线一退再退。

鄂北地区，烽火四起。由于日军攻势猛烈，中国守军防线被撕破，随县失守，日军继续向随县西北方向攻击，中国守军左集团军参战部队，死撑硬顶，顽强阻击日军。

四、鄂西狼烟

在鄂西方面，战况亦呈激烈。布防鄂西方面的守军是张自忠的右集团军，所辖部队从武汉会战战场撤退下来之后，未来得及充分补充和休整，便投入新的战斗，在京山、钟祥地区，骚扰日军，对日军展开攻击性作战，杀伤日军部分有生力量，但一些参战部队伤亡也很大，而且连续作战，部队十分疲惫。随即，日军发动对随枣地区的进攻迹象已显，统帅部和第五战区司令长官部部署随枣会战。4月下旬，第33集团军总司令张自忠参加了第五战区樊城军事会议，受命担任右集团军总司令，负责部署、指挥鄂西方面防务。张自忠回到第33集团军指挥部所在地宜城之后，立即组建右集团军总指挥部，并向各部传达第五战区关于随枣会战之攻势防御总方针和有关作战计划，着手部署兵力。张自忠（张兼第59军军长）还召集

进攻襄西的日军坦克部队

第59军团以上军官开会，直接传达作战计划，进行战争动员。张自忠说："现在战区得到情报，日军在武汉地区调动大批部队，企图向我军进犯。各部队应急速准备与敌人作战。现在国家到了危亡时期，我们应下定决心为国家、为民族的存亡，不顾一切牺牲，与日寇一拼。打日本鬼子，死了也是光荣的！如果敌人发动进攻，我们当以全力将其消灭在襄河地区。"[①]

日军发动对鄂北地区中国守军进攻的同时，在鄂西也发动攻势。日军第16师团、骑兵第4旅团等部集结于钟祥附近，于4月30日分三路向北"移动"。张自忠立即作出判断，认为敌军动向是"进攻我襄河贺家集、长寿店、丰乐河各要点"主力部队。还分析敌军行动目的，在于先压迫襄河以东中国守军部队西退，然后再行北进，以掰襄花公路左集团军之侧背，以

---

① 陈芳芝：《襄河东岸的截击战》，《武汉会战》，中国文史出版社1989年2月版，第306页。

遂其攻略襄、樊之企图。

5月1日，在钟祥以北地区，日军集中约5000兵力，炮20余门，坦克10余辆，向中国出击部队第77军37师吉星文部、第59军180师刘振三部发起猛攻，"激战甚烈。我吉、刘两师，虽前于京钟之役损伤甚大（实力不过五团），咸以最大之努力，予敌以强烈之抵抗"。①

激战连续进行三昼夜，中国守军前沿阵地被日军突破，5月4日中国守军乃退守丰乐河、长寿店主阵地。同时，日军一部窜至流水沟，与第59军黄维纲第38师的一个团发生激战。

进攻襄西的日军坦克部队日军主力追至丰乐河、长寿店地带之后，继续猛攻第180师、第37师等部，中国守军伤亡严重，至7日，日军突破丰乐河、长寿店两侧地区防线，中国守军仍坚守主阵地，但敌军除留一部在丰乐河、长寿店牵制第180师、第37师之外，主力则离开长寿店、丰乐河，继续沿襄河以东地区向北挺进。战局恶化，形势危急。张自忠急令第77军第132师王长海部渡过襄河，由贺家集向普门冲反攻，断敌后续部队。张自忠亲率第38师两个团，渡过襄河，攻击北犯敌军。

根据张自忠5月8日10时许发给蒋介石的战报，战况如下：

"（一）据180师刘师长报称：当前之敌以优势兵力，五昼夜以来，向我猛攻未停。因飞机、炮火轰炸过烈，致阵地悉为摧毁，赖我官兵舍死争夺，往复血战，致迄今尚阻该敌于马服集以南地区，惟伤亡颇重。虞（7日）早后敌复增加战车六辆，向我猛攻猛扑，刻尚在激战中。（二）据（37师）吉师长报称：连日与步炮联合之敌约两千余人彻夜激战，双方伤亡奇重，我干部牺牲尤多，刻尚在姚家集以东与敌血战中。刻我132师之张团，现正由贺家集向洋梓、长寿店攻击，我55军即派两团，由沿山头方面渡河北进。职现亲率38师之两团渡河，攻击北窜之敌，如任务不能达到，

---

① 《军令部关于第五战区随枣会战经过的总结报告（1939年5月）》，《抗日战争正面战场》（下），第853页。

决一死以报钧座。"①

张自忠率第38师两团渡河驱逐了流水沟的敌军之后,向田家集方向北进之敌侧背猛烈攻击,于亭子山附近,与敌军展开血战,毙敌四五百名。但敌军除留大部防止张自忠部的侧击外,仍以一部继续北窜。同时位于应城、京山以北的敌军第13师团5月5日从黄家集、平坝镇出发,从第16师团东侧,向北进攻。7日在长寿店以北马家集一带向"张自忠部阵地进犯,一部齐(8)日攻占兴龙寺(枣阳),佳(9)日窜至杨家当(枣阳北),敌主力仍在宜城东,与我张部激战中②"。

敌第16师团继续北犯之部,攻占了滚河北岸的张集、蔡阳之后,与第13师团部队会合,从枣阳以西绕至枣阳以北约20公里的太平、湖河,与由鄂北方面进至西新集地区的第3师团,形成对枣阳以北地区的第一层迂回包围。

鄂西突起狼烟,日军沿襄河东岸北进,中国守军张自忠部在襄河东岸奋力截击日军,虽杀伤了日军一些有生力量,牵制了部分日军,但日军一部终于摆脱"截击",占领了枣阳,并挺进到枣阳西北地区。战局趋向恶化。

五、枣阳混战

由于战局的恶化,形势对中国守军极其不利。第五战区司令长官李宗仁迅即调整部署,于5月9日10时许发出命令:

第一,左集团军仍以第39军(刘和鼎)于大洪山担任游击外,主力速变换正面,以桐柏山为左翼,对随枣公路成侧面阵地,牵制西进及阻止北进之敌,不得已第84军向唐河、白河以西地区转移,汤集团向新野转移,

---

① 《张自忠致蒋介石密电(1939年5月8日)》,《抗日战争正面战场》(下),第836页。
② 《程潜致蒋介石等密电(1939年5月12日)》,《抗日战争正面战场》(下),第836页。

切实与第一战区友军联络。

第二，右集团军（张自忠）仍极力夹击北进之敌后，乘机向宜城、襄河转移，归还建制。

"大本营总合各方面情况后，悉钟祥以北状况恶化，为使左集团尔后安全，拟对轻举妄进之敌以严重打击。"

蒋介石于5月9日12时许致电李宗仁，令李长官之处置如下：

（甲）钟祥以北情况既趋变化，希即妥筹对策，予轻举妄进之敌以严重打击，牵制敌人于汉水以东地区。如状况万不得已时，须照下列要旨部署实施：

（一）刘汝明、刘和鼎两军，仍留置桐柏、大洪山内，担任游击；

（二）汤恩伯集团可转进樊城迄老河口地区，覃连芳军转进至老河口以西地区；

（三）张自忠集团转进襄河布防。

（乙）已令孙连仲集团先在南阳集中候命，其余可斟酌处理，具报为要。

统帅部对战局估计过于悲观，部署主力向襄河以西、老河口地区撤退，除坚持桐柏山、大洪山游击外，打算放弃襄东地区。旋即，统帅部意识到这一部署过于消极，于10日18时左右致电李宗仁，对9日的命令进行"更正"，"并补充数点"："（一）张集团攻击钟祥以北之敌，应令刘和鼎部协助之。左集团及汤部转移态势后，可暂在枣阳以北地区，牵制襄花路方面之敌，使张集团之作战容易，并相机予该方面敌人以打击。（二）佳（9日）午令一元电计达，兹为更正并补充三点如下：（1）已令孙连仲部即以主力推进至新野、邓县，以一部留南阳，策应五战区之作战，尔后可用于老河口方面，协同汤军掩护汉中；（2）汤集团尔后可以南阳为后方，联系孙军，掩护西荆公路；（3）张自忠部尔后须准备以南漳附近山地为游击根据地，孙震部尔后须用于保康方面山地，担任对襄、樊方面之游击。余同前。"①

日军第11军司令官冈村宁次，见两翼突击成功，于是部署了对汤恩伯集团军的包围：命令第3师团派出一支右翼梯队，沿信阳、西新集、湖阳镇大道前进，在中国守军第五、第一战区的接合部上撑开裂缝，首先攻占桐柏城，然后向西突进，进占唐河沿岸湖阳镇一线，截断汤军的退路。骑兵第4旅团之第26联队，超越第16师团，迅速抢占张家集、双沟镇，切断枣阳、襄阳之间的联系，待第16师团赶到，移交防地，继续向白河沿岸新野方面突进，在第3师团右翼梯队的外翼构成对枣阳以北地区中国军队主力的第二层包围圈。第3师团主力和第13师团，在随县枣阳大道右侧山地，对汤军实行正面攻击。

各部日军遵令行动，在信阳的第3师团右翼梯队即步兵第34联队的一个半大队，由其联队长铃木大佐指挥，从游河、吴店、小林店方向，向桐柏奇袭。刘汝明第68军李金田第119师在该地区布防，但主力已分散游击，遇敌突袭，李部一面极力抵抗，一面调整部署，终以兵力分散，不能及时集结，致使桐柏县城于5月12日第5战区部队反攻枣阳失陷。第68军主力由南北线正面，变为由桐柏西北经月河店至淮河店之东西线正面，与敌激战。

日军骑兵第4旅团，随第16师团于5月5日发起进攻后，7日进至长寿店以北之马集、陈家集一带，8日到达郑家岗、方家集，9日在蔡阳、张集过滚河时，因水浅而且为沙质河底，得以迅速涉河到达滚河北岸，并按预定计划，以三个骑兵联队、一个骑兵大队，快速向新野、唐河前进。9日晚间，骑兵旅团徒涉了淤泥底的唐河，10日拂晓徒涉了宽约200米的白河，并于中午攻占了新野，之后又放弃而东进，于11日到达了新野以东的韩庄，

---

① 《军令部关于第五战区随枣会战经过的总结报告（1939年5月）》，《抗日战争正面战场》（下），第852页。

第九章 襄枣血红　　761

第五战区部队反攻枣阳

然后分为两路东进。12日在与孙连仲第2集团军田镇南第30军激战后占领了唐河，之后立即退出南返，与进至枣阳以北之湖河、太平的第16师团会合。至此，日军对汤恩伯集团军的双层包围圈即告形成。

已进至枣阳的日军第13师团，得知此次作战的主要攻击目标第31集团军正在应山以北的高城、合河地区与第3师团激战，便疾速北进，准备配合第3师团进攻。该部日军11日经过枣阳东北的鹿头镇，傍晚到达了钱家岗附近，之后即与第3、第6师团及骑兵第4旅团在枣阳东北地区会合。

在鄂北正面坚守的覃连芳第84军，伤亡惨重，向后退却，敌军乘其立足未稳，便发起猛攻，覃军遂向唐河附近撤退。汤恩伯发现由于刘汝明军、覃连芳军的后撤，第31集团军已经最为突前，有遭日军围攻的危险，经与日军接触交战之后，便令主力迅速向唐河一带撤退。军令部在关于第五战区随枣会战经过的总结报告中，对汤恩伯的撤退作了粉饰，报告中说："汤恩伯集团在桐柏迄枣阳以北山地，自5月7日起，敌由三合店、唐王店、倒峡流、江头店等地包围，积极进攻，我汤部仍与敌彻夜鏖战，肉搏相拼。迄11日，敌终未得逞。复以战略上无固守之必要，更无他部队能相互策应，为保持战力，应付尔后战斗起见，汤总司令恩伯遂留张轸率两师兵力（第13军所辖属汤恩伯之'种子军'的第89师已被汤调走），于桐柏山内担任游击，并掩护主力之撤退，（汤）亲率四个师向唐河转进。"①汤部在"转进"途中，遭到敌之轻快部队的袭击，部队被截成数段，"于12日到达泌阳以北之二十里铺地区，迄14日始收容完毕②"。

随后该部被调驻第一战区南阳以西的镇平、内乡一带。

第一战区之孙连仲第2集团军接到统帅部命令之后，立即行动，支援第五战区作战。孙连仲5月9日到达南阳，正赶上敌军一部攻击湖阳镇、新野等地，并于10日攻陷上述两地，孙连仲急令地方团队别廷芳部向湖阳、新野之敌攻击，并急调10日刚抵西新集的张华堂第30师向唐河急进，行抵保安寨的独立第44旅向南阳急进，准备向南攻击。11日午，中国守军收复新野。是日夜，第30师陆续到达唐河，12日拂晓即与进犯唐河的日军发生激战。由于第30师对敌情不明，部署未定，唐河城遂于当日午被敌攻陷。旋即日军大部退向枣阳以北地区，与该地日军会合，准备围歼汤恩伯部。第2集团军第30师乘机攻击残敌，14日收复唐河，到15日，唐河、新野境内已无敌踪。第2集团军第30师在唐河附近警戒，其余部队集结南阳。

当日军从襄河（汉水）以东向北突进时，右集团军张自忠部始终向东侧击，虽背临汉水，但张自忠"决心坚确，非与敌拼殊死战，不足以挽战局"。连日作战，毙敌甚众。吉星文、王长海两师克复清水桥、青石桥等处，积极向长寿店及其以北挺进。曹福林第55军一部渡过襄河占领朱宝大桥后，也积极向长寿店之敌侧背攻击。

---

① 《军令部关于第五战区随枣会战经过的总结报告（1939年5月）》，《抗日战争正面战场》（下），第853页。

② 《军令部关于第五战区随枣会战经过的总结报告（1939年5月）》，《抗日战争正面战场》（下），第853页。

刘振三第180师、陈鼎勋第45军曾遭敌包围，经激烈战斗，突出重围转进唐河附近，旋即开赴襄樊。

同时，刘和鼎第39军两个师未向西北撤退，留在大洪山进行"游击"；覃连芳第84军凌压西第89师的一个旅为掩护汤恩伯部撤退，未能突出重围，折回大洪山打游击。第84军损失惨重，奉令调至光化休整。

日军"扫荡"了鄂北和襄东，虽未能完成重点围歼汤恩伯第31集团军的既定任务，但确实大量杀伤了中国军队，搅乱了中国守军的防线，一定程度上减轻了武汉西北方向的威胁。由于抗日战争进入相持阶段以后日军机动兵力使用有限，无力发动大规模战略进攻，更无力分散过多兵力攻城略地，因此日军部署随枣会战时即确定了"扫荡"中国军队、并不过多占领土地的方针，当日军两方面的攻击在枣阳西北地区会合之后，给中国守军一定杀伤，并逼迫第五战区主力退向唐河以西及西北地区，日本华中派遣军司令部认为已基本完成了"扫荡"任务，便下令各参战部队按照预定方针，返回原占领地区。要求各部在返回途中分段"扫荡"第五战区留在日军后方的部队，特别是大洪山区长冈一带的中国守军，要严加打击。13、14日，日军开始从枣阳地区后撤。

中国最高统帅部及第五战区司令长官部未能事先估计到日军会突然撤退，当日军各进攻部队开始向枣阳地区集结时，仍然判断敌军是为了发动新的攻势作准备，因此日军的迅即撤退，大大出乎第五战区指挥者们的意料之外，未能及时组织部队追击，使日军得以从容后撤。除留在大洪山长冈地区的四个师给敌军一部有力阻击和一定杀伤之外，其他各路日军在未遇到中国军队的有力阻击和追击的情况下，先后安全撤回各原占领区。同时，日军第3师团则占领了随县，未行撤退。

当日本第11军于5月初发动对随枣地区的进攻前后，中国守军之江防部队和在大别山的部队即进行出击以牵制敌人。第26军丁治盘第41师于5月6日收复京山西南的陆家砦，13日又收复瓦庙及雁门口。在日军在襄西纵火进攻别山区的第7军一部于4月30日攻入麻城的北门，5月4日围歼日军一部

日军在襄西纵火进攻

于红安以北的打油尖。第2游击纵队则将大悟县夏店至花园的交通和通讯予以彻底破坏。

针对战局变化，李宗仁对敌情作出新的判断，并调整了部署。

据李宗仁5月21日致蒋介石电，其"部署如次：1．突入豫南及唐河沿岸之敌，纷向随枣公路及其以南撤退，现围攻我大洪山游击部队中。判断敌已放弃北向南阳之企图，俟大洪山肃清后，或西占襄樊，或由钟祥及其以南渡过襄河，略我宜、沙。2．战区拟以主力固守唐河及襄河沿岸，补训部队，准备尔后之作战，但豫南部队应随时准备向南侧击。3．江防军除派一部接44军防线，使取捷径向荆门附近归制外，其江防、河防之任务仍旧，并应控置有力部队于河溶镇、十里铺一带，对付突进西岸之敌，准备掩护宜、沙。又，河东据点应常久保持，详侦敌之动向及企图。4．右集团军应以29集团军（44军归制）及33集团军主力扼守襄河西岸，控置有力部队于荆门、快活铺等地，从速整训，以备策应钟祥、旧口及江防军方面作战，仍以小部在河东岸游击。5．22集团军守备唐河及小河以北之襄河西岸，11集团军在光（化）（即老河口）、谷（城）一带整训，并增强襄河西岸要点工事，统归李副长官品仙之指挥，为左集团军。对唐河及襄阳附近襄河东岸地区，应派有力部队游击，详侦敌之动向及企图。6. 孙、汤、刘各部归孙副长官之指挥，为豫南集团军，除刘部在桐柏附近，向信阳、长台关之敌，张轸部在桐柏以南，向随县、应山之敌游击外，汤部主力在镇平、内乡，从速整训，必要时应推进邓县附近，准备与在唐河、新野一带之孙部协力，向南攻击由枣阳附近西进之敌。7. 战区长官部在均县，暂置指挥所于石化街。"①

5月25日，蒋介石电令李宗仁："一、随、枣一带敌大部均已南撤，我为牵制敌兵力，使其不能进窥荆、宜，或转移其他战区，并疲惫敌人计，着孙震集团以主力（至少两师）推进随县附近地区，与张轸、刘和鼎军相协力，扰袭敌人。如察知敌再行真面目之攻击时，即本既定方针，引敌深入，由侧背予以痛击。二、所有第一线部队应不断以小部袭击敌人，与敌保持接触，侦察敌情，应严厉督促实施。以上两项，希遵办部署具报。"②

随枣战役已经结束，统帅部和第五战区开始着手进行"善后"工作。李宗仁于5月22日（养日）致电蒋介石，回顾并总结战斗经过和经验教训，主动承担襄河东岸未能挡住敌军向北突进的责任，电文中说："……惟我部署未周，致敌得逞，除各部奖惩另电呈察外，拟请予职以处分，以资惕勉。"③

蒋介石复电李宗仁："此次随枣之役，暴敌豕突北进，狡焉思逞。吾兄指挥若定，动合机宜，终予敌以意外莫大之打击，使其狼狈退窜。正念贤劳，所请处分一节，应毋庸议，仍望为国珍重，争取最后胜利为盼。"④

---

① 《李宗仁致蒋介石密电稿（1939年5月21日）》，《抗日战争正面战场》（下），第842页。
② 《蒋介石致李宗仁密电稿（1939年5月25日）》，《抗日战争正面战场》（下），第845页。
③ 《李宗仁与蒋介石来往密电（1939年5月22日）》，《抗日战争正面战场》（下），第844页。
④ 《李宗仁与蒋介石来往密电（1939年5月22日）》，《抗日战争正面战场》（下），第844页。

随枣会战，中国守军伤、亡、失散约为28000人。①据右集团军战斗详报，该方面部队减员情况是：第38师伤亡官兵202人，生死不明未归队者24人；第180师伤亡官兵1863人，生死不明未归队者2189人；骑9师伤亡官兵88人，生死不明未归队者168人；第37师伤亡官兵574人，生死不明未归队者280人；第132师伤亡官兵216人，生死不明未归队者27人；第45军伤亡官兵1024人；第67军伤亡官兵304人；第55军伤亡官兵143人，生死不明未归队者14人。日军伤亡数据当时的战报综合不下万人，王辅所著《日军侵华战争》认定为2450人。

军令部关于第五战区随枣会战经过的总结报告，对会战作了分析、总结，得出的经验教训有五点，即1.长期消耗战，须长期控制第二线兵团，以准备次期作战，并控制有力预备队，掩护退路，以免陷于歼灭战之态势。2.一个战场之部队，须统一指挥，其企图及指导方针、指导要领，尤须一贯。反之，如高级企图为持久，而次级企图为决战，则方针及指导要领、兵力部署等，互相乖违错乱，必遭惨败。3.敌情判断不可全凭主观，不可先入为主，应努力搜索，应细密注意。4.敌人凡稍大规模之真面目攻击，一贯采用歼灭战之方式。5.兵力部署，对于次要方面，须使用必要最小限兵力之意义，极为重要。盖次要方面如不过多过少，则主要方面之兵力，自然决定矣。

---

① 王辅:《日军侵华战争》(2)，1139页。

第二节　枣宜会战

一、战火又燃

由于第五战区从西、西北和东北环绕武汉地区，给侵占这一地区的日军的安全构成一定的威胁，尤其是1939年的冬季作战，第五战区频频出击，钳制了大量日军。为解除这一威胁，日驻武汉的第11军于1940年4月起，陆续放弃鄂东、赣北一些次要据点，抽调驻湘北的第6师团及驻赣北的第40师团各一部，会同驻鄂的第3、第13、第39师团在钟祥、随县、信阳地区集结，拟采用奇袭和机动作战手段，首先合围与消灭第五战区汉水东岸枣阳地区的国民党军主力，尔后向汉水西岸进攻，求歼国军主力于宜昌地区。

1940年4月上旬，蒋介石不断给李宗仁、张自忠等密电，训令：对敌进犯沙（市）宜（昌），应迅即预行部署，准备先发制敌。然而，正当第五战区进行战备时，枣宜会战开始了。

1940年5月1日，日军正式发起向第五战区正面的进攻，自鄂中汉水沿岸、大洪山外翼至鄂北随县、豫南信阳外围之线，全面进入作战状态，日军攻击的重心，仍为枣阳地区，襄河以东的鄂北地区，烽火迭起，战斗如火如荼，异常激烈。

日军发起进攻前，在鄂中钟祥以下的汉水东岸，准备了大量渡河器材佯作渡河攻击的姿态，以牵制中国江防军及右翼兵团在汉水西岸的部队；其主力则由襄花公路及由钟祥向北两路推进，向枣阳地区展开钳形攻势。襄花公路是日军主攻方向。日军第39师团及第6师团的第11旅团，在第39师团师团长村上启作的指挥下，配属200多辆战车，由随县、应山沿襄花公路向西北猛扑。

进攻枣宜的日军一部

布防襄花公路一线的是第五战区中央兵团,总司令黄琪翔深受战区司令长官李宗仁的器重。黄琪翔以第11集团军为守备主力。把第84军的3个师布防在襄花公路正面,在随枣间襄花公路两侧作纵深防御配备;把第39军摆在第84军的后右侧,作为第11集团军的预备部队。第22集团军虽然配属中央兵团,但在襄阳、樊城一带,作为战区总预备队使用。黄琪翔第11集团军的右翼,是王缵绪第29集团军,布防区域以大洪山为基地,守备汉水以东、钟祥以北地区。第11集团军的右后方是张自忠的第33集团军,守备汉水以西沙市、荆门一带。第11集团军左翼是孙连仲的第2集团军,守备桐柏山北线地区。

第11集团军原是广西军队,是李宗仁一手编练起来的队伍,抗战爆发后广西部队出桂抗战,特别能战斗,屡屡建立战功。第五战区划定后,因为李宗仁出任第五战区司令长官,所以广西军队陆续从淞沪战场调拨到第五战区归李宗仁指挥。当时广西部队编为第11集团军和第21集团军,李品仙任第11集团军总司令,廖磊任第21集团军总司令。武汉会战结束后,廖磊的第21集团军留在平汉路以东依托大别山开展敌后抗日游击战争，廖磊任豫鄂皖边区游击总司令兼安徽省主席。李品仙为第五战区副司令长官，仍兼第11集团军总司令，所辖部队进行了调整，第31军调属第16集团军，划归第四战区；徐州会战后期组建出桂抗日的第84军归第11集团军指挥，第84军军长由夏威担任，随即由原第31军副军长兼第131师师长的覃连芳接任。1939年10月，廖磊病逝，李宗仁为了让广西部队仍为广西将领所指挥，不致使广西部队涣散，向最高统帅蒋介石建议，由李品仙接替廖磊的职务，李品仙所遗的第11集团军总司令之职由另一新桂系将领夏威接任。蒋介石考虑到由桂系将领指挥广西军队更为灵便，利于作战，同意了李宗仁的建议。旋即，改任黄琪翔为第11集团军总司令，随后夏威出任第16集团军总司令，调离第五战区。

黄琪翔（1898—1970），字御行，广东梅县人。早年先后就读于广州陆军小学、湖北第三陆军中学、保定军官学校。毕业后在北洋军中供职，后投身于国民革命行列，参加了北伐战争，建有战功。北伐战争后期出任国民革命军第4军军长。大革命失败后，在汪精卫策动下，他曾追随张发奎发动了反蒋的广州事变。抗战爆发后，愿赴国难，效力沙场，于1937年10月出任朱绍良为总司令的第9集团军副总司令，旋即改任张发奎为总司令的第8集团军副总司令，1938年2月改任军委会政治部副主任。按派系划分，黄琪翔属于粤系汪派，但他并不愿追随汪精卫降日，仍属抗日派将领。黄琪翔虽然不属新桂系将领，但两广向来相近，大多数时候尤其是联手反蒋时，实乃两位一体，密不可分。李宗仁与黄琪翔交谊不薄，而且北伐战争之始黄琪翔为国民革命军第4军中的团长时，带兵作战十分勇猛，屡建战功，声誉颇佳。千军易得，一将难求。李宗仁欲借他山之石为我所用，启用"将才

黄琪翔

难得"的黄琪翔，既笼络了部分粤系势力，尤其利于从汪精卫旧营垒中分化出一批"抗战派"来，又得到统领广西军的将才，增加桂系实力，而且举荐属于粤系的黄氏，又可避"垒山头"之嫌，减少蒋介石的一些猜忌，真乃一举多得，何乐而不为呢！

1939年11月26日，军委会正式任命黄琪翔为第11集团军总司令之后，黄便立即赴任视事，指挥所部参加了冬季攻势作战。1940年4月，为部署抗击日军对枣宜地区的进攻，统帅部向第五战区增兵，第五战区制订作战计划，调整兵力，第11集团军除仍辖原广西军第84军之外，还辖新从第一战区调入的刘和鼎第39军。第84军既是第11集团军的老底子，又是广西军，因此为第11集团军的基干部队。1939年6月随枣会战结束后，即由莫树杰接替覃连芳任第84军军长。枣宜会战尚未打响，第五战区积极备战，第11集团军为中央兵团的主力，第84军则为第11集团军的主力。

莫树杰领受任务之后，按照第五战区司令长官部和第11集团军总司令部的部署和指示，对第84军的防务作了如下部署：以第174、第189师为第一线部队，面对随县、应山方面的敌军进行防御；以第173师为总预备队，控制在第二线；第84军司令部及军直属部队驻唐县镇附近的夏家湾。

第189师师长凌压西率谢振东第565团、王佐民第566团、周天柱第567团、白勉初补充团，占领高城、大竹山至滚山之线，为左翼地区守备队，师部及师直属部队位于杜家湾附近。

第174师师长张光玮率苏武扬第521团、周敬初第522团、陆龙第520团、秦汉补充团，占领滚山至两水沟之线，为右翼地区守备队，师部及师直属部队位于厉山附近。

第173师师长钟毅率凌云上第517团、李俊雄第518团、伍文湘第519团，占领净明铺附近的乔家水寨一带。

各部受命进入阵地后，积极构筑工事，加强防御战备。

5月1日，日军发动进攻，第84军阵地首当其冲。第84军算得上久经沙场的部队了，曾多次与日军交锋，已经了解日军的基本战法，尤其是1939

年5月的随枣会战，曾在襄花公路沿线阻击日军，获得丰富的作战经验。而枣宜会战打响后，日军沿襄花公路的进攻，简直就是随枣会战的再版，还是这段阻击阵地，还是昔日的老对手，日军还是使用飞机大炮轰炸、坦克开路、步兵冲锋的故伎发动进攻。第84军借鉴过去的作战经验，针对敌军的战法进行阻击，在构筑工事时，就充分注意到了这一点，在阵地工事前沿，堆积黄土作伪装工事，借以吸引敌军的炮弹，利用一些小土丘，挖成前后参差不齐的散兵坑，泥坑后面死角之处，构筑能容一班士兵的掩蔽部，并与散兵坑互相联络，以便散兵坑中的士兵轮换更替休息，每个小土丘的两侧，构筑轻机枪掩体各一个，并使其射线在阵地前面构成十字火网。日军发动进攻之后，果然是先用飞机对第84军阵地狂轰滥炸，继用大炮猛烈轰击；日军还升空一只大型气球，在高空观察中国守军阵地情况，为其飞机、大炮指示轰炸目标。第84军第174师和第189师正面阵地被敌炮连续轰击两个多小时。由于守军阵地工事构筑得比较巧妙，日军第一番轰炸、射击的炸弹和炮弹，大部分落在伪装工事上。散兵坑内的中国守军官兵，乘敌轰击伪装工事之机，人人动手在坑底挖一斜洞藏身，躲避敌人炮火。因此日军虽然连续轰击两个多小时，但中国守军伤亡不大。日军以为经过连续两个多小时的猛烈轰炸和炮击，中国守军即便未死伤殆尽，也早被吓跑，坚守阵地的官兵不会太多了，于是，便发动步兵以密集队形向第84军阵地冲锋。第84军官兵先不射击，放日军接近。日军见中国守军阵地上毫无动静，就更加狂妄，号叫着蜂拥冲向中国守军阵地，待日军冲到第84军阵地前有效射程以内，各散兵坑内和各掩体内的轻重机枪和步枪等突然一齐猛烈射击，日军遭此突如其来的火力打击，死伤累累，剩下来的也大呼小叫地往回逃。

日军攻击受挫，便以百倍的疯狂施行报复，集中炮火纵横交错、梳篦式的向第84军阵地倾泻炮弹，由左向右、由右向左、由前向后、由后向前，敌炮循环往复地将第84军阵地犁了数遍，正面阵地几乎没有巴掌大的完土，工事掩体大部分被炮弹摧毁，守军官兵伤亡惨重。随后，日军以机

开抵襄樊的第五战区部队

械化部队开路,发起更大规模的冲锋,第174、第189师阵地多处被敌军攻破。第84军军长莫树杰向全军官兵下达命令:没有命令,即使只剩一人,也不准擅自撤离阵地,违者军法从事。广大官兵同仇敌忾,咬紧牙关坚持,与日军搏斗了两昼夜,多次打退敌人的进攻;阵地虽然有所收缩,但一直坚持正面阻击敌人。

守军官兵看到日军坦克在阵地前横冲直撞,如入无人之境,个个义愤填膺,怒火中烧,纷纷跳出战壕,爬上敌人坦克,往敌人坦克车里扔手榴弹,不少勇士牺牲在敌坦克车下,也有的与敌坦克同归于尽。多数阵地,皆与日军展开白刃相搏。双方都有很大伤亡。

战斗进行到5月4日,日军虽经连日猛攻,给中国守军很大伤亡,但终未突破第84军正面防线,无法继续前进。日军遂改变攻击路线和攻击目标,专从山地向第84军大竹山、滚山两重要据点进行地、空联合轮番猛攻,中国守军阵地上的所有工事全被炸平,防守大竹山的一个营伤亡过半，防守滚山的一个营伤亡殆尽。两个重要据点剩下的兵力已无法继续坚持，于5月4日夜撤退到净明铺至厉山一带的第二线阵地。

第五战区和中央兵团指挥部、第11集团军司令部，指示第84军正面阻击务必坚持7天，大竹山、滚山据点丢失，整个正面防御阵线被撕破两大缺口，情况十分危急，莫树杰急令张光炜第174师、凌压西第189师立即组织突击队，进行夜袭，务必收复大竹山、滚山等重要据点。第174、189师领命而动，立即组织突击队，向日军发起反冲锋，血战一夜，战况异常激烈，但由于缺乏重武器，更无飞机、坦克相配合，未能收复失去的据点，形势对第84军极其不利。

5月5日，日军向第84军第二线阵地发起进攻，并派遣一支骑兵由第189师第二线阵地的左翼向高城地区疾进，试图截击第189师的后路。师长凌压西担心被敌包围，遂放弃第二线阵地，向军部所在地夏家湾附近撤退。唇亡齿寒，第189师后撤，第84军阵地全线崩溃，第174、173师主力也随之后撤至唐县镇之线。恰在此时，第84军司令部得悉左翼桐柏山北麓友军阵地亦被日军突破，日军骑兵正全力向西推进。第84军司令部判断，日军是想对第84军采取大包围，把第84军围歼于枣阳地区。为迅速摆脱日军包围，军长莫树杰经请示第11集团军司令部同意，立即实行总撤退。第84军以钟毅第173师为后卫，掩护主力先向枣阳集中，以便再作下一步的打算。

第84军军部与第189师一部在军长莫树杰的直接率领下，沿桐柏山南侧撤退，经鹿头镇，于5月6日到达枣阳东郊附近集结；第174师及第189师一部沿襄花公路经唐县镇、随阳店向枣阳撤退，也于5月6日到达枣阳附近。两路大军到达枣阳附近后，李宗仁立即命令他们在枣阳城郊占领阵地，阻击西进之敌，以确保襄樊。

负责后卫的部队钟毅第173师，与日军发生激烈战斗，伤亡惨重，防线被冲破。日军继续西进，直攻枣阳，第173师滞留敌后，与第84军军部失去联系，在敌后坚持抗敌，战况异常激烈。

日军以机械化部队为先导，沿襄花公路继续西犯，5月7日到达枣阳城南和城北地区，随即发起对枣阳的攻击。日军先对城西郊第84军阵地作牵制性攻击，把主力摆在枣阳城北面。第84军军部判定日军是试图对枣阳采取合围之势，以便把第84军围歼在枣阳附近地区。该军从正面一线刚刚撤退下来，许多部队刚刚占领阵地，还未来得及构筑或加固工事，当军部判定日军的合围意图后，犹如惊弓之鸟，立即决定放弃枣阳，再行撤退。

第84军军部命令所属部队第174、189师（第173师已失去联系）主力迅即脱离火线，全线后撤，5月7日即日军发动攻势的当天下午，第84军主力已从枣阳附近撤退，当晚到达枣阳西北杨家垱一带宿营。负责后卫的第174师周敬初第522团和第189师白勉初补充团与进攻枣阳之敌发生激战，当主力撤出敌军包围圈之后，后卫部队也突围撤退，被日军冲散，未能随主力转移。枣阳城于5月8日陷于敌手。

撤到杨家垱附近的第84军，5月8日拂晓渡过唐白河又向邓县撤退，9日、10日先后到达距第五战区司令长官部驻地老河口仅六七里远的光化附近集中。当时战区司令长官部只留作战处在老河口，其余部门及人员均已越过襄河向石花街转移。长官部估计日军可能派出一支精兵袭扰老河口司令长官部，所以已派出一支部队在老河口东面25公里左右的竹林桥一带布防阻击敌军，当第84军部队撤退到光化之后，长官部又令第84军派出两个团增援竹林桥一带的中国守军，以掩护战区司令长官部的安全。

果然，日军骑兵部队2000余人，越过唐白河，直扑老河口，经过中国守军的拼死阻击，日军未能得逞，遂退回唐白河东岸。

旋即，日军集结兵力，从双沟、张湾之间强渡唐白河，进犯樊城。樊城守备部队由中央兵团总司令、第11集团军总司令黄琪翔直接指挥，第11集团军所辖刘和鼎第39军两个师，与日军沿唐白河隔河对战，由于日军空军、机械化部队、骑兵、步兵等联合兵种作战，攻势异常猛烈，第39军阵地多处动摇，黄琪翔急调第84军第189师火速增援。第189师连夜赶到，投入战斗，稳住了中国守军阵脚。但日军从双沟、张湾间强渡唐白河成功之后，第39军阵脚再次大乱，既不坚决抵抗，又未和第84军第189师联系便匆忙向樊城东郊撤退，使凌压西第189师陷入孤军作战的险境。黄琪翔令第189师迅速转移到樊城北面布防，负责确保樊城及第11集团军总司令部的安全。

第189师向樊城北面阵地转移，日军尾追不放，紧紧咬住。当第189师到达樊城北面既设阵地时，喘息未定，日军便发起对樊城的全面攻击。中国守军右翼部队第39军节节后退，第11集团军总司令部也仓皇撤离樊城，向老河口方向退去，樊城已成为一座空城。但当夜日军因不知城内虚实，不敢入城，却派出一支部队由城北向西挺进。第84军第189师已和第39军及第11集团军总部失去联系，见日军向西挺进，生怕日军抄了后路，便急急忙忙向太平镇方向撤退，第189师先头部队刚到太平镇，便接到战区司令长官部的命令，要求第84军不得再往后撤，应调头全力向樊城推进，投入反攻作战。第84军坚决执行命令，按照战区司令长官部的部署，各部立即展开反攻作战。

第84军及以第84军为主力的第11集团军乃中央兵团的主要阻击部队，在襄河东岸阻击战中，仗打得十分艰苦，伤亡也较大，但仅仅十几天工夫，就丢失了一线、二线、三线阵地，一退再退，一直退到鄂西北老河口第五战区大本营的门口，虽不能说是一触即溃、望风而逃，但起码不能说是打了胜仗。除避免了被日军围歼、为抗战保存了有生力量之外，其他防御目标一个也没达到。一线防御阵地坚守7天的任务，仅坚守了4天多时间，而枣阳连一天也未坚守下来。这主要是因为在强敌疯狂进攻面前，中国守军只想保存实力，缺乏背水一战的决心和勇气，所以，也就难以打出漂亮的防御战了。

二、钟毅为国捐躯

第84军布防襄花公路正面守卫时，第174师和第189师为第一线守卫部队，布防在凉水沟亘塔儿湾、万家店间以东高地；第173师为第二线守卫

钟毅

部队，布防在净明铺公路两侧高地。当第一线部队后撤时，作为第二线防卫部队的第173师负责后卫，仗打得十分艰苦，掩护主力部队撤退之后，他们便与总部失去联系。在撤退途中，部队被打散，师长钟毅壮烈牺牲，在第84军正面防御战中，第173师仗打得异常惨烈，牺牲最大，给日军杀伤也最多，算得上是一支英雄部队、悲壮之师。

钟毅（1901—1940），乳名必魁，号天任，广西扶南长和乡（今扶绥县扶南乡）长沙村人，生于1901年11月4日。早年曾就读于广西省立第三师范学校，未毕业，后入旧桂系军阀开办的韶关讲武堂学习。从此，他弃文从武，走上军旅生涯。钟毅从讲武堂毕业时，正赶上新桂系崛起、旧桂系衰败之际，钟毅投效新桂系，历任上尉连长、少校营长、中校营长等军职。1926年，钟毅追随李宗仁参加北伐，因战功被提升为上校团长，算得上是李宗仁的爱将。1934年钟毅入陆军大学特别班受训，学满3年，十分刻苦，成绩优异。1937年夏从陆大毕业，正赶上抗战爆发，为报效祖国、效力抗战疆场，钟毅立即回桂军报到，出任第31军第138师第414旅少将旅长。随后，广西军队出桂抗战，钟毅所在部队北上抗日，参加了津浦南段防御战，后转战淮河两岸，多次作战，屡创敌军。徐州会战结束后，钟毅率部进驻鄂东，参加了武汉保卫战。武汉会战结束后，钟毅晋升为第11集团军第84军第173师师长，加中将军衔，成为广西军中的重要将领。

钟毅受命率第173师为襄花公路正面防线的第二梯队时，全师有3个步兵团及师直属部队，3个团的番号分别为第517团、518团、519团，钟毅命第517团占领净明铺南侧高地，第518团占领净明铺北侧高地，第519团作为师预备队使用，控置于乔家水砦附近地区。钟毅要求各部队认真构筑防御工事，并带领苏联军事顾问逐一检查，全师防御工事构筑较好，火力点的选择、火网的构成，都符合实战要求，钟毅和苏联顾问都感到比较满意。

5月1日，正面第一线防御战正式打响，5月4日，第一线部队向枣阳附近撤退，钟毅奉命率第173师由净明铺移唐县镇附近占领阵地，掩护军主力撤退。第173师成了撤退中的后卫部队，第二线阵地未作有力抵抗即放弃西撤，第173师精心构筑的净明铺一带第二线阵地工事，也未派上用场便丢弃了，甚是可惜。

钟毅奉命率部到达唐县镇附近后，即命第517团占领唐县镇西侧公路以南高地，第519团占领公路以北高地，师部及第518团布置在万福店附近地区；第84军军部撤退通过唐县镇、唐王店一线后，日军尾随而至，追到唐县镇东，即遭到第173师的英勇阻击。第173师预先已派出一些力量较强的班、排，占领唐县镇东端及唐县城以西附近的村庄，抢筑了一些御敌工事，当日军追抵唐县镇东端时，各村庄守军依据既设阵地顽强地打击敌人，使日军处处遭到袭击，无法前进。日军集中大炮，向唐县镇及附近村庄猛轰，并用坦克开道，由东向西猛冲，第173师将士勇猛顽强，拼死抵抗，除象鼻山阵地被敌军战车攻陷之外，其余阵地岿然不动。日军越攻越猛，守军愈战愈勇，激战到下午5时左右，因第一线撤退部队已安全突围，钟毅命唐县镇附近负责掩护的第173师撤退。令第519团掩护第517团先行撤退，然后再全部撤出战斗。但第519团未遵令执行，又不通知第517团，竟擅自先行仓皇退走，致使第517团左翼受敌攻击，无法安全撤出战斗。第517团团长凌云上即抽得力部队到左翼掩护，才使第517团主力得以撤退。钟毅命令凌云上所部撤向枣阳东北鹿头镇东端高地，以掩护军主力的转进。

掩护部队撤出战斗以后，天色已晚，天黑如墨染，伸手不见五指，咫尺不辨物体。部队离开公路，行走在乡间土路，不时有人跌倒。跌进路边的麦田还好，没有大的伤痛，爬起来再走；如果跌进路边水沟或者秧田，一身泥水，再继续行军，就极为狼狈，苦不堪言。因天太黑，一不留神就有掉队、岔道的危险。一位叫王壮强的班长，为防止班内士兵掉队，用绑腿带把全班战士串联起来，鱼贯而行，果然奏效。凌云上团长发现之后，在全团推广这一做法。各班串联一起，由班长在前边领路，班与班保持行军距离，不时互相招呼，避免了掉队，并一定程度上加快了行军速度。到次日拂晓，部队到达了目的地——鹿头镇。

凌云上率第517团夜行军途中，曾接到第11集团军总司令黄琪翔的电令，命该团就近选择阵地，节节抵抗日军，以苦撑10日为限。黄琪翔越级直接指挥到团，令凌云上犯难。凌云上在心里盘算：让我们团脱离军、师而独立作战，补给问题怎么办呢？不执行军、师关于掩护军主力转移的命令，打破了军的整体作战计划，行吗？集团军与军、师三个婆婆，两种指令，到底执行谁的指令好呢？一时又与各级长官联系不上，无法请示，实在令他左右为难。思量来思量去，凌云上最后决定仍向师部指定的地点前进，待到达目的地后再和军、师取得联系，以决定下一步的行动。

5月5日，第173师各部到达鹿头镇附近，立即占领阵地，构筑工事，作掩护军主力撤退的战斗准备。日军攻击部队绕过鹿头镇，直扑枣阳城下，第173师终日严阵以待，准备痛击进犯之敌，但日军却未经过他们设置的掩护阵地，直到黄昏时分，也没有发生战斗。实际上日军已经突前，第173师的方位已在敌后。针对这一战场形势的变化，钟毅认为守株待兔已无可能，决定全师转移。钟毅迅速拟定了转移方案，作出转移部署：左纵队按第519团、师部及师直属部队、第518团的顺序行动，由鹿头镇附近出发，经清凉寺、太平镇向吕堰驿以北附近地区集结待命；以第517团为右纵队，由鹿头镇经清凉寺北侧，沿桐柏山南麓道路，经太平镇北端及小河街，向吕堰驿北侧附近地区集结待命。

5月5日黄昏，第173师各团均从鹿头镇出发，按指定路线向吕堰驿方向转移。当夜微风细雨，一直未停，天黑如黛，道路泥泞，行军速度极其缓慢。左纵队殿后部队第518团与师部失去了联系，行至清凉寺附近时，发现清凉寺以西20公里通太平镇的道路上，有日军40多辆战车在运动，而且侦知枣阳西北15公里地带，已有日军骑兵出没，第518团前进路线受阻，改为靠北边的路线行进，这样一来便和右纵队行进中的第517团挤到一条道上，造成拥挤难行。过小河街时，第518团开始靠西南行，走原定路线，但仍无法和师部取得联系。李俊雄团长率部行进途中，突然与一股日军遭遇，经过激战，第518团被冲散，李俊雄团长率领一部与团主力失去联系，在太平镇西15公里左右的唐河东岸又遇到大队日军，被团团围住，经过激烈战斗，除一部分突出重围找到团主力归队之外，大部分壮烈牺牲，李俊雄团长以下60多人被日军俘虏。

凌云上所率第517团，经过小河街后，因第518团回靠原定路线行走，道路不再争挤，行军速度加快，天将黎明，第517团发现所经过的村庄均有日军宿营，找到当地未逃亡的老乡打听，才知道头天下午已有四五千名日本骑兵来犯，分驻在前方各村庄内。凌云上派出侦察小组四出侦察，证实附近村庄均有日军，第517团已钻进日军宿营区之内，日军对第517团形成自然包围圈。天明之后，日军发现了这支中国军队，便毫不客气地对这股"不速之客"发起围攻。凌云上毕竟久经沙场，富有作战经验，他沉着镇定，临危不乱，迅即指挥一部占领阵地，掩护部队向山中撤退。山脚下到处是麦田，麦子正在抽穗灌浆，当时的麦子又多是高秆品种，因此麦田成了部队可以利用的天然掩护物，第517团在凌云上指挥下，迅速撤到祈仪镇以南的大山里。凌云上立即派兵把守、警戒各入山道口，对撤出的部队进行整理。

凌云上正在整理队伍，第518团副团长彭挺华率第518团主力也来到山里，与第517团会合。凌云上随即派部队掩护第518团在山里整理队伍，并立即和军部、师部联系，但屡呼不应，无法取得联络。最后终于和第五战区司令长官部取得联系，凌云上把第517、518团的情况电告李宗仁，李宗仁指示，将第518团划归凌云上指挥，由凌云上率领第517、518团部队调过头去，向敌后攻击，奋力杀伤敌人，打乱敌军部署。

李宗仁还指定战区司令长官部的一个电台与凌云上联络，由战区司令长官部直接指挥凌云上部的行动。凌云上奉命之后，立即与第518团副团长商定行动方案，迅速率部向敌后挺进。

　　与此同时，钟毅师长亲自率领的左路纵队，通过清凉寺10公里左右，后卫部队第518团因左侧受日军威胁，北靠桐柏山南麓小道行走，与师部脱离队伍，无法取得联系，致使左纵队减少了一个团的战斗力量。钟毅率左路纵队通过太平镇到达苍台以北5公里左右的唐河东岸时，遭遇到大队日军。

　　激烈的遭遇战起之突然，左路纵队没有准备，又处在唐河东岸的开阔地带，战局形势和地理环境对左路纵队极其不利。左路纵队一下子乱了阵脚，陷入各自为战的局面。第519团作为前锋部队，与敌激战之后，大部分突围继续向西行进。在混战中，钟毅师长身边只剩下警卫连三四十名手枪兵，钟毅率领这些手枪兵沿唐河岸南行，试图寻找突破口向西突围，不料当钟毅率领这一小股兵力到达苍台镇以北两公里多的河曲中，再次遭遇日军大队骑兵。一经接战，日军发现钟部均系手枪兵，断定内有中国守军的高级官员，便蜂拥而至，里三层外三层，把钟部小股部队围了个水泄不通。钟毅孤军无援，陷入绝境，他率随从士兵，拼死冲杀，也无法杀出重围。大家围定钟毅，把自己敬佩的师长护在中间，面向四周敌军，抱定杀死一个够本，杀死两个赚一个的信念，视死如归，勇猛杀敌。冲上来的日军一个个被打倒，钟毅身边的士兵也一个个倒下去。经两个多小时激战，钟毅所部还活着的有战斗能力的官兵已不足十人，钟毅带领大家继续还击日军。这时，他的右胸已中弹，鲜血浸透了他的军衣，染红了他身下的土地……但他仍顽强地射杀冲上来的日本兵，他自己也不清楚他到底杀伤了多少敌人，只知道他的弹夹已空，枪膛里只剩下最后一粒子弹了。

　　在此危急时刻，钟毅镇定自若，对身边幸存的士兵说道："吾等身为军人，当此危急存亡、间不容发之际，正宜奋命抵抗，万不得已，当留一弹自戕，勿为敌俘，遗羞华胄。"说罢，他纵身上马，伏扑马背，冲入附近的芦苇丛中，然后下马，将随身携带的日记、诗稿、作战文件和私章等物，全部掩埋起来。此时，日军已将钟毅藏身的芦苇丛团团围住。钟毅仰望苍天，疾声高呼："杀敌！报仇！"他从容地举起手枪，饮下仅剩的一颗子弹，为国捐躯。钟毅所率的三四十名官兵，除两三名士兵生还外，其余全部壮烈牺牲。

钟毅殉国之后，最高统帅部、第五战区司令长官部命令前线部队找回钟毅忠骸，装殓入棺，运到第五战区司令长官部举行祭奠仪式，然后经宜昌水路运往重庆，沿途军民自发设奠迎祭。6月9日，钟毅灵榇运抵重庆，蒋介石亲率军政要员和各界代表到码头迎灵。次日，国民政府在重庆南区公园举行钟毅烈士公祭大会，与会者为中华民族失去一位优秀儿子、抗战勇士而悲恸。许多报刊都报道了钟毅的抗日事迹和殉国经过，对钟毅闪光的人生之旅给予高度评价。当年8月5日，钟毅遗骸由重庆运回他的家乡广西省省会桂林，公祭3天，然后葬于尧山南麓抗战阵亡将士公墓。在河南省苍台镇钟毅烈士殉国处，筑有钟毅烈士衣冠冢和纪念碑。中华人民共和国建立后，钟毅烈士墓保存完好，人民政府又拨专款，对钟毅墓进行修缮，时常有人到墓前凭吊。为中华民族的解放事业作出过奉献和牺牲的先烈们，永远活在中国人民的心中！钟毅烈士为中国的抗战大业流尽最后一滴热血，值得国人永远景仰。

钟毅所率第173师，第519团主力突围成功，第517团和第518团留在了敌后，由第517团团长凌云上指挥，在敌后袭击敌军，第517、518团在回头向敌后挺进途中，遇到第84军从枣阳

钟毅之妻及弟在追悼会上

撤退时钟毅之妻及弟在追悼会上负责殿后而后来未能跟上主力部队的第174师周敬初第522团和第189师白勉初补充团一部，李宗仁指示这两个团归白勉初统一指挥，协同凌云上所率的两个团向敌后进攻。

随后，白勉初、凌云上商定，由白勉初率补充团一部及第522团由桐柏山南麓向太山庙前进，并在随县、厉山、太山庙等地区活动，相机打击敌人。凌云上率第517、518团经桐柏山东端进到达吴山店，在枣阳唐县镇、净明铺等地区活动，寻机袭击敌人。行动方案确定之后，各部立即行动，按既定路线向敌后挺进。

5月9日，白勉初部到达太山庙，第518团到达枣阳附近，第517团到达唐王店，当晚各部均向附近敌军发动攻击。第518团夜袭枣阳日军兵站，突击部队由北门城墙爬入城内，出其不意地袭击日军的运输部队，击毙日军马30余匹，俘获日军马4匹，缴获部分军粮。第517团夜袭兵站，以一个加强营的兵力，由唐县镇东端发起进攻，因为唐县镇东端高地日军设有碉堡两个，街市上也筑有巷战工事，第517团攻击部队缺乏重武器，所以从晚上22时发起攻击，打到午夜过后1时许，除一部分部队突入到街市进行巷战外，大部兵力未能攻入，日军外围碉堡未能攻破，日军略有伤亡，攻击部队伤亡10余人。攻击受阻，无法进展，遂撤出战斗。随后，凌云上派第517团第3营营长率6个连在唐县镇以西2公里左右公路两侧高地设伏，准备袭击日军运输队。部署完毕，天已黎明。

10日上午11时左右，日军汽车80余辆，由唐县镇向前行驶，渐入伏击圈，其先头车辆到达被事先破坏的公路处，被迫停了下来，凌云上立即发出信号，命令伏击部队集中火力攻击日军。日军每辆汽车上正副驾驶兵各携步枪一支，日军运输队队长立即吹响紧急集合号，集中起来一百七八十人，凭借汽车顽抗，经伏击部队猛烈攻击，击毁敌汽车30余辆；伏击部队也伤亡40多人。凌云上随即率部转移。

11日，第522团在太山庙前通厉山的公路上设伏，击毁日军汽车16辆，焚毁日军军粮甚多。

此后，第518团以吉家河以北山地为根据地，出没于枣阳、随阳店间，破坏公路交通；第517团活动于万福店、唐县镇、净明铺之间，破坏公路，游击敌军；白勉初率第522团和补充团活动于太山庙、厉山、凉水沟之间。这支挺进到敌后的部队，坚持游击作战，袭扰了日军，并极大地威胁了敌后交通。日军集中一部兵力，对这支游击部队进行"扫荡"，由于这支部队精干，行动敏捷，使日军的"扫荡"屡屡扑空。凌云上、白勉初所部，一直在敌后坚持到5月16日，才奉命撤回归队。第173师由栗廷勋继任师长，参加枣阳反击战。

三、襄东烽烟

日军在北路发动进攻的同时，南路日军第13师团及第6师团一部在第13师团师团长田中静一指挥下，配属20多辆战车、40多架飞机，由汉水东岸的钟祥发动攻势，向北攻击前进。在汉水东岸地区布防的是张自忠第33集团军和王缵绪第29集团军的部队。

第29集团军属川军部队，由王缵绪任总司令，下辖第44军，由王缵绪兼军长；第67军，由许绍宗任军长。均系乙种军编制，每军两个师。1939年王缵绪出任四川省政府主席，第29集团军总司令由第67军军长许绍宗代，第44军军长由廖震担任。第29集团军在武汉会战中伤亡惨重，武汉会战后许绍宗率残部撤退到汉水以西、长江北岸的当阳地区休整。许绍宗清点部队，全集团军人员损失过半。王缵绪请示蒋介石同意，由四川顺营师管区征补兵员，将第44军、第67军原来存放在四川的武器军火重新补充第29集团军，又经过半年多时间的休整训练，基本恢复了元气。

第29集团军在当阳休整之际，即奉第五战区司令长官李宗仁之命在当阳及其附近地区布防。集团军总司令部设在当阳的河溶镇，部队防区右接沙市江防军郭忏部，左接钟祥第33集团军张自忠部，沿襄河东西两岸守备，重点在西岸设防。许绍宗令第44军军部设在荆门的后港，担任第一线

渡河进攻随县的日军

防务；第67军为总预备队，控置于河溶和荆门地区。担任第一线防务的第44军军长廖震部署所辖第149师守备沙洋地区，并以一部守备襄河东岸的杨家峰；第150师守备马良地区，并以一部守备襄河东岸的旧口。

1939年1月，日军一部沿汉（口）宜（昌）公路西犯，日军飞机对沙洋地区狂轰滥炸。守备沙洋地区的第149师奋起抗击，击落敌机一架，7名机组人员跳伞后试图渡襄河东逃，被守军拦截击毙。在襄河东岸，日军的进攻得手，2月间占领京山、钟祥、旧口等地，第44军遂与日军隔襄河对峙。

5月初，随枣会战打响，第44军张竭诚第150师奉命渡过襄河，向东岸的日军实施袭击，在"黑流渡战役"中，伏击了日军一个中队，打死打伤日军30多人，并缴获了一些武器弹药。随后作战失利，日军突破第29、第33集团军部队的防线，沿襄河东岸北犯，进占枣阳。日军撤退之后，中国守军尾随追击，襄河东岸恢复随枣会战前的状态，形成对峙局面。

第九章 襄枣血红

　　1939年冬，按照最高统帅部的统一部署，第五战区司令长官李宗仁组织了"冬季攻势"作战，许绍宗第29集团军奉命先派出一个加强团，东渡襄河，深入敌后破坏日军交通、通讯设施，袭扰日军据点。许绍宗令第44军军长廖震组织部队执行这一敌后突袭任务，廖震令第149师447旅893团团长李秾率所部，另配属一个步兵营、一个机枪连，于10月下旬渡过襄河，深入到京山和皂市地区，炸毁了汉宜公路和京钟公路的一些桥梁，破坏了汉宜公路和京钟公路专用电话线，并袭击了钟祥的东兴和京山的北关。随后，李秾部陷入日军重围，战斗异常艰苦，在当地共产党人领导的抗日游击队大力配合协助和民众的有力支持下，李秾率部与日军周旋，终于突出重围。主力撤到襄河西岸，李秾率后卫部队向北突围，进入大洪山地区。年底，第29集团军渡过襄河，挺进到大洪山地区，开展"冬季攻势"。

　　第29集团军和第33集团军奉命攻击钟祥之敌，第33集团军先攻钟祥以北的洋梓，第29集团军先攻钟祥东北的汪家河和王家岭。由于集团军将主攻任务安排到军，军再安排到师，师再安排到旅，旅再安排到团……实际担任主攻的部队兵力有限，加之缺乏重武器，更缺乏对日军攻坚作战的信心，因此，攻势进展总是有限。第33集团军攻击部队久攻洋梓不下，与日军形成对峙，第29集团军攻击部队虽攻占了王家岭，但汪家河也是久攻不下，形成对峙局面。

　　1940年1月，日军向第29集团军和第33集团军反扑，攻势极其猛烈，第33集团军参加"冬季攻势"作战的部队退守长寿店、丰乐河地区；第29集团军退守客店坡、三阳店地区。李宗仁令第29集团军总司令部设在大洪山西北张家集，所属部队右接第33集团军，守备大洪山地区。国民政府迁移重庆，西南地区成为中国抗战的大后方，四川成了大后方的基地，地位日益提高，由蒋介石亲自兼任四川省政府主席，王缵绪不再担任四川省主席，而且自从他离开第29集团军，第29集团军由许绍宗代行总司令职务后，他就一直担心许绍宗形成尾大不掉之势，因此他在失去四川省主席职位后，便急急忙忙出川，返回他的部队。他非常明白，如果长久脱离队伍，队伍不再属己驾驭，那将失去真正的发祥根基。王缵绪回到第29集团军，立即重掌总司令职，并开始排挤许绍宗及其势力。王缵绪通过蒋介石令许绍宗回渝述职，却不再让许绍宗回第29集团军，后由蒋介石发布命令委任许绍宗为汤恩伯集团军副总司令。脱离自己的部队供职，这实际上削去了许绍宗的兵权，将他置于嫡系中央军的直接控制之下。许绍宗不愿就职，便一直居家赋闲。许绍宗所遗第67军军长之职，王缵绪报请统帅部委任佘念慈担任；第44军军长也改由王缵绪亲信王泽浚担任。这样，王缵绪认为许绍宗的势力已被剪除，第29集团军已完全置于他的控制之下。王缵绪离开四川返回第29集团军时，还把四川保安团队编成4个旅，列入第29集团军建制，由王泽浚率领出川，担任宜城地区襄河西岸的防务。王缵绪对大洪山地区第29集团军主力，也调整防务部署，以第44军为守备队，右接第33集团军骑兵第9师守备的跑马寨，沿牯牛岭、青峰山、双峰观、王家岭、三阳店之线布防，军部设于袁家台；第67军为预备队，控置于张家集、长岗店地区，军部设于竹林港。

与第29集团军防区毗邻的是第33集团军的防区。第33集团军以张自忠的第59军为基干队伍，张自忠第59军作战屡立战功，先升编为第27军团，继升编为第33集团军，开初第33集团军仅辖第59军，继之辖曹福林第55军和冯治安第77军，成了第五战区的主力部队。武汉会战结束后，第33集团军奉命退守汉水两岸地区布防，1939年5月随枣会战时，第33集团军与第29集团军被编为右翼兵团，由张自忠任总司令。两个集团军防区相邻，唇齿相连，互为表里，任务也基本相同。

第33集团军第59军刘振三第180师和第77军王长海第132师在襄河东岸抗击日军，随后张自忠亲率第59军黄维纲第38师和第77军吉星文第37师以及第55军许文耀第29师等部投入战斗，重创日军。当日军撤退时，张自忠率部又紧紧咬住不放，尾追攻击，收复失地。随枣会战结束后，第33集团军受到最高统帅部和第五战区司令长官部嘉奖，并发给奖金10万元。张自忠总司令将奖金全部分配给各参战部队，将功劳归于全体官兵，给各参战部队有功人员提升一级，大大激发了广大官兵的爱国热情和作战积极性。随枣会战中，第33集团军伤亡也很大，会战结束之后，除留一部分兵力在襄河东岸坚持外，主力撤到襄河西岸荆门、宜城地区休整。

1939年冬季攻势作战中，第33集团军以第59军的第38师和第77军的第132师为挺进襄河以东地区的主攻部队，其中黄维纲所率第38师战斗相当激烈。第38师主攻目标是先攻占日军罗家陡坡、万水寨两据点，再攻占黄家集，进击董桥，切断钟祥和洋梓镇的日军退路，并乘胜攻占洋梓镇，协同友军攻击钟祥之敌，如达目标，再继续向京山、汉口方向挺进。黄维纲接受任务之后，召开排以上干部会议，进行战斗动员，并作了战斗部署。黄维纲以张文海的第112团主攻罗家陡坡，以杨干三的第113团佯攻万水寨，以第114团栾升堂的第3营攻击黄家集至洋梓公路上的日军联络据点观山头，阻挠黄家集与洋梓间的日军交通联络，掩护主攻部队右翼的安全，策应主攻部队顺利展开。栾升堂率领第3营经过3天激战，攻克了观山头，随后又率部坚守观山头阵地，粉碎了日军一次又一次的反扑，杀伤了日军有生力量，第3营先后伤亡官兵100多人。第38师首次攻击目标基本达到，但随即协同友军攻击洋梓镇日军重要据点时受阻，双方形成对峙局面。

1940年1月，日军组织反攻，第33集团军和第29集团军参加冬季攻势作战的部队接连失利，但在整体退却中，第38师第114团栾升堂的第3营在王家台子战斗中，打得相当顽强、艰苦。战斗最激烈时，张自忠亲自打电话给前敌指挥官栾升堂：

"栾升堂，你守的王家台子阵地特别重要，这个阵地守住守不住，关系到当前全军的胜败，你要顶得住，守得牢，要子弹有子弹，要炮弹有炮弹，援军马上就到前线，援军到达后归你指挥。"

随后援军第113团龚玉成的第3营开到王家台子阵地，立即投入战斗。两营官兵没有辜负张总司令的期望，守住了阵地，重创了日军，栾营死伤殆尽，龚营也伤亡过半。

日军报复性反攻被粉碎之后,双方恢复冬季攻势作战之前的态势,第33集团军在襄河东岸的部队驻防丰乐河、长寿店、跑马寨地区。

枣宜会战打响后,日军南路兵团由钟祥向北进攻,与第33集团军守备部队发生激战,突破第33集团军防线,5月3日攻占了长寿店。日军由长寿店继续北犯,为截击敌军,张自忠调整部署:由黄维纲统一指挥第77军第179师和第59军第38师,分别由普门寺经青石桥、马家集向田家集,由丰乐河以北地区经耗子岗向田家集,追截北犯之敌。第59军第180师由张家集向马家集、清水桥追击北进日军。骑兵第9师由佟家集向仙潭口追击北进日军。河防部队各以一个团兵力分别由沿山头、塘港渡河,对南新集、洋梓附近敌军袭扰;第55军第29师固守汪家店、蔡家集、白庙厂、土地岭、青风山以东,由隘口相机对长寿店南北之敌进行追击,第59军第38师补充团,第55军第74师的一个团、第29师的一个野战营,担任蒋家滩、转斗湾、利河口、安家洲河防;第77军第132师以一部占领普门冲以东,以主力扼守利河口、桐木林、由家嘴各地区。第74师(欠两团)为总预备队,位于由家嘴附近。

第33集团军各部按照张自忠的部署,立即行动起来,开始堵截、追击北犯的日军,并在敌后进行袭扰。但日军攻击部队不顾中国守军的侧后袭扰,集中兵力正面突破,全力向北攻击。第33集团军部队堵、追、扰、防,分散于敌前、敌后、敌侧,无法集中优势兵力正面阻敌,正面防线终为日军突破。5月6日,日军占领了丰乐河,并攻破第29集团军部队防线,占领了集团军总司令部所在地张家集,集团军主力退守大洪山西北要隘。日军南路兵团继续北犯,长驱直入,先头部队7日到达枣阳以西滚河北岸的张集,骑兵部队快速北上占领了新野,与北路日军会师。

各路日军疯狂进攻,中国守军节节退守。日军迅速推进到枣阳以北、西北地区,完成了第一阶段作战目标,但日军深入到中国守军防区腹地,战线拉长,后方又不稳定,这也为中国守军反攻、围歼深入之敌创造了战机。

四、枣阳反击

当各路日军疯狂进攻，中国守军一线防线皆被攻破的时候，李宗仁于1940年5月6日调整了作战部署，重新划分了各部作战区域。把第29集团军调归战区直接指挥，担任大洪山游击根据地作战，并令该集团军分别西进北上，侧击京钟、襄花两公路进犯之敌，将豫鄂边区游击总指挥鲍刚指挥的战区第1游击纵队曹文彬部，划归左翼兵团孙连仲总司令指挥，担任桐柏山游击根据地作战，并令其积极行动，即时向西南侧击襄花公路北窜之敌。江防军（欠第75军）仍执行原任务，但应以有力部队渡河，向皂市、京山方向威胁敌军后方，策应右翼兵团作战。右翼兵团（欠第29集团军）仍以一部固守襄河西岸，主力在襄河东岸地区，与中央兵团围击经长寿店北窜之敌。中央兵团指挥第84军、第41军、第45军，于现阵地极力阻止敌人，迟滞敌人西进，不得已时，应以确保襄、樊为目的，于枣阳东面之线逐次抵抗，尔后以主力转移唐白河西岸一线，以一部留置襄河东岸枣阳以北地区，求敌侧背面攻击之，与右翼兵团及大洪山游击军协同作战。陈鼎勋第45军陈离第127师即将大洪山守备任务移交给第29集团军，然后归还建制。左翼兵团指挥第2、第31两集团军及第92军（李仙洲部），并指挥桐柏山游击队，于青台、桐柏、泌阳以东附近之线，用正面攻击及三面包围的方法围歼进犯之敌于桐柏、确山之间。万不得已时，可逐次转移到唐河西岸之线，巩固南阳，迎击进犯之敌。周嵒第75军、刘和鼎第39军（欠一师）先向快活铺、宜城间前进，归战区直辖。并重新划分了江防军及右翼、中央、左翼兵团作战区域。

应当说李宗仁调整的部署还是比较周密的，只可惜为时已晚，突破中国守军防线的日军长驱直入，迅即占领枣阳，并推进到枣阳以北及西北地区，而且各路日军在这一地区会师，日军第11军司令部及敌酉园部和一郎认为第一阶段作战任务已经完成，且大军深入，后方战线拉长，处处受到

李宗仁对战区官兵训话

袭扰，因而于5月8日夜下令停止进攻，作第二阶段的作战准备。在唐河、新野的日军，于5月9日后撤南返。

枣宜会战的第一阶段，日军发动进攻的时间、出动的兵力、进攻的路线、到达的地点等，几乎与1939年的随枣会战一模一样，中国最高统帅部及第五战区长官部判断日军也将和随枣会战一样到达枣阳及其以北、西北地区后，即行全面撤退。因此，部署中国守军乘敌回撤之机围追歼灭敌军。

5月10日，蒋介石向李宗仁等发出"训令"，指出："鄂北之敌经我多日围攻，粮弹殆尽，必将向原阵地退却。"第五战区应乘敌态势不利、退却困难之好机，以全力围攻捕捉歼灭之于战场附近，尔后即向应城、花园之线追击。并作出如下部署：江防军之李及兰第94军全力进袭花园、孝感，遮断平汉铁路交通。王缵绪第29集团军全力转向随县、唐县镇间进袭，遮断襄花公路交通。张自忠第33集团军以主力先向唐县镇、枣阳间进攻，遮断襄花公路，再转攻敌背后。江防军之周嵒第75军迅即东向枣阳方面进攻。孙连仲第2集团军和汤恩伯第31集团军迅即南向随、枣地区截击敌人。刘汝明第68军和王赞斌第7军，袭击信阳。"如奏功，准悬赏50万元"。张自忠、周嵒、孙连仲、汤恩伯各部，应确实取得联络，协同作战。蒋介石还分析道：敌主要退路只有唯一的襄花路，而该路而后车辆不能运动。因而希望各部努力进击，必能收获空前战绩，并明确指出：以往湘北、粤北诸役，缺乏有计划的追击，致战果不良。此次我们各部战力健在，应乘胜穷追，扩大战果。其作战不力、不能完成任务者，自总司令以下，应予处罚。

为贯彻统帅部围歼日军的作战部署，李宗仁立即调兵遣将，组织枣阳反攻，要求所部把进犯之敌歼灭在樊城以东的枣阳地区。为此特令第2、第31集团军及第92军，由北向南迂回压缩明港、泌阳、唐河、新野一线之敌；第39军、第75军，由樊城以北并列攻向枣阳；第33、第29集团军从大洪山区由南向北压缩，包围枣阳地区之敌。并令第94军深入到敌后京山、皂市、应城、云梦地区；第7军与鄂东游击队，袭击信阳以南铁路沿线柳林、李家寨、鸡公山车站附近日军，以策应主力在枣阳地区作战。

第五战区各部队及配属第五战区作战各部，遵奉统帅部及第五战区司令长官部的命令，立即行动，展开枣阳反击战。右翼兵团总司令张自忠作出歼敌部署，还率部过河亲征（下一节专门叙述）。左翼兵团总司令孙连仲、中央兵团总司令黄琪翔、江防军总司令郭忏也都分别作出歼敌部署，督部奋力向前，围歼日军。

张自忠第33集团军拟定出大洪山、向枣阳以南地区进攻的作战方略为日军特种情报渠道侦知，日军便立即集中两个师团的兵力，至大洪山地区堵击。孙连仲第2集团军便乘机向日军发动攻击，在泌阳以东地区，包围了敌第3师团独立工兵第8联队，敌第11军总部急调军直属战车团、石本贞直指挥的3个步兵大队、小川权之助第216联队前往增援，双方在泌阳以东地区展开激战。同时，第33集团军先头部队已东出大洪山，接近应山至枣阳的公路，将和在东部桐柏山的第2集团军、第11集团军一部会合，切断日军由枣阳向南的退路。

敌第3师团从唐河、新野向枣阳撤退途中，其右侧部队大城户三治第29旅团在樊城东北双沟、大店一带被汤恩伯第31集团军第13军张雪中部包围。战场形势，对中国守军极为有利。日军为改变被动局面，于5月14日决定对集结在唐河、新野地区的第五战区主力，进行再次攻击。于是，中日双方在枣阳及其附近地区，展开对攻战。

5月中旬，第五战区枣阳反击战取得了一定战果。江防军作战地区，李及兰第94军军部和贺维珍第131师于14日在余家庙击溃日军400多人，随即挺进到天门县皂市西北王家场附近；石祖黄第185师挺进到雷公店，先头部队到达烟墩店。萧之楚第26军王修身第32师一部12日袭击了潜江县东15公里左右的毛家嘴，歼敌60多人，缴获步枪23支、轻机枪一挺。上述各部，继续袭扰日军。

在京钟公路沿线地区，第32师15日在奉乐河东北截击南窜之敌2000多人，经过激烈战斗，毙伤日军甚众，敌大部退回马家集，改向东南的张集撤走，第32师乘胜追击，一部在长寿店西北、主力向长寿店以东截击日军。第33集团军特务营、张顺德骑9师、李汉章第74师于14日与日军在方家集激战竟日，15日日军增加30余架飞机、20余门大炮，猛烈攻击，夺路逃窜。第38师、第179师14日击溃方家集东南新街之敌以后，继续向南追击。

在襄花公路沿线地区，第22集团军第125师一部与第11集团军第84军一部进攻唐县镇，14日下午与敌激战于杨林湾、破山口一带，毙敌50多人。第84军一部击溃随县尚市日军的反攻，毙敌中队长以下200多人，焚毁日军汽车40多辆。第22集团军第127师13日在枣阳以南30公里左右的唐家店、石堰垱等地，分别截击南溃之敌，斩获甚多，残敌1000余人向茅茨畈溃退。逃敌先头部队200多人14日晚在茅茨畈以南约20公里的长冈店，遭到陈离第127师和第29集团军官焱森第161师各一部的截击，该敌大部被消灭。第127师一部13日攻占槐树岗，毙敌100多人，并乘胜追击，15日挺进到枣阳东南兴隆集。栗廷勋第173师和陈鼎勋第45军一部16日在唐王店西端截击了从枣阳开出的日军100多辆战车和汽车，炸毁日军战车、汽车多辆。

在豫南方面，刘汝明第68军除留一个团围攻长台关之外，主力向西绕攻信阳。李仙洲第92军主力16日到达江家河附近，随即向随县西北的厉山、唐县镇挺进。池峰城第30军乜子彬第31师15日夜攻占枣阳西北杨家垱，毙敌300多人，缴获甚多，残敌向杨家垱东南刘家寨溃退，第31师乘胜追击，并派出一部向枣阳挺进。15日日军2000多人向枣阳西北约35公里的程家河反攻，第13军张雪中第89师击溃日军，并与乜子彬第31师一部于16日攻克程家河东南七房岗，缴获甚多，随后沿公路向东南追击。第13军李楚瀛第23师一部14日攻克太平镇西北湖河，毙敌200多人，缴获步枪50多支、重机枪4挺。鲍刚部15日在尚市附近击毁、缴获敌军汽车各10余辆。汤恩伯第31集团军对被围之敌发动攻击，14、15两日，毙敌3000余人，缴获军马50余匹、步枪50余支、机枪8挺，第31集团军也伤亡2300多人。

从鄂东向西进攻的部队，5月8日攻克大悟县东南35公里左右的王家店、麻城以南的白果庙，9日攻克信阳以南铁路线上的东双河、柳林，并将附近公路予以破坏。游击第4纵队5月8日攻克鸡公山，并袭扰新店、武胜关日军。

日军处处被动，处处挨打，敌酋园部和一郎认识到，从枣阳继续南撤，难以摆脱中国守军的追击，遂改变计划，决定分两步撤退。首先，撤至樊城、枣阳一线，待中国守军追击迫近时，再突然反击，向北推进至邓县、老河口附近，以击溃第五战区主力；然后，再突然快速后撤至樊城、枣阳一线，作下一步进攻宜昌的准备。日军按照这一阴谋诡计，实施退却中的反攻。

第3师团5月19日突破第五战区部队近距离包围，由枣阳攻击北上，渡过唐河，经新野、果园，于21日突进到邓县以南地区。第13师团由樊城东南峪山、黄龙垱一带向北突进，于21日到达老河口东20公里左右的张家

向日军射击的机枪阵地

集、竹林桥附近。敌第39师团由樊城东南方集、霸王地区向北突进，推进至樊城东北地区。

面对日军的突然反攻，第五战区部队再次让开正面，对敌实行侧击，并以一部继续在敌后扰袭牵制日军。同时派出侦察部队和警戒部队，搜集掌握日军动向。

日军第39师团村上启作部进抵樊城东北约20公里梁家嘴附近，村上启作命先头部队第233联队渡过白河北上。敌第233联队为侦察渡河点，于20日傍晚派3名侦察人员潜入白河南岸芦苇丛内，观察河宽、水速、河岸坡度、渡口方位及河对岸动静，有一人立于芦苇丛中用望远镜观察对岸情况时，正巧被隐蔽在对岸芦苇丛中的汤恩伯第31集团军前哨部队发现，汤部断定日军当夜将在附近渡河，乃隐蔽不动，致使日军侦察员作出"对岸并无情况"的错误判断。汤部调集兵力，在日军可能渡河地段的对岸设伏，准备随时狠狠打击渡河之敌。

5月20日，农历四月十四日，皎洁的月光，洒在白河两岸。夜深人静，万籁俱寂。偷渡的日军第233联队在联队长神崎哲次郎率领下，从白河南岸梁家嘴附近徒涉白河。当日军行至河中心时，埋伏在白河北岸汤恩伯第31集团军的轻重机枪、步枪、掷弹筒、迫击炮等一齐开火，实施猛烈射击，敌第233联队联队长神崎哲次郎以下300多人当场被击毙，该部日军伤亡过半，残部狼狈逃窜。

第五战区部队士气旺盛，在正侧面的部队不断寻机痛击日军，在敌后的部队也积极行动，袭扰日军，切断日军的供应线。日军虽已进入白河以北地区，但并未捕捉到中国守军主力决战，未达到击溃第五战区主力的目标，而后方却多处挨打，不得安宁。针对这一情况，敌第11军司令官园部和一郎于21日下午命令各部立即返回樊城、钟祥间的汉水东岸地区，进行西渡汉水作战的准备；并调集九江、南昌地区的一些部队，增援襄东战场，准备参加以进攻宜昌为目标的第二阶段的作战。

日军暗中酝酿更大的征战计划，新的恶战即将发生。

五、张自忠率部出征

当日军南路兵团沿襄河东岸地区向北进攻，突破第33集团军及第29集团军部队的正面防线，长驱直入枣阳地区之际，襄东频频告急，第五战区右翼兵团总司令兼第33集团军总司令张自忠决定亲自率部渡河东征，追击日军，扭转襄东战局。

1940年5月1日，枣宜会战打响的当日，张自忠部署各部应敌之后，给所属将领写了一封亲笔信，信中写道：

看最近之情况，敌人或要再来碰一下钉子。只要敌人来犯，兄即到河东与弟等共同去

誓与日军血战到底的张自忠将军

牺牲。国家到了如此地步，除我等为其死，毫无其他办法。更相信，只要我等能本此决心，我们的国家及我五千年历史之民族，决不致于亡于区区三岛倭奴之手。为国家、为民族死之决心，海不枯，石不烂，决不半点改变。愿与诸弟共勉之。

同时，张自忠又给第33集团军副总司令兼第77军军长冯治安写了一封信，信中说：

佟（麟阁）、赵（登禹）死于南苑，宋（哲元）又死于四川，只余你我与刘（汝明）数人矣。我等不知几时也要永别。我等应即下一决心，趁未死之先，决为国家、民族尽最大努力，不死不已！如此就是死后遇于冥途，亦必欢欣鼓舞，毫不愧怍。

大战在即，张自忠认为抗战的最后胜利只能用热血和生命去换取，每一个军人都应抱恪尽职守、为国效死的决心去奋斗、去拼搏，其忠贞效国之情，日月可昭。

当襄东战事紧张、战局吃紧时，张自忠5月6日调整兵力，部署对北犯敌军的堵截和追击。同时，为了督部力战扭转战局，狠狠打击北窜之敌，张自忠不顾身患痢疾和众将领的劝阻，决定渡过襄河到前线指挥作战。张自忠作出渡河亲征的部署和准备，并通知前线各部自己的动向及联络方法，然后给第59军全体指挥员及第33集团军副总司令兼第77军军长冯治安分别写了信。致第59军指挥员的信写道：

今日之事，我与弟等共有两条路可走：第一条是敷衍，一切敷衍，我对弟等敷衍，弟对部下也敷衍；敌人未来，我们对敌是敷衍的布置；敌人即来，我们也是敷敷衍衍地抵抗，敷衍一下就走。这样的做法，看起来似乎聪明，其实最笨；似乎容易，其实更难；似乎近便宜，其实更吃亏。

因为今天不打,明天还是要打;在这里不打,退到任何地方还是要打。平定是一样的平定,牺牲是一样的牺牲。所以这条路的结果,一定是身败名裂,不但国家因此败坏于我们之手,就连我们自己的性命,也要为我们所断送。这就等于自杀,所以这条路是死路,沉沦灭亡之路。我与弟等同生死、共患难十余年,感情愈于骨肉,义气逾于同胞,我是不忍弟等走这条灭亡的死路。弟等夙识大体,明大义,谅必也绝不肯走这条死路。无疑地我们只有走另一条路,就是拼。我们既然奉令守这条线,我们就决定在这条线上拼,与其退到后面还是要拼,我们不如在这条线上拼到底,拼完算完,不奉命令绝不后退。我与弟等受国家豢养数十年,无论如何艰难,我们还拼不了吗?幸而我们的拼,能挡住了敌人,则不仅少数的几个人,就连我们全军也必然在中华民国享有着无上的光荣,我们的官兵也永远保持着光荣的地位,万一不幸而拼完了,我与弟等也对得起国家,也对得起四万万同胞父老,我们没有亏负了他们的豢养,我们也不愧做了一世的军人。所以这一条路是光明的,是我们唯一无二应该走的路。我与弟等参加抗战以来,已经受了千辛万苦,现在到了最后一个时期,为山九仞,何忍功亏一篑?故惟有盼弟等打起精神,咬定牙根,拼这一仗。我们在中国以后算人抑算鬼,将于这一仗见之。

张自忠致冯治安的诀别信

张自忠这封长信，发自肺腑，感人至深。火热的心肠、诚挚的情感和通晓大义的正气，催人泪下，激人向上，大大激发了广大指挥员的奋斗勇气和拼命精神。张自忠致冯治安的信写道：

> 因为战区全面战争之关系及本身之责任，均须过河与敌一拼，现已决定于今晚往襄河东岸进发。到河东后，如能与38师、179师取得联络，即率该两师与马师，不顾一切向北进之敌死拼。设若与179、38师取不上联络，即带马之3个团，奔着我们最终之目标（死），往北迈进。无论作好作坏，一定求良心得到安慰。以后公私均得请我弟负责。由现在起，以后或暂别，或永离，不得而知。

冯治安

由此看出，张自忠是抱着必死的决心率部出征的。张自忠每次出征之前，都写下类似遗嘱的文字，幸还以后再烧掉。为了祖国的抗战大业，张自忠早已把生死置之度外。正是这种拼命报效祖国、誓死与敌相拼的精神和品格，才使他保持了顽强的战斗作风，打了一个又一个硬仗、苦仗、胜仗。

张自忠将一切安排妥当之后，当晚率领自己身边仅有的一支机动部队马贯一的第74师3个团及总司令部特务营，冒雨从快活铺出发，由宜城北塈口东渡襄河，挺进到襄东地区，直接参加对敌作战。

张自忠率部到襄河东岸以后，先与黄维纲第38师取得了联系。5月8日夜，张自忠亲赴第38师战地指挥部，召集干部会议，分析了战局情况，部署新的作战计划。张自忠最后总结道："最近几天打了几次仗，都是小的接触，这一次我带领弟兄们到敌人后方去，要伏击敌人，打击敌人，目的是消灭敌人的有生力量，遏制敌人的进攻，最近一个时期要把第五战区的局势稳定下来，然后积蓄力量，伺机反攻。"

当晚，第38师冒雨向枣阳地区推进，第38师以第114团范仑山部（欠一营）为前卫，师部、第112团张文海部及第113团杨干三部为本队，第114团第3营为后卫，向前推进，张自忠率总部随后跟进。由于是山地行军，山间小路仅能容一路纵队行进，行军队列排列很长，张自忠走在总部特务营前，紧随第38师后卫营，他追上后卫第3营营长栾升堂，详细了解该营兵力和装备情况。

张自忠问道："你们营这一次参战人员有多少？"

栾升堂回答："全营共有官兵695人。"

张自忠又问："共携带多少弹药？"

栾答："步兵每人带步枪子弹200发，手榴弹4枚，枪榴弹2枚；轻机枪每挺带子弹2000发；重机枪每挺带子弹8000发；迫击炮每门带炮弹150发。"

张自忠很高兴："你们能带这么多子弹，确实动了不少脑筋，很好。咱们这一次到敌后作战，补充不容易，你们考虑到多带弹药，这是有远见的。尽管你们带了许多弹药，但还是要教育士兵，打起仗来要尽量节约子弹。"

9日凌晨，部队行进到梅家高庙，前锋搜索队发现前方两公里左右的大路上有大队日军由东向西行进。张自忠得报后立即命令部队迅速隐蔽，并与第38师师长黄维纲亲临前哨观察敌情，迅即作出判断：日军队伍中有许多乘马人员，有几部电台，有大量行李和辎重，有许多非战斗人员，战斗部队不到全部行军队伍的三分之二，可以肯定日军队伍是一个指挥部及其附属部队。

第38师是支有战斗经验的部队，全师上下士气旺盛，数量上又多于日军，而且是轻装行军，指挥灵活，又熟悉附近地形。因此，张自忠决定，立即对日军实施腰击，争取打垮日军指挥部，以获取重要军事情报。

张自忠下了作战决心之后，立即作出进攻部署，下达攻击令。令第38师第112团、第114团迅速就地展开，用闪电式战法袭击敌人行进中的队伍。第112团重点袭击日军指挥部，即乘马人员和电台；第114团重点袭击日军作战部队。

命令下达之后，各参战部队犹如离弦的弓箭，利用有利地形飞速冲向日军，张自忠、黄维纲亲临前线指挥，攻击部队突然出现在日军面前，各种轻重武器一齐开火，打了日军一个措手不及。第112团狙击手一下子把日军10多名骑马的军官打落马下，非亡即伤。轻重机枪第一轮射击即射杀日军20多匹战马，骑马者落马步行，死马堵塞道路，阻碍了日军的行动，中国军队从中间突破之后，又分向敌行军队伍的两端冲锋。敌辎重兵因行动受阻，死伤最多，敌战斗部队为保护指挥部和重要物资，拼命反扑。

双方短兵相接，重武器无法使用，步枪、刺刀大派用场，战场上的各个角落，都发生着激烈的战斗。

中国军队越战越勇，杀得敌人鬼哭狼嚎，经过4个多小时激战，打死打伤敌军千余人，缴获了一些武器弹药和战马，及一批军用地图及文件。第38师攻击部队有的连队急于活捉日军军官、抢夺日军电台，前进速度太快，其他连队一时未能跟进，使之孤军陷入敌阵，增加了伤亡。第38师一共伤亡500余人。

张自忠率部亲征，与日军狭路相逢，狭路相逢勇者胜，能征善战的张自忠，指挥能打硬仗的第38师，一举歼灭不期而遇的日军。耀武扬威成纵队列行军的日军，魂飞魄散，大部伤亡。所剩无几的残兵败将，抱头鼠窜。

六、张自忠尽忠报国

张自忠率部出征，指挥第38师痛击狭路相逢的日军，取得梅家高庙大捷。随后，张自忠命令所属各部在襄河以东地区的部队，坚决执行第五战区司令长官部关于对敌反击的部署，立即展开对进犯日军的攻击作战。5月10日，张自忠打电报给重庆军事委员会委员长蒋介石，报告第33集团军的战况。电报全文如下：

重庆委员长蒋：
报告：
（一）职率38师、74师追击北窜之敌，于今晨追抵峪山、黄龙垱一带，即向双沟、吕堰镇之敌攻击前进。
（二）新街、白庙、方家集一带共有敌约千余名，经职沿途扫荡连日激战多次，毙敌军甚重。我38师亦伤亡团副邓文光等官兵约300余人，我74师伤亡约百余人。
（三）我180师前由梁家集、熊家集一带向西北追击北窜之敌，沿途与敌激战，曾数度为敌包围伤亡较重，现仍继续追击中。我179师、骑9师现今在马家集、田家集一带切实断敌交通。
（四）我29师（属第55军），37师（属第77军）渡河部队，现已将京、钟路及洋梓南北交通完全切断，并袭击敌之各据点颇多斩获，生俘伪军5名。
谨闻
职　张自忠

蒸（10日）辰。[①]

随即，张自忠把在襄东地区能够直接指挥的部队编为两个纵队，以第38师和第179师编为左路纵队，由第38师师长黄维纲统一指挥；以第74师、第180师和总部直属部队编为右路纵队，由张自忠直接指挥。

5月10日，左路纵队两师之众在田家集以北地区集结，张自忠命令他们

[①]　中国第二历史档案馆馆藏档案。

向枣阳、襄樊间挺进，选择有利地形，伏击由枣阳西犯襄樊的敌军，采取各种有力措施，消灭敌军有生力量。张自忠原拟自己率右路纵队，策应左路纵队作战，北向攻击，寻机歼敌，但由于第180师刘振三部迟迟未到指定集结地点，致使纵队行动延缓一日。

当时第五战区司令长官部已部署"枣阳反击"，5月12日张自忠接到第五战区司令长官李宗仁的命令，进攻的日军坦克部队要他迅速组织部队截击沿襄河东岸南窜之敌。张自忠即令黄维纲率左路纵队向田家集、新街一带截击敌军，左路纵队已经向北出击，两个师全面展开，回截日军，但集结、运动需要一定的时间。为了抓住稍纵即逝的战机，紧紧咬住日军，为各路大军反击并歼灭南窜之敌创造条件、赢得时间，张自忠立即率领总部直属部队及第74师3个团全力向方家集、南瓜店一带推进，成为截击日军的先锋部队。

此时，沿襄河东岸南窜的日军，已在第33集团军的背后占据了襄河东岸的主要据点，截断了第33集团军的后方补给线，第33集团军东征时所带弹药、给养所剩无多，襄河东岸自抗战相持阶段到来后一直处于中日双方交战地区，就地筹集弹药给养十分不易，这给第33集团军坚持在襄东地区对敌作战带来极大困难。

5月14日凌晨，张自忠率部抵达方家集附近，发现方家集已被日军占据，大部日军在控制方家集据点的日军掩护下，正向西南方向行进。张自忠立即命令李汉章第74师进攻方家集日军据点，并令骑兵绕至西南山口，攻击日军侧背，以求拦腰截击行进中的日军，钳制日军主力。

方家集日军负隅顽抗，第74师多次发起冲锋均未奏效，日军有时反倒以攻为守，端起机枪发起反冲锋，第74师攻击部队多有伤亡。张自忠异常愤怒，决心打掉敌人的嚣张气焰，下死命令务必攻克方家集。张自忠亲临前线督战，令攻击部队集中所有机枪、迫击炮，向敌阵发起猛烈射击，终于压倒敌人火力。随即不给日军留丝毫喘息机会，便吹响冲锋号，第74师攻击部队奋勇向前，冲入敌阵，与日军展开激烈肉搏。战至中午，方家集日军被全歼，方家集遂为第74师控制。

当时张自忠身边的兵力，第74师还剩2000人左右，骑兵只有五六百人，加上总部手枪营，总兵力仅3000人左右。

起初，日军未把这支部队放在眼里，只以少数兵力留守方家集。张军全歼方家集日军，将行进中的日军拦腰斩为两段，日军被迫停止行进，掉过头来夹击方家集中国军队。日军来势凶猛，集中一切炮火猛烈轰击，又配以飞机低空扫射，方家集前后左右，顿成一片火海。张自忠多次带手枪营到第一线增援，中国守军异常顽强，打退日军多次进攻。

激战到黄昏时分，疯狂了一天的日军似乎疲惫倦怠了，停止了进攻，战场上枪炮声稀疏下来。燃烧了一天的战场，获得短暂的喘息。战场上到处残垣破壁，满地碎砖烂瓦，尚未燃尽的可燃物仍冒着缕缕青烟，地面之上似乎已经没有生灵，一片焦土，满地血污，在残阳西风中，显得格外凄惨。血战了一天的中国军队，一天来粒米未进、滴水未饮，此时方才躲在残破的掩体里或弹坑中，稍微放松一下绷紧的神经，均匀地喘上几口气息，嚼几把随身携带的唯一可以充饥的干粮——炒黄豆，填填肚子，喝两口所剩不多的清水润润火烧火燎的喉咙和干裂的嘴唇……

张自忠蹲在掩体后，一面与部属们一起嚼炒黄豆，一面思谋新的作战腹稿。拼杀了一天，官兵饥渴，疲惫不堪，但日军也是血肉之躯，难道就不疲乏?两军交战，贵在坚持一下的努力之中，谁能咬紧牙关坚持到最后，谁便能赢得胜利。想到这里，张自忠布满血丝的双眼闪烁出坚毅的光芒，他把手中剩下的几粒炒黄豆向地上一甩，大手一挥高声叫道："打！不让狗日的小鬼子喘息，趁着月黑头，摸小鬼子的营。"

张自忠立即组织几支精干攻击队，在夜幕的掩护下，冲进敌阵，放排枪，甩手榴弹，拼刺刀，打得日军乱作一团，鬼哭狼嚎，扰乱了敌阵，杀伤了日军之后，各攻击支队敏捷地撤回自己的阵地。日军惊魂稍定之后，也组织部队攻击中国守军，中国守军沉着应战，顽强抗敌。双方反复攻击，恶战整整进行了一夜。

日军想一下子歼灭张自忠部，扫清南窜的阻碍，结果恶战了一天一夜却未能奏效；想甩下张自忠部继续南撤，却又摆脱不了张自忠部的纠缠，难除后顾之忧。真是欲进不能，欲退不得。第39师团师团长村上启作恼羞成怒了，严令所部务必尽快扫清方家集附近的中国守军。

15日一大早，日军以百倍的疯狂，发动对张自忠部更大规模、更加猛烈的攻击。日军集中20多门大炮，调集30多架飞机，向张自忠部阵地轮番轰击，多处阵地被夷为平地。但日军发起的步兵冲锋，全被中国守军打退。几乎已成平地的阵地，一旦日军步兵接近，无数隐蔽起来的火器便会突然喷出火舌，打得敌人像甩草捆子一般纷纷倒地；躲藏在弹坑内的中国守军犹如从地下弹出跃起，扑向敌人，把仇恨的刺刀捅向敌人胸膛，将未被火器射杀的敌人刺倒在坑坑洼洼的掩体之前。日军经过三番五次的攻击，终未能得手，才知道遇到了难啃的硬骨头。战至中午，仍无进展，张自忠部倒不时地组织精干小部队反击敌人。日军无心在方家集一带恋战，以主力撤出战斗，夺路向南逃窜，执行既定的撤退方案。

中国军队向日军猛烈射击

5月15日下午4时许，张自忠给蒋介石发出电报，报告战况（这是张自忠在战场上发出的最后一封致蒋介石的电报）。电文如下：

即到。渝委员长蒋

影密。报告：

一、职昨率74师、骑9师及总部特务营，亲与南窜之敌约5000余名血战竟日，创敌甚重。晚间敌我相互夜袭，复激战终夜。今晨敌因败羞愤，并因我追击，不得南窜，遂调集飞机30余架，炮20余门，向我几番轰击，以图泄愤，并夺路南窜。我各部经继续六七次之血战，牺牲均亟（极）重大，但士气仍颇旺盛，现仍在方家集附近激战中。

二、我38师、179师昨已将新街敌数百名击溃，当将新街克复，现仍继续向南追击中。

三、据报，歼（残）敌一部约千余人，因被我各处截击，现企图沿襄河东岸南窜，已饬38师、179师努力截击中。谨闻。职张自忠叩。删（15日）申。①

15日夜，由于大部日军退去，方家集方面战场上沉寂下来，张自忠考虑到仅靠炒黄豆充饥难以使官兵保持体力支撑频繁的战斗，遂命令部队趁战斗暂停抓紧时间煮饭。同时，立即派出几支小队，侦察日军动向，以便制订下一步作战计划。稍倾，侦察兵回报，日军主力向西南撤退，前锋已越过南瓜店。

张自忠得知日军主力南逃，极有可能南归钟祥或西抵汉水渡河窥伺襄西，他愤怒地吼道："追！决不能让这些乌龟王八蛋溜掉！"

为了不使截击敌军的计划功亏一篑，张自忠不顾自己身边兵力有限，决定率领身边部队率先追击，紧紧咬住，不使日军南逃或西进，以便调动部队围歼之。兵贵神速，还未等饭煮熟，官兵仍然饥肠辘辘，张自忠下令停止造饭，除留少部兵力在方家集正面牵制日军外，其余全部轻装上阵，立即出发，越过方家集，直追日军。张自忠召集总部直属部队，作了简短的战斗动员：

"弟兄们，我和大家一样，都是肉体凡身，也很累，也很饿。但敌人要从我们鼻子底下溜掉，去残害更多的老百姓，贪图一顿饱饭，一夜歇息，就会失去战机，将付出更大的牺牲，更多的流血。我们不如咬紧牙关，勒紧腰带，打起精神，追击敌军，咬住敌军，消灭敌军！等打完这一仗，我一定犒赏大家，让大家睡它三天三夜，吃它个酒足饭饱。弟兄们，

---

① 《张自忠致蒋介石密电（1940年5月15日）》，《抗日战争正面战场》（下），第951页。

为了打赢这一仗，咬紧牙关，鼓足拼劲，出发！"

官兵的士气被激发，热情被点燃，追随所敬佩爱戴的总司令，毫无怨言。部队又斗志昂扬地出发了。

5月15日，农历四月初九，月牙儿稍现即逝，张自忠率部上路时，月牙儿已隐逝西天，天很黑，道路十分难走。队伍行进之中，前方发现一大簇黑影，好像一个小村庄。张自忠命令部队绕开村庄前进，队伍刚转入岔道，不料前方黑影里突然窜出几条火舌，顿时枪声大作，原来是日军行进的队伍，并不是村庄。张自忠当即令部队全部卧倒，不发一枪，不作声响。黑暗之中，敌人乱放了一阵枪，未见动静，便停止放枪，继续赶路了。

张自忠率部5月16日凌晨到达南瓜店附近，发现日军仅以少部兵力留守南瓜店一带，大部仍继续向西南方向转移。张自忠立即命令部队向南瓜店附近的日军发起攻击，并派出部队继续尾迫南窜之敌。

日军第39师团始终摆脱不掉张自忠部的追击和袭扰，知道遇到了强劲对手，意识到紧紧咬住他们不放的这支部队不是一般部队，很可能是条"大鲨鱼"。早在张自忠率部东渡汉水指挥襄东地区部队攻击日军时，张自忠第33集团军总司令部利用电台与襄东地区各部建立联系，并指挥各部的行动，日军第11军情报机构根据第33集团军司令部电台的发射功率、周率、拍发电码的手法、与上级及下属电台联络呼号和方法等，并通过电波测向，一直掌握着第33集团军总部无线电台的对外联络情况，并根据电台一般均设在司令部驻地附近的常识判断张自忠第33集团军总司令部大致位于宜城东北10公里附近地区，敌第11军司令部不断地将这些情报通报给第39师团，并令空军配合第39师团向这一带附近地区搜索和攻击，伺机寻找第33集团军总司令部给予围歼。日军的这一阴谋，张自忠及第五战区司令长官部未能识破；张自忠杀敌心切，率部紧紧咬住日军不放，力求截击或拖住南窜之敌，为围歼日军创造条件；日军既想狠狠打击对其穷追不舍的中国军队，又想寻找第33集团军司令部予以歼灭性打击，而且已意识到紧追他们的部队不是一般部队,决定对这支部队实施报复性打击。这样一来,张自忠在追杀日军过程中,无意间中了日军的阴谋诡计,面临优势日军的集中攻击,以寡敌众,压力极大,处境极其险恶。

当张自忠率部抵达南瓜店附近,对敌发起攻击的时候,日军第39师团主力立即调过头来,向张自忠部杀了一个回马枪。日军集中优势兵力,以饿虎扑羊之势,疯狂地扑向张自忠部,恶战骤然来临了。

张自忠虽身处险境,但他临危不惧,沉着坚定地指挥战斗。他率随从参谋人员爬到附近的一个山头上,认真观察敌情和附近的地形,发现右翼鸡鸣山已被日军占领,日军距第33集团军总司令部所在地即中心阵地仅隔两个山头,日军占领鸡鸣山后势必全力向中国守军的中心阵地推进,情况十分危急。张自忠急令第74师两个团抢占周围山头阵地,尤其是加强鸡鸣山与中心阵地间两座山头的守备力量,坚决堵截阻击日军由鸡鸣山方向发起的攻势。同时命令骑9师速至两乳山的东西一线,控制南瓜店以西至宜城的交通;总部直属的第440团郑万良部占领杏儿山,对南瓜店东南方向进行警戒。

日军第39师团主力经紧急调动,于16日早上已完成了对张自忠部战术上的包围。张自忠的应敌部署尚未就绪,日军便发动攻势,开始炮击南瓜店及张自忠设在罗家榨屋的第33集团军指挥所,日军步兵分路进击,与中国军队展开激烈的阵地争夺战,并以迂回包抄之势,向南瓜店一带合围。中国守军猛烈反击,与敌展开激战。各部都很清楚,由于兵力单薄,无法构筑纵深防线,在他们阵地的背后,就是总部指挥所,张总司令正在那里誓死督战,后退必将使总部暴露在敌人的枪口之下,因此是没有退路的。所有官兵抱定拼死抵抗的决心,勇猛顽强地抗击日军。阵地上枪炮声震耳欲聋,喊杀声此起彼伏,直打得硝烟遮日,天昏地暗。日军不断地从西南面、北面增兵,投入兵力5000多人,仅大口径火炮就有20多门。敌第10军司令官园部和一郎这只诡计多端的老狐狸,指挥第39师团师团长村上启作这只凶残的恶狼,试图把南瓜店地区夷为平地、炸成焦土,并杀灭这一带的一切生灵！张自忠和他的战友们，以及未能逃避的中国平民，面临着灭顶之灾。

5月16日，天气晴朗。日军桑名卓男的第3飞行团轰炸机队，连续出动飞机对中国守军阵地进行狂轰滥炸，阵地上成了一片火海，一切能燃的都化作灰烬，阵地被炸得弹坑累累，而且许多地方被烧成褐红色。真是一片焦土，满目疮痍！

面对强大敌军的攻击和猛烈炮火的摧残，中国守军没有屈服，没有后退。广大官兵抱定打死一个够本，打死两个赚一个的死战决心，只要还有一口气，就拼足这口气狠狠打击敌人。子弹打光了，甩手榴弹；手榴弹打完了，拼刺刀；刺刀挑弯了，抢枪托，枪托砸断了，扔石块。人人浑身是胆，个个勇猛无比。在硝烟中，在火海里，在弹坑间，在焦土上，这批优秀的炎黄子孙，一次次打退敌人的进攻，创造了可歌可泣的英勇事迹，谱写了抗日战争的光辉篇章。但是，中国守军毕竟是以寡敌众，武器装备、兵力又劣于敌军，血肉之躯，终难阻挡钢铁炸弹的密集轰击，一个又一个勇士倒下了，一排又一排勇士牺牲了，阵地一点点地被侵夺，日军的包围圈越缩越小。

张自忠始终在罗家榨屋旁的一座山头上观察战况，指挥作战，发现哪儿有险情，战斗特别危急，就派身边的参谋人员或者副官，带领特务营的兵力前往增援，以稳住阵脚。战至上午10时左右，张自忠身边仅有特务营的一个连兵力，而敌军的包围圈却已经缩得很小。张自忠已经意识到处境的险恶，虽然急调第38师、第179师由新街方向前来增援，但日军的密集包围已经形成，攻势极其猛烈，援军半天之内无法到达，仅凭南瓜店附近的现有兵力，要想坚守住哪怕最后一片阵地，都是极其困难的。被困在日军包围圈中的中国守军，兵力过于单薄，伤亡惨重，弹药极其缺乏，如果死守，可能会全军覆没。如果撤退突围，可以保存部队兵力，但截击南逃之敌的计划将化作泡影，连日来的追击和苦战将付之东流。而且，作为战将，临阵退却，临危逃跑，张自忠是誓死不为的。看来张自忠已抱定以死报国的坚定信念,早将生死置之度外,他决心与官兵生死与共,一定要坚持到最后。只要能坚持到天黑,夜间日军的飞机、大炮无法发挥威力,步兵攻势只能引起混战,不可能完全摧毁中国守军阵地,那么第38师、第179师援军就能到达,在日军的包围圈内守住了支撑点,援军一到再从日军背后发起攻击,战局就会大大改观,尽管凭眼下的战斗状况及兵力情况看,要坚持到天黑似乎很难,但有百分之一的希望,就要尽百分之九十九的努力,决不放弃歼灭敌军的一线希望。下定决心,坚持到底,这就是具有钢铁般意志、磐石般性格的张自忠的必然选择,但为了多保留一些人才,他把身边的顾问、参谋、副官尽量支派到危险相对少些的地方去,一些追随张自忠多年的参谋和副官,却始终不肯离开张自忠,愿意和他生死与共地战斗在一起。

守卫杏儿山阵地的第440团,多是新兵,缺乏作战经验,不知节约使用弹药,弹药所剩不多,回击日军的枪声渐渐稀落。日军抓住这一薄弱环节,集中一部兵力,猛攻杏儿山,第440团阵地多处被日军攻破,眼看就要坚持不住了。在此危急时刻,张自忠率领身边仅有的一连卫兵(属特务营,皆为手枪兵),跑步增援杏儿山。

杏儿山只是一个小山包,除了南边有一部分连着前面的山峰外,其余全部是光秃秃的,无险可守,守军阵地全部是散兵坑和坑道,多数被敌军炮火击毁。第440团就要坚持不住之际,见总司令亲率一连手枪兵前来增援,斗志大增,纷纷跳出散兵坑与冲上来的敌军拼杀,以一当十,犹如神助,威武无比,终于打退了敌人的冲锋,稳住了阵脚。日军虽然暂时退去,但却发现山包上中国守军不但力量很薄弱,且有许多手枪兵,料定上面必是中国守军的司令部或者有司令官之类的大人物,于是便集中更多的兵力,向杏儿山两翼延伸,并派出一部迂回到杏儿山北面,对杏儿山这个弹丸阵地,采取密集包围之势。

张自忠立即派总部特务营营长杜兰喆率所带的一连手枪兵向北面之敌冲杀过去,由于这些"亲兵"的勇猛顽强,终于杀退了北面的日军,杏儿山北面保留了缺口，使敌军对杏儿山的合围之势暂时未能构成。但是，手枪连伤亡严重，杜兰喆营长也身负重伤，因失血过多而壮烈牺牲。战至正午，张自忠左臂受伤，手下人请其回后方包扎，张自忠坚决不肯，他只用手按了按伤口，顾不上包扎，便继续指挥战斗。午后1时许，日军将20多门火炮排列在张自忠部正面阵地前沿1500米左右的山头上，连续不断地猛烈轰击。张自忠身边一位副官被炸死，代理参谋长吴光辽双腿被炸伤。张自忠身边的参谋人员哭劝张自忠从山头上撤离，从北面缺口转移到山脚下面指挥作战。张自忠坚决不同意撤离，他说："我奉命截击敌人，决不能叫敌人给打退了！"

张自忠明白，此时此刻撤退下去，有生还的希望，但只要他一退下去，整个阵地将被日军占领，维持支撑点以造成歼敌之机的一线希望将化为乌有，那么他宁可舍去自己生还的希望，也要力争歼敌的一线希望，张自忠誓死不退，确实把全体官兵的斗志和勇气，激发到了最大限度，人人视死如归，勇猛地抗击敌军，没有一个人向后退却。

血战进行到下午2时半左右，张自忠所在的中心阵地南面最近的一个山头阵地被日军攻破，守军全部壮烈牺牲。附近的阵地，也大都被日军攻破，一些幸存的官兵，互相传递讯息，总司令就在山包上！大家不约而同地、自觉自愿地由中央阵地北面的缺口涌上张自忠所在的小山包，向张自忠靠拢，参加保卫总司令的战斗，觉得能与总司令在一起战斗到最后，哪怕是牺牲了，也值得。张自忠坚守的小山包，成了中心战场的最后阵地。张自忠身边的勇士们，个个将生死抛到九霄云外，一心只想杀敌，打退了敌人一次次的进攻，阵地前也留下无数日军尸体，密密麻麻，遍布半个山坡！阵地上，中国守军也伤亡惨重，受伤者，不管轻伤重伤，凡能动的，都继续坚持战斗，直到生命的最后一息，凡牺牲者，都顾不上掩埋，烈士的遗体也密密麻麻地布满山头。整个山头，早已成为焦土。仅凭这双方留下的密密麻麻的尸体，就可以想见战斗进行得何等惨烈！

日军已经四面包围了张自忠部中国守军的最后阵地，并凭借南面的山头阵地向"最后阵地"上坚持抵抗的中国守军射击。张自忠右胸被子弹洞穿，血流如注，仍从容镇定，坚持指挥杀敌。

战至下午4时许，张自忠部守军几乎伤亡殆尽，山脚下仅剩的几个手枪兵仍继续与敌人进行肉搏，山头上所剩官兵不约而同地围住张自忠，人人都想用自己的血肉之躯阻挡敌人的子弹，保护敬爱的总司令。日军已从四面山坡向山头发起冲锋，满山遍野全是敌人，子弹犹如暴雨般密集，张自忠身边的勇士们倒下一个又一个，倒下一排又一排，最后仅剩随从参谋副官数人。张自忠看着生龙活虎般的士兵一个个倒下去，看着山头堆满弟兄们的尸体，心如刀绞，牙齿咬得嘎嘣响，他一字一顿地说道：

"弟兄们，咱们的血不会白流，报仇自有后来人！"

突然，张自忠牙关紧闭、扑倒在地。他全身负伤6处，失血过多，阵阵剧痛，但他连眉头都未皱一下。一阵昏厥，终使他站立不稳，倒了下去……

一阵激烈的枪声，使张自忠清醒过来，他看到六七个日本兵已经冲上山头，正在两三百米外猫着腰向这边靠近，由于不知这边的虚实，十分小心谨慎，推进速度很慢，但张自忠身边能够还击敌人的战士却已寥寥无几了，张自忠明白，为国尽忠的时刻到了。他十分坦然，非常镇定，从上衣口袋里掏出笔和纸，向第五战区司令长官部作最后一次报告：

职率74师及骑9师一部和特务营，与南窜之敌连日激战，今晨敌增飞机30余架，炮20余门助战，现在方家集以南之南瓜店正在激战中。又38师铣（16）日将敌击溃，占领新街，敌数人因我到处堵截，企图沿襄河东岸南窜，已饬属努力追击中。

写完之后，张自忠把钢笔插入上衣口袋，把纸片折叠起来。此刻，高参张敬正用手枪向冲到前面的敌人射击，多处负伤的副官马孝堂爬到张自忠身旁，扯下衣服给张自忠裹伤。张自忠把写有"最后报告"的纸片塞在马孝堂的手中，握着马孝堂的手，含笑说道："我对国家、对民族、对长官，良心平安。大家要杀敌报仇！"说罢，他用力猛推马孝堂，马孝堂未加提防，骨碌碌滚下了山坡，成了张自忠坚守的中心阵地上唯一的生还者。滚到山坡下的马孝堂回首山头，看到了悲壮的一幕……

坡顶上几个日本兵已冲到离张自忠前面10米左右的地方，有两个日本兵同时举枪刺向张敬，张敬被刺死倒地，就在此时，只见张自忠突然一跃而起，举起手枪，"啪！啪！啪！"一梭子复仇的子弹射向近在咫尺的敌人，最前面的几个日本兵应声倒地。

张自忠子弹已经打光，他扔掉手枪，准备拾起面前的一支步枪，但就在此时，新冲上来的一个日本兵扣动了罪恶的扳机，张自忠捂着肚子，猛然向前扑去，随即他又站立起来，但晃了几晃，又倒下了。冲在最前面的一个日本兵，端着枪向倒下的张自忠刺去，张自忠突然向旁边一滚，日本兵刺空，张自忠就势抓住日本兵的枪头，又站立起来，并一脚踏在日本兵的下裆处，就势夺过枪来，抡起枪托砸在日本兵的脑袋上，日本兵脑壳崩裂，浆液四溅，一命呜呼。但就在此时，出现在张自忠身后的日本兵举起了罪恶的枪托……

张自忠受到致命一击，一个趔趄，他忙把手中的步枪拄在地上，倚住身体，怒目圆睁，高呼："杀敌，报仇！"吓得日本兵，纷纷后退，不知所措。

许久，惊呆了的日本兵才敢小心谨慎地一步步向张自忠倒下的地方靠近。一个日军少佐来到张自忠遗体前，仔细端详了足足一刻钟，然后弯下腰来搜查张自忠的上衣口袋，想从中找到能够证明死者身份的物品，但他失望了，口袋中既无身份证件、名片、笔记本之类的东西，也没有金银石玉之类的饰品，更无分文现金。少佐正在失望之际，见到张自忠胸前挂有一支钢笔，忙伸手抽出，一看上面刻有"张自忠"三个字，情不自禁地连连后退，倒吸了几口凉气。少顷，这位少佐复又近前几步，再次端详安静地躺在地上的满身满脸都是血和泥的伟岸身躯，然后他"啪"的一个立正，恭恭敬敬地对着张自忠的遗体行了个军礼。随即，他转过身来，对着自己的同伴声音颤抖地高喊：

"ぢょうじう！""ぢょうじう！"（张自忠）

所有的日本兵，立即围拢上来，少佐一声口令，全体日本兵向着张自忠遗体毕恭毕敬地行军礼。

日军第39师团参谋长专田盛寿大佐听到张自忠阵亡的消息，立即赶到现场。

张自忠将军访问日本时，此人曾经与张结识，认识张自忠，他想亲自验证阵亡者是否确实是张自忠。当他见到张自忠的遗体，目睹张自忠阵亡的现场时，不由得肃然起敬，情不自禁地双膝跪地，为张自忠整理了一下上衣，满脑子武士道精神的专田盛寿，非常敬仰张自忠的勇猛、刚烈和忠诚，他令部属找来担架，把张自忠的遗体抬到山下15公里左右的陈家集附近，将尸体洗净，用布裹好，并从就近民家寻得棺材，亲自目送入殓，予以礼葬，用木牌立了一个墓碑，上书：

支那军总司令张自忠将军墓。

与张自忠同时牺牲的还有张敬将军。1939年张自忠应老友张寿龄之邀，视察第五战区干部训练团时，发现第3大队内务非常整洁，赞不绝口，当即邀请时任大队长的张敬到第33集团军总部工作。张敬久慕张自忠大名，欣然前往。张自忠慧眼识人，张敬果然精明强干，思维敏捷，很有工作能力。张自忠对他十分器重，任命他为高级参谋，后晋升为少将军衔。在枣宜会战中，张敬随同张自忠东渡襄河督战，日军四面包围部队，只剩下数十名卫兵，张自忠右腿、右肩等处被炮弹炸伤，他命令张敬转移，但张敬坚决不走，身中数弹还举枪击毙数名日军，最后被蜂拥而上的日军用刺刀刺死……张敬与张自忠一同为国捐躯，牺牲时年仅32岁。

第五战区司令长官部和重庆最高统帅部惊悉张自忠殉国的噩耗，立即陷入沉痛和悲恸之中，严令第五战区右翼部队，要不惜任何代价，夺回忠魂遗骸。

5月22日，蒋介石在致李宗仁的电报中强调："张荩忱（张自忠字荩忱）与钟毅两同志遗体究竟寻获否？战争胜负，兵家之常，不足为虑。而忠烈遗骸，如不觅得，实为我全军上下终身之遗憾无穷，望特注意。"

第33集团军副总司令兼第77军军长冯治安得悉张自忠总司令殉国的噩耗后，立即动身由驻地普门冲赶往第33集团军总部驻地快活铺，一面部署各部继续执行原作战任务努力作战，一面指挥部队寻找张自忠遗体。

一直跟在张自忠身边作战、最后关头被张自忠推下山坡的少校联络副官马孝堂，连同其他未战死的伤兵被日军俘获，日军即用刀将所有伤兵一一砍死，马孝堂头部被砍两刀，脑膜已露出，幸未致命。日军又将被砍杀的尸体堆在一起，点火焚尸。日军万万没有想到其中还有存活者，点火之后便离去。马孝堂死里逃生，爬到附近民家，被民众救护起来。马孝堂是南瓜店血战中追随张自忠战斗到最后的唯一幸存者，被俘之后他又目睹了日军对张自忠将军的下葬。在新街方面的黄维纲第38师、何基沣第179师由新街赶到南瓜店附近时，南瓜店血战已经结束，得悉张自忠壮烈殉国的消息，众将士义愤填膺，怒火中烧，立誓要为总司令报仇，并立即对日军展开勇猛攻击，经几昼夜激战，击溃日军。当地群众用簸箩抬着身负重伤的马孝堂找到反攻到南瓜店附近的中国守军，在马孝堂的指引下，终于寻回了张自忠的遗骸。

张自忠的忠骸被送到襄河西岸宜城快活铺之后，敬重张将军的官兵争相为他把伤口重新洗净包好，换上内衣，穿上军服。重庆来电，军委会已追晋张自忠为陆军上将。于是，又为张自忠佩挂了上将领章，佩上短剑，殓入楠木棺材，在宜城公祭3天。第33集团军官兵和当地群众，凡参加公祭者无不悲声痛哭。随后，张自忠的灵柩运抵宜昌，民生轮船公司派"民风"号客轮，义务将灵柩由宜昌运送重庆，沿途巴东、巫山、云阳、万县、忠县、涪陵等地群众，都在江边举行了隆重的公祭仪式。运送张将军灵柩的客轮所过之处，两岸供桌不绝，香烟袅袅，群众自发地跪倒在地，哭天怆地，悲恸欲绝，张将军的英名，被成千上万痛哭失声的群众呼喊、默念……张自忠，忠胆义骨，为国捐躯，成为人们心中不朽的英雄。张将军用自己赤胆忠心报效祖国的实际行动，洗刷了抗战爆发前后泼在自己身上的污水，在人民心底竖起了一座不倒的丰碑！将军的在天之灵，定会得到慰藉，可以含笑于九泉之下了。

张自忠的遗骸在战场上寻获后，由襄樊运陪都

5月28日，张自忠的灵柩运抵重庆朝天门码头，蒋介石率军政要员及各界人士臂挽黑纱迎候在江边。灵柩一到即举行了隆重的接灵仪式，灵柩下船时由蒋介石亲自执绋，蒋介石扶棺悲恸不已。随后，举行公祭和盛大的葬礼，忠骸被葬于北碚梅花山。

最高统帅部决定向张自忠遗属颁发抚恤金10万元，对张自忠子女给资教养成年，以慰忠魂。并令军令部将张自忠生前事迹及殉国经过整理出来，备作史料，同时宣付国史馆，以示国家笃念忠勋之意并供后人永远缅怀。蒋介石还通电全国将士，号召大家效法张自忠，精忠报国。

全国各地，先后都举行了追悼和公祭张自忠的大会或仪式。国共两党要人及各界著名人士，纷纷为张将军作词题挽，多不胜数。

蒋介石的题词是："杀身成仁"；

毛泽东的题词是："尽忠报国"；

冯玉祥的题词是："荩忱不死（张自忠字荩忱）"；

朱德和彭德怀的题词是：

"一战捷临沂，再战捷随枣，伟哉将军精神不死；

打到鸭绿江，建设新中国，责在朝野团结图存。"

张自忠将军殉国之后，各方均不敢将这一噩耗告诉张夫人李敏慧女士，李敏慧与张自忠的结合，是中国传统的封建包办婚姻，由双方家长做主，二人结为夫妻，当时李敏慧17岁，张自忠16岁。二人结婚以后，互敬互爱，相敬如宾，30多年风雨同舟，相濡以沫，无花前月下，卿卿我我，一个戎马倥偬，一个持家教子，亦少朝朝暮暮长相守，但其情之浓炽，其义之深纯，是诸多恋爱婚姻者所无法比拟的。张自忠投身抗战沙场，随时准备以身报国的念头非一日形成，李敏慧对此深知，也早有思想准备。张自忠牺牲两个月后，李敏慧得知将军殉国消息，她镇定自若地料理安排好各项家事，然后绝食而死，时年51岁。

张自忠将军是抗战以来第一位牺牲于战场的集团军总司令，为表彰张自忠将军为国尽忠的忠勇精神，国民政府不仅晋他为陆军上将，还在湖北荆门为张自忠竖立了记功碑。把他挥师杀敌并最后牺牲的地方——湖北省宜城县，改为自忠县。自忠县东北15公里的长山建有张自忠将军衣冠冢和纪念碑，附近各地张自忠将军转战过的地方，张公祠、自忠楼、自忠渠等随处可见。

抗战胜利后国人还分别在上海、武汉、济南、徐州、天津、北平等各大城市设立了"张自忠路"。张自忠的事迹和纪念张自忠的文章、题词等，编成多种书刊出版。张自忠烈士的英名，将永垂青史。

中国共产党人对张自忠将军亦给予高度评价，表现出诚挚的景仰之情。除了毛泽东、朱德等人的题词外，周恩来在1943年5月16日张自忠将军殉国三周年纪念日，为《新华日报》撰写的纪念张自忠的社论最具代表性：

张荩忱上将于民国二十九年五月十六日在襄樊战役中殉国，至今整整三年。在这三年中，每当前线战况紧张，部队浴血奋战之际，便很容易联想到抗日以来的殉国将士，而尤易怀念到举世景仰的张荩忱上将。……张上将是一方面的统帅，他的殉国，影响之大，绝非他人可比。张上将的抗战，远起喜峰，十年回溯，令人深佩他的卓识超群。追主津政，忍辱待时，张上将殆为人之所不为。抗战既起，张故上将奋起当先，所向无敌，而临沂一役，更成为台儿庄大捷之序幕。他的英勇坚毅，尽为全国军人楷模。而感人最深者，乃是他的殉国一役。每读张上将于渡河前亲致前线将领及冯治安将军的两封遗书，深觉其忠义之志、壮烈之气，直可以为我国抗战军人之魂！

张上将之殉国，不仅是为抗战树立楷模，同时也是为了发扬我们民族互大至刚的气节和精神。中国历史上，多少名人伟将，在抵御外族侵略时，杀身成仁，见危受命。张上将之殉国，便是发扬了这种民族气节的传统。这种生死不苟、大义凛然的民族气节，乃是抗日战争中所需要的宝贵精神，尤其是在抗战接近胜利而艰危过于往常时，更需要这种精神。不动摇，不妥协地来咬紧牙根，牺牲一切以度过中华民族解放之最后一段的艰苦行程。

周恩来对张自忠的评价是公允的，敬仰之情反映了国人缅怀英烈的心声。张自忠属于中华民族，张自忠是中华民族的英雄，张自忠是爱国主义的典范，张自忠是后人的楷模，将永远激励后人热爱我们的国家，保卫我们的国家，建设好我们的国家。

七、为总司令报仇雪恨

第33集团军总司令张自忠为国捐躯的消息在该集团军中传开之后，广大官兵无不悲痛欲绝，义愤填膺，立誓要为总司令报仇，完成总司令未竟事业，狠狠打击日本侵略者。官兵们编的复仇歌中唱道："海有枯，石有烂，死也忘不了南瓜店！"第33集团军士兵手册上写道："是谁杀了总司令？此仇不报不是人！"广大官兵把对张自忠的沉痛哀思、深切怀念转变为对日本侵略者的强烈仇恨，凝聚为杀敌报仇的巨大动力，决心顽强战斗，勇猛杀敌，血债要用血偿还，一定要用日本侵略者的头颅和鲜血，来祭奠张总司令的在天之灵！

张自忠殉国之后，第33集团军由副总司令冯治安指挥，旋即军委会升任冯治安为总司令。张自忠所遗第59军军长之缺，由第59军第38师师长黄维纲升任。冯治安也是原西北军将领，是张自忠患难相济、荣辱与共的亲密战友；黄维刚是张自忠的忠实部下，多年相处，二人之间情深意笃，既是上下级，又亲密无间如同手足一般。因此，作为第33集团军总司令和第59军军长继任者的冯治安和黄维刚，为张自忠将军复仇之心更切。尤其第59军、第38师，是张自忠将军直接带出来的队伍，张自忠曾先后担任第38师师长、第59军军长多年，与之血肉相连，第38师、第59军将士为自己是张自忠的"正宗旧部"而自豪，对张自忠的情更浓、义更重，为张自忠将军报仇雪恨的决心更大，心情也更为急切。

黄维纲率左路纵队赶到南瓜店附近时，南瓜店血战刚结束，张自忠已经阵亡，左路军第38师、第179师以无比的愤怒，立即展开对日军的勇猛反击。经过两昼夜激战，日军被击溃，纷纷撤离南瓜店一带。第38师和第179师尾追不放，恨不能一下子咬住日军主力，打它一个稀巴烂。但日军数路窜逃，一时无法捕捉到主力。第38师追击到吴河营，第179师追击到王家湾，沿途经过方家集、南瓜店，所过之处满目凄惨，遍地尸骸，血迹斑斑，更增添了守土将士的义愤，决心捕捉日军主力一决雌雄，一定要狠狠打击日军，让日军用血的代价来偿还这笔血债。正在此时，冯治安向左路军发出电令："要为张总司令杀敌报仇！"

当晚，黄维纲得到准确情报，在陈家集、吴河营以北有日军活动，大部队近日内将从这一带通过，黄维纲立即作出抗击日军的统一部署：第38师为右翼，守备排山至灌子口以南之线；第179师为左翼，守备霸王山、吴河营右接排山之线。

各部立即进入阵地，抢构工事，严阵以待，准备迎头痛击窜犯之敌；骑兵第9师为总预备队。

中国守军部署刚刚就绪，工事尚未完成，日军大部队即到，随即向中国守军阵地发起猛烈攻击。从19日至21日，激战三天三夜。日军在飞机、大炮的配合下，集中兵力，从三面对中国守军阵地展开钳形包围，攻势异常猛烈。中国守军一线兵力有两师之众,另有一个骑兵师为预备队,左右策应,甚为灵便。3个师的兵力比较集中,加之官兵报仇心切,坚决与敌决以死战,前仆后继、勇猛顽强,同仇敌忾、众志成城,用血肉之躯,筑起了一道打不垮的阻敌长城。虽然霸王山、排山、罐子口等阵地曾多次被日军突破,但战场上的中国守军异常勇猛,哪儿有险情,勇士们就冲向哪儿;哪儿出现缺口,战士们就堵向哪儿。日军始终未能得逞,一次次进攻均被中国守军击退,无法突破中国守军整体防线,自己却造成重大伤亡。在中国守军阵地前,日军遗尸累累,不敢恋战,无心死啃硬骨头,便绕过黄维纲所部署的蒺藜阵,按照第11军司令部的既定作战计划,向西南窜犯,靠近汉水,准备下一阶段的渡水作战。

旋即,黄维纲接到冯治安的命令:"日军已占领双沟镇,其先头部队不断窜扰张家湾以东地区,令第59军(欠180师)及第179师切断双沟镇日军后方补给线,相机占领双沟镇。"

黄维纲接令后,立即部署部队,向双沟镇方向进发。以第38师为第一梯队,第179师为第二梯队,骑9师为预备队,各队间保持一定距离搜索前进,对于左、右、后各方严加警戒,准备随时能应付战斗。黄维纲亲率第一梯队进发,以第114团为前锋,该团又以能打硬仗的栾升堂第3营为前卫营,率先向双沟镇以东地区搜索前进;以第112团为右侧卫,对东面严密监视,搜索前进,掩护军部右翼的安全;以第113团为本队,在军直属部队后跟进,并派一部兵力为左侧卫,掩护军部左翼的安全。

栾升堂率第3营为全军前哨部队,接令后即刻准备就绪,立即出发,当行进到狮子山附近时,接到第114团团部转达的第59军军部命令:"敌情有新的变化,着栾营就地停止,在当地选择有利地形,占领阵地,构筑工事,务于明日拂晓前做好一切作战准备,敌如来犯,立即予以迎头痛击。"

栾升堂接到命令后,立即令所部停止前进,就地待命。随即他又命各连迅速派出警戒哨,对敌方实行严密警戒,并在现场划分了各连的警戒区域。然后，栾营长率各连连长一同侦察地形，研究阵地配备，规定了各连的任务，并根据所侦察的实际地形，决定了工事构筑计划，着重对防空防敌炮轰击作了相应的安排。

狮子山地处大洪山脉，周围全是高山峻岭，以狮子山为最高峰，易守难攻，是比较理想的防御阵地，栾升堂根据前低后高的地形特点，决定采取纵深配备，第一线各连以一线、二线、三线式占领阵地，构筑工事，避免、减少敌军炮火伤亡。具体部署是：王占元第7连配属重机枪一排在狮子山北面，面向北方占领阵地；闻庭山第8连配属重机枪一排面向东方占领阵地；并派一个排附重机枪一挺占领东北方向半公里左右的制高点，作为前哨阵地，以消灭第7、第8连阵地前的死角；谷在德第9连为营预备队，派出一排占领狮子山制高点。命令各部进入阵地后，立即抢构工事，翌日拂晓前先完成跪射掩体及匍匐交通壕，然后再逐步加强工事。

第2天黎明，各连排工事均按计划完成，但并未发现敌情，于是继续加强工事。第3天凌晨4时许，侦察人员探到日军动向，日军先头部队已经进抵山下各村。栾营长立即用电话向第114团团长樊仑山作了汇报，并要求团长将迫击炮连迅速调到狮子山第一线阵地，配合第3营作战。樊团长答应了栾营长的请求，立即派迫击炮连火速赶赴狮子山一线阵地，迫击炮连到达之后，被配置在第7连的第一线阵地上。恰在此时，又有侦察员上山报告敌情，说是日军正在山下几个村庄的空地上集合，看样子像是等待分配驻地。山下的几个村庄已在迫击炮射程之内，根据侦察员探明的日军集合点位置，栾升堂令迫击炮连立即向敌人的集合点射击，突如其来的炮击，打了敌人一个猝不及防，村边上的一些柴草堆被炮弹打着起火，犹如照明弹一般，可以看到敌人到处乱窜的惊慌失措的狼狈情景。位于前哨阵地的马攀会排，对敌人的逃窜情形看得一清二楚，待部分日军进入该排有效射程之内，马攀会命令轻重机枪一齐开火，打得敌人死的死、伤的伤，有幸暂免死伤者纷纷抱头鼠窜。

日军死伤严重，送回骨灰

日军遭此突然袭击，伤亡了不少人马，恼羞成怒，立即整理队伍，决定实施报复。大约两小时后，日军榴弹炮开始向守军前哨马攀会排阵地发起轰击。马排长十分机敏，料定日军吃亏之后必然报复，必然先行炮击，估计日军在不明中国守军阵地虚实的情况下，第一轮炮击时间可能较长，因此当日军发炮之际，马排长只在阵地上留下监视哨观察日军动向，其余全部后撤到安全地带隐蔽起来，以逸待劳，以静制动。

马排长利用战斗间隙，再次鼓动大家要勇猛杀敌，并说："敌人这一次炮击时间可能要长一些，我们要用新的打法消灭敌人。我把重机枪隐蔽在全排右翼位置，待敌步兵攻击时，我们不还击，等敌军进入我们有效射程以内时，仍不还击，让敌人摸不清我们的虚实。为了迷惑敌人，当敌炮停止攻击、敌步兵发起进攻时，大家进入阵地要尽量利用地形隐蔽前进，不要暴露我们的目标；进入阵地后，步枪一律上刺刀，手榴弹盖全部打开，等到敌人进到距我们五六十米远时，听命令一齐投掷手榴弹，轻重机枪一齐射击，争取一举把敌全部报销掉。剩下的敌人如果胆敢继续攻击前进，我们就和他们拼刺刀，如果掉头逃跑，轻重机枪一齐扫射，叫他进不能得逞，退无法逃脱。"

果然不出所料，日军连续炮击了一个多小时，方才停止炮击，发动步兵冲锋。200多名日兵，向马攀会排阵地发起进攻。

由于敌人不明中国守军虚实，冲锋速度很缓慢，一开始时犹如蜗牛爬行一般，一个个日本兵端着枪，猫着腰，一面放枪，一面战战兢兢地向上爬行，一步三停，互相观望，唯恐走在前面先挨枪子儿。日军距山头阵地200米时，不见中国守军动静；推进到100米时，仍不见中国守军动静，日军以为中国守军已被炮击伤亡殆尽，剩下的可能早已逃跑，便放开胆量，跑步前进，争立头功，日军冲锋速度加快，而且现出狂妄的原形，不再猫腰隐蔽前进，又是喊又是叫，争先恐后地向上冲锋，很快进到距马排阵地60米之内，马攀会一声令下，轻重机枪一齐开火，一排排手榴弹飞到敌群中爆炸，日军血肉横飞，死伤累累。剩下的敌人掉头连滚带爬地向山下逃跑，马排长指挥轻重机枪猛扫逃敌，一场激战从开始射击、投掷手榴弹到结束战斗前后不到半小时，200多名日军绝大部分被消灭了。

日军吃了大亏，以更大的疯狂炮击中国守军阵地，随后出动500多名步兵，向马攀会排前哨阵地及第7连阵地同时发动进攻，中国守军沉着应战，放敌军进入有效射程内，集中迫击炮、轻重机枪等一切火力猛烈射击，并用手榴弹猛炸，经一个多小时激战，打退了日军进攻。下午日军又调动600多名步兵发动第三次进攻，也被击退。

狮子山之役首战告捷，日军被打死打伤500多人，第3营守军仅伤亡70多人，缴获步枪30多支、子弹4000多发。

当夜，受到重创的日军未再敢轻易发动进攻，而是调整兵力，谋划对中国守军发动更大的攻势。

一位老乡，冒险跑上狮子山，向中国守军传送情报。经第3营营长栾升堂仔细盘问，了解到老乡的根底，此人姓张，65岁，双沟镇人，老伴已故，家里有儿子、儿媳和一个孙子，共4口人。儿子是双沟镇民团团丁，5月初日本鬼子第一次闯进双沟镇时，有一天晚上有两个鬼子兵调戏侮辱妇女，被民团给收拾掉了。这下惹了大祸，日军全面出动，逐户搜查，见了男人就杀，残暴至极。老人的儿子被日军杀害，儿媳抱着孩子向村外逃跑，也被日军乱枪打死，老人也被日军抓去，本要杀死，幸亏一个乡亲认识翻译官，翻译官说了好话，老人才幸免于死，被留在日军中当马夫。这次趁日军失败之机，他得以逃脱，来找中国人的队伍。张老汉报告说，山下附近村庄住满了日军，番号是第39师团。据一些汉奸说，要打大仗，怎么打法就不知道了。栾升堂听了张老汉的报告后，认为这个情报非常重要，他招待张老汉吃了饭之后，立即派人把张老汉送到第59军军部。黄维纲询问张老汉之后，认为张老汉所讲与自己派出的侦察兵侦察到的情况吻合，可以证实日军确实正集结大部队，准备采取大动作，而且可能进犯汉水，窥伺襄西。黄维纲把所得情报及自己的分析立即电告冯治安和李宗仁，旋即便接到第33集团军和第五战区司令长官部命令，令黄维纲立即率部撤到汉水以西，准备在襄西阻击日军。

黄维纲接到西撤命令后，立即部署撤退，令第179师在前，第59军军部和骑9师随后，第38师殿后，从狮子山左侧一条隐蔽小路撤退，由刘家集渡口过河。为保证撤退的安全，黄维纲特令殿后部队第38师以正在坚守狮子山阵地的栾升堂营负责掩护，并亲自给栾升堂打电话，安排任务！

黄维纲在电话中对栾升堂说："全军撤退，派你这个营担任掩护，必须掩护到明晨5时你们才能撤退。当前敌情紧张，渡口上船只又少，撤退需要时间，你们这个营任务艰巨，全军（欠第180师、附第179师）能否安全渡过襄河，全靠你们这个营了，希望你和官兵们讲清楚，一定要尽最大努力，完成这个光荣的任务。"

栾升堂立即回答道："谢谢军长信任，我们绝对不辜负军长和全军官兵的嘱托，请军长放心。"

栾升堂深知掩护大部队撤退任务非常艰巨，担子非常沉重，必须要用鲜血和生命作代价来堵击敌军，才能掩护大部队撤退，而且大部队撤退之后，又要渡过汉水撤到襄西，后卫营必然落在敌后，再想渡河西撤，在敌人的夹缝中又没有其他部队掩护的情况下，将非常困难，留在襄东敌后打游击，仅一营兵力，掩护战斗之后兵力肯定大大减员，那么处境将非常艰险。而且，第59军抗战以来多次与强敌对垒，打过许多大仗、硬仗，习惯于大兵团作战，习惯于阵地战，缺乏小分队作战和游击战的经验，敌后游击是该军的弱项。栾营所面临的困难不仅有客观上处境的艰险，还有主观上敌后小分队游击作战经验不足，而且官兵对这种战法有畏难情绪。因此，栾营负责殿后掩护，任务是极其艰巨的，处境是极其险恶的。栾升堂营长也充分认识到了这一点，但为了全局，为了大部队，栾升堂以"我不下地狱谁下地狱"的气概和精神，毫不犹豫地接受了掩护任务。

栾升堂受命于危难之中，令黄维纲大为感动。黄维纲率部撤退经过栾营阵地时，又约见栾升堂，他语重心长地对栾说：

"抗战以来，你们营打过多次硬仗，正因为这样，往往派你们营攻击在前，撤退殿后，你这个营我是信得过的。军事上有很多牺牲少数保护多数的例子，现在情况紧急，为了全军安全撤退，我不得不把重担子交付给你们。军部拨给你们一部电台，到必要时你们自己想办法，愿意到哪里就到哪里，到达安全地方以后，再用电台和军部联系，咱们再见吧！"

说到这里，黄维纲十分动感情，两只眼睛里充满了热泪。栾升堂的情绪受到极大感染，一字一哽地向黄维纲保证："请军长放心，我们一定完成任务！"

撤退的队伍离开了狮子山阵地，黄维纲走在队伍后面，一直拉着栾升堂的手，不得不分手了，黄维纲把栾升堂的手紧紧地握住，许久没有放开……警卫人员催促黄军长快上路，栾升堂也请军长上路追赶队伍，黄维纲终于急匆匆离去。

黄维纲率部离开之后，栾升堂查看了全营阵地，布置加强了一些薄弱工事，并分别向各连官兵传达了军部交给的艰巨而又光荣的任务，勉励大家努力作战，一定要完成掩护全军撤退的任务。

黄昏时分，日军开始炮轰狮子山中国守军阵地。从炮声判断，日军动用了10多门重炮，敌炮轰击了一个多小时，便发动步兵冲锋，栾营官兵利用有利地形，仍然采取后发制人的防御办法，待日军冲到有效射程以内，予以迎头痛击，充分发挥轻重机枪和手榴弹的威力，打退了日军进攻，并伤亡日军近百人，缴获轻机枪2挺、步枪23支，全营官兵仅16人受伤。以较小的代价，换取了较大战果，显然是地形极为有利、阵地工事构置合理帮了大忙，但全体官兵沉着镇定、勇猛顽强的作战经验和战斗作风，应当是取胜的主要原因。

日军已侦知中国守军一部已出狮子山左侧由刘家集渡口西撤，为了把襄河东岸的中国军队围歼于襄东地区，日军急于追击堵截向西撤退的中国守军，但狮子山是附近山峰的制高点，控制在中国守军手中，犹如卡住了日军前进的咽喉，不拿下狮子山，日军无法翻过山脉追击中国西撤之兵。一天多来数次攻击，都未能攻下，看来狮子山守军决非弱敌，难以对付。但不啃下这块硬骨头，又确实是上天无路，入地无门，插翅难行。因此，日军不顾山区作战大部队无法展开、中国守军已占据有利地形、不易夜间攻击的客观现实，于当夜11时左右又硬着头皮再次发动对狮子山栾营阵地的攻击。

日军采取惯常伎俩，仍然先行炮击，集中了10多门重炮，集中对栾营第一线吴凤阁第7连阵地轰击。敌炮一响，吴连长只留3名监视哨在阵地上观察日军动向，他率领其他官兵立即后撤到安全地带。留在阵地上的3人，均被敌炮炸伤，但没有一人离开岗位。待敌炮向后延伸射击、敌步兵发起冲锋时，监视哨及时向吴连长发出信号，吴立即率领全连跑步进入阵地，大家把手榴弹保险盖全部打开放好，等敌步兵冲到阵地前50米左右时，一齐投掷手榴弹，轻重机枪也一齐射击，日军的攻势再次被瓦解，只在阵地前留下70多具尸体，便仓皇逃下山去。第7连缴获轻机枪3挺、步枪60多支。

午夜过后，日军又向狮子山第7、第8两连阵地发动炮击，连续打炮40多分钟，但只令少数士兵作试探性攻击，未敢再发动大规模进攻。凌晨4点多钟，栾营已基本上完成了掩护任务，趁着天未放明日军不敢发动大规模进攻之机，栾升堂部署守军撤退。他命令第一线各排以有效火力向试探性攻击之敌射击，压制住敌人的进攻，然后逐步向狮子山以西转移。以第9连两个排固守狮子山，另以一个排阻塞通往后方的道路，借以迟滞敌人前进。第7、第8连迅速撤出战斗，在狮子山西面集结，准备撤退。5时许，第59军军部电令栾营撤退，已准备就绪的第7、第8连立即撤离狮子山。恰在此时，日军又开始炮轰狮子山顶，并记取一天一夜来攻击失利的教训，派出一部日军绕攻狮子山尾部，试图切断狮子山上中国守军的退路。但是为时已晚，第7、第8连已安全撤离，留在阵地上的第9连在山顶居高临下，对日军的行动看得清清楚楚，待敌人前进到狮子山尾部时，即以轻重机枪猛烈射击敌人，这股敌人伤亡很大，无法立足而退走。

黎明，日军再次炮轰狮子山阵地，准备发动更大规模的攻击。敌第39师团师团长村上启作下了死命令，务必在8点钟之前拿下狮子山阵地。负责殿后的第9连完成了掩护任务，准备撤退，按照事先约定，打了3发红色信号弹给已经先行率部撤退的营长栾升堂报信。未曾料到3发红色信号弹收到了意想不到的效果，日军发现山头阵地升起3颗红色信号弹，误以为中国守军要发动反攻，立即停止炮击，部署部队准备迎战，第9连乘此机会，迅速撤离战场，第3营直奔襄河，神不知鬼不觉地安全撤到襄河西岸归队。

攻击狮子山的日军调整部署，准备迎击中国守军的反攻，却迟迟不见动静，一时有点丈二和尚，摸不着头脑了。少顷，日军集中炮火，再次猛轰狮子山阵地，一直打到天色大明，日军步兵才发动攻击，200米、100米、50米……山头阵地上毫无动静，但日军仍不敢大意，过去的进攻均是逼近阵地时守军才还击的，因此他们以为这次仍将是一场恶战，进攻的日军仍然战战兢兢，待扑到山头阵地，发现空无一人，中国守军已无影无踪，日军个个气得面部发青，高呼上当。不仅仅是浪费了炮弹，更主要的是失去了战机，让第33集团军在河东的部队，安全撤到了河西。煮熟的鸭子竟飞走了，怎能不让日军垂头丧气呢！为此，日军第11军司令官园部和一郎把第39师团师团长村上启作狠狠地责骂了一通。

八、襄阳之战

负责襄阳守备任务的部队是隶属第五战区的中央兵团和作为战区总预备队使用的第22集团军。第22集团军属川军部队，划归第五战区序列之后，李宗仁指令黄琪翔兼代第22集团军总司令，他有想通过自己所信赖的黄琪翔更灵便地指挥和驾驭川军之意。但是，后来的实践证明，李宗仁此举并非成功。黄琪翔兼代第22集团军总司令，根据贯例并未接管第22集团军总司令部，而是由黄琪翔的第11集团军总司令部兼代指挥第22集团军的职能，当时第11集团军总司令部又是黄琪翔"中央兵团"总司令部，真可

进攻襄阳的日军

谓一个机构多种职能了。而第22集团军总司令部，并未因总司令孙震告假而停止运作，实由第22集团军参谋长陈宗进领导继续行使指挥第22集团军的职权。枣宜会战打响后，黄琪翔的一职多能的指挥部设在襄阳城内，原设在樊城的第22集团军总司令部由参谋长陈宗进率领由樊城移驻襄阳以西15公里的泥嘴镇。对于第22集团军来说，有两个直接指挥其行动的总部，对来自黄琪翔总部的命令不能违，对来自陈宗进第22集团军总司令部的命令则更愿效命，实战中难免发生重叠指挥，造成一些不协调甚至矛盾、混乱的现象。

第22集团军辖有第41、第45两个军，分别辖有第122师、124师和第125师、127师。第41军军长一直由孙震兼任，未再成立军司令部，也未设置副军长一职，军部的一切事务皆由第22集团军总司令部兼管。孙震请假回川后，临时指定第124师师长曾元暂行代理第41军军长职务，协助曾元指挥全军部队的是第124师师部，仍未另成立第41军军部。该军第122师师长为王志远；第45军军长陈鼎勋，所辖第125师师长王仕俊，第127师师长陈离。枣宜会战打响之后，作为战区总预备队的第22集团军在战斗紧张之际被分别投入战场参加战斗，第41军第124师和第45军第125师曾参加襄花公路北侧、桐柏山南麓的对敌阻击战，但旋即便败退下来，未能起到扼敌前进、扭转战局的作用。

当日军南路兵团沿襄河东岸向北推进，与第33集团军和第29集团军发生激战并突破中国守军防线，占领大洪山西麓长寿店、张集、丰乐河诸据点及距襄阳仅45公里远近的襄河重要渡口流水沟时，第五战区司令长官部急令位于襄阳以东25公里双沟镇附近的第22集团军第41军第122师驰驱流水沟北田家集，支援第33集团军作战，合力阻击日军北进。王志远第122师战斗力非常薄弱，不仅装备很差，而且所辖三个团中有两个团的战士是刚从四川补充来的训练尚不足3个月的新兵，其中一个团还缺少一个营。第122师奉命奔赴田家集附近，与北进日军发生激战，激战一昼夜，力不能支，败下阵来，退回双沟镇。

枣阳反击之后，樊城克复。樊城与襄阳，隔襄河相望，一衣带水，连为一体，因此人们多习惯称之为襄樊，实为两镇一城。到5月下旬，第22集团军第45军被留置在大洪山区进行敌后抗日游击战争，第41军的第122师、第124师和军直属独立团，在襄阳、樊城附近，负责襄樊防卫。

黄琪翔虽然深得李宗仁信任，但独当一面率军对日作战经验不足。而且日军发动枣宜会战进攻时间和推进区域与随枣会战极其相似，日军又声东击西，有意掩盖其渡过襄河西攻宜昌的作战目标，这就为正确判断日军的战略意图增加了难度。当日军5月初开始发动进攻时，黄琪翔部署作战任务时曾向部下强调：敌人绝不会进入大洪山隘口，不会越过大洪山以西。及至敌人攻占了大洪山、越过大洪山西麓时，黄琪翔又非常肯定地判断：敌人绝不会渡过襄河右岸（即西岸、南岸）。日军推进到枣阳、樊城，并深入到唐河、新野后，随即回撤，这与1939年的随枣会战时完全相同，第五战区组织枣阳反击战，这使黄琪翔更坚定了自己的判断，认为日军不会渡过襄河作战，因此对位于襄河右岸的襄阳及襄河防卫未作周密计划和认真部署，未能预先构筑防御工事。对位于襄河左岸、唐河西岸的樊城防务，也较疏忽。经过枣阳反击及此后的混战，日军一面部署部队回撤，一面明修栈道暗度陈仓，集结兵力于襄河左岸，准备渡河作战。到5月底，北路日军渡过唐河、白河南下，与南路日军会师，抢渡襄河已昭然若揭，黄琪翔才匆忙命令曾元第41军沿襄河右岸自小河与王缵绪第29集团军防区相衔接，至襄阳城30公里左右的河川布防，同时在襄阳、樊城设防。

第41军代军长曾甦元接到黄琪翔布防襄河及布防襄阳、樊城的命令后，即令第122师担任自小河亘刘集、欧家庙至襄阳城南门襄河右岸的河防任务，第124师担任襄阳、樊城的城防任务。军直属独立团原驻襄阳以东襄河右岸8公里左右的东津湾，仍驻防原地，作为前进据点，与襄樊构成掎角之势。

第122师师长王志远领受河防任务后，即令副师长兼第365团团长胡剑门指挥第365、366两个团担任河防任务，第364团只有两营新兵，控制在襄阳南关作为师预备队，师指挥部设在襄阳南门外周公庙。第124师对襄阳、樊城防务未作坚守的部署，各城只部署一个营兵力防守，以一个团兵力（第372团，团长卢高喧）控制在第122师河防部队的后边，作为河防部队的后援，师部及其余部队则驻襄阳至南漳大道上距襄阳10公里左右的习家池及其附近地区。

5月31日即农历四月二十五日夜，正是月黑头，天黑得伸手不见五指，日军乘天黑夜暗抢渡襄河。他们首先在襄河东岸集中炮火猛轰襄河西岸小河以南第29集团军、小河以北第122师第366团阵地，继而惨无人道地施放毒气，接着开始强渡。日军渡河部队使用的是改装动力机船只，速度较快，他们乘着夜色，向对岸疾驰。

襄河西岸的中国守军河防阵地多为临时构筑，比较简陋，大部分被日军炮火击毁，但守军仍在残破的阵地上顽强抵抗。由于日军施放毒气，中国守军因无防毒面具，纷纷中毒，抵抗能力减弱。当日军渡河船只出现时，在黑黢黢的夜幕下，中国守军看不清敌人使用的是什么渡河工具，只见河面上影影绰绰的有许多庞大的黑影，发出轰轰隆隆的巨响，直向河这边驶来。第122师第366团团长陈择善，自作聪明地慌忙向师部报告："敌人使用大批水陆两用坦克向我强渡猛冲。"师部接到报告后，既未到前线观察又未作认真分析，便急报黄琪翔。

黄琪翔已得到日军施放毒气掩护强渡的报告，本来就已经有些慌张，担心河防有失襄阳不保，此时又得到日军使用大批水陆两用坦克渡河的报告，更加惊恐万状，料定无法阻挡日军渡河，便急急忙忙带着指挥部人员及警卫部队，出襄阳西门向谷城撤退。6月1日，日军首先从第29集团军的新4旅与第122师第366团驻守的小河、刘集附近突破中国守军防线，渡过了襄河。

驻在襄阳西北15公里左右泥嘴镇的由参谋长陈宗进率领的第22集团军总司令部，虽距前线比黄琪翔远一些，又知第22集团军归黄琪翔指挥，但他们一直关注着所属旧部的布防和战斗，各旧部也一直不断地把战况报告给第22集团军总部，因此陈宗进暂负总责的第22集团军总部仍能遥控和驾驭第22集团军务部。陈宗进得到前方报告：日军强渡襄河，突破河防，占领了襄河西岸，小河、刘集均已落入敌手。陈宗进了解所部第122、124师的战斗力，估计日军渡过襄河后，势必北向进攻襄阳，靠第122、124师兵力，不但无法阻止日军攻势，而且处境危险，将有全军覆没之忧。但若弃守后撤，没有命令又不能擅自行动。正当陈宗进进退两难、急得像热锅上的蚂蚁一样六神无主之际，得到黄琪翔已率部撤离襄阳的报告。陈宗进忙率随从到路口迎候黄琪翔，向他报告前线战况，"请示"行动办法。黄琪翔当即写了一个手令：即着第41军迅守泥嘴镇至南漳之线，扼敌西进。

第41军代军长曾甦元接到后撤命令后，立即率领自己的第124师向南漳撤退。第122师师长王志远率该师师部及师预备队第364团（只两个营）驻襄阳南关，虽然已经知道日军突破河防占领襄河西岸，第124师已向西撤退，军直属独立团也已撤过河西，但因未接到撤退的命令，仍留在襄阳南关原地未动。由于黄琪翔的指挥部、警卫部队及第124师防守襄阳城的一营兵力均已撤走，襄阳城内无兵可守，成为一座空城。第122师师长王志远发现这一情况后，即令在襄阳南关的第364团进入襄阳城内布防，王志远把第122师师部也迁入城内。黄琪祥得知这一情况后，即令第122师守备襄阳城。

渡过襄河的日军，马不停蹄地分兵进击，其主力沿襄阳至宜城的公路向宜城方向推进，都向北直扑襄阳。6月1日上午9时许，日军兵临襄阳城下，随即发动攻城。他们集中炮火，猛轰襄阳城墙，并向城内延伸轰击，第122师师部及第364团都有所伤亡。由于日军攻势猛烈，众寡悬殊，中国军队不敢恋战，遂由西门撤出，第364团退至西关外真武山、周公山一带高地，第122师师部退至城西5公里左右的万山。日军随即进入襄阳。

第22集团军总司令部参谋长陈宗进得悉在襄阳以西与敌周旋的第122师仅有两营新兵，立即命令由东津湾撤到泥嘴镇的第41军直属独立团迅即开赴万山附近，归第122师师长王志远指挥，与第364团合力拒敌西进。

日军西渡襄河的目的不在于夺占襄阳，最终目的是为了南下攻占宜昌，以威胁重庆，因此，日军占领襄阳后，并未作久占襄阳的打算，更不愿分兵固守襄阳，他们只在襄阳城内和四郊村庄进行了肆无忌惮的抢掠烧杀和奸淫，随即便放弃襄阳追随已渡过襄河的大部队南下了。

6月1日夜，第122师师长王志远接到黄琪翔转来的蒋介石关于"死守襄阳"的电令，黄在电文后面附加命令："等因奉此，着第122师师长王志远立率所部即日克复襄阳为要。"

王志远不敢怠慢，于6月2日拂晓，亲率郑道东的军直属独立团为前锋，反攻襄阳城。前进途中，未遇日军，及至到了襄阳西门，才知日军已由南门出城，正向南漳方向转进。独立团先头部队直奔南关，试图阻击日军，正遇到日军殿后部队，随即展开战斗，日军且战且走，并以强大的火力在城南5公里左右的岘山隘口布置了掩护阵地，城南关至岘山之间是开阔地，郑团追出城南关试图接近岘山，却被日军火力所阻，前进不得，遂停止追击。

6月2日，中国军队收复襄阳城。当日下午，左翼兵团总司令、第2集团军总司令孙连仲亲率第30军部队从谷城方向前来救援襄阳，行至城西5公里万山村附近时，第122师师长王志远前往迎接，报告襄阳已经克复，日军攻向南漳的情况，孙连仲即率部向襄阳西南转进。黄琪翔在谷城得到襄阳日军转向南漳的消息后，急令第124师布置南漳城防，务必固守南漳。从襄阳攻向南漳的日军于6月3日展开对南漳的攻击。第124师等守城部队顽强抵抗，因日军攻势猛烈，守军力不能支，南漳遂告陷落。由于日军的大目标是南下攻取宜昌，因此并未在此久留，便于6月4日撤离南漳，转向荆门方向推进。

日军突破襄河防线，襄西告急，中国海陆空军最高统帅部军事委员会于日军渡河的当天，即6月1日上午9时，拟定出《襄河西岸作战紧急部署方案》，立即采取一些应急措施，急急忙忙调整兵力，以应付战局的突然逆转。

当天下午3时半，军委会举行紧急会议，专门讨论襄西作战紧急处置办法，会议由委员长蒋介石主持，参加者有：参谋总长何应钦、军令部长徐永昌、政治部长陈诚、后方勤务部长俞飞鹏、侍从室第一处主任张治中、办公厅代主任商震、代次长刘斐、总顾问福尔根等，会议针对敌情变化和各部守军所处的位置，议决应急措施和调整兵力部署如下：

（一）令41军（孙震部）死守襄、樊，以待30军（孙连仲部）之到达应予重赏，如放弃襄、樊，应法办。

（二）令75军（周嵒部）进守南漳。

（三）令萧之楚军以一小部留守汉水右岸原阵地（41师、32师、44师、55师之各一部），余撤守十里铺南北之第二线阵地，并控制有力预备队于左翼后（荆门、远安中间地区）。

（四）76师、11师、无名师均守备董市、当阳主阵地。

（五）令李及兰军经大洪山，归还江防军序列。如渡襄河困难，即协同王缵绪集团，以大洪山为根据地，袭敌后方。

（六）汤恩伯指挥31集团军及92军，由北向南攻击襄花路之敌，如敌主力渡过襄河时，应进出大洪山，攻敌之背后。

（七）孙连仲指挥30军、41军、84军、75军，先固守襄、樊、南漳，尔后由北向南击，牵制敌人由宜城南下。

（八）第五战区分为左、右两兵团，左兵团辖孙连仲、孙震、汤恩伯、刘汝明各部，兵团长由李长官兼任；右兵团辖冯治安、王缵绪及江防军各部，兵团长派陈部长诚兼任。

（九）黄总司令琪翔，暂调长官部襄助。

（十）103师调常德，5师调宜都方面，归还新编11军（郑洞国部）

建制。

（十一）襄河两岸应尽量掘开堤防，构成泛滥，由郭司令负责实施具报。《军事委员会关于兵力调配及作战部署会议记录（1940年6月1日）》，《抗日战争正面战场》（下），第955-956页。

会议结束之后，蒋介石立即打电报给李宗仁、孙连仲、汤恩伯、郭忏，并抄送陈诚，根据军委会会议精神，发布了作战命令，除重申会议决定的措施和部署外，还增加一项新的内容，即令驻重庆的第18军宋瑞珂第199师立即以轮船输送，推进到秭归，巩固江防军侧后方，归江防司令郭忏指挥。

军委会所采取的应急措施中，最主要的一项是调派时任军委会政治部部长的陈诚上阵，将所有参战部队划分为左、右两个兵团，由陈诚兼任右兵团兵团长。枣宜会战的重心已经西移，中国守军以保卫宜昌为中心的襄西防御战，战场处在右兵团防区，参战部队主要是右兵团，左兵团则主要是配合作战。

由李宗仁兼左兵团兵团长，由陈诚兼右兵团兵团长，这既是统帅部对枣宜会战第二阶段战事的重视，也是让陈诚承担重任，独当一面，全面负责襄西战斗，以求挽救极其险恶的战局。枣宜会战中国军队本由第五战区司令长官李宗仁统一指挥，现在虽然名义上各部仍归李宗仁指挥，但划分两个兵团，由李宗仁亲自兼一个兵团长，调一位级别上并不逊于李，又是蒋介石亲信，且在统帅部供职参与军机大事的政治部部长陈诚兼另一个兵团长，而且是承担主要任务的兵团长，或多或少可以看出一点蛛丝马迹，即统帅部对李宗仁指挥的第一阶段作战，并不十分满意。而且战事重心已转移到宜昌方面，李宗仁的第五战区司令长官部却在老河口、石花街，指挥宜昌地区作战，确实鞭长莫及，很不灵便，有必要在宜昌地区另设一个高级别的指挥部，就近指挥各部作战。

陈诚奉命上阵，确属临危受命，自己也以受命于危难之中自居，凭他

第九章 襄枣血红　　835

准备渡襄河的日军

的资历、级别和个性，是绝非俯首听命于李长官的。

　　李宗仁想驾驭陈诚，确实不太容易，他自己也知道这一点，没有对陈过多地指指点点。陈诚保持着与统帅部、与蒋介石的直接热线联系，当仁不让地承担起统筹指挥襄西战斗之重任。当然，这项任务决不轻松，是极其艰巨、极其困难的，说他陈诚临危受命，也并不过分。陈诚所面临的，确实是险恶的战局，他抓到手中的不是软软的、甜甜的麦芽糖，而是多刺的蒺藜！为挽救危局挺身而出，为抗战御敌披挂上阵，这还是值得推崇的。

　　不过，要打赢这场恶仗，仅凭通天热线和尚方宝剑是不够的，还要看他陈诚调兵遣将、运筹布阵的真功夫。

　　襄西告急，宜昌危在旦夕！宜昌位于三峡东口之北岸，号称川鄂咽喉，战略地位十分重要。西去5公里多是南津关，扼西陵峡入口，自此以西，南北两岸均为崎岖绵延的崇山峻岭，江面狭窄，易守难攻，是拱卫四川、拱卫陪都重庆的天然屏障。但若三峡出口宜昌不守，日军既可利用宜昌封堵三峡出口、封锁四川，又可利用宜昌这一川鄂咽喉的重要位置而窥伺重庆，威胁重庆的安全。而且，自武汉失陷之后，宜昌的水陆交通枢纽地位更为突出，由水路川江下行经宜昌至长沙以达东南各省，由陆路北上去襄樊，以达豫、陕，是第一战区、第五战区与第九战区、第三战区联系的重要中转站，也是上述战区后勤补给的交通枢纽。因此，宜昌的战略地位极其重要。万一宜昌不守，必将影响到全局，统帅部对宜昌所面临的危机，十分不安，也非常重视。所以蒋介石再次起用陈诚，让其披挂上阵，以解宜昌之危，稳定襄西战线。

陈诚参加了6月1日下午军委会紧急会议，会议决定调他赴宜昌前线指挥作战，他当即表示愿意接受这一艰巨任务。会后他即打点行装，动身赴任。陈诚乘船顺水而下，6月2日抵万县。陈诚在万县时就根据所得到的敌情报告，对右翼兵团之作战进行了部署，指出："右兵团以确保宜昌、击破渡河西犯敌人之目的，应以沿襄河各守备兵团，利用既设阵地，逐次消耗敌军，另以有力兵团于襄河东岸攻击敌侧背，同时于当阳及其迤北地区控置至少一军之兵力，相机击破过河之敌。"

与此同时，统帅部向宜昌方面调派援兵，以增加中国守军的作战力量，调第九战区郑洞国的新编第11军（辖第5师、荣誉第1师、新编第33师）急速北上，加强宜昌江对岸的江防和宜昌防务。调彭善的第18军（欠第11师、辖第18师和第199师）由重庆驰援宜昌防务。

陈诚6月3日晚抵达宜昌，他立即深入了解敌情，了解前线战局发展状况，于6月5日根据敌我双方情况作出具体御敌部署，并将作战部署电告蒋介石，其电文如下：

即到。重庆 委员长蒋：

粉密。极机密。

（一）泗港、多宝湾、沙洋、旧口各附近，自昨夜3时起，敌企图强渡襄河，刻与我守军激战中。又由宜城、武安堰方面动作之敌，其先头已进至转斗湾、胡家集及刘侯集南侧各附近,正与我33集团激战中。

(二)本兵团部署如下:本兵团以确保宜昌,并相机歼灭已渡河之敌之目的,以一部利用襄河及既设阵地,逐次消耗敌军,最后固守董市、当阳、远安一带主阵地,同时以有力部队,滞阻由宜城、武安堰方面南下之敌,以主力保持于当阳、远安间地区,相机求敌而歼灭之。

(三)江防军司令部郭忏指挥第2军(76师、无名师);26军(32师、41师、44师、附11师),55师、128师。新11军(第5师、荣1师、新33师)及要塞特等部队,应仍依既定部署,以一部守备襄河西岸,拒止敌之渡河,另以一部守备十里铺南北之第二线阵地,逐次消耗敌军,尔后依情况,转移于董市、当阳间主阵地而固守之。其第2军应控置于当阳以北地区,策应各军作战,待敌深入,与33集团军协同,转取攻击侧击深入之敌。第11军以荣1师担任公安、松河间江防,第5师到达后,担任杨林寺、宜都间守备,新33师应担任宜昌直接守备。

(四)33集团总司令冯治安仍指挥55军、77军、59军等部,除以一部守备河防外,应以主力于乐乡关、仙居一带以北地区,拒止由宜城、武安堰方面南下之敌,尔后依情况向荆门、仙居之线转移,构成对东北正面,相机协同江防军转取攻势,击破突进之敌。

(五)29集团应与汤集团联络,向钟祥方面之敌攻击,切断京钟路之联络。

(六)94军仍暂归汤总司令指挥,跟踪追蹑,相机在宜城附近渡河,求敌之侧背而攻击之。

(七)199师即开宜昌以北之两河口以北地区集结,暂归职直辖。

(八)作战地境:第九战区与江防军间同前,江防军与33集团间为洋坪、观音寺、掇刀石、李家集、马良集(不含)、下洋港、义和集相连之线,线上属33集团;又,33集团与左兵团间为歇马河、江右堰、武安堰、小河、方家集相连之线,线上属33集团。

(九)各部队阵地转移及尔后转取攻势,均须候令行动,并应随时密

蒋介石与陈诚（中）等在一起

切联络。

  谨电鉴核。职陈诚。微（5日）未（14时许）。战。印。（宜昌）①

  蒋介石对陈诚的作战部署表示满意，并决心要在宜昌地区狠狠地打击深入的敌军，争取包围歼灭挺进到宜昌地区的日军。蒋介石在尚未接到陈诚的电报之前，就已给李宗仁、陈诚、孙连仲联名打了电报，命令："敌军此次渡过襄河，进攻荆、宜，我正面部队充足，且阵地坚强，必可予敌以致命打击。望仿鲁（孙连仲）兄速督所部，向南挺进，击敌侧背，完成此次包围大歼灭战。如敌已占宜城，则我军只用一部监督，主力仍一意向南挺进。成败胜负，全在此举。望激励所部，努力奋勉，达成使命勿误。"②

---

① 《陈诚致蒋介石密电（1940年6月5日）》，《抗日战争正面战场》（下），第961-962页。
② 《蒋介石致李宗仁陈诚等密电（1940年6月5日）》，《抗日战争正面战场》（下），第960-961页。

从蒋介石的调令和陈诚的作战计划看，他们对战局仍抱乐观态度，不仅要确保宜昌，而且还试图前堵后追，把渡过襄河西犯的日军围歼于宜昌地区。但是，要落实作战计划，不仅需要把握住战机，更需要参战各部积极用命，努力作战。实际上宜昌附近属丘陵地带，易攻难守；中国守军江防军主力北调襄樊地区，正面阻敌兵力不足，且防御工事全部正面向东，未估计敌军会从北面进攻，因此现有阵地存在先天漏洞。北线、东线左翼兵团连日作战，大部都处于疲惫状态，追击敌军的推进速度不可能很快，协助右翼兵团围歼敌军的攻击力不可能很强。对这些不利因素和潜藏的危机应当有足够的、清醒的认识，尽管较为乐观地估计战场形势和制定较高目标的作战计划有激励部队积极作战的用意，但过于乐观，不切实际的计划，将导致更大的失败。

九、大洪山歼敌

陈诚以军委会政治部部长身份兼任第五战区右兵团兵团长，由重庆赴宜昌，立即调兵布阵，积极应敌。右兵团仍为第五战区战斗序列，名义上归第五战区司令长官李宗仁节制和指挥，但陈诚实际上独当一面，全权负责指挥右兵团所辖各部作战，并对与右兵团作战相关的其他部队发号施令，整个襄西战场全由他运筹和指挥，他直接保持与最高统帅部及军委会委员长蒋介石的热线联系，只向第五战区司令长官部和司令长官李宗仁通报一些重要情况，并不向长官部和李宗仁请示问题。李宗仁仍为第五战区司令长官，辖左、右两个兵团，指挥襄东、襄西两个战场，但实际上他兼左兵团兵团长，只负责指挥左兵团作战。为了会战的大局，李宗仁没有计较"名分"去与陈诚争权，而是心甘情愿、尽职尽责地指挥左兵团各部积极作战，全力配合襄西战场的作战。在陈诚制订右兵团作战计划、进行襄西战场作战部署的同时，李宗仁也拟定出左兵团作战计划，及时下达了作战令。李宗仁的作战部署是：

（一）第2集团军总司令孙连仲，指挥第30军、75军、84军、42军，以主力展开于南漳、茨河（谷城县境内、汉水西岸）一线，以一部从汉水东岸渡河，配合阻击汉水西岸之敌，并牵制日军南下。

（二）第31集团军总司令汤恩伯，指挥第92军、94军、45军及鲍刚游击队，各以一部在枣阳以北及桐柏附近，与敌保持接触，主动以果敢行动，越过襄花公路，进至大洪山地区，攻击敌之背后。但94军应相机由大洪山地区，归还江防军建制。

（三）第68军军长刘汝明，指挥所属及各游击队，固守小林店（湖北随县境内西北）至长台关（河南信阳以北约20公里平汉铁路车站）一线，监视信阳之敌，掩护汤恩伯第31集团军之左侧背。

（四）作战分界线：

第2集团军与第31集团军之间为新野、程家河（樊城东北唐河东岸）沿唐河入汉水之线，线上各点属第31集团军。

第68军与第31集团军之间为泌阳、吴城（桐柏县境内）、杨柳河一线，线上属第31集团军。

（五）第11集团军（预备集团军）总司令黄琪翔，指挥第39军为第31集团军之预备队，位于光化附近。

（六）兵站总监部及交通处，应按以上部署，安排补给、卫生、交通、通信保障。①

枣宜会战已进入第二阶段，即宜昌保卫战，主战场在右兵团方面，左兵团的中心任务是袭扰敌军，牵制敌军，以配合右兵团作战，因此两个兵团之作战，都属于宜昌保卫战的组成部分。在陈诚、李宗仁调兵遣将、部署宜昌保卫战时，日军第3师团已于6月1日凌晨渡过襄河，占领了襄阳，并随即挥师南下。

---

① 中国第二历史档案馆馆藏档案。

敌军第39师团6月3日占领宜城，襄西告急，因此宜昌保卫战是在极其危急的情况下仓促部署的，各部奉命后还未来得及充分准备和从容加强阵地，一些被调动的部队还未到达指定位置，日军便发动了更为疯狂的攻势。

当渡过襄河的日军第3、第39师团向宜昌方向推进了一定距离，并威胁沙洋镇附近中国守军第26军及第94军第55师后方时，日军第11军司令官园部和一郎命令控制在沙洋镇以东地区的田中静一第13师团按照预定计划于6月4日夜，从旧口、沙洋镇一带发起渡河作战。

炮兵向日军射击

中国守军河防部队萧之楚第26军、郭忏第94军各一部奋力抗敌，阻敌渡河，双方激战竟夜，终因日军攻势猛烈，守军伤亡惨重而后撤，南路日军遂渡过襄河，进入襄西。敌第13师团另一部也于6月5日从沙洋以南、泽口以北的王场地区突破中国守军襄河防线，渡过襄河，随即北向与第13师团主力会合，向西挺进，与北路日军相呼应，会攻宜昌。南路日军第13师团由沙洋向西推进，北路日军第3师团从南漳攻向远安，第39师团从宜城攻向荆门。

进入襄西的日军发动对宜昌地区攻击的同时，在襄东地区的日军也积极行动，对西进日军给予策应和配合，为加强枣宜战场的兵力，日本第11军司令官园部和一郎把驻咸宁地区的天谷直次郎第40师团调赴鄂北；该敌到达鄂北后，担任随县至枣阳的沿途守备，为策应西路敌军渡河作战，该敌极力维护随枣间的交通运输。当日军第3、第39、第13师团先后渡过襄河之后，开始会攻宜昌，襄西地区北路日军为加快推进速度，采取"黑瞎子掰苞米"式的战法，占领一座城市和要地，随即放弃，瞄准宜昌继续全速前进；这样一来，不仅襄河以东的北部地区，即枣阳、唐河一带的日军全部撤走或转进襄西，而且襄河以西地区的北部，即襄阳地区也已没有日军，敌第40师团留在随枣间维护交通已无意义，因此敌酋园部和一郎令第40师团由枣阳后撤，在随县附近集结，然后南下在大洪山地区寻找中国守军作战，以牵制中国守军不能向襄西调动，从而使襄西日军得以全力进攻宜昌。敌第40师团奉命后于6月5日在随县附近集结，准备南下。

但该敌的动向被第五战区司令长官部侦知，李宗仁立即调兵遣将，要把该敌消灭在大洪山区。

李宗仁6月8日下达作战令，令第31集团军第13军张雪中部由防地南阳附近立即南下，进抵随县附近，尾追敌第40师团；莫树杰第84军由钟祥附近向东北方向挺进，截击敌第40师团；在大洪山区的王缵绪第29集团军则主动攻击敌第40师团，要求上述各部积极作战，务必将敌第40师团包围歼灭在大洪山区。各都奉命立即行动，对由随县南窜的敌第40师团采取大包围。

日军第40师团由随县西进，进入大洪山区后，遇到第29集团军的强有力抵抗。第29集团军利用山区的有利地形，层层设防，逐次抵抗，不断地捎耗日军。6月13日，当该部日军到达六房嘴山区时，遭到第29集团军强有力阻击，经过激战，一部日军逃窜，一部日军被团团包围未能逃脱。被包围的日军困兽犹斗，在敌第40师团师团长天谷直次郎的率领下，横冲直撞，却始终无法突破中国守军的包围圈。

李宗仁得到第29集团军紧紧咬住了日军一部的报告之后，立即命令附近的部队加强合围日军的力量，采取纵深布兵的方式，逐渐压缩包围圈。令各部勇猛作战，坚决消灭被围困的敌军。

中国守军不断压缩包围圈，从不同侧面轮番向被困之敌发动攻击，日军负隅顽抗，战斗异常激烈。激战进行了六天六夜，被困日军的食品、弹药全靠日军空投。由于地处山区，日军飞机不敢飞得过低，而且低空飞行会遭到中国守军地面火力的袭击，高空投掷食品、弹药，落点不易掌握，许多空投物品落入山崖无法拾取，也有不少落入中国守军阵地。当时天气已很炎热，日军得不到补充，病、饿死伤者很多。中国守军的包围圈越来越小，围敌部队越增越多，攻击冲锋越来越猛，被困日军死伤累累。该部日军战斗减员和非战斗减员已过大半，战斗力减弱，面临全军覆没的灭顶之灾。

敌第40师团师团长天谷直次郎连续打电报给第11军司令官园部和一郎，请求救援。园部手上已无机动兵力可以调遣，急电命令天谷组织突围。天谷直次郎在强烈的求生欲望的支配下，督率残部冒死突出重围。中国守军怀着对日军的刻骨仇恨，勇猛地阻击敌军，复仇的子弹和枪刺，射向、刺向敌人的胸膛，大量地杀伤了突围日军。日军突出重围的大多负伤，其师团长天谷直次郎也身负重伤，死里逃生，侥幸捡回一条老命。

在日军主力攻向宜昌，战局发展对日军有利而对中国守军极为不利的形势下，中国守军取得大洪山围歼日军一部的胜利，真是大快人心。这次胜利，对侵略成性的日军的疯狂进攻是一个有力的回击！它大长了中国守军的士气，大灭了日本侵略者的威风！

十、保卫宜昌

正当襄东大洪山围歼敌军一部取得重大胜利之际，襄西战场战局却不断恶化。当日军抢渡襄河、襄西告急时，李宗仁、蒋介石急令抽调到北线作战的江防军第75军周嵒部、第94军李及兰部立即回防宜昌地区，蒋介石又令第18军彭善部由重庆急速船运出川，增援宜昌前线；蒋介石还特批陈诚之请：右兵团所需粮秣弹药等后勤供给，改由重庆军委会直接补给。

第18军军部设在重庆，陈诚6月3日接到统帅部的紧急命令后，立即部署所属部队出发，第18军辖第11、第18、第199师，第11师原调在第九战区作战，枣宜会战打响之后不久，统帅部即令第11师方靖部由湖南长沙驰赴枣宜战场。第11师经常德、津澧长途跋涉，于5月中旬抵当阳地区布防；第18师、宋瑞珂第199师在重庆近畿，负责重庆警备任务，第18军军长彭善安排的行军次序是：罗广文第18师、军部及军直属部队、第199师。6月5日，第18师在师长罗广文率领下，由北碚驻地出发，乘木船至重庆川江码头，改乘轮船顺江而下，船队行至云阳观音滩时，遭到敌机轰炸扫射，有一艘轮船被炸伤，多人受伤，轮船上的高炮部队，以猛烈交叉的火力射击敌机，击落敌机1架，其余敌机仓皇逃遁。被击落敌机的飞行员，跳伞逃生，坠入长江，在奉节附近江面被中国守军俘获，解送重庆。

船队进入三峡，第18师师长罗广文在船上召开连长以上军官会议，作战斗动员。罗师长讲道："这次我师奉命增援宜昌作战，时间仓促一些，从接到命令到出发，仅两天的时间，连集合开会部署下命令都来不及，只有移到船上来开会，边走边开，各种作战准备，有些不周到的地方一一提出来，立即弥补充实。司令部各处按职责迅速将在重庆领到的武器弹药装备器械等，在到宜昌前发到连，充实第一线部队。这次作战，就地势来说，有有利的一面，也有不利的一面。有利的一面是西靠大山，南临长江，侧背无虑敌情。但我们是背水阵，无退路，是不利的，历史上背水阵打胜仗的不乏先例，我们要有置之死地而后生的气概，奋勇作战，为民族存亡而战，战斗到最后，无令不准后退。……我们必须全速前进，一级装备进入阵地。"

罗师长讲话之后，师参谋长赵秀昆把宜昌外围地形、交通道路状况以及敌情等作了详细介绍，然后把各团及师直属战斗部队和配属的高炮营的任务、占领阵地的位置、态势、战场联络、战斗准备和工事构筑要求等，以命令形式下达。

6月8日夜，第18师率先抵达宜昌，随后彭善所率第18军军部及军直属部队，宋瑞珂所率第199师也陆续到达宜昌。彭善立即作出具体部署：以第18师担任宜昌城的守备，以第199师控置于宜昌西北南津关、小溪塔地区，掩护第18师左侧并作为机动兵力使用。军部设在川江隘口南津关以东镇境山西北的前坪。负责守备宜昌的第18师进入宜昌之后，师长、师参谋长等连夜勘察宜昌城郊地形，随即决定以第54团守备城区，并作巷战准备；以第52、第53两团担任宜昌前沿阵地的守备任务，右自长江江岸，左到镇境山。镇境山是一处孤立的高地，居高临下，可以瞰制四面，其西南面是飞机场，因此镇境山成为宜昌阵地的要点，山上筑有半永久性工事，第18师师指挥所便设在这里，各部按师长的部署和命令，立即进入阵地，积极加强阵地工事。

与此同时，奉令回防的原江防军周嵒第75军、郭忏第94军（欠一师）也到达当阳以北地区。但日军在其前方正发起对当阳、宜昌的进攻，使之无法越过日军而进入当阳、宜昌阵地。

渡过襄河的北路日军分两路向南进攻，一路沿襄河西岸襄阳、宜城、荆门的公路南下，一路循南漳巡检司、远安之道，向荆门、当阳攻击。

南路日军渡过汉水后向西攻击，中国守军守备汉水阵地的萧之楚第26军腹背受敌，被迫放弃汉水第一线阵地，占领沙市、后港、拾回桥、建阳驿第二线既设阵地，左与驻防河溶一带的第94军李及兰第55师相衔接。萧之楚第26军匆匆忙忙由一线阵地撤退下来，又匆匆忙忙进入第二线阵地，而且既设阵地向东正面的工事多不适用，兵力配备、火力组织又未经过实地侦察和周密计划。日军占领一线阵地后便马不停蹄继续突进，直逼萧部二线阵地，激战接踵而至，经过几天几夜的激战，萧部及第55师虽伤亡很大，仍勉力苦撑。

与此同时，第33集团军及第29集团军一部阻击北路日军的进攻，由冯治安继任总司令的第33集团军及王缵绪第29集团军一部，虽经奋力抵挡，终因日军攻势猛烈，未能挡住日军攻势，被迫退向西部山地；李延年第2军在荆门、观音寺之线迎击由东、北两面攻来的日军，双方战斗空前激烈，李延年部不支，退至远安附近，荆门、观音寺失守。日军占领荆门之后，不给李部留喘息之机，继续对李部发起进攻。同时，以有力部队，进攻当阳。当阳地处要冲，是保卫宜昌的重要屏障。第11师方靖部奉命坚守当阳，该师的部署为：

以第33团守备当阳南正面，第31团守备当阳北正面及西北面的九子山高地，第32团守备当阳东正面；以补充团为师预备队，控置于当阳至城西长坂坡间。

当阳自古是兵家必争之地，传说赵子龙曾在长坂坡的万马丛中单骑救主，张飞也曾在当阳桥头喝退曹兵。时光流入20世纪40年代，炎黄子孙们又要在这里抗击蹂躏中华民族的"倭寇"。第11师各部按照师部的作战部署进入阵地，加强防御工事，严阵以待，准备迎击日军。

当守备观音寺一带的李延年第2军王凌云第76师被迫由观音寺向西撤退后，当阳裸露在日军面前，敌军便于6月9日凌晨，发起向当阳的进攻。方靖第11师将士奋起抵抗，打退了敌人一次又一次的冲锋，双方都有较大伤亡。正当当阳保卫战激战正酣之际，下午2时许，第11师师长方靖接到第26军军长萧之楚的电话，萧军长向方师长通报河防方面的战况；第55师河溶以东的阵地被日军突破，电话中断，负责指挥该师的萧之楚已无法与该师师长杨勃联系；日军突破河溶第55师阵地后，正由河溶向鸦雀岭方向急进。

鸦雀岭在当阳与宜昌之间，既是宜昌的重要门户，又是扼当阳后路的重要基地，一旦鸦雀岭有失，当阳处境将相当危险。萧之楚还告诉方靖，第26军正面激战甚烈，也难以坚持下去，可能要撤退，希望方靖根据当阳战场的实际情况决定第11师的守、退问题。

日军对当阳的攻击一次比一次猛烈，方靖决定狠狠打击敌人，不到万不得已，决不放弃当阳。日军从北东南三面猛攻，许多阵地被日军突破，守军与敌人展开肉搏，争夺阵地，一些重要阵地失而复得，得而复失，往复多次。尤其是当阳西北九子山高地，争夺最为激烈。直战到黄昏，第11师虽然仍坚守着当阳城，并杀伤了敌人大量有生力量，但自己的伤亡也很严重，有些部队已伤亡殆尽，失去战斗力。鉴于左右两翼友军均已撤退，当阳已成为孤城，加之第11师伤亡严重，方靖电请撤退获准后，便率第11

师残部放弃当阳撤向大峡口、风洞河一带山地占领阵地，联系第2军部队，继续拒敌深入。

萧之楚第26军在第二线阵地苦战了几日，渐呈不支之势，便放弃第二线阵地继续撤退，全军由江北岸董市、白洋、红花套、古老背等渡口渡到长江南岸，脱离了江北战场。这样一来，沙市至宜昌之间成了不设防地区，屏障宜昌的门户洞开，宜昌完全暴露在日军面前。日军直扑宜昌城下，8日夜刚进入宜昌防御阵地的第18军两师之众，没有获得喘息之机，未来得及熟悉地形、加强工事，便仓促应战。从6月10日开始，大战集中在宜昌近郊进行。

6月10日，日军第13、第3、第39师团开始会攻宜昌。日军从古老背、鸦雀岭、双莲寺分三路进兵，直扑宜昌城下，逼近罗广文第18师阵地。日军先以小股部队进行冲锋式武力侦察，并不断地炮击第18师阵地。11日拂晓，日军发动全面攻击，用飞机、大炮轮番轰炸，炮击中国守军阵地，许多阵地工事被毁，守军有所伤亡。随后日军从东三寺南北及镇境山以东三个方面发动步兵冲锋，中国守军拼力抗击，局部阵地上展开肉搏，战况极为激烈，战至近午，第52团阵地城郊至镇境山中间一段被日军突破。敌人利用这一突破口，向位于城西北的飞机场攻击，致使防守城区和防守郊区的部队被分割开来。

第18师指挥所设在镇境山门上，镇境山与市区已被日军隔开；师指挥所与守城部队联络中断。当夜幕降临之际，日军集中炮火向镇境山猛轰，大有炸平镇境山之势。镇境山阵地上硝烟弥漫、弹片横飞，师参谋长赵秀昆在师长不在的情况下，惊慌失措，率领第53团放弃镇境山阵地，渡过黄柏河。面对日军的凌厉攻势，宜昌城内第18师邓萍所率的一个营在既无援兵，又无退路的情况下，顽强抵抗，誓与城池共存亡。一直坚持到12日16时左右，全营将士除重伤昏迷被俘者外，其他人全部壮烈牺牲。宜昌，这座川鄂咽喉重镇陷落敌手。

仅经一天战斗，宜昌城便告陷落，令蒋介石大为震惊。当蒋介石得报宜昌失陷的消息时，气愤之极，摔碎了茶杯，掀翻了坐椅，狠狠地骂了一通"娘希匹"。但摔物骂娘只能"消消气"，却无法改变战局，他不得不面对宜昌陷落的残酷现实，他清楚地知道，靠大发脾气，是解决不了根本问题的。必须立即组织部队反攻宜昌，方可扭转宜昌战局。他命令统帅部的高参们积极行动起来，迅速制定反攻宜昌的方案。

6月13日凌晨，蒋介石签发了致李宗仁、陈诚、孙连仲、汤恩伯的联衔密电，下达了反攻宜昌的作战命令：

（一）右兵团应占领三游洞及以北三合岩、两河口阵地，迅速收容各部，并掌握有力部队，参加汤恩伯部队反攻宜昌。

（二）第30军、第75军、第85军及第94军，统归汤恩伯指挥，以一部攻占荆门，以主力由远安、观音寺之间，攻击宜昌方面之敌。

（三）第92军应猛攻钟祥方面之敌，阻敌增援补给。

（四）各部应不顾一切，猛力进攻，不可失机。

（五）为协同动作，着汤总司令与陈兵团长取得联络后，各该部即归陈兵团长统一指挥。①

宜昌失陷的当晚，陈诚把右兵团指挥所移到太平溪，陈诚虽然知道各参战部队都有不同程度的伤亡，而且已经激战月余，十分疲惫，继续战斗困难重重，但仍然激励广大官兵，誓与日军血战到底。陈诚调整阵容，积极对敌采取攻势作战。

6月14日，陈诚正式下达了反攻宜昌的作战命令，命令江防军司令郭忏仍指挥原属各军，以李延年指挥第2军、彭善第18军为攻击军，由南津关、小溪塔、关庄场、宋家嘴之线，向宜昌及龙泉铺、土门垭与双莲寺、鸦雀岭及其以南攻击，要求先包围宜昌东侧的日军，并将该敌歼灭。如果日军

---

① 中国第二历史档案馆馆藏档案。

向东撤退的话，攻击军应迅即由当阳以南向东挺进，与汤恩伯集团协同歼敌，并令新11军郑洞国部除守备江南之外，立即抽派三个团以上的兵力渡到江北，攻占沙市、江陵、万城、江口、董市、白洋等沿江要地，并尽力向敌后挺进，以牵制日军兵力，还命令汤恩伯指挥所属各军，并配属曹福林第55军，由峡口、焦家堤、当阳、沟溪河、荆门各北侧地区之线，向跑马岗、石子岭、半月山、河溶镇、张家口、团林铺、十里铺以南攻击，如果敌人主力在当阳以南时，应立即向右旋回；如果敌人主力向东北移时，则与李延年部协同聚歼之。陈诚要求各参战部队，发起攻击以后，应迅即以雷霆万钧之势，向敌强击，务必把襄河以西的日军，"压迫于长江、襄河间而歼灭之"。

蒋介石接到陈诚电报所报告的作战部署后，随即复电陈诚，对作战部署作了一些调整，其要点如下：

（甲）指挥系统：

（一）宜昌方面之江防军分成两部，第2军、第18军及其他在北岸各部，归李延年指挥；在长江南岸各部队，归郭忏指挥；郭到南岸，以上李延年、郭忏两部，均直接归陈兼兵团长指挥（恐李延年指挥部队过多，陈兼兵团长对该方面应多负责任）。

（二）北正面，周嵒可指挥第75军、第30军，并归汤恩伯指挥，汤恩伯直接指挥的第55军、第85军、第92军、第94军，均归陈兼兵团长统一指挥。

（三）已令李长官调第92军至襄河西岸，归汤恩伯指挥，参加宜昌方面攻击。该军在钟祥方面任务，由李长官调第41军主力接替。

（乙）作战要领：

（四）担任宜昌攻击各部，应确实协同联系，准备周到，以整然态势攻击敌人……

（七）攻击开始时机，为避敌空袭，以下午4时左右为宜。在攻击开始

直（之）前，由空军出动，轰炸敌主力所在位置，轰炸直（之）后，立即开始攻击……①

在最高统帅部的统一策划和部署下，陈诚积极组织部队，准备发起对宜昌地区日军的总反攻。在总反攻开始之前，为了截断汉宜公路日军后方交通运输线，郭忏第94军方天第185师奉命于6月13日拂晓向鸦雀岭攻击前进。该师第554团涂焕陶部率先到达公路，未发现敌人，便立即在公路两侧占领有利阵地，准备打击过路日军。第554团官兵进入阵地后不到一小时，一队日军即由东向西开来，进入有效射程之后，第554团团长涂焕陶一声令下，各种火器一齐吐出复仇的火舌，手榴弹也随即甩向日军队列。日军突遭伏击，措手不及，许多鬼子兵还没搞明白是怎么回事便一命呜呼。这股行进中的日军，眨眼工夫伤亡殆尽，未送命的便仓皇而逃。

日军吃了大亏，恼羞成怒，纠集部队，由东西两个方向，扑向第554团阵地，展开报复性攻击。日军集中强大的炮火，猛轰第554团阵地，因为临时占领的阵地仅仅利用一些地形而已，没有强固的工事，第554团在猛烈的炮火攻击中，有较大伤亡。恰在此时，第553团赶到，立即在第554团左翼延伸，占领公路北侧的有利地形，集中火力，猛击日军侧翼。

日军也随之调转方向，向第553团发动进攻。日军以6辆轻型坦克开路，冲向第553团占领的阵地。第553团团长杨伯涛非常机敏，急令第2营重机枪连派出两挺重机枪，由山头转移到山脚，寻找有利地形为掩护和依托，做好射击敌坦克的准备。因为山顶上的重机枪射击敌坦克，子弹和坦克成锐角，发生跳弹，对坦克构不成危害和威胁，因此敌坦克也毫不害怕，一路肆无忌惮地横冲直撞。但当敌坦克进入预伏在山脚下的两挺重机枪的有效射程之内后，两挺重机枪一齐开火，瞄准敌坦克猛射，由于重机

---

① 《蒋介石致李宗仁陈诚密电稿（1940年6月15日）》，《抗日战争正面战场》（下），第965-966页。

枪的位置与坦克处于同一平面，子弹和坦克成直角，时速大，穿透力强，能够穿透轻型坦克的下部和履带等薄弱部位，日军冲在最前面的坦克被击中，瘫在原地无法再动，后边的坦克被挡住道路，不能前进，纷纷停下。跟在坦克后面的敌步兵急忙在公路南侧抢占阵地，与中国守军展开对射。趁此机会，第554团也把阵地移到公路北侧，与第553团相连。第185师师长方天率师指挥所随第553团行动。战斗打响之后，方天师长一直在火线阵地后面不足100米的一个小山包上指挥战斗，对鼓舞士气起了相当大的作用。战斗一直持续到入夜时分，日军乘天黑遁去，第185师参战部队也奉命转移阵地。

在宜昌保卫战中，第18军第199师基本上还没有使用，第18军军长彭善令第199师担任反攻宜昌的主力军。

6月14日，第199师便开始向宜昌逼近。15日，第199师发起对宜昌日军的反攻。该师师长宋瑞珂令第596团为右纵队，由金家堤出发，沿川汉路基直趋飞机场，包围镇境山之敌；第595团为左纵队，在川汉路基东侧，向大娘子岗、东山之敌攻击前进；第597团以一部占领馒头嘴及其附近低线高地，佯攻镇境山，吸引山上日军，该团主力为预备队，控置于南明山南麓待命行动；师指挥所设在南明山西部制高点将军岩。

各部奉命积极向前推进，第596团推进到镇境山南端，第595团推进到二娘子岗高地，随即围攻镇境山日军，第199师师长宋瑞珂在将军岩制高点上对战况看得一清二楚，他清醒地认识到，日军占据镇境山，中国守军便无法进入宜昌。要反攻宜昌，必先占领镇境山作为支撑点。但山上设有半永久性防御工事，在没有炮兵协同作战的情况下，白天硬攻，不仅会伤亡很大，而且难以奏效，于是宋瑞珂决定采取夜袭。他令第595团、第597团各挑选100名勇士组成"奋勇队"，每队分成5个战斗组，派有作战经验的连、排长任组长，尽量多携带手榴弹。第595团"奋勇队"以罗映斗营长任队长，由镇境山东麓摸上去；第597团"奋勇队"由胡强营长任队长，由镜镇山东北角摸上去。当夜，两队10组奋勇队开始摸营，到16日凌晨，均已摸到山上日军阵营中,他们先是勇猛冲杀,继而与日军展开搏斗,战况极其惨烈。天将拂晓,日军增援反攻,奋勇队伤亡过半,余者被迫撤回,人人身上血迹斑斑,虽未攻下镜镇山,也堪称英雄豪杰。

日军第11军原作战计划规定,攻占宜昌之后,各部仍返回原驻地,以保持该军始终处于机动作战的态势。

6月12日,日军占领宜昌的当晚,日军第11军司令官园部和一郎命令攻占宜昌的三个师团从速整理态势,做好返回的准备。参谋长青木重成发出指示:准备在新占领区驻留一周,此间对中国原有各项军事设施进行彻底破坏。第11军发动枣阳之战以来,已经历时一月有余,由于中国守军的顽强抵抗,该部日军已伤亡一万多人,而且部队相当疲劳,在这种状态下,日军又侦知中国守军正在加紧反攻准备,因此,决定迅速回撤。

6月15日,日本中国派遣军总参谋副长本多政材下令占领宜昌的三个师团,撤回原驻地休整。日军撤退时,将宜昌城内的房屋尽数烧毁,还炸毁了桥梁,锯断了电线杆,并将无法带走的兵器、弹药、服装、粮食、汽车等付之一炬。

陈诚得知日军撤退的情报后,立即令各部迅速追击日军。但是,撤退中的日军于17日7时突然接到了停止撤退、返师宜昌的命令,遂将后队改为前队,跑步返回宜昌。此时大部分中国部队都进入追击日军的位置,进驻宜昌的部队兵力薄弱,更未作再战的准备,因此当日军再次进攻宜昌时,中国守军招架不住,当日12时30分左右,宜昌再次陷于日军之手。

日军再占宜昌,令陈诚十分恼火,遂于18日发起了对日军的全面总反击。各部按照既定部署,展开对日军的猛烈攻击。第18军宋瑞珂第199师在反攻宜昌时,多次冲入城郊敌阵,攻击日军,并连续组织夜袭,杀伤了日军的有生力量;第2军、第75军、第94军等部,在当阳、鸦雀岭一带反攻日军,因日军拼命抵抗,进展不大。在江南的郑洞国新11军第5师、荣誉第1师各一部由枝江百里洲渡过长江,向问安寺、半月山攻击前进。其他各部都进入攻击位置,全力反击日军。同时,第三、第九战区及李品仙所率第7

军、鄂豫游击队等部,也都发动对日军的攻势,以牵制日军,策应襄西反击战。

激战连续进行了六天六夜,双方伤亡都很大。枣宜会战已进行将近两个月,双方都很疲惫,日军在宜昌地区集中了3个师团的兵力,缺乏重武器的中国军队,在伤亡减员严重又极其疲惫的情况下,攻击力减弱,难以将日军全部歼灭或击溃,以收复失地。鉴于这一态势,蒋介石于6月24日下令停止"反攻宜昌"作战,"各以一部与敌保持接触,不断袭扰牵制敌人为要"。至此,枣宜会战结束。

枣宜会战中,中国守军丢失了一些城市和地区,但消灭了日军大量有生力量,有利于长期抗战。而且,日军战线拉得更长,敌第11军已无机动兵力,驻守宜昌地区更显兵力不足,只以第13师团驻守宜昌,第39师团驻守江陵、沙市,独立混成第18旅团驻守当阳、荆门,保持一些重要据点,武汉至宜昌的长江水路交通,日军仍无法完全控制,只掌握监利至公安一段水路,其余仍为中国守军控制。从整个战局来看,襄西宜昌地区的日军,孤军深入,处在中国军队的战略包围之中,中国军队不断地发动攻势作战,从战略上说,日军陷于被动之中。 枣宜会战结束不久,统帅部于7月重设第六战区,由陈诚出任司令长官,长官部设在恩施。第六战区辖鄂西、湘西、鄂南、川东等地区,宜昌地区划入第六战区防区。陈诚组织部队,不断袭扰宜昌地区日军,并于1941年9月28日至10月11日,为策应第二次长沙会战,发动了对宜昌的反击作战,虽未能最终克复宜昌,但重创了日军。

侵略中国的日军,已陷入中华民族英勇抵抗的人民战争的汪洋大海,末日即将来临。中国第五战区、第六战区的部队,不断地打击襄河东西两岸困守据点的日军,日军占领这些地区后,未得到一日之安宁,伤亡不断增加,处境岌岌可危。

第十章　北国烽烟

第一节　冬季攻势

一、转守为攻

武汉会战后，日本大本营为适应国际形势的发展和侵华战争的持久化，决定无重大必要，不再扩大占领地区，并将已占领的地区划分为"治安区"和"作战区"两种。华北和京沪杭为治安区，配备主要兵力，负责消灭游击部队等抗日力量，维持"安定"，确保各主要交通线；武汉为作战区，控置有力机动兵团，实施局部攻势，以不断的有限攻击，歼灭周围的中国军队主力，消耗其战斗力，打击其抗战意志；同时积极扶植伪政权和进行战略轰炸，企图迫使国民政府屈服。

1939年2月间，蒋介石认为"国际形势对我愈趋有利"，日本"财政已濒绝境，经济将告崩溃，兵员伤亡，征补为难"，判断日军"在长江、珠江两岸均改取守势，抽调兵力，注重华北方面，实行所谓扫荡我游击队之计划，妄图巩固占领区域，造成华北军事根据地，以为应付对苏联战争之准备"，因而决定按照南岳会议制定的"在持久战略下采取转守为攻"的方针，在4月间发动一次大范围的反击，称之为"四月攻势"。但因日军接连向南昌、随枣、长沙进行局部攻击，未能按计划实施。

1939年5月中苏签订《中苏通商条约》，7月26日美国废除《美日通商航海条约》，8月23日德苏缔结互不侵犯条约。9月1日，德军进攻波兰，第二次世界大战爆发，英、法于3日对德宣战。9月19日，美国在东京公开表示坚决反对"东亚新秩序"。

一连串国际事态的发展，对国民政府产生了积极的影响。10月29日，国民政府在南岳召开第二次军事会议。蒋介石在讲话中介绍了国际形势，认为"我国的抗战局势，已临到胜利的一个大转机，国际外交形势，亦随之一天一天好转"，"足以助成我抗战的胜利"。接着提出今后的抗战战略。他说："此次湘北之战（指刚结束的第一次长沙会战），战略上起初本非采取攻势，而仅为防御的战略，后来乘势转进，竟获得此决定的胜利，可知敌力已疲，我们进攻的时机已到"；"我们的战略，应该是见到敌人的破绽、见到敌人厌战怕战不敢前进的时候，我们就应该采取攻势，决然攻击前进。所以我们今后的战略运用和官兵心理，一定要彻底转变过来，要开始反守为攻，转静为动，积极采取攻势"。此时中国第一线部队的第二期整训已大体完成。军事委员会为给予日军以更大的消耗，策划发动冬季攻势，将第二期完成整训的部队分别用于加强第二、第三、第五、第九战区，作为主要攻势地区；第一、第四、第八、第十、鲁苏、冀察等战区，作为牵制、策应攻势地区。

八路军副总指挥彭德怀在前线指挥作战

1939年11月中旬，军事委员会赋予各战区的任务是：

第一战区：攻击陇海路上的开封与道清路上之博爱，牵制日军。

第二战区：切实截断正太、同蒲两铁路之交通，并肃清晋南三角地带之日军。

第三战区：以主力约11个师截断长江交通，分向湖口、马当、东流、贵池、大通、铜陵、荻港间，伺隙进攻，一举突进江岸，占领坚固阵地；并以轻重炮兵火力及敷设水雷，封锁长江。

第四战区：以一部相机攻略潮、汕，以主力扫荡广九路及南宁之日军。

第五战区：扫荡平汉路南段信阳、武汉间之日军，进取汉口；并向汉（阳）宜（城）公路之日军攻击，截断襄（阳）花（园）、汉宜公路。

第八战区：以一部协同第二战区作战，主力攻击归绥附近之日军。

第九战区：向粤汉路北段正面之日军攻击，重点指向蒲圻、咸宁一带，并向武昌挺进；同时攻击南昌及南浔铁路，进击瑞昌、九江之日军。

第十战区：仍任黄河河防，并依晋南三角地带攻击之进展（情况），准备以一部渡河扩张战果。

鲁苏战区：以正面由东西两面向泰安、临城间及铜山、滁县间攻击，以策应沿江方面之作战。

冀察战区：以主力切断保定、邢台间及石家庄附近日军之交通；一部切断沧县、德县附近日军交通，以策应山西方面之作战。 进攻开始日期，第五、第九战区为11月下旬，其余各战区为12上旬。

日军侦知中国军队将发起冬季攻势后，一方面加强各要点的防御，增加其兵力装备和工事；一方面组织出击，以进行牵制。同时各师团均组成机动部队，准备随时投入不利之地点，并将12月初已撤离南昌、安义，奉命准备回国，集结于九江候船的第101、第106师团暂留该地，作为应付冬季攻势的战略性机动兵团。

作战经过：

第一战区（司令长官卫立煌）

各部队按计划于12月上旬在豫东和豫北两个方向发起攻击。在豫东方面，第3集团军以豫皖边区游击部队切断开封至兰封（今兰考）间的铁路、公路。贺粹之第81师一部向兰封、主力向开封袭击，12月17日一度突入开封；烧毁日军第35师团所属部队一个指挥部和仓库；21日，何柱国骑兵第2军一度袭击商丘，焚毁日军机场的汽油仓库，并给由砀山增援的日骑兵第4旅团以打击。

在豫北方面，孙殿英新编第5军、李家钰第47军、郭寄峤第9军等部于12月6日攻至安阳附近，破坏了平汉路和道清路交通设施，使交通中断数日。1940年1月1日，第9军裴昌会第47师一度攻入沁阳，歼灭日军第35师团一部。

第二战区

晋南三角地区本是中国军队计划进攻的重点，由第二战区一部与第一战区第4、第5、第14集团军协同进攻，预定12月10日开始行动。但第一战区部队尚未开始行动，日军第37师团即首先向中国军队主要集结地中条山发起进攻，打乱了中国军队的部署，反使中国军队改取守势。在晋西、晋西北、晋东南各地，第二战区司令长官阎锡山发动了反共的"十二月事变"，以主力攻击以共产党员、进步青年为骨干，抗战最积极的新军、决死队等部队，因而战区主力发动冬季攻势的原计划就不可能付诸实施，仅范汉杰第27军、庞炳勋第40军等攻击了晋东的日军，并一度攻入黎城、涉县、潞城。

八路军开赴晋北前线

第三战区

第三战区预定于12月中旬开始，分长江沿岸、南昌和杭州3个地区，一方面增强其兵力装备和工事，一方面组织出击，以进行牵制。这时日军各师团均组成机动部队，准备随时投入不利之地点，并将12月初已撤离南昌、安义，奉命准备回国，集结于九江候船的第101、第106师团暂停，准备参加攻击行动。在长江沿岸，第三战区以主力陶广第28、王敬久第25、第86、第21、第58军等5个军14个师的兵力，编为长江方面攻击军，又分为左、中、右3个兵团，从获港至贵池约100公里的正面展开进攻。在此以前，日军第13军已发现第三战区在铜陵、大通以南约40公里的青阳附近集结兵力，判断中国军队可能向担任长江航道守备任务的第116师团进攻，于12月12日命令该师团争取先机，在大通地区主动采取攻势，以打破中国军队的企图；还从第15师团抽出一个山炮大队，从第17师团抽出一个步兵大队，用以加强第116师团；并令第15师团以一部迅速进入繁昌，牵制该方面中国军队，配合第116师团作战。但第116师团分散配置在280公里长的长江沿岸，还未来得及调整部署，中国军队就于12月16日发起了进攻，并于17日在大通、获港之间突破了第116师团左翼防线，到达江岸，炮击日舰，敷设水雷。但当日军第101、第106师团从九江乘船而来增援第116师团时，中国军队即停止了进攻，撤回青阳等地区。此后第三战区改变战法，以小部队分向江岸进行宽广的正面渗透，不断袭扰日军。据日本海军第1遣华舰队统计，从1940年2月到4月，在第116师团守备地区内还发现水雷38个，日军船舶被炮击23次，但中国军队并未能切断或迟滞日军在长江的航运。

在南昌方面，上官云相第32集团军部队向南昌进击，于12月12日、18日两次以游击小部队潜入市区进行袭扰，给日军第34师团以一定打击。

在杭州方面，刘建绪第10集团军部队于12月13日分别袭扰杭州、富阳、余杭各城，给驻守日军以一定打击。1940年1月22日，杭州日军第22师团向钱塘江以东反击；第10集团军放弃萧山，部队仓皇退走。

战后蒋介石在《检讨冬季攻势各作战部队之功过》中说："冬季攻势

本以截断长江敌之交通为主攻，当时第三战区以14个师及配属大量火炮攻击沿江防守一师团之敌军，并未受桂南以及其他战区任何战事之影响，但该战区正式交战仅三昼夜即告停止，致其任务未成。上下官兵不知奋发补过，而且弛懈偷安视为平常。军誉扫地，廉耻安在!……我军号令不严，士气颓靡，于此可见，岂尚有军纪与军誉之心存于其间乎？及其事后，仅撤军长郭勋祺一人了事，不知其影响所及岂止一军。未及而萧山失陷，望风溃退，不问责任，不究罪恶……此第三战区之功过成败不能不彻底追究者也。"

第四战区

第四战区的冬季攻势，主要是对南宁、昆仑关方面日军的反攻作战。这次反攻不仅是第四战区，也是所有各战区冬季攻势中最积极、战果最大的行动，已如前述。至于广东方面，中国军队尚未开始行动，日军第21军即指挥第104师团、第18师团和近卫混成旅团发起翁（源）英（德）作战，占领翁源、英德，并准备继续向北约50公里的第四战区司令长官部所在地韶关突进，只因中国军队在广西方面反攻猛烈，南宁、昆仑关日军告急，第21军才不得不停止翁英作战，向广西增援。广东方面又恢复原态势。

第五战区

第五战区各部队各向当面日军发动了较为广泛的攻势。在平汉路南段，第2集团军所属第68、第92军的4个师及鄂豫边区游击总队向信阳及其南北地区日军第3师团频频发动进攻；汤恩伯第31集团军所属第13、第85军向广水、花园间进攻，威胁武汉，从1939年12月12日一直激战到1940年1月中旬，歼日军一部，击毁日军战车十余辆。

在襄花路方面，孙震第22集团军指挥第41、陈鼎勋第45、刘和鼎第39军共6个师和第1游击纵队向随县、应山的日军第3师团攻击；在汉宜公路方面，张自忠第33集团军指挥曹福林第55、张自忠自兼第59、冯治安第77军，王缵绪第29集团军指挥廖震第44、许绍宗第67军，以及周喦第75军、鄂中游击队等共15个师的兵力向钟祥、京山、皂市的日军第13师团进攻，切断了日军的交通联络线，包围了许多据点。

战斗持续了约一个月，但都打成对峙，未能攻克。蒋介石在战后检讨说："第五战区在襄河东岸之战……所得战果虽比其他战区为优……然此次该战区发动全力而未能克复钟祥与信阳之任何一据点，实未达到其任务。"日军战史也说，在第五战区约40天的攻势作战期间，日军第一线部队由于配置分散，几乎一个一个都成了孤岛，在中国军队重兵包围下孤军作战，缺粮少弹，伤亡很大，官兵忍受着困苦，尽量防守，依靠空中补给，才保全数。

第八战区

第八战区冬季攻势的计划是：以傅作义第35军攻击日军骑兵集团司令部所在地包头，以马鸿宾第81军一部攻击安北，以王照堃骑兵第6军袭击绥包铁路，互相策应。12月中旬，日军骑兵集团发现第35军由包头以西的五原向东行动，有进攻包头意图，于是决定先发制人，主动出击，于12月20日派一个骑兵联队，附战车、炮兵等向西出动，迎击中国第35军。但日军出西门不久，第35军的便衣队就从北门潜入，袭击门卫，引入主力向日军骑兵集团司令部展开进攻。城内日军不多，日军一面进行巷战，一面向华北方面军所属驻蒙军告急。驻蒙军急令骑兵第13、第14联队分由固阳、安北驰援。第13骑兵联队半途中了埋伏，被歼大部；第14联队遭中国军队坚强阻击，亦受重创，其联队长小林一男被击毙。21日，驻萨拉齐的日军骑兵第1旅团另两个步兵大队赶到包头，骑兵集团20日派出的部队也返回城内，向中国军队进攻，双方展开激战。直到23日，第35军才从包头撤出战斗。

日驻蒙军为防止第35军再次进攻包头，决心对第35军根据地五原进行报复性"扫荡"。因五原在包头以西约200公里，超过了大本营规定的作战控制线，所以必须将作战计划报大本营批准。1940年1月24日，大本营应允可在五原附近进行作战，但命令其作战后，速撤回作战控制线以内。1月28日，驻蒙军以第26师团和骑兵集团主力沿黄河两岸西进，2月初对五原形成合围，2月3日占领五原。

这时第35军主力已转移到黄河河套的伊克昭盟和宁夏境内。日军继续向西追击，占领临河，但未捕捉到第35军。2月中旬，日军从伪蒙疆政权军队和警察中调来一批日本顾问和警官，与桑原荒一郎特务机关以及王英部伪蒙军一部守备五原，以日人水川伊夫任绥西警备司令官，其余撤回包头。

3月20日夜，傅作义第35军反攻五原，激战两天，全歼日军特务机关和伪蒙军，击毙水川伊夫中将、大桥大佐及桑原中佐。日驻蒙军再派第26师团和骑兵集团驰援，于26日突入五原，但中国军队依托五加河顽强抗击，日军不敢久留，27日后又撤回包头。第八战区冬季攻势至此结束。此次战役共击毙伪蒙军3000余人，受到军事委员会军令部嘉奖。

第九战区

第九战区各部队自12月中旬开始向当面日军展开攻势。其中陈诚第15集团军5个师于12月12日向粤汉路北段岳阳及以东地区攻击，杨森第27集团军6个师对通山、崇阳、蒲圻攻击，包围了日军第6师团若干分散据点，日军第40师团一部于18日从崇阳向第6师团增援，双方激战，持续到24日。在赣北和南浔路方面，王陵基第30集团军4个师向武宁、奉新的日军第33师团进攻，罗卓英第19集团军5个师向靖安、南昌的日军第34师团进攻，给日军一定打击，破坏了若干交通设施。

二、三山五岳齐努力

值第一次长沙会战之际，还有令日军更头疼的问题在华北出现——这就是八路军的迅速发展壮大以及他们发动的卓有成效的游击战争。

1937年10月太原失守后，八路军乘机挺进敌后，在晋察冀站稳了脚跟，建立了抗日根据地。以此为开端，抗日烈火在北岳恒山、东岳泰山、冀南平原轰轰烈烈地燃烧起来。日军认识到"仅保持'线'的占领无任何意义,必须保持'面'的占领,使华北在政治和经济方面都能独立经营"。因而"必须积极进行肃正作战,实现包括各个要地在内的'面'的占领"。日军大本营认为"以武为中心的讨伐肃正乃是保证实现安定的首要条件,治安建设根本方针在于显示皇军的绝对威力"。为此,日本华北方面军制定了1939年春至1940年3月分三期进行以治安肃正作战为内容的对八路军的讨伐活动。

1939年4月,日军为进行第二期肃正作战,将新编的4个师团调往华北,对华北的八路军进行大"扫荡"。这样,华南的南昌会战和第一次长沙会战同华北的反"扫荡"遥相呼应,形成了战略上相互配合的形势。

就在第一次长沙会战激烈进行的时候,日本华北方面军对华北的形势是这样估计的:根据最近情报,共产势力渗透华北全部地区,就连北平周围、通县、黄村(大兴)等地,也都有组织地渗透于民众中间。在山地方面,其势力更加迅速扩大。山西、河北的共军,过去是以扰乱我军后方、消耗战力、牵制我军行动等为目的,只是趁机进行游击而已。但是,最近

在太行山上战斗的八路军

他们接受的任务，规模既大且行动积极。

八路军、新四军在华北开展积极果敢的游击战争，吸引了大批日军，使国民党军队得以顺利地利用时机进行有效整训。

1939年10月下旬，国民党军队的第二批整训任务已经基本完成，元气大为恢复。不久，蒋介石又在南岳召集党政军联席会议，决定实施以消耗敌军力量为目标的冬季攻势作战，以直辖整训之第二、三、五战区部队为主攻，以切断敌长江补给线、平汉铁路南段和晋南三角地带为作战目标。

广东抗日自卫团的雄姿

1939年冬季是最寒冷的，华北大地千里冰封，万里雪飘。

解放区的人民心头燃烧着复仇的怒火，几个师团的日军被华北的抗日军队吸引在几条铁路干线和几条公路的据点中，动弹不得。

长江两岸几十万国民党军队在磨刀霍霍，整装待发。蒋介石终于发出命令：

日军的进攻能力已经被国军大大消耗，其进攻的锐气已遭挫，只有招架之势，穷途末日。与此相反，国军已经完成重建和整训，战力倍增，转守为攻的时机已经到来了！我全军抗日将士，要发扬决战决胜的精神，奋勇杀敌，收复失地！

中国军队各战区遵令于12月初发动攻击。担任主攻的各战区因所处地位不同，其战果亦各不相同。

第九战区是冬季攻势中反攻极为激烈的一个战区。

日军第一次进攻长沙失败后，第101、第106师团损失严重，遂于11月下旬，从国内调派第34，第40师团前来长沙接替进攻。第九战区正面之敌为第6、第33、第34、第40共4个师团。攻势开始之后，薛岳提出将主攻目标指向南浔路北段之永修、德安、瑞昌。这样，一则可威胁南昌、武汉，诱敌出援加以歼灭；二则武宁、瑞昌、九江间敌较空虚，攻击易奏效；三则遏敌反攻，我可适时伺机策应赣北、鄂南、湘北各方作战。薛岳以现有的兵力三分之一为攻击部队，其余为防守及正面出击敌人。

蒋介石批准了该项计划，并指出，若敌先进攻亦不可变更对南浔路主攻方针。根据第一次长沙会战的经验，第九战区制订了重新配备、破坏交通的作战方针，将所辖罗卓英、王陵基、杨森、关麟征集团各划分为挺进兵团、警备兵团和预备兵团。以挺进兵团突入敌后并破坏交通，以警备兵团先行佯攻，获有利态势后即为攻击。

12月12日，罗卓英集团和王陵基集团所属之夏首勋第78军向赣北奉新、安义、德安、永修、武宁，王陵基集团之韩全朴第72军、杨森集团和关麟征集团之夏楚中第79军向鄂南阳新、通山、崇阳，关麟征集团向湘北岳阳、临湘同时发起进攻，游击部队则积极破坏铁路、公路交通。

开始反攻后的前几日进展顺利，警备兵团纷纷转入真正的攻击，克复了崇阳、通山，截断了南浔路德安、永修段交通，日军被攻击到敏感之处，很快便组织力量反攻，崇阳、通山又相继复沦敌手，对一些据点的攻击也成胶着状态。

同月底，因日军进攻桂南，第四战区战况激烈。蒋介石决定将第九战区的攻击改为佯攻牵制，并加强交通破坏，策应第五战区作战，并准备调第1、2两军支援第四战区。

在第九战区的攻击下，日军4个师团共伤亡达两千余，消耗敌人的目的已基本达到。而第九战区参加攻击之第60、第20、第73、第79诸军伤亡严重，需要整补。12月20日，薛岳决定停止冬季攻势，各部队撤出战斗。

三、敌后游击

第十战区、冀察战区、鲁苏战区亦有动作。整个冬季攻势至1940年1

月底、2月初结束，共歼日军数万人（日军战史承认仅第11军即伤亡8000多人），使兵力、财力、物力已痛感困乏的日本更加剧了消耗。

1939年秋季，经过了两年多抗日战争的磨炼，中国军队终于顶住了气势汹汹的日军的连续打击，开始稳住阵脚。是年10月，国民革命军已完成前两期的整训，先后有66个军又27个师参加了整训。蒋介石认为："我们进攻的时机已到。"

10月29日，蒋介石在风景如画的南岳召开军事会议，向在座的军事将领训话：

"今后的战略运用和官兵心理要彻底改变，要开始反守为攻，转静为动，积极采取攻势……使各地敌人都受到我们的打击，不能不失败退却，如此次湘北战胜之例。"

11月开始，各战区相继发动冬季攻势，蒋介石对此次大反攻寄予很大希望，指出："为我抗战转败为胜之惟一关键，亦即第二期抗战最后的开始。"

从11月上旬开始，以第二、第三、第五、第九各战区为主的冬季攻势陆续展开。11月19日，军事委员会下达冬季攻势命令："从现在起至（明年）三月止，我第三、第五、九战区部队，须协同一致，将南京以西之敌驱逐至长江下游，其余各战区担任助攻，策应主攻，牵制和消耗日军。"

鲁苏战区总司令长官于学忠根据蒋介石的指示，结合本战区实际情况，于梗（23）酉涛章代电如下：

（一）鲁苏战区应以广正面由东西两面向泰安、临城间及铜山、滁州间攻击，以策应沿江方面之作战，于11月下旬开始实施。

（二）拟定部署如下：

甲、攻击目标：1．沈（鸿烈）副总司令所部及新4师泰安、大汶口间。2．第51军（于学忠兼）大汶口、滋阳间。3．第18集团军徐向前部滋阳、界河间。4．缪澄流第57军，界河、临城间。

乙、作战境地：1. 沈副总司令所部及吴化文新4师悦庄、蒙阴、宫里、大汶口、东平之线（含）以北地区。2. 第51军右接新4师，左为坦埠、蒙阴、六桥、泗水、滋阳、济宁之线。3. 徐向前部右接第51军，左为费县、黄草坡、界河、南阳镇之线（含）。4. 第57军右接徐向前部，左为运河站、运河、临城、鱼台之线。

丙、作战要领：1. 韩（德勤）副总司令所部应以主力保持现有地区，以运河西岸之部队并加派运河东岸之部队一部实施攻击任务。2. 其他各部除另有任务外，应留置足以保持现根据地并能监视敌各线点之兵力，先派有力之一部（每军以两团，徐向前部以有力之两支队为标准）实施攻击任务后，视情况再逐次推进。3. 任攻击部队应觅隙通过敌区迅速到达铁路附近。4. 任攻击部队应以击破警备铁路及附近之敌人并破坏交通，遇敌大部即牵制之，遇敌小部则歼灭之。5. 任攻击部队保持韧性，以求战斗之持久，并作广正面之活动，多用袭击方法以行牵制。6. 各部队限于11月下旬开始实施。

鲁苏战区所部在冬季攻势中取得一定的战绩。

新4师师长吴化文，奉到战区冬季攻势命令后，先召集有关人员在地图上研究决定部署计划；同时下达命令要旨如下：①

11月24日上午10时

命令于八仙庄

一、敌情如所知。

二、第2团以主力在水北街以北地区活动，向万德、界首附近持续袭击警备铁路附近之敌，并破坏交通，遇敌大部即牵制之，遇敌小部则歼灭之。

---

① 中国第二历史档案馆馆藏档案。

三、第2团并派有力之一营附工兵连在徂徕山、莲花山一带活动,以击破大汶口、泰安间警备铁路附近之敌,并破坏交通。遇敌大部即牵制之,小部则歼灭之。

第1团第1营随师部行动。

……

师长　吴化文

作战命令下达后,各次作战情形如下:

11月26日,新4师第2团第3营由涝坡出发,决定破坏南驿南水泉附近铁路,29日下午10时第3营第7连协同铁道破坏队到达铁桥时,敌守备人员纷纷逃避,爆破人员遂沉着装药,在桥梁支柱处装设完毕后,又在铁路两端铁轨接合处各装设炸药,10时30分点火爆炸,一声巨响,该铁桥完全炸塌,铁道破坏队又在该桥梁南北端路轨破坏各约200公尺,破坏电线10余里,部队安全返回。

新4师第2团于12月6日由南涝坡出发,挺进到泰安以东地区万山庄附近,7日上午7时30分,据报有敌伪200余名附炮2门,沿蒙泗公路西侧白马关、平邑方向敌伪步兵百余名、骑兵二三十名,两路合击万山庄。该团徐团长即令第2营迅速在孙村东南高地占领阵地侧击敌人;第1营在卧龙坑以南高地占领阵地阻敌西犯;第3营为预备队随团部仍在万山庄。8时30分平邑进犯之敌五六十人向第1营阵地猛犯,当即被第2连迎头痛击,毙敌十余名;残敌即向后退,约20分钟后,敌主力到达,似有向该团左翼包围的企图,扑至第3营阵地前约百公尺处,第3营即集中火力向敌猛烈射击,并以手榴弹轰击,敌猝不及防,不遑应战,遗尸20余具,向后逃窜。至上午9时许,由蒙阴出犯之敌进至第2营阵地前,被第5连迎头痛击。敌以进攻不易,即用炮火猛烈射击约20分钟,第2营阵地上沙石乱飞,硝烟弥漫,敌复集结兵力猛攻,第2营官兵利用有利地形沉着应战,敌猛攻数次均被击退。上午10时许,四平集增敌百余人,会同平邑等处之敌向阵地猛扑,第1营第

1连增援第5连正面阻击,同时派出一排兵力迂回敌左翼侧击;敌以炮火掩护猛攻两次均被我击退。敌伤亡过重,渐次后退。第2团于下午在万山庄东北大道上集结完毕后仍向泰安以东地区前进。此役共击毙敌40余名,第2团亦伤亡士兵15人。

12月11日,第2团第2营开赴界首破坏交通,当到达大津口后,据报泰安之敌百余名附炮1门,正在山口镇集结,第2营当即派第6连在范家庄附近埋伏,并对山口镇警戒。12日凌晨10时许,山口镇之敌行至范家庄以南地区,见该地形势险要,即向范家庄发炮数发,而埋伏在该处之部队潜伏不动,敌遂大摇大摆前进,当进入埋伏圈后,仍未发觉。迨前进至阵地前最佳射击范围后,第2营集中火力向敌猛烈射击,日军毫无准备,当即被击毙10余名,便狼狈后撤,30分钟后即以猛烈炮火向我阵地猛击,而此时第2营已悄悄向界首转移位置。

12月13日凌晨2时,第2团第1营赴泰安以南百子坡附近破坏交通,行至南上庄时,即被范家镇之敌发现并跟踪。该营即命第1连第1排在邓家庄以东高地占领阵地,掩护营主力向赵庄、小张庄一带高地转移;命第2连之一排在徐家庄东北地区潜伏,对颜张、旧县警戒,并相机侧击由范家镇进犯之敌。拂晓,范家镇之敌百余名进至南上庄以南地区,即用炽盛炮火向第1排阵地压制,

山东省第六区专员、鲁西北抗日游击总司令范筑先,与中共合作,建立了五六万人的抗日武装,给日寇以沉重打击。1938年11月15日在防守聊城战斗中殉国

第1排占领有利地形非至最近距离不开火。当敌进至阵地仅百公尺后,守军即集中火力向敌猛烈射击,敌后退后复以猛烈炮火向阵地疯狂轰击,此时该营主力已安全到达赵庄一带高地,掩护部队亦随之撤退。此役共毙敌10

余名，该营士兵伤亡7人。

12月14日，新4师司令部及攻击主力部队驻毛家圈一带并积极西进以策应铁路附近之部队。是日下午，据报莱芜及范家镇之敌共百余名在义封集结，似有进犯模样。师司令部当即下达命令：

敌如进犯就现地区将该敌歼灭以策应我铁路附近之部队，令第1团第1营在枣园亘山口之线占领阵地，对义封方向警戒，并派有力之一部潜伏羊里附近相机侧击由义封进犯之敌；第2团右自枣园左至大冶之线占领阵地对义封方向警戒，右翼与第1营切取联络。15日上午7时许，盘踞义封之敌即来进犯，该敌行至朱庄以北地区，即用炮火向山口方向之阵地发炮十余发，守兵埋伏而未还击，该敌未发觉守军之位置，仍向前进。迨至有效射击距离后，埋伏羊里部队即集中火力向敌猛射，敌伤亡20余人，向朱庄退却，只以炮火压迫不敢前进，至9时许，该敌即向南窜去。

12月13日，第2团第1营进驻徂徕山后，即决定破坏泉上庄以西之桥梁。16日下午7时由赵庄出发，9时到达，第1连第1排协同破坏队爆破，第2排在泉上庄西南高地占领阵地，对铁路南端警戒，第3排在西望以北之凹道内潜伏对敌警戒。第2连、第3连在附近警戒，以策应爆破队之安全。布置完毕后破坏队首先将守护桥梁之民夫驱逐，施行装药。此时，百子坡之敌已经发觉，即向我进攻，掩护部队即开枪压制该敌，以期掩护破坏队之安全。同时，旧县之敌亦来进攻，西望之敌亦出动。我即分别迎击，战斗激烈。不久，大汶口之铁道炮队亦开出助战，向我发炮。破坏队因时间短促，装药量不够，只得点燃导火索，轰然一声，破坏力太小，未能将桥梁全部炸塌。正拟继续再行爆破之际，大汶口、泰安之敌各有七八十名，分乘汽车来援，数路之敌取包围形势，破坏队遂转移汶河沙滩，掩护撤退，仍占徂徕山。

赴泰安附近之第2团第2营在泰安以北地区活动，因迭被敌发觉我之企图，经数日侦察，遂决定破坏界首南约二里处之铁桥。12月18日上午10时，第2营营长安玉昆率步兵两连由大津口出发，下午4时到达泰山顶，即在山顶大殿宿营。19日下午6时到达房庄。据便衣报告，近日来敌人查路甚紧，每至拂晓即稍松懈，现铁路桥大者有民夫6名看守，小者有4名看守。安营长即决定先将守桥民夫尽数捕获，然后实行破坏。部队正按计划执行之际，由泰安开出铁道炮队车一列，来回巡逻，并用探照灯四下照射，部队遂隐蔽待机，至20日晨3时许，铁道炮队车仍往返逡巡不止，安营长见敌有防备，而天将拂晓，不便爆破，遂返回泰山顶以俟机再行动。下午8时，安营长率队至桃花峪，据报铁路附近警备疏忽，决定破坏界首南约二里之四孔铁桥。晚9时，第5连派出一排在界首南凹道内占领阵地警戒界首之敌，一排在铁路桥南侧约300公尺处占领阵地，警戒泰安方向之敌，另派一排协同破坏队工作。9时30分，破坏队到达铁桥后，在桥中央装设炸药，并在桥南端铁轨接合处装药，完毕后即点燃导火索，"轰轰轰"几声巨响，桥梁飞上天空，硝烟过后，全部坍塌。第2营还撤回泰山玉皇顶。不久，敌伪200余名由万德、泰安分数路向第2营包围，但该营处有利地形，敌只以炮火向第2营轰击，不敢进攻。至下午5时，援军第6连及机枪连由大津口一带赶到，袭击敌左侧背，山上部队当即出击，日伪军见援兵骤至，天已昏暮，乃仓皇窜去。第2营部队遂安全撤回。

12月20日，新4师据各方报告：莱芜由泰安增加敌伪步骑400余名附炮3门；水北街、山口镇各增加敌伪百余；文祖镇增加敌伪600余，附山炮4门，于是日午开始南犯，其先头部队百余名已到达大寨庄及南垛庄一带活动。遂命令赴铁路附近各部队积极活动，施行破坏交通，并分途埋伏，相机袭击进犯之敌。21日晨2时，由文祖镇南犯之敌先头部队约200名至上有庄以北地区，被新4师伏兵猛烈袭击，敌仓促不遑应战，即向东逃窜，复被新4师石泉伏兵截击，该敌即占领石泉以东之高地向新4师射击，约20分钟即向雪野方向窜去。前后共计击毙敌30余人。至上午4时许，敌后续部队400余名进至娘娘庙，即掩护其雪野之一部仍由原路撤回文祖镇。

泰安东黄前有敌伪80余名，新4师为赴铁路破坏队来往容易，决计派队袭击该股敌人。1940年1月8日上午9时30分，新4师武装便衣60人由范家镇东门混入街内，正拟准备袭击，敌巡逻队对便衣队强行检查，便衣队即开枪射击，当场击毙其2人，其余各便衣分别混入街门将敌之警戒兵击毙数人。此时，敌闻枪声，即用障碍物阻塞街道，并退据院内上房进行抵抗，便衣队等即用手榴弹与手枪向敌院内轰炸、射击，新4师主力部队即分别将黄前包围，协同进攻。但敌驻在地之房屋坚固，各种防御设备完善，敌架机枪向我猛击，据险顽抗。新4师部队围攻达2小时，敌始终不敢出战。至12时，新4师将攻入黄前之部队完全撤出，秘密埋伏于黄前附近高地占领阵地，以期待敌外出而歼灭之。至下午1时，敌出动，新4师由正面及两侧急袭之，敌弃尸回窜。时天已薄暮，新4师退回原防。

1940年1月16日，第51军围攻朱位之敌，新4师1团2营归第113师李旅长指挥，赴崔家峪一带潜伏，阻止沂水之敌增援，以期迅速歼灭朱位之敌。次日早上5时，沂水之敌几百名附炮4门，沿沂蒙公路向朱位增援，其先头部队300余名，行至崔家峪以东地区被新4师第5连猛烈袭击，敌事先未备，仓皇退出，等其后续部队到达后，即用炮火向我猛轰。此时崔家峪之部队已转移阵地于花峪两侧之高地，该敌遂仍向前推进至花峪时，与第4连接触，即占据花峪与我相持，至10时许其后续部队七八十名赶到增援，即掩护其大部向西北方向窜去。此役毙敌10余名、马数匹。

新4师第3团在鲁西赴豫运弹药部队已至濮县一带，鲁南部队着徐日政团长率步兵两营赴鲁西接运弹药，决定在万德南通过津浦路并相机破坏附近桥梁。1月19日，徐团长率第1、2营宿营于牛栏口时，据报泰安、万德之敌共二百余名分两路向我前进，泰安之一部已达大津口。徐团长即命第1营派兵一连为后卫，在牛栏口南侧高地占领阵地，掩护我主力西进。

19日下午5时，新4师部队正在西进之时，由大津口进犯之敌七八十名行至店子以北，即被掩护部队猛烈射击，敌即占据店子，用炽盛炮火向新4师发射，不敢前进。新4师前卫行至侯家庄以南地区，即与万德之敌遭遇。新4师即占领侯家庄以南高地与敌保持接触，为防止被敌两面夹击，徐团长率本队绕道西行，此役毙敌10余名。下午7时，徐团长率部行至南纸房时，即派一部赴郭家庄河东端之十三孔桥梁装设炸药，9时许装药完毕，即点火爆炸，将该桥炸毁。

1940年1月31日上午7时，东里店之敌伪300余名附炮1门，经石桥向悦庄方向前进，沿途与第51军发生接触，至上午11时，新4师在悦庄之部队即派兵一排，在悦庄东南高地埋伏，相机截击敌人，并诱敌至我主阵地一举而歼灭之。下午4时，敌由学庄向悦庄前进，即被新4师前进部队袭击，敌仍退学庄，即被新4师前进部队跟至袭击，敌躲入不出。下午6时，博山敌伪300余人向鲁山方向出动，同时由蒙阴北犯之敌300余已进占南麻西南约5里之刘家庄，大黄庄之敌正向鲁村方向前进中。新4师当着第1团之一部及工兵连在大坡、莱盘庄、芝房北麻一带高地占领阵地，其余仍在南麻、悦庄一带活动，相机歼灭进犯之敌。至2月1日早上6时，由鲁村来犯之敌300余在豆腐峪附近被第1团埋伏部队猛烈袭击，敌即向南麻方向窜去，复被在南麻附近埋伏之奇兵侧袭，当夜即向鲁村方向窜去，进犯悦庄之敌见势孤立，于2日早即向南逃窜至北安乐以北约二里之处，被伏兵截击，敌即占据东山，发炮数十发，即向东里店方向窜去。此役毙敌十几名、马数匹。

新4师在泰安以东地区之攻击部队据报：2月14日上午8时旧寨之敌300余进犯，行至西上谷即与新4师前进部队接触，为诱敌深入计，遂向铁山方向转移。敌即向新4师追击并以猛烈炮火向铁山阵地射击，掩护其步兵向我攻击。新4师第1团第1营官兵均沉着应战，打退敌数次猛攻。此时从莱芜进犯之敌300余人已经由大王庄向我进犯，行至虎沟峪附近，被新4师伏兵猛烈袭击，该敌不敢前进，即绕道西行，与攻铁山之敌会合，向新4师运粮食方向进攻。但守兵均待其步兵至我最近距离时，即集中火力向敌猛烈射击，继以手榴弹轰击敌人，打退敌多次进攻，下午4时，红日西垂，敌伤亡甚重，即分别退去。此役毙敌七八十名。

新4师第1团第1营于2月24日晚上9时，由肥城东北斜峪庄出发，经万德西南沙滩于23时到达郭家河西约千公尺处之凹道内停止，侦知该处道房里有敌6名，其中4人已就寝，2人在室内，铁路上之警戒全由当地民夫担任。

第1团第1营即向前运动，至郭家河道房西约500公尺处，由高荣廷排长率4名士兵进至道房西200公尺处，秘密匍匐前进；又着军士班长路得胜率兵3名，伪装当地民夫，被敌连问数次，均以当地民众报告回答，故敌不加阻拦，到达道房口后，由路得胜推门进入，而室内敌2人在写信，其余4人皆在熟睡，路班长遂开枪将两敌击毙，并探身向前捕捉睡眠之敌，此时敌已警起，与我搏斗，复又击毙2人，唯室内黑暗，正值拳脚互击之际，高排长亦率队将道房包围，郎振山班长亦跑入室内，将敌全数歼灭。此时，万德之敌闻枪声即出击；铁道南方开来铁道炮车一列，向我轰击，第1团第1营以任务已达，即向肥城县境撤退。此役毙敌小队长山本及敌兵和田、江头、九包、室洞、老浦等6名，缴获六五步枪2支、子弹70粒。

以上是新4师吴化文部自冬季攻势以来与敌作战的情况，3个月来共计作战10余次，毙伤敌200余名、马数匹，破坏交通4次，炸毁铁桥2座、石桥1座，路轨400余公尺，电线10余公里，新4师阵亡官员18人，伤32名，达到了鲁苏战区总部的要求，并以广正面由东西两面向泰安、临城间攻击，以

民兵掀翻铁路，切断敌人的交通

策应沿江方面我军之作战。

活动在此战区的还有八路军山东纵队。这里照录第18集团军朱德总司令、彭德怀副总司令关于鲁苏战区冬季攻势作战的电报,反映了该战区八路军的作战情况。

(1)朱德号(20)午电

东明、菏泽、曹县、考城等处敌汽车二百余辆、步兵三千余自寒(14)日起,向我鲁豫边境扫荡,与我杨[勇]支队激战,我伤亡均重,现仍对战中。

(11月14日)

(2)朱德、彭德怀陷(30)未世(31)未电

一、皓(19)日龙华、青兰敌三百余,合击我先纵队驻景镇部队,战至黄昏我始退出,该敌后于次日配合官庄驿及交河之敌向我进犯,与我在孙镇激战数小时,此两役敌死伤五十以上,我亦伤亡卅。(12月19日)

二、我杨[勇]支队一部有日进击郓城东南之黄崖集,与敌伪八十余战约一小时,将敌全部消灭,并生俘十余名,缴获步枪五十余,我亦伤亡卅余。(12月15日我进袭)

(3)朱德、彭德怀陷(30)宥(26)世(31)各电

一、刘师(伯承)一部有晚 袭击江庄(临清西南),敌伪军六十余被我全部歼灭,获步枪卅余、电话机一架,俘伪军廿六。12月25日袭击

二、掖县敌五百余企图配合莱阳、栖霞敌向西扫荡,皓(19)日与我徐向前一部在庙山对战五小时,将敌击溃回窜掖县,计毙敌六十余,我阵

亡连排长三员，兵卅余名。（12月19日敌来犯）

三、新泰敌二百余梗（23）日向西北之莲花进犯，与我一部在桑子峪附近对战竟日，敌伤亡五十余回窜，我阵亡连长以下官兵卅余。（12月23日）

四、宁阳葛石店、大汶口、关村、南声（在津浦沿线）等据点之敌，千余汽车、坦克车十余马午（2D向我杨家庄、刘令墓、蔡庄一带进犯，激战四小时，敌不支回窜。计毙敌二百余，我亦伤亡七八十员名。（12月21日）

（4）朱德、彭德怀微（5）亥电

刘师（129）一部宥日袭击临清西北庄之敌伪卅余，将该敌全部歼灭，俘十余，获枪数十支，（12月26日袭击）及电话机一部。

（5）朱德、彭德怀宥（26）于电 徐向前战况

一、栖霞敌五百余23日经松山北犯，为我击退。12月18日

二、我一部删袭临朐南之青崖头，与敌战二时，敌败退，我收复该村，敌伤亡四十余。10月15日袭击

三、铣（16）日博山由益都增敌千余，巧辰一部五六百西犯，现正在叶口附近对战。12月16日到17日来犯

战斗在长城边的八路军

四、宁阳北安驾庄敌四百余、汽车四辆铣（16）日向我驻该地以北部队进犯，战三小时败退，毙敌四十余，同日我一部将盘踞五庄、风峰山（东北东北）之敌击退，我敌退东平，遂收复该村。12月16日

五、我一部皓（19）晚袭宁阳北三埋头屯与敌战一小时，敌死伤卅余，俘廿余，获步枪廿余、马五匹，我伤亡十余。12月19日

（6）朱德、彭德怀微（5）虞（7）亥电

彭［明治］支队上（12）月马日诱歼由肖县一路占王白娄，一路占李石林，一路占王娄，而南犯之敌共步骑千余，经在崎岖山道中战五小时，毙敌四百余，我亦伤亡百余。12月21日

（7）朱德、彭德怀齐（8）未电

我先遣纵队一部于上月艳日在东阿北之王小楼附近，击毁敌汽车一辆，毙敌宣抚官及副中队长关恒明以下卅余，获转机枪一、步枪廿余、望远镜一、电话机一。12月29日

（8）朱德、彭德怀巧（18日）电

一、费县、平邑敌四百余佳（9）日分途犯我驻仲口部队，战至寒（14）日毙敌七十余，敌逃窜，我伤亡卅余。1940年元月9日敌来犯

二、微日（5）蓬莱敌三四百余分路南犯，一路约二百余被我徐向前师一部，在王格庄附近击退，毙敌廿余。元月5日

三、我徐（向前）师一部鱼（6）日袭临淄西北刘家庄之敌，毙敌四十余，获步枪五支，虞日又与长山敌二百余在吴家遭遇，毙敌五十余，我伤亡营长以下卅余。元月6、7日袭击

四、莱芜敌灰日以三百余北犯，与我徐（向前）师一部在吐丝口战一时，敌不支回窜，毙敌十余。元月14日

（9）朱德、彭德怀宥（26）陷（30）巳电

一、临城敌三百余宥日西犯，感日与我师陈（光）师在济宁南之南村近激战二时，毙伤敌五十余，我亦伤亡四十余，据缴获文件得该敌为第10混成旅团菊池大队所部。元月7日敌来犯

二、冠县东北幸梁敌四百余，汽车十余辆鱼日二路南犯，巳时玮城，经我李维部队截击，敌伤亡甚重，我复协同保安队强袭该敌，战数小时敌不支，窜莘县，韩城遂收复，两役共毙敌百五十余。元月9日

（10）朱德、彭德怀江（3）午电

元月有日我陈师萬（华）纵队一部夜袭济阳东北之仁风镇据点，经激战五小时，将敌歼灭，克复该镇，俘虏伪队长以下五十七，缴获步枪百七十二支、机枪三挺、手枪十二支，我伤亡排长以下余。元月25日

（11）朱德、彭德怀庚（8）午电

廖荣标支队冬日在泰安、莱芜向马家沟伏击，由范家镇东犯之卅余，全部被歼，缴获迫击炮二门、轻机枪一挺、步枪十余支。2月2日

（12）朱德、彭德怀真（11）午电

济宁开南阳伪军百余，不堪敌寇压迫，将日顾问击毙，企图反正，次日我乘机向该敌进袭，内外夹击，将敌全部歼灭，收复该镇。2月7日

八路军游击队缴获的日军军旗与枪械

（13）朱德、彭德怀真（11）戌电

刘伯承师于（元）月艳（29）日进袭阳谷城，冲入城内巷战，毙敌百余，获步枪十余支、手枪十余支、马三匹，我伤亡五十余。元月29日

（14）朱德、彭德怀养（22）戌电

寒（14）删（15）铣（16）等日陈（光）师将盘踞费县西白彦敌伪全部击溃，获短枪百五十支。2月14至16日

（15）朱德、彭德怀感（27）寅电

汶上、东平等据点共集敌约千余，虞日九路向东平东北之徐村合击，

当与我发生激战，后续犯王店，佳日突又转向泰山区域扫荡，迭经接战，至灰（10）日始被我各部分别击溃回窜原地，共毙敌百卅余，伤约五百；我阵亡官兵四十余，伤七十余名。2月7日至10日

章邱南文祖敌千余分五路南犯莱芜，敌五百余亦分由莱芜及以西之范家镇北犯，于寒日在吐丝口西北之大王庄与我之乡支队一部激战数小时，将敌全部击溃，共毙敌百余，后纷纷窜回。2月14日

（16）朱德、彭德怀敬（24）辰电

济宁、金乡、鱼台、巨野等据点集敌共八百余、炮五门，于虞辰数路合陷袁家庄（鱼台西北），齐（8）辰该敌分四路续向我驻高河屯彭支队进击，激战半日，敌借优越炮火四次猛攻，均被击退，至黄昏我始退出，此次战斗毙敌约百三十余名，我损失步枪五、机枪一挺，2月7日敌来犯。

敌后抗日堡垒与指挥部延安城门雄姿

灰（10）日我万支队一部在济阳西陈家、罗家消灭由济阳出犯敌六十余，获步枪卅余、机枪二挺、手枪二支，毁汽车四辆。2月10日①

天水行营主任卫立煌报告鲁苏战区冬季攻势战况如下：

战斗前敌我态势

1. 敌情　敌第32师团及第10独立旅团在济南、徐州间地区以铁道线为根据，在胶济路以南地区第21师团在陇海沿线。

2. 我军　新4师吴化文部在泰安、大汶口间，第51军牟中珩部在大汶口、滋阳间，徐向前部在滋阳、界河间，第57军缪澂流部在界河、临城间，第89军李守维部在铜山、滁县间。

作战经过概要

1. 吴化文部在冬季攻势期内除破坏交通外，虽与敌略有接触，但敌我均有伤亡。

2. 牟中珩军于沂水，国军、八路军在冬季攻势中均给日寇以沉重的打击。泗水一带迭袭敌伪据点，毙敌四百余，我伤亡官兵六百余。

3. 徐向前部于掖县、莱芜、东阿一带迭袭敌伪据点，毙敌两千二百余，我伤亡官兵六百余。

4. 缪澂流军于莒县、宝应一带迭袭敌伪据点，毙伤敌两百五十余，我伤亡官兵一百六十余。

5. 李守维部在六合、淮阴、铜山一带迭袭敌伪据点及破坏铁道，毙敌三百八十余，我伤亡官兵九十余。

6. 历文礼部于安丘、潍县、高密一带迭袭敌伪据点及破坏交通，毙敌二百余，我伤亡官兵八十余。该部在安丘潍县间。

7. 张里元部迭袭敌伪据点及破坏交通，但其成绩欠佳。在沂水、曹县间。

---

① 中国第二历史档案馆馆藏档案。

8. 秦启荣于泗水、柞山一带袭敌及破路,毙伤敌九百七十余,我伤亡官兵五百八十余,其中对伪张步云部战绩最佳。泰安、莱芜间。

在冬季攻势中,八路军与第57军还共同配合,协同作战,粉碎敌人的"扫荡"。例如1940年1月,日军第6混成旅团喜早支队300余人,携野炮2门、马车10余辆,由莒南壮岗向十字路进犯。缪澂流第57军第111师662团(欠2营)奉命后,派第1营深夜赶往王庄,发现敌先头部队在此驻扎,当即发生激战;至天明,山东纵队第2支队赶来增援,至午后2时,全歼该敌,击毙日军中队长申中信以下200余人,俘虏10人,缴获野炮1门、重机枪2挺、轻机枪4挺、电台1部。[①]

山东《大众日报》题为"八路军、57军配合作战,粉碎鲁东南敌扫荡,王家庄一役歼敌200余",报道了两军配合,取得此次战役的胜利消息。

中国军队在冬季攻势中给了日寇以沉重的打击。

① 中国第二历史档案馆馆藏档案。

第二节　中条山会战

一、国共同结"盲肠"

1937年10月上旬太原会战结束之后，卫立煌率第14集团军等由晋北退至临汾。1938年2月下旬，日军土肥原师团由豫北进攻晋南垣曲，阎锡山、卫立煌腹背受敌，遂放弃临汾。阎率部退往晋西吉县，卫率部退往晋南中条山。

中条山为晋南豫北的一条西南东北走向的大山，南靠黄河，东接太行，捍豫中平原，锁陕甘之通道，东出威胁平汉铁路交通，西进可攻同蒲铁路，是十分重要的战略要地。

卫立煌率所部在太原会战中就同八路军并肩战斗。1938年春节，卫立煌率所部第14军军长李默庵和第9军军长郭寄峤，来到

卫立煌

八路军总部给朱德总司令拜年。朱总司令在致欢迎词中说："我们今天热烈欢迎在忻口战役中立下大功的民族英雄卫立煌司令、李默庵军长和郭寄峤军长，你们领导着抗日的中央军、晋绥军，在忻口歼灭了三四万敌人，打了许多胜仗。我们希望中央军、晋绥军和八路军今后更好地合作，抗战到底。"卫立煌在答词中说："这次抗战关系到我们民族的存亡。以前我们国内自己人打自己人，费了不少物资，伤亡了不少人，那些消耗和伤亡都是毫无意义的。我们为了保卫我们的民族，流血牺牲才是有价值的。同

时，在抗战中可以把旧的、坏的东西消耗掉，创造新的、好的，把旧中国建造成新中国。"他还说："八路军是真诚抗战的，是复兴民族最精锐的部队。"

1938年2月中旬，卫立煌将第4集团军总部移至霍县，准备对付日军新的进攻。

此时，日军在华北方面集中了第108、第20、第109、第14、第16师团，共约10万人，由太原沿同蒲铁路南下，企图一举攻下山西南部，消灭第二战区主力部队。

卫立煌认为日军此次进攻是速战速决，而中国军队应采取持久战的手段对付之。卫立煌主动让军队展开迎击日军，争取时间，让兄弟部队转入吕梁、太行山敌后。于是他同阎锡山、朱德总司令研究确定，将阻击日军的地点选在临汾以北的韩信岭。

2月17日，卫指挥所属在韩信岭一带展开，构筑工事，采取阵地战的战法，阻敌南下。卫立煌指挥所部进行了自忻口以来第二次阻击战，与日军恶战到26日，日军未能从卫的阵地前进一步。遂分派一部兵力向隰县前进，企图从左翼实施包抄。卫趁日军兵分力弱之际全线反击，展开更加猛烈的战斗。27日，卫立煌打电话给阎锡山，要他乘日军倾巢出动之机，向太原进攻，迅速夺取之。阎锡山怕失掉临汾犹豫不决，卫说："能夺取太原，放弃临汾也是上策。"晋军行动迟缓，行动企图被日军侦知，日军急将第109师团全力回撤，反攻太原的计划未能实现。

卫部在韩信岭阻敌10天，战略目的已达到，遂令部队向中条山转移，但当卫率部与主力会合时，汾河上的桥梁全被日机炸毁，去路被日军堵住，只好经八路军第115师防地向东转进，在石楼、白儿岭等地，其指挥部险遭日军包围，幸亏八路军派部队顽强抵抗日军进攻，才使其脱离险境，转移至晋西的永和县。这里距延安很近，过了黄河便是陕北的延安县。

卫立煌早就听说延安的情况，他对共产党在陕甘宁边区进行的政治改革、抗日宣传和军队的训练有极大的兴趣和好感。4月17日，他在回西安的途中假道延安，进行参观访问。

当卫立煌一行在距延安城30里的时候，就看到八路军各处贴着欢迎他的标语，受到八路军将领们的热烈欢迎。毛泽东主席也在客厅门口欢迎他，卫对毛泽东非常钦佩，有幸得见，非常高兴，毛泽东赞扬卫立煌抗日坚决，以及和八路军团结抗日的积极行动。

卫立煌一行在延安期间，参观了抗日军政大学，并向学生们讲了话，受到热烈欢迎。他在讲话中分析了抗战中所暴露的许多弱点，例如不团结的现象，没有组织，没有坚强的领导等弊端，他赞扬陕甘宁边区的工作堪称全国的模范，应该把边区好的东西发扬光大。

卫立煌一行在延安还观看了战地服务团演出的以团结抗日为内容的文艺节目，朱总司令还向他介绍了战地服务团的情况。卫对此很感兴趣，他怀着十分高兴的心情离开延安到了西安。

卫立煌到达西安的第二天，便以第二战区总指挥的身份，批准拨给第18集团军步枪子弹100万发，手榴弹25万枚，牛肉罐头180箱。国民党驻西安的后勤部门认为数目太大，怕蒋介石不批准，不敢发出，卫对有关负责人说："我是前敌总司令，第二战区打日本的军队，都要一视同仁，和第14集团军一样看待。"

卫立煌由西安回到中条山后，参照西北战地服务团的样子，集中了几十名北平流亡来的学生和陕北公学的毕业生，组成了"第二战区总指挥部战地工作团"，并从八路军中引进人才。卫还亲自为"战地工作团"规定任务，主要是做军队中的政治宣传工作，搞好军民关系，条件成熟时转变为第二战区政治工作的领导机构。他认为："我们到了新的时代，不能再守旧了。要用新思想、新办法代替旧思想、旧办法，才能不被日本军队消灭。"

战地工作团成立后，便仿照延安的做法，宣传抗日，办起流动图书馆、教唱抗日歌曲，使晋东南成为活跃的抗战基地。

1939年1月，卫立煌任第一战区司令长官，长官司令部设在洛阳，并兼第二战区副司令长官，防守重点仍为晋南、豫北地区，中条山成为抗击日军的支撑点。

1939年1月，国民党五届五中全会确定了"容共、防共、限共、反共"的方针，设立了专门的"防共委员会"，顽固地提出了"一切通过国民党，一切服从国民党"的口号。卫立煌认为，日军重兵压境，大敌当前，不能提这个口号，他在第一战区提出了"一切服从抗战，一切为了抗战"的口号。

1939年12月中下旬，孙楚指挥所属在晋东南摧毁了七个县的抗日民主政权，这就是有名的"十二月事变"。中共领导的决死队奋起反击，卫立煌严守中立，无动于衷，孙的部队损失了十之七八。事后，孙谒见卫立煌时大吵大闹，说卫"保存实力"，"见死不救"，"上了共产党各个击破的当"。

蒋介石在晋南吃了大亏，不甘罢休，一面令八路军撤出太行山以南地区，另一面给卫立煌打电话，令其把八路军打出去。卫拒绝说："这样内战就打大了，影响抗日。"被蒋大骂一通。卫立煌只好来到晋城，召集第27军军长范汉杰、第93军军长刘戡和第14军军长陈铁开会，要他们做好战斗准备，候命行动。但他私下同朱德总司令谈判，双方议定：以临（汾）、屯（留）公路及长治、平顺、磁县之线为界，南为国民政府军队驻区，北为第18集团军驻区。按此协议，第18集团军退出了太行山以南地区，使蒋介石不得不承认了一个事实上的"特区"。

1940年初，国民政府军事委员会令卫立煌以第一战区司令长官的名义兼任冀察战区总司令。3月，朱怀冰率第97军进攻太行山区的八路军，遭到八路军的猛烈反击，眼看要全军覆没，发了十万火急的电报求援于卫立煌。卫未派部队支援，朱怀冰三个师一万多人被八路军消灭。当时在太行山区，国共双方的军队摩擦日益紧张，卫打电报约朱总司令和胡宗南到洛阳进行和解商谈。会谈刚开始，卫突然接到蒋的电报，说"这件事你不要管"。卫感到对不起朱总司令，设宴盛情招待。朱总司令告诉卫说，他和毛主席都知道卫的处境不好，要卫在必要时骂骂八路军。卫说：他宁肯保持沉默，绝不骂八路军。1940年8月，八路军发动百团大战，卫立煌派了他的部队协同作战，延安出版的《解放》周刊第116期上，还登了卫立煌发给朱总司令的电报："……贵部发动百团大战，不惟予敌寇以致命的打击，且予友军以精神上的鼓舞。我×××部配合贵集团军于×日向当地顽寇袭击……"

由于中条山地区的国民党军和太行山地区的八路军紧密团结，这一地区的抗日作战是非常有力的。

在八路军的抗战影响下，"晋南的重庆军抗战意识特别强烈"。

在卫立煌的指挥下，该部利用险峻的山地构筑坚固阵地，从黄河南岸领取补给。

1940年4月中旬，日本华北驻屯军第1军第37师团攻击中条山地区的中国军队，命第41师团从沁水东面，第36师团从陵川、高平，袭击各自当面的中国军队，进占晋南平原，尔后搜索歼灭晋南的中国军队。

第37师团4月17日开始进攻，当晚进抵黄河一线。第36、第41师团于4月20日开始进攻，中条山地区的中国军队凭险固守，给日军以严重打击。八路军为配合中条山地区军队的作战，在日军将要进攻时，将有利于作战的地区让予第一战区部队。

5月中旬，卫立煌指挥所部向进犯日军进行反攻，夺回晋南地区，尽力加速恢复和增强战斗力。尔后，刘伯承第129师和刘戡第93军在晋东南潞安地区共同抗战，专门对日军的交通线进行游击。

由于国共两党有力的游击战，"敌军最感痛苦，并喻为盲肠，尤其中条太行吕梁各山岳地带，遍布我军，晋省之敌位于狭长之交通线上，随时随地在我军威胁之下，并不断受我袭击，敌曾两犯泽潞，七攻中条，皆被我先后击退"。

二、临战易帅

1941年3月，日本华北方面军司令官多田骏结束对晋东南八路军的"扫荡"作战，于4月中旬除集中在晋南的第35、第36、第37、第41等师团，和第3、第4、第9等独立旅团外，又由华北、华中抽调了第21、第33等师团，以及骑兵第4旅团、炮兵第2旅团和独立山、野、重炮兵共约5个联队，伪军第24师，及张岚峰、刘彦峰等伪军，由温（县）、沁（县）向孟（县）、济（源）西犯；第33师团附独4旅团一部，分经阳城、沁翼大道向董封东西线南犯；第41师团主力，附独立第9旅及伪大汉义军，由绛、横向横皋大道南犯；第36师团经沁水、侯马、闻喜、堰掌方面向东南犯；第37师团附独3旅团一部及伪军第24师，分由夏县、张茅大道东犯，重点指向横皋大道及夏县方面。

日军这次入侵和往常不同，具有下列特点：（一）入侵之敌分编多列纵队，成广正面钻隙迂回，并利用汉奸，组织快速小部队，袭截国军通信联络及各级指挥部，打破战斗组织，增大指挥上的困难。（二）将重兵分置于各交通要点，构筑工事，遮断中国守军联络，各个击破之。（三）封锁山口、渡口，逐步紧缩包围圈，完成分进合击式歼灭战。

日军气势汹汹，企图以上述作战手段，一举消灭中条山第一战区主力。日军为达此目的，制定了集中绝对优势兵力将国民党守军包围，以挺进部队切断其退路，然后从内部反复"扫荡"，将国民党军队歼灭的作战方针。由于卫立煌在中条山区积极抗日，不积极反共，使蒋介石极端嫉恨。1941年3月，蒋介石召卫立煌到重庆述职。蒋对卫在第一战区发展和八路军的友好关系的行为倍加责备，并声言要撤去他河南省主席的职务。卫对此不服，一气之下，请假上峨眉山休息去了。

乘卫立煌离开第一战区之机，蒋介石派何应钦到洛阳，何到洛后，又是搞阅兵，又是召集将领谈话，对防御日军只字不提，致使卫在时的各项御敌措施和准备废懈。

日军进攻风声日紧，何应钦于4月18日方在洛阳召开第一、二、五战区"对晋南三角地带作战之第一次检讨会"。何在会上一改卫立煌和八路军在战略上互相协调、在战斗中互相支援的做法，而是将"敌情"、"匪情"并列，而在行动中研究如何"防匪"，指出如"匪"谋西安时"我又将如何应付"，共同谋"防匪驱敌之方"。因而从此次会战一开始，在作战指导上就犯了两面作战的大错误。

到会各将领按照何的要求，分别将该防守地区的情况按照敌情、"匪情"进行汇报，但日军的进攻是迫在眉睫不能回避的大事，因而4月20日的第二次检讨会上，各将领不能不提出日军进攻的问题，而对所谓"匪情"没有再提。

4月26日，会议作出了"对晋南三角地带作战指示提要"：

敌情判断：

晋南之敌，似将逐次夺取我中条山之各据点，企图彻底肃清黄河北岸之我军，然后与豫东之敌相呼应，进取洛阳、潼关，以威胁我五战区之侧背，或西进窥长安。

作战要领：

1. 国军为确保中条山。（一）第一步应相机以一部由北向南（93军），第27军由东向西与我中条山阵地右翼各部合力攻取高平、晋城、阳城、沁水间地区，以恢复1940年4月前之态势；（二）第二步与晋西军及第二、第八战区协力包围晋南三角地带之敌而歼灭之。

2. 最低限度亦须能确保中条山，而以我控制于中条山以北及以东之兵团，协同向敌之左侧背猛攻，以压迫敌军。

3. 首宜从速加强15军方面之敌阵地。

4. 第一战区及晋南作战军应就一、二两项速作准备，长官部并应本此要旨提出督促具体之计划。

5月1日，第一战区长官部电令各部以交通线为目标，加紧游击，袭破妨害敌之攻击准备及兵力集中。

在第一次作战检讨会上，第一战区参谋长郭寄峤追随何应钦，提出了八路军在豫北、山东活动的情况,和山西决死队在晋南的情况。但无论怎样说,这都构不成对他们的威胁。在日军进攻越来越紧迫的情况下,他自忖抵御日军无把握,因而向何应钦提出:

1. 第一战区方面至少须增加三个军以上之兵力。
2. 现有炮兵已不够分配,亦请增加,尤以炮弹最感缺乏。
3. 请充实第一、二战区战车防御炮力量。
4. 请增补防毒器材。
5. 增设兵站,以利补给。

何应钦对郭提出的五个问题不置可否,而这五个问题又是最迫切需要解决的,但直到日军进攻开始时这些问题都没解决。

三、中条山失守

按照何应钦的部署,第一战区在中条山的部队于1941年5月5日出击,但命令未实施,5月7日日军即发起了进攻。

日军进攻一开始势头就非常猛烈,战况甚为惨烈,为抗战开始以来所未有。日军白天投弹轰炸,一波又一波,自黄昏起一刻未停。守军前沿阵地,整日处在炮弹轰炸下,处在烟雾和毒气笼罩之中。

防守中条山的部队驻守当地几年,防区一直未变动,军民杂处,汉奸、日谍混在其中,守军的工事被日军摸得一清二楚,因而当日阵地即被日军突破。第一

蒋介石与何应钦(后左)、白崇禧(后右)合影

战区虽严令各部应力保现态势，粉碎敌蚀食中条山的企图，诱敌于有利地带，转取攻势，而夹歼之。但此命令如废纸，前沿阵地当日即被敌突破。

第一战区长官部鉴于此种情况，如与敌进行死拼，不仅各部队给养问题无法解决，取胜的可能微渺，就是黄河南岸的河防也成问题。于是命令接近河防的郭寄峤第9军主力、孔令恂第80军南渡，增强河防兵力。第5、第14集团军转移到外线，发展敌后游击。

命令虽下，传达谈何容易？各部被日军分割包围，通信器材或为敌机炸毁，或为敌冲散遗失，指挥、联络、作战均极困难，各部队接令后便艰难地向指定地区转进。

防守壶关、荫城、高平、晋城之范汉杰第27军，在日军第36师团主力、第35师团一部进攻时，该部及时跳出包围圈，由内线作线转为外线作战，曾予当面日军以重创，局面算是比较好一些。

而在绛县防守的武庭麟之第15军情况就不妙。5月10日，日军第37、第41师团和独立第9旅团一部，在飞机、炮兵、化学兵及伪大汉义军的配合下，于当日深夜袭占了绛县东南的第15军阵地两要点后，即展开大部兵力，分由中村、绛县、横岭关三方面，向守军阵地猛攻，激战五昼夜，虽将敌拒止，但第一线松树掌、西堡、岭上、大晋堂、南河、东西桑池等各要点，全被日军占领。因而感到防线单薄，抽转不易，虽几经冲杀，终未恢复原来阵地。

1939年12月，阎锡山制造"十二月事变"后，将决死队的叛军编成第43军，以赵世铃任军长，驻在绛县皋落大道两旁。日军早已侦知该部军心不稳，乃于5月7日，集中第33、第41等师团和独立第4、第9旅团为基干，由东西桑池南犯，以五千余日军步兵，附炮20余门，分向赵世铃军所在的垣曲、北木耳河、贾家山阵地猛攻。

8日拂晓，日军增兵3000，飞机数十架，轮番狂炸，并施放大量瓦斯，阵地被突破，赵军溃散。尔后，卫立煌派陈铁率第14军援救，亦无济于事。日军分数股钻隙前进，至同日黄昏，垣曲陷落。至此，中条山防守部队被分割成东西两集团，完全失去联络。9日、10日两天，日军复由垣曲分作两股向东、西挺进。12日晨，东进的一股窜进邵源，与沿道清路西进的日军第21师团、第35师团会合，然后北向攻击刘茂恩的第14集团军。

5月12日拂晓，第10师师长陈牧农率一团反攻日军，将敌击溃，毙敌七八百，获步枪两百余支，轻重机枪数十挺，文件及军品甚多，日军攻势稍挫。

向第98军进攻的日军集中飞机、毒气猛攻，雪泉岭阵地岌岌可危。第15军东移部队亦加入作战。当日晚，第14集团军总部和第10师经横河、析城山东进。

13日早晨，刘茂恩第14集团军总部折回西山凹，以便就近指挥。刘茂恩各部突围后，方得知武士敏第98军及所属已于12日、13日突过封锁线北进。

武庭麟第15军于12日晚在牛沟被日军两千余所阻，乃折向南撤退，13日凌晨，第一战区游击第6纵队毕梅轩部自动以一部留原地游击，主力随武士敏第98军越沁翼公路北进。但在该部通过封锁线时，毕梅轩却只身离队，所部亦分散、逃避一空。同日，军长武庭麟率军直属队，第64师师长姚北辰率师一部，进抵析城山麓老苗坡、泉西、圈头一带，又被横河五千日军尾击。同日，武庭麟、武士敏率部力战，逐步转移到横河镇以东地区。14日，刘戡率第93军接应两武，武士敏军六个团，武庭麟军一个团，第93军第10师两个团突出重围，通过晋（城）翼（城）公路到达沁水以北地区。刘茂恩的第14集团军总部等部队均被日军阻截，折回济（源）垣（曲）公路以北地区，方与被击溃的赵世铃残部会合。

自5月20日起，日军一面加紧围攻聚集在济垣大道的刘茂恩、武庭麟、楚溪春残部，一面派部队进击沁水的武士敏军。经过激烈战斗，济垣大道被围各部大多被日军消灭。武士敏突出重围后，日军曾向其招降，武坚决拒绝，与日军拼杀，后经太岳八路军接应，转移到水东山峪一带休整。

第9军裴昌会部在豫北沁阳、博爱、温县、孟线一带防守。5月7日，日军以第35师团主力，附第21师团、骑兵第4旅团各一部为基干，分三路，左翼从温县出发，以步兵5000，骑兵千余，炮20余门，飞机数十架，战车、汽车、装甲车等百余辆，沿黄河北岸突进。防守该地的濮阳专员丁树本一部在招贤集附近迎击，激战数小时，日军迂回到丁部后方，丁败退到孟县以北地区。日军除对丁部猛攻外，主力向白坡挺进。

东路日军中央一路以沁阳、博爱为出发点，分两股进攻。一股千余人，沿沁（阳）济（源）大道西犯，被王晋师击退。另一股先头部队两千余人，附炮10余门，在攻陷西向义庄后，继续向捏掌、柴陵、东逯寨、留村一带猛扑，激战到凌晨4时，防守之第17支队伍升荣部不支，退守沁河南岸。裴昌会令张东凯新24师一部向留村增援，将渡沁河之敌击溃。

此时，日军后续部队赶到，沁河沿岸日军增至三千，守军因伤亡过重，转移至和庄、河头迄五龙头、磨盘山之既设阵地。

8日上午，攻占白坡之日军以一部侵占坡头，主力折向北犯，向济源西南突进，与王晋师一部在泥沟河对战中。

与此同时，沁河北岸敌3000余，以飞机10余架、炮20余门掩护，强渡沁河，攻陷官庄、裴村。张东凯师和伍升荣支队转移至武山、李八庄、大社一带。

战区司令长官部得知该军情况后，电令该军留置一部于晋博公路以西山地和武陟、温县一带，发展敌后游击，适时侧击西犯之敌；主力迅速撤回封门口南北到黄河一线，击敌西犯，兼掩护官阳、邵源、横河补给联络安全。

裴昌会第9军按照上述命令，以第8、第17、第26等支队，留置于刘坪和武陟、温阳各附近地区游击；独立第4旅杨兆荣部向西进之敌侧击；郭贻珩师除以一小部于邵源镇向西警戒外，主力占领竹园沟迄封门口之线阵地。下午，日机20余架向守军阵地轮番轰炸，同时，济源、南泥沟河、小王庄之敌，向西承留猛攻。当晚占领官庄、裴村之敌，又连续攻占西许、庙街等地。

9日中午，第9军主力按预定计划陆续到达，占领右起黄河亘大峪镇、杜岭、秦岭、封门口迄马沟岭既设阵地。当晚10时，因蒲掌失陷，该军腹背受敌。战区司令长官部电令该军，应切实注意与刘茂恩第14集团军南侧的掩护，不得已时，发展敌后游击，抽集有力一部，准备南渡，加强黄河河防。

5月10日中午，日军步骑兵两千余，炮10余门，在飞机、炮兵、毒气的掩护下，向第9军防地的玄坛殿、李八庄前进阵地猛攻。守军在予敌打击后，陆续向西移动。当日下午，日军跟踪迫近封门口主阵地，大肆施放毒气，尔后猛攻，郭贻珩第47师两团、张东凯第24师一团防守官兵，中毒者达三分之一，守军冒死力敌，将日军击退。不久，日军增兵万余，与守军发生激烈的争夺战，阵地得而复失，失而复得，战至当日午夜。

5月11日上午，窜踞坡头以西之日军，屡以数百、上千兵力，在机枪、炮火的猛烈掩护下，强渡黄河，均被南岸防守部队击退。因王屋山、桥头堡阵地渐失作用，南岸河防孟津以西至陕州以东地区，原由游击队、河防队、壮丁担任守备，岌岌可危，加上北岸的官兵供给不继，战区司令长官部乃令第9军一部转移至王屋、邵源以北，掩护刘茂恩集团侧背，尾击南犯之敌。

刘茂恩在5月11日致蒋介石电报中说："大军绝食业已三日，四周皆有强敌，官兵枵腹血战，状至可悯，若不急筹办法，恐有溃散之虞。"刘茂恩与参谋长符昭骞分头率部突围。

第9军主力占领右起黄河亘五拐、洛岭、槐树庄一线，交替掩护，南渡黄河。中午，进至王屋附近日军六七千人，炮30余门和骑兵、装甲车等，在飞机数十架掩护下，攻击渡河部队。

12日午夜，王晋第54师大部南渡完毕，郭贻珩第47师继续南渡。日机自早晨起便轮番轰炸，渡口船只被炸翻，而此时敌步骑兵已迫近，军遂令未渡部队向官阳东西转移，在敌后进行游击。张东凯师和杨旅及丁树本、伍升荣等部在济邵大道南北、博爱公路以西，与敌周旋激战。

尔后，郭贻珩第47师、张东凯新24师主力陆续南渡，而未渡河各部，突破日军晋博封锁线，建立了道清西段以北山地游击根据地和济源山地游击区。

第5集团军总司令曾万钟部自太原会战后一直驻在晋南，所部共辖8个师、4个游击支队。因整训去了3个师，战区又抽去一个师到前方作为突击师，因而担任守备力量的仅4个师。4月1日，何应钦在洛阳召集第一、二、五战区高级长官开检讨会时，曾万钟曾向何提出日军正准备进攻，已占领警戒阵地，如敌犯我，则必由其阵地两翼打击。曾要求"必须使整训之三个师仍归还建制，以便以两个师对张马方向，拒敌之南援，以一师兵力协同本阵地守军以出击，如仅死守中条山，则必难以久支持"。由此可以看出，曾部自一开始便对防守中条山失去信心，第一战区也未满足该部的要求。

1941年5月7日下午4时，从闻喜、夏县出动的日军第1军第37师团、独立混成第16旅团突然向曾部防地发起进攻。一路日军从唐淮源第3军和孔令恂第80军的接合部猛攻，激战数小时，阵地被敌突破。日军旋即就地分若干小股向守军阵地后方钻进。

8日下午，孔令恂、唐淮源两军转移到望原村、四焦村节节抵抗。9日下午，孔率部转进至砦村附近，坚决阻敌前进，战至10日晚，第80军大部渡过黄河，只有奉命掩护渡河的新编第27师损失殆尽，师长王竣、副师长梁希贤、参谋长陈文杞均在指挥战斗时阵亡。

曾万钟部驻晋南期间，军纪涣散，军民杂处，小商贩和民众任意进入营地，日军间谍更是无孔不入，将曾部的情况搞得清清楚楚，并埋伏下特务，因而日军在小股部队和汉奸的配合下对各军、师指挥机关进行袭扰，破坏交通，割断电线，指挥机关失灵，加上绛（县）垣（曲）大道被日军截断，战斗一开始就十分被动。

9日清晨，由皋垣大道进犯之敌，侵入五福涧、七泉村、东西北沟一带，由冯村北窜之敌在小庄附近与公秉藩第34师增援一团激战，又窜至温峪村附近，与由皋落西进、唐王山南进、夏县西进之敌会同，将唐淮源第3军包围在胡家峪、张家坪、东西文口一带地区。同日午前，唐军主力沿温峪大道迎击北犯之敌，与敌在温峪东北高地遭遇，当即展开激烈争夺，战至午夜，双方伤亡均重。

同日，高桂滋第17军在徐家庄、焦家庄一带被敌包围，激战至烈。

第一战区长官部基于此，令高桂滋军向东、唐淮源军向北、公秉藩师向西北，以团为单位突围。命令下达后，高军与敌军苦战竟日，入暮后脱围，与高军一同突围之刘师，两位团长战死。

第3军军长唐淮源

第3军军长唐淮源率寸性奇第12师向东突围，于19日上午抵柳沟，遭敌八九百人截击，因值大雨，将敌击退。但无线电人员被敌冲散，如同孤儿盲人。不得已，乃在涧南沟西北高地停止，候令归队。

不久，唐淮源侦知向东突围之寸性奇师，仍在张家坪、东交口附近与敌激战，另一师向北突围后，又在清河村、上横榆一带被敌所阻，折向西进。公秉藩师在圪马沟、温峪西北被敌包围，苦战至暮，始脱围南移。

当日夜，寸性奇师与公秉藩一团向东急进，欲跳出重围，至徐家山、胡家峪一带与千余日军搏战竟夜，寸师长身负重伤，公师薛团长阵亡。12日上午，唐淮源见所部伤亡惨重，突围无望，保卫中条山职志未遂，乃在山顶庙内自戕殉国。

12日，唐军李世龙第7师赶到上排沟，该师在11日曾两次突围，俘日军八名，因坚不随行，将其处决。

13日拂晓，第12师由寸性奇率领突围至胡家峪，遭敌截击，寸师长率部与敌苦战，又身负重伤。部队且战且走，寸师长不能随行，与敌作战时牺牲殉国。

13日，第3军和高桂滋第17军有4个团突破敌人包围，向汾河西岸撤退。19日，分别集结于稷山、乡宁地区。未冲出去的各部多数被敌冲散，后在日军的"扫荡"中被打死或被俘虏。

中条山会战结果，第一战区失去了中条山，所驻军队几乎全部被击溃，损失惨重，计被俘3.5万人，战死4.2万人，日军仅战死673人，负伤2922人。日军参谋本部称，这次作战是"中国事变以来罕见的战果"。蒋介石5月28日致李宗仁、陈诚等电中称这次会战是"抗战史中最大之耻辱"。

中条山会战之后，国民党军队在黄河以北除了庞炳勋、孙殿英等盘踞的豫西林县、辉县一隅外，余地皆丧，黄河以北屏障尽失，中原战场直接暴露在日军的威胁之下。

The complete record of the
battlefield in the Counter-Japanese War

抗日战争
正面战场档案
全纪录(下)

王晓华 戚厚杰 主编

团结出版社

第十一章　湘赣鄂作战

第一节　入盟抗战

一、战火燃遍了太平洋

1941年6月，日美谈判已基本破裂，22日，德苏战争爆发。日本于25日开始举行大本营与内阁的联席会议，连日讨论加快侵华步伐的问题，拟制了《适应世界形势的帝国国策纲要》。7月2日御前会议通过了这一国策纲要。它的方针是："不论世界形势如何变化，帝国仍然坚持以建设大东亚共荣圈"为目的，"帝国仍旧努力于中国事变的处理，并为确立自存自卫基础，继续向南方扩展"。"为达到上述目的，坚决排除一切障碍"，"不辞对英美一战"[①]。

1941年9月8日，日军参谋总长杉山元向日本天皇报告了南方作战的全面设想。其作战目的是："摧毁英美在东亚的主要根据地，占领必要的领域。同时攻占并确保荷属东印度，以确立自足自卫的态势，并利用此等战争成果，迫使中国屈服。""使用兵力约10个师团（比预定的少1个师团）、2个飞行集团，开战前在印度支那、华南、台湾、南洋群岛及日本内地展开，大致在5个月内可完成主要作战行动。"攻占的顺序及范围："计

---

① 日本防卫厅防卫研究所战史室：《中国事变陆军作战史》，中华书局1983年译本，第三卷第二分册，第62-63页。

划先对香港、英属马来、英属婆罗洲以及菲律宾、爪哇等地，大致同时开始进攻并迅速占领之，然后再占领荷属东印度。""攻占香港的任务，由中国派遣军隶下第23军司令官以1个师团为基干的兵力承担；攻取菲律宾，以大约2个师团、1个飞行集团为基干的1个军的力量承担。担任攻取英属马来的兵力为大约5个师团、2个飞行集团（其中1个在菲律宾作战告一段落后由该方面调来使用）组成的1个军。该军的一部还需用于维持泰国的治安。对荷属东印度，拟由3个师团（其中2个师团在攻占香港和菲律宾后由各该方面调来）、1个飞行集团为基干的1个军担任。在以上作战期间，尚需以大约1个师团的兵力，协助印度支那部队警戒印度支那半岛上的中国军队，以确保该地区的安全。以上除攻占香港外，3个作战军及在法属印度支那的兵团，均由1个方面军司令官统率。对缅甸方面，在以上作战期间，只限于排除我对马来作战的障碍，轰炸并努力取得缅甸南部的空军基地。全面作战告一段落后，根据当时的形势，如有必要再正式攻取缅甸。""在作战中使用的兵力……在不影响满洲及中国作战的前提下，由该方面抽调转用。其余部分再由日本内地征召补充。[①]"

畑俊六对日本中国派遣军南方作战，特别是对从中国方面调出部队表示反对，于9月15日派总参谋长后宫回东京向大本营提出自己的意见："我认为在没有解决中国事变以前，就向其他方面伸手或扩大战线，必犯致命的错误。如果想向南方伸手，就要先解决中国问题，然后再干。光是一个中国，日本的力量已经跟不上，不只现地军要依靠中国大陆以图生存，日本的总动员资源也要取自中国，这不是很严酷的事实吗？所以坚决反对南进。[②]"但新任首相东条英机和大本营没有采纳畑俊六的意见。

日本海军联合舰队司令官山本五十六对空中攻击的威力评价极高，"他认为对美开战应在开战之初给予美国舰队主力以重大打击，迫使其

---

① 日本防卫厅防卫研究所战史室：《香港作战》，中华书局1985年译本，第16页。
② 日本防卫厅防卫研究所战史室：《中国事变陆军作战史》，第三卷第二分册，第189页。

采取守势。他早在8月间就提出了使用航母特混舰队主力偷袭珍珠港的建议，但因这一计划危险性大，实行上困难很多，所以一直未能决定。10月19日，日军令部总长永野决定采纳这一建议，遂与陆军协商，修改了原先预拟的南方作战计划。[①]"11月2日，大本营、内阁联席会议上决定了《帝国国策实施要领》，指出："帝国为打开目前的危局，达到自存自卫的目的，建设大东亚新秩序，现决心对美、英、荷开战……发动武装进攻的时间定为12月初，陆、海军应完成作战准备。"11月5日经御前会议通过、日本天皇批准，正式出台了《帝国对美、英、荷作战计划》。11月6日，大本营下达了成立南方军的命令。

作战计划中，海军作战计划的主要内容为[②]：

1. 开战之初，以第1航空战队（6艘航空母舰为主力）袭击停泊在珍珠港内的美主力舰队。

2. 同时以第11航空战队（陆基航空兵）协同陆军，对菲律宾和马来半岛进行突然袭击，尔后在该战区遂行空战任务。

3. 第2舰队在菲律宾海域遂行作战任务，以夺取东亚海上制空权，保障海上输送陆军的安全。

4. 第3舰队为运输在菲律宾及南方要地登陆部队的船队护航，并掩护其登陆；南遣舰队协助在马来半岛登陆的部队作战。

5. 第2遣华舰队参加攻占香港的作战；第4舰队参加夺取关岛、威克岛和腊包尔的作战。

6. 第6舰队（潜艇部队）参加袭击珍珠港的作战，尔后继续袭击敌舰，削弱敌海上兵力。

7. 在第一阶段作战中，如美国主力舰队前来进攻，以除第3舰队和南遣舰队外的联合舰队大部分兵力迎击，将其歼灭。

---

① ［日］桑田悦、前原透：《简明日本战史》，军事科学出版社1989年中译本，第115页。

② ［日］外山三郎：《日本海军史》，解放军出版社1988年中译本，第133-134页。

作战计划中陆军作战的方针、目的、范围等基本上与杉山元的设想相同。其兵力部署为："第14军以2个师团为主力，在菲律宾作战；第15军以2个师团为主力，在泰国、缅甸作战；第16军以3个师团（其中

日本袭击美国太平洋上的海军基地珍珠港，发动了太平洋战争

2个师团在完成其他作战后调来）为主力，在荷属东印度作战；第25军以4个师团为主力，在马来半岛作战；南方军直属部队以1个师团、1个混成旅团和2个飞行集团为主力；中国派遣军所属之第23军以1个师团为主力，参加香港作战；大本营直属的南海支队以3个步兵大队为主力，参加关岛、俾斯麦群岛的作战。[①]"

1941年12月初，日本进行南方作战的准备工作全部完成。12月2日，日本天皇裕仁批准海军军令部总长永野的大海令第12号作战命令。命令通知各日本舰队司令，攻击开始时间定为12月8日（日本时间）[②]。12月8日凌晨3时19分，日本联合舰队对美国驻珍珠港的太平洋舰队实施突然袭击，给予歼灭性打击；同日凌晨2时15分，日本陆军第25军在马来半岛东部海岸敌前登陆成功，太平洋战争爆发。

---

① [日] 桑田悦、前原透：《简明日本战史》，第134页。
② [美] 戴维·贝尔加米尼：《日本天皇的阴谋》，商务印书馆1986年中译本，中册第1048页。

二、宣战入盟

1941年12月8日。

香港。东方之珠,又被称为"英王皇冠上的明珠"。自鸦片战争的炮声沉寂后,整整100年,这里的市民没有在战争的硝烟中生活。灯红酒绿,暖风熏人。东方殖民地的夜生活丰富多彩,使人流连忘返。上午8时,香港、九龙的不少居民尚在黄粱美梦、温柔乡中。此时,第一批空袭香港的日机,隆隆进入香港领空。

日机如入无人之境,俯冲投弹,并用机枪来回扫射停泊在启德机场停机坪上的5架英国皇家空军飞机和8架民航飞机,以及1架泛美航空公司的"夏威夷飞剪号"飞机,相继引起大爆炸,全部被摧毁。保卫机场的英军高射炮阵地,未及还手,便被炸得飞上半天。

很多居民被爆炸声惊醒,纷纷跑到阳台上、马路上仰脸巡望,还以为是皇家空军在搞军事演习,此时一排排的炸弹呼啸着从天而降,人们躲避不及,血肉横飞。

海面上,日本第2遣华舰队在旗舰巡洋舰"足柄"号率领下,大炮及鱼雷齐射,配合航空兵、陆军进攻香港。

驻守华南的日军第23军司令官酒井隆中将,指挥第38师团、第51师团的步兵联队、炮兵部队,在装甲车等掩护下,越过边界进攻新界与九龙;另一支日军从浅水湾登陆,向港岛攻击前进。英军瓦利斯准将指挥的大陆旅疏于防范,九龙要塞被日军轻易攻占。

12月9日。

香港《华侨日报》新闻:"日本昨日凌晨向英美开战,7时许即有日机突然出现于港空,并觅取目标投弹,全港军民即起而应付此闪电攻击,新界边界亦已有适当之处置。最高统帅英国远东海陆空总司令普咸将军、驻中国海军总司令黎屯,联衔宣言:我们已准备好了。行政立法两局联席会议则揭示'行动重于空言',罗旭和爵士则吁请我侨一心一德对付共同敌

1941年12月13日,日军越过九龙走向香港,香港沦陷

人,并加民众防卫部队。总督杨慕琦爵士并广播演讲,促请中英军民一致前进。"

12月10日,日军向英军发出最后通牒,要求英军投降,遭到拒绝。

12月18日,日军在猛烈的炮火支持下夺取城门水塘,切断了英军的水源,港岛北部七姊妹区又被日军偷袭成功,在腹背受敌的困境中,要塞中的英军挥起白旗,英香港总督杨慕琦在半岛酒店向日军投降。

在耶稣圣诞的那天,大英日不落帝国的臣民,在日本皇军的太阳旗下,被钉上了受难的十字架。一个令人不能忘怀的"黑色的圣诞"。

太平洋战争爆发后,日本以11个现役师和700架飞机投入了西南太平洋和东南亚的作战,以横扫千军如卷席的气势,迅速攻占了香港、菲律宾、荷属东印度群岛、泰国、印度支那、马来西亚、新加坡。丘吉尔叹道:"在日本战争机器可怕的威力打击之下,昔日白色人种在亚洲的形象被打碎了。"

日军进攻的下一个目标即为缅甸。日军第15军团司令官饭田祥二郎在泰国首都曼谷部署攻击缅甸的计划，准备以第25军的近卫师团、第55师团、第33师团做好攻缅准备，一旦拿下仰光和整个缅甸后，封锁中国和盟国的唯一补充线，进而进攻印度和中国云南。形势对中英美等国来说，异常危急，刻不容缓。缅甸，已成为同盟国在东南亚最后一个堡垒。"保卫缅甸"，罗斯福总统在太平洋另一边提醒世界；"保卫缅甸"，蒋介石在太平洋这一方告诫中国。

山城重庆。黑漆漆寒冷冷的冬夜。由于害怕日机空袭，陪都实行灯火管制，死一般的沉寂，只有嘉陵江不息地鸣咽着、奔腾着奋勇奔向前方。

中国的抗日战争，从1937年"七七事变"开始，至今已在艰难困苦中挣扎了四年。美国政府始终是中国抗战的希望所在。早在1938年1月30日，军事委员会委员长蒋介石在致罗斯福总统的信中说："中国鉴于中美间之非常友谊，在此并力奋斗、国家存亡千钧一发之时，其希望美国之援助尤属势所必然。中正向阁下请尽力设法，务使日本之侵略能得以迅速终了，俾贵我两国所确信之主义得以实现。吾人急迫之愿望，在美国即于此时在经济上及物资上予中国以援助，俾得继续抵抗。至其他美国所可采之有效办法，足使阁下意中之最后解决得以实现，则唯阁下之裁夺。①"而美国总统只是口头答应：美国政府的第一步办法为暗示全国银行界不借款给日本，援华之议尚在暗中进行，而美国国会中妥协空气浓厚，只可逐渐进行。

1938年10月，在广州、武汉相继失守后，中国抗战形势十分严峻。10月23日，中国驻美大使胡适曾电军事委员会侍从室主任陈布雷："广州不战而陷，国外看法甚恶。据可靠友人报告（罗斯福）总统已悟时势非高论所能挽救，正苦思切实援助步骤，盼望我能撑持一两个月云。其意似11月国会改选，此时恐不能有行动，故有一二个月之语。总统确极关切。适（胡适）日内递国书再进言。此时实赖公苦撑，不可令千秋事业废于一

---

① 外交问题研究会编：《中日外交史料丛编》（四），台湾中华文化事业出版社1964年版，第461—462页。

篑。日来谣言甚多，盼嘱布雷时以实情电告。①"

由上可见，当时美国对华援助，只是停留在口头上的支援。美国甚至不敢公开支持中国。美国真正有实效地支援中国，则是在武汉失守后开始的，在危急的关头，美国宣布给中国两千万美元的桐油抵押借款。胡适称之为："对于中国真有救命及维持体力的作用，也是心脏衰弱时的一针强心剂。"

但这点援助对中国的抗战犹如杯水车薪。当时主持参与借款的上海商业储蓄银行总经理陈光甫感慨地说："桐油借款为数甚微，不足解我困难……惟美国论利害与我非唇齿之依，论交情亦无共患难之谊。全国舆论虽同情于我，终不敌其畏战之心。"

待到德国进攻波兰而揭开第二次世界大战序幕，美国政府第二次对华借款两千万美元才告成。而当时在抗日战场的中国军民已死伤了几千万人，这才博得美国人的同情心。

蒋介石为获得美国支持，表示绝不中途讲和，绝不投降，一定要长期抗战。1940年，陈纳德率美国空军志愿队穿着便衣，持各种不同的护照来到中国，以民间的形式参加抗战。同年12月29日，罗斯福总统发表了炉边谈话，说"美国要做民主主义的兵工厂"。坚持与德国作战的英国首相希望得到美国的支持，认为：英国人都深知美国民主政府的前途恃乎英国的生存，英国自当抵御德国人的进攻，以等待美国完成防御程序。

美国在中英两国要求直接支持的形势下，最大限度地通过了《租借法案》，即美国可以租借和转让武器给英国，此项法案亦包括中国在内。中英两国急迫地希望美国参战，直接支援两国。美国国会中，几乎没有人同意美国兵为他国的事业流血牺牲，众口一词表示反对。

日军袭击珍珠港的消息传到英国伦敦唐宁街10号后，英国首相高兴地

---

① 吴相湘：《民国百人传》第四册，台北传记文学出版社1986年版。牟润藉：《中美桐油借款商谈纪要》，第124-128页。

跳了起来，手舞足蹈，以至快乐得流出了眼泪。他说："要是我宣称，有美国站在我们一边对于我是最大的快乐，我想没有一个美国人会认为我是说错了。我不会预言事件的进程，我不能自称已经准确地衡量了日本的军事力量，但是现在，在这一刹那，我知道美国已投入了战争，而且全力以赴，准备决一死战。所以我们终于取得了胜利。"

9日拂晓4时，重庆南岸黄山官邸的电话突然刺耳地响了，寂静的夜，格外清楚。

侍卫拿过电话，传来国民党中央宣传部次长董显光兴奋而急迫的声音："立即叫醒委座听电话……"

侍卫很为难："董次长，委座已经睡了，天大的事情天亮后再说。"

"委座就是骂娘，也要起来听电话，日本人偷袭了夏威夷美军太平洋舰队，下面有好戏唱了。"

蒋介石睡眼蒙眬地被叫起来，果然大怒："娘希匹，报什么丧？"

电话里董显光又将珍珠港事变经过及美日宣战详细报告了一遍。蒋介石像过足烟瘾一般立即精神起来叫嚷着更衣没有什么消息比珍珠港事变再令他高兴的了。"娘希匹，这种好消息为啥现在才报告？"当残月在黎明前尚在天边时，蒋介石已精神焕发，驱车赶往重庆国民政府军事委员会了。

山城的早晨。红红的温暖的冬日，拨开浓密厚重的雾气。美日宣战的消息不胫而走，使陪都的军民都沉浸在节日的气氛中。多年来备受艰难困苦、负重不堪的忧郁心情，一下子就像这天气一样云开雾散，阴霾尽除。

军事委员会里的人们个个喜气洋洋。上午8点钟，蒋介石在这里主持了国民党中央常务委员会特别会议。他戎装笔挺，身上配挂青天白日、宝鼎、采玉等大勋章衬托着，更是神采飞扬。蒋介石说："此次中央召集特别会议，是要研究联合对日作战问题。日本发动珍珠港事变，对美宣战，我国对日宣战，已无问题。现在主要问题是我国如何与美英苏等国建立军事同盟，由美国为盟主，统一进行反对德、日的战争。我国要立即向美、英、苏、荷各国建议，成立军事同盟，并且立即向日本进行宣战。"

会后，蒋介石分别约见驻华美国大使高思、英国大使卡尔、苏联大使潘友新等，正式通知三大国："中国已决定向日本、德国、意大利等轴心国宣战，建议成立中、美、英、苏等国军事同盟，请大使先生将建议书的文本转交贵国政府。"

同日，国民政府对日宣战文，对德、意宣告立于战争地位文，向全世界公布：

日本军阀夙以征服亚洲，并独霸太平洋为其国策，数年以来，中国不顾一切牺牲，继续抗战，其目的不仅所以保卫中国之独立生存，实欲打破日本侵略之野心，维护国际公法、正义及人类福利与世界和平，此中国政府屡经声明者。

中国为酷爱和平之民族，过去四年余之神圣抗战，原期侵略者之日本，于遭受实际之惩创后，终能反省，在此时期，各友邦亦极端忍耐，冀其悔祸，俾全太平洋之和平，得以维持；不料残暴成性之日本，执迷不悟，且更悍然向我英、美诸友邦开衅，扩大其战争侵略行为，甘为破坏全人类和平与正义之戎首，逞其侵略无厌之野心，举凡尊重信义之国家，咸属忍无可忍。兹特正式对日宣战，昭告中外，所有一切条约、协定、合同，有涉及中日间之关系者，一律废止，特此布告。

中华民国三十年十二月九日，主席林森。

国民政府对日、德布告如下：

自去年九月，德意志、意大利与日本订立三国同盟以来，同恶共济，显已成一侵略集团。德、意两国始则承认伪满，继复承认南京伪组织，中国政府业经正式宣布与该两国断绝外交关系，最近德、意与日本竟扩大其侵略行为，破坏全太平洋之和平，此实为国际正义之蟊贼，人类文明之公敌，中国政府与人民对此碍难再予容忍。兹特正式宣布，自中华民国三十年十二月九日午夜十二时起，中国对德意志、意大利两国立于战争地位，所有一切条约、协定、合同，有涉及中、德或中、意间之关系者，一律废止，特此布告。

中华民国三十年十二月九日，主席林森①

国民政府对日、德宣战布告

重庆欢呼宣战的情景，在美国作家韩素音笔下，可见一斑：

街上差不多立即喧嚷起来；报童喊叫卖号外，人们从屋子里潮水般涌出来争相抢买报纸，他们拥挤在一起，喧闹声音盖过了车辆的嘈杂声……军事委员会一片欢腾；蒋介石抑制不住心头喜悦，口里哼起了一段京戏的唱腔，并且整天向圣母作祈祷。国民党政府官员纷纷互相祝贺，仿佛已经获得一次伟大胜利。在他们看来，美国对日作战，这是他们盼望已久的伟大胜利。美国终于同日本打起来了，终于打起来了；现在中国的战略地位将越来越重要了。美国的钞票和装备将源源不断地流入；5亿美元，10亿美元……现在根据《租借法案》提供的物资将大为增加……如今美国将不得不支持蒋介石了……

另一位美国人身临其境，写道："在美国发生珍珠港事件的那一天，在中国就好像庆祝第一次世界大战的停战日。"

---

① 中国国民党中央委员会党史委员会编印：《中华民国重要史料初编——对日抗战时期》第二编，作战经过（三），第207-209页。

12月11日，蒋介石在中国宣布对日、德、意三国宣战后，就太平洋局势发表谈话如下：

"日美开战之初，日本不宣而战，偷袭太平洋岛，使美国遭受不测之重大损失，此心对美殊觉歉惶。及今思之，日本之攻美，早具决心，观其行动之速，是其早有充分准备。即使美对倭提出临时妥协办法，牺牲我中国时，日本亦不能接受，故由我国之反对，而美国乃提强硬原则，不失为大国之风，而保全其立国之荣誉。"

蒋介石不禁想起以往乞求美国援华备受冷落，心中块垒、委屈吐出，表达了不满的心情：

"然英、美、荷在太平洋上，早已成立共同作战计划，而始终不通知中国，是其视中国为无足轻重，徒利用我以消耗日本之实力。今日本果闪击英、美，我国对之，更无足为歉也！我国抗战，以后如能自强不息，则危险已过大半，往者，美国限制日本不许其南进、北进，独不反对其西进（指侵略中国），而今则日本全力侵华之危机，已不复存在……"

中国势必成为反对德、日、意轴心国的重要力量，国际地位与美援数量都将随之提高，尽管当时战胜轴心国的最后胜利还很遥远，作为战略家的蒋介石已预见到最后的胜利将是美国等一方，这就是他兴高采烈之所在。

蒋介石将拟好的联合作战方案交给美国驻渝军事代表团团长麦格鲁准将，请其转交罗斯福总统：

（一）请华盛顿提出五国联合军事行动的具体计划，并以华盛顿为联军政治与军事的中心。

（二）在苏俄未对日本宣战以前，请华盛顿提出香港、菲律宾、新加坡、缅甸、荷印区域间的联合军事行动的具体计划。

（三）五国初步谈判的地点应为重庆，其永久地点待讨论决定之。

（四）由华盛顿提出五国军事互助协定的方案。

罗斯福认为日军在香港和东南亚的一系列攻势会动摇蒋介石政府抵抗

的决心。他对自己的儿子说:"如果中国屈服了,你认为日本可以腾出多少部队,这些部队会用来干什么?他们会占领澳大利亚,夺取印度——印度像熟透的李子。他们将直捣中东……将是日本和德国的大规模钳形攻势,在近东会师,彻底切断俄国与外界的联系,孤立埃及,严重扰乱通过地中海的所有航道。"因此,要支持中国,必须给蒋介石一个正式的头衔。

12月16日,罗斯福总统答复军事委员会委员长蒋介石复电说:

依余之判断,最要的举措在采取立时的步骤,以准备抵抗敌人的共同行动。因此,我谨建议贵国于12月17日以前,在重庆召集一次联合军事会议,藉以交换情报,并考虑在东南亚最有效的陆海军行动,以击败日本及其盟国。

余建议参加此一会议者当中有中、英、荷、俄及美国的代表。

美国方面即指定勃里特少将为代表,而以麦格鲁准将助理之。

余以为如此一会议当可达成具体的初步计划,盼于12月20日以前以最秘密的方式通知余。

这些观点与建议可使我等同样明了我等的联合问题。余希望由此等初步的谈话将可创设一个为我等共同努力而计划与指挥的恒久机构。同时,余将尽余所能为者继续供应或增加供应于贵国①。

罗斯福的电报,又使蒋

蒋介石发表广播讲话

---

① 董显光:《蒋总统传》,台湾中华文化事业出版社1960年版,第336-337页。

介石处于亢奋之中，美国支持蒋的建议，同意建立一个恒久的军事指挥机构，同时表示希望12月17日后在重庆召集一次联合军事会议。蒋介石感到他的作用越来越大，分量越来越重。当然，他不能辜负罗斯福总统的信任与重托。他立即行动起来，命令军令部长徐永昌拟一份中美英苏荷五国协同作战总方案。又与英国大使卡尔、苏联大使潘友新、荷兰代表保斯和美国军事代表团团长麦格鲁准将分别交换了组织联合军事会议的意见。

12月23日，蒋介石主持了中、英、美三国军事代表团首次会议，讨论关于东亚的联合作战问题。美国代表由罗斯福总统指定的美远东空军总司令勃里特少将担任；英国代表是著名的独眼将军、驻印军总司令魏菲尔。他在第一次世界大战时，于比利时的伊普雷失去了一只眼，寡言少语，令人生畏。

在首次会议的早餐上，蒋介石热情主动地与英、美两国代表打招呼，美国少将勃里特的乐观随和性格给蒋介石留下了很好的印象。身体魁梧的魏菲尔则很严肃，不苟言笑，一条黑带子覆盖在那只被打瞎的眼上，越发显得阴鸷恐怖。

英国人特有的傲慢，使得蒋介石内心有些发憷，于是先对魏菲尔说：

"中、英两国在远东有着共同的利益。中、英两国不可有败，如果中国抗日失败，则英国之印度必危而不保！"

魏菲尔听了翻译后，僵硬的脖颈稍弯曲一下，表示同意。

蒋介石又对勃里特少将说：

"远东对日作战，端赖中国陆军与英、美之海空军，协同一致为主体，务望美国有一个中美联合作战计划，尤望美国在远东与中国所用空军之数量，以及可利用之时间，必有一整个具体之方案。①"

魏菲尔见蒋介石说话的中心，是与美国人讨论整个远东地区的陆海空协同作战，对己则采用外交辞令深为不满，他径直提到缅甸问题：

---

① 《中华民国重要史料初编——对日抗战时期》第二编，作战经过（三），第209-210页。

"委员长阁下,我认为目前日军在泰马边界和海上已做好立即进攻缅甸的态势,我代表大英帝国向贵国提出紧急要求,应立即出兵协助防守缅甸。我希望本次会议的中心,应集中注意缅甸战事,而不是讨论制订一个远程广泛的远东作战计划。"

魏菲尔狡黠道:"唇亡齿寒的道理是阁下刚刚教导我的。"

蒋介石愣了一会儿,无可奈何表示:"好吧,只要是共同防御需要,我可以同意。"

三方会谈持续到深夜。

中、英、美三国重庆军事会议的召开是一个空前的创举,开的时间之长也是前所未有的。

1941年12月25日,罗斯福总统和丘吉尔首相在华盛顿拟定联合国宣言,规定"加盟诸国应各尽其兵力与资源以打击共同之敌人,且不得与任何敌人单独讲和"。入盟的共有26个国家,由美、英、苏、中四国领衔,由此确定了中国四强国之一的地位。

12月31日,美国总统致电蒋介石,提出建立中国战区:

为立即完成我等共同抗敌力量之联系与合作起见,今正在南太平洋战区成立一最高统帅部,指挥全部美、英、荷军队。此项联合国在中国战区之共同活动亦需有同样统帅部,事属当然。余今征得英、荷政府代表之同意,建议麾下负指挥现在或将来在中国境内活动的联合国家军队之责。余等并建议:该战区包括联合国家军队可以到达之安南及泰国国境。余等并信:欲使此统帅部发生效力,应立即由中、美、英三国政府代表组织一个联合计划作战参谋部。倘麾下认为可能而苏联表示同意时,苏联代表亦应参加。此参谋部应在其指挥下服务。当命印度军司令及南太平洋战区司令与麾下统帅部取得最密切之联系。该三总部间应互派联络员。上项办法足使麾下之意见与势力影响及各战区作战与一般战略之策划。

1942年1月1日，美国、英国、苏联、中国等26个国家的代表聚集在美国白宫，共同签署了《联合国家宣言》，决定共同反对轴心国，绝不单独媾和。这标志着国际反法西斯力量已结成牢固的军事同盟，也标志着中国从此走出了孤立的抗战困境，在世界范围内拥有了众多的抗日同盟者。

白宫发言人于1942年1月3日发表公告：

兹经英、美两国参谋总长之建议及向罗斯福总统与丘吉尔首相之条陈，并经荷兰政府与各有关自治政府同意，爰特宣布在西南太平洋区设立一统一指挥系统。所有该区之海陆空军，悉由一最高统帅指挥作战。罗斯福总统建议，并征得有关国同意，推魏菲尔上将为总司令，美国空军总司令勃里特少将为副总司令……蒋介石上将已承允任中国战区最高统帅之职，指挥现在及将来在该区作战之陆空军。所辖区包括越南、泰国及将来可为同盟国所控制之区域。其统帅部之设计部分，将有英美代表参加工作。

蒋介石心情异常激动，他在日记中写道：

"我国签字于共同宣言，罗斯福总统特别对子文表示：欢迎中国列为四强之一。此言闻之，但有惭惶而已。①" "二十六国共同宣言发表后，中、美、英、苏四国已成为反侵略之中心，于是我国遂列为四强之一；再自我允任中国战区最高统帅之后，越南、泰国亦划入本区内。国家之声誉及地位，实为有史以来空前未有之提高，甚恐受虚名之容，能不戒惧乎哉。"

蒋介石经罗斯福总统提议，26国公推其为中国战区最高统帅后，英国、美国等地的报纸反应都较强烈。

英国《曼彻斯特报》发表评论（1942年1月5日）：

---

① 蒋介石民国三十一年元月3日日记。

"英国人民均欢迎蒋委员长出任中国战区最高统帅，蒋委员长为意志坚定之领袖，其'必要时将单独作战'之名语，久为吾人所深知……"

美国《纽约时报》社论，（1942年1月5日）：

"中国战场之重要，在一个月以前，殊难使多数美国人士了解中国战局与美国具有直接之关系，既则尽人皆知，中国之战事，即为我等之战事，中国对日本施用之压力愈大，则我麦克阿瑟将军有战胜之机会……"

对于蒋介石出任中国战区最高统帅一事，就连敌国日本首相东条英机也发表声明说：

"蒋委员长反对美国与日本谈判，要求美国与日本停止谈判，而美国不能不从；他又要求英国与印度谈判而英国不敢不从，其魄力与权威之大，诚史无前例。"

但是美方认为中国战区需要一个高鼻子的洋人作为参谋长，谁来担任这一职务，将转盘赌的转盘旋转起来？蒋介石为了更好地与美国合作，提议美国派一名高级军官做中国战区参谋长，他要求参谋长的人选条件是："不必是个远东问题专家，相反，对军阀统治时期中国军队情况十分了解的军界人士，如果他们还按照老观点看待目前的国民党军，那是不利于指挥作战的。"蒋介石真正的意思是需要一个职务很高，对中国情况又不是太了解，对蒋的指示又十分顺从的人。

命运之手像罗盘指针一样指向了史迪威将军，一个在中国使馆作过多年武官、出身于西点军校的美国陆军军官。他的同学，出任美军参谋部参谋长的马歇尔中将，将战争胜负的筹码压在了史迪威将军身上。

第二节　第三次长沙会战

一、日本策应香港进攻长沙

1941年10月，日本第三届近卫内阁倒台，陆军大臣东条英机继任内阁首相，同时兼任陆军大臣、内务大臣和军需大臣。东条英机上台后，认为日本陆军久留中国战场已不能再有大的作为，但陆军配合强大的海军，在太平洋上还可以大显身手。因而日本为实施南下扩大战争的计划，便加快了准备工作。

日本大本营为此须在中国抽调部队7个师团，并准备将第11军所属的第4、第6师团集结于华中三角地带，作为大本营的预备队。

这样，就使本已十分紧张的日军兵力更为捉襟见肘。中国派遣军总司令部不仅要确保武汉地区，而且要确保新占领的香港，就不得不将第11军原来的占领地区进行调整，甚至提出了放弃宜昌和南昌的问题。

阿南惟几等人当然不同意放弃上述两个重要据点，特别是宜昌。他认为"开重庆之锁，充之犹如放虎归山"，但大本营坚持放弃宜昌，阿南惟几不得不与之讨价还价，提出下述条件：

（1）停止第13师团的三单位改编；（2）第3师团虽改编为三单位，但不减少人马；（3）在明春以前大本营不调用第3师团；（4）给第11军增加1个支队（4个至5个大队）。

日军参谋部于11月初认真地研究了阿南惟几提出的条件，改变了主意，他们确认占领宜昌可对重庆施加巨大压力，可牵制周围大批中国兵力，如撤去宜昌之防，恰如放虎归山，对武汉的第11军显然不利。另外，如放弃宜昌，将使封锁中国大后方的效果大打折扣。

大本营还决定除第4师团外，不再向外抽出第6师团。为弥补第4师团调出的空缺，他们决定于11月中旬给阿南惟几增派一个独立混成旅团，第11军的作战任务和作战区域不变。

阿南惟几争的就是这口气。第二次长沙会战，他的部队损失惨重，而鄂西的宜昌也差点丢掉，引来军内外一片指责声，使他成了众矢之的。这次如果大本营将其部队抽出一部，再将防线缩短，对他来说无异于雪上加霜。终于，新方案使得他在大本营中勉强保住了面子。

初冬的南京，黄叶满地，一派肃杀之气。

11月27日，在中国派遣军总司令部里召开侵华日军各司令官会议，商讨关于太平洋战争开始后在中国进行作战的问题。会议开始后，阿南惟几首先发言，他说："第11军虽然应以奇袭湖南、重庆为最后手段，但在目前应加强粉碎敌人之战斗力。与此同时，应一面加强侵略宣传，一面谋求实现局部休战，目标应置于'保境安民'的战略上。"他的发言与以前最大的不同在于锐气全无，由主动的进攻，而变为消极的"保境安民"。其他军司令官似乎与他的态度不同，但大家没有发言，等待派遣军总司令部分派任务。

晚上阿南惟几更加睡不着。军人的荣誉在战场上，打了胜仗，凯旋而归，就荣耀，就有发言权；反之，就应靠边站。从进入第二期作战以来，还有比第二次长沙会战更窝囊的吗？指挥上顾此失彼，部队在湘北拖得稀里哗啦，伤亡这么多，不仅武汉，就连在南京的野战医院里也住满了第11军的伤兵。

司令官会议快结束的时候，阿南惟几听到了在派遣军总部流传的"长沙作战，反而给予敌人以反宣传的材料，很为不利"的议论。阿南惟几更加烦躁不安，以至于晚饭也没吃。他于25日夜找到派遣军副总参谋长野田谦吾进行谈话。他表示，他对军部参谋人员和与会的各军司令官们对他的议论很是不满，他埋怨他们不了解第11军所处的特殊情况。野田谦吾对阿南惟几一味安慰，也未多作解释。从资历上，野田没有阿南惟几深，除了慰勉外，他没有什么办法。两人一直谈到深夜才分手。

阿南惟几带着满腹的牢骚和压抑的心情离开南京，这次各军司令官会议，除了听取派遣军司令部关于南下作战的任务外，对于他的思想情绪是雪上加霜。要改变目前的处境，只有再通过作战才行。阿南惟几怀着郁郁寡欢的心情又回到武汉。

侵入湖南的日军

12月8日，日军进攻香港，驻港英军奋起反击。为策应英军作战，第九战区派出第4军和暂编第2军从长沙附近南下广东。

日本方面也担心中国军队对香港的英军进行策应和支援。12月13日，日本天皇召集参谋总长杉山元垂询："围绕进攻香港的事，在广州和九龙方面有无中国军队反攻的忧虑？"而后，杉山元令参谋本部第7课侦察搜集这方面的情报，并令中国派遣军将中国军队在太平洋战争爆发后的情况上报给参谋本部。

12月15日，第7课向参谋本部报告了第九战区两个军由岳阳东南地区经株洲开始南下的情报。参谋本部及时将上述情况通报给中国派遣军总司令部和驻华中的第11军、驻华南的第23军等部。12月12日，第11军参谋长木下勇和司令官阿南惟几认为有必要牵制第九战区部队南下的行动，便给第23军发出了"第4军的移动，对贵军有何影响"的照会电报，委婉地探询第

11军是否应采取牵制的行动。

木下勇是阿南惟几第二次进攻长沙的老搭档，两人荣辱与共。

长沙会战后，他们受到日军内部的非议甚多，很想再从进攻长沙中捞回面子，急欲挑起战端。当晚，二人下定了再犯长沙的决心，于是便主动向中国派遣军总司令畑俊六请示。

12月8日，第23军司令官田中久一派出第38、第51师团等向香港进攻，于12日晚已完全占领九龙。他得知第九战区的两个军向广州挺进的消息，便急让中国派遣军总部想办法牵制。畑俊六接到阿南惟几的报告后，马上予以批准。

14日，中国派遣军发出了如下命令：

（一）敌从第九战区，正向广州和桂林方面调集兵力，我第23军于12月12日夜攻克九龙，并继续攻克香港。

（二）我军策应第23军及南方军作战，立即准备对江南地区发动攻势。

阿南惟几接到命令后，即对参战的第3、第6、第40师团及独立混成第10旅团赤泽大队等作出如下指令：

第6师团于20日从新墙向新墙河下游右岸地区集结，将主力推进到河岸附近，准备渡河攻击；

第40师团由21日起，陆续进入托坝附近，23日在篁口东方沙港河右岸准备攻势；

步兵第236联队第3大队，从武汉警备地区直接以急行军于26日到达战场；

第3师团大约在25日前将师团集结在第6、第40师团中间的龙湾桥附近，主力准备从25日晨开始展开攻势，泽支队从九江乘船于24日到达岳阳。

12月17日，派遣军总参谋长后宫淳由南京飞到汉口，与阿南惟几会晤，确定下达总攻击的日期。22日，阿南惟几偕参谋长木下勇来到岳阳战斗指挥所，23日下达了5条攻击命令：

（一）正面攻击敌人为第九战区，飞行第44战队协助我军攻击。

（二）军企图以第6、第40师团从12月24日夜开始攻击，在新墙东南地区击溃新墙河左岸地区之敌后，再击溃汨水左岸地区之敌。

（三）第6师团应于24日夜发起攻击，在新墙西方地区突破敌线，捕捉该地区以西之敌，进入关王桥四五千米处之三江口附近。

（四）第40师团应于24日夜发起攻击，在潼溪街东方地区突破敌线后，捕捉该地以西之敌，进入关王桥附近。

（五）第3师团应于25日拂晓，以一部炮击潼溪街附近的敌阵地，协助第40师团的攻击。主力转移到第6师团的右侧，在新墙河渡河，捕捉所在之敌，进入归义附近。

日军这次进攻长沙的行动，由于是匆匆决定，且带有阿南惟几和参谋长木下勇两个人泄私愤因素，因而从准备进攻时就暴露出这次行动的弊端。

12月18日，第11军司令部主任参谋长岛村矩康前往第6、第40师团联系作战。其不在期间，汉口的司令部首脑之间，对进攻长沙发生争论：一方认为，大本营决定了太平洋战争，中国战场即成为次要战场。在华中地区应实行局部休战，在武汉周围实行保境防御，维持目前的局面，况且无论是大本营还是派遣军总司令部也没有主动要第11军进攻的命令。这样突然决定进攻，准备行动也是仓促得很。

另一方则认为，现在大本营已决定了向太平洋进攻，中国战场应以积极的进攻予以配合，况且中国军队为配合香港英军的作战，第九战区派出两军南下，因此第11军应以积极的进攻予以牵制。

对于上述两种观点的争论，副参谋长二见秋三郎表示了他的看法：

看来已决定的进攻长沙的方针不可违背，现在关键是看第一线部队的气氛是否一致？全体将士有无竟成的信心？

12月19日，第3师团长丰岛房太郎中将在部队集结的途中顺便来到军司令部,此时军司令部内两种意见正在争论不休。丰岛房太郎得知后,当场表示了自己的意见:现在本师团全体官兵都明确了自己的任务,即是开往长沙,军司令部不能再争论,应坚决进攻长沙。

丰岛房太郎师团在第二次长沙会战中损失较小,他是未陷泥潭、不知深浅的人,他的发言印证了第一线的部队进攻的气氛好像是一致的,而且有完成任务的信心。

副参谋长二见秋三郎等看丰岛房太郎进攻的姿势已摆好,也没有什么可说的了,只好同意进攻的意见。

12月22日13时,阿南惟几乘飞机到岳阳,临行前,木下勇参谋长和他商定了如下注意事项:

(一)军司令部进入岳阳战斗指挥所后,为了适应目前的作战状况和对部队保密,不能透露进攻长沙的问题。

(二)因不能透露进攻长沙的问题,但又因其进攻的动机与进攻的目的、对象不明确及后勤的补充与准备无时间,因而二人对这次进攻都没有把握。阿南惟几和木下勇二人怀着忐忑不安的心情骑上了虎背。

二、"天炉战法"

第二次长沙会战以后,无论是日军方面,还是国际宣传上,不是对阿南惟几的非议,就是对薛岳的褒奖。

但薛岳没有沉湎于胜利之中。他认为,只要日本第11军驻在湘鄂,就是悬在他头上的剑,迟早会落下来。因而,第二次长沙会战一结束,他便令各部队对这次会战的得失进行总结,表彰先进、惩罚逃兵和作战不力的军官。

关于战略方面的检讨,优点方面有:

(一)放胆转用克期必胜之兵力于决战方面。

(二)力求争取外翼,为外线作战之典型。

（三）为求得时间之余裕，采诱敌歼灭战法，从正面兵团进攻消耗敌军战力，保持主力兵团于敌后及敌之两外翼，故能始终立于主动地位，诱敌至捞刀河南北地区而四面围歼之。

（四）以强大有力之兵团，尾击、侧击，断敌后路，使其无法补给，陷于弹尽粮绝之危境。

（五）梯次超越追击，处处截击敌军。

（六）第4军、第58军经过新墙河激战后，转移于三江口、关王桥、杨林街以东山地，重整队势，协同第20军对南犯之敌予以猛烈之尾击、侧击，确实截断敌之后方联络线，予以重大打击。待敌突围北溃时，复能予以猛烈之追击、截击，使敌蒙重大之伤亡、损失，达成战略上敌后作战之任务，本会战之成功，该三军得力最大。

薛岳在指挥作战

（七）第72军沙市街、更鼓台、三角塘方面之侧击，及敌突围北窜时，向杨林街方面所行之战略超越追击，亦予敌以重大之打击。

战术方面：

敌突破我军阵地后，各军不离开战场，行尾击、侧击，予敌重大损失。

战斗方面：

（一）官兵战斗精神旺盛。自作战开始至结局，各兵团转战新墙、浏阳河间，毫无疲困之态，攻击精神愈战愈奋。且生活简单，补给容易，纵物资极形缺乏，仍能拼命战斗。

（二）防御部队能充分发挥火力，消耗敌军，并迟滞其前进。

（三）攻击、追击部队能猛烈、果断、机敏、迅速，予敌以袭击、痛击①。

情报方面：

各挺进部队置于敌后，能适时供给重要情报，作判断敌情之资料。经过薛岳和幕僚们的反复总结、检讨，第二次长沙会战的经验就非常明显了。全国黄埔同学会副会长、时任第九战区参谋处长赵子立先生曾回忆说，第二次长沙会战的经验概括起来是八个字，即"后退决战，争取外翼"。

他进一步解释说：

"所谓后退决战，就是不在第一线上和敌人决战，而要退到第一线后一定的距离，才与敌决战，这就叫'后退决战'。就湖南来说，不要在第一线新墙河与日军决战，而要节节抵抗，节节引退，到捞刀河或较捞刀河更向南的地方，才与进攻的日军决战。"

为什么要"后退决战"？其目的何在？它有两个目的：一个是"争取主动"，另一个是"争取优势"。

"争取主动"，就是说，如果在新墙河的第一线与日军决战，日军在什么时间、什么地点，使用多大兵力，采用什么方式、方法全由日军决定，这样，主动权在日军手中；不在新墙河和日军决战，退到新墙河以南的地方再与日军决战，则决战的时间、地点、兵力、方式、方法，完全由我军决定，这样，主动权就在我军手中。这就是主宰战场，变被动为主动的作战方式。

"争取优势"，就是指在新墙河与日军决战，日军的装备好、兵力大，日军是优势。在新墙河以南与日军决战，湖南人民破坏了交通，日军的大炮、战车、骑兵不能通过，前方部队逐次抵抗，削弱了日军；我方则

---

① 《第九战区关于第二次长沙会战敌我优劣及所得经验教训的报告（1941年9月）》，《抗日战争正面战场》（下），第1112—1114页。

可以军民联合，不断袭击疲惫的日军。这样，在新墙河，日军是优势；到汨罗江，双方是均势；到捞刀河，我军是优势。这又是主宰战场，变劣势为优势的作战方式。

"争取外翼"，就是要机动地到敌人包围线外边去，才好击敌侧背；不要到敌人包围线里边去，以免侧背受敌。作战计划判断了日军对长沙的包围，其左（东）翼要经过平江—浏阳这条线，故我们这条线以西为内线，这条线以东为外线。

怎样争取外线？

（1）于绪（序）战中在湘北地区担任逐次抵抗的部队，当日军向我右（东）翼猛攻时，我右翼要顶住。撤退时，要由西北向东南撤退，先撤左（西）翼，后撤右（东）翼，逐步转移到平江、浏阳以东，准备于决战时由东而西攻击日军侧背。如撤退时右翼顶不住，先撤退了，左翼就撤不出来。

（2）决战时，战区的控制和后续部队，只宜以一部由南向北正面进攻，主力依情况需要从平江、浏阳线以东，向西攻击日军侧背。

这样，经幕僚人员的讨论、总结，第二次长沙会战的经验就非常明显地摆在薛岳的面前了。

经验对人是宝贵的财富，只要认真总结、提高，上升到理论高度来指导下次实践，便会产生一次飞跃。薛岳在总结时虽然发言不多，但他对幕僚们的发言很注意听，并不时对着地图凝思。他提出了将所属部队根据遂行任务编组为挺进兵团、警备兵团、尾击兵团、诱击兵团、侧击兵团、守备兵团和预备兵团，并取名为"天炉战法"。具体的安排和各兵团的分工如下：

1. 挺进兵团兵力一部，任务：任敌原占地区内主要交通通信之破坏，及敌援军之阻击。

2. 挺进兵团兵力一部，任务：在第一线 [即绪（序）战地第一网形阵地带] 之作战，敌进犯时迟滞消耗敌军，而后转为尾击兵团。

3. 尾击兵团兵力一部，任务：待敌通过第一线阵地后，衔尾猛攻，参加决战，力制敌军。

4. 诱击兵团兵力一部，任务：占领绪（序）战地第二、第三网形阵地带，迟滞消耗敌军，而后转为侧击兵团，参加决战。

5. 侧击兵团兵力主力，任务：位置于决战地左（右）前方，适时侧击敌军而歼灭之。

6. 守备兵团兵力主力，任务：先担任决战地之守备，俟敌攻势顿挫，续行反击，歼灭敌军。

7. 预备兵团兵力一部，任务：占领决战地后方要点，必要时参加决战，扩张战果。或依情况占领预备阵地，收容决战地部队，转移作战[①]。

据此，薛岳于11月17日在长沙召集全战区军官代表举行防卫会议，会上薛岳提出了"取得胜利的根本要点，在于平时准备"的要求，并对军民一致、加强战备、提高士气等作了指示。在这次会议上确立了"天炉战法"的后退决战的战略。

薛岳的"天炉战法"既已确定。他便着手在湘北架设"天炉"，具体部署和做法是：

第九战区以纵深配备，巩固长沙外围与核心阵地，并用炽盛火力及递袭，逐次消耗敌人而求得时间余裕，待敌精疲力竭时，所属各部在外围部署完毕，形成四面合围，然后群起而攻之。

为达此目的，以第27集团军杨森部以部分兵力配置于新墙河南岸至汨罗江地区，以诱使日军进入"天炉"之中。

王陵基第30集团军主力，从武陵、修水调至平江地区，罗卓英第19集团军从上高调至浏阳、株洲、醴陵一带，与王陵基集团军在长沙西南形成侧击态势。第73军从益阳推进到宁乡，在长沙西南处于机动态势。

第10军坚守长沙城，在长沙城西湘江对岸的岳麓山上配属155毫米榴弹

---

① 《第九战区关于第三次长沙会战敌我优劣及所得经验教训的报告（1942年2月）》，《抗日战争正面战场》（下），第1173-1174页。

炮兵一个旅，支援城防作战。

"天炉"的架子已支好，为保证将火烧得更旺，薛岳以战区司令长官兼省主席的名义，令所属及湘北各乡县彻底破坏战区道路，在"天炉"的中间地带实施空室清野，设置纵深的伏击地区。以军队为主体，以湘北民众为基础，从四面八方构成一个天然的"熔铁炉"，将进犯之敌予以歼灭。

为了迟滞敌人，动员湘北民众破坏道路，向水田蓄水。严格要求加强各村的保甲，组织战时民工队，竭力加强战备。

为对付日军进行的秘密侦察，各村在村头上设置瞭望

日军的骑兵

哨，发现日军，便迅速在村子的另一侧举放狼烟，一个接着一个村子地进行联络，立即把情报送到部队。

根据第二次长沙会战的经验，鸟巢式工事最富强韧性。其位置设于火线后隐蔽地点，并设有许多伪工事以迷惑敌人，消耗其战力。另据湘北湖沼密布、沟渠纵横的特点，在该地区配置重火炮和大口径平射炮，趁敌前进缓慢时予以打击。

12月8日，太平洋战争爆发、盟军对日作战的消息给前线部队以极大的振奋，薛岳从各方侦得日军蠢蠢欲犯的情报，便令部队迅速准备，迎击来犯日军。

12月19日，薛岳得知日军第11军已在集中的情报，他判断日军马上要进攻长沙。于是按照"天炉战法"的部署，采纳"将主力兵团部署在外翼，同时命第10军死守长沙，将敌诱至浏阳河—捞刀河之间包围歼灭"的

总方针，具体部署如下：

（一）副司令长官兼第19集团军总司令罗卓英，指挥第26军3个师、第79军3个师和第194师，立即从上高进至浏阳，准备作战。当日军攻击长沙时，第26军从东向西，第194师从南向北反击。

（二）副司令长官兼第30集团军总司令王陵基指挥第78军、第72军共4个师，立即从修水进至平江，准备作战。第78军首先确保平江，在敌进攻长沙时，协同第37军从东北向西南侧击。

（三）副司令长官兼第27集团军总司令杨森，指挥平江的第20军3个师和第58军。第20军在巩固现阵地之后，另行命令向关王桥、三江口侧面阵地转移，从东向西侧击，并由北向南尾击汨水以南之敌。此外，第58军在敌渡新墙河时，由东向西侧击。其后根据另行命令，进入关王桥以北的第58军阵地，协同侧击、尾击南进之敌。

（四）第37军3个师首先应持久顽强地巩固住汨水南岸既设阵地，尔后向社港市、更鼓台、金井间的山中转移。在敌进攻长沙时，协同第78军从东北向西南攻击。

（五）第99军3个师，首先在确保归义以西阵地之后，在敌进攻长沙时，由西北向东南夹击。

（六）第10军3个师死守长沙。第73军3个师进驻宁乡、益阳，作为战略预备队，根据另外命令，协助第10军反攻。

日军第11军的进攻行动虽然诡秘，但仍在薛岳的预料之中。一个是要进攻长沙，另一个则是架起"天炉"，请君入"炉"。到底谁操胜算，还要看战斗的指挥与具体实施。

三、引倭入"炉"

1941年12月24日傍晚，中南地区上空彤云密布，连日的蒙蒙阴雨突然转成大雨，倾泻而下。不久，天黑如墨，大雨又转成漫天的飞雪，田野里的树上、稻茬上积雪点点。刺骨的寒风给三湘大地吹来了一股杀气。

日军第6、第40师团集结完毕，士兵们已进入出发阵地。大炮在风雪中昂起了头，士兵在寒风中紧张地战栗着。阿南惟几在岳阳的指挥所里，望着雨雪弥漫的湘北大地，脸上露出得意的神色。他自忖：这样的天气，薛岳的部队肯定都躲起来了，这正是日军进攻的最好时机。他转过脸来，让作战参谋向各部队下达进攻的命令。

顿时山摇地裂，第6、第40师团的炮火吐着火舌，射向新墙河南岸。日军士兵在炮火的掩护下，徒涉冰冷的新墙河，开始向南进攻。

日军进攻一开始就碰上了硬钉子，这就是防守新墙河、由杨森指挥的第27集团军。

薛岳为对付阿南惟几刚上来的那两下子，把参加过两次长沙会战的第20军和第58军摆在了第一线，由战区副司令长官兼第27集团军总司令杨森指挥。薛岳在所属的几个集团军总司令中，首先选择杨森出马，是颇具眼力的。

杨森早年曾入四川陆军速成学堂和四川高等军事讲习所学习，辛亥革命时加入同盟会，后又参加过讨伐袁世凯的"二次革命"，曾两次把张敬尧的北洋军队打得大败。

袁世凯死后，杨森在军阀混战的厮杀火并中，由军参谋长升至川军第2军军长、北洋陆军第16师师长。1926年年底，杨森率部投靠蒋介石，被任命为第20军军长。

卢沟桥事变后，杨森请缨出川抗日。他率第20军先在上海参加淞沪会战，在防守大场的战斗中，予日军以重创。上海沦陷后，他又率部在安徽巢县、安庆一带阻击日军，参加了武汉会战，然后辗转到达湖南。

抗日作战，对杨森来说，是他新生活的开始。在每次对日作战前，他总要对部属说："过去我们一直打内战，内心对民族是有愧的，现在是我们赎罪的时候了。我们只有拼命死战。"

杨森在战火中滚了几十年，他深知掌握枪杆子的重要性。因此，第

20军的主要军官都是他的子侄,一碰上打仗,他挂在嘴上的话就是一句:"龟儿子们,别给咱们老杨家丢脸,要像杨继业那七郎八虎抗击辽兵一样打击小鬼子。"

第二次长沙会战结束之后,第20军从大云山拉到了新墙河南岸,在这里修筑工事准备抗击日军。

湘北的洞庭湖东岸,新墙河、汨罗江、捞刀河、浏阳河,自幕阜山向西汇入湘江、洞庭湖,四条河的水网像巨大的蜘蛛网,与大云山、幕阜山山水相连,专等日军这个"害虫"往上撞。

黑云压城,寒风刺骨。第20军防守的官兵趴在工事里,手脚已冻麻木,但身上的血却在沸腾。

军长杨汉域坐在电话机旁,参谋人员出出进进。他坐在那里一动也不

杨森

动,心中也像前线的战士一样,只要战斗不打响,他的心情怎么也平静不下来。

杨汉域是杨森的侄子,杨森升为第27集团军总司令后,留下军长一职非杨氏莫属,就由他来接任。

杨汉域自忖,老子上次在大云山就打得不错,无论嫡系、杂牌部队都刮目相看。今天再让日本人尝尝咱们的川味,我们杨继业的后代,在打入门强盗时,绝不含糊。

薛岳给第20军的任务,是在新墙河坚守10天,而后转移阵地,对日军进行侧击。

日军乘着风雨和薄暮,强行渡河。行至河中间,中国守军的枪声

大作，第一批日军就这样被怒吼的枪声淹没，死伤者随着新墙河水向西流去。

第6师团长神田正种站在新墙河北岸的山上，他要看着他的部队向南挺进。这时他气急败坏地对参谋人员大声吼叫："让炮兵把沿河的工事轰成平地。"

别说轰成平地，就是不轰，第20军的工事也与平地没有什么不同。

杨汉域自接受任务后，思想上的压力很大。从日军在河北岸集结的兵力来看，凭他现在仅有的两师兵力，要坚守10天相当不易。但军令如山，只得在工事修筑上想点子、下工夫。

杨汉域令夏炯、杨干才两师长，在新墙河南岸修成半永久性工事和野战工事组成的网状防御阵地，即以据点式工事为支撑点，与野战的沟堑相连，形成纵深配置，做到防有韧性，攻有弹性。同时，他要求各师在使用兵力时，以另一部兵力分置于各据点内，据险死守；以一部兵力据守野战工事，纵深配置；将另一部兵力作为预备队，机动使用。作战中，敌人如向据点中的防守部队进攻，野战工事中的部队适时以火力支援，或派部队反冲击。反之，敌人如向野战工事进攻，据点中的防守部队即以火力进行侧击或尾击，消耗敌人、迟滞敌人。

北风呼啸，大炮轰鸣。日军的炮弹在守军阵地上爆炸，满是泥水的阵地被炸成一锅粥。

大炮虽给中国守军的阵地以破坏，但只伤了皮毛，筋骨未动。日军又开始渡河，中国军队的枪声依旧，日军还是大量伤亡。能侥幸冲上岸者，不死即伤。神田正种师团长站在山上发呆。

战斗逐步升级，日军的炮火越来越猛，守军的战斗意志也越来越坚强。傅家桥的防守部队为第20军第133师398团2营，营长王超奎率部像钉子一样在阵地上屹立不动。日军炮火猛烈时，他令大部队隐蔽，以逸待劳；炮火一停，便派出小分队到前线防守观察。日军久攻不下，神田恼怒至极，令师团大部分炮兵不分青红皂白，将炮弹向王超奎营阵地上倾泻，全营官兵和泥土化为一体……

新墙河在呜咽，不少四川子弟兵长眠于湘北大地上。

日军第40师团与第134师激战一天，未能突破守军阵地。

25日，中国守军继续顽强抵抗。天公作美，风紧雨大，使日军攻势稍缓，待后续增援部队上来之后，日军又集中了4000余人向第134师第400团阵地猛攻，激战4个多小时，付出了惨重的代价，才攻破中国守军第一线阵地。

几天的厮杀，新墙河南岸弹迹累累，日军也遗尸遍地。杨汉域又命令部队撤至第二线阵地，继续抵抗。

杨森为稳住第20军的防守，令新编第58军的新编第11师开到杨林街附近，协助作战。

两军相逢，各逞其勇。一个是死力相拼，全力防守；另一个是志在必得，全力进攻。中路日军见硬攻伤亡太大，乃令一部日军在第133师第397团两营阵地的接合部钻隙进攻。日军深入后，遭到该团预备队和据点工事部队的伏击，死伤甚众，大败而退。神田师团长只好命令部队绕道前进。

杨汉域军长在关王桥的指挥部里坐立不安。他相信他的部队能够抵抗住日军的进攻，令他头痛的是通往各部队的电话线全被打断，各部队的音信全无。前方的枪炮声时紧时缓，他再也忍耐不住，急步登上高地眺望，只见远方田野正在混战，火光闪闪。他的将士在用命，在死拼，他情不自禁地骂了一句："好小子们，有种！小鬼子！有你们好瞧的。"冷风吹来，他的心中顿时畅快了许多。

后半夜，各师、各团的传令兵一身泥、一头汗地跑来汇报各处的战况：日军伤亡惨重；中国部队伤亡也很大，士兵疲劳至极。第134师一个排全部战死；第133师的一个班，战斗了三天，粒米未进，饥寒交迫，全部冻死在战壕里。

杨汉域一面听着报告，一面低头不语，心中暗暗赞叹自己的将士；另一面盘算着下一步的行动。他要将战况向杨森报告，没有命令，即使全部战死，也不能后退。

26日拂晓，沿粤汉路进犯的日军第3、第6师团合兵一处，向汨罗江突进。他们以一部向东迂回，企图包围第27集团军。新墙河防御部队的翼侧受到威胁。

杨森见日军围攻第20军，急令孙渡率第58军的第10、第11两师夹击迂回包抄之敌。

大雪纷飞，天气酷寒。第58军官兵反穿棉衣，白布与雪色一体。他们同仇敌忾，斗志昂扬，向前来包围之敌冲击。

孙渡第58军为云南部队。卢沟桥炮声一响，龙云即将云南子弟兵编成第58、第60两个军出滇抗战。他们步行几千里，参加了台儿庄外围战、武汉会战，而后在湘赣间与日军作战。吃苦耐劳、爬山野战是滇军的特长。

日军碰上了增援部队，为了掩护粤汉路南进部队，便集结力量，以排为单位，每一排间隔百米，波浪式地向滇军阵地压来。第一拨冲至阵地前，守军以手榴弹将敌击退。日军又以炮击掩护第二拨、第三拨向上冲击，阵前日军尸体横陈，阵地内中国守军也伤亡惨重。阵地失而复得，得而又失，双方展开了"拉锯战"。

滇军生活在亚热带，不耐寒冷，许多人手脚红肿，冻裂流水。当天夜里，在凛冽的寒风中，许多战士被冻死，但他们依然紧握钢枪，枪口还指向敌方。

27日，杨森接到薛岳让后撤的命令，当即命令杨汉域向梅仙、粤汉路以东地区转移，准备由正面抵抗转为侧击。孙渡率第58军逐步抵抗后撤，向东南方向撤至汨罗江南岸右翼山地，向敌侧后迂回攻击。

如果从12月18日前哨接战算起，至27日正好是10天时间，但要从24日日军全面进攻算起，才不过4天的时间。杨汉域有点纳闷，他问杨森应怎样算。杨森捶一下他的胸脯说：

"呆小子，这一下就够小鬼子受的了，再打下去，难道把咱的老本拼光吗？留得青山在，还怕没柴烧？回去把部队整理好，过几天说不定还在这个地方碰上老对手，那时的小鬼子就不是今天这个模样了。"

阿南惟几指挥的日军像红了眼的野牛，冲过了新墙河，直扑汨罗江。

防守汨罗江的部队是陈沛第37军和傅仲芳第99军，两个军构成了第九战区在长沙以北的第二道防线。两军以骆公桥为界，第37军防守骆公桥东，第99军防守骆公桥以西的湘阴、营田一线。

这两个军在国民党100多个军中是数不着的。但就是这两个军，特别是第37军，日军每次进攻长沙几乎都要碰上它。而且看着它似乎是被打垮了，但是很快又站起来，还能再战。真有点打不垮、砸不烂的劲头。

这次，日军下决心要打垮第37军。而第37军军长陈沛，这个毕业于黄埔军校第一期的广东人，似乎信心比前两次更足。

12月27日，日军第6师团先头部队与第37军第95师接触，当日，日军第40师团的先头部队也发起了对第37军第60师阵地的进攻。

久战师疲，日军似乎没有了刚开始时的那股冲劲。进攻一天，日军拖下来一堆死的、伤的，战况却毫无进展。

28日，日军将增援部队投入战场，再次发起进攻。第60师守卫长乐街的一个排，采用虚虚实实游动防御战术迷惑消耗敌人，日军一个联队进攻了一天，中国守军全部阵亡后，才将长乐街占领。但日军付出的伤亡代价却是数倍于守军。

第6师团强渡汨罗江。第95师顽强阻击。日军欲渡不得，改由伍公市强渡，但也被中国守军打退。

29日，天气放晴，日军在飞机、大炮掩护下，在长乐街架设浮桥。到晚上，日军渡过汨罗江。

第37军军长陈沛率领所部且战且退，于30日夜间由浯口向东南的社港地区撤退。

第99军傅仲芳部在归义与敌第3师团激战之后，也于30日夜向湘江沿岸的营田、湘阴一线退却。

伤痕累累的"野牛"继续蒙头向前钻。撤出战斗的中国部队迅速占领两翼，薛岳支起的"天炉"，火还没有烧到最旺的时候。

四、"自暴自弃"之作战

天时、地利，加上太平洋战争开始后中国同反法西斯国家结盟，使中国得道多助，人和士气高。相比之下，侵华日军的湖南作战却极其艰难。

25日清晨，即日军全线进攻开始的第二天，第3师团由于粤汉铁路被敌后军民破坏，没能及时赶到前线参加战斗。

由于天降雨雪，气候恶劣，日军飞机无法参战。又由于道路泥泞，日军炮兵运动困难，只能靠延伸火力支援步兵作战，炮击的效果很差。

日军步兵在泥泞的田野里、山坡上蹒跚行进，个个滚得像大泥球。第20军在前线与日军激战三天三夜，予敌以大量杀伤，随即按预定计划撤出战斗，退往关王桥附近，侧击日军第40师团。此时，在黄岸的第58军奉命西下，侧击汨罗江以北的日军。

守卫在汨罗江以南的第37军在瓮江、桃花、桐子山、磨石山一线防守，又以其所属第140师在花门楼至周家湾一线占领阵地，阻敌南进。

阿南惟几于12月25日得知香港英军投降，本打算于26日晨返回汉口，但因雨雪天气，飞机不能起飞，只好还留在岳阳指挥部。他得知第37军阻止日军前进，便认为薛岳要在该地与其进行持久抵抗，于是命令日军第3、第6、第40师团主力，加快进攻速度，向汨罗江推进。他决定于12月29日天亮前，向汨罗江南岸进攻，迂回包围第37军，吃掉这支部队。

日军各师团顶着凛冽的寒风，冒着雨雪，踏着泥泞前进。27日夜日军进至汨罗江，由于连日降雨，汨罗江水不断上涨，江水漂着冰屑缓缓流淌。当日下午，第3师团渡过江，向大娘桥东西线挺进，准备对第37军迂回攻击。

如果说第20军在新墙河的抵抗是要削弱日军，那么薛岳在汨罗江南岸的第37军则是钓饵，引诱阿南来吞食。不出薛岳所料，阿南惟几果然张开

第十一章 湘赣鄂作战

大口来吞食这块难咽的钓饵。就这样,薛岳按原计划将日军吸引到了"天炉"之中。

按阿南惟几的打算,日军第3师团渡过汨罗江后,第40师团随后渡江跟上包围中国第37军,于28日晨做好攻击准备。

湖南战场上的日军

但是27日晚,汨罗江江水不断上涨,后续部队不能继涉,原有的桥梁悉被破坏,日军第6师团、第40师团只得在新市、长乐附近架桥。

南方的天气就是这样奇怪,天寒地不冻。日军所到之处,都是泥泞难行,架桥谈何容易。日军只得临时砍伐附近的树木,拆毁有木料的房屋,在齐胸深的汨罗江中去架桥,人冻得瑟瑟发抖,进度自然十分缓慢。

正待阿南惟几欲渡河咬钩之时,薛岳反而将"钓饵"收起。28日,阿南惟几发现第37军不见了,他这才知道自己的判断错误。原来,第37军在阵地上不仅未作长期抵抗,连短期的防御也不搞了。

此时,第37军所属董煜第60师已由大湖岭、梧岗源、太平岭一带退去,罗奇第95师和李棠第140师好像撤到金井附近,在象鼻桥东侧南北高地一线,阿南惟几如坠五里云雾之中,命令日军尽快渡河,向南挺进。此时的阿南惟几好像盲人骑瞎马,夜半临深池,但仍不自知。

薛岳的目的很明确,就是让日军向他设计的"天炉"中钻,"炉底"就是长沙。为此,他令第37军主动后退,空出通往长沙的泥泞大道。

日军各师团根据阿南惟几的命令渡过汨罗江,由于找不到目标,在烂泥滩似的丘陵河网地区打转。连日的阴雨,日军个个穿着湿透的军装,蓬头垢面，皇军的尊容早已不见了，对日军来说，这样的日子是十分难熬的。第九战区在各地留下的游击部队不时放出冷枪，又让日军提心吊胆，横田大队在铁路桥附近渡河时，被巧妙隐蔽于桥脚附近工事里的机枪一阵猛烈扫射，死伤甚多。日军骑兵第3联队前进到距汨水七八百米时，突然遭到道路两侧埋伏的中国军队的猛烈射击，联队副官当即负伤，军马被击毙64匹。敌方部队于28日下午遭到既设阵地的中国守军射击，死伤一部，守军旋撤去。而后，敌方部队在冻滑难行的道路上一夜行军，拂晓时正人困马乏，又挨了中国第140师的一顿猛揍。

阿南惟几进退维谷。本来像这样动用四五个师团的大规模远距离的进攻，是要经过大本营批准的。可现在他已经骑在老虎背上，再下来也困难，在渡过新墙河时，日军付出的代价已经不小，现在如果退回去，未免太损面子。阿南惟几像输红了眼的赌徒，他只能赌到底。

29日，几天的小雨雪演变成漫天的大雪，汨水河畔，漫天皆白。

阿南惟几以为中国军队在这样恶劣的气候下，抵抗不住日军的攻势，于是他发出了进攻长沙的命令：

（一）敌有向长沙和金井方向退却之迹象。

（二）本军司令官决定主力向长沙方向追击。

日军各师团接到命令，踏着泥雪向南挺进。

几天的雨雪，将中国军队的防御工事伪装得自然天成，就是人走到面前，也发现不了。由于道路泥泞，日军早已把大炮丢在一边，甚至重机枪都难以携带，能带的只有轻机枪和掷弹筒。这样，日军的装备已降到和中国军队的装备不相上下的水平。日军每前进一步都要经过战斗，每次战斗都要付出伤亡代价。一会儿那里响起了枪声，一会儿这里又投来几颗手榴弹。费了好大的劲攻上阵地，守军又不知去向。

第一线的日本官兵开始有一种惶惶不可终日的感觉，他们有的发牢骚，有的传递着自己想出来的小道消息："这次作战是为了牵制中国军队增援香港，现香港已被日军占领，到31日可能撤退，回到武汉过新年。"

但这只能是一厢情愿。

阿南惟几进攻长沙的决定，在日军第11军司令部和作战部队中激起了不小的波澜。

在军司令部内一直掌握中国军队调动情报的作战主任参谋岛村矩康中佐，对阿南惟几的决定感到不安，他明白，自开战以来，防守的中国军队不是被打退的，而是有计划地主动撤退，并且保持着完整的建制和高昂的斗志。日军现在虽然渡过了汨水，却已极度疲劳，中国军队似乎部署在长沙及其周围地区等着他们。作为幕僚，岛村想向阿南惟几直言自己的看法，但他看到司令官是那样刚愎自用，意气用事，又害怕会碰钉子。他看阿南惟几的情绪稍稍好转时，便婉言向他提议："司令官，在香港已被占领的情况下，进攻长沙是否应该慎重从事？"

阿南惟几听了，马上一脸不高兴。他说："作战主任对是否进攻长沙至今还没定下决心，这样怎能指挥部队作战？"

阿南惟几与木下勇参谋长商量，现在有必要向司令部幕僚人员和各级指挥员强调进攻长沙的必要性。两人讨论了一会儿，找出了5条进攻长沙的理由：

1. 给予蒋政权以无声的威胁。
2. 把（中国）南方集结的兵力牵制在北方，使其有湖南随时可能受到袭扰之感。
3. 表明皇军尚有余力。
4. 使湖南民众感到蒋军不是依靠。
5. 予第六战区以威胁。

阿南惟几既已决定进攻长沙，乃于29日令负责后勤补给的二见秋三郎副参谋长速来岳阳。

后方补给，就连弹药这一基本问题都没有充分准备。第一线官兵不得不用紧急出动时所携带的120发子弹从事战斗。

运输补给的道路十分糟糕，新墙河以南的道路或被民众破坏，或被水冲没，此时军直属的工兵或被调往前方或被调往宜昌，只剩下两个独立的工兵中队可用来修路，杯水车薪，不敷急用。

30日晨，二见秋三郎偕军司令部各部长及加藤工兵、平冈输送两司令到达岳阳。阿南惟几向他们布置了进攻长沙所担负的任务。二见秋三郎看阿南惟几既已决定，且十分坚决，只得背后发牢骚，称这是"自暴自弃之作战"。

五、李玉堂战长沙

如果说湖南战场的其他地方是薛岳"天炉"的边或沿的话，那么长沙无疑就是"天炉"的底，没有底就不会有炉，没有底还炼什么，这是连老百姓、小孩都懂的理。将谁放在长沙，让哪支部队守长沙，无疑，这是关系到"天炉之战"能否成功的问题，也是为这次会战保底的问题。薛岳选择了李玉堂。薛岳命令李玉堂的第10军死守长沙，布置袋形阵地，以待友军合围。部署了方先觉预备第10师守岳麓山，周庆祥第3师守小东门，第190师守长沙近郊。

在第二次长沙会战中，第10军奉命阻击南犯之敌，与日军遭遇，指挥部被敌偷袭，该军上下失去联系，造成溃败，军长李玉堂被撤职留任。该军在衡阳整训时，明耻教战，励精图治，全军上下憋着一股气，准备报仇雪耻。

第10军参谋长蔡雨时认为第3师防守阵地约30华里，敌众我寡，无险可守，处处薄弱，因此他与李玉堂研究过，将预备第10师由岳麓山调往小吴门，接替一个营的阵地。预备第10师师长方先觉迅速集中所有渡船过江接防。正当人马半渡时，薛岳接报，当即打电话质问："预备第10师为什么过江？"蔡雨时说："友军先期到达长沙，可接岳麓山阵地，预备第10师过江接防第3师一部，长沙可确保……"

薛岳半天没有吭声，最后狠狠地说了一句："你小心你的脑袋！"

预备第10师过江后，师长方先觉命令所有的船全部调走，连通信船也不留，抱破釜沉舟之决心，誓与长沙共存亡。方先觉坚决不当军预备队，要求李玉堂给予固定任务，最后李玉堂部署第3师守东门，第190师守南门，预10师守南门，作三线配备。12月31日夜半，第一线部队与敌相遇，拂晓，敌在飞机、大炮的掩护下，向我军猛攻，第一线第29团团长张越群（黄埔军校第六期毕业）指挥部队与敌展开殊死战斗，由于正面过宽，兵力单薄，在上午10时许，阵地被敌突破。当敌军向第二线即将发起进攻时，第28团某营长（黄埔第八期生），借口向师长请示，擅自来师部，方先觉一言不发，手令将其枪决。接着，方先觉打电话给第28团团长（黄埔第四期生）葛先才说："艺圃，现在就看你的了，我全力支持你，第29团立即收容整理，统归你指挥，第30团随时可以调用，你一定要顶住啊！"

葛先才充满自信地回答："报告师长，请您放心，我们决不能让您在薛长官面前丢面子！"

是日，第二线阵地顶住日军轮番进攻。夜晚，薛岳亲自打电话找方先觉询问战况，方先觉回答："请薛长官放心，我能守七天！"薛岳反问："你如何守法？"

方先觉说："我第一线守两天，第二线守三天，第三线守两天。"

打完电话以后，方先觉写了一份遗嘱给其夫人，信曰：

蕴华吾妻：我军此次奉命固守长沙，责任重大。长沙的存亡，关系抗战全局的成败，我决心以死殉国，设若战死，你和五子的生活，政府自会照顾。务令五子皆能大学毕业，好好做人，继我遗志，报效党国，则我含笑九泉矣！希吾妻勿悲。夫子珊。

写完后对副官主任张广宽说："这封信马上派人送到后方给我家眷，无论如何明天以前要送到！"

隆隆的炮声，是辞旧迎新的钟声。成千上万的将士抱着枪，在冰冷的泥土上，和衣而卧。当1942年元旦的太阳向抗日将士迎面升起时，在飞机大炮的掩护下，敌人的冲锋显得比以往任何时候都要激烈。在我第28团指挥所的上面是一个修械所，这里成为敌我双方争斗的焦点。面对日军第3师团如湘江波涛一般的攻势，团长葛先才也急红了眼，挥着枪大喊大叫着："誓与修械所共存亡，只要我还有一口气，就寸土不让！"关键时刻，方先觉师长亲自赴南门阵地督战。

第10军军长李玉堂

然而敌众我寡，在太阳光的反射下，三八大械上的刺刀发出耀眼的亮光，终于杀上高地。葛团长手持电话，请求："炮火射击！"

两分钟后，岳麓山顶两个美式炮团怒吼了，成排的炮弹像长了眼睛，落在阵地上，霎时间尘土飞扬，硝烟弥漫，血肉横飞，不见天日。高射机枪也开始狂啸，掩护步兵勇猛反击，吓得日机不敢低飞；敌人受到严重的打击，锐气大挫，仓皇后撤。

见敌人逃跑，陈希尧的第30团耐不住寂寞，夜袭并消灭了突入白沙岭的一个敌中队，击毙敌中队长，得胜而回。当晚，还有一桩趣事可圈可点。有几个辎重兵喝酒，其中一个愣头青夸口说："老子用手里的扁担就能打跑东洋兵。"其余人讥笑他喝多了，吹大牛。惹得他火起，拿一条扁担就直奔敌营，逢人便打，日军猝不及防吓得惊慌四逃。

中国军人的士气如虹，越战越勇。接下来的几天，更是恶战迭起，惊险频仍，修械所的争夺拉锯，已达十数次之多，敌我伤亡都很大，战争呈白热化状态。

敌第40师团接替第3师团，强攻预备第10师阵地不下，于是转攻第10军东门第3师阵地和北门第190师陈家山阵地。是夜，敌利用守军在碉堡内瞭望角度小的缺陷，派遣突击队匍匐潜行到陈家山下，早晨趁着薄雾冲上山顶，第190师陈家山阵地失守。守军第570团团长当即组织部队反击，但日军主力的轻重武器已先一步到达山顶，居高临下，三次反攻均铩羽而归。

陈家山的失守，给守军造成很大的困难。北门之敌第6师团和东门之敌第3师团连成一线，三个师团合围长沙的计划得以实现。1月3日，敌三个师团联合发起攻势，几处阵地相继告急，尤其是识字岭尤为危险。此时，在天心阁上督战的第3师师长周庆祥对团长张振国说："你我都是李军长一手提拔起来的，长沙守不住，军长的面子挽不回来，对全局损害犹大，于公于私，我们都说不过去！"张团长把袖子一捋："和小鬼子玩命！"周师长说："我陪你干！"周庆祥当即联系炮兵对杨家山、妹子山、宽岭一带进行压制，张振国增加两挺重机关枪封锁窑岭至识字岭的道路，并增兵一个排前往固守，识字岭阵地的险情才得以缓解。

1月4日，敌再次向长沙发起全面攻击，城内到处是火光和硝烟。下午4

第3师师长周庆祥（中）

时，敌第3师团工兵在韭菜园一带穿墙打洞，爬进市区。敌军善于爬屋，我反击部队也爬屋；敌军上楼，我军也上楼，双方进行巷战，互相争夺制高点，敌军大炮、掷弹筒、平射炮一起开火，打得我防守阵地的墙上到处是洞，敌我犬牙交错，乱成一锅粥。激战竟日，第10军三个师的正副师长包括参谋长都在一线指挥抵抗，都没有回师部吃饭和休息；只有军长李玉堂和军参谋长蔡雨时对坐在指挥部的饭桌前悠闲地吃馒头喝稀饭。忽然，一颗子弹打穿玻璃击碎了桌上的盘子，并把李玉堂的筷子打断。李玉堂扔了筷子，用手捏着桌上的大头菜就吃。

蔡雨时问："军座，我们是不是把桌子换个地方？"

李玉堂神色自若地说："不动，不动。"

蔡雨时又问："那我们就快一点吃？"

李玉堂摇头："不用，不用。"

看到军长如此镇静，在场的部属都有信心，认为一定能将日寇打出长沙去。

激烈的战斗持续到晚上，敌军攻势全面受挫，突入城内的敌人固守待援。

薛岳打电话告诉李玉堂："我外围各军按战前制订的长沙决战计划，都已到达指定位置。各军现已开始全面反攻……请老兄务必再坚持一夜！"

李玉堂立即命令指挥部人员分头向部队传达这个振奋人心的消息。

第10军将士们提出"苦战一夜，打退敌人，守住长沙，要回军长"的口号。李玉堂命令第190师副师长、黄埔五期的彭问津统一指挥，务必围歼敌市内工兵；又令军工兵营配合两个步兵营，对残敌发起最后的攻击。激战数小时，我工兵放火烧屋，迫敌逃出，步兵发起围攻，逐屋逐街展开争夺，侵入市区一昼夜的敌军大部被歼，一部逃出城外。此时包围长沙的敌军开始撤退，经我各军沿途追击，遗尸遍野，到1月16日，残敌逃过新墙河北岸，第三次长沙会战胜利结束。李玉堂获二等宝鼎勋章，晋升第27集军副总司令兼第10军军长，旋即调任第27集团军总司令；方先觉功升第10军军长；第3师、第190师和预备第10师被军事委员会授予民族荣誉旗。

六、"天炉"之炼

薛岳很早就掌握了阿南惟几的意图，他于12月21日便下令给长沙的党政军各机关及部队，详细规定了各单位的任务，提出了具体的要求。同时，他命令第10军军长李玉堂统一指挥在长沙的全体文武官员，要以必死的决心、必胜的信念，协同一致，完成保卫长沙的任务。

12月23日，各党政机关开始向后方疏散长沙市的人口、物资，将长沙作为预备战场来建设。

同时，薛岳命令第10军在城墙内外及交通要道修筑碉堡，布置炮兵阵地。以长沙郊外为第一线阵地，并配置了兵力，开始准备战斗。按照薛岳的设想，如果说日军跨过汨罗江就钻进了"天炉"的话，那么长沙便是"天炉"的"炉底"。

12月29日，日军进犯到汨罗江以南，继续向长沙进攻。

按照蒋介石的命令，彭位仁第73军、王耀武第74军和欧震第4军，分别从湖北、广西、广东调至宁乡、衡阳和株洲。另外，还将调野战重炮第1旅到长沙，部署在岳麓山阵地。

12月30日，各军按部署进入了规定地点。但蒋介石又下达命令，让第二线兵团由现战线稍微后退配备，占据外线有利位置，掌握主动地位，把握战机，使敌人先攻长沙，待其受挫后，从各方面集中兵力，加以攻击。

蒋介石向来惯于干预下级的军事指挥，他的命令与薛岳的部署并不矛盾。薛据上述命令，于同日发出如下命令：

（一）敌已渡过汨水，准备进攻长沙。我军决定断然对敌进行向心攻击，一举包围歼灭敌军。

（二）副司令长官兼第27集团军总司令杨森派第58军由长乐向安沙，

派第20军由清江口向石子铺搜索敌人，予以攻击之。

（三）副司令长官兼第30集团军总司令王陵基派第37军从瓮江向望江（仙）桥，另派第78军从三角塘向长桥搜索敌人，予以攻击之。

（四）副司令长官兼第19集团军总司令罗卓英派第

日军举手投降

26军主力，由洞阳市向榔梨市；派第79军主力，从金潭向黄花市，根据情况于榔梨市，派一部向渡头市或东山；派第4军向长沙南侧进行攻击。

（五）第10军应固守长沙，第73军应固守岳麓山，俟各兵团到达第二次攻击线后，坚决进行反击。

（六）第99军第197师防守湘江、洞庭湖岸；第92师自三姐桥、第140师（属第37军）自栗桥分别向捞刀河，主动捕捉攻击敌人。

第99师在固守湘江东岸阵地的同时，应派一部有力兵力向栗桥、福临铺攻击敌侧背，切断敌军补给联络线。

部署完毕，薛岳便于12月31日又命令全军：

以1日零时为期，发起攻击，到4日夜为止，应进入第一次攻击线。

年末岁首，阿南迎来的是"天炉"的煎烤。薛岳将发起全线攻击，以主动进攻的姿态迎接新年！

1942年新年元旦，刚刚放晴的长沙，寒风凛冽。

这一个新年对于中国来说是一个胜利的好兆头。可用西方的一位哲人说的话来形容中国的抗战形势：严冬来了，春天还会远吗？

迈过汨罗江的日军是在饥寒交迫中迎来新年的。当日，第11军各师团按照阿南惟几的部署向长沙挺进：

1. 第3师团迅速由近路向长沙追击。

2. 第6师团击溃麻石山、鸭婆山附近之敌后，以主力追击榔梨市之敌，另以一部向长沙方面追击。

3. 第40师团以一部留在浯口附近，主力进入麻峰嘴附近后，向金井急进。

4. 独立混成第9旅团向关王桥急进，一并指挥泽支队在汨水以北，掩护军左侧背的安全。

日军第3师团踏着泥雪向长沙挺进，一路上虽然不时有冷枪冷炮伴随着刺骨的寒风袭来，但始终未见中国大部队的影子。

傲气十足的丰岛房太郎师团长急于争头功，命令部队加速挺进。他以为中国军队已被皇军吓破了胆。

中午时分，日军第3师团进抵长沙城下，并开始攻城。中国以零散的军队引诱日军，稍一抵抗，便向后撤。日军见此，便不顾一切地向城里猛追。按照丰岛房太郎师团长估计，黄昏可以进城，晚上便可在城里休整，在雨雪中劳顿几天的日军听到这一消息，像服了兴奋剂，士气大振。

其实，这些零星的部队，又是薛岳的钓饵，是故意引诱日军继续追击的。

日军第3师团的野联队刚到城边，突然遭到守城中国军队第10军的猛烈射击。日军后续部队投入战斗，一直打到18时30分，仍未能再前进一步。冬日昼短，天色入暮，丰岛房太郎便将惯于夜战的加藤大队投入战斗。

加藤不知深浅，率领两个中队直往里冲，很快就被中国军队作为新年礼物包了"饺子"，侥幸逃出的士兵只能起回去报丧的作用。加藤身上携有进攻长沙以来的多份作战计划和文件命令，日军恐中国军队从加藤身上得到文件，组织部队几次冲锋。均被中国军队击退。

中国守军从加藤身上携带的文件中得知日军的作战目的和携带的弹药数字。天机泄露，薛岳拍案大喜："一张薄纸虽轻，重过万挺机枪。"

2日晨，薛岳加旺了"天炉"的火焰：长沙前面的迫击炮和湘江对岸岳麓山的重炮，齐向日军第3师团轰击，日军阵地上烈焰熊熊，硝烟弥漫，就连丰岛房太郎所在的炮兵观测所也挨了炮弹，差点让他命归西天。

炮击之后，中国守军在城墙边与日军陷于混战和肉搏，两天两夜的苦战，日军第3师团尸横遍地。

日军第3师团的惨重伤亡使日军军司令部的幕僚们大惊失色。阿南惟几令神田正种第6师团在第3师团的右翼加入战斗，进攻长沙的东侧和北侧。

12月30日，日军第6师团正在进攻汨水南岸的第95师，突然接到阿南惟几进攻长沙的命令，不禁使神田正种师团长打了一个寒战。

朝令夕改，是兵家之大忌。但军令如山，还得执行。神田正种半夜停止对第95师的进攻，改为向长沙挺进。部队不眠不息，彻夜行军，于3日拂晓抵近长沙东北侧，随即发起进攻。

长沙的城墙异常坚固，该部仓促进攻，没有携带爆破城墙的炸药，遂与中国守军战斗成胶着状态。下午，湘江西岸中国的重炮齐鸣，炮弹纷纷在日军阵地上开花，敌人被炸得血肉横飞。

中国守军凭借城防工事死力抵抗，事先囤积的弹药发挥了巨大作用。日军第一线攻击部队不仅没有进展，而且又成批陈尸前沿。日军虽也以炮火还击，但弹药很快用尽。

1月3日，长沙前线日军官佐阵亡的噩耗、战败的消息、请求补充粮秣弹药的报告像雪片似的飞向阿南惟几的司令部，他急得像热锅上的蚂蚁，在房间内走来走去。

日军攻城已有3天，进城的希望依然渺茫。但这时第九战区的军队正日夜兼程，从四面八方向长沙压来。

东南面，是罗卓英的夏楚中第79军、萧之楚第26军和欧震第4军，已逼近长沙。

东北面，王陵基指挥的陈沛第37军和夏守勋第78军，分两路沿金井至长沙的公路，快速前进，指日可达。

日军俘虏

西面，彭位仁第73军守卫在湘江西岸，随时准备出发侧击日军。重炮兵旅在岳麓山上居高临下，像悬在日军头上的一把利剑。北面杨森的第20军和第58军在汨水一带断敌归路。更可怕的是，湘北的20万民众，大量破坏道路桥梁，袭击零散日军。日军运输线已陷于瘫痪。

继续进攻占领长沙，现已无弹无粮；再坚持下去，那是等死；请求援兵，本来就捉襟见肘，还能从哪里调兵？各种设想都在阿南惟几的脑子里出现过、盘算过，但都被他自己一一否定。现在只有一条路：撤退。

1月3日夜，是湘北最冷的一天。阿南惟几痛苦地下令撤军。

日军要逃跑，这一切早在薛岳的预料之中。新墙河、汨罗江、浏阳河，这一道道的水早把日军的锐气磨尽；湘西的山、湘北的岭，也早使日军精疲力竭。

1月4日，蒋介石电令薛岳："此次会战，举世瞩目。各部务必不惜任何牺牲，发扬高度攻击精神，施行坚决勇敢之包围、聚歼残敌，以求获得空前胜利与光荣战绩。"

薛岳向蒋介石回电表示："本次会战岳已抱必死决心、必胜信念。"

为了贯彻蒋介石命令，为了振奋士气，薛岳向部队下达了如下亲笔命令：

此次作战，对国家之存亡与国际政局的关系，至关重要。

薛岳以必死、必胜的信念，为了把握战机，歼灭敌人，特严令以下三项决定，希全军执行之。

一、各集团军总司令、军、师长要严格掌握部队，亲临前线，力图捕捉战机，歼灭敌人。

二、我薛岳如果战死，应立即由罗卓英副司令长官代行职务，按预定计划歼灭敌人。集团军总司令、军、师、团、营、连长等，如有战死者，即由副主官或经历较深的主任代行其职务。

三、各集团军总司令、军、师、团、营、连长等，如有作战不力，或贻误战机者，立即按照革命军人连坐法议处，严惩不贷。[①]

薛岳立下遗嘱，以必死的信念，要与日军决战。全军得令犹如严冬里的一把火，士气大振。

1942年元旦是日本第11军侵入华中以来最难过的年，从后方带来的粮食早已吃完。如今，日军占领一个村庄往往不是抢占有利地形，而是先冲进居民家抢吃的。饥饿的日军吞吃生米，拔食田野的过冬油菜；居民家来不及迁走的家畜家禽，日军抓住稍加烧烤便虎狼般地吞吃起来，冻极了的日军靠拆民房取材烤火取暖。

1月4日，天将黄昏。

日军第3、第6师团，丢下累累死尸，向北仓皇突围。罗卓英、杨森两

[①] 参见《薛岳致蒋介石密电（1941年12月30日）》，《抗日战争正面战场》（下），第1145-1146页。

集团军立即实施分割包围，分头痛击围歼敌人。

薛岳筑成的"天炉"对日军来说是进来容易出来难。日军各部队都拉扯着大批的轻重伤兵，仅第3师团就躺倒700多人。如果一个伤兵需用两三个人抬的话，那么就有近2000人的战斗力受到影响。

4日深夜，日军第3师团的野联队被罗卓英部团团围住。中国军队发起猛攻，短兵相接，刺刀、手榴弹发挥了威力，日军又丢下大批死伤人员，狼狈逃窜。

日军第3师团司令部在石井联队的掩护下，经过苦战，

在福临铺抓获的日军俘虏一部

于5日凌晨来到浏阳河畔，但随即被欧震第4军包围，中国军队在嘹亮的军号声中如下山猛虎，一阵冲杀，日军吓得魂飞魄散，日军军旗被迫击炮炸飞，欧震第4军勇士迅速逼近师团指挥所，两军在师团指挥所前展开惨烈的肉搏战，直杀得日军死伤累累，鲜血遍地。正在这时，日军又一个联队赶到才算把丰岛房太郎师团长救出。

到1月8日，经过四天四夜的反复冲杀，日军连空运来的弹药也用尽了，第3、第6、第40师团只向北挪动了几十里路。

忧虑、恐惧的气氛笼罩着日军第11军司令部。日军第3师团遭到第4军的打击，与军司令部的联络中断。日军第6师团在栗桥附近被第73、第99军包围，日军开始怯战。军司令部的幕僚们认为要摆脱被歼的命运是困难的。

是日夜，皓月当空，寒气逼人，日军幕僚们望着明月顿生思乡之愁，但更担心中国军队趁着月色继续向他们进行追击。

阿南惟几更是心急如焚。他强压住内心的不安与忧愁，生怕影响部属们的情绪。夜深人静，他披衣而起，在参谋室的黑板上写下了两行字：

今更莫把惊惧生，
兵家胜败是常情。

不知道他这是用来安慰幕僚们呢，还是安慰他自己。

1月8日，困兽一般的阿南惟几，想以一次反击，来振奋日益颓靡的士气，他向重围中的各师团下令：坚决进攻青山市以北的杨森第27集团军，打开退路。

当日，日军第6师团按照阿南惟几的命令，全力向青山以北迂回。

日军刚刚挪步，就被从榔梨、黄花市追击而来的罗卓英集团军第4军、第26军和王陵基集团军第78军包围。双方展开惨烈决死的战斗，凛冽的寒风伴随着枪声、炮声和喊杀声，日军独立混成第9旅团的山崎大队被全部歼灭，第6师团损失惨重。

一向故作泰然的阿南惟几听到属下的报告也陷入深深的忧虑之中。向北逃跑的所有部队都正在激战，损失都很严重。形势严峻，阿南惟几怎么也掩饰不住内心的紧张了。

被围困中的日军第6师团已到了弹尽粮绝的地步，几乎罗雀掘鼠，所在地区能找到的生米、生菜等可以吃的东西都吃了。

原第九战区参谋处长、全国黄埔同学会副会长赵子立先生曾根据一位被俘人员的叙述，描写了日军当时的狼狈相：

"……日军在捞刀河、汨罗江间十分艰苦，前有阻兵，后有追兵，处处都有伏兵，不断发生战斗，没有休息的时候，行军锅都撂了，米也没有了，地方又找不到米（藏起来了）。有时找到一点，只好用钢盔作炊具。后来夜间走，找不到老百姓带路，有时找到一个，不是装聋，就是作哑，不给他好好带路。他（日军）生气就把老百姓杀了。只好靠地图和指北针定位，摸索着走，有时捏着手电筒看地图，一阵枪声打来，手一哆嗦，地图上的指北针掉在地上，再不敢捏手电筒了，弯着腰多半天摸不到指北针……"

阿南惟几派航空兵前来救援日军第6师团，但交战双方呈胶着状态，飞机在天上团团打转，不知炸弹往哪里扔。

阿南惟几接到飞机报告，大吃一惊。为挽救第6师团被歼的命运，急令第3、第40师团前去救援。此时，日军第40师团正在白沙桥一带被中国第37军围攻，已是自顾不暇。日军第3师团趁中国军队围攻第6师团之机，逃到汨罗江，死伤惨重，能参加战斗者所剩无几，也不能再去增援。

日军第6师团和独立第9旅团在青山市以北的重围中血战到1月12日，大部被歼灭。后来，在日军大批九七式轰炸机的轰炸掩护之下，神田师团长才得以带领残部，丢掉大批的尸体和伤员狼狈逃出重围。

1月15日，阿南惟几指挥进犯长沙剩余的残兵败将在飞机和炮兵掩护接应之下，终于艰难地逃过了新墙河。

第三次长沙会战结束了。

中国方面公布的数字：

敌重伤23003名；

阵亡33941名；

俘虏松野荣吉中队长以下139名；

伤亡遗尸共56944名。

日本方面公布的数字：

战死1591人，其中军官108人；

战伤4412人，

在福临铺一带日军死伤遍地

其中军官241人；

死伤马匹1766匹。

双方的数字又是这样的悬殊，如果说中国方面公布的数字有水分，那么日军的数字是否又真实呢？未必。

1月16日，面如死灰、精神沮丧的阿南惟几返回汉口。18日，他在军司令部会议室设置灵堂悼念死者。一时间，悼念死人、治疗伤残成了阿南惟几的重要工作。

若干年后，日本防卫厅在编写的战史中对长沙会战曾作了这样的检讨：

"第三次长沙会战的失败，在思想上没有充分地把战斗力和战斗意志统一起来，错误重重，作战始终是在极为困难的情况下进行的。

造成这种结果的最大原因，在于错误地判断彼我的战斗力量。

这次作战，动摇了一部分官兵的必胜信念，经过一年多的时间才得以恢复。"

日本的战史写得含蓄，就是它从不承认自己失败，这同它在中国的罪恶劣迹一样，也是躲躲闪闪，不痛快承认。如果能把它失败的惨相和它在中国的罪恶活动真实记录下来，也算是对那次战争作了一次认真的检讨。

这次胜利超越了中国的国界，在同盟国中产生了巨大的影响。英、美等国给国民政府发来了贺电，国内掀起了庆祝胜利的高潮。

1942年1月7日，桂林《力报》发表评论：

敌人实在没有什么了不得，只要我们的部队布置得当，以及我们的战术运用得法，加上我们旺盛的战斗意志，就可以在理想的地区内注定敌人的命运——使得敌人遭遇到我们预期中的失败。

同年1月31日，《阵中日报》发表评论说：

此次长沙会战，可使全国将士心理上为之一变。因为过去一般人都有这样的错误心理，都是说敌人的箭头画向谁，谁就倒霉，如像是敌人只要以主力出攻，谁都挡不住的。此次可以证明你只要有卓越之指导，必死的决心，一样也是攻不动的。

长沙会战胜利的影响这样大，连薛岳也未曾想到。战后，长沙军民召开庆功大会，蒋介石在南岳开会进行表彰，薛岳被授予国民政府最高勋章——青天白日勋章。此后，远在太平洋彼岸的罗斯福总统也向薛岳授了独立勋章。

但是，薛岳不应忘记站在三湘大地上的湖南人民！

第三节 浙赣会战

一、战略企图、作战指导及兵力部署

1942年4月18日,由杜立特率领的美国特别飞行中队16架B-25中型轰炸机,从由第16特混舰队护航的"大黄蜂"号航空母舰上起飞,轰炸了日本东京、名古屋、大阪、神户等地后,飞至中国浙江的衢州等地机场降落。这次突然轰炸引起日本朝野和本土陆、海军的极大震惊,对本国的空防能力产生怀疑,16架轰炸机在无战斗机护航的情况下,居然能在大白天在日本的主要城市上空飞来飞去而一架都不被击落,开始感到本土已不安全。日本大本营为防止中、美空军利用中国浙江一带的机场对日本本土实施"穿梭式轰炸",当日即决定摧毁中国浙赣线上的空军基地和前进机场。

1942年4月21日,日本大本营通知中国派遣军"中止泽田茂第13军的作战(第19号作战),准备浙江作战"。当时第13军已经下达了定于4月25日开始的第19号作战命令,因而中国派遣军总司令官畑俊六向杉山元建议:"目前19号作战已准备完毕,一旦中止,将造成统帅上的困难,仍望按原计划执行。"22日,杉山元答复说:"根据全面形势,必须立即摧毁浙江机场群。为此,立即中止第13军的第19号作战,迅速转入摧毁机场群作战。"4月30日,大本营下达了"大陆命"第621号命令:"中国派遣军总司令官应尽快开始作战,主要是击溃浙江省方面之敌,摧毁其主要航空基地,粉碎敌利用该地区轰炸帝国本土之企图。"同时下达了"大陆指"第1139号指示:"预定以地面兵力攻占的敌主要航空基地,主要有丽水、衢州、玉山附近的敌机场群及其各种设施;对于其他机场群,则根据我航空兵部队情况,及时控制或破坏。""攻占上述丽水、衢州、玉山附近敌机场群后,在一定时期予以确保。在形势不允许确保时,可将机场及其他各

种军事设施和主要交通线等予以彻底破坏后，返回原驻地。"使用兵力，"以第13军的主力和从第11军及华北方面军抽调的部分部队组成，以40余个步兵大队为骨干"。

畑俊六和第13军司令官泽田茂对大本营的作战企图及兵力部署颇有意见，认为破坏机场后再撤回来，很快即可修复利用，而且仅以击溃敌军为目的也太消极。于是决定改变作战目的及部署，增大使用兵力，扩大作战规模："以歼灭第三战区之敌为主要目的，占领飞行基地为次要目的"，"以约80余个步兵大队为骨干"，以第13军使用58个大队"从杭州方面向东部第三战区进攻"，以第11军使用27个大队"攻击西部第三战区军，以策应第13军"（6月中旬华北方面又将2个大队增调给第13军，总计使用兵力达87个大队，约为大本营原定方案的两倍）。虽然派遣军没有足以固守预定占领区的兵力，但为了使该地区的机场群不再为中国空军使用，要固守新占领的金华地区，"并在该地附近部署部分打击兵力，以便随时可以发动新的进攻"；又由于"作战地区并不仅限于浙江省，远至江西省，甚至企图打通浙赣线，作战名称也从原定的'浙江作战'改为'浙赣作战'"。

为了迅速开始进攻，中国派遣军令第13军不必等待华北方面军增援部队集结，5月15日开始行动；令第11军于5月末开始行动。

第13军于5月11日7时下达作战命令。其主要内容为：

1. 我军决定于5月X日对正面之敌开始发起进攻，首先为了捕捉并歼灭安华街、义乌和长乐附近之敌，约在X+3日傍晚向诸暨、嵊县西南方地区前进。

2. 第116师团、第15师团和河野混成旅团，必须在5月X+1日拂晓突破正面之敌阵地，向建德、诸暨南方地区和陈蔡市北方地区前进。

3. 第22师团必须于5月X日拂晓突破正面之敌阵地，主要通过沿曹娥江地区向长乐东北方地区前进。

4. 第70师团必须于5月X-1日日落后开始行动，从奉化方面向新昌南方地区前进。

5. 第32师团必须于5月X+1日以后，以部分兵力通过富春江右岸地区，主力则通过左岸地区，基本上沿第116师团的后方前进。

12日，第13军下令确定X日为15日。

各师团遵照军的命令行动。截至13日，属于第一线兵团的4个师团和1个混成旅团已全部展开在从余杭附近至奉化附近约150千米之间，在此线集结后，准备发起进攻。各师团集结的位置是：第70师团在宁波、奉化；第22师团在上虞、绍兴；河野旅团在绍兴；第15师团在萧山；第116师团在余杭。由华北调来的第32师团，已有三分之一的兵力在杭州集结。小薗江混成旅团在杭州。

1942年4月下旬，军事委员会发现第三战区当面日军自本月中旬以来调动极为频繁，判断日军有可能向金华、兰溪、衢州地区发动进攻，于是从第九战区调第74军、第26军两个主力军及装备精良的预备第5师加强第三战区，作为其机动部队。第三战区司令长官顾祝同命副长官上官云相进驻淳安，指挥驻钱塘江北岸各部队；命第10集团军总司令王敬久指挥钱塘江南岸各部队及金华、兰溪守军。后又根据军事委员会的电令，另行组建第25集团军，以李觉为总司令，进驻缙云，指挥浙南各军。第三战区还根据掌握的敌情，制订了一个预计在金华地区与日军决战的保卫金、兰、衢的作战指导方案，报请军事委员会核准备案。该方案的主要内容是："战区为打击进犯敌人，确保金、兰、衢要地之目的，先以有力部队在勾嵊山、安华、玉沙溪及东阳、义乌、浦江、建德各线既设阵地，予敌严重打击，尔后固守金、兰及切断敌后，诱致敌人于金、兰要点前，以主力由金华东北、西北地

沿铁路进攻的日军

区，合力围击而歼灭之。务期以全力在此决战，粉碎敌人的任何企图。①"

军事委员会5月17日复电，不同意第三战区在金华地区决战的方针，指示应在衢州地区决战。复电说："务将王耀武军（第74军）、丁治磐军（第26军）、王铁汉军（第49军）三军集结衢州附近，切勿控置于金、兰一带被敌逐次消耗。我军方针决在衢州附近决战，不可变更。②"

第三战区依照军事委员会的指示，于5月12日重新制定了保卫衢州作战的指导方案，并立即实施（此时日军已开始进攻）。其主要内容为：

1. 敌情判断

敌大举进攻衢州时可能以主力沿浙赣路，各以一部沿嵊县、东阳、永康道及富春江西岸，另以有力一部经余杭、分水，到淳安后经寿昌趋龙游、衢州，或经遂安、开化趋玉山，合力略取之。南昌方面必以有力部队同时进犯赣东，或更以一部由温州登陆，出丽水威胁衢州右侧北。

2. 方针

战区为击灭进犯敌人，确保衢州，以利尔后总反攻之目的有力部队，逐次在长乐、安华、桐庐及东阳、义乌、浦江、建德各线既设阵地，极力迟滞、消耗敌人，坚守金、兰及切断敌后，猛烈围击敌寇，严重打击敌人。尔后再诱致敌人于衢州要点前，配合伏击、截击、尾击部队，以主力分由衢州南北山地合力围击而歼灭之。

敌如逃窜时，应勇猛追击，压迫敌于金华江南岸而聚歼之，一举恢复钱（钱塘江）南失地。

3. 指导要领

为确保衢州，预定四阶段作战：

第一阶段：为嵊县、诸暨、新登第一线及胡村、安华、桐庐、分水附近各既设阵地之作战。本阶段主（要）应以第一线守备部队逐次迟滞、消

---

① 《第三战区抗五字第四号保卫金兰衢战役指导腹案》，中国第二历史档案馆馆藏档案。
② 《第三战区浙赣会战部署概要》，中国第二历史档案馆馆藏档案。

耗敌人，判明其企图，尔后应留有力部队于沿公路、铁路及富春江方面，分区分路区分任务、区分目标，伏击敌后，阻其增援。第一线部队主力则适时转进，速作第二阶段作战准备。

第二阶段：为金、兰附近之作战。本阶段应严重打击敌人，金、兰、建、寿守备部队仍应先在孝顺、墩头各附近既设阵地韧强抵抗，诱致敌人于金、兰要点前，与先期设伏部队之截击，金、兰外围部队之围击，竭力粉碎敌之企图。此时浙西方面应组有力挺进部队攻袭杭州，以收策应牵制之效。

第三阶段：为衢州附近之决战。以第86军（欠第79师）并指挥暂13师，集中战区炮兵，死守衢州既设阵地。我决战之主力则控置衢州南北山地较远地带。切戒为敌吸引或过早使用，务使敌人被诱至于衢州要点前，依陆、空军协同，步炮配合，拒止敌人于阵地前，乘其攻势顿挫疲极时，始以主力进击南北山地，合力围击、夹击、伏击、尾击、截击而歼灭之。此时敌后设伏部队，应发挥效力于最高度。浙西挺进部队应乘虚袭占杭州，至少亦须截断沪杭交通，促成衢州战役的全胜。

第四阶段：为追击作战。敌攻衢州遭惨重打击后必迅速逃逸，我应不失时机，勇猛追击。此时敌后留置部队应彻底破坏敌后交通、通信，总预备队应以一部行超越追击，断其归路；其他部队则勇猛追击，相机包围或压迫敌于金华江南岸而聚歼之。

（1）如敌一部在温州登陆西犯，应勿使其突过青田、丽水。

（2）南昌方面，如敌以有力部队在猛扑金、兰、衢的同时渡抚河来犯，应节节抵抗及节节设伏，与第九战区友军的尾击密切配合，诱致敌人于鹰潭既设阵地前，合力围击而歼灭之。鹰潭须始终确保。

（3）如敌使用主力于衢江南岸，总预备队及衢江北岸部队应适时转用于衢江南岸，形成铁锤；如敌使用主力于衢江北岸，其抽调转用办法相同。如此南北夹击，协力击灭进犯之敌。

（4）在敌进犯全期，战区其他方面部队应积极活动，策应本会战，挺进杭州。截断沪杭交通尤应努力实行。

（5）如敌攻占金、兰后暂时就地整补，不即攻衢州，等其整补完毕再攻衢州；或稳扎稳打、步步为营、逐次推进时，我敌后游击伏击部队应以全力袭扰，使其无法整补或稳步前进而陷于脱节，再视情况转移攻势。

4．兵团区分及任务

（1）第70军：辖第70军、闽江江防司令部、闽保纵队守备及福州、漳州、泉州各地之确保。

（2）第25集团军：辖温州守备区、台州守备区、三象地区、四明山、会稽山游击队和暂9军、待命配属的第88军，担任浙东沿海守备，嵊县及富春江以南的敌后游击队应对东阳至永康及萧山、诸暨至金华公路、铁路两侧地区作伏击、袭击诸准备，阻其增援，策应我主力作战，乘胜协同友军恢复钱南失地，并于5月起负责指挥。

（3）第10集团军：辖第88军（欠暂32师，该军衢州决战时待命改归第25集团军指挥）、第79师（并指挥挺进第1纵队）、第63师和衢州决战时归该集团军指挥的第74军、第86军（欠第79师，附暂13师）担任保卫金、兰及衢江以南之作战，应尽全力设伏阻敌增援，协同第32集团军击灭犯衢之敌，乘胜协同友军一举恢复钱南失地。

（4）第32集团军：辖第1游击区（辖第28军，欠第192师、第1游击纵队、独立33旅）、第25军（欠第52师、第40师）、第74军、钱北军、忠义救国军及境内地方武装，担任沿富春江、桐江、兰江、衢江以西地区之作战，应全力在上述各江及新安江两岸设伏埋雷，阻敌增援，确保淳安。另以有力部队挺进杭州，协同第10集团军击灭犯衢之敌，乘胜协同友军一举收复浙西失地。

第三战区司令长官顾祝同

（5）第23集团军：辖第2游击区（辖新7师、挺进第2纵队、江苏保安第9旅）、第50军（欠新7师）、第21军（欠第146师、第147师），担任苏南、皖南之守备，并尽可能抽调部队，以供战区其他方面之用。第147师开贵溪，尔后归第100军指挥。

（6）第100军（欠第63师，并指挥第147师、鄱阳湖警备司令部）担任赣东方面之守备，确保鹰潭。状况许可时，应抽出一部参加衢州战役。

（7）战区直辖部队：第49军（欠暂13师）控制在衢州西北石梁市、源川口一带，对杜泽、上方方向应特别注意搜索警戒。空军美志愿队、特种兵配属另定[①]。

二、炸死了酒井直次

1942年5月14日至17日，展开在奉化、上虞、绍兴、萧山、富阳的日军第13军第一线部队先后发起进攻，其主攻方向在浙赣路东。日军第70师团于5月14日夜从奉化、溪口地区开始行动，经枫桥镇向义乌方向进攻；第15师团于5月15日夜从萧山附近渡过浦阳江，沿西岸南下经诸暨向浦江方向进攻；第116师团原田旅团于5月16日晨从富阳西北方沿富阳江西岸向建德方向进攻；第33师团于5月17日14时从富阳出发，在第116师团后方前进。

各路日军在进攻途中遭到守军冯圣法暂9军、范绍曾第88军和曾戛初预5师等部队不同程度的节节抵抗，至17日分别进至大市聚、长乐、诸暨以东和新登附近地区。日军第13军侦知在安华街、长乐、义乌间集结有第三战区有力兵团，判断第三战区的企图为守卫金华和兰溪，遂决定将进攻重点仍保持在左翼，一举捕捉并歼灭安华、长乐、义乌附近的中国军队。

18日晨，泽田茂率军战斗指挥所人员乘大型机艇从杭州溯浦阳江向临浦前进，在义桥附近触雷，机艇沉没，指挥所人员死伤数十人，指挥所遂

[①]《第三战区浙赣会战部署概要》，中国第二历史档案馆馆藏档案。

停留于义桥。当日中午侦知当面守军暂9军等开始向东阳东南地区撤退，于17时又补充下达指示，令第15师团、第70师团、河野旅团向金华以东地区追击；令第22师团进出武义东北，切断守军退路。

战斗至5月24日，中国守军暂9军在长乐、东阳附近各既设阵地，第88军在安华、义乌及浦江各既设阵地给予日军以一定的打击，后分别向东（阳）永（康）公路两侧和金华以北地区转进，对进攻日军实施侧击、伏击，进行牵制；守军预5师在兰溪、芝厦南北之线以坚强的阻击战迟滞日军后，向建德东南转移。日军第70师团由永康转向西北，进至孝顺以西地区；第22师团于21日占东阳，22日占永康，后向西转进至武义西北；河野旅团进至金华东南；第15师团于22日占孝顺，后进至孝顺以西地区。日军各部队均已到达金华、兰溪外围地区，形成三面包围的态势。

5月24日，日军第13军发现金华城内有大火，又根据飞行队及各部队的报告，判断金华附近守军已开始撤退。为迫使其进行决战，第13军决定将进攻重点移至右翼，以一部兵力进攻金、兰，以主力向衢州追击。当日下午下达了甲第88号作战命令，主要内容是：令第70师团"立即攻克金华和兰溪，然后在该地附近集结兵力"；令第15师团"派部分兵力监视兰溪之敌，主力向衢县西侧地区追击"；令第32师团由右翼展开，与第116师团"一面随时击溃敌军，另一面向衢县西方地区追击"；令河野旅团及第22师团"立即开始行动，向衢县追击"。

同日，第10集团军总司令王敬久判断当面日军将以主力由岭下朱、孝顺、曹宅及浦江、兰溪大道进攻金、兰，另各以有力部队从武义、汤溪大道及兰江以西地区直趋汤溪、龙游，企图切断金、兰后方联络线，当即令冯圣法暂9军转至东阳、永康、金华公路两侧地区侧击牵制日军。方日英第40师兼程由更楼镇（白沙西南）开龙游、湖镇间地区，统一指挥罗哲东暂13师在汤溪、龙游一带占领阵地，对东警戒。新30师由集团军直接掌握。第88军速派有力部队占领金华江北岸，掩护金、兰后方。此时第79师、第63师已归第88军统一指挥，该军军长何绍周已抵金华北山指挥。集团总部亦移到龙游三叠岩。

25日,日军第22师团进至古方,26日逼近汤溪,与中国守军第40师、暂13师展开激战;日军第116师团攻占寿昌后与第32师团并列继续南下。26日,其先头部队已进到衢江北岸的航埠附近。第40师及暂13师被迫向龙游转进,经苦战,龙游被日军攻陷,金、兰后方受到严重威胁。第10集团军已令第40师转至大洲镇防守,暂13师转至灵山镇防守,掩护集团军右翼安全。在日军第22师团后跟进的小薗江旅团(由华北方面军第26师团及第37师团各3个步兵大队组成,24日到达诸暨)已进至武义附近。

金华方面:日军第70师团及第22师团、河野旅团一部在20余架飞机掩护下,于25日拂晓开始向段霖茂第79师外围阵地进攻,并以一部向竹马馆迂回,进攻第79师右侧背。26日全线竟日激战,日机数十架在阵地上空轮番轰炸,并在金华东关附近投掷喷嚏性毒气弹多枚,掩护其步兵冲击。至黄昏时,守军第79师防守外围阵地的第235团和挺进第1纵队被迫向金华西北阵地转移。27日至28日,战况愈趋激烈,日机在城垣上空轮番轰炸,守军核心阵地工事全被摧毁。为挽救败局,第79师曾从王牌、项牌右侧向日军实施反击,亦未奏效。日军于28日晨突入城内,与守军展开巷战。第79师官兵与日军激战达4小时之久,终因阵地大部落入日军之手、伤亡过重,只得于黄昏向北山、大盘山突围,金华遂被日军攻占。

兰溪方面:日军第15师团第60联队在飞机30余架掩护下,25日拂晓向百坎尖、高圣尖、石廓山之线守军赵锡田第63师外围阵地展开进攻。第63师官兵坚强抵抗。26日,沿兰江东岸南下的日军第15师团一部协同正面日军围攻兰溪城,27日竟日猛攻,第63师外围阵地全被攻占,兰溪城陷入混战。28日守军第63师不得已陆续向城东白石塘一带突围,于是兰溪被日军攻占。日军第15师团师团长酒井直次中将于28日上午在距兰溪1.5千米处被地雷炸成重伤,旋即毙命。日军战史称:"现任师团长阵亡,自陆军创建以来还是首次。"

5月29日,日军进攻金、兰的第70师团留守金、兰,第15师团向龙游地区前进；第13军其他各师团已进至龙游南北之线集结，准备进攻衢州。范绍曾第88军指挥的第79师、第63师及新21师、挺进第1纵队亦均已到达预定地域，继续以侧击、伏击遮断日军增援及补给路线，策应衢州战斗。原在汤溪、龙游地区防守的暂13师及第40师分别转移至灵山镇、大洲镇附近。第三战区长官司令部已移至福建建阳，在崇安境内武夷山上的武夷宫设立战区指挥所。

三、衢州及浙赣沿线战斗

第三战区第88军的赵锡田第63师等部在金华、兰溪一带抗击日军时，战区对衢州地区的防务，在原计划基础上作了适当的调整：令第10集团军指挥莫与硕第86军、王铁汉第49军、王耀武第74军担任衢州及其以南地区的作战，指挥所位于后溪街；令上官云相第32集团军指挥张文青第25军、萧之楚第26军担任衢州以北地区的作战，指挥所位于常山（旋又移至华埠）。其作战方针是：以1个军固守衢州，诱敌胶着于衢州外围，尔后以4个军实施南北夹击，包围日军而歼灭之。其具体部署为：第86军并指挥第40师固守衢州城郊及其以南的大洲镇；第74军位于大洲镇东南的溪口、湖山、湖南地区；第49军位于衢州以西的招贤、航埠地区，其令暂13师位于北界、灵山一带，掩护第74军右侧翼；第26军位于衢州西北的峡口、芳村地区；第25军（欠第40师、第52师，指挥第145师、第146师）位于峡口以北的大同、上方地区。

以上5个军，5月底以前均已先后到达了预定的地区，进行战备。

5月30日，日军第13军侦知第三战区在衢州附近集结兵力，判断第三战区军"企图进行顽强抵抗"，于是设想"将第15师团转移到衢江南岸地区，保持重点于左翼，由衢州两侧地区突破并分割敌阵地，一举歼敌于战场"。同时"将小薗江旅团对丽水方面的作战推迟到衢州进攻战以后再开始，而将该旅团调至龙游附近（该旅团5月10日已在永康、武义间集结），防备北方的第26军及南方号称精锐部队的第74军的侧击"。

6月1日，日军各部队均已到达规定的进攻出发地位，第13军战斗指挥所也由金华推进至龙游。6月2日，第13军令小薗江旅团派出1个支队（以1个步兵大队、1个山炮中队为基干组成），进至灵山镇附近，对南方警戒，掩护军的左翼侧；令第70师团以一部兵力担任龙游警备，并确保至金华的后方交通线。与此同时，其他第一线各部队均派出一部兵力驱逐守军的警戒部队及攻击守军的前进阵地。至当日晚，相继进至守军主阵地带前沿阵地之前。6月3日拂晓，日军第32师团、第116师团在衢江以北，河野旅团、第15师团、第22师团在衢江以南对衢州发起全线攻击。当时负责衢州城郊防守的莫与硕第86军兵力部署为：陈颐鼎第67师附曹振铎第16师的第46团主力及1个独立炮兵团，防守衢州城东南樟树潭、西伯陇及飞机场等处据点群阵地；第16师（欠第46团）附1个山炮营，防守衢州城西北茂坞、九里山一带据点群阵地；第16师第46团第2营防守衢州城核心阵地；第86军军部及直属队位于衢州城内南部。

衢江以南守军第一线的张灵甫第58师、方日英第40师及第67师分别与日军第22师团、第15师团及河野旅团激战终日，第58师撤至黄坛口一带，第40师及第67师先后撤至乌溪江西岸防守。至傍晚时，日军各部队均进至乌溪江东岸，其第15师团一部突进至乌溪江西岸，迫使第40师再退至棠埭坞。

衢江以北守军第16师在茂坞、孔家山等处阵地全被日军第32师团攻占，部队大部溃散及伤亡，师长曹振铎率残部退入城中与其第46团会合。日军第32师团一部进抵距衢州城北门仅2千米、衢江北岸龚家埠一带；其主力继续进攻石梁市附近阵地。守军应鸿纶第105师退至西镇。

第三战区认为衢州主力战斗已经开始、决战时机成熟，于当日晚下令各部转移攻势。其命令的主要内容为：

（1）战区决心确保衢州阵地，消耗疲惫敌人，着控制在衢州南北之主力，于明日（4日）拂晓前完成出击准备，以衢州阵地为轴，夹击歼灭敌人。攻势转移时机另定。

（2）各集团军的任务如下：（李觉）第25集团军，除原有任务外，（黄权）暂32师即日开始行动，切断东阳江水道并牵制敌人；（冯圣法）暂9军主力应努力向汤溪、龙游敌后挺进，切断龙游以东敌水陆交通。

第10集团军，应严令第88军切断敌后方联络，督饬衢州守军死守阵地，并即推进第74军，预定以衢州阵地为轴，由大洲镇及其以西地区转移攻势，压迫敌于衢江南岸歼灭之。为策衢州阵地南翼之安全，应以第49军第26师主力占领岭底背亘西山之线，尔后迅速以第74军派队接替，使该师归还为战区预备队。

第10集团军总司令王敬久

第32集团军，应严令富春江左岸各部队努力切断敌后联络，巩固淳安、寿昌要点，并确实掌握石梁市。以第26军分由石梁市、外宅村、杜泽、峡口市、叶村市、后徐镇等处出击，置重点于石梁市一带地区，攻击敌侧背，压迫敌于衢江北岸而歼灭之。由杜泽以东进出之部队，应先期出击，使重点方面之决战容易奏功。

第49军（欠暂13师）除第105师之一个团应固守常山港北岸、柘溪村至石梁市（不含）之线外，该师主力迅速进出常山港，集结航埠以北地区；第26师主力暂归第10集团军指挥，占领岭底背亘西山之线，俟交防第74军后，仍归还该军，控置后溪街及江山港以北地区，保持机动。又该军对江山港、常山港与衢江合流处以西地区应负责警戒，保障衢州阵地西侧之安全。

当日军重兵扑向衢州之际，蒋介石再次严令衢州防守部队的高级将领，没有他本人的命令，不得擅自离开部队，否则视为逃避畏战，按照连坐法处治。他又命令留在敌后的各部队，此时应立即全力发动袭击与突击，除破坏敌后交通运输与通信以外，并对每一个县城与重要镇市发动不断的袭击和占领，使敌军不得不到处留兵设防。他要求每一师每一团必须各袭占附近的县城，沿公路铁路的重要镇市要成为首选目标。

战至半月以后，李觉第25集团军留置暂编第9军所辖暂编第32、第34、第35三个师于金华江、东阳江以南地区，主要是担负东阳、浙赣路金华至汤溪段及东阳经永康至金华公路敌军补给线的袭击、突击、设伏、破路、布雷。第10集团军留置第88军辖第79师、第63师、新编第21师，挺进1纵队于浙赣路两侧及富春江、桐江以南、兰江以东之间地区，主要破坏富春江、桐江、兰江水道右岸及浙赣路萧山至金华段敌人补给线。新编第30师位置于汤溪、龙游以南地区，主要担负浙赣路汤溪至龙游段敌军补给线的袭击、突击、设伏、破路、布雷等任务。第33集团军留置第192师、独立第33旅、第1游击区第1游击纵队及第62师一部于新安江、富春江以北地区，主要担负富春江、桐江、兰江水道左岸及沪杭铁路、京杭国道等敌军交通补给线的袭击、突击、设伏、破路、布雷等任务。

中国守军遵照蒋介石避免在金、兰决战的指示，将主力西移后，日军即以内田兵团留置永康地区警备后方，以武内兵团为机动；大城户兵团，除以一部越过金华西窜，5月26日攻陷阳溪外，主力则沿铁道及其以南前进，与罗哲东暂编第13师及方日英第40师主力，先后展开激烈战斗；另由兰江南下的日军一部，到达衢江北岸的游埠附近，向游埠攻击。中国守军被迫转进龙游，一度陷于苦战。27日日军攻陷龙游，即向衢州东南地区集结，与从北山杀出的第74军王耀武部发生接触。

攻占兰溪的日军酒井兵团，则沿衢江两岸地区西进，于27日攻陷龙游后，沿衢州以东铁路两侧地区，向衢州正面进军。日军井出兵团在攻克寿昌后，大部进出于衢江北岸的硖口、杜泽、莲花市一带，与固守衢州的第86军及第26军各发生局部战斗。

暂编第13师在灵山镇与日军河野旅团一部接触。第40师除沿铁路南侧与日军逐次发生战斗外，随后分向大洲镇及衢州以南石实街附近转进。第74军在衢州以南的黄坛口、溪口街、湖山镇、芦头一带，此时第49军在衢州以西的招贤镇附近，第26军则位于衢州西北的浮河村、芳村镇一带，第25军于寿昌以西的寿勘头、大同镇、上方镇地区，以外弧形态势，准备对进犯衢州的日军，实行夹击而达歼灭的目的。

赣东日军为策应衢州方面的作战，于30日起，集结兵力三万余人，自南昌渡抚河向东进犯；同时由浙东西犯的日军与机械化部队配合，兵力相当雄厚。蒋介石此时认为，在衢州与日军决战，难获预期目的，乃于6月3日下令，以第86军吸引日军于衢州附近，其余避开铁道正面撤至两侧山地，日军沿铁道蛇形侵犯时，实行分段截击。但是，第86军面对强大日军，众寡悬殊，军长莫与硕率全军在衢州坚持苦战，几次突围未获成功，直至6日拂晓前，才由南门突出重围，衢州遂陷日军之手。

赣东方面的日军，为策应浙江日军的作战，自5月下旬以来，陆续集结诸多兵种，共三万余人，于南昌附近分为大贺、柴田、高桥三个兵团，及竹原、岩永两个支队，由驻南昌的日军第11军军长阿南惟几指挥，向中国守军防地进犯。

日军左翼的大贺兵团，以第34师团为基干，于5月31日晚，分别由谢家埠亘李家渡之间地区乘橡皮艇渡过抚河，向东进犯，当与刘广济第100军之朱惠荣第75师接触时，第75师抵挡不住日军的战车，6月2日让开道路将进贤拱手让给日军。3日日军攻陷将军庙，6日占领东乡，9日攻占邓家埠，13日进犯鹰潭。第75师于日军攻陷进贤后，除以一部对日军进行逐次抵抗外，主力按预定计划向鹰潭以西既设阵地转进，与徐元勋第147师主力协力对日军抵抗。15日鹰潭失守，16日贵溪又被日军攻占。

日军左侧竹原支队，企图牵制中国守军唐式遵第23集团军沿江部队。自6月2日开始集中舰艇向鄱阳湖沿岸及信河北岸地区上陆窜扰，是日攻陷都昌。6日另以一部攻陷余干，企图向余江方面策应沿铁道东犯的日军，先后与中国鄱阳警备部队及保安团队发生激战，9日黄金埠失守，15日瑞洪失守，16日余江失陷，28日鄱阳失陷。鄱阳湖及信河水上交通线，被日军控制使用。

日军中央高桥兵团，以第3师团为基干，6月1日，由温家圳亘李家渡之间渡越抚河，向临川、浒湾、金溪进犯。此时，夏楚中第79军奉命由赣东星夜驰援，准备参加鹰潭战斗。3日，赵季平暂编第6师先头部队在同源墟、展坪墟与日军发生遭遇战，无法东渡抚河，乃由向敏思第98师派兵一部及军工兵营进守临川，4日与日军展开竟夜巷战，5日晨日军增援部队赶到，敌众我寡，临川被日军占领，同时，浒湾、金溪发现日军便衣队。6日中国守军全线战斗均不顺利，在敌进攻之下，只得向秋浦、油顿、茅桃线上逐次进行抵抗，后退。日军于8日进到崇仁，9日攻陷宜黄，并经棠阴、裹塔向南城进犯，至11日，日军突破第79军阵地，从三面猛攻，郭礼伯第194师顽强抵抗，在敌飞机重炮轰击下伤亡惨重，21日晚南城不守，防守部队转至硝石附近整理，3日以后，推进至万年桥南与日军对峙。

日军右翼柴田兵团，5月30日向中国守军抚河西岸梁家渡、市汊街阵地进攻，赣保安纵队一部奋起迎击，激战至6月1日黄昏，守军不支转移到高公岭、广福圩、三贤湖之线；同时以主力在虎头峰、白土圩、大港口之线占领阵地，进行逐次抵抗，4日下午与日军在既设阵地处发生激战；梁德奎新11师以一部增援，激战至5日，拼死不让，敌攻势顿挫。6日增援的日军陆续赶到，加强攻势，7日中国守军右翼阵地被突破，日军插入崇仁，与其中央兵团会合，一部与中国守军新11师主力对战。自15日起至7月5日间，日军乘中国守军第4、第79、第58等军反攻宜黄、崇仁、临川、浒湾之际，曾企图围歼第58军的新10师及新11师两师于潘桥附近。日军将第34师团及独立第14旅各一部，由崇仁、临川、三江口向中国军队反攻。由三江口增援的日军，其先头部队于16日抵丰城、樟树与守军赣保安纵队战斗，7日，日军派出便衣队窜至赣江西岸的蛟湖；另一股日军抵达新淦北的永泰、石口附近，遭到孙渡第58军一部的阻击，日军南犯企图被击破。

浙东日军于攻陷衢州后，留下一部清扫战场，其余分两路继续向西进犯。以大城户兵团为左路，沿铁道向西挺进，于6月11日攻占江山后，沿江山、浦城未来得及破坏的大道南进；另一部乘中国军队转进

中国军队严守阵地，随时歼敌

苦战之际，向广丰侵犯。暂编第13师边退边抵抗，日军于13日攻陷广丰之后，与第74军、第49军展开拉锯战。

日军井出兵团为右路，沿常山港进犯，于9日抵达尾山，12日攻占玉山，再沿铁道线挺进时，与第26军战斗后，15日侵占上饶，并企图打通浙赣全线，中国军队全力尾随其后袭击，日军未能得逞。

自6月中旬以来，第三战区各军互相掩护转进，东自硖口、仙霞岭、广丰、上饶沿信河南岸，西迄汪二渡之线，已完成攻击部署，顾祝同向各部队下达新的作战命令：

（一）本巧丑起敌续向我五峰山及广奉东南信河南岸阵地猛犯，经我第57、第105两师坚强抵抗，敌攻击已成顿挫。

（二）战区决本巧申转移攻势，先歼灭五峰山及广丰东南、信河南岸之敌，乘势收复广丰；另以有力部队攻略上饶。

（三）第10集团军应即刻转移攻势，围歼突进之敌，晚将第26师五角塘以西守备交由第26军第44师接替后，集结第49军力量，乘势攻占广丰，进出高眉山、王场尖、观音桥之线。

（四）第32集团军，迅饬第26军之第44师，本巧晚接替第26师五角塘

以西守备，并分别指派有力部队进出信河南岸，协力第10集团军广丰之攻略，并牵制上饶敌人向广丰增援，相机攻略上饶，进出上塘顶、水阁家、王黄东阁、八都街之线，第25军张文青即率第108师兼程南下，向玉山方向之敌猛袭，相机攻略之。

（五）第10、第32两集团军之作战地境，改为黄柏坑、源口东、镇坑东、陶家五角塘、西山观、广丰西侧、上塘顶、大南桥、华山、乌沙岑之线，线上属第32集团军[①]。

各部队接令后相机出击。此时日军为确保安全，不断与第74、第49、第26各军于硔口以西山地和杉溪、广丰、上饶以及信河南北岸地区，发生局部争夺战。日军三个联队兵力被击溃，于6月下旬以第15师团主力增强广丰防务，以第23师团增援上饶，协同第32师团西犯，于7月1日，与赣东进犯的日军会合后攻陷横峰，浙赣线被敌逐次打通。

进入7月，浙赣线两侧中国军队发动局部攻势。7日，王琦第192师，收复新登，并将富春江日军背后交通线截断；15日，第192师又克复桐庐；19日，刘薰浩第62师攻占了建德。日军感到兵力疲竭，顾此失彼，所占领地区不易确保，武内兵团的原田旅团被迫向兰溪撤退。朱惠荣第75、顾宏扬第108、徐元勋第147等师，于18日和19日，先后克复横峰、弋阳，日军分窜贵溪、上饶；同时赣东中国军队围攻南城，16日攻克金溪，日军第13师团一部后退浒湾，第34师团据守贵溪以西地区，已呈溃退之势，一度被打通的浙赣线，终于又被切断。

当日军主力西进期间，留在敌后的中国军队乘机封锁敌后，发动全面袭击。于6月1日起，相继克复寿昌、永康、浦江，18日一度克复武义。日军攻克衢州、广饶之后，深感兵力不足，后方空虚，急忙抽调第60师团的一部，回窜浦江，担任北山地区对中国军队第88军及守金兰转进各部队

---

① 中国第二历史档案馆馆藏军事档案。

的作战。与此同时敌企图破坏丽水的飞机场，并觊觎瓯江一带的物资。以内田兵团所辖的第70师团，指挥小兰江旅团及奈良支队，于19日再度向永康、武义发起攻击，攻陷后分兵进窥丽水，与浙江保安纵队及暂编第9军展开激战。奈良支队于24日晚，以主力占领丽水城，一部抵至碧湖担任警戒；小兰江旅团于7月9日，沿瓯江攻陷青田，11日陷温州。16日日军数千人经温州乘舰艇进犯。28日中国军队进击温州，日军一部据守城垣，挟满载物资的船只数十艘回撤，青田又被该股敌人攻陷，暂编第33师29日再度攻克青田，残敌向丽水撤退。

日军在广饶正面受到严重打击，以武内兵团所辖的原田旅团，于8月1日，由龙游南进，攻下遂昌后，转犯松阳，与奈良支队会合，2日攻占松阳，企图向云和进犯。第88军奉令由北山后调整补充，到达云和附近，立即协同暂编第9军南北夹击该敌，阻止敌人于石仓源、洋坑埠、三马排一带，展开激战。

此时中国军队准备西移，当王耀武第74军交防王铁汉第49军之际，日军河野旅团自江山、第15师团一部自八都镇向浦城方面，以陆空协同猛烈进攻第49军阵地，6日会合攻陷峡口，7日攻陷保安街，8日占领仙霞关及关帝庙，与松阳方面的日军遥相呼应，企图打击中国军队主力，直逼闽北，经应鸿纶第105师强硬阻挡，未能获逞。9日中国军队向敌开始反攻，克复仙霞关、保安街，10日克峡口，恢复原来阵地，并乘胜向八都、江山追击。浙南范绍曾第88军于10日攻克石仓源，日军退至松阳固守。上饶以南萧之楚第26军，先后于上官桥、冷滩、坑口等处，同日军展开顽强壮烈的生死激战，予敌重创，敌不得不退回上饶城。

因前一段仗打得不尽如人意，没能如期完成蒋介石的战略意旨，顾祝同于7月24日向蒋介石发出请求惩处电："此次浙赣战役时，遵照指示与敌应战，终以计划变更，诸种准备及后方区处，未及遵时完成，大军转移之际，适值淫雨，路崩桥圮，行军极感困难，以致影响士气，并损失一部物资；且因地方党政机关规避责任，先期疏散，致发生少数离散士兵败坏纪律情事，经严令整饬，设法提高士气，收拾民心，并加强党政军联系，目前已渐臻安定，所有此役参战各部队长，除已择尤先后报请奖惩外，其余正在考查续报中。职负责指挥，督导未周，以致士气物资颇有损失，抚衷循省，咎实难辞，拟请从严惩处，以资整饬，临电惶悚，伏候示遵。①"

顾祝同一肚子牢骚，在他的战区，各部队互相掩护转进动作缓慢，后勤供给跟不上部队转进的速度。空军偶尔派出几架侦察机还经常报错敌人的方位，负责破坏道路桥梁的部队往往没等自己的部队通过就将其破坏，有的部队为争抢物资而互相射击。最使顾祝同头疼的是蒋介石一再更改命令，一天几个电报搞得他无所适从。

日军深入之后兵力分散，无法集中优势兵力，为打击中国军队沿线的截击，向唐式遵第23集团军进犯，以第32师团一部自常山向北进犯开化，于8月9日攻占华埠；另一部自玉山西犯德兴，于珠川镇附近分别与孟浩然第145师激战；上饶日军第22师团窜抵郑家坊，与石照益第146师战斗；赣东日军与第34师团同时蠢动，向上官云相第32集团军各部队发动进攻。中国军队各部队奋勇迎击，日军攻势受挫后与守军对峙。

8月15日，欧震第4军强攻崇仁、宜黄，将日军击退后进至临川以南的新墟、上顿渡附近，孙渡第58军进至上顿渡北及临川以西地区，夏楚中第79军由南城参加作战。日军担心由南昌至鹰潭的交通被折断，集中优势兵力，预期于宜黄、临川之间地区，围歼第4军主力，及于抚河、赣江之间包围第58军，然后乘虚向南进犯，直逼吉安。中国军队则预期于宜黄、崇仁、铁炉头、水泰以北地区，先迟滞日军行动，待主力到达赣江以东地区时，以全力由崇仁、新淦间山地，开始反击，将日军压迫于赣江东岸地区而歼灭。

23日，南城、浒湾、临川的日军三面向临川南第4军包围攻击，第79军主力在棠阴正面由东向西，攻击日军左侧；第4军于29日转移宜黄西南山

---

① 中国第二历史档案馆馆藏档案。

地，攻击日军右侧；第58军除以一部向龙骨渡方面攻击日军后方外，主力向西转移。中国军队既获取外翼之利，处处予敌人夹击，日军左突右冲，伤亡极大。7月4日收复宜黄。5日晚第58军转移荷湖墟、铁炉头、焦坑、富水以西山地，第4军向三山庙、白陂、铁炉头方面，第79军主力向崇仁北之杜家园、潘桥方面分途急进。

从6日开始，第79军除以一部猛烈攻击南城之外，主力由崇仁方面，第4军自白陂方面，由南向北猛烈打击日军侧背。第58军由荷湖墟方面，赣保纵队由三湖方面，自西向东对敌阻击。8日，连克南城、崇仁、樟树，激战至9日，日军冒着大雨分向临川、李家渡、三江口各方面败退。第79军、第58军分别向临江、三江口方向追击日军。抚河上的水上交通已被中国军队截断，敌第34师团的一部，退据临川、浒湾困守与我对抗。

日军自8月初旬窜扰失败后，处境困难。顾祝同利用各第一线部队的局部胜利，发起全线反攻。在中国军队强大的反攻下，日军无法抵御，纷纷向原方向退却。

浙东李觉第25集团军方面：萧冀勉暂编第33师首先于8月15日攻克温州，敌小薗江旅团残部退至青田、丽水，向东阳继续后撤。该师于28日三度攻克青田，并于同日协同暂编第32师攻克丽水。罗君彤新21师23日攻克缙云，9月1日攻克永康。日军奈良支队被第79师猛击之后，由松阳经宣干退东阳。该师穷追不舍一路追击，8月29日克松阳，30日克宣平，9月1日克遂昌，敌原田旅团退守武义与中国守军对峙。

广信王敬久第10集团军方面：自打破敌人南犯浦城、北窜开化、西扰德兴的企图后，立即乘胜追击。预备第5师20日攻克广丰，应鸿纶第105师8月23日攻克江山，日军除以第32师团主力于衢州西郊任掩护，其第22、第60、第15各师团，及河野旅团先后经衢州向金兰撤退转向杭州方面。28日，中国军队第105师及游击纵队一部，攻克衢州，29日克龙游，30日攻克汤溪。9月上旬，日军第32师团等部队，先后调返济南原防地后，即以第22师团全部担任金兰、诸暨之间地区守备，而以第70师团主力，担任钱塘江北岸的防务。

赣东王陵基第30集团军方面：8月19日，丁治磐第41师攻克上饶、21日攻克玉山后，停止进攻。沿浙赣西段的日军第34师团残部，经中国军队不断攻击后，陆续沿铁道向南昌撤退。顾宏扬第108、徐元勋第147等师于8月19日攻克贵溪，朱惠荣第75师于21日攻克鹰潭，唐伯寅第19师于22日攻克邓家埠、24日攻克东乡，29日第108师及赣保安团攻克进贤。

抚河、赣江之间的日军，于23日，因后方交通截断，向南昌撤退。中国军队第19师一部收复浒湾，赵季平暂编第6师收复临川。

唐式遵第23集团军方面：23日，孟浩然第145师收复常山。鄱阳湖地区的日军，自丢失贵溪后，立即分由信河及鄱阳湖向康山、南昌退却。中国鄱阳湖警备队，于8月20日收复余江，21日收复余干，22日收复瑞洪，23日收复鄱阳，24日收复都昌，恢复原阵地。

第九战区抚河西岸方面：梁得奎新11师25日收复李家渡，27日收复梁家渡，恢复原阵地。

日军此次进攻，企图破坏东南沿海中国空军基地、贯通浙赣线、打通大陆交通线的目的彻底破产。

第四节 鄂西会战

一、调回陈诚守鄂西

自反攻宜昌之战结束后,第六战区敌我对峙状态保持了一年多的时间。1942年底,希特勒德军入侵苏联之后,在苏联军民的英勇反击下,已成强弩之末,苏军已开始反攻;英军在北非节节胜利;美军在太平洋也由守势逐渐转为攻势。日军只得从中国战场上寻找出路。

1943年2月,日本大本营向中国派遣军下达第757号大陆作战令:"支那派遣军总司令官应确保现占领地区之安定,并尽可能继续压迫中国军,摧毁、消灭其抗战企图。"

中国派遣军总司令官即着手制定新的战略,"扫荡"长江北岸以沔阳为中心的产粮区;相机夺取长江南岸宜都至石牌要塞,卡死长江水道。鄂西、湘北战云密布,酝酿着一场大战。

2月25日,日军先以万余人分6路侵据江北挺进军根据地沔阳、监利、郝穴等地。3月8日,日军数路渡江,分犯华容、石首、藕池等处;14日,守军反攻,展开各据点争夺战,双方互有胜负。4月下旬,各路敌增至6万余,自宜昌到石首、监利,沿江据点配置重兵有大举进犯之势。5月初,敌陷南县、安乡,时扰常德。

1943年5月3日晚,蒋介石正准备上床睡觉,此时侍从室转来昆明远征军司令长官陈诚的电话。陈诚在电话中说:"据报白螺矶4月27日到敌机12架,天门、岳口一带近增敌三千余人,汉川南近日增敌伪军五千余人。潜江、沙洋、沙市各据点敌军雇用挑夫运兵频繁,判断敌军有向江汉间地区行局部窜扰的企图。听说委员长要赴恩施?我请委员长准我回鄂指挥。"

蒋介石:"是的,你对第六战区的情况比孙连仲熟悉,你认为应如何应对？"

陈诚："第一线部队及挺进军严密戒备，随时准备痛击来犯之敌，并按军令部轮袭计划，不断派遣部队向指定区域积极轮番攻击破坏，并详细侦察敌情。"

蒋介石："第二线部队要即日完成战备，务能随时参加战斗。各部队及前后方各要点，对防空要特别加强注意。"

陈诚："委座，第20集团军方面兵力单薄，万一敌人向监利、郝穴一带进犯时，除挺进军向敌后挺进反击牵制外，不能再推进部队渡江作战，另外滨湖防区为本战区之右翼重点，一旦有失，则恢复困难。"

蒋介石："告诉杨汉域和夏炯，孙子曰'善战者立于不败之地，而不失敌之败也'。一定要按既定战略执行，不要怕牺牲。"

陈诚："此产粮区是支持我军民坚持抗战的重要基地，万一失守，第九战区、第六战区的军粮民食均将断绝供给，而该方面兵力不敷，令人忧虑。"

蒋介石："这个问题会马上得到解决。第8军必要时推进公安附近，除巩固鄂南防务外，担任部分运输任务。第29集团军应固守安乡至公安之线，第10集团军应固守公安至枝江线，江防军应固守宜都至石牌要塞，其余第75军、第77军和第57军应固守三游洞至转斗湾阵地。"

陈诚附和："委座高见，职定不折不扣执行。"

蒋介石顾不得睡觉，即命手下通知有关人员，前来研究。一小时后，徐永昌、贺耀组来到这里。

蒋介石忧心忡忡地说："次辰、贵严，深夜打扰，实在对不起。形势危急，不得不如此。"

贺耀组说："委座为了抗战建国，以身作则，夜以继日，属下为国尽责，理应如此，有何军情就说吧！"

蒋介石说："辞修刚来电话，报告鄂南鄂西日军近日有所行动，似有大战迹象。"

军令部长徐永昌说:"自1940年枣宜会战以来,日军以一部于宜昌对岸占领桥头堡,不时'扫荡'监、沔地区,与国军隔江而阵,进而扣住陪都门户,并企图捣毁洞庭谷仓,日军此次进攻的目标和目的也在于此。"

军事委员会办公厅主任贺耀组:"鄂西一带山峦重叠,交通异常险阻,川汉铁道及川汉公路迄今未修成,仅长江可通行小火轮。沿江有人行道,我以石牌要塞扼长江水道,自三斗坪越武陵山支脉,由陆路通津澧,为我抗战后期唯一抢运江汉、洞庭平原物资的旧式孔道,但滨湖一带,地势平坦低下,港汊纵横,小火轮及帆船可到处通行。"

徐永昌说:"山脉川鄂接壤地区,为巴巫两山与南岸的大娄山脉,夹长江三峡之险,水势湍急,昔李白有'朝辞白帝彩云间,千里江陵一日还,两岸猿声啼不住,轻舟已过万重山,即状此地的急流险峻也。"

蒋介石轻轻一笑说:"日本人的舟,可过不得万重山啊。此次日军有备而来,我军是保卫洞庭湖区谷仓与保卫江防要塞的生死之战。二者都不得有失。"

贺耀组说:"日军向江汉间进击,是一箭双雕,我千万不可中其奸计,轻率抽调江防部队。"

蒋介石颔首:"横山勇领着他的第11军这班人马,看起来是为攫取我洞庭谷仓,其实是要摧破我重庆门户。"

徐永昌:"委座明察,横山勇抽集精锐部队七个师团,在汉口、当阳集结飞机百余架,大有势在必得的架势。"

蒋介石:"所以我决定从云南把陈诚调回恩施指挥鄂西会战,第六战区的情况陈诚比孙连仲熟悉。关键是长江上游的江防尤其重要。让江防总司令吴奇伟睁开眼睛睡觉,马当要塞的教训要吸取,我不愿意再杀谁的头。保卫石牌要塞,是此次会战的枢纽,江防部队,皆应抱与要塞共存亡的决心,痛歼来犯之敌。"

第六战区司令长官陈诚,已于3月奉蒋介石之命,调往云南任中国远征军司令长官,其第六战区司令长官职务由孙连仲代理,鄂西吃紧,蒋介石急令陈诚飞回恩施指挥作战。陈诚一到恩施，详细研究敌情后，作如下部署：

王缵绪第29集团军固守安乡亘公安之线既设阵地；

王敬久第10集团军固守公安亘枝江之线既设阵地；

吴奇伟江防军固守宜都亘石牌要塞之阵地；

周第26集团军的第75军和冯治安第33集团军的第77军、第59军固守三游洞（西陵峡东口）亘转斗湾间既设阵地。

陈诚再三强调：江防一线，干系全局，即使常德、襄阳、（襄阳之）樊城皆失，不致影响国本，仍可设法挽回，石牌为陪都的咽喉，必须确保安全，应本"勿恃敌之不攻，恃吾有以待之"之原则，无论出现什么变化，其嫡系第18军第11师都应固守石牌要塞，纵令全军皆亡，亦在所不惜。

陈诚遵照蒋介石指示，令各部队以韧强之抵抗，不断消耗日军，并将日军诱至渔洋关亘石牌要塞间，然后转守为攻，将日军压迫于大江西岸聚而歼之。

陈诚

二、阻敌渔洋关

5月5日凌晨，日军主力由华容、藕池口分路开始向洞庭湖北岸中国军队右翼兵团发动攻击，防守部队利用既设工事逐次予日军阻击，日军眼看打不动，便于7日晚，窜抵南县、安乡各附近，再次攻击，双方鏖战彻夜，一方死攻，另一方死守，互不相让，伤亡均重，最后中国军队防守处于不利态势，迫不得已于8日放弃南县、安乡。

中国军队右翼兵团一部移于三星湖、红庙之线抵抗,陈诚考虑为求尔后的进出自由,命令逐次向洞庭湖南岸转进。至9日,逐步退出洞庭湖北岸。

日军一部,向津市进犯,数次向中国军队猛烈进攻,中国军队防守严密,堵击奋勇,该部日军清点人数,发觉已被歼过半,有雄心而无壮志,前进企图已被中国军队阻止,停止脚步后,以一部向津澧监视,主力由其北方西移,琢磨着寻找空隙。

12日,日军集结主力于津市东北地区,向大堰垱、新安、双溪桥进犯,被中国军队击退,该股日军不甘心,又向北攻击中国军队防守的暖水街;与此同时,弥陀寺日军第13师团一部3000余人,亦向斑竹垱、新江口攻击,力图打开缺口。

13日凌晨1时许,日军第13师团万余兵力,由洋溪、枝江间强渡进犯,一波接一波,来势凶猛,空中有日机助战,地面战车隆隆,中国军队驻公安方面的第87军已有四面受敌之势,军长高卓东只得下令放弃公安,向西转移,以求跳出日军的包围圈。公安失守后,日军沿江西岸向宜昌推进,并一再增兵,企图攻击江防军。

从洋溪、枝江间渡过江来的日军,被中国军队第94军主力及第86军的第67师等部队阻击于茶元寺附近。至15日,双方拉开架式,在大堰垱、暖水街、刘家场、茶元寺亘枝江西侧之线大打出手。16、17两日,日军先后以第58师团约5000兵力增援,连续不断向西猛扑,中国军队第10集团军连日与日军激战,伤亡过多,火力下降,终不敌日军空中优势和地面不断增援攻击,被迫陆续向西转移。

陈诚于15日下午飞抵重庆,并于17日下午5时许飞抵恩施。

此时澧县以北的日军,亦向西北方面移动。宜昌西岸及古老背附近的日军,在逐渐增加,大有向中国江防军攻击的企图。陈诚下令:以第79、第74军,使用于石门以北地区;以第10集团军,沿清江南岸地区进行持久战,以江防军确保石牌要塞。21日晨5时,茶元寺方面的日军,在大雨中陷于王家畈后，遭中国军队打击，3000余兵力转行北向，与枝江的日军夹击陈颐鼎第67师。当晚，日军冒着炮火，由聂家河及庙滩附近强渡西洋河，同时日军第6师团一部，在宜都北红花套附近，顶着扑面而来的子弹，发起强渡，中国江防守军顽强阻击，强渡的日军血染河面，其深入企图被阻止。

22日晨7时25分，渔洋关附近，双方你来我往开始争夺，杀得昏天黑地，均伤亡惨重，日军凭武器优于中国军队，逐渐显出优势，卒以众寡悬殊，渔洋关被手持三八大盖的日军突破，渔洋关失守，中国军队退守川心店、龙潭坪之线。

日军想趁热打铁，在强烈炮火及飞机掩护之下，继续由红花套附近增援4000余人渡江，向靳力三第13师阵地步步攻击，中国军队于大小宋山及长岭岗各阵地给予日军以大量杀伤。直到黄昏，方日英第86军接到命令，转守于枇杷树、磨市、鄢家沱、仙人桥之线，翌日与日军在该线激战后，又接命令，转移于马鞍山、板桥铺之线，该军左翼在副军长杜道周率领下，仍据守乌龟山屹然未动。

24日，日军集中主力向长阳附近猛攻，激战至午后，中国军队阵地动摇，随即被日军突破，第86军右翼乃调整态势，扼守长阳西北、清江北岸亘凤凰山之线，此时，宋肯堂第32军的孙定超第139师一部，已抵达津洋口、都镇湾间，由聂家河向西推进的日军，增至四五千人，与由渔洋关方面向清江南岸窜犯的日军合为一股后，由沿市口、都镇湾间强渡清江，第139师面对强大之敌，毫不畏惧，殊死抵抗，将其击退。

宜昌西岸的日军第34、第39两师团主力，共约20000兵力，于24日倾巢出动，向方天第18军的覃道善第18师阵地猛扑。第18师在第18军军长方天的亲自率领下，迎头痛击，至25日，日军反复使用空军助战，飞机一波接一波而来，临空轰炸扫射，地面部队各路并进，全线向中国军队猛攻。日军一部突入偏岩、津洋口间，中国军队迅速调整，来个南北夹击，日军损失惨重。

当时日军使用于清江两岸及攻击石牌的部队，总兵力达60000余人，而中国军队江防部队仅有6个师，第10集团军各部尚待收容整理。第10集团军总司令王敬久，遵照蒋介石的指示，待日军深入至山地后，再行截断其后方联络线，捕捉日军于山岳地区而歼灭之。乃决定俟许文耀第27师、王耀武第74军到达后，再以宋肯堂第32军（欠第141师）第27师、第79军等部队，对清江两岸向我江防军攻击之敌，由南北夹击歼灭之。

沿江守备的中国军队伺机杀敌

陈诚将决战时间定为6月1日，并呈报重庆，指出决战线为资坵、木桥溪、曹家畈、石牌之线。陈诚当即令王甲本第79军由石门向渔洋关方向进出，第74军由桃源向石门集结，第27师向椰树店东南地区前进。

26、27两日，江防部队忍受着日军残酷的进攻，尤其是刘雪翰第5师、覃道善第18师压力最大，曼头嘴、轿顶山、石门垭、笔尖峰一线阵地正面最为惨烈。日军每一寸土的进展，必须付出同等血肉之代价，那些早已打红眼的第18师官兵们，忠勇奋发，不避牺牲，前赴后继，在他们阵地前的焦土上，毙伤日军达三四千人之多。

同时，渔洋关的日军四五千人，兼程至鸭子口渡，向天柱山进犯，遭到中国军队第139师奋勇阻击，火炮至烈，日军伤亡甚重。

27日晚，中国江防军改守稻草坪、高家堰、易家坝、曹家畈、石牌之线，第10集团军的第94军主力，亦转移于资坵附近，掩护江防军的右翼。

28日晚，正面日军经中国军队猛击，攻势顿挫，至29日中国第79军先头已到达淮子坪，第74军主力已在石门集结完毕，第27师也到达椰树店东南地区，第10集团军接到陈诚命令后，全部向渔洋关、天柱山方面侧击尾击日军，王严第118师以迅雷不及掩耳之势首先攻克渔洋关，诱发攻势转移之机，乃令原定由渔洋关、五峰间北进的第79军，转向渔洋关东北前进。此时，中国军队江防军正面的日军，仍没觉察到中国军队的企图，日军集中其步、炮、空之全力，分向曹家畈附近及石牌要塞强攻，并由天柱山向木桥溪方面迂回。

三、石牌保卫战

石牌要塞是护卫重庆的第一道门户，于长江三峡口右岸，地势之险要，战略位置之重要，为兵家共识。日军进攻之前，国民党军界要员多次视察此地，对守要塞的官兵都留下语重心长的训话。

石牌要塞的核心阵地，隶属宜昌、巴东要塞第一总台管辖，其总台部设于石牌西北的柳林沱，第一炮台设置于石牌，第二炮台设置于庙河。核心阵地石牌，还配有一个烟幕队、一个鱼雷队，不算外围阵地，官兵有100多人。核心阵地主要任务，是控制长江航道，第一炮台配备6门大炮，其正面左前方是长江北岸的烟幕队，右前方是长江南岸的鱼雷队，长江南岸太公沱设有瞭望哨，第一炮台后方设有观察站。1939年春，中国军队在宜昌至巴东建成了这个要塞核心。第一、第二总炮台，下辖4台、9个分台，选择石牌、庙河、浅滩、牛口为安装阵地，配备炮50余尊。另在红花套设了第一直属台，在巴东至万县间，成立第三、第四总炮台，下辖5台。

1940年6月宜昌失守后，设在离宜昌仅10余海里的石牌第一总台加强了守备兵力。海军司令陈绍宽奉蒋介石之命，乘"永绥"号旗舰赶赴石牌要塞亲自部署，日军舰队无法突破荆河雷区。日军飞机只得不断轰炸各个炮台，因防空得体，伪装严密，受损不大。

1941年2月，日军当阳会议决定以宜沙兵力沿长江北岸西攻。3月5日，日军兵分三路挺进，攻势猖獗，宜昌日军大量南渡，配合北岸行动；中国海军川江漂雷队奉令开始出击，在第一线石牌方面每隔十几分钟即漂放水

武汉沦陷后,海军布雷队在鄂西江面布雷阻敌

雷一次,共放30余枚,使横渡日军屡遭攻击。3月10日,日军攻占平善坝,中国军队后撤,但要塞各炮台全力扼守沿江正面,日海军被阻于荆河口前进不得。日海军被阻平善坝,与陆军无法协同,不得不放弃平善坝,向宜昌撤退。日军无获而退,以后不断派飞机集中轰炸各炮台。

日本海军在长江无建树,要突破要塞天险,只有让两条腿的陆军试试,这样,石牌要塞外围阵地的争夺,成了日军是否能突破拱卫陪都重庆第一道门户的关键,也是中国军队鄂西会战关键性的一战。

许多人不相信日军有进攻陪都重庆的企图,其中包括美军部和史迪威。当得知日军十万余众向鄂西扑来,史迪威在重庆摇着头说:"日本人决不致远道轻入深山峡谷,冒被第五、第九两战区夹击的风险,这是违反兵法原则的。"美军部的高级幕僚们,更是讥讽道:中国士兵营养不足,军械简陋,决无歼灭多数日军的能力,是不是又要吹牛?

史迪威和美军部发现日本人真的冲鄂西去了,于是严肃地说:日本人真糊涂,石牌可不是马当,中国人扔石头也不会让日本人通过的。

美国人的话没错，日本人却置若罔闻。

南县、安乡、藕池口一带的日军，于滨湖战役后，动作起来，日军第3师团、第17独立旅团、第40师团独立第14旅团一部，开始集结于津市东北白羊堤、青石牌间地区。1943年5月17日后，日军又增加第58师团6000余人，厉兵秣马。

中国军队指挥机构洞察，盘踞荆州的日军第13师团第65联队3000余人，偷偷摸摸开往弥陀寺；悄悄运动的还有日本海军陆战队第44联队、伪军第29师一部，共约20000之众，先后移集董市、白洋间地区，日军第13师团部迁至张家店。在云池、古老背地区，日军第3师团第68联队、第68师团一部共6000余人，纠集于一处。在宜昌西岸附近地区，日军第34师团第216、第217两个联队，工兵联队，伙同第39师团主力，共20000之多，会合在一起。日军第11军指挥所安置于宜昌，直属部队3000余人，集结在当阳、宜昌间地区。日军第39师团师团部又向前移至高家店，这一动向很明显是要西犯。

对于日军企图，中国军队是早有防范的，自滨湖战役后，第六战区的任务更加明确，拱卫陪都重庆，待机收复失地。陈诚从云南飞回恩施后，召开军事会议、参加人员有：第六战区代司令长官孙连仲，副司令长官吴奇伟、王缵绪，参谋长郭忏，第18军军长兼巴宜要塞司令方天，第32军军长宋肯堂，第86军军长朱鼎卿，第10集团军总司令王敬久，第26集团军总司令周嵒，第33集团军总司令冯治安等人。

陈诚先作主持发言："敌军此次西犯之目标意在陪都，自北非德意失利后，敌国狂呼解决中国事件，敌企图乘盟国置重兵于西欧之际，第一步攻下陪都门户的石牌要塞，以穿入我之心脏，达到解决中国事件的阴谋，巩固太平洋外壁。敌酋畑俊六飞抵汉口，驻汉口的第11军团司令部移至宜昌，敌企图是明显的。在我第六战区方面，敌派重兵有第13师团、第39师团、第40师团、第17旅团各全部，第3师团、第6师团、第34师团、第58师团、第14师团、第27旅团各一部，共有兵力9万人以上。我方兵力，战区方面沿江及滨湖总共为7个军,人数约15万人,在石牌地区为3个军6个师,约6万余人。我军人数占优势,但装备简陋,自属事实,我抗战以革命精神,不屈挠于强暴,苦力支撑迄今6年,已走完最难行走之路,敌却相反,正在走最难行走之路。此次作战,敌军依旧打错算盘。"

陈诚讲完话后,请参谋长郭忏谈兵力部署。郭忏将滨湖战役之后,第六战区中国军队兵力部署作了详细介绍:

第29集团军的第162师,仍集结于鳌山附近地区。第150师主力扼守新洲亘澧县之线,其一部位置于夹堤、白羊堤附近;第161师由羌口附近开始向鳌山转进。第10集团军,以第87军第118师于白羊堤亘汪家嘴之线;第43师于汪家以北亘中浪湖线,均采取攻势;以新23师守备孟家溪、公安、申津渡亘宜都之线;第121师第362团集结肖家岩附近,其余正由西斋向茶园寺附近地区集结;暂编第35师第3团集结于西斋以北亘茶园寺附近地区;第67师位于肖家岩、余家桥附近地区。江防军以第67师第200团守备安春垴;第86军第13师守备茶店亘乌龟山之线。

以第18军第18师一部附暂编第34师第101团守备长岭岗、墩子桥之线,主力控制于曹家畈附近;第11师扼守石牌要塞。第26集团军以第75军预备第4师的第20团向龙泉铺的日军攻击,其余任三游洞、龙王洞亘黑湾垴之线守备;第6师的第17团向双莲寺的日军攻击,其余任长岭岗、大金山、破石垴之守备。第33集团军以第77军第37师第110团于七孔岩附近,向当阳之敌挺进攻击,其余任大木岭、黄茅岭、龙家山之线守备;第132师已由重阳坪开始向远安附近推进,保持机动;第179师第536团,于观音寺、三义路各附近向黄家集之敌攻击,其余扼守九里岗、枪仓、新集之线。第59军第38师第112团向南桥铺、荆门各附近的敌人攻击,其余任和尚桥、松林坡、莲花庵的守备;暂编第53师一部挺进敌后,断荆钟、荆沙敌之交通,其余任峰子山、转头湾之守备;原驻李家土城的第180师,开始向东巩附近推进,保持机动;原集结于南漳垭附近的第5师调太平溪、罗佃溪一带集结;窑湾溪附近的第139师调椰树店附近地区集结。原在河南新野附近的第30军,正向秭归窑湾溪一带开拔；预定常德桃源附近的第74军，在湖南衡山附近训练；第79军的第98师及暂编第6师在益阳附近，第194师在汉寿附近①。

孙连仲说："从敌军动向来判断，日军可能将由澧县以北地区，向煖水街，同时由枝江附近渡口，包围攻击我公安附近的第10集团军部队后，再转攻常澧，或自枝江西南地区向长阳进犯。宜昌西岸的日军向石牌要塞攻击，以击退我江防军部队，占领石牌要塞，打通宜昌以下的长江水运，再准备西犯重庆。"

冯治安问："我集团第79军王甲本部，是否能在指定时间内到达战场？"

吴奇伟："军委会有命令，如果需要增援，该军克日兼程驰援鄂西会战，限六天之内到达指定位置。"

王缵绪："日军进犯津、澧再攻常德时，以王泽浚第44军主力守备津、澧，一部在渡口以北对洞庭湖警戒。第73军余部控制桃源以北地区，对窜入常德以北地区之敌，以控制部队求敌侧背而攻击，不得已时占领常德、临澧、桃源之线既设阵地，以利尔后的作战。"

王敬久："我们第10集团军右翼部队，适当时出击，以行策应。"

王缵绪："如果日军由津、澧附近向煖水街，同时由枝江、宜都附近渡江，企图包围攻击第10集团军部队时，公安方面部队，只留最小限兵力守备公安，尽量抽集部队控制于张家厂及其以西地区，对枝江附近渡犯之敌，以该方面守备部队逐次抵抗。"

王敬久："我让牟廷芳第94军、戴之奇第121师控置于刘家场。"

参谋长郭忏说："江防军朱鼎卿第86军罗贤达第67师控置于聂家河，在日军侧背攻击。如果日军于宜都渡江，向渔洋关方向进犯时，以一部于汉洋河逐次抵抗。依情况以第10集团军左翼及江防军右翼控置部队夹击而击破日军，不得已时，第10集团军部队占领新安、煖水街至聂家河的既设

---

① 中国第二历史档案馆馆藏档案。

阵地，再策后图。周嵒总司令的第26集团军派队向龙泉铺、双莲寺，冯治安总司令的第33集团军以三个师向当阳攻击，以行策应。"

5月13日晨，中国江防军第86军军长朱鼎卿正在睡觉，防守宜都北洪家林子一带的第13师师长曹金轮，用电话喊醒了朱鼎卿。曹金轮在电话里说："军座，日本人在洪家林子偷渡，小股部队，三艘皮艇，没上岸就被我打窜了。"

朱鼎卿立即向长江上游江防军总司令吴奇伟报告，吴奇伟令第13师严密监视日军动态，随即向陈诚作了汇报。陈诚说："日军是摸底探路，是冲石牌而来的，马上给重庆去电。"

蒋介石收到电报后，于5月15日复电陈诚、吴奇伟："江防军守备现阵地，确保石牌。"

5月16日，陈诚在第六战区长官部召开处置会议，转达蒋介石的命令，并下达第六战区长官部的命令：江防军确保石牌要塞，并确与第10集团军保持密切联系。5月17日，第六战区长官部又下达处置命令：战区基于当时

鄂西部队集结开往前线

情况，决以石牌为轴，先确保主决战线，待第27师到达，协同第32军及常德方面部队全线转移攻势，并指示第10集团军与江防军决战线，概为渔洋关、津洋口、石牌要塞之线。

固守石牌要塞的部队，是江防军方天的第18军，下辖覃道善的第18师、胡琏的第11师、吴啸亚的暂编第34师，还有少量要塞炮台部队。朱鼎卿的第86军负责守备聂家河、安春垴、红花地、长岭岗线作持久战，以保卫石牌为决战线。长阳、磨市各附近，分别控置有力预备队。宋肯堂的第32军以刘云瀚的第5师主力，位置于三斗坪、陈家坝之间防守。

5月17日晨，灰蒙蒙的天空，淫雨霏霏，7时40分，江防军正面与汉洋河东西两岸的日军3000余人，在10余门大炮的掩护轰击中，兵分两路向江防军第67师防守的黄家铺、响水洞、麒麟山阵地进攻。日军来势凶猛，凭借山野炮准确的落点，轰击中国军队阵地，在细雨泥泞之中，日军几度冲上阵地，都被守军赶了出来，激战至午，该阵地最终被日军突破。第67师罗贤达师长命令该师主力向磨市附近撤退，一部向峰山附近转进。正午过后，麒麟山的日军，继续向西进迫中国军队宝山坪亘磨市阵地，第67师猛力阻击，激战至傍晚7时，日军再次突破磨市中国军队阻击阵地。同时，转进到峰山的第201团，在进行之中，与日军步骑联合千余人遭遇，日骑兵挥舞马刀闯入第201团之阵，双方扭成一团，反复肉搏，第201团伤亡巨重，无法抵御日军，不得已逐次转移到马鞍山、刘家棚、沙子岭之线重新部署，一部于翌日拂晓转移至沿市口东南白庙子附近。

整整一天，炮声不断。至夜晚11时，日军还在动作。宜昌附近的日军3000余，在10余门大炮协同下，渡江西犯。曹金轮的第13师守备部队在夜幕中奋力阻击，寸土不让，师长曹金轮率领执法队督战，一直打到第二天正午，双方伤亡均惨重。第13师右翼转至天燕坡、廖氏祠之线，日军继续猛攻，中国江防军长岭岗守兵，英勇不屈，决不后退，直至打完最后一粒子弹，全部殉职。

江防军一部转移至浪子口、南流溪之线与日军对垒。经红花套偷渡过江日军，有500余人，在炮火掩护下向中国军队沙套子要塞猛扑。要塞守兵奋勇抵抗，日军攻势受挫，但守军伤亡颇重，无法继续坚持，奉命向西转移。

在重庆的蒋介石，时刻关注着鄂西战场，当他得知江防军部分阵地已被日军突破，心情焦急不安，他担心马当悲剧的重演，在仔细听取汇报后，于22日中午1时，电示部署：

1．江防军应以第一线现有约两师兵力守备现阵地，被敌突破时，可增加一师在长阳、平善坝之线，持久抵抗。最后应死守资坵、木桥溪、曹家畈、石牌要塞之线，拒止敌人。

2．第10集团军应在清江以南续行持久战，如敌续向渔洋关以西突进时，除以一部守备五峰外，主力在渔洋关一带山地游击扰袭。

3．石牌要塞，应指定一师死守。

5月22日下午，陈诚根据军事委员会委员长蒋介石的电示，将第六战区与江防军的作战方针，作了相应的补充：

1．第32军（欠第141师）及第27师各部，为战区准备决战之兵力，不可轻易使用。

2．第185师（欠第553团）到五峰后，即暂归第10集团军王敬久总司令指挥。

3．第10集团军归江防军总司令直接指挥。

以上部署的决定，已明确石牌外围的作战指导原则。当前面临的严重敌情是：宜昌附近的日军第39师团、第68师团、第3师团各部势必倾巢出动，不惜代价抢占其战略目标石牌要塞。一场严峻的考验摆在江防军面前，是否能顶住日军的攻势，这将关系到整个鄂西会战的胜败。

吴奇伟深知责任重大，他马上在江防总部召开会议，调整部署，不失时机地将控制在三斗坪的预备队第5师由江北调至长江南岸的落步墙；第5师师长刘云瀚得令后，将他的部队推进到高昌堰、峡当口附近地区待命。

5月23日，江防军正面情况吃紧，日军向瀚墨池、渔洋关攻击猛烈，虽说是山地作战，日军机械化部队难以用上派场，但日军步兵凭良好的战斗素质，顽强的战斗毅力，在江防军正面步步为营，寸寸推进，瀚墨池、渔洋关陷落；长阳以东地区仍在激战。江防军孙定超指挥的第139师各以一部驻津洋口、资丘、龙潭坪，主力进至都镇湾防御阵地。

刘家棚方面的日军，5月23日晨，继续向花桥、罗家坪、纱帽山江防军阵地进犯，第86军军长朱鼎卿在电话里命令第67师师长罗贤达，一定要挡住日军脚步。此刻，日军的山野炮已将大部分防御阵地工事炸塌，第67师官兵在破烂的工事中顽强阻击，日军越攻越近，面孔轮廓都已清晰可见，日造四十八式手雷已可扔进中国军队阵地的壕沟中。

第67师伤亡半数多，师长罗贤达右肩负伤，不得不下令撤出阵地，转移于歇马台、罗家湾、龙门之线，日军不肯罢手，上午9时许增兵1000余人，另调集8门重炮，继续进攻第67师，双方反复争夺，多处白刃，不少中国官兵扭抱着敌人拉响手榴弹……下午3时许，日军分几路窜向龙门东岳庙各地。第67师罗贤达师长命令所有剩余部队，向日军顽强地发起反冲锋，那些目睹身边战友大多牺牲的剩余者，已把生死度外，冲锋时奋力向日军扔掷手榴弹和自制炸药包，喊杀声震天，日军震撼，攻势稍挫。

5月23日是江防军接受严峻考验的一天，与第67师官兵同样英勇抗敌的第13师官兵，用血肉之躯在天坑坪、大弹子垭阵地筑起一道鲜血凝成的防线。清晨8时许，日军数千人，伪军便衣队三四百人，在大炮掩护、飞机助战中，兵分两路向第13师阵地发动猛攻，在敌军交替不断冲锋中，曹金轮师长沉着指挥部队应战，运用合适的掩体，组织交叉火力网，与敌激战竟日，日军多次进攻均未得逞，追黄昏阵地仍在第13师手中。

5月23日，根据一整天战斗情况，吴奇伟将江防军的部署再作调整：

1. 第32军第139师，以主力守备资丘、马连、都镇湾沿清江北岸地区，以一部守备都镇湾、津洋口地区，阻止日军北犯；并派小部队向龙潭坪、松杨坪各地严密警戒，与第94、86军密切联系。

2. 第18军仍固守长岭岗、小平善坝之线。

5月24日,日军攻占了长阳。午后,宜昌西岸日军第34师团及第39师团开始进犯。渔洋关、聂家河日军大部向北进攻。清江南岸、宜昌西岸日军主力部队合成一伙,集中进攻战略要点偏岩要塞。

5月24日,要塞指挥部、江防各部向吴奇伟汇报战况:24日上午7时20分,千余日军步骑兵,由徐家台子、松杨坪、沿市口、土地岭向江防军第139师古潭、大岭头阵地东西两面攻击。第139师奉命转守大岭头、都镇湾之线阵地与日军对战,鏖战至夜,撤至清江北岸。清江南岸的日军步骑兵数千名,拂晓前一部盘踞津洋口至长阳对岸各渡口,准备各种渡河设备,积极准备强渡,并派出一部占领渡口附近各制高要点,架起大炮,向中国军队北岸轰击。

开往前线的中国抗日部队

日军一部继续向中国军队第67师攻击,战至中午,日军迫近平洛河口与中国军队第67师的后卫部队发生激战,其主力即由都镇湾北渡。下午3时许,第67师后卫部队摆脱敌人,亦逐次由都镇湾附近,渡江北移。

24日上午7时，天坑坪附近的日军，在飞机掩护下，沿清江北岸向中国军队第13师右翼地区攻击，激战8小时后，第13师右翼天坑坪、永和坪陷落于日军手中。日军没停留，继续向西进犯，下午又直取长阳，与中国防守部队激战于向家河、凤凰山一带。此时，清江河南岸的日军，以炮兵集中射击。第13师腹背受敌，情况危险，陷于苦战。第13师官兵无所畏惧，与日军艰苦较量。日军一部于下午3时乘隙窜犯三汊河，有犯无回，被中国军队包围歼灭。第13师舍生忘死，战至下午5时许挫败日军攻势。

第13师师长曹金轮亲临牌坡、刘家坳前沿，守于重机枪阵地旁。此刻，大弹子垭附近日军约千余，在炮火掩护下，向牌坡、刘家坳阵地进攻。第13师官兵见师长身先士卒，立于枪林弹雨之中，顿时斗志百倍，日军屡遭击溃，被中国军队阻于阵前。

日军第34、第39两师团的各一部千余人，在五龙口、石榴河一带会合，于24日上午7时许，在空军、炮兵立体协同下向中国江防军覃道善指挥的第18师冬青树、枣子树坳阵地进犯。中午，日军已增兵三四千人，火力猛烈，第18师右翼冬青树阵地因受梯岩、红岩冲方面日军的凶猛侧击，守阵官兵伤亡殆尽，覃道善不得不下令转移至冬青树西端，进入阵地与日军对峙。

日军逐渐迫近石牌要塞轴心阵地。

江防军总司令吴奇伟命令刘云瀚率第5师，速由三斗坪渡江南进，经落步垱出峡当口，集中于峡当口、高昌堰附近一带。刘云瀚知军情紧迫，立即执行命令。

原在宜昌对岸的第13师，与日军激战多日，队伍被打得七零八落，25日上午第13师残余向偏岩撤退，建制混乱，无法清点兵员，第13师师长曹金轮也不知手下还有多少人，失去了掌握部队的能力。见此情景，第5师第14团迅速占领阵地，掩护第13师转进。

第13师后撤惊动了蒋介石，他亲自打电话给江防军总司令吴奇伟转令第13师不能再退，死守偏岩。吴奇伟当即电话转令退到偏岩的曹金轮师长，上面不知下情，第13师基本已丧失战斗力，所剩残余，惊魂未定，伤员累累，弹药殆尽，谁的命令都不管用。当曹金轮得知蒋介石命令他死守偏岩时，气喘吁吁地骂道："走都走不动了，还打？再让我们打，第13师就得让寡妇来守偏岩了！"第13师残部不顾第5师的劝告，违抗军令，曹金轮在卫兵搀扶下，随着败兵向西撤退。

第13师西撤之后，5月25日，日军追赶过来，第5师拦腰将日军挡住，双方展开激战，日军在空军助战下，疯狂向第5师进攻，因为第13师后撤，偏岩、左翼雨台山一线阵地虽有第5师接替，但实力不强，几个回合后，日军突破偏岩、雨台山，还有暂编第34师第2团防守的月亮岩阵地。日军一扯开缺口，第5师周围大部友军只得由津洋口、都镇湾向高昌堰方向西撤，气得第5师师长刘云瀚在指挥所里放声骂娘："胆小鬼，日本人打不死你们，蒋委员长也要砍你们脑壳！"

26日，吴奇伟命令调整部署：以第5师、第18师、第11师守备馒头嘴、峡当口、石牌之线。第5师得令后，迅速占领馒头嘴、峡当口，这两处阵地不单是堵住缺口，更重要的是对日军形成口袋，日军要进攻必须往里钻。果真如此，日军在空中优势助威下，毫不在乎地钻进口袋，向第5师第13团在馒头嘴侧面阵地、第14团在峡当口与第18军第18师阵地发动进攻。吴奇伟见日军中计，分别打电话给第5师师长刘云瀚和第18师师长覃道善，让两支部队互相配合，拒敌西犯。中国军队防守阵地前，小河两岸宽广的开阔地里，一眼望去，满是日军贼亮的钢盔，敌人以密集纵队向守军阵地扑来，刘云瀚师长举着望远镜说："不看清日本人的脸不准打，让他近点，再近点。"覃道善师长同样命令部下："沉着应战，第5师开枪我们再开枪。"日军"嗷嗷"怪叫着接近中国军队阵地前沿，几乎连领章都能看清时，第5师和第18师出敌不意发起攻击，子弹像暴风雨般射向日军，冲锋号响彻山谷，喊杀声直上九霄，日军顿时大乱，死伤枕藉，留下大片尸体后退却。日军飞机开始整日不停轰炸，并派化学部队施放毒气，中国军队守军凭借风向和自我保护，毒气施放后效果不大。下午4时左右，天空响起马达声，原以为又是敌机轰炸，却见空中慢慢飘落一片降落伞，"伞兵，敌人的伞兵！"第14团立即掩蔽设防，并组织优秀射手对空射击。日军空降部队落地后，随即遭第14团包围，被全歼。在偏岩至馒头嘴之间开阔的山谷里，日军尸骨累累，至少千余，尸体之中，还爬动着伤兵，在晚风中哭号着……

第5师、第18师26日大获全胜，抵挡住日军西犯。第六战区长官部根据蒋介石的意见，又作了新的部署，其要旨是：

基于当前敌情判断，渔洋关方面向西北窜犯的日军，似有配合长阳方面日军迂回资垞包围江防军的企图。第10集团军的各部队，尚待收容整理，无法与日军决战，遂决心遵照1940年预定待敌深入到山岳地带后，再行断其归路之腹案，乃拟定作战指导如下两项：

1. 战区要确保石牌要塞，第30军及第74军到达后，即以第30军、第32军、第74军各主力及第79军全部，在清江两岸地区对向江防军攻击之敌，南北夹击而歼灭之。

2. 决战时期预定为5月31日至6月2日。

是否能打赢这一仗并多歼敌人，就要看江防军能否顶住正面的日军，待增援部队赶到对日军形成战略上的夹击。5月26日至27日，是中国江防军全线抵抗连日激战最艰苦的一天，主要是坚决扼守住天柱山、馒头嘴、柳林子、小于善坝等阵地。

26日清晨，山冲里雾霭茫茫，石板沟第86军搜索营正在警戒搜索，尖兵发现不远处人影绰绰，还有马匹嘶鸣，仔细观察，是敌军便衣百余人在搜索前进，第86军搜索营先下手为强，向敌便衣队开火，激战之中，日军步骑大队人马千余人赶到，搜索营与敌火力悬殊，边打边向西退，日军继续向西挺进，与中国军队激战于香火岭、四方岩、娃娃岩之线。守军寡不敌众，阵地先后被日军占领，守军向五龙观方向撤退。同时，鸭子口对岸的日军，不断增兵，组织橡皮艇，一再强渡清江，中国军队鸭子口阵地第139师猛击江面之敌，击毙日军甚多。日军组织敢死队，头扎白毛巾，怀抱轻机枪，于中午再次强渡清江，终于爬上江岸，鸭子口、长岭岗均告失守。

27日，日军千余人由津洋口窜两河口，而峡当口日军千人，在大炮轰击中，于26日向白道岩、月亮垭第5师阵地猛攻，被第5师阻止在阵地前。27日，日军增援赶到三四千人，分向长儿坪、杨花子坡猛攻。与此同时，日军千余人，配合伪便衣两三百人向土地垭、刘家坝攻击中国军队第5师侧背，第5师官兵死守，血战不退。

日军27日晚，分别由鸡冠岩、赵家莲向沙坦丘、胡家店、鲁家坝、柳林子第18军阵地全面进攻，因为天黑，双方短兵交战，第18军早有防备，主动出击，与敌混战，日军重武器发挥不出作用，趁夜黑冲上中国军队阵地的日军士兵几乎全被杀死。第18军将进攻之敌围成几块，日军伤亡甚众，战力不支，只得回窜。

28日，中国军队第15师第15、第14两团据守高昌堰两侧高地，日空军飞机20余架，掩护步兵四五千人向高地猛扑，守军官兵利用险峰居高临下，与敌激战，将士斗志旺盛，并以有力之一部占领高昌堰通向津洋口的峡口，掩护友军安全西撤。高昌堰是三斗坪、宜昌、津洋口、渔洋关、贺家坪进出的咽喉要道，拱卫着石牌要塞，也是石牌要塞最后的外围阵地，是一个狭窄的通道，易守难攻，中有东西走向通达清江的溪河，两翼设有依托。蒋介石和第六战区长官部一致认为，这里是最理想的决战之地、日军最好的坟墓。

陈诚命令江防军：第32军第5师占领下元溪、木桥溪、石头垭之线；第67师归第32军宋肯堂指挥，位置于贺家坪；第32军主力位置于三叉河、下元溪之线，第18军占领易家坝、曹家畈、新安寺、石牌之线，胡琏的第11师固守石牌要塞。

5月28日，永昌寺的日军千余人，界岭、杨春岭方面的日军3000人，向第5师两翼发动攻击，日机俯冲轰炸，阵地一片硝烟，第5师第15团、第14团在高昌堰一带与日军形成拉锯战，双方均被割断，呈胶着状于香花岭以

中国军队冒着敌人的炮火，超越障碍冲锋

东钱子溪南北高地的杨春岭，战至晚9时，日军无进展。

此刻，大股日军沿曹家畈、宜昌大道向西开来，向曹家畈附近第18师阵地全面进攻，其中约一大队日军一度冲入彭家坡山腹地，第18师师长覃道善立即派队驱逐。这时大桥边的日军3000余人，兵分三路向石牌要塞外围闵家冲、井长坡中国守军阵地进攻，日军飞机、大炮连续轰炸4小时，胡琏率领第11师官兵，凭借其险要工事，同来犯日军展开激烈战斗，战至黄昏仍固守阵地之中。

29日晚11时左右，挺进至香花岭附近的日军，乘黑夜冲锋，与中国军队第5师第14团、第15团争夺沿河阵地，中国军队严守两侧山地要点，日军狠集于狭窄路段重兵无法展开，中国军队看准有利时机，集中大炮轰击日军，第14团、第15团官兵越战越勇，黑夜之中，击毙日军三四百人之多。

晚间，中国军队第18军第18师八斗冲阵地被日军冲破，陷于敌手。

第5师师长刘云瀚当晚接江防总司令部命令，调整部署，师主力由高昌堰、墨坪转移至木桥溪，进入既设阵地继续阻敌西进。

日军于30日占领香花溪、三岔口、小朱坪及四方塘各地，拂晓前后，猛攻第5师墨坪阵地。战至上午9时，日军4000余人，连同飞机数十架一同向第5师墨坪、木桥溪附近高地扑来，阵地得而复失、失而复得，奋战竟日，黄昏时分，沿溪的墨坪、木桥两镇被日军占领。中国军队第5师主力第14团、第15团及师直属营连队退守太史桥与木桥溪北高地，与第13团阵地连成一片。刘云瀚满意地视察这里的地形：太史桥原是座大石桥，早已经不存在，桥底可以渡涉，但石桥两头陡峭绝壁，通过时难上加难。

日军左突右杀了几天，实在没精神再往西去时，才感到中了蒋介石设下的圈套，执迷不悟再攻下去，必将全军覆灭，日军的情报部门已经得知他们处于被夹击的危险之中，而且局部地区已经同中国的增援部队发生接触。

横山勇下令——撤。

30日晚，第5师师长刘云瀚和副师长邱行湘，在太史桥半山阵地指挥所研究敌情，刘云瀚举着望远镜眺望敌方行态，见到长江沿江山坡灯火绵延不绝心觉纳闷，因为这不像敌人准备再作进攻的态势。邱行湘与江防军总部联系不上，又与第18军和第11师联络，同样通信网已断。刘云瀚命令严密注意日军动向，并派出侦察部队。午夜时分，侦察队和第13团前哨步兵同时来报，第15师当面之敌有要逃跑的模样，刘云瀚大喊："跑？不能让他跑，进了口袋由不得他。我命令，第13团准备出击，命令前卫侦察部队一分钟也不能脱离敌人，打他的屁股，拽住不能让他跑！"

果然如此，当中国军队彻底形成两面夹击时，日军于拂晓前发起佯攻，掩护主力撤退。第15师搜索部队报告，日军主力已狼狈回窜，刘云瀚立即令第13团咬住日军尾巴，追击不放。

日军向长江沿岸溃窜，中国军队从各个方向发起反击，中国空军及美军空军前来协同助战，长江沿岸日军死尸累累。至此，日军妄图占领木桥溪以后，西犯贺家坪、东窜三斗坪、夺取石牌要塞的美梦彻底破灭。此次战役，日军伤亡3000余人，伤毙骡马3000余匹。中国官兵伤亡自滨湖作战至鄂西会战4000余人，比起中国军对日军第一期作战，中国军队伤亡人数大为减少。

蒋介石在陪都感慨地说："快一比一了！"

四、胡琏血战石牌

胡琏在抗日战争中，打的一场恶战就是石牌之战。1943年5月，日军夺取湖北宜昌，乘胜进攻西陵峡，准备直捣国民政府抗战的中枢重庆，确实把蒋介石吓得坐立不安。关键时刻，胡琏的第11师在宜昌附近三斗坪的石牌要塞，顶住了日军强大的攻击波，转败为胜，令日军胆寒，也让盟军刮目而视。

1943年世界反法西斯战场发生大转折。德、意军队在北非战场上遭到英军元帅蒙哥马利所部的重创。在亚洲战场上，日军为了打破与中国军队对峙的僵局，在鄂西调集重兵，沿长江两岸分进合击，妄图突破拱卫重庆的第一道门户——石牌要塞，溯江而上，进攻巴蜀，夺取中国抗战中枢、国民政府的陪都重庆，摧毁抗日大后方根据地，结束对华战争；然后再与德、意联手，全力对付英、美。

日军使用了第3、第5、第13、第34、第39、第40等6个师团的全部或一部，总兵力在10万人以上。敌总司令官是第11军司令官横山勇，他从武汉进驻宜昌，统一指挥。而且日军有海空军的大力配合与支援。一时间，战云密布。

5月上旬，战幕揭开。日军开始进犯，与长江两岸的中国军队激战，迭克东西岸重要阵地，形势异常严峻。

中国军能不能守住石牌，成为全国乃至世界的焦点所在。坚守这一地区的是第18军军长方天。该军下辖第11师和第18师。守石牌核心要塞的就是第11师，师长胡琏。他的侧翼是第18师，师长罗广文，担任掩护任务。

5月25日,军长方天转来战区司令长官陈诚的电报:"石牌要塞之防守,关系江防全局,领袖关念,全国瞩目,责任重大,不言而喻。第18军奉命担任守备,务必以最大决心,誓死固守。每一寸土,必使敌付最高代价,而终于驱逐之。以完成最伟大之任务,发扬我18军以往之光荣历史,是所切望。希告诫全体官兵均明此义为要。"

5月26日,敌军逼近石牌要塞,与第18师罗广文部激战。罗广文与胡琏同为黄埔第四期同学,同在第18军当师长,自然唇齿相依,竭力而战。

27日,罗广文在日军劈头盖脸的打击下,死撑不住,连连失利,被迫向后转移阵地,过早地将胡琏部暴露在日军面前。敌第39师团开始向我第11师防守第一线阵地的第31团全力进犯。

当时石牌要塞中有不少军马,也派不上用场,胡琏将兽医官崔焕之找到师部,让其把军马送往湖北秭归,免遭无谓的损失。前路凶险,胜负难料,尤其是在这样生死未卜的气氛下,两人的内心都很黯然,但作为军人,胡琏外表却显得很豁达。

"师座,还有什么要交代的?"崔焕之问。

胡琏拉开抽屉,取出几封信:"如果石牌要塞陷落,就是我和全师官兵为国家、民族捐躯的时候。我这里写好几封遗书还有物品,你替我寄出去。"

崔焕之接过一看:收件地址是江西赣州建成门外水东乡33号曾广瑜夫人。

他只觉得鼻子一酸,哽咽着叫了一声:"师长——"

在场的参谋、副官都热泪

胡琏

盈眶。

胡琏强笑着："我平时教育你们成仁取义，轮到我头上就吓稀啦？军人战死沙场，是分内之事，俺们陕西爷们儿有句粗话，该死该活屌朝上！哭啥？别和老娘们一样。"

几个男人咧着嘴，笑得比哭还要难看。

临别时，胡琏握着崔焕之的手："崔医官，这些年有个头疼脑热的，都少不了找你的麻烦，也许这一次……"

崔焕之："不但这一次，下一次、下下次我都会照顾你、关心你的，我会像你的影子一样，死缠着你的。"

"好，好，我们的生死之交就这样约定下来。"胡琏交代："你可暂居巴东，如果万一，我说的是万一，等确知军败我亡后，再将这几封信发出，我在九泉之下，也会感激你的。"

崔焕之流着泪说："师长，你放心吧，我一定按你吩咐的去办。但我坚信我军一定会胜利的，这几封信和物品我还会带回来的。"

胡琏的遗书共有五封，分别是写给其父、其兄、其妻和好友的。

致父函是这样写的：

父亲大人：儿今奉令担任石牌要塞防守，孤军奋斗，前途莫测。然成功成仁之外，当无他途，而成仁之公算较多。有子能死国，大人情亦足慰。惟儿子于役国事，已十九年，菽水之欢，久亏此职，今兹殊戚戚也。恳大人依时加衣强饭，即所以超拔顽儿灵魂也。敬叩金安。

寄妻函如下：

我今奉命担任石牌要塞守备，军人以死报国，原属本分，故我毫无牵挂。仅亲老家贫，妻少子幼，乡关万里，孤寡无依，稍感戚戚，然亦无可奈何，只好付之命运。诸子长大成人，仍以当军人为父报仇，为国效忠为宜。战争胜利后，留赣抑回陕可自择之。家中能节俭，当可温饱，穷而乐古有明训，你当能体念及之……十余年戎马生涯，负你之处良多，今当诀别，感念至深。兹留金表一只，自来水笔一只，日记本一册，聊作纪念。接读此信，毋悲亦毋痛，人生百年，终有一死，死得其所，正宜欢乐。匆匆谨祝珍重。

战幕即已拉开，更为惨烈的大血战就将来临。

胡琏打仗极为迷信，战前的宗教程式是万不能缺少的。清晨起来，他沐浴更衣，即率师部人员登上凤凰山，举行祭天仪式，他恭恭敬敬地燃上三炷香，然后带头跪下，"砰砰砰"对苍天磕三个头，嘴里大声祷告：

"陆军第11师师长胡琏，谨以至诚昭告山川神灵曰：我今率堂堂之师，保卫我祖宗艰苦经营遗留吾人之土地，名正言顺，鬼伏神钦，决心至坚，誓死不渝。汉贼不两立，古有明训。华夷须严辨，春秋存义。生为军人，死为军魂。后人视今，亦犹今人之视昔，吾何惭焉！今贼来犯，决予痛歼，力尽，以身殉之。然吾坚信苍苍者天，必佑忠诚，吾人于血战之际，胜利即在握矣。此誓。大中华民国三十二年五月二十七日正午。"

5月28日黎明，激战开始。在日军飞机的掩护下，陆军用大炮猛烈地轰击石牌要塞。阵地上空，浓烟滚滚，土石横飞。紧接着，骄横无比的日军步兵3000多人向第31团牛长坡阵地猛扑上来。第31团团长尹钟岳指挥各营沉着应战，在要塞炮兵的支援下，多次打退日军的进攻，在山谷中，到处可见敌人的尸体。敌恼羞成怒，飞机轮番轰炸，阵地上一片大爆炸，此起彼伏。残阳如血，阵地成为血海，将滚滚长江染成一片绛紫色，与周围炮火，交织成一幅惊心动魄的壮丽画面。

天黑以前，友军据守的在第31团右后侧的彭家坡阵地，被敌攻破；第31团腹背受敌，在炮声、大火和硝烟中，第9连伤亡殆尽，阵地一角陷于敌手，也给扑朔迷离的战局，罩上一片巨大的阴影。入夜，枪炮声不绝于耳，火光映红半边天。

是夜，远在重庆的蒋介石失眠了，他穿着睡衣跪在基督受难像前画十字祷告，为他的黄埔高徒祷告，也为他的王牌军队的命运祈福。这一夜，点灯熬油的还有第11师的前任师长们，第11师的命运关系抗战的命运，石牌一战，牵动着多少人的心。

指挥官在前线指挥战斗

第11师第一任师长、第六战区司令长官陈诚深夜由恩施打来电话，急切地问："胡师长，怎么样？有没有困难？有没有把握？"

"请陈长官放心！此刻前线正在全面拼杀之中，我军虽然孤军奋斗，官兵士气旺盛，敌人若想突破西陵峡口，必须踏着我第11师官兵的尸体而过，否则敌虽尸堆如山，血流成河，也休想望见巫峰！"

"很好！我将把你的决心报告委座。但请你放心，你们不是孤军，我已调精兵正在途中，大局可以改观。"

胡琏的电话刚放下，第11师第二任师长、时任军令部次长的罗卓英从重庆发来加急电报："特急，胡师长：密。兄率部锁钥长江，拱卫陪都，接受光荣任务，必能创造光荣的战绩。望激励官兵，坚定决心，坚守要塞，发挥神勇，发扬精神，造成空前胜利，有厚望焉！"

江防军总司令吴奇伟从三斗坪打来电话："第185师已兼程来援，第27师已到天岩坪，第94军主力回守资坵。只要我第11师努力作战，石牌无恙，胜券在握。"

5月29日，太阳还在黑暗中挣扎，日军的大炮就开始地毯式轰击，透过硝烟弥漫的阵地，太阳时隐时现，像一个黑色的云团。从阵势上看，今日必有一番浴血恶战。胡琏告诫部下要有充分的思想准备，传令兵迅速用电话将师长的旨意传达到连队，这不完全是指使，而是向全体官兵传达一个信息，师长就在前线，他和全体官兵一样，视死如归。

8点刚到，敌机成群，呼啸而至，将一排排的炸弹倾泻在石牌要塞中。很快，敌全面发起进攻。日军尖利的刺刀，疯狂地将第31团阵地撕开几处大口子。

团长尹钟岳用电话向胡琏报告危急情况，胡琏命令："对敌强行逆袭，将狗日的揍回去！"

尹钟岳团长当即命令吹冲锋号。在激动人心的号声的催促下，官兵纷纷跃出掩体，呐喊着向敌猛冲猛杀。这一来，倒将日军吓得不轻，打了几年仗，还没见过在进攻时，中国军敢反冲锋，一时间，手忙脚乱，相持一阵，便退了下去。在中国守军逆袭即将成功之时，凶残的日军竟施放毒气，玉石皆焚，功亏一篑。该团强弩之末，又组织了一次逆袭，无功而返。

天黑之前，团长尹钟岳命令部下主动向核心阵地转移。

是日，第32团和第33团都与强敌血战。负责南面要隘的第33团游国桢营长，被飞机炸成重伤，但一批一批的敌人蜂拥而来，眼看隘口将失，游营长咬紧牙关，不下火线，裹创指挥，他的精神激励了该营官兵血战到底的决心。等援兵赶来，杀退强敌，游营长血洒黄沙，为国捐躯。

由于负责掩护第31团右侧的友军全线崩溃，几百名溃兵退进四方湾。这里是要塞核心到第31团的一个要冲，部分日军乘机跟了进来，形势极为混乱。此阵地如果失去，第11师将被截成两段，而第31团的后路将失，搞不好，要塞主阵地也有被敌楔入的危险，情况危急万分。胡琏命令第32团副团长李树兰："你带领一个班，限定在半小时之内赶到四方湾，将那里的敌人赶出去！"

李树兰是员虎将，以打仗凶狠出名，这次却心里发毛："师长，人太少了，你是不是多给些？"

胡琏火了："你的眼又不瞎，没看见全线都在激战？我只能给你一个班。"说着照着李树兰的肩轻轻打了一拳，"动动脑子，那里不是还有溃兵吗？枯木朽株都能杀敌！"

李树兰挨了训，心里却很高兴："明白了，师长瞧好吧！"他敬了个礼，转身大步流星向外跑。胡琏在后面喊着："活着回来，我还要请你喝白干儿！"

李树兰带着八个战士，在炮火中连窜带蹦，躲闪腾挪，终于在规定的时间里赶到四方湾，来不及喘口气，便上气不接下气地用电话报告："师长，你的表几分了？"

胡琏在李树兰走后，心急如焚，不时地看表，接到电话，长吁了一口气："还差一分钟。"

"师长放心吧，耽误不了。"李树兰放下电话，朝天放了两枪，把一群像受惊的兔子一样的溃兵都震住了。他大声嚷嚷："我奉师长指派，负责此地的防务。你们不管是哪一军哪一师的，都要归我指挥，听我的命令，如有违反，一律军法从事！"

三四百号溃兵一下子皆被威慑住了，李树兰将他们编成四队，划分了各自防守的区域，分配战斗任务，并下令："鬼子上来后，没有命令都不许开枪！"

这时，大约一个小队的日军嗷嗷叫着，端着明晃晃的三八大盖冲了上来，他们根本没把前面的这些溃兵放在眼里。待敌人进入有效的射击范围之后，随着李树兰一声"打！"阵地上手榴弹、机枪、步枪包括石头，便雨点般的打了过去。鬼子措手不及，被打得落花流水，大部分成了釜底游魂，只有少数连滚带爬地逃了回去。

这一天的中午，军长方天要胡琏接电话，他激动地说："我传达委座电令：石牌乃中国的斯大林格勒，离此一步，便无死所。中华男儿，当有与苏联红军互相晖映之义务与权利。"

胡琏回答："决不辱命！"

是日晚，胡琏下令将师部移驻白石岩，这里是石牌要塞的最高点，四周都是岩石。他对各团官长说："要塞如果被敌攻陷，这里就是我们的葬身之处。从明天起，我们将与敌短兵相接，望各就本位，尽其职守，战至最后一人，将敌人的枯骨和我等的英名与血肉涂写在石牌的岩石上。"

5月30日凌晨，陈诚打来电话："委座已下令陈纳德将军的第14航空队前往助战；第79军已夺回渔阳关，即向石牌前进，不久就可与敌决战；第18师罗广文已恢复元气，伯玉，你可不能丢我的人啊！"

"请陈长官放心，我师苦战数日，虽有丧亡，但士气仍极旺盛，石牌绝可无虞。"

一会儿，军长方天又来电话："军部已到达三斗坪，就在你的身后。相信第11师在你的领导下，必可肩负重大使命。无11师就无18军。你必须镇静作战，再坚持几日，大局定会好转……"电话未完，便被惊雷般的炮声打断，敌人又开始发动进攻。

当日的战况依然激烈，日军似乎已知道前面横亘着一座难以逾越的高山，志在必夺的信心发生了动摇，虽不断冒死仰攻，但在第11师凭险力战、不急不躁的打击下，死伤累累。于是，飞机大炮的报复性狂轰滥炸比前两天更加凶猛。

5月31日，全天仍在激战，但日军进攻的规模却大不如前，已呈强弩之末，显示出后退的迹象。

是日午夜，胡琏命令各团组织小分队，每队10人，向敌营不间断地发动袭击。他说："军人应具有英雄气概，三国时东吴的甘宁以百骑劫袭曹操百万大营。我要求你们放胆奋斗。我已备下重赏，等待你们胜利的消息。"

各小分队的偷袭，均给日军造成极大的心理恐慌，几乎一夜到天明都不敢睡觉。

幸运之神，又一次降临到胡琏的头上。此时，各路援军源源不断抵达指定的位置，从6月1日起，我军全线展开大反攻。

战至6月7日，终于恢复到战前的态势，胡琏防守石牌的任务圆满完成。

与此同时，攻击三官岩、四方湾的日军千余人，死不放弃，毫不后退，几乎全被歼灭。唯独中国军队曹家畈阵地，因第18师连日苦战，伤亡过大，右翼被日军突破，万分危机之时，曹金轮第13师大力协同夹击，阻止日军于落步垱以东地区。再说迂回至木桥溪的日军，亦被宋肯堂第32军阻止，迄31日，中国军队的英勇顽强，始终确保石牌要塞的稳固。

国民党中宣部特意组织驻重庆的中外记者到战地采访，向世界报道第18军第11师抗敌不朽的业绩，有人称胡琏为"中国的崔可夫"。

蒋介石得知中国军队转危为安，喜悦之情不言而喻，在重庆黄山官邸，电告尚在美国的外交部长宋子文："敌进攻我长江上游要塞的三个最精锐师团，三天以来，已被我军完全击溃，其余尚在围歼之中，此战役不久当可获得完全胜利。子文兄，尽快让外交部把我军的胜利，转告美国，告诉史迪威，中国军队不出国门同样也可打出威风……"

宋子文立即照办，并于当天向蒋介石呈复敌失利情形已转达美国的电文：

密呈（加码）委座钧鉴：奉世电，欣悉我军大捷，雷霆一震，转危为安，欢跃无量。前将危迫情形转达美方，除总统及霍布金斯外，军部各员皆以为过甚其词，敌人目标仅为抢掠洞庭湖区粮食而已，今敌寇三师团之众，行将完全歼灭，足证战事激烈，并非我方故意宣传，乞示战斗经过，及目前围剿情况，敌我损失，俾便详告美方，再闻史迪威有派美国参谋人员至第至战区观战之说，确否？乞伤查一并示复。文叩。世（31日）

蒋委员长批示：复史迪威已派员到恩施观战，目前围剿详情已由军委会昨日发表矣，中正①。

当鄂西战场打得火热之时，蒋夫人宋美龄才结束在美国的长期访问。在美期间，她向美国国会发表讲话，她身穿黑色富有魅力的旗袍，身材苗条，举止端庄，说一口声音柔美而地道的英语，议员们被她的优雅风度、妩媚和智慧迷住了，惊愕万分，完全倾倒。在议员们长达4分钟的起立欢呼之后，她的讲话是：打败日本比打败德国更为重要，美国应当使它的人民能够在中国进行战斗，而不应在太平洋花费那么大的力量。她敦促罗斯福总统立即采取行动，并向他要飞机。蒋介石在这样的时刻，怎能放弃任何一点机会呢？向美国通报鄂西战场中国军队打赢日军，是为了证明美国对中国的援助不是肉包子打狗。

蒋介石电令陈诚，不要放过横山勇率领的这帮日军，捕捉战机歼灭横山勇。

日军自遭中国江防军连日痛击后，力量不支，伤亡惨重，攻势顿挫，精疲力尽的日军开始全线动摇。陈诚亲临前线，命令吴奇伟率江防军全线乘势转入攻势，吴奇伟清楚已是稳操胜券，来了情绪，随即下令对日军施行猛烈果敢的全线追击，日军拼死招架。因久战疲惫，而且鉴于过去中国军队追击迟缓，所以退却之初，日军警戒疏忽，嗣见中国军队紧迫直迫，行动果敢，遂恐慌万状，狼狈向东窜去。日军后卫部队，边跑边打，边打边跑，先后于栗树坳、聂家河、花桥、长阳、邬家沱、大桥边各地，被中国军队追打，败兵如潮，仓皇溃逃。

日军第30师团第104联队、第116联队的各一大队，以及第65联队的一部共3000余人，被王敬久的第10集团军第23师、第55师拦腰截住，又遭第98师、第121师各一部的超越追击，日军于磨市附近陷入重重包围，无法动弹，四面楚歌。

日军第13师团部及其主力与日军独立第17旅团一部，被中国军队第121

---

① 中国第二历史档案馆馆藏档案。

师、第118师、第194师、第98师主力围困于宜都城郊的狭小地区。

中国第10集团军司令官王敬久，兴奋地在电话里对陈诚喊："陈长官，小日本跑不掉了，快派飞机来炸狗娘养的！"

中国空军呼啸而来，低空扫射、投弹，日军在飞机的猛烈轰炸中，纷纷涌向江边，唯一生存之路就是渡过江去。但是，日军的希望被茶店子附近中国军队的炮兵粉碎了，无情的炮弹炸毁了江边的轮渡，在汹涌的江水面前，日军真到了哭天无泪之地步。

迄6月3日止，中国江防部队正面进展顺利，已完全恢复战前态势。日军第3师团第34与第38两联队，第6师团一部，第34师团第216及第217联队与工兵联队，第9师团第231和第233两联队，以及伪军新24师、伪军九江保安队等，在中国军队猛烈冲击之下，分由红花套、宜昌间渡江逃窜，沿途扔下辎重、伤员、武器弹药无数。

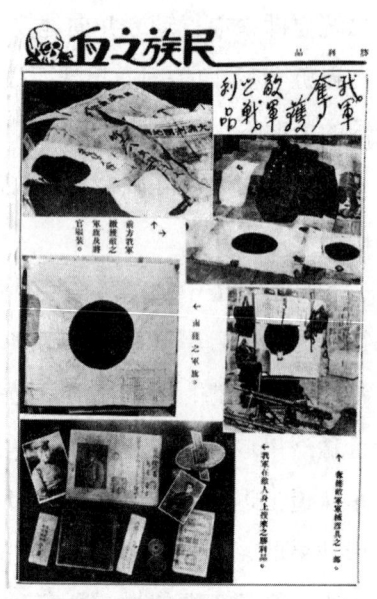

抗战中关于战绩的报道

与此同时，中国军队第74军和第29集团军，亦先后攻克安乡、新安、王家厂、煖水街，迫进公安及磨盘洲之线，日军第40师团1000余及伪军第11师3000余人，被中国军队追打得分向石首、藕池口、公安逃窜。

宜都及磨市各附近被围的日军，几经突围，几经打击，伤亡奇惨无比。中国士兵杀声震天，将包围圈缩小，随之冲进敌阵，大打出手，往日里气焰嚣张的日本士兵，在逃命中大部被歼。5日，中国军队克复磨市，残余日军退据磨市东南陶家坡附近高地顽抗。

此时，宜都城郊的日军，因中国追击部队已迫近城郊，而渡河材料被炸，必须另觅渡河地点，因磨市残余日军的求援，于6日冒险向中国第194

师及第98师正面强行突围，日军别无选择，豁出命冲击，中国军队第194师因后续部队第4营未及时赶到，寡不敌众，遂被突开缺口。待第6师赶到增援，逃出缺口的日军，已窜到肖石岩、聂家河各附近。

松滋方面的日军，此刻向洋溪、枝江回窜，攻击中国军队第118师的侧背，该师兵力单薄，仅剩四个营，在日军孤注一掷的攻势面前，被迫退至余家桥附近。

7日，磨市东南地区的残余日军，借空军掩护，并施放大量毒气之后，乃突出重围，与聂家河的日军会合一股，向东逃窜。

7日夜，中国军队暂编第6师夜袭日军第13师团司令部，师团长赤鹿理率残余人员垂死抵抗，暂编第6师士兵奋勇冲进第13师团司令部，赤鹿理去向不明，剩余日军全被击毙。

6日至8日之间，敌伪军策应宜都日军突围，先后增援3000余人，在日空军不断掩护下，在街河市、西齐、宝塔寺附近地区，与中国军队第74军第51、第58等师激战三昼夜，双方伤亡均重，中国军队防空射击，击落日机一架。

8日，中国军队第121师克复宜都；9日，第121师及第85师，同时冲入枝江城，残余日军退出城外向东逃窜。

中国军队暂编第6师于11日攻克洋溪，是夜占领松滋。

12日，中国军队第194师先后克复磨盘洲、新江口；17日第74军攻克军家嘴、申津渡等地，第194师占领班竹挡、米积台；14日第74军攻克鲍关、谷升寺，是晚占领公安城后继续东进，对藕池口、雾气嘴、闸口、黄金口、弥陀寺、浣市等处发起进攻。英勇的中国士兵，此时已将日军西犯企图完全打破、胜利在握。

第六战区司令官陈诚再一次在国人面前露脸，得到军事委员会及蒋介石的赞赏，第六战区各部队论功行赏，陈诚向重庆发电，呈鄂西会战应行奖惩电文如下：

谨将此次鄂西会战副师长以上应行撤换及升调人员电呈如次：（一）军长方天，平时训练有方，战时指挥得力，为一极有希望之将领，拟请升任江防军副总司令，仍兼军长。（二）师长胡琏，统御有方，作战得力，资历亦深，拟请升任18军副军长，遗缺拟以5师师长刘云瀚调充，递缺查该副师长李则芬，精干有为，拟请升代，其副师长缺，拟请以资绩俱优之本部特务团团长傅锡章调升。（三）13师师长曹金轮作战不力，偏岩要点，过早失陷，拟乞撤职。遗缺请以199师副师长勒力三升代，其副师长缺拟以该师少将参谋长留光天升充。（四）55师师长吴光朝能力薄弱，掌握不确，致损失过大，拟请调为本部高级参谋，遗缺拟以副师长兼本部参谋处长武泉远升代，其副师长缺拟以点验分会少将副主任刘柔远调充。以上所呈当否?祈早日核定发表。①

蒋介石对此战役颇为满意，命令国民党中央宣传部副部长董显光呈上一份外国记者对鄂西战场的印象报告，同时又命令外交部广泛注意国外对此的反应。

徐永昌对蒋介石说："仗我们是打赢了，但我们作战指导上欠完善，部署缺乏纵深，这是我们的老毛病了。"

蒋介石点头："好在对敌钻空隙迂回的部队，能常用伏兵阻击打破敌人之狡猾，足见我军战术上的进步。"

蒋介石为保卫石牌的黄埔弟子颁奖授勋，陈诚、方天、胡琏、罗广文、吴奇伟等皆获得青天白日勋章；李树兰因功升为团长。

---

① （台湾）"总统府"机要档案。

第五节　常德会战

一、澧水南岸战斗

常德踞沅水下游，为洞庭湖西一大县市，东以洞庭为固，西倚武陵山脉，南倚雪峰山北脉，其北面以太阳、大浮两山隔澧水平原，与南面的德山隔江相望，颇擅天然地利，是滨湖一大鱼米谷仓。

自鄂西会战后，澧水沿岸颇受威胁，该地遂益形重要，抗战军粮，大多仰给于滨湖地区，故此地不但为战略要地，而且为抗战军队补给命脉，交通以湘黔公路东通长沙，西通川贵，北以支线出澧县赴荆州；水道小火轮可溯航通桃源，木船可溯沅陵达黔阳、会同，西能溯源至贵州之镇远、铜仁，东下可通航洞庭沿湖各埠出长江。

中国军队将领在前线指挥作战

日军自鄂西会战惨败后，对常德一直耿耿于怀，企图攻占，尔后东下长衡，西窥黔桂，甚或窥伺川东，以便威胁重庆，动摇中国抗战中心。

武陵山脉自川贵边境西来，蜿蜒于沅澧二水之间，至常德西北，以太阳、太浮两山与南面的德山，形成负廓之卫星，更南则为雪峰山脉，进攻退守颇擅形势之利。在昔日军阀割据时代，入常德者，即有顾盼自雄之感。河流北有澧水，中有沅水，南有资水，均自西向东注入洞庭，滨湖多港汊，行军作战，均为障碍。

日军在鄂西失败之后正忙于整理补充，并受到中国军队各战区的局部反攻，一直未能有所动作，达4月有余。至是太平洋盟军的攻势逐渐增强，日军海洋航路渐有中断之势。而美、英、苏三国外长会议，于1943年10月23日起，在莫斯科举行，对盟邦作战到底的形势，益形坚定。日军于诸种威胁之下，为鼓舞其士气，乃积极准备向常德进犯，图以在战场上的胜利，打击蒋介石于11月间赴开罗与美、英巨头会议时的声誉，求政治上的效果。乃以原据湘北鄂西的第40、第13两师团各一部，占领华容、石首、藕池口、弥陀寺等处的前进阵地为掩护，并分别由赣北、荆沙、安庆、芜湖各方面抽调第3、第68、第116等师团全部，第34师团大部，第39师团及独立第17旅团一部，与毒瓦斯辎重战车等联队及空军等，共10万余人，于1943年10月末，概已集中于华容、石首、沙市、江陵一带，于11月2日，由日军第11军司令官横山勇驻沙市附近的观音寺指挥，开始分路向我进犯。

11月1日，日军先以一部向沙口、鲢鱼须（华容南）进犯，中国防守部队自然不会置之不理，予以坚决击退。2日下午5时起，日军声势浩大，即藉飞机大炮掩护乘多艘汽艇，兵分12路，向滥泥沟子、百弓嘴、章田寺、米积台亘新江口之线发起进攻。第六战区长官部，当即依策定守势作战计划，实施作战，指示王缵绪第29集团军及王敬久第10集团军的第一线部队（第162、158、98、暂6、185等师），依既设阵地，逐次坚强抵抗，对安乡尽可能保有之，至万不得已时，可留一小部于敌后，尾击、侧击，主力退守汇口、孟家溪、街河市、斯家厂、洋溪之线继续坚强抵抗。第29集团

中国军队在战火中向敌发起攻击

军特指定王泽浚第44军以一个师兵力坚守津、澧,彭位仁第73军以一师兵力坚守石门,主力在石门西北新关、永盛桥间集结。

第六战区代司令长官孙连仲一面请准将军委会直辖的王耀武第74军,归第六战区直接指挥,以第57师即日进入常德城,准备固守,主力向太浮山西南桃源、漆家河、鹿田坪、羊毛滩间地区集结,保持机动。

中国军队第一线部队,于3日至6日间,先后于南县、官垱、甘家厂、公安、磨盘洲、新江口之线,及大堰挡、张家厂、街河市、西斋各附近,展开抵抗。赵季平暂编第6师一部在街河市的巷战,及向思敏第98师留置张家厂坚守的孤军一连,与日军搏斗达4天之久。

在日军挟其优势兵力猛进不已时,陈诚调整第六战区部署,令第29集团军的第44军,指定第161师坚守津、澧,以约一营兵力,尽可能保住安乡,一部继续逐次抵抗,主力移至新洲、李家铺间集结;第73军第77师以一个团守备合口、新安江及澧水南岸要点,主力即向笔架附近集结。第10

集团军的第79军以一部逐次抵抗，迟滞消耗敌人，主力即占领方石坪、煖水街、刘家场之线主阵地，坚强守备；方靖的第66军以一部逐次抵抗迟滞消耗日军，主力即占领王家畈、聂家河之线主阵地，坚强守备。江防军即抽调方日英的第86军第13师向津洋口附近集结，准备策应第10集团军的作战，另请将方天第18军推进至木桥溪、高昌堰、白果坪间集结，形成外线态势，迎合战机。第一线各部队于6日进入主阵地。

陈诚在他的私人回忆录第16节"澧水北岸地区之战斗"中这样回忆道：

11月1日以前，战区据各方情报，早已审知敌之行动。我各部官兵莫不勇气百倍，严阵以待。2日下午6时，战机勃发，敌于华容、百弓嘴、闸口、黄金口、弥陀寺、新江口之线分12路向我阵地猛犯。我前进部队依预定计划沉着应战，逐步向西方山地转移；敌亦持重，未敢轻进。迄7日晨，敌北翼主力概到达王家厂、闸口、蝗水街、刘家场、余家桥、洋溪之线，我各部遂开始猛烈反击。一时硝烟迷漫，激烈无比。我固守张家厂之一连及诰赐山之一营已受敌四面环攻，仍屹不为动。煖水街守军陷于包围，犹怀臂奋战，斩杀无算。迄9日午，敌精锐之104联队钻隙迂回至沙口附近，被我腰截堵击，几濒溃灭。10日破树垭、卸甲坪及11日赤溪河诸役，俱予敌以歼灭打击。乃敌黔驴技穷，恶意施放毒气。激战至12日晚，我以诱敌深入，从容转移至太平街、升子坪亘汉洋河、宜都之线；敌亦知难引退，未敢进逼，主力沿河、天门垭、桐予溪南下，另以古贺支队及39师团一部于仁和坪迄北迄宜都间拒止我之进出。

华容、百弓嘴西犯之敌，迄被我遏止于津澧东北，我雄踞石门部队亦不断向王家厂、天门垭敌侧背袭击，俱有斩获。13日垂暮，敌以主力于石门东北挟其炽盛火力向我石门守军猛犯，彻夜厮杀，达旦更趋激烈。我为争取外翼，守军主力转移于慈利东北，一部据城固守，浴血搏斗，敌我伤亡均大。迄15日晚，始突围归制。

从11月6日起，中国第10集团军第一线部队转移王家厂、煖水街、刘家场、洋溪之线，日军跟踪来西，并以其主力第13师团全部及第3、第34师团各一部，指向煖水街地区。赵季平暂编第6师与之反复争夺，战况至烈。黄昏，后续的日军分由两翼钻隙迂回。7日晨，其南钻的日军，被中国军队第98师、第194师于红土坡、岩壁下附近分别围击；北钻的日军受第199师一部腰击，死伤颇多。煖水街正面日军复不断增援，猛攻不断，守军凭工事奋击，血战三昼夜，阵地屹然未动。8日，由斯家场前进的日军进犯刘家场，中国军队寨子山守兵（第199师之一连）沉着歼敌，卒以众寡悬殊，牺牲特大。日军攻陷该阵地后，续向第199师诰赐山阵地迂回，中国军队该处守兵不足一营，亦以有我无敌的精神，奋战竟日，确保阵地。当日，为使第73军尔后作战容易，长官部特令该军第15师向樊家桥、螺丝坝、黄木岗、分水岭、土地垭间地区集结，与石门互为掎角，侧击日军。

8日，第六战区长官部奉蒋介石手启阳西令一元电令，让第10集团军即刻集中主力，击破煖水街方向突进的日军。9日上午5时转移攻势，以第29集团军第44军加强一师一部，攻击大堰垱日军，主力相机进出敖家嘴、西斋，断日军联络；第73军第77师，击破当面日军，进出九里岗附近，第15师由新堰口向王家厂、方石坪的日军攻击，第10集团军固守煖水街部队，务必坚持到最后一兵。并令第26、第33两集团军，各以一师兵力，分向宜昌、当阳附近日军弱点攻击。

是日，经张家厂进攻大堰垱的日军，占领王家厂、闸口，进至八王岭、方石坪间，企图包围第79军的右翼，如波逐浪，涌进不已。煖水街正面，虽经第194及第199师各一部夹击，日军受挫，但右侧背比较暴露，日军更不断增援，预期9日的攻势未能全部实施，中国军队第79军为争取外线，转移正面于河口、子良坪之线。同时日军向刘家场进犯一部，向棉马城、两河口深入时，遭第185师伏击，死伤甚众。另由洋溪渡江增援的日军千余人，被第185师主力阻止于王家畈、肖家岩附近。

同日晨，在澧水沿岸的第161师、第77师、第15师，仍分向大堰垱、王家厂、燕子山等处攻击,克复大堰垱,并且在王家厂摧毁日军弹药集积场。

战区长官部为巩固第10集团军左侧,令第86军的第13师推进至潘家湾、聂家河间,归第66军方靖军长指挥。

11日,在河口的日军第104联队,被中国军队第194师包围于河口、木耳山附近,本可聚歼,但日军第3师团主力由新门寺方面前来增援,遂得脱逃。

代司令长官孙连仲考虑,因日军向北增援,乃令第29集

中国军队在弹雨硝烟中向敌攻击

团军第73军猛攻当面日军,并以有力部队追日军后袭击;第10集团军第79军于马踏溪、河口、二方坪、太平街、巴巴铺、渔洋关、子良坪间地区,机动歼敌。第66军可以退守,但必须确保渔洋关,第94军一个师推进至野三关集结,第16军以一个师推进至木桥溪集结。日落时分,日军攻克太平街,中国军队独立工兵第30营奋起抗战,众寡悬殊,未能遏止。

11日入夜,第10集团军各部与日军阵线交错,互无进展。

11月12日,第10集团军各部在石门附近与日军混战,日军由易家渡强渡澧水南岸,企图南北夹击,合围石门,中国守军浴血搏斗,战况惨剧。

长官部以于澧水南岸常、桃附近地区与日军决战为目的,调整澧水两岸兵团部署。

12日晚,蒋介石打电话指示:"以一部确守常德,主力在慈利附近地区,与敌决战。"

孙连仲用电话对各部队统领说:"仰见总裁高瞻远瞩,灼见真知,实

为此次常德会战制胜之主要关键……"

战区长官部虽亦有俟日军主力南渡澧水后，由内线转为外线，以常德为核心包围击破日军的计划准备，接蒋介石指示后，指导思想更加明确。

14日夜，石门阵地正面，被日军缩小全面被围，固守石门要点的暂5师师长彭士量率部为掩护第73军主力撤退，自14日晚起至15日黄昏，独立与日军格斗，消耗了日军大量兵力，拖延了日军进攻的时间，为主力部队的反攻赢得了时间。疾如骤雨的枪炮声，一昼夜未停，该师几乎全部壮烈牺牲，忠勇绝伦的彭士量师长，怀抱机关枪，弹尽之后，为国殉职。

彭士量，号秋湖，湖南浏阳人，生于1904年8月5日。黄埔第四期生，抗战时参加过淞沪、忻口、台儿庄、武汉、长沙诸役，1942年调为第73军暂5师师长。1943年11月12日写下遗嘱三封，一为致师全体官兵：余献身革命廿年兹，早具牺牲决心以报党国。兹奉命守备石门，任务艰巨，当与我全体官兵同胞与阵地共存亡之决心，歼灭倭寇以保国土，倘于此战役中得以成仁则无遗憾。唯望我全体官兵服从副师长指挥，继续杀敌，达成任务。

暂5师师长彭士量

师长彭士量11月12日另一封遗书是给其妻子的：

余廉洁自守，不事产业，望妻刻苦自持，节俭生活，善待翁姑，抚育儿女，俾余子女得以教养成材，以继余志。此嘱

秋湖十一月十二日

彭士量是在常德会战中牺牲的第一位国民党军高级将领，他的不爱钱、不惜死的精神，永为民族之魂。

日军于11月3日攻陷南县后，其第116师团主力及第68师团一部，推进至三汊河、东港、清泥潭等地。7日，安乡经激战后被日军攻陷。8日，日军千余由羌口进犯石龟山，被第162师阻止。10日，日军由红庙强渡，当晚千余敌攻入津市，与守军发生巷战。第162师许师长亲率一团，与日军展开白刃战，将敌驱逐于市外。11日，三路日军进击澧县，中国军队第161师协助第150师坚强阻止敌军进攻，至12日将敌击退，乘胜追击至九店。

石门战斗后，日军分由渡口、石龟山、新安等处强渡进犯，中国军队第44军阵线长达百余里。为集结主力打击深入日军，即按原定部署以一部守备津、澧，主力逐次转移至鳌山、临澧、观国山之线，至17日，津市、澧县一度激战后落入日军之手。

陈诚在其私人回忆录第16节"澧水南岸地区之战斗"中这样回忆道：

战区依据各方情形，已判断蠢动之敌有转锋南向，进窥常（德）、桃（源）之可能。9日，我于荐祖溪附近击毁敌运输船四艘，获敌兵团部署要图一张，以常德为目标，益堪注意。因是以战区有力兵团控置于慈利西南，待机夹击，另以余程万师固守常德。自13日以降，滨湖、渡口、石龟山、红庙及津澧迤北之敌至为活跃，15日曾一度窜入津市市街，为我肉搏击退。17日，敌分由石龟山、新洲、津澧间窜青化驿、五泉铺等处；主力由石门南渡，沿澧水向慈利、夏家巷、临澧广正面前进。我某部于临澧东北亘铜山山脉之线击敌侧背。激战至18日，晌午既过，我以确保太阳山、大浮山两要点，主力分头以赴，一部徐向龙盘桥、漆家河西移。其沿澧水侵入福星桥、广福桥之敌遭我军反击，受创特重，遂不断增援。祖师殿高地之争夺，敌尸累累。敌机亦连续侦察投弹，我迄不为动。20日，我分由白鹤山、羊角山出击，收效颇大。20日下午5时，敌编队机群于桃源上空投弹扫射，并乘势降落伞兵百余，守兵撤离城垣。陷城后，敌一部向西北急进，一部渡沅水东窜。惟我慈利西南兵团始终以外线态势与敌周旋，敌虽倾13师团全部及佐佐木支队，合计五联队之众，并借机炮掩护攻击，卒为我击退。

日军第116师团由渡口、石龟山小渡口等处冒中国守军炮火强行登陆，继续内侵，其第3、第13两师团渡澧水南下，17日已迫近辛家台、大岩厂、南岳寺之线，及慈利东北附近地区。中国军队第74军主力遂在祖师殿、赤松山、慈利、垭门关占领阵地，与日军进行开战后前所未有的激烈战斗。18日，大岩厂、九龙桥日军伙同进犯临澧，与中国守军第161师一部接战。

19日，战区长官部鉴于日军主力已越澧水南下，遂决心放胆令第79军举全力先向石门、慈利间地区挺进，越过澧水南岸，攻击日军侧背，并命第18军归王敬久总司令指挥，即日由聂家河、渔洋关间渡汉洋河，进出西斋、王家厂间地区，扰击日军的侧背，策应常德西北地区的作战。第94军即向长阳、木桥溪间地区集结，归吴兼总司令指挥，巩固江防。另令第73军汪之斌军长即率余程万部向东岳观、杨家溪、石门一带袭击日军。同时奉蒋介石手启戌皓未士巳电令，以当面日军补给困难日增，第74军、第44军、第100军应尽全力，在常德西北地区与日军决战，保卫常德，而与之共存亡。功过赏罚，绝不姑息。

日军攻陷临澧，并由青化驿进犯鳌山，王泽浚第44军以正面过大，兵力薄弱，在踏水桥、大龙站、斋阳桥、王化桥、易家桥、观国山之线阵地，到处被优势之敌各个突破。第162及第150两师主力退入太阳山、太浮山坚守，第161师与日军保持接触，逐渐西移。

慈利附近日军，增援至5个联队，在飞机大炮掩护下，向第74军主力正面进攻。该军与日军鏖战五昼夜，并不时派队逆袭，日军受创益巨，王耀武军长命令于20日从白鹤山、羊角山出击，部队如猛虎出山，毙敌近千人，获步、机枪300余支，马骡40余匹及其他军用品甚多。

日军第216联队（原第34师团），由东岳观经岩泊渡，绕至龙潭河威胁

被俘虏的日军

中国军队侧背,至22日,第74军正面日军,已增至10000余人。而漆家河、羊毛滩第161师阵地,亦受日军主力攻击,伤亡较巨,王耀武派第100军第19师增援到达,即展开于漆家河东西之线,迎头阻击。第74军主力,虽正面未被突破,而右翼则已受日军包围,为对日军施行反包围,王耀武命令一部留置于七姑山、二方坪诸要点,大部转移于邓家庙、陈家河、零阳山、簸箕湾之线,续兴攻势。太阳山及太浮山两重要据点,则为第162师及第150师的一部固守,终会战全期得以确保。

由澧水南渡直扑陬市、桃源的日军第3师团,于太浮山西侧,与中国第44军一部展开激战,向沅水逼进。21日,日军编队飞机16架于桃源上空投弹扫射,之后趁势抛下伞兵百余员,落地后与地面日军呼应袭击,达到效果。该城守军不足一营,抵不住日军攻势,被迫西移,桃源城失陷。日军攻陷城池后,一部向西北急进,一部渡沅水东进。

中国军队第150师师长许国璋,亲率师一部,于陬市西北抵御,身中多弹,壮烈殉职。

许国璋（1896—1943），四川成都人。日军围常德，许部奉命扼守西北太浮山地区。20日晨，日军千余人进攻第150师指挥所，激战竟日，官兵死伤惨重，许师长身负重伤，当即休克。部属误以为阵亡，遂移送沅江南岸。次晨醒，问及战况，急呼：我是军人，应战死沙场，运我过河是害了我，遂拔枪自戕殉国。

二、勇哉，第57师

第150师师长许国璋

11月16日起，日军从西、北、东三面对常德形成包围态势。

第74军军长王耀武面临的形势严峻，于11月16日致电重庆，呈固守常德之意图，电文如下：

渝。军委会机要室毛主任庆祥兄，请呈委员长蒋：缄密。

（一）钧座国家元首，日理万机，恳乞仍坐镇陪都，如认为有加强指挥机构之必要时，恳以总长何到恩施，孙代长官到桃源为宜，未审当否。

（二）我军检获敌之文件、日记本与其地图标示，敌有进攻常德企图。

（三）无论友军努力与否，职当谨遵钧座向日训示，鼓励士气，痛歼顽敌。

（四）已严饬57师固守常德，其余除派出搜索及警戒部队外，约铣晚均可到达慈利东南白鹤山、燕于桥、黄石市间地区。职王耀武。戌铣辰。亲印。①

---

① 中国第二历史档案馆馆藏档案。

与长沙等会战相同，固守常德待援，对日军形成歼灭性打击，成了常德会战的要点。陈诚在他的私人回忆录第16节"常德之攻防"中这样回忆道：

我余程万师奉命坚守常德，士气至为激昂。11月18日，由洞庭湖西窜之敌到达牛鼻滩附近；其由北南下之敌，先头俱到达柳叶湖、竹根潭、石板滩、河洑迤北之线，与我外围守军开始接战。同时，敌机亦开始狂炸。该师诸战频捷，尤增义愤。至22日，敌分五路并进，一股由苏家渡扑德山，一股由牛鼻滩扑德山市、新民桥，另三股向七里桥、黄土山、河洑猛犯。该师喋血会战，勇迈无前。敌更番进袭，昼夜不息。激战至25日，由桃源东窜及陬市南渡之敌进至常德南站，

余程万

常德遂以合围。该师凭城郊核心，痛创围攻之敌。敌为迅夺各城沟通沅水计，不惜驱彼编氓，膏兹流弹；更悍然置国际公法之不顾，滥施毒弹，为人类正义所不容。27日，敌一部借东北城垣突入城内，为我歼灭过半。敌寇一再增援，攻城之卒，不下三万，与我于城东北角展开激烈巷战。29日一日内，毙敌116师团和尔基隆联队长以下千余名，获机枪30余挺，步枪五百余支。敌机亦反复投弹，一日达13次之多。守城之战，其壮烈无以逾此。12月3日，我各路大军俱已抵达城郊。我以常城庐舍为墟，工事全毁，遂全部转移常城西北，继续开战。

常德外围及核心之战斗，罕见激烈，尤其是守城战斗，是抗战史上空前绝后的。

11月18日，日军第68师团由洞庭湖西岸上陆，其先头700余人，进攻牛鼻滩，被第57师警戒部队阻止。

20日，日军增加千余人，企图由小河强渡，并分向大山嘴、花山进犯，也被守军遏阻。占日军第3师团经过激战，击退守军第19师，占领漆家河，在遇轻微抵抗后，占领桃源，切断了第74师主力与防守常德的第57师的联系。

21日，牛鼻滩日军续增3000余人，大举向芷湾等处进犯，同时，其由北南下的第116师团，到达马耳山、石板滩、河洑迤北之线，与守军外围部队接战。中国军队第57师打得漂亮，频频出击，频频获捷。

22日，日军分五路并进，一股由苏家渡扑常德南外围前进据点德山，一股由牛鼻滩扑德山市、新民桥，另三股分向七里桥、黄土山、河洑猛犯。守军喋血奋战，勇迈无前，日军机炮掩护，轮番进攻，昼夜不尽。

赵锡田第63师留置德山的第188团，被迫撤离。此时常德外围的日军，增达10000余人。中国军队第57师官兵毫不后退，在黄土山与日军展开争夺，常德西外围前进据点河洑的巷战，得而复失，失而复得，五次之多。

23日，由桃城东窜至陬市渡河的日军进抵常德南站，摆出合围架势，日军总数达20000以上，为日军第3师团一部，第116、第68师团主力。常德守军第57师余程万兼师长，亲临第一线，激励官兵，坚守待援，与常德共存亡。就在第57师与日军白刃之际，蒋介石来电，令第57师一定死守常德，并训令"第六、第九战区协力包围敌人于沅江江畔而歼灭之"。

24日，日军继续猛扑常德城区，打个几进几出，洛路口中国军队阵地全毁，守兵伤亡殆尽，该地于焉不守。余程万电复战区长官部，称四面受敌，血战七昼夜，虽伤亡惨重，将所有杂兵均编入战斗，但士气旺盛，全体官兵谨遵总裁意旨，抱决心愿与常德共存亡……

25日，南岸日军约两联队，又行强渡攻城，一部500余日军撕开缺口，

常德城内战斗最激烈的水星楼

冲入城中，巷战通宵，大雨之中，大部日军就歼，血水淌于街巷，并击毙第116师团联队长和尔基隆以下2000余人，守军高抬枪口，击落日机1架，缴获重机枪1挺、轻机枪8挺、步枪27支及重要文件多种。

26日晨，雨依然不停。日军全线再攻，南岸日军，冒着炮火强渡更急，守军官兵冲出掩体，杀声震天，一日间又毙日军2000余人，缴获轻机枪25挺、步枪200余支。战区长官部电令余程万，以北方援军，已过盘龙桥、潘家河；南方援军，27日可到城南岸，务必让余程万率余部坚守要点。日军也知道不能再等，全力猛冲城池，并不断施放毒气。

27日，日机狂炸愈紧，巷战弥烈，常德城内，积尸满街，流血成渠，守军又毙1000日军，掳获轻机枪10余挺、步枪100余支。

28日晚，日军施放毒气后，环攻守军，第57师官兵伤亡殆尽，替补上阵地杂兵政工人员，余程万头戴钢盔，率卫队加入战斗，壮烈空前。北门附近工事全毁，守军伤亡殆尽，日军第133联军从北门突入一部。守军在三板桥、法院、体育场之间死守不退，余程万命令师部杂役、政工、参谋人员和警察四五十人编队投入战斗。余程万见部队官兵的生命被日军炮火毒气噬吞,战斗员减少到极点,连续发电请求增援,并要求接济弹药。余程万呼吁战区各部队,迅速向常德城挺进,并请薛岳长官转令沅水南岸友军支援攻击日军。城池被日军围困,余程万请求空军,设法输补粮弹。战区长官部回电告诉余程万,日军已开始北退,第162师已到城北沙港,第3师已到德山,务必拼死支撑,战斗到最后一人。

这可真是要余程万的命!他的卫队士兵已经有不少在他身边倒下。

29日,日机在常德上空投掷燃烧弹,城市大火蔽天,家屋碉堡,俱成灰烬,日军第243联队在黎明时突入东门,南门外日军转至北门,冲入城内。日第11军司令官横山勇下令"烧毁常德市街,迅速取得战果"。守军在城西南角,与日军拉锯肉搏,伤兵都在用尽最后一息与敌同归于尽,壮烈无比。余程万再次发电求援,电称:弹尽,援绝,人无,城已破。此刻,余程万本人,率副师长、参谋长、政治部主任、侍从官、卫队等,

常德外围德山上日军的尸体

固守中央银行，与敌作最后较量；各团长划分区域，扼守一屋，作最后抵抗，誓死为止，并高呼第74军万岁！第57师万岁！委员长万岁！中华民国万岁……壮烈情形，催人泪下。

30日，日军气焰不减，穿墙凿壁，寸寸紧逼，余程万及各级幕僚，个个满身是血，浑身是土，向日军投弹射击，尺土之微，不肯轻弃。

12月1日，余程万率残部依然扼守中央银行及西南一角。第六战区代长官孙连仲，奉蒋介石之命与余程万电话谕，此次守卫常德，与斯大林格勒保卫战价值相等，实为国家民族的光荣，务必苦撑到底。余程万苦撑至12月3日，他的部队残余屈指可数，援军被阻难以入城，粮弹被毁告罄，飞机输送维艰。余程万不愿坐以待毙，遂率仅存官兵，向城南突围，与沅江南岸友军会合。

余程万率第57师固守常德，与日军血战16昼夜，敌以飞机狂炸，火炮猛轰，毒气弥布，兵亡官继，弹尽肉搏，终不为动。共伤毙日军万人以

日军俘虏一部

上，掳获重机枪、轻机枪50余挺，步枪370余支，第57师伤亡官兵5703名。

就在余程万苦撑之际，王甲本第79军排除万难，强行渡越澧水，攻占明月山、菖蒲垭、五通市、羊毛滩、潘家铺各地要点。汪之斌第73军收复慈利，给予日军重大威胁。同时常德外围打援日军，死伤益重，战力已竭。中国军队在外围全线转入攻势，空军轮番出动，获局部进展。罗广文第18军复渡汉洋河，突入日军阵中，首克刘家场，进出大堰垱、张家厂、西斋间地区，切断日军交通。太阳山的孙黻第162师一部南下，攻占灌溪寺、黄土山、沙港各地。周志道第51师进攻漆家河，张灵甫第58师攻击黄石市，大获全胜。李仲辛第185师突入石门东西两关，与日军巷战。盘踞仁和坪亘宜都一带日军，被第199师及第13师包围。第185师一度突入石门城内白刃拼杀，歼敌众多。

王震第30师一部，攻占宜都。与此同时，第51师争夺漆家河，第58师续攻黄石市，血战之后完全占领。唐伯寅第19师迫进河洑北高地，与敌争夺……

12月3日，赵锡田第63师攻占桃源，王甲本第79军进占雷家铺、黄叶岗等地。12月4日，进攻常德日军大部退却，第九战区奉蒋介石之令肃清沅江南岸日军，并以有力部队，进出沅江北岸，策应第六战区作战。第六战区王耀武第74军、施中诚第100军、夏楚中第79军，肃清各当面之敌，以主力围攻常德附近日军。第18军继续南下截击日军。

河洑、陬市附近日军，经唐伯寅第19师连日奋击，迄6日先后被中国军队攻占。同日，澧水北岸第18军攻占新安、合口，一部截断公安至澧县日军的补给线路，渡澧水南下。各部队节节进迫，中国空军助战，日军衰颓。12月9日，中国军队克复常德，第100军攻占河洑，再克陬市，彭位仁第73军攻克热水坑，日军纷纷向临澧方向撤退。

中国军队各部队分途迈进，13日克复盘龙桥、羊毛滩、临澧。

盘踞石门日军，经李仲辛第185师围攻，不支东溃。15日，王泽浚第44军进抵津、澧，第79军抵进合口、新安以南，日军一部五六千人，因新安附近浮桥船艇被中国空军炸毁，无法脱逃。

陈诚在他的私人回忆录第16节"江北地区之战斗"中回忆道：

江北荆（门）、当（阳）、宜（昌）、沙（市）之敌自10月以来，即陆续抽调转移于江南方面，守备兵力速形薄弱，不时以伪军及民众伪装炫惑。我江（北）强大兵团于11月13日起，概已进入有利之攻势地域，展开勇猛之攻击。我右翼兵团先后突入毛狗洞湾、雨淋包、营盘岗、陈家大包，工地岭各据点而占领之；并继续围攻龙

挂满战利品的中国士兵

泉铺，分途袭击土门垭、鸦鹊岭之敌，获有显著战果。尤以鸦鹊岭附近之役，歼敌一中队以上。我左翼兵团20日突入当阳西关，与城内敌军展开激烈巷战，敌军事区域付之一炬，其39师团长有被我击毙说。荆门以北，连克山挡铺各据点，与荆门城垣之敌混战至烈。另以有力部队突入育溪河、河溶间，遮断敌之交通通信，截击增援之敌，尤著宏效。综计旬日，连克敌据点20余处，毙敌千余，获山炮、步机枪等甚多。敌虽增援挣扎，卒被我逐一歼灭，并继续扫荡中。

12月9日，中国军队攻克德山后，分渡沅水，进窥常德，各路部队攻占日军最后立足点陬市、漆家河、热水坑、五通市等处。日军全线崩溃，一部由常德东退安乡，残破不全的主力经临澧、澧县退窜公安。沿途遭中国留置敌后方部队截击，其狼狈难以言喻。中国军队追亡逐北，于14日以破竹之势抵达澧水南岸之线，同时将临澧、石门、宜都等要点相继收复。

常德克复，中国军队整队入城

此次常德会战，毙伤日军官兵30000以上、马匹约1000，俘官兵78名、马匹256；获步枪930支、轻重机枪71挺，毁日军飞机15架、汽船33只、木船129只、仓库9所……

此次常德会战，头功应归余程万的第57师，正如蒋介石在给余程万的电报中所说："……欣悉我第57师全体官兵保卫常德，奋勇歼敌，已引起全世界各友邦最大之敬意。"

诚如那些临牺牲前官兵所高呼的口号："第57师万岁！"有位烈士叫宋维钧，河北大名人，中央军校军训班第七期毕业，任第57师第171团第9连上尉连长。11月下旬，烈士奉命担任师部警卫，日军冲进中央银行防御阵地，烈士持刀争先冲杀，一连力戮日军数名，不料侧后突来敌兵，直刺烈士腹部，大肠流出，然而坚毅督率所部，保护师长余程万脱险，终以流血过多殉战，时年28岁。战后居民钦其忠勇，辟常德公园为公墓，用以告慰忠魂。

公墓中还埋葬有：

第58师第174团上校团长杨书元

第57师第171团2连上尉连长宋家和

第57师第171团少校营长雷兹民

第10预备师中将师长孙明瑾

第57师第171团少校团副卢孔文

第57师第170团少校营长张庭林

第57师第169团少将团长柴意新

……

1943年11月下旬，时在衡山整训的第10军奉第九战区司令长官薛岳命令，驰援常德。全军于11月28日由驻地出发，经过几天的急行军，部队疲劳已极。军长方先觉召集各师师长开会，决定先行占领德山，以预备第10师为左纵队、第3师为右纵队，向德山方向前进；第190师为预备队。12月2日黄昏，当预10师到达兴隆街地区时，有一架日本飞机在部队上空盘旋侦察，却未能引起师指挥官的重视，第二天，当部队经过一段丛林地带，道路狭窄，搜索、瞭望均感困难，就在这时，枪声大作，部队遭到日军的伏击。师长孙明瑾被敌机枪射中阵亡，参谋长何本竹负重伤后被俘，参谋处长陈龙飞阵亡，其余官兵非死即伤；紧随其后的直属部队亦无法展开，各自脱离阵地。担任先头部队的第28团也与敌人遭遇，激战两个小时，团长葛先才身负重伤，官兵阵亡甚多；第29团尚未展开即遭到敌人的侧击，部队被打散；第30团听到师长阵亡的消息，随即撤走。

当时，作为该军先头部队的周庆祥第3师于3日下午到达德山时，敌已先占德山。第3师猛攻德山，经过激战，占领一处高地，但损失惨重。军长方先觉急令第190师增援，但该师师长朱岳接到薛岳命令，要他准备协助友军暂第54师作战，未能执行方军长的命令。方先觉闻讯后，将电话直接要到薛岳处，两人大吵一架。这时，防守常德的第57师余程万部在日军大炮和毒气的攻击下，被迫放弃城垣撤走。第3师师长周庆祥遂带参谋长、副师长冲出德山，向后撤退，第3师部队群龙无首，被敌军冲得七零八落。第10军残部后撤回衡山休整。军事委员会将常德会战失利的责任归罪于方先觉指挥失当，将其撤职。

孙明瑾（1905—1943），东苏宿迁人。先后在黄埔军校第五期和陆军大学学习。常德会战时任陆军预备第10师师长。在会战中，孙明瑾率领该师从驻地衡阳驰赴常德，与敌第33师团展开激战。但该部遭到日军伏击，12月3日，孙明瑾在与敌激战中不幸

孙明瑾师长

中弹，临死前大呼："中华儿女要壮烈，不畏死，不贪生，牺牲生命，救国救民，努力杀敌！"牺牲时，年仅39岁。

第六节 中美空军联合抗战

一、空军的黑色岁月

1938年10月，武汉保卫战失利后，国民政府内迁四川，重庆成了战时的首都，成了全国政治、经济、军事、外交、文化的中心，势必也成了日本侵略者轰炸的重点。自1938年2月至1943年8月的6年半时间内，丧心病狂的日本空军不间断地对重庆地区实施狂轰滥炸，轰炸规模之大、损失之惨烈，足可与第二次世界大战期间德国法西斯对英国伦敦的大轰炸相提并论。大轰炸期间，日寇共炸死无辜百姓11889人，炸伤14100人，炸毁房屋17608幢，山城半壁炸成废墟。在侵略者的兽行面前，炸不垮、吓不倒

日机轰炸下的山城重庆

的重庆人民以钢铁般的意志，铸就着这座永不言败的英雄城市。面对严峻惨烈的战势，英勇的中国空军在飞机数量和性能远远落后于日本空军的劣势下，依然不畏艰难、前赴后继、奋勇抗敌，与四川人民一道，坚持反空袭、反轰炸，为夺取抗日战争的最后胜利，做出了巨大的牺牲和贡献。

1940年5月1日，日军发动了宜昌战役，5月2日，日本大本营陆军部指示："中国派遣军总司令官可自今日起实施空中进攻作战。"

5月13日，侵华日军派遣军总司令部和日本海军中国方面舰队司令部达成了轰炸中国大后方的《陆海军中央协议》，企图通过对重庆、成都的政治军事目标的轰炸，加以地面进攻，彻底打击中国军民的抗日意志，并将这次战略行动称为"101号作战"。

在"101号作战"期间，日本陆军出动21批、904架次，海军出动54批、3651架次，共投弹27107枚，达2975吨。其中对重庆市区内的空袭出动飞机2023架次，投弹10021枚，计1405吨。按日本方面的档案统计，中日交战607架次，日方损失16架，中弹387架，死亡89人，失踪22人。根据中方相关记录，1940年内，中日空军进行空战61次，击落敌机32架。中方被击落、击毁29架，损伤64架，到年底，各式作战飞机仅存65架！飞行员阵亡14人，失踪4人，与飞机的损失相比，飞行员的牺牲更为令人痛心。

1940年后苏联空军援华人员陆续撤走，中国空军在数量上处于劣势，根据伦敦《泰晤士报》的分析，这时的中国空军和日本飞机之比是 1∶53[①]。日本轰炸机无须战斗机护航便进行轰炸，完全控制了中国的制空权。据统计，仅1940年5月20日至6月14日，日机对四川地区的空袭就达277架次，而中国没有一架飞机迎战[②]，中国空军陷入历史上最黑暗的时期。特别是日本的"零式"飞机研制出来之后，使本来就羸弱的中国空军更是不堪一击。日本海军"零式"战机与中国空军的交锋发生在1940年9月13日。

---

① 陶雄：《中国空军抗战五年》，载《中国的空军》第2卷第8期，1942年8月4日出版。
② 杜秉正：《五六月间的川空大会战》，载《中国的空军》第2卷，第9期，1942年9月15日出版。

1940年8月19日，日本空军12架最新的三菱12式舰战"零式"驱逐机从宜昌基地出发，首次对重庆轰炸实施护航。中国空军在拦截敌机时，却没有与敌"零式"战斗机遭遇。翌日，日寇又出动141架飞机轰炸重庆，这一天，敌机对重庆市区轰炸了四次，西部商业区、郊区、江北区均遭到毁灭性破坏，38处起火，殃及2000多户居民及商店，死伤逾千。

日军飞行员在轰炸出发前动员

入秋后的重庆，雾尽云散，日寇趁天气晴朗，对重庆频频发起空袭。早已部署兵力，以大编队抗击来犯之敌的中国空军，如在弦之箭，闻令即发。

1940年9月12日，日本出动"零式驱逐机"窜犯重庆，中国空军即出动大机群围攻敌机，由于时间差的关系，彼此再一次错过。敌机在返航前对广阳坝机场进行了扫射，中国空军由于各机耗油量不同，在请示返航后，许多燃油告竭的飞机竞相降落白市驿机场，各机加满油后纷纷飞返成都方向，降落温江机场。唯有第4大队郑松亭中尉的E-15II由于降落时机轮轮轴损坏无法起飞而独自停留在白市驿等待备件。

1940年9月13日上午8时10分，18架敌机由武昌起飞向西；8时24分，11架敌机由武昌起飞向西；8时25分，27架敌机由汉口起飞向西。9时50分，在官店口发现27架敌机向西飞。11时10分，2架敌侦察机先后飞抵重庆上空，9架敌机在南岸俯冲投弹后往东飞去。11时35分，第二批27架敌机在国府路、上清寺两路口投弹。

第十一章 湘赣鄂作战

为了歼击来犯之敌，10时45分，中国空军第4大队队长郑少愚率第一编队10架E-15式驱逐机，第二编队由第23中队队长王玉琨率9架E-15驱逐机，第三编队由第3大队第28中队队长雷炎均率6架E-15驱逐机，第四编队由第24中队队长杨梦清率9架E-16驱逐机，由遂宁机场起飞迎战。E-15组成的品字形编队在前，E-16编队在后掩护，在发现重庆地面已遭轰炸后，中国空军正欲前往追赶敌机时，接到空军第一司令部的命令：飞回遂宁加油。

就在中国机群飞回遂宁机场加油的途中，在重庆白市驿西10千米左右的壁山处，突然有多架不知名的敌机从左侧向我机群发起偷袭。

原来狡猾的敌人布下了一个陷阱，日本第12航空队的近藤大尉率领13架"零式"战斗机，在96式陆攻机轰炸重庆后返航时，佯装一起返航，在接到三菱式侦察机的通报后，便杀了一个回马枪，一场血战不可避免地打响了。

据曾经参加壁山空战的徐华江（徐吉骧）回忆：

我从成都温江机场飞抵遂宁机场落地后，立即加油，不到5分钟，就接到上级电话，命令我们立即起飞，那时是上午10时45分。我机分四个编队先后起飞，4大队大队长郑少愚率领10架E-15，23中队队长王玉琨率领9架E-15（我是第23中队第2分队第二号机），3大队第28中队队长雷炎均率领6架E-15，24中队队长杨梦清率9架E-16（包括8中队三架），总共34架，由遂宁飞往重庆迎战。当时有部分飞机是赶修出来的，有的尚未来得及试飞，飞行途中，有两架至三架飞机发现机件不正常而不得不返航。

11时42分抵达重庆上空后发现日寇的一群轰炸机，在其上方有模糊不清的白色闪光点（此即为日寇战斗机群，因相距甚远故无法看清），我方飞机在重庆上空盘旋两圈后，地面监视哨又发现在奉节附近有9架敌机往西飞，乃命我战机飞返遂宁。12时01分，我机群飞往遂宁，并略降高度，E-16机群在后，飞行高度约6000公尺，E-15机群高度约4500公尺，在白市驿西十余千米的璧山处，我方突然发现有敌机30架左右，向我E-16机群发起袭击。双方发生遭遇战后，队长杨梦清座机被击中起火冒烟，跳伞后不幸阵亡。

第2分队领队蔡名永，遭敌机袭击后，即俯冲拉起机头向敌机反击，我机并作半滚状脱离。

队员佟明波发现敌机多架由后方来袭时，乃向敌机前方发起攻击一次，由敌机上方斜方向上升后倒转脱离。敌机则利用大速度上升，始终占据高位，以一部分掩护，一部分攻击。此时，佟明波加入我E-15机群的战斗圈内战斗，鏖战十多分钟后，在高度仅500公尺左右，方始脱离战斗。

队员伍国培，见敌机从上方来袭，即急速避开，并力争有利的攻击位置，向敌机发起射击，再从敌机前下方用半滚脱离。

第3分队领队龚业悌与敌机激战时，飞机中弹五发，足部受伤后，降落

飞机场上的日机

在白市驿机场。

分队长周廷雄遭敌机炮弹多发击中，飞机即失去操纵，幸安全飘落在白市驿机场。其余第2分队领队蔡名永，队员祝瑞瑜、于学炽、刘孟晋、佟明波、伍国培等六机与敌机战斗到飞机油量仅剩50余公升才开始返回遂宁机场。

总领队郑少愚的战机遭敌机左后方的攻击，手足受伤后仍奋勇迎战，援救友机多架。

队员高又新发现敌机由左后上方利用背向太阳方位向其袭击时，即作急转，敌我之间互相射击，敌机随即上升，高又新在敌机下方向左脱离，并立即由侧面向正在攻击友机的一架敌机发起攻击，但由于操作不良，未得奏效。这时有一架敌机尾随而来，高又新即急作左右转，避开了敌机的瞄准，后见领队摇机翼集合，始前往编队返回遂宁。

队员李躜发现友机遭敌机攻击，即左转弯向敌机发起两次攻击，在后一次攻击中，因拉起机头太高而失速下坠脱离战斗圈，后返回遂宁。

队员温炎在遭敌机后上方袭击时，当即转弯向敌机发起攻击，敌机急向上方脱逃，温炎立即向左转弯，向敌机发起三次攻击时，陷入尾旋下坠，直至改正后又加入战斗，但由于我机性能不及敌机优越，故在整个战斗中，仅向敌机射击五次，而被敌机射击则有十余次，战斗20分钟后，向白市驿机场降落。

分队长曾培复在敌机从高位向我第一编队发起攻击后，他立即向左上方急转，协助友机向敌机攻击，与敌机搏杀约20分钟后，因滑油箱被击破，加上机枪发生故障，即乘隙脱离战斗，安全返回白市驿机场。

队员黎良，见敌从后上方袭击我第一编队，当即向左上方拉高机首，对准敌机射击，敌机上升后，脱离与敌机接触，十余分钟后，见容克机三架，即跟队返回遂宁。

第3大队雷炎均发现敌机后，即率队向敌侧下方施行攻击，敌机向上爬高，雷炎均乃向左转弯脱离，人受微伤。

队员韩文虎，跟随领队正在转弯的时候，遭敌机由左上方奇袭，旋见敌机向右上升，即拉回机首向敌机瞄准，距离约250公尺发射，立即向下脱离，但因高度越来越低，遂脱离战斗，跟随领机返回遂宁。

分队长李廷凯，因未装副油箱，由遂宁跟队飞抵重庆上空后，即降低高度约1000公尺，敌占高位向李廷凯机攻击两次，李廷凯唯恐单机寡不敌众，故加速飞返遂宁。

队长陈盛馨手足负伤，飞机中弹多处，降落在白市驿机场。分队长王特谦、队员王广英两人在战斗中均负伤跳伞，机毁人安。分队长武振华负伤后迫降在璧山附近，机毁人安。

徐华江在战斗中发现座机风挡前的滑油箱破裂，滑油喷溅到风挡上模糊了视线，只好把头伸出机舱外瞭望，岂料飞行风镜也被扑面而来的滑油覆盖，情急之中只好摘掉风镜眯起眼睛将头伸到座舱外，艰难地操纵飞机。格斗中，徐华江发现自己的飞机无论在爬升、滚转、下降、加速等各方面均不如这种不知名的日机，唯有盘旋半径尚可和其稍比高低，虽然他多次占位咬上了日机，但是机枪扳机调得太紧，射击时总是慢半拍，无法抓牢敌机。

日军出发轰炸重庆

敌机对徐华江的战机连续攻击了十几次，密集的机枪子弹将翼间张线都打得卷了起来，只听见座机四周的防弹钢板被子弹敲得叮当作响，所幸人未中弹。

最后，飞机发动机的润滑油流光，徐华江的E-15II在壁山上空停车了。他迅速分析了眼前的情势，决定不跳伞，以免被凶残的敌机射杀。他努力避开日机攻击后，奇迹般地迫降在铜梁村的一片稻田里，飞机被摔得七零八落，幸好燃油、滑油均已耗尽，飞机才没有起火燃烧，等盘旋在头顶的两架日机离去后，受了轻伤的徐华江才从飞机残骸里爬出来，当时壁山上空的空战还在激烈进行。

第23中队第2分队长机王广英回忆：11时42分，我方正在空中搜索敌机时，发现重庆市区已遭轰炸，敌机已经向东飞去，待我机正要追赶时，领队机获知后面还有敌机，命令大家飞返遂宁机场加油，于是各僚机跟随长机改变航向返航。

返航途中，王广英突然发现从高空中直窜下一群白点，以飞快的速度冲向我方的E-16机群，瞬间，E-16的带队长机、第24中队长杨梦清的战机中弹起火下坠。

"有日机偷袭！"危险即在眉睫！王广英立刻用双腿夹住操纵杆，双手竖起大拇指高高举起，示意后方两架僚机爬高成战斗队形，僚机康宝忠立刻爬升，而另一僚机李蹟一时没有领会，王广英再次指向日机，李蹟这才发现敌机，但他没有爬高占位，反而俯冲而去。王广英拼命摇晃手臂要求他返回战斗位置，李蹟一边不知所以然地回望长机，一边不听使唤地继续下降，王广英只得带领康宝忠杀向混战中的机群。

这时多架日机在追逐E-16，王广英抓准时机，冲入内圈咬上了其中一架敌机，即扣动扳机，但就在这时，一道流弹从后方射入座舱，击碎了仪表盘，幸亏身体的要害部位被钢板挡住，但腹部和腿部还是中弹了，弹片穿入左脚板，顿时鲜血直冒。这时座机左翼又被击折断，失去平衡的飞机立刻进入螺旋状态，凭借离心力的帮助，王广英一解开安全带就被摔出座舱，他忍住剧痛冷静沉着地打开降落伞，悬浮在空中徐徐下降。但敌飞行员仍俯冲过来向他扫射，欲将其击毙，在敌人再次对他扫射后，机智的王广英佯装已被击毙，一动不动继续垂吊，随风刮到树林里，待敌机离去，他才解开伞带扣，落到地面待救。

此时空战已进入激烈状态，数十架飞机搅成一团，敌我难分，枪炮声和中弹后飞机的爆炸声不绝于耳，断翼残片像落叶飘零，跳伞者从空中飘向地面。由于中国空军各机之间缺乏相互联系的通信设备，混战中只能各自为战，根本无法互相配合支持。而敌机速度之快，性能之优，均超我E-15II、E-16之上，以我机常用的"高速＋盘旋"战术根本无法应付，中国空军陷入了前所未有的困境中。唯有以频繁的急转弯来避开敌机咬尾，而这样又耗损能量，导致高度骤降，仅开战5分钟，我方战机即由3500公尺急降至1000公尺左右，我机已丧失了招架之力。

历经半小时左右的激战，中国空军发现这种不知名的敌机，续航力远远超过自己的想象，敌机不但没有退却的意向，反倒愈战愈凶，而我方却已无法坚持了，若再战下去，中国空军仅有的一点战机亦将毁尽。

第3、第4大队的飞行员们为了保存最后一点实力，只得驾着弹痕累累的战机脱离战场，艰难地返回基地。

第3大队第28中队长雷炎均中尉曾经于1937年，追随击落日军"驱逐之王"三轮宽的陈其光少校，在山西战场以寥寥5机对抗日陆军航空队的加藤王牌战斗机中队，并不示弱。而今天的遭遇让他满襟沾湿英雄泪，悲痛地说："飞机差别人一大截，根本没有机会还手！"望着伤痕累累的战机和惨重的损失，在场人员无不潸然泪下。

在这次空战中，中国飞行员受伤8人，牺牲10人。空中损失战机13架，迫降损失战机11架，计24架。

而日本军方战报称"击落支那空军机２７架，大获全胜"。这与我方实际损失大体相符。

壁山空战，中国空军铩羽折戟吃了败仗，谁之错？

日军在重庆上空投弹

壁山空战的第二天早晨,时任军委会委员长蒋介石召开紧急会议,他批评空军"太不中用了",并要派大机群前往复仇。面对蒋介石的指责,在座的空军人员个个神情沉重,委屈,心情十分复杂。第4大队刘宗武副大队长起立对蒋介石说:"我是航校三期生,是您的学生,今天为了救国家,救同胞,我万死不辞,心甘情愿,勇往直前。但是也要让日本人付出一定代价才好。我们的飞机,本来在数量上品质上就都不如他们,如今他们又拿出今年新出的飞机,来打我们十年前的旧货。我们连还手的机会也没有,这样的牺牲有什么意义?我报告您以后,为服从命令,我必定死给您看!"

这掷地有声的悲怆之言,足以证明,绝不是我们中国空军贪生怕死不敢打,而是我们的飞机性能实在太差劲了。

1940年"九一三"壁山空战,是"零式"飞机出战的第一次表演,便取得如此成绩，不能不承认日本航空工业是当时世界的一流水准，在后来的太平洋战争初期、中期的空战中，盟国空军也领教过"零式"的厉害，在新加坡、菲律宾、关岛，与"零式"交战的英美飞行员也深感"震惊"。在中途岛、瓜达卡纳尔，盟军使用的波维斯特F2A"水牛、格鲁门"、F4F"野猫"性能还在E–15II、E–16之上，但也很难对付"零式"机。直到盟军装备了如洛克希德P–38、共和P–47、钱森·沃特F4U–、格鲁门F6F等大批性能超过"零式"的战机，直到日本空军精英在太平洋屡遭重挫，直到盟军俘获了完整的"零式"机，经过反复研究，彻底摸透"零式"的底细之后，盟军才开始在空战中获得优势，而那已经是1943年以后的事了。所以当时中国空军所持有的苏制E–15、E–16哪里是"零式"的对手！

日机空袭时，防空部门挂起防空气球

二、空军来了个陈纳德

1937年6月3日，南京中山陵陵园区中的小红山官邸，绿荫碧草，红花点点，簇拥着一幢黄墙绿瓦的中式建筑。官方的称谓是小红山官邸，老百姓最质朴,称它是美龄宫,是蒋介石送给宋美龄的生日礼物,而在南京的老外则称它为耶稣凯歌堂,是宋美龄与在南京的英美人做礼拜的地方。今天,蒋介石与宋美龄要在这里接见一位从美国来的贵客,准确地说是一位美国空军上尉,是一位由美国跳槽来的,他的名字叫陈纳德。

陈纳德原名克莱尔·李·谢诺尔特(Chennault, Claire Lee),1890年生于美国得克萨斯州的康麦斯,其祖先是法国人,父亲是个农场主。

陈纳德中学毕业后考入路易斯安那州立大学,后入军事航空学校。毕业后在战斗机队服役。陈纳德好学上进,训练之余他研究新的航空战术,并领导他所在的队钻研各种新的战术。在一次演习之后,陈纳德根据他们所采用的作战方式写了一份报告,颇获好评,并引起上司的注意。在夏威夷驻防期间,陈纳德还对夏威夷在美国安全防卫上的重要性作了研究,认为随着日美关系的紧张,日本迟早要夺取太平洋的控制权。他对他的部下说:"如果日本人要发动战争,我们将是他们企图攻击的第一个目标……它将从天上发动进攻,它不会宣战……"17年后,日本袭击珍珠港,他的这一预言不幸言中。

1930年,陈纳德被保送至弗吉尼亚州兰黎空军战术学校学习。毕业后入马斯威尔机场,担任战斗机的战术教官。

20世纪30年代,世界空军界被意大利军事理论家杜黑的空战理论所统治。杜黑主张,空军在作战中应集中大量远距离、运弹量大的重型轰炸机,将其分布在一些机场上,一有敌情,即以多个纵队对战略目标轮番进行轰炸

陈纳德

袭击，而地面武器无法形成对这些轰炸机的防御，这样三天到四天的不断轰炸，就可迫使被轰炸国家求和。据此，欧洲的军事家断定，轰炸机一旦进入空中，它就无法阻挡。

在杜黑的"轰炸至上"理论影响下，战斗机受到漠视，许多驾驶战斗机的好手，都不约而同地改驾轰炸机了。

陈纳德对这一理论持怀疑态度。他坚信，现代空战是不能没有战斗机的，在未来战争中，战斗机将像轰炸机一样扮演着重要的角色，当然必须配备灵活有效的自卫武器。他还认为发挥战斗机的作用要做好情报工作，建立完整的警报系统。

一个思想和一种思潮作对，总是招致众多人的敌视。陈纳德在空战理论上和上司大相径庭，尽管他技术精湛，但仕途坎坷。他的战友都荣膺校官，可他已四十六七岁了肩上还扛着尉官的牌牌，这对于一个好胜心很强的人来讲，思想上的压力可想而知。当时他的身体也不好，患有慢性支气管炎，低血压，听觉不灵。于是他的上司顺水推舟，于1937年春让其退役。在其退役的前一年，即1936年1月，陈纳德组织过一个"三人空中飞人"杂技组。他们在迈阿密举行的泛美航空博览会表演时，被在场的中国航空专家看中，当即邀请陈纳德等人到中国帮助训练空军。陈纳德的队友威廉森和麦克唐纳接受了聘请，于同年夏天到了中国。而陈纳德却抱着对美国空军的眷恋，留在美国。现在一切都化为泡影，不免使陈纳德心灰意冷。正在这时，陈纳德收到好友、正在中国空军担任顾问的霍勃鲁克从中国的来信，问其是否愿意来华任职，条件是月薪一千美元，此外还有津贴、汽车、司机、译员，并可以驾驶中国空军的任何飞机。他答应了，1937年4月1日，陈纳德从旧金山启程赴华。

宋美龄曾在美国的乔治亚州读书，陈纳德和她一见如故。此时，宋美龄任航空委员会的秘书长，实际上领导着空军。宋要他担任她的专业咨询。她将自己关于建设一支现代化空军的设想告诉他，并要他用书面的形式写下来，又讨论了他如何当顾问的问题。宋给他两架BT13式教练机，以便于他视察中国空军的现状。

陈纳德来华时,国民政府聘有意大利空军顾问,而由于当时的美国政府拒绝干预中国内部的事务,只有小部分美国人以个人名义在空军服务。陈纳德发现,国民党空军无论在训练技术上还是在装备上都很不正规。从训练方法来说,意大利人对基础飞行训练很不重视,只是教中国飞行员一些初级飞行课程,结果所有毕业的驾驶员除了起飞和降落,几乎再也干不了什么。由于当时的飞行员是从中国的上层社会挑选来的,因而要照顾所有学员的面子,所以洛阳航空学校由意大利教官所教出的学员个个都能毕业,而这些毕业生既不能驾驶战斗机,也不能驾驶轰炸机,更不能参加作战。

国民政府从意大利进口的飞机和零件也都是伪劣产品,战斗机在战斗中证明是容易着火的废物,轰炸机只能作运输机用。在抗战开始前,国民政府名义上有500架飞机,但事实上只有91架能起飞战斗。陈纳德评论当时的中国空军是"一个绳索的尽头",而飞行员则像"射击游戏中没有上发条的转动鸭子"。

当陈纳德即将完成对中国空军的考察时,抗日战争爆发了。战争是检验自己空战理论的机会,他决心在蓝天上实现自己的抱负。他马上给蒋介石去电,表示愿意在任何时候能够在尽其所能的岗位上服务。后来蒋介石回电:"我愉快地接受阁下志愿服务的请求,请即赴南

航空委员会主任周至柔与陈纳德合影

昌主持该地战斗机队的最后作战训练。①"

1937年8月13日，淞沪会战开始了。第二天，陈纳德派飞机参战，轰炸停泊在长江口上的日舰，但由于飞行员技术差投弹偏离目标，击中了上海国泰旅馆和汇中饭店，炸死150多人。陈纳德对轰炸结果十分不满，但同时中国战斗机的战果又使他高兴，他们在当日的空战中取得了胜利。

此后，日机不断对上海、南京进行轰炸，使中国遭受了严重的损失。陈纳德根据以前在美国建立航空地面情报网的设想，在南京、上海、杭州三角地带组织了一个地面电话报警网，又挑选一些优秀的战斗机驾驶员，来对付日军的轰炸机。这些措施立即收到很好的效果。当日军飞机飞临时，早有电话传递的情报到来，中国空军升空迎战，飞行员们按照陈纳德设计的战术，一架战斗机从日机上方俯冲下来，另一架从日机下方向上升空，而第三架则按兵不动，伺机进行攻击。日军轰炸机在没有护航的情况下对南京连续袭击了三天，一下子损失54架，这时他们才明白，没有战斗机护航的轰炸等于自杀。

此后，日军轰炸机改为晚上袭击，陈纳德又将在美国的设想在这里施行。他将探照灯布成格子形，当日机一临近即处于探照灯光网中，敌驾驶员在灯光照射下，既看不到轰炸目标，也看不到攻击它的飞机。此时，陈纳德指挥战斗机驾驶员用最快的速度由下而上，背着探照灯对日军轰炸机的肚皮开火，这一战法给日军轰炸机造成了很大的打击。

1937年10月，中国能战斗的飞机只剩十多架，许多中国飞行员阵亡。按照陈纳德与航空委员会所订的三个月合同，他的顾问任期到10月就满了。他有妻子和八个孩子，他留恋家乡农场自然风光。但他想到中国有这么多事要做，费了这么大的劲搞起来的训练一走就完了，他又舍不得。这时，蒋介石、宋美龄也邀请他留在中国一起参加抗战，于是他决心留下来。从此以后，"我们再也没有谈过延长合同的事，我反正每月照拿薪

① 陈香梅著，石源华等译：《陈纳德与飞虎队》，上海学林出版社1988年版，第39页。

金"①。

当时,美国政府对日侵华战争持"中立"态度,日本人知道美国顾问在华帮助中国,曾要求美国政府令所有在华空军人员离开中国。美国国务院将此事告知他,陈纳德斩钉截铁地回答:"我想我是一个中国人""当最后一个日本人离开中国时,我会高高兴兴地离开中国的。②"

三、轰动一时的"飞虎队"

1937年12月,南京失陷,陈纳德随军队撤退到汉口。这时中国的空军损失几乎殆尽,只得靠苏联援华的飞机来保卫城市。

1938年8月,宋美龄要陈纳德去昆明筹办航空学校,训练飞行员。这

被击落日军飞机上的物品

---

① 杰克、萨姆森著,石继成、许忆宁译:《陈纳德》,东方出版社1990年5月版,第36页。
② 《顶好——1937至1945年美国在华空战》,美国1980年版,第74页。

时，在陈纳德的建议下，中国开始建立防备日本飞机袭击的警报系统，该系统从沿海的沦陷区到西部，都以收音机、电话和电报等手段，预报敌机的来犯。当一架敌机离开基地时，靠近该基地的中国特工人员即报告飞机起飞的时间、数量和去向，其他情报人员接到消息后即依次传下去，当敌机到达拦截区时，驾驶员已对敌机的情况了如指掌。

1941年12月和1943年美国志愿队和来华航空队取得的战绩，就是依靠这个情报系统。

1940年5月20日，蒋介石召见陈纳德，要他去见常驻美国的宋子文，设法搞到尽可能多的作战物资。当时宋子文以中国国防供应公司行政长官的名义驻在华盛顿。

陈纳德到美国办的第一件事，就是将1939年中国俘获的完好的97型日本战斗机的情报资料交给陆军情报部门。这种飞机在1940年是世界上第一流的战斗机，后来日本把这种飞机改装成"零式"飞机，在太平洋战争中给美国造成了很大的损失。可惜陈纳德将资料交上去好几个月，才收到陆军部的回信，那时他已回到中国。信上说，材料已转给"航空专家"，并断定根据资料中的规格，根本不可能制造这种性能的战斗机。

陈纳德于11月1日见到宋子文，宋要他列出一张所要物品的清单，以便去采购这些东西。陈纳德认为，中国如果有一支有效的空军，便可在将来日本袭击新加坡时，从侧翼进攻他们。而要做到这一点，中国至少须有350架驱逐机和150架轰炸机，并要由美国人来驾驶。宋子文向美国财长摩根提出要500架飞机的援助，但摩根认为美国政府不可能把这些飞机交给陈纳德。

1941年2月，罗斯福总统的经济顾问居里从中国考察归来，主张援华。居里在中国期间调查了中国的空军状况，他很赞成陈纳德关于建立空军的计划。罗斯福总统的一个亲密助手托马斯·科立被陈纳德口若悬河的游说打动，也在罗斯福面前赞扬这一计划[1]。罗斯福决定对华进行军事援助，

---

[1] 陈香梅著，石源华等译：《陈纳德与飞虎队》，上海学林出版社1988年版，第77页。

他要求国务院、陆军、海军和财政各部先拟一个计划。各部几经磋商后，决定暂停向中国供应轰炸机，可先调拨一批战斗机，以把日本拖在中国，罗斯福同意了这一主张。但决定的事并不等于实现，援助战斗机的事仍困难重重。美国自己的军队需要飞机，它的欧洲盟国也预订了今后几个月生产的全部飞机。陈纳德急得四处联系，几经周折，最终得到100架P-40型战斗机，数量虽少，但可解燃眉之急。有了飞机，飞行员又是一个棘手的问题。中国本身飞行员奇缺，正式招募美国飞行员，又可能引起国内舆论和日本方面的强烈反应，美国政府因此而顾虑重重。4月14日，罗斯福总统签署了一项命令，准许预备役军官及退出陆军和海军航空部队的士兵，参加赴华的美国志愿队[①]。

1941年7月中旬，陈纳德回到中国时，已有68架飞机、110名飞行员、150名机械师和其他一些后勤人员到达中国。8月1日，蒋介石发布命令，正式成立中国空军美国志愿大队，"由志愿来华参战之美员及航空委员会派赴该队之华员共同组成"，下辖三个驱逐机中队，"仰陈纳德上校就该大队指挥官"。对此，陈纳德非常兴奋，他说："在抗击日本人的战斗中，我第一次有了我需要用来打败他们的一切东西。[②]"

志愿队的成员和代表中国政府的中央飞机制造公司签订了一年的合同，一年后回原部队，享受原有军衔。尽管合同上没有关于作战的条文，但在招募时，陈纳德对每个飞行员都说明了将同日本人作战，并规定每摧毁一架敌机给予500美元的奖金[③]。这支志愿队实际上是中国政府的雇佣军。由于这100多名飞行员中，半数以上没有驾驶过战斗机，因而作战前必须对他们进行专门的训练。为避免日本空军的袭击和供应上的方便，经与英国军方协商，训练基地设在缅甸同古附近的一个英国机场。

---

① 陈纳德著,陈香梅译:《陈纳德将军与中国》,台北传记文学出版社1978年7月版,第95页。
② 陈纳德著,陈香梅译:《陈纳德将军与中国》,台北传记文学出版社1978年7月版,第79页。
③ 陈香梅著,石源华等译:《陈纳德与飞虎队》,上海学林出版社1988年版,第89-90页。

画着鲨鱼利牙大口的飞虎队飞机

同古是位于丛林中的一个破烂不堪的小镇,晴天热到100华氏度,雨天一片烂泥,电力供应时有时无。8月21日陈纳德一到,就有5名驾驶员和数名地勤人员向他递交了辞职书。陈批准了他们的辞职。留下来的人牢骚满腹,但看到陈一大把年纪,满脸皱纹,也只好挺了下来。

陈纳德对这帮人进行了严格的训练。他在课堂上给学员讲授有关日本的情况和日本战斗机、轰炸机的战术特点,将缴获的日本空军战斗手册和飞行员手册翻译成英文发给学员,并告诉他们:日本驾驶员是按书本飞行的,研究它,那你就能走到他们的前面。

陈纳德冒着酷暑,穿着短裤、短衫,头戴钢盔,爬上一个摇摇晃晃用竹子搭成的指挥塔,一手拿着望远镜,一手拿着麦克风,对飞行员进行指导:

"使用你的速度、俯冲力,一飞而过,射击后避开!"

"要成双成对地战斗,互相掩护!"

"要打得狠,但脱身时要干净利落!"

经过几个月的训练，志愿队人员的技术、战术水平有了很大的提高。到11月，陈纳德在指挥塔上看到志愿队的飞机在天空中俯冲翻滚，配合默契，脸上露出了笑容。他感到，他们可以参加作战了，如果日本飞机前来轰炸，一定能把它们打得稀巴烂。

1941年12月8日，太平洋战争爆发，志愿队立即进入战备状态。9日，陈纳德派机去曼谷侦察，发现日军正在那里登陆，机场上停有多架飞机。陈纳德听后火冒三丈，但手上没有轰炸机，无法采取行动。他给华盛顿发电报求援，但如泥牛入海，没有回音。华盛顿在珍珠港事件后成了"疯人院"，谁也想不到还有他陈纳德这个人。

17日，陈纳德率飞行队到昆明，他的第一件事就是使机场上的通信和云南的报警网联系起来。20日，一批日机向云南方向飞来，报警网不断将情报传递过来。10时50分，昆明机场所有的飞机升空迎击，出师告捷。日入侵飞机10架，被击落6架，3架负伤，只有1架平安落地。志愿军仅有一架飞机因无油迫降在稻田里，飞行员负了轻伤，其余安然无恙。

志愿队的初战胜利，给了饱经日机轰炸的昆明人民以极大的鼓舞。当天晚上，昆明各界为美国志愿队举行庆功会，报纸以头版头条报道战斗的经过，称美国志愿队的飞机是"飞虎"，从此飞虎队成为志愿队的代称。

12月23日，英军司令韦维尔请求将志愿队调往仰光，协同英军作战。同日，54架日机来犯，志愿队和英皇家空军迎战，击落日机32架，英皇家空军损失4架。陈纳德担心仰光的报警系统质量低劣，会给志愿队带来不必要的损失，决定将志愿队撤回。由于缺乏志愿队的飞机，英军无力在缅甸进行作战，于是向伦敦告急。在英美联合参谋部和丘吉尔、罗福斯的干预下，蒋介石才同意把志愿队留在缅甸作战。

在仰光上空两个多月的空战中，美志愿队捷报频传。这时志愿队一部在中国境内作战，在仰光作战的飞机从未超过20架，最少时只有5架，英美战斗机对日机的比例是1∶4至1∶14。他们对日作战31次，共击落敌机

217架[①]。

飞虎队迎战日机的漫画

战斗胜利者升官是自然的事,得到荣誉也是应该的。1942年2月3日,陈纳德收到了宋美龄的一封电报。读着电报,陈纳德满脸的皱纹顿时像一朵开放的花。

电文如下:"致陈纳德将军:加密:在美国志愿队编入美国陆军航空队后,你出任驻华空军指挥官,受委员长领导。你的军衔是准将,任务是协助中国人训练空军,你希从美得到哪些工作人员和助手,请速复知。"

当将军,是陈纳德自穿上军装那天起就梦寐以求的事,今日如愿以偿,陈纳德兴奋之情是可以想见的。

陈纳德从一个鲜为人知的退役陆军航空军队上尉,一跃成为世界各地

---

① 陈纳德著,陈香梅译:《陈纳德将军与中国》,台北传记文学出版社1978年7月版,第123页。

的新闻人物，从美国和欧洲来的记者蜂拥而至。陈纳德对记者采访的要求有点不知所措，他尽力满足他们，同时更加尽责地指挥着志愿队。

在美国，太平洋战争开始后，各个战场上的消息都不佳，战争正处于最黑暗的时刻。在一片枯燥无味、节节失败的新闻消息中，突然冒出陈纳德带领一小批"兵油子"取得辉煌胜利的消息，自然引起美国人的轰动和兴奋。陈纳德、飞虎队在好几百家报纸的头版上得到颂扬，他们的照片出现在当地电影院的新闻片里，顷刻间他们成为美国家喻户晓的人物。

英国人对飞虎队的胜利感到钦佩，丘吉尔也称赞他们说："此等美国人在缅甸禾田上空的胜利，在性质上（如果不是在规模上的话）能够和不列颠之战，皇家空军在肯特忽布草原地上空所获得的胜利相媲美。[①]"

陈纳德在盛名之下自然欣喜万分，同时也为志愿队的飞机损失和驾驶员的战斗减员而操心。他一边指挥战斗，一边忙着找油料、找零件。但更使他伤透脑筋的是复杂的人事关系。

1942年3月4日仰光沦陷。志愿队继续在缅甸活动，协同地面部队作战。这时日军有四五百架飞机在泰国、缅甸，而美国在缅甸只有战斗机30架和十几架轰炸机。面对优势的敌人，陈纳德指挥志愿军采取灵活多变的战术。他们在不同的机场起飞降落，使敌人无法获取飞机的准确数量和部署，并在飞机场制造假飞机迷惑日军，以对付其轰炸。当日本空军集中兵力来挑战时，志愿队飞机避开锋芒，移往他处；当日机一无所获悻悻而返时，志愿队则乘机奔袭日本机场，摧毁刚刚着陆的日机。陈纳德这些空中游击战术激怒了日本空军，他们的电台警告志愿队放弃这种不正规的战术，否则将被作为游击队员，受到不仁慈的待遇[②]。

日军进占缅甸后，继而进犯云南。云南省主席龙云请求陈纳德给予支援，阻止日军跨越怒江。5月7日，蒋介石令陈纳德"倾美志愿队之全力袭

---

① 陈纳德著，陈香梅译：《陈纳德将军与中国》，台北传记文学出版社1978年7月版，第123页。

② [美] R. 海菲曼：《飞虎队；陈纳德在中国》，纽约1971年版，第49页。

击在怒江与龙陵间之卡车船艇等",志愿队员"在目前危急关头,尤宜加倍努力",阻止日军前进①。陈纳德随即组织航空队连续出动,袭击保山、腾冲、龙陵一带的日军运输队,企图渡怒江的一队日军在志愿队的轰炸扫射下几乎全军覆没。志愿航空队的战斗行动,对巩固防线、稳定军心起了重要作用。

5月中旬,滇缅一带进入雨季,美志愿队大部分移往衡阳、桂林一带,开始对驻华中的日军作战。6月12日,志愿队在桂林上空一举击落敌机八架,自己仅受伤一架,桂林人民为之欢欣鼓舞,集资两万元慰劳美飞行员。日军遭受打击后,飞行员上天心慌胆怯,因而要求增派飞机。

志愿队在空战中不断取胜,离解散的日期也一天天临近,尽管这样,他们为自己取得的胜利而洋洋得意。志愿队的成员对并入陆军航空队并不热衷,他们宁愿回家,也不愿待在这里。6月20日,陆、海两军种归并委员会开始走访中国的一些基地,并同志愿人员谈话。史迪威和比斯尔一再声明,美国志愿队如不接受归并,将不予以补给,并允诺以一个完整的战斗机大队来替代志愿大队。

陈纳德参加了归并委员会的讲话,尽管他认为最要紧的事是打败日本人,但没有责备那些要走的人。他反对归并,但他明白反对没有用,只好在表面上顺从归并委员会做工作。

7月3日,陈纳德接到蒋介石解散美国志愿队的正式命令。志愿队刚成立时,许多美国专家预言他们战斗不上三个星期,但结果是他们在缅甸、泰国、印度支那和中国战斗了七个月,摧毁日机297架。自己一方有4名驾驶员在空战中阵亡,6名被高射炮打死,3名被炸弹炸死在地上,3名被俘,还有10名在空难事故中丧生。志愿队在空战中损失P-40式战斗机12架,在地面丧失61架②。从敌我双方损失比例来看,这是空战中的新纪录,尔后也

---

① 陈纳德著,陈香梅译:《陈纳德将军与中国》,台北传记文学出版社1978年7月版,第163页。

② 杰克、萨姆森著,石继成、许忆宁译:《陈纳德》,东方出版社1990年5月版,第184页。

从未被刷新过。

原志愿队共有237名队员选择了返回美国，只有5名驾驶员、5名行政人员和29名地勤人员留下①。美国航空志愿队成为历史。

7月14日，美联社发自重庆的一篇报道，引述了陈纳德谈他对解散美国志愿队的感想：

"他们该回家去了，但我对解散一事感到遗憾。这是一个空军指挥员能得到的最好的机会——完全不受拘束地集合和训练一批战斗的官兵。我再也不会有类似的经历了。②"

国民政府颁给来华飞行员的护身标志。飞行员将此标志戴上，一旦落入地面，我同胞立即救护。

四、千方百计夺取制空权

美国航空志愿队解散之后，该队所留飞机和人员归并美国陆军航空队第23战斗机大队，与派驻中国的第16战斗机中队组成美国空军驻华特遣队，隶属美军第10航空队。陈纳德任特遣队准将指挥官。第10航空大队的司令是比斯尔，史迪威终于使陈纳德居于自己麾下。

美国空军驻华特遣队名义上有一个大队两个中队，但成立之初只有五六十架战斗机和轰炸机。由于大批身经百战的志愿队飞行员离开中国，

---

① 杰克、萨姆森著，石继成、许忆宁译：《陈纳德》，东方出版社1990年5月版，第180页。
② 杰克、萨姆森著，石继成、许忆宁译：《陈纳德》，东方出版社1990年5月版，第185页。

因而战斗力实际下降了。此时，日军得知航空志愿队解散的消息，遂将在南洋的第3飞行师团转入中国，企图一举歼灭新来的美国空军。

美国空军驻华特遣队编成甫定，陈纳德在给史迪威的一份电报中谈了自己对美国空军在华作战的打算。他希望得到100架新式的P-51型战斗机和30架B-25型轰炸机，认为有了这些飞机，美国驻华空军可以完成下列任务：

1. 歼灭比美国空军强大的日本空军。
2. 破坏日军在华军事设施，鼓舞中国士气。
3. 破坏日军航运线。
4. 摧毁敌人在华空军基地。
5. 打击日军士气①。

史迪威刚刚经历缅甸的失败撤退到印度，对陈纳德的计划反应冷淡，他正在制定重占缅甸的计划，他也希望扩大美国驻华空军，但目的是为了"有效援助"缅甸作战②。

7月份，日军凭着数量上的优势，对华中尤其是衡阳基地的美国空军发起进攻。面对数倍于己的敌军，陈纳德仍采用志愿队的空中游击战术，以奇袭和机动作战方式打击日军。到7月底，共击毁战斗机24架、轰炸机12架；自己损失战斗机5架，轰炸机1架。特遣队初试锋芒，粉碎了日军企图一举扫除在华美国空军的企图，也表明该队有能力与数倍于己的日本空军周旋。

8月上旬，特遣队继续在华中上空打击日军，但是由于连续作战和因替补零件短缺，致飞机得不到修理，使特遣队的战斗力减弱。由于从印度到昆明的空运量有限，满足不了特遣队的需要。特遣队之所以能战斗下去，除了依赖比较健全的报警网以外，还靠中国人在特遣队进驻机场之前已储

---

① 罗马纳斯和森德兰：《史迪威赴华使命》，华盛顿1953年版，第187页。
② 史迪威致蒋介石备忘录，1942年7月19日，中国第二历史档案馆藏档案。

存好的汽油、弹药，尽管这些东西的型号和口径五花八门，但能凑合着用。特遣队的飞行员有时用口香糖的胶泥堵补油箱上的弹孔，有时用胶布粘贴机身上的窟窿①。

由于食品无法运来，就食当地宰杀的猪牛和蔬菜，喝惯了咖啡的美国大兵就喝当地产的茶。另外，特遣队的指挥系统复杂得令人难以置信。史迪威在重庆和新德里均设有司令部，两地相距两千英里。比斯尔的第10航空队司令部设在新德里，陈纳德要把信先送到新德里，再由那里转到重庆。这一状况使陈纳德焦虑万分。

8月13日，陈纳德又向史迪威递交了一个较为积极的计划。他认为一支有效的、规模不大的美国空军在中国境内作战，"可以使目前的局势好转"，这支空军可以摧毁驻台湾的日本空军，也可鼓励中国军队攻击日占区，并使日驻缅甸、越南空军丧失战斗力，从而保卫通往中国的空中运输线不受侵袭。他提出这支空军应有500架战斗机和100架运输机，并要求史迪威立即将该计划电告五角大楼，"采取必要的行动"②。

史迪威将陈的计划搁置到9月初，才由自己的参谋长制订出一个空军计划来回答陈纳德。史迪威在这个计划中规定驻华空军特遣队的主要任务，是保卫从印度到昆明的驼峰空运线和辅助地面部队进攻缅甸。陈纳德在给史迪威的回电中，同意把保卫驼峰空运线作为首要任务，但他仍要求史迪威同意他对日

"飞虎队"的队标

---

① 《第二次世界大战，中—缅—印》，美国1980年版，第58页。
② 陈纳德著，陈香梅译：《陈纳德将军与中国》，台北传记文学出版社1978年7月版，第221-222页。

军发动进攻，使驻华特遣队成为一支独立的进攻力量。陈纳德不愿做一个配角，他要做一个叱咤风云的主角，担负独立的作战任务，在中国上空大显身手。显然，两人在使用空军上有不同的看法，这也是两人发生尖锐矛盾的主要原因。

10月初，罗斯福总统的特使威尔基访问中国，陈纳德向威尔基全面阐述了他的空中作战计划，尔后将该计划成文由威尔基转交给罗斯福，这封致罗斯福关于美国在华作战的信，被美国史学家称为"有关战争的特别文件之一"。陈纳德在信中认为，如果他拥有一支150架战斗机、30架中型轰炸机和20架重型轰炸机所组成的空军，就可以在中国境内击败日本，并有助于太平洋战争。他指出，驻华空军的物资供应完全依赖中印之间的驼峰运输线，因此这条空运线必须加强。他认为这个计划是经过深思熟虑的，他保证这个计划可以减少美军士兵的牺牲，并"使中国做我们永久的友人"。计划中他对史迪威、比斯尔不点名地进行了指责："军事任务本来是一件简单的事情，但现在它被那些不灵活的、不合理的军事组织和不懂如何在中国进行空战的人所复杂化了。"他说，"为了完成这一目标，应给我充分的作战理由，我能直接与蒋委员长和中国部队打交道"。①这是一个雄心勃勃的计划，信中流露出陈纳德的自信、对蒋介石的信赖和对史迪威等人的愤懑。但陈纳德要靠一支规模如此之小的空军击败侵华日军的想法似乎脱离实际太远，并且由于他自信"是一个常胜将军"，使他无法冷静地全面考虑他的空中作战计划，完全忽略了日军地面部队的存在和自己机场的保卫问题，然而从对日作战来说，这个主张是当时中国军队无法做到而在当时又迫切需要的。这无疑有一定的积极意义，因此计划一提出就引起了中美双方的关注。

罗斯福总统对此颇感兴趣。11月初，他曾计划召陈纳德到华盛顿与他

---

① 杰克、萨姆森著，石继成、许忆宁译：《陈纳德》，东方出版社1990年5月版，第204-208页。

面谈在华作战问题。当时史迪威主张反攻缅甸，罗斯福等对此也积极予以支持。但英国方面对此消极，蒋介石则明确表示中国军队将不参加缅甸作战，因而反攻缅甸作战的计划无形取消。在此情况下，罗斯福要陆军参谋长马歇尔考虑让美国空军首先在中国对日军发动进攻，建议给陈纳德100架飞机，并提出为了更好地发挥陈纳德的积极性，让他脱离史迪威的管辖来"唱主角"[1]。但马歇尔与罗斯福总统的看法不同，他认为陈纳德的空战计划近乎荒唐。由于两人意见大相径庭致使陈纳德的计划一度搁浅。

1943年1月，在卡萨布兰卡会议前夕，蒋介石致电罗斯福表示支持陈纳德的空中战略，在此之前，蒋介石向威尔基指示和通过有关人员向美国政府表示，希望陈纳德握有全权，同时还持和陈纳德相同的口吻指责史迪威等不懂空中战略的基本原则，不知道空军在战场上的重要作用。1月9日，蒋介石给罗斯福的电报中正式提出，中国战场对日作战的首要任务是空中进攻，同时表示对缅甸作战持"谨慎态度"[2]。这封表明蒋介石对美国在华军事战略态度的电报，既表明了他支持陈纳德的空中战略，借美国空军作战来掩饰他消极抗日、保存军事实力的目的，又反对了史迪威整训国民党军队的计划和反攻缅甸的企图。果然，当史迪威知道了电报的内容后，就把这一天称为"黑色的星期五"。史迪威把这封电报归咎于陈纳德，认为陈纳德使他陷入困境。史迪威原来就不同意陈的空中战略，蒋介石的电报无异于火上浇油。

但蒋介石的电报对罗斯福产生了重要影响，他当即在卡萨布兰卡会议上决定，"加强陈纳德驻华空军，增派人员，使之有效作战"；并明确空中进攻是"当务之急"，应优先于缅甸作战。会议结束后，罗斯福与丘吉尔联名致电蒋介石，通知他已决定"立即支援陈纳德，使他不仅可以攻击日军重要航道，也可以攻击日本本土"。3月10日，在罗斯福的过问下，美

---

[1] 梁敬錞：《史迪威事件》，商务印书馆1973年版，第101页。
[2] 罗马纳斯和森德兰编：《史迪威私人档案》，华盛顿1976年版，第435—437页。

飞虎队空中雄姿

国空军驻华特遣队扩编为第14航空队，陈纳德晋升为少将司令。

第14航空队成立后，美国军方对罗斯福加强陈纳德的指示进行抵制和拖延，陈纳德的处境和以前别无二致。4月底，陈纳德和史迪威应召返美讨论在华军事战略问题，空中战略成了美国决策层争论的中心。陈纳德到华盛顿后向参谋长联席会议递交了一份《在华作战计划》，重申他的空中战略。他在计划中分析了中国的战场形势，十分自信地提出，在几个月内美国空军可以夺取中国的控制权，并在年底之前对日本本土进行空袭。为此他要求得到充足的物资供应。

陈纳德的计划遭到史迪威的坚决反对。他问陈纳德，如果日军地面部队对美军机场发起进攻怎么办？"如果这样的事发生，我们就会在中国完蛋"[1]。史迪威的意见得到马歇尔的支持。

---

[1] 与史迪威和陈纳德的会谈记录，1943年4月30日，见参谋长联席会议和作战司档案，近代史研究所复印件。

但蒋介石积极支持陈纳德。就在陈到美国后,蒋几次致电罗斯福,并通知在华盛顿的宋子文、宋美龄,让其告诉罗斯福,他将集中所有的战时资源,"暂须全部致力于空中攻击之准备"。针对史迪威对陈纳德的质问,蒋介石表示以陆军保卫航空根据地,并要挟美方,如空中攻击不能实现,今后中国战区能否支持将是问题[①]。

支持蒋介石是罗斯福的基本态度,罗斯福怕蒋介石垮下来。于是,在5月中旬的英美首脑华盛顿会议(即三叉戟会议)上,罗斯福强调了中国危机四伏的局势,认为必须支持蒋介石,因而"空中意义重大"。5月18日,罗斯福接见宋子文,明确保证立即加强美国驻华空军,以不使中国战场形势恶化。由于马歇尔的坚持,罗斯福总统搞了平衡,在批准陈纳德空中战略的同时,也赞同继续准备反攻缅甸作战。陈纳德由于蒋介石的支持在罗

中美空军袭击日军的军事目标

---

① 秦孝仪编:《中华民国重要史料初编——对日战争时期》,第三编第三卷,第223-224页、第303-304页。

斯福面前赢了，但要赢史迪威还得费一番工夫。

陈纳德从美返华后，首先在指挥权上和史迪威发生了冲突。5月底，史迪威的参谋长贺安通知中国军事当局，今后中国对美国空军的作战要求必须由史迪威驻重庆总部传达，如果美国空军接到中国方面的命令，必须先征询美军重庆总部，然后方可执行①。显然，史迪威想通过对陈纳德的约束来限制美国驻华空军的作战规模，以保证缅甸战役能顺利进行。

此时的蒋介石毫不相让。6月中旬，蒋介石直接命令陈纳德配合中国军队在洞庭湖一带作战，连续四日轰炸藕池口和石首。但史迪威却命令陈不得去轰炸。6月24日，蒋介石召见陈纳德得知此事后，十分愤怒，立即决定以后给陈纳德的命令由中国航空委员会直接传达，不经史迪威重庆总部。为了使陈纳德脱离史迪威的指挥，蒋介石于7月12日致电罗斯福，要求将陈纳德提升为中国战区空军参谋长，以使中国战区的空军"发挥更大之战斗力"②。

罗斯福收到蒋介石的电报，立即召集霍普金斯、马歇尔等在总统卧室举行会议。罗斯福总统对空军作战寄予厚望，因而倾向于蒋介石的主张，同意陈纳德"独立于史迪威的指挥"。但马歇尔竭力反对，他认为虽然陈纳德是一个战术上的天才，但他是中国政府出钱雇佣的人，受蒋介石的影响较深。面对这种情况，罗斯福在蒋介石和马歇尔之间采取了折中的办法。7月1日，他致电蒋介石，同意让陈纳德担任中国空军（而不是中国战区）参谋长③。

指挥权限的扩大使陈纳德开始发动计划中的攻势作战。从7月下旬起，美日双方为争夺制空权在华中上空展开了激烈的空战。日军以从其他战场抽调而来的优势兵力，在华南的衡阳、零陵和桂林等地对美空军频频发动进攻。陈纳德指挥美空军，依靠"精密之情报通信网，以对空通信之绝对

---

① 贺安备忘录，1943年5月27日，中国第二历史档案馆藏。
② 周至柔致何应钦，1943年6月24日，中国第二历史档案馆藏。
③ 罗马纳斯和森德兰：《史迪威赴华使命》，第345-346页。

优势，完全掌握了制空权"①。仅在7月下旬八天的空战中，美军就击落日军飞机62架，自己仅损失3架。

美空军掌握了制空权之后，即对长江和北部湾的日本轮船进行轰炸，并接连袭击汉口、香港和广州的机场、码头，给日军以沉重的打击。

11月，位于衡阳东部的遂川机场建成。同月25日正是美国人民一年一度的感恩节，陈纳德指挥了轰炸机远征日占台湾机场的战斗。

那一天，台湾海峡云层很厚，日本人认为会享受的美国佬不会在这个节日里有什么作为，毫无戒备。上午8时，桂林机场弥漫着薄雾，在马达轰鸣中，第14航空队第308大队的9架B-25式轰炸机，在大队长文森特指挥下逐次升空。不一会儿，从后面赶上来第23驱逐机大队希尔率领的6架P-38型驱逐机，他们是为护航而来的。在云层中，美机机头上绘着张着尖利牙齿的大鲨鱼头，若隐若现，很是威武。一小时后，美空军在江西遂川机场降落加油，略事休息后，再度起飞，向台湾海峡飞去。

"台湾海峡云层很厚，请降低高度。"

飞行员们用无线电通话，飞机穿过云层，贴着海面飞行，日军的雷达不停转动搜索着，然而没有发现目标。

飞机飞越海峡后，立即升高，又隐在云端，直向目标而去。

"到达目标上空。"耳机中传来领航员的声音。

文森特命令："钻出云层，狠狠地揍杂种！"

飞机怪叫着，歪斜机身，向下俯冲。

当钻出云层后，一切都是那样的清晰，历历在目。

"我看到了新竹机场，机场上起码有30架飞机。"飞行员们在兴奋地大叫，向目标俯冲而下，弹舱打开了，当飞掠日本机群上空时，一排排的炸弹从天而降，弹着点升起一团团黑黑的浓烟和耀眼的大火，继而是连续不断的大爆炸，日机残骸被炸成碎片，四处迸溅。机群横扫了整个日军机

---

① 《空军监察总队侦获敌寇记者情报四件》，中国第二历史档案馆藏。

场,将炸弹和机枪子弹全部倾泻在跑道两侧的日本飞机上,把机场上的42架飞机炸得稀巴烂①。两架日本"零式"战斗机在一片空袭警报声中强行起飞,尚未离开跑道,便被迎头而来的两架美P-38式驱逐机俯冲扫射,打得遍体鳞伤,引起大火,并阻挡了跑道,使后面的日机无处躲藏。空袭持续了一个小时,新竹机场上的飞机毁于一旦,猛烈的轰炸引起了油库、仓库的熊熊大火,日军死伤惨重,而美机仅一架被地面炮火击中。战斗结束返航时,护航战机无一损伤。陈纳德兴高采烈,专门派一架C-40运输机运来火鸡,让大家美餐了一顿。

从7月至年底的半年时间中,第14航空队南征北战,威震长空,共执行作战任务358次,出动飞机3519架次,迫使日军改变了作战战术。

尽管第14航空队的战绩引人注目,但却没有完成陈纳德在4月底提出的作战任务,当时陈纳德为了同史迪威在罗斯福面前抗争,显然把作战任务

被击毁的日机残骸

① 杰克、萨姆森著,石继成、许忆宁译:《陈纳德》,东方出版社1990年5月版,第237页。

定得过高。另外物资供应不足和飞机增援不够也是一个重要的原因。

4月，罗斯福总统曾同意陈纳德的主张，从7月份起把由驼峰运入中国的7000吨物资拨给陈纳德4700吨。但实际上第14航空队在8、9、10三个月所得物资分别为3038吨、4575吨、4225吨，直到11月才达到4700吨，而按罗斯福总统原定的指标，这时的第14航空队应该得到7200吨物资了。产生这一问题的原因除了飞越驼峰的运输力有限外，主要是物资分配权在史迪威手里，史迪威是不会让陈纳德顺心的。另外，原来应诺在7月中旬增派给第14航空队的两个战斗机中队和两个轰炸机中队也没有兑现。9月份，第14航空队实际上只有85架战斗机和9架轰炸机[①]。为此，陈纳德向罗斯福求援。他告诉罗斯福，由于作战物资缺乏，第14航空队的轰炸机不能"自由作战"，增补的飞机又没有按计划到达，因而"延迟"了对日作战的进程，使第14航空队"无法完成预定任务"[②]。

罗斯福对陈纳德的请求高度重视，在罗斯福的干预下，驼峰空运量至1943年12月突破了1万吨，第14航空队的物资供应状况也因此得到改善。补充飞机亦源源运抵中国。12月间，第14航空队将所属编成第68、第69两个联队。以东经108度为界，以东为第68联队作战区域，联队总部设在桂林；以西为第69联队作战区域，联队总部设在昆明。

第二次世界大战期间，空中有三条最危险的航线，这就是阿拉斯加航线、北大西洋航线和中国的驼峰航线。

1942年，日军占领缅甸，入侵中国云南，运送支援中国抗战物资的滇缅公路被切断。为了抗击日本法西斯，中美双方经过反复研究，决定开辟从印度阿萨姆邦汀江到云南的空中航线，即驼峰航线。

驼峰是中国和印度之间一系列山脉的统称，是喜马拉雅山支脉的一部

---

① 宋子文致罗斯福备忘录，1943年9月27日，参谋长联席会议和作战档案，中国近代史研究所复印件。

② 陈纳德著，陈香梅译：《陈纳德将军与中国》，台北传记文学出版社1978年7月版，第269页。

分,其中包括野人山、高黎贡山、怒山等许多荒无人烟终年积雪的峻岭峡谷,高度一般都在海拔4000米至5000米以上,最高达7600多米。澜沧江、怒江等许多汹涌湍急的江河从高山峻岭中穿过,地形复杂险要。

飞行在驼峰上空的美国运输机

驼峰航线有南线北线之分,南线即从云南昆明起飞,飞越驼峰直达印度东北边境的汀江机场。北线由汀江起飞抵印度的杜姆杜摩,然后改向飞往云南程海,再改向飞抵昆明,全程819千米。南线山峰较低,天气情况也较好,但距离密支那、八莫等日军的空军基地较近,容易遭到敌机袭击,因此通常多飞北线。

自1942年5月至1945年8月,平均每天有100多架次各种型号的运输机起降,经过印度把美国的援华物资源源不断地运到中国。为了保障航线畅通和防止日军袭击,陈纳德的飞虎队和中国空军担负着护航和中缅印战区的战斗任务。在这三年多的时间里,中美双方共投入各种运输机、战斗机和轰炸机2000多架。最初通过这条航线运往中国的物资每月为几百吨,到后来增加为上千吨,上万吨,最多时达78000吨。规模如此巨大的空中运输,以及所付出的代价，都是中外战争史上绝无仅有的。

在这条航线上，美军第14航空队原拥有629架运输机损失563架。三年中，美国共损失飞机1500架以上，牺牲优秀飞行员3000多人。

总共拥有百余架运输机的中国航空公司，损失率达50%，先后损失飞机48架、飞行员168人，这168位牺牲的飞行员都是中国空军的精英。

时间常常决定着战争的胜负，为了尽快把抗战物资运到中国抗日前线，将航线延伸到中国内地，减少航线上的中转站，无疑是赢得时间的最好举措。为了避开日本飞机，按国民政府航委会的意见，"中航"决定将航线延长，即从汀江延长至叙府（即四川宜宾）。

四川冬季雾多，1943年12月18日，叙府机场上空的能见度为零。83号与75号这两架满载汽油的C-47运输机，从汀江飞往叙府。途中他们曾遭到日本零式机的追截，幸亏机灵的飞行员马上钻入云中，逃过了一劫。飞抵叙府上空后，因为雾大，无法看清跑道，飞机只能在天上久久盘旋，机组人员报告地面，机上余油不多了。机场通知他们赶快转场，到场外跳伞。就在飞机声渐渐远去的时候，也就在地面人员预测他们已安然无恙时，却传来空中无线电一声短促的"啊"，一声连尾音也没有的"啊"！

紧接着响起了天崩地裂的一声"轰隆"，又是一声"轰隆"，地动山摇后，大地一片寂静，死一般可怕的寂静。

两架装满汽油的C-47在浓浓大雾中，双双撞山坠毁，燃起的大火和滚滚浓烟连整个宜宾城都看见了。机上人员全部牺牲，在撞机现场，烈士的遗骸仅剩下巴掌大的一点肉。

让我们记住英雄的名字吧！他们是：

83号C-47机长赖特（A.M.uright），副驾驶库克（C.R.Cook），报务员龚式忠；

75号C-47机长陆铭逵，副驾驶王钟英，报务员陈国精。

1944年2月14日，26岁的空军中尉沙兴达前往印度加尔各答接收由美国援助的P-43新飞机，在归国前因飞机故障失事而为国捐躯。

马隆·鲍特,美国援华空军志愿队(飞虎队)队员,1942年1月4日在昆明附近执行任务时不幸遇难

小罗伯特,美国援华空军志愿队(飞虎队)队员。曾多次完成飞越敌占区的任务,并击落日军的战斗机、轰炸机十余架,1942年5月22日在怒江上空作战时不幸阵亡

出生于1918年3月10日的沙兴达是江苏常州人,他的大哥沙荻洲是黄埔军校八期生,毕业于中央航校第五期,曾在空军战神高志航率领的空军第4大队服务,并参加过1937年淞沪战役中保卫上海和南京的空战。大哥沙荻洲的壮举激励着沙兴达,沙兴达从常州私立中学毕业后,就毅然报考了在昆明的航空学校,1938年从空军军官学校第11期毕业后,派任第4大队第22中队任飞行员,即投入抗战,多次驾驶着驱逐机在空中与敌人交锋。1942年在重庆白市驿机场待命时,正在重庆江津女中读书的妹妹沙荻珂赶去与他见面,沙兴达告诉妹妹:"我们中国抗战必胜!"

但是就在抗战即将胜利的时候,沙兴达把自己的生命定格在了驼峰航线上。

现年88岁的沙荻珂女士回忆起八年抗战的艰难岁月时,无限感慨地说:"八年抗战,我家里的男人都殁了,老父亲病故了,大哥沙荻洲在空战中受了伤,伤愈后在安康航空站任站长,1946年因积劳成疾而病逝于安康，二哥沙兴达牺牲在驼峰航线上。我的大哥和二哥都是打日本鬼子的中国空军，是我们沙家永远的骄傲。"

五、日机失去应战能力

1943年秋季，陈纳德提出第14航空队在1944年的作战计划，把日本运输船只和空军作为重点打击对象，并强调了物资供应的重要性。他将这个计划呈送给美军中缅印战区司令部后，又写信给罗斯福总统寻求支持。12月，美国将一批B-29型轰炸机派驻成都，以轰炸日本本土。

第14航空队的攻势作战震动了日本大本营。1944年初，日本大本营决定发动豫湘桂战役（一号作战），旨在打通大陆交通线，摧毁美国驻华空军基地。

日本在黄河流域的调兵遣将引起了美国空军的警觉。2月中旬，陈纳德发出警告：日军可能发动一次大规模的进攻。针对日军企图打通郑州、信阳间铁路的企图和日军在信阳、黄河铁桥北端集结军队及军用物资的行动，陈纳德准备调整部署中美两国空军，对集结日军进行空袭。他对中美空军在平汉线的任务规定如下：

a. 保卫在敌机场航程内之中国机场及城市。

b. 为中国陆军进行侦察任务。

c. 毁损广武附近之黄河大桥。

d. 损坏新乡及开封之铁路交点。

e. 攻击：1. 敌机场及设备；2. 敌阵地；3. 敌在黄河长江两岸之运输及渡口；4. 汉口、信阳之铁路及汉口火车站。

f. 攻击在我航程内之其他有利目标。

陈纳德打算在敌攻势发动前夕，抢先执行c、d任务，使敌预定进攻陷入困境。他希望"中美两国空军积极合作"，完成这一计划[①]。在4月上

[①] 《陈纳德拟空军协助地面部队保卫西安区计划》，中国第二历史档案馆藏档案。

旬，陈纳德接连致电史迪威，报告中国局势危在旦夕，请求增加物资供应。他向史迪威建议，第14航空队目前的主要任务应该改为对付日军的进攻，为此应增加给第14航空队的空运物资（5月份达到八千吨，7月份之后达到一万吨），并将B-29型轰炸机所占物资移往美军华中各机场，以备应急之用。他特别强调局势的迫切性："敌人地上部队的布置也比较珍珠港后的任何时期还要富于威胁性……"，"如果不采取有力的措施，那预期的敌人进攻的胜利可使中国基地面临崩溃，而政治上和经济上的反应将使这崩溃成为事实"[①]。事态的发展证明，陈纳德的判断是正确的。

可是在陈纳德发出日军进攻的警告时，史迪威正在缅甸的丛林中指挥反攻作战，罗斯福也两次致电蒋介石，以强硬的口吻要求驻云南的军队跨过怒江入缅作战。史迪威担心关于日本大军进攻的消息会影响中国军队出兵缅甸，因而命令陈纳德不得将此报告蒋介石，并拒绝增加对第14航空队

美军航空队在作战中损失的飞机

---

① 陈纳德著，陈香梅译：《陈纳德将军与中国》，第303页。

的物资补给,要求以守卫成都机场的B-29轰炸机为首要任务,即使停止空中袭击和对中国军队的支持也在所不惜。

局势十分严重,陈纳德不顾史迪威的命令,还是将情况向蒋介石作了报告,说:"日本威胁已近,事不宜迟。"4月中旬,蒋介石又接连收到罗斯福催促其在云南发起攻势的电报。而陈纳德此时却要求蒋介石调动华中部队对付日军,并请求史迪威将在滇缅作战的第14航空队所属第69联队调往华中,这显然与史迪威的主张背道而驰。恰在此时,史迪威重庆总部的情报却表明,日军在黄河两岸没有进攻能力[1]。这一错误的情报使史迪威认为陈纳德在以空中攻势干扰缅甸作战。陈史二人的宿怨又加深了一层,两人在面临日军进攻的严重局势中难以协调一致。

4月17日,日军开始"一号作战"。国民党军队一触即溃,整个中国战场局势骤变,引起美国的严重关注。5月11日,蒋介石在重庆召见史迪威驻重庆的代表,要求将在成都守卫B-29轰炸机的第14航空队的战斗机移至河南南郑,支援洛阳一带的中国军队。5月31日,中国驻美军事代表团团长商震又向罗斯福转达了蒋介石关于加强第14航空队的要求,蒋介石提醒罗斯福,日军进攻成功将使"对日战期至少延长三年之久",因此现在当务之急是给第14航空队增补作战物资,"非此断不能挽救今日之危局"[2]。陈纳德再次向史迪威告急,要求每月给一万吨物资,并准予借用B-29型轰炸机的储存物资。接着,他又写信寻求罗斯福的支持。

6月6日,史迪威与陈纳德在第14航空队司令部所在地昆明会谈。陈纳德再次要求动用B-29型轰炸机的储备物资,并希望B-29型轰炸机能对汉口进行轰炸,他向史迪威表示应竭力阻止日军的进攻。但史迪威反应冷淡,认为日军向华中美军机场的推进已"无法阻止"。最后史迪威同意每月给一万吨的物资。此时,日军已占领河南,正向湖南进攻,而史迪威同意增

---

[1] 陈纳德著,陈香梅译:《陈纳德将军与中国》,第305页。
[2] 秦孝仪编:《中华民国重要史料初编——对日战争时期》,第三编第三卷,第303-304页。

加的物资要一个多月才能到达，第14航空队的作战因此受到一定的限制。

6月，陈纳德指挥第14航空队对进攻湖南的日军作战，袭击日军的航运，轰炸日军地面部队的桥梁、营房，配合中国地面部队作战。每架飞机每天出动高达三四次，机械师在闷热的天气中连夜修理损坏的飞机，使飞机在拂晓前做好一切起飞准备。飞机执行作战任务后一着陆，军械师就在机翼下挂上爆破弹和杀伤弹，给机枪加上子弹。在回到机舱之前，飞行员要到指挥部报告作战经过，简要听取下一个目标的情况，除此之外，再无空余时间。第14航空队的轰炸，使丧失了控制权的日军束手无策，衡阳前线的日军几乎弹尽粮绝，被迫停止昼间进攻。

但由于油料告缺，致使第14航空队无法进一步扩大战果。此时中日军队正在衡阳城下鏖战，困守城中的第10军急电第14航空队求援，而第14航空队的油料越来越少，已无法升空作战。7月20日，陈纳德请求史迪威派运输机支援，但史拒绝了这一要求。陈只得派遣自己所辖轰炸机和运输机，向衡阳守军空投了少量物资。

8月上旬衡阳失守，衡阳机场被日军占领。此时第14航空队的供应状况得到改善。他们没有因衡阳机场被占而消沉，继续对日军进行猛烈轰炸，湖南前线的控制权仍掌握在美空军手中。日军虽然调空军主力进驻衡阳，但在美空军的进攻下完全丧失主动出击的机会，加之运输线被封锁，只得撤出衡阳。

10、11月间，美空军频频出击，袭击日军长江航运和平汉铁路运输，给日军的物资供应造成很大的困难。但由于国民党军队作战不力，第14航空队的这些战绩不能对整个战局产生更大的影响，日军仍继续南下。11月初，桂林、柳州相继失陷，日军完成"一号作战"的任务，华中机场尽落入日军之手。

当美空军在华中作战的同时，第14航空队所属第69联队亦在云南配合中国军队进行滇西战役。

史迪威同蒋介石闹得不可开交，陈纳德从中火上浇油。罗斯福面临着要蒋介石还是要史迪威的选择。1944年10月18日，罗斯福总统决定：立即调回史迪威。史迪威离开后，魏德迈于1944年10月31日接任。魏上任后第一件事就是让陈纳德施行"幼虫行动"，将两个中国师、新6军司令部、一个重迫击炮连、一个通信连和两所战地外科医院运回中国。陈纳德指挥空运勤务和暂时附属于第14航空队的作战运输队，在不到一个月的时间里共飞行了1328架次，装载

第14航空队轰炸黄河大桥

了25095名中国士兵、369名美国士兵、1596匹牲口（驴、马）、42辆吉普车、48门75毫米榴弹炮、48门82毫米迫击炮和48门反坦克炮。这时第14航空队的实力也大为增强，共有人员17473名、535架战斗机、109架中型轰炸机和47架B-24重型轰炸机。补给的物资也剧增，1944年11月为14792吨，到1945年1月增加到23888吨，到6月增到55386吨，7月达到71042吨。

此时，第14航空队有36个战斗中队，分属第68和69混合联队、中美混合联队、第312战斗机联队。陈纳德将第69联队派驻昆明，该联队由第51战斗机大队和第341轰炸机大队（中型）组成，任务是保卫驼峰航线和中国的西南。他让第68混合大队（由第23战斗机大队和第118战术侦察机中队组成）承担支援在粤汉沿线的中国地面部队和维持一个地区性反击战役的任务。由第3战斗机大队、第5战斗机大队和第1轰炸机大队（中型）组成的中

美混合联队被派到华中地区、黄河流域,甚至到宁、沪地区作战。由第311战斗机大队的3个中队组成的第312战斗机联队原来的任务为保卫成都,现在被改为拦截华北和华东的铁路线。

由于实力得到加强,陈纳德在昆明的记者招待会上宣称,现在"我们可以集中力量攻击日本的空军基地、航运和交通"。他告诉记者,"当我们掌握华东机场时,支援中国军队的任务常使我们疲于奔命,现在没有这种情况了……我们能在比以往更广阔的范围内作战了"。在对日作战的最后几个月中,第14航空队在中国上空纵横驰骋,四处出击,每月出动飞机三四千架次,对日本航空队和机场进行了歼灭性打击。在美空军的连连打击下,日本航空队威风扫地,毫无斗志。4月美空军在中国上空仅遭遇3架日机。5月20日,由于日机大部移向太平洋用于保卫本土,在中国仅留42架战斗机和18架侦察机,致使日机失去了应战的能力。从5月15日到7月1日,第14航空队在中国上空未遇到任何敌机[①]。

并肩战斗的中美混合大队的飞行员们

---

① [美]K.艾林:《飞虎队的老皮脸》,纽约1945年版,第211页。

与此同时，在第14航空队的轰炸下，日军在长江的布雷和航运几乎陷入瘫痪。第14航空队还配合地面部队进行了豫西战役、鄂北战役和芷江战役，给中国地面部队以有力的支援。

正当陈纳德指挥第14航空队顺利进军时，一连串不祥的征兆相继出现，以致影响到他在中国的地位。

首先是蒋介石对陈纳德的怀疑。1944年七八月间，日军的"一号作战"攻势正在进行，直接危及华南桂林、柳州、衡阳的机场。陈纳德力图不让日军取得这一批基地，因此他赞成立即给第九战区司令长官薛岳以武器，当时该部正在桂林地区奋力阻击日军。陈纳德也知道薛岳既不是蒋的嫡系，也不受蒋的青睐，但他当时根本不管政治上的风波，只要对薛岳的部队有所帮助就行。他也不愿意把这些东西交给军政部，因为军政部得到的这些东西可能到不了薛岳那里。而且陈纳德相信，"他（指薛岳）有了这些基本东西，他是会打的"①。陈纳德还在衡阳向薛岳部空投了一批弹药。

蒋介石是不容他人染指军用物资的，他和史迪威的矛盾即是例证。况且在衡阳失陷后，李济深写信给美国人，说"他要脱离蒋的指挥"②，而薛岳与李济深关系亲近。蒋介石对此特别忌讳，即使陈纳德这样的人，蒋也不会饶他。

其次，陈纳德心里明白，史迪威被召回，马歇尔等参谋部和陆军部的人是不会让他痛快的，"……他并不需要更多借口就可整陈纳德的……③"

最后，史迪威被赶走了，蒋介石胜利了。蒋想得到的都得到了，陈纳德也必然走鸟尽弓藏、兔死狗烹的老路，况且魏德迈完全可以代替陈纳德。

由于以上原因，陈纳德于1945年7月6日被迫提出辞职，中国战区美国

---

① 杰克、萨姆森著，石继成、许忆宁译：《陈纳德》，第278页。
② 杰克、萨姆森著，石继成、许忆宁译：《陈纳德》，第277、306页。
③ 杰克、萨姆森著，石继成、许忆宁译：《陈纳德》，第306页。

航空队司令斯特拉特迈耶立即批准并任命斯通将军接替陈纳德指挥第14航空队。

陈纳德在中国八年，为打败日军而立下了丰功，中国人对他去职的依恋是自然的。蒋介石设宴为他送行，他在宴会上郁郁寡欢。尔后，蒋介石授予他中国最高荣誉——青天白日勋章。

第十二章　豫湘桂鄂大作战

第一节　豫中会战

一、日军受到了空中的威胁

东京。日本最高军事指挥机构大本营乱作一团，惊慌失措。

晚秋时节，西风无情地劲吹着大地，将绿叶染成枯黄。天上，终日有残叶飞舞，一片一片的，有点像春天郊外旷野上的风筝，煞是好看。然而，在台湾的日本军人，却是紧张兮兮的，天上有时是树叶在舞，有时是鸟儿在飞，却以为是美国飞机前来空袭。

多年以来，日本军人养成欺侮和教训别人的习惯，耀武扬威，神气活现。他们万万没有想到，有一天，美国人和中国人合伙将飞机开到属于他们的领空，乒乒乓乓扔下许多炸弹来，炸得他们鬼哭狼嚎，晕头转向。

大本营陆军部对日益增长的中美空军动向极为重视，如果不摧毁美国空军在中国华东的基地，给中美空军以毁灭性的打击，就无法保护日本国土的安全，日本大本营在酝酿一次大的作战行动。

日本决不能坐视陈纳德的威胁，要采取报复行动了。以美机轰炸新竹为导火线，大本营决心开展一场以摧毁美空军基地为目的，打通大陆交通线，纵贯中国南北大陆的大野战。

大本营参谋总长杉山元数日来，吃不下，睡不着，他的两眼之中，布满了血丝，仍瞪着眼一动不动地注视着中国派遣军作战态势图。

美军袭击新竹，使他受到了强烈的刺激。美军的轰炸机，只能是从华东的机场起飞的，他们久已宣传的空袭日本本土的计划，说明已到实施阶段。这次只是B-25型中型轰炸机，如果是B-29重型"空中堡垒"从华东起飞，直扑日本本土，那将是一种何等可怕的局面！

杉山元的眼前出现的幻觉为几百架B-29型轰炸机"隆隆"飞临东京上空，遮天蔽日，成千上万的炸弹像冰雹一样铺天盖地、呼啸而来。东京在大轰炸中成为一片火海与瓦砾。

"决不能让这种形势出现！"杉山元的拳头重重地砸在办公桌上。"要消灭他们的空军基地！"他的眼睛顺着中国地图从上而下搜寻着，终于停在江西省"遂川"地名上。

杉山元参谋总长召集他的幕僚们开会，研究对付美空军活动的办法。大本营第二课课长服部卓四郎大佐，参谋本部第一部部长真田少将、第二部部长有末精三少将等人出席了会议。

真田首先报告了美机的活动情况：

"美机从今夏以来，加强了兵力，以中国东南部基地为中心，其制空范围逐渐巩固。据11月中旬的报告：美机总数为战斗机160架、轰炸机70架，其中战斗机100架、轰炸机20架左右均部署在桂林及其以东地区。"

杉山元说："中美空军的活动，已引起统帅部的不安，如不及时压制，不久，东京的上空也将出现他们扔的炸弹。从今年年初起，中国东海上的我方船只的损失急剧增多，估计都是美空军的活动所致。"

有末精三说："中国派遣军属下，目前只有第3飞行师团，迭经与美机作战，损失不少，压制中国大陆的美空军似有困难，如不增加兵力，中国的东南部肯定会落入美空军势力控制之下。"

杉山元说："看来为加强在中国的空军力量，应立即将关东军所属第12飞行团调往中国，由中国派遣军总司令官畑俊六元帅指挥。此外……"他面对第二课课长服部卓四郎说："美空军的基地似在中国的东南部。难

中美空军出动飞机轰炸日军目标

道不能从华中和华南打通粤汉铁路，横扫中国大陆，使美国空军不得使用中国东南部的基地吗？"

服部卓四郎领会了杉山元的意思，站起来说："为了鼓舞全军的士气，我早有单独使用陆军的力量进行一次大规模作战的意图。"

"很好！你立即负责对此进行研究，并照会中国派遣军方面，询问一下遂川附近的美空军等活动。"他走向地图，用手在上面示意一大圈说："参谋本部为确保中国东海海上交通与本土安全，很重视消灭在华美空军，要求中国派遣军亦立即着手研究如何消灭在华美空军及其基地！"

会后，大本营作战部第一部部长真田穰一郎少将急忙与手下进行研究，根据杉山元参谋总长的指示，制订了一个在中国大陆开展新的积极进攻的作战方案：打通华北、华中、华南分割的中国战线，并连接法属印度支那，并摧毁在华东美空军基地。

二、天皇批准"一号作战"

1943年11月28日，一架日本军用飞机在南京明故宫机场起飞，中国派遣军第一课高级参谋天野正一大佐携带作战计划直飞东京，以便与大本营联系作战问题。

当天，参谋本部第一部部长真田少将即召见天野大佐，向他传达了大本营对实行在中国方面积极作战，打通大陆交通线的意见。

真田说："欧洲形势严峻，而亚洲亦不容乐观，敌人的反攻，特别是美国的空中攻势以及破坏海上交通的战斗，明春势必更加激烈。现在打通中国大陆，确保与南方的交通线，实为重要，因此，希望本着下述意图，研究打通中国大陆的作战。"

天野大佐内心非常激动，他迫不及待地说："自本年秋季以来，从派遣军抽调大量兵力，准备对付美对本土的登陆作战，因而失去了骨干力量。我曾担心派遣军究竟怎样才能对圣战做出贡献？现在有了如此重大的计划，这太好了，这是件了不起的大事，纵然有些困难，也要决心干下去。但我特别担心的是，如果不适当地提出过高的条件和兵力要求，会使计划流产。"

真田说："天野，听我说计划的要点：

（一）1944年6月上旬（最迟不超过7月），从武汉地区以8个师团，从广东地区以2个师团，从法属印度支那以2个师团分别发动攻势。然后打通粤汉、湘桂两条铁路，从武汉地区往华南，再从衡阳附近经中国西南直通到法属印度支那北部，以完成地面联络走廊。作战期间约为4个月，用2个飞行师团进行空中支援。

考虑需要的兵力如下：

武汉地区：8个师团（第11军原有3，由华北调来1，中国派遣军内部调剂4）。

广东地区：2个师团（其中1个由华北抽调）。

法属印度支那：2个师团（除第21师团外1）。

飞行师团：2个支援。

本作战称为'卜'号作战，由华北抽调。

（二）然后在1944年11月上旬，计划使用华北的3个师团和华中的3个师团打通平汉路。

本作战称为']'号作战。

（三）本作战目的为：打通粤汉、湘桂以及平汉铁路南部，实现与南方地区的铁路联络，同时摧毁铁路沿线重要地点上的敌航空基地，以阻止在华美军空袭我本土。消灭上述敌航空基地，也包括华东南的基地，为的是制止敌人对我航行于中国东海上的船只进行破坏活动。在此期间并要进行福州作战，摧毁美潜艇基地，封锁其活动，从而确保中国东海的海上交通。

（四）希望在12月15日前提出打通大陆作战和福州作战的计划。"

12月3日，天野大佐乘飞机于薄暮时分，又回到南京，径直驱车去中国派遣军司令部，将参谋本部的意图及与第一部部长的联系经过，报告给畑俊六总司令官。

最后，天野说："参谋本部要求我们在12月15日以前制订出打通大陆作战计划。"

畑俊六身体干瘦，身着黄呢元帅军服，胸前挂着四排勋标，代表了他的显赫战功。办公室里燃着熊熊的壁炉，他只坐在炉前静静地听，紧锁着眉头。当天野汇报完后，用一种期待的眼光等候他的表态，他忧郁地说："这是一件大事，不能简单地接受下来，要进行充分的讨论。"

他的态度，使天野不理解，略感有些失望，说："作为派遣军总司令官，您一贯的作风是果敢而有信心，这次为什么却谨慎起来？"

畑俊六没有正面回答，只是挥挥手说："天野，奔波一天，应该休息了。"

天野疑惑不解地告辞，望着他的背影，畑俊六摇摇头，自语道："年轻人，对大规模作战都是跃跃欲试，真是初生牛犊不怕虎啊。"

当晚，畑俊六在日记里写下了自己的担心："船只遭受损失越发严重，如不采取对策，将给作战带来障碍。为此，大本营提出打通粤汉路，与法属印度支那联系起来，以确保与南方的交通的意见，要求派遣军对打通粤汉与平汉的作战进行研究。但这是需要从满洲和国内抽调所需的兵力的。"

第二天，畑俊六令总司令部参谋部以第一课天野大佐为中心，对作战计划进行紧急研究，与此同时，畑俊六向华北派遣军总司令冈村宁次大将发去电报，请其考虑将华北方面修复黄河铁桥的器材上报参谋本部。

经过参谋部的昼夜工作，12月6日便制订了《纵贯大陆铁路作战指导大纲方案》，经总司令官批准后，于12月7日电告大本营。当天野大佐满怀希望地等候大本营的指示时，8日却收到大本营的训斥电报：

"本作战对全军作战有极大影响，因此不能轻易作出决定，而且如此重要作战计划更不可使用电报。"

天野带着恐慌的心情将电报交给畑俊六时，元帅一言不发地看完了电报，依旧挥挥手让他出去。此时天野将自己的沉不住气与总司令官的每临大事用静气的态度进行了对比，才感到总司令官对作战持慎重态度是正确的。

1944年的元旦，是在阴冷和恐惧中来临的。这一天，来自中国方面的美机活动的情报送到了参谋本部第二部部长有末精三的办公桌上，内容为：近日来美机活动频繁，估计在桂林、遂川活动的美空军约达160架。已经证实的为：遂川有35架，衡阳有25架，零陵有25架，桂林有55架。中国方面空战的情况，切不可乐观。

参谋本部立即将这一情况，由第二课课长服部卓四郎亲自向东条英机陆军大臣进行汇报，并将打通大陆交通线的"一号作战"纲要，向大臣作详细的说明，以期获得他的同意。

服部的汇报，列举了发动"一号作战"的几个目的：一为摧毁美国在

中国飞行员集结待命,准备升空作战

华航空基地;二为打通大陆交通线;三为击溃国民党军主力等。

东条英机听完后,对服部的汇报不太满意,问:"年轻人,参谋本部制定'一号作战'的真正的最终目的是什么?作战目的必须简单明了。"

"我认为打通大陆交通线的目的是消灭重庆的野战军,摧毁他们的抵抗!"

"不!不对!"东条发了火,"重庆军有什么可怕?我一向重视摧毁美航空基地,这才是主要的,你们拟订的计划要与此作战要领相适应,否则我不能同意。"

1月24日,杉山元参谋总长与真田第一部长进宫面见天皇。

杉山元向天皇说明:"陛下,发动一号作战实际上是有两个目的,参谋本部与陆军大臣的意见有不一致处。我们认为,摧毁中国华东美军各机场以及保卫本土及中国东海的防护安全为其第一目的。打通大陆后,即使在海上与南方的交通被切断,也可经过大陆运输南方的物资,以加强战斗力,为其第二目的。这样,估计今后大战的形势将会好转。请陛下定夺。"

天皇问："据说中国的治安很不好，八路军在北中国搞得很厉害，再进行这一作战有无妨碍？"

杉山元回答得很有信心："陛下，投入新的兵力，只能使治安不再发生问题。在作战期间自不必说，作战以后大体也能维持好治安。华北的兵力，目前虽不太充足，预定的作战期间和作战以后，再增加两个大队的兵力，万无一失。"

天皇说："好吧，作战计划我批准了，你们去准备吧！"

1月24日，大本营为传达"一号作战"令，电召中国派遣军总参谋长松井太久郎中将立即回东京。

松井中将于1月25日由南京直飞东京，听取"大陆命""大陆指"及作战纲要。

三、汤恩伯立马龙门

1944年初，当第一战区发现豫东北的日军大量集结并修复黄河铁桥时，判断其可能南进，遂以汤恩伯指挥所属4个集团军（第15、第19、第28、第31集团军）沿黄河南岸，由汜水经柴桥，再改沿新黄河西岸，经中牟以西尉氏、林沟、周家口及其以东部署河防，面对黄河铁桥、中牟方面部署防御，准备由正面迎击沿平汉路南进的日军。第一战区其他4个集团军（第4、第14、第36、第39集团军）及第40军，则由战区直接指挥，沿黄河南岸，东起牛口峪，西迄闵底镇，占领河防阵地，与第八战区右翼衔接。

第一战区备战期间，军事委员会于3月4日先以"元"字第2781号代电，指示作战指导要领；当日又在原案基础上再次补充，下发了更为详细的全盘作战指导方案。其主要内容为[①]：

敌如以主力由豫南北犯，一部由北南犯，并由黄泛区策应，企图打击

---

① 台湾"国防部"档案。

我豫西野战军,或乘机打通平汉路时,我军作战指导方案如此:

1. 依内线作战要领,区分南北两地区作战。

2. 我军预计使用作战之总兵力为第一、第五战区现控制之机动兵团,共计26个师,及枣阳、信阳、阜阳沿黄泛、邙山头附近原第一线守备兵力17个师,合计43个师。

3. 集结机动兵团主力14个师,隐蔽于临汝、登封、禹县、襄城、宝丰、叶县地区,并特派有力之一部确保北地区右翼支撑点之许昌,及左翼沁水连接嵩山东南麓密县、登封之线,协同第一线部队,以侧击包围侵入嵩山南麓之敌而歼灭之,并乘机收复邙山头。

4. 使用机动兵力一部7个师于南地区,在遂平、泌阳、枣阳一带,先行持久抵抗;并以一部固守遂平要点以确保桐柏山地,击破由豫北南犯之敌。

5. 泛区方面,应固守扶沟以南泛防,并指定一个集团军总司令统一指挥临泉以东泛区之第一线部队及敌后各挺进部队,牵制当面之敌,并破坏敌后交通。其余第一战区河防部队及第五战区第一线部队,应各派有力之一部袭击当面之敌,以策应大别山区李品仙集团;另以一个军及桐柏山方面之第39军(其5个师),以钻隙行动向汉口挺进,协同第六、第九战区策应部队,乘机袭攻武汉。

6. 如敌由南北两方面及泛区深入豫西时,我应立即调整态势,集结主力于临汝、禹县、襄城、叶县、宝丰、方城一带,侧击、迎击合围敌决战,而包围歼灭之,并续向武汉追击。

第一战区根据军事委员会作战指导,于3月14日以命令下发了关于在嵩山附近与敌决战的作战指导方案。其主要内容为:

1. 扶沟、汜水间河(黄河)、泛(新黄河)防部队,应力阻敌人渡泛及突围(注:阻止日军强渡黄河突破河防阵地)。

2. 如敌渡泛突围成功时,河、泛防部队应凭借许昌、洧川、长葛、新郑、郑州、荥阳一带据点,疲惫敌人。

3. 同时汤兵团及第4集团军应以其控制部队于登、密北侧山地迄汜水间构成守势地带，于襄城、叶县、临汝、登封、密县、禹县地区构成攻势地带。如敌向我守势地带进犯时，守势地带之部队应坚强抵抗；攻势地带之部队应向左旋回，侧击敌人。如敌主力向我攻势地带进犯时，攻势地带之部队应与敌即行决战；守势地带之部队即转移攻势，向右旋回，侧击敌人。

4. 汤兵团以第12军、第13军、第78军、新1师、第20师隐密（秘）配置于登封、临汝、禹县、襄城、宝丰、叶县攻势地带，并抽集一个师固守许昌。临泉附近部队，应有西移参加平汉路以西作战之准备。

5. 第4集团军除固守原河防外，应以一个军固守老饭沟迄金沟主阵地，并以一部占领张庄、铁山、高山寨前进阵地，并确保虎牢关据点①。

3月16日，军事委员会又连续两次要求"第79军、第89军准备固守许昌、漯河、遂平、舞阳4个据点；第12、第13、第29军秘密控置于密县、临汝以西地区，限3月底集中叶县、宝丰、禹县、登封、临汝，汤恩伯直接掌握"。但汤恩伯上报的作战计划及兵力部署，第一战区认为与军事委员会及战区的指示"均不符合"，遂于3月31日予以修正，重新下发作战指导方案：

"1. 如敌以主力由北南犯，而南区敌以一部窜扰牵制时，贵兵团应以主力在襄城、禹县、许昌附近地区与敌决战，唯为期与第4集团军密切协同及利用嵩山山地有利地形起见，应将登、密地区亦划入决战地带，并为攻势之重点，期收夹击、侧击之效。

2. 如敌以主力由南北犯，而北区敌以一部窜扰郑州、新郑、密县一带牵制时，为排除我主力侧背之威胁，使尔后之决战有利计，应于南区会战之先集中必要兵力，将北区渡犯之敌击退，并收复邙山头、中牟，再转兵南下，协力该地区之决战。在北区击敌之同时，南区部队应竭力迟滞敌之

---

① 《第一战区中原会战前的作战准备概况（1944年）》，《抗日战争正面战场》（下），第1215页。

前进，以空间换时间，俾导决战有利。"

汤恩伯及其第一战区的部队处在河南省黄河及新黄河一带，成为对日军所据华北地区进行反攻与袭扰的根据地，其范围占据河南省的大半。第一战区的东面，与鲁苏战区遥相呼应，西面与胡宗南的第八战区毗连，南接李宗仁的第五战区。长官司令部设于洛阳。

古老的黄河，夹杂着泥沙，滔滔奔腾，流经苦难的中原大地。自1938年6月上旬，中国军队为阻止日军西进郑州，南下武汉，在中牟县境的赵口掘堤和在郑州花园口掘堤，黄水一泻千里，从中牟、尉氏、扶沟等豫南地区，到安徽和江苏以北成了一片汪洋，成为飞沙和盐碱的黄泛区。黄河改道，从中牟以南经通许、扶沟、淮阳夺淮而去。

汤恩伯

郑州附近的黄河岸边，是一片起伏的山丘，名为邙山。邙山下的黄河岸边原有一条铁桥飞架南北。抗战爆发后，黄河铁桥遭到破坏，平汉铁路在郑州一分为二。

从1944年1月份起，郑州等地的日军在邙山头、中牟等地积极活动，据敌情报告：敌"重建邙山头等据点，抢修黄河铁桥，同时将平汉铁路，由小冀伸至黄河北岸，敷设支线八条。2月来，敌机开始活动，对郑州、广武、巩县、汜水、尉氏、中牟、临汝、登封、密县一带，凡旧平汉路两侧地区，以及涧口附近，不断侦察。同月下旬，敌调动频繁，逐次向豫北输送。至3月上旬，敌将豫北之第35师团调出，以独立第四、第五旅团接防。迄4月中旬，豫北敌复大量集中，计开封以南集敌万余，新乡南集敌二万余，温（县）、孟（县）、沁（阳）、济（源）一带集敌万余。①"

"中原王"汤恩伯忧心忡忡。在第一战区，名义上司令长官为蒋鼎文，而蒋委员长信赖和倚靠的实力人物是他汤恩伯，自他来到河南以后，由于部队军纪不好，祸害百姓，在民众中盛传着一句口头语："不怕日本人来烧杀，只怕中央军来驻扎。"更有甚者，河南百姓将水、旱、蝗、汤列为四害，汤即指汤恩伯。

汤恩伯根据日军活动的情况，判断日军将有一次大的行动，第一战区有9个集团军、19个军，总兵力约39万人。而归汤直接指挥的中央军有4个集团军、兵力在20万人以上。态势如下②：

甲，汤兵团

子，淮阳及其以东泛防：

1. 第19集团军（总司令汤恩伯）：第89军之暂第33师及独立第6旅，蒙城附近；暂9军（111D、112D、T30D），太和附近。

2. 第15集团军骑2军（骑3师、暂14师），阜阳、项城一带；骑8师，蒙城、南马店附近。

丑，第28集团军（总司令李仙洲）毕口迄牛口峪河泛防：

1. 泛东挺进军陈又新部（5ED、2ED、T2B、T3B），毕口迄柴桥泛防。

2. 暂15军暂27师，柴桥迄后陈。暂1旅后陈迄包沙桥泛防。

3. 第85军之百十师（第110师）主力，包沙桥至邙山头河防，一部在荥阳为预备队。预10师邙山头、监围及迄牛口峪河防，第23师密县附近

---

① 中国第二历史档案馆军事档案。
② 《第一战区中原会战前的作战准备概况（1944年）》，《抗日战争正面战场》（下），第1219-1220页。

控置。

寅，控置部队：

1. 新1师遂平、第20师郾城，暂15军之新25师许昌附近。

2. 第78军新42师一团新郑，主力禹县，新42师方城，新44师镇平。

3. 第29军（91D、193D、T16D）舞阳以南地区。

4. 第12军第22师襄城，第81师叶县，暂55师临泉。

5. 第13军第89师、第117师临汝附近，第4师登封附近。

乙，第4集团军（总司令孙蔚如）

第96军、新14师及挺进第4纵队，牛口峪迄马义沟河防；第177师褚岭迄金沟；第38军（17D、N35D），老饭沟、张庄迄褚岭阵地守备（第38军原在偃师以南地区集结控置）。

丙，第14集团军（总司令刘茂恩）之第15军（64D、65D），马义沟迄平庄河防。

丁，第36集团军（总司令李家钰）之第47军（104D、178D），平庄迄杨家河防。

戊，第39集团军、河北民军（一个支队及一个大队）及新8军之暂29师，杨家迄史家滩河防；挺1纵队史家滩迄七星沟河防；新6师及挺进第21纵队主力，渑池附近控置。

己，第40军配属战区炮兵，计第106师七里沟迄北村；第9师北村迄阌底镇河防。

庚，第14军（83D、85D、94D）洛阳附近。

辛，暂4军（47D、74D）宜阳、龙门各附近。

壬，黄河北岸有力之各游击部队：

子，泛东挺进军第6纵队，考城；独立第1支队，兰封；独3支队，开封；独4支队，睢县各附近。

丑，冀鲁豫边区挺进军第2挺进纵队及第1支队，长垣附近。

寅，豫北挺进军第13纵队武陟，第22纵队孟县，第24纵队滑县，独立第8支队暂1支队获嘉，第11支队新乡，暂2支队浚县各附近。

卯，中条区河北民军一个支队、两个大队及第21纵队一个支队，垣曲附近；第26纵队及独10支队，闻喜以东地区。

辰，晋豫边区第25纵队阳城、壶关一带，独12支队，陵川附近。

汤恩伯带着卫队，冒着凛冽的寒风，策马登上洛阳的龙门，这里地形险要，洛河在此地跃出狭窄的峡谷口，汹涌澎湃，再汇入黄河，一泻千里，进入平坦的豫东平原。

汤恩伯挥鞭指着山川形势，问他的手下："你们说，日寇能打过黄河天险，攻取洛阳吗？"

汤恩伯的话，道出了他内心的恐惧与不安。自美军在欧洲法国的诺曼底登陆，开辟第二战场以来，为了策应欧洲战场，中国战区最高统帅蒋介石一次次高喊要总反攻，夺回华北，并增加第一战区的兵力。汤恩伯为适应形势，也在喊反攻。但他们内心深处却希望固守河防一线，与河北日军对峙。

日军在邙山头一带，重修黄河铁桥，分明是要对第一战区采取行动，如果河防一失，大局震动，汤恩伯定难逃其咎。

副官讨好地说："总座，您放心，日军即便能打过黄河，但绝对到不了洛阳。"

汤恩伯不解地："此话怎样讲？"

副官说："总座，我特意去关陵找有名的李瞎子算了，保证无虞。"

"卦上怎说？"

副官从口袋中掏出一黄表纸，汤恩伯接过一看，只见上面写着："䷾"，卦辞是这样："既济，亨，小利贞，初吉终乱。"

汤恩伯不由大怒："混蛋，这是什么好卦，济是渡的意思，既济就是渡过河，说明日军分明要渡过来。"

副官笑嘻嘻地说："总座，您别着急，往下看。"

汤恩伯又看："象曰：水在火上，既济，君子以思而预防之。"

"这怎么讲?"

"总座,您看这最后的一爻,"他念道:"濡其首,厉,何可久也。这第六爻在最上位,相当于一个狐狸的头,这一卦为坎,是水,上六是水的最上方,狐狸冒险渡河,头浸到水中,当然凶多吉少。况且李半仙说:日本是太阳之国,用的是太阳旗。洛阳乃落阳也,太阳落了,不正预示他们失败之征兆吗?"

汤恩伯用马鞭杆轻轻地敲击副官的肩膀,笑着说:"对,解释得好,日寇是打不到洛阳的,但是,日寇终必过渡,将会在什么地方过呢?"

副官说:"总座,肯定要在郑州附近,日军不是在那里架桥吗?"

汤恩伯点点头,说:"走,回长官司令部,立即通知沿河各部队加紧防范,尤其是邙山头一线,尤要提高警惕,乘其半渡而击之,可获胜。"

他两腿一夹马腹,手抖缰绳,黑马一溜烟向山下冲去,黑大氅随风飘起,显得威风凛凛的。副官、卫士们各自调转马头,扬鞭催马,尾随而去,山坡上荡起团团尘灰。

四、日寇突破黄河天堑

开封城北有一座明代古老的建筑龙亭,地势很高,六七十阶石台上去,有一明三暗大殿,飞檐斗拱,朱漆画栋,巍峨气派。站在龙亭顶上,可以俯瞰全城景物。

清明时节,全城笼罩在蒙蒙细雨之中,潘杨湖畔的桃花零落在泥水中,青青的柳条发出了嫩芽,使残旧不堪的古城呈现在春天的气息之中。

龙亭周围,站满了头戴钢盔、手执三八大盖枪的日本兵。此时日军第37师团参谋长恒吉大佐正与第12军参谋折田大佐、独立混成第17旅团的石户参谋站在龙亭大殿前的石台阶上。

恒吉大佐放眼四周,感慨地说:"到底是大宋王朝的首都,城墙的规模比起我们师团所在地的运城城墙要好多了。"

折田大佐说："我部在开封能住多久,还很难说,我已接到命令明日将陪你去中牟侦察主要渡河点和中牟正面的重庆军阵地。军作战命令就要下达。"

恒吉说："是啊,我此次来开封,还带有工兵联队长和情报军官,负责制订各项计划,到4月8日,师团司令部的一部分将作为先遣队到达这里,开始司令部工作,我担任与贵军的联络工作,指挥各部队的运输、集中和独立工兵大队准备渡河作业。"

石户参谋说:"没想到,此次战役我部将有幸得到第37师师团长长野祐一郎中将的指挥。"

恒吉大佐说:"难得有空我们共同游览古城和龙亭,来吧,为我们的胜利,共同在此留影纪念。"

随从副官取出德国莱卡牌相机,三个日本少壮军人得意地笑着,在龙亭前留了影。

5天以后,第37师团参谋长恒吉大佐从开封乘飞机返抵运城,其部已开始向开封方向集中,他们在运城附近上火车,经榆次、石门,到达开封以东的兴隆车站。该师团于4月16日前全部集结到开封附近。

此时第12军内山英太郎中将下达了作战命令:

作命甲第Y号　仁军命令

（一）本军命主力在霸王城［邙山头］正面,另一部由中牟方面分别对前面之敌进行急袭,突破以后,迅速控制郑州附近以及氾水、密县、郭店、新郑等要冲,将敌围歼于郑州广大平地,各期首战即予敌以巨大打击。

（二）第37师团X-2日拂晓派部分兵力先攻进中牟南方无名小河岸前一线,然后命师团部分兵力攻占郑州,主力挺进到郭店附近,与第62师团相策应,尽量围歼敌军。进抵郭店附近后,命一支有力部队向密县方面推进,配合第110师团攻击该地附近。

渡河后独立工兵第40联队（缺第1中队）应于X+4日傍晚前到达霸王城

桥梁南端，归方面军直辖，同时将独立工兵第59、第60两大队拨归工兵第26联队长指挥。

（三）独立混成第7旅应于X-2日拂晓，命部分兵力由中牟攻占乔家以南（不包括乔家）的中牟南方无名小河附近，同时命主力由董砦附近下游渡河，然后向新郑方向挺进，尽量围歼敌军。

第37师团所部秘密集结于中牟附近。

4月17日17时，中牟县城内警备森严，在警备队院内，第37师团师团长长野中将召集所部各指挥官，根据"〔仁军〕作命甲第22号"下达了师团攻击命令。

他大声宣布第37师团命令：

"根据师团计划，在占领中牟的部队掩护下，命主力由邢庄、王庄一带，另一部由三王南方河岸分别渡河，一举突破中牟正面的重庆军阵地，进占中牟南方无名小河岸一线，然后准备向郑州和郭店推进。主力自4月17日23时开始渡河，18日3时开始攻击。"

他端起桌上斟满血红的酒的杯子对众军官说："希望各队长奋勇战斗，夺取首战成功，来，让我们举杯，祷祝官兵武运长久。"

军官们纷纷举杯，一饮而尽，不约而同，爆发出一阵欢呼声。

太阳落山，飞鸟唧唧喳喳飞回树林，天色渐渐暗了下来。战场之夜，荒凉而寂静。是夜，中牟一带没有月光，四野寂静无声，伸手不见五指。日军的侵入，使黄河两岸变成毫无生气的死地，方圆几十里连一声狗叫都听不见。黄河自北向南，从中牟流过，只有涛声呜咽的流水和掠过河面的风，轻轻吹拂着两岸的苇草。

23时整，日军第37师团已悄悄运动至准备攻击的位置，该敌分为左右两翼，其左翼从中牟东方和南方，右翼从中牟西南方，在军旗引导下，向中国军河防部队阵地逼近。

师团长长野中将在第12军高级参谋折田大佐等人的陪同下，登上县城内最高的瞭望塔观战，长野一声不吭紧张地注视着夜光表，分秒针滴滴答答，向零点位置不知疲倦地前进着。

"嗒嗒嗒嗒"，激烈的机枪声划破了可怕的沉寂，"轰轰轰"，连续不断的手榴弹爆炸声响彻夜空，火光和曳光弹从四面八方飞蝗般闪过，战斗终于打响了。

原来，当日军匍匐前进至中国守军阵地前不到500米处时，阵地前的茅草丛中，传出阵阵窸窣声。守军阵地上的哨兵已发现情况不妙，架起机枪对着黑暗处突然开火，霎时枪声大作。日军第一线部队仍保持沉默，匍匐前进。

阵地上，守军一连长突然大叫："扔手榴弹！"顿时火光冲天，日军再也沉不住气了，乱作一团。

日军的冲锋号响了，混乱的日军迅速整队，在两翼的掩护下冲向河边，利用各种渡河器材强渡新黄河。日军的大炮开始轰击了，压制守军的火力，黄河两岸的火光映红了夜空。

拂晓，日军第一批先头部队三千余人，携七八门大炮率先登上黄河对岸，占领阵地。并向中牟南方无名小河一线急进。

与此同时，郑州邙山头之敌第110师团在五六十门大炮的猛烈轰击下，向第85军吴绍周部周围阵地实行强攻。天明，敌机12架亦飞至邙山上空轮番轰炸与扫射，继以步兵两三千人向河防阵地数处猛攻，与预11师激战竟日。

4月17日拂晓，日军步兵第22联队为师团第二线渡河部队，在枪林弹雨中强渡黄河，联队长皆藤大佐即命第1大队长佐藤少佐率先遣挺进队300余人向郑州进攻。该部轻装步行，以每小时12里的行军速度向郑州挺进，他们绕开守军的阵地，穿越麦田，渡过河流，昼伏夜行，于19日黎明出现在郑州火车站附近，少数人混进城后，从城墙上放下绳索，其余日军用绳梯攀登上城头，立即挥舞太阳旗与城外日军大队联络，并向北门发动猛攻。城内的百姓吓得东躲西藏，守军见日兵已冲进城，便急忙向南门撤退，机枪声、手榴弹声响成一片，下午敌大队到达郑州以西地区，与守军主力展开激战。

日军第12军主力渡过黄河后，担任进攻霸王城正面。4月19日，向中国守军黄河河岸阵地要点摩旗顶高地发起进攻。该高地为南岸重要阵地，可以瞰制黄河铁桥及其附近地区。日军第110师团右翼队在军炮兵队和飞行队的协助下，向守军阵地发起猛攻。

自早晨6时40分开始，日军飞行队第16战队和第44战队的大批飞机，在战队长三木中佐亲自率领下，向摩旗顶等地俯冲轰炸，轮番出击三四次，出动200架次以上。同时日军炮兵队开炮猛击，将邙山头一带黄土高坡炸得尘土飞扬，遮天蔽日。上午11时，日军已推进到摩旗顶东南侧一线，双方激烈地对战，直至深夜，日军从侧背登上三四十米高的悬崖，一举攻克摩旗顶，并在高地中央对天发射三颗绿色信号弹。

摩旗顶被日军攻克后，武庭麟第15军赵琳预11师阵地中央突出一角梅花阵地遂暴露在敌军猛烈的炮火之下。19日下午17时，日军野战重炮、山炮一齐向梅花阵地猛烈炮击达一小时以上，随即步兵发起冲锋，双方反复厮杀，是日夜，国民党军失去阵地，向后撤退。

占领郑州城北门一角的日军，待大部队到达后，便向小李庄附近推进，守军第85军吴绍周部第110师所部与敌激战后，便向郑州西方地区撤退。

日军华北方面军参谋长于是日23时59分向中国派遣军总司令部发出战报：

（一）本日（19日）晨，第12军以第110师团推进到准备攻击霸王城西正面的位置。该兵团进攻顺利，10时许即攻下该地西方敌第一线阵地，现在准备以后的攻击。

（二）由中牟方面渡河的兵团，本日（19日）击溃面前敌军后，继续前进。16时至18时，第37师团进抵祥符炉、树头村附近，独立混成第7旅进抵黄集附近。

（三）霸王城正面之敌为预备第11师，19日仍在防守第一线阵地。

（四）第一战区敌人的企图和动向十分积极，部署机动灵活，必须特别注意；敌死守郑州，利用平汉铁路已筑阵地进行顽抗，固守许昌、禹县，由密县附近山地发起机动攻势，以及命泛东挺进军、暂编第15军等，扰乱后方等。昨晚，新编第44师由方城开抵舞阳，今晚第13军主力也奉命集结于登封、禹县间。

日军迅雷不及掩耳的攻势，打得汤恩伯目瞪口呆。18日晨，当他还在梦中时，副官慌忙地闯进，摇着他急唤："总座，快醒醒！"

"干什么?搅老子的好梦。"他不耐烦了。

"日军已分两路，分别从中牟和霸王城突过黄河！"

"不可能，我们的部队都干什么了?他们手里的家伙是干什么的?给我猛揍！"

副官哭丧着脸说："敌军火力太猛，我第一线阵地已放弃。"

汤恩伯一下子从床上跳了下来，大叫着："立即下令暂编第27师和郑州调出部分兵力，在中牟西南地区阻击日军，确保郑州安全。"

汤恩伯反应很快，作了紧急处置，但他还未及穿好衣服，前方军情又纷至沓来："霸王城遭到敌主力猛袭""敌向密县、登封推进"。

汤恩伯只觉四肢冰凉，密县如失，登封再不保，洛阳就岌岌可危了。他赶到作战室，发出如下命令：

甲，第110师死守郑州。

乙，新编第42师于新郑待命。

丙，第85军如不能确保郑州经水镇—荥阳一线时，即撤至崔庙、万山附近。

丁，暂编第15军指挥第27师和新编第42师，阻截由中牟方面进攻的日军。

戊，第13军（包括密县的第23师在内）主力加强禹县—密县—登封的现有阵地。

日军突破第一线河防阵地后，第12军司令官内山中将命其部队以马不停蹄的速度向密县方向前进，攻取密县附近山地，摧毁国民党军的防线和据点，为向汤恩伯军团发动攻势做好准备。

与此同时，中牟和霸王城方面的国民党军正向汜水、密县方面撤退，石觉的第13军亦昼夜兼程赶往密县布防。另一支国民党军正由偃师赶往汜水。

大战伊始，华北方面军司令官冈村宁次大将也沉不住气了，于20日上午11时乘飞机赶到郑州附近的下壬店第12军战斗司令所，听取第12军司令官的战况汇报。

内山中将说："据情报，敌汤恩伯已令其部第12军贺粹之部、第13军石觉部、第29军马励武部在嵩山附近山地与我军决战，另在其方的汜水、密县、登封间作为守势地带。另派第78军赖汝雄部、第89军顾锡九部坚守遂平、许昌、郾城、舞阳之据点。"

冈村宁次点点头说："攻占郑州的部队，陷城后除在城内留一个步兵大队外，其余同主力一齐向密县、新郑方向推进，争取歼灭敌第13军主力。第37师团分三个纵队向新郑推进，不要给敌以喘息之机。"

第37师团师团长长野中将于4月20日下午到达郑州以南的郭店，即派一部向密县挺进，师团主力沿郭店—新郑线西侧南下，与独立混成第7旅互为配合，攻打新郑。他们在洧河北岸遇到了国民党军的坚强抵抗，长野命师团所有的山炮集中在一处，向固守土桥寨的赖汝雄第78军彭宝良新编第42师部队予以毁灭性的打击，从下午14时战至傍晚18时，战场上到处是血迹和死尸，枪炮声逐渐稀疏，守军残部向南撤退，日独立混成第7旅团已经占领了新郑。当他们呐喊着冲进城时，刘昌义暂15军的新编第29师吕公良部早已撤退。

据国民党方面的报告，至21日为止，尉氏被敌攻陷，22日新郑、洧川也相继失陷，23日长葛也告失守。刘昌义暂编第15军、暂编第2、第3旅撤退后防守鄢陵、许昌西北地带。

汤恩伯毕竟亦是蒋介石麾下得力的战将。战役之初虽被打得头晕眼花，但他已逐渐恢复过来。面对日军长驱直入的局势，下令确保登封、禹县、许昌、襄城等地，并逐渐向这方面集结兵力。他命第28集团军总司令李仙洲指挥第12军、第29军、暂编第15军、泛东挺进军组成南线兵团；以第31集团军总司令王仲廉指挥第13军、第85军为北线兵团，以宝丰、郏县、禹县为界，担负坚守各要点和发动机动攻势的任务。同时，第一战区司令长官蒋鼎文已令河防部队对黄河北岸地区进行扰乱，以打击、破坏敌之后方，钳制敌渡河部队。另调第八战区第42军杨德亮部出潼关，担任河南西北地区河防。

战况依然对中国守军不利，日军凌厉的攻势，使登封的屏障密县也在24日失守了。第85军的部分兵力，退据西北山地，构筑工事，会同孙蔚如第4集团军部队在马驹岭、巨虎关一线与敌激战。

五、裸体突击队冲上许昌城

日军第12军司令官内山中将对河南会战的开局甚为满意。一个星期以前，他的部队还在黄河北岸，而今天，4月25日傍晚，他已在大批军官的簇拥下，大模大样地跨进设在新郑县公署的战斗司令所。

战地难得的丰盛晚餐，使内山中将吃得格外香，他得意地对幕僚说："打胜仗的饭就是好吃呀！"

当他从脖子上拿下餐巾的时候，作战主任中村参谋不失时机地前来询问下一步方案。

"下一步方案？是西进洛阳，还是南下许昌？"内山中将的内心极为矛盾。

根据汤恩伯部队的调动及部署，准备在嵩山与日军展开决战，目的是防止日军西进，夺取洛阳与潼关。他的主力都集结在此方面。同时在南线的许昌、襄城、禹县亦部署兵力，以便乘日军西进时，予以侧击。

内山中将下令各部兵团长前来新郑战斗司令所举行兵团长会议。在会上，内山英太郎决定主力自30日黎明起南下向许昌附近发动突袭，第62师团、第37师团及独立混成第7旅团等兵团于28日天黑后秘密行动，29日上午5时到达攻击出发地点，白天应保持分散隐蔽与静止状态，不准暴露，30日黎明从南、北、西三方面对许昌发动猛攻。

30日晨6时，第37师团长命令攻击开始。霎时大炮炮弹排山倒海般向许昌西门、南门外轰击，浓烟弥漫。第37师团已进抵许昌城东北，独立混成第7旅团也进抵许昌东南。炮火延伸时，日军的西门、南门各攻击队"嗷嗷"叫着，端着上着雪亮的刺刀的大枪，拼命向前，100米、80米、50米，断壁残垣没有丝毫动静。

"前进！"南门攻击队的日军指挥官向前举起了战刀，就在那一刻，南门城头传来密集的枪声，指挥官的刀往下一落，接着便一头向前重重地栽倒了。几十名日军非死亦伤，霎时攻击受挫。

北门的日军亦向指挥部报告："在北门遇到前所未有的抵抗，部队伤亡惨重。"守北门的为新编第29师第87团，他们在城外以姐庄为主要据点，凭借村与村之间挖好的壕沟和土筑的围墙与敌展开死战，打得英勇顽强。

西门的日军遭到的抵抗似乎不强，他们很快击溃了防守岳庙一带的中国守军的抵抗，收不住脚，一路猛冲，当接近西关时，在烟草公司大楼顶上和各窗口中，在一声统一的口号下，几十枚木柄手榴弹像雨点般落到日军中间，日军顿时处在此起彼伏的爆炸和滚滚的硝烟中。不断有日军的尸体、四肢、大枪飞向空中。日军被打疼了，潮水般向后退去。半个钟点后，攻击队也冲了上来，这次他们没端大枪，也在腰间和脖子上挂满了椭圆形手榴弹，双方对峙着，爆炸连天，山摇地动。

正午时分，日军全部抵达攻击位置，许昌城被日军团团围住。

新编第29师师长吕公良中将，浙江开化人，黄埔军校第六期毕业生，已任师长近两年，在炮火最激烈时，他带着卫队，出现在北门城上。一面被打得破破烂烂的军旗还在猎猎飘扬，吕师长对守北门城墙的第87团团长说："委座已给汤长官下令，死守许昌，后退者严惩不贷。守是死，退亦是死，不如死得轰轰烈烈。南宋抗金名将岳飞只活了39岁，我今年也39岁了，此次抱着必死的决心。"

第87团团长说："师座，放心吧，人在城在，我团与北门共存亡！"

日军的进攻又开始了，守城将士凭借城垛、碉堡、掩体，沉着应战，打得更顽强了，他们都知道没有后路了，反而横下一条心，多打死一个，多赚一个。

新编第29师其余两个团和补充团的2000余名官兵都在拼死抵抗，毫无动摇、后退的迹象。

抗战宣传画

汤恩伯判断敌军突破黄河后，将会西进洛阳，于是急调主力数军在嵩山附近，准备与敌展开一场大会战。孰料敌第12军以隐蔽的动作，突然猛攻许昌，顿时连连跌足，拍着脑袋说"该死！该死！"

汤恩伯应该想到他的老对手，冈村宁次的这一着棋，是为了打通平汉线。匆忙之余，他立即下了死命令，令新编第29师不惜一切代价，死守许昌城；同时命第28集团军总司令李仙洲所属第29军马励武部为主力的两个军，急速由襄城、禹县方向北上，攻击南下日军侧背。

但内山中将亦不是好对付的，他在包围许昌的同时，已令第60师团事多中将所部在许昌西北约30千米的颍桥镇和楚须沟右岸，阻止北上的李仙洲军。

由于许昌守军的坚决抵抗，日军在各门的攻击，一次又一次被打退。北门攻击队在炮火掩护下，虽然在下午冲破俎庄阵地，但还是在北门城墙下被压制得无法动弹。西门外，还有一条宽60米、深15米的护城河，日军攻到河边，死伤惨重，护城河里漂着一具具死尸。

第37师团长长野中将站在高坡上，用望远镜一直在注视许昌攻击战，打了半天，见部队还无法冲进去，便令参谋长恒吉大佐："你与第12军参谋折田大佐联系一下，派第5航空队支援我们；同时集中各部炮火进行配合，于下午17时开始发动总攻，一举攻克许昌城。"

枪声沉寂下来，敌人的攻势停止了。吕公良师长命各团注意敌情，准备迎击敌人的总攻。

17时整，天空中传来飞机马达声。12架九九式双引擎轰炸机，以三架一个编队飞临许昌，成串的炸弹在城头爆炸。日军的大炮也开始轰击，四门及城内一片火海。大地不停地颤动着，好像要把守城兵士的五脏六腑都震出来。这时，西南角外的护城河边出现了27名赤身露体的日军突击队，他们身上挂着手榴弹背着枪，在小队长小川长利中尉的率领下，冒着城上的重机枪和步枪的射击，利用娴熟的水性，向对岸游去。子弹"嗖嗖"地打在水面上，激起无数朵水花，有的队员被击中了，血与河水漂在一处。日军全然不顾，奋力游向对岸，一爬上岸，便连续不断地扔手榴弹，"嗷嗷"怪叫，冲向西南角，同时向城上扔手榴弹，并从城墙缺口处，冲到城上。17时30分，第一批日军赤身突击队登上许昌西门城头。守西门的部队亦急红了眼，蜂拥而来，向小川的突击队反击，小川突击队利用城头上的掩体拼死坚守阵地，并夺过一挺重机枪，猛扫狂射。

吕公良师长得知敌已突进城，下令部队全力反攻，所有的人都拿起了枪，包括他的卫队，他命报务员给暂第15军军长刘昌义发报："敌已破城，我军伤亡惨重，请速派援军。"随后令报务员砸烂电台，带着残部向西门增援。

19时，敌大队在小川小队的掩护下，冲进了西门。

20时20分，敌南门攻击队在片山中队长的指挥下爬上南门。敌坦克队亦向紧闭的南门猛撞数次，终于将城门撞破，坦克隆隆闯进城。

凌晨2点，北门突击队亦攻到北门城下。

吕公良率残部边打边撤，凭借街口、房屋与敌血战，逐渐被压迫至东北角一带。

晨曦中，伤痕累累的许昌城失陷。吕公良中将与卫队300余人在最后的绝望的抵抗中，被几颗子弹击中，倒在死人堆中，他没有看见5月1日清晨的太阳，周围尽是他的卫士。

按日军的惯例，对中国军队战死将军的遗体应予以勇士的规格掩埋，这次却草草处理。事后，日军第12军内山中将在5月1日的日记中写道：

"5月1日。许昌城内的扫荡于上午结束。今晨攻占东北角后，由该处逃出的部分部队，6时20分许在于庄附近被工兵第27联队小野部队围歼。由缴获名片中，得悉该部为包括新编第29师吕公良在内的司令部。因战时匆忙，未能郑重掩埋敌将遗体，并竖立标志，身为武士，不胜惭愧。"

5月3日15时20分，大本营公报：

"在中国方面的我军于4月18日渡过黄河及新黄河，对重庆直系汤恩伯军发起进攻，4月20日攻克郑州，5月1日又攻克许昌，现正继续进攻中。"

《朝日新闻》5月3日报道：

"我北支那军于4月18日以卓越的机动力和绝妙的作战设想，对蒋直系第一战区蒋鼎文麾下40余个师约40万敌军，断然展开歼灭战。"

吕公良师长

《朝日新闻》5月5日报道：

"作战开始以来，不出两旬，已将敌第85军的第23师、第110师、预备第11师等三个师，暂编第15军的暂编第27师与新编第29师等两个师，第78军的新编第42师，第12军的第20师，共计7个师6万人完全击溃，其高级指挥官屡有伤亡，损失估计不下15000人。"

六、天兵团直扑陇海线

日军坦克第3师团于4月22日夜，一辆接一辆通过黄河大桥，不可一世地驰骋在大平原上。师团长山路中将接到第12军"仁军作命甲第71号"命令：

"师团于5月2日晨由新郑、许昌一线出发，以主力沿许昌—襄城—临汝路线，以一部兵力沿禹县—郏县—临汝路线，分别向临汝平地挺进，急袭并击溃该地附近的敌军，再以一支有力部队向伊河河谷推进，截断敌第13军的退路。"

坦克群在平原上的行动，激起长龙般的尘土，在山路中将眼中，更有不可一世的感觉。

华北方面军在4月30日将战斗司令部推进到郑州，为扩大战果，冈村宁次命令第63师团长野副昌德中将从北平赶往郑州，组建菊兵团，从郑州向西，突破汜水、虎牢关天险，向洛阳方面挺进。

二路大军迂回包围汤恩伯部主力。

坦克师团一路势如破竹，连克郏县、临汝，进入崎岖的山地，山路中将决定直取洛阳附近的龙门高地。由于中国军队的沿途阻击和山路难行，许多坦克被炸和机器出故障，散落在郏县至临汝之间的路上。山路中将令其余坦克昼夜急驶，于5日晚到达龙门，6日白天即向龙门高地发起攻击，终于7日黎明夺取了最高峰。

敌坦克的快速运动，使汤恩伯迅速丧失斗志，退守临汝、陕县附近山地。

5月9日，中国派遣军畑俊六总司令偕总参谋副长唐川安夫少将等从南京出发，乘飞机直飞平汉线，视察前线的战况。8日，畑俊六等一行在郑州华北方面军战斗司令部，听取华北方面军司令官冈村宁次的战况汇报。

冈村宁次报告说："第12军自渡黄河以来，歼灭汤恩伯的作战进展得极为顺利，预料可以达到消灭敌人的目的。现在，我们已为下期会战制订了《洛阳会战指导方案》，已令第1军准备渡河，主决战战场为洛阳及西南地区。"

畑俊六表示同意："此次作战，要准备将第一战区主力全歼，第1军应从黄河北岸的垣曲渡河，直插渑池、新安，阻击汤军西逃之路，菊兵团沿黄河西进，在洛阳以北参加战斗。第12军在大雄山附近消灭汤恩伯军主力后，即向西移动，消灭洛阳蒋鼎文部。"

根据畑俊六的指示，华北方面军于10日下达了命令：

（一）第12军应以一部兵力歼灭临汝西南和嵩县方面的重庆军，同时以主力迅速向宜阳、新安方面挺进，进入洛阳西北方。

（二）第1军应迅速渡过黄河，向洛阳方面挺进。

（三）野副昌德兵团（即菊兵团）应击溃洛阳以北的重庆军，向新安方面挺进。

（四）以上东、西、南互相呼应，围歼第一战区军，进而攻占洛阳。

（五）敌军退却后，应立即朝陕县或洛宁方向急进。

蒋鼎文在长官司令部，如坐针毡。他得知敌军主力渡过黄河后，一路向西直扑洛阳，一路向南大迂回，再向西北，夹攻洛阳，形势不妙。他命令手下收拾行李，装上卡车，随时准备西撤新安。正当他动身之际，长官部参谋长董英斌赶来报告："委座传谕，由林主任蔚文传达。"说完递上电话记录的蒋介石的指示，一共四点：

（一）洛阳及其附近各守备部队，应死守各该地区10日至15日。

（二）洛阳城防部队，应准备充分电台。

（三）洛阳应多囤粮弹，并注意巷战设备。

（四）洛阳城防部队，应注意陆、空联络，我飞机飞抵洛阳时，必在上空盘旋三圈，飞行特低。

蒋鼎文不敢怠慢，立即令各部长官到长官部商讨如何执行蒋介石的指示、蒋鼎文在会上说："委座指示我们死守洛阳，洛阳一失，关系甚大。我决定将守城任务交给第15军武庭麟部及第94师张世光部。"

二位将军站起来表示："誓与洛阳共存亡！"

蒋鼎文在城防图前说："洛阳及其附近之防御部署如次：

（一）西工区——以15军之64师担任守备。

（二）邙岭区——以15军之65师担任守备。

（三）城防区——以94师担任守备。

（四）军指挥所：1. 灵关洞；2. 西工；3. 西车站。"

他又对在座的第14集团军副总司令刘戡说："刘长官，你将谢辅三的暂编第4军、张际鹏的第14军、胡伯翰新8军的新6师及第15军之一团合编为一个兵团，就叫'刘戡兵团'，你的任务是对于占领龙门高地之敌，应即转移攻势，夺回龙门后，利用龙门、伊水之险阻敌前进。"

他又对第4集团军总司令孙蔚如说："第4集团军及第9军应死守虎牢关与登封二地，坚决阻敌西进。"

蒋鼎文问参谋长董英

蒋鼎文

斌:"汤副长官现在何处?"

董英斌说:"估计他在第13军和第85军的后面,指挥该两部由临汝方面尾击北窜龙门之敌。"

蒋鼎文说:"你去电让汤副长官行动快一些,以便与刘兵团对龙门之敌,收夹击之效。"

最后,蒋鼎文走到第36集团军总司令李家钰面前,拍着他的肩膀说:"其相兄,我军在洛阳的会战,干系重大,你无论如何守住新安及河防,防止敌从山西渡黄河,直插我后背。"

蒋鼎文的担心决非多余,最可怕的事情还是发生了。日军第1军在山西垣曲渡过黄河,直扑洛阳以西的陇海路,第一战区部队的西退之路被阻断。

日军第1军奉命由山西垣曲方面渡河,参加对洛阳攻击。

第1军主力第69师团,在洛阳会战中称为天兵团,为渡河作战的主力兵团。兵团长三浦忠次郎中将从运城赶到黄河边垣曲附近的赵家岭,设立了渡河指挥所,并沿河侦察了渡河点及附近的情况。

三浦中将在作战参谋的陪同下来到黄河边的河堤村,只见这一带黄河宽约500米,水流湍急。他问:"这里的流速是多少?"

作战参谋说:"每秒3.5米。"

三浦望着河对岸如墙壁一样的青山,忧愁地说:"河的宽度并不大,但出乎意料的是对面的群山太高太陡,十分险峻,重庆军在对岸设防,我军渡河的伤亡将会很大。"

作战参谋也心有余悸:"即使渡过黄河,如逐步遇到抵抗,势必要费很大气力。"

河堤村为黄河北岸处于渡河点附近的一座荒村。由于中日双方军队隔河相峙,村里的百姓早就逃光了,没有人烟,残垣断壁,十分凄凉。林后的野地、山上全是光秃秃的黄土,没有任何草丛、树木,村前不远便是咆哮的黄河,对岸是中国守军一线阵地。

三浦中将对作战参谋说:"只有这一处可以为渡河地吗?"

作战参谋："是的，其他地方全是陡峭的河岸，连隐蔽地点都没有。"

三浦说："该村处于敌人俯视的位置，如他们发现我们在村里，一定会集中射击的；告诉部队一定要隐蔽作业，利用夜间将渡河器材、橡皮船在距河5千米处卸下，再由工兵、步兵共同以人力搬运进村，一定要在8日天亮以前，做好一切准备。"

作战参谋问："何时为渡河时间？"

三浦说："方面军要求我们9日夜间渡河，千万不要暴露目标。"

5月9日中午，一日本兵因干渴难忍，爬到河堤村中的水井边，用一帆布桶打水喝，被对岸山上河防哨兵发现，当即报告指挥部。指挥官有些不相信，追问："看清楚是日本人吗？"

哨兵回答："看不太清，隐隐约约的，像日本兵，他的桶好像是能伸缩的那种。"

指挥官想了一下，"通知迫击炮兵，向河堤村打几炮，看看动静再说。"

炮兵向日军射击

"轰！轰！"6发迫击炮弹带着哨音飞向对岸，在河堤村爆炸。

硝烟过后，村中炸塌一间土屋，未见有人活动。

指挥官说："黄昏时多发几颗炮弹，再打他一次，如果有日本人，肯定会逃出来。"

太阳将要落山，重迫击炮又响了，一发连一发在村里不同的地点爆炸，土房着了火，又有几处塌了墙。日军真沉得住气，机船被毁两只，也不敢动弹。

如此折腾一番，河防的部队放了心。

是日，第1军司令官吉本中将也将司令部推进到赵家岭一线，自8日起军部无线电台与天兵团之间中断了通信联络，以防引起中国军注意。

三浦中将眼巴巴望着天上的太阳，今天好像钉在天上一样，一动不动，部队在河堤村潜伏，干渴难耐，他不断祈祷着："太阳，快落山吧！"对面山坡上，咩咩叫的羊还在悠闲地吃草，在太阳下，懒洋洋的。

渡河时间定于晚21时40分开始，当地当时太阳落下是21时20分，月上东山要在半小时之后，第一批部队一定要乘昏晦的10分钟内渡过去，天色渐渐暗了下来，万籁寂静，只有黄河"哗哗"的流水声，几里外都听得见。日军部队开始向河边运动，一只只折叠船也运到河边，并充足了气。

对岸只是一片黑糊糊的山影，好安静，没有一点灯火，也没有一点声响。

几十只橡皮舟放进水里，每只上有几名日军，他们紧张的心"砰砰"狂跳。

三浦中将与幕僚们喝下御赐酒，预祝渡河成功，随即命令："开始！"船像离弦的箭向对岸驶去。

一位渡河的日军参谋回忆了当时的情景：

"只有紧握双拳在黑暗中注视。约有一分钟，并未感到时间很长，敌人的枪炮火力并未喷射出来，啊！上天保佑，真是高兴。正想很快到达对岸，响起了步枪声，随后响起了机枪声，不久，又响起了可能是轻迫击炮弹的爆炸声。兵团规定：一律禁止发射枪炮，夜间攻击完全采取短兵相接的白刃战。"

日军渡河成功，对岸的夜幕上升起了三颗雪亮的信号弹。一片喊杀声，在黑暗中更令人心惊肉跳。整夜，黄河上船只往返穿梭，在滚滚急流中颠簸。东方既白，天兵团全部渡过波浪翻滚的黄河。

与此同时，菊兵团在白狼村对岸，无声无息地渡河。为声东击西，派一个中队在白狼村西一公里处以机枪火力掩护，实行强攻，双方激烈地对射，火光映红了两岸的群山。

天兵团过河后，兵分三路，截断陇海铁路，占领了渑池、英豪、硖石等地，切断了第一战区西撤之路。菊兵团接方面军命令，5月10日，由洛阳北侧向新安方向推进，并占领牛庄、孟津等地。

日军的包围圈逐渐缩小到洛阳外围。

汤恩伯原打算在嵩县、宜阳、龙门一带布置阵地，反攻夺回龙门高地，他命刘戡兵团在这一线构筑工事，同时命第13军、第85军由临汝尾随，以夹击日军。就在他的部队向龙门发动反攻时，5月9日，日军第1军由山西垣曲渡过黄河，占领渑池，截断了陇海铁路，致使第一战区守偃师、洛阳及其以南的部队受到极大的威胁。汤恩伯复令第15军与第94师死守洛阳，命第4集团军集结于韩城、藕池地区，命刘戡兵团集结于宜阳以北至石陵地区，以防止日军第1军由渑池分兵向洛阳、洛宁进击。5月13日，敌第1军、第12军等部会合后，分兵三路，一路沿嵩（县）卢（氏）道路、一道沿洛（阳）卢（氏）道路、一路沿陇海线西进，追击中国军残部，连克宜阳、韩城、洛宁、陕县、卢氏，另一部攻进洛阳。

第一战区只剩下根据地洛阳了。

七、李家钰上将殉国

汤恩伯策马狂奔，向着洛阳西南方大路快速退却。他看见沿途的败兵，心情悲愤不已。想起不久前他还在龙门高地指点江山形势的情形，不禁骂道："狗日的李瞎子，瞎说八道，洛阳是落阳，日本人是占不了的！"而今洛阳还是洛阳，而自己却落荒而逃了。他愤愤地想，有朝一日收复洛阳，先杀李瞎子出一口胸中的恶气。

他一口气逃到嵩县西南的任岭，驻扎下来，令各军选定适宜的地点，收容残兵。不久，他收到了电报，得知司令长官蒋鼎文亦逃出洛阳，主力正向宜阳方向退却。

此时阴沉数日的天，终于下起了暴雨。豫西黏黏的黄土地，一遇雨水，泥泞不堪。山区的气候，变化无常，到了晚上，气温很低，不少士兵因冻饿而死亡。全军处在一种绝望的气氛中。

汤恩伯在一家农舍中过夜，他命人燃起火堆取暖时，特务连来报：敌第37师团正冒暴雨，尾随而来。汤恩伯打了个冷战，立即命令："冒雨连夜开拔，不惜一切代价，通过伊河。"

山区的大雨，引起了山洪，嵩县附近的伊河由平时的30-40米宽，暴涨为400-500米宽。大雨造成山洪暴发，冲走不少士兵，但也挡住了日军的追击。

汤恩伯勒马回望，不禁以手加额：祖上洪福，保佑我脱此劫难。

日军虽然追不上汤恩伯，但对第一战区的作战已大获全胜，唯独剩下的，只有第一战区的大本营洛阳了。

日军第12军作战主任中村参谋接到方面军第二课高级参谋高泽修平大佐的电话。

高泽问："大本营对战况的进展极为关心，想了解下一期的目标。第12军准备何时攻取洛阳？"

中村回答："攻占洛阳虽然很重要，但在现阶段则以消灭面前之敌为主。至于洛阳想在最后堂堂正地攻占。"

高泽说："东条首相鉴于形势需要，希望迅速攻克洛阳！"

中村说："仅以第12军之一部兵力，恐难以攻克洛阳，唯有歼灭敌野战军，才有利于攻克洛阳。"

方面军第一课高级参谋吉本也在电话中要求第12军攻占洛阳，他说："第1军在垣曲已渡河成功，似正迅速向洛阳方向前进，倘再迟缓不前，洛阳将为第1军所有。赶紧着手攻占洛阳如何？"

对于作战，第12军司令官内山中将则有他的看法和主张。内山认为：第一战区垮掉是势在必行，不应考虑囊中之物洛阳，而必须考虑敌的撤退方向是洛河和伊洛河谷，如在其战略要地卢氏派出奇兵，将汤恩伯退路堵死，第12兵团主力再沿洛河河谷追击，势必取得更大的战果。

因此，内山中将派第37师团步兵一个联队直取卢氏，彻底破坏该地的军事设施，堵截和歼灭洛阳方面退却而来的守军主力。

5月20日破晓，攻击卢氏的日本部队进抵卢氏城外，突然向四门发动猛攻，守军尚在梦中，万没料到敌人来得这么快，来不及组织有效的抵抗，上午8时许，城陷。飞机场、弹药库、军事设施、粮秣被服，尽落入敌手。

这一天，内山司令官在日记中写道：

（一）根据卢氏挺进队今晨冲入并完全占领卢氏，彻底摧毁其军事设施后，已向范蠡镇开去。对此表示衷心祝贺，并向队长及全体官兵遥致谢忱。

（二）接方面军命令，一并指挥第63师团等菊兵团攻取洛阳……

华北方面军于5月14日决定攻取洛阳，命菊兵团负责指挥，其所属部队如下：

1. 步兵第163联队第1大队（属第110师团，大队长稻垣毅治少佐）。

2. 独立步兵第74大队（属独立混成第1旅团，大队长清水中佐）。

3. 独立步兵第5大队（属独立混成第2旅团，大队长森田舍三大佐）。

4. 独立步兵第38大队（属独立混成第9旅团，大队长江田贯一郎少佐）。

5. 野战重炮兵第6联队江头大队。

其中独立步兵第9旅团后转属第1军，第110师团稻垣大队属菊兵团，参加洛阳攻略战。此外，还有坦克第3师团、柳兵团、瓦田部队等。

中国守军防守洛阳部队共3个师、即张际鹏第14军的张士光第94师和武庭麟第15军的刘献捷第64、李纪云第65两师，共约14000人。第94师防守城区，而第64、65师担任洛阳北面的外围防守。

菊兵团长野副中将决定："将围困城内的重庆军巧妙地顺引到南面，然后从东、北、西三面进攻，一举冲入城内予以占领。"

洛阳是中国六大古都之一，位于河南省西部、黄河中游的南岸。北依邙山、黄河，南临洛河、伊河；东有虎牢、黑山之固，西有秦岭、潼关之险；周围群山环抱，为历代兵家争夺之要地。1938年，第一战区长官司令部在洛阳设立以后，便开始修筑半永久性的防御设施，共用去6年的时间。洛阳的防御以陇海路为界，分南北两部分。其西北侧为丘陵地形，东南为平坦地带，高差30-40米。在北面，以白马坡和上青宫为核心，利用沟壕修筑反坦克壕和钢筋混凝土碉堡与火力点，形成坚固的外围防御体系。在南面，城外挖掘了长而深的反坦克壕，修筑了碉堡和暗堡，各火力点互相呼应，交叉射击，构成巨大的立体火网。此外在城内的路口、要冲也都修筑了各种工事，火力点纵横交错，交通壕四通八达。

5月18日晚19时30分，日军的野战重炮以排山倒海般的狂射，拉开了洛阳大战的序幕。上青宫一带随着巨大的、连续的大爆炸，工事、碉堡、泥土等不断被炸得满天飞扬，星月无光。

日军独立第137大队在有马纯雄中佐的率领下，居中进攻上青宫阵地；其左为福永勇吉中佐指挥的独立步兵第25大队进攻前李村、后洞阵地；其右为小田二郎少佐率领的独立步兵第78大队，进攻蒋沟、营庄阵地。

担任中路进攻的有马大队两个中队，为第一线攻击部队。另以两个中队和重武器分别为第二线、第三线，依次前进。双方激烈地打了起来，从晚8时20分开始，一直打到东方既白，有马大队在离守军阵地前100米处，被一条深3米、宽5米的壕沟挡住去路。天亮了，守军机枪猛烈扫射，在壕前形成火网，打得有马大队抬不起头来，又无法撤退，只得用头上的钢盔挖掘掩体，再开辟后退之路,狼狈不堪。一面日本旗被打成碎布条,兀自在坟头抖动。

野副中将得到的报告为:"有马大队五零四散,攻击已停顿。"

野副立即令野战重炮猛烈轰击上青宫、西马坡等阵地,同时第2飞行团的轰炸机也一次次对上青宫阵地轰炸与扫射,打得天昏地暗,但步兵指挥官的指挥刀一

高射机枪向日军射击

举,守军暗堡中的轻重机枪立即欢唱起来。有马便连忙下令后退,就这样相持了整整一个白天,攻击始终顿挫,野副中将自尊心受到挫伤,强撑面子还要进攻,终于被参谋长劝住。夜22时,日军撤回原来出发位置。

20日天刚亮,日军6架飞机便在上青宫肆虐,炸弹一串串从头顶扔下,守军既不还击,也不逃跑,只要有马大队攻到反坦克壕边,机枪便开始点名,打得有马大队连滚带爬,无法神气。是日,"武运长久"的军旗连个布条条也没剩下,旗杆打折了,歪斜在坟头上。

野副中将等得头上直冒火,大骂有马无能,参谋告诉他:"师团长,这样硬攻不是办法。"

"你有何高见?"野副不得不问。

参谋说:"先不攻中央,从两翼突破如何?"

是日夜，左翼的大队长福永中佐奉召来见，野副中将说："你对进攻有什么好建议？"

福永中佐说："首先夺取左前方后洞南侧高地，形成掩护有马大队的态势，这样有马方可进攻！"

野副当即决定："21日攻击重点改为福永大队，统一部署步兵、坦克、飞机，首先夺取后洞东南高地。"

21日，敌飞机、坦克向后洞阵地疯狂进行打击。守军异常奋勇，在敌人无情的空袭和炮火下，死战一天。黑夜来临了，敌人的坦克吐着火在前开路，交通壕多处被压平，坦克履带转动着，几经猛冲，终于冲上后洞高地，铁丝网、鹿砦、碉堡、工事都无法抗拒，坦克群一起冲进阵地，硬是撞塌了坚固的障碍物和中心碉堡。守军明白，最后的时刻到来了，能动的都作最后的拼杀。黑夜中，上下翻飞的只是雪亮的刺刀，白刃战开始了，人像麦垛一样纷纷倒下。天明后，福永发现自己完全站在瓦砾、碎石和尸体之中，血水泥泞。

5月22日，有马和福永两个大队在坦克群的带领下，战至夜间，占领洛阳北面的外围阵地。是日，野副中将从早晨起，就在炮兵观测所观察战况。他问手下："为什么这样黑？"

士兵说："炮兵从天一亮就开始炮击，到现在天还不亮一定是轰炸和炮击的硝烟，笼罩了天空的原因。"野副点点头，他的兵团在这样强大的火力掩护下，打了4天4夜，才夺下西北高地，然而方面军已不满意了，命令从23日起，将攻取洛阳的任务交给第12军司令官内山中将，这是对野副进攻不利的一种惩罚。

内山中将得意洋洋，于24日晨，命令飞机向城内空投劝降书，同时用扩音器向城内广播，要求守军停止抵抗，洛阳城里死一般寂静，没有任何回答。

内山司令官恼羞成怒，于下午13时，发出总攻命令。担任攻城的第63师团、坦克第3师团，在强大炮火的支持下，从西北角炸开城墙冲了上去，紧接着西关附近也出现日军；18时20分，坦克群撞开北城门，守军虽经奋力抵抗，仍挡不住敌人如黄河决口般的攻势，边抵抗边后撤。是夜，全城都在战斗，中国守军与敌展开了激烈的巷战，敌坦克避开大街上的阻击和地雷，辟民房而前进。当太阳升起的时候，全城陷落。

华北方面军立即将攻克洛阳的战报报告大本营和中国派遣军司令部。

甲部队（甲为华北方面军的保密代号——笔者注）发出致电总长、总司令官电（5月25日发）

甲方"］"参电第158号

第12军以野副兵团和坦克第3师团为主力的部队，已于昨日（24日）13时起，对洛阳城发起总攻，击溃顽抗之敌，今日（25日）8时30分，完全占领洛阳，战果后报。

据日军战果报：

（一）遗尸：4386；二、缴获：步枪1998，轻机枪127，迫击炮 64，掷弹炮134，俘虏6230，手枪31，重机枪47，大炮10，子弹178500。

午夜，新安镇上人马嘶喊，乱糟糟的，各部队争着向西向南撤退。第36集团军总部设在镇上，李家钰目送着参加洛阳会战的诸兵团向西败走。

黑暗中，几只刺眼的手电筒闪着，李家钰大声地骂道："啷个狗日的龟儿子，点那么亮的电筒，也不怕暴露目标?飞机一来，要你狗日的命！"

对方也不示弱："活腻啦?也不睁眼看看是谁?这是长官部的队伍，蒋鼎文司令长官在此。"

李家钰连忙迎了上去，只见人群中站着狼狈不堪的蒋鼎文。蒋看到他便说："大势已去，大势已去！"

"蒋长官，你预备向何处去?"李家钰问。

"其相兄，我率长官部去宜阳，再去洛宁，到那里再想办法吧！你老兄应立即调部队开赴石寺镇、云梦山一线占领阵地，阻击从渑池方向东进之敌，掩护各部队撤退。"

蒋鼎文转身令作战参谋："把电台密码交给李总司令，随时与我联系。"

蒋鼎文握着李家钰的手："其相兄，托付你了，刘戡、谢辅三、张际鹏、孙蔚如兵团还在后面，千万掩护他们通过。新安以东，还有很多部队。"

李家钰拍着胸脯说："铭三兄，放心吧，我来殿后。"

蒋鼎文的人马去远了，李家钰命令将其总部越过陇海铁路，移至南面的东华沟。一批又一批的溃军败退而过。

天明时分，李家钰的第47军第104师吴长林团已赶到石寺镇云梦山一线占领阵地。

12日，从清晨起，东西两个方向隆隆的炮声响成一片。西边，从洛阳方向尾随而来的日军进至铁门、云梦一线；东边，从渑池而来的日军相距不到70千米。东西对进的日军已逼至磁涧，情况万分危急，李家钰总部的人员都催促赶快下令离开此地。

李家钰虽然心急如焚，但表面上很平静，说："慌啥子吗？心急吃不得赖汤圆。"

参谋长张仲雷说："总座，你还有心情开玩笑，再不走就要当俘虏了。"

李家钰严肃起来："友军孙蔚如集团，正由马屯向新安行进之中，我第47军大部，还留在陇海铁路以北地区，我怎么走？一定要等孙集团通过再走。"

张仲雷说："西边的吴团快顶不住了，敌天兵团正向新安前进，要断我军退路。"

李家钰眉头紧锁："将第178师之彭士复团拉上铁门以西，占领阵地，一定要掩护友军通过新安。"

枪声由远而近，越来越密集。孙蔚如兵团已过新安向南而去。

李家钰率总部从东华沟出发，向河上沟转移，彭士复团在铁门抵挡不住日军的猛攻，边打边撤，也转移到河上沟。但日军也跟踪而至。

李家钰命令辎重团团长史跃龙指挥军部直属部队，挡住敌人，掩护总部向石陵前进。激战中，彭士复团长中炮殉国。

李家钰的部队都去阻挡敌追兵了，他率总部和一个连的兵力向西转移。

17日，李家钰率总部出发，沿预定路线由于村经史村集、河底村向岳庄移动。在离河底村三里许时，河底村一带硝烟滚滚，枪炮声大作。

原来敌军已赶至河底村，与新6师遭遇，双方激烈对战。李家钰命总部改道程村，但见人马拥挤，无法通过。李在村头与新8军军长胡伯翰相遇。胡见其大喜，招呼他："其相兄，来得正好，谢辅三、刘戡、张际鹏、李宗昉诸兄都在前面，群龙无首，不知下一步怎样行动，来来来，去暂4军军部开个会商量一下。"

李家钰在胡伯翰引导下来到一个叫翟涯的小集镇，与各位将领见面，诸将见到李后心里踏实了一些。

胡伯翰说："这么多队伍，都拥挤在一路，争先恐后地行走，以致发生混乱，若一旦遇敌，就无法指挥，进退无方，大家都受影响。我提议请李总司令统一指挥，如明日行动，也请先行规划。"

刘戡说："我们的部队确实不少，如果不加整理，彼此相争，长此而行，又跑哪里去呢？光跑不是办法！大家商量一下，看究竟如何行动才相宜。"

李家钰说："这样多的部队都集结于此，驮马、车辆又多又混乱，如果被敌炮兵发现，不堪设想。而且各部抢路，互相拥挤，都不得通过，行动反而迟缓。这样吧，各位请说一下下一步各自的打算，也好重新规划。请放心，我李家钰愿殿后，决不先行。从这里往西，有三条路，各取所需。"

刘戡说："我决心率领部队到卢氏去找蒋长官，我愿选在傍南一点的道路前进。"

胡伯翰说:"高树勋总司令现在宫前,我要去找他,我选靠北的路去宫前。"

李家钰说:"好!大路朝天,各走半边,不要挤,不要抢,我走当中。"

当晚,李家钰宿营翟涯。

次日,各部按路线依次西行。此时,又一路日军渡河,攻克陇海铁路的陕县,分兵数路南下,截击西退各部,灵宝亦发现敌踪。李家钰决定折入南山,翻过两座崎岖的大山,向秦家坡方向前进。总部在最前面,其后为近卫连,最后是第47军所属第533团。

5月21日,第36集团军总部从东姚院出发,此时敌军已到达张村,李家钰决定由赵家头坡经秦家坡再经双庙到南寺院路线。当进入秦家坡后,南面山头上已发现敌军大队,后面亦想起密集的枪声,对面山上的日军也开了枪。李家钰问参谋长:"仲雷,刚才后面有枪声,怎么对面又打起来了?"

张仲雷说:"我们中敌埋伏了,你身边还没有队伍呢。"

李家钰说:"喊一班步枪兵来,叫他们不要打枪,免得敌人发觉是高级司令部,会打得更厉害。"

李家钰继续上西坡,他的黄呢子军装和高筒马靴格外引人注意,山上的敌人见后向下冲来,总部特务连连长左良俊率一些官兵都散开在麦地里,并向敌人还击。日军居高临下,架起数挺机枪向李家钰集中射击,李突然急剧抽搐着,全身都中了枪弹,扑倒在地。总司令部参谋长张仲雷被俘,上校副官长周鼎铭、少将步兵指挥官陈绍堂、少将参谋处处长萧某等官兵二百余人大都牺牲。总部仅二人生还,向后面的第47军军长李宗昉报告战情。李宗昉立即设指挥所于高地坡线下,指挥第104师长杨显名部、后卫第532团与敌血战。李宗昉军长命营长苟载华组织突击队,向前抢回李家钰的尸体,其头部与浑身上下的枪眼像筛子一样,但形态面貌可辨。

太阳落下山坡,四野群山都暗了下来,战斗停止了。李宗昉军长命部队火速转移,几名士兵用麻袋装着李家钰的尸体,随部转移。山道上滴洒着血迹。

6月上旬，重庆各报均显著报道了李家钰将军殉国的消息，国民政府下令："故陆军中将李家钰，追晋为陆军上将。"

柳亚子在悲愤之余，挥毫赋诗：

挽李其相上将

万里中原转战来，前师急报将星颓；
归元先轸如生面，化碧长弘动地哀；
军令未闻诛马谡，恩论空遗重曹丕；
灵旗风雨无穷恨，丞相祠堂锦水隈。

李家钰

7月10日，国民政府明令褒扬陆军上将第36集团军总司令李家钰："陆军上将，第36集团军总司令李家钰，器识英毅，优娴韬略。早隶戎行，治军严整，由师旅长洊领军符。绥靖地方，具著勋绩。抗战军兴，奉命出川，转战晋豫，戍守要区。挫敌筹策，忠勤弥励。此次中原会战，督师急赴前锋，喋血兼旬，竟以身殉国。为国成仁，深堪轸悼，应予明令褒扬，交军事委员会从优议恤，交入祀忠烈祠。生平事迹，存备宣付国史馆，用旌壮烈，而示来兹。此令！"

八、日军攻势终于受挫

洛阳的陷落，标志着"]"平汉线作战计划的基本完成。3月间，日军第2野战铁路队修复了黄河铁桥，铁桥的修复使日军在河南会战中获得了极大的后勤保障。日军夺去许昌等地后，立即动手修复平汉铁路，武汉的日军也派出铁路部队从信阳附近修复平汉铁路。

日军攻陷洛阳的当天，中国派遣军总司令畑俊六从南京沿长江直飞汉口，主持下一段打通粤汉铁路和称为"卜"号的湘桂作战计划。

洛阳沦陷前，第八战区部队已出潼关，向豫西灵宝方向增援，第1军军长张卓指挥的许良玉第78、王隆玑第167两个师，严映皋新编第27师都已到达灵宝以西，该战区副司令长官胡宗南也正向潼关前进。此外，马法立第40军、丁德隆第57军、李正先第16军残部和蒋鼎文的第4集团军、第36集团军、韩锡侯第9军、张际鹏第14军残部也翻山越岭陆续到达灵宝以南地区。在第八战区东进兵团的掩护下，收拾队伍，准备反攻。

日军第1军司令官吉本在陕县三里桥建立了战斗司令所，他认为，应该陆续向西，打击胡宗南的东进兵团，保持住陕县桥头堡，以此为进攻西安的前进基地。

5月27日，吉本司令官召开幕僚会议。

吉本说："尽管要考虑到方面军和派遣军总部的'卜'号作战计划的大局，但也要以第1军现有的兵力采取积极攻势，尤其对第八战区予以重击，然后恢复到现在态势，保持战果。"

作战参谋常光说："方面军司令官冈村大将如不同意我们的建议怎么办？"

吉本司令官说："要申诉我的理由，我在灵宝作战的目的，固然在于确保陕县桥头堡，但其内容有消极和积极的两个方面。就消极方面说，只要打击一下敌军，能得到修筑防线所必要的时间就可以了。但如从积极见地考虑，予敌军以相当彻底的打击，不仅使之不能迅速反攻，并且使敌军产生恐慌心理。此外，从整个战局考虑，打击第八战区军队后，对华中、华南方面作战，亦可产生相当大的影响。"

吉本中将的作战计划与派遣军总部的作战总精神不一致，引起了方面军冈村宁次大将的重视，他对第一课高级参谋说："看来，我只有亲自去找吉本中将当面谈谈再决定是否同意。"

是日晚，冈村宁次大将的飞机穿过夜幕，在导航条件极差的陕县机场降落，并立即驱车赶往三里桥的第1军战斗司令所。

吉本司令官固执地申诉了自己的意见。冈村宁次考虑良久，终于下了决心：

"我批准发起攻势的计划，作为第1军司令官，你可以下达作战命令，但我无法再调其他部队配合你，他们还要准备湘桂作战，你有多少兵力？"

吉本说："本军约有14个大队兵力集中在陕县附近。"

冈村说："兵力是少了一些，我会想办法由第12军暂调两个步兵大队、两个坦克中队、山炮一个大队、野战重炮一个联队配属你行动。"

日军第1军的灵宝作战计划如下：

（一）本军拟派战斗力最强的天兵团向靠近秦岭山脉的地区挺进，以牵制灵宝正面敌军，同时于阌乡以东地区，将敌军特别是第八战区军压至黄河一线予以歼灭。

（二）以天兵团担任主攻兵团，大致在险山庙、1367高地（小市坡高地）、三角山一线，准备攻势，从敌军阵地右翼向前挺进，置重点于项城村、时家山地区。冲破敌阵地后，在阌乡以东地区将敌军压至黄河一线予以歼灭。

（三）杉兵团首先进至弘农河右岸高地以牵制灵宝正面敌军，结合天兵团攻势的进展，对弘农河左岸敌军阵地发起攻击。

日军独立步兵第8大队于5月22日夜接到命令："应占领险山庙高地，作为本军将来攻势的据点。"24日上午8时，大队长神堡率部一鼓作气夺下该地。

27日，中国军500余人在迫击炮掩护下，向险山庙进攻，但被日军击溃。但中国军队已在附近的山头修筑工事。

6月1日早晨6时20分，险山庙及周围便笼罩在硝烟中，中国军炮兵阵地的大炮对险山庙猛烈炮击。8时许，在炮火掩护下，步兵呐喊着，向险山庙高地发起进攻。日军扼险，利用庙宇、山石、树木为依托向山下扫射，日军的炮兵、机枪也从别的阵地侧击进攻的部队，双方杀声连天，到处都是炮弹爆炸，庙宇燃起熊熊大火，双方在高地上展开一场白刃战。部分中国士兵挥舞着沾满血迹的大枪，冲进了山门。

神保大队长接到紧急求援的报告，下令无论如何要保住险山庙高地，他命令炮兵团重炮轰击险山庙，"火烧昆冈，玉石皆焚"，双方士兵在炮火下伤亡惨重。泽谷中队奉命增援，当他们冲上山顶时，山田中队只剩少数几个人还在精疲力竭地拼刺刀，双方混战，血肉横飞，冲上山头的中国士兵，一个个都被日军挑落山崖。紧接着，日军冲进庙中，向外拼命扔手榴弹，守住了围墙。但离险山庙仅500米的王古垛高地被中国军勇夺。

6月5日，吉本中将亲自至郭家庄北侧高地指挥杉兵团、天兵团的总攻。

山谷中混响着"轰隆隆"的炮声、枪声、呐喊声。7时40分，中美空军的战鹰出现在天空，猛烈的空袭，使日军攻势受阻。战至傍晚，日军只前进了数千米。

6日，第1军主力向第八战区东进兵团发动攻击，吉本中将于下午13时下达决战命令。

但中国守军抵抗格外坚强，日军杉兵团、坦克师团在弘农河右岸高地遭到前所未有的打击，没有进展；天兵团、杉兵团的推进也异常迟缓。

第八战区副司令长官李延年亲自指挥，第36集团军继任总司令刘戡决心为李家钰报仇，他指挥第47军李宗昉部、第14军张际鹏部、第40军马法五部奋战在第一线，打得英勇顽强。

日军攻势如潮，一次次冲击，又一次次败退。遗下的只是大片的日军尸体，任飞鹰啄食。

9日中午，地兵团长本村少将向第1军军部发出电报："……事先遭到有力敌军的阻截，前进更加缓慢，甚至秦岭山脉的小路也被敌军占领。要突破该地，无论付出多大牺牲和时间也难奏效，实为遗憾。因此只有放弃此一壮举。丧失千载难逢良机，万分抱歉。"

作战参谋默默无言地将电报交给第1军参谋长掘毛少将，掘毛看后叹口气说:"我军此次发动的攻势也同样过分了。"

军司令官吉本说:"战争不能总是按自己所想象的那样进行啊!"

大家都丧失了信心,死撑到11日,第1军终于发出"作战申第855号"命令:

"本军拟按原定计划,自12日日落后开始撤回,迅速恢复原来的态势。"

李延年望着东撤的日军,笑着向胡宗南报告:"强弩之末,矢不能穿鲁缟,小鬼子撤了。他们只能到洛阳。"

日军在战场上遗弃的尸体

6月27日,军事委员会任命陈诚为新的第一战区司令长官。陈诚到达西安,设立长官司令部,策划整顿、重建战区。战区新任副司令长官胡宗南在华山脚下的华阴县设立了前方指挥所,该战区以灵宝、济宁、卢氏、嵩县一线为前线,以潼关为据点,负有保卫潼关、拱卫西北和四川的作用,与第八战区的关系更加紧密。而洛阳、郑州以东的广大地区及平汉线、陇海线都落入敌手。并且参战的原第一战区的43个师有60%以上遭到毁灭性打击,这一切,给日薄西山、气息奄奄的日军带来了一线新的希望。

希望只能是希望,扶桑之国到了洛阳,落阳也就大势所趋了。

第二节　长衡会战

一、长沙失守

自盟军发动太平洋反攻以后，进展迅速，日本感到海洋交通日趋危险，企图开辟大陆交通线，以保持与南洋日军占领地的联络。日军于1944年4月间，掀起豫中会战，以沟通平汉南线。又于5月间，发动湘北攻势，希望击破中国军湘中野战军，而达成贯通粤汉线的目的。自本年2月以来，日军在湘北一带，调动频繁，并由关东、华北及滨海各地区，抽调兵力总计约10个师团，及各特种部队，分别集中于崇阳、岳阳、华容一带地区，即以约7个师团为第一线兵团，以3个师团为第二线兵团，于5月26日开始以钳形攻势，向广东正面进犯。

国民党军事委员会，于三次长沙会战后，即制定日军尔后将从广东正面进犯的对策，即以第九战区的第27、第30、第24等集团军，各以一部利用既设阵地，节节予日军打击，而迟滞其前进；主力则分别集结，诱日军于中国军队有利地区，然后乘其疲惫而各个包围歼灭，以打破日军沟通粤汉线之企图。

5月6日，蒋介石致电第九战区司令长官薛岳：

长沙。薛长官：由赣北直攻株洲与衡阳之情报甚多，务希特别注意与积极构筑据点工事，限期完成，以防万一为要。中正手启。

薛岳再接蒋介石指示敌情判断电报：

长沙。薛长官：敌军打通平汉线以后，必继续向粤汉路进攻，企图打通南北交通，以增强其战略上之优势，务希积极准备，勿为敌寇所乘，以粉碎其企图为要。中正手启。①

同一天，蒋介石又给第七战区司令官余汉谋发去了指示敌情判断电：

曲江。余长官：据报敌将在广州大举增援，敌必企图打通粤汉路，其发动之期当不在远，务希积极准备，加强工事，以粉碎敌之企图为要。中正手启。②

日军由第三战区、第五战区、第六战区方面，抽调大军会合第九战区方面，兵力为：第13师团、第3师团、第68师团、第58师团、第116师团、第34师团、第40师团、第27师团、第37师团、第64旅团、第17旅团、第7旅团、第12旅团，共20余万人。此外，还有第11军直属骑兵联队，独立山炮兵第1、第2、第5、第39联队，独立野战第9中队，野战重炮第8联队，独立工兵3个联队，铁道兵团2个联队，独立电信第3、第5联队，战车第3师团一部，汽车3000余辆，飞机600余架。

中国军除第九战区现有兵力，从第四战区、第六战区、第三战区抽调精锐部队，赶往第九战区。总兵力为：第58军、第72军、新三军第183师、第26军、第73军、第74军、第79军、第100军、第46军、第62军、第20军、第37军、第44军、第99军、第4军、第10军。

双方摆开阵式，准备决战。

5月26日，日军分三路向南挺进，其左翼于29日一举突破通城，分别向渣津、平江挺进；中间一路日军遭守军抗击后强攻多次，攻陷新墙，奔汨罗江北岸；右翼日军沿洞庭湖赴沅江、益阳，形成钳形向广东正面进犯。

---

① 中国第二历史档案馆馆藏档案。
② 中国第二历史档案馆馆藏档案。

此时，中国军队第72军在通城东南山岳地区，第20军在汨罗江北岸地区，第37军在汨罗江南岸地区，第73军及第99军在沅江、益阳地区，分别堵截，予敌以消耗。

6月1日，进抵渣津的日军，遭中国军队第72军堵击后，绕道奔长寿街；同日，平江被日军攻陷。

6月6日，日军进抵永安市、捞刀河、沅江之线，又以一部窜芦林潭攻克湘阴，乃开放湘江以维持日军后方补给。此时，日军两翼分别进犯古港、益阳，保持正面的钳形攻势。中国军队以各个击破日军为目的，集结有力兵团于两翼地区，争取外翼、对敌围攻；一部则留置金井与三姐桥、湘阴地区，袭击日军后路交通。

6月7日，进陷古港日军，企图南趋萍乡。9日，中国军队第72、第58、第44及第20各军，对日军实施包围攻击，先后击破古港、东门市的日军，迫近永和沿溪，击毙日军颇多。

日军遭此严重打击，集结其主力向鲁道源第58军反扑，展开激战。11日，石湾附近被日军突破，日军全力分途南进，傅翼第72军主力及第58军，由日军背后实行尾追截击，并超越至渌水附近阻击日军；杨汉域第20军除以一部追击日军外，其大部则转向浏阳阻击进犯日军。

沅江方面的日军于6日分两路南进：一路经乔口沿沩水犯宁乡，一路经龙头港犯益阳，与彭位仁第73军、梁汉民第99军各一部展开争夺战。20日，进犯益阳日军迂回南进，与沿沩水西进日军会攻宁乡。14日，唐伯寅第19师协同唐生海第77师肃清益阳城残余日军之后，紧跟敌后南追。此时王耀武第24集团军，

第58军军长鲁道源

对宁乡日军已完成包围态势，展开攻击，连续激战四天，歼敌众多。

自日军从新墙南进平、浏、湘以来，中国军队长沙地区张德能第4军以陈侃第90师守岳麓山外银盘岭、望城坡、竹山口之线，陈伟光第59师、林遇察第102师守长沙城北方一带。日军攻陷湘乡之后，由霞凝港西渡10000余人，与新河、三汊矶、白沙洲中国守军接触，后推进至银盘岭、望城坡以北地区，向岳麓山主阵地攻击。

14日上午10时许，由东山、螽斯港偷渡的日军第116师团一部3000余人，开始向城南攻击。日暮，日军占领乌龟冲、猴子石以北之间红山头中国守军据点，守军第59师以4个连兵力反攻，与日军在该据点对峙。

16日，日军增援部队到达，向该地猛攻，虽经中国军队炮3旅竭力压制，终因寡不敌众，伤亡过大，午后被迫放弃该线阵地。日军转向南大十字路推进，日落之后，派便衣队数十名偷袭修械所，以致第59师全部动摇，撤守妙高峰、天心阁核心地带。同时，河西方面日军由望城坡转用兵力，南攻桃花山要点。

17日，日军在空军掩护下，向妙高峰、天心阁及桃花山阵地进攻，守军炮兵用优势火力，死守到底。中午，日军大量增援，猛扑桃花山，并由红山头偷渡牛头洲并使用大量毒气，企图扰乱守军指挥系统。守军顽强坚守，战斗激烈，双方死伤甚大，日军仍不断增加，反复冲锋，守军第90师第268团已损过半，虽经增援，但支持困难。是日，守军决心先将军预备突击部队西移岳麓山附近，并从第59师、第102师各抽调一个团，增加桃花山正面，与日军作决死之斗，以确保岳麓山炮兵阵地，控制长沙。但因当时情况紧急，渡河未及，船舶、渡口、部队时间均未做好计划，渡河后的集中地点、指挥人员亦未指派，以致秩序混乱，无法掌握，坠江溺毙者，不下千余。

直到18日晨，增援部队始得渡河，但为时已晚，日军已突破竹山，冲至岳麓山，袭击了中国军队控置长沙炮兵阵地。其后，桃花山亦告失守。直至18日晨，在增援部队渡河未毕之际，敌已突破竹山，继而岳麓山核心阵地已失守，四面受日军包围，无法支持战斗，被迫退出岳麓山。日军不放过，一路尾击，队伍被打散，官不见兵，兵不见官，无人掌握，直溃退至邵阳，始得收容，为数不及4000。而残留在长沙的4个团，遭日军打击后，一部千余人，由北门冲出东山，沿途与敌厮斗，退至茶陵归第27集团军欧震副总部收容指挥。

总结日军攻陷长沙，中国军队惨败原因，有以下数点：

1. 自1943年6月中旬驻防长沙以来，因修筑工事，部队教育无暇顾及；平时教练偏重基本教练，战斗动作生疏；忽略实弹射击演习，以致士兵射击技术不精；师各级主官忙于应酬，对部队训练敷衍塞责。

2. 平时管教疏忽，虚图表面，实则官兵骄傲任性，对上级阳奉阴违；部队主官因营商应酬，脱离部队，致使部队精神不能团结。

3. 战斗军纪废弛。6月3日，长沙疏散时，各级官兵擅入民房，掠夺财物；军部副官处负责控制船只，该处长潘孔昭假公济私擅扣商船，重价勒索，以饱私囊，并夺取财物，用5艘火轮装出，致长沙战斗紧急，转用兵力晚，渡河困难，贻误战机；城防团第59师第177团与警备部官兵，以强迫疏散为名，大肆发洋财；红山头守备部队，当日军攻击时，尚在掩蔽部中赌牌，以致失守，影响全线战斗。

4. 战术方面，兵力薄弱，并无控置预备队。阵地、据点被日军突破后，无兵增援，重点无法形成；固守防御，并无逆袭计划。当日军由竹山口突入，冲上云麓宫时，无法予以歼灭，致使日军得以少数兵力，直捣中国军队司令部核心，击破指挥所；步、炮协同不良，以致炮弹时落自己第一线阵地中；无空军助战，一任日军昼夜摧毁中国军队炮兵阵地。

5. 军参谋长罗涛溪，未能辅助主官（张德能军长决心渡河时，并未制定渡河计划，即饬迴日拂晓进袭），战斗间未派员视察阵地，获得紧急情况，又不指示部下办理；第90师师长陈侃在10时许失守岳麓山阵地，部队溃散；军副官处处长潘孔昭，派赴交涉船舶失职、舞弊，以致是夜渡河困难、迟滞。

第4军损失惨重。日军未突破阵地前，伤亡约3000人，渡江溺毙约千人，至于残留长沙城内4个团冲至茶陵，仅得千余人；炮3旅在岳麓山全部大炮40余门，未及破坏（仅少数卸下瞄准镜），军野炮营野炮9门、山炮营美式新山炮12门，均损失；步枪损失十分之七，轻机枪损失十分之八，重机枪损失十分之九，迫击炮及通信、防毒、工兵器材，全部损失。①

第4军战后经陆续收容统计，尚有官兵（战斗员及非战斗员）6500余人。由各兵站、机关及师管区补充新兵4700余人，共计现有兵力万余人。武器装备尚未补充，现每师编成两团不足。

第4军调驻郴州附近整训。官兵精神委靡，整训成绩不佳，在短期内，未能恢复元气。

丢了长沙，损失了这么多人和枪，蒋介石又要杀人了。陆军第4军谍报处上交了一份详细材料，以及第九战区联参部的调查报告，一同放在蒋介石面前，蒋介石亲拟了杀头名单。1944年8月30日《扫荡报》载："……第59师177团团长杨继震、第4军副官处处长潘孔昭、军务处长刘瑞卿、副官处中校股长陈继虞、长沙船舶管理所长夏德达，均于8月27日判处死刑，执行枪决。"

若不是军事委员会副参谋总长白崇禧，在电报中替第4军军长张德能说情，张军长这颗脑袋怕也同样难保，白崇禧在呈第4军在长沙守城经过等报告电中，最后这样写道："……窃查张军长在四军服务多年，向以勇敢著称，过去北伐、剿匪、此次抗日，无役不从；尤以第三次长沙会战，协同友军侧击攻城之敌，因而获得胜利，厥功尤伟。此次守备长沙，因有种种原因，未能尽持久防御之责。恳请钧座体念前劳，从轻议处，无任感祷。"

---

① 《第4军长沙第四次会战作战经过谍报参谋报告书（1944年9月）》，《抗日战争正面战场》（下），第1263-1265页。

张德能丢职保头了。

二、衡阳失守

再说衡阳方面。第10军军长方先觉，将兵力配备如下：

容有略第190师、饶少伟暂编第54师两师守备江东岸，第190师以一部（两个步兵营两个干部团）占领警戒阵地，主力占领范家坪、橡皮塘、冯家冲之线，暂编第54师一部（步兵一团）占领警戒阵地，主力占领冯家冲沿耒河西岸至耒河口之线。

罗治新编19师、葛先才预备第10师两师守备市区，新编第19师以一团兵力于来雁塔、望城坳、段塘地区内，构成强固据点，并占领警戒阵地，主力占领草桥、辖神渡南岸、二里亭、亘马王塘之线。预备第10师一部占领月塘、高岑、陈家井、白沙洲之线，主力则占领马王塘、衡阳西站、欧家畈、黄巢岑1704高地之线。

预定周庆祥第3师回衡阳后守备核心阵地。

奉第九战区司令长官薛岳之令，葛先才预备第10师准备机动待命推进，派遣衡阳守备，其余部队由第27集团军李玉堂副总司令指挥。方军长向军委会提出不同看法：日军先头已抵株洲、湘潭附近，预备第10师推进，恐怕目的地未达到而前后两误。衡阳重要，以现有兵力尚感无把握，若预备第10师再行推进，实感忧虑。分守湘潭及易俗河，就该处地形与兵力观察，将来收效甚微，抽回衡阳，定可发挥力量。

进犯日军火力强大，日军的后备第二线兵团，尚未加入战斗，中国军队核心阵地就已放弃，蒋介石及统帅部鉴于此时在长浏地区与日军决战的计划已不能实施，而态势于中国军队极为不利，因此以诱敌深入衡阳，乘其疲惫，再行与日军决战的目的，老戏重唱；统帅部以欧震兵团在沩水两岸地区予日军以消耗，并由第四及第七战区抽调两个军，准备衡阳外围的作战。20日，守军奉命先后放弃醴陵、株洲、渌口、湘潭等地，转向沩水南岸，行持久抵抗，阻止日军南犯。

日军也采用老手法，钻隙突进，沿湘江东岸豕突狼奔，于23日，抵达衡阳近郊，与中国军队第10军开始接触，并展开东攻攸县，西攻湘乡，继续南进，以牵制中国军队外围部队而孤立衡阳之势，中国衡阳守军，面对日军包围，从此陷于苦战。

衡阳外线，王耀武第24集团军，正同日军打得热闹；唐生海第77师在益阳迤南山荔及城厢，与日军户田及光桥部队鏖战，敌我双方都在增援，第77师伤亡过重，阵地由唐伯寅第19师接替，第19师猛攻日军，恢复邓石桥、观音寨线阵地……

第19师突入益阳城，并肃清益阳城郊日军，由临呲口方经兰溪增援日军千余人，向石头铺、七里桥、三里桥中国军队阵地反扑，均未得逞，仍陷于激战……

磨峰、观音岭一带，中国军队张灵甫第58师、向思敏第98师、梁祗六第15师一部，三面围歼日军千余人……

围攻宁乡城日军，与张灵甫第58师第173团激战三日，日军一部由南门冲进街市，利用墙基脊核心阵地，逐步攻击，守军与敌进行白刃战，用手榴弹向敌冲击，激战竟夜，守军副团长、营长、连长军官伤亡30余员，士兵500余名……

6月19日，宁乡城内双方巷战甚烈，日军放火、放毒、炮轰、逼攻，守军第58师第173团团长何澜，身负多伤，仍指挥所部与日军作战，毙敌遍巷。中国军队第58师、第98师及第194师主力，对沩水南岸许家湾、黄土潭日军予以围歼。第19师向宁乡西北郊日军千余猛攻，中国空军飞机11架前来助战，士气大振，即将日军击溃，击毙日军700余……

6月23日，进犯宁乡日军共约万人，经中国军队十余日围攻，死伤惨重，所剩不及半数，残兵逃往湘乡，与湘潭至湘乡日军会合攻占湘乡后，与中国军队第58师在沙田街以东地区激战……

6月26日，第六战区孙连仲将自己集团参战敌我伤亡情况进行统计，呈

报蒋介石:

特急。重庆委员长蒋、参谋总长何:据24集团王总司令已梗未理言亮电,6207密,谨将职集团此次参战敌我伤亡及我方官兵概数如下:

(一)74军:甲、51师酉港鸭、土桥诸役,我伤官13员、士兵307名,阵亡官3员、士兵118名,伤敌510余,毙敌270余。乙、58师益阳、宁乡诸役,我伤官30员、士兵412名,阵亡官54名、士兵960名,失踪官15员、士兵131名,伤敌1696名,毙敌736名。

(二)100军:甲、搜索营藕池、南县、安乡、益阳诸役;我伤官1员、士兵64名,阵亡士兵16名,失踪士兵15名,伤敌75名,毙敌32名。乙、19师南县、安乡、益阳、宁乡诸役,我伤官26员、士兵657名,阵亡官9员、士兵857名,失踪士兵69名,伤敌470余,毙敌210余。丙、63师藕池、安乡诸役,我伤官15名、士兵383名,阵亡官44员、士兵113名,失踪1员、士兵65名,伤敌290余,毙敌150余。

(三)79军宁乡附近及沩水南北地区诸役:甲、98师我伤官14员、士兵142名,阵亡官12员、士兵246名,失踪士兵46名,伤敌120余,毙敌340余。乙、194师我伤官13员、士兵335名,阵亡官7员、士兵486名,失踪32名。伤敌650余,毙敌510余以上。计伤我官112员、士兵2239名,阵亡官89员、士兵2967名,失踪官16员、士兵458名,总计我伤亡失踪官兵5842员名,敌伤亡共6460余人。

(四)除73军、99军另行呈报外,谨电鉴核等情。谨闻。职孙连仲。已宥。奇绩。印。【恩施】①

湘江东岸方面,经醴陵南进的日军,于6月24日攻陷攸县,扑安仁,一

---

① 《孙连仲致蒋介石等电(1944年6月26日)》,《抗日战争正面战场》(下),第1273-1274页。

部奔向耒阳。中国军队急调第20、第26、第37、第44等军,赴茶陵南北地区迎击该股日军。

7月2日,中国军队完成向西攻击部署,对日军猛烈反击。8日,克复攸县、收复官田,并包围耒阳的日军。

此时,孙渡第58军攻克醴陵,直逼湘江沿岸,日军在第58军攻势面前不支,日军第二线兵团推进,又增调第27师团加入战斗,向中国军队反扑。

7月10日,日军再次夺得醴陵南进,先后又攻陷茶陵、耒阳。29日,醴陵日军向东攻陷萍乡,转向莲花。此时中国军队对日军重兴攻势,再度从日军手中夺回萍乡,迫近醴陵、莲花,并再次攻克茶陵、安仁,加强对耒阳附近日军的围攻;另一部挺进渡过耒水,策应衡阳近郊战斗。

奉薛岳命令,王甲本第79军向衡阳西南郊的日军攻击,彭位仁第73军向衡阳西北郊的日军攻击。第79军到达演坡桥、水东江、石桥铺间地区,向衡阳西南郊的日军发起进攻,梁祗六第73军第15师向湘乡,张灵甫第58师对日军严密警戒,并搜索攻击。

第79军向思敏第98师第294团主力,将当面击溃日军,向衡阳附近攻击前进。日军一部由渣江方向进抵演陂桥,该师派队围歼。中国军队挺进支队,由新桥向四塘挺进,与洪桥来的日军800余人激战,日军不支,向衡阳附近逃窜。

从6月下旬至7月下旬,衡阳附近到处激战,大打万余人,小打百十人,你把我打跑,我又把你打逃,双方死伤多则上千人,少则十余人。天空中一会儿你的飞机来了,一会儿我的飞机走了,双方的便衣队更是四处出击,你打我的伏击,我打你的伏击,我抓你的俘虏,你抓我的俘虏。日本人这次也变精了,既不各个击破,又不整体前进,而是采用一对一的打法,把战场化整为零,逼迫中国军队也化整为零,就整个战场而言,混成一片,看不出谁在进攻,谁在防守。

王耀武频频往重庆发电,把蒋介石也搞晕了,拿不出好主意来尽快解决战斗，日军第二线部队调上了，他也把第二线部队调上了，双方势均力敌。好在中国军队已变成熟，经几次大战习惯了日军的立体进攻，对毒气也有一定的防御措施，并把缴获的防毒面具戴到自己头上。

7月28日这天，王甲本第79军，在中国空军掩护下，两线向蒸水南岸新桥、三塘附近的1137高地、大旧山、观音山、头塘、真仙岭、龙头山诸要点发起攻击。上午7时，先后将新桥东

第79军军长王甲本

南高地及观音山高地夺下，至10时前后，炮火连天，战斗异常激烈。左翼铜钱渡、杨梅岭方面，从晨5时有日军600余人，炮数门，由水渡山地区南进，向杨梅岭、铜钱渡突击，并侧背攻击，将杨梅岭中国守军包围。第194师师长龚传文由各方要点抽调零星部队，将铜钱渡东北日军击退。但杨梅岭之围，仍然未解，杨梅岭守军副师长霍远鹏、团长周人纪在重围中，率所部极力抵抗，至午后3时，官兵伤亡达四分之三，该地终被日军攻破。

湘江西岸方面，宁乡日军向南挺进后，中国军队第24集团军紧随其后追击，并先遣第79军，经永丰开赴演坡桥堵截日军前锋。

7月1日，中国军队完成部署：第73军守备宁益地区；第100军集结永丰，迎击西犯之日军；第62军控置文明铺，以策应衡阳之战斗。

7月2日，进至永丰日军，与李天霞第100军发生激战，反复争夺，至10日，将日军驱逐，日军被迫于东南改取守势，第100军将主力南下，参加衡阳反攻。

此时中国军队先以王甲本第79军对金葫市、演坡桥的日军攻击，黄涛

第62军由白鹤铺取攻势行动。15日，第62军突进六塘东宿，19日钻隙渗透至衡阳城郊，因第79军进展较慢，使第62军渡过蒸水时，腹背受敌，伤亡重大，补给无继，乃于22日撤至铁关铺以南地区整补。

第79军攻打衡阳西北郊时，日军抽集优势兵力实行反扑。20日，第79军被迫撤守杉桥以西地区。

此时，蒋介石再由第四战区抽调黎行恕第46军由铁路输送增援，重新整理部署。8月2日，再次发动攻势，各路中国军队颇有进展。

7日晚，中国军队以总预备队第46军主力加入施行总反攻，直扑衡阳城，力求将日军压迫歼灭于湘江，以解衡阳之围。

8日晨，中国军队进攻部队进达五里牌附近，遭日军猛烈阻击，攻势稍挫。而衡阳守军方先觉部，因苦守城池48天，伤亡殆尽，阵地全毁，委实无力再撑……

8月8日，衡阳失守。

至此，衡阳会战结束，双方进入拉锯的相持状态。下面将梁汉明第99军在长衡会战中的情况，用梁汉明拍给军令部长徐永昌的电报，加以叙述，便可看此会战一局部。

限即到。渝军令部长徐：4774密。本军参加长衡会战，详报另案寄呈，谨将概况陈次：（一）军指挥92、99、162师及197师591团，未东起固守新市、汨江、洞庭湖南岸迄沧港，横宽达120余公里之正面。自辰艳起，与由新墙及南华安进犯敌，续增至四五万之敌鏖战至已齐，敌终未突破湘江及三姐桥山地。由新市以东南犯敌，已齐窜至捞刀河下游，迂回至军左侧后，转向三姐桥、湘阴包围、攻击；我仍死守奋战，卒至我守营田、湘阴之99师副师长兼团长周琦失踪，营长以下伤亡过半，守赤山岛之92师邹团长重伤，守沅江之591团营长以下重伤、牺牲殆尽。职军指挥所仍在乔口以北督率余部，扼制湘江，死守益阳及三姐桥山地，（与）前后三面围攻之敌争夺。复因敌一部由沅江绕过益阳，向宁乡73军进犯我军左侧后，始奉长官薛巳佳未电令，由乔口向百叶铺转进，但我死守三姐桥山地之99师、162师余部，及配属指挥死守益阳之77师，抱与阵地共存亡之决心，与敌坚韧搏战中。

（二）巳灰，军遵令由乔口转进至百叶铺后，督率92师及591团残部，并指挥第15师丁团，占领乌山以南地区。自巳真起，右连击岳麓山，左连击宁乡，及我军竭力阻击强渡沩水南犯约三千余之敌，激战迄巳篠，仍死守黑风寺、观音山、白鹤山等要点，岳麓山、湘潭均已相继陷落。及（敌）由湘乡以西地区南犯，亦窜过湘水以南，军复受三面包围，始奉总司令王巳（？）卯电令，由道林附近向湘乡转进，同时令99师、162师仍在三姐桥山地截敌，斩获颇多。又守益阳之77师及守乌山之一团，即奉令各归原制。

（三）巳号卯，军遵令由道林转进到湘乡西南山枣，即奉长官薛巳皓末堵电令，另配属指挥新23师、32师，守卫湘乡。同日，正部署间，至午，由石潭西进及由宁、湘南下先头敌，约二千余，迫近城郊，与我激战。此时军将直属仅余兵力，扼制朱津渡、山枣沿湘水以南要点。守湘乡各部，共约五营兵力，与陆续增至万余敌血战二昼夜。巳养，我新23师守城团长以下，全部牺牲，援弹俱无。当令钟师（即新编23师钟祖荫师长）残余二百余向永丰，樊师（即第32师师长樊焕卿）将士向白果市转进。巳东，军率27师残部，由莲花桥移至蒋市街，即奉长官薛（岳）巳麻堵电令，经常宁向粤汉路高亭司南进，复奉敬巳堵电令，99师、15（6）2师脱离三姐桥山地，突围冲向浏阳、醴陵之敌攻击前进中。

（四）巳梗，军率27师及591团一部，遵令由蒋市街经常宁南进，沿途扫荡敌袭击之小部队，至午虞，到高亭司。又奉长官薛冬巳堵电令，统一指挥160师、暂8师及暂54师、140师各一部，占领公平坪以北东西之线，自奉令日起，协同26军反攻击，经（与）耒阳南犯之敌，争夺拉锯至月半之久，卒于未寒将耒阳以南地区五千余敌全部击溃。又99师、162师自巳梗遵令，由三姐桥突围，沿途觅粮觅弹，且战且走，并于巳感至午灰，先后击溃浏阳以南、醴陵东北之敌。后至午（铣），复奉长官薛删戌、铣酉两电令，转用至萍乡附近。自午养致（至）有，该两师护渌水，次第将刘公庙、峡山口、黄花桥、牛栏桥、狮子石等处约二千之敌击溃。午寝，萍乡陷敌，未微，莲花又失，均经该师拼力奋战，未东、未寒相继克复。后更奉令，以162师向茶陵追击，归44军原制。99师经浣溪市击溃观音阁、通水铺、竹台圩一带之敌，于申支移抵耒阳以南附近，接替26军攻击任务。申鱼，猛力克复南京桥、阴田圩等要点。迨我26军申微向常宁西移后，而暂8师及暂54师、140师各部，亦先后奉令解除部属归原制，旋奉长官薛戍梗酉堵电令，铣（先）统一指挥暂2军，占领粤汉路、小水铺以西之线，与耒阳敌对峙，如现态势。

（五）以上各役，除先后配属指挥之77师、暂7师一团、新23师、32师、暂8师及暂54师、140师各部，均因情况紧急，归制未据报外，总计毙敌（13000余），马（430）余，俘敌（32），马（114）匹，击沉敌汽船（40）余艘，毁汽车二辆，获炮一门，轻重机枪、手枪（70）余支，我伤亡副师长、团长以下（8500）余员名，马30余匹，损耗武器另报。谨电鉴核。军长梁汉明。亥宥。厚。印。［耒阳］①

长衡会战，中国军队使用兵力步调不齐，缺乏机动。当日军突破渌水后，中国第20军、26军、37军、44军、58军、72军6个军，集结萍乡附近，对日军实行无痛痒的攻击，正面则空虚。守军与野战军不配合。第62军突进至衡阳南郊之际，与核心守兵隔山相望，如适时配合，内外夹击，最少可收连续打击日军之效。内围突出时，外无援应，外围攻击时，内徒固守，坐失良机。

8月8日，中国军队战车向衡阳西突击，炮兵火力不足，未得效果，再近战兵器手榴弹，常不发火，有多至十分之八。唯一可赞者，方先觉第10

---

① 《梁汉明致徐永昌密电（1944年12月26日）》，《抗日战争正面战场》（下），第1290-1292页。

军坚守衡阳达48天,为抗战以来坚守阵地战增添异彩。

三、方先觉孤军守衡阳

1944年5月,日军10个师团总兵力20多万人发起第四次长沙(长衡)会战,如狂飙之势,席卷湘北、湘中,6月18日,长沙陷落。

当晚,一个长途电话直接要到衡阳方先觉的寓所。王副官一听,对方先觉说:"是重庆来的电话。"

方先觉刚刚躺下,不以为然地说:"我被军委会撤职当老百姓了,重庆还有谁找我?你就说我不在!我要睡了。"

王副官捂住电话:"是蒋委员长的电话。"

方先觉急忙起身趿拉着鞋子接过听筒:"报告校长,我是方先觉。"

蒋介石很严肃地说:"怎么?你已经高枕无忧了?我告诉你,长沙已经弃守,日军继续南犯,有迅速打通粤汉路的企图;衡阳为西南军事重镇,必须确保,你继续指挥第10军,固守衡阳,立即布置,准备作战。"

"是!是!我一定守住衡阳,决不辜负校长的栽培!"

放下电话,方先觉只觉热血沸腾,精神头十足,立即通知部队备战。

得知方先觉又担任第10军军长消息后,群情振奋,部队上下都认为前次长沙会战,因为被撤职的军长李玉堂在临战前复指挥部队作战,取得了辉煌的战绩,这次历史可能又重演,于是士气高涨,连夜修筑工事,准备迎击敌人。方先觉则提出:"要为常德会战死难的官

方先觉

兵报仇雪耻；确保衡阳，争取胜利！"

一边是枕戈待旦，另一边是志在必得。6月22日，日军终于对衡阳城发起进攻。在飞机的狂轰滥炸下，城区东西两岸燃起了熊熊大火。第190团派出的警戒部队与敌稍事迎击后即撤回对岸我阵地。

23日拂晓，在猛烈炮火的掩护下，日军乘坐数十条大木船、橡皮舟强渡耒水，向西岸第190师第568团第1营据守的前进据点汹汹而来。团长电话询问："杨营长，情况怎么样？"

"敌人强渡耒水！"

"你马上把部队撤到后面的据点，与暂编第54师一个团共同抗击日军。"

杨济和营长脖子一拧："不能就这样便宜小鬼子，得让兔崽子知道点厉害。如果不战而退，徒长敌人的士气，灭自己之威风！"他放下电话，传令待敌军半渡予以急袭。

当渡河的敌军进入我军的射击范围后，杨营长一声"打"的令下，六门战防炮、20余挺轻重机枪猛烈开火，水面上掀起几丈高的水柱，敌人的木船、橡皮舟纷纷被击沉，敌官兵非死即伤，连同溺毙者达300余人，其余侥幸活命者掉转船头，拼命划水，狼狈而逃。

面对强烈的抵抗，敌军知道从正面强行渡河不易，是日中午，敌军一部隔河佯攻，与我守河部队进行炮战；我战防炮3门及重机枪3挺被敌炮火摧毁，战炮连副连长王惠民在指挥火炮转移阵地时，不幸阵亡。

敌主力绕过我正面，在下游寻找地点过河。杨营长识破敌人的诡计，主动西撤至衡阳城外12里的五马归槽据点。

是日，隆隆的轰炸机群一批一批对衡阳市区和飞机场大肆轰炸，市区燃起熊熊大火，方先觉命令第190师及预备第10师进入衡阳主阵地，并令在衡阳以北与敌接仗的第3师星夜赶回衡阳布防。该师留第8团在衡山、南岳各附近之线迟滞敌军，主力迅速撤回衡阳城内。

24日拂晓，渡过耒水的日军向五马归槽据点发起攻击，方先觉命令第

190师第570团增援，务必固守。25日拂晓，敌军开始向五马归槽一线据点发起强大的攻势。衡阳市内的炮兵对该处守军进行炮火支援，炮弹越江呼啸飞行，声震数十里外。敌空军轰炸衡阳城，与中国空军在衡阳上空进行激烈的空战。衡阳困守47天，内线城防部队坚韧不拔，外线反攻部队虽前仆后继，但因敌寇连连增援，其主力大受损害，而全盘作战计划，因此迟滞达两月以上，最后竟不克完成，然衡阳之所以能苦撑如此之久，除了归功于地面部队以外，空军日夜鏖战的劳绩，更是不可埋没的。

这一天的战斗形成了一个高潮，敌我双方为争夺五马归槽阵地，死伤惨重。第570团团长贺光耀身负重伤，副团长冯正之接替指挥，鏖战至中午，该团被迫后撤。黄昏时节，敌突破第568团阵地，将暂54师与第190师隔断，攻入衡阳飞机场。

在湘江东岸飞机场方向，第190师师长容有略指挥第569团向突入机场的日军实行逆袭，激战5个多小时，歼敌400余人，我军亦伤亡200余人。由于敌军大举增援，我军则退入核心阵地，并对飞机场设施进行有计划的破坏，以免资敌。

至此，在衡阳东西两岸的我军之主阵地，都在敌军围攻之中，而且战线拉得太长，兵力单薄，易被敌军各个击破。方先觉感到形势危急，于是下决心收缩兵力，将湘江东岸的部队撤回城内。

从26日起，敌炮兵从衡阳西、南两面向我军阵地轰击，步兵紧随其后发动轮番进攻。敌数度突入我阵地前，均被我炮兵、步兵火力所击退，遗尸遍野。其中预备第10师第30团第7连连长张德山防守的停兵山，和排长李建功防守的高岭两个圆形坑道据点，战斗尤为激烈，其英勇顽强，可圈可点。

战前，张李两人就曾表示誓与阵地共存亡。开始敌人并没有把这两个小小的据点放在眼中，在炮击过后，步兵发起冲锋，均为我阵地前的地雷和迫击炮火所击退。敌军发怒了，调集飞机和大炮，对两据点进行猛轰，我炮兵亦对敌炮兵进行反压制，一时间，两个据点全被隆隆的炮火所笼罩。敌军乘势发起一次次狂攻，当他们冲到据点前，就被里面扔出的手榴弹和轻重火力所压制。战至黄昏，两阵地上的碉堡被炸毁五分之三，外壕多被炮弹夷平，防守官兵伤亡过半，但阵地仍屹然不动。在停兵山阵地前，有400多具敌尸体，而高岭前有200具敌尸体。激烈的鏖战持续到27日凌晨，高岭方向的枪声逐渐停止，李建功和他的一个排战士皆壮烈殉国。敌军夺取高岭阵地后，在黑夜的掩护下，以30人为一个战斗单位，利用障碍物，一波又一波，向我第30团防守的江西会馆、五桂岭、枫树山等阵地发起不间断的猛攻。

第30团团长、黄埔第六期毕业的陈德坒沉着应战，他命令部队注意节约子弹，执行"三不打"，即看不见敌人不打、瞄不准敌人不打、打不死敌人不打。即使有小股敌人潜伏到我阵地实施破坏，也不轻易开枪，以免暴露自己的火力位置，只有等到敌人大队出现在突破口，进至外壕后，才以侧射、斜射予以痛击。一次，敌人突击队出现在阵地前的绝壁下，陈团长命令不许还击，当敌人绑好绳索，一个一个像串糖葫芦一样爬上来后，前沿部队一阵手榴弹，炸得敌军血肉横飞。

该团副团长阮成和团附项世英也轮流在第一线视察战况，指挥部队，战至黎明，敌军遗尸千余，狼狈而退。上午9时许，我空军P-40机6架赶来助战，俯冲扫射敌军，打得敌军人仰马翻，我军阵地一阵欢呼，士气高涨。突然有一架飞机被日军炮火击中，冒着黑烟，摇摇晃晃地迫降下来。据守在停兵山之第30团第7连连长张德山立即派出排长王三禄率领6名战士冲出铁丝网，下山前往营救。从飞机的残骸中救出空军队长陈祥荣，敌军对我飞行员恨之入骨，除了重机枪扫射外，还派了多名狙击手封锁王排长等人返回阵地。王排长和3名战士不幸中弹牺牲，但陈祥荣被救回，送到军部。在日后的战斗中，联络指挥空军支援都起到很大的作用。

是日下午2时许，敌军主力部队全部到达衡阳城下，步炮空军联合对守军发起猛烈进攻。我各阵地皆受到巨大的压力，官兵伤亡甚重，停兵山阵地陷于苦战之中，鹿砦、障碍物、铁丝网也多被敌人破坏，而敌军伤亡人

攻入衡阳的日军

数也有700余人。

俗话说，仇人相见，分外眼红。在第三次长沙会战中，敌军是吃了方先觉部队的苦头的，此次来报一箭之仇，也格外凶狠。从6月27日对衡阳城发动第一次总攻开始，到8月7日，衡阳城天天在血与火的炼狱中煎熬。开始城内的给养、装备尚能得到在衡阳外围的第27集团军副总司令李玉堂的支援，随着包围圈的日益缩小，城外的物资送不进来了，就改用飞机空投。到后来，敌我阵地犬牙交错，空军已经无法再空投了。惨烈的战斗，使第10军战斗人数日益减少，粮食和武器弹药得不到补给，处境极为困难。

时值盛暑，打死的尸体无法清除，臭不可闻，伤员得不到医治，伤口恶化，治疗的器械、药品根本谈不上，棉花、纱布都没有了，不少伤兵伤口生蛆流脓，活活受死。有的重伤员开枪自杀，还有的央求医护人员发发善心，"给我一枪吧"。能战斗的官兵空腹作战，能够吃的东西，包括天上的鸟，塘里的鱼，树叶、草根都吃完了。部队每分每秒都在期盼援军的

第十二章　豫湘桂鄂大作战

保卫衡阳作战中牺牲烈士的遗骸

到来。但外围的部队始终雷声大雨点小，战到最后的一刻，也没有见援军来。蒋介石只能在电报中说："愿上帝保佑你们！"别的没有一点办法。面对部队悲惨的境地，军长方先觉只感到五内俱焚，痛心疾首。

8月7日夜，方先觉在军部召开紧急会议。他沉痛地说："情况我就不多说了，开会的目的是请诸位发表意见，是突围？是死守？是投降以待时机？"

各部长官议论纷纷，有的说没有子弹如何突围？有的说伤员众多怎么转移？吵来吵去，除了以死殉国别无他途；只有第3师师长周庆祥说："山穷水尽，不如暂时投降，还能为党国保存一些力量，以待将来。"

方先觉缓缓站了起来，独自走进内室，放声大哭，会议就这样毫无结果地散了。

半夜，防守北门前线的周庆祥第3师的一个团放下武器，与敌军媾和。天亮以后，听惯了双方你来我往的激烈的枪炮声的方先觉，发现情况有些不对劲，敌方进攻的枪炮声依旧猛烈，而北门一带却没有回击的枪炮声。

方先觉命令参谋长孙鸣玉打电话询问,得到了一个可怕的消息:敌军从北门突入城中。方先觉接报后,立即令炮兵开炮轰击。命令下达后,炮兵指挥官张作祥站在那里不动发愣。

方先觉急了,训斥道:"你没听见?还不快下命令开炮?"

张作祥含着眼泪失声说:"报告军长,我们只剩两发炮弹,怎么能阻止敌人进城?"

方先觉喃喃地念叨:"大势已去,无力回天!"他对参谋长孙鸣玉吩咐:"给校长拟电。"他一字一顿地口授道:"委座钧鉴:我军现已弹尽粮绝,齐(8)日晨,敌自北门突入,我已无可堵之兵。学生等决心以死报党国,不负钧座培育之至意。此电恐为最后一电,来生再见。学生方先觉、周庆祥、孙鸣玉、容有略、葛先才、饶少伟等敬叩。"

电报发出后,周庆祥突然带着敌联络官来到军部。敌联络官恭恭敬敬地向方先觉敬了一个军礼说:"我们司令官横山勇请方军长到司令部会谈!"方先觉只觉得全身的血往头顶上涌,伸手往腰间去摸手枪想要自杀。然而却摸到一个空枪套。原来,在昨晚睡觉时,跟随方先觉多年的王副官担心军长会自杀,早已偷偷地把他的手枪藏起来。主战的葛先才哭喊着:"军长,你不能去呀,你下命令吧,和小鬼子拼了。"主和的周庆祥劝说:"军座,事已至此。你带弟兄们走一条活路吧!"方先觉长叹一声:"走吧!"他带着手下的高级将领,在日本联络官的引导下,去了日军横山勇的司令部。

横山勇迎出来,客气地说:"欢迎!欢迎!"

方先觉正色说:"你我同是军人,同是指挥官,你若打了败仗,丧失了国土,是要告罪天皇,切腹自杀的。在我们中国,同样是不成功则成仁,我已经电告中央,决心以身殉国。我的生命现在已不属于我个人,但是,我要保全我部下的生命,所以我来和你谈判,只要你能保证他们的生命安全,我就可以和你谈判,否则我就和你战斗到底!"

横山勇说:"方将军不要激动,胜败乃兵家常事,我们在长沙也曾经败在你的手下。我们对贵军作战勇敢是敬佩的。现在我只要求你接受我国提出的日中亲善三原则，共同防共，经济提携，共存共容，走到我们这方面来，我保证你现有官兵的生命安全。"

方先觉点头："但愿你言而有信。"

随后，方先觉的第10军被日方整编，改名为先和军。11月下旬的一个夜晚，方先觉趁敌军看守松懈，逃离了衡阳。

第三节 桂柳会战

一、第四战区的阻敌部署

1944年，对日本来说，是不吉利之年。

日军最感头痛的是盟军在太平洋上的反攻，招招进逼，海上交通屡遭盟军打击，无法维持下去。因而困难再大也要沟通大陆交通线，以便尽早撤退南洋的日本侨民与进行物资的转运，以及维持与中南半岛日军的联系；同时为打击中国军队陆上的反攻，必须破坏中国西南盟军空军基地。

日军攻陷衡阳后，即以第3、第13、第14、第58、第116等师团，及第6骑兵旅团等，10万余人，集中于湘桂路沿线及其以南地区，同时于西江方面，集结第104、第22等师团，及独立第19旅团等，3万余人，另于雷洲半岛方面，集结独立第23旅团，另附独立战车一个联队，独立重炮一个联队，三四千人，准备采用分进合击态势，向桂柳地区进犯。

中国军第四战区长官部，得知日军这一企图，但因战区兵力处于劣势，乃策定内线作战方案，要领如下：

一、衡阳以西，地形复杂，作为守势地区，以一部分兵力滞迟日军的前进。

二、柳州以南，交通灵便，陆空军联络容易，为攻势地区，以主力使用于该方面，将日军各个击破。

国民党军事委员会如将主力使用于衡阳方面，首先应将该方面日军击破后，才能确保桂柳。

第四战区主帅张发奎决定，以原驻桂柳的两个军，重点放在湘桂路方面，拒止日军的急进，让桂省地方部队，防守桂南方面，迟滞日军的前进。在征求蒋介石同意后，由綦江调来的第93军，于1944年9月13日，推进至全州布防。再者就是粤汉路正面，调杨森集团军的第20、第26、第44等军，取道宁远、零陵间，向道县前进，由侧面阻止日军的进犯，并准备加入桂柳方面决战。

另以李玉堂集团军的第10、第62、第79等军，于湘桂路迟滞日军的行动，诱使日军于全州附近后，再向北转入湘西山地，侧击由新宁向资源进犯的日军，以掩护全州守备的左翼。另以第4、第31、第46等军，控制于桂林，构筑城郊坚固工事，以第175师，控置于柳州，为迎击作准备。

桂林行营。

白崇禧在作最后的计划。他将此次作战分为二期，第一期是日军未突破衡阳以西中国军队现设主阵地以前。第二期是日军突破衡阳西侧中国军队现设阵地以后大举侵桂时。白崇禧将第九战区、第四战区、第六战区作了细致分工，薛岳、孙连仲、张发奎任务明确。

此次作战，以第四战区为核心，白崇禧让张发奎报来详细的作战计划。白崇禧在电话里对张发奎说："向华兄，日本人这次是抄咱们老窝来的，行营在桂林，空军基地在柳州，出了差错，委员长要把咱们斩首示众啊。"

在柳州的张发奎，与第四战区长官部的幕僚们，反复召开会议，张发奎亲自就作战方针、指导要领、兵团部署、航空及防空、交通通信、兵站设施及补给等一系列事项，作了周密的部署，并呈报白崇禧，电告蒋介石。

蒋介石与张发奎通了电话："向华兄，抗战初期，日本人认为你是他们可争取的人物，结果你在桂南把他们打得屁滚尿流，这一次，拜托你了。"

日军攻占衡阳后，李玉堂集团军即由东安转向湘西山地，日军进出黄沙河，与中国军队第93军警戒部队接触。此时，第93军军长陈牧农尚未把部队集中完毕，而粤方面日军独立第19旅团已乘虚窜至怀集，对桂林作球心包围的态势。白崇禧大吃一惊。

在此之前，张发奎向白崇禧报告，日军50000余人，由西贡开往北圻，并控制交通运输，似有呼应在湘日军企图模样。张发奎又急忙发电报给蒋介石，电文如下：

即到。渝委员长蒋、副总长白：4992密。前报越北增敌五万余，并控制交通运输等情，经电呈查核在案。现据报：湘桂路敌二千余，支午窜抵黎家坪（祁阳北）、大忠桥（祁阳南）各附近，似有与越敌呼应、积极进犯企图。本战区对此情况，须对南北两面作战，惟战区防广兵单，而陈、贺两军既奉命固守全、桂，则可能活用者仅黎军一师兵力。以此有限兵力，能否应付各方情况，颇成疑问。拟恳迅饬97军及七战区部队，速分向平东、梧州、河池、宜山间集中，以应战机。谨呈核示。张发奎。申支戌。国战伤。印。【柳州】①

蒋介石收电后，马上回电给张发奎，电文如下：你部出黄沙河、全县阵地后，受令于大溶江以北地区，竭力迟滞日军的行动。并调贺维珍第31军颜增武第135师，迅速进出平南，张军凯第155师由廉江尾击北进的日军，形成南北夹击日军达到迟滞目的，以待从其他方面调来增援大军，将敌歼灭。

白崇禧判断，日军将以主力沿湘桂路西进。然后一部向平东推进，另一部由苍梧西进桂平。白崇禧将部队作了部署：许高扬第170师、第131师由第31军军长贺维珍指挥，固守桂林；陈牧农第93军固守兴安严关口、大溶江；海竞强第188师、甘成城第175师由第46军军长黎行恕指挥，位置于高地圩、海洋坪，固守隘口，主力控置桂林东南方大圩附近，蒋雄新第19师位置于永福附近；颜增武第135师开桂平，协同张显政第155师阻击苍梧的日军，杨森、邓龙光、李玉堂等部，部署不变。

---

① 《张发奎致蒋介石等密电（1944年9月4日）》，《抗日战争正面战场》（下），第1308页。

白崇禧担心，桂林方面可望固守，可是柳邕梧方面，极为空虚。他向重庆发电，恳请从宝鸡、重庆空运牟庭芳第94军第42师赴柳，第97军为避免长途行军消耗，位置就放在贵阳、独山间适当之时策应。白崇禧还望派第9军前来增援。可重庆军令部来电说，李德生第42师河南战役损失甚重，第9军仅剩5000余人，第42师不过4000人，没有相当时间补整，无作战力量。军令部无奈地告诉白崇禧，柳州防务，希望就现有兵力部署。

9月下旬，由第九战区转用的杨森集团军，指挥杨汉域第20军、丁治磐第26军、贺维珍第31军及钟彬第71军、黄涛第62军与由第七战区转用的陈公侠第64军，陆续分由粤湘各地，进入桂境。这些部队都是响当当的部队，但经过几次长沙会战和长衡会战，实力大减，许多尚未补充，其兵力不及原编制四分之一，更以交通不便，行动迟缓，因此未能如期到达桂柳外围地区，得使日军乘隙突进。

10月1日，湘桂路日军第58师团进出兴安附近，日军第116师团及第40师团由灌阳、资源向桂林进犯。日军第3师团、第13师团的一部，由富川进犯平乐。

西江方面日军的第104师团、第22师团，与怀集方面日军的独立第22旅团，及雷州半岛方面日军的独立第23旅团会合，进迫平南、丹竹，企图南北两面会攻中国军队桂柳要地。

白崇禧命令周祖晃指挥桂绥第1、2纵队及第155师、第135师于平南、桂平附近，竭力拒日军西进；陈牧农第93军于恭城、大溶江附近，迟滞日军的行动，掩护桂林正面，并协同杨森集团攻击日军的侧背；另集结杨森集团军及第46军黎行恕军长指挥的第175师、第188师，于平乐、荔浦、阳朔间地区。白崇禧决定先将龙虎关的日军歼灭。

10月中旬，湘桂路正面的日军，因第93军全力奋战，被阻止于大溶江附近；龙虎关的日军，也被中国军队前进部队拒止，并因中国军队敌后部队的攻击，日军未能积极动作；但西江方面的日军，得交通之利，而且兵力上占优势，节节推进，攻陷平南、桂平，其野心是破坏中国军队丹竹机场。

中国军队为确保柳州，及掩护黔桂路的安全，重新将战斗部署加强，以桂绥第1、2纵队在石龙附近占领阵地，阻击当面日军；以第155师迟滞由桂平西进的日军，掩护中国军队主力集结；第31军于10月17日前，于大王圩及其以南地区完成攻击准备，向平南方面的日军攻击；以第135师一部，占领金田村附近之线，支援第31军攻击由江口、恩旺向平南、桂平进犯的日军，并掩护主力集结；以第46军军长黎行恕率第175师、第188师，用卡车运至武宜以南地区机动使用。白崇禧命令张弛第64军必须于21日前完成会战准备，限1月21日开始发动攻势，以求将日军各个击破，然后连续向桂平的日军攻击。

白崇禧

第64军开始攻击后，经8昼夜激战，予日军以严重打击后，遂将桂平外围重要据点蒙圩及马岭等地，先后收复。

10月18日，湘桂路正面向大溶江左翼松口迂回的日军，约一大队，被中国军队全数歼灭，终因日军后方部队不断增援，而中国军队全无兵力增加，以致不能扩大战果。

桂北日军第58师团、第116师团、第40师团、第3师团、第13师团，各以主力互相策应，协同并进，一举突破中国军队桂林外围阵地，进出桂林东郊，及平乐、阳朔附近，同时西江方面中国军队左翼遭日军突破，以致影响桂平攻势，白崇禧为避免不利态势，调整部署，命令各部队向桂柳近郊转移，收缩防线，于桂柳间集结兵力，与日军决战。

白崇禧部署完毕后，电呈重庆，陈述作战意见三项，电文如下：

（一）职屡于电话申请总长与林主任、刘次长转呈刍见。请解除七战区确保曲江、九峰任务，集中主力于西江方面，阻击敌人，断敌运输，仅予单纯任务，务期彻底达成，因桂柳有失，则曲江、九峰亦决不能保也。

（二）请饬六、九两战区，协同夹击湘桂公路铁路沿线之敌。恳径分令王陵基、孙渡、王耀武，着眼大局，积极行动。

（三）空军于昼间对敌交通线轰炸，夜间悉赖陆军切实截击，由三水至桂平江道长逾千里，由岳阳以迄全州亦在千里以上，如此漫长之敌后运输线，以优势之陆空协同夹击，前途必可乐观。①

白崇禧为各战区野战军彼此不配合，伤透脑筋，蒋介石的中央军只听蒋介石的。大敌当前，日军已打到桂林城下，白崇禧仍旧在发牢骚："老蒋说，将来与他争天下的，不是日本人，而是共产党和我白崇禧！"

张发奎劝道："算啦，健生兄，蒋公用兵有私乃是一贯行为，咱们努力打吧。"

桂柳外围战斗基本如此，下面要看桂林核心战斗了。

桂林防守司令韦云淞及第31军军长贺维珍，为保卫桂林，以第131师防守桂林城北部及其附近要点，准备依靠核心阵地，以火力摧破日军的攻势后，相机转移攻势。

二、桂柳失陷

10月27日，日军以约3个师团兵力，对桂林实行围攻。

29日，日军对桂林城郊全面实施武力搜索，桂林北面主防御线，悬崖

---

① 中国第二历史档案馆馆藏档案。

绝壁，无法攀登；西面主防御线叠岭重山，难于攻略；南面主防御线，虽地形不如西北两面，然而守军士气旺盛，不畏强敌，而且能运用人力以补地形不足，兵力配备，注重纵深。在阵地组成方面，注重背山背水；工事构筑，注重阵地前线的绝壁。日军飞机几番炸击，步兵数度猛攻，受重大损伤，守军阵地仍屹然未动。日军几攻不下，见守军东面阵地隔江孤立，攻略较为容易，日军决定占领东面地区后，再行渡河攻击。

西江方面的日军约2个师团2个旅团，已进出山地，阻击困难，桂林方面已有日军约5个师团，渐渐形成合围之势。第九战区中国军队兵力虽号称为9个军，但连年征战，尤其刚打完长衡之战，又转战行军数千里，每军兵员均仅有四分之一；张发奎见部队疲劳之极，尤其是士气不振，缺乏信心，虽然他和白崇禧制定了缜密计划，而实施起来却很困难，他深感焦虑。再说柳州守备部队调动频繁，自始即未确定，他事先作了一切准备，但是由于各种关系无法完成，弹药屯储亦相差甚远。日军准备充分，来势凶猛。第九战区奉命前来的莫福如第160师和安纯三暂编第20师因入桂路受阻，无法按期到达，蒋介石命令确保桂柳，实在困难。万般无奈，张发奎向重庆发急电，请求空运两三个军到柳州，支撑危局。

11月4日，日军使用毒气猛攻七星岩阵地，双方死亡枕藉，七星岩守军终以孤立无援，阵地于5日被日军占领。

6日，日军利用七星岩作

桂林市区中弹燃烧

观测所，连日炮击桂林市区，造成市区到处火灾不断，市内房屋，焚毁殆尽。

7日，日军由定桂门、中正桥、马王洲三处强渡漓江。定桂门方面，因漓江码头对许高扬第170师已构成绝壁，同时该师象鼻山侧防工事火力猛烈，日军进攻部队受到惨重打击，未能得逞企图。

8日，由中正桥、马王洲强渡漓江的日军，向桂东路、叠彩路猛攻，致中正桥头堡三座沦于日军手中，守军韦云淞军长急红眼，大声喊道："夺回桥头堡，悬赏十万国币！"阚维雍第131师向桥头堡反攻，然而一路死伤，未能完成任务。

9日，韦云淞命令许高扬第170师恢复攻击，该师除班长是上等兵外，多是新兵，因急需参加作战，仅仅进行了射击训练和警戒教育，于是师长抽调上等兵班长编成突击敢死队，并使用火箭筒、战防炮、爆破器材加入战斗，这群老兵，出生入死，身经百战，一波接一波向日军反扑，最后使用手榴弹近体肉搏，恶战惊心动魄，最终将桥头堡阵地从日军手中夺回。

韦云淞指挥阚维雍第131师发扬火力网优势，将占领马王洲的日军围歼，并予由伏波山南侧侵入的日军以重大打击。9日，因日军大举增援，以陆空联合利用马王洲为落脚处，由桂花街向守军第131师核心阵地猛攻。虽经守军奋勇抵抗，终因伤亡过大，守军第131师防守的伏波山、风洞山、皇城等要点地区，均被日军突破，守军第170师由南面增援反击，无奈日军兵力火力优势太大，无法将其驱逐，双方巷战至11日。韦云淞见四处是日军，精疲力尽之际，传来命令，韦云淞率残部突围，桂林遂告陷落。

韦云淞含泪离开桂林，第131师阚维雍师长、桂林防守司令中将陈济桓参谋长、第31军吕旃蒙参谋长、第170师胡厚基副师长等高级军官，均阵亡于桂林。

日军占领桂林的同时，目标也对准了柳州。

首先是10月27日，中国军队以与日军在柳州地区决战之目的，以一部于红水河、柳江沿岸占领阵地，阻止日军渡河；主力则集结于柳州附近，

日军占领宾阳。这是被俘的中国士兵

乘日军渡河进出柳州近郊之际，相机转移攻势，压迫日军于柳江江畔而击破之。基于此方针，张发奎命令邓龙光集团军（第62军、第64军及桂绥第1、2纵队）转进迁江至象县间、红水河及柳江西岸之线，占领阵地。杨森集团军第26军、第37军联系邓龙光集团军于象县、鹿寨沿河西岸占领阵地，阻止日军渡河。

张发奎命令丁治磐第26军固守柳州，杨汉域第20军协力第26军固守柳州外围据点，相机转移攻势。夏威集团军（第93军、第79军的余部及新19师）联系杨森集团军，沿永福河西岸一带，占领阵地，阻止日军西进。黎行恕第46军（第188师、第157师）为控置兵团，位于柳州以西三都附近，乘日军攻击柳州时，即协同守军，对日军转移攻势，策应邓龙光第35集团军的攻击。限11月10日前，部署完毕。

各兵团于部署时，正碰上阴雨连绵，盟军飞机由于云层太厚无法活动，日军乃乘机对夏威集团军重施压力，致使其无法转移阵地。

11月14日，桂柳间的永福阵地，被日军突破，第93军及新19师陷于苦战，第20军与日军第3师团激战于修仁附近，无法脱身，杨森、夏威两集团军，均未能如期按计划部署，日军就此乘势南下，并以一部出中渡赴柳城，严重威胁柳州左侧背。为确保前线阵地，掩护柳州侧后安全，张发奎即令控置兵团的海竞强第188师，转用于柳州城，拒止由中渡向柳城迂回的日军。

邓龙光、杨森两集团军，于变更部署时，沿江进犯的日军，已进抵红水河南岸及柳江西岸地区，其一部于象县附近出现，迅速从柳州东侧渡河成功，11月6日起，自迁江经柳州亘柳城全线展开激战。

9日，日军突破柳州据点，守军第26军的两团被日军包围，损失重大，致柳城被日军攻陷。

日军以有力一部，由柳城北方向西突进，中国军队以力保宜山，掩护黔桂安全，相机击破日军之目的，于11月10日，重新调整。张发奎命令邓龙光集团军主力，第64军、第62军转进于北泗乡、思练圩、大塘圩之线，留下一部于现阵地竭力迟滞日军的行动；以夏威集团军（第46军第188师、第175师、第135师）于大塘、三赁之线，扼守铁路公路正面，固守宜山；杨森集团军（第20军、第46军）转进三岔、中脉、小长安之线，掩护宜山左翼。

11月12日，邓龙光集团军已到达指定地点——北泗、大塘之线。夏威集团军在理苗、洛东之线，与日军激战。杨森集团军以逐次抵抗向龙江河转移，而柳城西犯日军3000余人，乘杨森集团军阵地占领未定之前，由柳城附近的大浦向西迅速推进，第20军将敌拒止于宜山以北地区，正面的第46军受到日军左侧威胁，向宜山东南地区转移……

宜山于15日失陷。

张发奎对邓、杨集团军大为不满，对桂柳前线中国军队之状况及形势颇为担忧，于11月17日致电重庆，报告此次桂柳会战情形，并恳请重庆速定大计。张发奎电文如下：

日军轰炸后的南宁市区惨状

查此次桂柳会战,以职指挥无方,日蹙百里,实属外惭清议,内疚神明,至各将领中忠勤尽职者,固不乏人,而昧于大势,规避战争者,亦不鲜其例,颓风所播,战意潜销,试一检讨各军战绩,除确因转战过久,实力耗损无法达成任务者,尚堪原谅外,如46军参战最晚,人员武器亦较他军优越数倍,最后宜山正面如再不使之坚强抵抗,不仅不以服苦战之袍泽,且无以对输械之盟友,及接触不及两日,损耗亦不严重,居然自相惊扰,避开正面,致宜山垂手陷贼。怀远、三江防军未集,勉以工8团及本部特务团分别布置警戒,迟滞敌人,现敌已迫怀远,正隔河对战中。26军虽已到,能否阻遏西犯,仍无把握。判断敌情,如我能在怀远坚强抵抗,桂柳会战或即至此而止。但一般战力耗损过巨,劲旅亦成废师,倘敌此扩张战果,迫近黔疆,亦非绝不可能。职戍桂五年,虽明知部队疆界太严,风气太坏,而仍委婉牵就,谓可终济时艰,不料诚信未孚,贻误滋大,深负钧座期许,亦职所不能已言者。现金城江重要物资山积,沿线难民死亡载途，目击疮痍，罪戾曷极，除遵谕竭尽智能，争取时间外，敬恳速定大计，指示机宜，无任迫切待命之至。①

蒋介石读完张发奎的电报，狠狠说道："第46军黎行恕的头是铁的吧，娘希匹！"

军令部次长主任林蔚急忙说："委座，桂柳前线部队都已在苦撑；眼下实为关键，杀黎行恕定会影响全线士气，黎行恕是夏威的爱将，第16集团军在桂柳战场举足轻重啊。"

蒋介石考虑片刻，觉着林蔚言之有理，便在电文后批示："以全权整饬军纪，凡不从命令擅自撤退之主管，长官应就地正法为要，一切由中名义行之可也。"

怀远方面战斗正打得激烈。

敌我于三岔、洛东附近血战方酣之际，战区为谋求逐次抵抗消耗日军，获得余裕时间，掩护黔桂路安全着想，张发奎令邓龙光集团确保金钗、九度乡之线；第26军、第37军于11月15日前，在北旺、怀远之线；杨森集团军保守马乡、罗城之线。

攻陷宜山的日军，于同月16日，由宜山西犯，进攻怀远守军阵地，另由忻城方面窜来日军三四千人，向北旺阵地攻击。奉令守备怀远的丁治磐第26军因行动困难，迄16日，未能完全到达。第四战区长官部只得改令原在怀远构筑阵地的工兵8团、炮兵第14团第8连及战炮总队的一连，外加战车5辆，临时由第四战区战干团教育长王耀武统一指挥，坚强抵抗。待第26军到达完毕时，王耀武等已与日军血战5天，此种临时改令处置，竟收意外功效，予日军以重大的消耗。

日军见正面攻击行不通，便转移主力于11月8日攻陷安马，并继续西进；同时北旺日军约一联队，迂回金城江，黄涛第62军一部因寡不敌众，几经苦守，未能保住防线。

---

① 中国第二历史档案馆馆藏档案。

难民挤满了火车

此时另有日军约一师团，向邓龙光集团发动猛攻，并于九渡乡渡河，向都安挺进，途中遭第62军竭力拒止，双方厮打一团，两败俱伤。

12月12日，中国军队重新部署，张发奎令夏威集团军于三江口及以南地区，占领阵地，阻止日军西进，必要时向东兰转移，侧击铁路公路沿线日军；邓龙光集团军主力拒止当面日军，并以一部迅速进出邕田，拒止南宁向邕田路进犯的日军；杨森集团军在金城江、思恩之线，阻击西进日军，并确保黎明关要地，协同王铁麟第91师，克复上下司及六寨等地。日军第13师团于12月2日攻占独山。第3师团于11月27日攻占黎明关，12月3日攻占荔波，其先头部队进抵贵州都匀，严重地威胁到重庆的安全。中国军队拼死反击，12月12日再克南丹，13日晚克野车河，并与第46军共同包围河池的日军。14日晚，日军增援2000余人，向中国军队反扑，经中国军队奋勇激战，日军因久战兵疲，无力进攻。而中国军队各部转战过久，也需整补，以备反攻，双方形成相持之势。

当日军侵占贵州边界的重镇独山以后,云南、四川受到威胁,陪都重庆震撼,何应钦认为"此时诚为抗战以来最艰险之一刻"。蒋介石急命何应钦坐镇贵阳,令远在河南的汤恩伯星夜率部驰赴黔南前线。汤恩伯令石觉第13军、陈素农第97军、孙元良第29军等千里驰援;并令其副司令长官张雪中率两个师驰赴贵州马场坪一带,布置新的掩护阵地,以保卫贵阳地区;以石觉第13军主力,负责守备贵阳市区。由于日军从河南打到湖南、广西,已是强弩之末,加之打通了华北、华中、华南的大陆交通线,完成了战略目的,所以不久就退出了独山。此时的汤恩伯又成为英雄。

《中央日报》声称,汤恩伯在桂柳失陷后,顶住了日军西进。但大多数人认为,汤恩伯为抗战时期所谓中央军中的战将,其实他并不善战。李宗仁这样说道:"汤恩伯专喜欢打飘忽无常的机动战,看到形势绝对有利时,便迅速加入,来个突出。"从此次会战来看,好像确是如此。

第四节　豫西鄂北会战

一、"长腿将军"的御敌之策

第五战区自1941年2月豫南战役结束之后，没有大的战役，战区司令长官部设于老河口，李宗仁在老河口郊外杨林铺镇创设"第五战区干部训练班"，李宗仁兼训练班主任，各集团军总司令或副总司令轮流担任副主任，各军军长、副军长担任队长、副队长，调各军中校官以上官佐到训练班受训，以努力提高指挥员的素质和技能。

世界反法西斯战争进入1945年，战局发展有利于中国战场，日本帝国主义已呈失败之势。为适应反攻作战，统帅部对军队指挥系统及其部署，作了一些局部调整。1945年2月初，统帅部设立军事委员会委员长驻汉中行营，升任第五战区司令长官李宗仁为汉中行营主任。汉中行营辖第一战区、第五战区和在大别山游击根据地划设的第十战区，但"事实上是一个虚设机构，无实际的职权"。各战区仍由军委会直接指挥，只不过把送呈中央的报告送一副本给"行营"罢了。李宗仁认为：汉中行营"这一机构似乎是蒋先生专为我一人而成立的。目的是把我明升暗降，调离有实权的第五战区"。"蒋（介石）先生生性多疑而忌才。他见我在第五战区与部队的感情十分融洽，深受部属的拥戴，至恐形成尾大不掉之局。但是抗战六年（实已七年），我第五战区可说是成绩辉煌，蒋先生实无适当借口把我调职。所以他唯一的抉择便是成立一个位尊而无实权的新机构，把我明升暗降，与部队脱离实际关系"。

李宗仁对蒋介石设立汉中行营，调升其为行营主任之目的的分析，不无偏颇之处，但也并非"小人之腹度君子之心"。蒋介石总提防部属尤其非嫡系部属的尾大不掉，是路人皆知的。好在李宗仁对这一"明升暗降"

非常满意,他感到抗战以来"戎马倥偬,案牍鞅掌,个人也很想得机休息;加以功高震主,无端招忌,倒不如暂时减轻一些责任为愈"。中央任命发表以后,李宗仁反觉浑身轻松,即赶忙准备交卸"第五战区司令长官之职"。①

2月11日,统帅部发表命令,任命刘峙接替李宗仁为第五战区司令长官。李宗仁向由重庆乘小飞机赶到老河口的刘峙办理了交接事宜,便赴汉中就任汉中行营主任去了。李宗仁掌第五战区达七年之久,前后直接指挥过的军队达100多万,进行过无数次会战、战役和战斗,堪称抗战名将。第五战区是中国抗日战争正面战场的主力战区,打了许多苦仗,也打了不少胜仗,为中国的抗日战争、为中华民族的解放事业,做出了突出贡献。李宗仁的坚韧不拔的顽强气概、焦土铁血的抗日决心、英勇果敢的指挥艺术、善待下属的宽厚气度,给世人留下深刻的印象。李宗仁的抗战历程,是其一生中最闪光的段落;其抗战业绩,历史不会忘记。

刘峙接掌第五战区,此人为蒋介石的心腹将领。他是江西吉安人,生于1892年6月30日,早年就读于湖南陆军小学、武昌陆军中学、北京清河镇陆军第一预备学校、保定军官学校,为保定军校第二期步科毕业生。曾先后在北洋巡防营和广东粤军中供职。黄埔军校成立后,刘峙被何应钦引荐做了军

李宗仁、孙连仲(中)、卫立煌(右)在一起

---

① 《李宗仁回忆录》(下),第804、805页。

校战术教官。军校成立教导团时,何应钦为第1团团长,刘峙被任命为该团第2营营长,深受何的信任,与当时也为营长的顾祝同被时人称为何应钦的"哼哈二将"。

刘峙率部参加了广东国民革命军方面的两次东征,战绩显著,不断升迁至团长、副师长、师长,并逐渐得到蒋介石的信任和重用。北伐战争爆发后,刘峙为国民革命军第1军第2师师长,率部参加北伐,建有战功,遂升为第1军军长。刘峙追随蒋介石,可谓忠心耿耿,矢志不移。随后参加了以蒋介石为中心的新军阀混战,又参加了对工农红军的"围剿"。刘峙曾任河南省主席兼开封绥靖主任,1935年4月被升为二级陆军上将。抗日战争全面爆发之后,刘峙被任命为第一战区第2集团军总司令,率部由开封进驻保定,守备平汉路沿线,由于作战不力,引起平汉路正面的大溃退,被世人讥为"长腿将军"。统帅部给刘峙以"撤职查办"的处分,第2集团军由孙连仲接掌。但刘峙毕竟是蒋介石的宠将,旋即又被重用,但一直未在抗日战场的第一线供职,谈不上抗战有功。蒋介石任命刘峙为第五战区司令长官,并非"论功行赏",根据战绩而重用,实乃以宠信刘峙而用之也。据说,当时蒋夫人宋美龄曾向蒋介石进言:"外边闲话很多,刘峙恐怕不能再指挥作战吧?"

蒋介石说:"刘峙指挥作战是不行,但是哪个人有刘峙那样绝对服从?!"

一语道破天机,这是否"绝对服从",便是蒋介石的用人标准。

刘峙接任第五战区司令长官不久,便遇上了一场大战,即豫西鄂北会战。

日军1944年用了差不多一年的时间,投入相当多的兵力,打通了大陆交通线,并破坏了沿交通线附近的飞机场,但是,中美空军仍然利用平汉路、粤汉路以西各机场,集中攻击、轰炸日军赖以维系军运的平汉、津浦、粤汉等铁路和同蒲铁路南段以及长江、湘江、汉水、西江等水上运输。日本空军已处于劣势,既失去了制空权无力保护运输线,又无力破坏中国后方机场。日本大本营便决定由陆军进行长途远征，破坏中国后方空军基地。为破坏豫西、鄂西北地区机场，日本中国派遣军决定发动对豫西、鄂西北的进攻，令驻郑州的第12军担任主攻，驻当阳的第34军之39师团及驻山西的第1军为策应助攻。

日军的作战计划是：第12军于1945年3月末开始行动，主力从鲁山、舞阳、沙河店附近一线，以急袭突破中国守军阵地，迅速进攻至西峡口、老河口一线。第39师团由荆门向北沿汉水以西攻占襄阳、樊城、谷城；第1军派出一部从黄河以南的陕县进行出击。

针对日军的动向，为保护豫西、鄂西北空军机场，中国最高统帅部1945年初就作出防御部署。1月8日，蒋介石致电时任第五战区司令长官的李宗仁和第一战区代司令长官胡宗南，指示第一、第五战区协同作战要领如下：

（甲）作战方针：（一）第一、第五战区，以广领要地，掩护机场，巩固川陕门户之目的，应就现态势，配合路东及敌后部队，行战略持久战，主力固守宛、郧、襄、樊，以遏阻敌奸窜扰，并利用豫、陕山地，广建根据地，完成攻守作战之准备。

（乙）部署：（二）两战区之豫西战斗，必要时，由李长官统一指挥（不另设机构）。（三）两战区作战地境，变更为淅川、南化镇、郧西、上津、冷水河之线，线上属第五战区。（四）（第一战区作战部署从略）……（五）第五战区……（1）以一部保持现有阵地，主力固守大洪山、枣阳、涢河镇、南阳之线（利用唐河、白河构筑多数之纵深及斜交阵地），特须注意对敌机械化部队之防御。（2）以第47军控置于邓县附近，第22师控置于丹江以西均县东北地区，准备适时策应。（3）于襄阳、樊城、老河口、三宫殿沿江西岸经淅川左接第一战区紫荆关阵地之线，由第47军并指挥第22师（原序列不变）构筑第二线预备阵地。（4）为实施韧强作战计，应在桐柏山、大洪山、武当山建立作战根据地。（5）第十战区大别山兵团,应以一军以上兵力向确山、信阳间,攻击敌之背后。……(丁)注意事项:(九)部署方面,应置重点于公路两侧地区,并随时有阻绝破坏准备,使敌不得利用公路前进。(十)担任游击部队,兵力不宜过大,并应预先指定,使其早作准备。①

随即,为便于指挥作战,设立汉中行营,由李宗仁任行营主任,刘峙接任第五战区司令长官。当日军第12军开始向豫西进攻时,统帅部作了进一步部署:由刘峙之第五战区防守鄂西北老河口、豫西南邓县、南阳、方城、叶县以南地区;由胡宗南之第一战区防守南阳以北直至豫西地区,其中第五战区的兵力部署为:孙震第22集团军防守鄂北;刘汝明第2集团军防守豫南,其中曹福林第55军三个师位于唐河、泌阳、沙河店地区,刘汝珍第68军三个师位于南阳、社旗、方城、独树、杨楼、尚店一线,李宗昉第47军三个师(原属第22集团军)位于新野、邓县地区。

中国军队前线的炮兵

① 《蒋介石致李宗仁等密电(1945年1月8日)》,中国第二历史档案馆馆藏档案。

中国军队参加豫西鄂北会战的部队，第一战区有10个军25个师，第五战区有9个军20多个师，第十战区有1个军6个师。

二、豫西鄂北失陷

3月22日，日军主攻部队第12军发起进攻，以三个师团另两个旅团的兵力，采用齐头并进相互策应的办法，向豫西突进。该部敌军第110师团3月22日占领南召之后，积极准备进攻南阳。从3月18日至23日，南阳地区连降大雨，道路泥泞、松软，许多公路又被中国抗日军民破坏，影响了敌军战车、摩托化步兵以及炮兵的行动。3月23日天空放晴，中美空军立即出动，寻找日军骑兵和战车队予以痛击，致使日军战车第3师团遭受重创，行动极其迟缓，落在了步兵的后面。

3月23日，蒋介石命令平汉路以东的第十战区，牵制向南阳、老河口地区进攻的日军，重点攻向铁路线上的遂平、郾城，挺进军攻向确山、明港。

日军骑兵第4旅，发起进攻之后，24日从南阳以南的30里屯渡过白河继续向前推进，遭到中美空军连续轰炸，伤亡较大，但该部敌军仍不顾一切地向前推进。随即，该敌避开南阳至老河口的公路，由公路以南攻向老河口。这样既避开了中国守军的层层抗击，又增加了进攻的突然性。27日晨，该敌已达老河口以东20千米左右的张仙营、秦集、柴岗、竹林桥一带。敌第110师团于25日到达南阳城北的石桥镇一带作攻城准备，敌第115师团经与刘汝明部激战，也于25日到达白河以西的吴集、陆营、杨庄营、华寨。

第五战区除令一部固守南阳外，令其余部队西撤至西峡口、丹江、汉水一线，并在西峡口以西的西坪镇、紫荆关、魁门关附近加紧构筑工事御敌。

日军侦探到中国守军的动向，遂于26日决定：准备进攻南阳的第110师团首先向内乡攻击，然后主力攻向西峡口，另以一部攻向淅川。第115师团向老河口急进，另以一部攻向老河口西北约45千米的李官桥附近，以控制汉水上游地区。步兵第87旅团配属部分战车队，第12军直辖炮兵一部予以协助，进攻南阳。骑兵第4旅团进攻老河口飞机场。

27日凌晨，敌骑兵第4旅团发起对老河口的进攻，中国守军第22集团军第45军第125师奋勇堵击敌军。

老河口位于汉水东岸，抗战时期是鄂北、豫西、陕南地区的重要陆上交通要道。由老河口向东北方向经邓县、南阳、驻马店（或许昌、郾城）可直达豫东、皖北、苏北、鲁南等敌后地区，中国军队、物资向上述敌后战场的调拨，主要是利用这一交通线。由老河口向西北经内乡、西峡、商南、丹凤、商县、蓝田的公路，可达西安；由老河口过汉水向西经草店、十堰、黄龙、白河、平利、安康公路，可达陕南的汉中；由老河口向东南经仙人渡、太平、襄阳的公路，可达枣阳；由老河口沿汉水船舶运输也极便利。老河口成了战时重要交通枢纽。

重机枪向日军射击

老河口地区属丘陵地带，光化老县城在老河口东北约两千米，城市面积较小。老河口是县属大集镇。武汉会战结束以后，李宗仁把第五战区长官部迁来此地，在老河口城东与马头山之间建造了一个土跑道的飞机场。

日军之所以发动对老河口的进攻，一是为了占领老河口飞机场，以减少中美空军对平汉路的攻击；二是为了控制老河口这一军事交通枢纽，阻止中国后方与敌后战场的联系，并为其下一步进攻创造条件。

27日，敌骑兵第4旅团兵分数路向光化县城老河口、飞机场攻击，中国守军汪匪锋第125师坚决勇猛地抗击敌军，汉水以西的炮兵猛烈轰击日军，空军也对地面进攻的日军进行攻击、轰炸。日军几路均伤亡较大，进攻受阻。同时，中美空军还对日占机场及分散隐蔽在机场周围的航空器材、汽油等物资进行破坏性轰炸。

经一天激战，飞机场终为日军攻占，但光化县城、老河口市区仍由第125师坚守。第125师虽激战一天，但伤亡不大，仍保持强大战斗力。日军骑兵第4旅团战斗力却大大减低，由于连日作战，屡屡遭到中美空军的打击和中国守军炮火的轰击，部队减员较多，且疲惫不堪，许多马匹倒毙。该敌担心中国守军反击，遂以一部采守势作战，其余稍作后撤，进行休整。

28日、29日，中国守军对日军展开反击，由于投入兵力不多，同时日军援兵逐渐到达，所以斩获不大。

3月29日凌晨，敌第12军军部电令进攻老河口的骑兵第4旅组织一支"特别挺进队"，向老河口西北约50千米、位于均县境内老河口至安康公路上的草店突进，奇袭歼灭设在该地的第五战区长官司令部。敌骑兵第4旅团长藤田茂遂令第26联队第2中队长樱井元彦率骑兵30余人，组成特别挺进队执行奇袭任务。

樱井部曾进行过这类奇袭训练，他们化装成中国守军，于29日夜出发，向草店方向挺进。30日，该敌在均县附近村庄宿营时，被当地群众识破，附近群众抗日自卫团等，从四面八方向这支日军"特挺队"杀来，最多时聚集了1000多人。该股日军死伤大半，余者狼狈逃回老河口原出发地。

敌骑兵第4旅团待援军独立步兵第30大队全部到达老河口前线后，遂于3月31日拂晓再次发动对老河口的进攻。防守老河口的第125师，在城南、城北均得到友军的支援，还得到汉水西岸的炮兵火力掩护，战斗情绪高涨。而进攻老河口的日军大多是新兵，装备一般，攻击精神不强，一遇中国守军的强大火力便精神紧张，只知隐蔽，不敢前进。该敌31日的第二次进攻激战终日，被中国守军第125师打退。第125师组织反攻，敌军被迫撤回原出发地，双方继续对峙。

敌骑兵第4旅团伤亡严重，其中第25联队的四个骑兵中队，被临时缩编为一个中队。4月2日，日军杉浦英吉第115师团到达老河口，骑兵第4旅团遂撤出战斗，休整待命。与此同时，日军第87旅团3月30日拂晓开始进攻南阳。

由于豫西鄂北会战一开始时蒋介石便严令，对重要城市和战略要点必须严守，没有命令不许撤退，所以当敌重兵超越南阳进攻老河口、西峡时，守南阳的黄樵松第143师仍然坚守南阳不退。守军根据地形，在城东南方一带平地，设置了大片地雷区，并加强该方面的防守兵力。攻击南阳的日军，在城外就遭到中国守军的顽强抗击，推进速度极慢。经过激烈战斗，一部敌军由城西北角突入南阳城内，黄樵松第143师部队与突入城内的敌军展开激烈巷战。战至当夜，黄樵松率所部从东南方向撤离南阳，南阳陷入敌手。

另一路日军第110师团，攻向内乡，吉简章新编第7军第26师一部抵抗不力，后撤。日军于3月28日占领了内乡。随后，日军又攻向西峡。防守西峡的中国守军是吴绍周第85军之黄子华第23师，加上由内乡撤退的军队，守军总数约两万人。西峡口以西的险要山区，已由第一战区部队构筑了多层防御工事。

3月30日，日军发动对西峡的进攻，城内中国守军及城西马头山、庞家营一线的守军，对日军展开顽强抵抗。经过激战，日军攻破西峡东门、北门，守城部队遂从西门涉过淅水，退入城西及西北的既设阵地。

西峡城西约三千米的马头山，高度不足500米，与淅水平行呈南北走向，是第23师控制西峡口的主要阵地。敌军一个大队已进攻马头山中国守军阵地两日，由于中国守军的顽强抵抗和英勇反击，该敌受到重创却毫无进展。30日攻占了西峡县城的日军向马头山以北地区迂回，控制了由西峡去西安的公路。敌战车第3师团一部，由西峡沿公路向西推进，到达庞家营时，被中国守军以火焰喷射器烧毁了先头的一辆坦克，后续战车堵塞在公路上，中国守军以战防炮、手榴弹、爆破筒猛烈攻击敌战车，毁伤敌战车多辆，余者狼狈逃跑。守马头山一线的第23师部队，根据敌军已迂回后方的情况，于30日夜撤出阵地。

日军第3师团战车队主力奉命于29日从内乡攻向淅川，沿途遭到刘汝珍第68军部队的猛烈阻击，行进速度缓慢，4月1日推进到距淅川10千米左右的施湾，被中美空军发现，遂对该部敌军连续轰炸，地面守军第68军也集中战防炮，直接瞄准射击，炸毁敌战车三辆。敌军不顾一切地继续西进，中美空军机群也紧追不放，集中并连续地攻击该部敌军。敌战车部队不得不疏散隐蔽，待中美飞机离开后，方敢再次向前推进。

防守淅川的第68军根据北路日军已占领西峡、南路日军已达老河口、东路日军战车部队距淅川仅半日路程的战局态势，决定撤出淅川城，退守附近的山区。4月1日，日军占领了淅川。随即，敌战车第3师团回撤到内乡师岗以南地区休整，淅川由赶到该地的第110师团的一个联队驻防。

日军接替骑兵第4旅团进攻老河口的步兵第115师团，吸取第4旅团连续攻击六天竟未攻下老河口反遭重大伤亡的教训，未敢立即发动对老河口的进攻。当日军第12军增援攻城的重炮兵部队到达后，第115师团才于4月7日拂晓发动对老河口的攻击。

敌军集中炮火对老河口北门及市区进行轰击，并派出工兵用炸药把北城墙炸开一大缺口，敌军一部突入城内，中国守城部队汪匪锋第125师一面组织火力封堵缺口，阻止敌军的突入；一面组织兵力围歼突入城内的敌

向日军射击的火炮

人，结果把突入城内的日军大部消灭，极少数得以突出城外，而城外日军却再未能攻进城里，激战进行了一昼夜，老河口仍控制在中国守军手中。

4月8日，日军再次发动猛烈攻击，并以战车部队为先导，猛打猛冲，终于冲入城内，中国守军立即展开巷战，与敌军勇猛拼杀。

老河口是一座南北长约四千米、东西宽约一千米的中等城市，当日军坦克掩护步兵源源不断地冲入市区后，第125师师长汪匡锋组织部队一面抵抗，一面撤退，在城南友军和城西汉水对岸的炮兵支援下，第125师全部撤到老河口以南地区。由于撤退工作组织严密，并在撤退途中对日军进行抗击，因此损失很小，仅5名士兵被俘。第125师坚守了13天的老河口，于4月8日被日军占领。

与此同时，日军驻当阳地区的第39师团为策应豫西、鄂西北作战，于3月21日由汉水西岸向北攻击。中国守军冯治安第33集团军部队对该敌予以阻击，给敌以较大杀伤。该部敌军攻势猛烈，3月27日占领襄阳，28日占领樊城，随后派出一部向谷城进攻，中国守军第22集团军的刘公台第124师利用山地层层阻击该敌，中美空军也对这支由两个大队组成的攻击谷城的日军部队，进行连续的猛烈轰炸，日军伤亡较大，无法推进。日军第39师团已成强弩之末，无力再攻击谷城，且后方新占领区遭到中国守军的全面反攻，该敌被迫于4月3日下令停止进攻，随即实行总撤退。处境日艰的日军，犹如困兽，撤退途中大肆抢掠粮食、鸡、猪、布匹、白糖、药品、纸烟、火柴、杂货、食盐等，大有将鄂西地皮刮走三尺之势。

但中国守军勇猛追击、侧袭敌军，空军又连续轰炸这支满载而归的日军，该敌丢盔弃甲、伤痕累累，所抢物品大部丢失，狼狈不堪地退回原占领区。

从北面策应作战的敌第1军派部由陕县向西面的灵宝、西南面的官道口进攻，中国守军马法五第40军猛烈反击，敌军退回陕县。

豫西鄂北会战，日军虽然占领了一些地区，但遭到中国守军的痛击，尤其是日军已失去空中优势，遭到中美空军的沉重打击，日军伤亡已超过中国守军，这也体现了抗战后期日军总体上处于败势情况下作战的一大特色。随即，中国守军对深入之敌展开反攻，至5月，襄樊等地的敌军均被中国军队击退。

第十三章 远征凯歌

第一节 入缅援英

一、英军不战退出缅甸

1939年冬,日军侵入广西南宁等地后,又侵入越南,中国经过越南的国际交通线被截断。蒋介石为了保卫云南大后方及滇缅公路这条唯一的国际交通运输线,即抽调第1集团军总司令卢汉率第60军及第9集团军总司令关麟征率领第52军由湖南经广西百色开入滇南,沿滇、越边境布防,以防止日军进入缅甸,切断中国与国际联系的唯一通道滇缅公路。

1941年,中英成立军事同盟,双方决定共同保卫滇缅公路及仰光的国际交通线。蒋介石与云南王龙云之间经过长期的商讨,龙云同意,杜聿明的第5军先后开进云南的杨林、沾益、盘县地区。不久,蒋介石成立军事委员会驻滇参谋团,以林蔚为团长;并成立昆明防守司令部,令杜聿

杜聿明

明兼任司令官。与此同时，蒋介石命令第6军、第66军在黔、滇边境集中，准备日军侵略马来西亚时，协同英军作战，以保卫仰光国际交通海港。

1942年2月1日，日军在泰国和马来西亚交界的东海岸宋卡登陆，英军节节败退，溃不成军。为彻底打败英军，切断中国的国际联络线，日军以4个师团，配以泰国的两个师共十万兵力，集结于缅南泰北地区，其中以一个师团沿伊洛瓦底江东岸进犯普罗姆，以一个师团沿仰光至曼德靳（瓦城）铁道附近地区北犯同古（东瓜），泰国境内的一个师团则联合泰军由泰西景迈一带向东进犯。中国军队应英军之请，以驻滇之第5军、第6军、第66军等部组成远征军，进入缅境，援助英军作战。

3月1日，作为远征军的先头部队，第5军第200师戴安澜部率先入缅。

据中央社随军记者发自滇边基地的报道：

"今日滇缅公路已非商运孔道，而为军运线，我军继续由此入缅，军运全部卡车，每车25-35人，马四匹。……军队蜿蜒进行达数里，烟尘相接，甚为大观。我军将士深知此次出国作战，不仅在捍卫祖国，且在争取盟邦胜利，保障和平。远征部队行动敏捷，闲暇即研究战况。战士们穿草绿色新军装，配装整齐，时于车中高唱战歌，前后应和。沿途春阳朗朗，花树灿烂，益增乐趣。"

这是自1894年甲午战争以来，中国军队第一次出国作战，无论长官士兵，一个个都士气高昂，兴奋不已。

第200师师长戴安澜坐在卡车驾驶室中，指挥全师前进，眼前雄壮的大军出国远征，使他壮怀激烈，再次路过国门畹町时，面对群山，想起三国诸葛武侯南征，诗兴大发，不觉口诵七绝二首：

万里旌旗耀眼开，王师出境岛夷摧，
扬鞭遥指花如许，诸葛前身今又来。

策马奔车走八荒，远征功业迈秦皇。

中国远征军出征动员

澄清宇宙安黎庶,先挽强弓射夕阳。

戴安澜部的任务是作为全军的先头部队,赶往缅甸首都仰光,协助英军防守。

1942年3月3日,蒋介石偕夫人宋美龄从昆明乘飞机到腊戍,视察缅甸战事。腊戍有老腊戍和新腊戍之分。老腊戍住户零落,店户多在公路两侧,房屋都用木板、铁皮建成,为典型的缅人建筑区。新腊戍在老腊戍西边4千米的山坡上,气候凉爽,市区多为西式和中式建筑。

蒋介石一行住进英国传教士波特先生的酒店。下午4时,蒋介石在波特大酒店召见入缅作战高级军官。

在二楼大厅等候委座接见的有商震、俞飞鹏、林蔚、周至柔、杜聿明、甘丽初、戴安澜、陈勉吾等人。

蒋介石军装笔挺,笑容可掬地从楼上下来,高级军官们同时起身立正。

蒋介石摆摆手,"大家坐。"他干咳了两声,"我这次是专为缅甸战事而来的。这次出国作战,我派出了国军精锐第5军和第6军。这支机械化部队是我们花费了大量心血、金钱训练装备起来的,只能胜利,经不起失败。"他看到了杜聿明:"光亭,你有信心吗?第5军、第6军都归你指挥,这个家要当好,有事多和我联系。"

杜聿明站得笔直,恭敬地说:"学生一定按照校长的指示办。"

蒋介石说:"国军入缅作战应注意三点:此次第5、6两军出国作战,固地形生疏,习惯很不同,后方组织尚未完成,作为最高统帅,我心中颇难自安,因此亲来缅甸主持指导;此来发现许多优点,同时亦知有许多困难。入缅作战军之战术方面,由林次长负责指导。"林蔚赶快起立立正。

"后方一切部署,由俞部长负责指导。"

俞飞鹏赶紧起立立正。

蒋介石看看他们,语重心长地说:"务希谨慎从事。远征军的最高指挥官人选尚未确定,拟调卫立煌将军担任,杜军长副之。在卫未到任以前,暂由杜军长统一指挥。在国外作战,生活要简单,行动要一致,共甘苦同患难。不分彼此,不生意见,互相援助;精神要彻底团结,命令要彻底服从,不可以同学或朋友关系,而稍有疏忽,如此乃能树立国军之信誉。……此外,我这次发现的最大缺点,即各级官长幕僚对于报告多虚伪而不确实;现代军队一切命令要通过报告,如报告不确实,不但不能指挥作战,抑且难以做人。……以后在国外作战部队,一切均应实实在在,不可稍有虚伪谎报,盖确实则虽败亦胜,虚伪则虽胜犹败,况虚伪被人轻视,损失信誉关系至大……

目前情报多不确实,敌人兵力、位置、番号均不明了。我军入缅后,应对前方派遣侦探,越远越好,每日报告数次,有重要情况则应随时报告,对友军则应切取联络。兹特别提出入缅军之首要三句口号,为:侦察敌情,宣慰民众,联络友军。对此三点,应切实注意办到……"

蒋介石走到缅甸敌我态势图旁，接着说：

"现在情况与指导可分以下四种研究：一、第5军之集中尚未完成，敌寇即已占领仰光时。二、第5军在集中期间，敌人毫无行动，仍停滞于锡唐河两岸时。三、我第5军之主力两师，已集中同古，而敌对仰光进占时。四、我第5军主力未集中完毕，敌寇即攻占同古时。

在第二种情况，应侦察占领仰光敌寇兵力之大小，以决定我对仰光反攻与否？若敌兵力小，则我可即行反攻。第200师尚须三四日方可开拔完毕，可兼开一部战车，以利作战。若敌占领仰光已久，其海、陆、空军已有联络，则我攻击困难。但敌兵力若在两师以内则我仍可反攻。若有三师，则反攻不易矣。故第5军主力两师，仍应在后方集中，视情况而定作战方略。但同古之机场，应予固守。总指挥部可以设曼德勒或眉苗。惟英军总部在眉苗，则设于眉苗联络，较为良好。第5军军部，可设于他希附近。

在第二种情况，则应对培古河东岸之敌攻击或歼灭之。在第三种情况，其发生当在十日以后，此时如敌为一师，我应对其反攻。在第四种情况，则第200师应死守同古，一俟第5军大部集中，即行反攻。……"

蒋介石讲到这里，对第200师师长戴安澜说："戴师长，你要对第四种情况有充分的精神准备。由于英军不配合，我远征军已经陷于被动，你师为先头部队，到同古后，要掩护全军集中。应注意敌情侦察，并与友军联络，可多制缅人便衣，以便进入森林及敌后侦察作战。"

他又对杜聿明说："杜军长，第5军对敌是攻是守，须视敌军兵力多少及占领仰光之久暂以为断。如敌兵力在一师以内，且刚占领仰光，我第5军已集中两个师兵力，则可进攻；如敌兵力在两个师以上，占领仰光时间又逾一周，则不宜强攻……我军此次在国外作战，可胜不可败。故在未作战之前，应十分谨慎，侦察敌情十分明了，一经接战，则不计一切牺牲，以期必胜。第5军之两师，应在畹町附近集中，以待军部及直属部队到达，一同入缅作战。作战之前，必须小心谨慎周到准备，对地形敌情详加研究，对友军及民众切取联络，决定作战以后，则应期必胜，否则纵全部牺牲，亦所不惜,以保我国军之信誉及对外之信仰。……

以上所指示各项,务希详加研究,切实实施……"

商震插话:"委座,史迪威中将已从美国转中东经加尔各达到了这里。"

在蒋介石和商震的欢迎下,史迪威进了波特酒店,蒋介石对史迪威报以诚挚热情的欢迎。

蒋介石眉开眼笑地说:"将军阁下,你到缅甸担任远征军司令官,我是一百个放心。"

史迪威坦诚地说:"委员长,形势未必乐观,日军已包围了仰光,如仰光一失,滇缅公路入海口将被切断。"

蒋介石胸有成竹地说:"我最好的部队第5军正向缅甸南部开进,第200师为先遣部队已到达同古。如果仰光能守住,该部将掩护主力防守仰光。如仰光失守,该师将死守同古城,争取时间,待主力集中后反攻仰光。我准备下令给第5军、第6军两军长,归将军阁下指挥。"

仰光。椰林掩映中的东方热带城市。该市西、南、东三面环水,西面有莱河,南面为仰光河,东面有勃固河和那摩眼河,处在一块不大的三角洲上。笔直的马路,两旁皆为缅甸式木楼,参差着英国式的红砖洋楼,别有特色。在蓝天和阳光下,最令人瞩目的是耸立在

蒋介石、宋美龄与史迪威在一起

登谷达勤山冈上的雄伟壮丽的瑞大光塔，又叫大金塔，该塔有2500年的历史，塔高112米，塔身全部用金箔贴成，在阳光下，金碧辉煌，犹如一座金山。塔顶金伞上有直径27厘米的金珠，珠上镶着5440颗钻石和1431颗宝石。塔上八面悬挂着1065个金铃和420个银铃，微风袭来，发出叮咚悦耳的铃声。大金塔建在十几米高的大理石铺成的平台上，周围矗立着4座中塔和68座小塔，众星捧月般环拱着平台中央的主塔。主塔基有四座大门，每座门前都有神态各异的石狮镇守，塔内供奉着玉石雕琢而成的坐卧佛像，护以石栏，显得庄严而秀丽。遍布四周的各种各样小塔的佛龛中，都有大小不一的玉佛。在平台西北角的亭子里，悬挂着1878年贡榜王朝缅王孟坑布施的一口大铜钟，钟重24吨，高3公尺，直径达4公尺，为世界上著名的大铜钟。

距离大金塔约3千米处，是缅甸最繁忙的港口，停泊着大大小小的运输船和油船，汗流浃背的运输工人在英军的监视下将船上的军用物资卸下，再装上卡车。港口上整齐排列着几百辆美国军用十轮大卡，等着装满军用物资，再沿着运输紧张、运量有限的滇缅公路转运到边境城镇腊戌，经过怒江上的惠通铁索桥，运往昆明，再转运中国各战区。

由于日军即将进攻仰光，战争的气氛很浓，马路上不断有扛着枪的英印军士兵走过，各种军车川流不息。在机场周围，布满高炮和高射机枪，士兵们严阵以待，机场上，数十架英国皇家空军和美国志愿队飞机列队待飞。

大战前夕，英方走马换将，任命名将亚力山大将军替换缅甸英军总司令胡敦将军。

亚力山大将军是英军中最年轻的将军。他曾在著名的法国南部敦刻尔克大撤退中表现出惊人的镇静，当时海岸上到处是遗弃的大炮和坦克，密集如麻的溃兵集中在码头上等待船只撤退。德军飞机俯冲和扫射，将英法军压迫在狭窄的海岸上，到处是死伤的人员和弹坑，充满着硝烟、恐怖与惊慌。亚力山大将军却穿着擦得锃亮的皮鞋和最时髦的马裤，在爆炸声中悠闲地吃早饭，并对果酱赞不绝口。他的镇定和勇敢精神，使丘吉尔首相非常佩服，说："他能用自己的信心感染周围的人。"

此次，亚力山大临危受命，于3月5日到达仰光机场。一下飞机，他就对前来欢迎的缅甸总督史密斯爵士说："我此次肩负的任务，是奉命坚守仰光。"他用一种自命不凡的神情指着机场周围的防空堡垒说："我认为一个优秀的军人不应该枯坐在钢筋水泥的防御工事中而自满。"他挥着拳头说："应该乘敌不备之时，尽量进攻！进攻！"日军的先头部队正向仰光至普罗姆公路挺进，企图切断仰光通往北方的唯一通道。仰光有被日军包围的危险。亚力山大了解到局势的危险性后，他的信仰和自负伴随着早餐的牛奶、鸡蛋和面包吃进了胃里。他当即决定：破坏仰光城市设施，炸毁炼油厂，迅速撤出仰光，沿仰光至普罗姆公路向北撤退。

3月7日，仰光上空浓烟滚滚，英印军士兵和逃难的人群、车辆缓缓向北撤退。码头上遗弃着10万吨的军用物资，包括972辆卡车的组装零件和5000个轮胎都付之一炬。

二、同古之战

3月8日中午12时，3000名耀武扬威的日军在飘扬着的太阳旗下，进驻仰光。此时，中国远征军第200师正乘坐火车，沿缅甸南部平原，急如星火地赶往仰光以北的同古城。

日军从仰光向北追击英军，即将与南下的中国远征军发生遭遇战。

3月18日黎明，200多名日军先头部队，骑着摩托车沿公路进入了皮尤河南岸12公里处的假设阵地。埋伏在这里的中国远征军第200师摩托化骑兵团和第598团步兵第1连的官兵，在林承熙团长的指挥下，一声令下，机关枪、步枪、手榴弹一起向毫无戒备、骄横狂妄的日军猛击。天色蒙蒙，尚未完全明亮，复杂而隐蔽的地形，突然而猛烈的打击使日军晕头转向，有的还没有明白打击来自何方，便做了异国冤魂。

自从日军进入缅甸,从毛淡棉到锡唐河,又到仰光,几乎没有遇到什么抵抗,一路长驱直进,这是第一次吃到苦头。混战三个多小时,日军抛下30多具尸体、19辆摩托车和20多支机枪、步枪,纷纷向南沿公路两侧没命地狂逃。摩托化骑兵部队一面追击残敌,一面打扫战场。步兵敌尸的番号表明,该部为第55师团步兵第112联队的搜索队。我前哨连完成任务后,趁黑夜转移,埋伏于皮尤河大桥南岸阵地。

3月19日清晨,日军一部500多人,向皮尤河大桥方向冲来。摩托兵开路,汽车数十辆紧随其后,渐渐进入第200师第589团前进部队预设的埋伏阵地。200公尺长的大桥上几乎全是日军。

向缅北前进的中国远征军

工兵将电钮猛然下按,"轰轰轰"几声巨响,前面的汽车翻入河中,后续的卡车霎时拥塞于南岸的公路上。两岸枪声大作,在第1连排长王若坤的指挥下,十几挺机关枪从头到尾,向躲在汽车后抵抗的敌军猛烈射击,打得汽车像筛子似的抖动,不少敌人被打死,剩下的有的窜入森林,有的沿公路溃逃。一阵激战过后，敌军死伤官兵约200人，我伤亡士兵30余人。王排长下令检查敌人尸体，发现了一名身挎皮包、望远镜的少尉联络军官，叫矶部一郎，从他身上搜获了日本侵缅兵力配备地图、重要文件和日记。被消灭的来敌系第55师团第112联队的一个小队。

中午时分，敌大队来援，炮兵首先轰炸第200师在皮尤河畔的警戒阵地，紧接着步兵发起冲锋。战斗持续到深夜，我部队撤回同古既设阵地。

3月20日，中国远征军副司令长官兼第5军军长杜聿明率参谋人员，从瓢背军司令部至同古，和戴安澜师长等在同古城视察地形，检查工事。同古城的工事构筑完全是坑道封闭式的堡垒，均用铁路枕木日夜施工，经10天时间修筑而成。

此时，同古序战已开始，在鄂克春（Uoktwin）的第200师前进阵地前，日军先头部队第55师团、第110师团步骑联合行动。由于接连二日遭到伏击，他们行动极为谨慎，从东西两面向我军阵地正面搜索前进。当遭到射击之后，日军发现了第200师前进阵地，兵力增加到千余人，在4门山炮的掩护下，展开攻击。

3月21日，日军6门大炮，整日轰击鄂克春前进阵地，敌机亦与之协同，轮番轰炸同古城。第200师高射机枪、重机枪、轻机枪勇猛还击。战斗激烈之时，敌我在阵地上层开肉搏战，双方伤亡均很大，敌伤亡300余人，我伤亡140余人。敌援兵增至2000多人，战至傍晚，阵地屹然未动。

3月22日，日寇再次向我鄂克春阵地猛攻，另一路企图迂回，被我军击退。整日，双方发生激烈的炮战。

3月23日，拂晓至午后2时，敌第141联队与第143联队，在12门山炮、重炮的轰击下，以装甲车、战车为前驱，步兵在后，黑压压地出现在鄂克春前进阵地上。攻势一浪高过一浪，后方还有汽车往返输送援兵。敌空军出动30架飞机连续6次对阵地进行轰炸，第200师警戒阵地一度被日军突破，戴师长命令第598团副团长黄景升率领第1营赶到皮尤增援警戒部队。黄副团长指挥步骑配合，向敌侧反击，击毁敌装甲车、战车各2辆，汽车7

向日机射击的远征军战士

辆,将敌人的攻势压了下去。下午8时后,敌军再次发动猛攻,阵地再次被突破一部,敌我彻夜对战。

这一天,是日军对我前进阵地攻击最猛烈的一天,从早到晚,阵地上都在厮杀。第598团中校副团长黄景升在战斗中中炮,壮烈牺牲,官兵伤亡很大,但阵地仍在我手中。这一天,敌远射程大炮还向同古城区射击,守城部队固守阵地。

敌军承认:"第55师团自库代北进以来,在屋敦(即鄂克春)还是第一次与强敌遭遇。"

3月24日,敌炮空步兵协同向鄂克春、坦塔宾前进阵地正面发起猛攻。在步兵攻击之前,先以大炮向我阵地轰击,对森林绵密地带,使用轻重机枪武力搜索,探明未有埋伏后,利用步兵搜索前进。敌人在树上架设了轻机枪,向远距离的守军射击,将第200师警戒部队压在战壕中抬不起头来,伤亡颇大。戴师长对敌情进行研究后,令各营重机枪连以高架设,向树上之敌扫射,打得树叶乱飞,敌机枪手纷纷栽下树来。戴师长又下令各部队用重机枪对阵地两侧森林做广角射击，使敌遭到很大伤亡，再也不敢爬在树上向我军射击了。

上午9时，日军另一部500多人，携小炮数门，从铁道以西迂回同古以北地区，进攻同古机场，企图包围第200师。瓢背之第5军军指挥部与同古间电话被日军截断，同古城北的飞机场和公路亦遭到敌炮兵的猛烈射击。敌突击部队向机场守军发动袭击，防守同古城北阵地的第598团一个营对敌侧袭，支援防守机场。此时，正在机场以北担任警戒的工兵团在破坏铁路，遭到敌人袭击后，工兵团团长李树正仓皇失措，向后撤退，只留下第598团一营与敌激战。下午8时，残余部队放弃机场，退入同古城。

日军侦察得知第200师指挥所设在同古城北，调集骑兵约500人突袭，欲打掉指挥中枢，在师指挥所前，遭到掩护部队强有力的反击。

晚9时，戴师长率师指挥所从城北撤进城内，召集连长以上所有军官开紧急会议，以研究敌情与下一步作战方案。

戴师长说："敌军对我正面连续发动几天的进攻，遭到失败，今天改变了战术，从左翼迂回同古城，占领了飞机场，切断了公路，破坏了我师与军部的联络线，企图从三面包围同古。我决定要坚守同古，完成掩护军主力集中的任务，为国家民族争光。我看，日军飞机大炮对城里进行狂轰滥炸，无线电、有线电架设和通信都有困难，决定将师指挥所由副师长高吉人率领，渡过锡唐河，设在河东岸。我留在城里指挥三个步兵团。"

高吉人说："师长，我留在城里，你率师指挥部出城，保持与军部的联系。"

戴安澜摆摆手："不要争了，就这样决定，我可以全力指挥全师的战斗，我命令，放弃鄂克春、坦塔宾的前进阵地，部队全部集结城里。"

3月25日拂晓，日军飞机30余架轮番轰炸同古城，大炮同时向同古城轰击，城里房屋多被炸毁。上午8时，日军步兵分三路向同古城西、南、北三面发动猛攻，均被第200师守军击退。敌军增兵，由同古旧城西北角向第600团阵地进攻，企图将守城部队一分为二，从旧城区进击锡唐河，从而占领锡唐河大桥，切断我军东路经毛奇同瓢背军指挥部的交通线，又使城里部队与河东的师指挥部失去联系。坚守旧城的第600团第3营营长王玖龄在激战中负重伤，情况万分危急，步兵指挥官郑庭笈当即命令第598团第2营向第600团增援，与冲入城中的日军逐屋争夺，展开拉锯战。敌我两军相距仅二三十米，日军飞机大炮均无法轰击，转而对锡唐河大桥和东岸阵地进行轰击，使大桥部分桥面受到严重损坏，车辆无法通行。是日晚，第200师各部不断以小分队夜袭，枪声彻夜不停。

蒋介石十分关心同古战况，致电杜聿明授以机宜："侵缅之敌，仍有以主力向曼德勒进攻之企图。我军在目前应以第5军之第200师、新编第22师及军直属部队在同古、彬文那间与敌作第一次会战。如会战不利，应行持久抵抗，逐次消灭敌人。"

3月26日，日军以第55师团第142联队、第143联队、第144联队从南、北、西三面向同古城内发动进攻，其主力仍向旧城西北角发起突袭。下午9时，日军向同古旧城进行大规模攻击，该处第200师第600团阵地再次被突破，我军遂退守同古铁路以东，继续抵抗。双方的部队仅隔一条铁路对峙，相距不到100米，由于犬牙交错，敌人的飞机大炮均没有派上用场，于是日军将前沿部队后撤200米，才派来飞机轰炸，随后又用大炮轰击，中国军队躲在掩蔽壕里不动，敌人轰击之后，步兵又上来冲锋，中国军队仍然不动，等到敌人冲锋到只有四五十米远的时候，所有的机枪、手榴弹，便像狂风暴雨似的，向着敌人攻击，敌人死伤过重，又退了回去。像这样的战斗，一日之内要反复多次，双方均有很大的伤亡。

日军一部从同古以北机场出发，向北挺进至南阳车站，占领阵地，企图以一部对北叶达西方向取守势，阻击廖耀湘新编第22师向第200师靠拢，以集中主力消灭同古的第200师。

同时，日军第56师团在仰光登陆，饭田祥二郎命令第56师团火速增援同古。第56师团长渡边正夫即命平井卯辅大佐指挥6辆装甲车、45辆运输车和400名士兵为先头部队，赶赴同古，大队人马尾随前进。

3月27日，日军主力继续围攻同古，战事激烈，敌占城西，据铁路以西，第200师仍固守铁路以东阵地，与敌激战。同古以北，隐隐约约传来新22师援助同古部队的炮声。第200师第599团在团长刘少峰的指挥下，打退敌人多次进攻，但伤亡很大。

3月28日，担任阻击任务的日军在同古以北要点已构筑工事，以图对叶达西方向取守势，阻止新编第22师援助同古，与新22师主力发生激战。我方只有轻战车和炮战车与骑兵，这时也迂回涉过锡唐河，向指挥所袭来。当大炮轰击了100多发炮弹后，灼热的气浪和弥漫的硝烟还未让人喘息过来时，敌骑兵已冲到指挥部外四五十米处。守在指挥所外的第599团第3营与师部特务连立即开枪，与敌展开一场殊死混战。

很快，阵地上敌骑兵与我步兵搅和在一起，开始了肉搏。戴安澜立即要电话，打给同古城内的步兵指挥官郑庭笈；"敌人从同古南30千米处渡河，正向师指挥所攻击中，第599团第3营和师部特务连伤亡很重，情况万分危急。请第598团派步兵两连向师指挥所增援。"

不久，师指挥所与城中电话联系中断。敌骑兵已冲至指挥所外，"嗷嗷"叫声已在耳。

"决不能做俘虏，为国捐躯的时刻到了！"

戴师长拔出手枪，准备殉国，被部下劝阻。指挥部的全体官兵，全部拔出枪对敌射击。士兵们见戴师长也在和敌人战斗，均奋不顾身，跳出战壕，用密集的手榴弹，炸死了大量骑兵。此时第598团两个连援兵从城中杀出，东西夹攻，午后将敌压迫于大桥东南对峙，并与第599团第3营取得联系，逐渐恢复原来态势。

蒋介石的计划是以第200师不惜一切代价死守同古，以争取时间，掩护远征军主力向同古一带集结。第200师付出重大的牺牲，抗击日军主力达十余天，仗越打越艰苦，而第5军主力却迟迟不能集中，第200师的处境危险异常。蒋介石预定的在同古与日军主力会战，以期反攻仰光的计划受到了严重的挫折。

英军这时已在普罗姆构筑防御阵地，与同古互为犄角。此时，如果中英军队一方出了问题，另一方必将失去阵地。

驻滇缅参谋团团长，一向以老谋深算著称的林蔚，这时向蒋介石提出了自己的意见："……我铁道运输太弱，廖师今晚（28日）可在叶达西（YEDASHE）集中完毕，余师艳（29）日可到叶达西，三日内应取胜利之果。"但是林蔚的着眼点在下面，"如预期不能克敌，则请钧座来严令避免增兵，并着陆军暂55师（即第6军陈勉吾师）主力预入在彬文那。"

3月28日，林蔚从腊戍赶至眉苗，与杜聿明就战局交换意见后，是日深夜致电蒋介石：（一）保存戴师战斗力。（二）勉求调赴安全。（三）自彬文那以南先站住脚，集中力量，再定攻守。

在此问题上，杜聿明等人的意见与史迪威发生了冲突。史迪威将自己的司令部搬到了眉苗，与第5军军指挥部设在同一地区。在日军主力包围同古的日子里，他每天在眉苗至彬文那的简易公路上来回颠簸，经常遭到日军飞机的轰炸与扫射。他一次又一次地在桌上铺开地图，向杜聿明和廖耀湘强调进攻的好处。他还驱车赶到腊戍，与参谋团林蔚、萧毅肃、商震等人就战术、指挥和调动问题进行长谈，又与负责滇缅路运输的俞飞鹏谈了后勤运输问题。

史迪威认为第200师仍应坚持，不应放弃，而杜聿明则提出铁路运输一塌糊涂，职员们正在逃跑，彬文那以下既没有火车，也没有卡车，很难坚持。史迪威主张命令属下用枪押着职工，把火车开起来，杜聿明则担心火车的安全，提出难以保护火车，指出"所有的情况都不利于进攻"。史迪威不满："怎样才能使新22师投入战斗呢？"双方发生激烈的争吵。最后，杜聿明用陕北话骂了一句："狗娘养的美国佬！"走进自己的房间再也不出来了。

史迪威的参谋马丁带来了一个坏消息，他用英语悄悄告诉史迪威："英国人已开始从普罗姆撤退了。"

"引起可怕的后果。"史迪威说。中英两军共同防守同古—普罗姆一线，互为犄角，目的是掩护远征军南下。3月25日蒋介石在重庆接见英军司令亚力山大时，明确指出："……如果英军能守住普罗姆，第200师则能守住同古。不论在任何情况下，必须坚持守住目前的阵线，这是最重要的。"亚力山大也向蒋介石保证过，并说要派驻普罗姆英军侧击同古日军，以减轻第200师的压力，而现在才三天，英国人居然反悔了。普罗姆的动摇，势必影响整个阵线。

3月28日凌晨3时30分，史迪威赶到普罗姆，会见了亚力山大。亚力山大告诉史迪威："蒋介石同意英国人来指挥（包括史迪威的中国远征军）。"史迪威告诉亚力山大："蒋介石说，我是中国军队的总指挥，有权指挥第5、第6军。""这搞什么鬼？"二人几乎同时叫了起来，"我们谁也指挥不了谁！"亚力山大耸耸肩说："看来我有权指挥的只是英国的军队。"史迪威摊开双手，摇摇头："看来我谁也指挥不动，他们都不听我的。杂种，这一定是花生米搞的诡计，实际上，他一直在指挥他的军队，杜（聿明）、林（蔚）一直同他联系。"其实，当亚力山大在重庆向蒋介石保证坚守普罗姆时，日军第33师团在师团长樱井醒三的率领下，已由西线开始进攻普罗姆了。荒木少将率领第214联队、工兵第33联队和山炮、远射炮大队组成先头部队，沿普罗姆大道北上。与英军交手仅一天，便打死英军500多名，俘虏了113名，缴获坦克22辆、装甲车30辆、汽车163辆和大炮20

向前方运送弹药的远征军辎重部队

多门。亚力山大当即决定放弃普罗姆。

凌晨4时，史迪威离开了亚力山大的司令部，重新坐上吉普车。高低不平的路面，使他在车中左右前后摇晃。他无法休息，脑子里只考虑一件事，要说服参谋团长林蔚，蒋介石委以他指挥大权之事，他应是知道的。

上午10时，史迪威的车到达瓢背，他顾不得旅途疲劳，立即与杜聿明讨论局势和明天的进攻。"他（指杜）已经接受了命令。想想我们已经失去了机会，这是谁的错呢？我们将绕过突出部，从三个方向切入——午夜时分给普罗姆去电话，让格鲁伯要求亚力山大进行一次真正的攻击，而不仅仅是一次胡闹。"

3月29日凌晨2时，普罗姆来电话，信息已递交。他们答应照办。是日，英军在普罗姆以南向日军发起象征性的攻击，英装甲部队进入庞得后，日军即在斯维当截断其退路，英军仓皇撤回普罗姆。

3月29日，廖耀湘新编第22师主力继续对南阳车站猛攻。敌军调来了增援部队，步炮联合，与新22师展开对攻，双方皆无进展。远征军游击司令黄翔部补充第2团之一部，由南阳西勃固山脉的森林迂回同古附近，有一连曾一度进入永克冈机场。由于新22师等部的牵制，敌军对同古城区攻击压力减轻，仅为炮战，但锡唐河大桥以东之敌，对戴安澜师指挥部攻击甚为猛烈。敌人的目的是要包围歼灭第200师的指挥机关。

郑庭笈在回忆中写道：

"29日拂晓，城里和师部指挥所电话中断，师指挥所情况不明，东岸枪炮声有时激烈，有时沉寂。第600团团长刘少峰和第599团团长柳树人问我戴安澜的情况，师部电话为什么不通。我说师长刚刚同我通过电话，在讲话中电话又断。同古战斗进入最后的阶段。黄昏时东岸第598团第7连连长石磊派兵带来两名缅甸人，是戴安澜到同古后组织的缅甸人便衣队，他们带来了戴安澜给我的亲笔命令，并要他们为我当向导，命令要旨为：奉军长杜命令，要第200师于29日夜间从色当河东岸撤出同古城，沿河东岸到叶达西集中待命。撤退时部队由郑庭笈指挥，余在河东岸掩护。戴安澜。3

月29日下午5时于师指挥所。"

放弃浴血12天固守的同古,第5军军长杜聿明是经过深思熟虑的。他告诉史迪威:"我决定令第200师于29日晚突围,以保存我军战斗力,准备在另一时间、另一地点与敌决战。"

史迪威不同意;"我们现在不是放弃同古,而是要立即命令新22师进攻。"

杜聿明说:"阁下,你听我解释:日军3月14日在仰光登陆的第56师团已陆续增援中路,28日已渡过锡唐河,迂回至同古以东。而我军第96师,战车炮兵等部队尚需一周以后始能集中,第66军何时集中难以预料。第200师已在同古连续苦战12天,弹尽粮绝,但补给中断。日军在同古以北构成坚固据点,新22师攻击亦非一举可得。在此情况下,我军既不能迅速集中主力与敌决战,以解同古之围,而再相持下去,第56师团之敌又势必增援同古,我们只能坐视第200师被敌歼灭;而日军将再对付新22师、第96师,对我军各个歼灭……"

史迪威激动地打断他:"先生,你过分地夸大了不利于我的成分。不错,目前我军遇到很大困难,但敌军也很困难。在这种情况下,就看谁能咬牙坚持住。英国人在普罗姆将以全部坦克全力发起攻击,你应该做一次真正的努力,在困难的情况下发动进攻,应该下令让廖师全力进攻。"

杜聿明断然表示:"不行,我们无法进攻。美空军志愿队虽经协定自27日起协同廖耀湘师发动进攻,但到今天,已经30日了,连鬼影子都没有看见。"

史迪威发火了:"你说的都是一大堆废话,新22师要等待第96师,第96师要等待第55师,一大堆借口。你们什么事情也不干,总是有借口,要拖延。不指挥进攻我在这里干什么?无所作为,我要辞职!"

杜聿明冷冷地:"辞职你去找蒋委员长,别和我说。"

杜聿明的态度使史迪威火上浇油,大声嚷道:"是蒋介石委员长说J·W·史迪威可以指挥第5军和第6军。除非他现在免我的职,否则你必须服从命令。"

杜聿明说:"蒋委员长没有说让我服从葬送全军的命令。"

史迪威命令参谋窦尔登说:"你负责监督杜实施我的攻击命令。否则我要枪毙违反军令的人!"

"你当你是谁?美国佬。"杜聿明转身又回到自己的房间去起草撤退计划。

史迪威下命令:"新22师明晨6时,从前沿向前推进,向同古全力进攻。"又留下参谋人员监视执行命令,然后回到眉苗司令部。

杜聿明向廖耀湘下达了相反的命令,新编第22师于30日晨6时向南阳车站之敌实行佯攻,牵制敌人,以掩护第200师主力向叶达西方向撤退。

又令第200师于29日夜经同古以东突围,主力撤出后,即将大桥破坏。

郑庭笈和戴安澜接到撤退命令后,立即用电话和第599团团长柳树人、第600团团长刘少峰商讨撤退办法,决定:

1.以团为单位,派各团少校团副指挥伤兵与炊事班,利用锡唐河大桥到河东岸,向叶达西集中。伤兵过河后由师卫生队收容,送后方医院。

2.第一线步兵营派出阻击组,向阵地当面之敌实行夜袭,掩护各团撤退。

3.撤退时按第599团、第600团、第598团的顺序。第599团从大桥过河,其他两团一律徒涉。

4.各营阻击拂晓前离开阵地,向河东归还建制。

是夜,阵地前的机关枪声、步枪声、手榴弹爆炸声响成一片,曳光弹和手榴弹爆炸的亮光映红了同古城。第200师各团相继撤出同古城。拂晓前,各营派出的阻击组完成任务后,也悄悄撤过河东岸。清晨,日军的炮兵又向同古阵地开始炮击。

上午10时,担任后卫的第598团由缅甸人带路,有条不紊撤向叶达西。在河东岸的一间草棚里,戴安澜迎接到郑庭笈,二人紧紧握手。郑庭笈汇报了撤退经过后,戴师长命令部队进入森林休息,准备夜间继续向叶达西集中。

30日晨6时，史迪威等候在电话机旁，突然铃声响了，他抓起电话，里面传来激烈的枪炮声，"感谢上帝，他们终于行动了。"联络员向史迪威报告说："新22师第65团和第64团已进入阵地，第66团在他们后面，大炮和坦克已作好准备。"

"这就好了，我如释重负。"史迪威写下了当时的心情。

随着第200师脱离危险，新22师的佯攻随即停止。

"卑怯的杂种，根本就没有进攻，前线平静无事，日本人没有反应，十足的懦夫。"史迪威用尖刻、粗鲁的言语骂人。

是日中午，在太阳旗的后面，大批日军进入了一片废墟的同古城。

第200师各团到达叶达西集中后，两名英国随军记者到了第598团团部采访步兵指挥官郑庭笈："将军，您是否能谈谈你部是如何撤出的?据我们所知，同古是一个平原地带，东面是锡唐河，北、南、西三面全是日本军队，在这种情况下居然全部都能平安撤出，原因是什么?"

郑庭笈笑着说："我乐意回答先生们的提问。我军平安撤出的法宝。"他抬起脚，指指脚上的草鞋，"就是它！"

"你说是一双草绳编织而成的鞋子?"记者不明白。

"你们英国人不是称我们是'草鞋兵'吗?我们渡锡唐河时不用脱皮鞋，行动很方便，不就突围了吗?"郑庭笈加以解释。"而你们英军使用的是全套重型武器，吃罐头食品，携带钢盔和防毒面具，脚上穿着长筒鞋，不乘卡车就无法行军。"

"哈哈哈哈，郑将军，你很幽默，相比之下，我们英国部队军装很漂亮，大皮鞋，但士气却很低落。"记者说。

第200师撤出同古后，援军新22师师长廖耀湘命令正面佯攻以增援同古的部队，以大炮和坦克掩护，利用复杂地形，有计划地实行逐次抵抗，将正面敌军诱往中部彬文那预设阵地，远征军主力向彬文那集中，新的彬文那会战即将开始。

三、仁安羌大捷

眉苗之夜，炎热得使人受不了。山区的蚂蚁很多，史迪威刚刚有睡意时，蚂蚁爬了一身，他咒骂着，拼命地拍打蚂蚁，折腾到后半夜。山风阵阵袭来，带来丝丝的凉意，史迪威好不容易睡着了。凌晨3时多，史迪威的私人助手弗兰克·多恩少校进入房间，将史迪威叫醒："将军，快醒醒，梅里尔少校有紧急情况要来见你。"

史迪威抓起衣服边穿边说："叫他进来。"

梅里尔立正说："将军阁下，实在对不起，打扰了你的睡眠。"

史迪威着急地讲："你他妈的就别客气了，没有特殊情况，你也不会打扰我。说，到底发生了什么？"

"英缅军第1军团司令斯利姆向我们请求火速救援，他的部队在仁安羌陷入日军的包围。"梅里尔说。

史迪威立即光着脚下床，嚷道："去把他娘的罗（卓英）叫起来。天哪，我们所有的计划都被破坏了。"

罗卓英与史迪威紧急磋商后决定：

1. 立即取消彬文那会战计划。

2. 第200师乘火车赶往梅克提拉巴当。

3. 新38师一个团赶往敏建，再乘卡车赶往桥克。

4. 新22师与第96师返回瓢背待命。

4月18日上午，余韶第96师阵地前被日军炮火轰炸成一片火海，阵地上的泥土不断飞上天空，落下时，滚烫滚烫的。第96师士兵多被埋在泥土里，钻出时，端起枪便向冲上来的敌人猛射，横七竖八的尸体交叠在一起，分不清敌我，战斗之惨烈，前所未有。敌我主力逼近，决战迫在眉睫。

指挥所电话铃突响，余韶接过电话，是第5军军长杜聿明打来的：

英国军队从曼德勒撤退

"余师长,现我军右翼英军、左翼第6军战况紧急。我第200师、新编第22师须先援马格威,转赴棠吉救援。第96师应争取时间阻敌,不必作坚强的决战……"

余韶听此讯犹似晴天霹雳,第96师扬威彬文那的热望,顿成泡影。

由于西线英军被包围在仁安羌,东线日军攻破第6军罗依考阵地,并窜向罗依考以北,棠吉受到了极大威胁。史迪威与罗卓英紧急部署,在彬文那会战即将全面展开之机,发布了新的命令。

第5军杜军长聿明、第66军张军长轸:

一、放弃彬文那会战,改守杜克提拉、敏扬之线,准备曼德勒会战。

二、令第66军刘师(即新编第28师师长刘伯龙)固守曼德勒,先一步占领梅克提拉、敏扬之线,准备曼德勒会战。

三、令第66军孙师(孙立人之新编第38师)前方两团逐次阻敌,会合于乔克巴当,以棠沙为后路,节节阻敌前进。

四、令第5军先抽回第200师回占梅克提拉、瓢背一线，掩护主力转进。

五、以第96师在彬文那坚强抵抗当面之敌。

六、该军以棠吉为后方，准备在梅克提拉、他希、带侧打击北犯之敌。

蒋介石视察缅甸在眉苗与英军司令亚力山大谈话时，曾就西线问题进行过一番讨论。当时英军正欲对仁安羌油田以南、处于森林之中的要地普罗姆放弃防守。

蒋介石明确指出："亚力山大将军，你必须竭尽一切办法，固守普罗姆。如能固守，我当派出一个师赶赴唐德文伊，自西南方面对敌军进攻，如此行动，方有遏制敌人前进之可能。我方必须有一个固守立足之地，而普罗姆乃最适当之立足地。"

蒋介石认为，从作战全局来看，若要反攻，中线、东西两线都要稳固防守，一旦哪一条线出了问题，会导致全局的失败。亚力山大当即表示不能固守，原因是普罗姆属森林地带，不适合英方坦克活动，而普罗姆以北的马格威及唐德文伊一带是平坦之区，能充分利用坦克，而当时英方尚有80辆坦克。

蒋介石的看法根本不同："战胜敌人，不能只靠坦克。"他认为这是英军为向后逃跑找的一种借口。他要求英方死守普罗姆，至少两天。

就在蒋介石一再请求英军司令亚力山大死守普罗姆之时，英军在日军打击下已成惊弓之鸟。4月6日当天，日军第33师团先遣队刚推进至普罗姆一线，一阵猛烈的炮弹过后，硝烟尚未散尽，英印军第17师阵地即发生动摇。7日，日军便轻而易举占领了普罗姆。这样，该地以北100千米的仁安羌便直接处于日军攻击的威胁之下。

杜聿明当即命令新38师孙立人部前往解救。

新38师孙立人所部于4月初抵达曼德勒和敏铁拉一带集结，于4月9日开抵曼德勒城，负责该城防御（该师尚有一步兵营作为参谋团卫队留在腊戍）。

仁安羌一带是缅甸西部重要的大油田区，每日产油百万加仑，是现代化战争离不开的重要战略地区。油田处于沙漠地区，只有仁安羌公路和伊洛瓦底江可以通达。普罗姆是其重要屏障，屏障一失，西线险象环生。

英军退往仁安羌以南马格威地区，准备抵御北进之敌，布置了坦克阵地。

日本第33师团以夺取仁安羌油田为目的，拟定了作战计划：

一、以步兵第213联队、独立速射炮第5中队、山炮第33联队、工兵第331大队为一路，在荒木大佐率领下，沿伊洛瓦底江左岸前进，进攻马格威。

二、以步兵第215联队、轻装甲车队、独立速射炮第11中队、山炮第7中队、独立混成第21旅团炮兵为一路，在原田大佐率领下，攻击萨斯瓦、东敦枝方面的英军，掩护第33师团之右翼。

三、以步兵第214联队第1大队、山炮第3大队、一个工兵小队为一路，在作间大佐率领下隐蔽前进，直接袭击仁安羌，以截断英军后路。

四、第33师团直属部队尾随先头部队前进。

荒木大佐先头部队于12日沿伊洛瓦底江东岸突破英印军新榜卫、未昌耶等防线，14日先头部队通过马格威。原田大佐的部队突破英印军固守的科固瓦和萨特丹，击毁英坦克5辆，俘虏英印军157人，并掩护作间大佐的队伍向仁安羌以北迂回。

4月15日，英军司令亚力山大下令防守仁安羌的英缅军第1军团军团长斯利姆立即破坏油田的所有设施，并紧急召见盟军中国代表侯腾，请求中国军队立即给予援助。

侯腾立即通过无线电，将西线发生的情况报告给重庆军事委员会军令部长徐永昌：

限一小时到。渝部长徐：HOB密。（加表）。

一、寒（14日）酉，敌先头部队沿伊洛瓦底江东岸通过马格威。

二、亚力山大将军已下令破坏油田。除呈林次长、罗长官外，谨闻。职侯腾叩。删丑。印。

仁安羌油田。巨大的爆炸声，烈火熊熊燃烧，乌黑的浓烟弥漫了整个油田上空，几十里外都能看见一团团翻滚的蘑菇云。高大的井架在爆炸中倾斜倒塌，巨大的储油罐遇到明火引起一连串的燃烧与爆炸。滚热的气温加上灼人的气浪，使仁安羌油田形成一片火海。

英军以坦克开道，第1师官兵和一批外国记者乘坐卡车或步行，缓缓地向仁安羌以北地区撤退。

是日下午，中国远征军司令部召开紧急军事会议，部署如下：着令驻守曼德勒的第66军新编第38师之112团和113团开往纳特曼克与乔克巴当两地布防，负责支援英军和掩护正面第5军之侧背；曼德勒之防守任务由该师第114团的两个营负责，第1营仍留腊戍担任飞机场的警戒任务。

午夜，日军第33师团作间大佐部队已推进到仁安羌以东约5公里处，获悉英军一部连同坦克车、装甲车和卡车已撤至拼墙河以北，立即派出高延大队绕道英军后方，并迅速攻克了拼墙河北岸渡口，截住了英军北逃之路。4月17日，荒木大佐所部切断了马格威至仁安羌公路，攻占了马格威。这样日军从南北两个方向夹击，将英缅军第1师和坦克一营共7000多人包围在仁安羌周围。

第113团团长刘放吾马上英姿

是日深夜，驻滇缅参谋团团长林蔚向蒋介石报告了西线英军的危急情况：

限两小时到。委员长蒋：夷密。（表）。筱已电谅阅。综合杜（军长）筱辰、筱午各电：……又英缅师主力现向述阳转进，一部沿宾河（拼墙河）两岸向乔克（CHAUK）方向转进中。昨夜戌时，有敌数百向仁安羌进攻，及深夜，有主力不明之敌由东绕至仁安羌之北方约七英里，包围英军运输车及战车一营、步兵一营，激战至晓，方突围出。又朱联络参谋筱申电：缅1军军长已令孙（立人）师之113团沿公路开赴仁安羌。职林蔚。筱亥。印。①

蒋介石在这一晚上，对缅甸军情的急遽变化深感忧虑。他无法安睡，披衣而起，走到庭院之中。"庭院深深深几许？"他不禁仰头寻找在云层掩映中的上弦之月，想起宋代名臣辛弃疾的词中名句："会使雕弓如满月，西北望，射天狼。"是啊，古人比喻得多么贴切，想象力又是如此丰富。下弦月如钩，上弦月如弓，弓拉满了，就成了十五的明月了。可是，我的强弓又在何方？能否出现一个惊人奇迹而力挽狂澜？我缅甸远征军的前景实在令人担忧。东线不稳，西线英军又是如此不堪一击，如何是好……

宋美龄悄悄过来，给他披上一件外衣，柔声问："达令，天很晚了，怎么还不睡觉？"

"睡觉？如此局面，我如何能高枕无忧。你知道吗？在仁安羌油田，七千多名英军被日军包围了，弹尽粮绝。日本人又切断水源，那是一个沙漠地区，没有水，怎样度日？更不要说抵抗突围了。英国人对日军已丧失了斗志，他们害怕日本人。"蒋介石忧心忡忡地说。

宋美龄微笑着说："大令，英国人的事，由英国人去管，他们根本

---

① 《林蔚致蒋介石密电（1942年4月17日）》，《抗日战争正面战场》（下），第1418页。

看不起中国人。如果他们能早一点让我军进入缅甸，或保卫仰光，怎么会有今天的下场？"她用手在脖子上抹了一个优美的自杀动作，"这是自食其果。"

蒋介石摇摇头："大令，话是不错，可我现在身份不同，是四强国领袖之一。英国人不仁，我不能不义。见死不救，隔岸观火是不行的，亚力山大将军已请求我派兵援助了。"

宋美龄想起在眉苗那个神气活现，一副绅士派头的亚力山大，"当时他那样趾高气扬，与你争论关于依靠坦克打仗问题……"

蒋介石低沉地说："不与他计较，要派兵增援他们。"

清晨5时许，蒋介石致电林蔚，命令派兵支援英军：

即到。腊戍林团长：0密。着新38师速以两个团增援英军方面，并具报为要。中正。①

林蔚当即与杜聿明联系，杜聿明即命新38师迅速赶往仁安羌援救英军。

新38师师长孙立人是国军中最西方化的军人。他和第200师师长戴安澜都是安徽人，他的故乡是舒城，戴是无为人。早年在北京清华大学学习土木工程，因成绩优异被保送美国印第安纳州普渡大学深造，获得工程学学士学位。然而他却转了志向，入弗吉尼亚军校学习军事，毕业后任中央政治学校训练班主任，后调宋子文成立的财政部"税务警察总团"，任该团"特种兵团团长"。

1937年8月，淞沪战役爆发，税警团参加战斗，在蕴藻浜阻击日军时，孙立人中弹负伤，伤愈后归队。不久，该部在长沙改编成"新税警总团"，孙立人任总团长，后调贵州都匀驻防。

---

① 《蒋介石致林蔚密电稿（1942年4月17日）》，《抗日战争正面战场》（下），第1418页。

1941年冬，税警总团改编为新编第38师，旋隶第66军，参加中国远征军。第66军出国最晚，新编第38师是从贵州兴义进入云南，以汽车输送至缅甸腊戍，再乘火车于4月初抵达曼德勒和敏铁拉一带集结，于4月9日开抵曼德勒城，负责该城防御（该师尚有一步兵营作为参谋团卫队留在腊戍）。

孙立人接到援助仁安羌被围英军命令后，4月16日，驻防在乔克巴当的刘放吾第113团星夜兼程，在第二天黄昏时分，到达拼墙河北岸，在距河渡口5英里处，进入准备攻击位置。当晚第113团即对占领渡口的日军展开了猛烈的攻击，喊杀声、枪炮声震耳欲聋。双方的炮弹、手榴弹不时映红半边天，曳光弹、各种枪弹交织成网，比节日的焰火还要壮观。

经过中国军队血战，在仁安羌解救出来7000英国人。图为撤退后部

4月18日拂晓，第113团团长刘放吾亲率部队向渡口发起猛攻。孙立人师长从曼德勒赶到前线亲自指挥战斗，激烈的攻击战持续到中午，拼墙河以北之日军终于被肃清。英方被围部队求救电报接踵而来，要求第113团火

速南渡拼墙河,以解英国军队之围。

师参谋长何钧衡负责与英缅军第1军团长斯利姆中将联系,答复说:"我军兵力太少,而且南岸为丘地,地形暴露,我军攻击正面太宽,又在仰攻位置上,如果攻势稍一受挫,日军可能立即窥破我军实力,不仅不能解救英军,反而可能把第113团陷于危险境地。"

此时,英国人的民族个性中的傲慢在日军的穷追猛打下早已飞到英伦三岛去了,连亚力山大将军都承认英军已完全丧失了作战的斗志,他对史迪威承认:"我的人很害怕日本人。"

史迪威眼中显现出鄙视之光:"亚力山大还有点勇气吗?浑身笼罩着灾难和委靡不振。"

斯利姆顾不得面子,拼命向新38师求援。

孙立人师长命令第113团肃清拼墙河北岸之敌后,暂停渡河作正面攻击。

刘放吾团长擦着满脸的汗水问:"师长,为什么不渡河攻击敌人?"

孙立人胸有成竹地说:"刘团长,你派出侦察小部队,在天黑之前用各种方法把当面的敌情和地形侦察清楚,我们晚上碰碰情况,再重新部署明天的攻击。"

斯利姆将军得知孙部停止行动后,立即用无线电与孙师长联系。

斯利姆不安地问:"孙将军,为什么不立即渡河而暂停攻击?"

孙立人回答:"我方只到达一个团兵力,第112团正赶往这一地区。明天拂晓,我部以第112团为左翼,以第113团为正面,同时进攻,一举解救贵军。"

斯利姆说:"孙将军,我对阁下的周密部署感到钦佩,但你要明白怎样才能使我的部队立即解救出来,这才是我最关心的问题。我刚接到包围圈里可怜的第1师师长斯高特将军的无线电告急电话,他的部队已经断绝了两天的粮食,尤其是水,在干涸的沙漠中一分钟也坚持不下去了,若是得知今天不能解围,便有立即瓦解的可能。我请求将军,今天无论如何要立即渡河，援救被围的第1师，时间不允许我们等到明天，明白吗?看在上帝的份上，帮帮忙！"

孙立人镇静地说："将军阁下，既然贵部已忍耐了两天，请无论如何坚持最后的一日，中国军队一定负责在明天拂晓时发动进攻，将贵军完全救出来，请转告斯高特师长。"

斯利姆还在犹豫不决时，斯高特又打来第二次告急的无线电话，说不能再等下去了，每一分钟都有人因干渴而倒下。斯利姆请其咬紧牙关，再坚持一下，明天就一切好起来了。当他安慰了斯高特师长后，又不放心地问孙立人："明天上午救出英军是否有把握?"

孙立人师长斩钉截铁地回答说："中国军队，连我在内，纵使战到最后一个人，也一定要把贵军救出险境！"

4月19日拂晓4时，新编第38师第113团在山炮、重炮、迫击炮和轻重机枪的掩护下，渡过拼墙河向仁安羌以南的日军发起进攻。敌军的阵地在炮火中颤抖，浓烟夹着火焰，直冲云霄。破晓时，左翼部队将敌军阵地完全攻占，战斗转进到山地里，日军据险疯狂地射击，并不顾一切进行反攻，第113团夺取的阵地又丢失了，于是部队又进行强攻，经过三失三得，反复肉搏厮杀，终于巩固了阵地。在激战中，第3营营长张琦负了重伤，仍裹伤大呼；"弟兄们，杀呀！冲啊！"直到流尽最后一滴血。士兵们更是英勇顽强，前仆后继，再加上主攻部队的山炮、轻重迫击炮和轻重机关枪猛烈的火力打击，日军溃逃了，从山坳里一直到油田边，到处是敌人的尸体。从拂晓4时到下午3时许，敌第33师团先头部队的抵抗完全被击溃，日军死伤500多人，终于退出了阵地，我军第113团损失官兵亦达100人以上，阵亡营长1人。

这天中午，亚力山大、斯利姆和亚力山大的参谋长托马斯·J.W·温特顿少将来访问史迪威，对中国增援部队人数不多，进攻正面又过宽感到忧虑。史迪威也认为："仁安羌今天的情况不是很妙，中国人进攻的面过宽了。"斯利姆担心英缅师会被日本人彻底击溃。

然而担心是多余的。下午5时许，解救英缅师战斗的枪炮声逐渐稀疏，被击溃的日军急速向后撤退，中国军队完全收复油区。当士兵们出现在被解救出来的英国官兵、美国传教士和新闻记者五百余人面前时，他们几乎都不敢相信这是现实。远征军在打扫战场后，又将从日军手中夺得的战利品100多辆汽车交给英方。

英国军人与解救他们的中国士兵

紧接着，英缅军第1步兵师、骑兵、炮兵、战车部队等7000多人和1000多匹马，在中国军队的掩护下，从左翼向拼墙河北岸退出。被围三天三夜已使他们狼狈不堪，他们互相搀扶着，在夕阳的余晖中向北走去，当看到中国官兵时，个个竖起大拇指激动地高呼："中国人，好样的！""中国万岁！"还有许多感情丰富的军官，流着热泪冲过来拥抱中国的官兵，有的还跳起了舞，唱着、跳着庆祝他们的获救。当他们得知前来营救的部队只有一个团时，不禁对自己虽有7000多人，又有装甲车和重武器，但却无法突围这一事实感到羞愧。

4月20日，参谋团团长林蔚以十分激动的心情自腊戍向蒋介石报告新38师在仁安羌取得大捷的喜讯：

限两小时到。委员长蒋：夷密。加表。
谨再将我军在仁安羌之战绩详报如下：
一、我孙师113团，经两昼夜激战，至19日14时占领仁安羌及全部油田，将敌驱至仁安羌以南三英里处。在仁安羌之（英）缅1师七千余人及辎重车百余辆被我救出。是役敌伤亡五百余人，我伤亡百余人。惟第1营长负伤殉职，所获战利品至多，正在清查中。
二、（英）缅一师解围后，现向乔克巴当开拔中，
谨闻。职林蔚。印哿申。参腊印。①

同日，远征军第一路司令长官罗卓英也向蒋介石报告我军在仁安羌解救英缅军的大捷：

渝。军委会。（加表）。委员长蒋：孙师原派乔克巴当之113团，筱日扫荡拼墙河以北敌人，复进而救援在仁安羌被围之英军，现据孙师长皓（20日）未报称，刘团经两昼夜激战，占领仁安羌，救出被围英缅军第1师七千余人，情形狼狈不堪。我军并由敌人手中夺获之英方辎重百余辆，悉数交还。敌向南退却其死伤五百余名，我亦伤亡百余，该团暂在仁安羌占领阵地等候。孙师刘团作战努力，除奖励外，谨闻。罗卓英。巳。参印。②

仁安羌大捷的消息亦轰动了英、美。据当时报道：
克复油田中心仁安羌一事，直如暴风雨前暂时沉寂中之一道清流，与

---

① 《林蔚致蒋介石密电（1942年4月20日）》，中国第二历史档案馆馆藏档案。
② 《罗卓英致蒋介石密电（1942年4月20日）》，中国第二历史档案馆馆藏档案。

最近之猛袭东京、大阪及名古屋（按：4月18日，美空军特遣队杜立德大队空袭日本东京、大阪、名古屋等地）同受欢迎。

中央社伦敦21日电： 缅甸方面，中英军队获得联络之新闻，此间认为十分重要。每日电闻报称：中国已派有力援军，向西推进，因而与英军获得联络。同时中国援军亦能发出空前之抗战威力。

仁安羌大捷的消息像旋风一样在盟军中传开，这简直是个了不起的奇迹。新38师第113团以少胜多，以寡敌众，是中国军队在缅甸战役中创造的一个优秀战例。

四、东线战事

西线危机刚刚解除，东线的战局又使远征军的处境更加危险。东线是盟军的薄弱环节，担任防守的是战斗力较弱的第6军。该军第49师位置在勐畔，第93师位置在萨尔温江东岸的泰缅边界一带，以防止日军从泰国边界攻击远征军后方。在毛奇、罗依考至腊成近千公里的公路线两旁，只有暂55师分布防守，形成了一个虚弱的环节。

日军采取先攻西路的战术，迅速进攻普罗姆、仁安羌，调动远征军中路兵力前往营救，造成中路和东路的防线更加薄弱。日军第56师团乘机进攻东线的罗依考和棠吉等地，平井卯辅大佐率领先遣队800多人，乘坐400多辆汽车、装甲车与摩托车，沿同古至棠吉公路搜索前进。

担任东线防守任务的是甘丽初第6军陈勉吾暂编第55师两个团，战斗力不太强，但该部利用东部的复杂山脉和险峻地势，构筑阵地，埋设地雷，当敌先头部队进入伏击圈后，引爆地雷，埋伏在两面的阻击部队一齐猛烈开火，也给敌人以很大杀伤。暂55师有时还派出小股部队袭扰敌人，虚虚实实，打打停停，迟滞、阻击日军前进的速度达月余。 日军摸清了我东线兵力部署后，立即增调大部队发动强攻。从4月上旬后，形势逆转，对远征军十分不利。

4月6日，日军步骑联合，组成强劲的攻击部队，向毛奇发动强攻，经过激战，夺取了军事重地毛奇。远征军退守罗依考一线。第6军军长甘丽初即令暂55师第3团和该军工兵营支援罗依考，该师师部也移驻罗依考，以加强抵抗。

日军派出迂回部队从东北方密林间小路迂回出现在罗依考后方，切断了暂55师的后路，暂55师阵脚大乱，士兵们纷纷放弃阵地，退入公路两旁的丛林，使东线门户大开，日军进占罗依考。

日军第56师团占领罗依考后，兵分三路，其中一路由和榜以西攻击雷列姆，另两路向北挺进，直奔腊戍，以切断整个远征军的退路。

4月21日拂晓，第6军参谋长林森木率残部两营兵力在河邦附近构筑警戒阵地和主阵地，正面阻击北犯之敌。军长甘丽初亲率部队在雷列姆构筑防御工事，节节抗击，并等候第5军第200师援军。

英军此时已决定完全放弃缅甸，退守印度。早在一个星期以前，英军飞机在仰光海面上发现敌运输舰约40艘，约装载陆军两个师团。而在这之前，日本一支由6艘航空母舰组成的庞大舰队驶入孟加拉湾，东南亚英军总

林中拖炮

司令魏菲尔向印度加尔各答发出紧急警报，认为日军下一步战略目标可能是夺取印度。美国空军第10航空队杜立德派出8架轰炸机对日本运输舰进行了一次空袭。当中国远征军盼望天空中出现美国飞机配合作战时，史迪威却一架飞机也调不动，蒋介石对此气得直骂，因为美国罗斯福总统曾向他保证美第10航空队隶属他的战区，归史迪威指挥，但马歇尔却调第10航空队飞离中国战区去保卫印度。

4月20日下午，新38师第112团及第114团先后到达指定位置。孙立人师长计划在21日拂晓向南撤之日军再发动一次攻击，先从敌军右翼迂回，断其归路，将日军第33师团压迫在伊洛瓦底江东岸一带聚歼。

4月21日子夜，英缅军第1军团长斯利姆将军告知孙立人，史迪威将军通知他转告新38师由仁安羌转进至乔克巴当，继续掩护英军撤退。正欲奋力杀敌的新38师得到此令，只得暂时收起雄心，执行掩护友军撤退的新任务，开始转进。敌人眼见中国远征军正在陆续增加，有积极准备攻击的模样，忽然间又向后退，弄得莫名其妙，不敢追击。

实际上英国人在缅甸的做法包括退出仰光、退出普罗姆、退出仁安羌，都是为彻底放弃缅甸，中间只作一些象征性的抵抗。英军司令亚力山大一语道破天机："我真希望乔（即史迪威）不要离开。没有他，我很难指挥得动中国军队。"可惜中国远征军不了解这一点，一再为被包围的英军而拼杀。

史迪威也被英国人愚弄了，他强行将第200师调向乔克巴当，导致东线出现空当，使日军抓住这一机会占领棠吉、罗依考，并往北疾进，直取腊戍，截断远征军退往国境大门的通道，使中国远征军陷入绝境。

4月21日午后，西线到东线的公路上尘土飞扬，100多辆卡车满载戴安澜第200师官兵和军直属队一部，疲于奔命。他们20日晚赶到乔克巴当，第二天就由乔克巴当赶往棠吉，全程下来跑了500多千米。部队到达乔克巴当还未来得及休整一下，吃上一顿热饭。

戴安澜心里觉得，从同古撤退后，仗一直打得很别扭，可以说完全丧失了主动性。长兵短用，短兵长用，低兵高用，高兵低用，用兵要诀一概用不上，好像有一只无形的黑手，在背后牵动着，使我军东拉西扯，忙于应付，而且手忙脚乱，兵力分散。史迪威要指挥，罗卓英长官要指挥，杜聿明军长也要指挥，有时他自己也左右为难，不知听谁的好。举棋不定，败仗之兆。将帅无能，累死三军，即使赶到棠吉，起码也要延误3天，第200师这支有名的攻坚部队，曾在昆仑关威名大振的部队，不说打仗，拖也被拖垮了。他一边想，一边掏出干粮，干咽着……

戴安澜带领第600团团长刘少峰、第599团团长柳树人和第598团指挥官郑庭笈等人终于赶到棠吉，在城外观察敌人阵地火力点和棠吉地形后下达命令：我师于明日拂晓开始攻击。以第599团、第600团为攻击部队，第598团为预备队，刘少峰团长率团沿公路向棠吉城攻击前进。柳树人团长率团负责攻占棠吉城外右翼高地，包围棠吉城侧翼，切断棠吉至雷列姆公路，并在高地上用重机枪射击城里的敌人，掩护正面部队进行攻击。重炮兵、装甲车掩护第600团攻击。

4月24日拂晓，全面攻击开始。侧翼攻击高地的第599团以第1、第3两营为第一线攻击部队，第2营为预备队，向敌阵地发动猛攻，士兵们奋勇登山，一连攻克几个山头，但部队伤亡也较大。该团占领高地后，立刻居高临下，向城里射击。第1营于当天下午切断了雷列姆公路。

第600团在猛烈的炮火支援下攻击城区，与敌发生激烈巷战，逐屋逐巷进行争夺，第598团第1营在装甲车掩护下，冲进城扫荡残敌。当晚，第200师占领了棠吉城。此战共毙敌800余名，击毁14吨重坦克3辆，击毙战马数匹。

第200师英勇杀敌，一举夺回东线战略要地棠吉，并继续尾追北上之敌，使千钧一发的东线一度出现了转机。但它却像急风暴雨后的初霁，刚给人们带来一丝希望，又即刻为浓云遮蔽了。

罗卓英对指挥作战也非外行。当史迪威要求调令部队从中路赶往西线时，他是附合并赞成这个意见的。但事实证明史迪威指挥不当后，他

远征军战士在树上监视敌人

立即与参谋团就东线情况交换了意见。参谋团提出以下方案：立即停止第200师之运输，并改运棠吉。时日军以主力（第55师团、第18师团）沿彬文那至曼德勒公路及伊洛瓦底江地区向曼德勒城突进，包围中国军队及英军之两翼兵力，压迫至伊洛瓦底江而歼灭。西路第18师团沿仁安羌、皎克西顺伊洛瓦底江东岸前进，将英军第1军团歼灭于伊洛瓦底江东岸。

东路日军以夺取腊戍，切断中国远征军后路为目标，自4月20日攻克罗依考后，兵分二路，一路由河邦攻击雷列姆，一路夺取棠吉。我军第200师夺回棠吉后，另一路日军并不理睬，仍向北猛窜。日军的方针是不在一城一地与中国军队胶着，大胆穿插，以坦克开道，快速部队紧随其后，每日以百公里速度，向云南办界的腊戍前进。而罗卓英又令调往东线的新22师、第96师和军直属队折向曼德勒参加会战。令第200师将拼命厮杀夺来的棠吉放弃，对东北雷列姆方向日军实行尾追，致使敌更多部队直奔腊戍。

4月25日，东线日军越过雷列姆，以10余辆坦克开道，400多辆卡车满载日兵，兵分两路，斩关夺隘，对腊戌形成钳形攻势。腊戌后防空虚，一连串的告急电报，到了蒋介石手中。

4月26日午后，敌先头卡车百余辆已到达细胞东南之南海附近，遇到新编第22师第82团阻击，战至次日凌晨，我军阻止不住，放弃细胞。

4月27日，派驻细胞至雷列姆公路之曼松警戒与破路的一营，遇敌坦克和大队日军汹涌而来的进攻，实行绝望的抵抗，致全营全部战死于毫无遮掩的公路上。在另一条腊戌至雷列姆之线实行警戒与破路之一营，被敌快速部队击溃后，下落不明。

日军快速部队越过雷列姆北犯，孤军深入，远征军决心予以围歼。第66军军长甘丽初即令新28师留一团守曼德勒，其主力由刘伯龙率领，乘火车运回细胞，连同第66军即将到达腊戌的军直属队等向南展开攻击，并与北上的新22师配合，南北夹击，将东窜之敌歼灭。这条方案，经罗卓英慎重考虑后，认为可行，并重新作了修改，投入了更多的兵力夹击日军，并向远征军各部下达命令：

（民国）三十一年（1942年）4月24日下午申时于瓢背。

一、戴安澜部不顾一切，攻占棠吉，进出河邦，占据有利地点，阻敌联络，相机蹑敌追击。

二、甘军长尽速可能抽调吕国铨、彭璧生两部主力（按：即第6军第93、第49两师），由东南向西北索敌侧背追击。

三、刘伯龙师（按：即第66军新编第28师）率其主力，迅开细胞，会同腊戌南进部队，破路阻击，与戴、甘协力围歼该敌。（按：刘师由腊戌经细胞至曼德勒，任务为防守该城，于4月5日从腊戌至曼德勒）

四、另令杜军长率军直属队及廖师一团，迅由黑河开回梅克提拉，指挥（仰曼）铁路正面军事。

中国远征军第一路长官罗卓英 ①

罗卓英下达命令后，于当晚11时，向蒋介石汇报了以上命令。

当缅甸东线危局的各种汇报函电像雪片般纷至时，蒋介石也在筹划其征军下一步行动方案。此刻，他坐在办公桌前，打开紫铜墨盒盖，用笔舔了舔，将方案一条接一条写下，亲自进行布置。训令中国战区盟军总部参谋长史迪威、远征军第一路司令长官罗卓英之电文如下：

畹町。电报局局长鉴：请将下电速用电话传腊戍林团长，并另抄一份送中缅运输分局，速派专车送腊戍林团长，密。腊戍。林团长：极机密训令。顷下达史迪威参谋长、罗长官之训令如下：

一、国军今后在缅甸之作战指导，应以不离开缅境，而不与敌主力决战为原则，依此原则，以机动作战，极力阻止并迟滞敌之发展，尤以对棠吉、雷列姆北进之敌，须极力拒其继续前进。

二、新28师主力可速运腊戍与雷列姆方面。当先以保守腊戍为主，并尽可能求将该方面之敌击灭之。

三、第5军在彬文那方面，应以逐次迟滞敌之前进为目的，施行持久抵抗。但亦不可过久胶着于一地战斗，致招过甚之损失。

四、为应将来状况之演进，第6军应准备以景（东）、车（里）、佛（海）方面，第5及第66两军主力，以密支那与八莫方面，为后方补给连（联）络线。右四项除分令外，仰即知照为要。

蒋中正手启。4月24日23时。

蒋介石的这份手令虽然强调了保卫腊戍的重要性，表示保卫腊戍为其一个主要目标，但它也表明，将来或下一步的主要重点，又放在经营八

---

① 《罗卓英致蒋介石密电（1942年4月24日）》，《抗日战争正面战场》（下），第1423页。

莫、密支那后方上面。

罗卓英在25日凌晨接到了蒋介石的手令，立即赶往皎克西，找史迪威研究下一步方案如何与蒋介石的指示相吻合。

史迪威、罗卓英二人研究的结果：除留第200师向棠吉以东雷列姆攻击，以执行蒋介石阻敌继续北进腊戍的指示外，第5军战车团、山炮团、新编第22师、第96师均向曼德勒集结，即执行蒋介石"第5军在彬文那方面，应以逐次迟滞敌之前进为目的，施行持久抵抗。但亦不可胶着于一地战斗，致招过甚之损失"的指示，并着手向密支那、八莫方向实行总退却方针，坚持主力集结于中路，就为保卫曼德勒至密支那铁路，掩护部队撤退创造条件。而此时坚守中路的第5军第96师，在敌正面第55师团和第18师团主力及重炮、战车、空军立体联合进攻下，利用既设的纵深阵地，逐次抵抗，已坚持了7天之久。从彬文那以西至梅克提拉之间，地形多开阔平坦，很少有要隘可以利用。但从远征军长官部决定放弃彬文那会战时，该师即坚决执行了"以第96师在彬文那坚持抵抗当面之敌"的命令。他们蒙受巨大牺牲，伤亡惨重，凌则民团长阵亡，但士气高昂，始终未被优势之敌击破。

此时，在黑河指挥第200师夺取棠吉的第5军军长杜聿明正信心十足地准备新的部署。第200师只用了一整天时间便重新夺取棠吉的成果，的确给他包括史迪威都带来了新的希望。他只盼能继续肃清隘路之敌，向雷列姆攻击前进，以断北犯腊戍之敌的后路，再与第66军新编第28师刘伯龙部实行南北夹击，一举歼灭东路之敌。

就在此充满希望的一刹那，幸运之神又远离了他。真是"一个精神上历尽磨难的日子"。罗卓英的命令来了：

杜副长官：

着将已攻克之棠吉，除留第200师向棠吉以东雷列姆攻击外，其直属部队一部、新编第22师、第96师均向曼德勒集结，准备会战。

杜聿明一看电报，长叹一声："大事休矣！"接二连三的打击，几乎使这条陕北黄土高坡长大的汉子挺不住了。尽管高原上的人经历过东西南北风和各种恶劣天气的洗礼，但从来也没有见过这种朝令夕改、一天多变的作战命令，他拔出手枪照着不远处一棵大松树上的大疤结连连开火，打得树屑乱飞，顿时硝烟火气弥漫。一口气打光了枪膛中的子弹，又连续扣了两下，不响了，他一咬牙将枪扔向目标。

25日晚，在曼德勒以南约40千米的乔克西，盟军最高军官即缅甸英军司令亚力山大上将、史迪威中将、罗卓英及杜聿明、侯腾等举行军事会议，会议的议题早就不是什么"曼德勒会战"，而是讨论盟军与远征军在缅甸总撤退的问题。

自盟军在缅甸总司令亚力山大将军下令总撤退时，西中东三线的防守均已岌岌可危。日本第15军团司令根据英、中军队疲于应付、处处冒烟、东拉西扯、缺乏纵深的防守状况，决定以一个师团（第56师团）快速机械化部队沿东路罗依考、棠吉、雷列姆、细胞至腊戍公路疾进，切断中国军队之退路。日军将大队远征军包围，激战达五小时，守军无法突围，部队损失过半，后经第66军军长张轸亲率特务营前往解救，始得突围。

刘伯龙新编第28师梁团两个营的悲壮抵抗与破路，暂时迟滞了日军的前进势头。蒋介石错误地认为日军进攻腊戍的计划可能中止，遂于27日致电林蔚，要求防止敌人从腊戍回窜。电文如下：

即到，林次长。敌军在孔海以南地区（按：即25日林蔚向蒋介石报告敌在腊戍南方约170千米的孔海坪），如今明两日仍未向北进攻，则其袭击腊戍计划，必根本打消。以后只防其乘隙宵遁。刘部南进时，总须设法用最快方法，如北路未破坏时用汽车运输，以我空军之质量已优于敌军，不患敌空军之阻碍我车运兵，总之勿使棠吉、河邦方面戴师单独应战，而达成我军前后夹击之目的，腊戍防务交马师（马维骥新编第29师）担任。并令张军长指挥可也。中正。感酉。机渝。①

从这份电报内容看,蒋介石认为东路形势并不太严重。他只是要求刘伯龙师尽快南下与戴安澜师实行南北夹攻,一举消灭东窜之敌,没有意识到敌主力正源源不断开往这一地区,并认为马维骥新编第29师已赶到腊戍。其实马师当时因交通阻碍,连一个团都未赶到腊戍,尚在国境。

蒋介石于28日下午,得知东路实际情况,深虑大局甚危,想起昔日能征惯战的战将,突然脱口叫了出来"戴安澜!"这个黄埔三期学生,一进校正赶上陈炯明入侵虎门,国民革命军准备东征,当时他的表现不俗。后来,北伐开始了,蒋介石将他留在国民革命总司令部担任排长,后擢升连长、营长、团长、旅长、副师长、少将师长。入缅以来煌煌战绩,能守善攻,在关键的时刻,总是出现在最危险的地方。

"对!戴安澜,现在是用你的时候了。如果此时有你在尾追东路北窜之敌,与张军长从腊戍南北夹击,何患腊戍之危不解?"

他立即致电林蔚,询问戴师的情况,并指示戴师与刘伯龙师联络方法:

林次长:戴部现到何地,应时时注意,切实联系,总使戴刘两部行动其时间与地点能适合勿差,此乃兄之惟要务。此两部联络方面,除空军掷通信袋与无线电通讯以外,在其两部中间之山地,如能以地面派人联络更好。望适合运用。戴部行动详报中正。俭申。机渝。

晚上已11点多了,蒋介石睡不着觉,还想着戴安澜能否转危为安。于是又给中路的杜聿明发一电,再次询问戴师的位置。

---

① 《蒋介石致林蔚密电(1942年4月27日)》,中国第二历史档案馆馆藏档案。

杜副长官：戴部现到何地，须每日电告，并嘱其与林次长时时通电，切实联络。俾与张军夹击敌军，不失机宜也。中正。俭戌。机渝。中国第二历史档案馆馆藏档案。

无独有偶，是日深夜，史迪威也想到了戴安澜，他对戴部也寄予希望，写道："如果第200师到达莱林，日本人将遇到麻烦。"

但戴安澜究竟在何处？

当罗卓英、史迪威要求杜聿明将主力调往曼德勒准备会战时，命令将第200师孤军留在东线，放弃棠吉，尾追雷列姆北上日军。但日军快速部队动作太快，戴师到达该地后，没有发现敌情，即电告杜聿明。杜聿明立即指示，该军过于突出在外，有被敌消灭可能，望速归还建制，以密支那、八莫为依托，退往国境。戴师长奉命，立即令部队向西往曼德勒方向靠拢。部队在前进当中，戴师长又接到腊戍参谋团团长林蔚的电报，命令第200师由雷列姆东进，归第6军甘军长指挥，向景东方向撤退。戴安澜等研究，认为甘丽初是个无用的长官，遇敌攻击，即离开公路，放弃罗依考等要地，如果所部能顽强抵抗，不致使敌速窜腊戍。于是决定关掉与林蔚联系的电台，执行杜聿明向北转移的命令。

五、缅北撤退

新38师第112团在第5军主力向北撤退时，前往铁路线印道以南的温佐占领阵地，掩护主力北撤。孙立人率师主力与新22师到达集合地后，其部第112团在温佐被围，而第113团又在卡萨与来自八莫之敌激战，两团相距位置在100千米以上，前、后、右三方均受敌威胁。为了全师的安全，孙立人不得不下决心转头向西，进入印度，当即便下达了命令，令第114团、113团向温佐方面集结，打击尾追之敌，救出第112团安全出围。然后全师向西北行进，转入山林地区，进入印度。

5月16日拂晓，新38师进入两边都是悬崖峭壁的深谷中，谷中有一条河流，别无道路通行。孙立人下令将所有的车辆及辎重焚毁，部队涉河前进。因为雨季尚未来临，河水不深，最深处亦只到腹部，孙立人告诉部队要克服困难，否则到了雨季，后果不堪设想。部队在水中跋涉一昼夜，始出山口，来到亲敦江右岸的榜宾地区。此时日军的大部队和水上炮舰正从下游驶往这一地区。孙立人决定立即渡江，命部队准备木排，趁黑夜全部渡江。第二天，日军追到榜宾时，与师后卫部队发生激战，恰逢天降大雨，掩护部队迅速渡江。

5月27日，新38师除第113团因卡萨战斗未赶上主力外，该师已安全进入印度英帕尔东南约29千米处的普拉村集结待命。两个星期以后，刘放吾率第113团也赶到了英帕尔。

新38师在温佐时，副师长齐学启曾在卡萨地区指挥第113团阻击八莫方向敌人过江。当第5军主力远离后，第113团团长刘放吾便令该团迅速转移进山地。在此之前，齐学启接到孙立人的电话，要他前往师部，并约定第二天清晨3点派汽车去接他，但负责接齐学启的副官叶遇春在约定地点等了几个小时也未见到人影。

原来，齐学启将军从第113团出来后赶往曼许第5军军部，向杜军长报告了第113团战况。杜军长当即命令部队转移。齐学启找不到汽车前往约定地点，延误了时间，后与该师伤员一同进入山地，寻路西进，追赶部队。

5月19日，齐学启等乘竹筏至霍马林以南约13千米处，被敌军追上，齐学启等被俘。后送至仰光中央监狱，被囚近3年。

1945年5月盟军克复仰光后，14日，重庆《大公报》仰光特派记者黎秀石由仰光发来专电：

"前新38师副师长齐学启将军，于（1945年）3月8日为寇刺伤腹部，于3月13日伤重逝世。那一天，是所有盟俘最伤心的日子，他们齐向齐将军致哀，对日寇刽子手的暴行深恶痛绝。据恢复自由的若干盟国战俘对记者说，齐将军的确是中国的伟大军人，他是中央监狱里数百战俘中最受人

远征军从缅北撤退

爱戴与最能给人援助的人物,在英美袍泽的眼里,他是黑暗时期的光明与鼓励的源泉。在这三年的黑暗地狱中,他对盟国最后胜利的信念,从未动摇,并曾屡次拒绝了日寇'诱令',加入宁(南京)伪组织的阴谋。3月9日,日伪曾作最后的尝试,但被齐将军臭骂一顿,第二天,齐将军便被刺伤了。有一位解放了的盟国战俘对记者说:'齐将军在解放前夜被谋杀了,这是最惨不过的事,但我向你保证,齐将军将长留在我们心里,他是我们最黑暗的日子中最伟大的友人。'"

齐学启将军遗体后由仰光空运至加尔各答,再转运回国,葬于湖南长沙岳麓山。

驻印远征军由罗卓英负责进行整训。在史迪威与英军负责人商定后,以印度加尔各答西北的兰姆伽作为训练中国军队的基地。蒋介石决定成立中国驻印军总指挥部,史迪威任总指挥,在印部队改编为一个军,由郑洞国为新编第1军军长,最初下辖新编第38师,师长孙立人;新编第22师,师长廖耀湘。史迪威对士兵进行严格训练,由美国军官负责。

经过训练的中国军队战斗力有了很大的提高，部队从军装到钢盔、皮靴、背包，直到步枪、机枪、车辆、火炮等全部都换成了美式装备。8月骄阳，史迪威汗流浃背，亲自在训练场上，一会儿卧在尘土中，一会儿为士兵耐心讲解，从射击到战术，为中国士兵进行示范。

史迪威认为，兰姆伽的训练将重新焕发中国军队的活力，不久即可以发动反攻缅甸的作战了。

齐学启烈士

12月10日，两支美军工程部队开到印度雷多，他们将负责从雷多修筑一条穿越野人山区的公路，进入胡康河谷，经新背洋到达密支那，再经云南的腾冲至昆明，即中印公路，以配合驻印军行动，打破日军的封锁，将战略物资运往中国。

中国驻印军新38师在兰姆伽整整训练了六个月，部队在森林战术、武装泅渡、战术配合、体能训练各方面及武器装备上均有了很大的改进。

1943年1月2日，新38师师长孙立人前往驻地附近蓝溪柔拉学校，接受英皇颁授的C．B．E英帝国司令勋章。

授勋仪式按规定应该在新德里的英军司令部由魏菲尔将军代表英皇颁授，因孙立人所部即将重返缅北，以掩护雷多基地和中印公路的修筑，任务紧急，抽不开身，临时改在孙军驻地附近举行。

上午10时，孙立人将军气宇轩昂，英姿勃发，来到授勋礼堂前。几十名锡克族士兵头戴红帽守卫在大门外，孙立人一行进门后，一个印度人手托着一个放着银杯的盘子走到他的面前，孙立人按当地风俗，用手指伸进杯里蘸蘸盛在银杯里的香水。另一个印度人递上一包包着香料的树叶，请孙立人等放在嘴里咀嚼。

礼堂的主席台上，悬挂着英皇乔治六世的大幅肖像，正中放着套着猩红毯褥的椅子，褥上绣着各种彩色丝绒的花纹。

印度比哈尔省省督身穿黄色大礼服，肩上和胸前配着肩章和服饰。仪式开始时，由军事秘书向省督致词引见，用洪亮的声音叫着："孙立人将军——"

孙立人当即走到离台一步的地方，与省督面对而立。

省督打开勋位证书，庄重地朗读颂词："奉皇帝陛下的命令，今天本人代表陛下，将C.B.E勋章授予孙立人将军阁下，以表彰阁下去年在缅甸首创的惊人功绩，和对阁下这种英勇行为致敬。"

读完颂词后，省督从侍者的托盘中拿起系着绶带的英帝国司令勋章，亲自挂在孙立人的脖子上，然后与他热烈握手以示祝贺。接着参加典礼的中英高级将领一拥上前，一一与孙立人握手道贺。

下午1时，比哈尔省省督举行宴会，代表英皇宴请孙将军一行，宾主双方共同举杯，为战胜日军互相祝贺。

六、归途阻绝

4月29日，新编第29师师长马维骥率两营赶到腊戍以北约40千米的新维。第66军军长张轸当即向马师长交接阵地，并将第5军撤至腊戍的战炮四门归马部指挥，此为第一道防线；同时，张军长又令刘伯龙师残部在马师后设置第二道防线。

是日拂晓，敌出动大炮十余门，装甲车战车三十几辆，在飞机掩护下，步兵强渡河成功，向腊戍发起猛攻。新29师先头部队伤亡殆尽。后续部队乘卡车陆续赶往前线的，亦是到一车即被消灭一车，完全丧失了抵抗能力。刘伯龙师一部与新38师驻守腊戍机场的一营部队均投入战斗。战斗至中午12时，敌已对腊戍形成包围，先头部队已冲入市区，与守军展开巷战。午后一时许，腊戍失守，中国远征军退往国内的大门被关死了。

日军得意地声称："腊戍附近似乎并没有强大的敌人"，"在腊戍缴获的援蒋物资，数量极为庞大，隐匿在附近丛林中，燃料也为数不少"。

此时，沿途各处皆燃起大火，黑烟滚滚，直冲云霄。贮放于畹町、遮放、芒市、龙陵等地仓库中的大批物资或自行焚毁，或已资敌。

4月30日，凌晨1时，日军向新维阵地发动进攻。马维骥所部皆新兵组成，未经过战阵，经敌大炮、坦克猛烈轰击后，军心动摇，兵找不到官，官看不见兵，很快便被日军冲垮，一溃而不可止。

马维骥连着打死几个向后狂逃的士兵，但仍无法制止，身不由己，被溃兵裹着向后溃逃，同时命报务员呼叫救兵。第一线阵地很快被攻破。

晨4时，敌军复向第二线阵地刘伯龙师残部猛攻，遭到守军顽强抵抗。第66军军部特务营也拉上去增援，战至黄昏，敌停止进攻，我军右翼罗营伤亡过半，无力继续支持。

5月1日上午8时，新维第二线阵地中央被敌攻破，敌坦克一群接一群冲了过来，守在阵地上的搜索营与战防炮营经过苦战，全部壮烈牺牲。张轸亲自率领军部直属特务营一部前往增援，刚赶到92英里处，未及布防，敌战车已冲过来，该营当即陷入混乱，被敌打散。

是日，蒋介石致林蔚电：

即到。畹町林团长：密。训令：
第36师改开保山，归张军长轸指挥，负责布防。
如当面敌情许可，尚能保有畹町时，准该师向畹町推进。
第36师输送完毕后，续输送第2预备师至下关、祥云填防。保山、畹町方向桥梁应完成破坏准备。中正。东亥。令一元。①

---

① 《蒋介石致林蔚密电（1942年5月1日）》，《抗日战争正面战场》（下），第1428页。

日本军部对日军在缅作战取得巨大战果喜出望外，要求占领军立即部署进攻云南。

5月1日，日本大本营电告缅甸日军第15军团司令部：

大本营希望不失时机，更加扩大第15军团战果，确立积极向重庆进攻的姿态，……力争在国境内歼灭敌军，同时，以有力兵团越过国境，向龙陵、腾冲和怒江周围扫荡。

5月2日，敌仍以坦克为前锋，冲向张轸部贵街阵地。参谋团命张轸指挥第6军第93师野战补充团和第5军装甲兵团李营退往畹町以北高地布防，阻击敌追击，掩护后方各部门撤退。贵街失守，畹町通往密支那、八莫公路沦入敌手。

2日晚，畹町阵地左翼被敌包围，渐次逼近。两辆装甲车被击毁，士兵纷纷逃离。张轸回忆当时的危急情形说："我和参谋团虽用尽办法，终不能挽回败局，而且敌快速部队猛攻猛追，几不能脱险。不得已，于夜9时毁掉第5军的中型战车5辆，阻塞道路。但敌炮追击，仍超过我退却部队。"

杜聿明痛心疾首地检讨说："当时参谋团控制着战车部队，竟不知使用战车逐次抵抗，阻击敌人，反令与敌战斗，又在芒市附近破坏一连战车以阻塞道路，他们对武器运用毫无常识，可以想见。"

畹町失守，造成中缅边境大溃退。滇缅路上，人车拥挤，途为之塞，各种车辆头尾相衔，进退两难，难民、败兵纷纷拥挤后逃。

据当时记载："畹町、遮放、芒市、龙陵，一路都是车子，……芒市前后有十多公里走不通，龙陵前后有二十多千米走不通，满满都是车子。"

"三路纵队，四路纵队……谁也不肯让，一个顶住一个。""走一公尺，不定要等多少时候……好多人只好摊开被褥在车子底下睡觉。"

张轸回忆："因连日狼狈退却，汽车千辆拥塞于途，行进缓慢，敌兵尾追猛射，退却更为混乱。"

驻滇美国空军志愿队指挥官陈纳德在致蒋介石报告中说："根据美空军的侦察报告，在滇缅路上的中国军队（指缅甸境内）零零落落，溃不成军。对于日军的前进，完全没有抵抗，如果不再设法抢救，依照敌人几天来前进速度计算，大约十天就可以到达昆明。"

蒋介石完全被突如其来的战局逆转形势打蒙了，只是焦急地拉着军令部部长徐永昌的手问：

"次辰，如何收束，如何收束？"

徐永昌嘴里吐出几个字："炸掉怒江大桥。委座，只有这一条路了。"

"好好好，次辰，你来说，我按你所说的写。"蒋介石又开始写手令了：

即到。遮放。林次长：冬戌各电悉。93师之装备，调与战车之防车炮已布防完毕否？畹町仍令张军长竭力固守，以迟滞敌军行动。兄可先回保山布防，积极准备破坏怒江与澜沧江两铁桥及其以西公路。第36师与预2师当令在保山前方布防。最好令其派一有力部队，在怒江两岸，沿公路两侧潜伏袭击敌之推进部队为要。中正手启。江。机渝。[①]

蒋介石尚不知，前此一天，即日军第56师团占领畹町前约三小时，参谋团参谋处处长萧毅肃向林蔚建议，参谋团必须不失时机，在日军控制畹町以前，退回国境，部署逐次抵抗，以争取时间。林蔚即令参谋团火速后撤，抢先赶过惠通桥。在工兵指挥官马崇六指挥下，工兵正在紧张地埋放炸药。

据当时侥幸逃过惠通桥的新编第29师参谋回忆，5月4日，他坐着一辆卡车"翻过松山，看到了怒江。但还没有到腊猛，便追上了撤退的

---

① 中国第二历史档案馆馆藏档案。

大队车辆。车衔着车，蜿蜒曲折，连绵不断直到江边，东岸大山上汽车首尾相连，望不到头。由于要一辆一辆地通过惠通桥，车行比人行慢。我便弃车步行，车开就搭车，车停就走路。车队中我至少看到七八辆坦克，如果回头去抵挡一阵，这支几万人的逃难者就得救了，我到了离惠通桥一二百米处，松山顶上响起了敌人的大炮声。一声呼啸，炮弹落到东山的公路上。我爬上一辆汽车过了惠通桥，回头一看，人在奔走，汽车抢着上桥，谁也不服宪兵的指挥，一片混乱。桥头上，工兵正在紧张地埋放炸药。我军一班武装步兵散开，持枪沉着地向江边前进。江西岸，一些难民被迫跳进怒江逃命……我绕过一个山嘴，忽然听到一声巨响，惠通桥被我方自行炸断了……虽然不得不忍痛把上千辆汽车、物资和难民抛弃于西岸，却也阻止了日军的前进，为远道赶来的第36师赢得了时间……"

5月3日，张轸带卫士30多人，战防炮2门，占领龙陵以西高地布防，并速令新28师刘伯龙师长带残部来接防。刘伯龙已无兵可带，临时凑集护路队一个中队赶往龙陵，下午4时，在半途遇敌，即被包围，经过苦战，突围而出。

5月4日，龙陵阵地失守，我军边打边撤，而日军紧随其后，尾追猛射。各种车辆挤满了道路，敌我前进都颇困难。敌仅有一个大队以下之步兵及少数骑兵跟踪追击。是日，蒋介石致保山参谋团团长林蔚电，指示其破坏新维至畹町的道路。电文称：

参谋团林次长：新维至畹町间应一面破路，一面装埋地雷，如无地雷，则埋手榴弹于路中，亦可阻止战车前进，所有桥梁，应尽量破坏。马崇六现在何处？后令其全力破路与构筑工事为要。中正。东午，机渝。

5月5日晨，张轸所率残部到达惠通桥。在对岸第71军第36师的掩护下，张轸等乘船渡江。此时敌快速部队亦有部分乘橡皮艇过江，抢占对岸制高点，与第36师对战。

第71军第36师原驻西昌，4月下旬奉命徒步开拔至滇西祥云一带驻防。

第11集团军总司令宋希濂立即指示驻祥云的第36师师长李志鹏："迅将部队集合好，整装待发。李师长你带师部少数人与先头第106团先行一步，沿途打听情况，如遇东犯冒进之敌予以迎头痛击。"

在与蒋介石通话后不到三个小时内，宋希濂即完成了各项部署。

5日，蒋介石与军令部部长徐永昌都与宋希濂通了话，对他的部署之迅速非常满意，并商定调滇南的第9集团军关麟征所辖黄维第54军至昆明接防，第11集团军陆续西移。

同日上午10时，第36师第106团已抵达惠通桥东岸，一下车便与冲过惠通桥的敌军先头部队发生遭遇，双方为争夺公路两侧的最高山头，进行了激烈的战斗。双方在山头上拼刺刀，进行肉搏。不可一世的敌军从4月20日以来一直所向披靡，未遇劲敌，骄横不可一世。是日首次遇到对手，双方反复冲杀，激战至晚，第106团控制了公路两侧制高点。渡过怒江之敌500多人，仍占据惠通桥东岸一带山地顽抗，其西岸炮兵也不断开炮，向占领制高点的第106团阵地轰击。6日，又有4000多日军携带大炮准备渡江，第36师第107团正好赶到，一起将敌人压制于西岸。

5月8日上午，第36师第107团攻击部队在炮火掩护下，向敌占山头发起猛攻，迫击炮弹成排在制高点上爆炸，击毁了不少敌重机枪阵地。部队冲上山头，与敌展开白刃战。经过反复冲杀，除几十名水性好的日本兵跳进江里泅回西岸外，其余都被消灭了。此战斗缴获敌轻重机枪、步枪共80余支。

林蔚得知后，擦着脑门上的汗说："谢天谢地，保山保存下来了。不然，要请老头子搬家了，我的脑袋也要搬家了。"

5月12日，日本东京欢庆缅甸作战胜利。《朝日新闻》公布第56师团缴获战利品情况：在畹町，缴获汽油1570桶，机油1000桶，米500袋，盐280贯（每贯3.2千克）。在遮放，缴获汽油310桶，机油1100桶。在芒市，缴获汽车轮胎900条，榴弹、炮弹900箱，速射炮弹600箱。在龙陵，缴获汽油

550桶，柴油1000桶，轮胎25条，米700袋，水泥1000袋。其他有大量钢铁和贵金属也为日军缴获。

至此，中日双方在滇缅公路中国境内的战争，演变成怒江对峙的局面，滇西战场由第11集团军宋希濂负责指挥，军事委员会复任黄杰为集团军副总司令兼第6军军长，是年冬，又调第54军方天部归宋指挥，第36师改为独立师。滇西兵力为第71军、第6军、第54军及第36师。

腊戍一丢，中国远征军归国的大门被日军关上，从此，远征军各部踏上了各自的悲惨归途。当初，10万入缅将士在华侨与缅人的欢呼声中，雄赳赳、气昂昂地跨出国门，谁又能料到，在短短几个月中，损兵折将，历尽艰辛，辗转而回，其中近3万人永远躺在国门之外的丛山之中，再也回不来了。

4月29日，日军占领腊戍后，分兵两路，一路跟踪追击，继续向北跟进；一路在战车掩护下，由细胞回窜曼德勒。

蒋介石的"曼德勒会战"指示早已飞到爪哇国去了。惊慌失措的罗卓英于4月30日命令中国远征军各部队向伊洛瓦底江西岸撤退，各自寻途回国。

5月8日，杜聿明率部到达卡萨南之印道，部队休整一日。9日，卡萨发现敌人。此时杜聿明收听敌人的广播，知道八莫于3日、密支那于8日已被日军占领，于是判断敌人可能企图从南北两面包围歼灭我军，急忙召集各部队长及参谋长商议对策。

此时接到蒋介石用无线电台发来的有关行军作战要领手令：

急。杜军长：并转史参谋长，罗长官：顷敌广播称：彼寇昨日已占密支那，微（4）日已占八莫；无论其宣传之虚实，我应特别戒备。惟其兵力决不强大，此次行军作战要领如下：

甲、各路纵队之先头，皆须选其精强者，至少要能击破敌一个大队之兵力为编组基准。

乙、兵力不可太分散，各纵队联络须求确实，多约暗号密语。

丙、如敌已占领据点顽抗，则切勿攻坚，惟派有力部队监视包围之，以掩护我主力通过。

丁、各路侦察搜索宜广宜远。凡两日行程前方之要地情况，须能切实明了，尤其对八莫、密支那之敌情及其兵力，必须特别侦察，时时明悉行进，不太求急速，但警戒必要严密。

戊、总目标以先能接近国境为惟一要旨，务使进战退守皆能自如。

己、伤兵应特别设法处理与护送回国。中正。佳戌。机渝。①

5月11日，杜聿明向蒋介石报告远征军各部的转进情况：

特急。重庆。委员长蒋：密加表。

八莫（Bhamo）及龙陵，于江微两日先后被敌占领，现正与吕师在怒江相持中。

戴部及黄游击司令并收容甘军两营。新28师一部已通过曼腊公路，经莫故哥（Mygok）向八莫以东地区急进，占领皮特（Pita）、南坎（Nangkam）各隘路口，截断八莫敌之退路，并阻止其增援。余部本日可全部抵印道（Indaw），拟用汽车运输，急赴密支那河东岸，占领阵地，掩护军主力进出。吕张两部正向印道急进中，预计真（11）午前可全部通过印道。继续北进之本军，虽经月余艰苦战斗，但各级干部掌握确实，部队整肃，士气旺盛，全体将士奋斗，决不顾任何牺牲以报国家，谨闻，印道。职杜聿明叩。佳申。印。②

在此电报中，虽提到各部转进的位置及士气，但也向蒋介石报告了敌情和存在的困难，表示"决不顾任何牺牲以报国家"等语，说明作为远征

---

① ② 中国第二历史档案馆馆藏档案。

军副司令长官的杜聿明已经意识到巨大的危险和牺牲在等待着他。而后的事实也正是如此,远征军从此踏上了惨痛的败归之路。

5月13日,军令部下令,要宋希濂的第11集团军反攻腾冲、龙陵,同时派出一部分兵力向腾冲西南地区之莲山、盈江、梁河等地前进;另派一个加强连向密支那、八莫间地区前进。目的都是为策应、迎接被困在缅北的第5军主力回国。

蒋介石对此行动也很重视。第5军属机械化部队,是他的心头肉,尤对杜聿明表示要牺牲之语,倍感难受,故想尽一切办法,要救他们脱险。蒋介石亲自致电保山的军令部次长林蔚转示第11集团军总司令宋希濂,指示行动方针:

限一小时到。保山林次长,并转宋总司令。腾冲情况如何,我军务于筱日前设法占领,如果敌军负隅固守,则我军攻城武器未到以前,不必攻击,亦可派一有力部队监视城敌。而我之主力,应直向腾冲西南地区,确实占领以后,即向莲山、盈江渠河、泸水各县道路,每路派一至两连兵力,另派一营兵力,向密支那、八莫间之新波(Sinbo)方向星夜挺进,迎接第5军之主力为要,俞部长钧此。中正。覃。机渝。①

当蒋介石指示第11集团军部署攻击龙陵、腾冲等地后,5月15日,又致电林蔚密转杜聿明,指示有关部队行动及空运粮弹事宜。

林次长:密转杜军长。现已设法可由空中运输粮弹前来接济,一俟陆空联络确实即可开始实施,如此弟部行动不必太急,应从容计议,分路绕道而行,务以避开密支那为稳安,中意应以孟关即三角点六七零为总目标。其次为清加林卡姆特及龙京与红巴,即三角点五四一四东南为空运投

---

① 中国第二历史档案馆馆藏档案。

送地。再次为荷马林与大曼的，该路粮食或易设法购办不待空远也。但龙通至加迈道路，必须派强有力部队相机占领，乃可以掩护西面各路部队前进，如果龙通至加迈道路必能确实掌握，则只可先到荷马林、大曼的暂时整顿保养，待机再行为要，详复。中正手启。咸。机渝。①

宋希濂遵照蒋介石的指示，即下令：集结于保山的预备第2师顾葆裕部在惠通桥附近渡河向腾冲前进；第88师胡家骥部在惠通桥下游攀枝花渡江绕攻龙陵；第36师李志鹏一部从惠通桥正面渡江；第87师一团随第88师向龙陵攻击。预2师并派出一部深入腾冲西南寻找第5军主力。

5月22日，反攻部队已全部渡江完毕并到达攻击准备位置。5月23日，各部队开始向腾冲、腾龙、龙陵、松山之敌展开攻击。由于渡江各部队没有炮兵掩护和后勤补给跟不上，持续攻击5天，伤亡惨重，只攻克一些公路上的小据点。第88师第264团在龙陵—松山公路上击毙了一个日军大队长，从其身上缴获作战计划和军事地图，得知敌第56师团已全部部署于腾龙地区，师团部及直属部队在芒市，下分腾北、腾冲、龙陵、芒市、新浓五个守备区，兵力在1.5–2万人左右。宋希濂当即呈报林蔚，转报军令部。5月31日，蒋介石下令停止攻击，撤回部队，固守怒江。此后怒江两岸各无大行动。

从5月下旬开始，蒋介石即派出空军前往缅北一带山区寻找中国远征军，可惜当时远征军务部电台干电池多已用尽，无法与国内联系，从加尔各答起飞的满载食品的运输机终日盘旋于野人山区。6月上旬，途经葡萄的第96师余韶部与蒋介石联系上后，蒋介石当即令该部在葡萄待命，同时令驻印度加尔各答的军事委员会后方勤务部部长俞飞鹏派飞机空投，每日数架，运去米盐香烟食品甚多。

其他各转进部队在孤立无援的情况下，都陷于悲惨的境地。

---

① 中国第二历史档案馆馆藏档案。

七、名将殉国

东路第200师自奉命前往雷列姆后，参谋团因其位置处于中路，令其部东进归第6军军长甘丽初指挥，东渡萨尔温江，经景东、车里方向归国。但戴安澜坚决执行第5军军长杜聿明的命令向北前进，以归还建制。

戴安澜召集各团长开会说："我师应遵照军部指示向北转进，从雷列姆向北穿越原始森林，白天行军，晚上宿营，可避免敌机空袭。然后渡过南渡河，穿过曼德勒至腊戌公路，再到细胞，从细胞到摩哥克公路，渡过瑞丽江，再往北经过南坎至八莫公路，向前就是腾冲县，最后渡过怒江就安全了。任务相当艰巨，向北的三条公路、两条河流都有敌人重兵把守，搞不好要被合围，稍一不慎就有全军覆灭的危险，行动要特别谨慎、小心。"

高吉人说："师座，放心吧，我们派出特务连化装成缅甸老百姓，先侦察通过地点和道路，到公路附近时，我们白天在森林宿营，晚上再迅速通过公路。"

郑庭笈说："每次行动，派出一个团为前卫，占领阵地，然后掩护主力通过，再派一个团交替掩护撤退。遇敌时尽量不要胶着，要迅速摆脱敌人。"

戴安澜说："好，部队立即进入森林向北前进，钻得越深越保险，另外，在十字路口要互相派联络兵，以免迷失方向。如果我出现意外，由副师长高吉人指挥，高副师长牺牲，由步兵指挥官郑庭笈指挥，总之，无论如何，要把部队带回国去！"

遮天蔽日的原始森林，古木参天，辨不清道路和方向，遍地潮湿，生满苔藓，散发着腐烂的气息，藤蔓缠绕，像密集的网；还有无数山蚂蚁和蚂蟥，经常钻进人们衣内吸吮人血，森林中的蚊子一团一团的，像轰炸机一样，嗡嗡地叫着向人们袭击，远征军的将士们，历经千难万险在密林中跋涉多日，终于到了南渡河。此河弯弯曲曲流经细胞，向南汇入米坦格河进入曼德勒附近，再注入锡唐河经仰光入海。眼前的河面宽300多米，水流甚急。这是突出重围的第一险关。

戴师长带部队到达河边，派人上下寻找，连一只渡船也没找到，便命令各团砍伐河岸上的茅竹，扎成竹筏，利用天黑，十几条竹筏载满部队，往返摆渡，黎明前，终于渡过南渡河。

高吉人笑着说："师座，看来我们的担心多余，这第一道大关不是过来了吗？"

戴师长严肃地说："麻痹不得，我们的部队在雷列姆进入森林，在敌眼皮底下消失，敌人也一定在千方百计搜索我们的行踪，前几天，敌侦察机不是终日在我们头上盘旋侦察吗？昔日关云长千里走单骑，过五关斩六将，我们这才过一关！要提高警惕。"

担心似乎是多余的，在第200师认为最可能遭到阻击的曼德勒至腊戌公路上却没有遭到敌人的袭击。从5月1日起，曼德勒就陷入敌手，而腊戌则是4月29日被敌夺取的。从那时起，从腊戌到曼德勒和从腊戌至雷列姆的公路上就布满着日军，怎么会这么顺利就过来了呢？当部队穿过公路安全进入森林中时，戴安澜就反复琢磨这件事。但高吉人与郑庭笈还是很高兴，第二大关也顺利过来了。他们命令部队向细胞前进。

但他们不知道，敌人飞机已侦察到南渡河有部队过河的迹象，日军在细胞至摩哥克公路上布置重兵，准备伏击前进中的第200师了。细胞公路附近的森林中、茅草丛中埋伏着大批日军，已守候多时，寂静的山林中，隐隐腾起一片杀机。

5月18日，第200师来到了第三大关——细胞至摩哥克公路，师指挥所设在公路边一个小山顶上的临时搭起的简易茅棚之中。透过密林，戴师长用望远镜仔细观察远处的公路。静静的公路，像一条熟睡的巨蟒，安安静静地躺着一动不动。失去昔日繁忙情景，看不见一辆汽车，也没有行人来往。

高吉人接过望远镜看了看说："师座，没发现敌人，一鼓作气冲过去得了。"

戴安澜："别忙，再看看，等傍晚时再通过。吉人，天快黑时过公路后占领路旁的高地，然后你派第600团为前卫掩护大部队穿过公路。"

山区的太阳，似乎落得更迟，终于夕阳垂下崇山峻岭，一切安静下来，欢快的山鸟扑扑腾腾飞回各自温馨的鸟窝，暮霭沉沉，大地苍茫。此刻，郑庭笈正亲自率第600团前卫营迅速通过公路，"没有情况，师座，前卫营已过去了。"高吉人欣慰地说。突然，四周枪炮声大作，像万条凶猛的毒蛇，喷吐毒信。

"不好，果然中了埋伏！"戴师长心中叫苦，但已晚了，许多战士纷纷倒在公路上。第600团一部分战士不顾一切，已冲过公路，一部分战士就地进行抵抗，激烈的、殊死的战斗开始了。郑庭笈指挥冲过去的部队向公路旁埋伏于制高点的敌人发动仰攻。

"怎么办？师座，后面的部队还过不过？"高吉人焦急地问。

"高副师长，部队已被切断，唯一的出路是坚决冲过公路，进入森林，命第600团不惜一切代价占领高地，掩护我们。你率第598团从正面冲过去，我带第599团为全师后卫，从左翼迂回包围敌人，立即执行。"

猛烈的枪声在黑暗中回响，一场混战。

郑庭笈率第600团向高地正面发动了进攻。伏击第200师的日军约有两个大队（一大队即一团）的兵力，他们占据有利地形，利用优势火力，用迫击炮、重机枪、轻机枪和手榴弹不断向第200师猛烈射击，不少战士中弹牺牲，更多的被压制在公路两边，打得抬不起头来。公路对面的第600团在团长刘少峰的指挥下，副团长刘杰亲率突击队往山上冲。经过激烈的战斗，刘副团长中炮牺牲，该团伤亡惨重，战至拂晓时，已不足一营兵力。

敌左翼响起了激烈枪声，戴安澜率柳树人第599团向敌发起了进攻，双方在黑夜中，各利用密林，展开一场对射。时间分分秒秒过去，东方启明星出现，戴安澜心中焦急，命令："柳团长，你掩护，我先带头冲过去！"柳树人命机枪掩护，眼看着戴师长的身影跃上公路。

"哒哒哒"，敌人的重机枪交叉吐出火舌，冲上公路的战士，不断有人倒下，前面的纷纷退了下来。

"冲啊！弟兄们，不能停下来！"戴安澜跃起身带头冲上公路，突然用手捂住了胸部，此时，又一颗罪恶的子弹击中了他的腹部，他摇晃着倒在死人堆中。柳树人见状，喊了声："师长——"便奋不顾身冲上，也被机枪打中，当场牺牲。

参谋主任董惟强冒着枪林弹雨，冲过去将戴师长强背到路边。戴安澜艰难地说："董参谋，告诉高副师长，一定要冲过公路，不要管我。"

第599团的伤亡也很大，剩下不足一营的兵力。高吉人命令："部队撤回原来准备出发的地点。"

郑庭笈回忆当时情形：

"戴师长伤势很重，胸部和腹部各中一弹。我们用担架抬回师部指挥所，在山顶上一间茅棚里，召开团营长会议。会上决定，如果戴师长不幸牺牲，就由我指挥部队，带领回国。这时，大家都很难过，一言不发，副师长高吉人尤为难过，因为他俩是最亲密的战友。19日，部队原地休息，决定另选过公路地点。……我派副团长陈辅汉为便衣队队长，选勇敢善战的军官为队员，在郎东20华里处侦察过公路的地点，准备19日夜继续前进。第598团按照通过曼腊公路的办法，派部队占领公路两侧高地，掩护部队通过。按第598团、师部、师直属队、第600团、第599团的顺序通过公路。从晚9时开始，一夜间全师安全通过，这时全部官兵满脸笑容，特别是戴师长显得格外高兴。"

从5月下旬开始，缅甸进入雨季，大雨瓢泼而至，第200师的官兵全身湿透，终日在泥水中艰难跋涉。戴安澜终日躺在担架上，胸口和腹部的伤口经雨水浸泡，已感染化脓，他浑身滚烫，发起了高烧。卫生员流着泪报告高吉人："已经没有药可换了。"

在缅北茅邦村，戴安澜从昏迷中醒来，吃力地问高吉人："快到国境了吗?"

"是,再翻两个山头便是。"高吉人轻声说。

戴安澜慢慢地闭上了眼睛。下午7时,戴安澜的心脏停止了跳动,光荣殉国,年仅38岁。消息传开,第200师官兵都十分悲恸,有的甚至泣不成声,伴随着的是漫天遍野的瓢泼大雨。

戴安澜和他与妻子的诀别信

高吉人流着泪说:"呼叫军部电台,向杜军长报告戴师长牺牲的消息,我暂代师长,继续执行回国命令。"同时,他命令卫兵赶制棺材,连夜将戴师长遗体入殓。

一支哀兵队伍,挣扎在风雨之中,队伍前列,八个卫士抬着戴安澜的灵柩,棺盖上是湿透了的战旗。雨水、泪水交融而下,继续向北前进。

队伍中响起了戴安澜生前创作的战歌《战场行》:

弟兄们!向前走,弟兄们!向前走,
五千年历史的责任已落在我们的肩头
落在我们的肩头。
日本强盗想要灭亡我们的国家,
奴役我民族,强占我领土,
我们不愿做亡国奴。
我们不愿做亡国奴。
只有誓死奋斗,

只有誓死奋斗，

只有誓死奋斗！

弟兄们！大胆向前走。

敌机虽在我们头上盘旋，

炮弹虽在我们头上飞过，

拼命杀敌，沉着战斗，虽死也光荣，

弟兄们！大胆向前走，

要做那轰轰烈烈奇男子！

打倒日本强盗，

才显得我们的好身手。

打倒日本强盗，

才显得我们的好身手。

嘀嘀嘀、嗒嗒嗒……

"戴安澜伤重不治，于寝（26）日在茅邦逝世。"令人心碎的电波，飞出缅甸的崇山峻岭，飞过国境，飞到陪都重庆，飞向各战区。

重庆嘉陵江南岸，黄山官邸。山雨欲来风满楼。满山的苍松在狂风劲吹下，发出阵阵松涛回响之声，回荡在江山之间。天边电闪雷鸣，黑云翻滚，嘉陵江在颤抖，发出撕心裂肺的咆哮。庭院深深，滴滴答答落下一点两点、千点万点的豆大的雨珠。

蒋介石觉得这点点滴滴雨珠，都滴到了他的心头，眼睛也被一片泪水模糊了。他坐在桌前，用手帕擦着泪，给杜聿明写手令：

即到。杜军长，卅世（30、31日）各电均悉。安澜殉职无任悲哀。凡接近国境各部，应即严令其就近回国，何必再问行止，弟与军部究在何处。速复。中正。

第200师代理师长高吉人、副师长郑庭笈与参谋长周之再等指挥部队继续前进，在茅邦附近沿瑞丽江西行，以第598团继续担任前卫，终于找到四个木排，5月28日全部渡过瑞丽江。由于天气炎热，戴师长遗体流水发臭，无法继续抬着回国，又不能留在缅甸，高吉人、郑庭笈乃决定就地火化。令士兵砍来圆木，将戴师长的棺材放上，点起大火，在熊熊的大火黑烟中，好像有一只海鸥飞腾而出。火化后，捡出烈士遗骨，按部位用绸布包好，装在木箱中，烈士英灵仍然随第598团前卫部队前进。

6月2日，第200师通过南坎至八莫的公路，郑庭笈跟着后卫全部通过公路后，长吁一口气说："最后一道大关总算过来了！"他想起戴安澜突围前的谆谆教诲，热泪盈眶。

6月17日，部队到达腾冲县附近，与宋希濂派出的预备第2师搜寻部队相遇，在预2师的掩护下，全师经腾冲北面到达怒江。

6月18日，第200师渡过怒江。

6月25日，全师抵达保山县曹涧集中待命。

突围途中，第200师与主力脱离，孤军北进，路途艰险，给养困难。因经常在大雨中行军和宿营，官兵90%以上患了疟疾，病死很多。第598团第8连有一天竟有8名战士死亡。昔日，第200师以一万多人的加强师出国，他们在春阳朗朗、花树灿烂的日子里，穿着草绿色新装，武装整齐，在十轮大卡车厢中唱着战歌迈出国门。今日，在阴雨霏霏、啼饥号寒中再踏进国门时，全师已从出国时的万余人，剩下4000多人了。师长戴安澜、团长柳树人、副团长刘杰等不幸殉国；后由高吉人继任师长。

7月17日下午2时许，戴安澜灵柩抵达昆明。云南省各军政长官龙云、宋希濂等暨城防部队、各界代表万余人迎接至10里之外，扶榇恭送至昆明城东公共体育场停放。当覆盖着戴安澜血衣的灵车经过市区时，数十万民众夹道迎接，自动脱帽致敬者、哀泣者不计其数。

当戴安澜师长逝世的电讯传到延安后，中共中央主席毛泽东也沉痛地写下挽诗，以悼念这位优秀的抗日将领。

海鸥将军千古

外侮需人御,将军赋采薇;
师称机械化,勇夺虎罴威;
浴血东瓜①守,驱倭棠吉归.
沙场竟殒命,壮志也无违。

八、兵败野人山

5月10日,午后4时,八莫方面敌约一大队,由卡萨上游3公里处渡伊洛瓦底江成功,与中国远征军掩护部队新38师第113团发生激战。该部人员英勇阻击,终未能阻止敌正面渡河。杜聿明考虑,时新22师、新38师距印道约在一日行程之上,第96师师长余韶率第286团、第288团、军炮兵团已前往孟拱,副师长胡义宾率师部与第287团尚远离大队,而后续之敌增援不已。杜聿明只得命刘放吾第113团退守卡萨以西之山地,掩护主力向西转进,希经孟关、葡萄而转入国境。

5月11日,第5军司令部率特务营、通信营及新22师第65团向西北转进至曼许(MANSI),并收容远征军长官部、铁道部、后勤部各后方人员300余人,其中包括交通部处长唐文悌、铁道兵团团副张学逸等人。

5月12日,第5军在曼许等待新22师、新38师赶到。杜聿明令军部直属队及新22师由曼许徒步向北转移。

第5军进抵缅北孟拱以北地区时,先是道路不良,后来就见不到什么道路,行军十分困难,机械化部队便将所有车辆及大炮重武器自行破坏,全部抛弃。

从孟关往北全是山区,为崇山峻岭、山峦重叠的野人山和高黎贡山。

---

① 同古,又译为东瓜。

野人山在西，纵深400余里，绵延千里，是中缅印边界的大山区。此处全系原始森林，海拔3826米，山岭丛林密布，难于通行，山间隘口为古代交通要道。山区居住有少数居民，与外界很少联系，非常野蛮，在树上往来，敏捷胜似猿猴，常用野弩伤人，被称为野人，该山区又称为野人山。

中国远征军各残部进入野人山区。

各部队经过之处，多是森林蔽天、蚊蚁成群、人烟稀少的深山区，给养十分困难。本来预计在雨季到来前可以到达缅北片马附近，可是由于沿途可行之道路多为敌人封锁，不得不派出小股部队牵制敌人。因此迂回曲折，旷日费时。至6月1日前后，军直属队一部及新22师才抵达打洛。

杜聿明回忆当时惨景，心有余悸地说："……原始森林内潮湿特甚，蚂蟥、蚊虫以及千奇百怪的小爬虫到处皆是。蚂蟥叮咬，破伤风病随之而来，疟疾、回归热及其他传染病也大为流行。一个发高烧的人，一经昏迷不醒，加上蚂蟥吸血，蚂蚁侵蚀，大雨冲洗，数小时内就变为白骨。官兵死亡累累，沿途尸骨遍野，惨绝人寰。我自己也曾在打洛患回归热，昏迷两天，不省人事。全体官兵曾因此暂停行军，等我被救治清醒过来时，已延误了两日路程。我急令各部队继续北进，而沿途护理我的常连长却因受传染反而不治……"

杜聿明昏迷之时，军部接到蒋介石的电报，命令部队"向印度雷多方向转进，不必直赴葡萄，以免中途被困"。杜聿明醒后急令部队改道由打洛向新背洋前进，由于耽误了宝贵的时间，大雨季到来了。滚滚的山洪咆哮而下，淹没了道路，全军被阻隔在打洛以南的河边。工兵几次架桥，因水流湍急，树木、绳索及架修的士兵均被洪水冲得踪迹皆无。士兵们整日在暴雨中，无衣无食，饥啼号寒，最后连草根蕉叶罗掘俱空，仅8天，就饿死官兵2000多人，野人山水边、路旁、树下、草中，到处是累累白骨。两年以后，孙立人新38师重返野人山时，在这一地区曾发现很多架在一起的锈坏的枪支，周围是一堆堆的白骨，证明当时整班、整排甚至整连饿死的极多。

6月17日，大雨初晴，从印度加尔各答起飞的运输机飞到野人山区上空，在打洛以西的大河边发现许多饿得爬不起来的人，开始盘旋空投大米包，一部分落入河中，另一部分落入悬崖和深壑中。剩下的大米，杜聿明令熬成粥，官兵以此果腹，向新背洋出发。至7月9日，第5军军部和新22师一部因迷路，还在缅北森林中不得脱身。在绝望之际，杜聿明泪呈蒋介石急电求救：

十万火急。委员长蒋：鹃密。本部及（新）22师由清加林出发，沿途断粮八日，饿毙官兵二千余人。幸至打洛得钧座派机救济，官兵得此甘露，始得向新背洋出发，中途又被洪水所阻，绝粮六日，冬（7月1日）日到新背洋。悉先遣团亦在此被水阻十余日，不得前进，连电长官部吁请，仅于鱼虞（6、7）两日投送八次，共收528小包，每包20余磅至30余磅不等，共计不敷两万磅，不敷七千人一日半食用，使饥久将士，尽成饿莩。当地又极荒野，过军甚多，无法采购。虽一再吁请，竟以飞机少、任务多为辞，不予投送。……拟恳请钧座严令整饬，克日加紧投送给养，以救将士生命为祷，此事本不敢烦扰钧命，因呼求绝望，谨泪呈急电请示祈遵。……"①

电报送到蒋介石手上，他急令人与后勤总司令俞飞鹏联系，要他请印度方面派出空军协助杜聿明，紧急空投粮食。

在远征军长官部的请求下，英国空军侦察机在恶劣的天气中，反复在野人山区上空侦察，发现原始森林中有移动的人群，便与运输机联络，空投粮食及器材。在印度雷多的新38师亦派出搜索队，用内外开路的办法，与杜聿明部队联系，并指引中国部队脱险。

8月3日，杜聿明率部到达印度的雷多，结束了苦难的历程。当一群衣

---

① 中国第二历史档案馆馆藏档案。

衫褴褛、面黄肌瘦、形似乞丐的人歪歪斜斜出现在边境上的时候，很难有人相信这曾经是雄赳赳的远征军。

事后，率部败走野人山的杜聿明惨痛地说：各部队因落伍、染病死亡的，比在战场上与敌战斗而死伤的还多数倍！第5军直属队战斗死伤人数1300，撤退死伤人数3700；新22师战斗死伤人数2000，撤退死伤人数4000；第96师战斗死伤人数2200，撤退死亡人数3800；第200师战斗死伤人数1800，撤退死伤人数3200。据

由缅甸撤退与国内运来的部队组成驻印军在进行训练，准备反攻

不完全统计，约有14700名远征军将士的生命，在这场大溃退中化作累累白骨。

1942年8月，杜聿明奉蒋介石令回国，任昆明防守司令部总司令兼第5军军长，该军亦调回国整训。隶属于该军的廖耀湘新22师在撤到印度后，编入中国驻印军序列。回国的第5军下辖第96师，师长余韶；第200师，师长高吉人；另将第66军之新编第39师改隶该军，该师师长官全斌（原师长成刚升任第66军副军长）。

1943年1月28日，杜聿明改任第5集团军总司令，总司令部由昆明防守司令部改编而成。第5军军长由新1军军长邱清泉改任，下辖第49、第96、第200师。同时，杜聿明仍兼昆明防守总司令部总司令。

第二节 滇缅荡寇

一、强渡怒江

1944年春,新任中国远征军司令长官卫立煌、副总司令黄琪翔两将军到达云南保山。为配合驻印军的军事行动,下车之初他们便召集第11集团军总司令宋希濂、第20集团军总司令霍揆彰、第6军军长黄杰、第71军军长陈明仁、第53军军长周福成、第54军军长方天、第8军军长何绍周等人开会,研究作战部署。

卫立煌首先发言说:"诸位袍泽,近来,我驻印军已开始在密支那行动,密支那克复在即,中印公路亦将全线通车,收复缅北的日子为期不远。我们远征军的任务是策应驻印军,近期作战目标是要强渡怒江,乘驻

驻印军在反攻前接受史迪威与罗卓英检阅

印军进攻密支那而日军无力增援滇西之际，一举攻克腾冲、龙陵等地，与驻印军会师中缅边界。"他看了一下在座的少壮派军人，对他们的精神面貌感到满意，说："诸位，我们憋了两年的雪耻之日就在眼前了。"

宋希濂捷足先登，一个立正说："卫长官，我第11集团军自防守怒江以来，与敌多次交手，但未打过大仗，这次反攻任务，应交我集团军打头阵！我黄埔军人杀敌立功的时候到了。"

宋希濂强调黄埔军人是话中有话，引起非蒋嫡系周福成、何绍周等人的不满，他们相互对视了一下，脸上露出鄙夷的神色。

卫立煌心中有数，有意压压宋的势头说："这次主攻的是霍总司令的第20集团军，你部为防守兵团，这是军令部的安排，委座也是同意的。"

宋希濂对卫立煌还是有所敬畏的，早在北伐时期，他当营长时，卫立煌已是赫赫有名的师长了，在南京龙潭战役中力挽危局，挽救了南京政府，在国军中称得上是佼佼者。

此次卫立煌到云南，第一件事即是将远征军长官司令部由后方的楚雄迁驻前线的保山，可见卫的作风不同于常人。他还亲自拜访云南王龙云，化解中央军与地方势力的轸域之见，获得龙云的信任与支持。

在对待蒋嫡系和杂牌军问题上，卫立煌一视同仁，一碗水端平。他视察第20集团军时，见原东北军老底子第53军周福成部的装备不如其他各部，每步兵连只有六〇炮4门，而蒋嫡系部队均为6门，于是当场让集团军总司令霍揆彰下不了台，指责说："你身为总司令，大敌当前，宜以民族利益为重，不应存歧视心理。少发2门炮，减少火力，这是自己给自己配苦药吃。都是国军，有什么东北、中央之分？今后不论是谁，对下属应平等对待，补充装备一律按上级规定，不得扣发，不听命令者，必受处罚。"

霍揆彰当着下属的面，受到批评，顿时面红耳赤，连连答应："六〇炮都在仓库存着呢，明天就补发。"

卫立煌让第20集团军打头阵，希望非蒋系的第53军和其他嫡系比比，能打得更好。因此，何绍周、周福成等人心中暗暗发誓，一定要打出威风，给卫长官争口气。

卫立煌走到地图前，指着说："霍总司令所部，本月11日由栗柴坡、双虹桥一线渡过怒江，以腾冲为攻击目标。宋总司令担负怒江西岸防守。"

第54军军长方天说："卫长官，怒江水流湍急，两岸都是悬崖绝壁，只有几个渡口可以渡江，但渡口都在敌人的炮火封锁之中，万一部队过江后，不能抢占滩头阵地，是否派出工兵部队将部队接回来？"

卫立煌摇摇头说："方军长，部队还未打过去，你怎么就考虑到退回来？"

方天脸一红，不好意思地解释说："有些部队是旱鸭子，不会游泳，只有等淹死。"

周福成脖子一拧，气冲冲地说："方军长，你不要小瞧人，我们东北人这两年在滇西整训也不是吃白饭的！如今个个都是武装泅渡好手！"

卫立煌示意双方不要再争，说："诸位，这次我们远征军反攻滇西，要建立必胜的信心，但是困难局面也应该估计到。方军长考虑得很周全，在10多公里江面上，好几个师同时渡江，如果退回来，争先恐后地拥向一个渡口，一方面工兵应付不了，另一方面会造成很大的伤亡。"

长官部交通指挥官傅克军说："攻击部队万一要退回来，必须是哪个渡河点过去的部队仍从哪个渡口回来，否则工兵不能负责。"

卫立煌说："好，就这么办。现在宣布委座手谕。"全体军官起立立正："此次渡江出击之胜负，不仅关系我国军之荣辱，且为我国全局转折之所系，务希各级将领，竭智尽忠，达成使命！"

5月11日拂晓前，攻击部队已集合在怒江边各个渡口，乘黎明前黑暗时刻，开始横渡怒江天险。几百只木船、竹筏、橡皮舟、帆布船悄悄地驶向对岸，水手们拼命划桨，在波涛汹涌的颠簸之中前进。黑压压的群山显得阴森恐怖，大家的心都提到嗓子眼，生怕渡江行动为敌所察觉。破晓时分，先遣队已平安抵达怒江对岸，并抢占了滩头阵地。日军少数河防部队

远征军强渡怒江

稍事抵抗后，便向高黎贡山撤退。

东方发白，真正的大战开始了。日军盘踞的高黎贡山的乌蹄山、大塘子、大坪子、唐习山、松山各主要阵地炮声隆隆，火光闪闪，炮弹在江中爆炸，激起的水柱彼落此起。一个竹筏中弹倾斜，沉入江中，竹筏上的六〇炮、士兵、骡马都落在水中。水面上到处漂浮着被炸碎的竹筏，士兵在水中奋力挣扎，受伤的官兵都被大浪卷走。其他的船只仍冒着炮火前进。卫立煌命令炮兵压制敌人炮火，霎时山摇地动，我军炮兵阵地上大炮开始怒吼，成排的炮弹呼啸着飞过怒江，落在高黎贡山上，一座座敌工事和碉堡飞上天空，炮阵地也被摧毁。

卫立煌在望远镜中观察着，不时大叫："打得好！我给炮兵请功。"他对传令兵说："叫霍总司令赶快过江指挥，扩大战果。"

在隆隆炮声中，霍揆彰及参谋人员，乘坐橡皮船过江。他头戴白盔太阳帽，手执文明棍立在船心，平常所骑的大白马也安静地上了船。掩护渡江的大炮射击更密集了，在惊天动地、波涛汹涌中，霍揆彰一行安全到达怒江对岸。他立即令集团军右翼向桥头、马面关、北斋公房攻击前进；令左翼向唐习山攻击。

远征军工兵部队利用怒江上原来的惠通桥、双虹桥的铁索链，铺上木板，修复桥面，后续部队源源不断跑步过桥。大炮、战车也在炮火中鱼贯过桥。仅两天时间，渡江各部均到达

第20集团军总司令霍揆彰渡怒江

预定位置。第36师由双虹桥渡江后，攻占敌重要据点唐习山要塞，立足未稳，即遭敌大队反扑，阵地失去，该师被敌追击、压制到江边，情况万分危急。霍揆彰的指挥部亦受到严重威胁，于是他急令第53军火速渡江，该军如出海蛟龙一般，立即扑向敌阵，赵镇藩第116师以勇敢顽强之精神，向唐习山、大坪子进攻，勇夺敌盘踞之阵地。张玉琎第130师在攻打马蹄山、大塘子高地时，遭到敌激烈的反击，双方你争我夺，相持了七八天，尚在对峙。第130师师长张玉琎命令第389团加强攻击，激烈的战斗持续到5月24日，该团终于攻占马蹄山高地。但该师夺取大塘子的战斗仍在进行中，为策应该师正面攻击，第116师师长赵镇藩命令第347团的战车营迂回敌后，切断敌军的补给线，至26日深夜，大塘子高地附近据点被我军全部攻占。

第11集团军助攻部队洪行新编第39师的一个加强团，11日也抢渡成功，第二天包围了敌重要据点红木树。该山寨是高黎贡山的一个由汉、傣族杂居的村落，又是通往其他山寨和腾冲的唯一隘口，日军在此经营多

强渡怒江的宋希濂（中右）与美国将军道恩（中左）

年，设置了碉堡群与鹿砦，各据点畅通无阻，一据点被攻击，其他据点往来策应自如，易守难攻。我加强团强攻多次均不能奏效，后依靠汉族村民的帮助，从小道潜伏进寨，内外配合，终于攻克红木树，为大部队前进打通了道路。第11集团军的第76、88师两个加强团亦从三江口渡河以钳形攻势会攻平戛，13日，守敌突围而出，逃往芒市。

至此，反攻滇西的第一阶段，即渡江作战取得了胜利。

远征军司令长官卫立煌得到各方报捷的消息后，判断第一阶段我军能有迅速进展，与晖密支那战事吃紧有直接联系，日军无法从密支那方向抽出部队来增援滇西，因此决定重新调整原战役部署，以宋希濂的第20集团军为右集团，火速渡江攻击龙陵、芒市，打通滇缅公路。

二、浴血腾冲龙陵

远征军右集团军在霍揆彰将军的指挥下，7月初，扫清了腾冲外围敌据点后，即刻部署进攻腾冲的军事计划，全军上下都抓紧做好战前的各项准备。各种粮械物资从惠通桥源源而过，穿过松山，直达腾冲。

腾冲是滇西战略重镇，地形极为险要。该城坐落在一个群山环抱的盆地之中，城东门外有龙川江绕城而过，形成天然的防御屏障，南门外是来凤山高地，拱卫着城池。腾冲又为交通重地，腾冲至八莫、腾冲至龙陵、腾冲至保山的三条公路辐辏于此。日军在来凤山筑有永久性工事。腾冲城垣坚固，城墙高30多公尺，厚10余公尺，在城墙上，日军利用原谯楼堞垛筑成半永久性工事。日军又将城里高大坚固的建筑物城隍庙、文庙和帮办衙门、税务司等处修筑成一个有机联系的防守阵地。

第20集团军所属各部，在大炮的掩护下，一举突破敌布防在龙川江一带的防线，直抵腾冲城下。

预备2师，第53军第116师、第130师首先对腾冲东南各高地展开进攻。两个师各以一个团兵力截断腾冲至八莫、腾冲至龙陵的公路，使敌完全孤立起来。第54军负责荡平腾冲以西以北各敌人控制的高地。腾冲以南的来凤山便成了攻城的一大障碍，欲克腾冲城，必先夺来凤山。

来凤山远远望去，形似文人的笔架，五座山峰耸立着，山峰与山峰之间恰似搁笔之处。其中间的主峰最高，要高出城墙150多米，其余各峰亦在100米左右，各山峰上都有敌设置的重机枪阵地，既是独立作战单位，又可以互相支援，进行逆击、侧击，而主峰的鞍部有一条暗筑的隧道通向城里，援军和弹械、粮食可以秘密运送上山，敌人倚仗坚固的工事，对抗远征军攻城。

预2师师长顾葆裕仔细观察了地形后，将三个团兵力分别部署，同时攻击，使敌首尾难顾。其第6团主攻中间主峰，第4团攻取西、南两峰，第5团攻占西北面两峰。

由于山道崎岖，地形复杂，战斗打响后，各团攻击遭到来凤山各峰守敌猛烈的交叉火力阻击。敌人的机枪设置在山岩中，炮弹不易击中，但射击范围能达360度，因此，我军怎么攻也攻不上去。第6团团长派出特务排

远征军部队在强渡怒江

四处侦察，在一打猎老人的带领下，以奇袭方式夺取了隧道出口，切断了来凤山与城内的联系，内应外合，一举冲上中峰，占领敌阵地。该团主力夺占中峰敌主阵地后，利用敌之阵地向左右各峰机枪阵地猛烈侧击，压制了敌人的火力，其余各团勇猛向前，攻占各自的山峰，为大部队攻克腾冲城铺平了道路。

来凤山落入我军控制后，居高临下，俯瞰全城。在火力掩护下，第116师与预2师分别架云梯和连续爆破，从腾冲城西南与西北角登上城墙，迅速在市区穿插，将敌分割加以歼灭。敌利用街道与房屋逐屋逐巷进行抵抗，在巷战中，预2师第5步兵团团长李颐在指挥向纵深突破时，为机枪子弹击中胸部阵亡，攻击部队伤亡较大。霍揆彰命第130师、第36师、第198师和第53军均投入战斗。

8月23日，敌运输机3架，在9架战斗机护航下，向城中被困敌据点空投食品，被中美航空队战斗机15架包围，一场蓝天鏖战和陆上厮杀同时进行。几个回合过去，日机大部分被击落，此后不再有飞机前来空投粮食，守敌处于弹粮两绝的境地。是时，第54军又从城北突入，战斗接近尾声。9月14日，我军终于攻克腾冲城，守敌3000余人无一生还。经过50余日激烈的拼杀，边陲重镇的上空，重新又飘扬起青天白日旗。

宋希濂第11集团军组成的左集团，担负夺取龙陵、芒市的任务，钟彬第71军张绍勋第87师、胡家骥第88师从6月10日起，开始扫荡龙陵外围各据点守敌，进抵龙陵城下。该城东北和西南各有一片山地，东北为老东坡，西南为回龙山，两山互为犄角，居高临下，俯瞰和钳制着狭长的龙陵城和穿城而过的滇缅公路。不夺取老东坡和回龙山这两个制高点，就不可能攻克龙陵城和滇缅公路。艰苦而激烈的战幕，首先在这两座山上展开。

6月开始，缅北滇西地区进入雨季，大雨如注，昼夜不停。当时由于松山强攻不下，第11集团军主力绕路翻山转道，从龙陵发起攻击，但后勤供应只能依靠马帮从森林山间小路运输，稍一不慎，人马就有掉下山沟的危险，每天都有几十匹骡马跌毙，损失很大，粮弹供应十分困难，但战机不能坐失，进攻还是开始了，第88师负责攻打老东坡高地，在迫击炮和重机枪掩护下，部队攻势如潮，气势如虹，几经争夺，终于攻上老东坡。阴雨连绵，第88师副师长熊新民蹲在一个窝棚中，指挥部队打扫战场，电话兵忙于架线，与总部联系。

一个传令兵气喘吁吁地跑来，上气不接下气地报告："副师长——龙、龙陵占——领了。"

"什么？你说龙陵城占领了？"熊新民抓住传令兵问。

"是，是，我们都进了城，敌人还在抵抗，师长让我回来报告！"传令兵从背上取下战利品。

熊新民拿过电话，使劲摇着："喂，总司令部吗？宋总司令，龙陵城已被我军占领啦！"

宋希濂不敢相信："龙陵这么快就占领了，消息确实不确实？"

熊新民依然喜滋滋地回答："我是第88师副师长熊新民，我现在就在老东坡阵地上，从城里回来的传令兵说龙陵占领了，他还带回来不少牛肉罐头和饼干，但龙陵的电话还未架通，我看是占领了。"

宋希濂高兴地说："好！好！我要亲自向委座报告，给你们请功。我马上委派龙陵城的戒严司令，让他马上率部队进城。"

反攻的远征军不可阻挡向前进

宋希濂立即向重庆的蒋介石及远征军司令长官卫立煌等报告，他要让卫立煌知道，黄埔就是黄埔，是中国军人的典范，是攻无不克、战无不胜的。是夜，龙陵克复的电波传遍国内外。

第二天拂晓，熊新民率第88师排着整齐的队列开赴龙陵。晨曦中，熊新民骑在马上，已清楚地看到了龙陵的高大城墙和黑洞洞的城门，他命令："传令下去，跑步前进！"

"哒哒哒，轰轰轰！"机关枪、步枪与手榴弹一起响了，前头的几十名战士倒了下去。"快卧倒，隐蔽！"熊新民命令着，"派人去联系一下，是不是误会了。"

侦察兵回来报告的情况是：龙陵城头飘的是日本膏药旗，城上都是戴着钢盔、身着黄军装的日本鬼子。

城里突围而出的士兵报告："敌人在城中心占据着一座大碉堡群，还附有小炮，正在抵抗，进攻的我军被从后路抄来的日军包围在城中。"此时，回龙山方向传来了激烈的枪炮声，盘踞在山上的敌人也向城中我军开火。一切迹象表明：龙陵还在日军手中。

钟彬第71军主力在城中激烈战斗了几天，终因弹尽粮绝，16日，被迫撤出。该军第87师守据达摩山、黄草坎，并在附近占领阵地。

6月13日上午4时，龙陵城内敌人向张绍勋第87师阵地发动猛攻。在战车的冲击下，日军潮水般冲上正面的535高地，经该师竭力苦战后夺回阵地。下午高地又被日军占领，是晚，被我军再度夺回。以后接近半个月，2000多名日军连续猛攻，阵地几被占领，几被夺回。该师第205团高地失守，师长张绍勋悲愤不已，拔枪对准心脏准备自杀，经卫士扑救，子弹从左胸射进，左胁贯出，当即被卫士送往后方医院抢救。该师由副师长黄炎代理，率残部与敌相持于黄草坎一带。

7月初，何绍周第8军荣誉第1师主力开抵龙陵附近进行增援，稳住了龙陵东北郊阵地。8月中旬，宋希濂命第87师、第88师、新39师和荣誉第1师对龙陵发动第二次进攻。日军由芒市等地赶来大队增援，包围了攻城的洪行新39师，新39师几乎被全歼。

宋希濂要求卫立煌调兵增援，卫立煌紧急报告蒋介石，要求调第5军第200师增援龙陵。

蒋介石急电昆明城防司令杜聿明：着第5军第200师即用汽车输送保山，归卫长官指挥。

卫长官即卫立煌，第200师暂隶远征军总司令部直接指挥，而第5军主力尚在昆明地区待命。

第200师在师长高吉人率领下，乘车长途运输，火速赶到龙陵前线，第200师此时已恢复了主力师的风采，战斗力很强，一举打垮日军的反攻，恢复了第71军阵地，转危为安。

但是，日军还是源源不断地向龙陵增兵，战事进行了3个多月，无有大的进展。

蒋介石因宋希濂指挥不力,将其调回昆明陆军大学将官班受训,令集团军副总司令黄杰代理总司令。是月下旬,龙陵前线军事行动暂告停止,等待缅北的中国驻印军进攻八莫,日军亦无法抽兵增援龙陵,再发动进攻。

在缅北的中国驻印军发动八莫战役的同时,滇西的中国远征军于1944年10月29日傍晚,再次向龙陵城全面展开猛攻。

经过一个多月的休整与重新部署,卫立煌将攻克腾冲的远征军几个师都调往龙陵地区。

这次担任主攻的是第11集团军所属的第2军、第6军、第53军、第71军4个师,另有第9师、第76师、新33师、预备第2师、第93师、新39师、第116师、第130师、第87师、第88师、新28师等11个步兵师以及第20集团军的第36师、第200师、荣誉第1师及重炮兵第10团、重迫击炮第7混合营、通讯兵第9连,加上滇康缅特别游击队3个纵队,十几万大军同时进行克复龙陵、芒市、遮放、畹町等日军在滇西的最后4大据点的作战。战役的目的是肃清滇西全部日军,打通中印公路,重开国际交通线。

龙陵前线由黄杰全面负责指挥。攻击第一目标仍是回龙山高地,攻击部队第88师仍蹈上次进攻之覆辙,久攻回龙山而不克。卫立煌下了死命令,令黄杰限期攻克。

黄杰亲自赶赴第71军军部,与素有虎将之称的代军长陈明仁及师长们研究对策。

黄杰焦虑地对陈明仁说:"子良兄,回龙山久攻不克,卫长官限期让我们克复,是不是调第87师上去?"

黄杰

陈明仁沉思不语，第88师代师长熊新民插话说："总司令，第88师虽然连续攻击，伤亡较大，但士气还很旺盛，也有好的作战经验，还是由我部继续担负主攻。"

陈明仁担心地说："听说回龙山的工事，比松山的还要坚固！还采取老的作战办法，是要吃大亏的。不在于让哪个部队上去，主要是应采取新的战术。"黄杰说："熊师长，你明天再用火力侦察一下敌情，与炮兵商量一下配合问题。"

第二天天不亮，熊新民派出火力侦察队，潜入敌阵，黑暗中，有意惊动敌人。霎时，草丛中，山崖前，巨石中，大树上，敌人埋伏的火力点胡乱射击起来。战至天明，侦察队回来汇报侦察结果。

侦察连长告诉熊新民："除回龙山正面有自下而上一片犬齿般狭窄的石崖是敌火力的死角外，其余均是火力封锁的大坡。从石崖下可搭人梯，借助绳索攀登而上，立住脚跟后，再向敌火力点展开爆破或用火焰喷射器，打掉主要地堡，掩护大部队冲锋。"

熊新民与炮兵指挥官共同制定了作战方案，决定炮兵以猛烈炮火轰击，压制敌火力，掩护步兵从陡崖攀登；另派出一部分兵力绕到敌后扰乱其阵脚。

10月31日，我军阵地上各种口径的大炮一齐向回龙山敌阵地猛轰，滚滚的浓烟在阵地上翻滚，炮火延伸后，步兵从陡崖攀援而上，呐喊着用喷火器射向敌碉堡。敌人的射击中断了，步兵们刚发起冲锋，未曾探明的几个暗堡相继侧击，交叉反复，我军士兵猝不及防，死亡惨重，敌军乘势跳出工事，向我军猛击，攻击失败了。连续的进攻持续了几天，又换上两个步兵团，攻击还是没有效果。

黄杰和陈明仁在指挥所中，用望远镜看着这一悲壮情景，全身都颤抖着。黄杰流着泪说："我军将士太英勇了，白白送死也义无反顾。"

陈明仁脱去上衣，怒吼着："炮兵准备射击，我亲自去督战，不信这回龙山是铁打的。"

黄杰摆摆手："子良兄，不要再攻了，问题不在将士们，出在我们身上，明天再说。"

熊新民回来了，刚进指挥所就嚷："我有办法对付狗日的了。"

陈明仁忙问："什么高招？快说！"

熊新民擦擦汗，说："敌人钻我们的空子，我们炮击，狗日的钻进石缝里，我们的炮火一延伸，狗日的养足精神又钻出来，以逸待劳，我军爬上山崖，体力早已不支，怎么可能打胜？"

陈明仁一拍大腿："说得好，你说我们该怎么办？"

熊新民说："让炮兵不规则地开炮，一会儿延伸，突然再向原目标发炮，钻出来的敌人让他来不及隐蔽，就炸死他们。"

黄杰说："对，虚虚实实，让敌防不胜防，等他麻痹大意后，我们出其不意，一举冲上去消灭他们。"

进攻又开始了，猛烈的轰击铺天盖地，一会儿炮火延伸，敌人纷纷钻出掩体，准备消灭冲上来的步兵时，炮弹呼啸着又落到阵地上。敌人哭爹叫娘，死伤惨重；步兵开始佯攻，剩余敌人组织起来刚一开火，我步兵便快速下撤，连续折腾了几天。

敌人被我军东一炮、西一炮打得晕头转向，后来炮火延伸后，也躲在掩蔽工事中不再出来。

一天，猛烈的炮击又开始了，炮火刚一延伸，又回到原来的位置。敌军躲在乌龟壳中不敢探头，我步兵乘其不备，冲上山头，用火焰喷射器向工事中的残敌瞄准，一条条带火的汽油直灌碉堡孔，敌人大部分被烧焦在其中，只有少数刚来得及逃出，又做了我军枪下之鬼。两个小时后，我军终于全歼回龙山守敌，夺取了阵地。

胡家骥第88师获胜后，为后续部队开辟了道路，张绍勋第87师主攻龙陵外围庙房坡各山头高地。其中6号山头较高，为敌核心阵地，当我军进攻时，西、南两侧山头阵地之敌，以猛烈的火力侧击进攻部队，造成很大的伤亡。一次，在炮兵掩护下，该师第261团第8连突击队冲上山头，遭敌猛烈侧击，大部伤亡，只剩班长许庆瑞翻滚进了壕沟。他身上挂满了手榴弹，在几分钟内连续投掷了几十枚手榴弹，在猛烈的爆炸中，阻止了敌人的反攻，为后续部队赢得了宝贵的时间，一举反扑，攻克了6号山头，并乘胜克复了5号与9号山头，占领了庙房坡阵地。许庆瑞获得"独胆英雄"的称号，并晋升为少尉排长。

前线部队向敌投弹

11月3日晨，我各路大军分别从4个城门和城墙缺口处攻进龙陵城，守敌大半被歼，只有400多人沿小路突围，向芒市方向撤退。

向滇西日军进行犁庭扫穴、彻底打击的日子终于来了。

11月18日，第71军配属荣1师向芒市东南进行超越追击，第6军沿滇缅公路向芒市正面攻击前进；第53军从右翼迂回运动，占领芒市以南。11月19日，在黄杰第6军打击下，芒市守敌千余人放弃阵地，向西南退却。次日芒市为我军占领。

第71军渡过芒市大河，向三台山攻击，第2军及第6军分别向芒市西南猛曳挺进，第53军向遮放进行阻截，占领敌据点多处。12月1日，第53军等

龙陵阵地上随处可见日军的尸体

部攻占遮放。日军第2师团及第53师团一部,交替掩护,向中国边界最后一个据点畹町撤退。

12月27日,各路大军向畹町合围,第2军向畹町东南攻击前进,第6军向畹町西北攻击,第53军由龙川江西岸迂回畹町以南地区,第71军位于第2军与第6军之间,作为预备队。从12月28日起各军对畹町展开攻击,激烈的战事一直在进行。1945年1月20日中午,在各路人马欢呼声中,我军终于克复畹町。中缅印公路打通了。从1942年5月后驻留在异国的中国驻印军与怒江东岸的中国远征军即将会师,缅北、滇西连成了一片,盟国的战略物资即将源源不断运送到中国西南。

三、再战缅北

1943年1月27日,重返缅北的作战任务终于开始实施;新38师第114团为反攻缅北的先遣支队，在团长李鸿的率领下，从兰姆伽军营乘卡车出发，经过一个多月的车船运输，重返阿萨姆省的雷多地区。该团的任务是担任掩护修筑中印公路，消灭盘踞在野人山至胡康河谷的日军。

第114团从雷多向南步行50多里，进入野人山区的鬼门关，从山脚下仰首翘望，山岭连绵，全是阴森森、黑压压的原始森林。森林中央有一盆地，又称胡康河谷，包括打洛盆地和新背洋盆地。河谷中纵横交错着大龙河、大纳河、大宛河、大比河等河流及其支流，在盆地西北汇合，流经缅甸西南部入海。旱季河水很浅，可徒涉而过，雨季山洪暴发，一片汪洋。

从敌我双方对控制缅北的战略部署来看，都将胡康谷地作为战略要点来看待，均置精锐部队于此。

中美联军要通过胡康河谷修筑公路到密支那，与滇西连成一片。而日军在缅北隘路驻兵，也是要阻滞、破坏中美联军打通胡康河谷，收复缅北。

日军布置在这一地区的是第18师团，师团长田中新一，该部训练有素，战斗力很强，且有丰富的森林作战经验。1942年4月下旬，该师团作为进攻中国远征军中路军的主力，沿曼德勒至密支那铁路向杜聿明部展开全面进攻，并在怒江一线与中国军对战。此次，该部在中国驻印军进攻之先，已按在狭隘路口作战的方针，派出许多小部队，据守胡康谷地中必经之路的要隘与山头，并派兵袭击印度边境卡拉卡、唐卡家一带的英国军队。英军千余人遭到日军奇袭后，往后撤退，正在修筑雷多公路的部队暴露在日军面前。日军派出小股部队不断地对修筑大军展开袭扰，负责工程的美军少将惠勒尔将军认为形势严重，因"受到4次坚决的攻击"，要求撤走修路人马。3月9日，新38师第114团穿越丛林，步行赶往这一地区。3月30日，正遇上200名日军和钦克人向节节后退的英军追击，便坚决打了一仗，一口气夺回几个被日军占领的山头。随即以第1营进占唐卡家，第2营从柏察海方面进击，对卡拉卡之敌攻击而占领之。英军安全后撤。

敌18师团知道遇上了劲敌，连夜增援1000多人，于3月31日开始，分两路向第114团发动进攻。卡拉卡与唐卡家两据点均展开激烈的战斗，连续打了半个多月，敌伤亡200多人，无法攻占哨卡，以达破坏雷多公路的目的，只好改成小股袭扰。第114团也因山高路险，密林丛生，与后方联络与给养供应都跟不上，只能咬牙坚持。5月22日，孙立人师长认为第114团官兵疲劳过甚，加上雨季来临，疟蚊肆扰，乃命第112团前往换防，接替野人山防务。敌军也因缅北雨季开始，胡康谷地洪水泛滥，补给不济，亦大部撤退，只留少数伺机活动，两军没有大的接触。

新38师经受了八个多月的黑暗和泥沼中的生活，顶住了蚊蚋蚂蟥的袭扰与敌军的偷袭，终于掩护雷多公路在9月上旬修到了南阳河附近，驻唐卡家的警戒部队亦向南推进至他卡沙坎及秦老沙坎一线，并且与日军打了一仗，获得胜利。史迪威很满意，认为在几次冲突中，驻印军均获胜，他得意地对人说："训练的结果得到了证明。"

10月底，雨季停止了，新编第38师与新编第22师全部陆续开到了雷多附近。总指挥部史迪威将军命令中国驻印军向胡康河谷前进，占领大龙河西岸各据点，掩护主力进出野人山。反攻缅北的序战终于开始。

新38师为反攻缅甸之前锋，当以第112团为先遣部队，预期占领打洛至大纳河与大龙河交汇点下老家之线，以掩护新背洋前进飞机场、中印公路之构筑，及作盟军后继兵团进出野人山之掩护。10月24日，第112团（欠迫击炮、战防炮、汽车、骡马部队）分为三个纵队，由卡拉卡、唐卡家之线，同时向指定目标分进。

第112团团部以第1营为中央纵队，10月24日由唐卡家进发，经唐卡沙坎、清罗沙坎直趋南下，10月29日攻克新背洋，30日攻克临干，继而南下向于邦之敌攻击。

第3营为右纵队，由卡拉卡进发，经那醒、奴陆向打洛区攻击。该营受命以主力占领拉家苏高地，以瞰制打洛，并派出适当兵力占领大纳河西北岸要点，以牵制该方向敌之行动，警戒师右侧之安全。11月1日，该营经一昼夜之猛攻，将拉家苏敌阵攻占，尔后即确保使该敌无暇与孟关平原方面防守之敌相呼应。自此以后,该营即始终与敌保持火力接触。

第2营为左纵队,10月24日由唐卡家出发,辟道经海条由北向南,主力对下老、宁边之敌同时攻击,使敌各据点守军无法相互救援。10月31日,第2营主力开始向下老之敌阵施行果敢攻击,苦战10余天,至11月21日下午将下老敌阵完全攻克。该营第5连于10月31日,亦接近于邦,与敌发生接触。

卫立煌在前线视察战况

为求迅速击溃大龙河右岸之敌,团部于11月1日饬令第1营以第连固守康道及宁干,第2连对宁边之敌展开攻击,会同第2营第5连对于邦敌核心阵地发起攻击。

于邦是胡康河谷西北的一个重镇,位于大龙河下游右岸,是水路交通之要道。该镇北、东、南三面是森林,西边靠着大龙河,地形开阔,易守难攻。日军在镇周围和地面上构筑了立体交叉和前后上下左右皆能呼应的强固的工事群体。主要阵地都以纵深的据点构成,遍布着隐蔽的火力点和密集的鹿砦。

10月31日，第112团第2营向于邦镇发起攻击。第5连连长江晓垣首先率部进至敌主阵地前，由于地形不熟，误中敌一加强排的埋伏，双方展开恶战，该连消灭敌军70余名，江连长和排长刘治等30余名官兵亦壮烈牺牲，第一轮攻击受挫。

11月4日，第1营营长李克己亲率第1连从宁边赶到于邦外围，将该敌三面包围起来，又在大龙河河边安置好重机关枪，封锁了渡口，防止左岸敌人增援。

于邦被新38师包围后，敌第18师团先后将其第55、第56两个步兵联队由滇西方面抽调出，利用卡车星夜运输，驰援大龙河，并在大龙河左岸展开。敌山炮第18联队及挺进重炮独立第21大队亦火速赶至胡康河谷。

日军第18师团长田中新一，是位老谋深算的将军，他身体稍胖，一脸横肉，不爱戴战斗帽，经常头顶钢盔，威风凛凛。他的特点是善于抓住一切有利于自己的条件和机会制定战役方针。他根据敌情判断，驻印军先头部队进出野人山区，掩护工兵修筑雷多公路，并向新背洋挺进的势头，肯定是要将该公路穿过密支那连接滇西。如果让此计划得以实现，缅北局势将不可收拾。但目前公路未通，驻印军的给养靠骡马运输，补给困难，而且先头部队携带重武器有限。于是，他命令各据点守敌沉着应战，死守据点，又调去重武器，使步炮比例达到3∶2。田中新一还将其司令部从密支那推进到离胡康河谷很近的乔家、大柏家，以便就近指挥部队，部署反击方案。

第112团团部及第1营从11月11日以后，每夜遭到敌增援部队猛烈炮击。敌步兵在炮火掩护下强渡宽约200公尺的大龙河，企图乘驻印军后续部队未赶到前，将先遣部队一举歼灭。战斗异常激烈，一日夜，敌约一个营的兵力袭击了第112团指挥所，该处只有一个特务排，拼命抵抗，团长陈鸣人在混战之中，几经血战，杀出重围，一位美军联络官突围时，见弹如雨下，复躲入掩体中，被日军俘虏。

11月22日，大龙河南岸敌军调来大量炮兵，对第1营两翼封锁渡口的重机枪阵地昼夜轰击,我军机枪第1连连长吴瑾及士兵全部中炮牺牲。敌第55、56两个联队遂得以从下游渡过大龙河,绕到第1营背后,占领制高点,和于邦守敌联成一气,将第1营四面紧紧包围。

第112团急调防守新背洋的一个连增援于邦正面,不得已将该连原防守任务交给在新背洋修筑机场的工兵连接替。但该连一到宁边即被敌第56两个联队派出的加强大队包围。至此,整个大龙河至新背洋间的三角地区,处处皆被日军渗进部队袭扰,野人山区的清罗沙坎附近也经常有敌小股部队活动,形势很危险。

第1营被敌包围后,粮食、水源和弹药都得不到充分的补充,只有依靠飞机空投来维持。某次,一架投粮飞机飞来,飞得高了,将粮食投到了森林中或河里,或敌军阵地上。飞得低了,被日军高射机枪打伤了机翼。于是连续三天,再没有飞机来空投,全营官兵便挖芭蕉根充饥。然而最大的困难是水源断绝。胡康河谷的旱季,阵地上一滴水也挖不出来,官兵们口干唇裂,嗓子里像冒火,眼睁睁看着远处滚滚的大龙河,只能拼命舔着带

在前线的指挥官

血的嘴唇。营里派出去抢水的士兵，非死即伤，有时牺牲几条性命，但带回阵地上的水桶被敌机枪打得像筛子一样，水早就漏光了。于是官兵们只能从砍断的芭蕉根中和葛藤里吸吮少得可怜的汁液，勉强维持生命。

然而，第1营的阵地始终巍然屹立。他们的防御工事，构筑得十分巧妙。阵地周围筑成八个据点，每班固守一个据点，各据点火力可以互相支援。另有一个班固守阵地北边的一棵大榕树。

大树主干有一丈二尺，周围还有二十几根大小树干拱卫着主干。士兵们利用大树筑成天然的碉堡，树上设有瞭望哨，可以观察敌人的一举一动。树干上下部各筑一个机关枪掩体，可以扫射360度。每次敌人发动强攻，冲到大树前便再也无法前进了，树前往往死伤一大片。敌人用火炮轰击，但树干太密集，不易命中，机枪又扫射不进去，敌人无可奈何。此外，在阵地周边还修了6道鹿砦，前后周围都埋着用线牵动的手榴弹，一碰就爆炸，敌人每冲至此，便伤亡惨重，因此，始终无法攻破第1营的阵地。

第112团右纵队即第3营防守拉家苏方面，战事亦非常激烈。从11月1日起，日军从加迈运来大批重机枪，在敌疯狂的炮火中第3营虽暂停射击，但在敌进攻时，他们的机枪依然欢唱起来。

四、驻印军扬威

为解救危局，新38师师长孙立人向总指挥部要求将驻唐卡家、卡拉卡的第114团调往于邦前线。但总指挥史迪威却认为该地敌人决无强大的兵力，并以公路未修通和补给困难，不同意调第114团驰援。

此时第112团压力越来越大，尽管沉着应战，但面对五倍于己的敌人，已感力不从心。孙师长亲自向史迪威反复陈述，史迪威始允第113团、第114团及炮兵第2营陆续赶往前线，危险的大龙河和于邦各处阵地遂转危为安。

孙师长重新部署兵力，一方面增加兵力，向于邦之敌据点继续进攻；

同时以钳形攻势，由两翼渡过大龙河夹击敌后，迫使于邦之敌崩溃，并期在大龙河畔将该敌歼灭。

12月21日，史迪威赶往雷多基地，会见孙立人，研究作战计划。

次日，史迪威与孙立人乘吉普车沿雷多公路抵达胡康谷地。史迪威与孙立人召集第112团团长陈鸣人、第114团团长李鸿等开会，史迪威说："我们无论如何要将日军赶出大龙河，因为，我们的公路要从这里修过去，并要架一座大桥，所以于邦一定要夺过来。"

12月24日上午8时40分，史迪威亲自赶到第112团，上午9时整，炮兵开始射击了，成排的炮弹在日军阵地上爆炸，整整一个多小时，370多发炮弹炸毁了敌阵地表面上的一切防御设施。10时零5分，步兵从两侧向敌阵地发动进攻，残敌在进行殊死的抵抗后大部分被歼，只有少数投降。战斗持续到第二天上午9点多。"是役，毙敌连长以下军官4人，士兵51人，伤者100余名，生俘3名，其中包括1名军官，缴获重机枪2挺，轻机关枪4挺，步枪20余支，掷弹筒1枚，步机枪弹及重要文件甚多"。经过连续作战，截至12月29日拂晓，新38师第114团攻克于邦主阵地，"击毙敌岗尾大队长以下官长6员，士兵92名，获重机枪3挺，轻机关枪3挺，步枪43支，指挥刀3把，步机枪6挺及重要文件甚多"。新38师阵亡连长以下官兵53名，伤连长以下官兵66名。

新38师取得于邦大捷后，占领了大龙河右岸全部阵地，并再次扩大战果。

1944年1月14日，新38师师长孙立人向蒋介石报告战果：

一、大龙河西岸（左岸）敌之零星各据点，已于1月13日11时全部占领并肃清，残敌遗尸40余具，残余浮漂逃生，多毙河中，获无线电及其他战利品正清查中。

二、奉指挥史（由威）作命第8号，饬将当面之敌驱逐于迭巴加（大柏家）以南，遵即以114团为右翼队，全部由康朵（Kantan）渡河，直趋迭巴加背后,将敌包围而击破之。以113团为左翼队,先行渗透渡河,与左支队行动协同,向右侧背威胁压迫,使我主动进击迭巴加易于成功,以112团为预备队,担任河防警戒,其主力位置于家滚(Tagun)、于邦附近,使我主力进击大柏家易于成功。以112团为预备队,担任河防警戒,其主力位置于(Taeun)于邦附近。

三、我左支队112团第2营,经周余在密林辟路,于1月11日晨到敌后袭击宁边东岸之敌,毙敌70余,获步机枪各十余枝,同时我左翼队乘机渡沙色河(Sokehka),向敌猛击,于14日晨占领大龙河东岸(右岸)大榜加以北各据点,现仍继续向南进击中。

四、右翼队亦12日开始攻击,战斗正在孟养河附近剧烈展开中,职现在前线指挥。子寒参一。①

敌军自于邦失守后,向北退守大柏家及其东西之线,主力集结于大柏家以西地区,凭借两侧宛托克山及大纳河为依托,构筑了数道坚固据点阵地,以阻击新38师右翼支队。

该支队经过8天的勇猛攻击,于1月19日先后将孟养河附近敌之据点完全攻占,前锋进抵并威胁大柏家之敌,2月1日与左翼队合击大柏家。至此,敌军主力即向南溃退,残敌亦完全被驱逐至大纳河以南地区。孟缓平原已无险可守,敌第18师团退守孟缓以南,重新部署,并增加预备队,伺机反攻。

孙立人师长亲率第113团挺进孟缓敌后,迂回穿插,深入敌后90千米,以截断敌之归路;第112团也与第113团互相呼应向敌攻击前进,经过激战,攻克敌后重镇瓦鲁班。

3月5日,新编第22师从正面猛攻孟缓,廖耀湘指挥一个团强攻正面,一个团攻击侧翼,另一个团向敌迂回,终于在是日下午占领孟缓。

---

① 中国第二历史档案馆藏军事档案。

部队向日军发起冲锋

孟缓落入我军之手，雷多公路遂经新背洋修至大柏家，经孟缓再与密支那原有公路衔接。日军援军，携带着山炮，向第3营阵地连续发起猛攻。第3营营长陈耐寒和连长赵振华在指挥部队反击时，先后中弹牺牲，士兵亦伤亡很大，但仍击毙日军山下大尉以下400多人。

到达宁边的刘益福连，被日军一个大队包围后，敌人连续发动数次大规模的进攻。血战了7天7夜。第1连重机枪兵叶先贵、余元亨利用一株被日军炮火炸去大半的树干，筑成机抢阵地，利用树枝葛藤搭成吊铺，几天几夜不下地。当敌人冲入鹿砦，攻到阵地前时，树上的重机关枪"嘎嘎"吐出火舌，向密集的敌军反复射击，打得日军屁滚尿流，遗下几十具尸体。日军大队长田中胜、中队长原良和吉五先后饮弹身亡。而我重机枪阵地安然无恙，为反攻缅北的最后胜利奠定了基础。

蒋介石得知驻印军克复孟缓后，异常喜悦，尤其此次获捷，是他的学生廖耀湘指挥的，作为校长，他脸上有光，特致电廖耀湘：

新22师廖师长：此次克复孟缓，吾弟声播中外，名振遐迩，足以聊慰中国军前年在缅失败之憾，而慰阵亡先烈在天之灵。惟新胜之余，易生骄傲，而为他日挫失之因，务希戒慎警惕，自重自勉，对友军对上官更应谦让敬和；对部属尤宜严督勤训，勿使有稍涉傲慢之气，养成我国古名将见胜勿骄淡泊勿矜之风，是所切盼。……中正手启。寅巧。机渝。

3月9日下午，新38师与从孟缓南下的新22师及坦克第1营会师。

日军第18师团遭受到重大打击后，向南撤退，在胡康谷地与孟拱谷地的分水岭杰布坚山区，布置重兵防守。

杰布坚山区海拔1300多米，连绵约有10千米长，阴森恐怖、人迹罕至的山谷中，有一条狭窄的山路，从山谷里向上望去，两面是陡峭高耸的山壁。森林密布，只有中午的短暂时间，才能见到一线阳光。

田中新一师团长亲自部署防御阵地，命第56联队附重炮两门、山炮两个中队，沿山岭层层设置，在杰布坚山隘筑有的沙杜渣卡主阵地，纵深配置了大炮30余门，由第55联队负责正面，另以长久联队配置其左，互为犄角。

田中新一站在主阵地上，对其左右说："杰布坚山谷是一夫当关、万夫莫开之地，大日本皇军要在此消灭驻印军，重新建立辉煌的战绩。"

史迪威与孙立人亲赴前线观察地形，认为日军在山头上设有坚固的碉堡阵地，隘口地带布置两三挺重机枪交叉扫射，便可以阻挡我军大队前进，而我军用于攻坚的坦克和大炮在山壑中难以施展，失去威力，要想攻克杰布坚山，通过峡谷，进克孟拱，当务之急，必须首先攻克两面山头上的日军阵地。

史迪威下达了作战命令：我军以最快速度，由瓦鲁班继续南下，攻取沙杜渣卡及其两侧之杰布坚山高地。

令新38师第113团和美军麦支队一营于3月14日出发，沿杰布坚山区左侧山地迂回，披荆斩棘，辟道前进，攻击敌后方交通线上的重要据点班

史迪威检阅即将出发的部队

拉,以断日军退路。

令新22师第66团正面进攻丁高沙坎,并沿山谷穿过隘路南下。

攻击前夕,史迪威头戴钢盔,肩上扛着一支卡宾枪,只带数名警卫和随军记者出现在廖师第66团。士兵们见到他都热情地围上来。史迪威看到年轻乐观的士兵把树叶卷起当烟抽时,便立即从上衣口袋中掏出美国香烟分给士兵,他笑眯眯地鼓励士兵:"孩子们,好好教训对面的狗杂种,我会运更多更好的烟来奖励你们。"

"总司令,你那么大的年龄还到第一线来,很危险的,日本的广播已经说要活捉你!"

"他们是捉不到我的,我是飞毛腿。"他抬起沉重的、已张开口的翻毛大皮鞋,士兵们都开心地笑起来。

"你们怕不怕日本人?"史迪威问。

一个娃娃脸的士兵腼腆地回答说:"我不怕日本鬼子,是怕……"

"怕什么?不要紧,大胆说出来。"史迪威鼓励说。

"就怕负伤,轻伤还不要紧,重伤在密林里,无法治疗,只有等死,连鬼魂也回不到家乡了。不少兄弟躺在国外的土地上,化成一堆堆白骨,看了令人害怕。"

史迪威听后,神情很凝重,他拍拍士兵的肩头说:"放心吧,孩子们,我一定下令各级长官要关心士兵的生命,不允许丢弃一个伤员,保证将每一个负伤的士兵都运送到后方野战医院治疗;伤势严重的,要用飞机运输到雷多基地医院。"

中国士兵们听后欢声雷动,士气大振。

攻击令下达后,坦克、大炮、重机枪一起开火,大地抖动起来。空气灼热,热血沸腾,战士们冒着硝烟,跟随军旗,前仆后继扑向敌阵,丁高沙坎阵地上厮杀声、呐喊声、枪炮声响成一片。

史迪威在望远镜中观察着这一壮观的情形,激动地说:"中国的士兵打得太勇敢了,个个都是好样的!"随军记者们目睹了攻击现场,记下了火与血的瞬间:"有一个驻印军的青年战士为了消灭碉堡内的人,将手榴弹系在身上,跳进碉堡,与敌同归于尽……"

经过昼夜激战,日军被打死67人。面对如潮的进攻,残余的日军将伤员集中在一起,用机枪射杀,然后逃走。

3月19日,第66团占领了山口隘路两侧的据点,以坦克第2营开道,隆隆地冲进杰布坚山山口,新22师紧随其后,向前推进。两天后,前进部队遭到日军猛烈反击,好容易接近沙杜渣卡敌主阵地前时,遇日军第55、56联队与长久联队顽强固守。敌用大炮向冲上阵地的坦克猛击,坦克第2营最前面的两辆坦克当即中炮起火,另三辆坦克亦被击中履带动弹不得,后继部队攻击随之受挫;第66团伤亡很大。26日,第65团接替攻击,虽经苦战,攻击却无进展。

担负迂回任务的新38师第113团从左翼沿山岭行进,跋涉也很艰苦。在只有山鹰翱翔的高山峻岭之中,他们冒着风雨袭击,在泥水中爬行前进,而驮炮的骡马无法行走,多半滑落山涧,摔得粉身碎骨。士兵们只好抬着

驻印军反攻的坦克部队

山炮,冒着随时滑进深谷的危险,趔趄而行。两天之内摔死的骡马多达20多匹,剩下的马匹,爬山时,几个士兵在前扛着马头奋力向前;下山时,又有几名士兵死命拖拽马尾,小心而进。在山中的日子里,部队缺粮断水,忍饥挨饿,14天的艰苦跋涉,只迂回了16千米。3月27日,第113团终于出现在沙杜渣卡以南6千米的拉班附近。28日,该部乘拂晓蒙蒙的晨雾,悄悄渡过了南高江,向拉班发起袭击,不少日军尚在睡梦中,万万想不到驻印军已杀到身边,猝不及防,很快便丢失了阵地。拉班的攻占,等于驻印军从日军身后打开了通往孟拱地区的门闩,转机终于出现,新38师从北向南,新22师从南往北,合击沙杜渣卡敌阵地,日军吹嘘的固若金汤的主阵地,终于在3月29日被驻印军攻克,新38师和新22师胜利会师。

至此,反攻缅北第一期战役胡康谷地的战事结束。此役历时5个月,向南推进100多英里,占领了2500平方英里的土地,击溃日军第18师团第55、56两联队及其师团直属队,击毙日军第55联队大佐藤井小五郎以下官兵3200余名,击伤约3000人,缴获大炮6门,机枪9挺,步枪110支,装甲车2

辆，指挥车1辆，卡车3辆，第18师团关防一枚及弹药、文件、装备无数。

史迪威的下一个目标，是夺取孟拱河谷与密支那。在他率部出印度时，密支那对很多人来说，只是一个词组，一个梦想的标签和一个遥不可及的地方。只有史迪威脑海中始终坚定不移地萦绕着这个目标，夺取胡康河谷后，史迪威胸有成竹，知道实施夺取下一目标的计划已为时不远了。

驻印军攻克杰布坚山天险后，即进入孟拱河谷。这是一个狭长的谷地，从沙杜渣卡到孟拱纵深长约115公里，南高江穿过谷地，又称为孟拱河，汇入伊洛瓦底江。两岸连绵起伏，皆是高达300米以上的群峦绝壁，在河流与山崖的中间地段，长着比人还高的茅草与灌木，地形十分复杂，利于隐蔽。每年5月，当雨季来临之际，山洪暴发，谷地中一片汪洋，道路、灌木与茅草，转瞬之间就消失在汹涌咆哮的急流之中，船舟无法行驶，更不用说武装泅渡了。

日军退守孟拱地区之后，沿河谷两岸构筑了坚固工事，设置鹿砦与地雷，布置重机枪与炮阵地，深沟高垒，以逸待劳，以静制动，准备与驻印军纠缠、胶着在河谷地带，等待雨季到来，将我军围困于泥沼与大雨之中，再利用沟壑与马蹄形池沼构成纵深防御阵地，逐次抵抗，以达到迟滞我军南下之目的。

日军在孟拱地区部署了重兵，以第56联队主力在南高江西岸，阻止新22师前进；以第55联队、第146联队及第114联队等部集结在南高江东岸，阻止新38师前进。

孟拱河谷大战序幕是从4月7日正式拉开的，新38师组成的右翼队与新22师组成的左翼队，分别沿南高江东西两岸向纵深推进。

新38师第112团沿南高江东侧向山区辟道前进。这一带叫库芒山区，是缅甸著名的高山，白云缭绕，气势挺拔。当地的土人在歌谣中形容其为"无顶之山，永不能穿"，由此可见该山区的险峻。

第112团全副轻装，将配属的炮兵连归还炮兵营建制，骡马辎重也撤返拉班地区，全团官兵，攀藤附葛，沿绝壁而上，向敌后迂回。

支援进攻的美军飞机误落在大树上

4月24日,该团以迅雷不及掩耳之势从群山深处杀出,突然攻占了瓦兰西侧地区,截断了加迈至瓦兰与克老缅之间的敌主要交通线,并由敌阵地的间隙中楔形突击敌阵地后方达48千米,给新38师正面之敌及加迈地区之敌造成严重的威胁,在孟拱河谷形成我军强有力攻击之态势。

担任正面进攻任务的第114团,当即对芒平及瓦兰西侧防御阵地上的敌第18师团第55联队、第114联队、第56联队等主力发起进攻,至5月12日,中路我军占领了克老缅、东瓦拉、拉吉、大龙阳等重要据点,与第112团会合,把敌第55联队包围在大龙阳西北地区。

担任右路进攻的第113团主力扫荡瓦拉、马兰、卡劳一带残敌,并以一部兵力从南高江西岸地区与新22师第64团配合,攻击敌第18师团左翼。

面对驻印军的攻势,敌将全部主力调往第一线,而造成后防线上兵力空虚。同时中国远征军即将对密支那发动进攻,为策应密支那方面作战,新38师师长孙立人决定:师主力由芒平、瓦兰地区攻击南下,迅速占领加迈,夺取孟拱。

命令下达后，各部队积极开始行动。第112团团长陈鸣人令全团官兵每人带4天的干粮和一个基数的弹药，冒着大雨不分昼夜地行军，迂回大纳河、瓦拉、棠吉河、西凉河。在行进中，部队利用各种地形地物，在丛林高山之中，有时学鸟鸣，有时学猿啼，有时利用流水声、大雨声等掩护，穿过敌人重重封锁线。有时部队隐蔽在敌阵地前一二百米处，乘黑夜偷偷运动，昼夜兼程，于26日上午11时，赶到加迈以南的南高江东岸。

陈鸣人团长当即派出侦察人员选择渡河地点，并令全团利用随身携带的雨布、雨衣、钢盔、水壶、干粮袋等制成简易的渡河工具，悄然无声，泅过南高江，进至色当。

色当是敌人后防线上重要的辎重、粮草仓库，敌军在孟拱河谷的后勤供应物资，主要囤积在这一地区，为日军致命点之所在。

防守该地的是敌第12辎重联队、野战重炮第21大队一个中队和守护仓库的监护兵两个中队，总兵力1500人左右。

由于该地远离战线，敌人疏于防守。中午时分，正是敌午饭之时，为数不多的警卫，懒散地游逛着，大多数日军手捧着饭盒狼吞虎咽。

第112团和先遣队已秘密潜伏到仓库外的铁丝网前，用钢剪剪断了一层层的铁丝网。在5月如火的骄阳暴晒下，战士们的军装全被汗水湿透了，在蚊虫叮咬下，一动不动地注视着目标。

漫长、难熬的白天终于过去了，三颗信号弹带着长长的白烟相继升上天空，总攻开始了。

陈鸣人一声令下，各种轻重武器一起开火，军事目标和仓库在爆炸声中，腾起熊熊大火和滚滚浓烟。战士们端着卡宾枪，连冲带打，纷纷越过鹿砦和铁丝网，向目标冲去……

"支那军的空降兵来了——"

正在吃饭的日军纷纷扔下手中的饭盒，惊慌失措，四处奔逃，不少日军刚拿起武器，便在猛烈的枪炮声中倒下了。第112团迅速接近敌人，展开近战，手中的轻武器、手榴弹充分发挥了威力，而敌军的重炮、野战炮均失去了作用。战至傍晚,我军大获全胜,共打死日军900余人,缴获战利品有15公分重榴弹炮4门,满载弹械的大卡车75辆,骡马500多匹,粮食、弹药库房15座,汽车修理厂1所。

5月27日,陈团继续扩大战果,沿色当公路南北两面展开,乘势夺取日军储藏在孟拱河谷的物资总囤积地区的大部分,占领公路线长达6.5千米,将固守加迈之敌所倚恃的公路补给线完全截断,并破坏了敌军的通讯、联络、运输和指挥机构。28日又夺取沿途敌粮弹转运仓库30多座。

日军丢了后方重要的后勤基地,军心大乱。缅北敌总指挥部立即下令,务必夺回色当等地,以保证后方粮食、弹药的运输。日军第2师团第4联队、第53师团第128联队、第251联队各一部及第18师团第114联队之一部,共约两个联队之兵力附重炮4门、野炮12门、速射炮16门、中型坦克5辆,向驻印军第112团南北两端阵地发起猛烈进攻,企图打通卡盟至孟拱间公路,恢复后方交通线,以挽救整个即将崩溃的危局。

蒋介石与史迪威在一起

第112团的阵地上成了一片火的海洋。日军的重炮地毯式轰炸,削平了山头泥土一米多厚，日军大队士兵排着队，端着三八大盖枪嗷嗷叫着往阵地上冲，前排倒下，后排踏着前排的尸体，依然潮水般涌上来。敌敢死队跳进战壕，与第112团士兵厮打、搏斗在一起。士兵们用枪托、树棍、石头与敌殊死搏杀，有的战士被几个日兵团团包围后，勇敢地拉响了手榴弹。敌人退下去了，猛烈的炮火又铺天盖地而来，阵地上的碉堡、掩体、壕沟几乎全被摧毁了，我军死亡颇重。6月2日拂晓，某营第3连连长固有良率该连阻击敌一个大队以上14次连续疯狂的进攻。该连顽强抗击日军，反复冲杀，日军急红了眼，用重炮轰击在阵地上搅成一团的双方战斗人员，周友良连长被炸得粉身碎骨，剩下的一个排在排长周浩和的带领下，与敌肉搏达5小时以上，歼敌80余名，但终因众寡悬殊，该排全体官兵全部在炮火中壮烈牺牲。

第112团在数倍于己的强敌南北夹攻下，咬紧牙关，始终坚守阵地。经过21天的激烈战斗，日军无法打通加迈和孟拱之间的交通线。到6月16日，该团共歼灭敌大队长增水少佐以下官兵1730多人。加迈以北地区之敌，陷入粮弹与补给殆尽的困境，不得不放弃马拉高以南至加迈间32千米的坚固阵地。第112团团长陈鸣人遂获得"拦路虎"的美名。

第114团于5月28日集结于芒平附近地区，按孙立人师长的命令，该团经大班、青道康的高山密林中钻隙潜行。官兵们手脚并用，有时爬上1300多公尺的高山，有时穿行在万丈深谷里，在悬崖峭壁与原始森林中，开道前进，于6月1日出现在敌人后方，并一举攻克拉芒卡道，然后夺取拉瓦各据点，断敌后路。6月5日，该团向南横扫日军，连克数个重要据点，并于15日占领孟拱至密支那之间的交通要道巴棱杜，兵锋所指，距日军盘踞的重镇孟拱仅6千米多，使该城之敌成为瓮中之鳖。此时，该团已与第112团遥相呼应，不仅为消灭孟拱之敌第18师团创造了有利条件，同时瞰制孟拱至密支那间公路和铁路，使敌无法分兵增援密支那城守军，减少我远征军在密支那侧背安全之顾虑。此举对于缅北整个战局的胜利，起到了决定性的作用。

第113团主力于6月1日将西瓦拉、马兰间残敌扫荡后，团主力于4日进至拉芒卡道附近，攻占纳西康，并在西拉瓦与第114团第1营会合，于7日占领南高江东岸重镇支遵，全歼守敌600余人。该团原准备一鼓作气攻下加迈，但因南高江连降暴雨，江水暴涨，河面陡然加宽到1000多米，波涛翻滚，渡河困难。加上沿岸敌人戒备森严，火力密炽，该团虽组织多次偷渡与强渡，皆告失败。

孙立人

孙立人师长接到报告后，当即饬令第113团第3营重新选择渡河地点，在支遵以南地区做好敌前强渡准备。同时申请驻印军总指挥部空投橡皮舟和七五山炮烟幕弹。又饬第112团由卡清河之线向北猛攻，以牵制加迈之敌增援。

16日晨，强渡南高江行动开始。炮声隆隆，数十只橡皮舟像离弦之箭，向对岸驶去。敌人发现了，轻重机关枪咯咯狂扫起来。我军七五山炮吐出了烟幕弹，一分钟后，敌阵地上浓烟迅速弥漫，对面不见人影。机关枪还在疯狂扫射，但失去了目标，成为盲目的瞎打。橡皮舟上，士兵们头戴钢盔，用小圆锹拼命划水，在急流中起伏颠簸，船头的机枪向岸上吐着火舌。在接近岸边时，战士们纷纷投出手榴弹，端着冲锋枪，呐喊着跳下船，冲上敌阵地。上午10时，第一批渡河的部队冒着猛烈的炮火一举攻占加迈东南侧之637高地，已经完全瞰制加迈城中之敌。日军因高地失守，加迈顿失屏障，纷纷向城外西南方向逃窜，上午11时多，加迈即被第113团占领。

加迈被驻印军夺取后，其北方阵地与新22师对峙之敌侧背受到严重威胁，仓促间狼狈溃逃，新22师第65团乘势夺取阵地，追击残敌，并于是日下午3时50分进抵加迈西,与新38师第114团第3营会合。

新22师组成的左翼队,沿南高江西岸向南推进。当面之敌是日军第18师团,该师团在卡马高地区构筑了坚固工事,给新22师以极大杀伤力,加上正值连日大雨,新22师攻击受挫。廖耀湘气急败坏,大步冲进指挥所对史迪威说:

"总指挥,我部攻击几天,连续受挫,无法再行动了。"

史迪威耐着性子说:"廖师长,驻印军已取得了辉煌的战绩,就像打老鼠洞一样,第一个胡康河谷已钻透,现在第二个已钻了一半,眼看就要胜利了,我们困难,敌人更困难,无论如何要坚持住……"

"坚持?怎么坚持?进攻以来,我师已有57名连级军官战死,其中大部分是跟我九死一生从野人山带出来的。"他说到动情之处,摘去眼镜,用手帕擦着眼泪,"我已经无能为力了,不行你撤换我吧!"

战地指挥所外,大雨滂沱,士兵们站在齐腰深的水里,有的爬在土堆旁,任凭雨水冲击,动也不动,他们的力气都已耗尽了。

冲锋号又吹响了,大炮惊天动地地响了起来,坦克在泥泞之中,轧轧前进。一群士兵,像乞丐一样,军装上和脸上、胳膊上、腿上到处是稀泥,在泥沼中艰难地向前冲锋,对方阵地上一阵有节奏的机枪声过后,人已倒下一大片,剩下的与其说是后撤,不如说是连滚带爬,回到原先的攻击位置上,负责指挥进攻的连长,又一个挂了重彩。

在指挥所里,用望远镜观察部队冲锋的廖耀湘,将望远镜一丢,就势一屁股坐到地下,说:"我不干了,总指挥,你下令枪毙我也不干了。你都看见了吧?白白送死。"

雨下得更大了,史迪威也沮丧地坐在地图前,半晌不说一句话。

时间一天天地过去,新22师还在泥水大雨中,进退不得。

敌第18师团得意之极,田中新一带着嘲讽的口气对部下说:"廖的部队,曾是我们的手下败将,这次,他想报上次在野人山惨败之仇,但在大日本皇军的打击之下,复仇是毫无希望的。"

但新38师的迂回袭击，使日军后方补给丧失，日军阵脚大乱，田中新一慌忙下令撤退。

史迪威得知这一情况后，立即给廖耀湘打气，要他不失时机地发动进攻。

激战重新开始。6月1日，新22师在坦克、大炮的掩护下，全师出动，一举突破卡马高的敌强固据点。日军丢盔弃甲，向后狂逃。廖耀湘兴奋不已，亲自乘战车指挥追击，下令：

"一定要抓住田中新一，一雪耻辱！"

各部发起勇猛的追击，大胆地在溃敌中穿插包围。9日，新22师在湖沼地带包围了敌第18师团主力。包围圈越缩越小，田中新一令所部利用湖沼地构成半圆形、马蹄形工事，拼命抵抗，使攻击部队几度失利。最后，廖耀湘集中了所有的大炮，对准敌工事作摧毁性轰击。6月29日，敌阵地终于被我军坦克攻克，第18师团主力大半被歼，师团长田中新一率残部1500余人，攀援雪邦山崖壁，钻隙辟路向南逃窜。

廖耀湘立即向重庆的蒋介石报告战果：

"……我俘大炮共40门，高射机枪1挺，载重汽车167辆，田中新一以下乘车12辆，轻重步枪、掷弹筒1600余支，仓库30余所，生俘敌原藤大尉以下70余名，重要文件、装具弹药等甚多，尚难统计。"

廖耀湘不断接到各处战报，众多的俘虏和大炮、辎重，使他脑中不由自主想到兵败野人山时的悲惨情景，但现在的惨败者已是日本人了。他有些陶醉，战报的最后是这样写的："查此次敌重

廖耀湘

武器及军用车辆遗失之大，人员死伤疾病、转于沟壑者之众，狼狈溃散惨状，有甚于两年前国军野人山之转进，追昔睹今，因此痛雪前耻，官兵大奋。"

此时，孟拱河谷的残敌，全部集中到孟拱市区了。孟拱城与加迈一样，同为密支那府的县治，城区位于南高江南岸，为缅北交通重镇。密支那至曼德勒、仰光间的铁路从孟拱通过，公路与加迈相接，水路沿南高江北至加迈，东流入伊洛瓦底江直达八莫。孟拱与加迈、密支那三镇鼎足而立，该城有南高江、南英河作为屏障，易守难攻。

日军在城内和外围阵地兵力有第53师团第128联队的主力、第151联队的一部，第56师团第146联队一部，第2师团第4联队一部，第53炮兵联队，武兵团第139大队和第18师团第114联队的残部。

新38师攻占加迈后，其第114团星夜向孟拱东北地区秘密前进。6月18日，团长李鸿率部来到南高江边。连日大雨，河水暴涨，江面已宽达150多米，而且波涛翻滚，水流湍急，第114团靠过硬的技术，于当晚渡过南高江后，出其不意，向孟拱城的外围据点进行扫荡。当时因加迈到孟拱的公路还在日军把守中，大多数敌人思想麻痹，万万没想到新38师所部会马不停蹄迅速渡江出现在孟拱侧背。外围据点的敌人在天亮时尚在村中游荡，或买香烟，或抢东西，刚一出村，就碰上中国军队，枪一响，五六个敌人当场丧命，其余做了俘虏，此时才知道，孟拱外围高地已被第114团占领。

孟拱外围枪声一响，成了惊弓之鸟的日军惊恐万状。因密支那吃紧，敌军一个步炮协同联队，正在增援途中，闻孟拱被新38师包围，立即返身杀回，欲与孟拱守军夹击第114团。6月21日晚，该敌行军至威尼附近，进入我第8连排哨伏击圈内，地雷爆炸，前头的几辆卡车顿时起火，日军纷纷跳下车，寻找隐蔽点，几名正欲反抗的日军，当即被打倒，敌军阵脚大乱，几个回合过后，探知该排兵力薄弱，遂组织全力反扑，用密集队形连续猛冲七八次，企图突破我阻击阵地，该排官兵利用黑夜和娴熟的射击技术，沉着应战，打退敌人一次又一次的进攻。敌由于队形密，在我军交叉绵密的火力网面前施展不开,伤亡极大,混乱不堪。激战至东方发白,敌第53炮兵联队长高见量太郎大佐正高举指挥刀,再次命令部队冲锋时,一颗机枪子弹穿胸而过。他全身怔了一下,艰难地低下头,凝视着汨汨的血染红了黄呢军上衣,他一手拄着指挥刀,另一只戴着白手套的手去捂伤口,血还是流了出来,他又凝视远方的天空,想竭力再看一眼孟拱城区,"哒哒哒"一阵机枪响过,他的身躯重重地倒在冰凉的青苔上。

孟拱城内守敌望眼欲穿的增援已成泡影,日军指挥官下令各部利用环城防御强固的堡垒工事,困兽犹斗,组织抵抗。

6月23日,第114团在城外高地上调集75、51、60各种不同口径的火炮,居高临下,向孟拱城里各据点实施大规模炮击。30分钟后,部队发起攻击,一举突入市区,与敌逐街巷战。经过4个小时激战,第1营已控制了车站,其他各营也攻占了半个城区。

6月25日晚,孟拱城区被第114团攻占,残敌纷纷跳河泅水逃命。昔日的屏障,成了日军的归宿,对面河岸上已埋伏好第114团的机枪阵地,在一

史迪威在前线

阵秋风扫落叶般的打击下，河中的日军不是被打死，就是负了重伤，被汹涌的河水吞没，成了异乡亡魂。

第114团乘胜追击，与第112团互相配合，于7月10日在孟拱城10千米处会师，加迈至孟拱公路被打通。

第113团于6月28日攻克孟拱至密支那铁路线上重镇——南堤，击溃敌守军一个大队，截获火车车厢300余节。残敌溃不成军，三五成群向密支那逃命。

7月11日，我追击部队打通了孟拱至密支那之间的铁路，在密支那外围与远征军第30师会合。

史迪威预想的第二阶段战役胜利结束。新38师师长孙立人向蒋介石报捷。

五、奇袭密支那

密支那是缅北重镇，仰光至密支那铁路在这里终结。密支那又是缅北交通枢纽，从密城乘火车往南，可达孟拱、卡萨、曼德勒、仰光，纵贯缅甸南北。从密支那往北，有公路通孙布拉蚌，达中缅边界。从密城公路向南，与八莫、腊戍相连，接滇缅公路，与中国的昆明相通。从密城公路往西，至孟拱、加迈与中印公路相通，穿过胡康河谷抵达印度的雷多。此外，密城北还有牛车大道，通犄角、片马。牛车大道往东，经昔动可达腾冲。除了铁路、公路以外，密支那水路依靠伊洛瓦底江，流经缅境，南入大海。密支那城西北，还有两个飞机场，这里是日军在缅北的最大基地，收复密支那城，就掌握了整个缅北。

当史迪威率驻印军进入野人山时，密支那是个遥远的梦，是个标在地图上可望而不可及的目标。史迪威的目的是要收复它，而英国的蒙巴顿、美国的参谋部和蒋介石都认为史迪威的计划是个天方夜谭。

但是，修筑了两年的中印公路必须通过这里与滇缅公路连接，如果拿

坦克向日军发起进攻

不下密支那城，印度与中国滇西的联系只是一句空话，大批的战略物资就不能顺利进入中国。

密支那城区人口有1万人以上，城外是狭小的平地，四周则为崇山峻岭所环绕，形成一圈天然的屏障。其西北为著名的库芒山区，为密支那和孟拱谷地的分水岭。该山区只有羊肠小道，道路艰险，形成防御密支那的有力屏障。

史迪威在制定夺取孟拱河谷计划之时，便同时制定了一个大胆的奇袭密支那的计划。他利用新38师猛攻加迈和孟拱，以吸引日军的注意力，同时命中国远征军胡素新30师和郑挺锋第50师做好准备，美军和远征军组成突击队分途于孟缓南下，经库芒山区开路前进，秘密向密支那方向运动，预计于5月12日到达密支那城西北，奇袭夺取飞机场，再掩护大部队空运至密支那，一举夺取密城。

连续的阴雨天气，使秘密到达密支那附近的中美联合突击队一再推迟袭击机场的日期。

5月17日，天未亮时，史迪威便独自来到帐篷外，边抽烟边忧心忡忡地不时抬头看天。当东方浓浓的黑云中透出一丝丝晨曦时，他长吁一声："好了，今天是个晴天，部队总算可以行动了。"他立即下令部队做好登机准备，但飞往何处还是保密的。

10时50分，他收到密支那潜伏部队"进入圈子"的电码，这意味着奇袭机场的突击部队将进行战斗。

下午3时，三颗绿色信号弹在密支那机场附近升上天空，霎时，各种火炮、轻重机枪、卡宾枪对准机场猛烈开火。8架日军飞机中弹爆炸，燃起熊熊大火。机场守备部队被突然袭击打得晕头转向，甚至搞不清楚敌人来自何方，在机场上就像掉了头的苍蝇一样瞎撞。100多名警卫队员各自抵抗不到一个小时，便仓皇向密支那城区溃逃，机场跑道上横七竖八倒着些机油桶。敌军甚至来不

前线通讯兵

及炸毁、破坏跑道，只是将机油倒在跑道上阻止飞机起落完事。

远征军占领机场后，士兵们急忙打扫战场，从机场外抬来泥土，清理跑道上的机油。美军士兵立即登上指挥塔，用无线电通知后续部队。3时30分，史迪威收到密支那机场无线电密码："威尼斯商人"——这是已占领机场，可以降落的意思。

"好极了！立即空运部队。"史迪威兴奋地大喊。

一架接着一架的美制C-47道格拉斯式运输机和滑翔机在战斗机的掩护下，隆隆地掠过缅北的大片丛林，向密支那飞去。在地面部队的接应下，飞机陆续在密支那机场降落，新30师第89团的士兵一跳出机舱，立即投入对密支那城区守敌的进攻。雨又下起来了，天也黑了下来，雪亮的探照灯照亮着跑道。在飒飒的雨中，飞机不停地起飞与降落。密支那的炮火，不时映红半天，各种枪弹拖着美丽的曳光，成串交叉飞驰。对空探照灯的不停转动，以及夜航飞机上各种红绿信号灯光，将密支那的雨夜，装饰得壮丽绚烂，多彩多姿。

更壮烈的是冲锋在铁丝网前，手持卡宾枪、头戴钢盔的战士们矫健的身影，他们时而卧倒射击，时而立起投掷手榴弹，继而向前跃进，前面的倒下了，后面的丝毫没有停顿，前仆后继，冲向敌人的据点与工事。

随着奇袭密支那机场的成功，新30师很快被运送到了前线。美军第5307部队第1营向固守伊洛瓦底江只光渡口的敌军阵地发起猛烈的攻击。第二天上午，大批轰炸机再次光顾密支那城上空，随着弹仓的打开，成串的炸弹呼啸着从空中飞向城里敌军的各个阵地，敌军在阵地上来回狂奔，寻找藏身地点。他们从来没有遭到过这么猛烈的打击，没有丝毫喘息和还手的余地。新30师大胆穿插，进展顺利。

上午10时许，史迪威的飞机钻出层层叠叠的浓云，下面的密支那呈现在眼前，到处是滚滚的硝烟、爆炸点的火光和蘑菇般的黑白烟云，重炮、山炮、迫击炮、轻重机枪和手榴弹的响声，似一个庞大的交响乐团狂奏着一支立体的交响曲。

5月19日黄昏时分，第150团已攻至火车站附近，第88团在铁路沿线担任警戒，防止敌军从孟拱方向向密支那增援。

是日，驻印军总指挥史迪威在雷多急向蒋介石、何应钦报告敌情与战果。

特急。渝委员长蒋、总长何：32号密 情况：

一、H支队辰筱（17日）占领密支那机场，并于占领之后，即有士兵一营，由滑翔机降落该场，新30师89团第2营由美空军载运，筱晚降落，迄巧（18日）中午止，我军已占领密支那城郊之一部，89团其余亦全部运到，守备已占领地区及扩大战果中。

二、K支队刻正向密支那城推进中。

三、M支队阻断密支那支援，互通声气，苦撑待援，要确保密支那。[1]

---

[1] 中国第二历史档案馆馆藏档案。

天公不作美，大雨绵绵，连阴不开。空运无法进行，后勤给养及后续部队的运输都被迫中断，战斗陷于胶着，一时双方均无进展。这样，密支那的奇袭战转为阵地战。

史迪威焦急万分，他在日记中写道：

"……如果这可恶的雨能停下来，让我们用几天机场多好。只要我们的飞机无法降落，部队也就运不上去，这是最让人忧心忡忡的日子，你恨不能死了。晚10点，雨仍下得很大。"

5月剩下的几天很快过去了，6月份也一天天过去，密支那城密集的枪炮声从未停止，但战斗仍无大的进展。

前线指挥官新30师师长胡素和第50师师长潘裕昆多次召集下属研究对策。大家认为日军布防在南至北高堤一线，依赖暗堡、房屋、竹林、大树构筑坚固的据点，使进攻的部队产生意想不到的困难，应该尽量避免强攻。

新30师参谋主任唐泊三提出，宜采取掘壕沟与强攻并用之战术。他指

辎6团团长曹艺（中）与美国联络官在前线

着地图说："我军应沿密城周围挖掘3条平行的蛇形堑壕,逐渐向敌阵地延伸。在每条深达5尺的堑壕的前端,三面堆上沙袋,设置若干机关枪射击点,掩护前进。其他2条亦采用同样办法,当敌人进攻时,三条线的火力可互相支援。等堑壕逐渐接近敌阵地或据点时,找一些2丈多长的竹竿,前端捆上手榴弹,安装导火索,事先点燃待快爆炸时送入敌阵地与机枪枪眼处,爆炸后,部队立即跳入敌阵地,再逐步推进。"

远征军各部采取了堑壕战的办法逐步推进,像蚂蚁啃骨头一样,兼并蚕食,一点一点向市区中央前进。

6月下旬,敌第56师团步兵指挥官水上源藏少将率步兵一个营和炮兵一个连,突入密支那城区,增援守敌。

7月1日,孟拱城被我军占领后,新38师第113团从南堤沿孟拱至密支那铁路长驱东下,参加夺取密城之战。7月25日,新30师第90团也由雷多基地空运到密支那,中国军队兵力大增,各部队挖堑壕的进度大大加快,密城北端高地及西南数据点已落入我军之手,残敌已被压迫至市中心的街市中。7月27日晚,第50师第149团从八莫调往密支那参战,至7月31日,密城城区大部分落入我军控制之中。同日晚,阙汉骞第14师第42团两个营冒着敌人猛烈的炮火,强渡伊洛瓦底江。江面上激起冲天的水柱和层层浪光,士兵们在机枪掩护下,拼命划桨,在接近岸边登陆点时,纷纷跃入水中,勇猛登岸,很快切断了八莫至密支那的公路,使敌军的后勤补给来源告罄。

第50师第150团一营已冲进市区第四条马路。新30师第88团、第89团所部亦进至密支那铁路与公路的交会处,并向附近村落进行扫荡。

7月30日,各部进展顺利。是晚夜幕降临时,全城的火光和曳光弹像节日的盛大烟火,将密支那城装扮得格外壮丽多姿。爆炸声和枪弹声宛如除夕夜的鞭炮,不绝于耳。第50师师长潘裕昆决定在各团中征选擅战勇士组成突击敢死队共100人,随身携带轻便武器与通讯器材,利用夜幕渗透到敌人后方,切断敌通讯设施,以奇袭偷袭等方式,攻击敌人各级指挥机关,一旦得手后，即用无线电与指挥部联系，后续部队乘敌人失去指挥、乱成一团之机，向敌阵地发起强攻。此战术甚为得力，至8月2日，第50师即将敌控制的11条横马路悉数占领。次日，第30师占领密支那城区敌人的全部营房；第14师渡江部队亦肃清伊洛瓦底江东岸之敌。

8月3日，美空军的数十架轰炸机出现在密支那上空，在地面指挥系统指引下，将成吨的炸弹一排排投下，敌据点上一片火海；同时，远征军的大炮，对攻击目标进行地毯式轰击，彻底摧毁了敌人的防御体系。轰炸暂停，枪声大作，攻击部队利用坑道或钻隙接近最后尚在顽抗的敌碉堡，在一声声巨大的爆破声中，碉堡、鹿砦飞上天空。在各路部队激昂的欢呼声中，密支那上空飘起了中美两国国旗。

缴获日军第18师团司令部印

是夜，敌第56师团步兵指挥官水上源藏少将如丧家之犬，率残部慌忙乘竹筏将伤兵残卒偷运至河对岸。他看着几百人的残兵败将，内心涌出阵阵悲哀，痛苦地对丸山大佐说：

"我命令你将残部一定要带到八莫去。"

"司令官，你自己怎么办？"

"我打了败仗，只有一死来报效天皇！"

他目送着残部远去，消失在森林之中，自己则端跪在大榕树下，用肮脏的手绢拭擦军刀数遍，心想："我一定要像武士那样，在腹上切个十字。"

斜斜的一刀横过腹部，粉红的肠子流了出来，血喷涌而出，他再次用尽全力举起刀，还未及切下，两眼一黑，一头栽倒，全身抽搐了几下，气绝身亡。

史迪威得知攻克密支那的捷报后，紧张数月的心情一下子松弛下来，他的唯一反应是立即躺倒在行军床上："谢天谢地，今天上午这个世界上没有什么可担心的了，不管怎样，歇它5分钟。"他嘟囔着，一分钟后，鼾声如雷。

六、犁庭扫穴战八莫

八莫是日军在缅甸北部盘踞的最后一个水陆交通重镇。该城位于伊洛瓦底江口与大盈江汇流之右岸，南距仰光约959千米，距曼德勒441千米，北距密支那216千米，东北距腾冲179千米。

10月10日，这一天是中华民国国庆节，缅北的雨季尚未停止。在蒙蒙细雨中，新1军军长孙立人在密支那城举行了骑马阅兵仪式。之后，全军跨过伊洛瓦底江上的浮桥，沿密八公路南下，直扑八莫。10月29日，新38师夺取八莫外围据点庙提，全歼守敌一个中队，占领大盈江北岸阵地，并寻

日军俘虏

找有利渡河地点。

孙立人带着师长李鸿等亲自到大盈江边观察。江面有300米宽，水流很急，对面江边是一块高地，日军在高地上修筑了坚固的工事，我军渡江时会处在敌人强大的火力网之中。为减少牺牲，孙立人决定采取屡次奏效的迂回战术，由第113团担任正面佯攻渡河，其余各团秘密转移到左翼山区，到河的上游，从铁索桥攀过大盈江，再向八莫迂回，以包抄敌人的后路。

部队当即行动，担负佯攻任务的第113团准备好船只，漂流在江上，引起对岸之敌拼命开炮与射击，双方子弹交叉，打得甚是热闹。第113团雷声大，雨点小，只管呐喊，人并不真正渡江，时间一长，敌人防守也疲沓起来。每日里胡乱射击一番，以应付上峰。

新38师的迂回部队翻山越岭，披荆斩棘，从上游渡过大盈江，再穿越绵延起伏的山地，于11月6日，全军突然冲出山地，将敌占庙提至莫马克间公路东侧的据点一举攻克。

下游第113团的佯攻，虚虚实实，使敌人放松了警惕，忽一日夜间，漆黑不见五指之时，先有侦察连泅渡过江，占领有利地形。全团随之扯篷扬帆，迅速渡过大盈江。11月16日，该团将八莫市区外围据点和三个飞机场攻占，并与庙提南下的我军会合。此时，新30师已到达大盈江北岸，一部过江配合新38师行动，八莫完全被我军包围。

11月30日，新38师开始突进市区，在美军顾问联络下，轰炸机群飞抵八莫上空，向敌碉堡及重要据点实行地毯式轰炸。新38师步兵与炮兵战术配合默契，炮弹落点与步兵冲锋间距离仅50余米，连观阵的美军顾问都伸出大拇指叫好。飞机轰炸和大炮轰击目标在缩小，步兵的包围圈也在缩小，一个个敌坚固据点被摧毁，未死之敌被冲锋的步兵击毙，八莫市区渐入我军掌握之中，只剩下城北的监狱、宪兵营及老炮台之敌仍在抵抗。孙立人命李鸿派出一部分兵力西渡伊洛瓦底江，在八莫对岸设伏，防止城中之敌逃窜。

12月14日，对八莫最后的攻击开始了。敌最坚固的据点监狱首先被我

炮兵向日军轰击

军炮火准确地摧毁，紧接着进攻部队一鼓作气，夺取宪兵营和老炮台，击毙敌守城司令原好三郎大佐。12月15日，八莫城中逃窜之敌渡伊洛瓦底江时，被我埋伏部队悉数歼灭。

八莫战役尚在进行之中，孙立人军长即命新30师师长胡素，越过八莫，向滇缅公路缅境最后一个敌据点南坎发动进攻。日军为阻止驻印军与远征军会师，在南坎驻扎重兵防守。

新30师分成三路纵队，沿八（莫）南（坎）公路及两侧山地长途深入。12月6日，该师先头部队到达八南公路39公里牌附近，与敌遭遇。新30师以勇猛顽强果敢的行动，将附近制高点5338高地占领，控制了八莫至南坎的公路。12月7日，南坎守敌第18师团第55联队、第49师团第168联附炮兵一大队及辎重兵、工兵等组成了一支混合队，在第55联队联队长山崎大佐指挥下，黑夜出发，企图击溃新30师，解救八莫守敌之围。9日，山崎大佐所部在到达39公里牌处时，遭到5338高地上新30师的猛烈阻击。山崎大佐集中了150毫米重炮2门，山炮8门，高射炮16门，对准山头长时间猛轰，

部队突破日军防线，发起进攻

一时间硝烟弥漫，山头被削去数寸。该敌即分4路，沿山间干涸的溪流旧道，利用茂密的森林作掩护，隐蔽渗进。大批敌军涌入山顶，与新30师所部发生混战，一度使我军陷于危险万分的状态。孙立人接报后，急令第89团星夜急行军，以增援39公里牌地区；又令新38师一个加强团，在陈鸣人上校指挥下，迂回深入，向南坎之敌右后方施行钳制性攻击。

14日，5338高地局势更为险恶，敌之各种火炮共发射了3000多发炮弹，高地上的树木、阵地完全被削平。守在阵地上的第90团第3营官兵死伤很多，营长王礼宏因掩体被炸塌，伤重而牺牲。敌炮击延伸后，步兵端着三八大盖枪，嗷嗷叫着，以密集队形向高地发动波浪式进攻，企图以精神战术震慑我军。当敌人进入50米射击圈后，第3营为数不多的战士用轻重机枪、冲锋枪、步枪、手榴弹向敌猛烈开火。日军第一队全体倒下，第二队又跟上来，第二队倒下，第三队、第四队……一队又一队向山顶冲击，阵地前满是交叉压叠的尸体。后队的日军还利用前队的尸体，掩护着往上射击。这一天,从早到晚,日军共发动了15次进攻,第3营的战士誓与阵地共存亡,最后除重伤员外,都举起山上的石块砸、树棍打,用枪托、拳头打,用牙咬,与敌展开生死搏斗,日军的精神战术终于崩溃了,他们精疲力竭,丧失了必胜的信念,最后终于纷纷向密林深处逃窜而去,遗下大批武器与各种物资。

日军指挥官山崎大佐拼了老命也无法攻克5338高地,知道此番碰上强敌,遂改变部署,命令一部就地修筑工事,采取固守方法,以监视当面之敌,其余主力向新30师右翼的康马方向攻击前进,以图奇袭该师右侧背,继续策应八莫被围之守军。该翼我军已占领有利地形,敌发起数次猛攻,均被我击退。这时,新38师的加强团亦迂回至南坎之敌左侧,切断了敌后方交通线,该师主力及其侧翼部队亦向当面之敌实行突击、牵制,与加强团互相呼应,前后夹击,逐渐将敌包围于八(莫)南(坎)公路之隘路间,从21日起将八南山地间沿途之敌据点完全攻占。

1944年除夕之夜,远离祖国亲人的驻印军用枪炮代替礼炮、鞭炮,将

喷火器消灭敌人

驻印军胜利进军，道路旁为日军的尸体

战场之夜点缀得五彩缤纷，中国将士相互祝福，预祝早日打败日军强盗，争取早日回国。1945年新年钟声刚过，孙立人军长即命新38师第114团与新30师第89团，由南坎西南古当山脉中杀奔出来。7日，两支部队渡过瑞丽江，将南坎西南面缺口堵死。第114团占领公路，断敌逃路。

1月11日清晨，新30师正面攻击部队向南坎腹心敌阵突击，第90团从西，第89团在南，像两只出海蛟龙直扑南坎，与敌血战三昼夜，14日上午11时，南坎为我军最后攻占。驻印军与远征军会师的日子就在眼前。

七、芒友会师

1945年1月中下旬，驻印军从中缅边界的缅甸一侧向芒友集结，中国远征军在中缅边界沿滇缅公路向芒友方向挺进，一个历史性的时刻即将到来。

1月28日清晨，当一轮红日从青灰色的群山之巅冉冉升起的时候，金色的阳光将四野照得一片灿烂。湛蓝的天空，不时飘过数片洁白如雪如絮的纤云。在芒友郊外的广场上，一夜之间竖起两根高大的、笔直的杉木旗杆。从旗杆顶端，分别垂下一条长绳，在下方悬挂着中美两国等待升起的国旗。旗杆两侧分别站着4名驻印军和远征军护旗兵。旗杆的对面，是一座新搭成的观礼台，用白色降落伞做背景，台前是一个红色的"V"字，用来代表胜利。

上午9时整，驻印军和远征军排列着整齐的队伍，迈着整齐的步伐，从两个方向进入广场。会场外排列着威武雄壮的坦克车、装甲车、美制10轮大卡车和吉普车，更增添了会师的庄严气氛。

11时整，公路上尘土飞扬，几辆吉普车径直开进广场，中国远征军司令长官卫立煌、中国驻印军总指挥索尔登将军（史迪威将军已奉命回国）、新1军军长孙立人等一批高级将领鱼贯登上观礼台。

会场总指挥、新38师师长李鸿大声下令："全体立正！升中美两国国

日军俘虏

旗，奏两国国歌。"

军乐队铜管乐大作，吹奏中美两国雄壮的国歌，在乐曲声中，中国青天白日旗和美国星条旗徐徐升起，在红日、蓝天、白云、青山之间迎风飘扬。这是胜利的象征，在场的驻印军和远征军战士都陶醉了，甚至都忘了身在何处。

礼炮一声连一声地响了！巨大的轰鸣在群山之间回荡着。

卫立煌将军洪亮的声音在每个人的心头回响："今天是一个值得纪念的日子。13年前的今天，是倭寇侵略上海，发动一·二八事变的日子；而今天的一·二八，是我们会师的日子。今天的会师，是会师东京的先声，我们要打到东京，在那里会师，开庆祝会……滇缅战场是中美两国的合作，是值得我们永远记忆的。"

群山在欢呼，松涛在欢呼，沙场将士在欢呼，胜利是来之不易的。滇缅荡寇是值得永远记忆的。

驻印军新1军军长孙立人（右）与远征军第2军军长王凌云会师握手

会师仪式上升起中美两国国旗

第三节　湘西会战及受降

一、战云笼罩芷江

1943年11月28日，苏、美、英三国首脑斯大林、罗斯福、丘吉尔在德黑兰召开会议，对与日本苦战数年的中国战区作了新的部署，提出了"建立一个直接轰炸日本心脏部位的航空基地"的对日战略的构想。作为重庆统帅部前卫的芷江和芷江机场，无疑被推上了举世瞩目的地位。

芷江——弹丸之地，但战略位置很重要，地处川、黔、湘、桂要冲，素有"滇黔门户，全楚咽喉"之称，自古为兵家必争之地。城东一公里处，有一巨型机场，占地300万平方米，号称远东三大机场之首。它始建于1936年，建成于1942年。当时征调了湘西民工10万人，用原始的工具，以筑长城的意志和毅力，搬山凿石，创造出了20世纪惊人的工程奇迹。随着反法西斯战争的发展，它的价值也就越来越大。

1941年8月1日，美驻中国空军司令陈纳德，在昆明成立"中国空军美国志愿大队"，陈纳德任指挥官兼大队长。这支被世人称为"飞虎队"的空军大队，1944年进驻芷江机场，对日军战役纵深与战略纵深内的重要军事目标——远至日本本土、台湾和海上航行的日本船队进行袭击，夺取日军在中国战区的制空权。尤其出色的是远程轰炸机B-29，以极大杀伤力被称作"空中堡垒"，令日军提心吊胆。由于失去制空权，日军在湘桂、粤汉两铁路线陷于瘫痪，整个长江航运不得畅通，并对日本本土威胁日益增大。

芷江机场成为日本的心腹大患。日本大本营认为只有彻底捣毁芷江机场，才可确保中国东南半壁的水陆交通，达到迅速打通华北至印度支那的通道，对重庆实行最后占领，尽快结束中国战区的战争的目的。

中美飞机从湘西起飞，轰炸日军军事目标

1945年1月29日，冈村宁次遵照大本营意图，对第6方面军司令官下达了尽快攻占芷江一带的命令。驻汉口的第6方面军司令官遂于3月初下达对芷江作战的命令。各作战部队紧锣密鼓、调兵遣将、囤积粮弹，进行会战前的诸种准备。日军参加这次进攻的有内田银之助的第116师团、渡边长的第47师团、伴健雄的第34师团、提三树男的第68师团、船引正之的第64师团，以及第86旅团，加上各特种部队，总兵力28万余人，总指挥官由日军名将坂西一良担任。

此时，驻华美空军司令部、美空军后勤部、国民党陆军总部前线指挥、空军第一路司令部已迁往芷江。国民党昆明陆军总部接到重庆统帅部"战区已临决战阶段"的密电后，总司令何应钦即偕美军作战司令麦克鲁、参谋长柏德诺及中国陆军参谋长萧毅肃、副参谋长冷欣等火速飞抵芷江，与美驻中国空军司令陈纳德亲自坐镇指挥。

"芷江决战"事关全局，何应钦不敢掉以轻心，立即研究作了周密安排。其作战主力部队为担任湘西及芷江机场全面守备的王耀武之第4方面军，所辖第18军胡琏部、第73军韩浚部、第74军施中诚部、第100军李天霞部。司令部设在离芷江城80千米处的安汇镇，又于离芷江150千米处的溆浦县城设前线指挥所，由第4方面军参谋长邱维达坐镇。汤恩伯之第3方面军所辖第94军牟廷芳部以及4支游击纵队、两个重炮兵团、第14航空队第5战斗机大队与陈纳德"飞虎队"第3和第4轰炸机中队等统属第4方面军指挥参加作战。为确保此次战役必胜，重庆统帅部还将在印度兰姆加装备全副美械的廖耀湘新6军，于打通中印公路回到昆明集结后，迅速由昆明空运到芷江，参加作战。加上湘西共产党所组织的各种游击队、自卫队，总兵力在40万人以上。

日军第一路为左翼，敌之第34师团和第68师团，分别由广西全县和湖南东安出发，一路攻占了新宁、武阳。中国第3方面军和第4方面军各军、师将左路之敌堵在武阳，并一举击败。蒋介石在颁嘉奖令时称，武阳大捷"开本会战胜利先声"。

日军第二路为右翼，系驻宁乡的第64师团、独立第80旅团和驻湘潭、湘乡永聿之间的第47师团之一部，分别渡过资江，企图夺取新化，直指溆浦、辰溪，意在消灭中国军队于沅水以东、资江以西地区，并策应中路的第116师团作战。该部于巨口铺、顺水桥一带遭中国军队徐志勖第63师和赵季平暂编第6师之一部迎头痛击，被阻止于邵阳至新化之间地带，不能前进。日军在湘潭、湘乡之线第47师团，4月19日出发，一路遭韩浚第73军之梁袛六第15师、唐生海第77师及胡琏第18军覃道善第18师、王严第118师的猛烈攻击，在节节进击、分途围歼的强大攻势下，日军于5月8日全部溃退。

日军第三路系邵阳驻军第116师团、第47师团，为中央攻击队，是日军投入这次会战的主力，企图在左右两翼攻击队的掩护下，以优势兵力突破第4方面军雪峰山主阵地，直取芷江机场。为稳操胜券，日军又分左、中、右三路向我雪峰山正面武冈、洞口、山门、龙潭之线大举进犯，一路遭到唐伯寅第19师、蔡仁杰第58师坚强阻击，其山门、龙潭之战，最为激烈。

中美飞机在攻击日军船只

美空军紧密配合,对敌施以猛烈轰炸,逼迫日军退于洞口一带。

日军第四路系驻宁乡、益阳一线的第64师团之一部和伪和平军第2师的全部,目的在于牵制中国军队。自4月18日出发,20日攻占桃花江,遭中国军队覃道善第18师奋力阻击,龟缩不前。

日军自4月中旬开始全面攻势以来,遭到中国军队大纵深阵地节节阻击,每前进一步都要付出惨重代价。当日军到达雪峰山主阵地前沿时,费时一月有余,兵力损伤十分严重。雪峰山乃芷江东大门前的一道天然屏障,也是东南方进入芷江的必经之路,自然是这次大决战的主战场,中国方面早已布下重兵。没等日军站住脚跟,施中诚第74军、李天霞第100军、彭位仁第73军、胡琏第18军全线出击,这几支中国精锐在美空军有力助战下,对日军发起铺天盖地的进攻,致使日军陷入无力顽抗、垂死挣扎之境地。

中国军队第18军第11师师长杨伯涛,奉令从常德赶赴芷江参战。杨师长是芷江人,全师官兵发誓要与师长一起保卫他的家乡,保住战略要地芷江,决不叫杨师长在家乡父老面前丢脸。

离芷江城东机场不远的一座宅院，正是杨伯涛的家。今日，他是切切实实地在履行"保家卫国"的民族大义。杨伯涛顾不上跨进家门看上一眼，便率部向山门扑去。山门是雪峰山下一隘口，挡东西要道，为日军第一线后方补给基地，日军有重兵把守。日军为守住这一关口，多次向山门增兵。杨伯涛率部一鼓作气冲入日军阵地，双方激战，寸土必争。士气高昂的第11师官兵杀声震天。

就在第11师攻打山门之际，侗族首领杨先成和瑶族首领李兰花各率"土火队"，像打野猪一样，堵住要卡。这两支"土火队"共100余人，清一色是与豺狼虎豹搏斗的猎手，打枪、掷镖、甩针都是高手，翻山越岭打赤脚，行动像赶山风一样，来去无影踪。待日军援兵接近埋伏地点，只听首领一声枪响，于是隐蔽在刺蓬、茅草、石穴、沟坎、树杈上的鸟铳、飞镖、梅花针一齐射向敌军。日军突遭痛击，急忙组织反击，可伏击者却已无影无踪。日军屡遭这样的袭击，伤透脑筋。

经过几个月调整后的日军，把矛头对准芷江，不给中国军队以喘息机会，目的在于巩固湘桂、粤汉路已占取的交通线，破坏中国军队反攻基地。1945年3月下旬以来，日军积极备战，修筑衡邵、潭邵等公路，并集积粮秣械弹及各种器材于邵阳等地；同时以第68师团、第34师团于桂林、东安间，以第16师团及独立第86旅团及第47师团主力于邵阳、永丰间，以第64师团一部及伪和平军第2师于宁都、益阳间，分别集结完毕，总计兵力8万余人，由日军第20军司令官坂西一郎驻邵阳指挥，扬言要击破中国军队湘西野战军，把太阳旗插到芷江基地。

1945年4月15日，日军兵分四路逼进雪峰山南麓，在西起城步、绥宁，东至宁乡、益阳，沿资江两岸广大地区发动全面进攻，拉开了"芷江决战"的战幕。

重庆军事委员会洞察日军阴谋，当即令王耀武第4方面军以一部守备新宁、邵阳、益阳亘洞庭湖及其西岸之线。王耀武第24集团军于1945年3月初改编为第4方面军，仍辖第18军、第73军、第74军、第100军。各军两年来,陆续参加长衡会战、邵阳保卫战,策应桂柳会战及黔桂战役,伤亡损耗很大,这次又让其一部防守广达一千多公里的正面阵地,难度较大。王耀武将主力分别控置于武冈、洞口、新化、桃源各附近构筑工事整补,并遵上峰命令,开始将第18军、第73军、第74军变更编制,改装美械。该方面军实力有所恢复,只是新兵太多,训练缺乏,各部仅能利用战地机会实施教育。

粤汉、湘桂两路日军,分路冲芷江而来,因为芷江有重要机场,并集结存放大量物资,供中国军队大反攻之用。

王耀武与陆军总部判断一致,日军主力进犯方向,为宝庆、水丰一带,沿宝榆公路犯三穗、芷江。而常德、桃源方面,可能以有力一部或小部进扰策应。日军的战术方针,不外乎老套路,即分股钻隙迂回攻击目标,及肆意掳掠,破坏芷江要地反攻设施。

陆军总部及第6战区以策应确保芷江要地,调动有力部队,适当之时进

新六军由缅北空运回国参加湘西会战

出宝榆公路、桂穗公路及常、桃方面，协同王耀武集团击破进犯之敌。

陆军总部部署如下：

王耀武集团应以主力控制宝榆公路，各以有力一部控制新化、溆浦及常、桃方面。

汤恩伯以第87军任桂穗路的作战，并控置第94军、第9军，必要时第13军一部于要地机动使用。

各部队的行动，陆军总部是这样安排的：如果日军以主力沿宝榆公路，以各一部沿桂穗公路及常、桃方面会攻芷江时，王耀武主力应固守雪峰山南北之线，并依靠第94军、第86军主力的增援转移攻势。根据需要，第9军推进至芷江附近，新编第6军推进至马场坪、黄平一带，增援作战。

常、桃方面，第六战区派一个军，协同第18军一部，击灭进犯之敌于桃源附近地区。

桂穗公路方面，第87军应确保通道附近险要，打击进犯之敌，掩护王耀武方面军的侧翼。

如果日军以主力沿桂穗公路，以有力一部沿宝榆公路及常、桃方面进犯芷江、三穗时，王耀武集团除以主力控制宝榆公路外，以一个军机动使用于桂穗公路的东侧地区，协同第94军、第9军，增援第87军作战，夹击、包围日军于通道、靖县地区而歼灭之。①

1945年3月开始，为便于作战，军委会将卢汉集团军改编为第1方面军，张发奎的第四战区改编为第2方面军，汤恩伯集团军改编为第3方面军，王耀武集团军为第4方面军。

军委会总长何应钦抵达昆明，亲自指挥湘西会战，预设指挥所于镇远。

蒋介石4月5日致电何应钦，据情报日军在长衡、衡宝各路调动频繁，

---

① 见《陆军总部及第六战区策应王耀武集团保卫芷江作战指导方案（1945年3月）》，《抗日战争正面战场》（下），第1341-1342页。

应严密注意，并让何应钦把现驻贵州独山附近的第193师，即开湖南新化。

4月11日，何应钦向蒋介石呈报湘西敌情及作战部署：

特急。重庆。委员长蒋：6891密。湘西之敌有向西进犯之模样，本部为策应第4方面军之作战，对有关之战区及方面军特作如下之指示：

（一）着暂编第6师改归王司令官耀武指挥，担任芷江机场守备。

（二）已饬汤司令官转饬第94军即速完成一切作战准备待命，向芷江附近推进，协力第4方面军之作战。

（三）第3方面军即增强黔桂路、楼穗路之防务，并作策应第4方面军作战之准备。

（四）第六战区策应军即与王耀武方面军密切联系，并迅速完成作战，应准备以主力适时推至常桃以北地区，协力第4方面军之作战。《以上四项，除分电外，谨电核备。①

全县日军第34师团主力，于4月上旬北进窑上、东安；日军第68师团的第58旅团，于12日经大坳，13日进李竹山，随后两路日军会合直攻新宁。王耀武打电话报告陈诚："据第74军报告，东安敌千余，向新宁攻击，邵阳东北敌五六千人向新化外围攻击，现距新化城30多千米，邵阳西北敌五千余，沅江之敌分三路向益阳进犯……"

陈诚急忙将王耀武的情况汇报给蒋介石。蒋介石在电话里对陈诚说："告诉王耀武，这一次，他是主角，全新的美式装备，可别给我丢脸。"

蒋介石将电话刚放下，新宁就被日军攻陷。

攻陷新宁后，日军分两股继续向中国军队阵地进攻。一股为第34师团主力，于21日进抵梓木山，22日进抵真良，23日以一部窜梅江，并继续向长铺子进犯，守军于治磐第26军蒋修仁第44师一部边打边退。

---

① 何应钦致蒋介石密电（1945年4月11日）》，《抗日战争正面战场》(下)，第1345页。

空运部队将马匹牵进机舱

另一股为河池方向日军,进攻火力猛烈。何应钦立即增加第4方面军的右侧及第3方面军黔桂路正面的防务,命令牟廷芳第94军(欠第43师)立即改向会同、靖县地区集结,李士林第43师守备芷江机场的一团,仍留芷江担任警备,该师主力集结于三穗。石觉第13军(欠第54师)立即集结于贵定、马场坪、麻江附近地区,史松泉第54师仍驻守贵阳。

蒋介石命令,第94军必须提前到达。

28日夜,弦月当空,日军强渡巫水,中国军队几经冲杀,将日军强渡势头扼制。

二、"耀武"雪峰山

1945年的春天似乎特别短暂。在湘西,漫山遍野的油菜花金光灿烂怒放的时候，人们脱下棉衣很快就穿上单衣了。日军为确保中国至越南的大陆交通线的畅通，解除芷江机场对其严重的空中威胁，驻湖南、广西等地的日军集中5个师团、1个旅团和伪和平军共10万多人的兵力，由第20军司令官坂西一良指挥，分左中右三路进攻，发动了雪峰山战役。

4月12日，位于东安附近大庙的日军，窜到湘西新宁附近，与施中诚第74军第58师第172团的警戒部队接上火。该团团长明灿立即把这一情况向第58师师部报告，师长蔡仁杰立即向驻扎在洪江的第4方面军总司令王耀武汇报。

1944年冬天，美国政府为提高中国军队的战斗力，以便将其投入大反攻，决定提供25个师的美械装备。为适应美国的要求，蒋介石成立了中国陆军总司令部，派何应钦任中国陆军总司令，总部设于昆明，下辖4个方面军。

第4方面军总司令王耀武，字佐民，山东泰安人。是黄埔军校一期生，属于蒋介石的爱将之一。此人除了比较能打仗之外，为人处世也很圆滑老道，因此升迁得较快，在抗战后期，已经高于他的黄埔同窗，由第24集团军总司令升任第4方面军总司令。王耀武立即在洪江总部召集高级幕僚会议。他分析："此次敌人来者不善，很可能是冲着我在东线最大的空军基地芷江机场来的。方面军决定在雪峰山以东地区阻歼进犯日军。我决定将司令部一分为二，在安江设立精简的指挥部，由我本人率领副参谋长罗幸理进驻；另由参谋长邱维达率领

王耀武

大部分人建立辰溪指挥所，指挥左翼部队。"他挥舞着拳头说："小鬼子已经是秋后的蚂蚱，没几天蹦跶了，这次我参战的各部队一定要打出我们的威风，让他们也长点记心！"

此番，日军主力沿桃花坪、安江公路和新宁、武冈进犯，来势汹汹，在江口与李天霞第100军遭遇。江口直通芷江机场，江口若失，机场必受威胁。为争夺制高点，第100军部队已经在此与日军激战两昼夜。

在新宁方向，敌军陆续增至4000余人。激战持续到4月16日的午后3点，守卫新宁城区的第172团第1营在营长杨文彬的指挥下，阻击迟滞敌军。在完成任务后，主动撤出新宁城，归还建制。

17日晚，日军由新宁西北分向武冈方面进犯，遭到第74军第58师第172团的坚强抵抗，行动迟缓。驻守武冈地区的第74军第58师令第1营营长杨文彬率一个加强营固守武冈城，主力即行转至雪峰山南，占领隘口，派兵警戒，待机破敌。

王耀武部署第74军主力置于雪峰山东麓，占据山口要隘地形，构筑决战主阵地，以确保芷江机场的安全；一部于武冈、石下江、洞口各要点构筑工事，逐点抵抗，阻滞敌人，为主力反攻赢得时间；第100军连接第74军左翼，配备于雪峰山东麓之山口，构筑坚强工事，为决战主阵地，一部于隆回、山门各要点构筑工事，逐点抵抗；韩浚第73军主力占领新化县城，构筑工事，一部对宁乡、湘乡方面之敌保持接触。

第4方面军共4个军，其中包括国民党5大主力中的两大主力，即：第18军和第74军。胡琏的第18军在保卫石牌的战斗中名声如雷贯耳。第74军是战斗力很强的部队，在抗战中与日军进行过无数次较量，战功卓著，曾获得国民政府第一号武功状，官兵普遍有较强的荣誉感，一闻枪声，就跃跃欲试，大有压倒一切敌人之气势，尤其是副军长张灵甫勇冠三军。张灵甫是陕西长安人，黄埔军校四期毕业，与共产党的军事将领刘志丹、袁国平、郭化若，国民党军的将领文强、胡琏、李弥、唐生明等都是同窗。张灵甫毕业以后，在营长王耀武手下当排长，两人私交不错。他从排长、连长、营长、团长一路扶摇而上,不料却因杀妻一案,青云失路。原来,张灵甫的第二任妻子叫吴海兰,长得花容月貌,绰约多姿。张灵甫在胡宗南部下任团长时,"追剿"红军,戎马倥偬,终年奔波在大西北,把花容月貌般的妻子留在西安。某次一位年轻军官从西安探亲回来,张灵甫向其打听他妻子的情况。那个军官半真半假地说看见他的妻子与一小白脸在大街上游逛。言者无心,听者有意。张灵甫当即请假回了西安。他太太一见,欢天喜地去地里割韭菜,准备给他包饺子。张灵甫跟到地里,看着其妻窈窕的背影,想起了别人告诉他的闲话,怒从心头起,当即拔出枪来,照着其妻的后脑勺就是一枪,啪的一声,香销玉殒,人鬼殊途。

吴海兰娘家人认为张灵甫太草菅人命,将其告到法院,但由于张灵甫是军人,法院无权受理。其家人将此事公之于报端,引起时任西北"剿总"副司令张学良的妻子于凤至的愤怒。于凤至将此事告诉了宋美龄,宋又告诉了蒋介石,说:"你的黄埔学生无法无天,可以随意杀人,影响太坏了。"惹得蒋介石龙颜大怒,下令判张灵甫坐牢10年。未几,抗战爆发,王耀武向蒋介石提出:国家有难,正是军人报国之时,不如把张灵甫放出来戴罪立功。蒋介石当即同意。

在"八一三"淞沪战役时,张灵甫在第51师师长王耀武麾下任团长,英勇善战,成为抗日英雄。1938年秋,张灵甫在德安扭危定胜,一战成名。是战,当时日军已将第74、32、60军困于德安三日三夜,中国军队已处于弹尽粮绝、士气崩溃之际,是张灵甫挺身而出,挑精兵,选能将,孤军猛插敌后,

张灵甫

险中求胜。从张古山之背攀藤附葛，突出奇兵，产生两面夹击之效，与友军互相配合，血战五昼夜，全师而退。随即，再鼓余勇，乘势反击，收复了九江以南全部失地。这一战，张灵甫身先士卒，血染征袍，右腿被炸断。蒋介石派飞机送他去香港疗伤，请了英国最好的骨科医生克雷斯特尔抢救，取出五块弹片，腿虽然保住了，但留下终身残疾，走路一瘸一跛，人称"瘸子将军"。

第74军第57师师长李琰所部第171团第2营奉命守卫要隘江口。江口地形险要，邵阳、安江公路从其中通过，公路两侧，大山耸立，江口后面就是芷江机场，江口若失，机场必危。因此，该地成为敌我双方必争之地。在第74军所部赶到之前，日军已与第100军第57团争夺制高点血战了两昼夜。第74军第171团第2营赶到该地后，在空军和山炮的掩护下，迅速接防。黄昏时候，敌人的进攻开始了，大炮隆隆，机枪哒哒，手榴弹不时爆炸，阵地上一片火海。守军沉着应战，由于部队换成了美式装备，更是如虎添翼，迫击炮、枪榴弹、手榴弹、卡宾枪，一顿猛揍，鬼子狼狈而逃。硝烟尚未散尽，敌人又疯狂地进行第2次冲锋；被我击退后，又发起第3次、第4次进攻，规模一次比一次大。在机关枪连连长萧峥的指挥下，突击队轻装迂回到敌人侧翼，埋伏下来，待敌发起进攻后，以迅雷不及掩耳之势，向敌猛烈开火，鬼子死伤一片，萧连长大喊："冲锋——"一个排的战士如同离弦之箭呐喊追击，手榴弹、机关枪、卡宾枪大作，带着火舌，直射残敌，打得晕头转向的鬼子哭爹叫娘，连滚带爬地逃回阵地。

东方逐渐露出曙光，激战一夜，守军缴获敌歪把子机枪5挺，三八大盖20余支，指挥刀一把。我军阵亡排长、班长各一名，重伤战士数十名。而阵地上敌人的尸横遍野，仅第5连阵地前就有300多具。

战后，陆军总司令何应钦、驻华美军总司令魏德迈、第4方面军总司令王耀武、第57师师长李琰等视察了江口阵地，对第57团的英勇阻击给予表扬。该团团长杜鼎、营长李中量、第5连连长周北辰、机枪连连长萧峥均获得国民政府和美国政府授予的勋章。

第74军副军长兼第58师师长张灵甫的正面对手是日军第20军司令坂西一良,他在日本军界是个少壮派人物,曾参加过衡阳之战,亲眼看到担任衡阳守备的方先觉第10军打着白旗投降的场面,从此把眼睛抬到了天上,以为中国军队不堪一击。曾有人提醒他:"这次入湘作战,面对的是中国王牌第74军,不能掉以轻心。"他却把眼一翻:

"方先觉的第10军难道不是蒋介石的嫡系,不也向帝国军人缴械了。"

他打定了主意,这次就是冲着第74军去的。

终于,他在珠玉山下撞到了张灵甫,扎好营寨,他就迫不及待地发动了进攻。

张灵甫冷笑一声,坂西也太自大了,因为山势险峻,日军的重武器并没有随队运来,仅凭三八大盖,就想踏平珠玉山,真是白日做梦。

他干脆在前沿阵地铺下一条草绿色军用毛毯,仰天而卧,叮嘱道,鬼子不退,不准扰我好梦。

主帅如此镇定,部下官兵更是自信,仗打得从容不迫。客观而论,如今的第74军,论武器,论训练,论士气,论作战经验,比对手有过之而无不及,像这类的防御战,完全胜任。

夕阳西下时,有人叫醒了张灵甫:"鬼子退了,要不要追击?"

张灵甫摇摇头,"让他们再猖狂一天。"

第二天再战,张灵甫没有睡觉,守在前线,却让精锐留在后面休息。他对第一线部队命令道:不要使鬼子绝望,要让他们的力气使完,耐心耗尽。

战士们心领神会,火力顿时弱了许多,除非日军接近山顶时才稍微振作一些。

正因为看到了希望,日军这一天才特别卖力。但是,每一次进攻都功亏一篑,直到下午,才怏怏收兵。他们在精神上已大打折扣,不如来时的嚣张和狂妄。

张灵甫的眼睛亮了起来,将养精蓄锐休息一天的部队调上,指着山下的日军道:

"此时不反击,更待何时?"

只听一声炮响,第58师官兵如下山猛虎,扑向敌阵。

这是日军万万没想到的,由于他们营部设在平地,根本没有什么障碍和倚恃,只能由着第58师横冲直撞,如入无人之境。

由于日军长期顿挫于雪峰山一线,已知攻占芷江机场无望,决定立即撤兵,后卫变前队,企图逃离战场。

中国军队随即展开了反攻,第18军扬伯涛师拍马杀到,占取了山门以西隘路,将日军主力第116师团堵在了雪峰山谷。

张灵甫仰天大笑:"且看我第74军威风。"他带上第58师,率先冲阵。

困兽犹斗,日军残余扎下铁桶阵,首尾相连,互相策应,互相保护,外围挖了深壕,以轻重机枪封锁所有进攻通道,师团长岩永汪两眼布满血

湘西前线扛炮弹的士兵

丝，决定与中国军队拼个鱼死网破。

第100军军长李天霞，第18军军长胡琏也是眉头打结，虽然已经形成了关门打狗之势，但这条疯狗会咬人的，他们担心部队伤亡太大。

张灵甫不管这一套，"瓦罐不离井上破，将军多在阵上亡。"他戴上钢盔，发誓道："不破掉鬼子的铁桶阵，我找校长让他取消第74军的番号。"说着，他已发出了攻击令。

攻坚不同于防御，这一战，第58师损失惨重，连续发动6次冲锋，都被日军打退，部将心疼地劝张灵甫，能否暂停进攻？

"鬼子反正跑不了啦，把他们困两天再打，要省劲得多。"

张灵甫眼一瞪："不行，攻必克，守必固，若是停了下来，势必影响士气，形成一个不良的惯例。"

于是重整旗鼓再战，发动第7次冲锋。

此战最终大获全胜，张灵甫的老上司，原第74军军长王耀武（张灵甫当时任该军副军长兼第58师师长）这样评价说："张师长灵甫该战用兵举重若轻，伸收自如，当为国军战术典范。"

第74军是王耀武的王牌，军长施中诚，副军长张灵甫。自日军发起攻击后，第74军正面之敌增至万余人。张灵甫指挥第58师在城步、北关、峡水东及武岗南木瓜桥、蔡家岭、安心观各地，坚决抵抗来犯日军，使日军向西北挺进企图未得逞。第57师前线战斗尤烈，凶战5日，竹篙塘坚守3日，守军仍在对峙中。防守山门的第169团葛道逐营，受三倍之敌围攻三昼夜，杀敌达800，该营所剩官兵百余，誓死不弃阵地。梁祗六第15师由东北向西南协力猛攻，连克青山界、南领观、岩豪江、油溪、绢溪各要点，击毙日军高滕佐四郎联队长以下官兵千余人，掳获机枪8挺、步枪百余支。

第74军正面日军先头部队8000余人，猛攻李家山塔塔岭、花园市、洞口、山门等阵地，连日攻击，均未获逞。守备山门第51师葛道逐营长率残存官兵，日夜苦战，阵地上枪炮轰隆，葛营据险不退。

右翼日军千余人猛攻珠玉山，被第58师一部据险阻止，双方伤亡均惨，珠玉山周围地区均处争夺之中。左翼日军2000人钻进空隙进抵半江峰，与第169师夏存实营激战于半江峰以北地段。

真良附近集结日军5000余人，赛市附近集结日军3000余人，有增援企图。第100军当面日军，自朝至暮不断由放洞西进。中国军队第51师在空军协助下，予敌重创。唐伯寅第19师由西南迫击日军侧背，韩浚第73军于潭溪东南与日军反复争夺，击毙日军350余，守军发起强力冲锋，俘获日军与朝鲜兵数十名。

汤恩伯第3方面军，蒋修仁第44师第131团将企图强渡巫水的日军击退后，第44师为策应王耀武第4方面军，重新作了布置：第151团于城步南盱珠界（城步东各派出一部）向日军警戒，并对真珠、江头间地区日军搜索攻击；第132团于梅口、磨石塘地区阻击北进日军；第133团一部于兴子、主力于岩旧田附近地区梯次纵深配备，并向梅口以北活动，策应第132团作战。

27日晚，日军向武阳围攻，并迂回进犯万福桥，29日攻陷自家坊，随后武阳被日军攻克，中国守军一连全部战死。30日日军向瓦屋塘进攻，守军竭力抵抗，阻止住日军。

陈诚命令汤恩伯夺回武阳，李则芬第5师30日晚向武阳进击，立足未稳的日军，拼命抵抗，经第13团猛攻，退出武阳，向万福桥方向溃逃，第5师猛烈追击，随后克复关峡，残敌向武冈方向溃窜。

武冈、兴宁、武阳方面：

日军第217旅团主力，第68师团、第13师团各一部，分别攻击中国军队阵地。日军第217旅团主力由唐家坊向西北钻隙至水口附近，遭第74军第58师反击，战况至为激烈。第74军施中诚军长，张灵甫副军长，头戴钢盔，手举望远镜，亲赴前沿指挥。关键时刻，中国空军临空助战，士气大振，全副美式装备的第58师，向日军发起7次冲锋，杀声震天，各级军官身先士卒，终将日军第217旅团主力大部围歼，击毙日军1000余人、马200匹，第217旅团伤亡达总数三分之二，马匹几乎全部被中国空军炸死，中国军队夺

俘虏的日本兵

获步机40余支、机枪3挺、无线电台1架。第58师伤亡360余名。

进犯水口的日军,与中国军队激战,第58师主力及第3师在空军协助下,向日军猛烈反击,将日军第34师团、第7联队团团围住,歼灭殆尽。

江口方面:王耀武抽调暂编第6师两个团由南向北,周志道第51师第153团由北向南,协力李琰第57师三面反攻。第189团第2营少校营长夏宇实,身先士卒,手端卡宾枪,向铁山冲击,被全营视为表率,在夏营长带领下,全营一鼓作气,冲至山岭,击毙日军第133旅团中队长翼山勤以下官兵250余人,日军不敌夏营长的冲击,阵地动摇,营长夏宇实率部乘势猛攻,冲至奉家楼,身为先锋的夏营长,身负重伤。

武阳方面:施中诚、张灵甫率第74军全面向日军反攻。萧重光第193师攻占大王田;蔡仁杰第58师猛攻龙头五个高地,一连攻克三座,击毙日军300余人;第173团担任主攻,第3营营长乜纯龙以下200余官兵倒在高地上。第58师毫不罢休,连续冲击,将龙头五高地全部占领;第193师协同第

58师，向唐家坊、大背水、百家坪发动攻击，张灵甫副军长奉施中诚军长之命，亲临前线督战，将以上各地一举克复。

5月11日，王耀武在安江指挥部，命令全军全面转移攻势，各部奋勇出击，进展迅速。第74军第58师进至桥当头，对该地日军攻击。第193师主力策应第57师作战，向茅溪、大湾方向日军攻击前进。第18军第11师攻占猴子岩，克复岩莺窝，向山门攻击；第118师攻占星子坪、横板桥。第73军第15师、第77师猛攻洋溪南数千日军，将赵庄日军百余人全部消灭。第18师攻占大桥边，先头进至顺水桥。

5月12日，在第74军强力攻击下，桥当头日军分三股向高沙市方向溃逃，施中诚命令第58师、第193师各一部追击日军。第58师、第193师主力包围桥当头及洞口以东的四五千日军。第57师一部迅速占领现江后，主力向现江以东追击前进，并在洞口附近将日军数百包围。

第100军方面：第51师、第19师、第63师各以一部，将望乡山附近日军千余人包围，该敌已断粮三日，弹药无几，联队长率领突围三次未成，最终全部被歼灭。

第18军方面：第118师第372团已到石下江，第18师主力在大桥边，正对该地日军一联队攻击。

第73军方面：第77师、第15师正对洋溪附近2000余日军攻击，第77师杨支队已进至达巨铺以南，与日军战斗。

第94军方面：军部已向前推进至武冈，第121师师部推进至光远市。该师在进攻高沙市途中，将日军500余人包围，以多打少，如数歼灭，乘胜前进，于当晚占领高沙市。第5师师部推进至荆竹铺，其先头部队占领黄桥铺。第44师向桃花坪超越追击，先头到达岩口井。

中国空军取得空中优势，连日来协力地面部队屡挫日军锋芒。

蒋介石致电何应钦，传命嘉奖空军第5大队长张哈蛰、美方大队长邓林上校、轰炸第1大队第4中队长闻凯旋、美方队长来扬少校等人。

5月15日，同样是王耀武风头出尽的一天。他的第4方面军四处开花，对日军形成扫荡之势，各部逐渐将日军追打于战场之外。

第74军方面已肃清放洞、桥当头日军，斩获颇多。该军除以一部攻击高沙西侧顽敌，同时主力正向荆竹铺、黄桥铺之敌追击。

第100军围歼留置望乡山北端黄连江的日军，第51师谢恺棠团长率部冲杀，生俘日军第109师团第3大队分队长奥村春夫，掳获各类武器甚多。

第18军第11师攻占山门，团长黄涤生率部截击由黄连江南逃日军，打得敌人猝不及防。毙敌百余，缴获武器弹药很多。第118师占领石下江、黄桥铺后，将日军截断。

第73军第18师及杨支队攻击大桥边日军3000余人，第15师、第77师继续攻击洋溪南侧日军，将敌打散，击毙350余人。

5月19日，赶来参战的李玉堂第27集团军在城步、武阳地区击溃日军，败兵纷向武冈以北地区逃窜，李玉堂命令除以丁治磐第26军蒋修仁第44师一部，经武冈、水月坪、米山铺，向桃花坪挺进外，牟廷芳第94军主力分经武冈、荆竹铺、冯坪街道及武冈、光远市，向黄桥铺、高沙市之线追击。溃逃之敌停住脚步，在渤港、翟家祖、唐家岭、武家冲一带集中人马火力，作困兽之斗，妄图反攻。面对日军疯狂反扑，朱敬明第121师官兵采用冲锋对冲锋，抱必死决心，往复强劲冲击，令日军胆寒。午后，日军第48师团第117大队全部就歼，遗尸遍野，伤兵呻吟。第44师第132团一举克复桃花坪，第5师到达马坪街、黄桥铺一带，第121师乘胜迫近高沙市，将敌围住。19日第121师毙敌大尉高勇、少尉灰井义渥以下官兵700余人，缴获大量武器、辎重。

王耀武的部队，越打越精神，第74军、第100军于宝庆公路两侧，向日军围攻，日军第116师团第133联队、第120联队2000余人，被第13师、第58师、暂编第6师、第18军，于竹篙塘、北山、北山门沿水东西间地区围歼，日军联队长龙寸保三郎、第3大队长宇更加尾，被乱枪击毙。

自1944年后，日军的战力不足，几次大战之后，补充新兵多为十五六岁少年，在激烈残酷的战场上，他们心惊胆战，哭爹喊娘，不少人丢下武器和受伤的长官，逃入深山丛林，最终不是被俘，就是在饥寒交迫中死去。

5月21日，第18军继续发动攻势，一举攻占破塘，毙伤日军少佐以下200余名，生俘5名，掳获机枪4挺、步枪11支、掷弹筒722个，随之继续南攻。

赵季平暂编第6师攻克土桥，与杨伯涛第11师取得联络。第73军一部猛攻大桥边以北一带日军，梁祗六第15师第53团第3连连长夜袭冲锋在前，身中数弹殉职。第15师丁秉信营奋勇突入茅坪，与敌混战肉搏，毙伤百余日军。覃道善第18师于大桥边、观音老巴油之线向东，第15师及唐生海第77师于分水界、鸡冠垛、老鸦垛向南，继续攻击。第74军第58师、第193师各一部，连日扫荡洞口东南地区日军，残兵投降，俘虏甚多。

靳力三第13师第38团，扫荡山门附近战场。第19师孙廷简营，切断日军后坚守芙蓉山，孙廷简发现桃花坪东有日军步、骑兵800余正在撤退。孙廷简不愿放过到嘴的肥肉，率部从芙蓉山杀下，冲入敌阵，日军措手不及，骑兵快马逃窜，步兵成为孙廷简囊中之物。孙廷简营在芙蓉山构筑工事，守卫邵洞公路，控制进犯日军主要交通线。日军一心要赶走孙廷简，凶狠反扑，屡屡遭挫。孙营长率部击毙日军300余名，牢牢屹立在芙蓉山。26日晨，日军1000余，由东、西、北三面向芙蓉山攻击，孙营伤亡众多，日军一度冲上阵地，与孙营白刃，混战之时，中国军队暂编第6师由沙家坪快马杀到，进至芙蓉山以西，对日军发起攻击。日军不支，丢下伤兵逃窜。

第73军围攻大桥边北灯笼坳一带顽抗之敌，争夺至烈。第15师参谋皮福民、翻译官李恭，偕带信号布，亲临茅坪最前沿，指导空军向日军轰炸扫射。中国空军在准确的指示下，炸得日兵人仰马翻，毙敌甚众。日军发现茅坪陆空联络组，不顾一切向其猛射，李恭这位大学毕业投笔从戎的爱国知识分子，壮烈殉国，参谋皮福民身负重伤。李翻译殉国激起各部队奋勇攻至大桥边地区，击毙日军中队长佐藤丁三以下百余，并向灯笼坳日军围攻。

王耀武在安江指挥所,命令第4方面军全线继续追击败退日军。敌后部队亦开始加紧猛袭日军。第100军暂编第6师,击溃白竹桥日军,推进至监桥铺西侧。第118师攻克滩头西北三要点,毙敌百余,缴武器甚多。日军4000余人于湾头、山溪市一带构筑工事顽抗。第73军扫荡大桥边东南日军,毙敌中尉参谋以下180余名,获步枪33支,残敌向南逃窜。陈光中纵队连日追击溃败日军,沿途缴获大量辎重、枪支、战马、文件、有线电交换机等。

日军2000余人,合股溃退至上下茅坪、迎官桥一带,覃道善第18师于西南,韩浚第73军主力梁祗六第15师、唐生海第77师于东北,合力对日军夹击,日军伤亡惨重,残兵败将窜回原据点。至6月7日,恢复会战前态势。

在昆明的何应钦大喜,向蒋介石发电,呈奖湘西会战有功部队。电文如下:

中国军队参战部队举着缴获物欢庆胜利

渝。委员长蒋，据王总司令耀武辰哿天革电称，6897密。查第74军第57师江口之役，激战兼日，将敌116师团主力及11军团直属部队900余名完全击溃，开湘西会战胜利之先声。又第18军第11师攻克山门之役，断敌后路，协助100军将敌109联队悉数歼灭，并俘获山炮2门、步枪30余支、马百余匹、辎重300余担，获得辉煌战绩。该两师官兵忠勇奋发，迭建殊功，殊堪嘉尚，拟恳各赏洋20万元，并传命嘉奖，以资激励，而奖有功等情。该两师官兵忠勇用命，战绩辉煌，除传令嘉奖，并每师各发奖金20万元外，谨电核备。①

此次会战，日军动员80000部队，企图攻占芷江，中国军队以连年征战，整训未了，与日军反复争夺，鏖战两月，终于将敌击溃，获会战胜利。此战获胜有几个主要因素：何应钦于会战初期，即明示以攻为守的原则，攻势转移能把握战机。工事坚固、粮弹充足，部队精炼，武器尚优。实施局部攻势，予敌以各个击破，各友军协同出色，行动迅速。空军优势明显，空中攻击准确。

1945年6月初，何应钦致电蒋介石，呈报打扫战场情况：

即到。重庆委员长蒋，据王司令辰感电报称，6892密。谨将本部卯齐至感，湘西战役俘获战利品及敌兵伤亡清查概数呈报如次：甲，毙伤敌大佐龙寺加三郎及重广三岛等24310员名。乙，俘虏敌中队长胜武雄雅等军官11员、桃三二郎曹长以下士203名。丙，掳获战马285匹，大、小口径炮8门，轻、重机枪81挺，步枪1129支，钢盔1330顶，轻、重掷弹筒52具，防毒面具、口罩具1361具，无线电台三部，敌116师团20号作战情报、搜集计划等重要文件1220件，及其他战利品约11吨。现继续清查呈缴。等情。

---

① （台湾）"总统府"机要档案。

谨闻。昆。职何应钦。巳东忠。齐阳。印。①

后据第4方面军湘西会战敌我伤亡统计表：

中国军队第4方面军参战人数：军官8170名，士兵112034名。死亡军官256名，士兵6576名。伤军官494名，士兵11223名。

日军伤19162人，亡10778。②

经过两个月的激战，湘西会战于6月25日徐徐闭幕，日军在崇山峻岭中损失惨重，战死、累死、病死、饥死数目惊人，不但没有捣毁芷江机场，反而伤亡了近20万人，芷江惨败成为日军侵华以来最大的一次惨败。

芷江会战取得决定性的胜利，除得力于中国守军和当地民众奋力反抗、英勇杀敌外，还得益于毛泽东领导的共产党部队从日军"背后"捅来一刀——发动了大规模的夏季攻势，以牵制日军对芷江的增援。5月20日，罗荣桓等指挥的山东抗日根据地武装部队，进行了讨伐日伪军战役，经过郯城、马头战役，临沂、费县等作战，歼敌3万之多。5月中旬，陈毅领导的华中根据地新四军，向蚂蚁甸、任集、界沟、王集等日军据点发起猛攻，继又发起睢宁战役、三垛伏击战，并攻克巢县、无为一带据点，歼日伪军近万人。6月初，贺龙、李井泉领导的晋绥抗日根据地武装部队，向忻县、静乐公路沿线之敌发起攻势，歼敌万余……

三、日本投降

与此同时，国际反法西斯战场也取得了决定性的胜利。欧洲战场希特勒、墨索里尼纳粹军事轴心集团遭到毁灭性打击，盟军主力挥师太平洋战场，1945年1月9日在吕宋岛登陆，一举摧毁了日本海军主力，越岛作战首

---

① 《何应钦致蒋介石密电（1945年6月1日）》，《抗日战争正面战场》（下），第1387页。
② 《第四方面军湘西会战敌我伤亡统计表（1945年4月9日）》，《抗日战争正面战场》（下），第1384-1386页。

战告捷；2月3日，盟军攻入马尼拉，并以伤亡1500余人的代价占领了马利亚纳群岛；3月19日，在日本濑户内海对日军舰队予以重创，旋即攻占仅距东京440海里的琉黄岛；4月1日，盟军在冲绳岛登陆，战争进入"对日本本土进行空中轰炸"的阶段；4月13日，苏联红军攻入柏林，5月8日，德国无条件投降，意大利和德国相续崩溃，致使日本陷于绝境；7月26日，中、美、英三国联合发表《波茨坦公告》，限令日军无条件投降；8月6日，美国一颗

日本天皇宣布无条件投降

代号叫"男孩"的原子弹投向广岛，几乎使这个拥有25万人的城市从地球上消失；8月8日，苏联对日宣战，并迅速进兵东北，配合中国抗日军民给日本关东军以歼灭性的打击；8月9日，美国的又一颗代号叫"胖子"的原子弹在长崎降落……如果日本再不投降，必将带来举国毁灭的恶果。8月10日，日本在走投无路的处境下，接受了《波茨坦公告》，8月15日，日本天皇在东京广播电台向全世界宣读了《终战诏书》，正式宣布无条件投降。

在日本天皇宣读《终战诏书》的当天，中国战区最高统帅蒋介石一面授令何应钦全权受降，一面急电南京日军最高指挥官冈村宁次，指示日军六项投降原则，敦促冈村宁次速派代表至玉山，接受中国陆军总司令何应钦之使命。并于即日上午由中央广播电台及政治部军中播音电台电讯总队分别以中日语向全世界广播。

8月17日下午5时30分，冈村宁次复电蒋介石：

限即到。中国战区最高统帅蒋中正阁下：

第十三章 远征凯歌

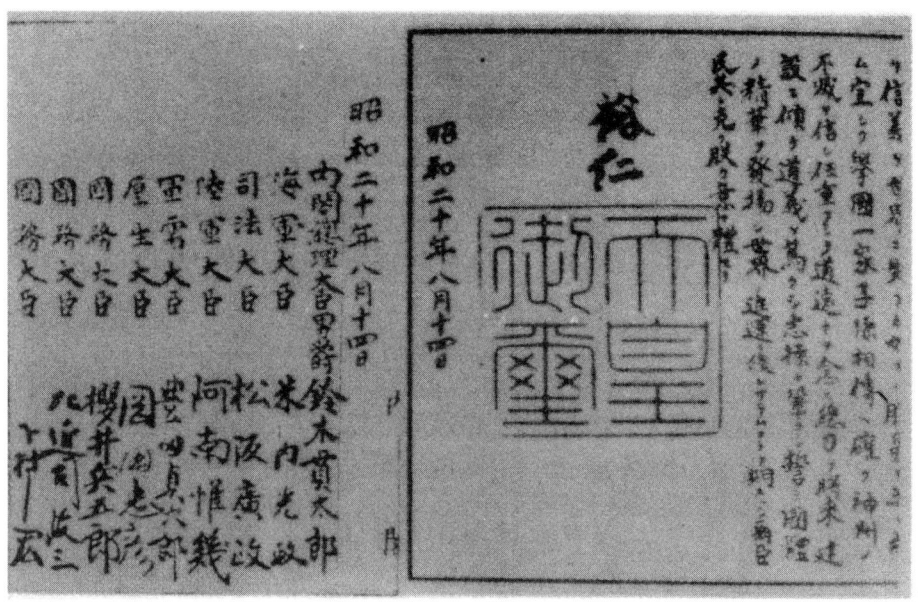

日本投降书

中华民国三十四年8月15日赐电敬悉。今派今井参谋副长、桥岛参谋二人，偕同随员三人，将于本月18日乘飞机至杭州，等候遵命，再继飞至玉山。鄙处使用双引擎飞机一架，并无特殊标示；请知照玉山飞机场派员接见，仰赖照料为感！

驻华日军最高指挥官冈村宁次。

蒋介石于18日下午6时，再电冈村宁次，以玉山机场目前不能使用，改为湖南芷江机场，并规定应行遵守事项如下：

（一）代表人数不得超过五员（内须有熟悉南京、上海附近机场情形之飞行员一员），于8月21日晨坐日本飞机一架，自汉口附近起飞，经湖南常德上空，此时高度须五千英尺，时间为重庆夏季时间上午10时（格林威治标准时间为上午2时），后时在六千英尺上空，当有盟军战斗机一架迎接之，如云层过低，该日机应在云层下一千英尺，盟机高度则在云层下500

英尺。

（二）日机标志在机翼上下各漆带有光芒日本国旗一面；关于两翼末端各系以四尺长之红色布条，以资识别。

（三）盟军战斗机三架将护送日本飞机至芷江机场着陆，着陆顺序：第一架为盟机，第二架为日机，第三及第四架为盟机。

（四）今井参谋副长须随带驻中国台湾及北纬以北安南地区内所有日军之战斗序列兵力、位置及指挥区分系统等表册。

（五）如因气候恶劣，不能完成上述之飞行时，须于次日依照上项规定之时间与方式实施。

（六）日本飞行人员以波长5860KC收发，用英语呼号与芷江之空中地面指挥取得联络，此种呼号在距芷江100英里时开始，每隔十分钟一呼叫，直至望到芷江机场为止，芷江无线电指挥降落塔用波长425KC，其英语呼号在望见芷江机场时，日本飞行人员即停止与空中地面指挥联络，应以波长4495KC收发，与指挥塔联络之。

（七）接到此电后，须于8月19日重庆夏季时间午后6时至8时在南京无线电台X、O、N以波长5400KC答复。

中国战区最高统帅蒋中正

冈村宁次于19日下午6时依限复电如下：

中国战区最高统帅蒋中正阁下：今井总参谋副长一行率同参谋二人、翻译一人，乘中型双引擎飞机飞往指定地点，一切行动，依照尊电办理，但机身标识红色布带改为系在尾部。

尊定用率5860KC，请改为5866KC，又4495KC请改为4493KC。驻华日军最高指挥官冈村宁次。

日方代表是总参谋副长，何应钦乃堂堂一级上将，军衔品级悬殊，何

蒋介石就抗战胜利发表广播讲话

不便出面，便决定派总参谋长萧毅肃中将出场，自己只在幕后指挥。

8月18日，中国陆军总部已先派副总参谋长冷欣、蔡文治及处长钮先铭飞抵芷江，为洽降作最后的准备。驻芷江新6军政治部副主任陈应庄被指定挂少校军衔，负责警戒、接待。

20日上午，国民党各战区长官陆续抵达芷江，他们分别是：张发奎、卢汉、余汉谋、王耀武、顾祝同、汤恩伯、孙蔚如、杜聿明、廖耀湘、吴奇伟、郑洞国、张雪中等。临近黄昏，何应钦率萧毅肃等高级幕僚分乘4架飞机由重庆飞抵芷江。随行的还有国民党行政顾问团和陆军总部参议刁作谦、龚德柏、顾毓秀、邵毓麟以及中外记者50余人。当晚，何应钦召集会议，宣布成立陆军前方司令部，并研究了受降具体事宜，其中重要的一项是：在日军未正式签字投降前迅速动用空运部队接管日军占领区，防止共军占据，并严令各战区日军在接管部队未到达前，负责坚守其控制区，不得让共军侵占。

芷江——一切准备就绪，只等日本代表来临。

在南京到芷江的航空线上。

今井武夫木然地坐在飞机里面，脸上似乎还残留着为天皇15日颁布《终战诏书》而恸哭的泪痕。他的随员参谋桥岛芳雄、前川冈雄，译员木村辰男、杜原喜八、久保善辅，航空员小八童正里，雇员中川正治，彼此亦默然不语，一个个极像刚从灵堂哭丧出来那般落魄凄凉。

想到自己肩负着作为战败国降使去芷江洽降的重任，看着机尾那飘着标志降机的红色布带，今井内心一阵阵的绞痛，他曾有过"叱咤风云"的历史：当过奉天特务机关长土肥原的助手，做过吉林、热河两省密探，任过日本驻华大使馆陆军助理武官、驻北平陆军武官室主任，亲手参与过炮制"七七事变"的阴谋。太平洋战争爆发后，他曾指挥军队以迅雷不及掩耳之势，侵占了印度尼西亚、菲律宾、马来西亚、越南、缅甸等国，英国历经十年耗费巨资建起来的新加坡海军基地，也在他指挥的部队攻击下毁于一旦。"无条件投降"这个新名词就是他创造出来的。当时他指挥日军包围了英国营造的海军基地之后，通过无线电台要求被围的英军"无条件投降"，迫使新加坡守军屈膝。而今盟军太平洋战区总司令麦克阿瑟，根据《开罗宣言》和《波茨坦公告》，以同样的名词来要求日本天皇裕仁"无条件投降"，而他本人又恰恰做了"无条件投降"的洽降代表。"以其人之道还治其人之身"，历史就是这样无情地给他以报应。

面色苍白的今井正思绪万千时，突然机舱内有人惊呼："机枪，舱内有一挺机枪！"

全舱顿时一阵慌乱。机舱内怎么会有一挺机枪？然而人们发现确实有一挺机枪在后机舱内，是包装机舱忙没来得及检查？还是有人出于敌意故意放入舱内？一旦飞机落地被中国人检查出来，将会带来什么样的后果？

今井的脸色更加苍白，冲着前边的桥岛高声咆哮起来："愣着干啥，还不赶快把它丢下去！"

第十三章　远征凯歌

日军投降代表乘坐的飞机降落在芷江机场

桥岛赶忙拉开舱门，将机枪丢出舱外，下面是碧波万顷的洞庭湖。

一场虚惊，今井双眼疲惫地盯着舱外，深深出了一口长气，如释重负。这架MC飞机原是冈村宁次的专机，往日以饱经战难、弹痕斑驳为荣耀的"战鹰"形象，今日猛然变得如此寒酸、可怜，在空中像一只无家可归的鸟，今井忍不住轻轻吟起安倍贞任向俘虏他的源义家诉说的诗句来[①]：

饱经岁月苦，线朽乱横斜，
且顾残衣甲，褴褛难掩遮。

---

① 源义家是日本平安时代后期的战将，曾与其父同往征安倍贞任。1062年安倍战败投降，被杀。

今井伤感透了，仿佛觉得自己一下子不复存在，消除不尽的绝望的孤独和悲苦的心情，"前途如同堵着一座黑暗的墙壁"。

1945年8月21日，这是中国历史上非同小可的一天，全芷江、全中国、全世界渴望已久的一天。

东方刚刚露出鱼肚白，芷江城就沸腾起来了：张灯结彩、悬旗放鞭，举行庆祝大典。花队、伞队、狮队、芦笙队，一队接一队，宛如长虹舞动；锣声、鼓声、歌声、唢呐声，一阵高过一阵。饱受战争之苦的民众展开了眉头，阴霾的天空露出了笑脸，一片欢乐充溢全城。时针刚指向8时，全城各界人士上万人，怀着既喜悦又悲愤的心情，从不同方向涌向机场，欲睹二百万日本人投降使者的真容。

10时刚过不久，4架飞机在东方出现，渐渐来到了芷江机场上空。三架是同盟国方面的银色战斗机，一架是深色的双引擎机，翼下清楚地漆着两个太阳徽。人群开始骚动，八年的苦难岁月他们一直忍受着"太阳"的毒日。一年前，这有着"太阳"标识的飞机满载炸弹来到芷江狂轰滥炸，而今天这狂妄的"太阳"带着投降的屈辱来到了芷江。

4架飞机盘旋一阵后，降落在跑道上。飞机向南滑行，很快消失在野草丛中。少许，中国的一位机械师又领着它在机场西边出现，来到人群前停下，掉过头，把机尾向着人群。

11时25分，陈应庄少校命令打开机舱门，宪兵毫不客气地登机进舱检查，包括机舱所有的人员和器械。宪兵检查完后，陈少校才对机舱内不冷不热地说："现在可以下机了！"

顷刻，一顶硬壳帽在机舱门口出现，一顶绿呢军帽，又一顶绿呢军帽……上百名中外记者立刻涌向前来，上万群众使劲向警戒线涌去，荷枪实弹的宪兵拼命拦住愤怒的人群。日军洽降代表共8人，戴硬壳帽、穿军服、架黑边眼镜的今井武夫少将走在前边，参谋桥岛芳雄和前川冈雄，全身军服，紧跟在今井后面，翻译木村辰男身穿青色西装，其余4人都是航空员，一个个面带凄容，缄默不语。

人群中的怒吼声震耳欲聋,"打死日本人!""打死他们!"警戒圈越挤越小,8个日本人在愤怒的唾骂声中走向4辆吉普车,有白旗的2辆在中间,瘦小的陈应庄少校急忙引导洽降代表坐上降车,然后自己坐进最前面的一辆,向洽降会议地点驶去。

洽降会议地点设在芷江机场附近的原中国空军第5、第6大队俱乐部。为纪念这个"神圣"日子,在会场正门扎起一座牌楼,牌楼上端中间扎有一个"V"字,象征胜利,又扎有"和平之神"四个大字。会场门前旷地,高竖中、苏、美、英四国国旗。会场虽然布置得简单朴素,但气氛热烈、肃穆。会议室内正面墙上挂着一幅巨大的孙中山遗像及国民党旗。国父像的前面排成弧形的桌子上,仅仅铺着洁白的桌布,好像是法官的审判台。在桌子前不到两公尺的地方,面对着摆有四张黑漆的椅子,这是为洽降代表而设的。

萧毅肃中将端坐洽降正席,左边为副参谋长冷欣中将,右边为美军作战司令部参谋长柏德诺将军。张发奎、卢汉、余汉谋、顾祝同、孙蔚如、

日军投降代表乘车驶向洽降会场

汤恩伯、王耀武、杜聿明、廖耀湘、吴奇伟、张雪中等高级军官及顾毓秀、刁作谦、刘林士、龚德柏等高级文官均列席了会议。

会议未开始之前，室内显得极为热闹。记者的议论声和打字机的哒哒声混成一团。喜气洋洋的中美军官在互相道贺，而最突出的是萧毅肃和柏德诺不时发出的笑声。大约持续了20多分钟，会场渐渐安静下来，像是法官已入席，只等犯人被带进的那一刻。

一位中国侍卫官走到屋子另一端，抓起电话："立刻去把日本代表带来，只准四人，那个参谋长、两个参谋和一个翻译，进入会场时要对他们严格检查！"

人们纷纷向门外探望。

在日本代表未到之前，萧毅肃将军站起来宣布："中国陆军总部已经从昆明迁来芷江，这里就是中国陆军总部。"会场立刻响起一阵窃窃私语声。

过了十来分钟，门口传来"来了，来了！"的声音，紧接着摄影记者们紧张地准备起来，萧毅肃大声说道："请日方代表进来！"日本四个代表鱼贯而入，先走到桌前恭敬地行了鞠躬礼。直到萧毅肃冷冷地说："请坐。"他们才拘谨地坐下。今井武夫居中，左有桥岛芳雄，右有前川冈雄，翻译木村辰男站在今井武夫背后。

没等今井一行沮丧的情绪安定下来，萧毅肃声音洪亮地介绍："本人是中国战区中国陆军总司令部参谋长萧毅肃中将，今天我代表中国战区陆军司令何应钦上将来接见你们。"然后指着左右介绍道："这位是总司令部副参谋长冷欣中将，这位是在中国的美军作战司令部参谋长柏德诺将军。"萧毅肃郑重而带着命令的口气对今井武夫说："对不起，请你们先说明身份，并交出你们的身份证书。"

今井举目环视一番会场后，用极低沉的声音介绍了自己和两位随员的身份。随后说："日本政府依照天皇的圣谕，接受了同盟国《波茨坦公告》，已派代表到马尼拉向盟军最高统帅麦克阿瑟将军办理投降手续。驻

洽降会场。正面中为中国陆军总司令部参谋长萧毅肃，背向中秃顶者为日本侵华派遣军参谋副长今井武夫

华派遣军则由鄙人作代表向中国方面代表洽谈投降协定……"

没等今井把话说完，萧毅肃不耐烦地打断说："你怎么答非所问？刚才我问你有没有带身份证明书，如果带来了，请交出来。"

今井急忙站起来解释，几乎在同一瞬间，柏德诺将军有意挥手止住了今井的声音，用英文对今井说："对不起，请你停止发言，等翻译完后再说。"今井被弄得十分难堪。

今井抬眼看看中国方面代表们的脸色："鄙人没带身份证书，只有冈村宁次将军的'特别命令'。"说完即呈上特别命令。

萧毅肃看了特别命令后问道："你有没有带来电报上所指定的那些表册？"

"表册没有，只有一份地图，但最近山东省军队向华北调动的详情还没有注明在地图上。至于越南和台湾的情形，因不属冈村宁次将军管辖地区，所以没有注在图上。"今井说完即命令桥岛芳雄交出日军在华兵力配备图。

桥岛和木村毕恭毕敬站在桌前说明他们交出的兵力配备地图时，会场中的摄影记者一下涌上前，所有镜头全集中到桌上的地图和正在解说的桥岛及木村脸上。

萧毅肃开始宣读中国陆军总司令何应钦上将致冈村宁次的第一号备忘录。当萧毅肃将军高声朗读这份洋洋千言的备忘录时，不仅今井武夫和他的随员显得极度紧张，就是全场的空气也顿时更加严肃起来。日译文稿念到各战区接受投降的具体步骤时，今井武夫取出手绢不时擦着脸上的汗珠。

日译文稿念完后，萧毅肃拿出事先预备好的两张收据摆到今井武夫面前："请你在此签字。"同时将备忘录递给了他。

今井在签字时要求"询问几点"，萧毅肃用幽默而轻松的口吻说："我看不必了吧，因为投降是无条件的。"这句话深深刺痛了今井的心，他只得拿起毛笔，略微抖动地签字道：

今收到中国战区中国陆军总司令一级上将何应钦致日军最高指挥官冈村宁次将军之中字第一号备忘录中文本一份，日文本一份（以中文本为标准），并已充分了解本备忘录之全部内容，当负责转送。

驻华日军最高指挥官冈村宁次将军之代表参谋副长今井武夫少将（签字）

中华民国34年8月21日公历1945年8月21日

地点：中华民国湖南省芷江县

在今井签字时，忙坏了摄影记者们，镁光灯闪耀刺眼，今井武夫不停地擦脸上的汗水。今井明白，在这样的会议上，他不可能有一点询问的权利，与其说是"洽谈"，不如说是俯首听旨。他提出"再行讨论"的要求，萧毅肃不予理睬。萧毅肃就中国陆军总部将在南京设前进指挥所，短期内输送军队前往南京、上海、北平各地接收，何应钦与冈村宁次直接通电等问题作了交代。

会议结束，日本洽降代表站起来，鞠躬，像进来时一样鱼贯而出。

何应钦在致冈村宁次第一号备忘录中，按原战区将全国分为15个受降区，并以何应钦为全权代表。据今井报告：除台湾及越南北纬16度以北区域外，冈村宁次指挥的日军共114万人。何应钦给冈村下达了命令：对共产党军队日军可以使用武器反抗。何应钦还密令日军改装为国民党军，打着国民党的旗帜与国民党军联合向江南茅山及浙江四明山区的新四军进攻。

22日，中国陆军总司令部就本次洽降结果发表第四号公告，主要内容是：今井少将面陈日皇业已接受波茨坦三国公告，日政府代表现在马尼拉向盟军最高统帅麦克阿瑟将军办理投降手续。在未奉政府命令之前，尚不能正式请降；惟日军鉴于中国战区系由蒋委员长统一指挥，谨先前来接受何总司令之指示，故本人谨系负联络之责，并无代表签订投降书之资格……中国战区日军正式降书之签字，一俟盟军最高统帅麦克阿瑟将军正式接受日本投降后，即行办理……

23日下午，何应钦在总司令会客室接见了今井武夫，参加接见的有萧毅肃、冷欣、蔡文治、柏德诺及钮先铭等人。

今井在芷江逗留了52个小时，8月23日下午2时15分，乘机返回南京。

中国陆军总司令部致冈村宁次"中字第17号备忘录"，内容如下：

根据盟军最高统帅麦克阿瑟将军规定：
一、日军缴械时，不举行收缴副武器之仪式。
二、日军代表于正式投降时，不得佩带军刀。
三、凡日军所有军刀，均应与其他武器一律收缴，一俟正式投降，日军即不得再行佩带军刀。以上规定，在中国战后一律适用。

按芷江洽降部署，8月27日，冷欣率部属、顾问、宪兵等百余人，分乘

7架飞机抵达南京，设立陆军司令部前进指挥部，筹备日军投降签字事宜。中国新编第6军被派为南京进驻部队，9月5日，陆续空运到达。9月8日，何应钦在数十架战斗机的护卫下，到达南京。

9月8日，中国陆军总司令何应钦一到南京，便秘密派参谋去冈村宁次的住处，告诉冈村："在举行投降礼时，可以佩带指挥刀，但必须呈缴给何应钦，也可以不带指挥刀，事先呈献。"

冈村宁次感激万分，愿为"不带刀的将军"，不想当众呈缴指挥刀。这样，两下达成默契。中国方面决定在日军投降签字那天，在私下里解除冈村宁次和日军总参谋长小林浅三郎、总参谋副长今井武夫的军刀，并将这三把有特殊意义的军刀分献于参与受降仪式的中国陆军总司令何应钦暨中国陆军总司令部参谋长萧毅肃和副总参谋长冷欣。

日军投降签字仪式定于9月9日9时举行，中国战区受降典礼仪式的会场，设在黄埔路中国陆军总司令部大礼堂（即原中央军校大礼堂）。

选择这个地点和时间，何应钦是经过一番推敲的。特别是选择这个时间，中国人认为"三九良辰"大吉大利。

9月9日秋高气爽，万里无云。上午8时45分，日军投降代表冈村宁次大将等7人乘车而来，在中外记者频频闪动的镁光灯下，苦着脸进入礼堂的左侧休息室。他们当即解下所配军刀，请中方人员转交何应钦等人。

上午8时56分，受降主官步入会场，为首的是中国战区受降最高长官——陆军总司令何应钦一级上将。他身着笔挺将军服，肩挎武装带，左佩中正剑。依次是陆军二级上将顾祝同、海军上将陈绍宽、陆军参谋长萧毅肃中将、空军上校张廷孟。左侧是中国高级将领和记者席，右侧是盟军要员及外国记者席。

全场中外来宾不约而同地纷纷起身，热烈鼓掌。摄影记者纷纷拍照。何应钦坐在受降席的正中，左边为海军上将陈绍宽、空军上校张廷孟，右边为陆军二级上将顾祝同、陆军中将萧毅肃。

8时58分，日军投降代表冈村宁次率代表在中国宪兵武装护送下来到

中国战区受降会场

会场，到大门口时，冈村宁次按宪兵要求，顺从地解下佩刀，以示解除武装，日方代表一个个用手端着军帽走进会场：日军中国方面舰队司令官福田良三中将、日军驻台湾第10方面军参谋长谏山春树中将、日军驻印度支那第38军参谋长三泽昌雄大佐、中国方面军参谋长小林浅三郎中将和副参谋长今井武夫少将。

冈村宁次等7人由中国军训部次长王俊中将引导从礼堂正门入场。他们走到受降席前，脱帽向何应钦等人弯腰45度鞠躬。何应钦欠身作答，命令他们在投降席就座，并宣布："摄影五分钟。"

9时正，签字仪式开始。受降仪式由萧毅肃主持，当他宣布受降仪式开始后，何应钦命令冈村宁次呈上证明文件，冈村起立，出示受权投降证书，由其参谋长小林浅三郎连同日军的编制、人数、武器、装备、驻地分布等清册，一一双手呈给萧毅肃中将。

侵华日军代表向中国陆军总司令何应钦递交投降书

萧毅肃接过后递与何应钦审阅。阅毕后，由萧毅肃交还。萧毅隶取出投降书两册，小林浅三郎双手接过交给冈村宁次。冈村起立，毕恭毕敬双手接受，坐下匆匆翻阅降书，然后手握毛笔，分别在两份投降书上签名，又从上衣右上口袋中取出一枚圆形水晶图章盖于签字之下，起立将降书呈递给何应钦，并向其点头。何应钦微笑起立答礼，接过降书。何应钦的这一举动，违反了盟军的规定，在场观礼的盟军军官们交头接耳，表示不满。

冈村宁次心里充满了感激，后来在日记中写下了他深刻的感受："看到我这位老朋友的温和品格，不禁想到，毕竟是东方道德。"

何应钦在降书上签名盖章后，将其中一份交给萧毅肃转交冈村宁次。整个受降仪式只有20分钟。何应钦宣布："日军投降签字仪式，已在南京顺利完成……"

在此之前，9月2日，在东京湾的密苏里号军舰右舷甲板上，举行了盟

芷江受降纪念坊

军最高指挥官麦克阿瑟将军接受日本天皇投降仪式。

为纪念"芷江受降"这一重大的历史事件，1946年，国民党政府在洽降地点芷江，修建了一座"受降纪念坊"，以蒋介石为首的国民党军政要员分别作了题词。

蒋介石的题词——克敌受降威加万里；名城揽胜地重千秋。

李宗仁的题词——得道胜强权百万敌军齐解甲；受降行大典千秋战史记名城。

于右任的题词——布昭神武。

何应钦的题词——名城首受降实可知扶桑试剑富士扬鞭还输一着；胜地倍生色应推倒铜柱燕然勒石独有千秋。

孙科的题词——武德长昭。

白崇禧、王东原、居正、王云五等均作了题词。